JN424327

Z Brush & SOFTIMAGE

캐릭터 모델링

김용관 · 조순복 공저

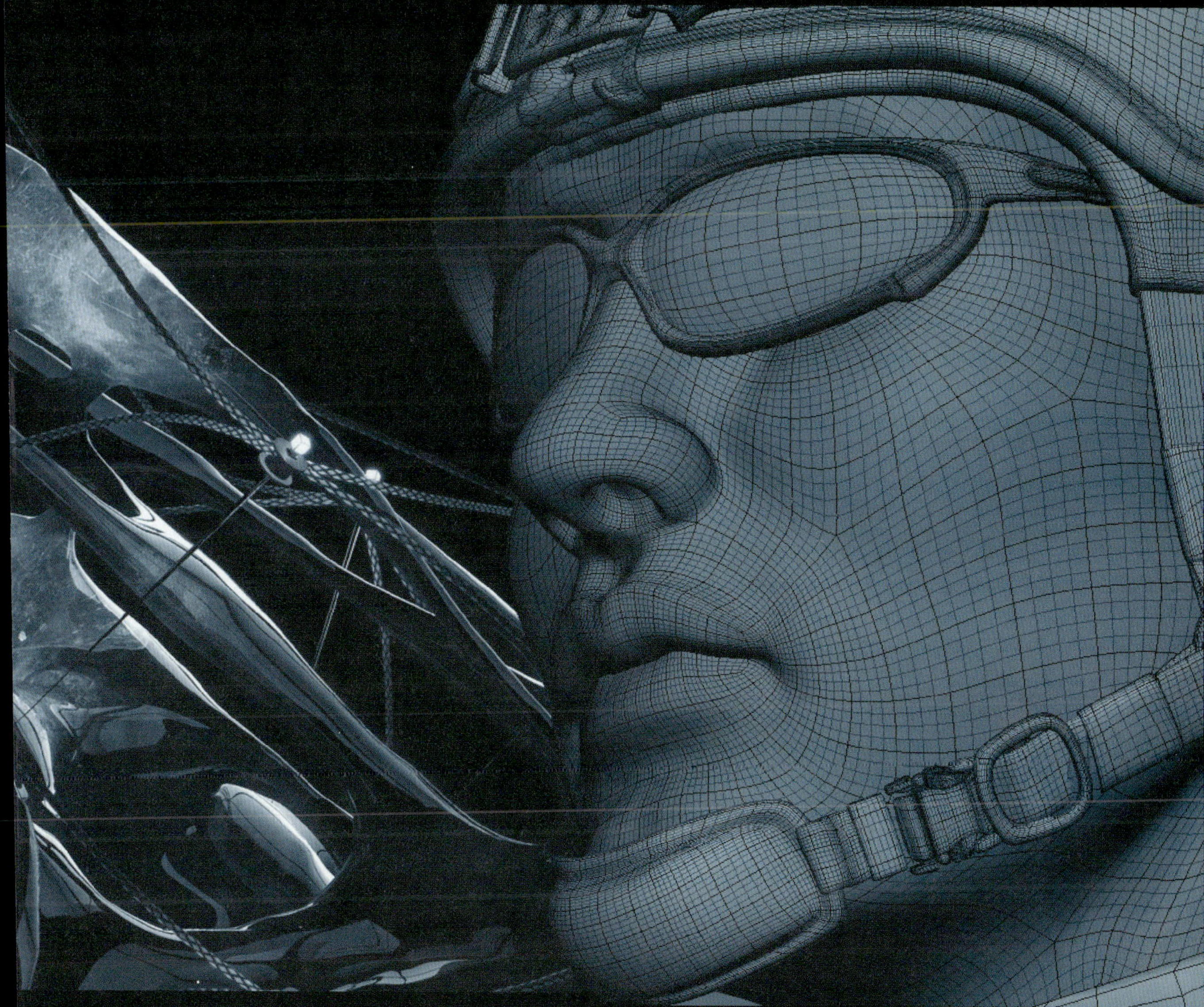

머리말

2009년 만물이 무르익는 결실의 계절 가을을 맞아 세상에 두 번째 저의 열정을 내놓게 되었습니다. 2009년 2월에 《캐릭터 애니메이션》 편이 세상에 나왔으니 아직 1년이 채 안된 시간이군요. 제가 애니메이션 책을 집필하면서 여러분께 약속 드렸던 것이 하나 있습니다. 식지 않은 열정으로 두 번째 《캐릭터 모델링》 부분을 준비하겠다던 것이었는데 무엇보다도 여러분과의 약속을 지킬 수 있게 되어 아주 기쁩니다. 매번 느끼지만, 책을 쓴다는 일이 그리 만만한 작업이 아님을 알기에 틈틈이 시간을 쪼개고, 밤과 낮을 수도 없이 바꾸면서도 여러분께 했던 약속을 지키겠노라는 일념 하나로 오늘 여기까지 오게 되었습니다. 사실은 캐릭터 애니메이션보다 먼저 집필되었어야 하는 분야였기에 더욱 하루라도 그 시간을 늦출 수 없었습니다.

이번 《캐릭터 모델링》 편에는 제품 제작부터 인체 디자인으로 이어지고 동물 컨셉에서 다시 몬스터 창작 캐릭터로 이어지는 모델링 전 과정을 차근차근 그려보았습니다. 그리고 이번 교재에는 SOFTIMAGE뿐만 아니라 애니메이션 및 게임 업계에서 많은 관심 속에 활용되는 Z Brush에 대한 소개와 사용법, 실제 활용 예제를 통해 보다 모델링의 범위를 넓혔습니다. Low Polygon이나 High Polygon의 영역을 따로 두지 않았으며 SOFTIMAGE상에서 제작된 High Polygon 작업은 그대로 두고 Middle나 Low Polygon 작업 데이터는 Z Brush로 바로 Import하여 Sculpting 작업을 통해 Detail을 살리는 방향으로 작업의 방향을 설정하였습니다. 인체 모델링은 인체의 비례를 설정하는 법과 인체 부위별로 세분하여 모델링을 하였고 다른 대상도 마찬가지로 세분화하여 시작부터 마지막까지 이해하면서 쉽게 따라 할 수 있도록 제작하였습니다. 수년간 현장에서 모델링 작업을 하신 분들에게는 너무나 기본적은 테크닉이라 생각되시겠지만 처음 3D 모델링을 접하거나 SOFTIMAGE, Z Brush를 경험하는 초보자들에게는 그 어떤 교재보다 친밀하게 다가갈 수 있도록 집필하였습니다. 수년간 교단에서 학생들을 지도하면서 툴에 대한 낯선 환경에 당황하는 학생들, 처음부터 어떻게 시작해야 하는지 막막해하는 학생들을 위해 준비를 했습니다. 모델링작업을 하면서 툴 하나하나 그리고 라인 하나하나 놓치지 않으려고 노력했으며 제작해 나가는 전 과정을 모두 캡쳐하여 정리하였고 모든 제작과정을 미리 계획된 프로세싱에 맞춰 진행하고 있기 때문에 초보자라도 쉽고 빠르게 접할 수 있도록 배려했습니다.

이 글을 쓰는 지금도 제 모니터에는 세 번째 교재에 대한 화면이 열려 있습니다. Photoshop과 SOFTIMAGE를 활용한 《캐릭터 맵핑》(가제) 제작 작업이 이미 시작되었습니다. 학생들이나 초보자들이 가장 어렵게 느끼는 부분이 바로 맵핑(2D) 제작 부분입니다. 3D Tool에 어느 정도 자신감이

붙을 때쯤에 반드시 만나는 암초가 바로 2D Mapping 부분입니다. 결코, 빼놓을 수 없는 중요한 부분임을 다들 잘 알고 있습니다. SOFTIMAGE의 Shader와 개념 이해와 적용, SOFTIMAG Material, Texturing에서부터 Lighting Setting과 적용방법을 포함하고 있으며, Z Brush에서의 Coloring과 Mapping 활용법, Normal, Displacement Map 추출 및 적용법, 3D 모델링 데이터의 Unwrap 과정부터 Mapping 소스제작과 적용, 그리고 후반 리터칭 작업까지 여러 다양한 예제를 기반으로 하여 완벽한 맵핑 실습서를 준비하고자 합니다. 또 언제가 될지는 모르지만 가능한 빠른 시일 내에 작업을 완료하도록 하겠습니다.

먼저 이번 작업에는 여느 때와는 달리 도움을 주신 분들이 참 많습니다. 먼저 늘 곁에서 물심양면 협조해 주신 공동저자인 조순복 교수님께 감사를 드리며 최근까지도 많은 영화 VF 작업에 참여했던 제자 상훈이, 게임회사 창업 준비중인 종인이, 극장용 애니메이션 작품에서 애니메이터로 활동중인 경민이, 흥미진진한 온라인 슈팅 게임을 만들고 있을 명수, 광고 CG에서 메인 모델러로 활동중인 한별이, 영화 작업이 한창일 보라, 모두 어디 내놔도 아깝지 않은 저의 제자들이지만 이제 이 친구들이 모두 어느덧 같은 현장에 누비는 동료로 각자의 몫을 너무나 자랑스럽게 해내고 있습니다. 가르치는 사람으로서 가장 큰 보람이 아닌가 싶습니다. 그리고 인체해부 이미지 작업에 도움을 주신 네오위즈 전성아 교수님 이하 여러 지도 교수님들께도 감사를 드리며 이번 교재 역시 세상에 빛을 보게 해주신 상학당 임직원분들께도 감사를 드립니다.

마지막으로 언제나 늘 그러하듯 제 곁에서 힘이 되어주는 아내와 두 딸 정언, 도언이에게도 지면을 빌어 깊이 사랑한다는 말을 전하고 싶습니다.
애니메이션 작업과 마찬가지로 모델링 작업에 대해 정의로 머리글을 마칩니다.

모델링 = 형태(Shape) + 라인(Line) + [?]

우리는 저 [?]에 대한 해답을 찾고자 오늘도 묵묵히 새벽을 맞이하고 있습니다.

2009년 8월
꺼지지 않은 열정으로
김 용 관 씀

차 례

제 1 장 Model Interface in SOFTIMAGE

제 2 장 Gun Modeling

제 5 장 Young Woman Modeling

제 6 장 Z Brush Sculpting Interface

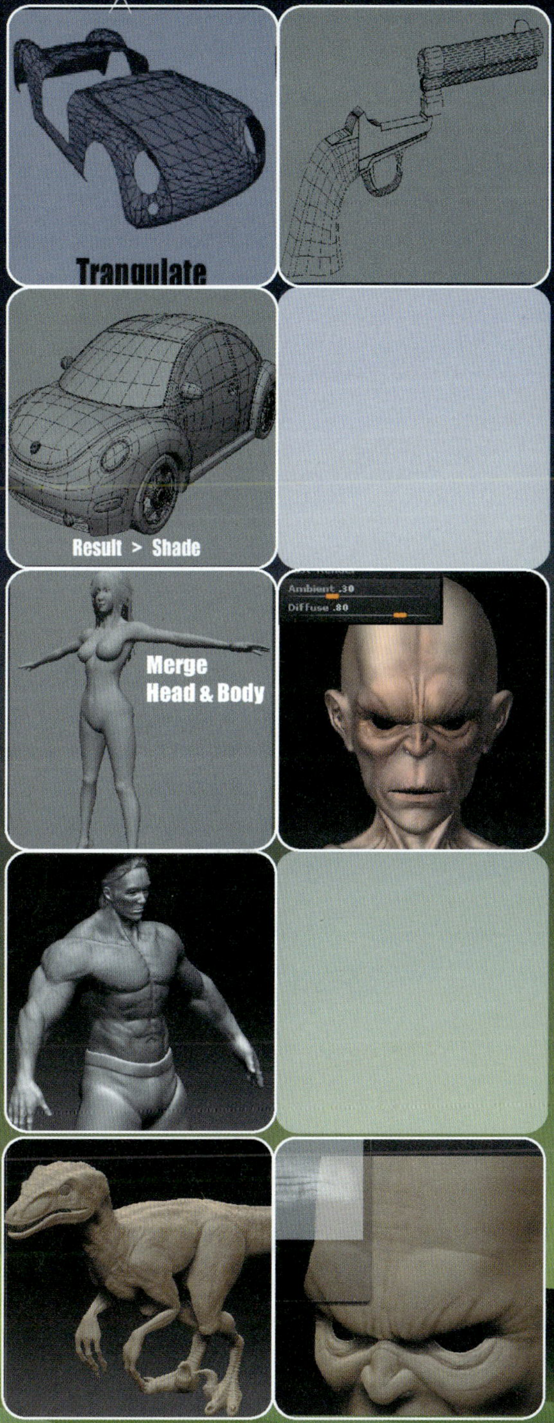

제 1 장
Model Interface in SOFTIMAGE

1-1 Interface 이해

1-2 Model Tool bar

1-3 모델링을 위한 Fundamental

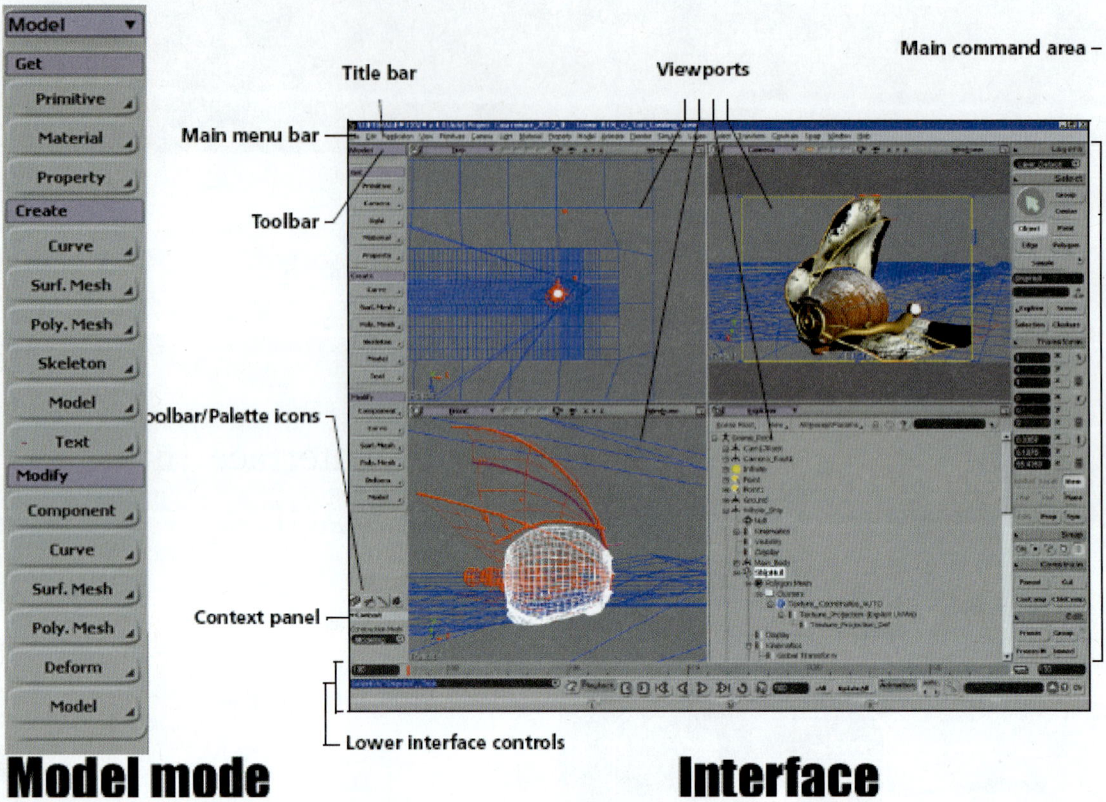

그림 1-1

1-1 Interface 이해

1-1-1 Component(구성요소)

SOFTIMAGE에서 사용되는 구성요소에 대해 먼저 설명을 하도록 한다. SOFTIMAGE를 비롯한 모든 3D 제작환경에서 사용되는 Object(대상)의 구성요소는 점(Point), 선(Edge), 면(Polygon)으로 구성되어 있다.

[1] 점(Point) : 3D Object를 구성하는 최소단위로 독립된 최소 단위이기도 하다. 선택 활성 단축키는 [T]다.

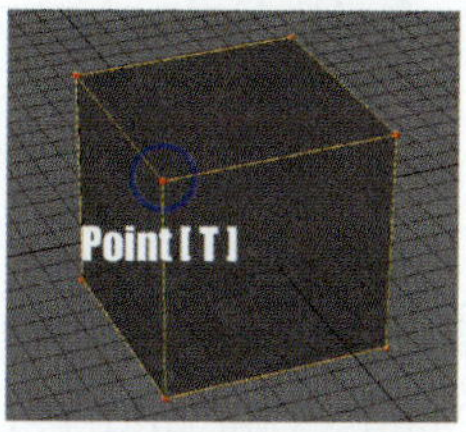

그림 1-2

[2] 선(Edge) : Edge는 Point와 Point가 연결되어 생성되는 단위로 선택 활성 단축키는 [I]이다.

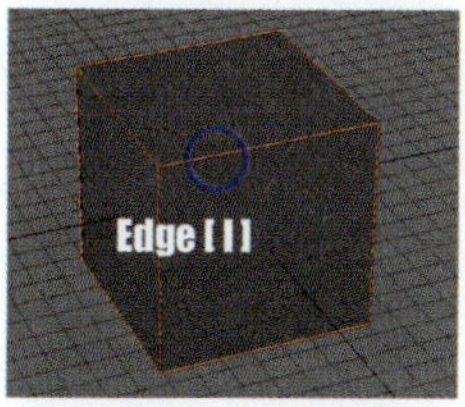

그림 1-3

[3] 면(Polygon) : Polygon은 Edge와 Edge가 연결되어 생성되는 단위로 선택 활성 단축키는 [U]이다.

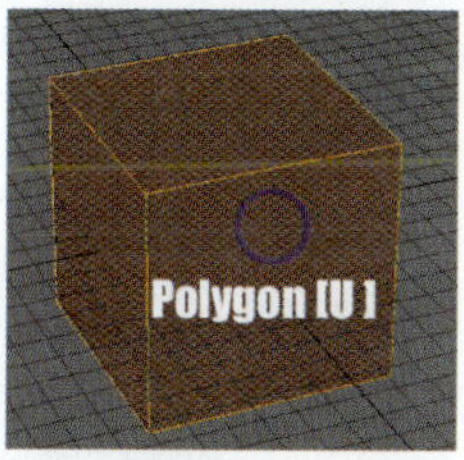

그림 1-4

[4] Object : 위의 이러한 요소들에 의해 생성된 하나의 완성된 3D상에서의 개체를 Object라고 한다. 선택 활성 모드는 [Space bar]이다.

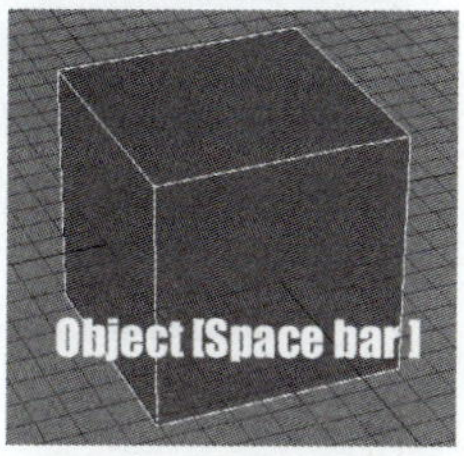

그림 1-5

[5] Center : 오브젝트의 중심을 지칭하는 용어로 Center의 선택 / 이동할 수 있다.

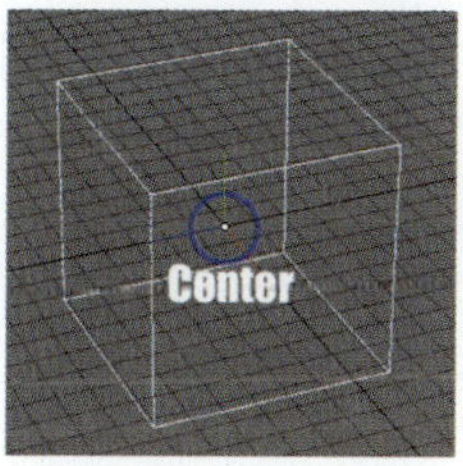

그림 1-6

1-1-2 Select mode(선택 / 해제)

SOFTIMAGE의 모델링 기능을 설명하기 전에 몇 가지 필요한 기능에 대해 이해를 할 필요가 있기 때문에 이에 대한 간략한 기능 설명을 하도록 한다. SOFTIMAGE의 화면구성 오른쪽에 있는 MCP (Main Command Panel)에는 오브젝트에 대한 중요한 컨트롤 기능들이 포함되어 있는데 그 중 선택(Select)과 이동(Transform)에 관련된 기능은 아주 중요하다. 그밖에 Modeling 작업에 많이 활용되는 Edit mode에 대해 설명을 하도록 한다.

1. 선택 대상 설정

먼저 SOFTIMAGE에서 오브젝트 기타 화면상에 존재하는 모든 객체를 선택 / 해제하는 방법에 대해 알아보도록 한다.

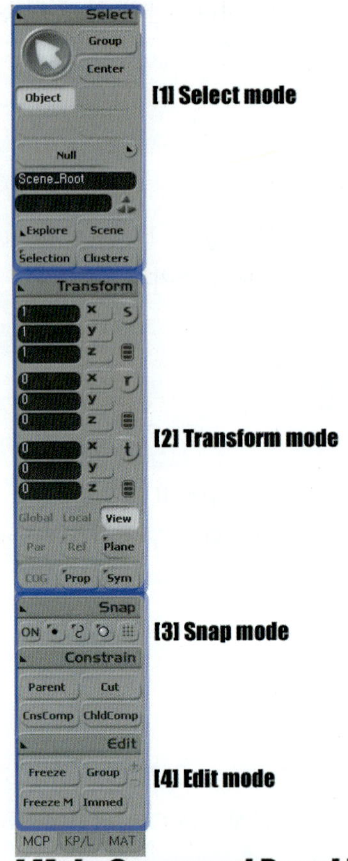

[Main Command Panel]

그림 1-7

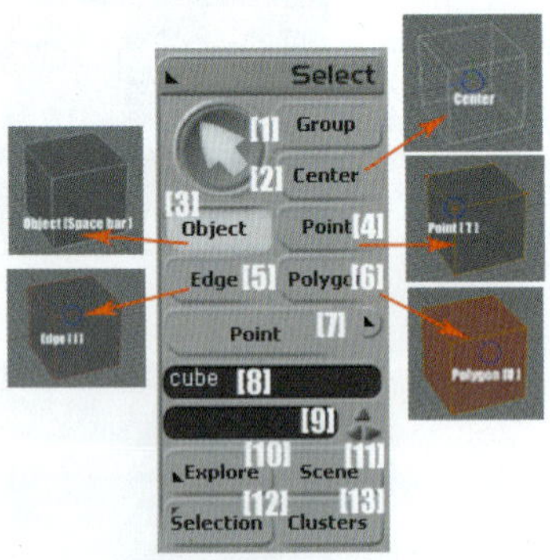
Select mode

그림 1-8

[1] Group : Object의 구성단위를 Component 단위를 Cluster로 지정했을 때 그 Cluster를 선택하면 사용하는 기능이다. Group을 지정하는 방법에 대해서는 앞으로 Edit 〉 Group 기능에서 설명하도록 한다.

[2] Center : Object의 Center를 선택하고자 할 경우 사용하는 기능이다.

[3] Object : 작업화면상에 존재하는 Object를 선택하면 사용하는 기능이다. [Space bar]

[4] Point : Object 구성요소 중 Point를 선택할 때 사용하는 기능이다. [T]

[5] Edge : Object 구성요소 중 Edge을 선택할 때 사용하는 기능이다. [I]

[6] Polygon : Object 구성요소 중 Polygon을 선택할 때 사용하는 기능이다. [U]

[7] Point : Click to additional Filter 기능으로 Object 외에 선택하고자 하는 대상을 미리 정한 다음 그 대상만을 선택적으로 선택할 수 있도록 하는 기능이다. 원하는 대상을 지정하게 되면 다른 대

상은 선택되지 않는다.

[8] Cube : Text selection 기능으로 선택하고자 하는 대상의 이름을 직접 입력하여 Enter를 누르면 입력된 대상의 Object만 선택된다. 대용량 작업할 때 Scene 관리를 잘하게 되면 원하는 Object를 이름만으로 쉽게 찾을 수 있다.

[9] Select Navigation Arrows

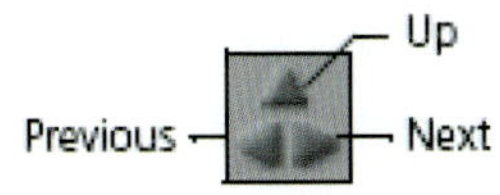

그림 1-9

- Up : Parents 구조상에서 상위 객체로 자동 이동한다.
- Previous : 현재 선택한 Object의 이전에 선택한 Object 또는 속성 창으로 이동한다.
- Next : 지금 선택된 Object에서 이후 이미 선택했던 Object 또는 속성 창으로 자동 이동한다.
- Shift + Next arrow 버튼 : 선택한 순서대로 Multi selection이 된다.
- Ctrl + Next arrow 버튼 : 마지막 선택됐던 Object 상태로 다시 돌아온다.
- Shift + Previous arrow 버튼 : 선택한 역순서 대로 Multi selection이 된다.
- Ctrl + Previous arrow 버튼 : 처음 선택됐던 Object 상태로 다시 돌아온다.

[10] Explorer : Free filter Explorer 모드로 설정하여 선택할 수 있도록 한다. Explorer 내에 보여주는 각 항목 중 하나를 선택하면 그 항목에 해당하는 대상만 활성화할 수 있다. 예를 들어 Layer 항목을 선택하게 되면 현재 작업 내용 중에 설정된 Layer 옵션만 활성화되고 Layer 작업만을 할 수 있는 환경으로 쉽게 바꿀 수 있도록 되어 있다. Group 옵션을 선택하게 되면 현재 작업 내용 중에 Group으로 설정된 모든 항목을 보여 주게 되므로 그 Group 내에 선택하고자 하는 항목을 쉽고 빠르게 선택할 수 있도록 한다. 현재 보여주는 항목들은 Explorer view[단축키 : 8]의 선택(설정) 항목과 같다. 각 항목에 대한 자세한 설명을 앞으로 작업환경에서 설명할 Explorer 창에 대한 설명에서 좀 더 자세하게 다루어질 예정이다.

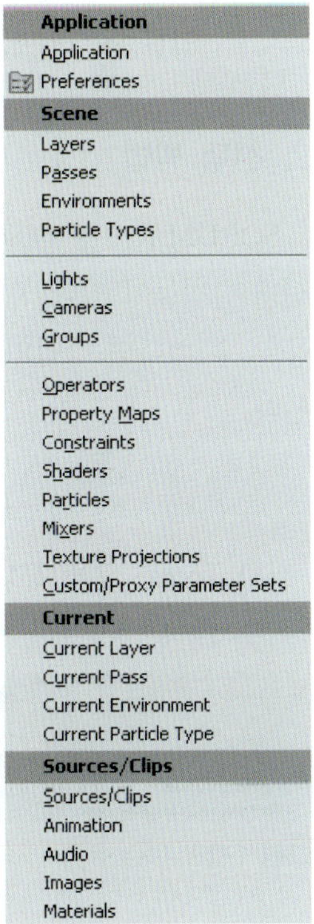

그림 1-10

[11] Scene : 작업 창 Scene 내에 있는 모든 항목을 보고자 할 경우 선택한다. Scene 내에 모든 Object를 보여주는 기능이다. 현재 Scene 내에 대한 모든 정보를 한눈에 볼 수 있으므로 그 항목 중에 필요한 Object를 선택하면 된다.

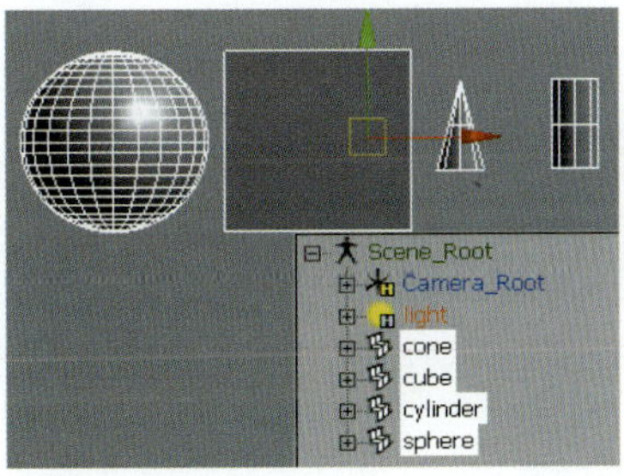

그림 1-11

[12] Selection : 선택한 Object에 대한 정보를 보거나 필요한 요소를 선택하면 사용한다. 선택한 Object에 대한 모델링 및 애니메이션, 맵핑에 대한 모든 정보를 확인할 수 있으므로 필요한 항목을 선택하는 데 아주 쉽다.

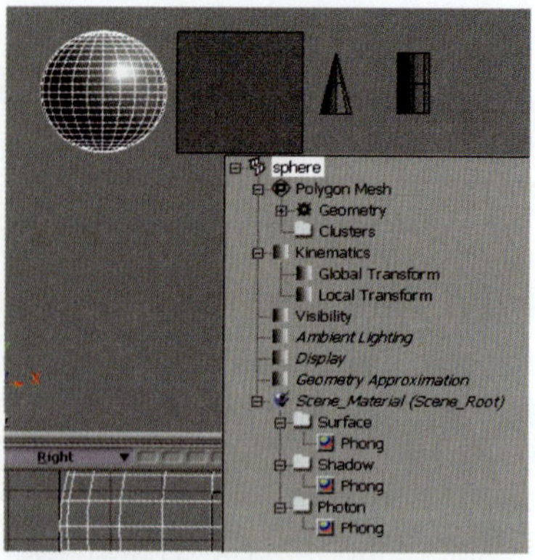

그림 1-12

[13] Cluster : 작업중인 Object 내에 Cluster가 존재하면 그 Cluster 정보를 한 번에 확인할 수 있음과 동시에 필요한 Cluster를 선택할 수 있는 기능이다. Cluster에 대한 지정 및 내용은 앞으로 Cluster에 대한 항목에서 좀 더 자세히 다루어질 예정이다.

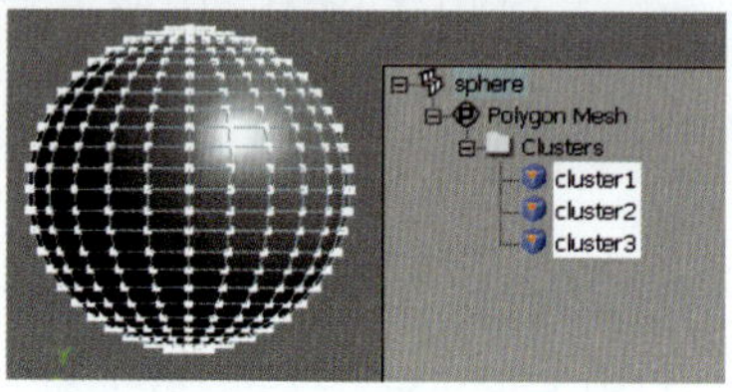

그림 1-13

2. 선택 방법

SOFTIMAGE는 Object 및 그 구성요소에 대한 다양한 선택 방법들이 있다. 이러한 선택 방법들을 잘 이해하고 활용할 수 있다면 작업의 능률을 향상시키는 데 많은 도움이 된다.

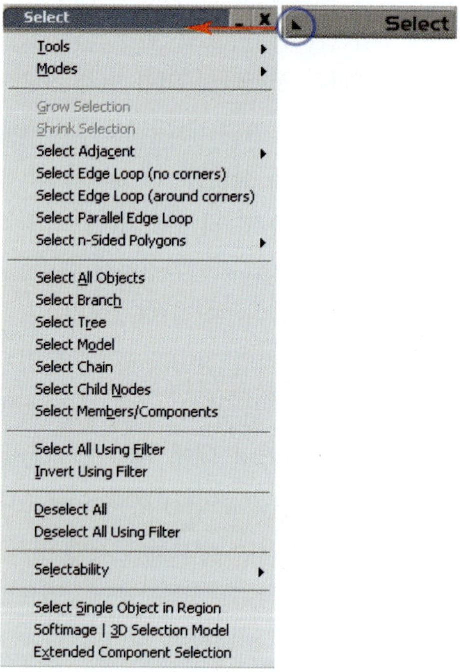

그림 1-14

[1] Tools : SOFTIMAGE에서 사용되는 선택 방법에 대한 종류이다.

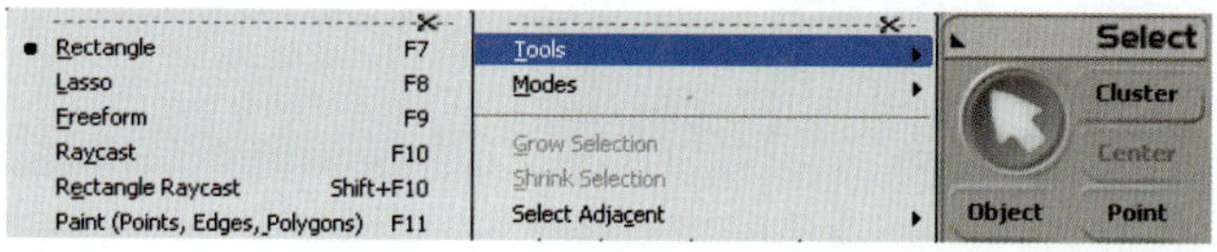

그림 1-15

(1) Rectangle(단축키 [F7]) : 가장 일반적인 선택 방법으로 사각(Rectangle) 형태의 영역을 설정하여 그 영역 내에 포함된 대상을 선택하는 방법이다. 또는 선택을 원하는 대상을 사각 영역 내에 포함해서 선택하는 방법이다.

- Component 선택할 때(예 Point)

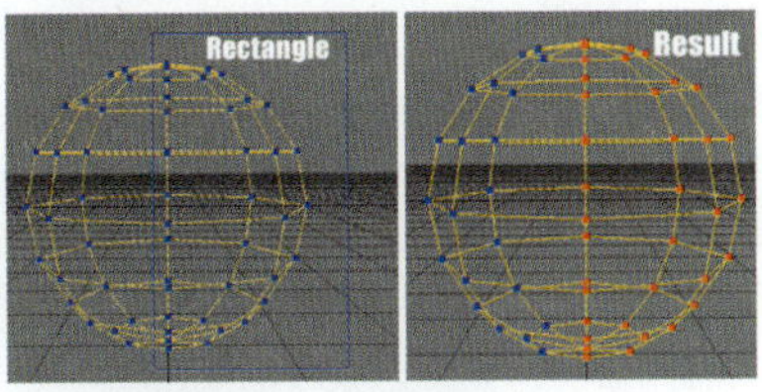

그림 1-16

- Object 선택할 때

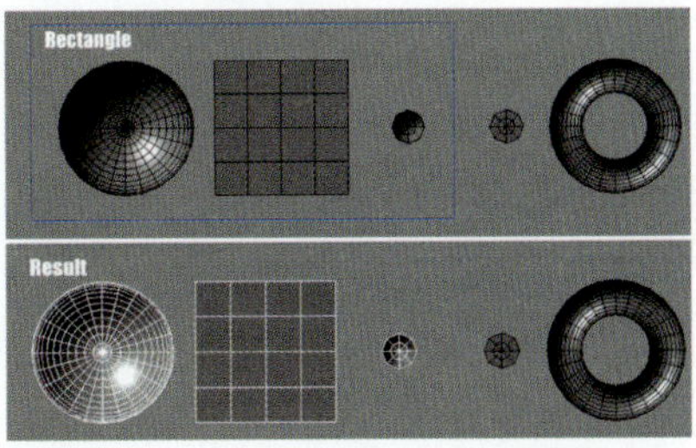

그림 1-17

(2) Lasso(단축키 [F8]) : 선택 영역을 자신이 원하는 형태대로 설정할 수 있다. 즉 Lasso 툴 기능을 선택한 다음 원하는 영역을 직선형, 원형, 사각형, 삼각형 등의 영역을 설정해 주면 그 영역 내에 포함된 모든 Object나 구성요소들이 선택된다.

- Component 선택할 때(예 Polygon)

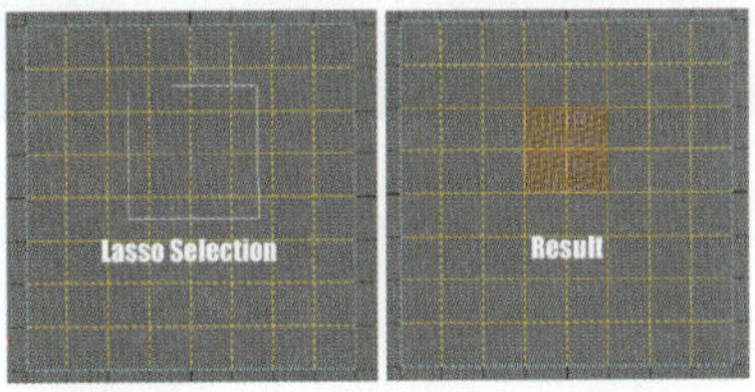

그림 1-18

- Object 선택할 때

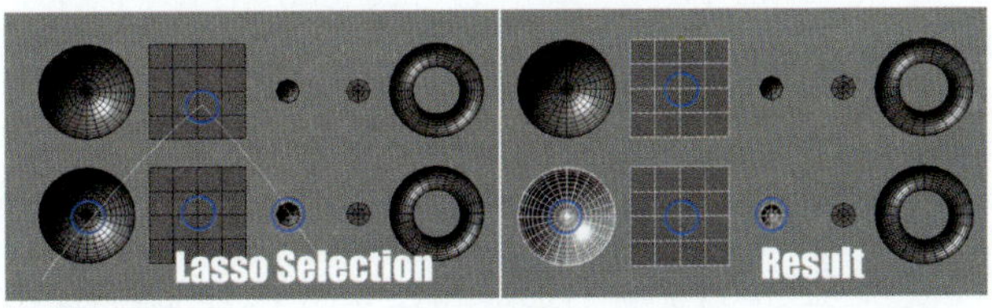

그림 1-19

(3) Freeform(단축키 [F9]) : 형식은 Lasso와 비슷하나 Freeform은 영역 설정 때문인 선택이 아닌 반드시 선택하고자 하는 대상의 Object를 선택하여야만 선택된다. 다만, 자유로운 선택이 가능하며 Object의 배열이나 위치에 상관없이 효율적인 선택이 가능한 특징이 있다.

- Component 선택할 때(예 Polygon)

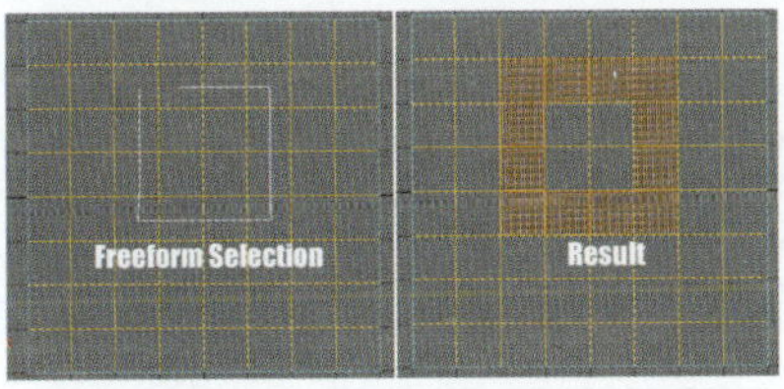

그림 1-20

- Object 선택할 때

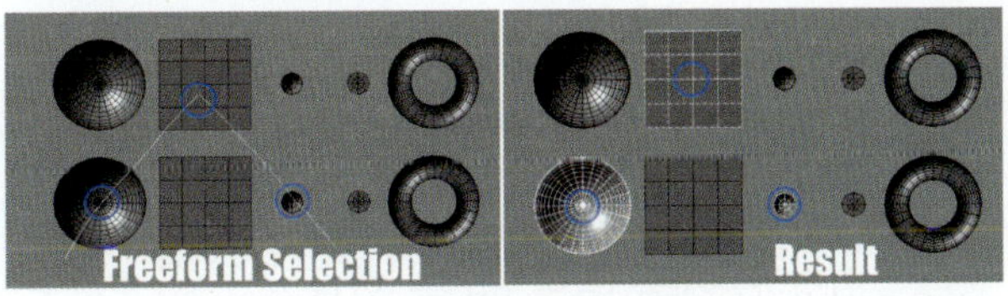

그림 1-21

(4) Raycast : Drag 선택이 아닌 선택하고자 하는 개체 하나하나를 Click 해서 선택하는 방법이다.

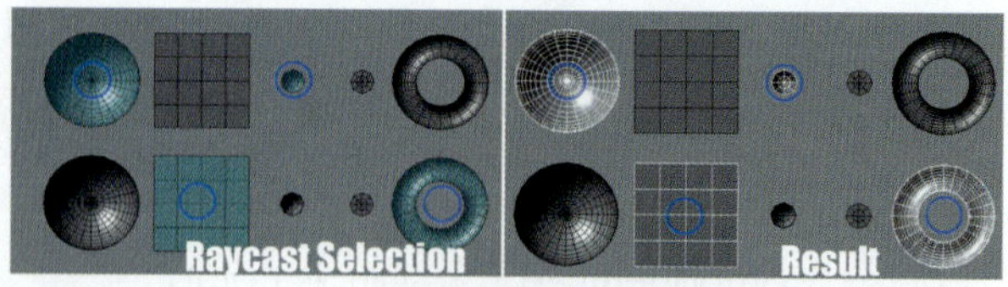

그림 1-22

(5) Rectangle Raycast : Rectangle + Raycast
Raycast의 Multi 선택방식으로 여러 개의 Object를 Raycast 선택방식으로 선택할 때 사용하는 방식이다.

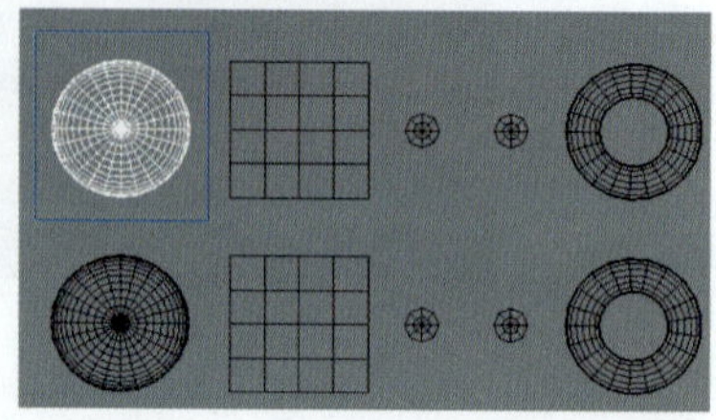
그림 1-23

(6) Paint(Point, Edges, Polygon) : Paint brush 형태처럼 Brush 영역을 설정하여 그 영역 내에 포함된 Object(mesh)나 구성요소(Point, Edge, Polygon)를 선택할 수 있도록 하는 기능이다. 이 기능의 경우 마우스 왼쪽 버튼은 선택을 마우스 오른쪽 버튼은 해제의 명령을 실행하며, 마우스 가운데 버튼은 선택 Brush의 크기를 조절하는 역할을 한다. 마우스 가운데 버튼의 경우 클릭을 한 상태에서 마우스의 위치를 이동시키면서 크기를 조절한다.

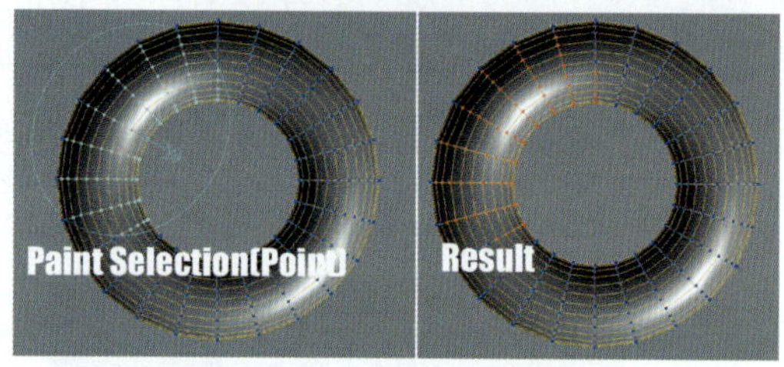

그림 1-24

[2] Modes : SOFTIMAGE에서 선택의 대상을 설정하는 방법이다. 모든 3D 제작 프로그램이 그러하듯이 3D 작업환경에서 선택할 수 있는 대상으로는 Object와 그 Object를 구성하는 구성요소, 즉 Point, Edge, Polygon이다. 여기서는 이러한 선택 요소들을 어떻게 설정하는지를 알아보도록 한다.

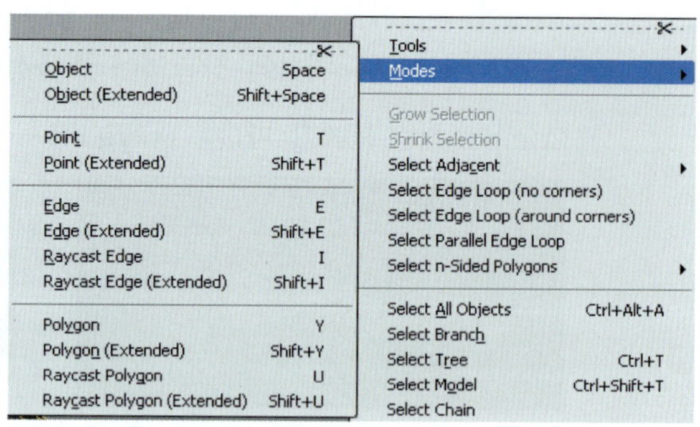

그림 1-25

(1) Object(단축키 [Space bar]) : 작업화면상에서 Object 선택할 때 사용하는 기능이다. 이 경우 여러 개의 Object가 있는 경우 다른 Object를 선택하게 되면 기존에 선택된 Object는 자동 선택 해제된다. 여러 개의 Object를 선택할 때 Space bar를 누른 상태에서 영역 드래그를 통해 영역 내의 모든 Object는 멀티 선택된다. 선택 해제는 마우스를 대상 Object가 아닌 다른 빈 곳에 클릭하게 되면 선택한 Object(또는 멀티 Object)는 선택 해제된다.

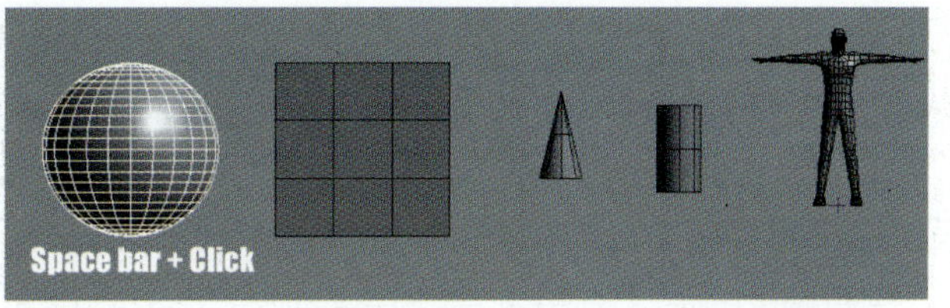

그림 1-26

(2) Object(Extended)(단축키 [Shift + Space]) : 여러 개의 Object를 선택할 때 사용하는 기능이다. 이 경우 Ctrl + 대상 Object 클릭을 해도 Multi 선택이 가능하다. Multi 선택 후 어느 하나의 Object를 선택 제외를 할 경우 Ctrl + 마우스 가운데 버튼으로 해제시킬 Object를 선택하면 된다.

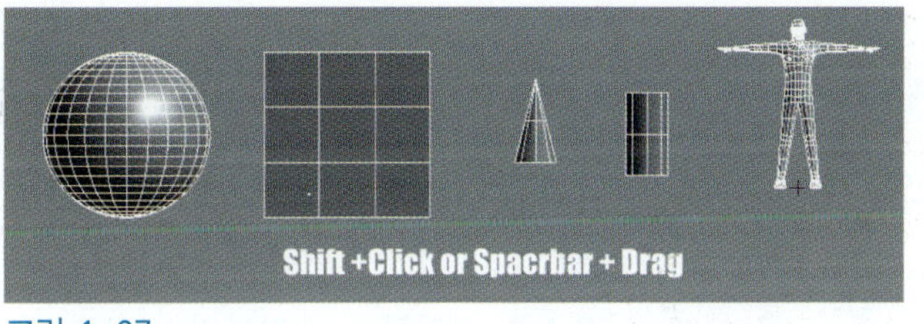

그림 1-27

(3) Point(단축키 [T]) : 작업화면상에서 Point 선택할 때 사용하는 기능이다. 하나의 Point를 선택할 때 대상 Point를 클릭하거나 클릭 드래그를 하도록 한다. 선택 해제는 마우스 가운데 버튼으로 선택된 Point를 다시 한 번 선택하면 해제된다.

그림 1-28

(4) Point(Extended)(단축키 [Shift + T]) : 여러 개의 Point를 선택할 때 사용하는 기능이다. 또는 Point[T] 선택 모드에서 마우스를 이용해서 선택을 원하는 Point 영역을 드래그하게 되면 Multi 선택을 할 수 있다.

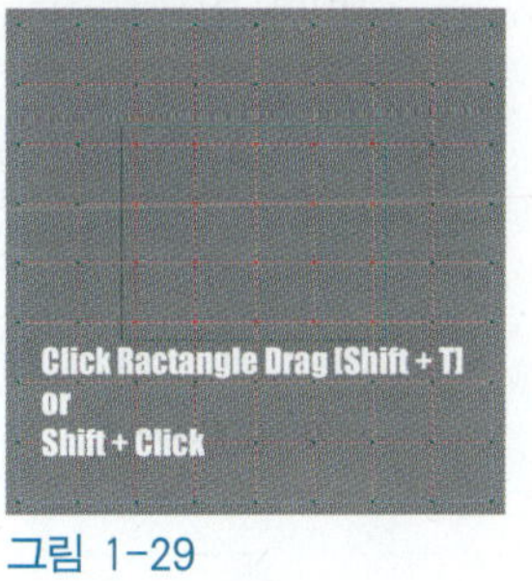

그림 1-29

(5) Edge(단축키 [E]) : 작업화면상에서 Edge 선택할 때 사용하는 기능이다. 이때 Edge Extended와 다른 점은 Edge Extended는 여러 개의 Edge를 선택하더라도 하나씩 개별선택을 해야 하지만 Raycast의 경우에는 영역 드래그를 통해 한 번에 여러 개의 Edge를 선택할 수 있다. 선택 해제는 마우스 가운데 버튼으로 다시 한번 클릭하게 되면 선택 해제된다.

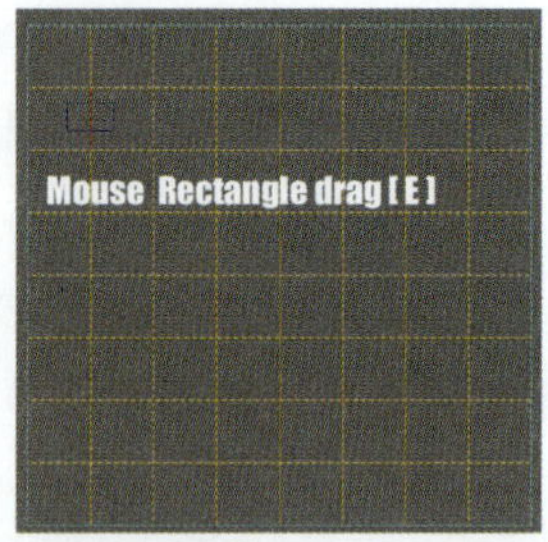

그림 1-30

(6) Edge(Extended)(단축키 [Shift + E]) : Edge 선택 방법으로 여러 개의 Edge을 빠르게 선택할 때 사용하는 기능이다.

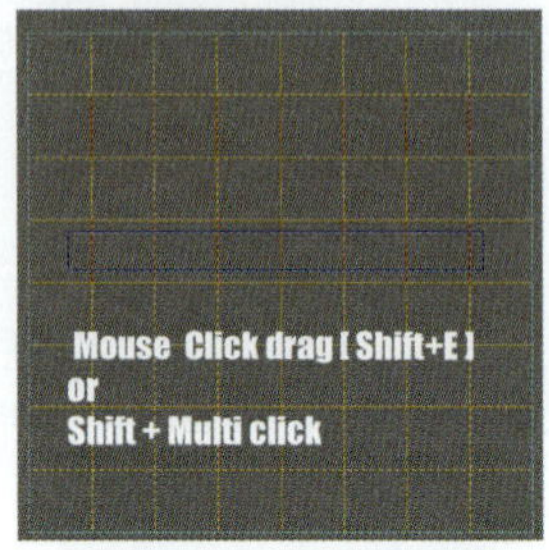

그림 1-31

(7) Raycast Edge(단축키 [I]) : 작업화면상에서 Edge 선택할 때 사용하는 기능이다. 마우스를 클릭하는 순간부터 마우스 클릭을 정지하는 동안까지 Edge를 선택할 수 있다. 선택 해제를 원할 때 마우스 가운데 버튼으로 다시 한번 클릭한다.

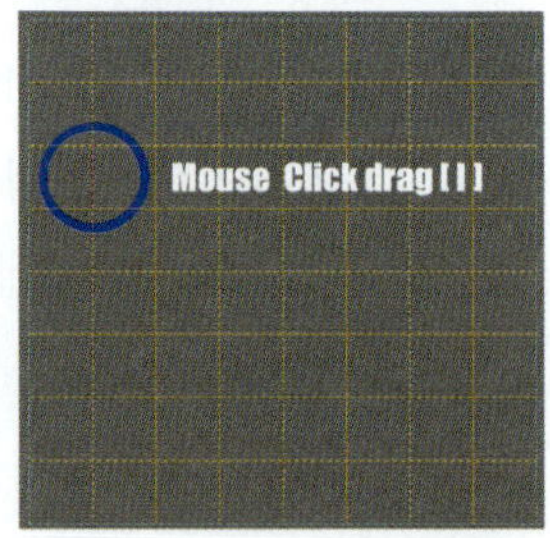

그림 1-32

(8) Raycast Edge Extended(단축키 [Shift + I]) : Raycast Edge 선택 방법으로 Multi Edge를 선택할 때 사용하는 방법이다. Shift 키를 누르지 않은 상태에서 다른 Edge를 선택하게 되면 기존에 선택된 Edge가 자동해제되기 때문에 Multi를 선택하고자 할 경우에는 반드시 Shift 키를 눌러 여러 개를 선택하거나 Click drag(마우스를 클릭한 상태에서)을 통해 Multi 선택을 하도록 한다.

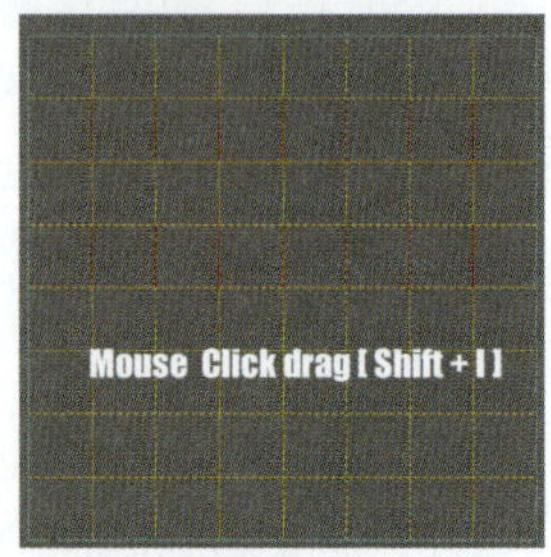

그림 1-33

(9) Polygon(단축키 [Y]) : 작업화면상에서 Polygon 선택할 때 사용하는 기능이다. 선택하는 방법은 선택하고 싶은 Polygon의 영역을 선정하여 마우스 클릭을 통해 사각 영역을 그려준다. 그 사각 영역 내에 포함된 모든 Polygon은 자동 선택된다.

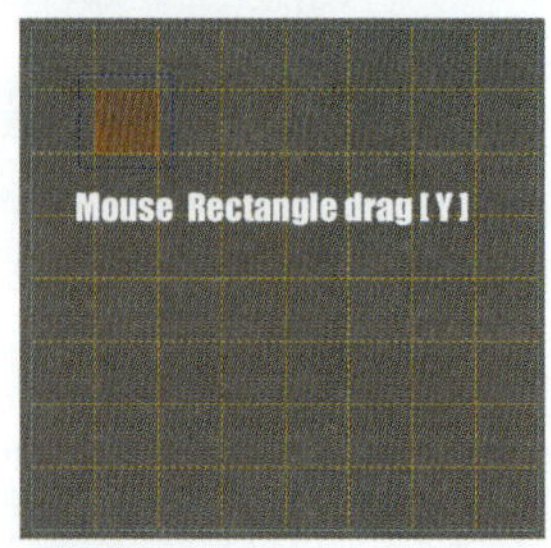

그림 1-34

(10) Polygon(Extended)(단축키 [Shift + Y]) : Polygon 선택 방법으로 여러 개의 Polygon을 빠르게 선택할 때 사용하는 기능이다.

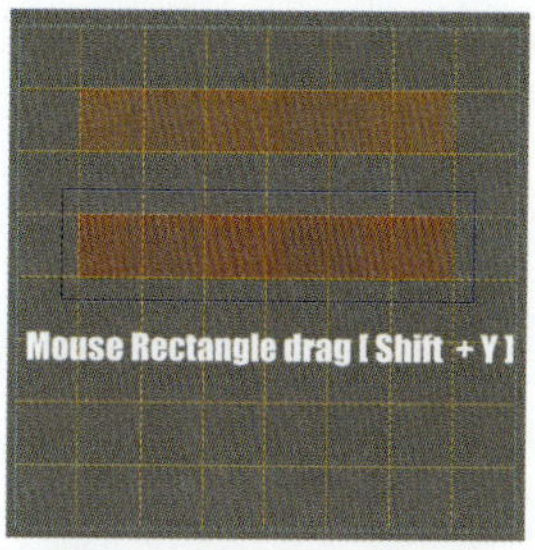

그림 1-35

(11) Raycast Polygon(단축키 [U]) : Polygon 선택의 다른 방법으로 선택하고 싶은 Polygon을 직업 마우스 드래그를 통해 선택하는 방법이다. 마우스를 클릭하는 순간부터 마우스 클릭을 정지하는 동안까지 드래그된 Polygon을 선택할 수 있다.

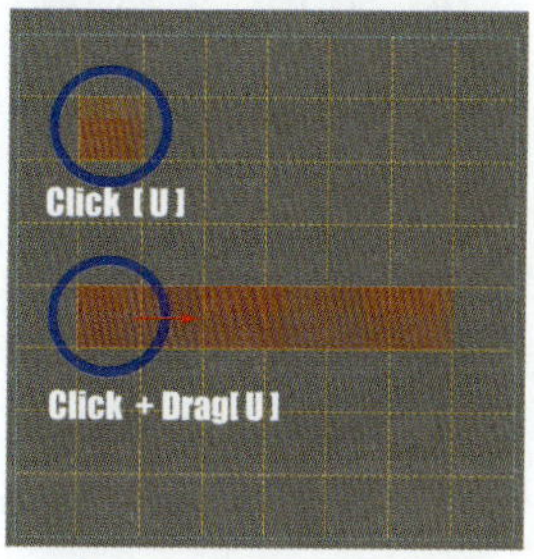

그림 1-36

(12) Raycast Edge Polygon(단축키 [Shift + U]) : Raycast Edge 선택 방법으로 Multi Edge를 선택할 때 사용하는 방법이다.

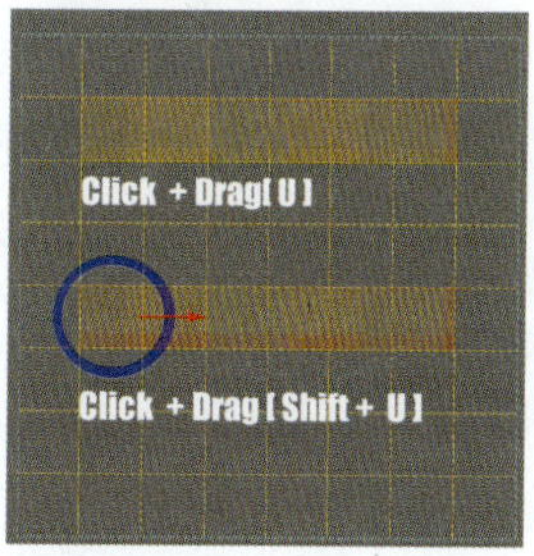

그림 1-37

[3] Grow Selection : Object 구성요소(점, 선, 면) 선택할 때 기존에 선택된 영역으로부터 동일 선상으로 자동으로 확장 선택할 수 있는 기능이다.

(1) Point

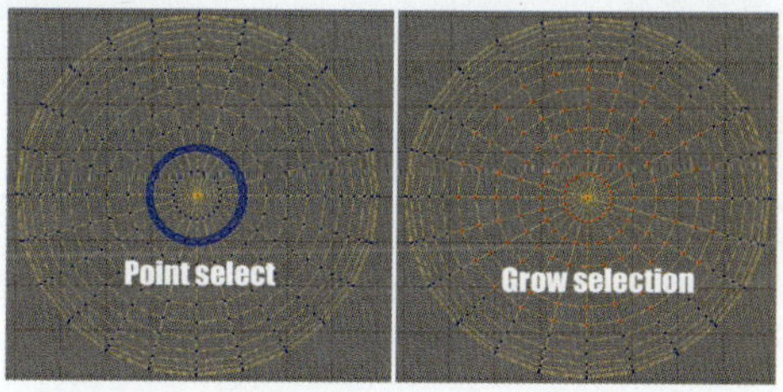

그림 1-38

(2) Edge

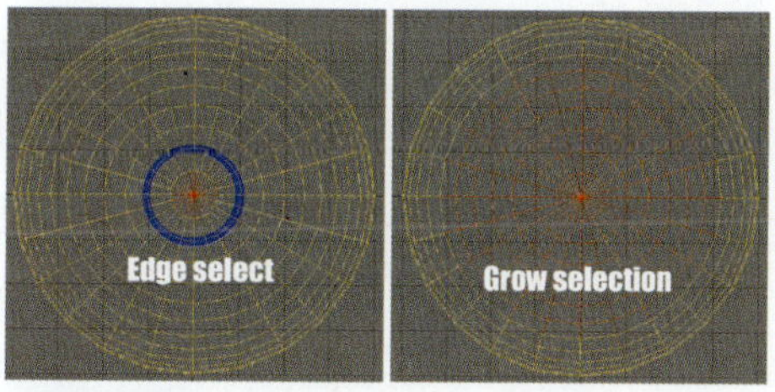

그림 1-39

(3) Polygon

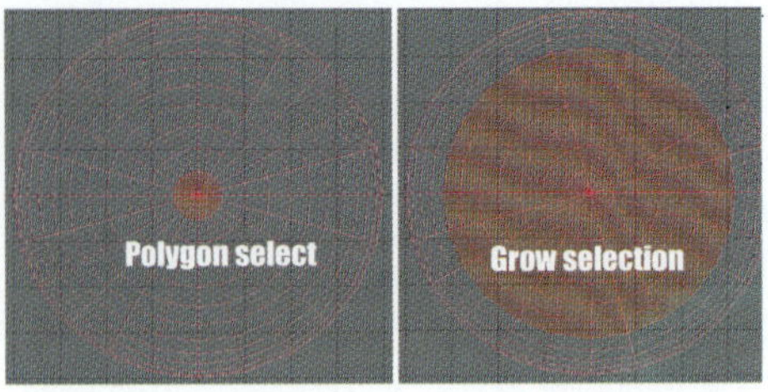

그림 1-40

[4] Shrink Selection : Grow selection의 기능과 반대 기능으로 영역 선택된 Component들의 선택 영역을 일정한 영역만큼 Deselect하는 기능이다.

[5] Select Adjacent : 이 기능은 Component 선택할 때 서로 선택 대상을 바꿀 수 있는 기능이다. 즉 Polygon 선택 영역에서 그 선택 영역만큼 Point나 Edge를 선택할 때 사용한다. 또는 그 반대로 활용할 수 있다.

예를 들어 Sphere의 한 영역을 Polygon 선택한 후 이 Polygon 영역에 대한 Point를 선택할 때 Select Adjacent 〉 Point 명령을 실행한다.

그림 1-41

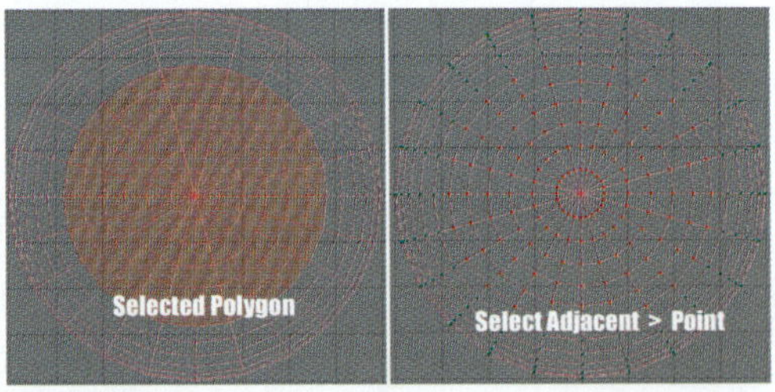

그림 1-42

[6] Select Edge Loop(no corner) : 모델링 작업을 하다 보면 아주 흔하게 동일 선상의 Edge를 선택해야 할 경우가 많다. 이 경우 Edge의 개수가 많거나 뒷면의 Edge까지 선택할 때 작업 View 모드 자체를 변경해야 하는 번거로움이 생긴다. 이때 Edge Loop 기능을 사용하면 상당히 효율적인 작업을 할 수 있다. Edge Loop 기능은 크게 두 가지인데 하나는 Corner에서 멈추는 경우와 다른 하나는 Corner에서 멈추지 않고 처음 출발한 시점까지 선택해주는 경우이다. 그 전자의 기능이 바로 Select Edge Loop(no corner) 기능이다.

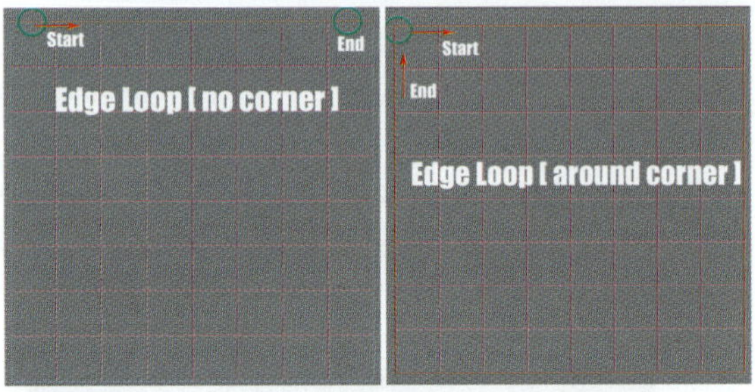

그림 1-43

[7] Select Edge Loop(around corner) : 이 명령어는 Edge Loop의 기능은 같지만 Corner 부분을 포함하여 전체 동일 영역에 해당하는 Edge를 모두 선택해준다.

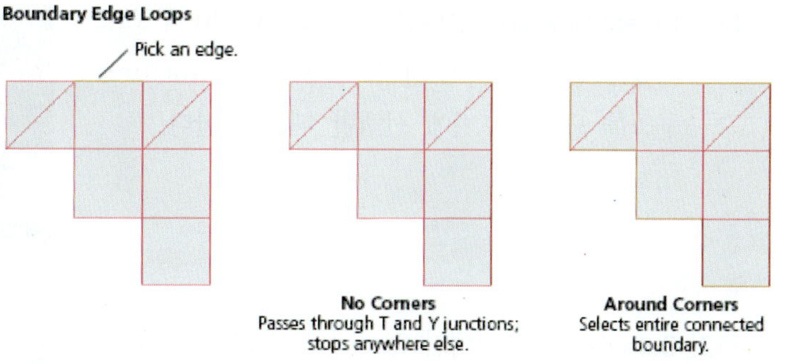

그림 1-44

[8] Select Parallel Edge Loop : Edge 선택할 때 평행한 모든 Edge를 선택하는 방법이다. 사용방법은 평행한 Edge 영역에 대해 하나의 Edge만을 선택한다. 그러면 그 Edge와 평행한 구조의 모든 Edge는 자동 선택된다.

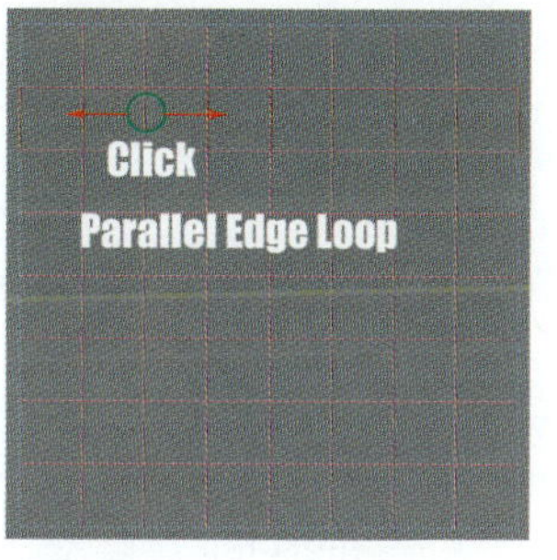

그림 1-45

[9] Select n-Sided Polygon : Polygon 선택할 때 Polygon을 이루는 면의 개수에 따라 자동 선택할 수 있는 기능이다. 모델링 작업할 때 불필요한 삼각형과 오각형을 줄여 주는데 효율적인 역할을 수행한다. 삼각형(Triangles)과 사각형(Quads) 그리고 오각형 또는 그 이상의 다각형(Five Sides or More)의 형태를 자동으로 선택해준다.

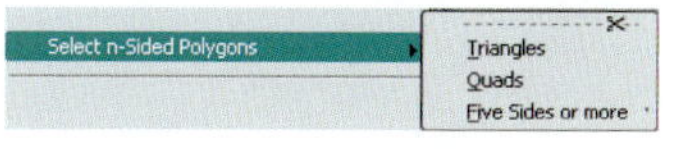

그림 1-46

(1) Triangles : 삼각형

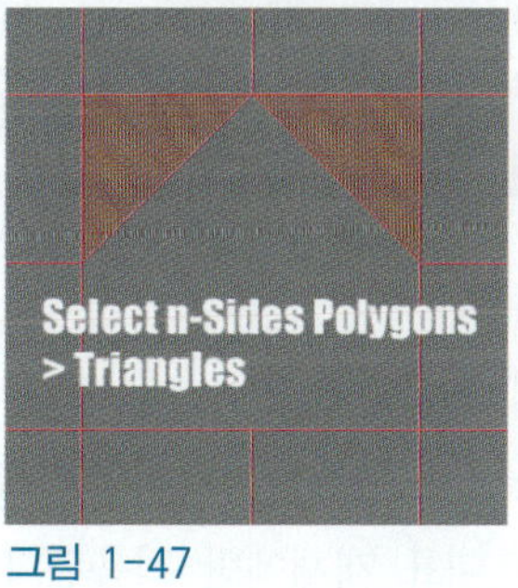

그림 1-47

(2) Quads : 사각형

그림 1-48

(3) Five sides or more : 오각형 또는 그 이상의 다각형

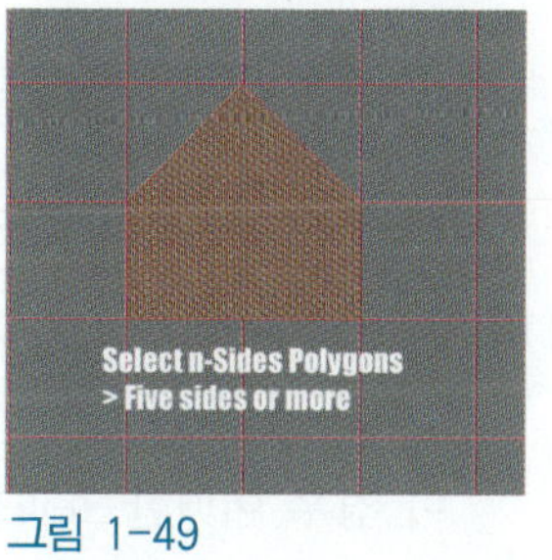

그림 1-49

[10] Select All Objects : 작업 창 내에 있는 모든 Object를 선택할 때 사용하는 기능이다.

[11] Select Branch : 선택한 Object가 Child 구조로 되있는 경우 그 아래 자식 구조(Child Structure) 구조를 모두 한 번에 선택할 때 사용한다.

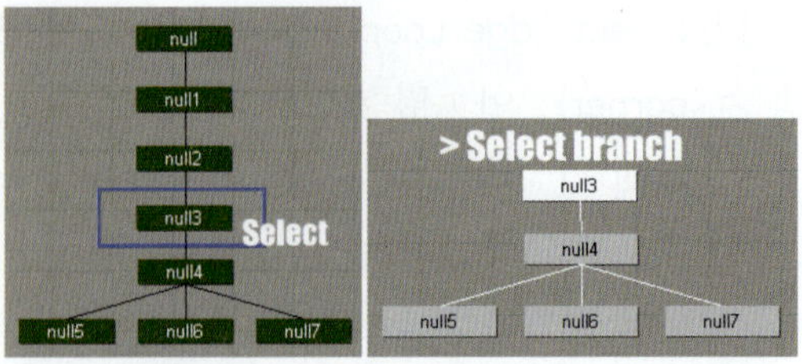

그림 1-50

[12] Select Tree : 선택한 Object에 관계된 모든 상위 및 하위 구조의 전체 구조(Tree Structure)를 선택할 때 사용한다.

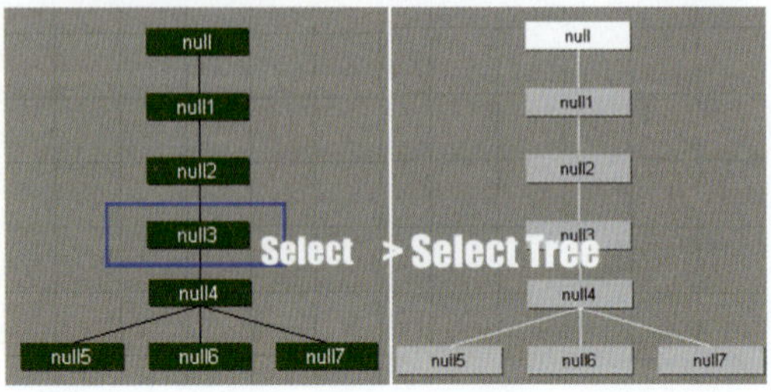

그림 1-51

[13] Select Model : 작업화면 내에 있는 Data 중에서 Model 파일만을 찾아 선택할 수 있도록 하는 기능이다.

[14] Select Chain : Skeleton 구조상에서 Chain을 선택하고자 할 경우 사용한다.

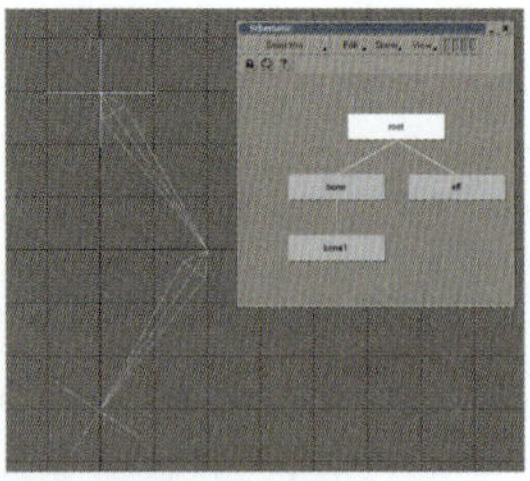

그림 1-52

[15] Select Child Nodes : 구조상 아래 Child 구조를 가졌을 때 선택한 Object(그 이하 Child 구조를 가진 경우도 포함)만을 선택할 경우 사용한다.

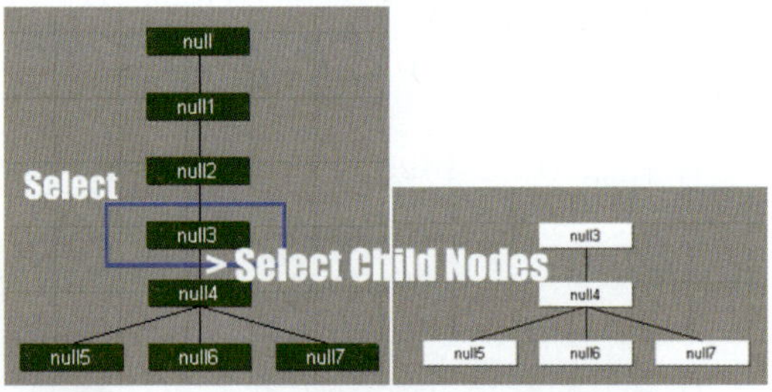

그림 1-53

[16] Select Members / Components : 어떤 Object들이 Group 내에 포함되어 있을 때 그 Group을 선택하게 되면 Group 내에 포함된 Object들은 개체 선택이 아니라 구성요소로서의 선택이다. 이 경우 어떠한 효과를 적용할 때 이는 최상의 Object나 Group 대표 개체에만 적용된다. 이러한 현상을 막으려고 자식 구조나 Group 내에 모든 요소를 하나의 완전한 개체로 선택하고자 할 경우 사용하는 기능이다.

[17] Select All Using Filter : Object 모드에서는 작업 창 내에 있는 모든 Object를 한 번에 선택하는 명령어이다. 또한, Component로 설정되어 있을 때 해당하는 Object의 Point, Edge, Polygon 모드에서 선택한 Object의 모든 Component를 자동으로 선택할 수 있다.

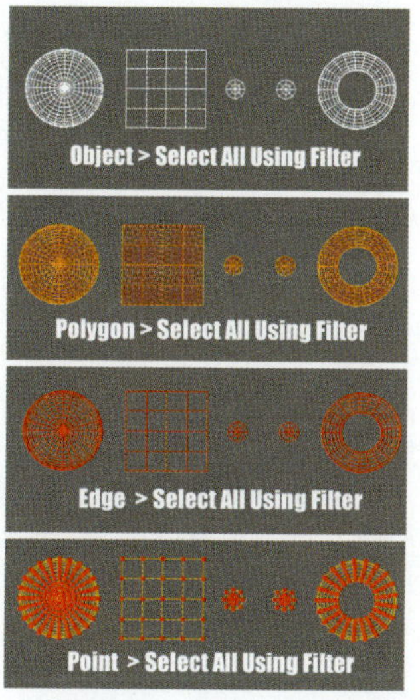

그림 1-54

[18] Invert Using Filter : 이 기능은 현재 선택된 상태의 반전 선택을 하는 기능으로 전체 선택된 경우는 전체 선택 해제가 되고, 이미 선택된 Object는 선택 해제되고, 선택되지 않았던 Object들은 선택된다. Component 상태에서도 마찬가지로 선택된 Component는 해제되고 선택되지 않았던 나머지 부분이 선택된다.

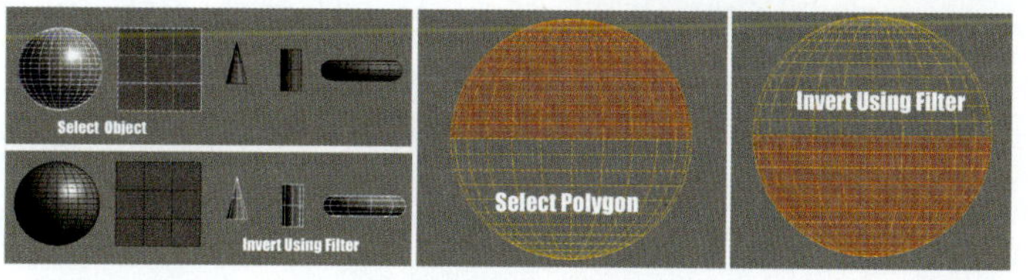

그림 1-55

[19] Deselect All : Select All Using Filter와 반대 기능이다. 모든 선택된 Object 또는 Component의 선택 해제를 하는 기능이다.

[20] Deselect All Using Filter : 선택한 모든 Component의 선택 해제 명령이다.

[21] Selectability : 작업화면상에서 Object의 선택과 비선택에 관련된 기능이다.

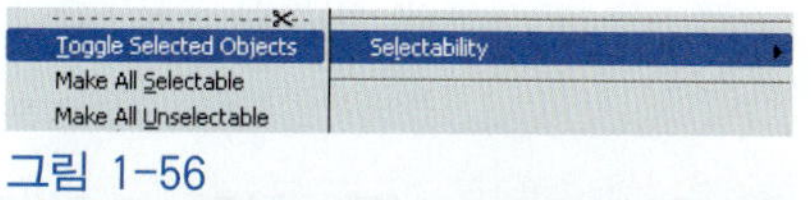

그림 1-56

(1) Toggle Selected Objects : 선택한 Object에 대해 이 명령을 실행하게 되면 앞으로 이띠한 작입모드에서도 선백뇌지 않는다.

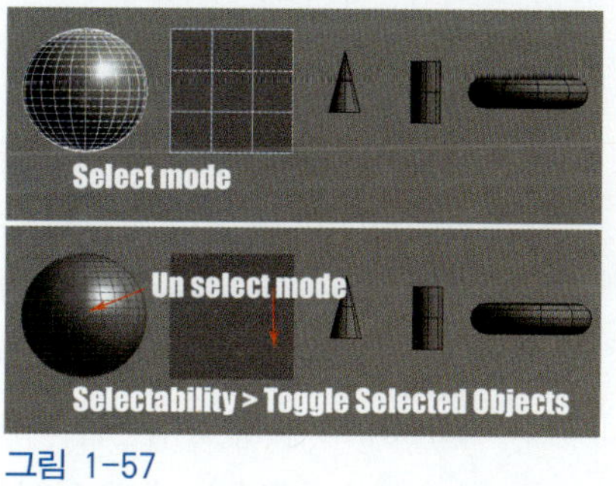

그림 1-57

(2) Make All Selectable : 작업화면상에 존재하는 모든 Object를 선택 모드로 전환한다.

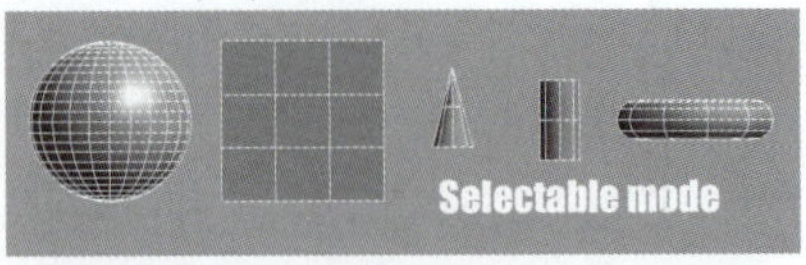

그림 1-58

(3) Make All Unselectable : 작업화면상에 존재하는 모든 Object를 비선택 모드로 전환한다.

그림 1-59

[22] Select Single Object in Region : 어떠한 선택 영역을 그리더라도 그 내에 포함된 Object 중에서 단 하나만 선택이 된다.

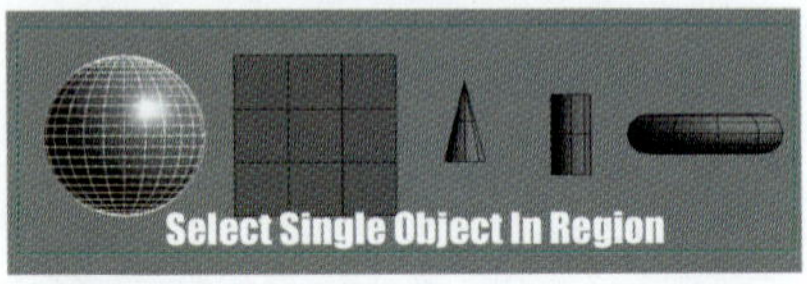

그림 1-60

[23] Softimage I3D Selection Model : 어떤 Object를 선택할 때 기존에 선택된 Object는 자동해제 된다. 하지만, Region을 그렸을 때 그 Region 내에 포함된 모든 Object는 동시 선택이 된다. 이 기능은 Object 선택할 때에만 해당하는 것이 아니라 Object의 구성요소인 Point, Edge나 Polygon도 해당한다.

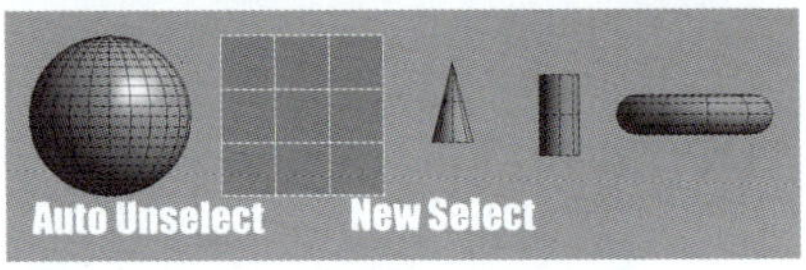

그림 1-61

[24] Extended Component Selection : Object를 구성하는 Component를 선택할 때 Shift 키나 Ctrl 키를 누르지 않고도 Multi 선택을 할 수 있는 기능이다. 즉 이 명령어를 활성화시킨 다음 Point, Edge, Polygon을 선택하게 되면 기존에 선택된 Component가 자동 해제되지 않고 Multi 선택이 된다. 이때 선택된 Component를 선택 해제하고자 할 경우에는 마우스 가운데 버튼을 클릭한다.

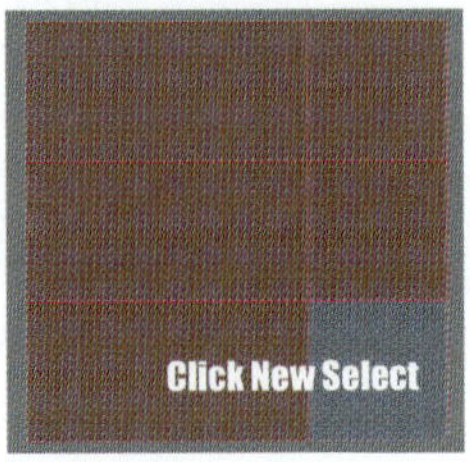

그림 1-62

3. Transform(이동, 회전, 크기 조절)

[1] Axis(축) : 3D상에서의 축의 개념은 매우 중요한 요소이며 이는 Object뿐만 아니라 Component의 이동 / 회전 / 크기 조절에 절대적 역할을 하게 된다. 3D상에서 가장 일반적인 축은 Global 축과 Local 축이다. Transform에 대해 접근을 하기 전에 이 두 가지 축의 개념에 대해 알아보기로 한다.

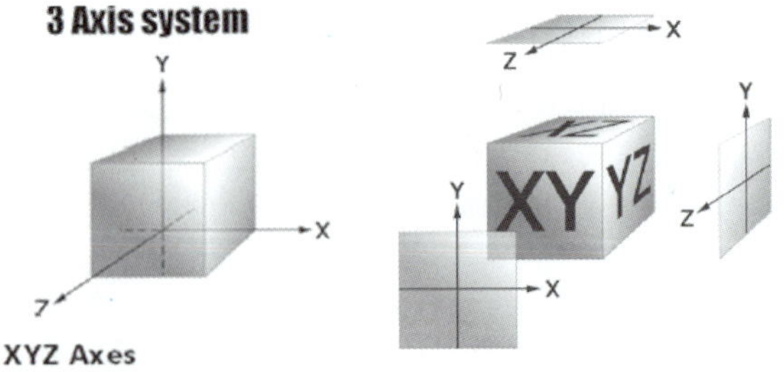

그림 1-63

(1) Global 축 : 전체 축이라고 부르며 화면상에 모든 Object와 Component들이 가지는 공통의 축을 일컫는 축이다.

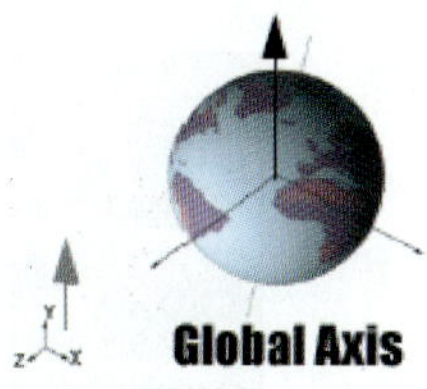

그림 1-64

(2) Local Axis : 자체 축이라고 부르며 Object나 Component가 가지는 자신만의 축을 일컫는 축이다.

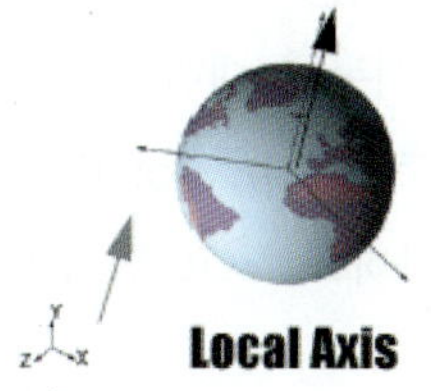

그림 1-65

(3) View : 3D 작업환경이긴 하지만 View 모드는 2차원 평면 View로 설정된 면으로부터 좌/우, 위/아래로의 방향성을 가지는 View 모드이다.

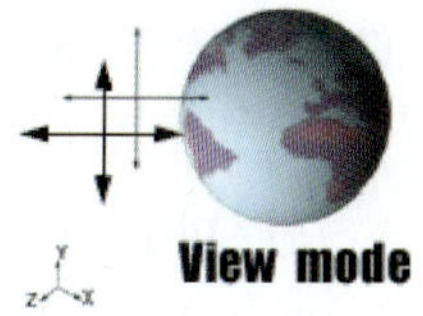

그림 1-66

[2] Transform Tool의 구조

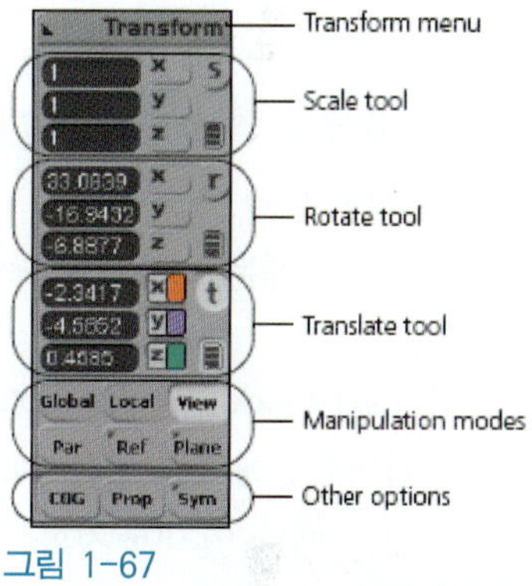

그림 1-67

(1) Scale Tool(단축키 [X]) : Object 또는 선택한 모든 대상의 크기(Size)를 조절하는 기능이다. X, Y, Z 각각의 축을 선택해서 원하는 방향 또는 원하는 Plan(XY Plan, YZ Plan, XZ Plan)을 기준으로 크기 조절이 가능하다. 그리고 Center 부분에 대해서는 X, Y, Z 축 동시에 크기 조절이 가능하다.

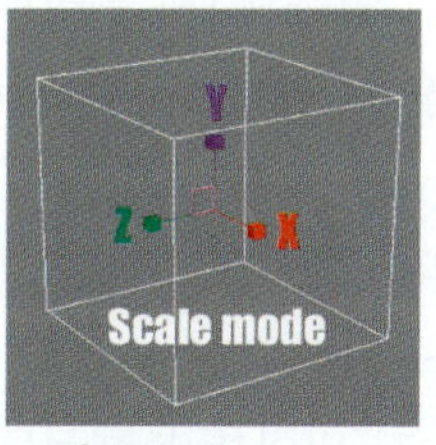

그림 1-68

(2) Rotation Tool(단축키 [C]) : Object 또는 선택한 모든 대상의 회전 값을 조절하는 기능이다. X, Y, Z 각각의 축을 선택해서 원하는 방향 또는 원하는 Plan(XY Plan, YZ Plan, XZ Plan)을 기준으로 회전 조절이 가능하다. 그리고 Center 부분에 대해서는 X, Y, Z축 동시에 회전 조절이 가능하다.

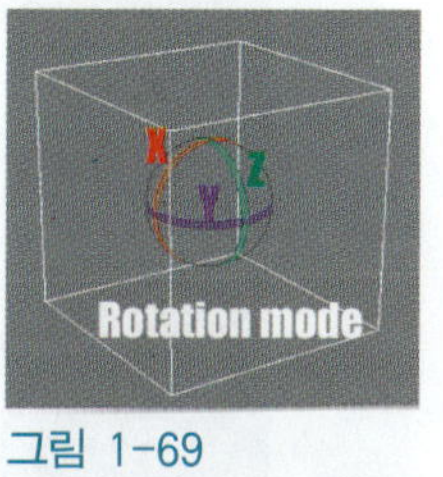

그림 1-69

(3) Transition Tool(단축키 [V]) : Object 또는 선택한 모든 대상의 이동(Move)을 조절하는 기능이다. X, Y, Z 각각의 축을 선택해서 원하는 방향 또는 원하는 Plan(XY Plan, YZ Plan, XZ Plan)을 기준으로 이동 조절이 가능하다. 그리고 Center 부분에 대해서는 X, Y, Z축 동시에 이동 조절이 가능하다.

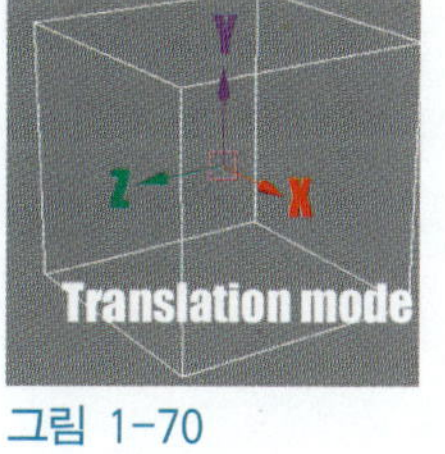

그림 1-70

(4) Option : Scale, Rotation, Transition 각각의 기능에 대해 좀 더 효율적으로 기능을 보강할 수 있도록 설정된 다양한 Option 기능들이다.

[3] Transform Tool의 기능

(1) Tool : 크기, 회전, 이동에 대한 선택 모드이다. 각각의 기능에 대한 단축키 Scale Tool(단축키 [X]), Rotation Tool(단축키 [C]), Transition Tool(단축키 [V])을 사용해도 되고 직접 마우스 클릭을 해서 활성화해서 사용할 수도 있다.

(2) Transform의 각 설정 모드 : 아래 항목에서 설명하기로 한다.

(3) Axis 설정 : Scale, Rotation, Translation 옵션에 대해 원하는 방향으로의 설정이 가능하다. X축에 대해서 Scale, Rotation, Translation을 지정하면 마우스로 X축만을 활성화하고, Y축에 대해서 Scale, Rotation, Translation을 지정하면 마우스로 Y축만을 활성화하고, Z축에 대해서 Scale, Rotation, Translation을 지정하면 마우스로 Z축만을 활성화하고 사용하면 된다. 또한, 두 개의 면을 기준으로 Transform 지정하고자 할 경우에도 역시 원하는 면(XY, YZ, XZ면)만을 설정해서 Scale, Rotation, Translation 명령을 실행할 수 있다. 다시 원상태(초기상태)로 돌아오고자 할 경우에는 All Axis축 버튼을 활성화하면 된다.

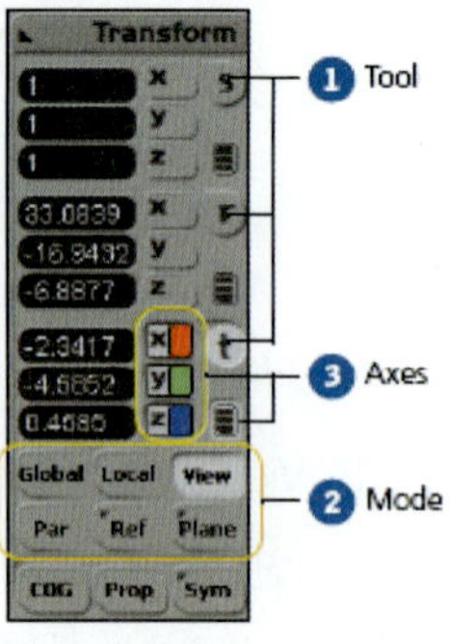

그림 1-71

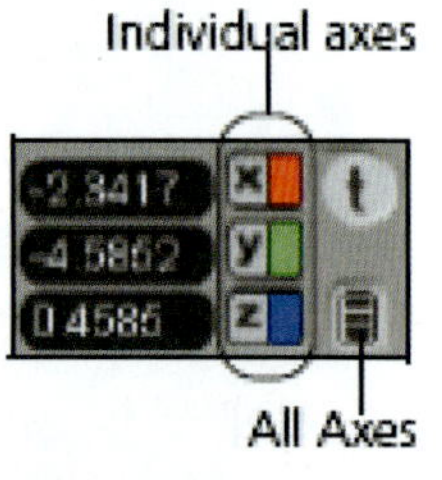

그림 1-72

[4] Text mode : Scale, Rotation, Translation의 명령을 이용할 때 작업화면에 나타나는 Transformation Axis의 컨트롤러를 이용하는 때도 있지만 정확한 수치 입력을 통해서도 변형할 수 있다.

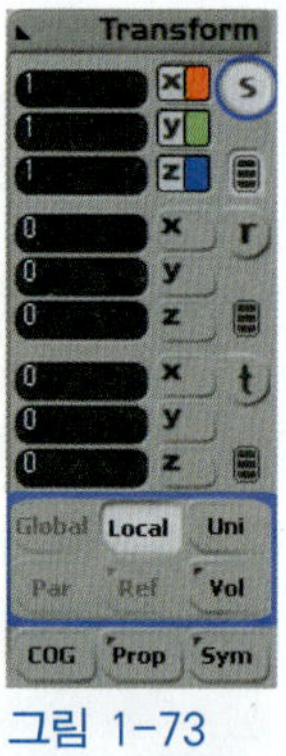

그림 1-73

[5] Scale 모드(Object 기준)

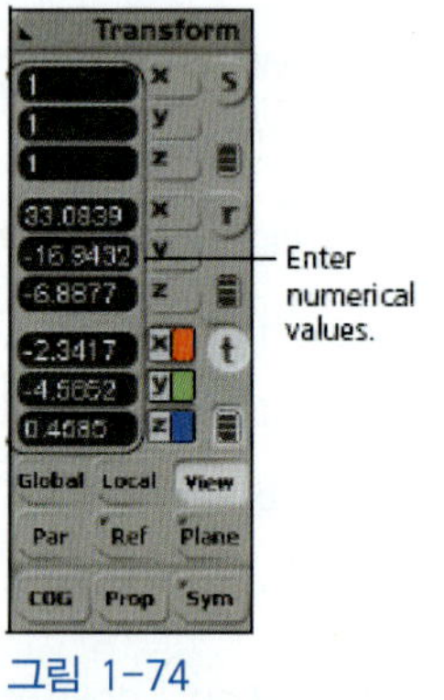

그림 1-74

(1) Local : 선택된 대상의 자체 축의 값을 기준으로 스케일링하는 작업이다.

그림 1-75

(2) Uni : X, Y, Z를 기준으로 같은 비율로 Scale하고자 할 경우 사용한다.

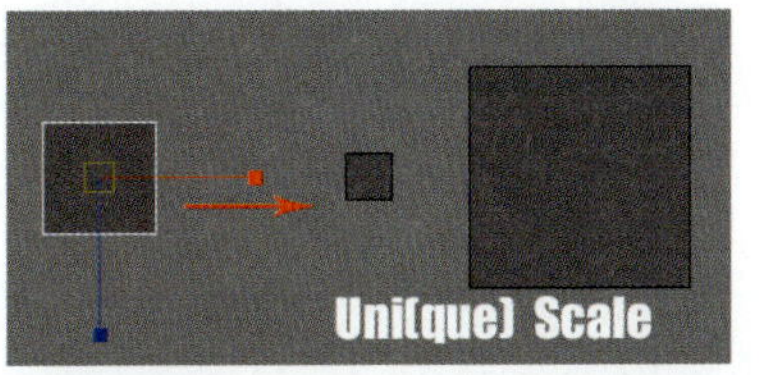

그림 1-76

(3) Vol : 원본 데이터의 부피 값을 유지한 상태로 Scale하고자 할 경우 사용한다.

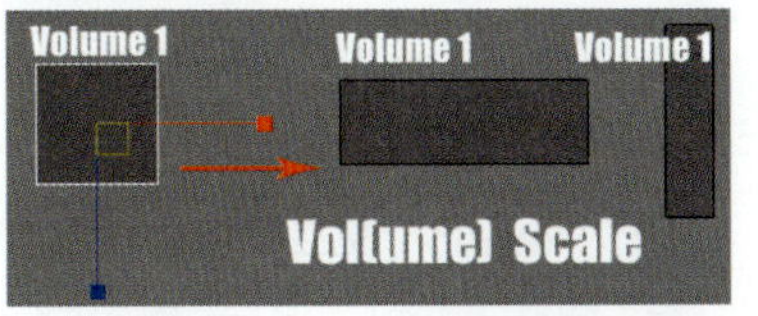

그림 1-77

[6] Scale 모드(Component 기준) : 같은 Scale 기능이라도 Object 모드와 Component 모드의 설정 모드에 차이가 있다.

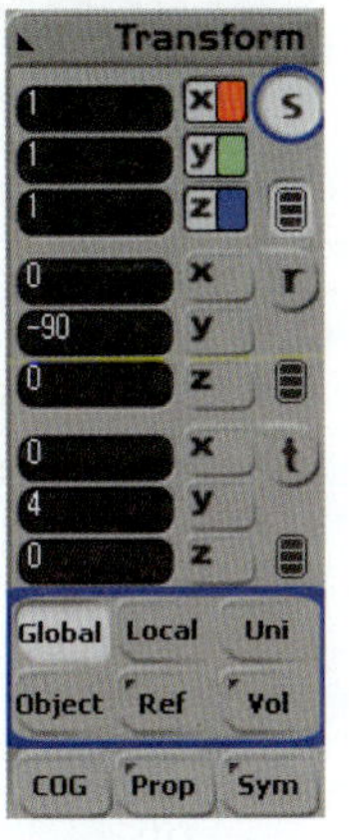

그림 1-78

(1) Global : 선택된 Component의 Scale 기준이 Global 축인 경우이다.

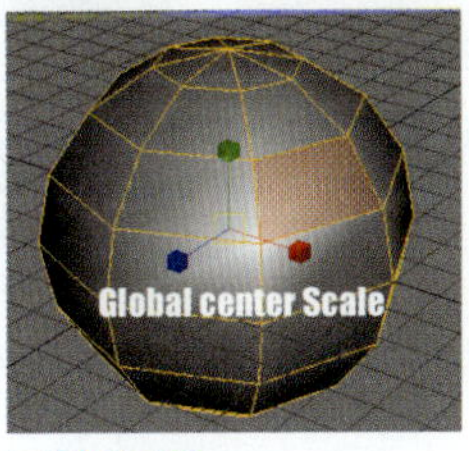

그림 1-79

(2) Local : 선택된 Component의 Scale 기준이 Local 축인 경우이다.

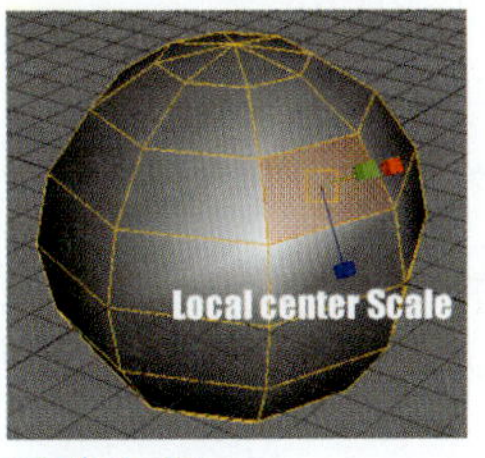

그림 1-80

(3) Uni : 선택한 Component를 Unique하게 Scale을 할 경우 사용한다.

(4) Object : 선택한 Component를 Scale할 때 Object의 Center를 기준으로 작업할 때 사용한다.

(5) Ref : 선택한 Component를 Scale할 경우 새로운 Reference(기준점)를 선택할 수 있다.

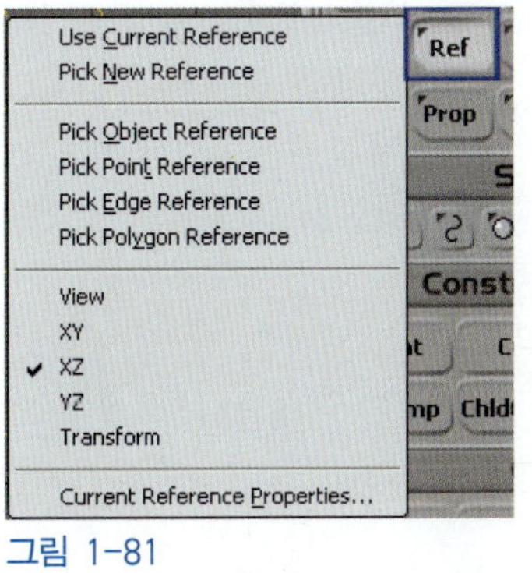

그림 1-81

- Use Current Reference : 현재 Setting된 Reference를 기준점으로 설정한다.
- Pick New Reference : 새로운 Reference 기준점을 선택한다.
- Pick Object Reference : 새로 선택하는 Object를 새로운 기준점으로 설정한다.
- Pick Point Reference : 새로 선택하는 Point를 새로운 기준점으로 설정한다.
- Pick Edge Reference : 새로 선택하는 Edge를 새로운 기준점으로 설정한다.
- Pick Polygon Reference : 새로 선택하는 Polygon을 새로운 기준점으로 설정한다.
- View : View면을 기준면으로 설정한다.

- XY : XY면을 기준면으로 설정한다.
- XZ : XZ면을 기준면으로 설정한다.
- YZ : YZ면을 기준면으로 설정한다.
- Transform : 마지막에 활성화된 일시적인 면을 기준면으로 설정한다.
- Current Reference Properties : 현재 Reference 기준면의 속성을 자세히 확인할 수 있다.

(6) Vol : Object의 Volume 기능과 같다. 즉 선택한 Component의 초기 Volume 값을 유지한 상태에서 Scale이 된다.

[7] Rotation 모드(Object 기준)

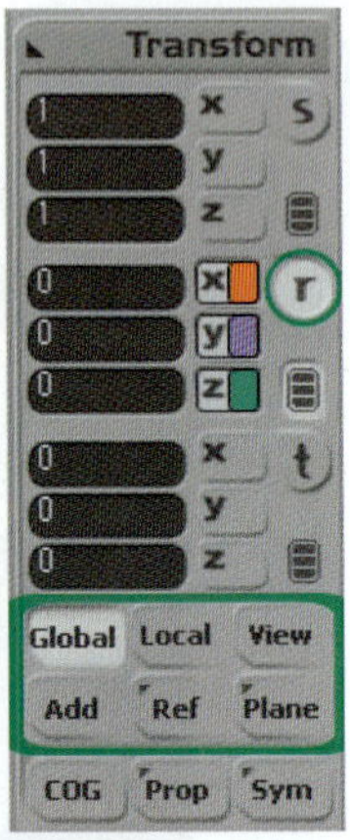

그림 1-82

(1) Global : Global 축을 기준으로 회전할 때 사용하는 옵션이다.

(2) Local : Local 축을 기준으로 회전할 때 사용하는 옵션이다.

(3) View : View 축을 기준으로 회전할 때 경우 사용하는 옵션이다.

(4) Add : Object의 구성이 Parents-Child 구속관계일 경우 Parents의 회전 값을 기준으로 Child object들이 회전하게 된다. Add 모드를 활성화하는 순간 회전의 기준점이 부모를 기준으로 변경된다. 주로 Skeleton 구조에서 많이 활용되는 방법이다.

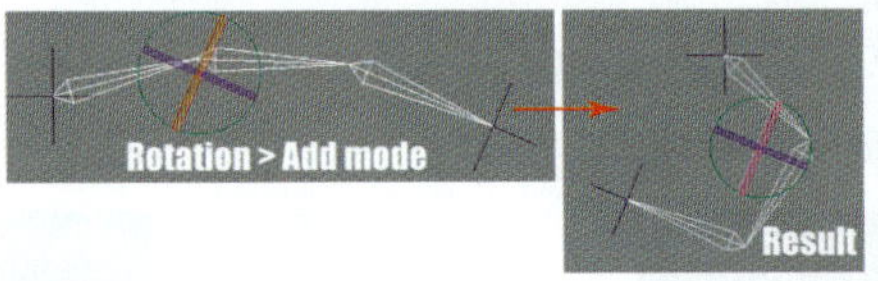

그림 1-83

(5) Ref : Scale와 마찬가지로 선택한 기준점을 중심으로 회전할 때 사용하는 옵션이다.

(6) Plane : Ref와 비슷한 개념으로 회전의 기준면을 재설정할 수 있는 옵션이다. XY, YZ, ZX면이나, 지정해주는 Object뿐 아니라 Point, Edge, Polygon 면을 새로운 기준으로 설정하여 회전할 수 있도록 한다.

예를 들어 두 개의 Object 사이에서 하나의 Object(Cube)를 다른 Object(Cone)를 새로운 기준점으로 하여 Rotation을 하고자 할 경우 사용할 수 있다.

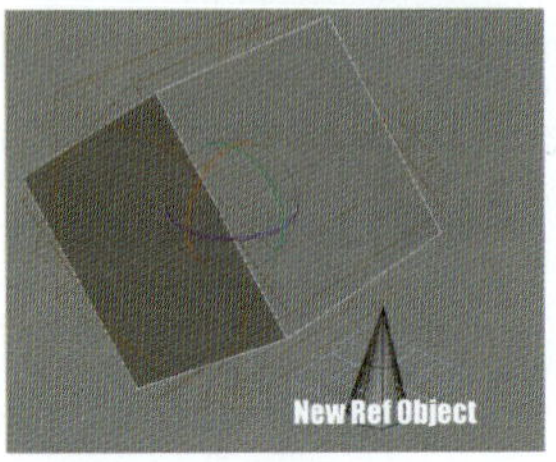

그림 1-84

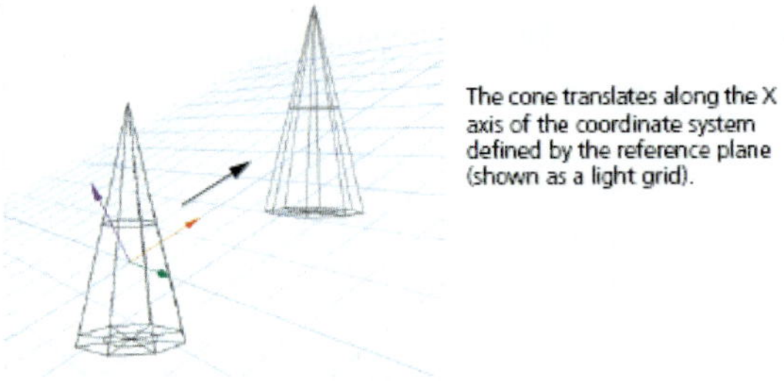

그림 1-85

[8] Rotation 모드(Component 기준) : Object 기준과 같다.

[9] Transition 모드(Object 기준) : 다른 기준 옵션과 거의 같다.

- Par : Parents 모드로서 Parents Object의 축을 기준으로 이동하고자 할 경우 사용한다.

[10] Transition 모드(Component 기준) : 다른 기준 옵션의 설정과 같다.

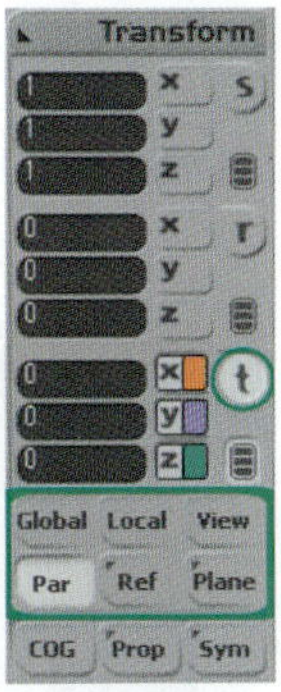

그림 1-86

[11] 기타 옵션(COG, Prop, Sym)

그림 1-87

(1) COG : Center of Geometry의 준말로 선택한 개체의 Center를 새로 지정한다는 의미이며 기존에 Object 또는 Component가 가지는 Center에서 새로 선택되는 Object 또는 Component의 Center로 변경된다.

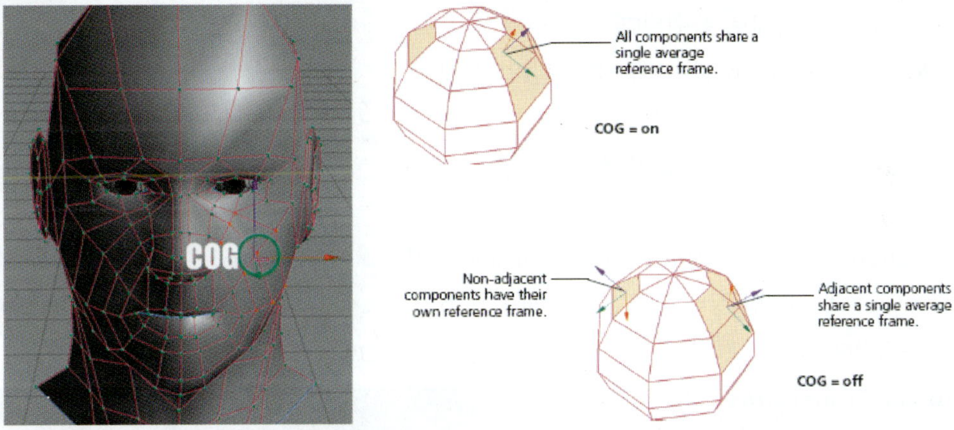

그림 1-88

(2) Prop(Proportional model 기능) : 선택한 Component의 영역을 확장하는 기능으로 힘의 적용을 가감할 수 있는 기능이다. 좀 더 자세한 설명은 Model 툴 기능의 Proportional Option에서 다루기로 한다.

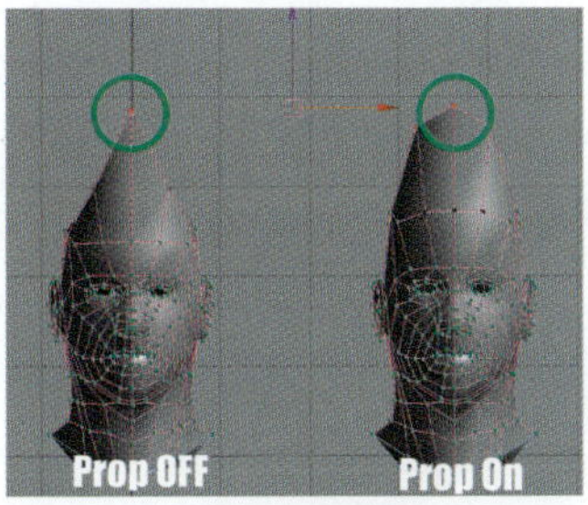

그림 1-89

(3) Sym(Symmetry 기능) : Object의 Center 축을 기순으로 좌/우 대칭으로 설정한 명령이 적용된다. 대칭구조의 모델링 작업할 때 아주 유용하게 사용할 수 있는 기능이다.

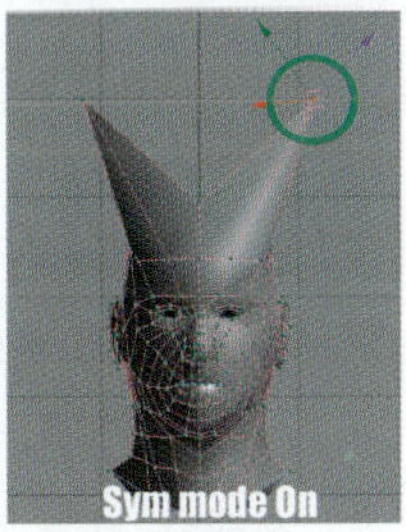

그림 1-90

4. Transform Setting 모드

[1] Reset All Transforms : ST 모두 최초의 원점인 상태 X, Y, Z 값이 (0, 0, 0)인 상태로 복귀된다.

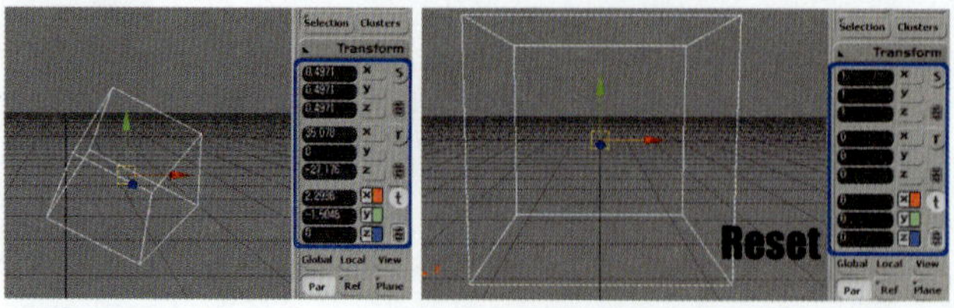

그림 1-92

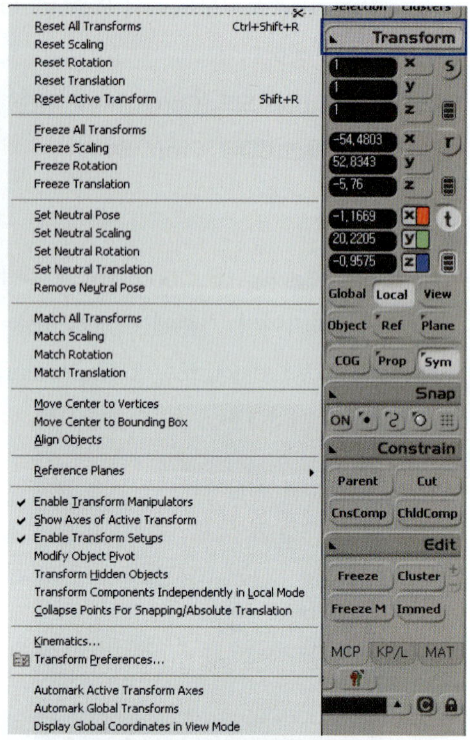

그림 1-91

[2] Reset Scaling : Scale 값이 최초의 원점인 상태 X, Y, Z 값이(0, 0, 0)인 상태로 복귀된다.

[3] Reset Rotation : Rotation 값이 최초의 원점인 상태 X, Y, Z 값이(0, 0, 0)인 상태로 복귀된다.

[4] Reset Transition : Transition 값이 최초의 원점인 상태 X, Y, Z 값이(0, 0, 0)인 상태로 복귀된다.

[5] Reset Active Transform(Shift + R) : Transition 전체의 값이 최초의 원점인 상태 X, Y, Z 값이(0, 0, 0)인 상태로 복귀된다.

[6] Freeze All Transforms : SRT의 변형된 스케일/회전/이동 값의 현재 상태를 새로운 SRT를 기준 값, 즉 (0, 0, 0)지점으로 Reset하는 명령어이다.

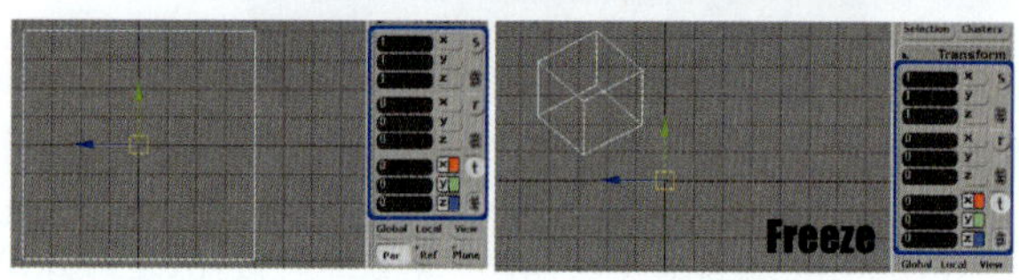

그림 1-93

[7] Freeze Scaling : 변형된 스케일 값의 현재 상태를 새로운 기준점, 즉 (0, 0, 0)지점으로 Reset하는 명령어이다.

[8] Freeze Rotation : 변형된 회전 값의 현재 상태를 새로운 기준점, 즉 (0, 0, 0)지점으로 Reset하는 명령어이다.

[9] Freeze Transition : 변형된 이동 값의 현재 상태를 새로운 기준점, 즉 (0, 0, 0)지점으로 Reset하는 명령어이다.

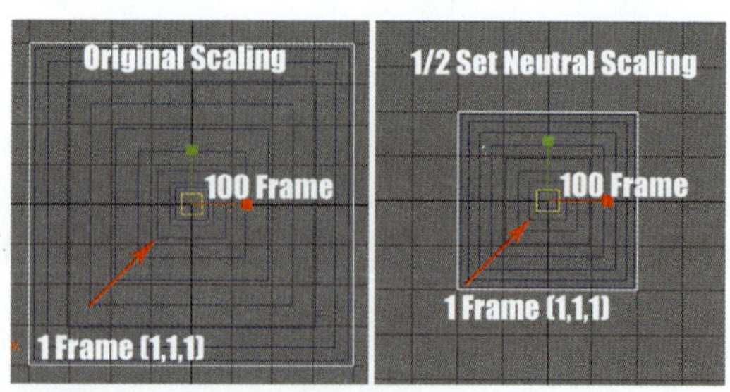

그림 1-94

[10] Set Neutral Pose : 현재의 Pose[SRT]를 초기 기준 Pose[SRT]로 설정한다. 그리고 애니메이션 데이터를 가지는 Object일 때 Set Neutral Pose로 정해준 기준 값을 Start frame의 Pose 값으로 변

형되어 애니메이션된다.

[11] Set Neutral Scaling : 현재의 Scale를 초기 기준 Scale로 설정한다.

[12] Set Neutral Rotation : 현재의 Rotation을 초기 기준 Rotation으로 설정한다.

[13] Set Neutral Transition : 현재의 Transition을 초기 기준 Transition으로 설정한다.

[14] Remove Neutral Pose : Reset된 기준 Pose[SRT]를 Remove시키고 Reset되기 전의 원래 초기상태의 값으로 복귀된다.

[15] Match All Transforms : 참조 Object의 새로운 SRT를 기준점으로 하여 SRT가 변화한다.

그림 1-95

[16] Match Scaling : 참조 Object의 Scale 값을 기준점으로 하여 새로운 Scale의 형태가 변화한다.

[17] Match Rotation : 참조 Object의 Rotation 값을 기준점으로 하여 새로운 Rotation의 형태가 변화한다.

[18] Match Transition : 참조 Object의 Transition 값을 기준점으로 하여 새로운 Transition의 형태가 변화한다.

[19] Move Center to Vertex : 선택한 point를 기준으로 작업하기 위해 Center를 선택한 Point로 이동하는 기능이다. 회전 / Object 이동 / Matching / Constrain 모두 설정된 Vertex를 기준으로 활용할 수 있다.

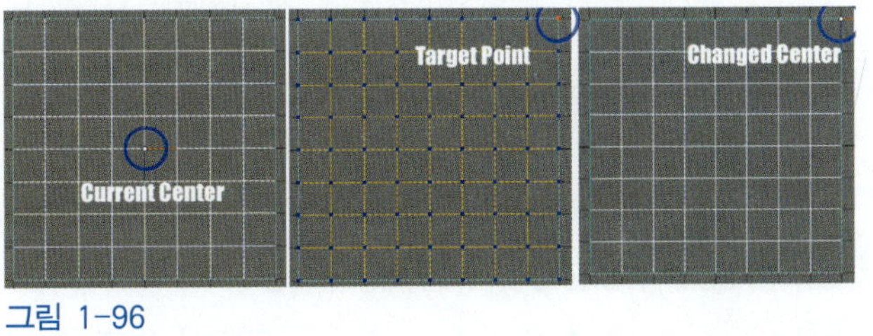

그림 1-96

[20] Move Center to Bounding Box : 선택된 임의 영역을 BOX 형태로 인식하고 그 BOX 형태의 가운데 지점으로 Center를 이동하는 명령이다.

[21] Align Object : Object를 여러 지정 옵션에 따라 정렬시키는 방법이다. X, Y, Z축 각각 Minimum, Middle, Maximum 등의 위치에 정렬시킨다.

[22] Reference Plans : SRT에서 Reference Plan 설정과 같은 기능이다.

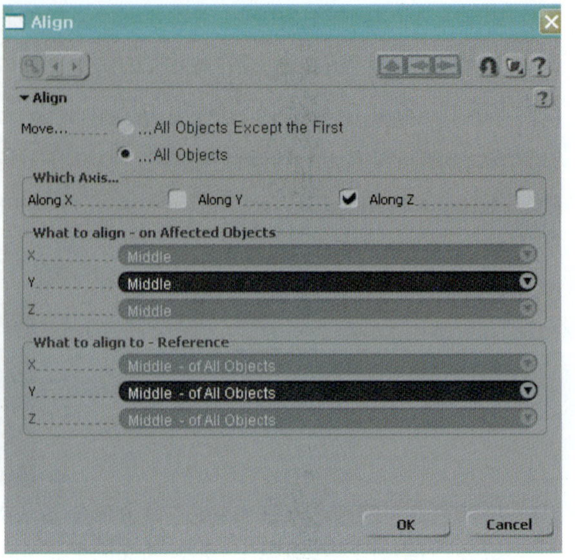

그림 1-97

- Create Reference Plane : 새로운 참조 Plane을 생성한다.
- Create Transient Plane : 새로운 Transient Plane을 기준점으로 한다.
- Pick Object Reference : 선택한 Object를 새로운 Reference로 한다.
- Pick Edge Reference : 선택한 Edge를 새로운 Reference로 한다.
- Pick Polygon Reference : 선택한 Polygon을 새로운 Reference로 한다.
- View : View 모드를 기준으로 회전한다.
- XY : XY 모드를 기준으로 회전한다.
- XZ : XZ 모드를 기준으로 회전한다. Default 모드이다.
- YZ : YZ 모드를 기준으로 회전한다.
- Transform : XYZ 모드를 기준으로 회전한다.
- Current Reference Properties : 현재 지정된 Ref 대상의 속성을 알 수 있는 기능이다.

[23] Enable Transform Manipulators : SRT 표시기(Manipulators)의 활성/비활성하는 옵션이다.

[24] Show Axes Active Transform : SRT시 방향을 지시해주는 축의 보임(Show)과 숨김(Hide) 옵션이다.

[25] Enable Transform Set up : Property 〉 Transform set up을 활성화한다.

[26] Modify Object Pivot : Object Pivot 수정(변경)할 수 있다. 우선 작업화면에서 Pivot을 볼 수 있도록 옵션을 설정해준다.

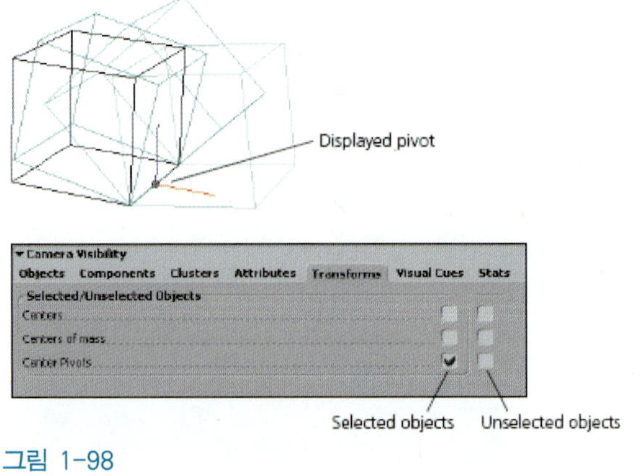

그림 1-98

그리고 Pivot의 위치 값을 변형시켜 줄 수 있다.

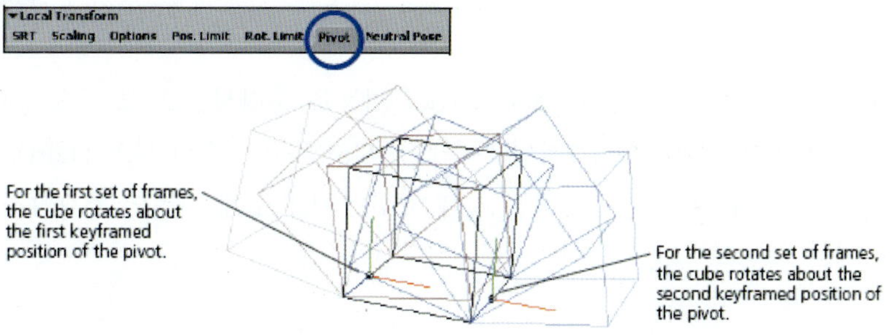

그림 1-99

[27] Transform Hidden Object : Hidden(숨긴) Object를 이동/회전/스케일하고자 할 경우에 사용하는 기능으로, 실제로 Object를 숨기면 이동/회전/스케일 변형이 되지 않지만 본 명령을 실행하면 가능하다.

[28] Transform Components Independently In Local Mode : Component들의 이동 모드에 관련된 기능으로 선택된 Component들이 이 기능을 수행하게 되면 각자 자신의 축으로 개별적으로 Transform을 한다.

[29] Collapse Points For Snapping / Absolute Translation : 선택한 Point들을 정렬시키는 기능으로 선택한 축 방향과 그 값을 기준으로 선택한 Point들을 정렬하는 기능이다.

[30] Kinematics Global Transform과 Local Transform에 대한 정보 창이다.

- Global Transform Object의 Pose[SRT] 정보, Velocity / Acceleration에 대한 정보가 들어 있다.
- Local Transform[Ctrl + K] : Object의 Pose[SRT] 정보, Option 속성 정보, Limit 설정에 관한 정보, Pivot에 관한 정보, Natural Pose에 관한 정보 및 속성에 대해 확인/변경 작업이 가능하다.

[31] Transform Preferences : Transform 속성 창

[32] Auto mark active Transform Axes : 현재 활성화된 축을 기준 축으로 자동표시

[33] Auto mark Global Transforms : Global SRT로 자동 표시

[34] Display Global Coordinates in view Mode : View 이동 모드에서 Global 축을 기준으로 이동

1-2 Model Tool bar

SOFTIMAGE는 애니메이션 제작을 위한 각 작업 공정별로 Tool 기능을 분리시켰고 그 주요 분리 기준은 Model(단축키 [1]), Animate(단축키 [2]), Render(단축키 [3]), Simulate(단축키 [4]), Hair(단축키 [Ctrl + 2]), Weight Panel(단축키 [Ctrl + 3]) 등이다. 이번 장에서는 Modeling에 관련된 주요 Tool 기능들을 살펴보기로 한다.

1-2-1 Model Tool bar 구성

[1] Get Tool bar : Curve, Mesh Object, 카메라, 라이트, Control object 등 SOFTIMAGE에서 제공되는 기본 자료를 얻을 수 있는 Tool bar이다.

[2] Create : 모델링에 필요한 형태를 만들어 내는 기능 Tool이다.

[3] Modify : 생성된 Object를 편집 / 변형하여 새로운 형태를 만들어 낼 때 필요한 기능 Tool이다.

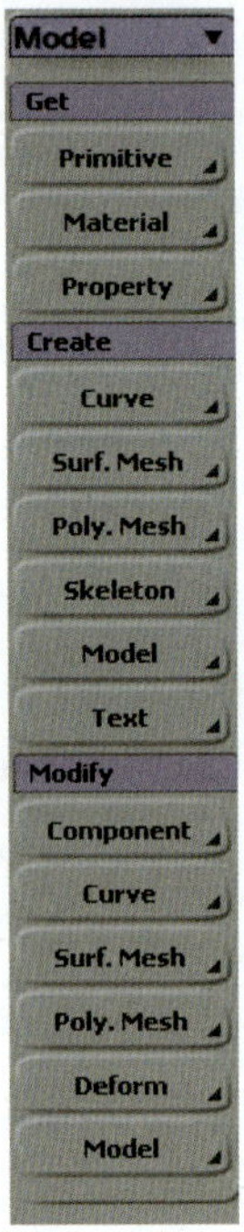

그림 1-100

1-2-2 Get Tool 기능

SOFTIMAGE에서 제공하는 기본 자료를 불러오는 기능을 수행한다.

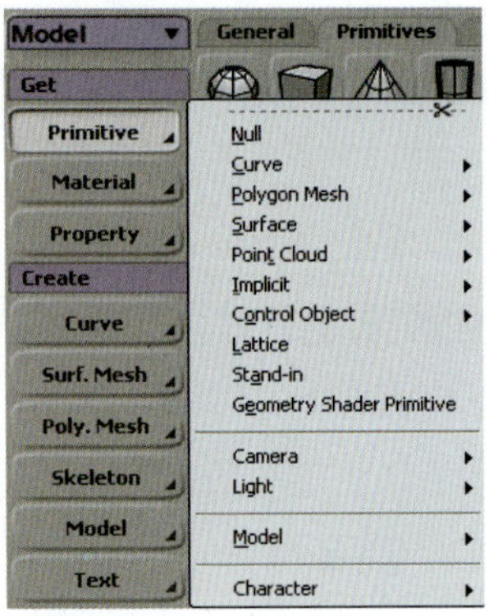

그림 1-101

[1] Primitive : SOFTIMAGE에서 제공하는 기본 도형을 불러오는 기능을 수행한다.

(1) Null

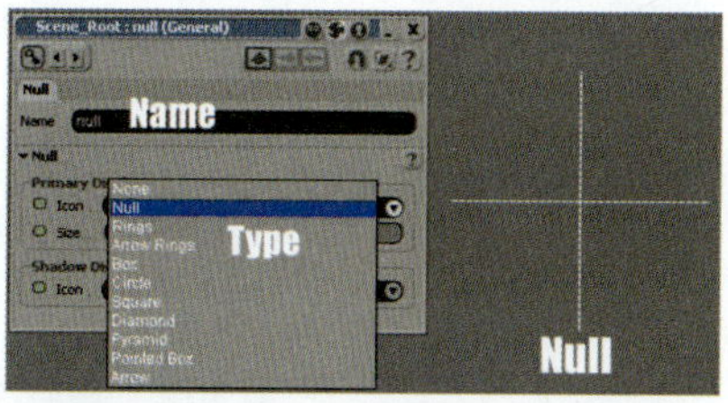

그림 1-102

(2) Curve : Mesh가 아닌 Line 형태의 Curve를 말한다.

- Arc
- Circle
- Sprial
- Square

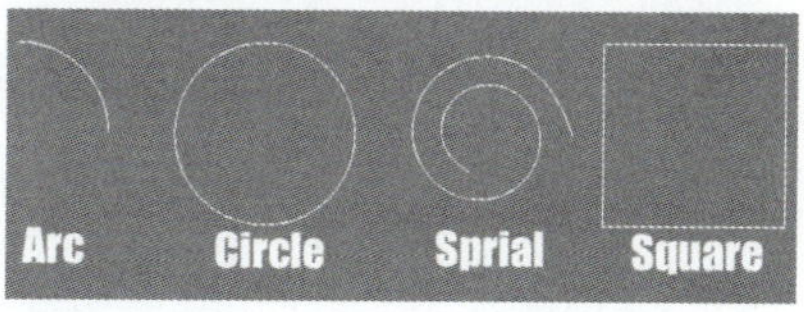

그림 1-103

(3) Polygon Mesh : Point, Edge, Polygon으로 구성된 Polygonal Mesh Object를 말한다. 최소 3개 이상의 Point와 Edge로 구성된 Triangle부터 무수히 많은 N-gon Polygon의 형태가 있다. 다음 이미지는 SOFTIMAGE에서 유효한 Poly mesh형태들이다.

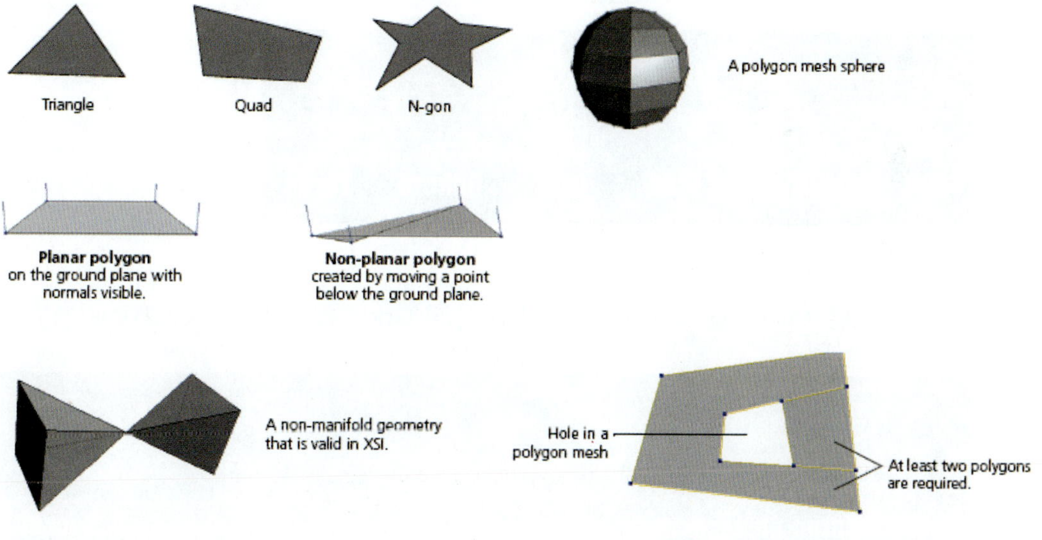

그림 1-104

SOFTIMAGE에서 3D Object를 생성시킬 때 유의해야 할 개념에 대해 알아보도록 한다.

- U V base Subdivision : 생성되는 Object의 가로 × 세로로 생성되는 Component의 수 개념으로 이해하면 된다.

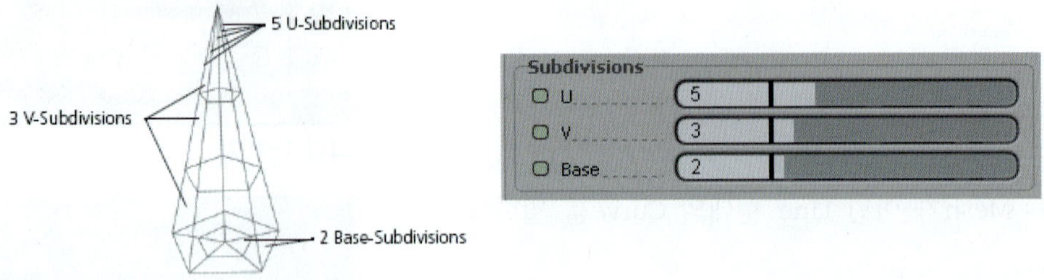

그림 1-105

- Start and End Angle : Object 생성시 U와 V의 형태를 닫을 것인지 그렇지 않을 것인지 미리 지정해 줄 수 있다.

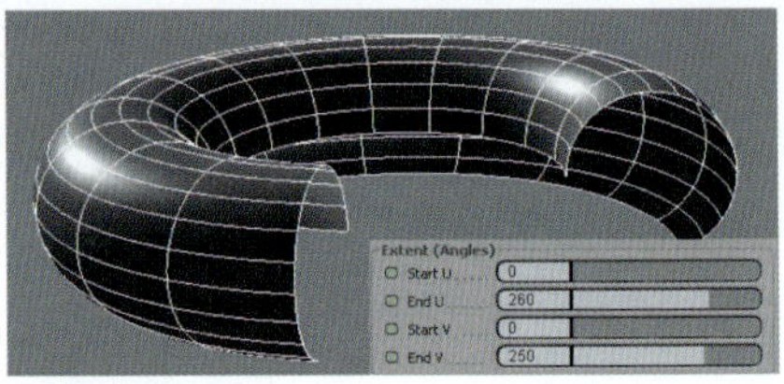

그림 1-106

이제부터 다양한 Object를 꺼내어 보도록 한다.

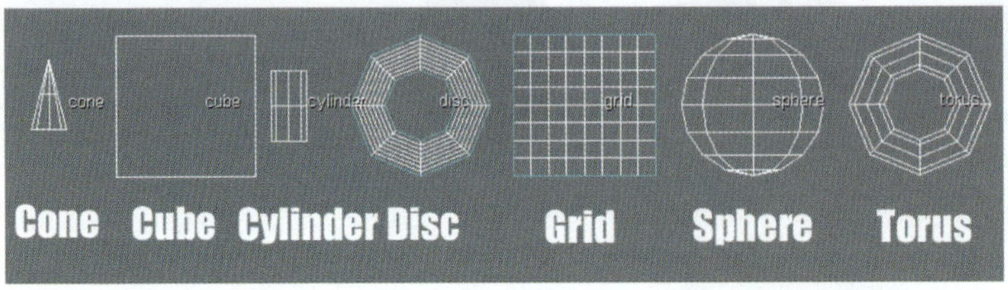

그림 1-107

① Cone ② Cube ③ Cylinder ④ Disc ⑤ Grid ⑥ Sphere ⑦ Torus

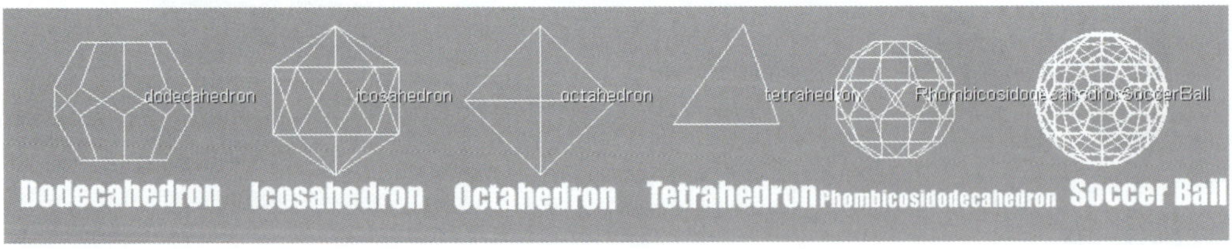

그림 1-108

⑧ Dodecahedron ⑨ Icosahedron ⑩ Octahedron ⑪ Tetahedron

⑫ Rhombicosidodecahedron ⑬ Soccer Ball

(4) Surface : Surface 구조는 Polygon과는 달리 Hull과 Knot으로 구성되어 있다. Knot는 Surface Object를 실제로 구성하는 구성요소이며, Hull은 이 Knot을 컨트롤하는 컨트롤러이다.

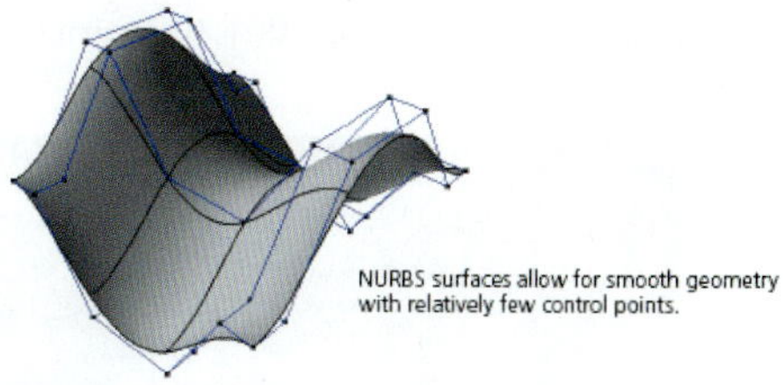

그림 1-109

Surface의 구성상 특징을 좀 더 살펴보면 다음과 같다.

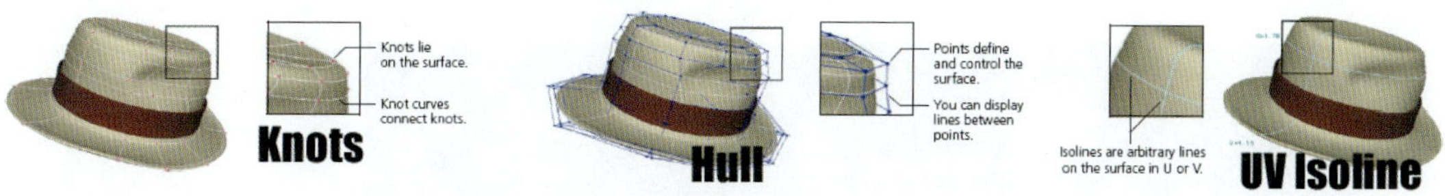

그림 1-110

정확히 Poly mesh와 Surf mesh를 구분해 보도록 한다. 같은 Sphere 구조를 비교해 보면 그 구조적 차이를 정확히 구별할 수 있다. Poly mesh는 하나의 Edge를 구성하는데 두 개의 Point가 필요하지만, Surf mesh는 Point와 Point 사이의 Edge를 형성하는데 세 개의 각을 가진 Edge가 필요하다. 그러므로 모든 면에서 부드럽게 처리될 수 있다. 하지만, Hull의 컨트롤에 있어서 적응하기 쉽지 않은 단점과 많은 데이터를 처리해야 하는 단점을 가지고 있다.

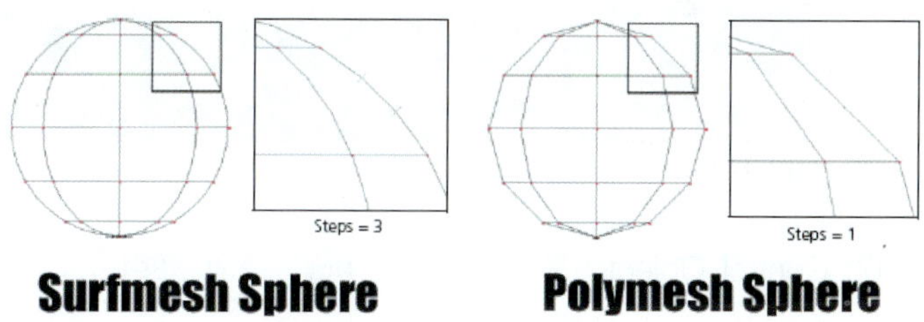

그림 1-111

다음 이미지는 SOFTIMAGE에서 제공하는 Surf mesh 데이터이다.

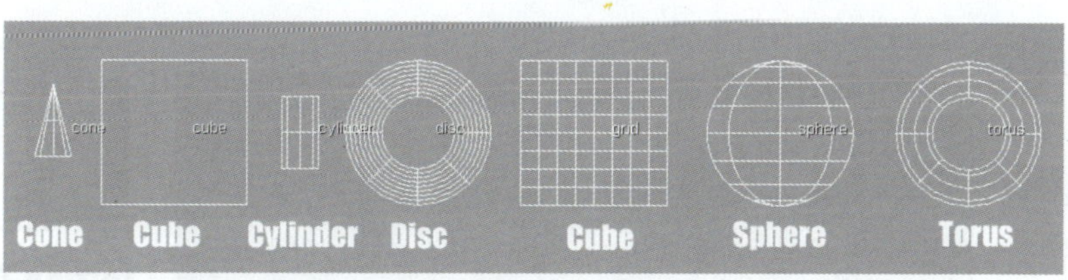

그림 1-112

(5) Point Cloud : 형태 자체가 Point형으로 나타난다.

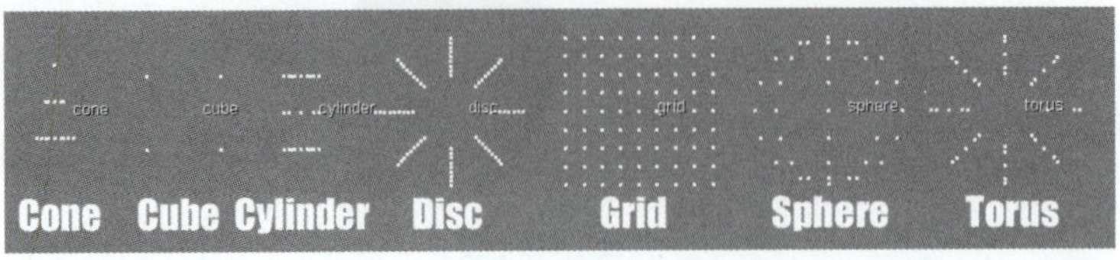

그림 1-113

(6) Implicity : 가상의 Object로 주로 컨트롤 Object로 사용되며 데이터로 인식이 되지 않기 때문에 렌더링이 되지 않는 특징이 있다. 그리고 초기 Option 값에서 더는 분할(Subdivision)되지 않는다.

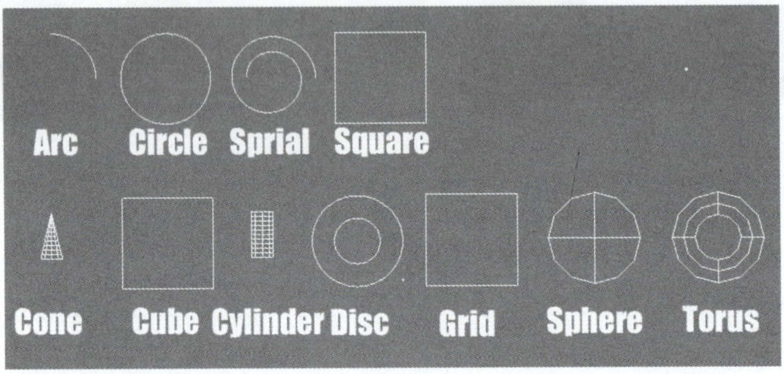

그림 1-114

(7) Control Object : 물, 불, 물결, 바람 등의 표현을 Control Object를 활용해서 표현한다.

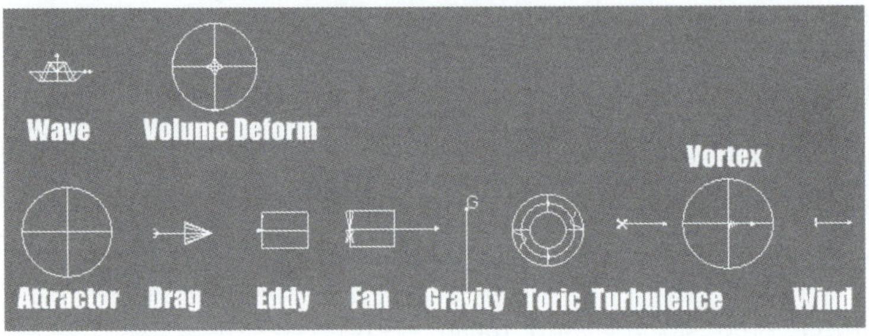

그림 1-115

(8) Lattice : Object 모델링 시 Component별로 디테일하게 작업을 요하는 경우가 아닌 덩어리 형태로 Dummy한 형태의 모델링 작업을 필

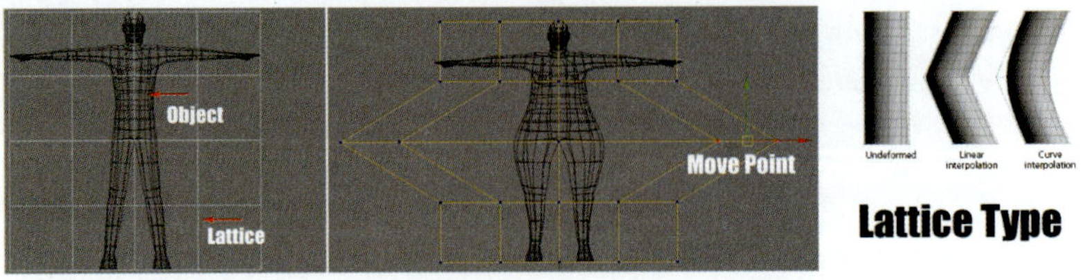

그림 1-116

요로 할 경우 사용한다. 즉 전체적으로 어느 일정 부위를 이동하거나 키우거나 회전할 필요가 있을 때 부분적 또는 관계되는 전체에 대해 새로운 컨트롤러를 만들어 사용하게 되는데 이때 사용하는 Control을 Lattice라고 한다. Option 설정 모드에서 세 가지 Lattice의 Type를 적용해 줄 수 있다.

(9) Stand - in : 군중 시뮬레이션 작업이나 대규모 시가지 제작, 복잡한 Tree 구조에서 섬세한 부분이 작업을 요할 때 사용된다.

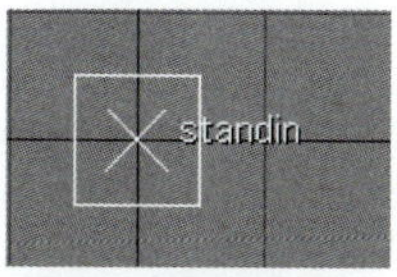

그림 1-117

(10) Geometry Shader Primitive

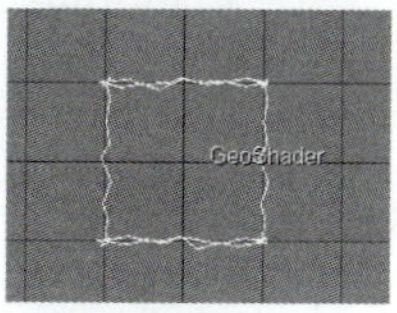

그림 1-118

(11) Camera : SOFTIMAGE에서 제공되는 Camera의 종류들이다.

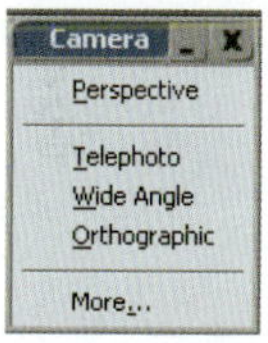

그림 1-119

- Perspective : SOFTIMAGE default 카메라로 깊이를 시뮬레이션하는 Perspective Projectilt을 사용한 이 Projectilt은 실제 카메라처럼 시뮬레이션하는 데 유용하게 사용된다.

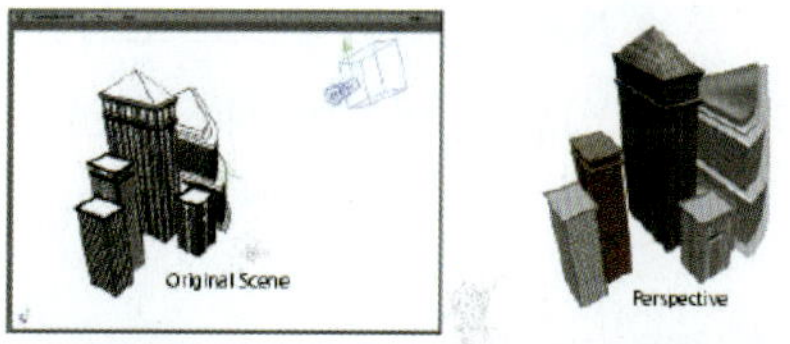

그림 1-120

- Telephoto : Perspective Projection을 사용하고 망원 렌즈 View를 시뮬레이션하기 위해 작은 각도(5도)의 View를 사용한다.

그림 1-121

- Wide Angle : Perspective Projection과 큰 각도(100도)의 View를 사용하여 광각 View를 만든다.

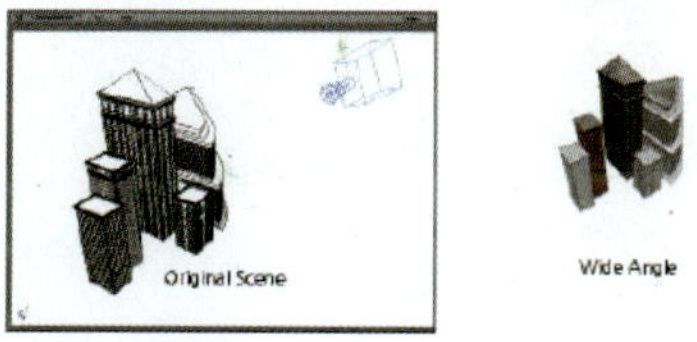

그림 1-122

- Orthographic : Orthographic Projection을 사용한다. 모든 카메라 빛들은 평행이며 Object는 카메라로부터의 거리가 바뀔 때 크기가 바뀌지가 않는다. 이 Projection은 건축과 엔지니어링 렌더링에 유용하다. DOF 쉐이더 프로퍼티 페이지상의 심도(Depth of Field) 설정은 Orthographic projection에 의한 효과는 없다.

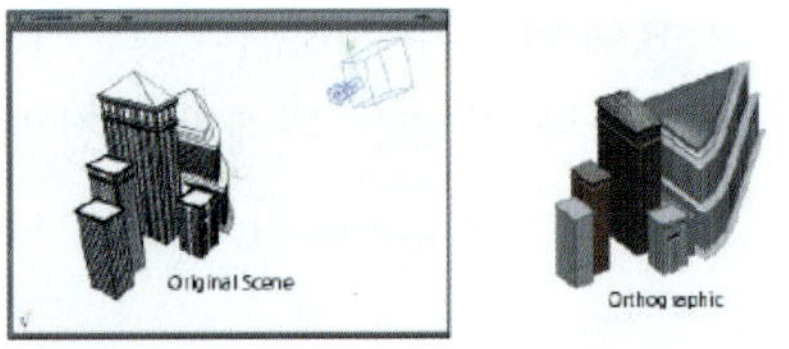

그림 1-123

(12) Light

- infinite : 자연광(태양광)이라고 하며 Scene으로부터 무한대로 멀리 떨어져 있는 광원을 시뮬레이션한다. 무한 조명에 관계되는 위치는 없고, 단지 방향만 있다. 모든 Object는 평행 조명 빛에 의해 빛을 낸다.

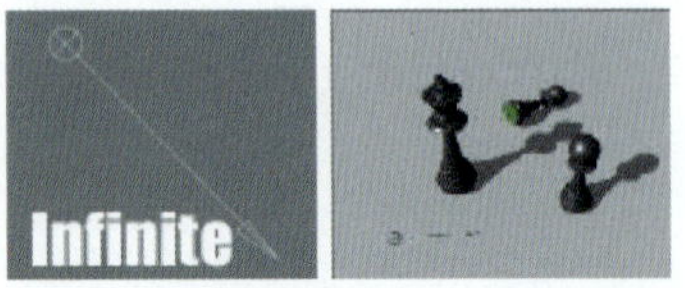

그림 1-124

- Light Box : 스튜디오 조명 상자와 같이 흰 천에 의해 확산하는 빛을 시뮬레이션한다. 이 빛에 의해 만들어진 빛과 그림자는 매우 부드럽다. Specular는 계속 보이지만 눈에 띌 만큼 약하다.

그림 1-125

- Neon : 기본적으로 포인트 조명을 시뮬레이션하며, 설정과정 형상을 바꾸어 네온 또는 형광등, 진공관을 닮는다.

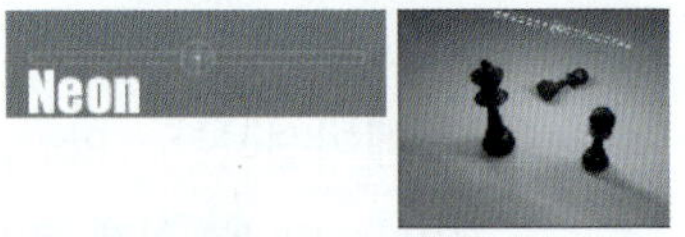

그림 1-126

- Point : 백열등이라고도 하며 조명의 위치로부터 모든 방향으로 빛을 투사시킨다. 이것은 전구(백열등)와 비슷하며 빛은 전구로부터 모든 방향으로 방출된다.

그림 1-127

- Spot : 원뿔로 빛을 투사하여 실제 스팟 라이팅를 시뮬레이션한다.

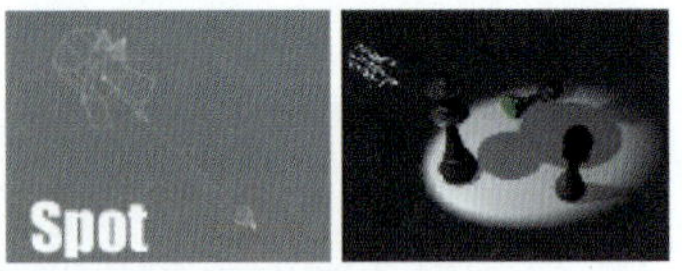

그림 1-128

(13) Model : SOFTOMAGE에서 제공되는 다양한 Sample data들이다. Skeleton set up data뿐 아니라 Rigging data, Modeling data 등이 포함되어 있고, Face making을 할 수 있는 face data가 포함되어 있다.

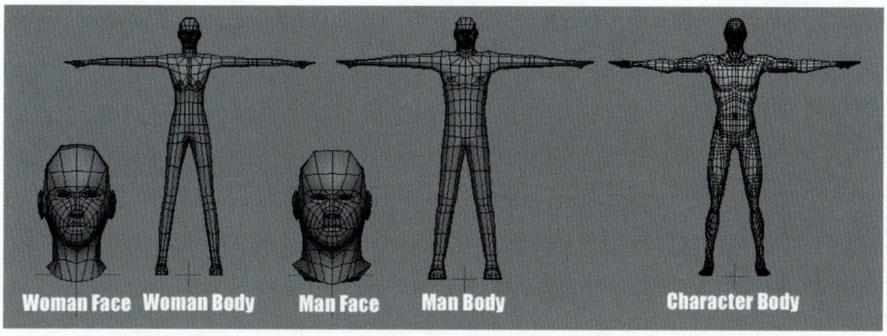

그림 1-129

(14) Character : 실제로 애니메이션 작업에 사용할 수 있는 래깅과 Envelope 작업이 완료된 Sample data가 포함되어 있다.

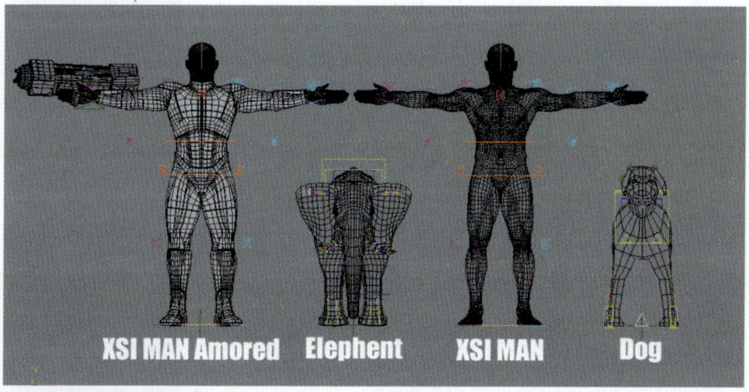

그림 1-130

1-2-3 Create Tool 기능

SOFTIMAGE의 Create Tool에는 Curve나 Poly mesh, Surf mesh 등 Model 작업에 필요한 기본 요소들을 생산하는 기능뿐 아니라 Skeleton이나 Text를 제작하는 기능들이 들어 있다.

그 각각의 기능들에 대해 자세히 알아보도록 한다.

그림 1-131

1. Curve

Curve 기능은 모델링의 기초가 되는 Curve를 생산하는 기능이다.

먼저 Curve의 종류를 알기 전에 필요한 Curve와 관련된 몇 가지 주요한 개념과 용어에 대해 알아보기로 한다.

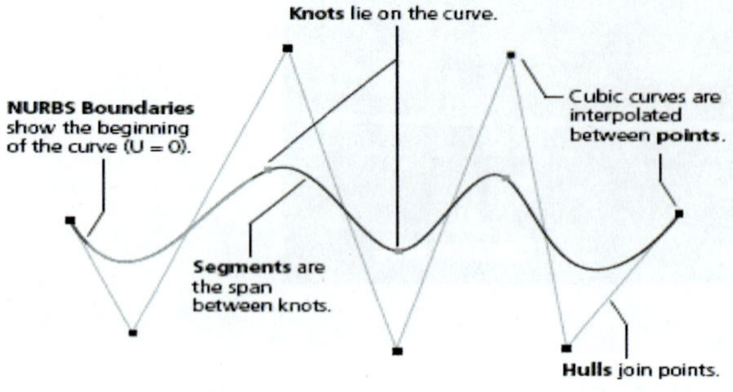

그림 1-132

[1] Point : 컨트롤 포인트나 CV(Control Vertex)라고 불리며 커브를 구성하는 가장 기본적인 단위이다. Linear 커브에서는 Point가 Curve 위에 놓이게 되며, 모든 커브를 정의하려면 최소 2개 이상의 Point가 필요하다. Cubic 커브에서는 Point 사이에 Curve가 삽입되며 Cubic 커브에는 최소 4개 이상의 Point가 필요하다.

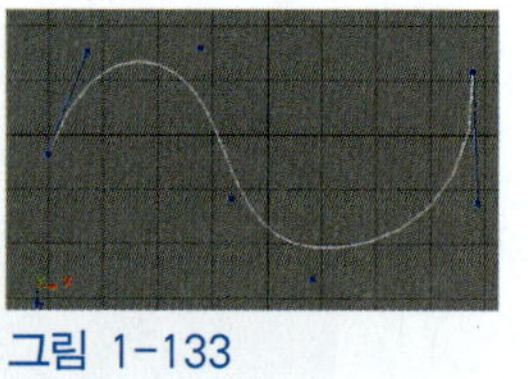

그림 1-133

[2] Knot : 커브의 Segment가 만나는 포인트를 의미하며 각 커브는 실제로 연결된 Segment들의 집합체이며 4개의 연속된 포인트로 Segment를 정의할 수 있다.

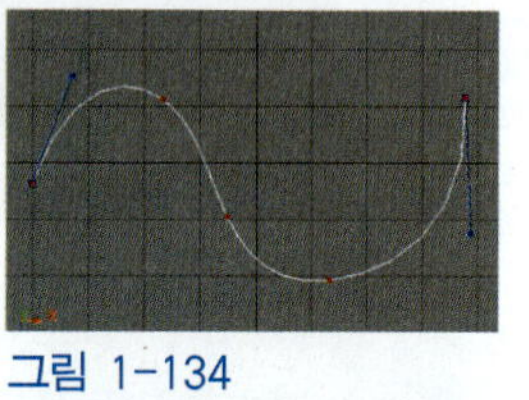

그림 1-134

[3] Segment : Segment는 연속되는 Knot와 Knot 사이에 존재하는 커브 최소단위 거리이다.

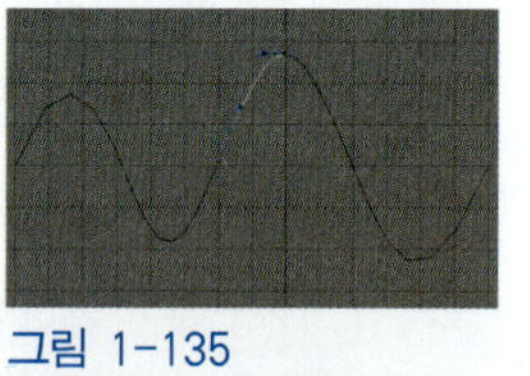

그림 1-135

[4] Hull : Hull은 연속 컨트롤 포인트를 결합하는 디스플레이 라인을 의미한다.

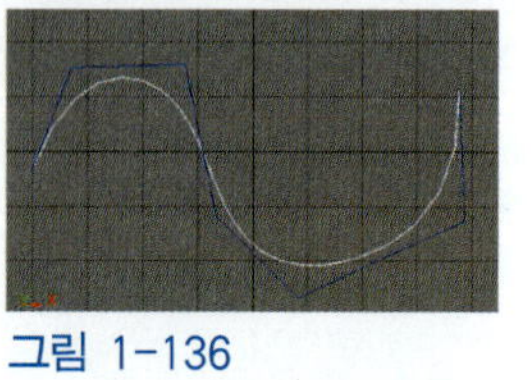

그림 1-136

[5] Boundary Edge : 커브 생성할 때 생성되는 시작 지점을 의미하며, U iso line Boundary flags를 display 하여 커브의 시작부분을 확인할 때 사용한다.

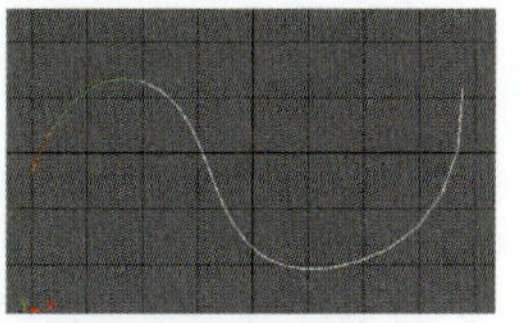
그림 1-137

[6] Iso Points : 아이소 포인트는 커브나 Surface 임의의 위치이다. Extract segment(추출)와 같은 특정한 모델링 기능에 사용할 목적으로 선택할 수 있으나 직접 조작할 수는 없다.

[7] Multi Knots : Spline 커브를 곡선이 아닌 직선형의 꺾임을 줄 경우 여러 개의 Knot가 필요하다. 다음 이미지는 Knot의 개수에 다른 Curve의 형태를 비교한 것이다.

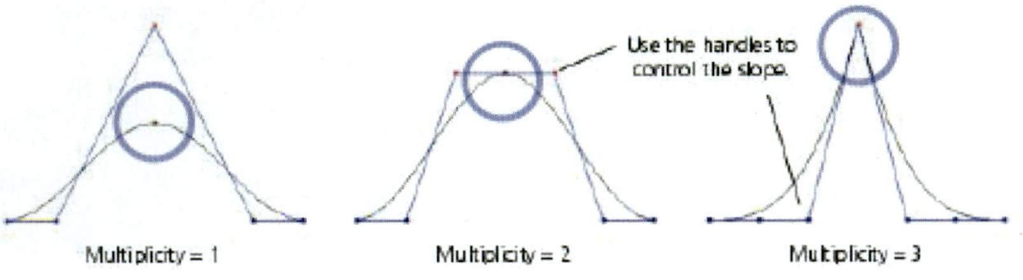

그림 1-138

이제부터 다양한 커브의 형태를 그려보도록 한다.

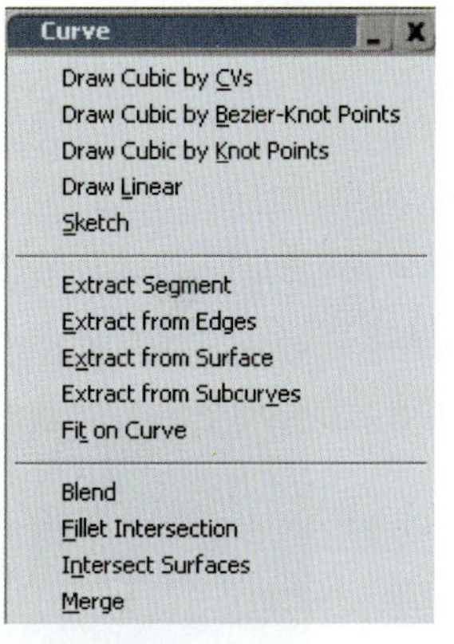

그림 1-139

[1] Draw Cubic by CVs

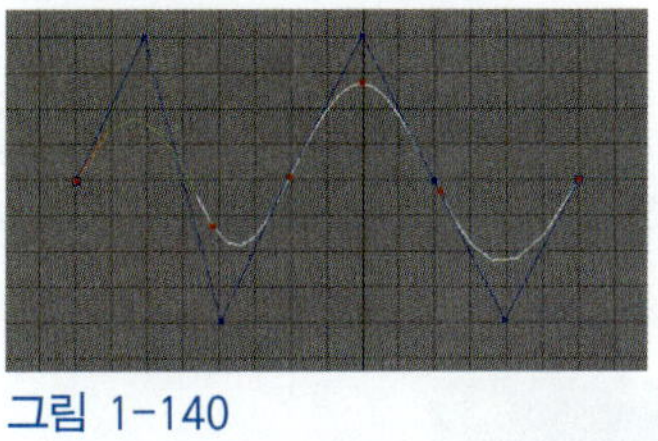
그림 1-140

[2] Draw Cubic by Bizer-knot Points

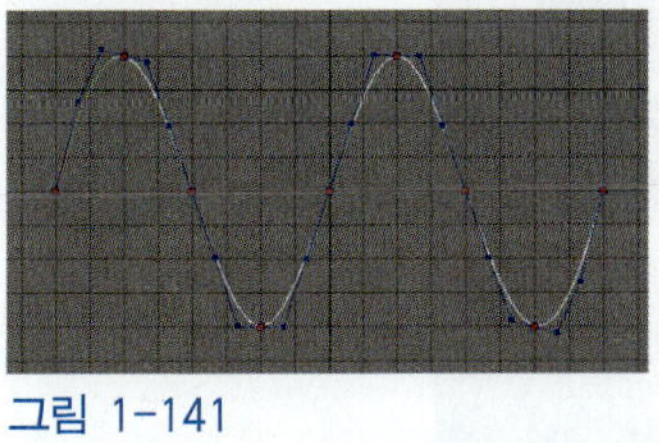
그림 1-141

[3] Draw Cubic by knot Points

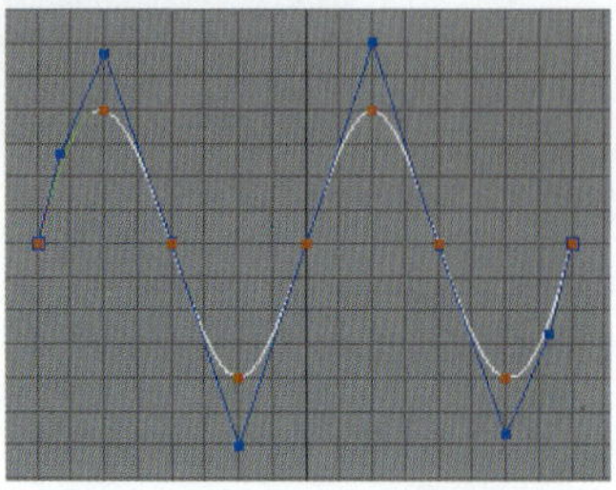

그림 1-142

[4] Draw Linear

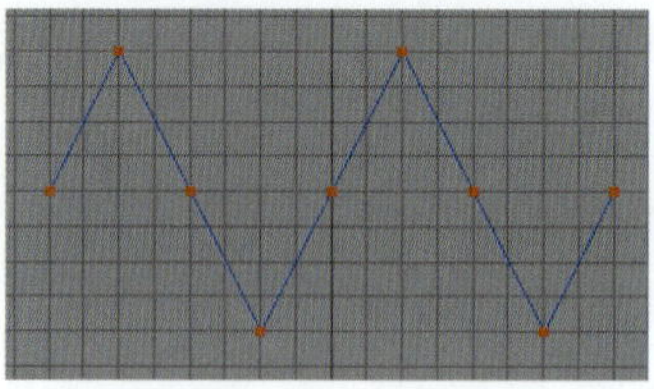

그림 1-143

[5] Sketch

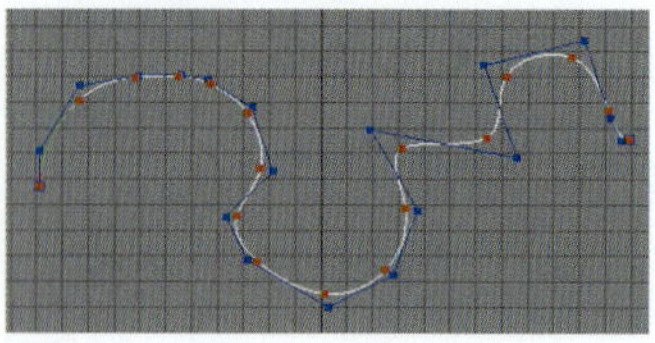

그림 1-144

[6] Extract Segment : Segment를 추출하는 기능이다. 명령을 실행하고 추출한 Curve의 Knot 두 개를 선택해 주면 선택된 두 Knot 사이의 Segment사 추출된다.

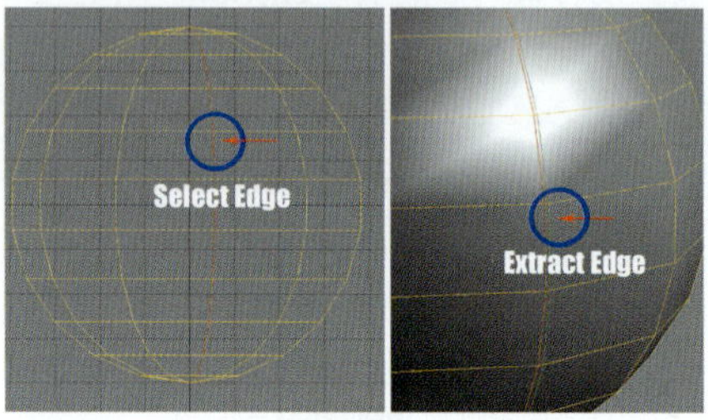

그림 1-145

[7] Extract from Edge : Edge를 추출해 내는 기능이다.

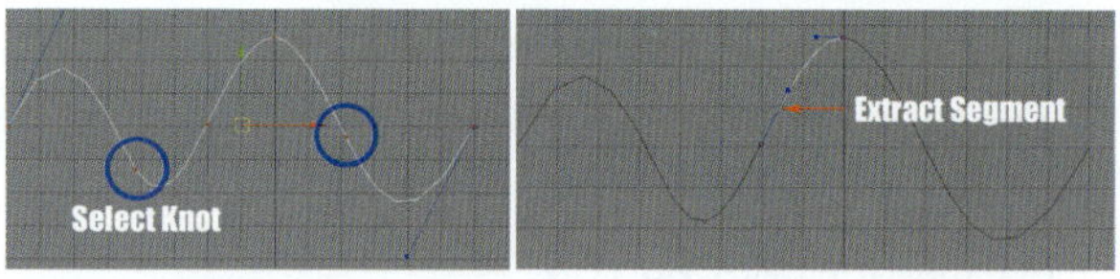

그림 1-146

[8] Extract From Surface : Surf mesh로부터 Surface를 추출해 내는 기능이다.

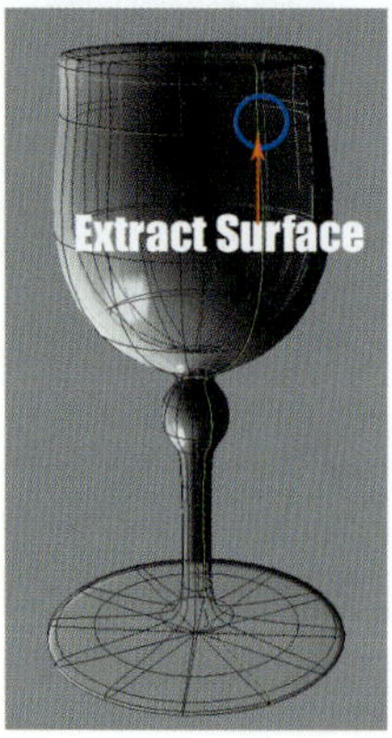

그림 1-147

[9] Extract from Sub curves : 완성(추출)된 Curve에 대해 다른 하나의 Curve를 추출해 내는 기능이다.

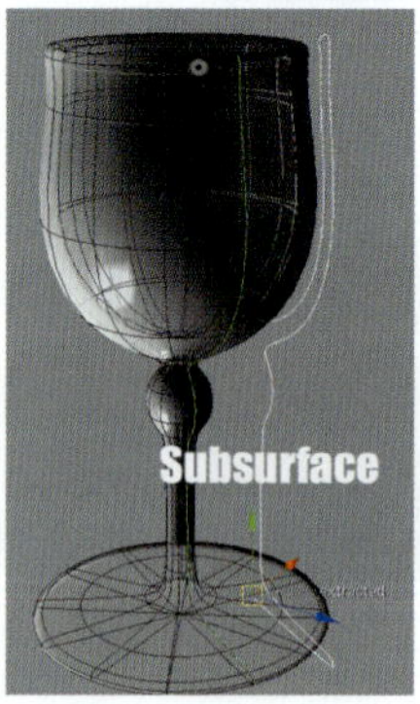

그림 1-148

[10] Fit on Curve : Curve의 형태를 부드럽게 다듬어 주는 기능이다. 이때 원래의 Curve의 모양을 최대한 유지하면서 최적의 Knot의 수를 유지하려고 한다. 즉 Fit의 대상이 되는 Curve의 모양을 최대로 유지하되 Knot의 수는 최소화하면서 Curve의 모양을 부드럽게 다듬어 주는 기능이다.

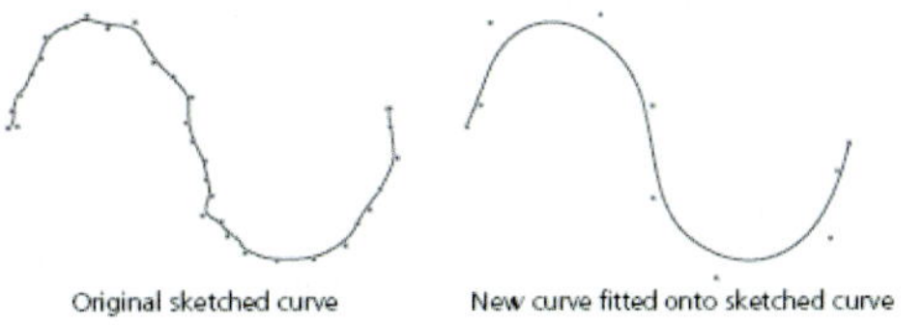

그림 1-149

[11] Blend : 떨어져 있는 두 개의 Curve를 연결해 주는 기능이다. Blend 기능의 특징은 떨어져 있는 거리에 대해 새로운 Curve가 하나 더 생성이 되면서 연결되도록 한다. 그러나 이들 세 Curve는 각각 개별적으로 존재하는 독립된 개체들로 하나의 구조를 이루어지는 것은 아니다. 연결방법은 연결할 두 개의 Curve를 준비하고 Blend 명령을 실행한 다음 첫 번째 Curve의 End Knot를 선택하고 난 뒤 두 번째 Curve의 시작 Knot를 선택한다.

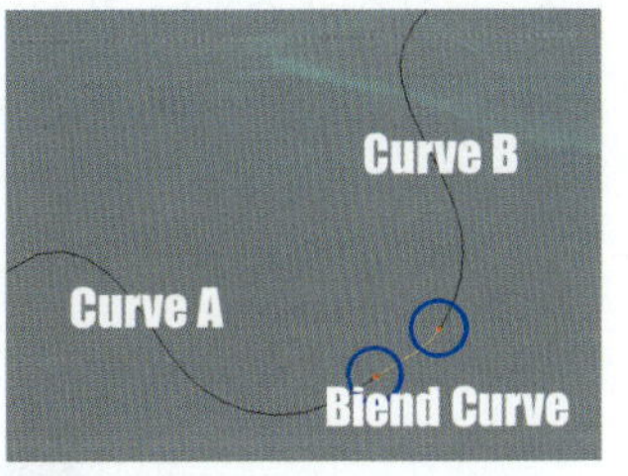

그림 1-150

[12] Fillet Intersection : 두 개의 교차하는 Curve가 있을 때 이 교차점을 중심으로 Fillet curve(Blend arc)를 만들 수 있는 기능이다.

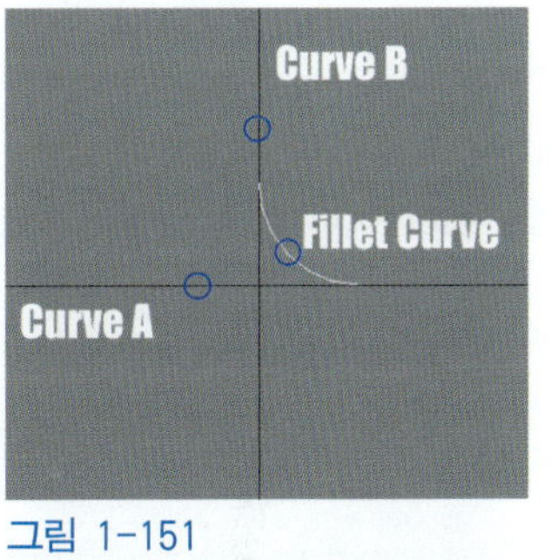

그림 1-151

[13] Intersect Surface : 교차하는 두 개의 Surf mesh의 교차점에 해당하는 Cureve를 추출해 내는 기능이다.

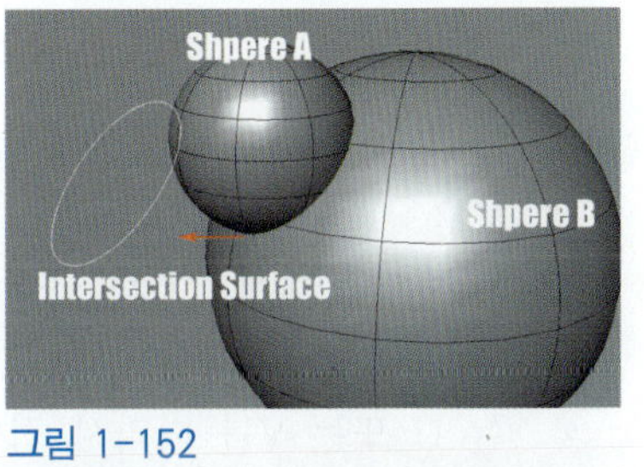

그림 1-152

[14] Merge : 두 개 이상의 Curve를 합쳐서 하나의 Curve로 만들어 주는 기능이다.

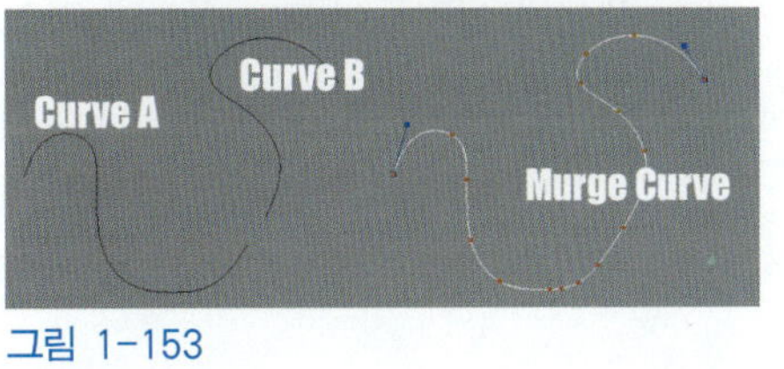

그림 1-153

2. Surf mesh

Surface는 SOFTIMAGE 내에 존재하는 렌더링 가능한 Geometry의 기본적 형태 중 하나이다. Cubic 또는 Linear의 NURBS 패치들을 말한다.

Surface는 일반적으로 Polygon mesh보다 유연성이 뛰어나고 탄력이 큰 형태이다. 그래서 각이 진 제품 디자인이나 Mechanic보다는 유선형의 유기체 모델링에 적합하다. Surface는 U isoline(가로)과 V isoline(세로)으로 구성되어 있으며 Surface는 Knot이라는 요소들의 교차한 Curve들의 집합으로 만들어져 있으며 Grid처럼 U와 V 양쪽에서 통할 수 있고, Torus처럼 양쪽 모두 닫혀 있는 형태도 가능하다. Tube처럼 한쪽이 Open되거나 Close된 형태도 가능하다.

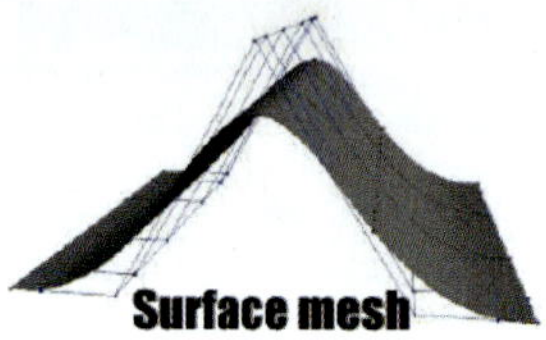

그림 1-154

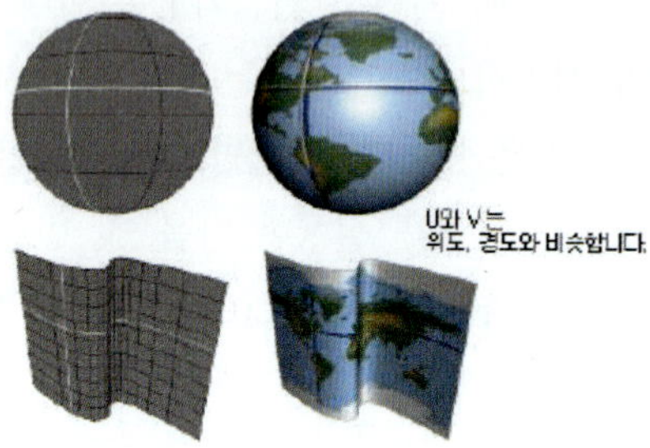

그림 1-155

Surface의 구성요소는 다음과 같다.

[1] Points : Point들은 Surface의 표면의 모양을 컨트롤할 수 있는 제어요소들이다.

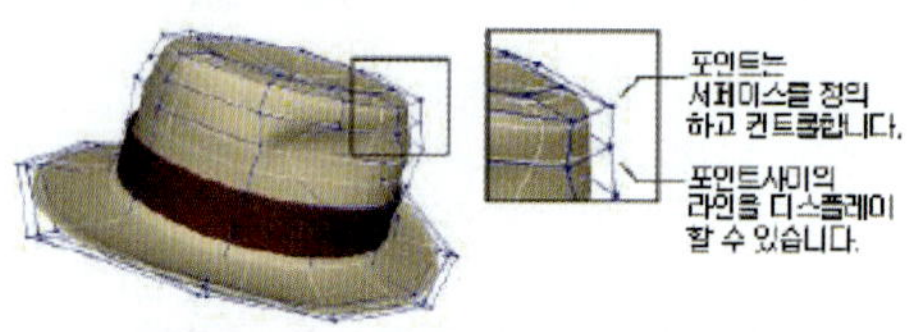

그림 1-156

[2] Hull : Surface Knot은 Surface를 규정짓는 Curve들의 Knot인데 이들은 U와 V 커브가 만나는 곳에 생성되며 Surface 내에 존재한다. Knot Curve는 U 또는 V를 따라서 접해있는 Knot들의 집합체인데 이것들이 Wireframe 작업모드에서 와이어 형태로 보인다.

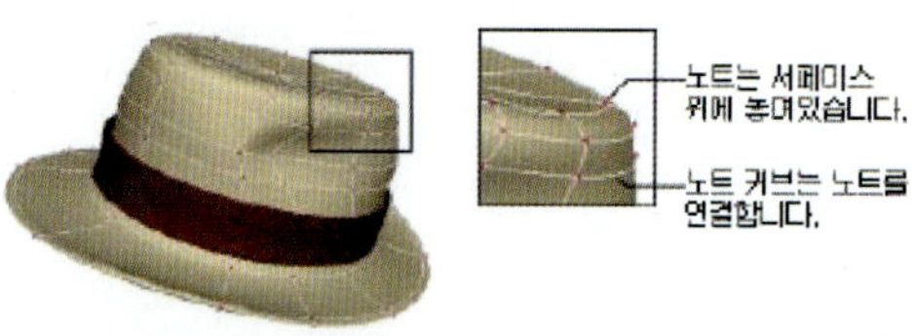

그림 1-157

[3] Isoline : Isoline은 실제로는 존재하지 않는 구성요소로 사실 이들은 U 또는 V surface에 항상 존재하는 임의의 선이라고 보면 된다. U와 V 아이소라인 선택 필터를 통하여 Isoline을 lofting하거나 그 밖의 움직임을 제어할 수 있다.

그림 1-158

[4] Boundry : Surface 데이터에 있어 그 시작과 끝 지점을 표시하는 일종의 가상 개념인 셈이다. 이 요소가 중요한 이유는 Mergr나 새로 그려넣기를 할 경우 반드시 시작점과 끝점을 맞춰줄 수 있다.

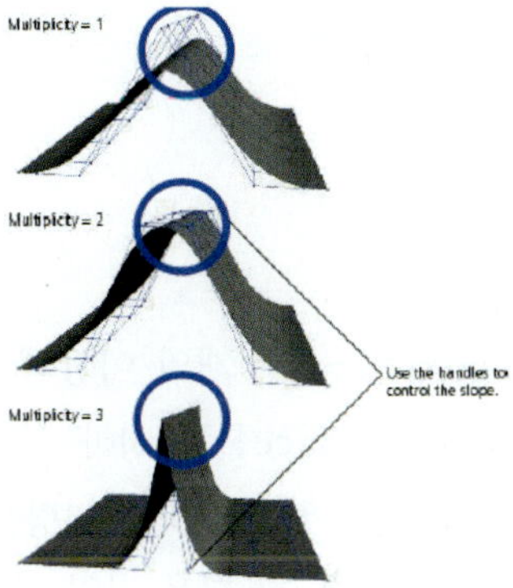

그림 1-159

[5] Multi Knot Curved : Surface의 모델링 데이터의 가장자리 모양을 처리해 줄 경우에는 Multi Knot을 활용해야 한다.

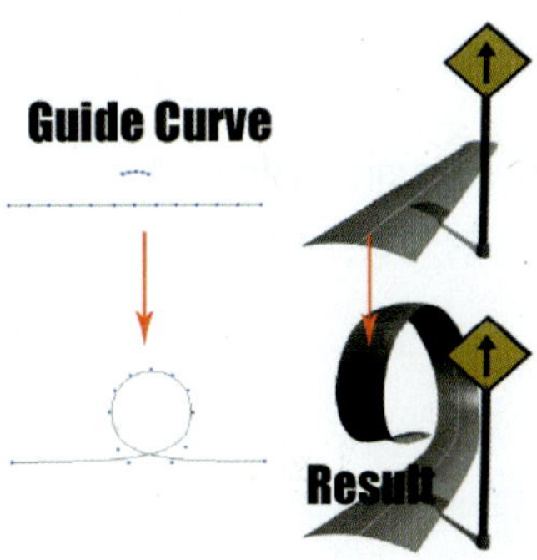

그림 1-160

[6] Modeling Relation : Reference Curve를 이용하여 제작된 Object들은 보통 관계를 종료시키기 전까지는 Curve의 모양에 기본적으로 구속되어 있다. 그러므로 다양한 Curve를 이용하여 모델링을 마쳤더라도 모양을 좀 더 원하는 대로 수성할 수 있다. 이 경우 Curve의 형태를 변화시켜 줌으로써 생성된 결과 Object의 모양을 좀 더 정확하게 다룰 수 있다. 작업을 마치고 Curve와 생성된 Object와의 관계를 끊을 생성된 Object를 선택하고 경우에는 Edit 〉 Freeze의 기능을 수행하면 된다.

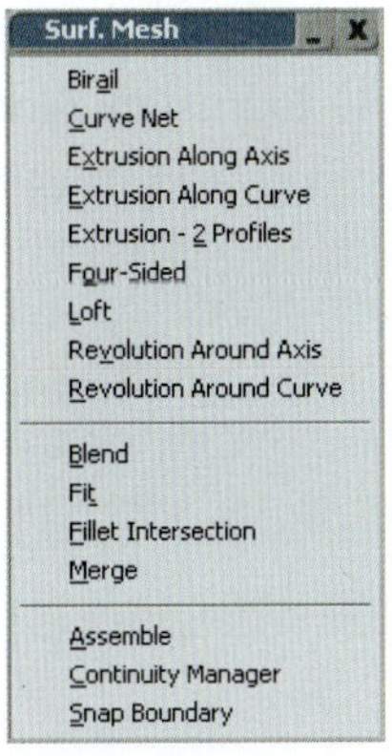

그림 1-161

지금까지 Surface의 기본 개념과 원리에 대해 살펴보았다. 이제부터 Surface의 생성과 변형에 대해 알아보도록 한다.

[1] Birail : 두 개의 Guide 라인과 하나의 단면 라인을 이용해서 Surface를 생성하는 방법이다. Profile Curve를 선택한 다음 Birail 명령을 실행하고 두 개의 Guide 라인을 차례로 Picking한 다음 마우스 오른쪽 버튼을 클릭한다.

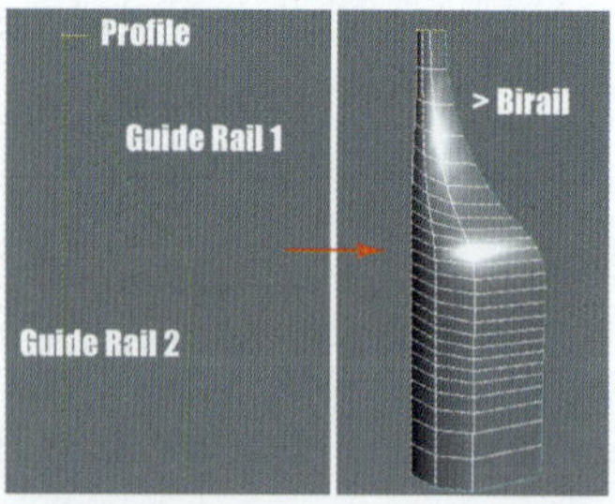

그림 1-162

[2] Curve Net : 두 개의 이상의 U라인과 두 개의 V라인을 이용해서 Surface를 생성하는 방법이다. U 커브를 멀티 선택을 한 다음 Curve Net 명령을 실행하고 난 후 V라인을 차례로 Picking한 다음 작업 창에 마우스 오른쪽 버튼을 클릭 적용한다.

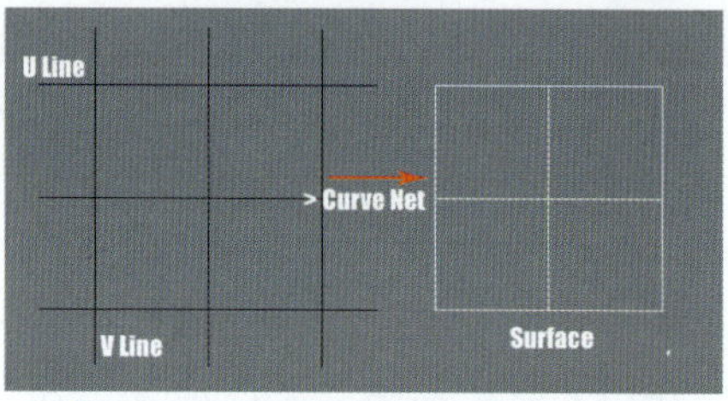

그림 1-163

[3] Extrusion Along Axis : 선택된 Surface Curve 단면을 설정한 축(X축, Y축, Z축)을 따라 확장시키는 명령어이다.

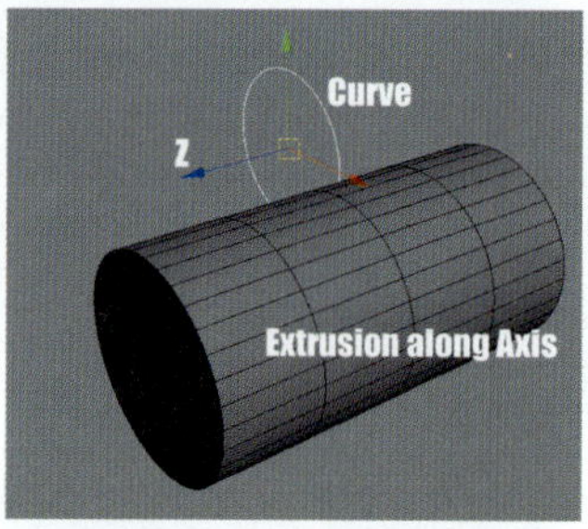

그림 1-164

[4] Extrusion Along Curve : 선택된 Surface 단면을 확장하고자 하는 Curve의 형태에 따라 확장시키는 명령어이다.

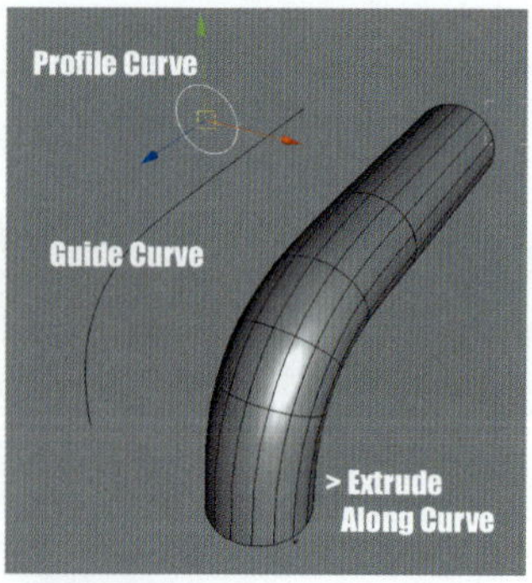

그림 1-165

[5] Extrusion-2Profiles : 하나의 Guide Curve와 두 개의 단면(Profile)을 이용하여 Surface 모델링을 만드는 제작방식이다. 먼저 Guide Curve를 선택하고 Extrusion-2 Profile 명령을 실행한 다음 차례로 두 개의 단면 Profile를 선택하고 적용해준다.

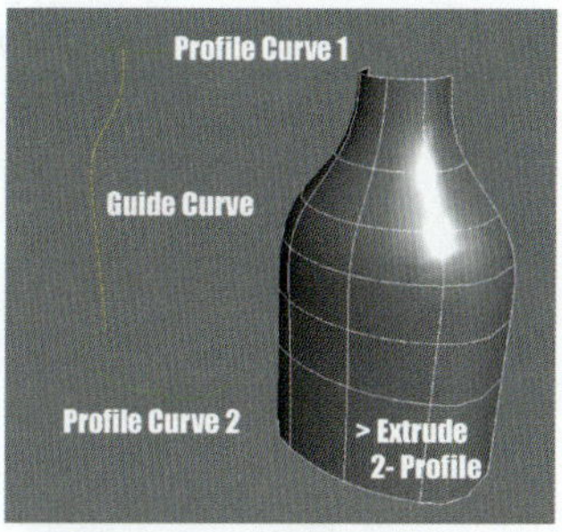

그림 1-166

[6] Four-Sides : 4개의 라인을 이용해서 Surface 면을 만들어 내는 방식이다. 2개의 U라인과 2개의 V라인을 이용해서 단면을 제작하는 방식이다. 먼저 Four side 명령을 실행하고 시계방향 혹은 반시계방향으로 차례로 라인을 선택하고 적용해준다.

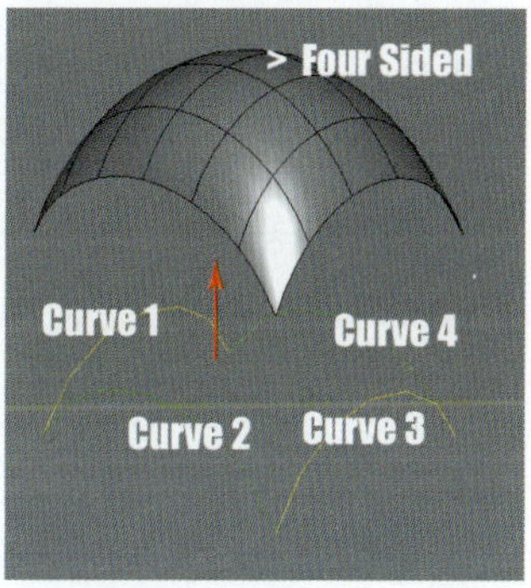

그림 1-167

[7] Loft : 모양을 결정할 여러 개의 Curve 단면도를 그린 다음 차례로 Picking하여 하나의 Object를 제작하는 방식이다. Reference Curve의 형태 변화를 통해 생성된 Object의 모양 변화도 가능하다.

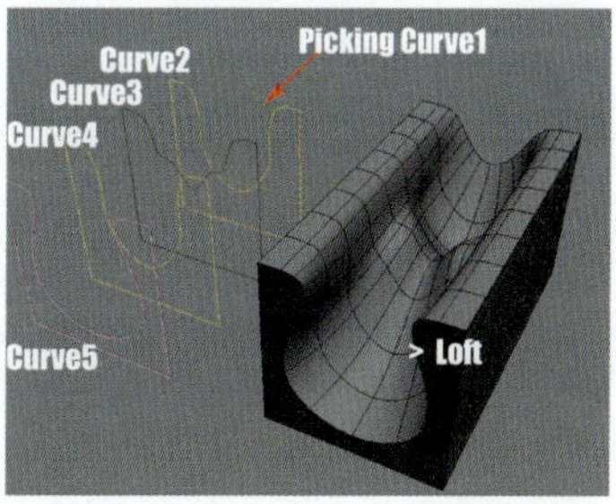

그림 1-168

[8] Revolution Around Axis : 모델링 데이터의 단면 라인을 회전축(X축, Y축, Z축)을 이용하여 회전시키면서 모델링을 제작하는 방식이다. Object의 단면 Curve 하나만 있으면 완벽한 모델링을 만들 수 있기 때문에 많이 활용되는 방식이다.

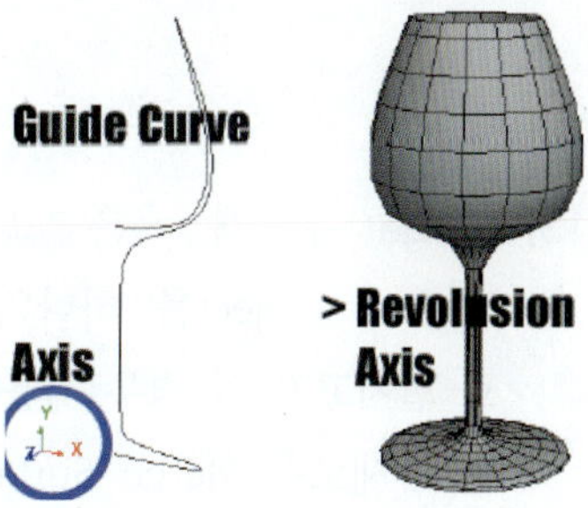

그림 1-169

[9] Revolution Around Curve : 모델링 데이터의 단면 라인을 Curve를 이용하여 회전시키면서 모델링을 제작하는 방식이다. Revolution Around Axis와 같은 방식으로 적용하지만, Axis 대신 Curve를 활용한다.

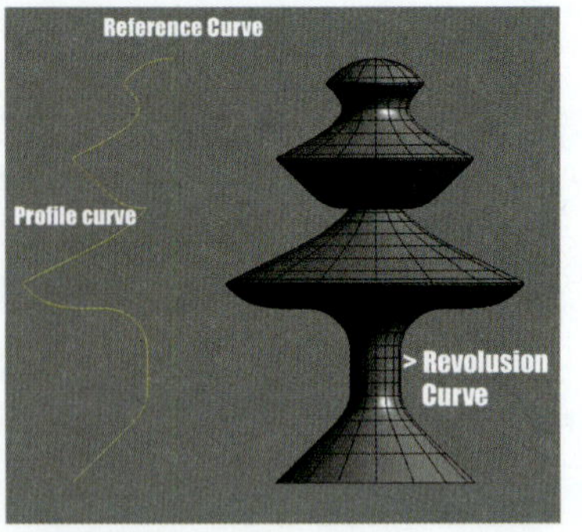

그림 1-170

[10] Blend : 두 개의 떨어진 Surface Object를 연결하는 방식으로 연결되는 공간에 새로운 Surface가 추가되는 것이 특징이다.

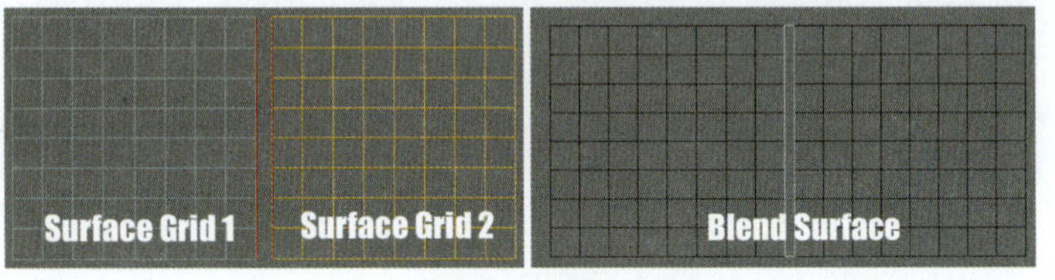

그림 1-171

[11] Fit : Surface의 외부 모양을 부드럽게 다듬어 주고자 할 경우 사용하는 명령어이다.

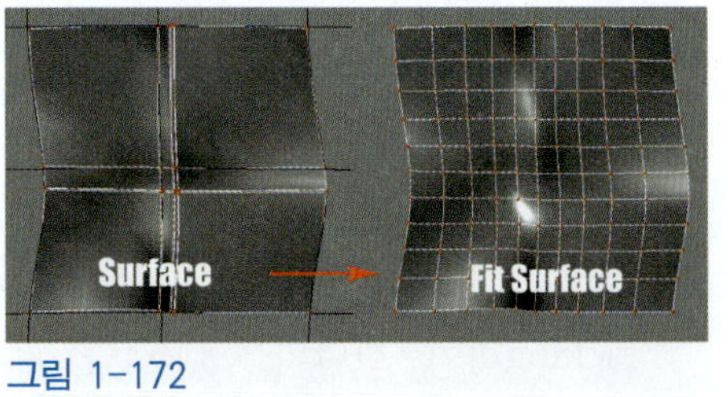

그림 1-172

[12] Filet Intersection : 교차한 두 개의 Surface Object의 교차지점에 연결 Object를 추가해서 부드러운 면 처리를 해주고자 할 경우 사용한다.

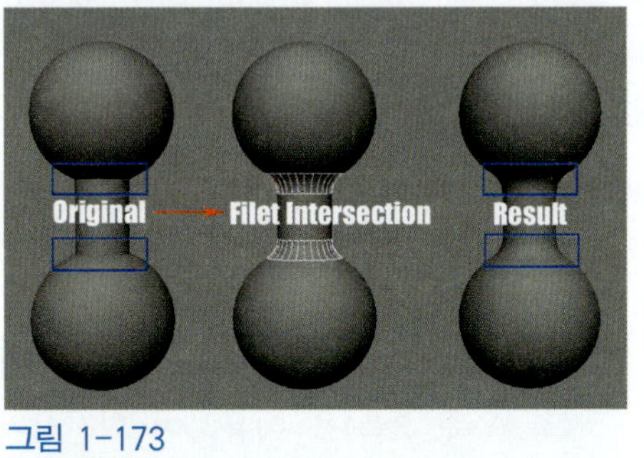

그림 1-173

[13] Merge : 두 개 혹은 그 이상의 Surface Object를 하나의 Object로 합치고자 할 경우 사용한다. 이 경우 새로운 Merge Surface가 생성된다.

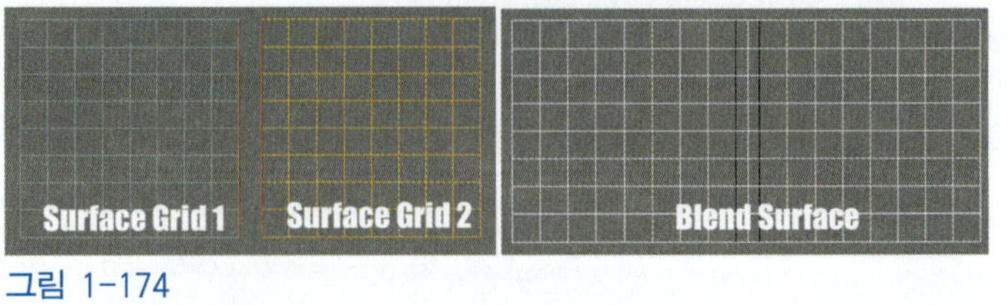

그림 1-174

[14] Assemble : Snap Boundary 기능으로 병합된 Surface를 하나의 새로운 Surfaces를 만들고 정렬할 수 있는 기능이다.

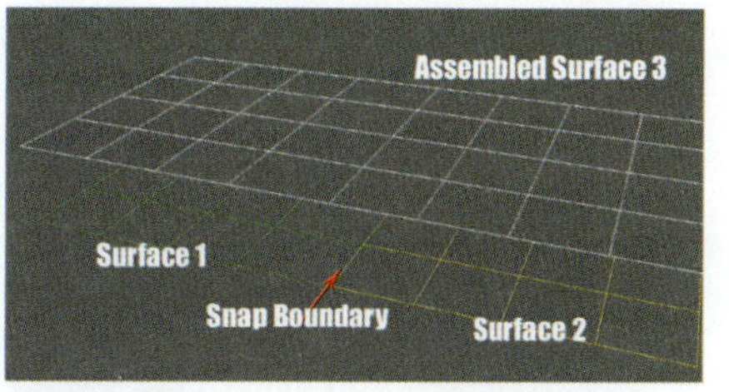

그림 1-175

[15] Continuity Manager[SCM] : Surface Continuity Manager로 Surface mesh가 Junction시 매끄럽게 나타나는지를 확인하는 Operator이다. Explorer 창[8]에서 보면 NURBS Surface Mesh 아래에 SCM Fixer Op2라고 나타나며 하나의 Mesh에 대해 하나의 SCM으로 관리된다. SCM에서 Point를 배제하는 방법은 두 가지 경우가 있다.

첫째, Junction에 걸친 해당 Point가 Merge시 명기된 허용 오차 범위 밖에 존재할 때 연결 Boundary는 연결 연속성에서 배제된다.

둘째, 연결 연속성에 대해 미리 배제하고자 하는 Point Group(Cluster)을 지정하여 다른 Junction 작업에 영향을 주지 않는 범위 내에서 Merge의 영향력에서 벗어나게 할 수 있다. 이와 같은 방법으로 눈이나 입의 형태를 만들 수 있다.

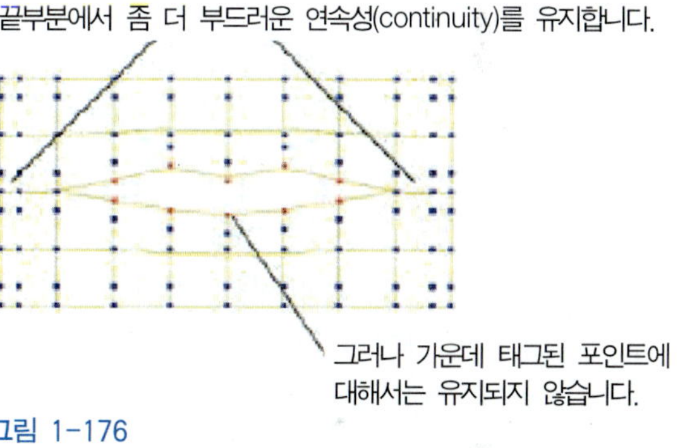

그림 1-176

[16] Snap Boundary : 연결할 Surface mesh들의 가장자리 Boundary Line을 서로 병합하여 정렬하는 방법으로 Merge와 다르다. 같은 수의 Point를 가진 경우와 그렇지 않은 경우로 구분할 수 있다.

그림 1-177

(1) Boundary Line의 Point 수가 같은 경우

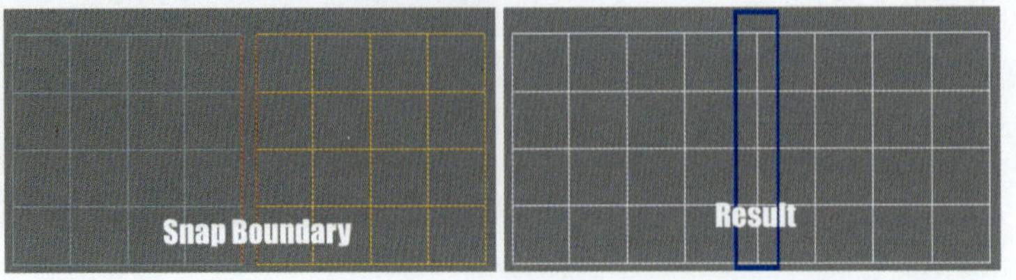

그림 1-178

(2) Boundary Line의 Point 수가 같지 않은 경우

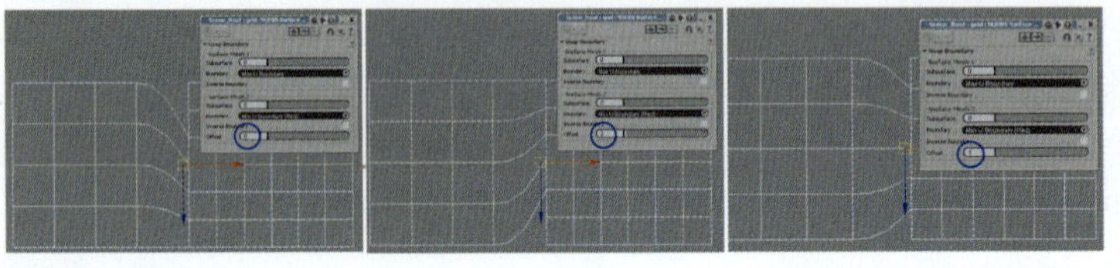

그림 1-179

Off set 수치를 이용해서 Assemble의 위치를 지정해 줄 수 있고 Boundary mode에서 연결할 Boundary Line의 방향을 선택할 수 있다.

(3) Junction Type

- I Junction : 결합하는 방식이 "I"형으로 두 개의 Surface는 일반 Border를 따라 결합하여진다. I Junction은 실현 가능한 기능 중에 가장 일반적이고 중요한 일에 많이 활용된다.

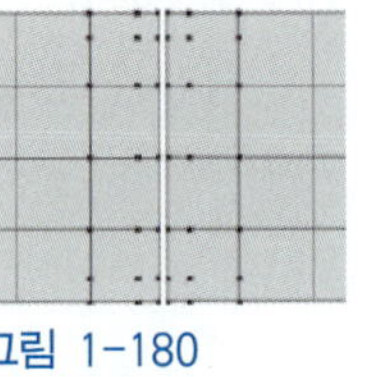

그림 1-180

- T Junction : T Junction : 세 개의 Surfaces에서 결합하여진 모양이다.

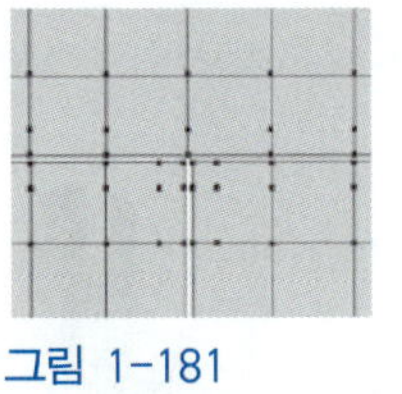

그림 1-181

- Star Junction : 여러 개 Surface가 별 모양과 같이 결합하여질 때 몇 가지 주요한 사항이 있다. Star Junction은 최소한 4쌍의 Point가 있어야 한다.

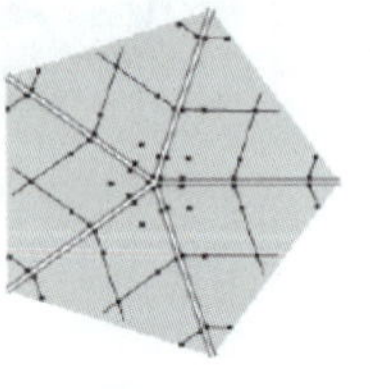

그림 1-182

- Collapsed Junction : 닫지 않는 Junction에서 Surface의 한계는 Point를 분리하여 반대편의 둘은 원추의 모양이 된다.

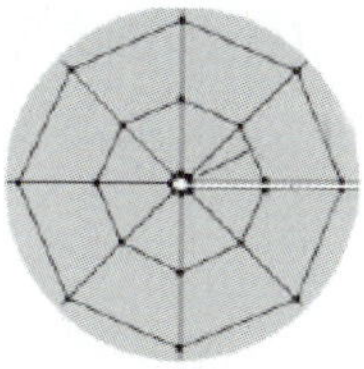

그림 1-183

- Multi Knots : Multi knot을 연결하는 상황에서 여러 가지 형태에 대한 Junction의 형태가 나타날 수 있다.

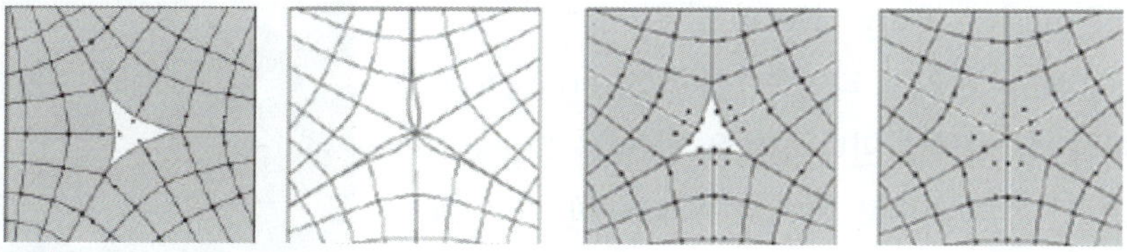

그림 1-184

3. Poly Mesh

Poly mesh를 구성하는 기본단위는 Point(점), Edge(선), Polygon(면)이다.

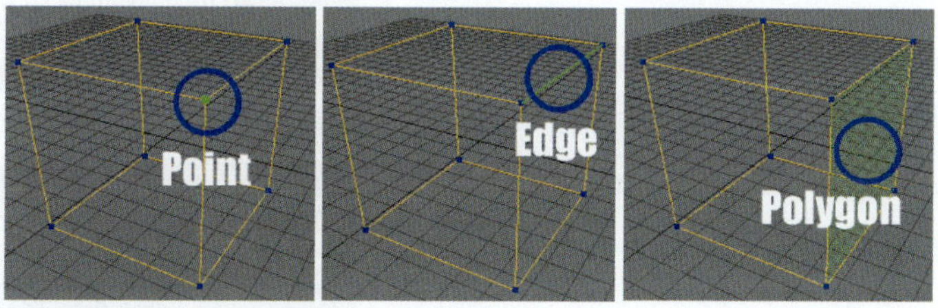

그림 1-185

지금부터 이러한 Component(구성요소)로부터 Poly mesh까지 다양한 형태의 Object를 만들어 보도록 한다. 명령어를 살펴보면 Create 〉 Surf mesh 기능과 거의 유사하다. 다만, 생성되는 Object의 성질은 각각 다르다.

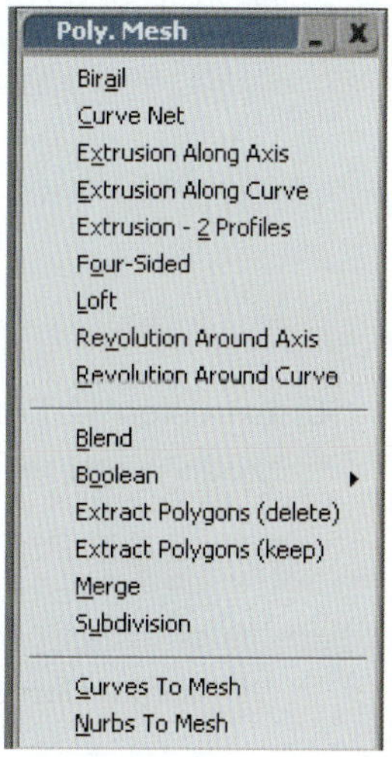

그림 1-186

[1] Birail : 생성되는 결과 Object가 Poly mesh라는 것을 빼고는 Surface의 Birail과 같은 기능이다.

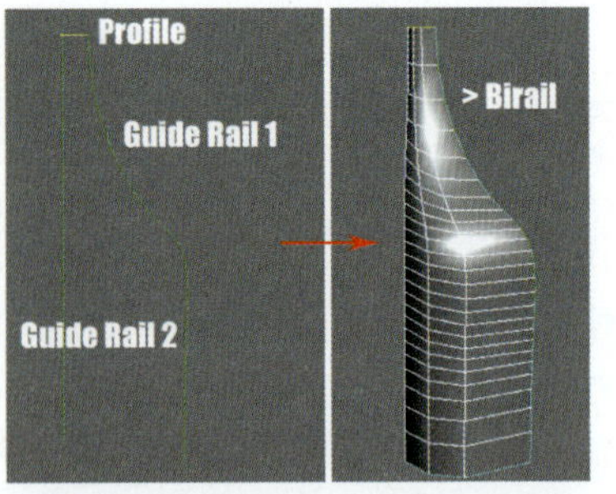

그림 1-187

[2] Curve Net : Surf mesh 〉 Curve Net과 같은 기능으로 두 개의 이상의 U 라인과 두 개의 V 라인을 이용해서 Poly mesh를 생성하는 방법이다. U 커브를 멀티 선택을 한 다음 Curve Net 명령을 실행하고 난 후 V라인을 차례로 Picking한 다음 작업 창에 마우스 오른쪽 버튼을 클릭 적용한다.

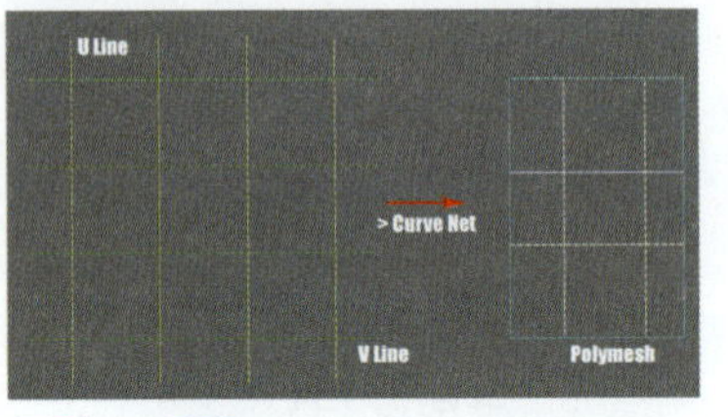

그림 1-188

[3] Extrusion Along Axis : Surf mesh 〉 Extrusion Along Axis와 같은 기능으로 선택된 Curve 단면을 지정해준 축(X축, Y축, Z축)을 따라 확장시키는 명령어이다.

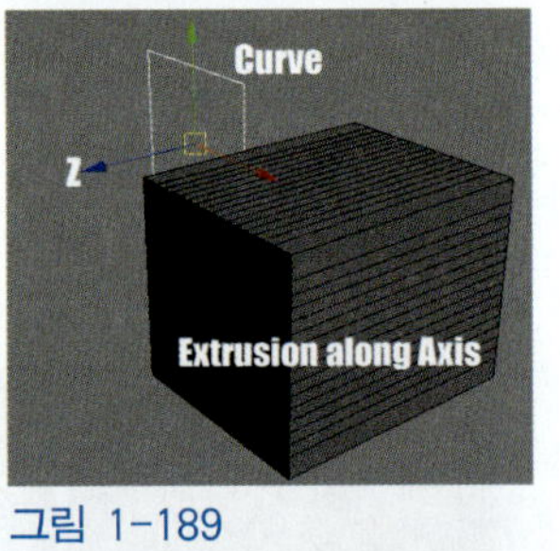

그림 1-189

[4] Extrusion Along Curve : Surf mesh 〉 Extrusion Along Curve와 같은 기능으로 선택된 Surface 단면을 확장하고자 하는 Curve의 형태에 따라 확장시키는 명령어이다.

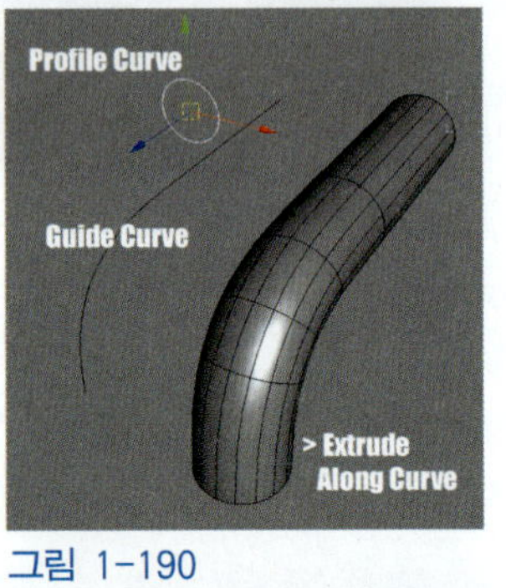

그림 1-190

[5] Extrusion – 2 Profiles : Surf mesh 〉 Extrusion - 2 Profiles와 같은 기능으로 하나의 Guide Curve과 두 개의 단면(Profile)을 이용하여 Poly mesh 모델링을 만드는 제작방식이다. 먼저 Guide Curve를 선택하고 Extrusion - 2 Profile 명령을 실행한 다음 차례로 두 개의 단면 Profile Curve를 선택하고 적용한다.

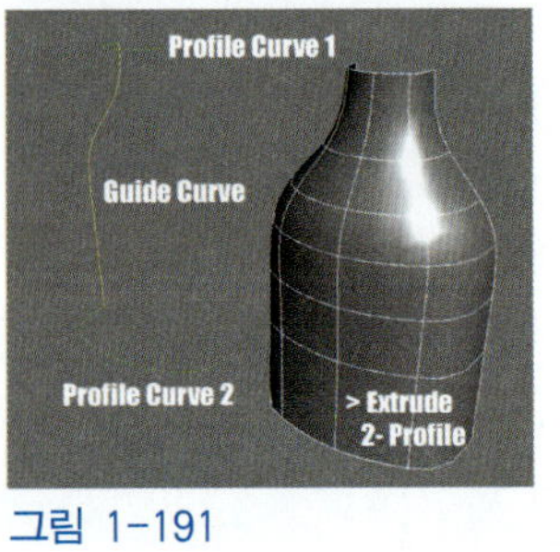

그림 1-191

[6] Four - Sided : Surf mesh 〉 Four - Sided와 같은 기능으로 4개의 라인을 이용해서 Poly mesh면을 만들어 내는 방식이다. 2개의 U라인과 2개의 V라인을 이용해서 단면을 제작하는 방식이다. 먼저 Four side 명령을 실행하고 시계방향 혹은 반시계방향으로 차례로 라인을 선택하고 적용한다.

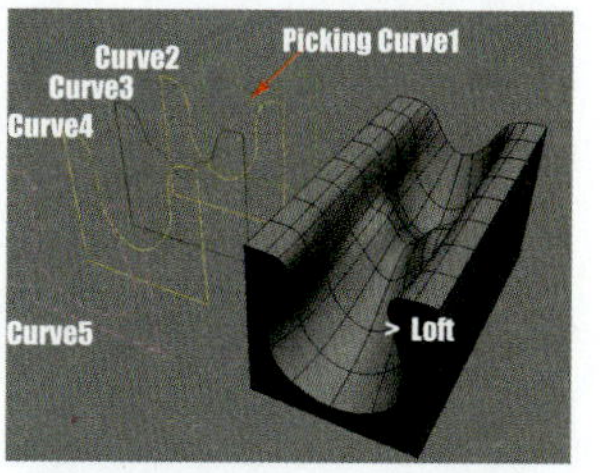

그림 1-192

[7] Loft : Surf mesh 〉 Loft와 같은 기능으로 모양을 결정할 여러 개의 변형된 형태의 Curve 단면도를 그린 다음 차례로 Picking하여 하나의 Object를 제작하는 방식이다. Reference Curve의 형태 변화를 통해 생성된 Object의 모양 변화도 가능하다.

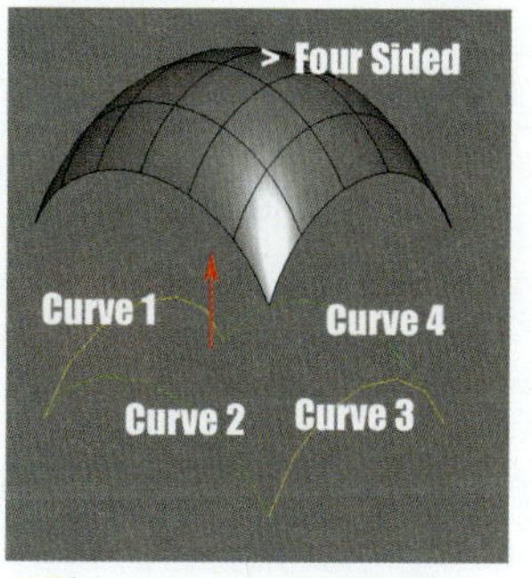

그림 1-193

[8] Revolution Around Axis : Surf mesh 〉Revolution Around Axis와 같은 기능으로 모델링 데이터의 단면 라인을 회전축(X축, Y축, Z축)을 이용하여 회전시키면서 모델링을 제작하는 방식이다. Object의 단면 Curve 하나만 있으며 완벽한 모델링을 만들 수 있기 때문에 많이 활용되는 방식이다.

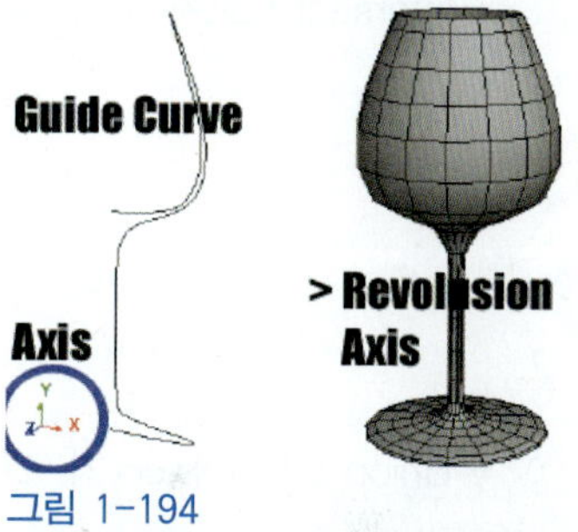

그림 1-194

[9] Revolution Around Curve : Surf mesh 〉Revolution Around Axis와 같은 기능으로 모델링 데이터의 단면 라인을 Curve를 이용하여 회전시키면서 모델링을 제작하는 방식이다.

Revolution Around Axis와 같은 방식으로 적용하지만, Axis 대신 Curve를 활용한다.

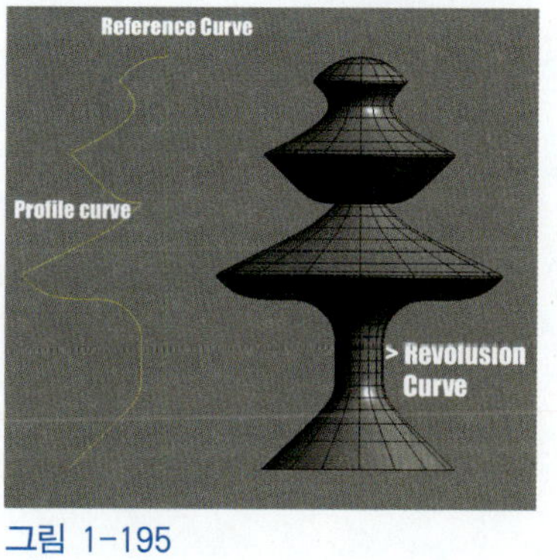

그림 1-195

[10] Blend : Surf mesh 〉 Blend와 같은 기능으로 두 개의 떨어진 Poly mesh object를 연결하는 방식으로 연결되는 공간에 새로운 Poly mesh가 추가되는 것이 특징이다.

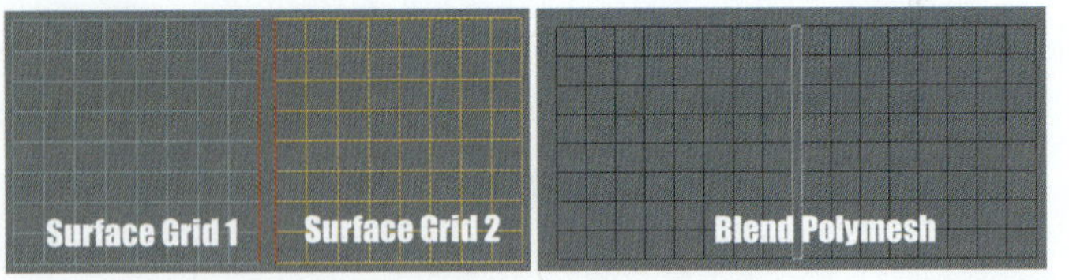

그림 1-196

[11] Boolean : 서로 교차하여 있는 독립된 두 개의 Poly mesh object를 합치거나(Union), 교차된 부분만 빼거나(Difference), 교차된 부분만 남기거나(Intersect) 할 경우 사용하는 기능이다. 이 기능을 사용할 때 새로운 Object가 생성된다.

- Difference(차집합) : 교차된 부분만 삭제되고 나머지 부분이 Merge되는 기능

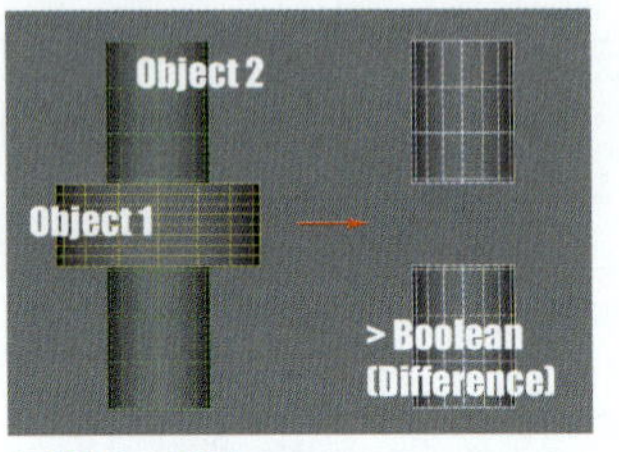

그림 1-197

- Intersect : 교차한 부분만 남기는 기능

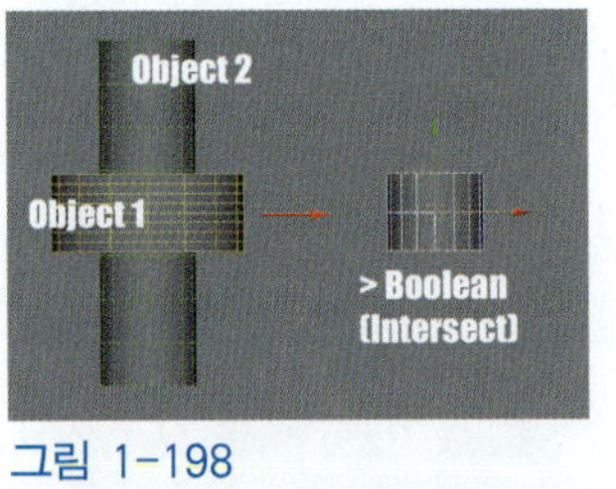

그림 1-198

- Union : 두 Object가 교차한 상태로 합쳐 주는 기능

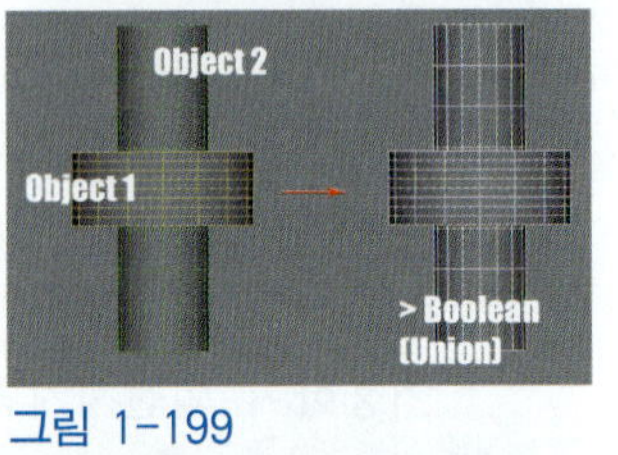

그림 1-199

[12] Extract Polygon(delete) : Object로부터 선택된 Polygon 영역을 추출하는데 기존에 선택된 Polygon 영역을 Delete(삭제)된 상태로 추출하는 기능이다.

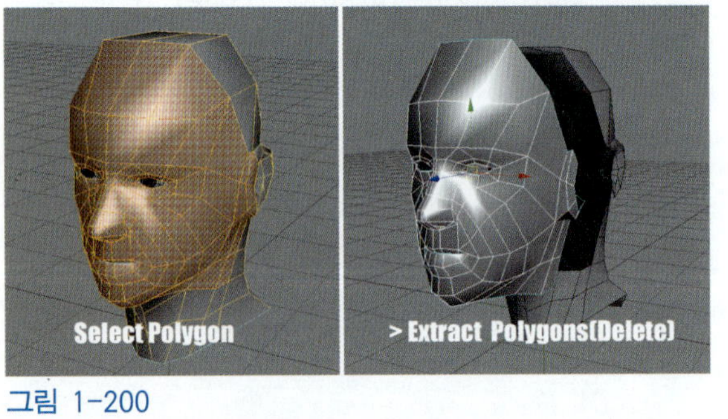

그림 1-200

[13] Extract Polygon(Keep) : Object로부터 선택된 Polygon 영역을 추출하는데 기존에 선택된 Polygon 영역을 Keep(유지)된 상태로 추출하는 기능이다.

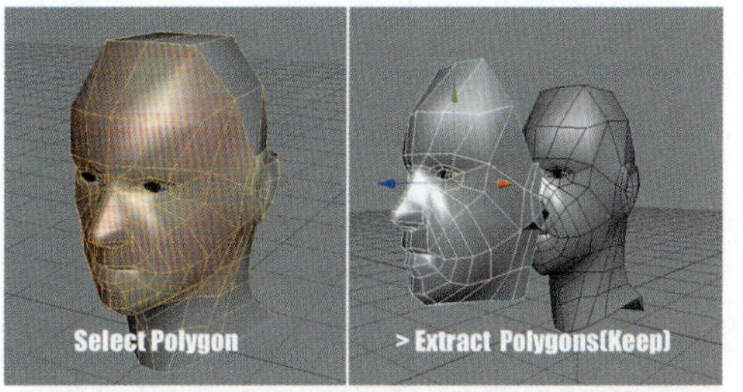

그림 1-201

[14] Merge : 두 개 혹은 그 이상의 Poly Mesh Object를 하나의 Object로 만드는 작업이다.

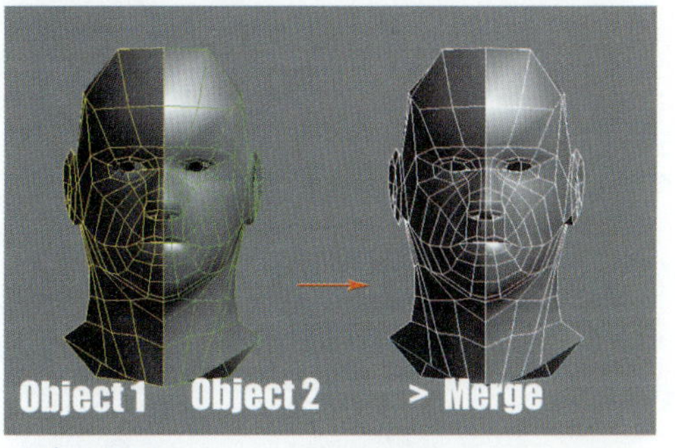

그림 1-202

[15] Subdivision : Poly Mesh Object의 면을 분할하여 표현하도록 하는 기능이다.

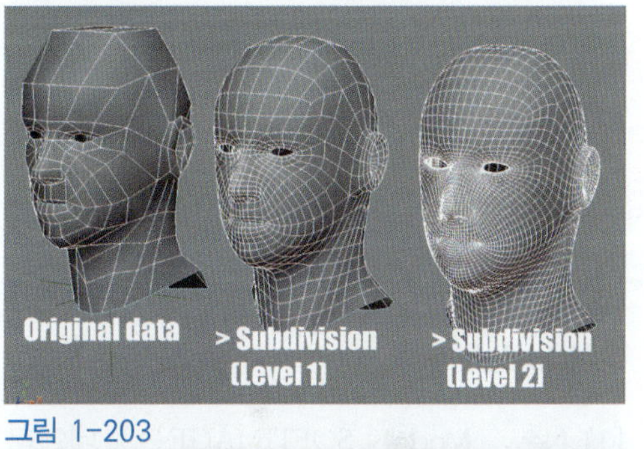

그림 1-203

[16] Curve to Mesh : Curve를 Mesh로 만들어 주는 기능이다.

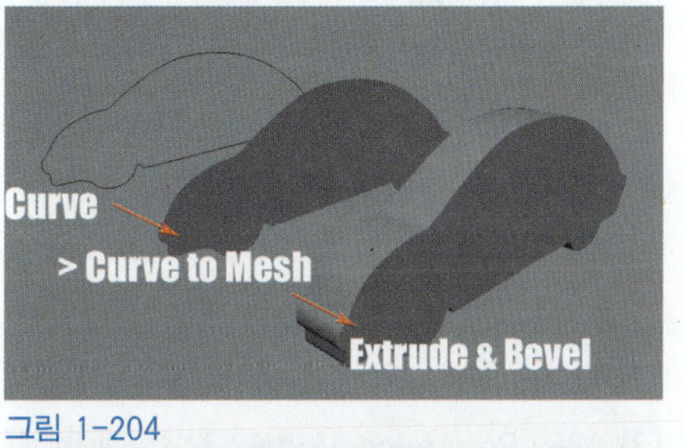

그림 1-204

[17] Nurbs to Mesh

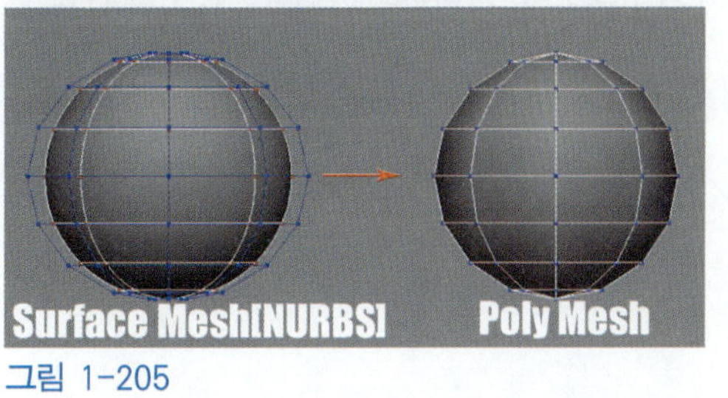

그림 1-205

4. Skeleton

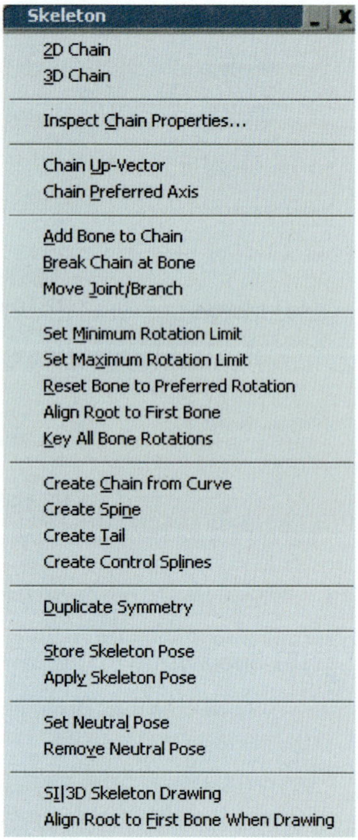

그림 1-206

여기 있는 기능들은 캐릭터 애니메이션을 위한 Skeleton 제작 기능들이 포함되어 있다. 모델링 작업할 때 전혀 불필요한 기능은 아니지만, 사용빈도가 그만큼 낮다.

Skeleton의 기본 기능과 응용 기능에 대해서는 SOFTIMAGE를 활용한 캐릭터 애니메이션(2008년 출판)편을 참조한다면 자세하게 많은 정보를 얻을 수 있을 것으로 본다.

5. Model

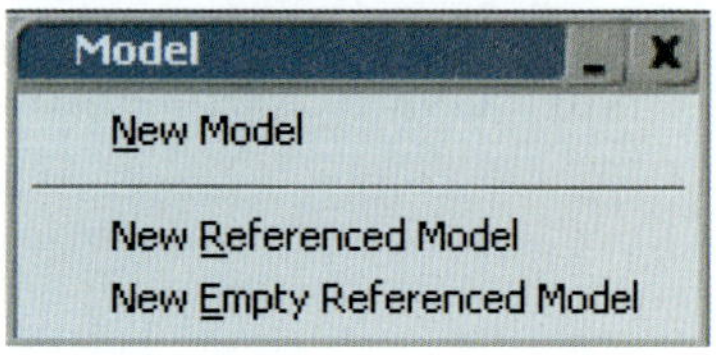

그림 1-207

[1] New Model : SOFTIMAGE는 데이터를 저장하는 방식으로 SOFTIMAGE 기본 데이터 파일인 형식인 *.scn파일(Camera, Light 등 Scene 내에 모든 Data포함)과 Model(Object) 파일만 선택해서 저장할 수 있는 모델 저장 파일인 *.emdl 파일 형식으로 저장할 수 있다. 그리고 Reference 파일 데이터 활용에서도 Model 파일로의 저장은 필수 공정이기 때문에 아주 중요한 효율성을 증대시켜 저장파 중의 하나라 할 수 있다. 이때 선택한 개체에 대해 새로운 모델 파일로 저장할 때 사용하는 명령어이다.

[2] New Reference Model : 참조 데이터를 활용하여 모델링하는 방식이다.

[3] New Empty Reference Model

6. Text

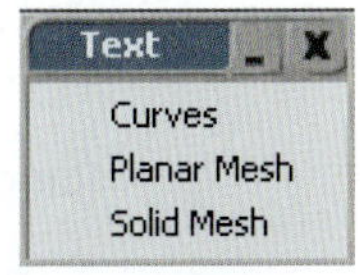

그림 1-208

SOFTIMAGE 작업환경에서 Text를 제작하는 기능이 들어 있는 명령 창으로 Logo나 Title 애니메이션 제작에 들어가는 Text 모델링 제작 및 애니메이션 제작에 활용할 수 있다.

형태는 크게 3가지로 나뉘며 각각의 특징들에 대해 알아보도록 한다.

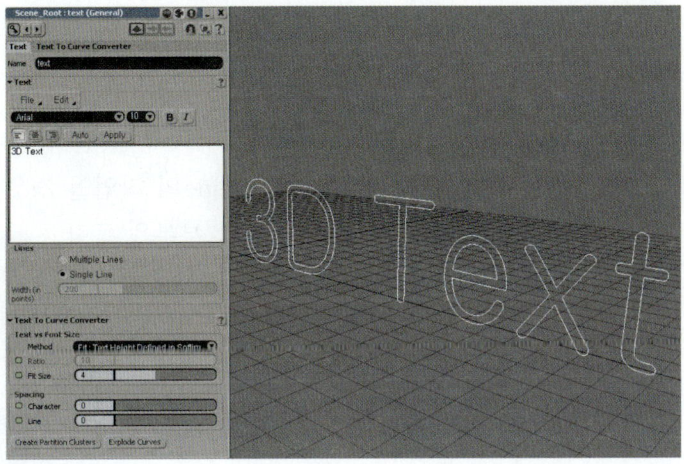

그림 1-209

[1] Curve : 제작되는 Text의 Object의 형태가 Curve의 성격을 가지도록 제작한다. 일단 Curve의 형식으로 제작한 다음 Poly mesh나 Surf mesh의 형태로 Convert하여 작업에 사용한다.

- Name : Text data의 이름을 지정한다.
- File : New, Open, Save의 기능을 수행하는 기능 창이다. 데이터를 저장할 때 형식은 *RTF(Rich Text Format)으로 지정된다.
- Edit : Undo, Redo, Copy, Paste, Clear 등의 기능을 수행하는 기능 창이다.
- Text Type : 글자체를 설정할 수 있는 기능 창이다.
- Text Size : 글자체의 크기를 설정할 수 있는 기능 창이다.
- Text Bold : 글자체의 굵기를 설정할 수 있는 기능 창이다.
- Text Italic : 글자의 형태를 기울게 할 수 있도록 하는 기능 창이다.
- Text 정렬 : 오른쪽 정렬, 가운데 정렬, 왼쪽 정렬을 통해 글자 배열의 위치를 설정하는 기능 창이다.
- Auto : 활성화하고 작업을 하게 되면 Text 입력 창에 Text를 바꿀 때마다 자동으로 작업화면에 Update 된다.
- Apply : Text 입력 창에 Text를 바꾸고 난 후 Apply를 누르면 작업 창에 써 놓은 Text로 변경된다.
- Multiple Line : 입력할 Text 라인의 수를 결정하는 기능으로 2줄 이상일 경우 Multiple로 활성화하고, 한 줄의 작업일 경우에는 Single Line으로 지정해준다. Multiple Line으로 작업할 때 아래 With(In Point)에서 Line Break의 수를 지정해 주어야 한다.

- Method : 제작된 Text의 기본 크기를 설정하는 창으로
  - Ratio : Text Height Defined in Softimage Unit인 경우는 SOFTIMAGE의 기본 Unit과 Text의 비율을 설정하는 작업방법이므로 Ratio 모드를 활성화할 때 아래 Parameter 창에서 Ration 비율을 정해 주어야 한다. SOFTIMAGE Unit 단위를 기준으로 하는 정확한 수치에 의해 제작할 때 사용한다.
  - Fit : Text Height Defined in Softimage Unit인 경우 Text의 크기를 기준으로 작업이 이루어지는 경우이다. 가장 일반적인 방법으로 기본 Default 방식이다. 이 경우 File Size 옵션에서 Text의 글자 크기를 조절할 수 있다.
- Character : 자간이라고 하며 글자(Text)와 글자(Text) 사이의 간격을 조절할 수 있다.
- Line : 줄 간을 의미하며 Multi Line의 작업일 경우 활용한다.
- Explode Curves : 작성된 Text 각 부분을 독립된 Object로 만들어 주는 기능이다.

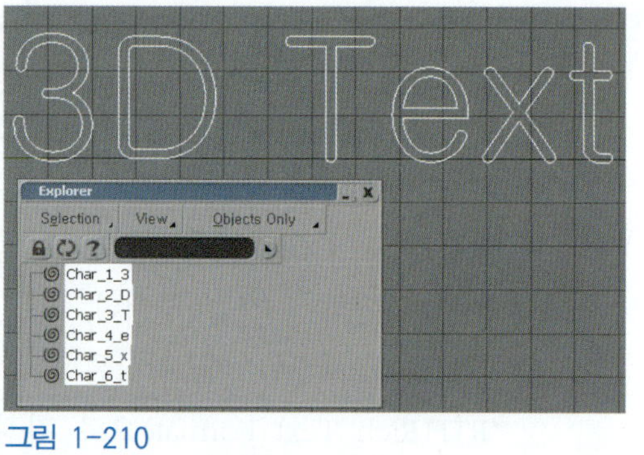

그림 1-210

[2] Planer Mesh : 생성되는 Text Object의 성질이 Mesh의 형식을 갖는다. Option 창에서의 각 항목은 Curve와 비슷하지만, Mesh의 형식이기 때문에 Extrude(두께)와 Bevel(가장자리를 부드럽게 처리)의 기능을 잘 활용하면 훌륭한 결과를 얻을 수 있다.

그림 1-211

- Extrude : Text의 두께를 지정해주는 옵션 창이다.
  - Length : 길이
  - Subdivision : 분할
  - Direction : 방향
- Bevel : 가장자리를 부드럽게 처리해주는 기능(Rounding)이다.

[3] Solid Mesh : Curve + Planer Mesh의 형태로 기본적으로 Curve의 형태에 Extrude 수치 0.5가 들어가서 제작되는 Text의 형식이다.

1-2-4 Modify 기능

생성된 3D Component나 Object에 대해 변형을 주는 기능들이 들어 있다. 모델링 작업에 이어서 가장 중요하다고 할 수 있는 다양한 변형 기능들이 있기 때문에 반드시 각각의 기능들에 대해 충분히 이해하고 또 충분히 숙지를 하고 있어야만 모델링 작업을 효율적으로 할 수 있다.

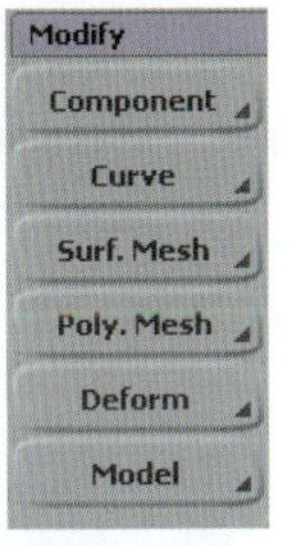

그림 1-212

1. Component

Component는 구성요소라는 의미이며 3D에서의 구성요소는 Point, Edge, Polygon을 의미한다. Component 옵션에는 이러한 구성요소를 효율적으로 다루고 활용하는 기능들이 들어 있다.

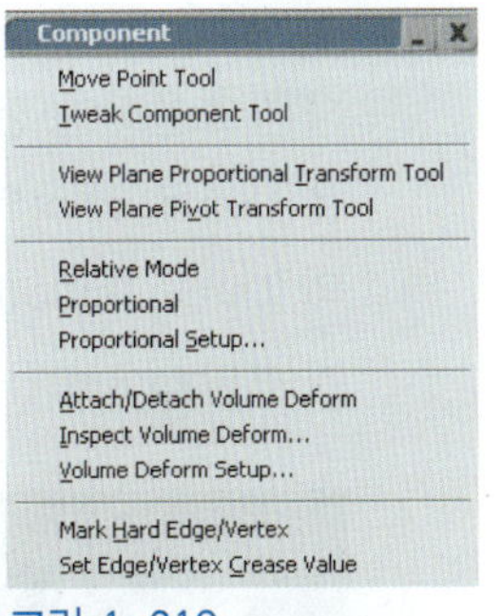

그림 1-213

[1] Move Point Tool : 작업 공간에 존재하는 모든 Mesh 형태의 Point를 이동하고자 할 경우에 사용한다. 커브의 형태 수정, Mesh의 모양 수정 등에 사용되며 Point만의 이동이므로 NURBS mesh나 Surf mesh 형태의 경우 Knot는 나타나지 않고 단지 Point의 이동만을 할 수 있다.

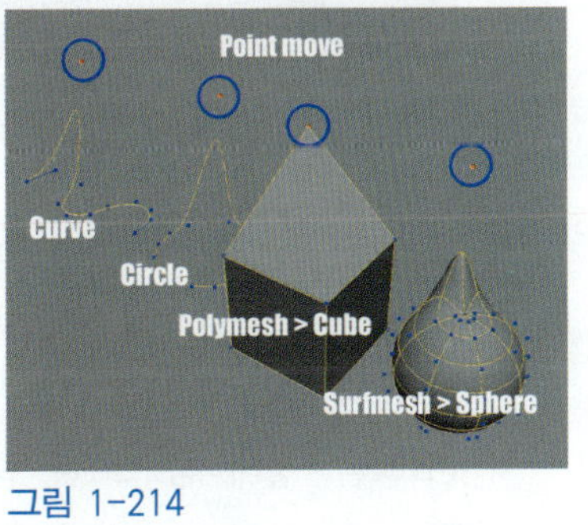

그림 1-214

[2] Tweak Component Tool(단축키 [M]) : Component의 Toggle / Snap / Merge에 관련된 명령어로 설정 옵션(Component에 마우스 클릭 후 마우스 오른쪽 버튼을 클릭하면)에 대해 효율적인 자유도를 갖고 있어서 모델링 작업에 아주 유용하게 사용되는 기능이다. Component에 대해 따로 설정을 하지 않아도 될 만큼 선택 부분에서 Tweak all 모드에서는 직관적으로 Point나, Edge, Polygon에 마우스를 올려놓기만 하면 선택 모드로 활성화된다.

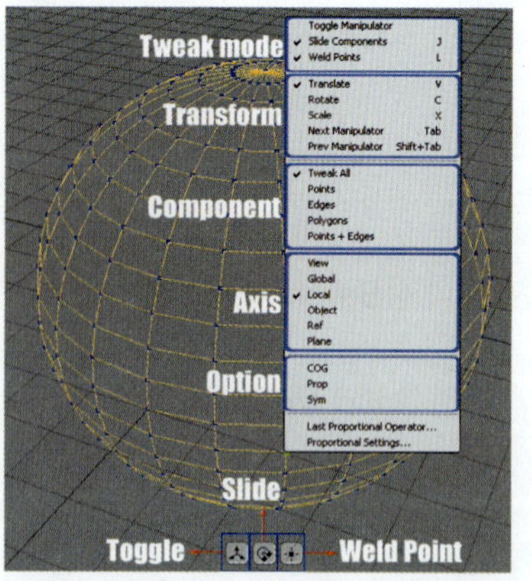

그림 1-215

Toggle Manipulator : 설정된 Component(Point나, Edge, Polygon 또는 All)를 설정된 방향 축에 따라 원하는 대로 이동할 수 있다.

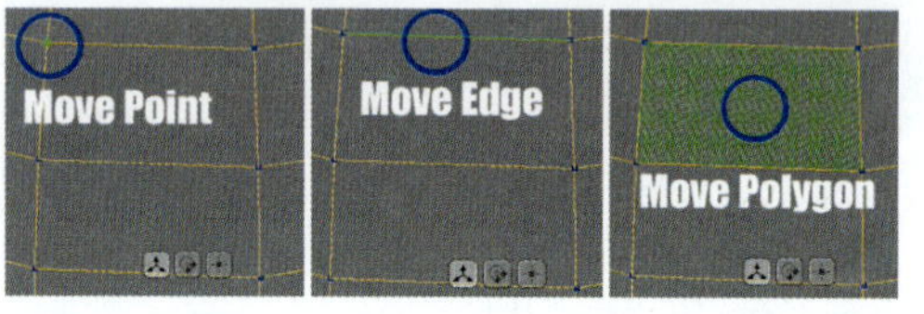

그림 1-216

[3] View Plane Proportional Transform Tool

모델링 제작할 때 가장 중요한 기능 중 하나는 Component 컨트롤이다. 왜냐하면 Component 컨트롤을 통해 형태를 잡고 모델링 작업을 할 수 있기 때문이다. 이러한 Component에 대해 또 다른 효율적인 컨트롤 기능이 바로 View Plane Proportional Transform Tool 기능이다. 이 기능은 Component의 설정 영역에 대해 이동 / 회전 / 크기 조절이 아주 쉽게 가능하다. 이때 마우스의 Three Button으로 사용하는 데 마우스 왼쪽 버튼은 이동 기능(move)을, 가운데 버튼은 회전 기능(Rotation)을, 마우스 오른쪽 버튼은 크기 조절(Scale)을 할 수 있는 기능이다.

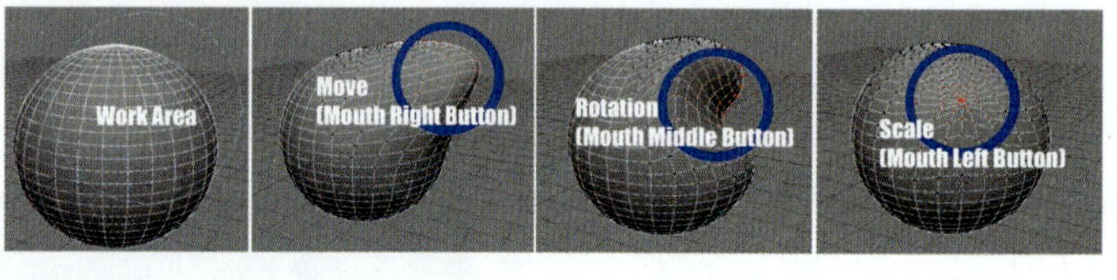

그림 1-217

[4] View Plane Pivot Transform Tool

Pivot은 중심축에 해당하는 용어로써 모델링 작업할 때 축을 기준으로 작업하는 경우가 많아서 Pivot과 같은 설정에 대해 아주 민감할 경우가 많다. 임시적이긴 하지만 필요한 작업 영역에 대해 Pivot을 정해 줌으로써 좀 더 모델링 작업의 직관성을 살려주는 기능 툴이다. Plane Pivot Transform Tool 기능을 활성화하고 마우스를 Object의 Pivot 설정위치에 올리면 아이콘이 변경된다. 이때 선택한 상태에서 자유롭게 Object를 이동 / 회전 / 크기 변경을 시킬 수 있다. 이 기능 역시 마우스의 세 버튼을 활용하는데 첫 번째 버튼은 이동, 두 번째 버튼은 회전, 세 번째 버튼은 크기 조절이 가능한 기능이다.

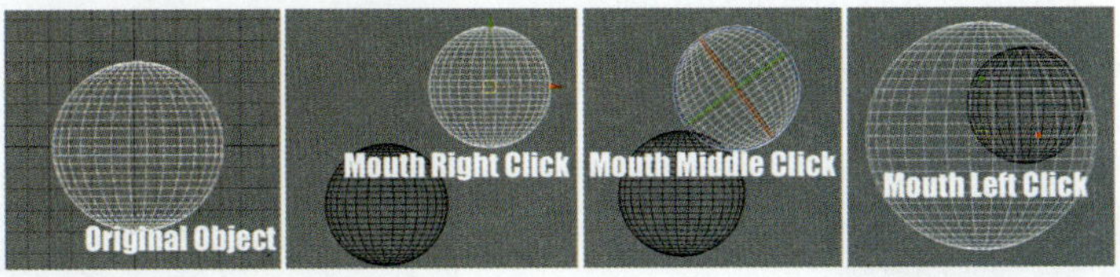

그림 1-218

[5] Relative Mode

모델링 작업할 때 Component들의 방향성에 대한 설정이다. 즉 임의의 어떤 영역에 대해 해당하는 Component들을 다른 Component들에 영향을 받게 되는데 이 경우 사용하는 기능이 Relative mode이다. 즉 임의의 Component를 형태 변화 전에 Relative mode로 전환한 다음 Component를 이동했을 때 Relation mode를 체크한 경우와 그렇지 않은 경우를 비교해 보도록 한다.

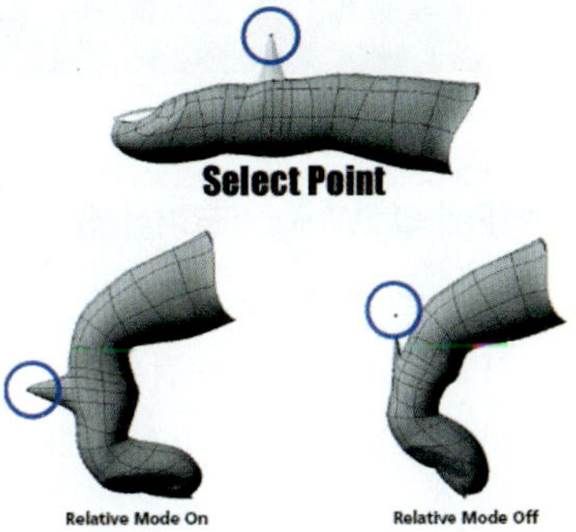

그림 1-219

[6] Proportional

Component 이동할 때 주변의 Component에 대해 일정한 패턴의 영역 설정을 해 줌으로써 그 지정된 힘의 크기만큼 Object가 변형되도록 하는 방법이다. 기본적으로 "Weight"의 원리로 적용되며 힘의 적용 범위나 크기에 대해 Object의 변형은 영향을 받는다. Modify 〉 Proportional 명령을 체크하거나 Transform 모드에서 "Ref"를 활성화함으로써 본 기능을 활용할 수 있다.

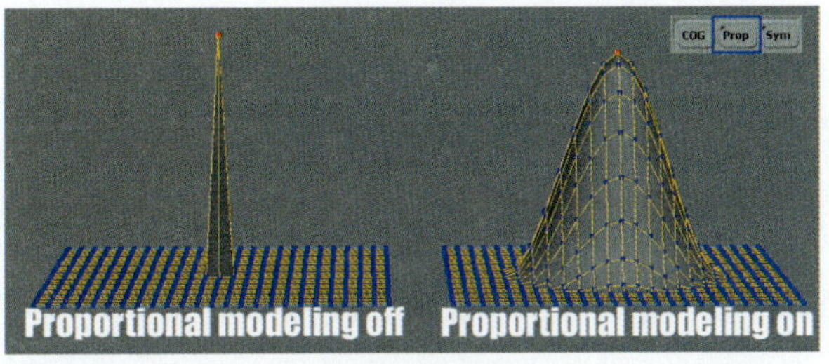

그림 1-220

[7] Proportional Set up

Modify 〉 Component 〉 Proportional Option 명령을 체크하거나 Transform 〉 Prop 명령 Tap을 더블 클릭을 하면 활성화된다. 이 속성 창에는 Proportional에 관한 여러 가지 기능을 효율적으로 제어할 수 있는 다양한 Option들이 들어 있다.

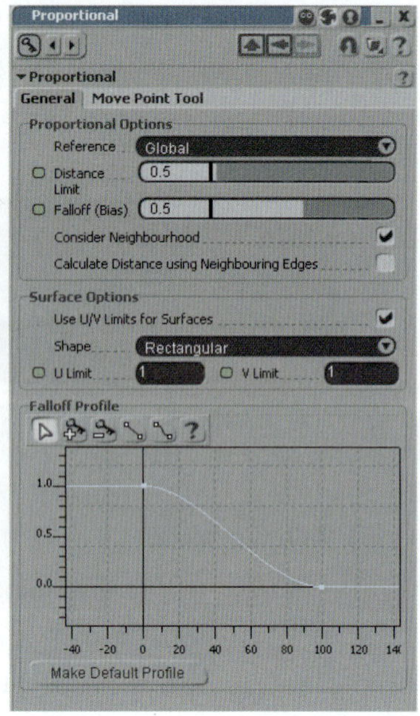

그림 1-221

- Reference : Proportional의 영역 설정의 기준이 되는 축의 방향을 설정하는 기능이다. Global과 Local 그리고 View 모드가 있다.
- Distance Limit(Weight 범위 설정) : 설정된 Component를 기준으로 그 영역을 설정하는 Option으로 수치를 올릴수록 그 영역은 확대된다.

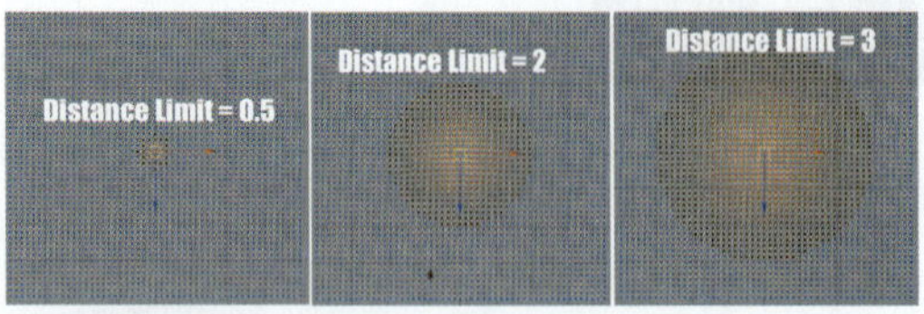

그림 1-222

- Fall Off(Weight 크기설정) : 같은 Limit 영역 내에서 Weight의 힘의 크기를 설정해주는 기능으로 기본적으로 Weight의 “0”(100% 미적용)-검은색 영역과 “1”(100% 완전 적용)-붉은색 영역의 수치 사이에 힘의 크기에 대한 옵션을 정해주는 기능이다.

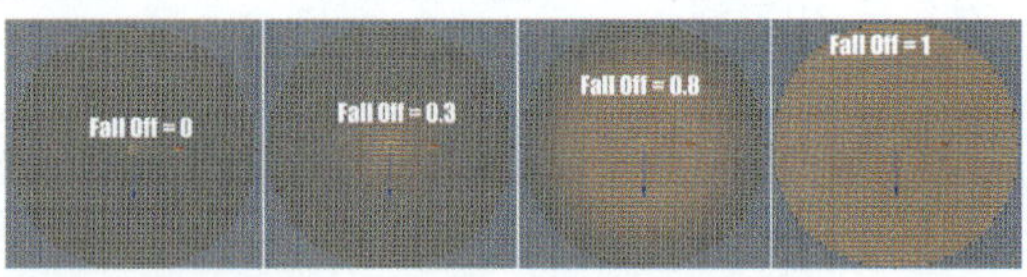

그림 1-223

- Consider Neighborhood : Proportional 기능을 적용하고 Point 이동할 때 그 주변의 Point들의 영향에 대한 설정과 비설정에 관한 Option이다. Consider Neighborhood on일 때 영역이 미치지 않은 Point들은 전혀 움직임이 없지만, Consider Neighborhood off일 때 그 영역이 미치지 않는 Point라도 주변의 형태변화에 대해 Object의 모양이 변화한다.

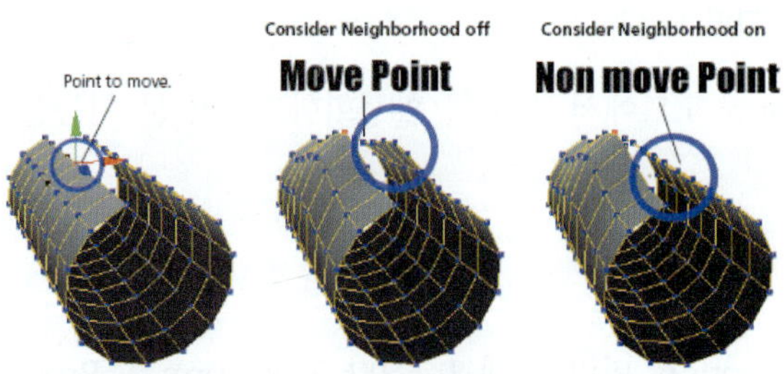

그림 1-224

- Surface option : NURBS curve에 대해서만 사용하는 기능으로 Surface의 모양을 컨트롤하는 Point의 Proportional 설정치에 대해 Object의 변형이 일어난다. Use U/V limits for Surface의 옵션을 활성화한다. 이때 영역 설정은 U Limit와 V Limit의 영역 수치를 기준으로 활성화된다. U=1, V=1인 경우 (각각 U/V 1개 라인에 대해 적용)와 U=3, V=3인 경우 (각각 U/V 3개 라인에 대해 적용)와를 비교해 보도록 한다.

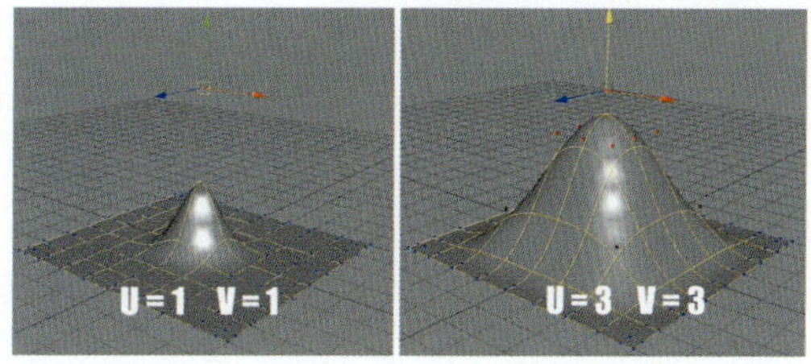

그림 1-225

- Shape은 Proportional을 통해 이루어지는 변화되는 형태에 대해 설정해주는 기능으로 Rectangular type과 Elliptical type으로 이루어져 있다.

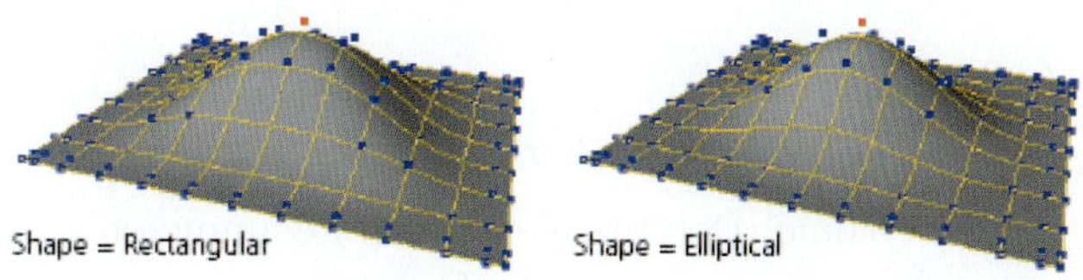

그림 1-226

- Fall off Profile은 Proportional Weight의 형태를 단면화시켜 놓은 Curve로 이 Curve 형태의 변형을 통해 Proportional Weight 적용의 모양을 설정할 수 있다. Proportional Weight curve의 A-B-C의 모양에 의해 Object의 모양이 결정된다.
  ① 선택 / 비선택
  ② Point 추가 / 삭제
  ③ Linear(직선) Curve / Spline(곡선) Curve
  ④ Default curve로 전환

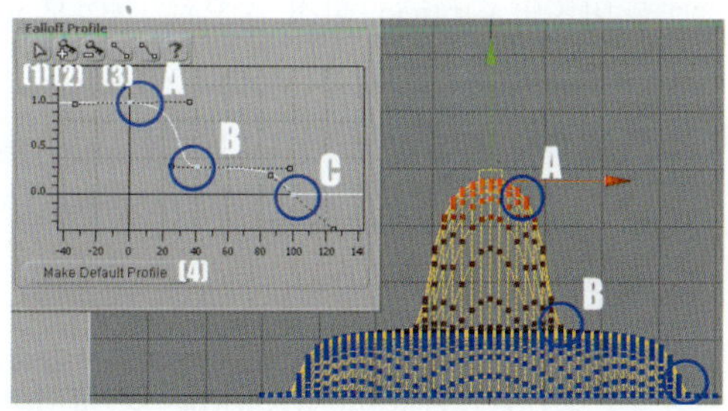

그림 1-227

[8] Attach / Detach Volume Deform(단축키 [shift + V])

Volume Deform 기능을 적용 / 비적용에 대해 설정을 해주는 기능이다. 먼저 Object에 대해 Volume deform 효과를 적용해 보도록 한다.

- Volume Deform 영역을 선택하고 Primitive 〉 Control object 〉 Volume Deform 기능을 적용한다.

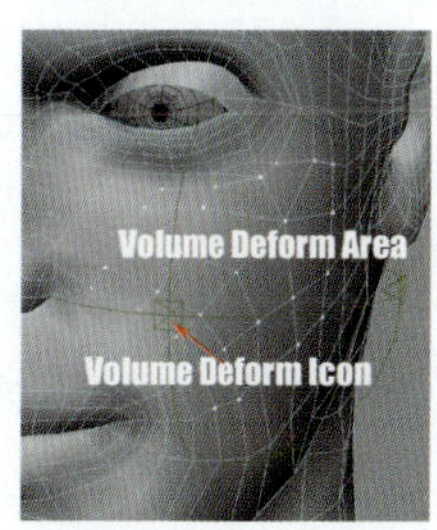

그림 1-228

- Volume Deform의 효과를 확인하기 위해 Volume Deform Icon을 선택해서 Move / Scale / Rotate를 테스트해보도록 한다.

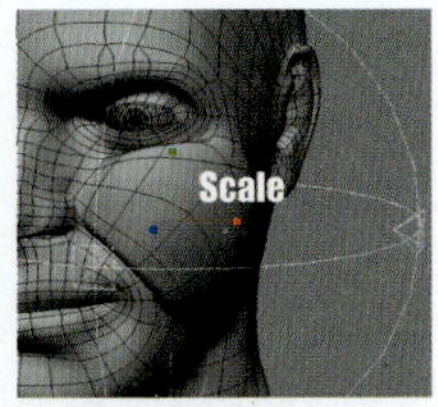

그림 1-229

- Volume Deform Icon을 선택하고 Attach / Detach를 적용해 본다. Attach시 Objet의 변화를 확인할 수 있지만, Detach일 때 Volume Deform Icon에 변화를 주어도 Object의 변화는 없다.

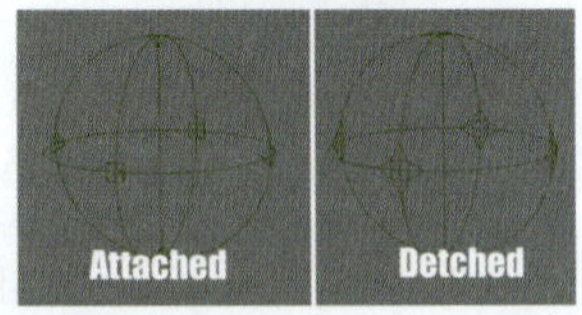

그림 1-230

[9] Inspect Volume Deform

Volume Deform 속성 창에서 Parameter를 조절을 통해 Volume Deform의 효과를 극대화하고 나서 현재 마지막 Option 설정 창으로 돌아오고 싶을 때 사용하는 기능이다. 이 경우 Volume Deform Set up 기능과 연계하여 사용할 수 있는데 Volume Deform Set up 기능을 마지막 Setting 값을 기준으로 초기화되면서 새롭게 변형 수치를 적용할 수 있도록 한다.

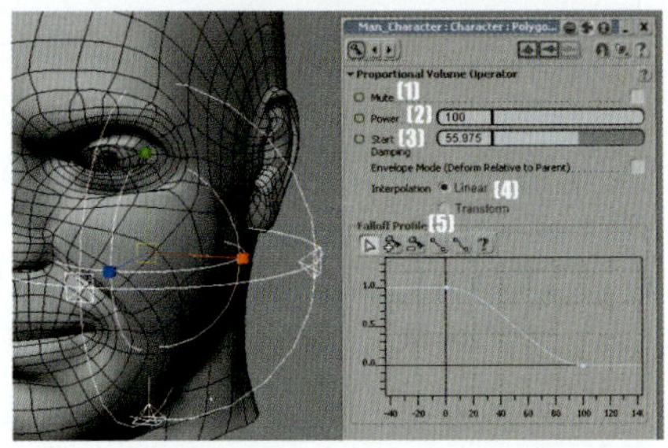

그림 1-231

- Mute : Volume Deform 정지(Mute)
- Power : Volume Deform 효과의 Weight 적용의 크기
- Start Damping : Volume Deform 효과의 범위(시작 위치 설정)
- Volume Deform의 적용 형태 : Linear(직선), Transform (SRT)

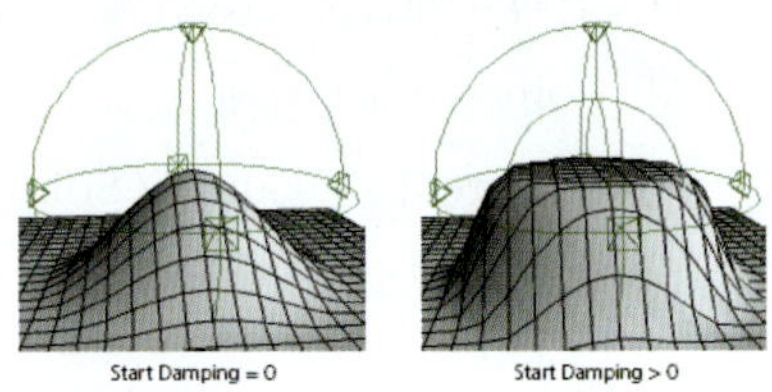

그림 1-232

- Fall off Profile : Volume Deform의 효과 적용 Curve의 조절 창

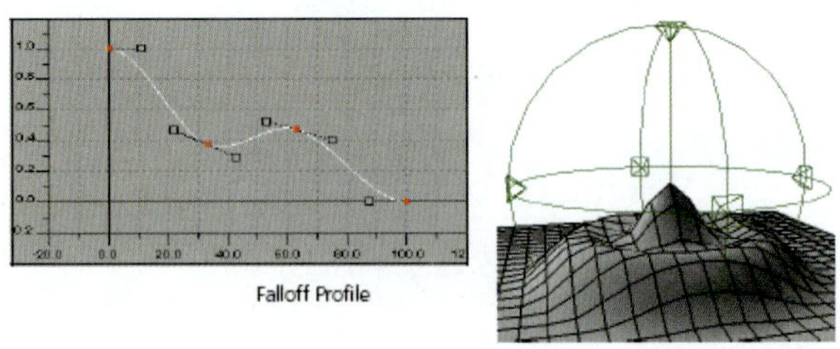

그림 1-233

[10] Volume Deform Set up

Inspect Volume Deform 기능 창과 함께 사용할 수 있으며 변형된 초기값과 마지막 변형된 변형 값 Option을 서로 번갈아 가면서 확인할 수 있는 기능 창이다.

[11] Mark Hard Edge / Vertex

Poly mesh 모델링의 장점 중의 하나로 Subdivision을 통해 모양의 Rounding 효과를 극대화할 수 있는 점이다. 하지만, 참고 모델의 형태에 따라서 하나의 Object 내에서도 곡선과 직선의 부분들이 서로 남아 있기 때문에 항상 곡선의 형태로 작업할 수 없다. Mark Hard Edge / Vertex 기능은 이러한 선택된 Edge나 Vertex에 대해서는 Subdivision 효과가 있더라도 Rounding되지 않도록 하는 기능이다.

먼저 Mark Hard Edge / Vertex를 적용할 Edge나 Vertex를 선택하고 이 기능을 적용한다.

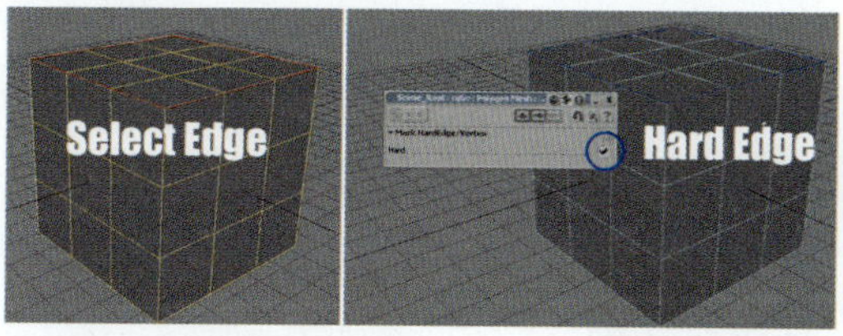

그림 1-234

Mark Hard Edge / Vertex 기능이 적용된 Object에 대해 [+] 기능을 적용해서 Subdivision 효과를 적용하고 결과를 확인한다.

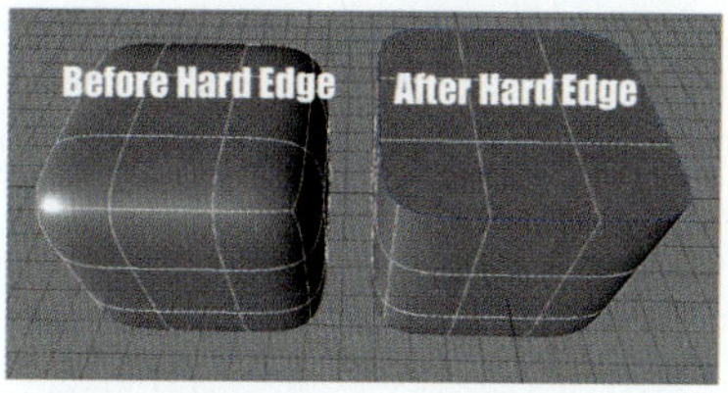

그림 1-235

[12] Set Edge / Vertex Crease Value

Mark Hard Edge / Vertex 기능에 대해 Parameter option 값(Case Value)을 적용할 수 있도록 하여 좀 더 Mark Hard Edge / Vertex 효과에 대한 선택의 기회를 좀 더 넓혀주는 기능이라 할 수 있다.

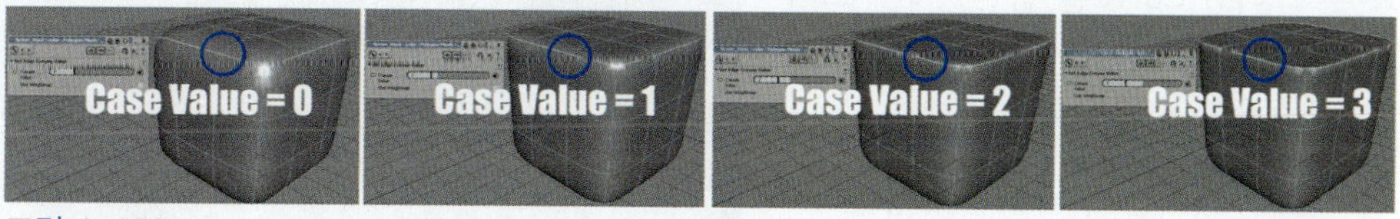

그림 1-236

2. Curve

Create 기능을 통해 제작된 Curve object에 대해 변형하고 추가하는 기능들이 들어 있는 기능 창이다.

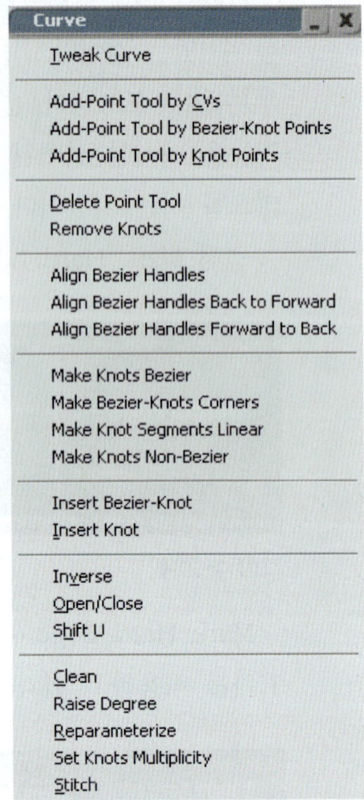

그림 1-237

[1] Tweak Curve(단축키 [M]) : 생성된 Curve의 모양을 편집하는 기능으로 Tweak mode로 전환하면 Curve의 구성요소인 Point와 Knot이 나타난다. 이때 마우스로 Point와 Knot를 클릭해서 이동하면 모양을 자유롭게 변형시킬 수 있다.

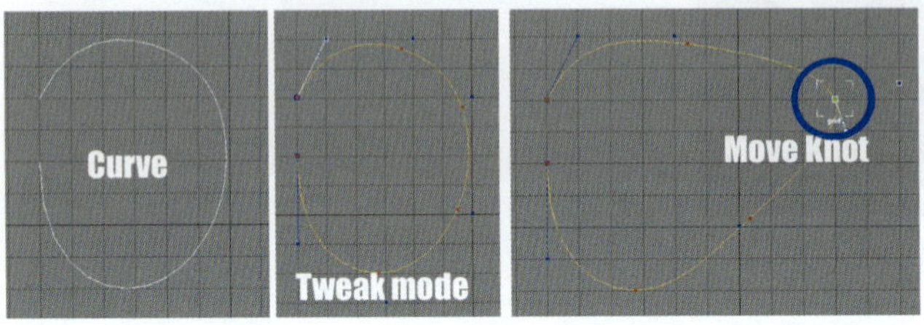

그림 1-238

그리고 Tweak의 한 가지 특징적인 기능으로는 비록 모양을 변화시키고자 하는 위치에 Point와 Knot가 없더라도 임의의 Knot 지점을 정해서 이동할 수 있다는 점이다.

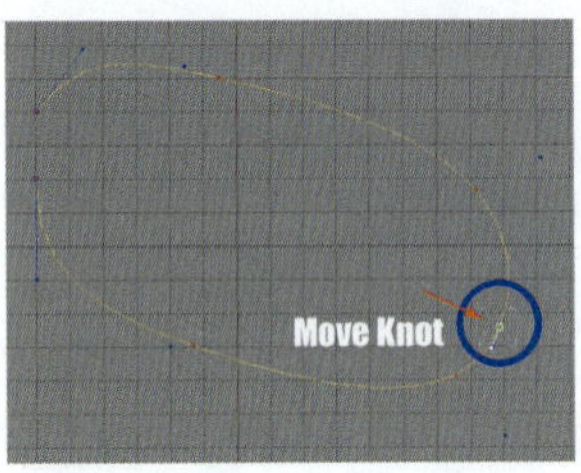

그림 1-239

[2] Add-Point Tool CVs : Curve 생성 모드 종료 후 그려진 Curve를 좀 더 이어 그리고자 할 경우 마지막 종료 지점부터 추가로 그려질 수 있도록 하는 기능이다. 이때 추가로 그려지는 Curve의 속성은 CV Nurbs curve이다.

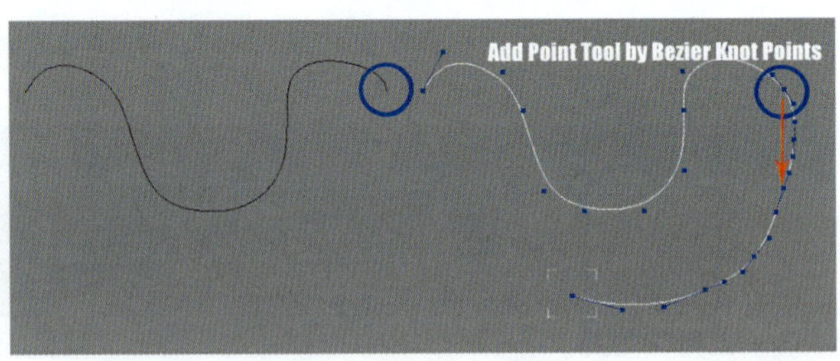

그림 1-240

[3] Add-Point Tool by Bezier-knot Points : Curve 생성 모드 종료 후 그려진 Curve를 좀 더 이어 그리고자 할 경우 마지막 종료 지점부터 추가로 그려질 수 있도록 하는 기능이다. 이때 추가로 그려지는 Curve의 속성은 Knot point에 Beizer를 포함하고 있다.

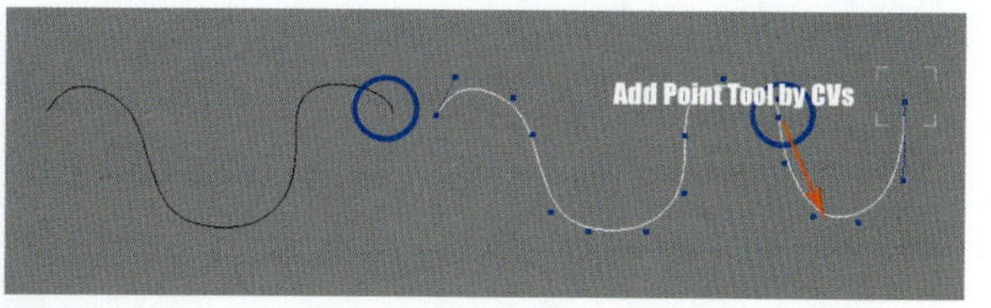

그림 1-241

[4] Add-Point Tool by Knot Points : Curve 생성 모드 종료 후 그려진 Curve를 좀 더 이어 그리고자 할 경우 마지막 종료 지점부터 추가로 그려질 수 있도록 하는 기능이다. 이때 추가로 그려지는 Curve의 속성은 Knot point에 Beizer를 포함하고 있지 않다.

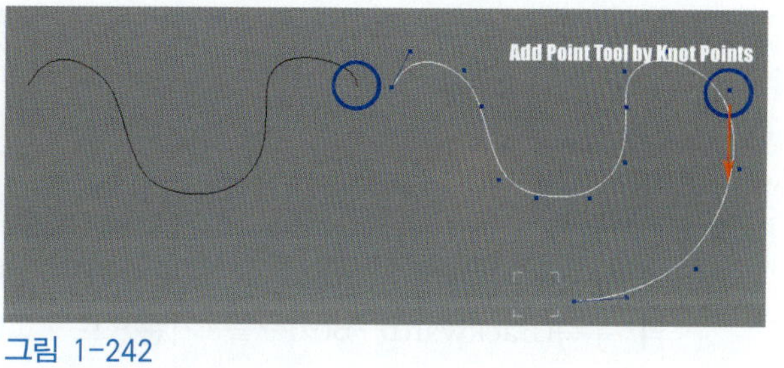

그림 1-242

[5] Delete Point Tool : 그려진 Curve에서 불필요한 Point를 삭제할 때 사용하는 기능이다.

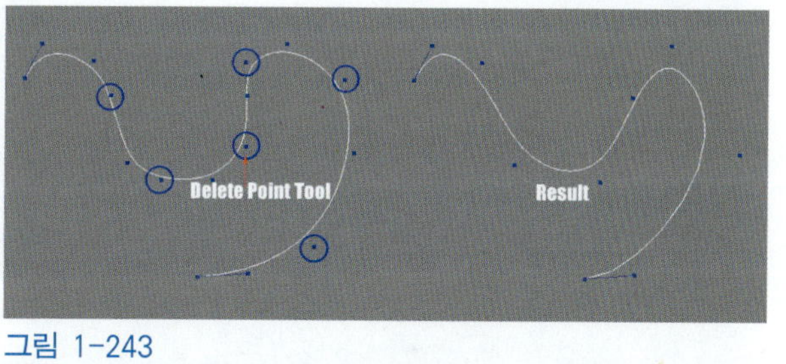

그림 1-243

[6] Remove Knots

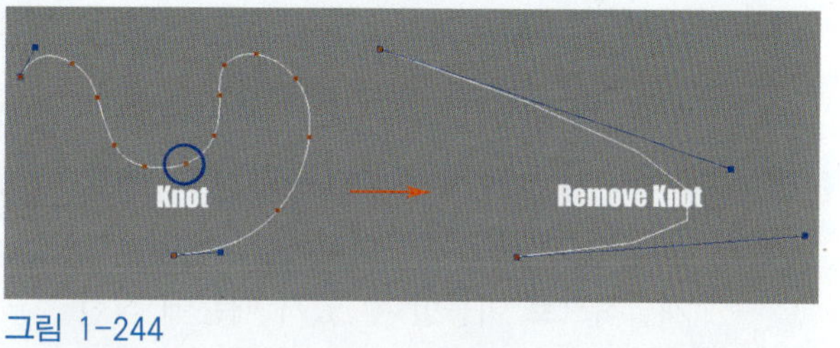

그림 1-244

[7] Align Bezier Handles : Bezier Handle의 형태가 Corner의 형태로 좌/우 대칭이 아닌 경우 작업을 하다가 다시 길이 각도에 대한 Align을 할 경우 사용한다. 이 명령어는 Bezier Knot의 좌/우 대칭으로 Align을 시키는 명령어이다.

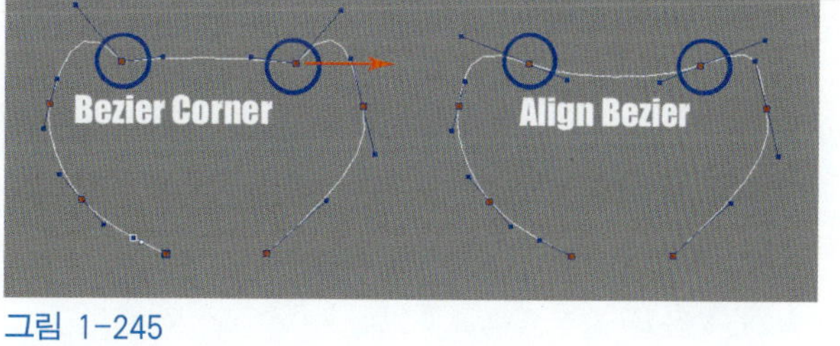

그림 1-245

[8] Align Bezier Handles Back to Forward
: Bezier Handle의 형태가 Corner의 형태로 좌/우 대칭이 아닌 경우 작업을 하다가 다시 길이 각도에 대한 Align을 할 경우 사용한다. 이 명령어는 Bezier Knot의 좌측(Forward) Bezier를 기준으로 Align시키는 명령어이다.

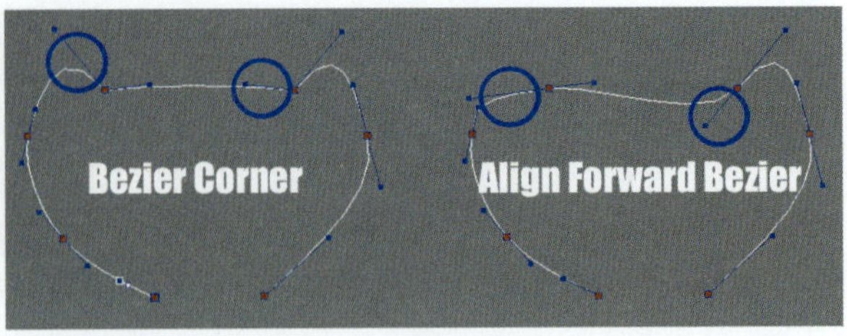

그림 1-246

[9] Align Bezier Handles Forward to Back
: Bezier Handle의 형태가 Corner의 형태로 좌/우 대칭이 아닌 경우 작업을 하다가 다시 길이 각도에 대한 Align을 할 경우 사용한다. 이 명령어는 Bezier Knot의 우측(Backward) Bezier를 기준으로 Align을 시키는 명령어이다.

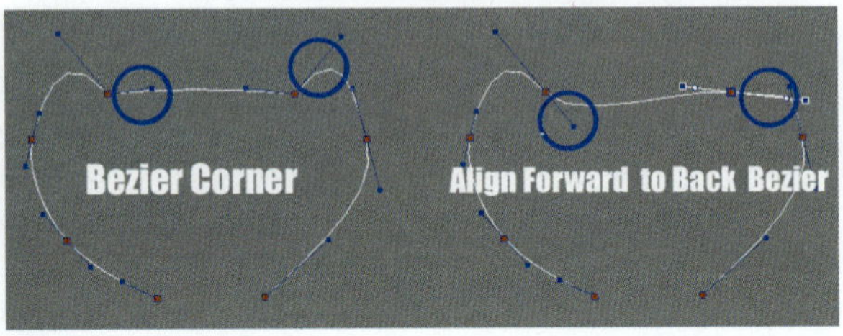

그림 1-247

[10] Make Knots Bezier : Make Knots Non-Bezier 기능에 의해 Bezier Knot의 기능을 상실한 Knot에 대해 원래의 Bezier Knot의 형태로 되돌리고자 할 경우에 사용한다.

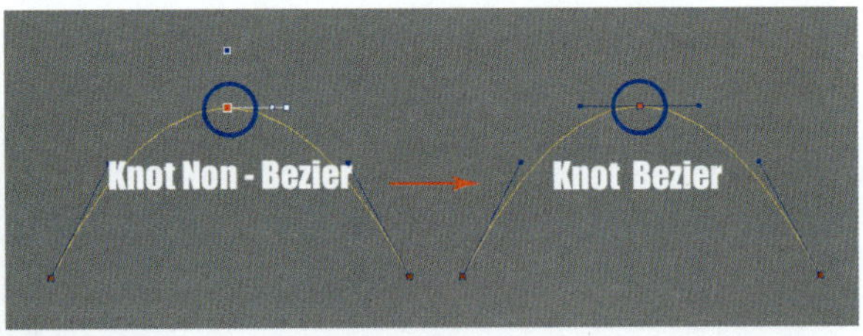

그림 1-248

[11] Make Bezier-Knots Corners : 기본적으로 Bezier Knot는 좌/우 대칭형의 구조를 가지는 것이 일반적이나 Bezier-Knots Corner의 경우에는 좌/우 비대칭 구조로 변환되어 좌/우의 Bezier를 개별적으로 이동할 수 있기 때문에 직선과 곡선이 공존하는 경우나 좌/우 구조적 형태가 크게 다른 경우 그 특성에 맞도록 Curve를 그려낼 수 있다.

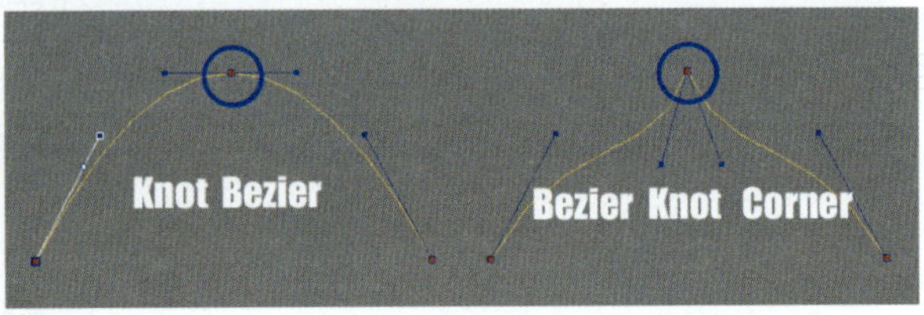

그림 1-249

[12] Make Knots Segment Linear : 좌/우 선택된 Option의 방향에 따라 좌측 Bezier가 Linear 형태로 변환되거나, 반대로 우측 Bezier가 Linear 형태로 변환된다.

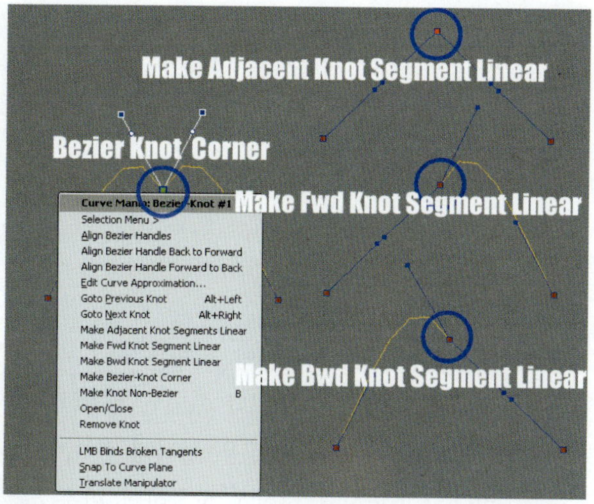

그림 1-250

[13] Make Knots Non-Bezier : Bezier Knot의 구조에 대해 Bezier의 형태를 없애고 단지 Knot의 구조로 바꾸고자 할 경우 사용한다. 이때 좌/우의 Bezier 모두 사라지는 것은 아니고 우측 Bezier는 남아 있다.

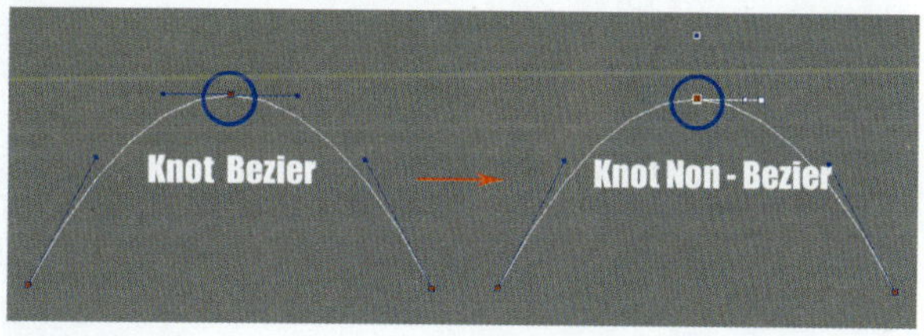

그림 1-251

[14] Insert Bezier-Knot : Bezier Knot를 추가하고자 할 경우에 사용한다. 이때 반드시 Bezier Knot Curve이 형식으로 제작된 Curve를 대상으로 한다.

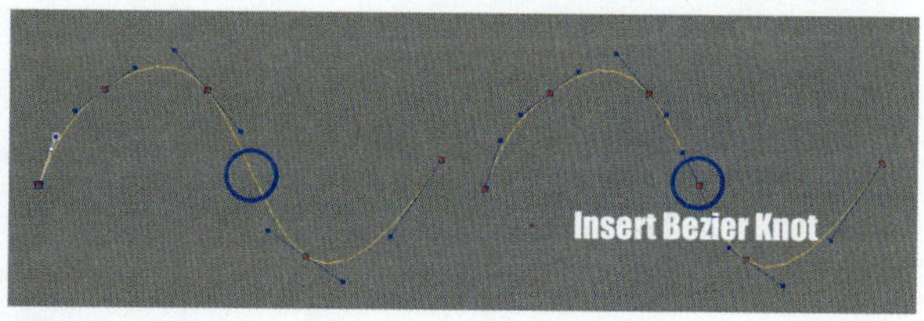

그림 1-252

[15] Insert Knot : Knot를 추가하고자 할 경우에 사용한다. 이때 반드시 Knot Curve이 형식으로 제작된 Curve에 추가한다.

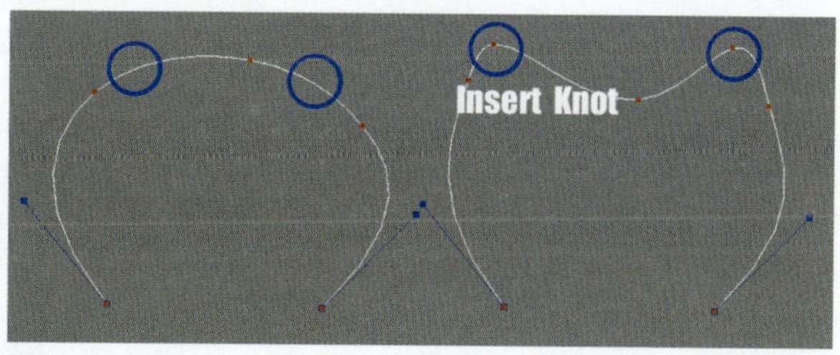

그림 1-253

[16] Inverse : U V의 방향을 반대로 바꾸고자 할 경우에 사용하는 명령어이다.

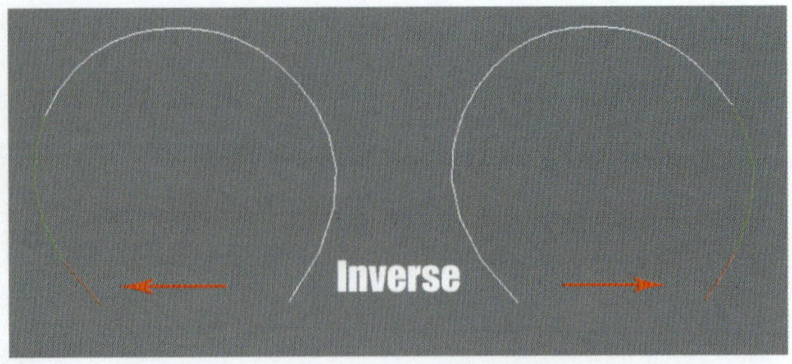

그림 1-254

[17] Open / Close : 개곡선의 형태를 폐곡선의 형태로 바꾸어 주거나 Curve 제작할 때 Close와 Open 명령을 설정해 줄 수 있다. Close시킬 지점에 도착하면 마우스 오른쪽 버튼을 클릭하게 되면 Pop up 메뉴에 Open / Close의 명령이 나타난다.

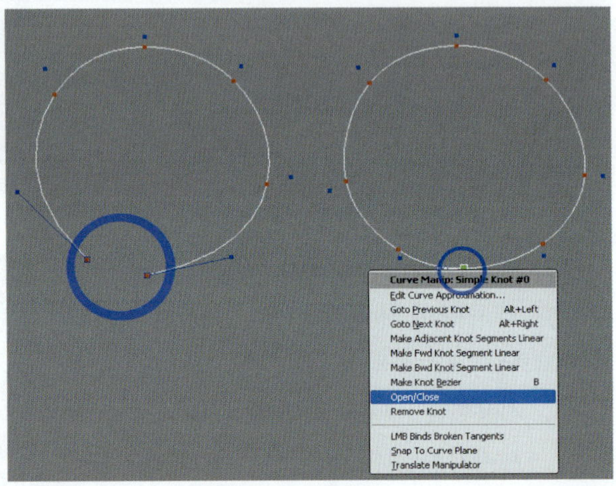

그림 1-255

[18] Shift U

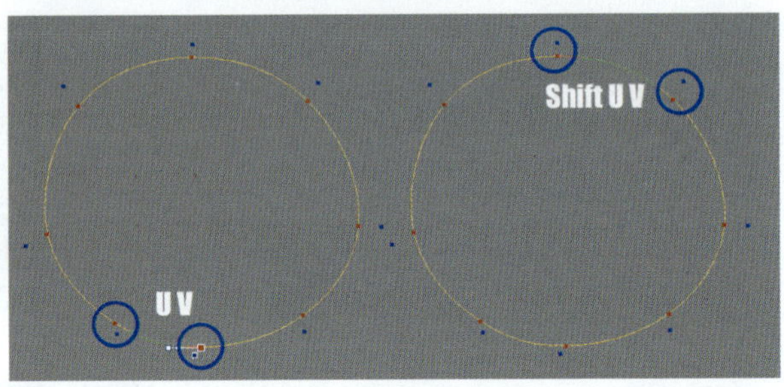

그림 1-256

[19] Clean : 최대한 형태를 유지하면서 불필요하게 추가된 Knot 또는 Point를 제거할 수 있는 기능이다.

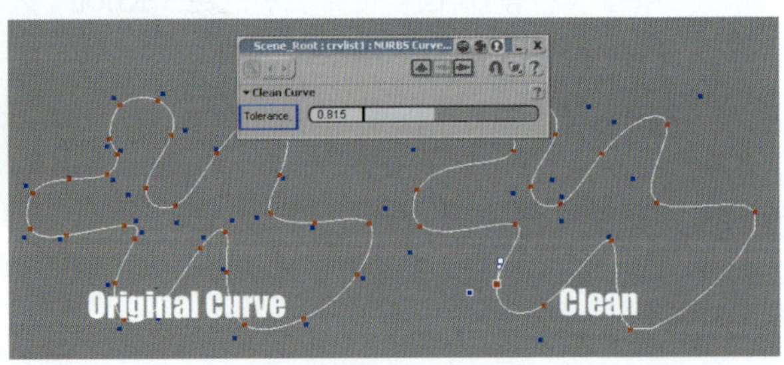

그림 1-257

[20] Raise Degree : Linear curve의 경우 Controller가 부족하여 모양의 수정 및 변경에 많은 제약이 따른다. 이 경우 Linear curve에 대해 Degree의 한계를 추가로 정해 줌으로써 변형의 자유도를 한결 높일 수 있도록 해주는 기능이다.

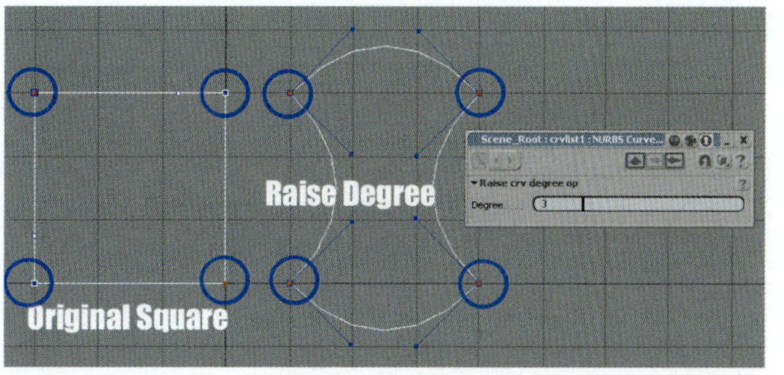

그림 1-258

[21] Re parameterize : 생성된 Curve의 형태 변화에서 새로운 Type을 결정하는 기능 창이 포함되어 있다.

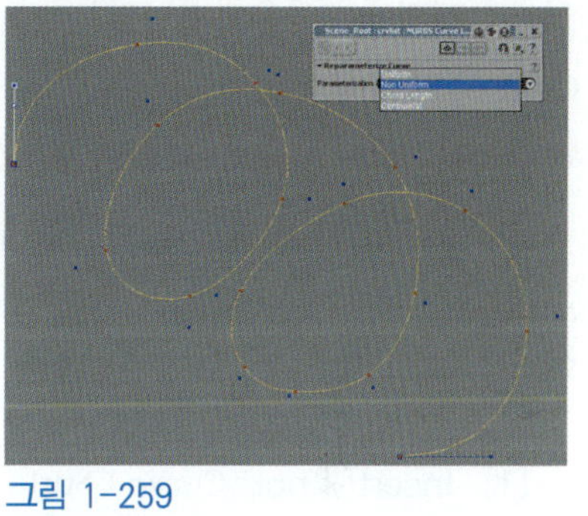
그림 1-259

[22] Set Knots Multiplicity : Knot를 Control할 수 있는 Controller들이 Multiplicity 수치를 높일수록 증가한다.

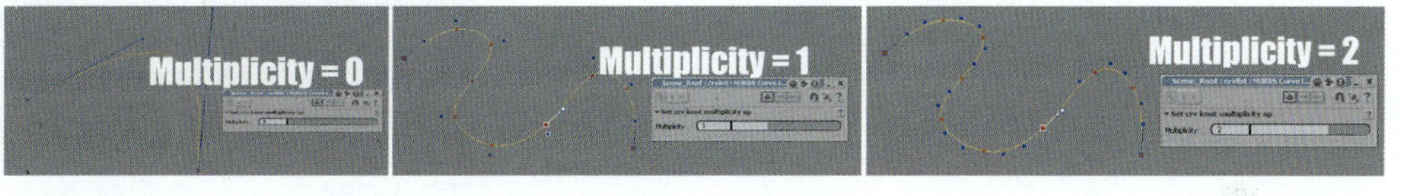

그림 1-260

[23] Stitch : 두 개의 Curve를 연결하는 기능으로 연결할 Point를 설정할 수 있다. 이 경우 연결된 두 개의 Curve는 하나의 Curve로 합쳐진 상태가 아닌 독립적인 두 개의 Curve의 상태를 유지하면서 연결되는 결과를 제공한다.

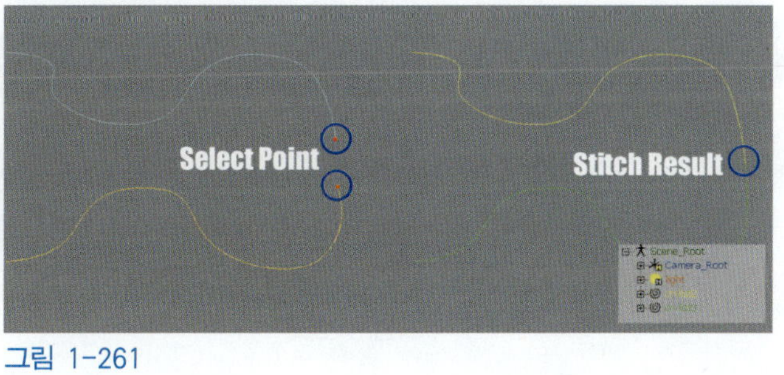

그림 1-261

3. Surf Mesh

생성된 Surface의 변형과 편집에 관한 기능들이 포함되어 있다. 과거 Surface 모델링 방식은 현재 Polygon 모델링 방식이 대중화되기 전에 아주 정교하고 디테일한 모델링 작업에 많이 활용되던 방식으로 아직 Surface 모델링 방식은 사용되고 있다. 그 형태의 특성상 매우 부드러워서 유기체나 비정형적인 형태, 그리고 유선형의 형태에 사용된다. 하지만, 데이터의 양이 너무 많아질 수 있다는 단점(게임 그래픽에 사용되지 않는 이유)과 Knot과 Control Point의 존재 등으로 말미암아 Control하기 까다롭다는 이유로 모델링을 새로 시작하는 많은 유저들로부터 선택의 포지션이 위축되곤 있지만, 그 작품의 High Quality는 매우 뛰어난 Mesh 형태이다.

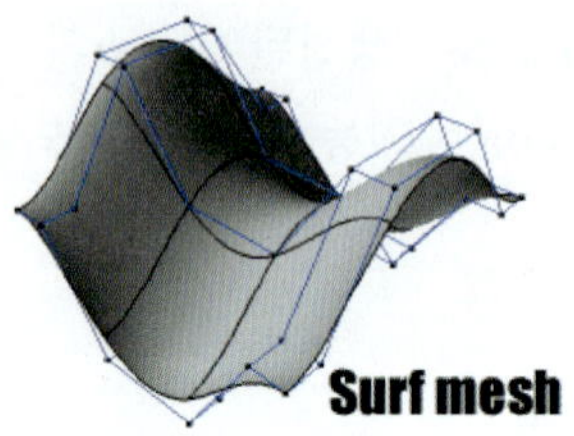

그림 1-262

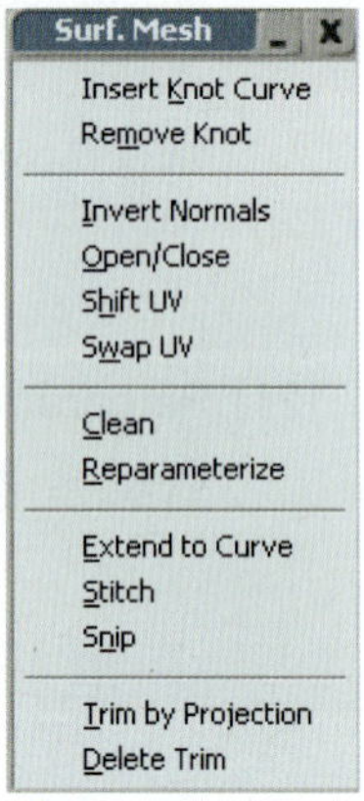

그림 1-263

[1] Insert Knot Curve : Surface object에 새로운 Knot curve를 추가하고자 할 경우에 사용하는 기능이다.

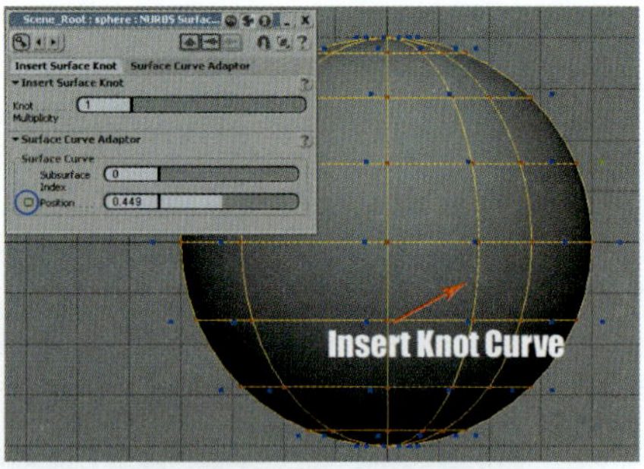

그림 1-264

[2] Remove Knot : 기존에 구성된 Knot를 제거하는 기능이다.

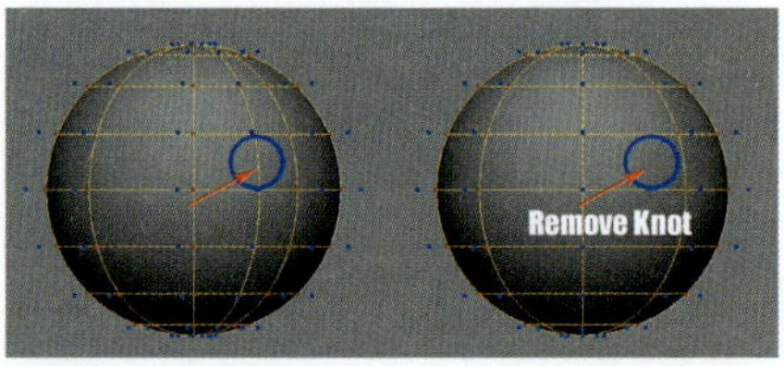

그림 1-265

[3] Invert Normals : Normal의 방향을 반대로 바꾸는 기능이다. Normal을 확인하고자 할 경우에는 Work area의 Eye icon에서 Normal option을 체크해야 Normal의 방향을 볼 수 있다.

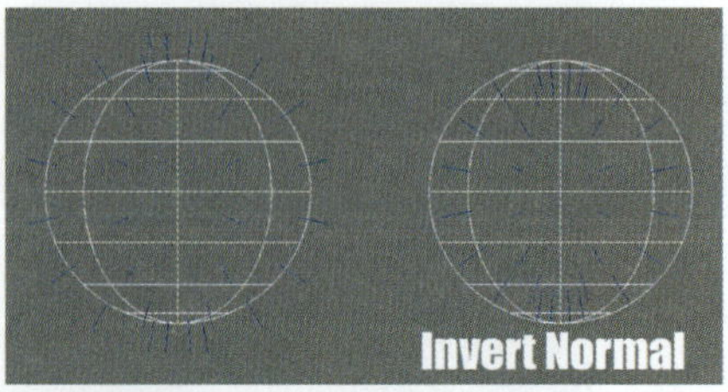

그림 1-266

[4] Open / Close : Surface object를 Open하거나 Close할 때 사용한다.

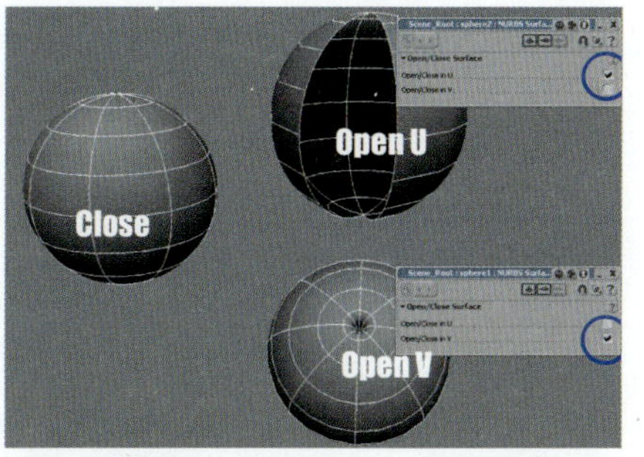

그림 1-267

[5] Shift UV : UV의 위치를 변경하고자 할 경우에 사용한다.

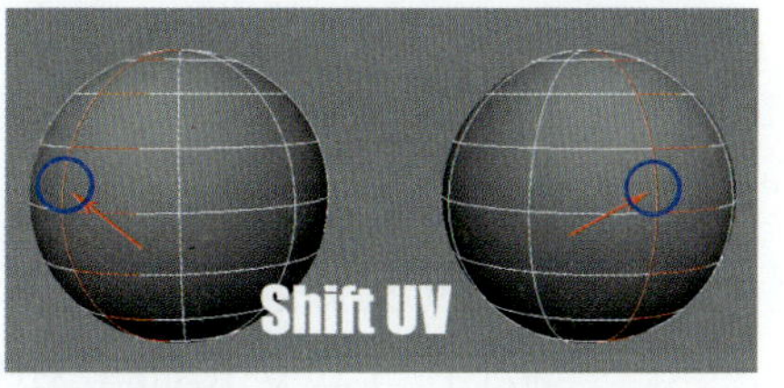

그림 1-268

[6] Swap UV : UV의 방향을 바꾸고자 할 경우에 사용한다.

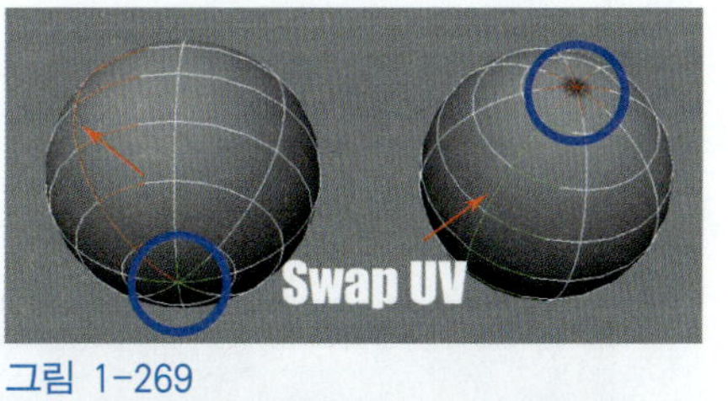

그림 1-269

[7] Clean : 원본 Sphere의 형태를 최대한 유지한 상태에서 구성요소를 최소화하는 방법이다.

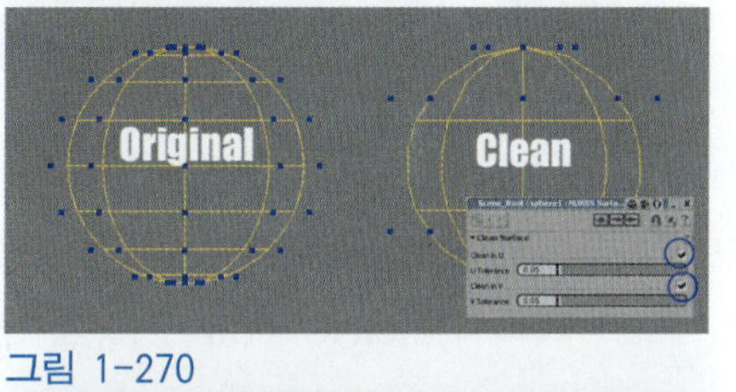

그림 1-270

[8] Re parameterize : 원본 데이터의 Surface의 형태를 변경하고자 할 경우에 사용한다. 이때 사용할 수 있는 Surface의 형태는 U와 V에 대해 가각 설정을 해 줄 수 있다.

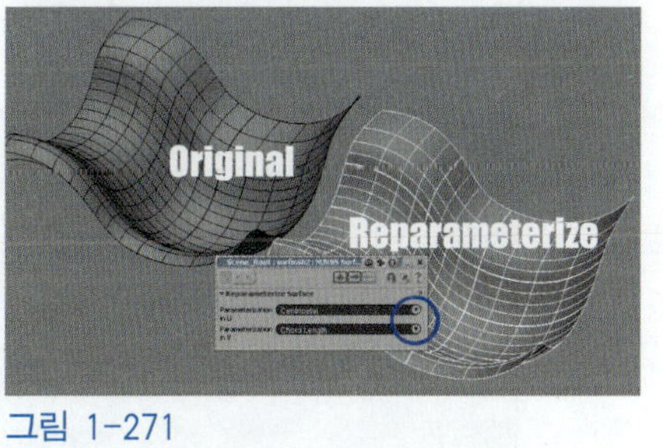

그림 1-271

[9] Extended to Curve : Surface Object의 단면과 연결한 Curve를 이용해서 새로운 형태의 Object를 제작할 수 있는 기능이다.

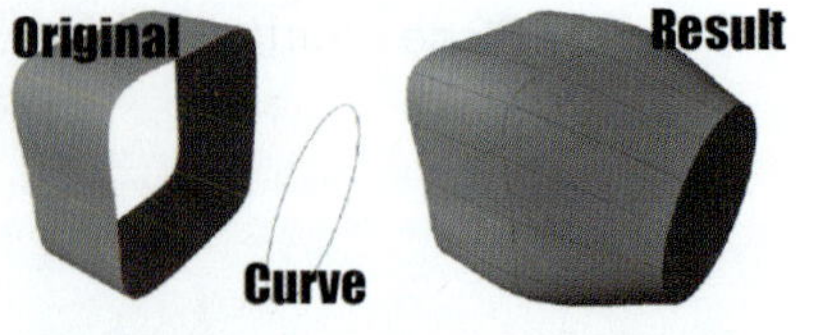

그림 1-272

[10] Stitch : 두 개의 Surface를 서로 붙이고자 할 경우에 사용한다.

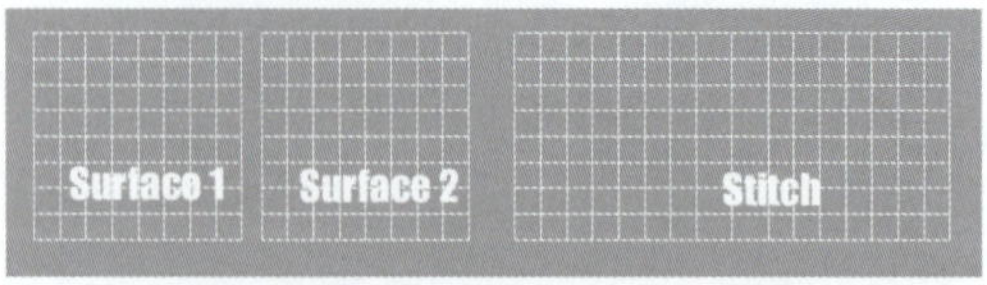

그림 1-273

[11] Snip : Surface Object에서 선택한 U 또는 V Isoline을 기준으로 Snip(잘라내기)할 수 있는 기능이다. 이 경우 U 또는 V Isoline을 선택하고자 할 경우에는 Select 모드에서 U 또는 V Isoline 선택 모드로 전환해 주도록 한다.

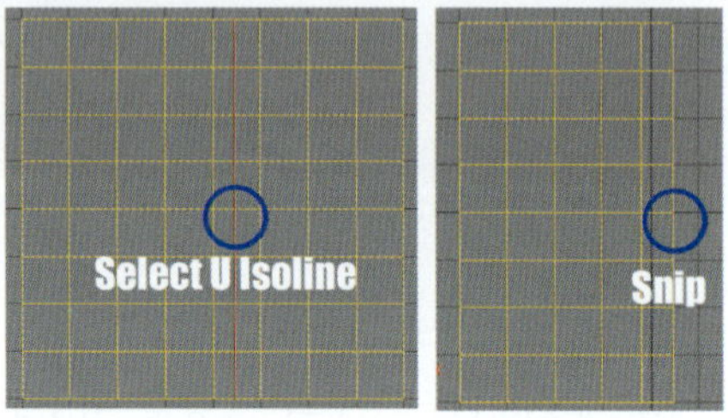

그림 1-274

[12] Trim by Projection : Surface 표면에 원하는 Trim Curve를 이용하여 Trim(뚫기)을 하는 기능이다.

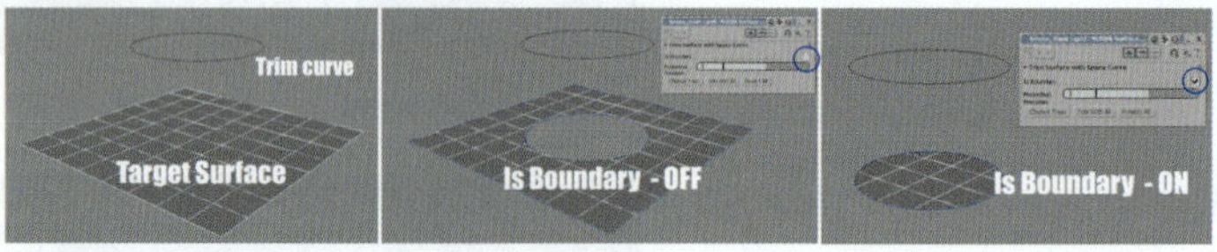

그림 1-275

[13] Delete Trim : Teim된 Surface를 원상복구하기 위한 기능으로 Trim된 영역의 Trim Curve를 선택해서 Delete Trim 기능을 활용하면 된다. 이때 Trim Curve를 선택하려면 Select 모드에서 Trim Curve를 선택할 수 있는 모드로 전환을 해주도록 한다.

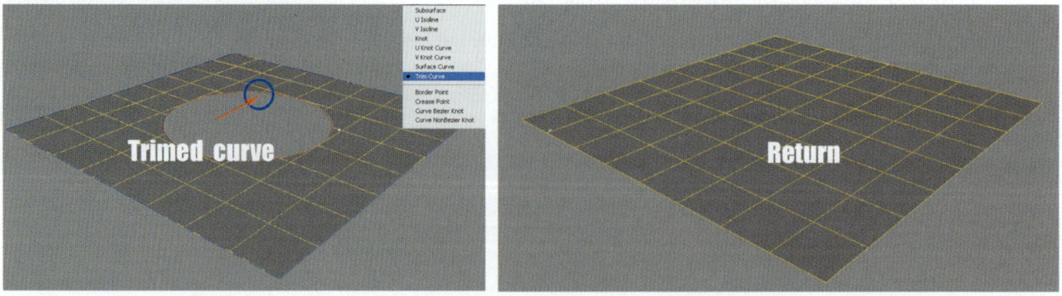

그림 1-276

4. Poly Mesh

Poly mesh는 SOFTIMAGE의 렌더링할 수 있는 기본 Geometry 유형 중의 하나이다. Poly mesh는 Polygon이 구성하는 3차원적인 데이터이다. Polygon은 Vertex라는 Point가 만나는 Edge의 조합으로 이루어진 2차원 구조이다. 이러한 2차원 요소가 3차원 조합(X, Y, Z)에 의해 구성된 결과가 Poly mesh가 된다. 이러한 Polygon 모델링은 Edge나 Vertex의 수에 의해 Level이 나뉘는데 삼각형과 사각형의 형태가 가장 일반적인 형태가 된다. Poly mesh는 단단한 Edged와 Corner의 형태의 형태를 취하고 있기 때문에 제품 디자인이나 메카닉 모델링에 널리 활용되던 방식이었는데 이러한 Poly mesh 방식에 Subdivision 방식이 적용되면서 부드러운 곡면 모델링도 가능해 지게 되었다.

그림 1-278

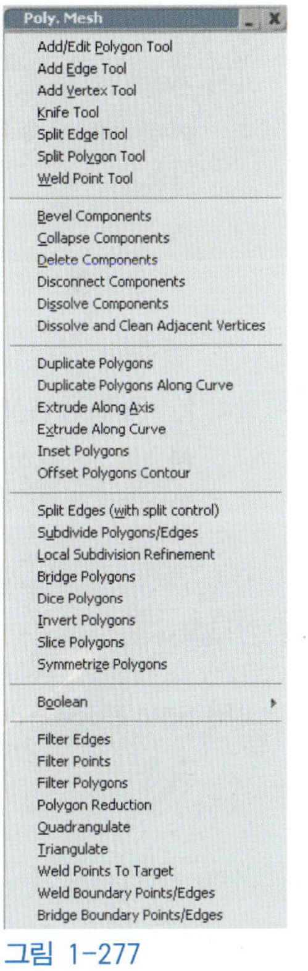

그림 1-277

이제부터 Polygon data의 변형 및 활용에 대한 기능에 대해 알아보도록 한다.

[1] Add / Edge Polygon Tool(단축키 [N]) : Polygon 면을 생성하는 기능으로 마주 보는 두 개의 Edge를 차례로 클릭하면 된다. 작업이 종료되었으면 마우스 오른쪽 버튼을 클릭이나 [Esc] 버튼으로 작업 종료를 지시한다.

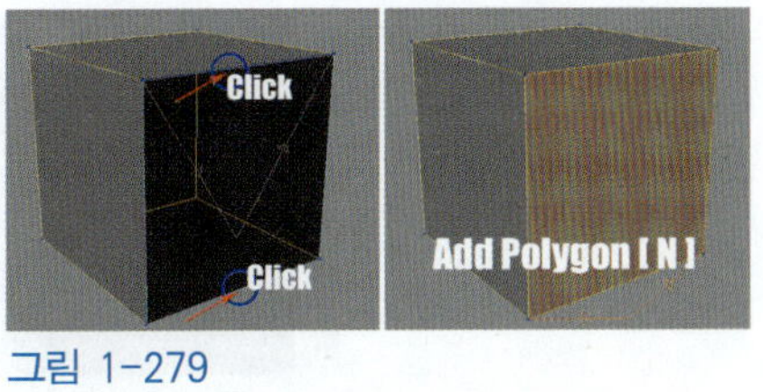

그림 1-279

계속 진행할 때는 Edge를 추가 생성할 때는 마우스 가운데 버튼을 클릭하면서 작업을 진행하고 (경계 Edge 라인 추가 생성),

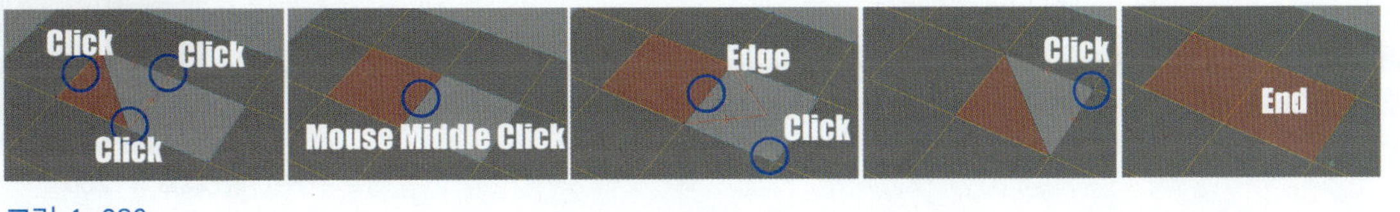

그림 1-280

Edge를 추가 생성할 때는 마우스 가운데 버튼을 클릭하면서 작업을 하지 않은 경우는 그냥 화살표 지시방향대로 Point를 클릭해서 진행한다.(경계 Edge 추가 생성되지 않는다)

그림 1-281

[2] Add Edge Tool 단축키 [₩] : Polygon object에 Edge를 추가할 때 사용하는 기능이다.

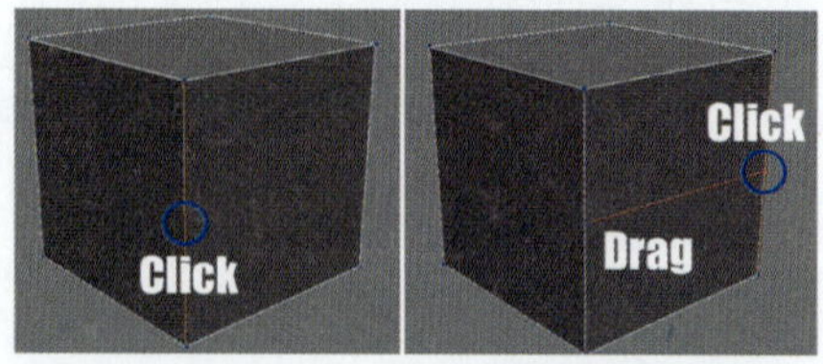

그림 1-282

[3] Add Vertex Tool(단축키 [Insert]) : Polygon object에 Vertex Point를 추가할 때 사용하는 기능이다.

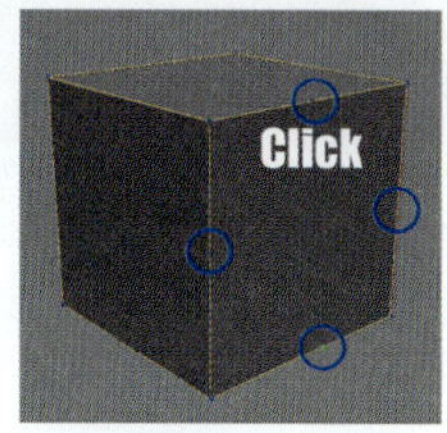

그림 1-283

[4] Knife Tool(단축키 [[ ]) : 원하는 방향대로 Knife를 활용한 Edge 분할 및 Vertex 추가가 동시에 이루어진다.

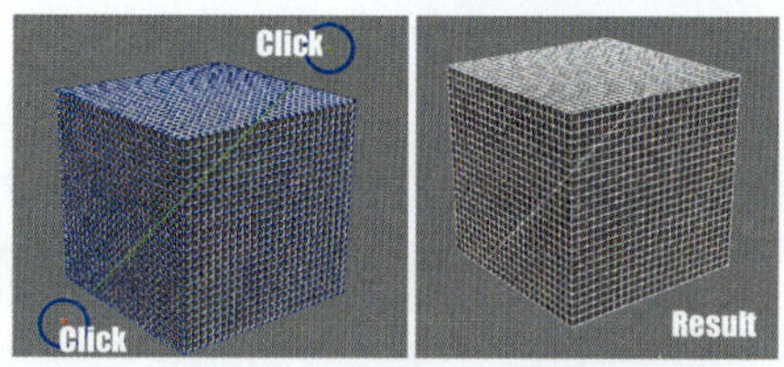

그림 1-284

[5] Split Edge Tool 단축키([ ]]) : Edge를 분할(Point 추가)하고자 할 경우에 활용 가능한 기능이다.

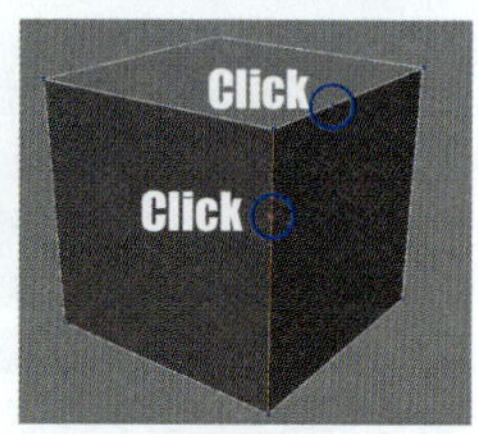

그림 1-285

[6] Split Polygon Tool : Polygon 면을 분할하는 기능이다.

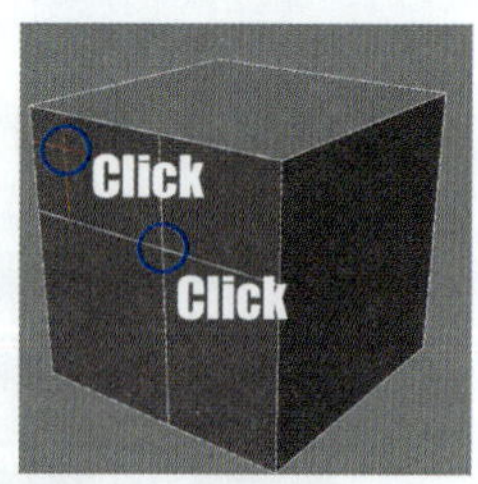

그림 1-286

[7] Weld Point Tool : 두 개의 Point를 합쳐서 하나의 Point로 Weld하는 기능이다.

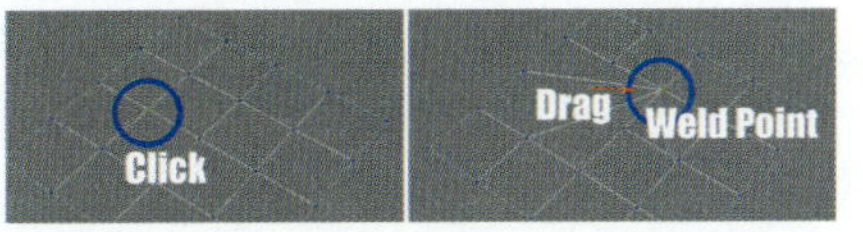

그림 1-287

[8] Bevel Component : Polygon의 특징인 가장자리 Edge를 부드럽게 처리해주는 기능이다. Distance 옵션에서 Bevel 거리를 조절하고 Center 옵션에서 각도를 지정해주도록 한다.

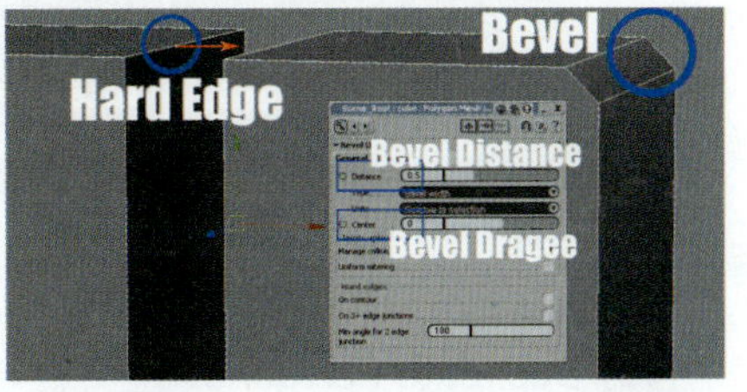

그림 1-288

[9] Collapse Component 단축키 [Ctrl + Delete] : 선택된 Component(예 Point)를 Delete할 경우에는 자신이 속해 있는 모든 주변의 Point를 포함해서 삭제되지만, Collapse의 경우는 자신이 속해 있는 주변의 Point는 남겨두고 자신만 삭제된다.

그림 1-289

[10] Delete Component 단축키 [Alt + Delete] : 자신을 포함한 주변의 모든 Component(Polygon 포함)를 모두 삭제시킨다.

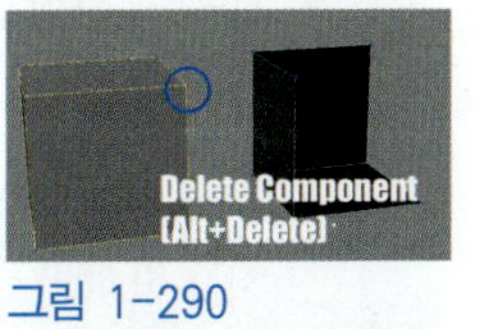

그림 1-290

[11] Disconnect Component : 하나의 구조로 합쳐진 Component들을 분리시키는 기능을 한다.

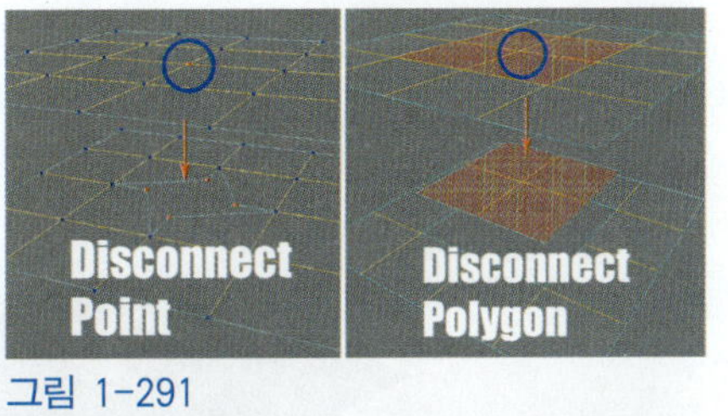

그림 1-291

[12] Dissolve Component(단축키 [Ctrl + ;]) : 선택된 Component들이 Dissolve되면서 그 자리에 Polygon 면이 채워진다. Polygon 또는 Edge나 Point 정리할 때 많이 활용되는 기능이다.

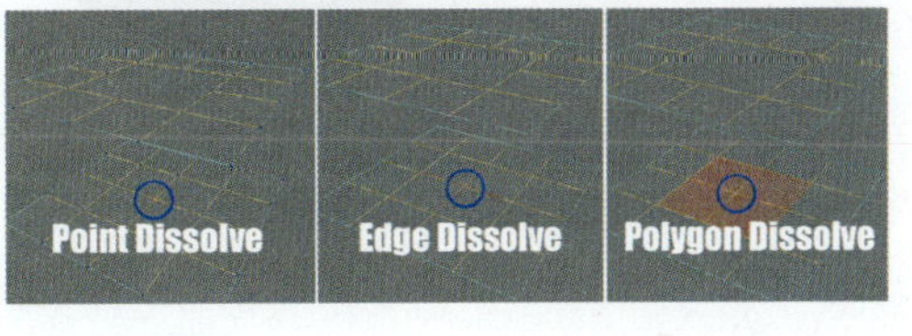

그림 1-292

[13] Dissolve and Clean Adjacent Vertices(단축키 [;]) : 선택된 Vertex의 연결된 주변의 Component들도 모두 삭제되는 기능이다.

그림 1-293

[14] Duplicate Polygons : 선택된 Polygon을 추출(복사)하여 독립된 하나의 Poly mesh Object 데이터가 된다.

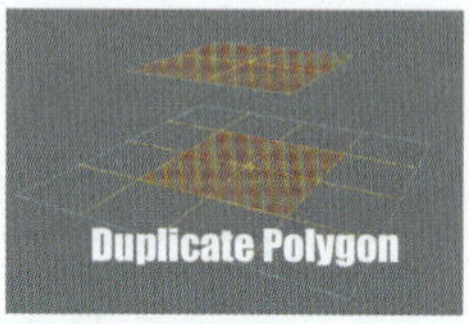

그림 1-294

[15] Duplicate Polygon Along Curve : 선택된 Polygon을 지정한 Curve의 형태를 기준으로 추출해 내는 기능이다.

- Start : 시작점을 Frame으로 표시(애니메이션 적용할 때)
- End : 종료시점을 Frame으로 표시(애니메이션 적용할 때)

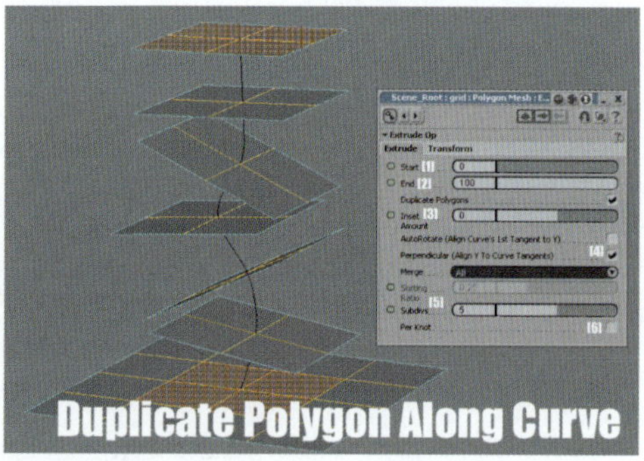

그림 1-295

- Insert Amount : 시작점과 끝점을 기준으로 스케일이 균일하게 줄어드는 기능

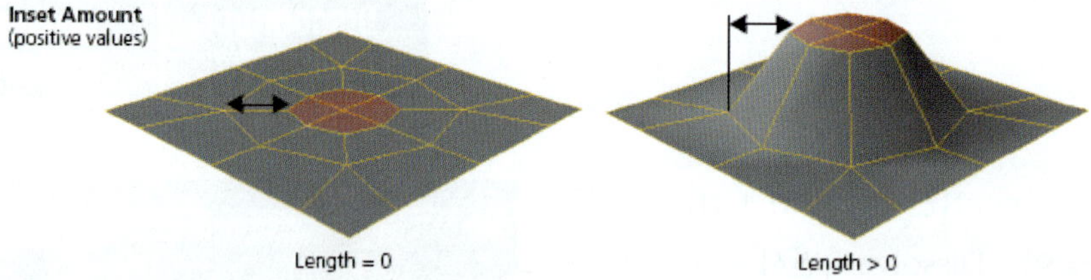

그림 1-296

- Perpendicular : 옵션을 활성화하면 Curve의 수평 방향으로 면 복사되고 비활성화시 Global 축의 수평 방향으로 생성된다.

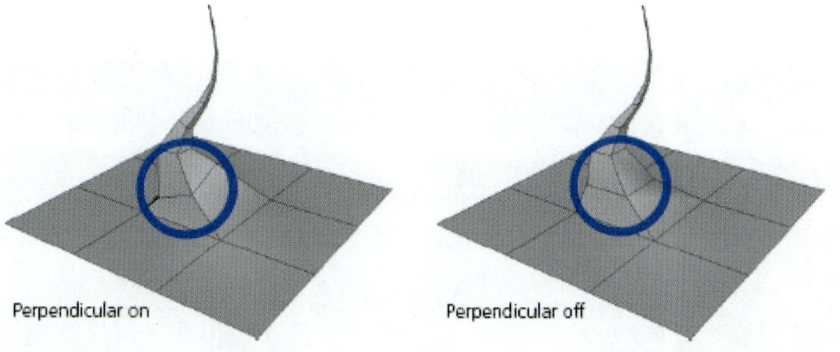

그림 1-297

- Subdivision : 복사되어 나오는 Polygon의 수를 조절할 수 있다.
- Per Knot : Profile Curve Knot의 개수에 따라 면이 복사되어 나온다.

[16] Extrude Along Axis : 설정하는 축을 기준으로 선택된 면이 복사되어 나오면서 새로운 형태를 만들어 낸다. Extrude 설정 옵션은 Duplicate 옵션과 일치하기 때문에 참고할 수 있다.

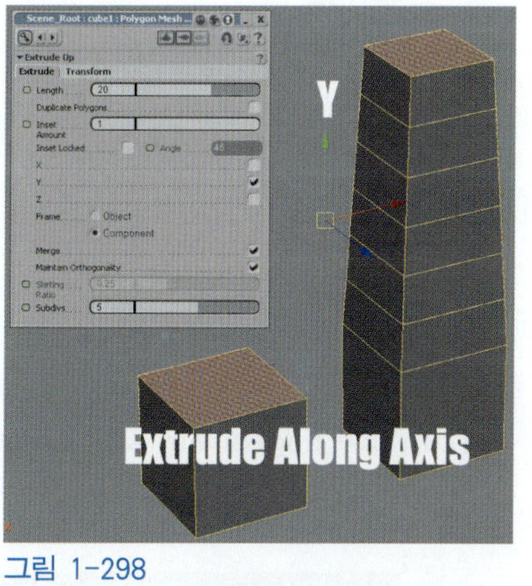

그림 1-298

[17] Extrude Along Curve : 설정하는 Curve를 기준으로 선택된 면이 복사되어 나오면서 새로운 형태를 만들어 낸다.

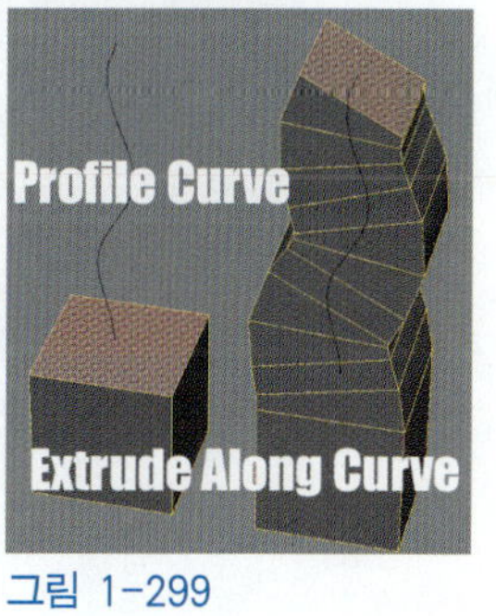

그림 1-299

[18] Insert Polygon : Polygon 면을 확장하고 스케일 조절도 동시에 진행되는 결과를 제시하는 기능이다. 길이 조절과 함께 스케일과 방향을 설정할 수 있으며 분할 개수도 정할 수 있도록 옵션이 가능하다.

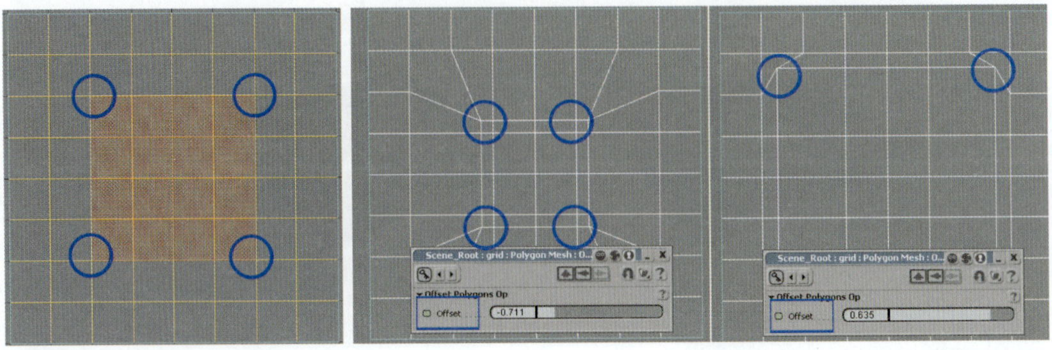

그림 1-300

[19] Offset Polygon Contour : 선택한 Polygon의 크기를 Offset parameter 조절 수치에 의해 자유자재로 조절할 수 있다.

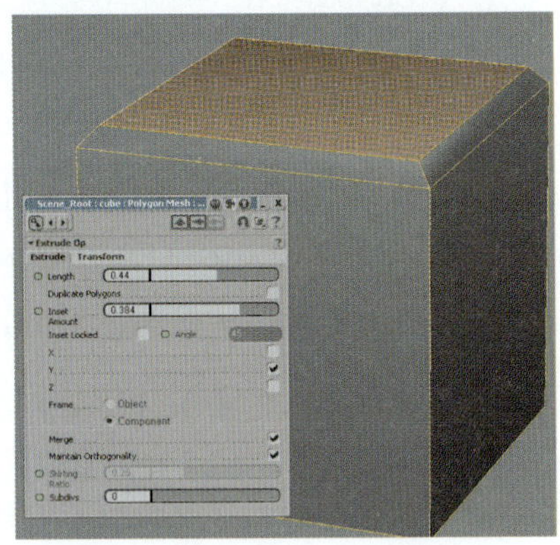

그림 1-301

[20] Split Edges(with split control) : Edge를 분할하는 기능이다. 특징적인 기능은 분할된 지점의 이동(Ratio Edge)이 가능하기 때문에 정확한 분할 지점으로 이동할 수 있는 툴 기능이다.

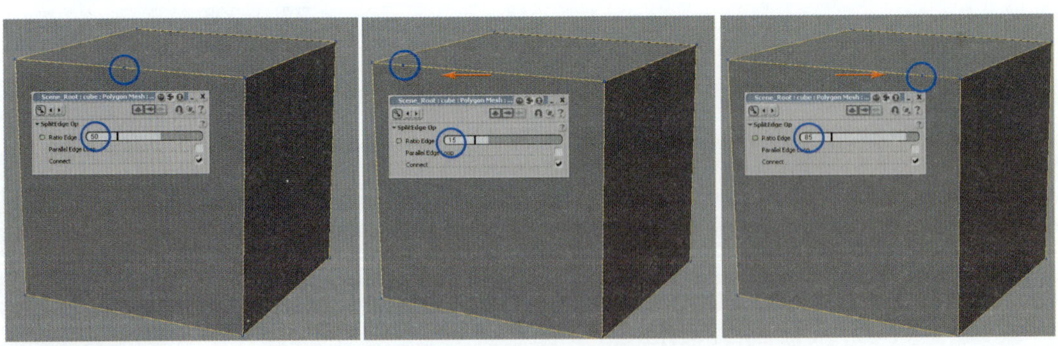

그림 1-302

[21] Subdivided Polygons / Edges(단축키 [Shift + D]) : 선택한 Polygon의 분할 기능이다. 형태(Plus, Diamond, X, Triangles)와 Iteration 수치를 이용해서 분할 개수를 조절할 수 있다.

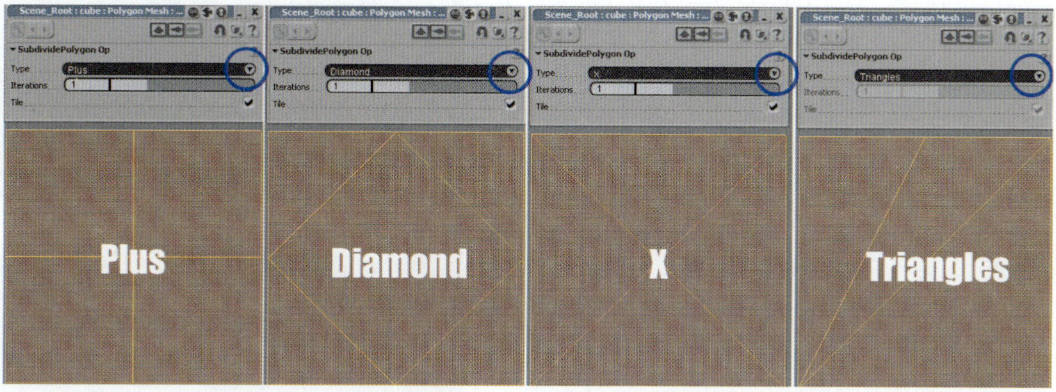

그림 1-303

[22] Local Subdivision Refinement : Polygon 면을 사각이나 삼각형 형태가 아닌 Catmull-Clark형이나 Doo-Sabin의 형태로 분할할 수 있으며 Level의 수치 조절을 통해 분할 개수를 설정할 수 있다.

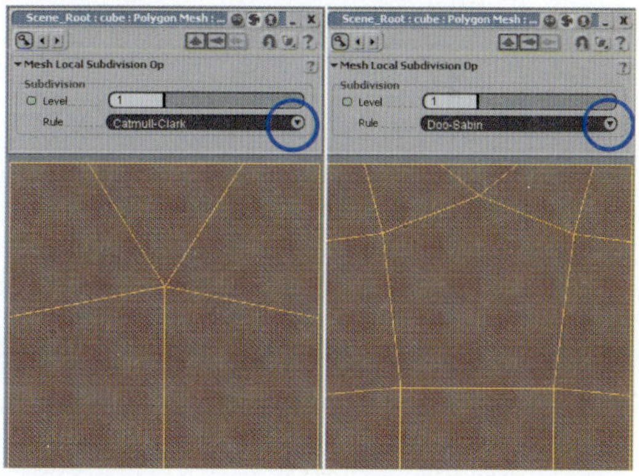

그림 1-304

[23] Bridge Polygons : 같은 Object 내에 존재하는 Polygon에 대해 바로 연결하는 기능이다. 서로 떨어져 있는 거리에 무관하기 때문에 빠른 Polygon 작업에 쉽게 활용될 수 있다.

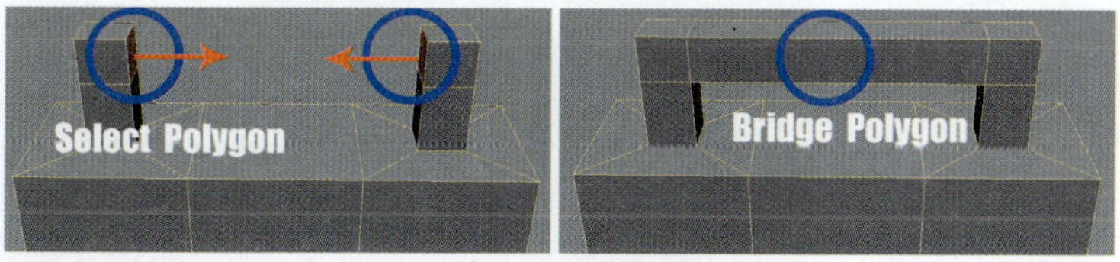

그림 1-305

[24] Dice Polygons : 선택한 Object를 분할하는 방법으로 축의 설정(Style)을 통해 분할하고자 하는 면만을 따로 설정을 할 수 있고, Number of Slice 옵션을 통해 분할하고자 하는 개수를 설정할 수 있다.

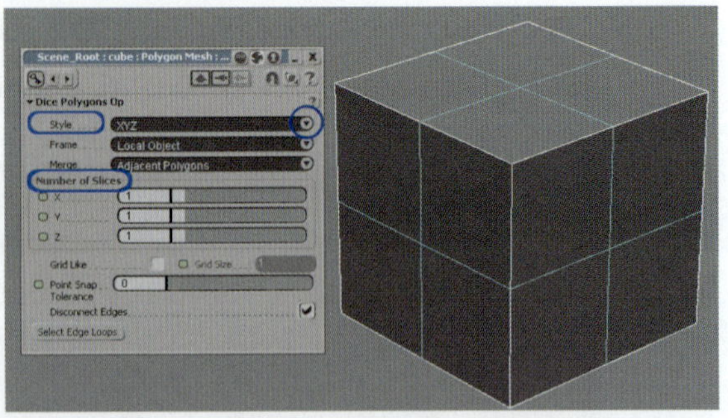

그림 1-306

[25] Invert Polygons : Polygon Normal 방향을 바꾸고자 할 때 사용하는 기능이다. Polygon의 Normal 방향을 확인하고자 할 경우에는 Work are의 Eye Icon에서 Normal 옵션을 체크하도록 한다.

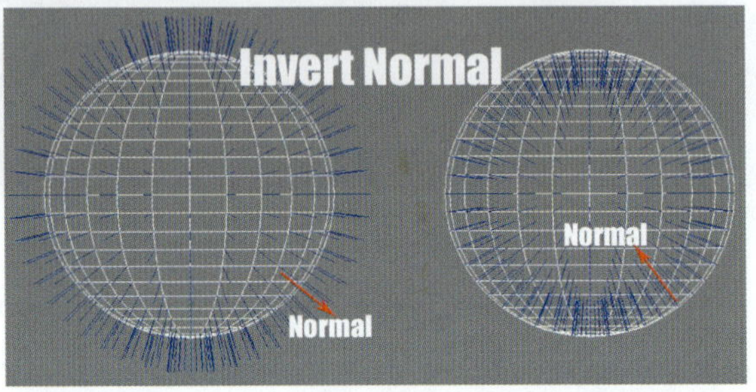

그림 1-307

[26] Slice Polygons : 선택한 Polygon을 선택한 축의 방향을 기준으로 자르는 기능으로 Off set 수치를 기준으로 자르는 위치 조절이 가능하며 Nb Slices의 수치를 기준으로 분할 개수를 설정할 수 있으며 이 경우 Spacing 수치가 분할의 간격이 된다.

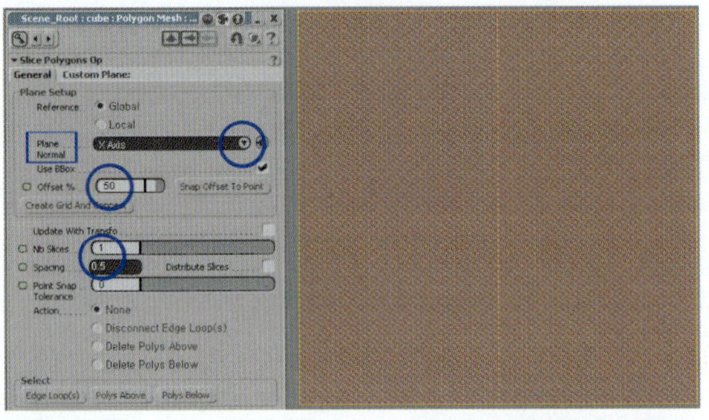

그림 1-308

[27] Symmetry Polygons : 대칭구조의 모델링 제작방식에 많이 사용되는 기능이며 1/2 대칭 모델링 데이터만 있으면 하나의 완성된 모델링 데이터를 제작하는데, 탁월한 효율성을 주는 기능이다. 가능하면 작업의 결과가 Grid의 Center를 유지하도록 하며 Plane Normal 옵션에서 대칭의 기준 축을 설정해주며 Distance 수치로 붙여줄 위치 점을 찾도록 한다.

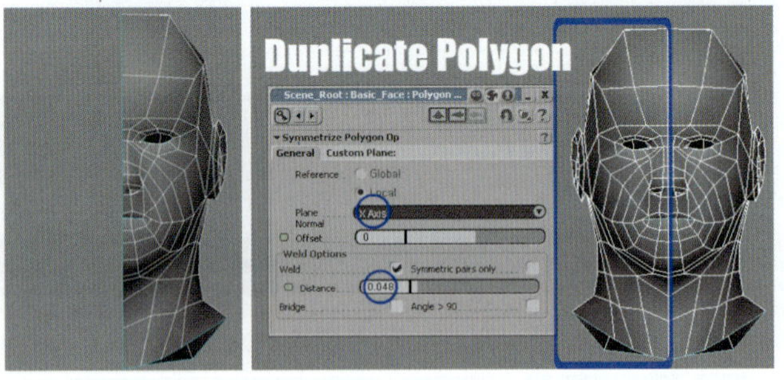

그림 1-309

[28] Boolean : Create 〉 Poly mesh 〉 Boolean의 기능과 같다. 하지만, Modify 〉 Boolean 기능은 새로운 Object의 생성이 아닌 원본 데이터의 변형이 그대로 결과가 되는 것이다. 서로 교차하여 있는 독립된 두 개의 Poly mesh object를 합치거나(Union), 교차한 부분만 빼거나(Difference), 교차한 부분만 남기거나 (Intersect)할 경우 사용하는 기능이다. 이 기능을 사용할 때 새로운 Object가 생성된다.

- Difference(차집합) : 교차한 부분만 삭제되고 나머지 부분이 Merge되는 기능

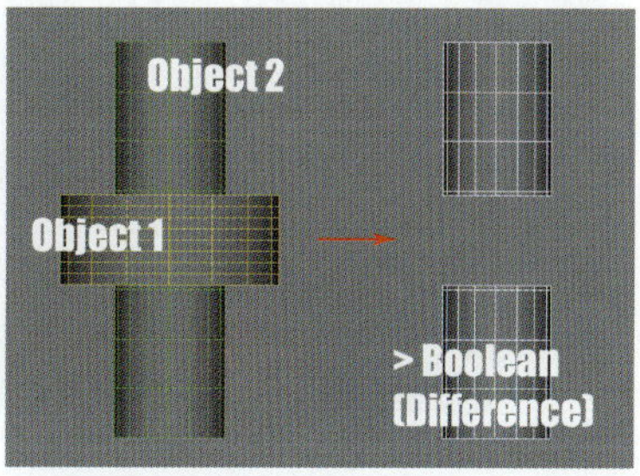

그림 1-310

- Intersect : 교차한 부분만 남기는 기능

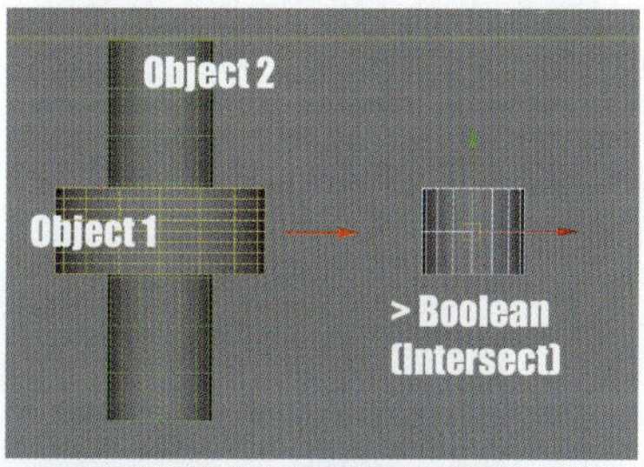

그림 1-311

- Union : 두 Object가 교차한 상태로 합쳐 주는 기능

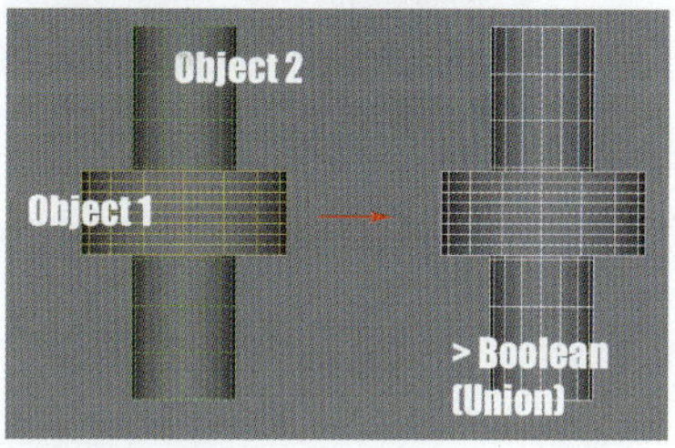

그림 1-312

[29] Filter Edges : 원형의 형태를 최대한 유지한 상태에서 불필요한 Edge를 제거해주는 기능이다. Edge 단위로 거리와 각도에 의한 설정기준을 바탕으로 최소화해 나간다.

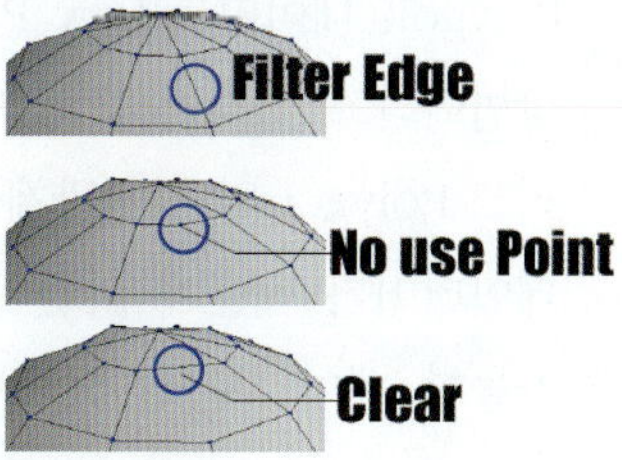

그림 1-313

[30] Filter Points : 원형의 형태를 최대한 유지한 상태에서 불필요한 Point를 제거해주는 기능이다. Point Filter 역시 Edge와 같은 원리로 Point 단위를 기준으로 적용된다. 매끄럽지 않게 연결된 Point부터 제거하면서 작업이 진행되기 때문에 너무 과도한 Filtering 작업은 자칫 원본 데이터로부터 너무 멀어질 수 있음을 명심해야 한다.

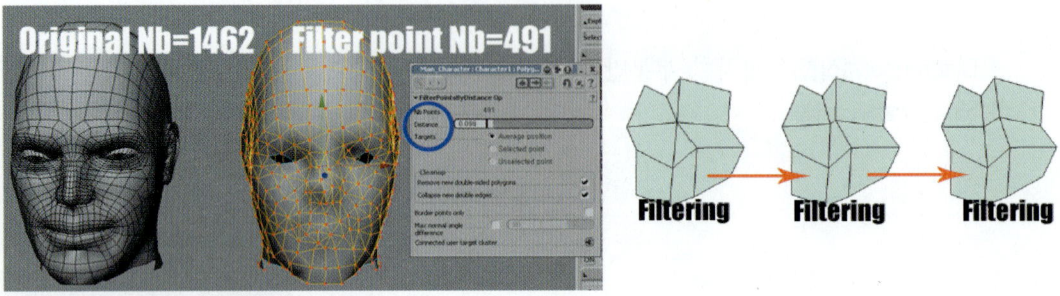

그림 1-314

[31] Filter Polygons : 원형의 형태를 최대한 유지한 상태에서 불필요한 Polygon을 제거해주는 기능이다. Polygon 단위로 최상의 데이터를 기준으로 Filtering을 하게 된다. Object 전체의 Polygon을 Filtering할 수도 있지만 원하는 부분을 선택해서 그 부분만을 Filtering을 할 수 있다.

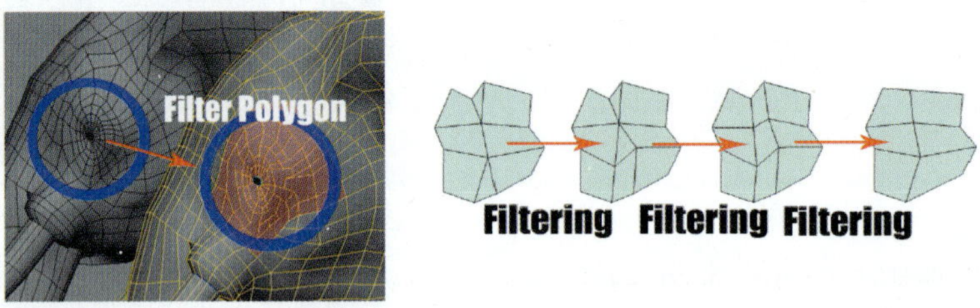

그림 1-315

[32] Polygon Reduction : 데이터 최적화의 한 방법이며 Filtering 기능과도 유사하지만, Filtering 기능을 Point / Edge / Polygon의 특징별 영역에 대해서 데이터 최적화 방법이라면 Polygon Reduction 방법은 High Polygon 데이터를 Low Polygon 데이터화하는 최적의 방법이라고 생각할 수 있다. 그리고 Point와 Edge 그리고 Polygon의 상관관계를 기준으로 바로 최적화시킨 데이터이기 때문에 약간의 수정을 거친 후 바로 사용 가능한 데이터로 활용할 수 있다.

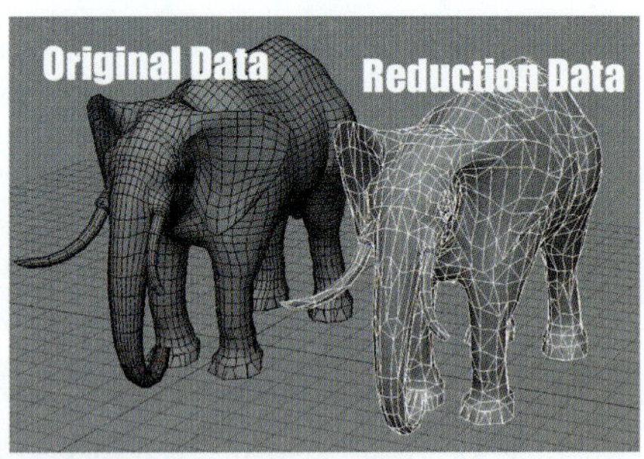

그림 1-316

[33] Quadrangulate : Polygon 모델링 데이터 방식에는 삼각형의 Polygon을 사용하는 방법과 사각형의 Polygon의 형태로 제작하는 방법이 있다. Quadrangulate 명령은 삼각형 Polygon 데이터를 사각형 Polygon으로 전환해주는 기능을 한다.

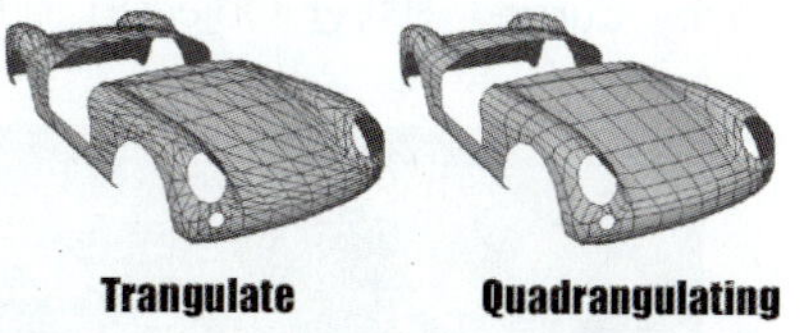

그림 1-317

[34] Triangulate : Triangulate 명령은 사각형 Polygon 데이터를 삼각형 Polygon으로 전환해주는 기능을 한다.

[35] Weld Point to Target : 같은 Object 내에 존재하는 Point를 서로 Weld(모아줌)해주는 기능이다. Weld된 Point는 하나의 결합한 Point로 합쳐지게 된다.

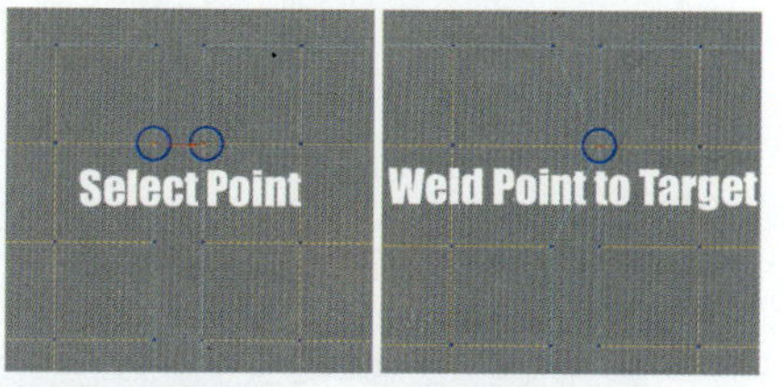

그림 1-318

[36] Weld Boundary Points / Edges : Weld시켜 줄 Boundary Pont나 Edge를 선택하고 이 명령을 실행해주면 Distance 수치에 따라 Weld 된다. 이때 선택된 Boundary Edge나 Point들은 서로 Weld 지점까지 이동해서 붙게 된다. 이것이 Bridge 기능과의 차이가 된다.

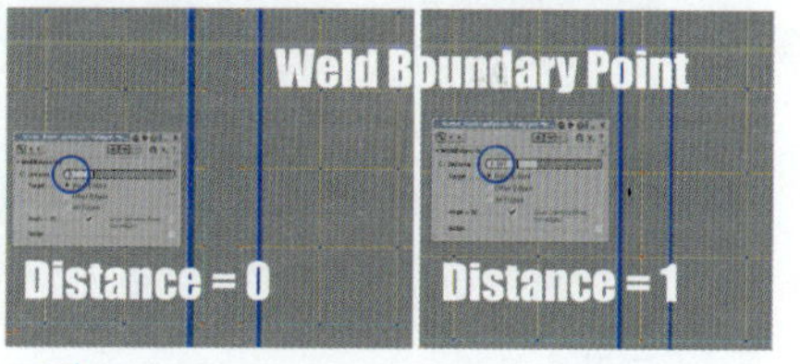

그림 1-319

[37] Bridge Boundary Point / Edges : Bridge시켜 줄 Boundary Pont나 Edge를 선택하고 이 명령을 실행해주면 Distance 수치에 따라 Weld 된다. 이때 선택된 Boundary Edge나 Point들은 서로 Bridge되면서 새로 연결부분에 Edge가 생성되면서 붙는다. 이것이 Weld 기능과의 차이가 된다.

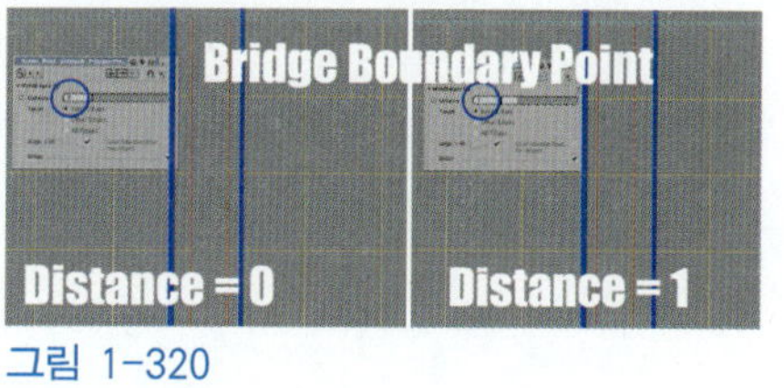

그림 1-320

5. Deform

Object 고유의 성질은 유지한 채 Object 자체적이나, 다른 Object나 Element와의 연계되어 다양한 형태 변화를 할 수 있고 이러한 다양한 행태 변화를 모델링 데이터로 활용할 수 있는 기능들이 있다. 다양한 행태 변화를 통해 정형화된 패턴은 인위적인 Component의 변형보다는 Deform의 기능을 활용하여 작업하는 때도 잦다. 지금부터 Object의 행태 변화를 Deform를 사용하여 제작해 보도록 한다.

[1] by Curve : 선택한 Object의 행태 변화가 Curve에 따라 변형된다.

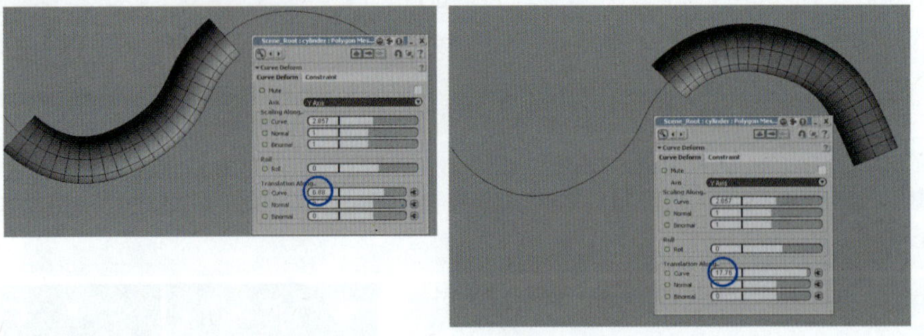

그림 1-322

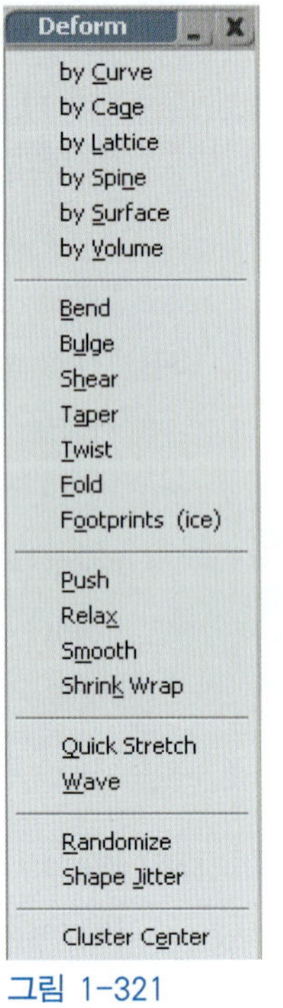

그림 1-321

[2] by Cage : Object의 행태 변화가 설정된 다른 Object에 따라 변형된다.

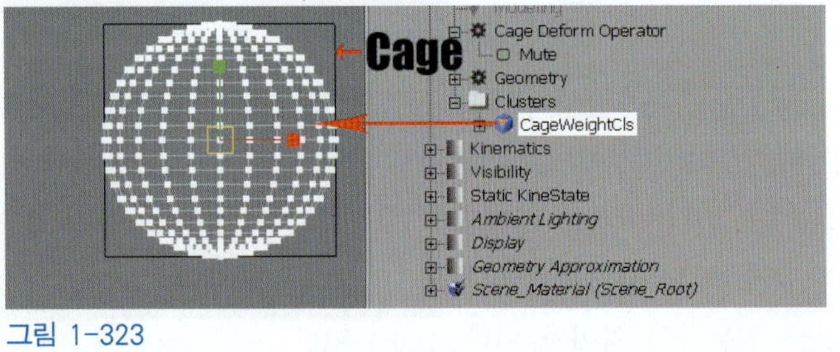

그림 1-323

[3] by Lattice : Object의 행태 변화가 선택된 Lattice에 의해 변형된다.

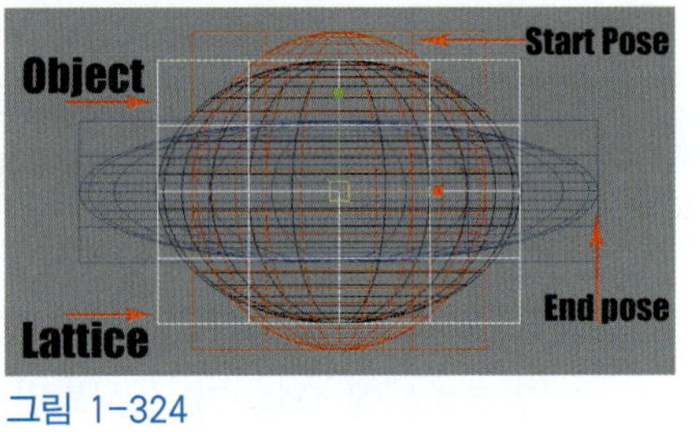

그림 1-324

[4] by Spine : Object의 행태 변화가 선택된 Spine에 의해 변형된다. 즉 Grid 위의 표면을 따라 생성된 Spine curve를 그리고 Object를 다시 Deform 〉 By Spine 명령을 실행하고 Curve를 선택하고 끝낸다. 생성된 커브를 이동시키면 커브와 표면이 같이 이동한다.

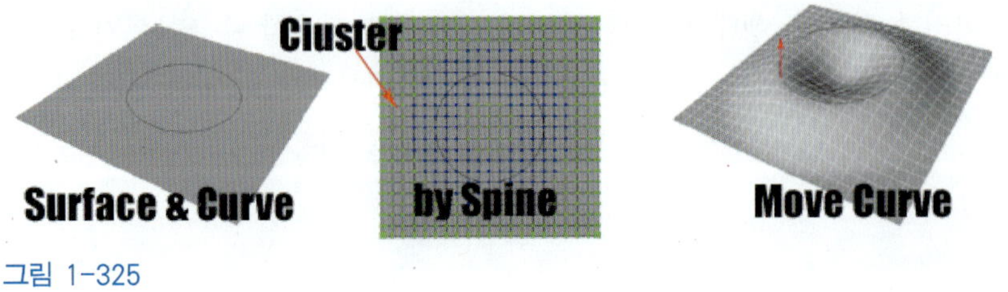

그림 1-325

[5] by Surface : Surface 표면에 따라 Surface mesh Object의 변형 된다.

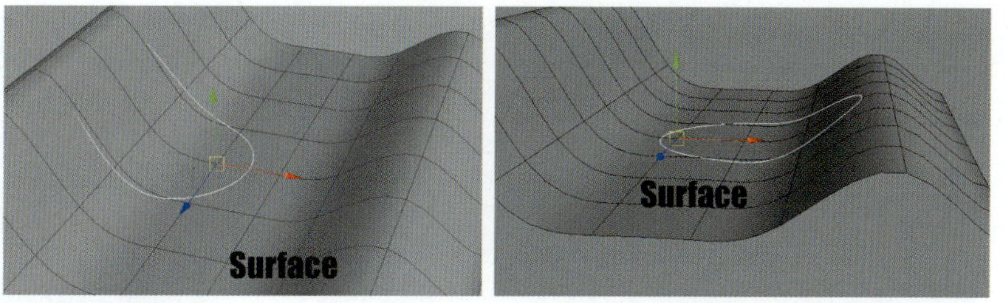

그림 1-326

[6] by Volume : Primitive 〉 Control object 〉 Volume Deform과 같이 사용하는 명령어이다. Object와 Volume Deform의 관계가 끝났을 때 이 기능을 이용해 다시 작업할 수 있다. 볼륨 영역을 사용하여 형태 변화를 하게 된다. 볼륨 영역은 적용/비적용 등의 기능들을 수시로 사용할 수 있다. Object 내에 Volume 효과를 적용할 부분을 선택한다. Object 전체일 수도 있고 Point나 Edge, Polygon의 Group나 Cluster일 수 있다. 그리고 Volume Deform Icon을 꺼낸다. Volume 효과를 적용할 부분을 선택한 상태에서 Deform〉 Volume Deform 명령을 실행하고 Volume Deform Icon을 선택한다. Volume Deform Icon을 이동/회전/스케일을 통해 Volume 효과를 적용할 부분의 모양을 변형한다.

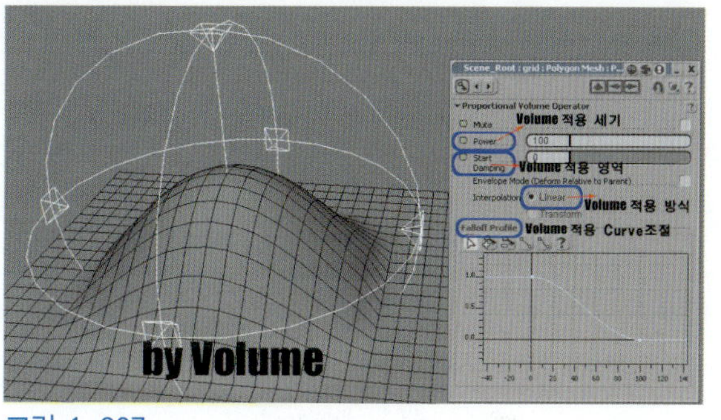

그림 1-327

[7] Bend : Bend 기능은 Object를 정해진 Center를 기준으로 360도 임의의 회전방향으로 Component 덩어리들을 규칙적으로 구부리는 기능을 수행한다.

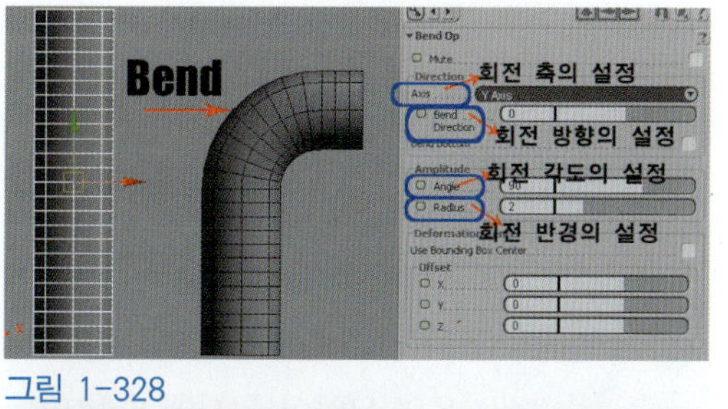

그림 1-328

[8] Bulge : Bulge는 Object의 포인트를 중심에서부터 Push out하면서 점차 Push의 힘이 완화되는 모양을 만든다.

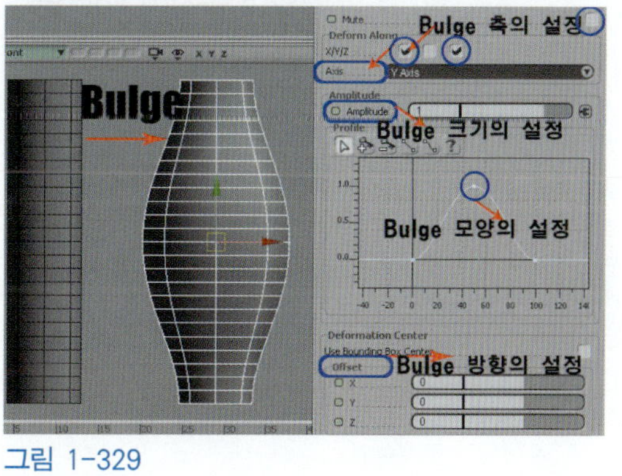

그림 1-329

[9] Shear : Object의 모양을 정해진 축의 방향에 대해 기울어지는 모양을 만들고자 할 경우에 사용한다. 전/후/좌/우 Object의 기울기 모양을 제작한다.

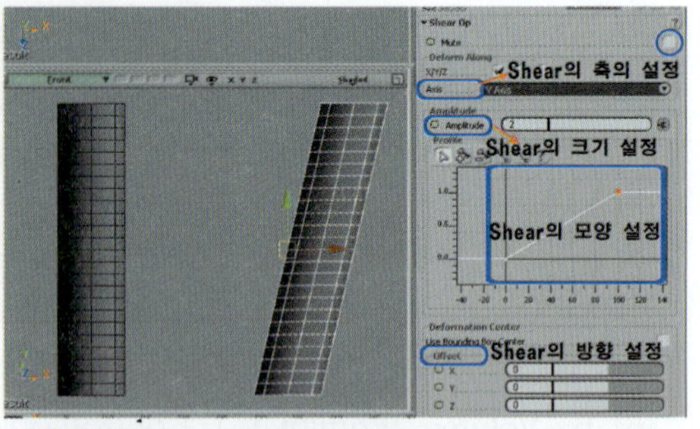

그림 1-330

[10] Taper : Object의 Component들의 쏠림 현상을 만들 수 있는 제작 환경이다.

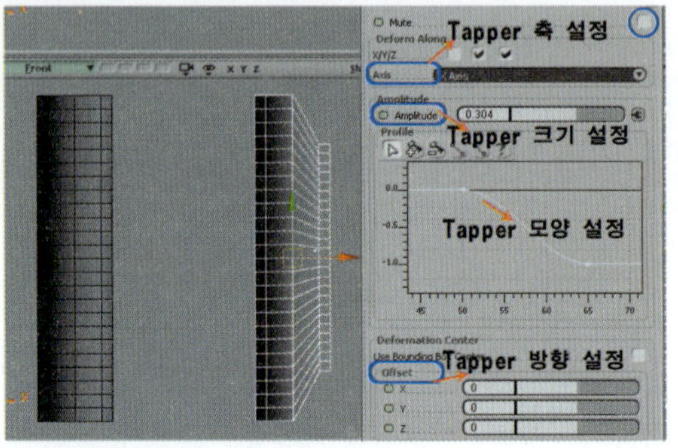

그림 1-331

[11] Twist : Object를 정해진 일정 방향에 따라 Twist(꼬이는 모양) 형태의 모양으로 변형된다.

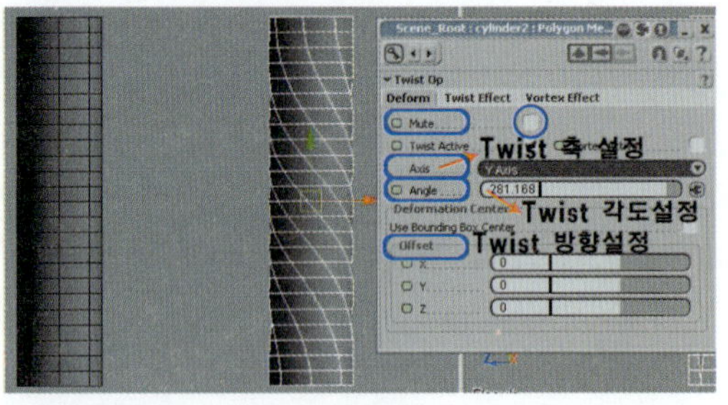

그림 1-332

[12] Fold : Fold는 Object의 중심축을 기준으로 상/하/좌/우의 모양이 동시에 Fold되는 형태이다.

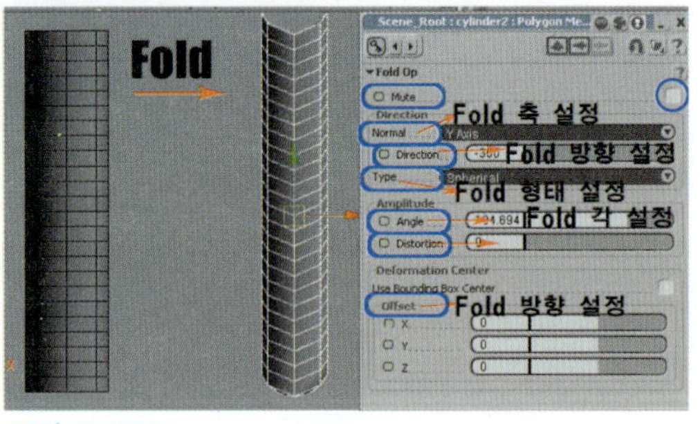

그림 1-333

[13] Push : Object의 모양을 변화시키는 데 있어서 선택한 Polygon 영역을 밖으로 밀어내면서 모양을 만드는 형태이다.

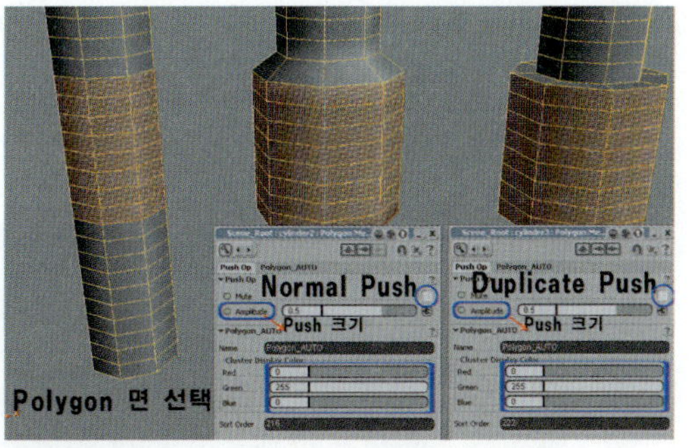

그림 1-334

[14] Relax : Smooth와 비슷한 결과를 얻을 수 있는 기능으로 실루엣 효과 없이 구성요소의 Smooth를 주고자 할 경우에 사용한다.

[15] Smooth : 모델링 데이터의 Edge 처리가 부드러워지면서 형태 자체가 부드럽게 처리된다.

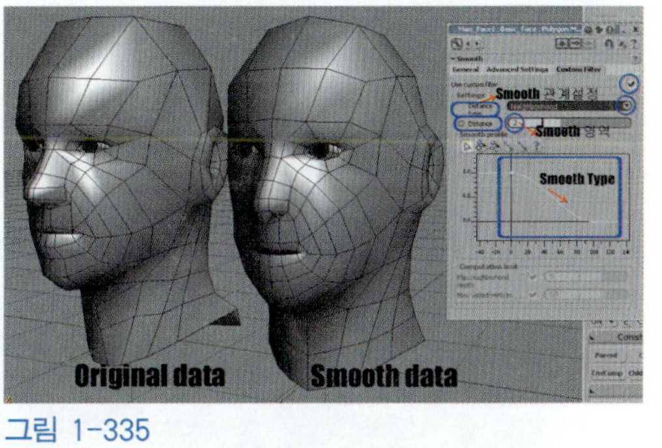

그림 1-335

[16] Shrink Wrap : Wrap를 할 Object를 선택해서 Deform 〉 Shrink Wrap 명령을 실행한 다음 Wrap의 형태 Object를 선택한다. Projection Type가 Inner Object로 설정되어 있다면 정확하게 Object의 표면의 형태에 따라 Wrap을 하게 된다.

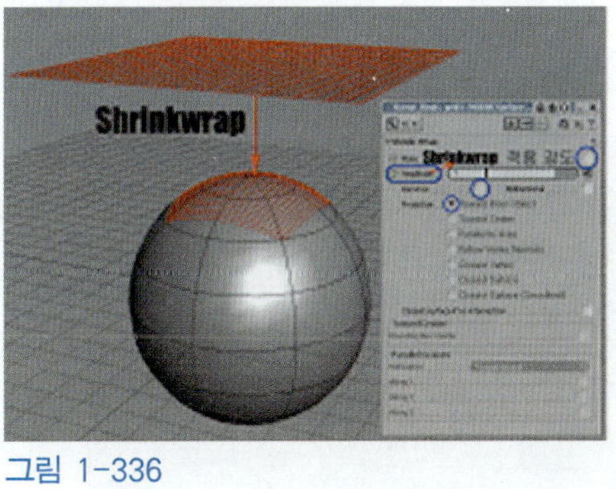

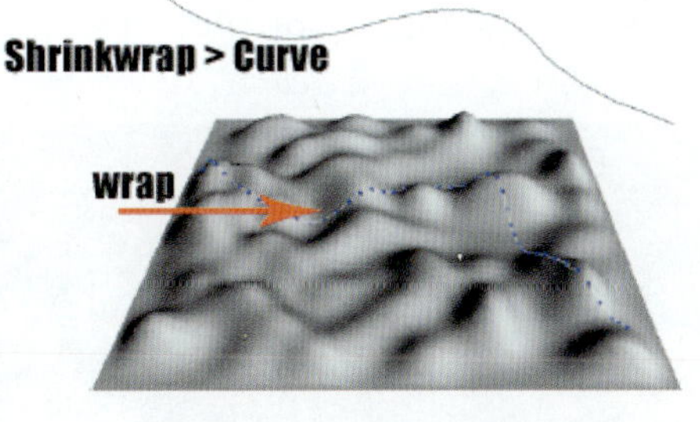

그림 1-336

[17] Quick Stretch : Quick Stretch는 Simulation의 역할과 비슷한 결과를 만들어 내는데 Quick Stretch가 적용된 Object일 때 센터를 기준으로 Quick Move를 하게 되면 그 끝 지점이 센터의 이동에 맞춰 Stretching되는 현상이 생긴다.

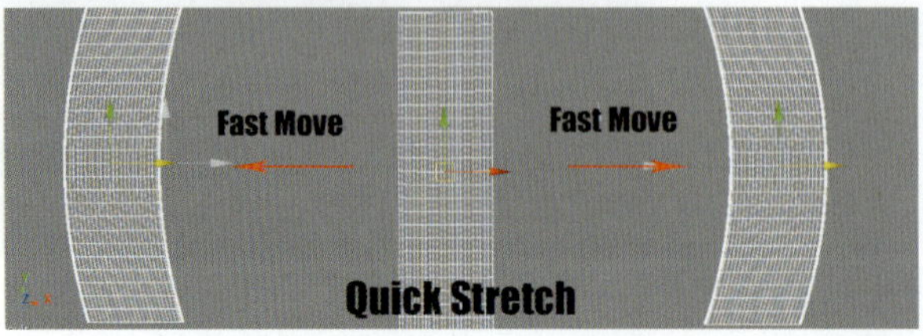

그림 1-337

[18] Wave : Wave는 자연현상의 일종으로 다양한 형태로 구현할 수 있다. Primitive 〉 Control Object에서 Wave Operator Object를 꺼낸다. 그리고 적용시킬 Object를 선택하고 Deform 〉 Wave 명령을 실행한 다음 Wave Operator Object를 선택한다.

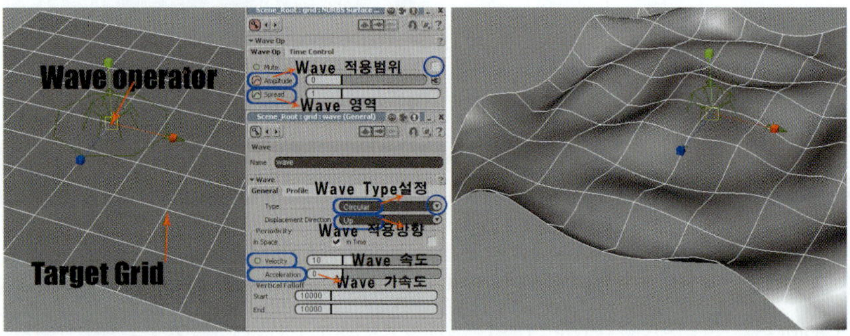

그림 1-338

[19] Randomize : 지정한 축의 방향에 따라 Object를 Random하게 불규칙한 Object의 형태로 만들어 준다. 특별한 규칙이나 틀이 없이 반복과 형태에 따라서만 그 Random의 형태가 결정된다.

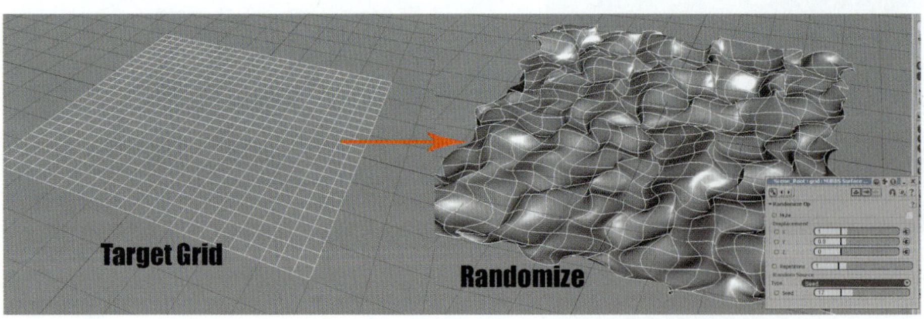

그림 1-339

[20] Shape Jitter : Randomize와 비슷한 결과를 나타내는 기능이지만 시간의 흐름이 진행될 때마다 자동으로 애니메이션이 되어 있어 움직인다. 그리고 세 축의 Amplitude 수치에 의해 그 형태를 결정할 수 있다. 속도와 몇몇 힘의 원리가 적용되므로 좀 더 섬세하게 컨트롤할 수 있다.

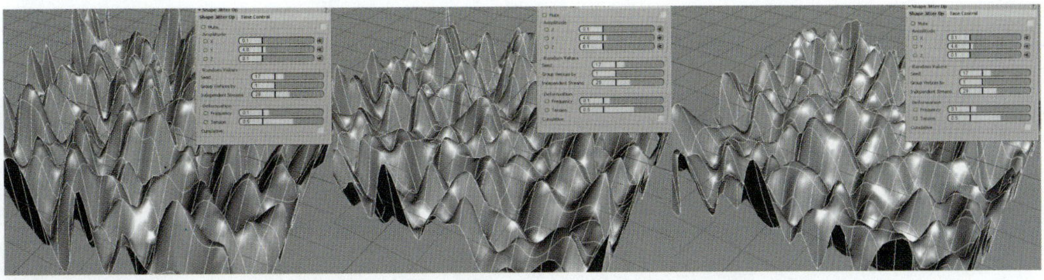
그림 1-340

[21] Cluster Center : Cluster를 기능을 활용하고자 할 경우 Cluster를 컨트롤할 Center Object를 Center로 지정해주면서 서로 연결해주는 기능이다. Object에 일정 영역의 Cluster를 생성시킨 다음 컨트롤할 Object를 하나 꺼내서 Deform 〉 Cluster Center를 실행하고 Object를 선택한다. Cluster Center Object를 선택해서 이동할 때 지정된 Cluster도 함께 이동하게 된다.

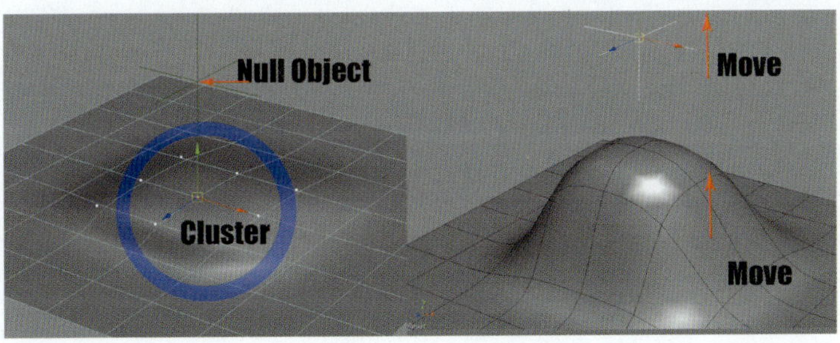

그림 1-341

1-3 모델링을 위한 Fundamental

1-3-1 작업화면(Work Area) 이해하기

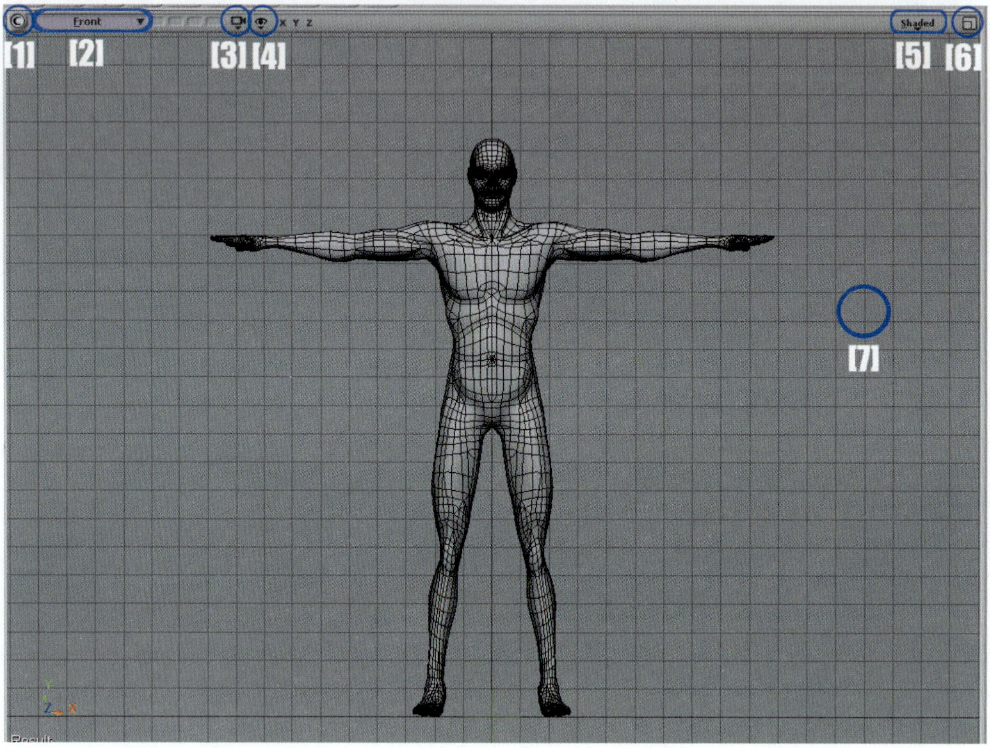

그림 1-342

1. 화면에서 Object 제어

작업을 하다 보면 굳이 4개의 Viewport에 Object가 보여줄 필요가 없을 수가 있다. 화면에 Object가 존재하는 것만으로 data 연산 처리가 되므로 PC의 하드웨어 능력을 최대화하는 데 필요한 View port에서만 Object를 확인하고 싶을 경우가 많다. 그러면 화면의 제일 처음에 있는 화면 Ⓐ, 화면 Ⓑ, 화면 Ⓒ, 화면 Ⓓ의 Icon을 클릭한다. 이때 마우스 첫 번째 클릭버튼과 두 번째 클릭버튼으로 역할이 다르다. 마우스 첫 번째 버튼은 Solo 버튼으로 선택된 작업화면만 활성화된다. 반면에 마우스 두 번째 버튼은 Mute 버튼으로 선택된 작업화면만 비활성화된다.

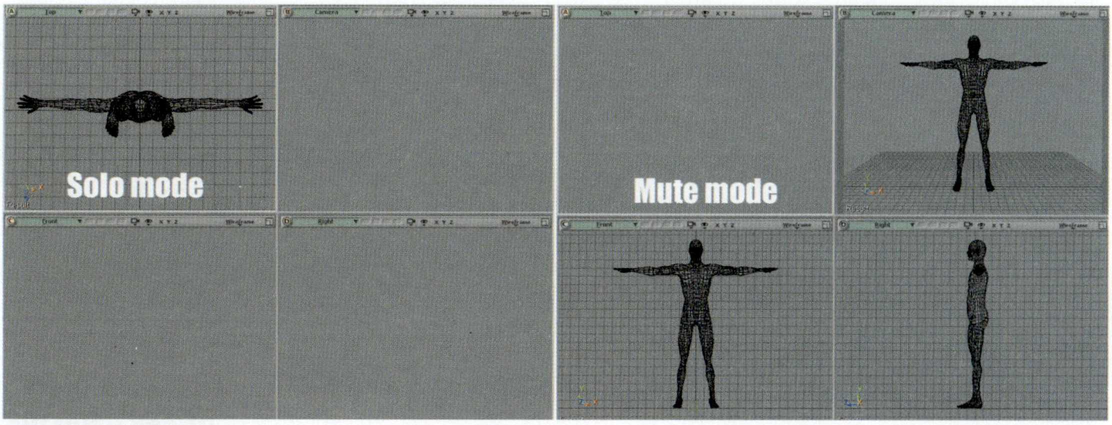

그림 1-343

2. Viewport 설정 모드

Pop up 아이콘을 누르게 되면 Viewport에서 작업 가능한 각종 작업 View 모드가 나온다. 이 중에서 자신이 선택하고 싶은 작업 View를 선택하면 된다.

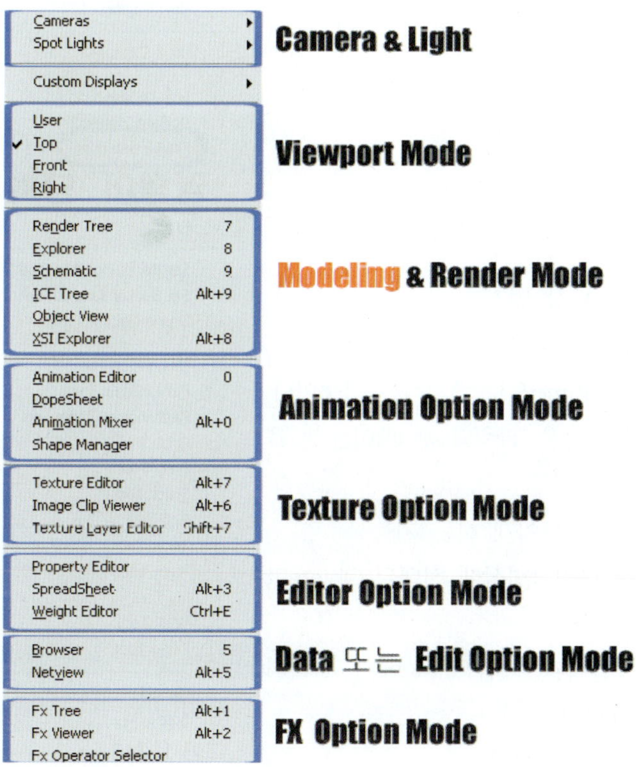

그림 1-344

3. Camera 모드

Camera에 관련된 Option을 비롯하여 Viewport상에서 Object를 효율적으로 다루고 보는 방법과 기능을 설정할 수 있는 곳이다. 체크된 항목은 작업화면상에 나타나고 그렇지 않은 항목들은 화면상에 나타나지 않는다. 다만, 필요한 경우 해당 항목을 선택하면 작업화면상에 나타나게 된다.

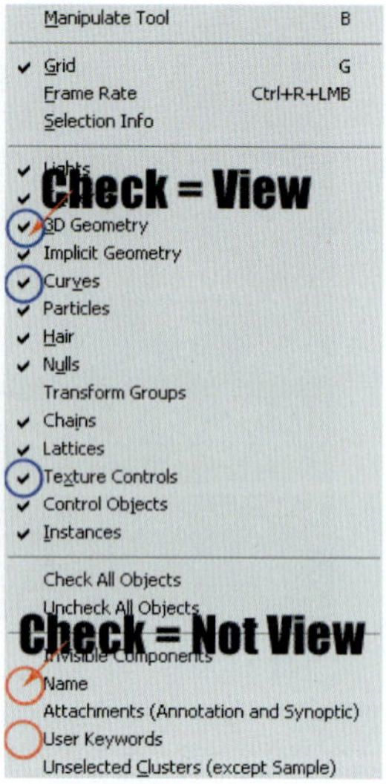

그림 1-345

4. Eye Icon

View port 내에 필요한 Object 정보를 보거나 안보이게 할 수 있는 옵션창이다. 화면상에서 Object를 직접 컨트롤 하는 기능들이기 때문에 모델링이나 애니메이션 등 모든 작업 공정에서 반드시 필요한 기능들이므로 숙지 및 숙달이 필요한 기능들이다.

그림 1-346

[1] Undo 단축키 : Ctrl + Z

[2] Redo 단축키 : Ctrl + Y

[3] Select Camera : 존재하는 카메라 선택

[4] Property : 선택한 대상의 속성(Property) 창 열기

[5] New Camera : 새로운 카메라를 꺼내고자 할 경우

[6] Start capture : 애니메이션 데이터를 Realtime으로 캡처하는 기능이다. 애니메이션 작업에서 사용되며 자세한 기능은 "캐릭터 애니메이션 편"을 활용하도록 한다.

[7] Isolate Selection : 선택한 대상만 임시로 보이게 하는 기능

[8] Update Isolated : 선택된 것 Object만 작업화면상에 선택된 Object만이 작업화면에 나타난다.

[9] Frame selection(단축키 [F]) : 현재 선택된 작업 View에서 선택된 Object를 작업화면에 맞게 Extension(확장)시킨다.

[10] Center Selection : Object의 Center를 선택한다.

[11] Frame All(단축키 [A]) : 모든 Object(선택되지 않는 Object 포함하여)를 현재 작업중인 작업 창

에 맞도록 화면 전체에 Extension(확장)시킨다. [Shift + A]는 모든 Object를 현재 작업중인 작업 창과 상관없이 각 Viewport에 맞도록 화면 전체에 Extension(확장)시킨다.

[12] Reset : 초기 카메라 앵글 값으로 초기화시킨다.

[13] Set Background Black : 작업 창의 배경색을 검은색으로 전환한다.

[14] Set Background Gray : 작업 창의 배경색을 원래 Default 색인 Gray 색으로 바꾼다.

[15] Scene Color : 작업화면에 구성되는 모든 요소의 컬러 값을 작업자가 임의로 전환할 수 있다.

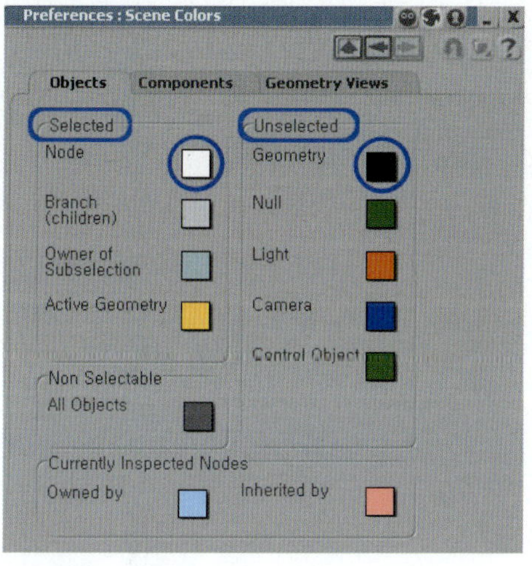

그림 1-347

[16] Navigation Tool(단축키 [S]) : Object를 원하는 화면에서 제어하는 기능이다. Navigation Tool을 활성화하고 원하는 작업 View에 마우스를 이동시키고 마우스 왼쪽 버튼은 Tracking 모드이고 마우스 가운데 버튼은 Zoom in-Out 기능이다.

[17] Pan & Zoom Tool(단축키 [Z]) : Z를 누르고 원하는 작업화면으로 이동한 다음 마우스 왼쪽 버튼은 Pan 기능으로 Object를 화면의 원하는 위치에 옮겨놓을 수 있고 마우스 가운데 버튼은 Zoon in 기능이고 마우스 오른쪽 버튼은 Zoon out 기능이다.

[18] Rectangular Zoon Tool : 사각형의 돋보기 아이콘이 나타나며 특별하게 확대하고 싶은 부분만 클릭 + Drag를 하여 확대할 수 있다.

[18] Orbit Tool(단축키 [O]) : 카메라 모드에서 사용하며 Object를 상/하/좌/우의 방향으로 회전시키면서 확인할 수 있는 작업 기능이다. 이때 마우스 왼쪽 버튼은 방향에 상관없이 Orbit 하지만 가운데 마우스 버튼은 좌/우로만, 마우스 오른쪽 버튼은 상/하 방향으로만 Orbit된다.

[20] Dolly Tool(단축키 [P]) : [Z]Key와 유사한 기능인 Zoon 기능이지만 카메라의 직접적인 위치 이동을 통한 Zoom in out 기능이다. [Z]키는 카메라의 위치는 고정된 상태에서 카메라 렌즈의 각도를 조절하여 Zoom in out 하는 기능이다.

[21] Track Tool : Object를 화면에서 컨트롤할 경우 빠른 작업모드와 느린 작업모드로 전환하는 기능이다. 마우스 왼쪽 버튼은 Normal한 속도이지만 마우스 가운데 버튼은 Slow, 마우스 오른쪽 버튼은 Fast하게 컨트롤된다.

[22] Roll Tool(단축키 [L]) : 카메라의 Roll(회전) 기능으로 카메라 모드에서만 사용된다. 카메라를 기준으로 기준면의 좌/우회전할 수 있는 툴이다. 마우스 왼쪽 버튼은 Normal한 속도이지만 가운데 마우스 버튼은 Slow, 마우스 오른쪽 버튼은 Fast하게 Rolling된다.

[23] Zoom Tool : Zoom기능(마우스 왼쪽) 버튼과 Pan(마우스 가운데 버튼) 기능이 복합되어 있다.

[24] Pivot Tool : 선택(클릭)한 지점을 기준으로 화면을 회전할 수 있다. 마우스 왼쪽 버튼은 Free 모드로 상/하/좌/우로 컨트롤되지만 마우스 가운데 버튼은 수평을 기준으로, 마우스 오른쪽 버튼은 수직 방향을 기준으로 회전된다. Camera View 모드에서만 활용된다.

[25] Fly Tool : 비행하면서 사물을 관찰하는 듯한 View 설정모드이다. Camera View 모드에서만 활용된다.

[26] Walk Tool : 걸어가면서 사물을 관찰하는 듯한 View 모드이다.

[27] Drive Tool : 자동차 운전을 하면서 사물을 관찰하는 듯한 View 모드이다.

[28] Mute : 선택한 화면에서만 비활성화시킨다.

[29] Solo : 선택한 화면만 활성화한다.

5. Viewport 내에서 Object를 보는 설정모드

작업 창 내에서 Object를 어떤 View 모드로 설정해서 보이게 할 것인가를 설정하는 옵션 창이다. 여러 가지 Viewport 메뉴가 있지만 모델링 작업에 직접적으로 관계되는 모드에 대해서만 정리하도록 한다.

[1] Wireframe mode : Viewport의 기본 Default 형태로 Object의 Edge 형태, 즉 Wire 형태로 표현되는 모드이다.

[2] Bounding Box mode : Scene 내 모든 Object 또는 선택된 Object를 Simple cube의 형태로 표현되는 모드이다. Object 형태의 단순화 모드이므로 대량의 모델링 작업할 때 데이터를 최소화하여 Scene의 작업의 속도를 향상시켜줄 수 있다.

[3] Depth Cue mode : Object View의 View에 Fade(연기/안개) 효과가 있는 display 모드이다.

[4] Hidden Line Removal mode : 전체 Object에서 오직 카메라로 보여주는 부분의 View만을 보여주는 mode이다. 즉 카메라가 향하는 부분만을 보여주고 Back facing 부분은 보이지 않는다.

[5] Constant mode : Surface의 Normal 방향은 무시하고 대신 Normal의 무한광원을 직접 향하는 것만 고려되는 모드이다. 즉 모든 Object의 구성요소는 모든 라이트로부터 같은 거리와 방향을 가지고 있으며 같은 거리에 속해 있도록 하는 모드이다. 빛의 효과를 일정하게 정의하고자 할 경우 사용한다.

[6] Shade mode : Object의 표면 가장 사실적인 표현이며 면의 형태로 보여주는 mode이다. 그러나 반사광 또는 투명도는 보이지 않는다.(렌더링시에만 보인다). Point나 Edge, Polygon의 행태 변화(이동/회전/크기)에 따라 Object의 행태 변화를 가장 직관적으로 확인할 수 있기 때문에 모델링 작업에서 가장 활용도가 높다.

[7] Texture mode : Object에 Texture가 적용되었을 때 적용된 Texture 결과를 확인할 수 있는 작업환경이다. Light의 방향과 강도에 따라 보여주는 View가 달라진다.

[8] Texture Decal : Texture 모드와 같은 효과이나 차이점은 Constant Light 효과이다. 즉 모든 Object에 대해 같은 빛의 방향과 거리와 강도를 갖는 효과이므로 빛의 영향을 받지 않고 Texture의 효과를 확인할 때 사용한다.

[9] Realtime shader : 게임제작 때에 작용하는 View 모드이다.

① Open GL : C

② C.g

③ Direct X : Direct X 기반의 소스를 제작하고 확인할 때 사용한다.

6. Viewport 화면제어

Viewport는 항상 4개의 View로 작업되는 것은 아니다. 지금부터는 작업화면의 크기 조절에 대해 알아보도록 한다. 먼저 각 Viewport 옵션 마지막에 있는 화면제어 아이콘을 사용한다. 원하는 Viewport를 전체작업화면으로 구성하고자 할 경우 화면제어 아이콘을 Click한다(Maximize). 그리고 다시 원래 상태로 돌아오고자 할 경우는 다시 한번 클릭을 한다(Restore). 그리고 두 개의 화면을 병합하고자 할 경우는 화면제어 아이콘에 마우스를 올려놓고 마우스 오른쪽 버튼을 클릭한다. 나타나는 Pop up 명령어에서 Horizontal 기능은 좌우의 수평으로 화면이 병합되고, Vertical 옵션은 화면의 상하모드가 병합된다.

초기 상태로 돌아가고자 할 경우는 Reset all 버튼을 누르도록 한다. 그리고 각 화면을 병합하지 않고 화면의 크기를 조절하고자 할 경우는 각 화면의 경계선을 클릭하여 마우스로 이동하면서 원하는 비율에 대한 크기 조절이 가능하다. 초기 상태로 복구하고자 할 경우에는 화면 경계 라인의 Center 지점에 마우스를 올려

그림 1-349

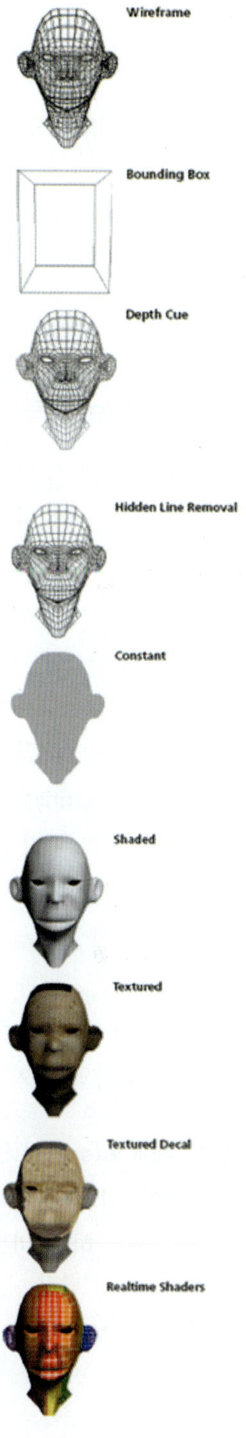

그림 1-348

놓고 마우스 가운데 버튼을 클릭한다.

7. Viewport Grid

정교한 모델링이나 어떤 기준 범위가 필요한 모델링 제작할 때 활용하는 SOFTIMAGE Unit 단위로 사용한다.

선택한 작업화면에 Grid를 일시적으로 사라지게 하고자 할 경우 단축키 [G]를 누르고 전체 화면에서 사라지게 할 경우는 [Shift + G]를 누르도록 한다. 원상복귀는 같은 명령을 다시 한번 실행하도록 한다.

1-3-2 Object 복사하기

SOFTIMAGE에서 Object에 대해 복사하는 방법에 대해 알아보도록 한다. Object의 복사는 모델링 작업에서 없어서는 안 되는 중요한 기능 중의 하나다. 원본 Object로부터 복사되어 나오는 결과의 종류는 Duplicate(복사), Instantiate Duplicate(예제복사), Clone(복제)로 크게 3가지이다. 복사는 원본 데이터와 별개로 독립된 하나의 개체로서의 기능을 수행하는 반면 Clone와 Instantiate는 원본 데이터의 종속물로 원본 데이터의 변형에 대해 같은 변형 값을 갖는 성질을 갖는 특징이 있다. 다만, Clone은 Freeze라는 기능을 적용해 주면 독립된 하나의 개체로서 역할을 수행하지만 Instantiate는 data로서 갖는 기본적인 Mesh의 정보 값이 없는 데이터이기 때문에 영원히 원본 데이터에 종속된 기능을 한다. 또한, 원본 데이터의 Geometry 정보 없이 복사되기 때문에 데이터의 변형이 불가능하다.

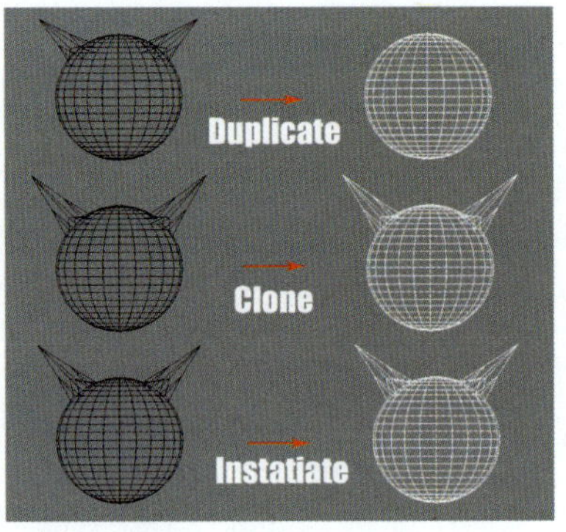

그림 1-350

복사에 대한 기능과 옵션은 MCP panel의 Edit 모드에서 찾을 수 있다. Edit 모드를 클릭하면 복사에 대한 다양한 기능 창이 나온다. 지금부터 각각의 방법에 대해 알아보도록 한다.

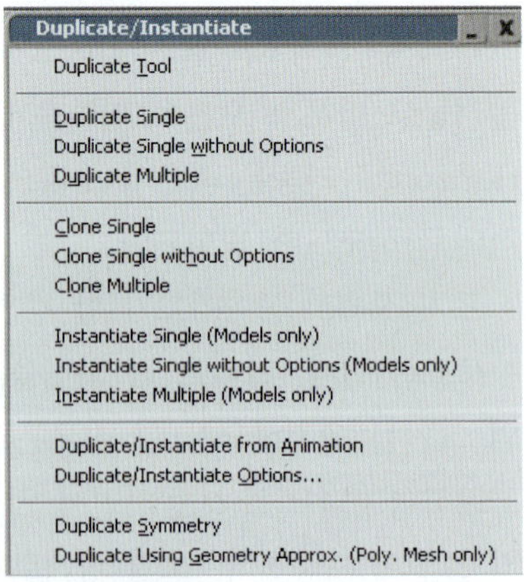

그림 1-351

[1] Duplicate Tool(단축키 [D]) : 일반적인 복사 모드로 선택된 원본 Object에 대해 원하는 복사 수나 복사 위치에 대해 Click을 하면 바로바로 복사/생성된다.

[2] Duplicate Single(단축키 [Ctrl + D]) : 선택된 원본 데이터를 하나만 복사한다. 이때 복사된 Objet를 일정한 위치에 이동하고 나서 다시 [Ctrl + D]를 하게 되면 원본 Data로부터 이동된 거리만큼 계산하여 그 위치에 다시 복사가 된다.

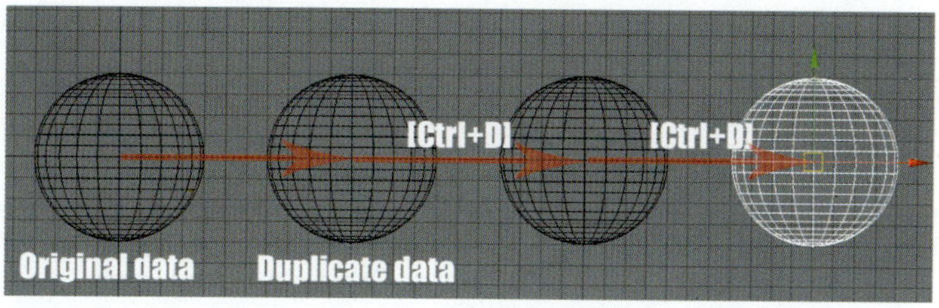

그림 1-352

[3] Duplicate Single Without Options(단축키 [Ctrl + Alt + D]) : Ctrl + D의 기능과 다르게 이동에 대한 변형 값이 적용되지 않고 항상 제자리에 복사된다.

[4] Duplicate Multiple(단축키 [Ctrl + Shift + D]) : 선택된 원본 데이터에 대해 원하는 개수와 원하는 변형 값(View 모드와 Transform 모드)에 대해 적용하고 나서 복사할 수 있는 기능이다. 간단한 예를 통해 설명하자면 납작한 Cube를 복사해서 원형 계단을 모델링 할 경우 원본 데이터를 기준으로 10개 정도를 복사하는데 Y축을 기준으로 30도 각도만큼씩 회전하면서 Y축 방향으로 2Unit 거리만큼씩 상승하도록 한다면 다음과 같은 결과를 쉽게 얻을 수 있다.

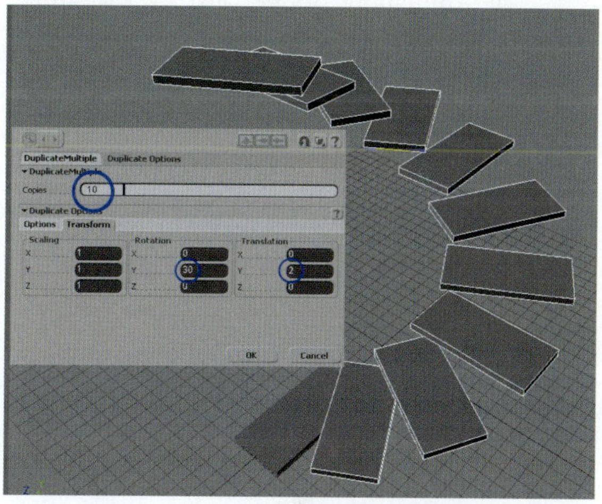
그림 1-353

[5] Clone Single : 일반적인 복사 모드로 선택된 원본 Object에 대해 원하는 복사 수나 복사 위치에 대해 Click을 하면 바로바로 복사/생성된다. Clone 복제에 대한 Explorer 창에서는 형광색 아이콘으로 표시된다. 다만, Clone 복제된 Object의 경우 Freeze를 할 경우에는 독립된 하나의 완벽한 data로 분리된다. Freeze를 하게 되면 Explore 창에서 Clone의 Icon의 효과도 사라진다.

Clone은 복제될 당시부터 원본 data로부터 모든 Geometry 정보를 가지고 있기 때문에 독립된 하나의 개체로서 변경할 수 있다. Freeze 기능을 수행하지 않고 Clone data의 Component를 변경함과 동시에 Clone의 종속 관계는 끊어진다.

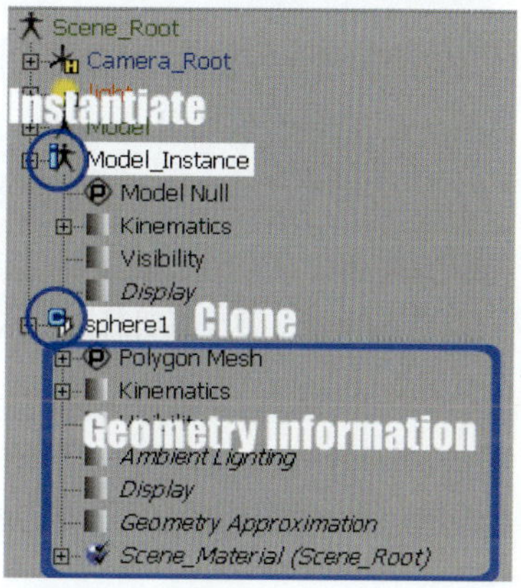

그림 1-354

[6] Clone Single Without Options : Duplicate 기능과 동일하지만 결과에서 Clone object이다.

[7] Clone Multiple : Duplicate 기능과 동일하지만 결과에 있어서 Clone object이다.

[8] Instantiate(Model only) : 원본 데이터의 Geometry 정보 없이 복사되기 때문에 데이터의 변형이 불가능하다. 그리고 Instantiate 데이터를 제작할 때는 반드시 원본 데이터를 Model 데이터화 (Model 〉 Create 〉 Model 〉 New Model)한 후에 적용할 수 있다.

[9] Instantiate Single Without Options(Model only) : Duplicate 기능과 같으나 결과에 있어서 Instantiate object이다.

[10] Instantiate Multiple(Model only) : Duplicate 기능과 같으나 결과에 있어서 Instantiate object 이다.

[11] Duplicate / Instantiate from Animation : 원본 데이터에 Animation 정보가 있을 때 Animation 정보에 대해 복사 데이터를 만들어 낼 수 있다.

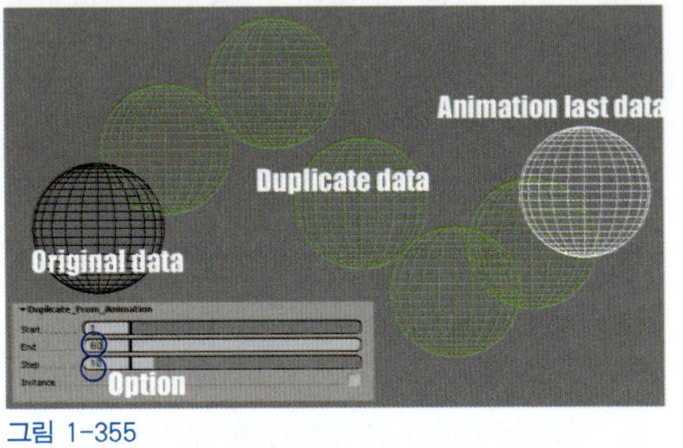

그림 1-355

[12] Duplicate / Instantiate Options : Duplicate / Instantiate에 대한 Option 기능 창을 Open한다.

[13] Duplicate Symmetry : 대칭 복사 기능이다. 옵션에서 설정한 기준 축을 기준으로 대칭 복사된다.

1-3-3 Object Display 모드 설정

작업 창에 존재하는 Object에 대해 View와 Render, Select에 대한 옵션을 설정해 줌으로써 작업의 효율성을 높여주는 방법에 대해 알아보도록 한다.

해당 Object를 선택하고 Explorer 창에서 Kinematics 항목 아래 구조로 내려간다. 그 중에서 Visibility 옵션을 더블 클릭하거나 회색 아이콘을 클릭하면 Visibility 옵션 창이 나온다.

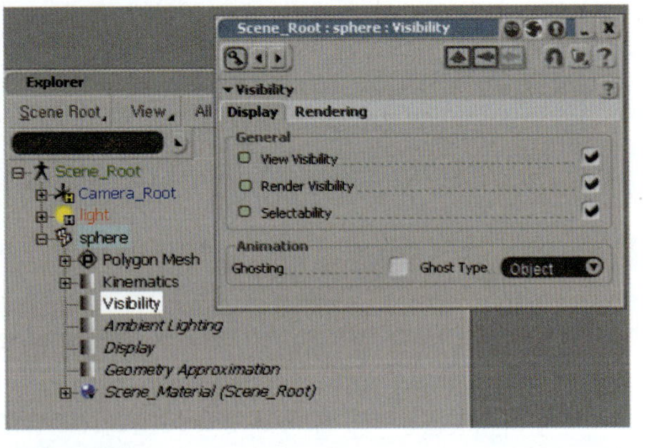

그림 1-356

[1] View Visibility : 작업 창에 많은 data가 존재하는데 그 중 어느 특정한 Object만

보이게(Visible) 하거나 또는 안보이게(Un visible) 하고자 할 경우에 사용한다.

[2] Render Visibility : 어느 특정 Object만 렌더링(Render)되거나, 렌더링이 안되게(Un Render)할 경우 사용한다.

[3] Selectability : 어느 특정 Object만 선택(Select)되거나, 선택이 안되게(Un select)할 경우 사용한다.

1-3-4 Cluster

1. 생성(단축키 [Ctrl + L])

Cluster는 Component(구성요소 : 점, 선, 면)의 집합체로 여러 개의 Component를 하나의 단일 군으로 묶음으로써 군집단위의 형태를 잡아줄 때 사용하거나 특별한 목적을 가지고 일정 영역에 특정한 효과를 주거나 할 경우 사용한다. 모델링 작업에서 특정한 형태를 잡을 때에도 많이 사용한다. Cluster로 만들어 주는 방법은 해당 Component를 선택하고 Edit에서 Cluster 명령을 실행해주면 된다. 그 결과 Explorer 창의 Polygon mesh 아래 Cluster 항복이 생기면서 그 안에 Cluster 정보가 생성된다.

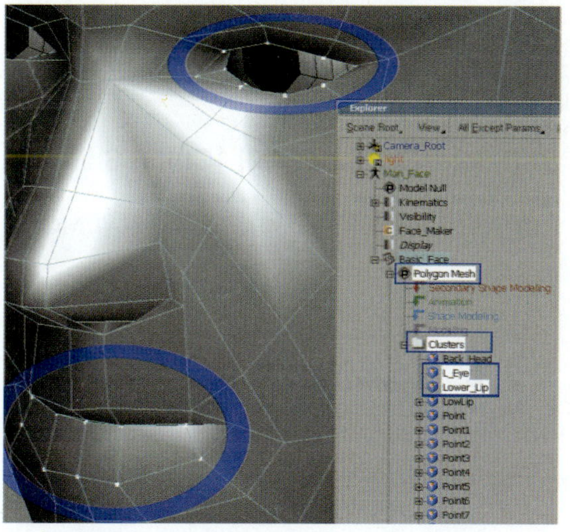

그림 1-357

2. 확 인

MCP 〉 Select 모드 〉 Cluster 정보 확인—Cluster 정보는 Explorer 창 내에서 찾는 방법도 있지만 좀 더 빠르게 차는 방법은 해당 Object를 선택하고 나서 Select 모드에서 Cluster 옵션을 선택하면 다른 정보를 제외한 Cluster 정보만 찾아준다.

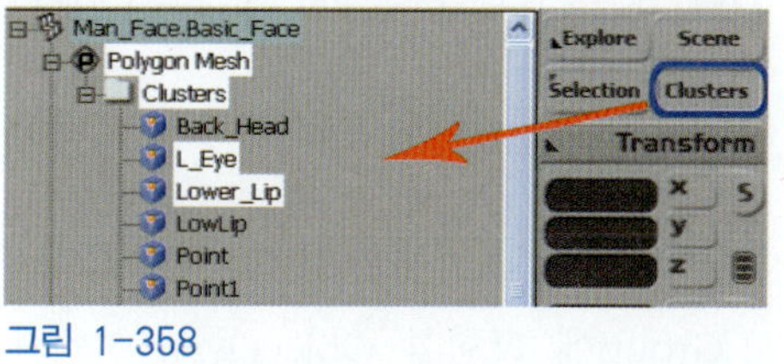

그림 1-358

3. Cluster 활용 1

Control object를 생성한 다음 Cluster를 선택하고 Model 〉 Modify 〉 Deform 〉 Cluster center 명령을 실행하고 나서 Control Object를 선택한다.

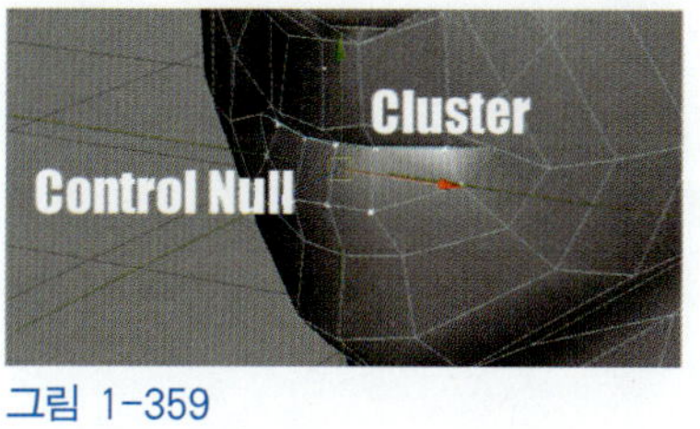

그림 1-359

Control Object를 이동하거나 Animation을 적용한다. 결과 확인을 한다.

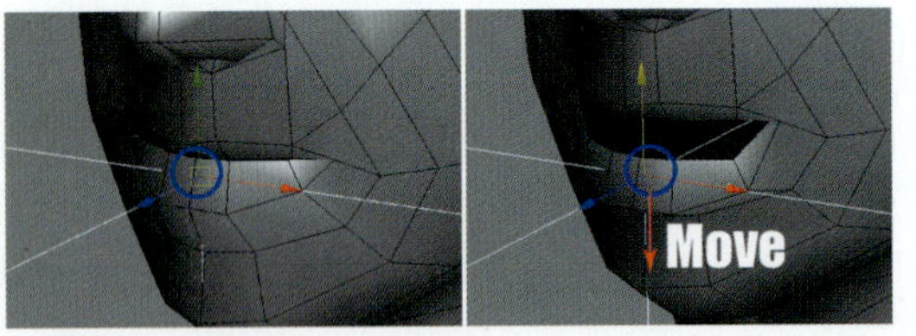

그림 1-360

4. Cluster 활용 2

Object를 Cluster에 고착시켜서 Cluster에 효과가 있거나 애니메이션 데이터를 적용함에 따라 Object를 제어할 수 있다. Object를 선택하고 MCP 〉 Constrain 〉 Object to Cluster를 적용한다. 그리고 Cluster에 애니메이션을 적용한다. 결과 확인을 한다.

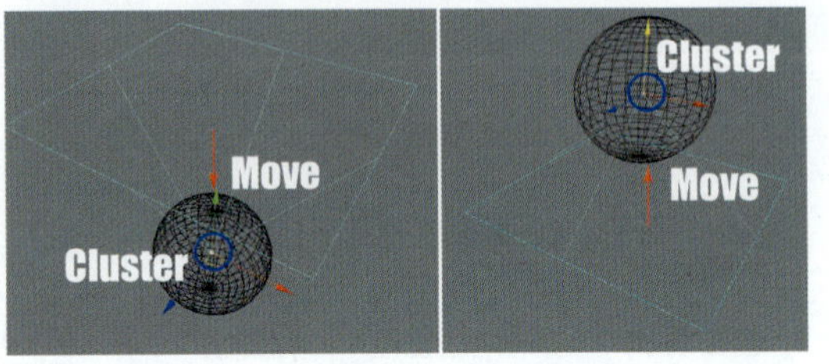

그림 1-361

5. Delete Cluster(단축키 [Ctrl + Shift + L])

설정한 Cluster를 제거하고자 할 경우 MCP 〉 Edit 〉 Delete Cluster 명령을 실행한다.

1-3-5 Group(단축키 [Ctrl + G])

1. 개 념

Group은 비슷한 성질의 Object를 한 단위로 묶거나, 혹은 동일 구조상에 있는 Object들을 하나로 묶거나, 동일 효과를 적용할 대상의 Object를 하나로 묶어서 적용함으로써 작업의 효율성을 높이는 데 그 목적이 있다.

2. 실 행

Group에 포함할 Object들을 선택한 다음 Edit 〉 Group 명령(단축키 [Ctrl + G])을 실행한다.

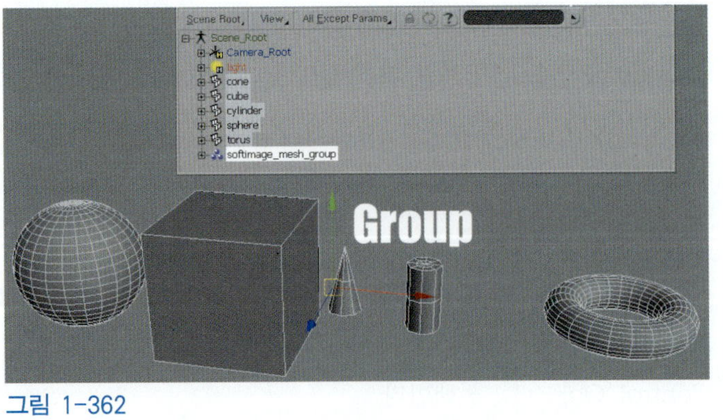

그림 1-362

3. 적 용

생성된 Group의 이름을 지정해 주고 일정한 효과를 적용해본다.

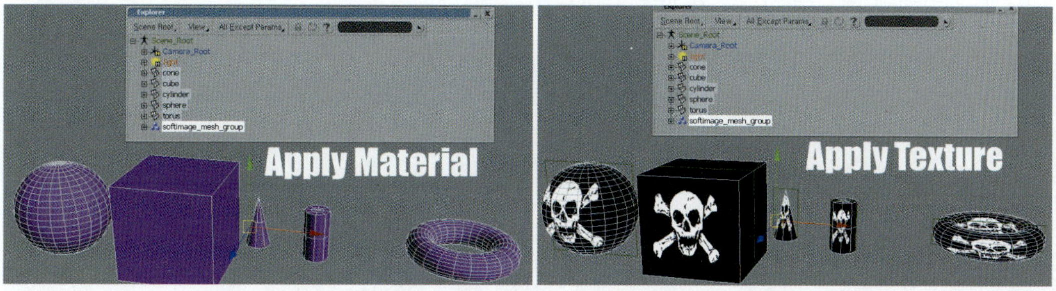

그림 1-363

4. 추가 및 제거

선택한 Object를 Group으로 새롭게 추가하거나 기존의 Group 내에서 제거해야 할 경우에는 Edit 〉 Add to Group 명령이나 Edit 〉 Remove from Group 명령을 사용한다. 또는 Edit 〉 Group 명령 아이콘 옆에 있는 Group +, Group − 기능을 사용한다.

1-3-6 Parents

1. 개 념

Parent는 Object들의 관계를 설정하는 방법의 하나로 Parents - Child 구조를 설정한다. 이때 Child에 속해 있는 Object들은 Parents Object의 구속을 받게 된다. Group이 수평구조였다면 Parents는 수직구조로 생각하면 된다. 이때 자식은 자신만의 Object로서의 고유한 성질을 가지고 있으면서도 최상위 위치에 있는 부모의 컨트롤에 영향을 받게 된다. Parents가 이동하게 되면 Child도 이동하게 되고, Scale이나 Rotation을 하더라도 자식은 부모의 영향을 받다 똑같은 변형을 하게 된다.

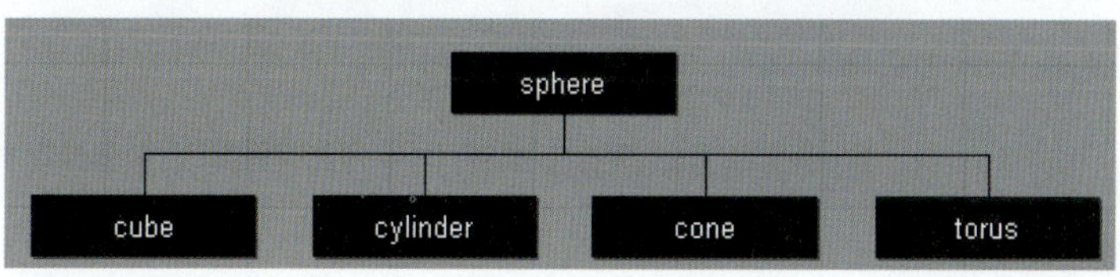

그림 1-364

2. 생 성

최상위 Parents 역할을 할 Object를 선택하고 Constrain mode에 있는 Parents라는 실행 아이콘을 선택하고 자식 구조로 만들 Object를 차례로 선택한다.

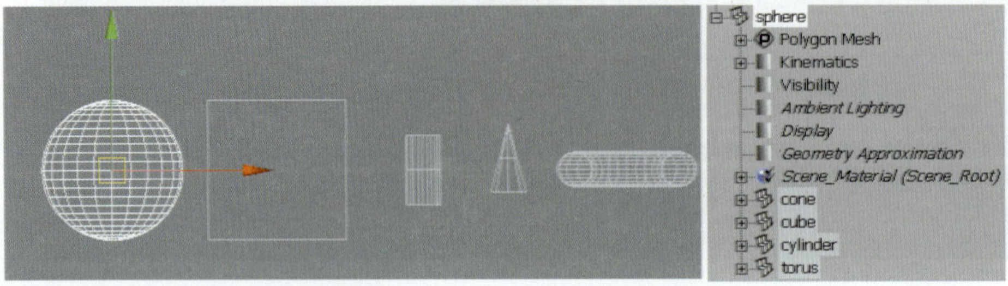

그림 1-365

3. 활 용

Parents object를 이동하거나 / 회전 / 스케일 변형을 하게 되면 자식들도 같은 비율만큼 변형한다.

4. 제 거

선택한 Object를 Group 내에서 탈퇴를 시키고자 할 경우에는 Constrain 모드의 Cut 기능을 사용한다. 이는 Parents-Child 구조를 Cutting 시켜주는 역할을 수행한다.

1-3-7 Freeze and Freeze M

모델링 작업을 하는 동안 생성된 여러 작업 경로나 History data를 제거하는 기능이다. Freeze all은 Object에게 적용된 모든 변화 값에 대한 초기화이기도 하고, 불필요한 History data를 삭제할 때도 사용한다. Object에 대해 Freeze를 적용할 때 Freeze 아이콘을 선택하거나 Edit 〉 Operate 〉 Freeze Model과 Freeze Selected 명령을 실행한다.

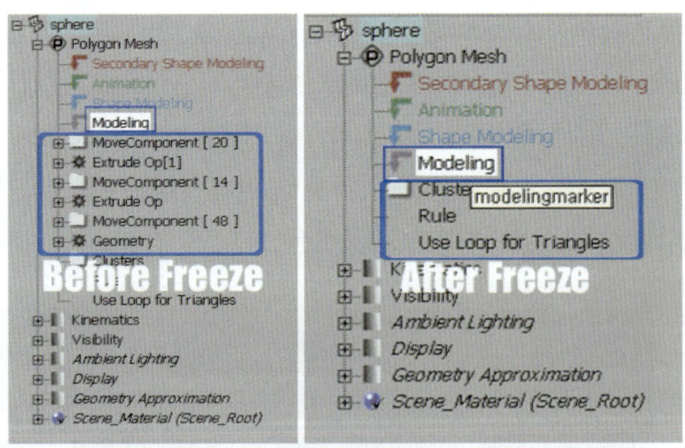

그림 1-366

- Freeze : 선택된 Object의 모든 정보에 대해 Freeze한다.
- Freeze M : 모델링 작업 데이터 내에 존재하는 data만을 Freeze한다.

1-3-8 Layer

1. 개 념

Layer는 하나의 Scene data 내에서 구조상 또는 필요한 데이터 처리상 구분되는 데이터들에 대해 일정한 작업 Layer를 지정해주는 기능을 한다. 캐릭터나 배경, 기타 소품들에 대해 따로 Layer를 지정해 놓으면 캐릭터 작업할 때에는 캐릭터만 Scene 내에 놓고 작업을 하다가, 배경작업을 해야 할 경우에는 배경 Layer만을 활성화하여 작업한다. 또는 모델링 작업 Layer와 Animation 작업 Layer, Texture 작업 Layer를 구분한다면 필요한 작업 공정에 해당하는 데이터만을 활성화하여 작업함으로써 작업의 효율면이나, 작업자의 능률면에서 굉장히 긍정적인 효과를 제공한다.

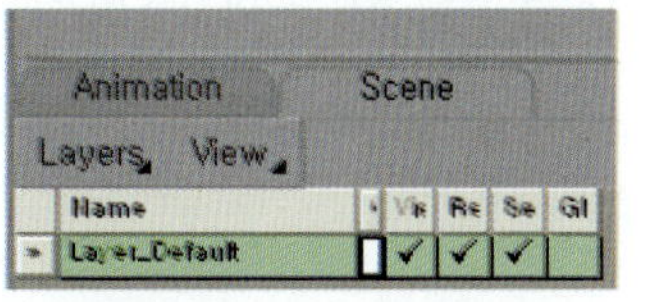

그림 1-367

Layer는 [MCP]모드 옆에 있는 Key / Layer [K/L] 모드에 찾을 수 있다. Scene layer는 animation Layer와 같이 위치하고 있는데 Scene layer는 Scene tap을 선택하면 Layer로 모드로 전환된다.

2. 생 성

Layers라는 실행 tap을 클릭하면 다양한 메뉴들의 Pop up 실행 창이 나타난다.

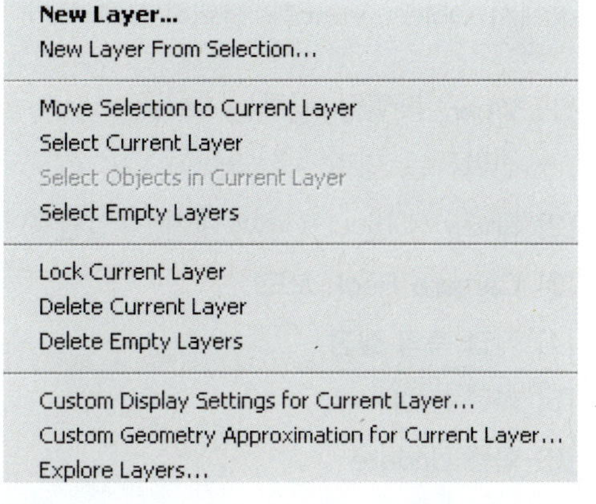

그림 1-368

[1] New Layer : 새로운 Layer를 생성한다.
[2] New Layer from Selection : 선택한 Object를 포함한 하나의 새로운 Layer가 생성된다.
[3] Move Selection to Current Layer : 선택한 Object를 현재 선택한 Layer로 이동시킨다.
[4] Select Current Layer : Layer 작업 창 내에 선택된 현재의 Layer를 선택한다.
[5] Select Object in Current Layer : 현재 작업중인 Layer에 포함된 모든 Object를 선택한다.
[6] Select Empty Layer : 현재 작업중인 Layer를 제외한 모든 Layer를 선택한다.
[7] Lock Current Layer : 현재 선택된 Layer의 모든 실행을 lock시킨다.
[8] Delete Current Layer : 선택된 현재 Layer를 삭제한다.
[9] Delete Empty Layer : 현재 작업중인 Layer를 제외한 모든 Layer를 삭제한다.

3. 활 용

선택된 Layer에 포함된 Object들에 대해 View mode, Render mode, Select mode, Ghost mode에 대해 Check(활성), Uncheck(비활성) 모드로 작업환경을 설정할 수 있다.

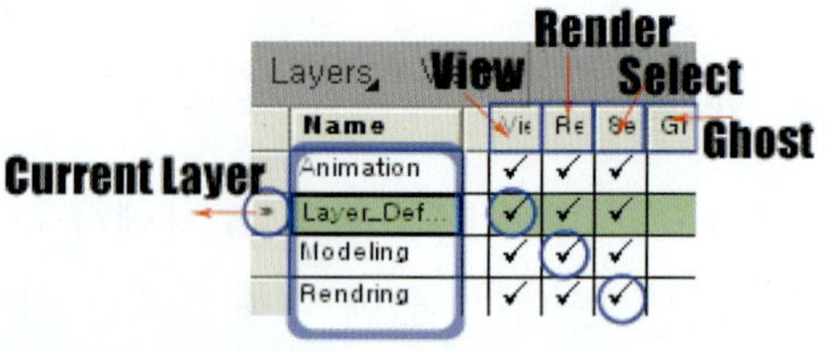

그림 1-369

1-3-9 Object View

작업 Scene 내에 많은 모델링 데이터가 존재하면 하나의 Object에 대한 작업 창을 제공해주는 기능이다. 선택한 Object만을 종합적인 작업모드인 Object view로 이동해서 작업하게 되면 빠르고 효율적인 모델링 작업이 가능하다. Object View를 Open하는 방법은 작업 대상 Object를 선택한 다음 Main Menu bar에서 View 〉 General 〉 Object View를 선택한다. 또는 Viewport 창의 View 모드 선택 Option 창에서 Object view를 선택하도록 한다.

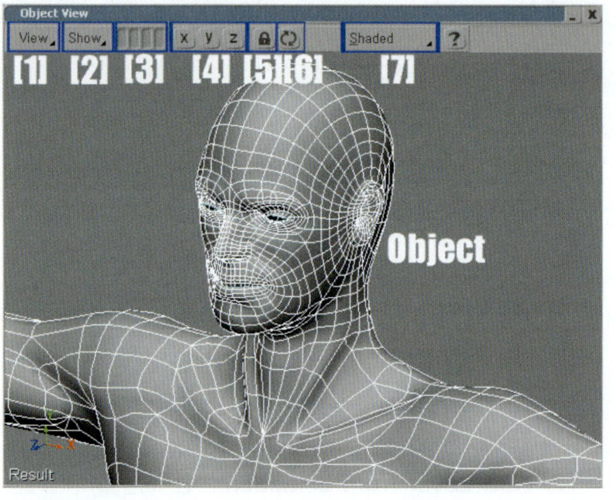

그림 1-370

[1] View : 작업상 원하는 View 모드로 전환하는 명령
[2] Show : Object view 내에 작업환경에 필요한 요소들에 대한 View 모드 check & Uncheck
[3] Camera Rock 모드
[4] 작업 축의 설정
[5] 화면 Rock
[6] 화면 Update
[7] Object View 모드 설정

1-3-10 Explorer 작업 창

Explorer는 작업 정보가 총망라된 정보 창이다.

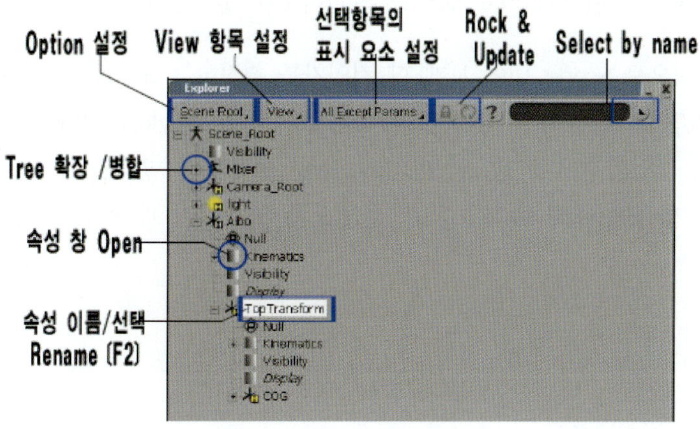

그림 1-371

[1] Option 설정 모드 : Scene이나 선택 항목에 대해 필요한 Option 정보를 선택하여 확인할 수 있다.

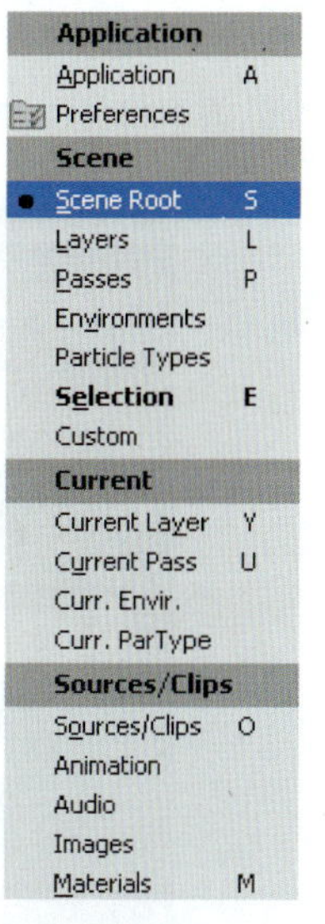

그림 1-372

- Application(단축키 [A]) : 작업환경 설정 중 Application option을 확인하고자 할 경우 선택
- Preferences : Preferences 설정 옵션을 확인하고자 할 경우 선택
- Scene Root(단축키 [S]) : Scene 내에 존재하는 모든 정보를 확인하고자 할 경우
- Layer(단축키 [L]) : Layer 정보 확인
- Passes(단축키 [P]) : Scene에서 설정된 Pass 정보를 확인할 경우
- Environments : 환경
- Particle type : Scene 내에 사용된 Particle 정보를 확인하고자 할 경우
- Selection(단축키 [E]) : 선택된 Object의 정보만 확인 가능
- Current Layer(단축키 [Y]) : 현재 선택된 layer 정보만 확인할 경우
- Current Pass(단축키 [U]) : 현재 설정된 Pass 정보만을 확인할 경우
- Current Environment : Simulation 설정에 이어 현재 설정된 Environment 정보를 확인할 경우
- Current Particle type : 현재 작업 창에서 제작중인 Particle 환경에 대한 정보를 확인하고자 할 경우
- Source / Clip(단축키 [O]) : Animation Clip(source) 정보에 대한 정보를 확인할 경우

- Animation : Scene 내에 모든 Animation 정보를 확인하고자 할 경우
- Audio : Scene 내에 모든 Audio 소스에 대한 정보를 확인하고자 할 경우
- Image : Scene 작업에 사용된 Image 정보를 확인하고자 할 경우
- Materials(단축키 [M]) : Scene 내에 적용된 Material 정보를 확인하고자 할 경우

[2] View 설정 모드 : Object를 어떤 형식으로 Scene 내에 보게 할 것인가를 결정하는 모드로 설정한 해당 항목에 대해 체크를 한다. 반면 보지 않아도 되는 불필요한 정보는 Uncheck을 한다.

[3] Parameter 설정 모드 : Scene 내에 작업환경에서 필요한 Parameter를 설정할 수 있다. View 설정모드와 마찬가지로 해당 항목에 대해 체크를 하고, 불필요한 Option에 대해서는 보는 Uncheck을 한다.

1-3-11 XSI Explorer

XSI Explorer는 작업환경 내의 완벽한 또 다른 하나의 작업환경이다. 즉, 위에서 설명한 Object View와 Scene 정보를 가지는 Explorer 창이 결합하여 만들어진 작업 창이다. 그러므로 선택된 Object를 필요한 정보와 환경을 제대로 갖춘 새로운 작업환경을 setting한 것과 같다. 모델링이나 애니메이션 작업에 필수적인 작업환경이라 하겠다.

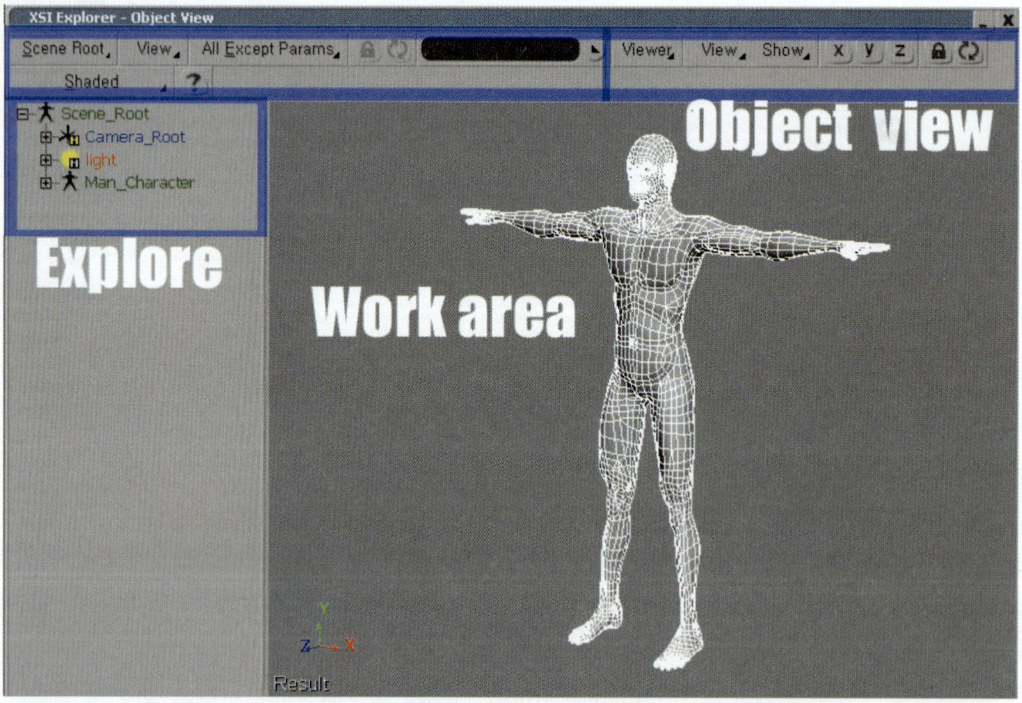

그림 1-373

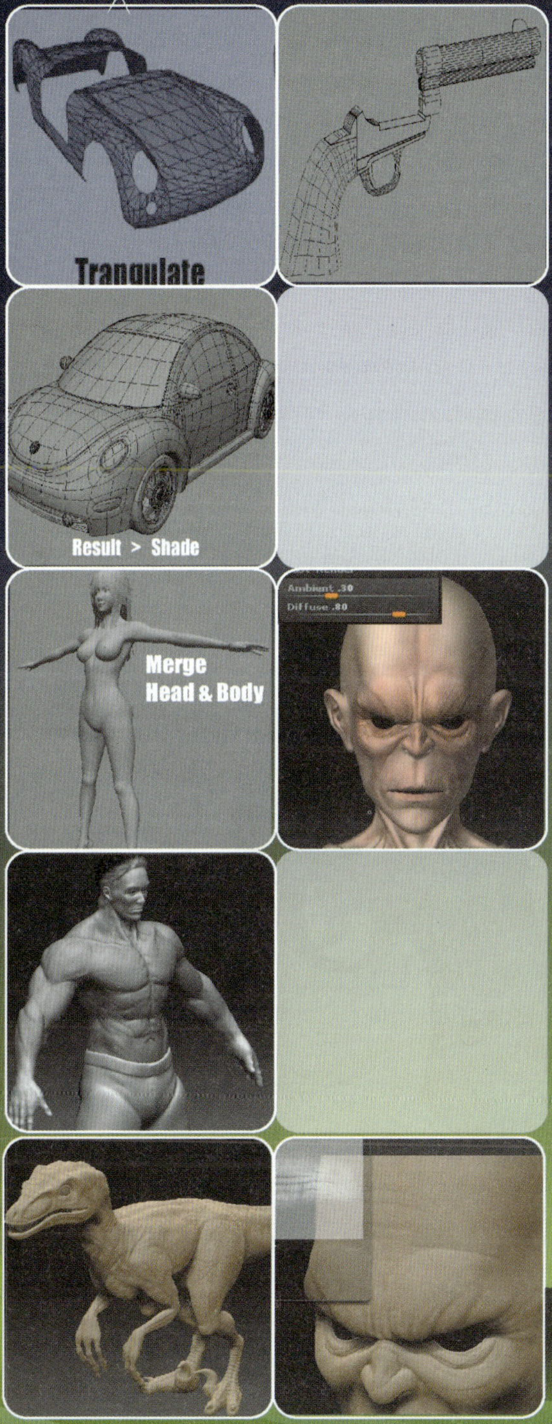

제2장 Gun Modeling

각 모델링 제작 방법에는 그 접근방법에 대한 특징들이 있다.

모델링의 접근 방법을 다양하게 나눠보도록 한다.

- 제품 : Curve를 이용한 곡선과 직선의 병행 모델링
- 인체 : Edge와 Polygon을 사용한 유기체적 모델링 제작
- 비례 : 남자와 여자 인체 비례를 기준으로 나눠서 작업
- 동물 : 4족 보행 캐릭터를 기준으로 Cube의 형태 모델링
- 창작 캐릭터 : 창의적 Concept의 모델링 작업

본격적인 모델링 작업에 들어가 보도록 한다. 첫 번째 모델링을 할 대상은 권총이다. 이 대상을 모델링 Source로 삼은 이유는 사람이나 동물과 같은 유기체적인 형태의 모델링을 제작하기에 앞서 더욱 접근하기 쉬운 형태의 외곽이나 형태의 디자인 제품을 대상으로 선정하고자 했고, Line을 이용한 곡선과 직선이 조화를 이루는 형태의 디자인 제품을 대상으로 삼음으로써 자칫 Box 형태의 단조로움으로 진행될 수 있는 기존의 Mechanic 모델 방식에서 벗어나 보고자 하였다.

우선 모델링을 제작하기에 앞서 대상물에 대한 철저한 분석이 우선되어야 한다. 그것은 비단 외곽의 형태뿐 아니라 각각의 구성 부속품의 구조적 특징은 물론이고 그러한 부속품들이 어떻게 서로 연결돼 있고 어떠한 유기적 상관관계를 가졌는지까지도 알아야 한다. 그리고 이러한 형태의 제품 모델링은 전체적인 형태를 하나로 연계해서 모델링을 하는 것이 아니라 각각의 구성 요소들을 따로따로 모델링을 하여 구성하는 방식으로 제작하는 것도 그 하나의 이유이다.

앞으로 진행될 모델링의 각 부위를 각각의 명칭에 맞게 작업을 하도록 할 예정이다.

Polygon을 이용한 모델링 형태와 달리 Curve의 라인을 이용해서 모델링을 제작하는 방식으로 만들기 때문에 Polygon을 이용한 모델링 방식보다 정교한 부분에 더욱 효율적인 접근이 가능하다.

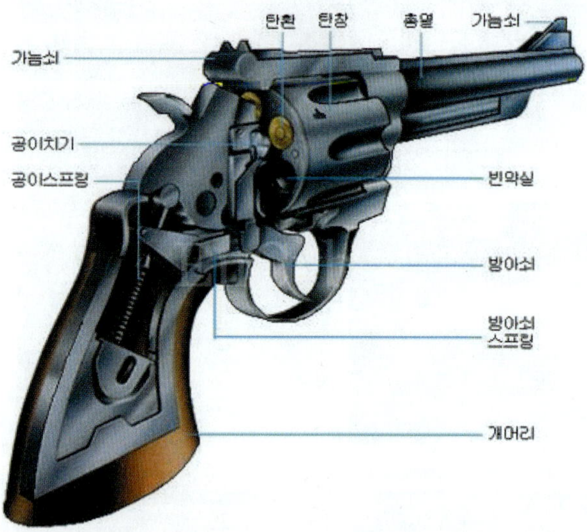

그림 2-1

2-1 Rotoscope Option 살펴보기

2-1-1 이미지 불러오기

View mode 설정 TAP 〉 Rotoscope 실행 : 이미지 검색을 상용하여 자신이 3D Modeling에 사용할 이미지를 일반적인 파일 저장 format(예 jpeg)으로 저장하고 (이때 저장 이름을 영문으로 하도록 한다. 이미지 작업할 때 한글 인식이 안돼서 오류를 나타내는 경우가 있기 때문이다) View 설정 모드에서 Rotoscope 옵션을 클릭한다.

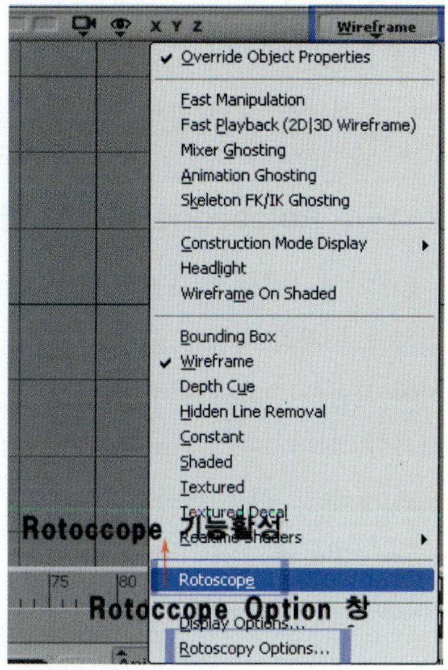

그림 2-2

2-1-2 Rotoscope Option [Main Option 창]

Main Option 창에서는 불러올 이미지를 정하고 작업 창에서 Camera와 작업 Grid 간의 상호 연관성에 대한 Setting과 함께 불러온 이미지의 크기를 조절할 수 있는 설정모드가 있다.

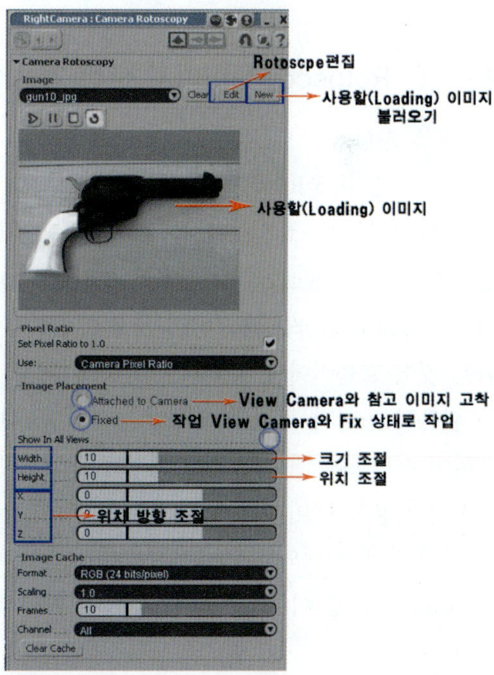

그림 2-3

2-1-3 Crop Image [B]

불러온 이미지를 원하는 영역만을 선택적으로 취할 수 있는데 이때 단축키를 사용하여 간단하게 작업할 수 있다. Rotoscope Main Option 창에서 불러온 이미지 위에 마우스를 올려놓고 단축키 [B]를 클릭한다. 이때 불러온 이미지 주위로 Cutting control cube가 나타난다. 모서리마다 나타나는 이 cube를 이동하면서 원하는 영역을 취할 수 있게 된다.

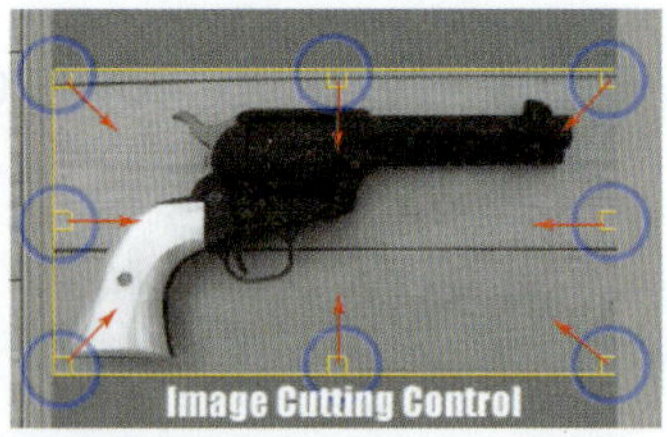

그림 2-4

2-1-4 Rotoscope 이미지 편집 기능 1

Edit 〉 General 모드를 활용하여 사용할 이미지를 원하는 형태로 편집하거나 위치 이동을 할 수 있다. 먼저 Enable Effects 명령을 활성화하여 사용할 Option이 활성화될 수 있도록 한다. 여기서 Crop 기능은 사용할 이미지를 Cropping하기 위한 기능으로 X축과 Y축에 대해 parameter를 값을 변화하여 원하는 영역만을 선별적으로 취하여 사용할 수 있다.

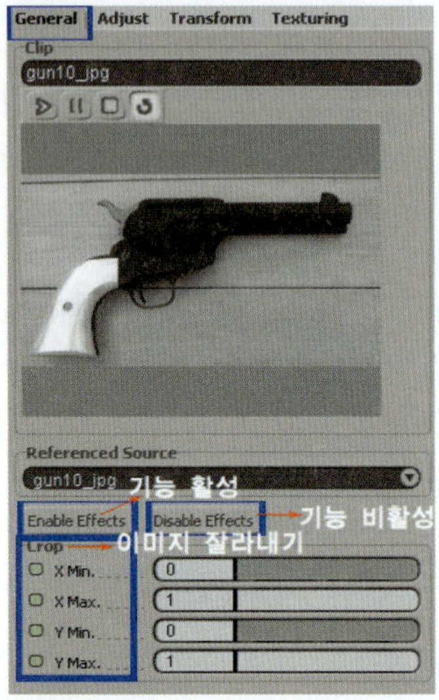

그림 2-5

2-1-5 Rotoscope 이미지 편집 기능 2

Edit 〉 Adjust 모드를 활용하여 사용할 이미지의 색상을 원하는 대로 조절할 수 있고, 이미지의 밝기와 어둡기 등도 조절할 수 있다. 이 기능 역시 Enable Effects의 기능을 활성화하여 기능을 활성화시키도록 한다. Hue(색상), Saturation(채도), Gain(가감), Brightness(명도) 등의 기능 창 Parameter를 조절하여 사용하기 편한 이미지로 변형하여 사용하는 것이 효율적이다. Convert 기능을 통해 Gray scale이나 Channel을 활용한 이미지 역시 체크가 가능하다. 또한, 이미지의 Blur 값을 적용하여 선명도에 대한 옵션을 지정해 줄 수 있다. 이미지 편집할 때 가능하면 사용할 이미지의 Color를 어둡게 하는 것이 좋다. 왜냐면 모델링 작업할 때 선택되는 Mesh의 Wire 색이 흰색이기 때문에 자칫 작업 중 Wire와 실제 이미지의 형태에 대해 잘못 확인하게 되는 경우가 생긴다.

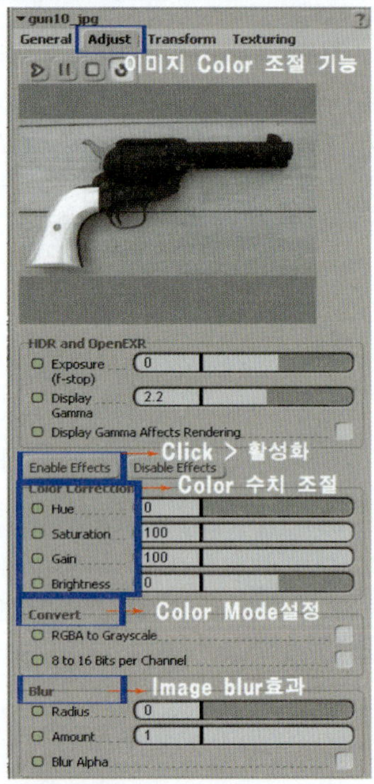

그림 2-6

2-1-6 Rotoscope 이미지 편집 기능 3

Edit 〉 Transform 모드를 활용하여 사용할 이미지 중에서 원하는 부분만을 선별하여 사용할 수 있고, Flip 기능을 통해 이미지를 수평/수직 반전을 시킬 수 있다.

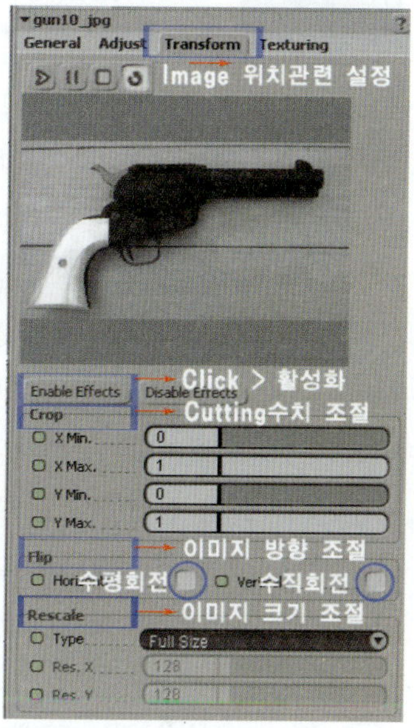

그림 2-7

2-1-7 결과 확인

완성된 Rotoscope 결과 확인

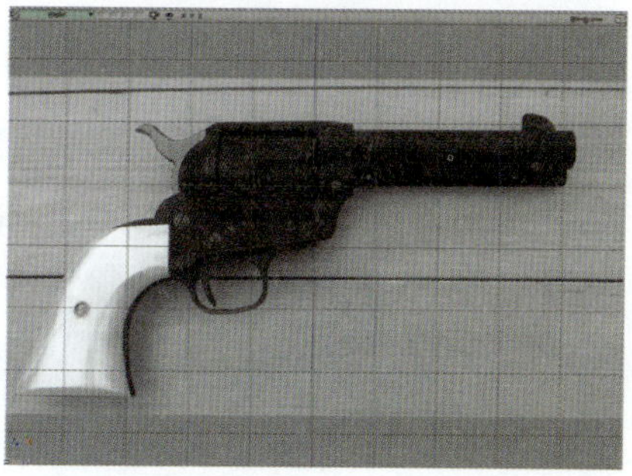
그림 2-8

2-2 Gun 연결라인 만들기

1 Curve 생성 Create 〉 Curve 〉 Draw Cubic by CVs 명령을 실행하도록 한다. Curve의 속성에 대해서는 앞 장에서 살펴보았기 때문에 이 장에서는 활용 부분에 대해 살펴보고자 한다. Point를 생성할 때 직선 구간에는 굳이 많은 Point가 필요 없지만, 곡선이나 각도가 바뀌는 구간에서 좀 더 섬세한 각도 표현을 하고자 할 경우는 Point 수를 첨가해준다. Point와 Point의 간격이 촘촘해질수록 급격한 각도 변화 모양 제작이 가능해진다.

먼저 Curve의 형태는 곡선과 직선을 자유자재로 그려 낼 수 있는 Cvs curve를 사용하기로 한다.

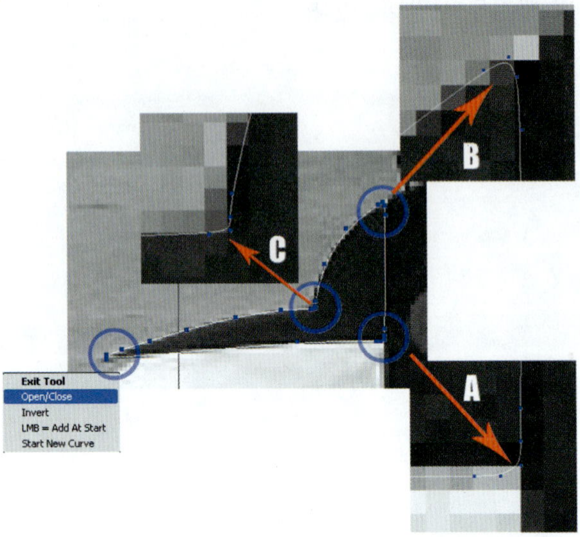

그림 2-9

2 Curve 수정 : Model 〉 Modify 〉 Component 〉 Move Point tool 기능을 활용하여 좀 더 섬세하게 곡선과 직선의 연결 부분을 수정한다.

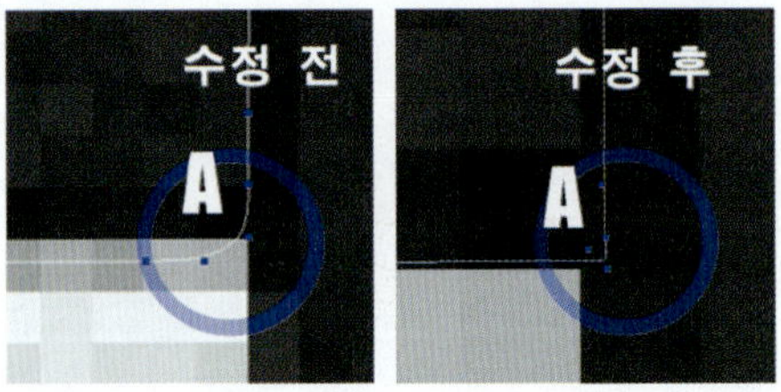

그림 2-10

3 Curve 수정 완료 : 다른 굽어진 영역도 같은 방법을 사용하여 섬세하게 제작하도록 한다. 이때 Model 〉 Modify 〉 Component 〉 Tweak Component tool(단축키 [M]) Z기능을 사용할 수 있는데 이 경우 Point뿐만 아니라 Bizor가 선택되는 경우가 많아서 작업상 불편함을 줄 수 있기 때문에 Move Point tool 기능을 활용한다.

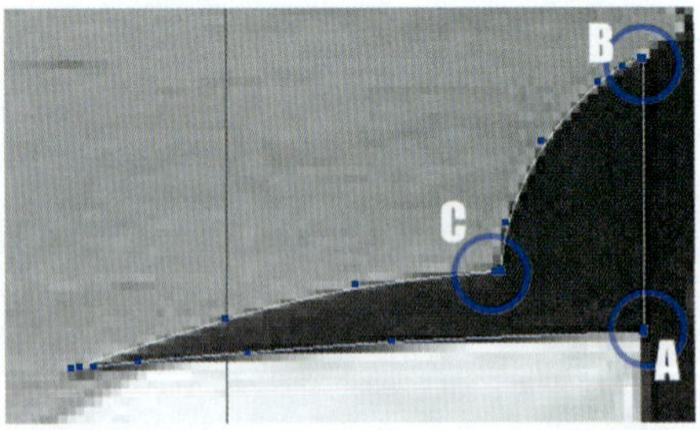

그림 2-11

4 Data Freeze : XSI 작업환경에서는 모델링 작업할 때 Component 이동이 진행되면 이러한 변형(이동)에 대한 History data가 생성된다. 이는 Rework이나 수정작업할 때 필요한 Source이나 작업이 완료되고 나서는 반드시 삭제해 줘야 할 불필요한 데이터들이다. 이러한 데이터들을 정리하지 않고 지속적으로 작업하면 자칫 오류가 생기거나 History 데이터의 누적 때문에 PC System에 부하가 걸릴 수 있다. 어느 정도 단계에서 모델링 작업이 완성되었다면, 여기서는 Curve의 생성과 수정작업이 완료되었다면 Mesh로 전환하기 전에 반드시 Freeze를 해주도록 한다. Freeze 방법은 Freeze할 대상 대상을 선택하고 Main Command Panel 아래에 Freeze 기능을 실행한다. 여기서 참고로 Freeze와 Freeze M의 차이에 대해 알아보도록 한다. 먼저 Freeze는 대상에 적용된 Weight painting과 적용된 Texture operator를 포함한 모든 모델링 History를 초기화하는 반면 Freeze M은 Modeling 영역에 적용된 Weight painting과 적용된 Texture operator를 포함해서 초기화한다.

그림 2-12

5 Curve의 Mesh화 : 제품의 외곽선을 따라 제작한 Curve를 이용하여 Mesh를 만들어 보도록 한다. 먼저 제작한 Curve를 선택하고 나서 Create 〉 Poly. Mesh 〉 Curve To Mesh 기능을 선택한다. 이 기능은 Curve의 형태의 어떠한 데이터라도 Mesh화할 수 있는 기능으로 Text나 다른 형태의 Curve에도 적용할 수 있다. 즉 Curve를 이용한 모델링 방식에 많이 사용하는 기능이다.

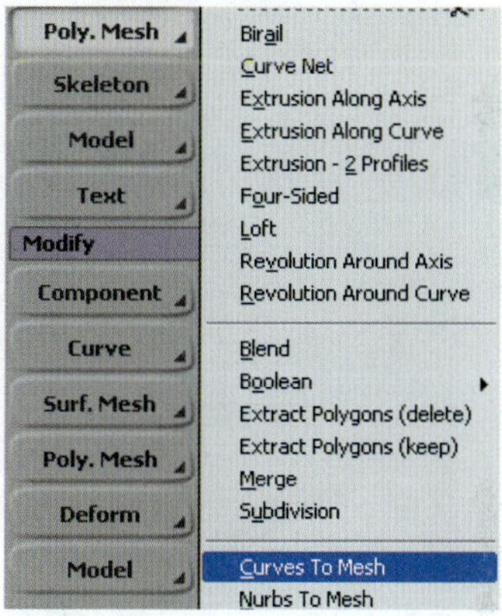

그림 2-13

6 Curve To Mesh Option 설정(Extrude 설정) : Mesh화된 Object를 깊이(두께) 값을 지정하는 옵션으로 Parameter 수치 조절을 통해 두께 값을 설정해 주도록 한다. 여기서는 약 0.5만큼의 값을 지정해준다.

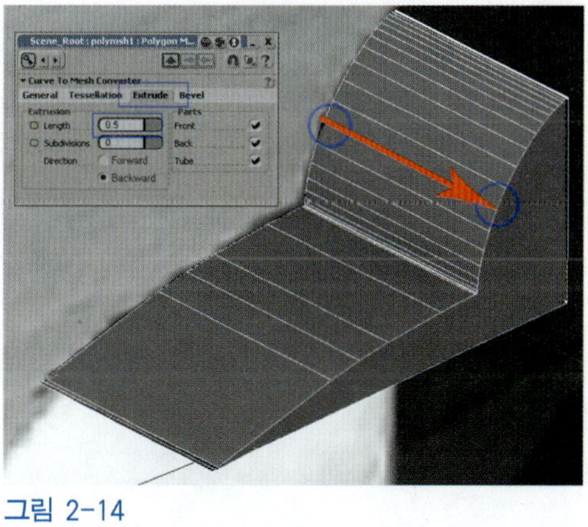
그림 2-14

7 **Curve To Mesh Option 설정(Bevel 설정)** : Extrude 기능으로 확장된 Poly. Mesh의 가장자리 Edge를 처리해주는 기능으로 Rounding 되는 결과를 만들 수 있는 옵션이다. 약 0.008의 수치를 입력해준다.

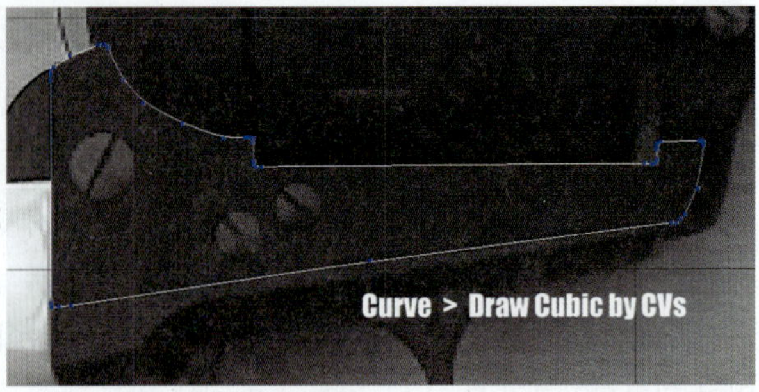

그림 2-15

8 **Curve 작업 반복** : 탄창 거치대의 기본 몸통을 만들어 보도록 한다. 제작 방식은 역시 Curve를 이용한 Mesh 변형 작업으로 한다. 먼저 Curve를 그린다.

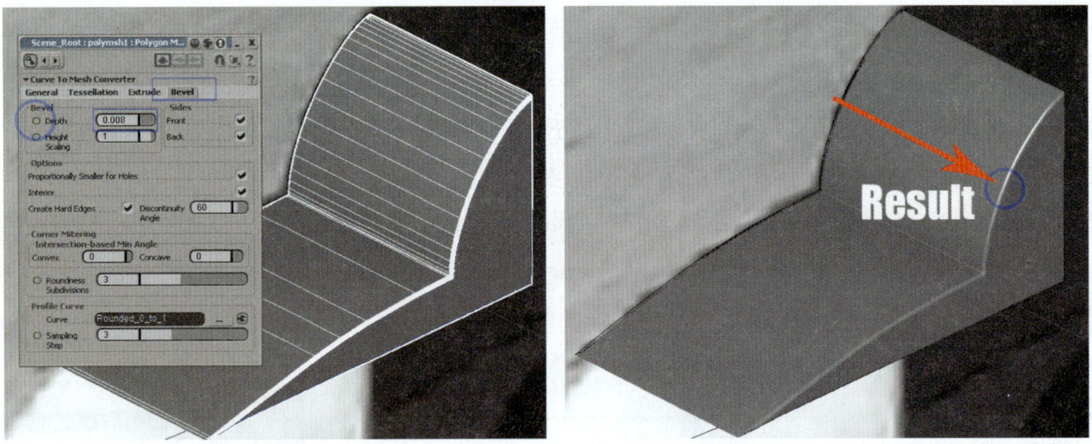

그림 2-16

9 **Curve 형태 수정** : 대상의 형태와 같이 Curve의 형태를 잘 맞추어 주거나 필요한 Point 추가 및 불필요한 Point 삭제 작업도 이때 병행해 주도록 한다. 특히 Curve의 방향이 바뀌는 부분에서의 형태 잡기에 시간적 할애를 집중하도록 한다.

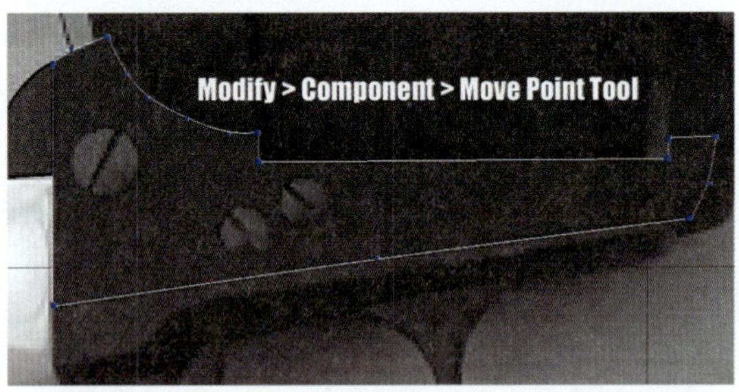

그림 2-17

10 Curve의 Mesh화 : 제작한 Curve를 선택하고 Create 〉 Poly. Mesh 〉 Curve To Mesh 기능을 선택한다. Mesh를 만들어 보도록 한다. Extruded와 Bevel의 속성은 위와 같은 수치를 사용하도록 한다.

그림 2-18

11 Curve 작업 : 탄창 거치대와 방아쇠 거치대 사이의 연결라인을 만들어 보도록 한다. 먼저 Curve를 그린다.

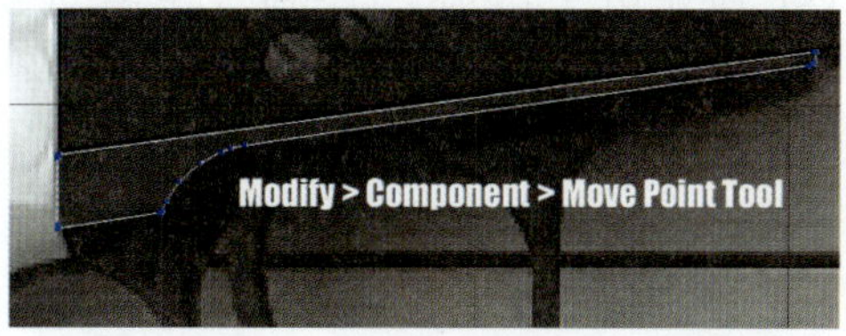

그림 2-19

12 Curve의 Mesh화 : 제작한 Curve를 선택하고 Create 〉 Poly. Mesh 〉 Curve To Mesh 기능을 선택한다. Mesh를 만들어 보도록 한다. Extruded와 Bevel의 속성은 위와 같은 수치를 사용하도록 한다.

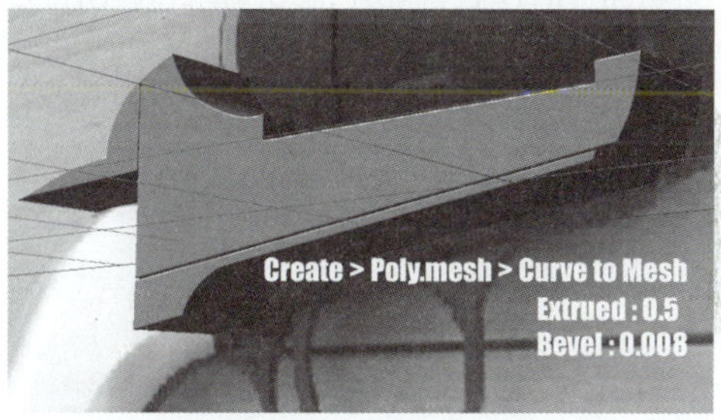

그림 2-20

13 Curve 작업 : 탄창 거치대와 방아쇠 거치대 사이의 연결라인을 만들어 보도록 한다. 먼저 Curve를 그린다.

그림 2-21

14 Curve의 Mesh화 : 제작한 Curve를 선택하고 Create 〉 Poly. Mesh 〉 Curve To Mesh 기능을 선택한다. Mesh를 만들어 보도록 한다. Extruded와 Bevel의 속성은 위와 같은 수치를 사용하도록 한다.

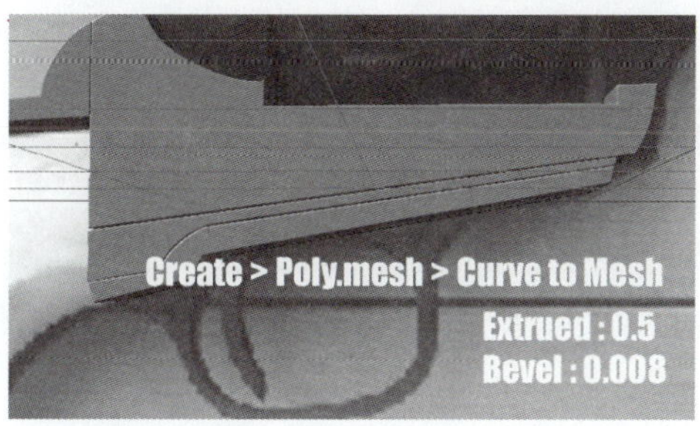

그림 2-22

2-3 방아쇠 및 방아쇠 거치대 만들기

방아쇠 거치대는 곡선과 직선이 공존하는 형태로 다양한 방법으로 모델링 접근이 가능하다. 자칫 어렵게 생각될 수 있는 부분이기는 하나 Cube나 Edge만으로도 그 형태를 잡아가도 된다. 하지만, 본 제작공정에서는 최대한 XSI 내에 있는 다양한 모델링 기능을 활용해서 작업해 보도록 한다.

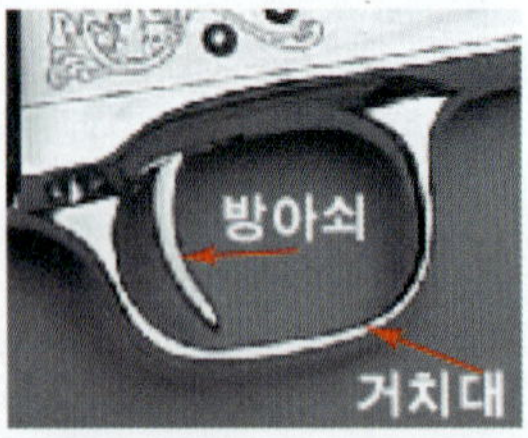

그림 2-23

1 Curve 그리기 : 방아쇠 거치대의 형태를 따라 Curve를 그린다. 그려진 Curve를 수정하여 거치대 내부에 정확하게 위치할 수 있도록 수정한다.

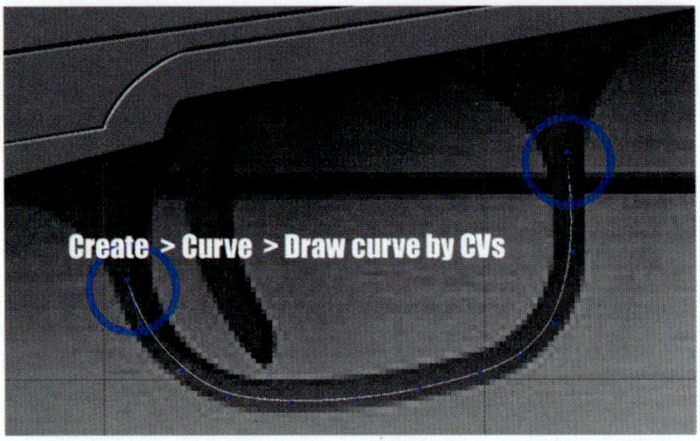

그림 2-24

2 Square 꺼내기 : 거치대의 모양을 만들기 위한 Square를 하나 꺼내서 편집한다.

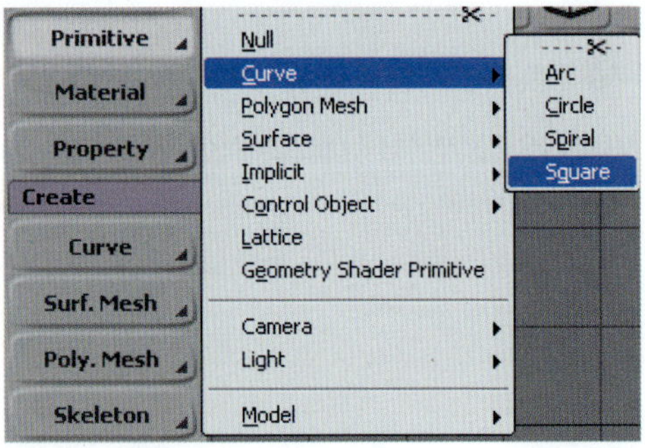

그림 2-25

3 Square 옵션 설정

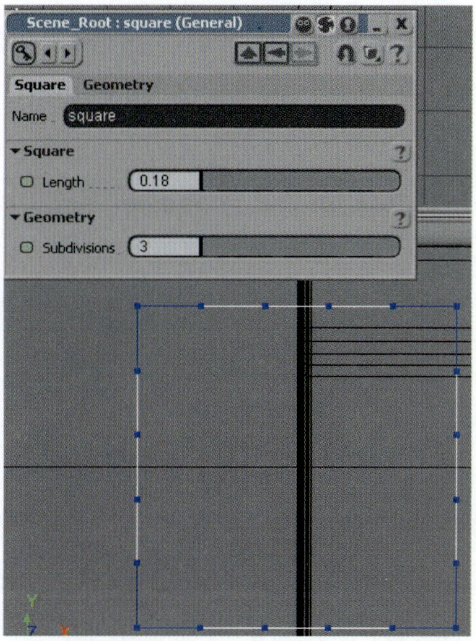

그림 2-26

4 Square 확장 : 생성된 Square를 그려진 Curve를 따라 확장하면서 Square 형태의 Mesh를 만들어 내도록 한다. 이때 사용하는 명령어는 먼저 Square를 선택한 후 Create 〉 Extrude 〉 Along Curve 명령을 실행한 뒤 선택모드가 나타나면 Curve를 선택한다. 자동으로 명령어가 실행되면서 결과를 확인할 수 있다.

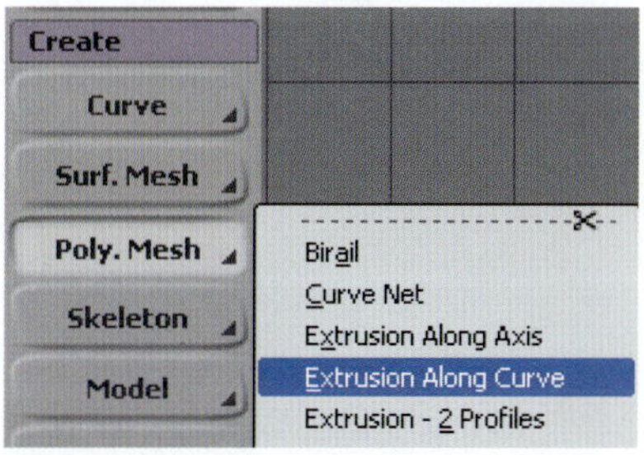

그림 2-27

5 결과 확인 : Curve를 따라 확장되면서 생성된 Mesh를 확인한다.

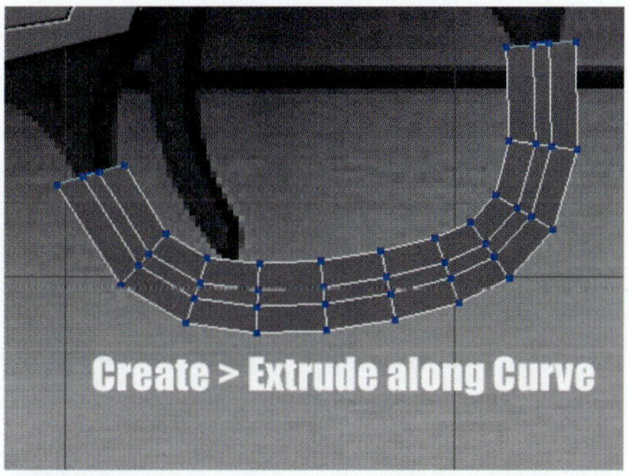

그림 2-28

6 **생성된 Mesh의 기본형태 수정** : Y축 Scale: 아직 Curve와 생성된 Mesh 간의 관계설정이 연결되어 있으므로 Mesh의 형태를 변형하고자 할 경우는 Square 형태 변화를 이용하도록 한다. 즉 Square의 형태 변화를 통해 Mesh를 거치대에 가장 가까운 형태로 수정하도록 하는 것이다.

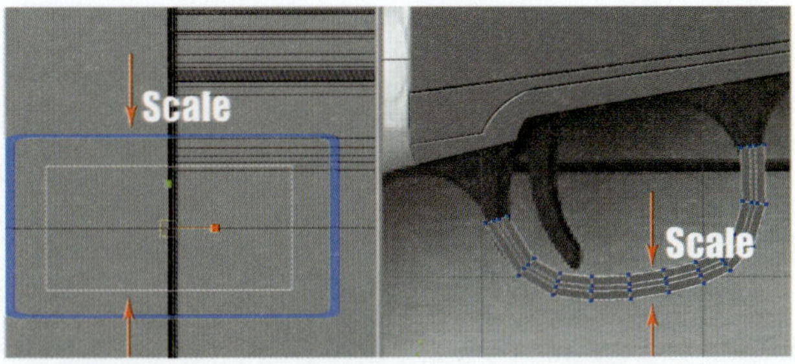

그림 2-29

7 **생성된 Mesh의 기본형태 수정** : X축 Scale : 아직 Curve와 생성된 Mesh 간의 관계설정이 연결되어 있으므로 Mesh의 형태를 변형하고자 할 경우는 Square 형태 변화를 이용하도록 한다. 즉 Square의 형태 변화를 통해 Mesh를 거치대에 가장 가까운 형태로 수정하도록 하는 것이다.

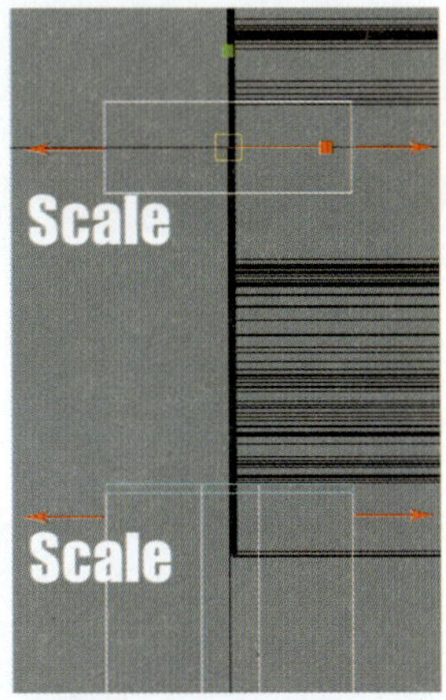

그림 2-30

8 **Extrude 옵션 값 조절** : V 방향의 Subdivision Level 값을 조절하여 가장 적합한 Level의 모양을 찾는다. 여기서는 Level 2의 값을 지정해준다.

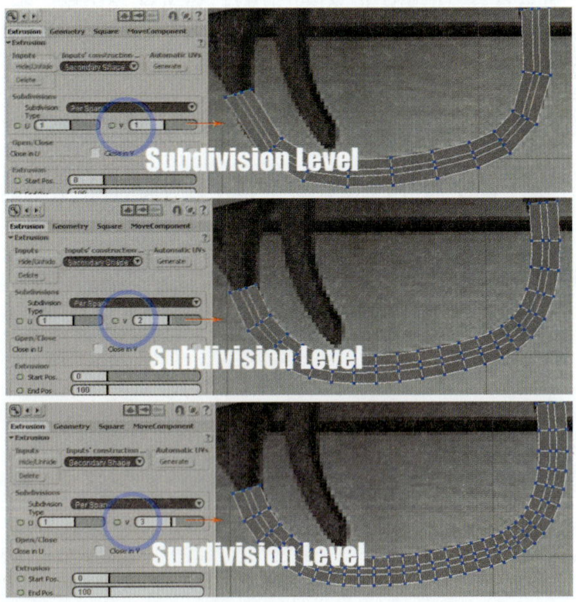

그림 2-31

9 Freeze : Curve와 Mesh와의 설정관계를 끝내고 싶을 경우 Mesh를 선택한 후 Freeze 명령을 실행한다.

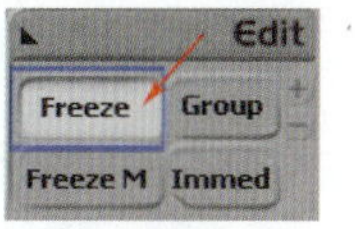

그림 2-32

10 Display mode 전환 : 모양 수정 전에 Mesh를 Shade 상태로 작업하게 되면 참고 이미지의 외곽형태를 확인할 수 없어서 Shade 상태에서 참고 이미지의 모양을 볼 수 있도록 Setting을 한다. 먼저 Viewport 설정 옵션에서 Display Option 〉 Xray mode를 활성화한다. 그리고 X Ray Display Type를 Screen mode로 전환하여 준다.

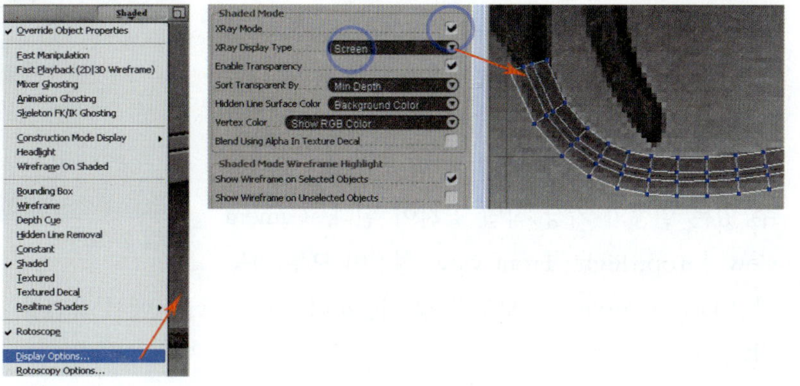

그림 2-33

11 Point 이동을 통한 모양 수정 : 설정된 Component의 수를 활용하여 최대한 이미지의 모양에 가깝게 만들다. 부득이하게 Point나 Edge의 수가 더 필요할 경우 첨가하도록 한다.

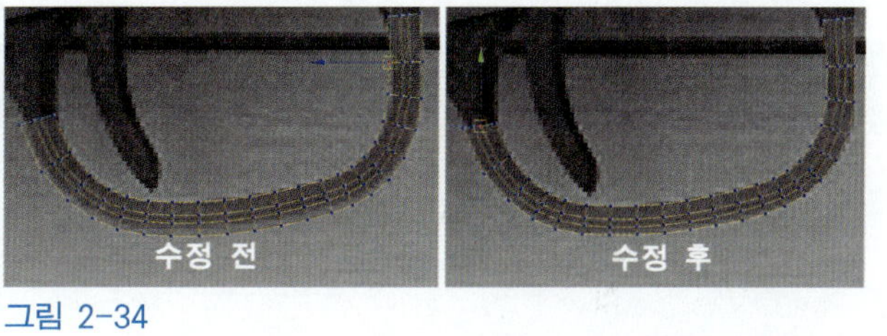

그림 2-34

12 Edge 수정을 통한 모양 수정 : Edge Multi 선택 : Edge의 이동 / 복사 / 모양 수정 등의 작업을 통해 이미지 형태에 맞도록 모델링 작업을 한다. 먼저 Edge 선택 시 Single 선택이 아니라 일정한 Line을 형성하는 동일 선상에 있는 Edge를 한 번에 선택하면 Select 〉 Select 〉 Edge Loop(around Corners) 명령을 실행한다.

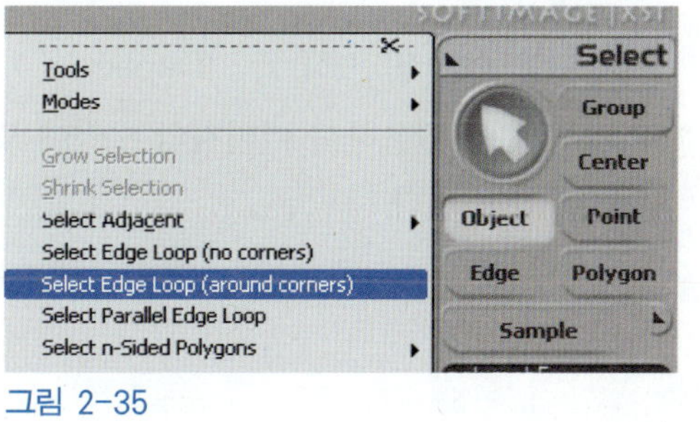

그림 2-35

13 Object view에서의 작업 : 다양한 Mesh의 Modeling 작업을 한 작업화면에서 할 때 많은 애로사항이 따른다. 이때 필요한 Mesh만을 선별적으로 선택해서 작업할 수 있는 작업 공간이 있다면 모델링 작업이 훨씬 수월해진다. 이때 사용하는 기능이 Object View 화면이다. Object View는 따로 작업 Scene을 만들어서 작업하는 독립된 작업 공간이 아니라 선택한 Mesh만을 일시적으로 작업할 수 있는 일종의 가상 작업 공간이 된다. Camera view나 Top, Right, Front view 설정이 모두 가능하고 Display option도 모두 설정 가능하다. Object view에서 작업할 경우 선택한 Mesh로 자동 변환된다.

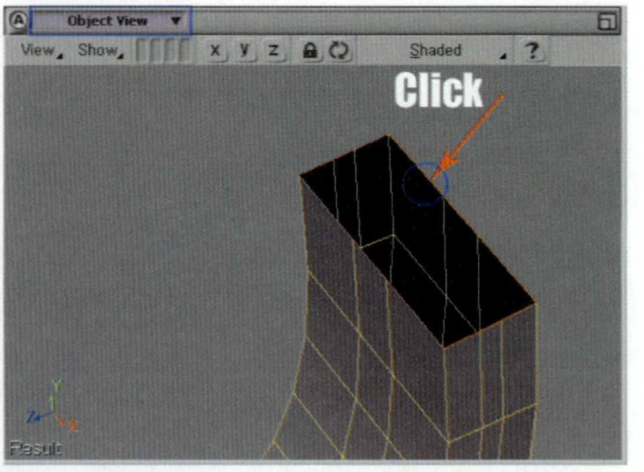

그림 2-36

14 모양 수정 및 제작 1 : Duplicate 〉 Scale과 Move 기능을 활용하여 이미지의 모양에 맞도록 모델링 작업을 한다.

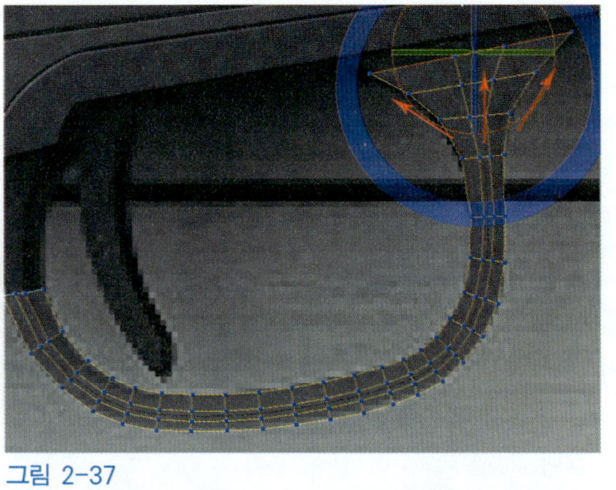

그림 2-37

15 모양 수정 및 제작 2 : Duplicate 〉 Scale과 Move 기능을 활용하여 이미지의 모양에 맞도록 모델링 작업을 한다.

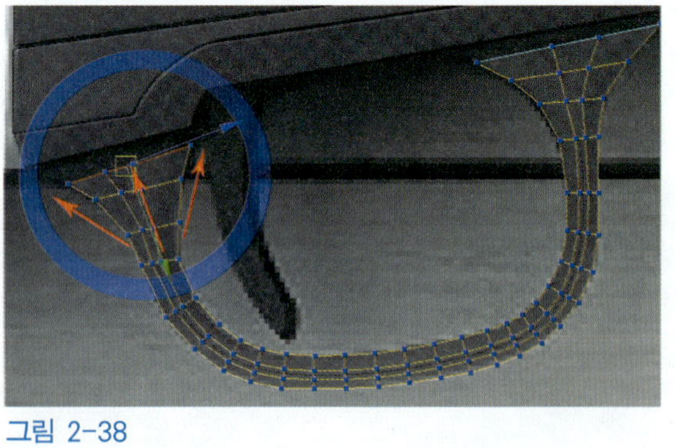

그림 2-38

16 모양 맞추기 : 양쪽 Edge의 모양을 이음쇠 가까이 맞추도록 한다.

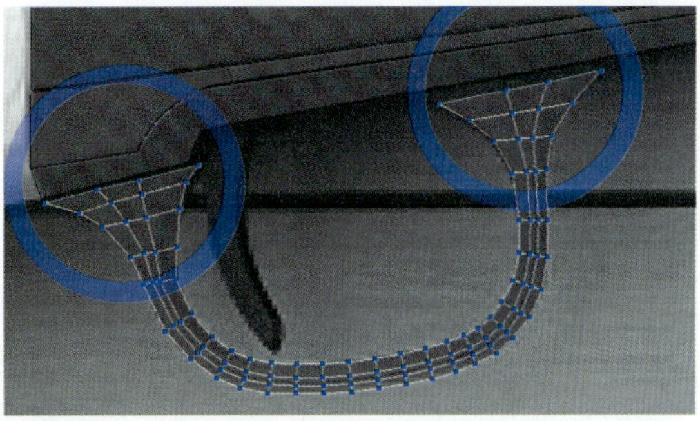

그림 2-39

17 Edge 선택 : 거치대 고정판 부분에 대해 연결하고자 할 Edge를 선택한다.

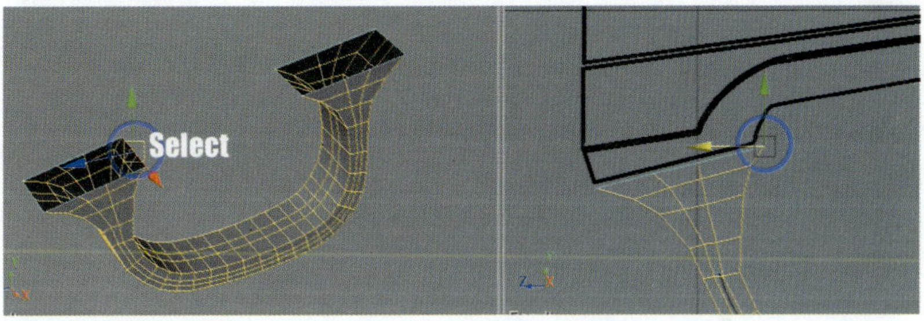

그림 2-40

18 Edge 복사 / 이동 : 복사한 Point들을 이미지의 라인에 맞도록 위치 이동시키도록 한다.

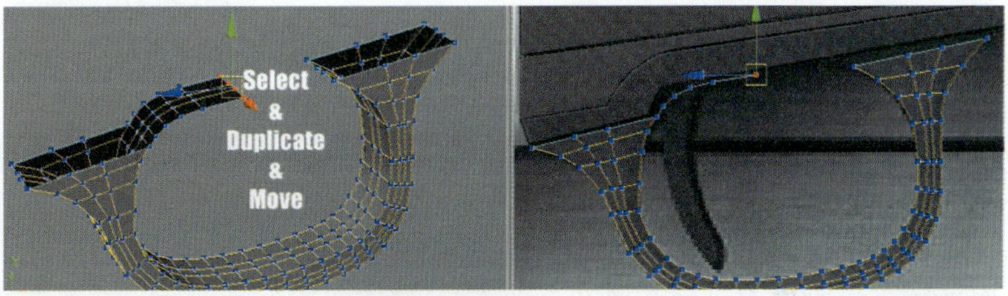

그림 2-41

19 Edge 선택 : 반대편 거치대 고정판 부분에 대해 연결하고자 할 Edge를 선택한다.

그림 2-42

20 **Edge 복사 / 이동** : 복사한 Point들을 이미지의 라인에 맞도록 위치 이동시키도록 한다.

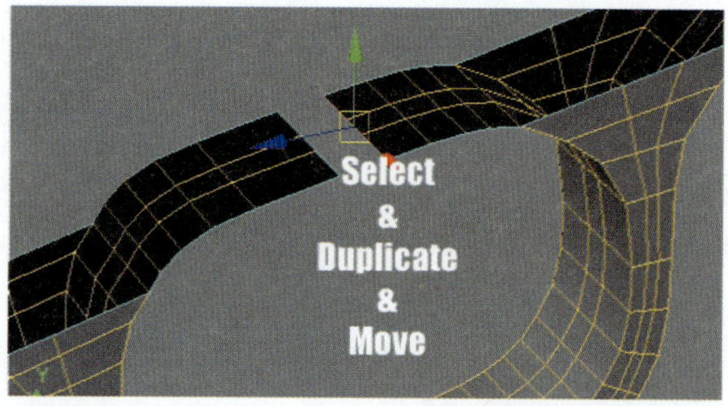

그림 2-43

21 **마주 보는 두 영역의 Edge 하나로 붙이기** : 마주 보는 두 Edge군을 각각 Multi로 선택한다. 그리고 Modify 〉 Poly. mesh 〉 Weld Edge 기능을 실행한다.

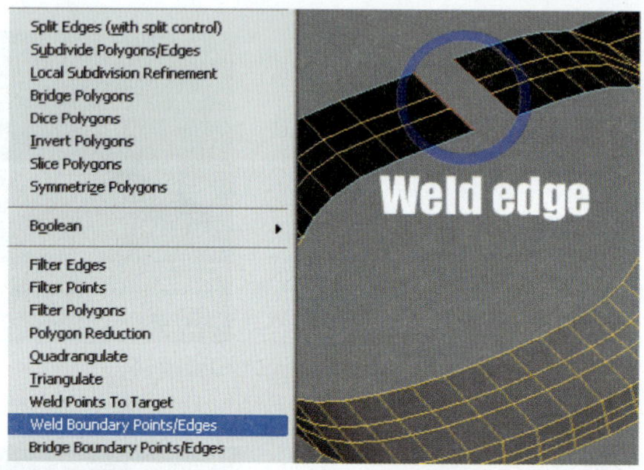

그림 2-44

23 **Weld 옵션항목 체크** : Weld와 Bridge Weld의 결과 비교해서 필요한 기능을 선택한다. Weld는 선택된 두 개의 Edge가 하나로 합쳐져서 한 개의 Edge component를 형성하는 반면, Bridge Weld는 선택된 두 개의 Edge를 양쪽 Edge를 기준으로 하여 중간 영역에 새로운 Polygon 면이 생성되는 특징이 있다. 다시 말해 새로운 Component가 추가되는 결과를 얻을 수 있다.

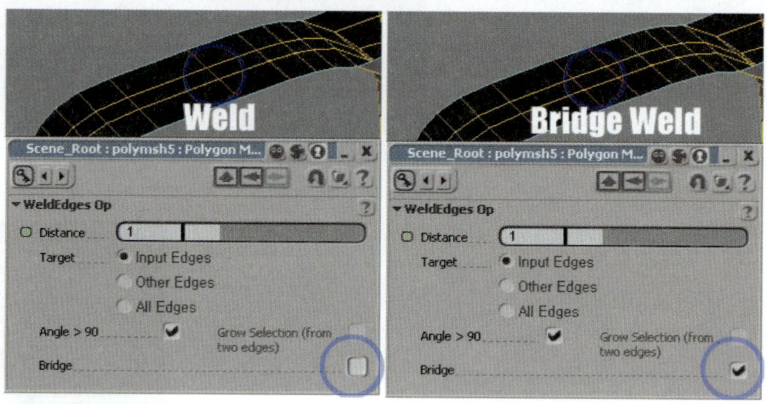

그림 2-45

24 Edge 선택 : 거치대 고정판 부분에 대해 연결하고자 할 Edge를 선택한다.

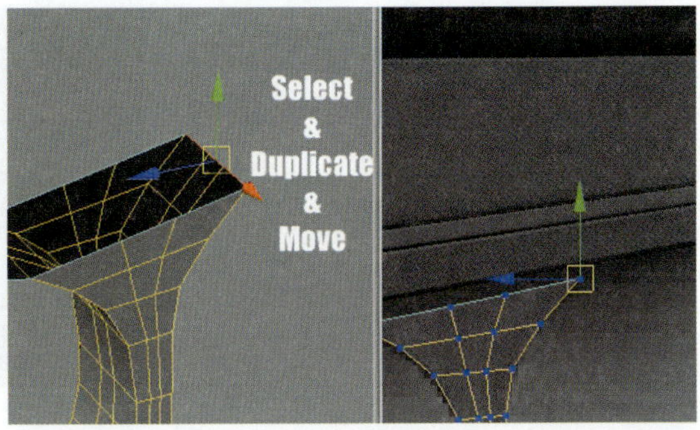

그림 2-46

25 Edge 복사 / 이동 : 복사한 Point들을 이미지의 라인에 맞도록 위치 이동시키도록 한다.

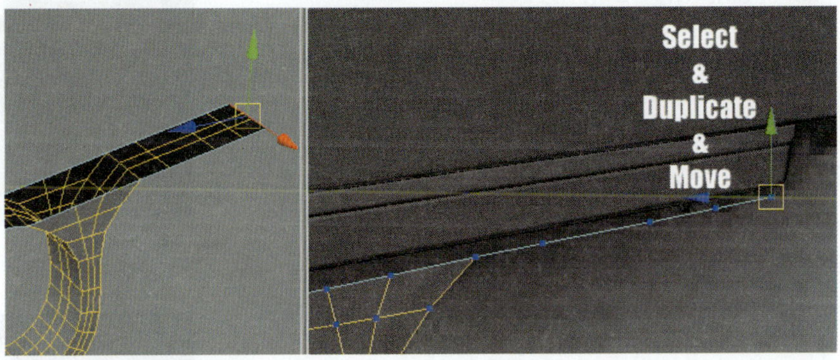

그림 2-47

26 Edge 선택 : 제작된 거치대 윗부분의 Edge를 일괄 선택한다.

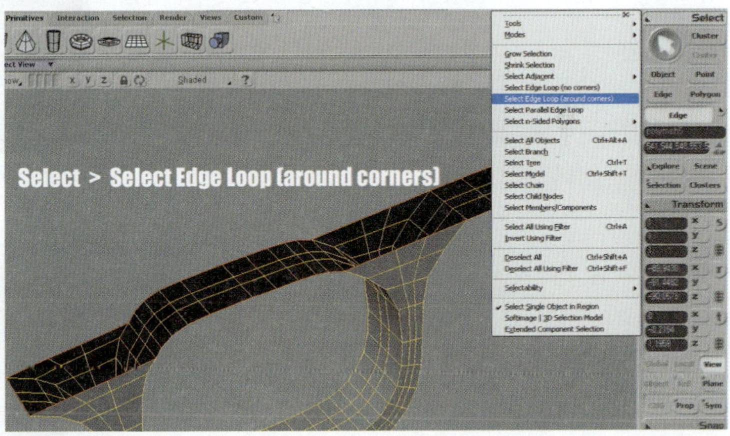

그림 2-48

27 Edge 복사 / 이동 : 복사한 Point들을 이미지의 라인에 맞도록 위치 이동시키도록 한다.

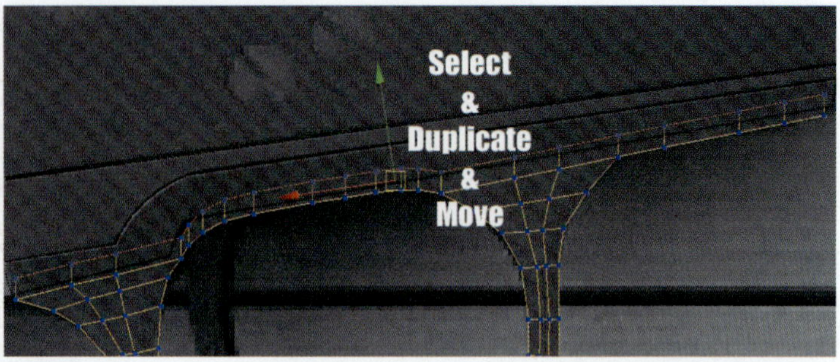

그림 2-49

28 Point 이동 : 모양 맞추기

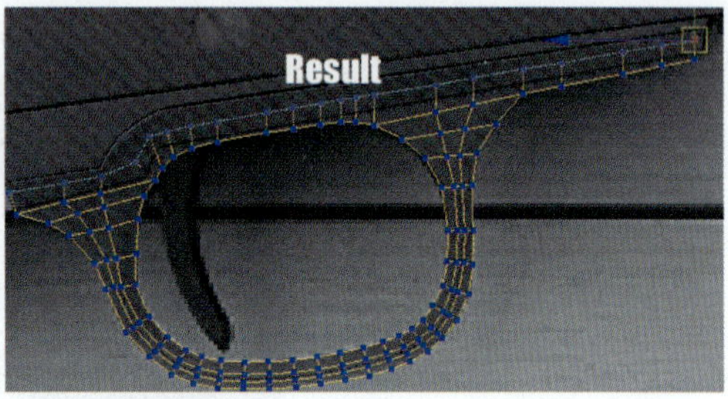

그림 2-50

29 Subdivision mesh : 방아쇠 거치대를 선택한 후 Subdivision(단축키 [+])을 실행한다. 1~2회 정도 적용하되 다시 원상태로 돌아가고자 할 경우 단축키 [–]를 클릭한다.

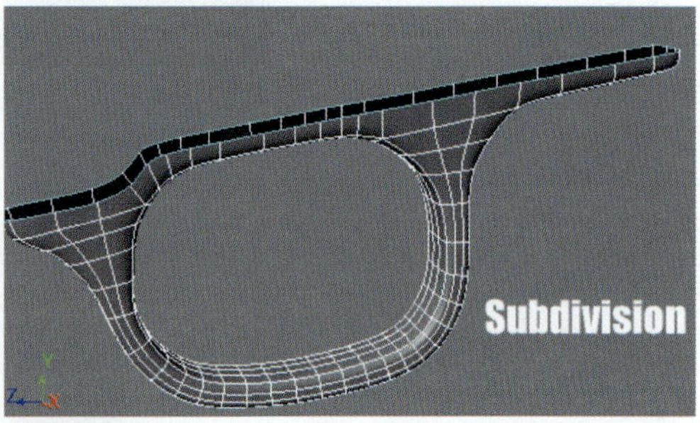

그림 2-51

30 결과를 확인한다.

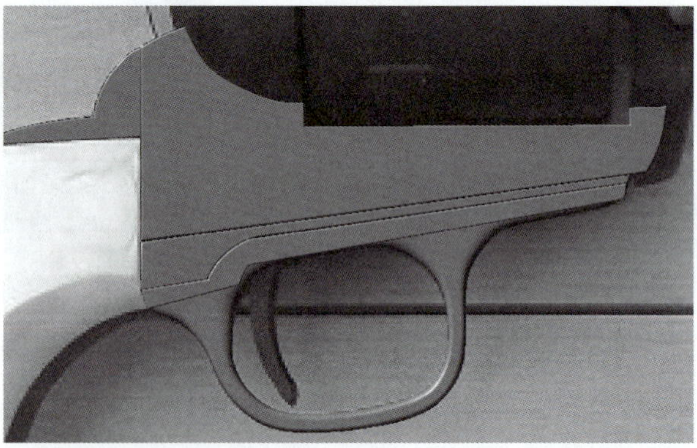
그림 2-52

31 Curve 그리기 : 방아쇠 모양에 맞게 Curve를 그리다.

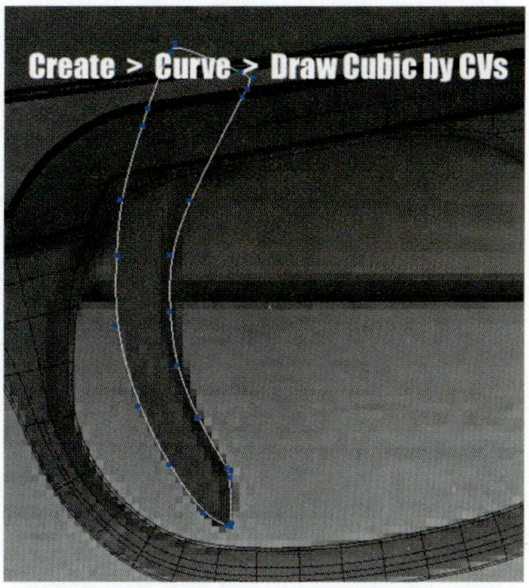

그림 2-53

32 Curve to Mesh

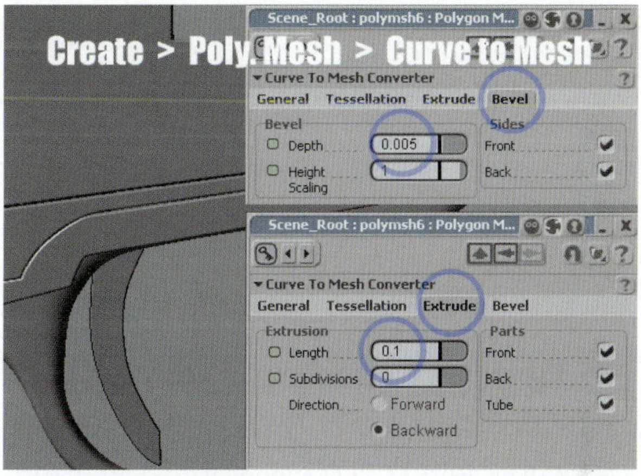

그림 2-54

33 완성된 이미지 보기

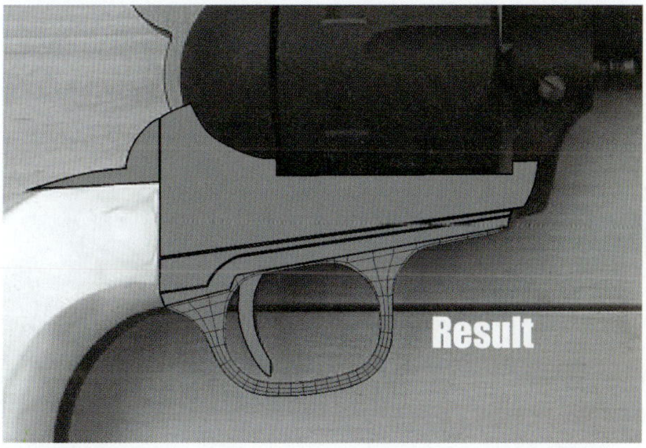

그림 2-55

2-4 손잡이 만들기

손잡이는 그 형태적 특성상 대칭구조로 되어 있기 때문에 복사기능을 활용하면 보다 효율적으로 작업이 가능하다. 그리고 주로 곡선 형태의 구조로 되어 있으므로 Cube 형태의 모델링보다는 곡선이 자유로운 Curve의 자유도를 활용하면 더욱 작업의 완성도를 높일 수 있다.

1 Curve 생성 / 편집 : Curve를 그린 다음 손잡이 한쪽 라인을 따라 모양을 수정한다.

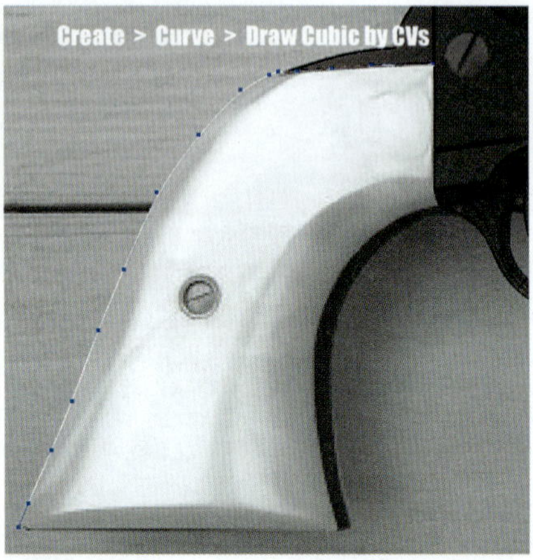

그림 2-56

2 Curve 복사 : 반대쪽 라인의 Curve는 새로 그릴 필요 없이 기존에 그려진 Curve를 복사하여 사용한다. 어차피 Loft 기능을 사용하려면 양쪽의 Component 수가 일치해야 좋은 결과를 얻을 수 있다. 그래서 통상 복사를 해서 재사용한다.

그림 2-57

3 Arc를 활용한 Half circle 만들기 : Arc를 이용하여 Loft할 Source Curve를 제작하도록 한다.

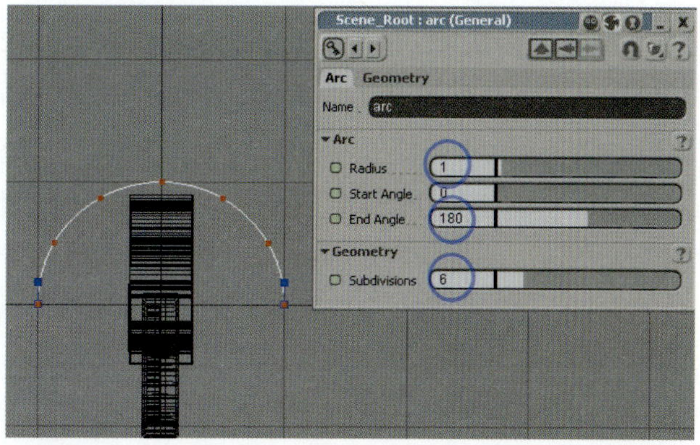

그림 2-58

4 Source Curve Scaling : 모양 다듬기

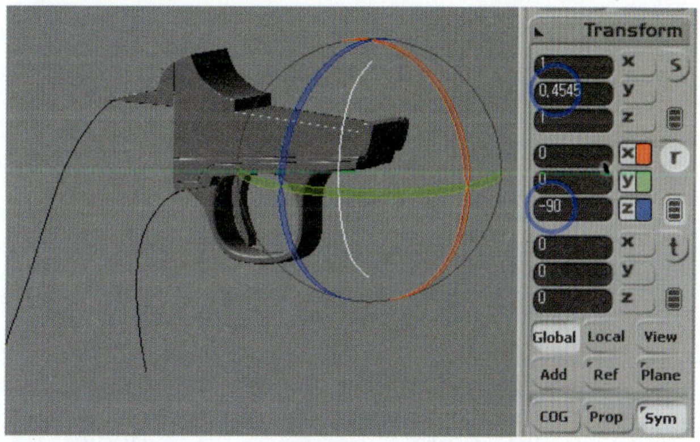

그림 2-59

5 손잡이 만들기 : Birail 기능을 이용하여 손잡이를 제작한다. 먼저 Source Curve를 선택하고 Create 〉 Poly. mesh 〉 Birail 기능을 실행한다. 선택 모드에서 손잡이를 만들려고 제작한 두 개의 나란한 Curve를 차례로 하나씩 선택한다. 그리고 그 결과를 확인한다.

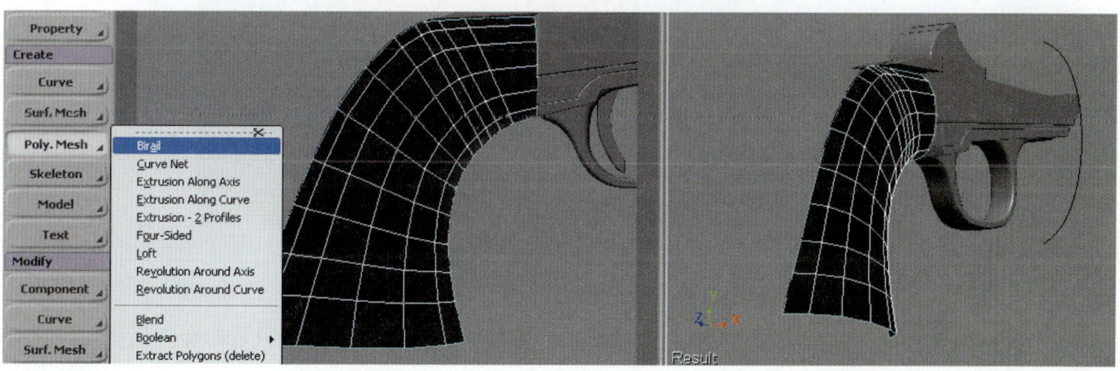

그림 2-60

6 Normal 방향 확인 : 새로 생성된 Mesh의 Normal(기준표면)을 확인한다. 확인하는 방법은 각 Viewport의 Eye icon Pop up menu에서 normal 옵션을 체크해 본다. Normal 방향을 체크하는 이유는 Polygon 면이 뒤집혔는지, 아니면 정상적으로 잘 제작됐는지를 확인하기 위해서이다. Normal 방향이 뒤집혀 있을 때 앞으로 Mapping 작업이나 Light 작업할 때 제대로 효과가 적용이 안되기 때문이다.

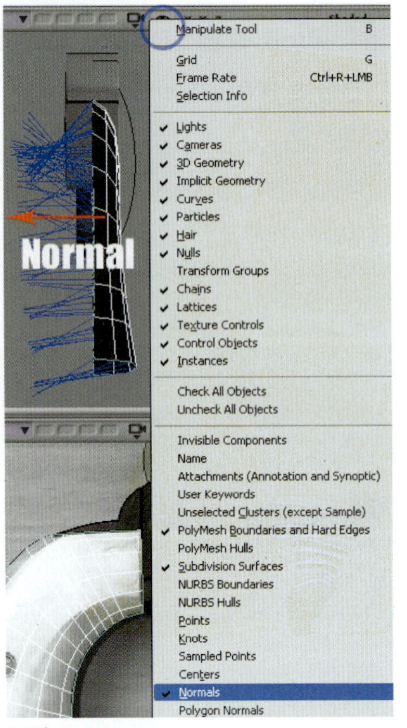

그림 2-61

7 Invert Normal : 결과와 같이 손잡이 Mesh의 Normal 방향이 안쪽으로 형성되어 있기 때문에 방향을 원래의 바깥 방향으로 돌리도록 한다. Modify 〉 Invert Polygon의 명령을 실행한다.

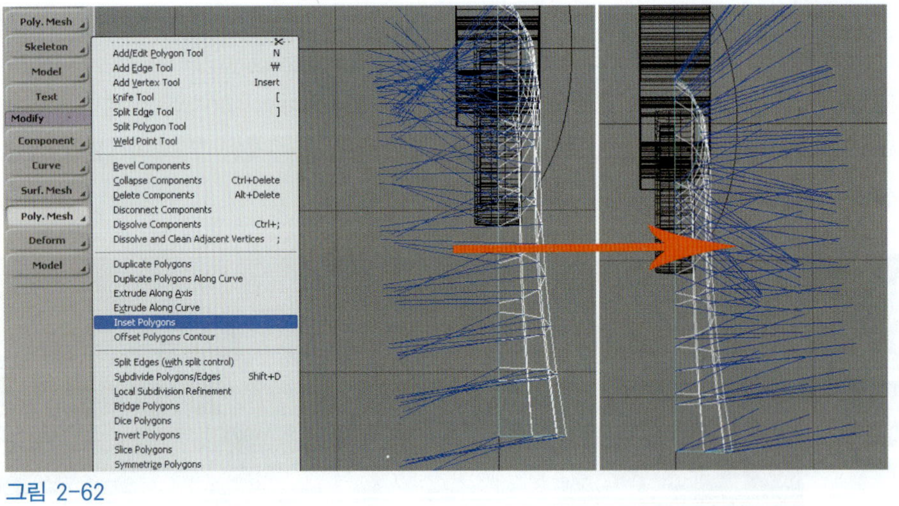

그림 2-62

8 Normal 비활성 : 생성된 손잡이의 반대방향으로 Normal 값이 변경되었음을 확인하고 Normal view 옵션을 비활성화하도록 한다.

9 Mesh 이동 : 생성된 손잡이의 위치를 맞추도록 한다.

10 Object 복사 : 생성된 Object를 복사하여 완전한 손잡이 Mesh 형태를 만들도록 한다. 제작한 Object를 선택하고, Modify 〉 Poly mesh 〉 Symmetrize Polygon 명령을 실행한다.

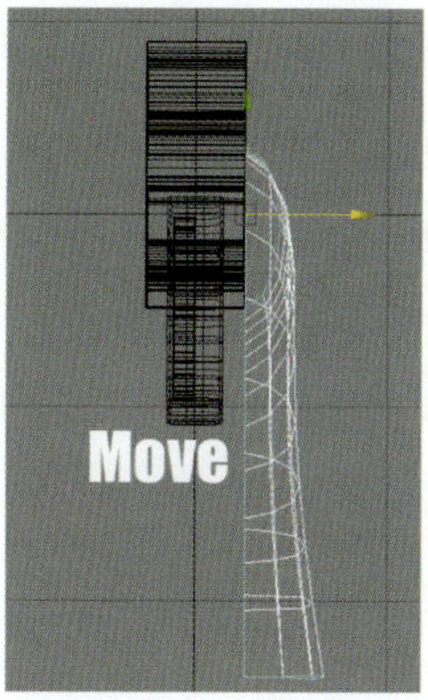

그림 2-63

11 결과 확인 및 옵션 체크 : 생성된 Object를 확인하고 Symmetrize Option에서 Bridge 옵션을 체크하고 거리값 Parameter 값을 조절하면 연결 면이 자동으로 생성된다.

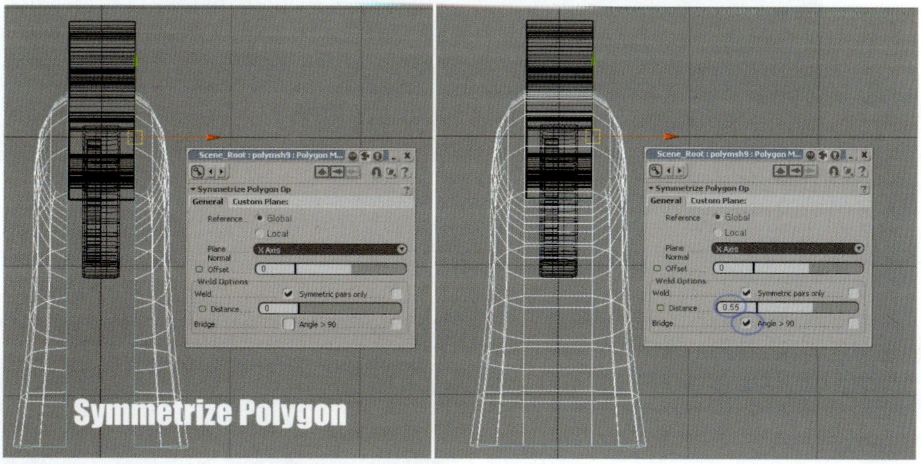

그림 2-64

12 Weld를 이용한 면 생성 : 생성된 두 개의 Object의 가장자리 Edge를 Multi 선택한다.

그림 2-65

13 **Weld 기능 실행** : Modify 〉 Poly mesh 〉 Weld Edges 명령을 실행한다. 결과 확인 후 Weld 옵션 창에서 Bridge 옵션을 실행하고 거리값의 Parameter를 수정하여, Merge시켜 준다.

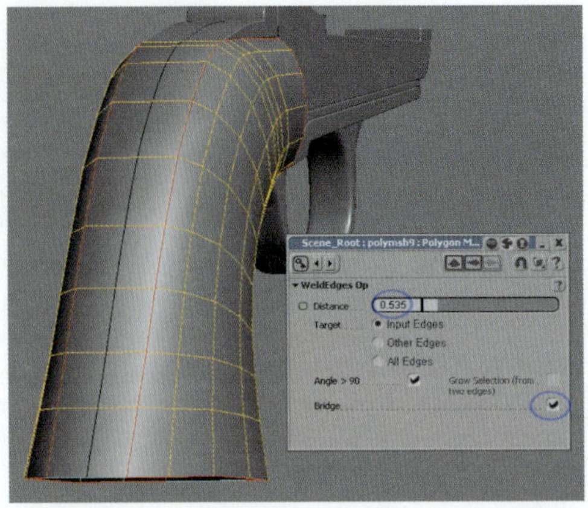

그림 2-66

14 **생성된 손잡이의 바닥 양면의 Polygon 추가 생성** : Bridge된 손잡이의 위와 아래 바닥면을 살펴보면 아직 완전히 연결되지 않았음을 확인할 수 있다.

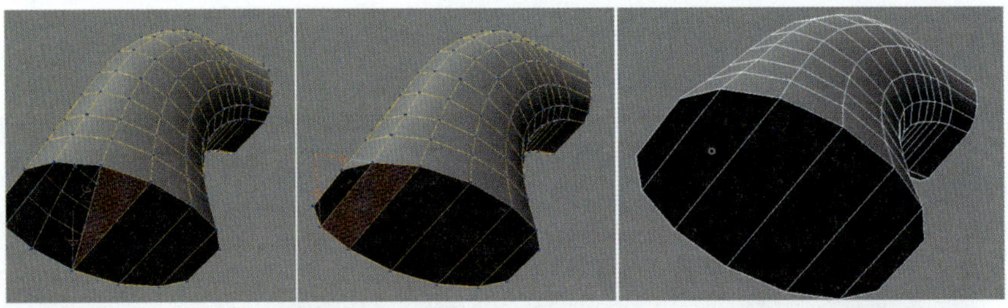
그림 2-67

Polygon 생성 모드[N]을 활성화시켜 Polygon 면을 추가 완성하도록 한다.

15 **손잡이와 총 몸체 연결 부분의 모양 다듬기 1** : 필요한 부분에 Edge를 추가시켜 주도록 한다.

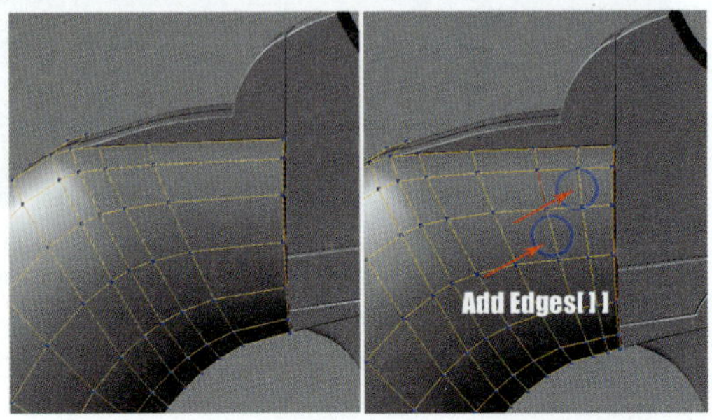

그림 2-68

16 **손잡이와 총 몸체 연결 부분의 모양 다듬기 2** : Sym 모드를 활성화하면 반대쪽 Point들과 동시에 이동이 되기 때문에 대칭작업에서 효율성을 높일 수 있다.

그림 2-69

17 손잡이와 총 몸체 연결 부분의 모양 다듬기 3 : Point 이동을 통해 연결부위의 모양을 맞추도록 한다.

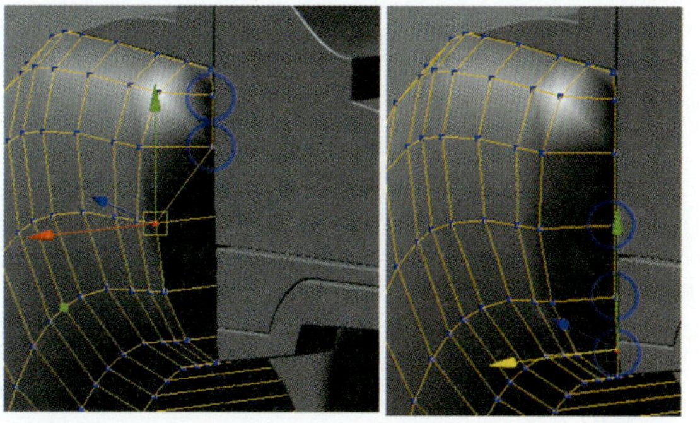

그림 2-70

18 손잡이와 총 몸체 연결 부분의 모양 다듬기 4 : Point / Edge/ Polygon 이동을 통해 연결부위의 모양을 맞추도록 한다.

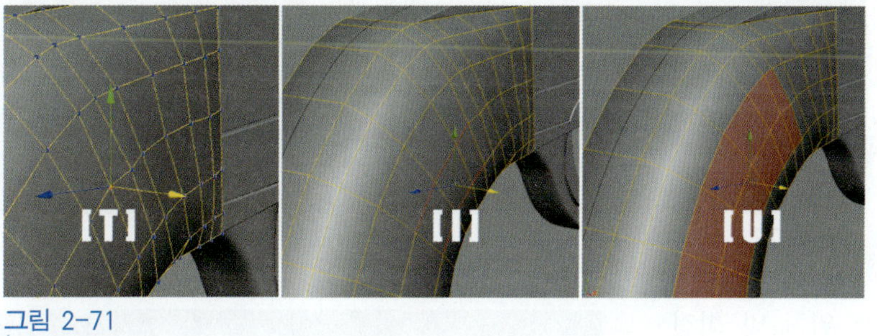

그림 2-71

19 완성된 이미지 확인

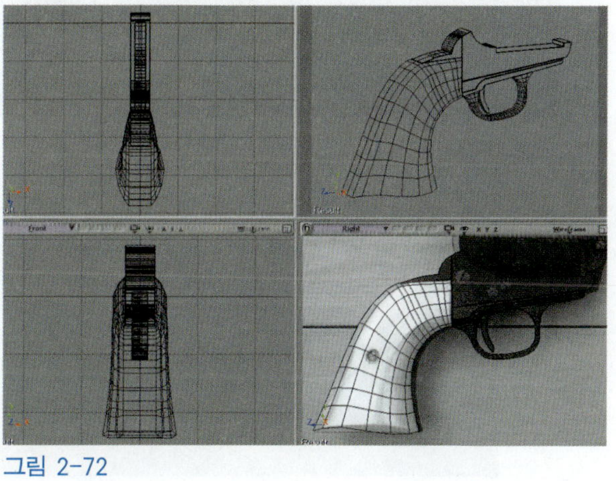

그림 2-72

2-5 총열(총구) 만들기

이 모델링 과정 중에서 가장 쉽게 접근할 수 있는 부분이다. 총열은 2개로 부분되어 있고 실제 탄알이 지나가는 총열과 압력을 감지해주는 작은 총열로 구분된다. 내부 구조는 압력을 감지해주는 작은 총열이 복잡한 구조로 이루어져 있지만 외형으로 볼 때는 모두 동일하다. 그리고 큰 총열의 끝에는 가늠쇠가 장착되어 있다. 이러한 기본구조를 바탕으로 제작해보도록 한다.

1 큰 총열 만들기 1 : Cylinder 생성 / 변형

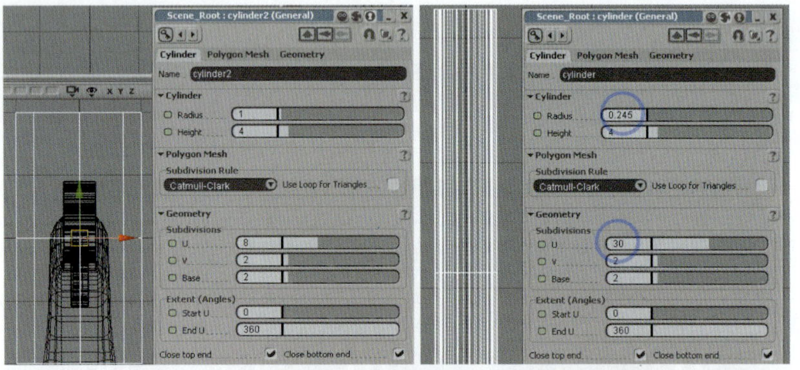

그림 2-73

2 큰 총열 만들기 2 : Cylinder 위치 및 회전 이동

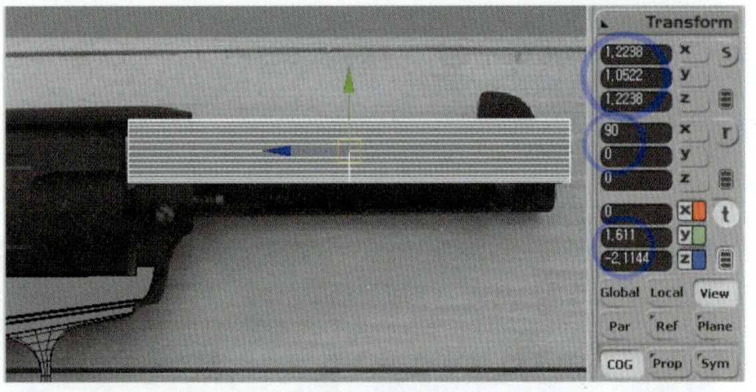

그림 2-74

3 총열 구멍 뚫기 1 : 마주 보는 면 선택 - Scale 기능을 이용하여 구멍 Size 조절

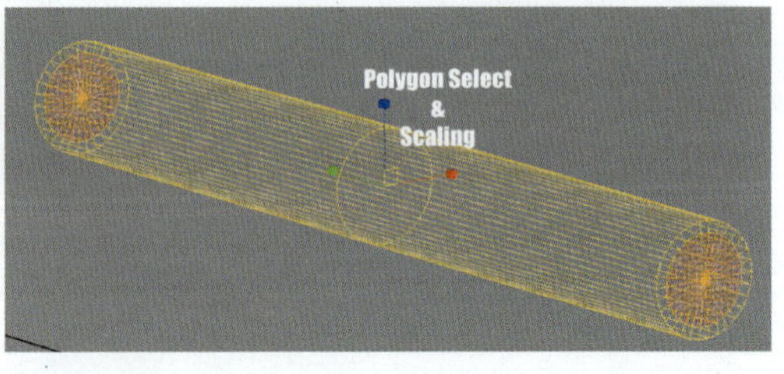

그림 2-75

4 총열 구멍 뚫기 2 : 마주 보는 양쪽 면을 Multi 선택하고 Modify 〉 Poly mesh 〉 Polygon Bridge 기능을 이용한다.

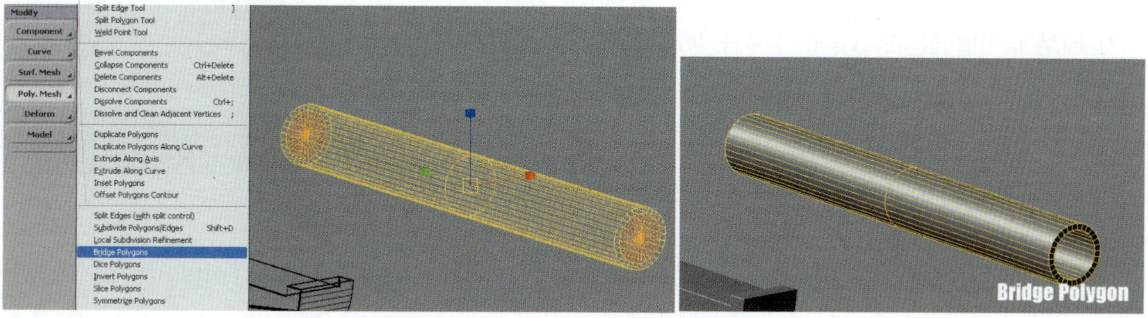

그림 2-76

5 작은 총열 만들기 1 : Cylinder 생성 / 변형

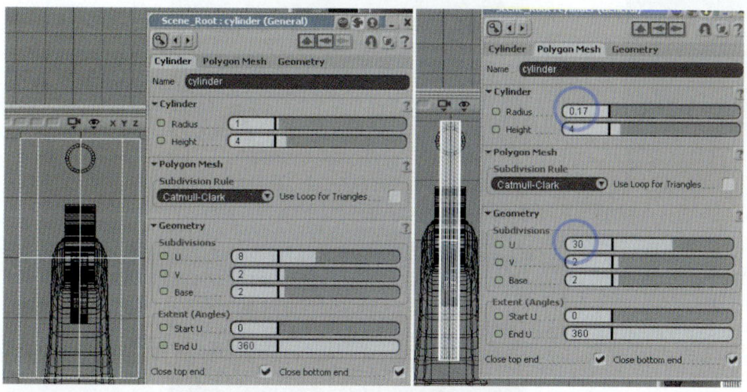

그림 2-77

6 작은 총열 만들기 2 : Cylinder 위치 및 회전 이동

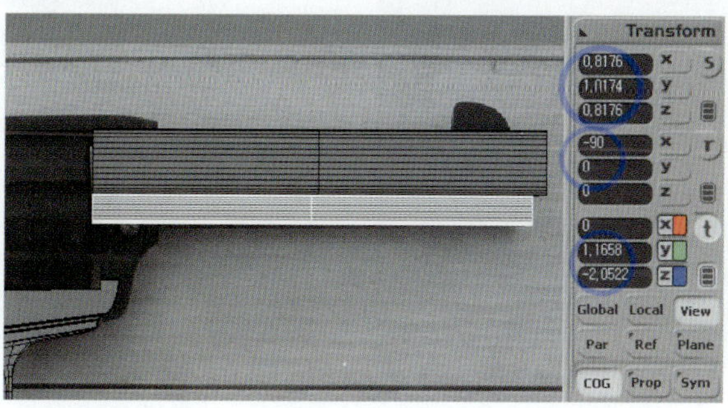

그림 2-78

7 **가늠쇠 만들기** : 가늠쇠 만드는 방법은 여러 가지가 있는데 지금까지 작업해왔던 Curve를 이용하는 방법과 Polygon을 추출해서 모양을 만드는 방법 등 다양하게 적용을 할 수 있다. Curve 방법을 많이 활용했기 때문에 이번에는 Polygon 추출을 통해 모양을 만들어 보도록 한다. 먼저 가늠쇠 부분의 Edge가 없기 때문에 Edge를 추가시켜 준다. 단축키 [ ]] + 마우스 가운데 버튼 활용

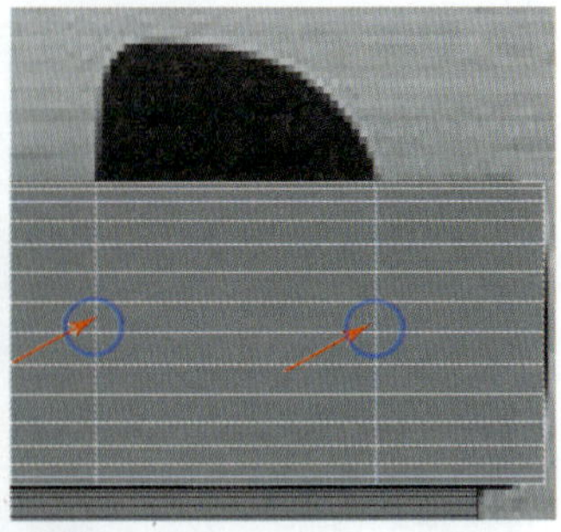
그림 2-79

8 **Polygon 선택** : 가늠쇠 만들 부분의 Polygon 면(단축키 [U])을 선택한다.

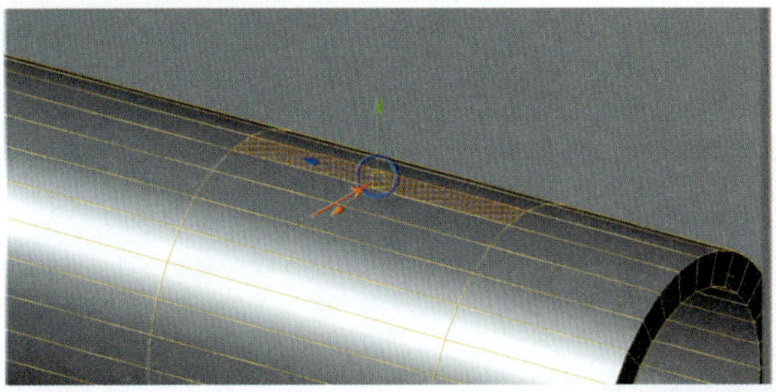
그림 2-80

9 **Polygon 면 복사 / 이동** : 면 복사(단축키 Ctrl + D) 후 가늠쇠 끝 라인까지 이동한다.

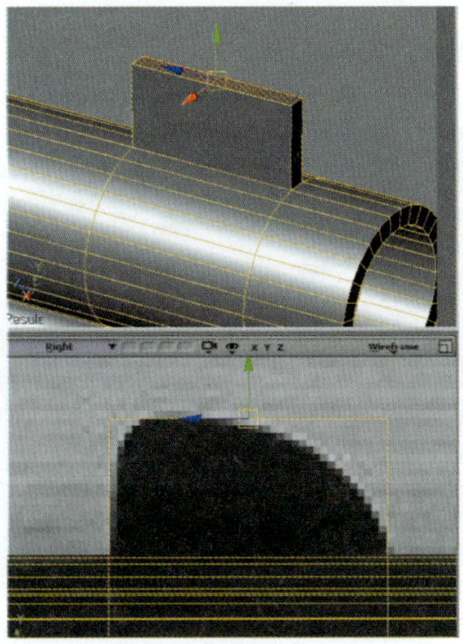
그림 2-81

10 **Edge 평행 Multi 선택** : Select 〉 Select Parallel Edge Loop 명령을 실행한다.

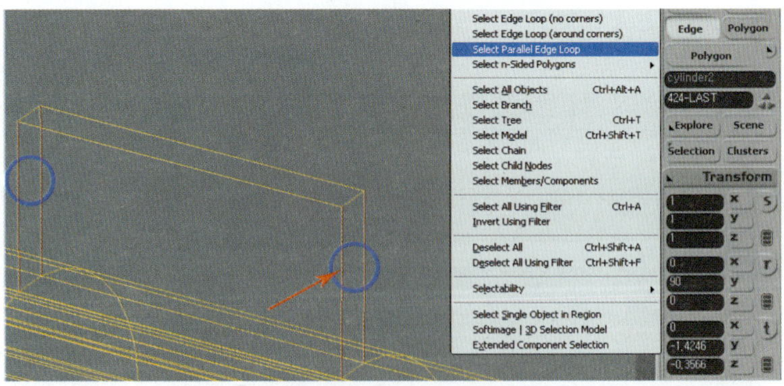

그림 2-82

11 선분할 : 선택된 Edge를 모양에 필요한 수만큼 분할(단축키 [Shift + D])한다.

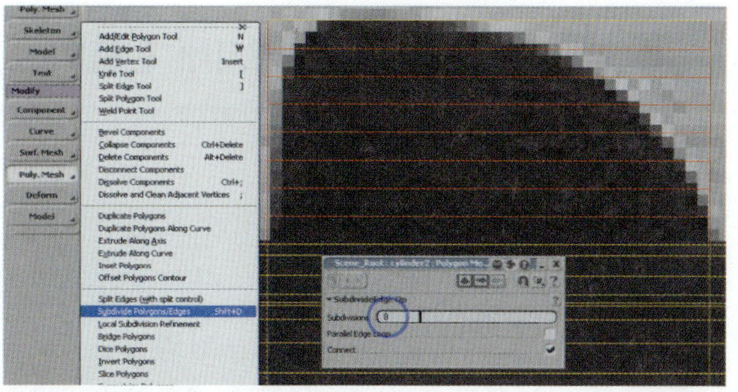
그림 2-83

12 Point 이동 : Point이동을 통해 가늠쇠 모양에 맞도록 수정한다.

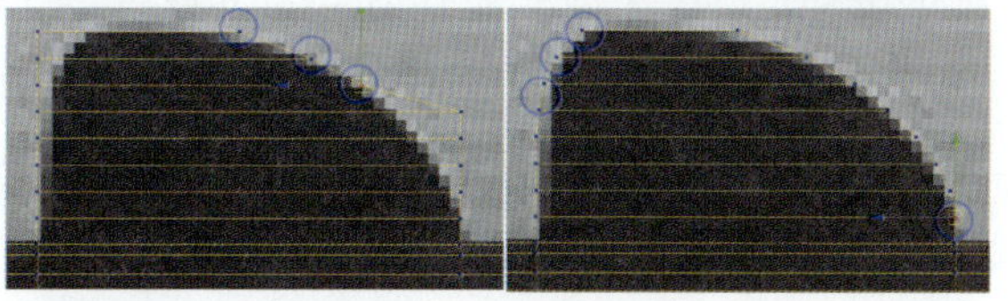
그림 2-84

13 결과 확인 : 여기서 한 가지 알아야 할 것은 지금 가늠쇠 작업은 Polygon의 특성을 활용한 것이기 때문에 라인 처리가 매끄럽지 않은 부분이 있다. 이를 선 분할을 더 많이 해서 좋은 결과를 낼 수 있겠지만 이럴 경우는 Curve의 성질을 이용한 모델링 방식이 더 효과적일 수 있음을 알아야 한다. Polygon editing 방법, 즉 Point나 Edge의 이동을 통한 방법의 모서리는 Polygon의 특성이 남아 있을 수 있지만 Curve의 형태를 활용할 경우 이러한 문제는 해결되지만 Data의 증가는 불가피하다.

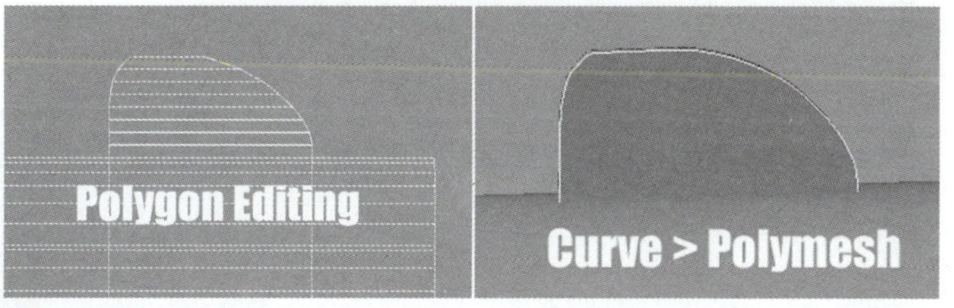

그림 2-85

14 총구 결과 확인

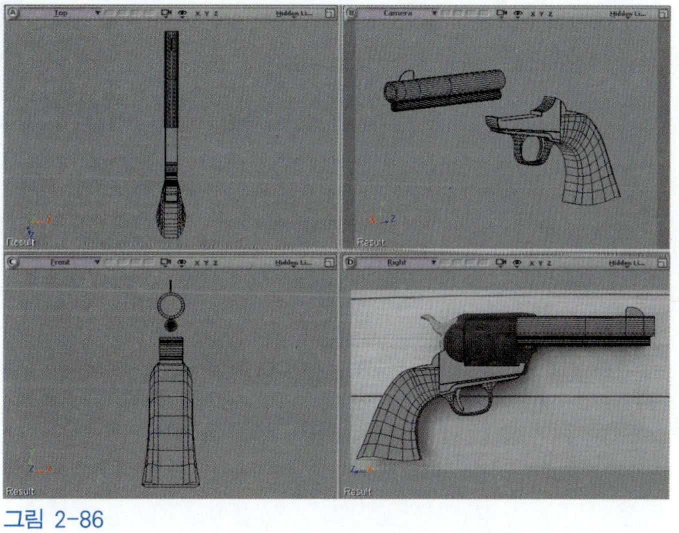
그림 2-86

2-6 총열 및 탄창 거치대 만들기

이제 본격적으로 몸통 부분에 대한 모델링 작업을 시작하기로 한다. 모델링 제작 방식에 대해서 가장 좋은 방법이 무엇인지를 가끔 묻는 사람들이 있는데 사실 지금까지 모델링 작업을 하면서 가장 좋은 방법은 가장 좋은 결과를 낼 수 있는 방법인데 그 과정에서 보다 제작자가 편하고 효율적으로 제작할 수 있는 작업방법이 가장 좋은 모델링 제작방법이라고 말할 수밖에 없다. 같은 데이터에 대해 제작자마다 제작 방식이 다르기 때문에 '어떤 방식이 좋다'라고는 단정 짓기에는 무리가 따르기 때문이다. 우리는 결과도 중요하지만 그 과정에서 툴의 제작환경(명령어, 사용방법, 활용 및 응용 방법 등)에 대한 부분도 간과할 수 없기 때문에 쉽고 빠른 방법만을 택하지는 않는다. 가끔은 늦고 더디더라도 제작 툴의 환경을 최대한 살려서 작업을 하기도 한다.

자 그럼 지금부터 앞장에서 작업한 총열과 앞으로 작업하게 될 탄창을 연결하게 될 거치대를 만들어 보도록 한다.

1 거치대 단면 Curve 만들기 1 : 먼저 거치대 바닥의 시작 부분을 찾는다.

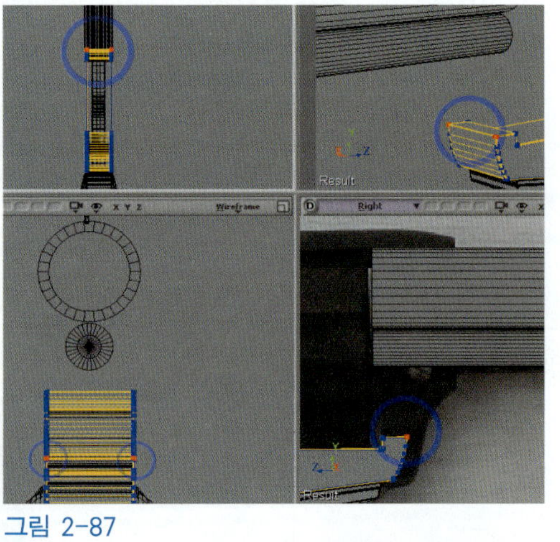

그림 2-87

2 거치대 단면 Curve 만들기 2 : 찾은 시작 위치로부터 커브를 그리도록 한다. 이때 Sym 모드를 활성화하여 좌/우 대칭 Curve를 만든다.

그림 2-88

3 **거치대 단면 Curve 만들기 3** : 단면 Curve를 완성한다.

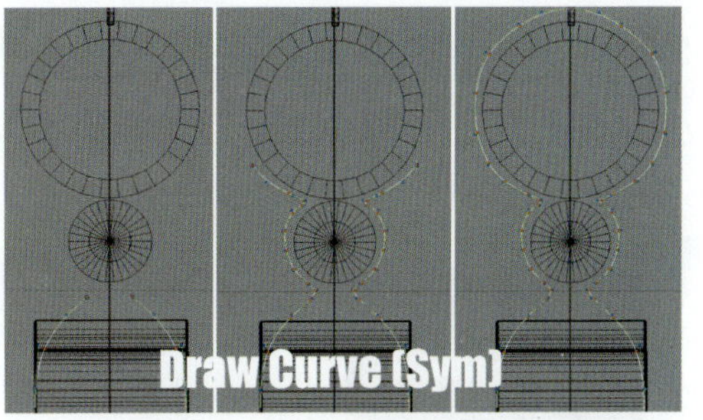

그림 2-89

4 **마지막 Point 위치 정렬** : 마지막 제작한 Point의 위치를 X축 0점으로 설정해 주면 위치가 같은 지점에 Match된다.

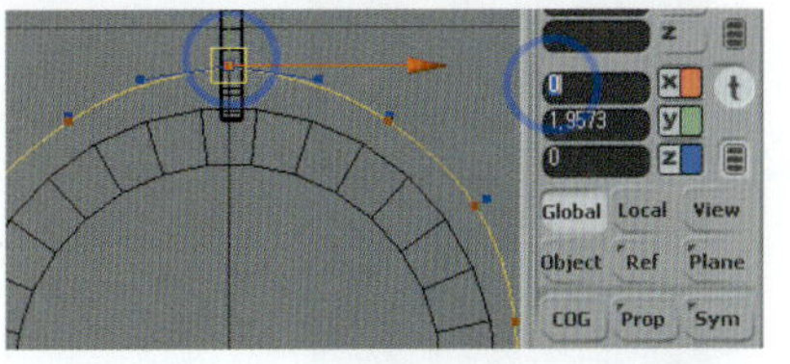

그림 2-90

5 **Curve 이어 그리기 1** : 지금 두 개의 Curve가 같은 대칭 형태로 그려져 있는데 그 중 하나는 이어 그릴 Source data이고 다른 하나는 Source 데이터이다. 먼저 Snap 기능을 활성화하여 참조 Curve의 Point 지점에 정확히 이어 그릴 수 있도록 Setting한다.

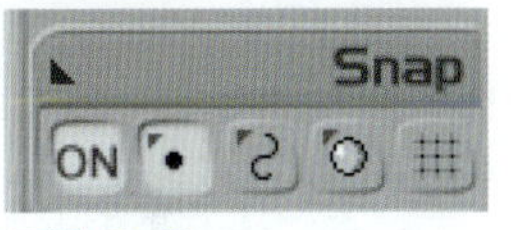

그림 2-91

6 **Curve 이어 그리기 2** : 이어 그릴 커브를 선택하고 Modify 〉 Curve 〉 Add Point Tool by CVs 기능을 실행한다.

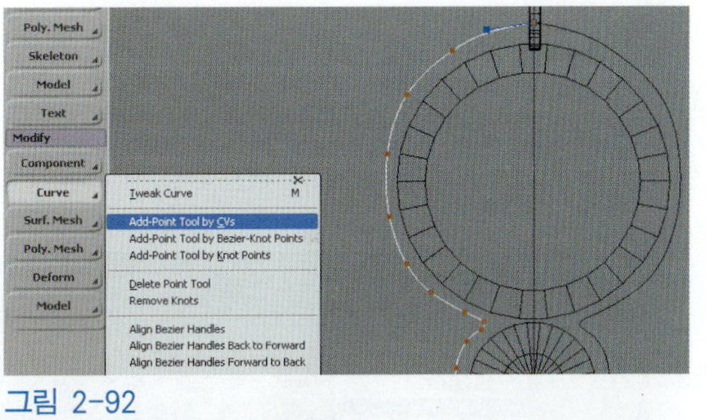

그림 2-92

7 **Curve 이어 그리기 3** : Curve 이어 그리기를 완성한다.

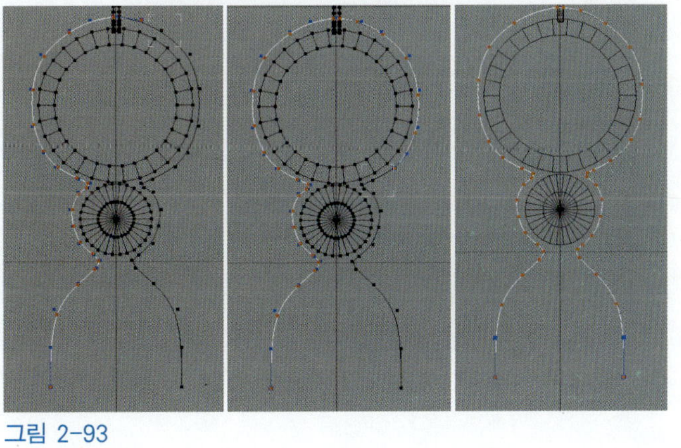
그림 2-93

8 **Curve 수정** : Point 이동을 통해 거치대 단면의 모양에 가깝게 수정을 한다. 이때 Snap 기능을 비활성화하도록 한다(단축키 : Ctrl 버튼).

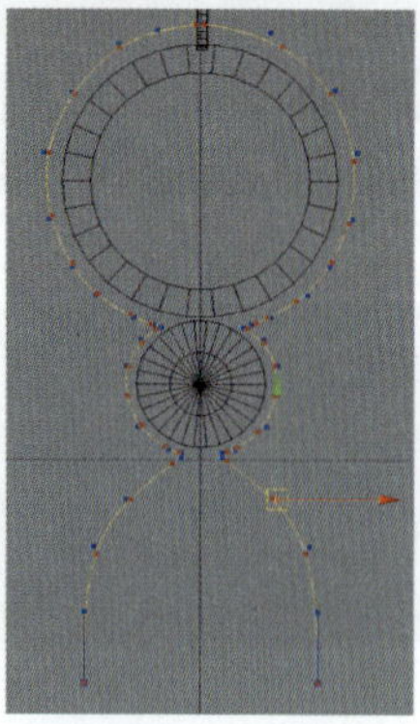

그림 2-94

9 **단면 Curve 위치 이동** : 단면의 시작되는 위치를 실제 단면도의 시작 지점으로 옮긴다.

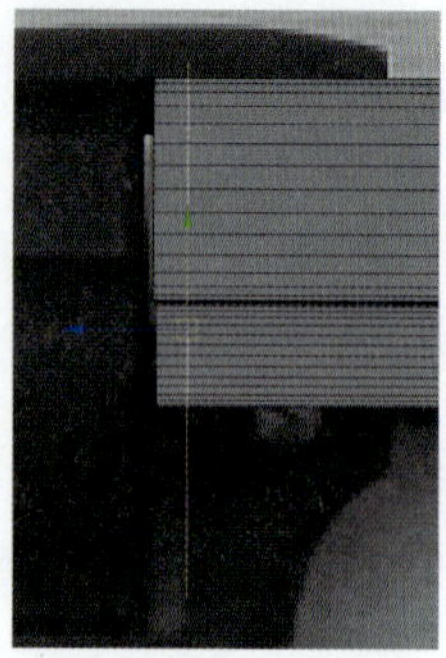

그림 2-95

10 **단면 Freeze하기** : 모양을 잡기 위해 Point이동을 한 History를 모두 지워서 초기 데이터화한다. Freeze를 하도록 한다.

11 **Mesh 생성하기** : 제작된 단면 Curve를 이용하여 거치대 면을 만들어 보도록 한다. 먼저 Curve를 선택하고 Create > Poly mesh > Extrude along Axis 명령을 실행한다. 생성된 Mesh의 Property 창 옵션에서 모양에 맞도록 수정을 한다.

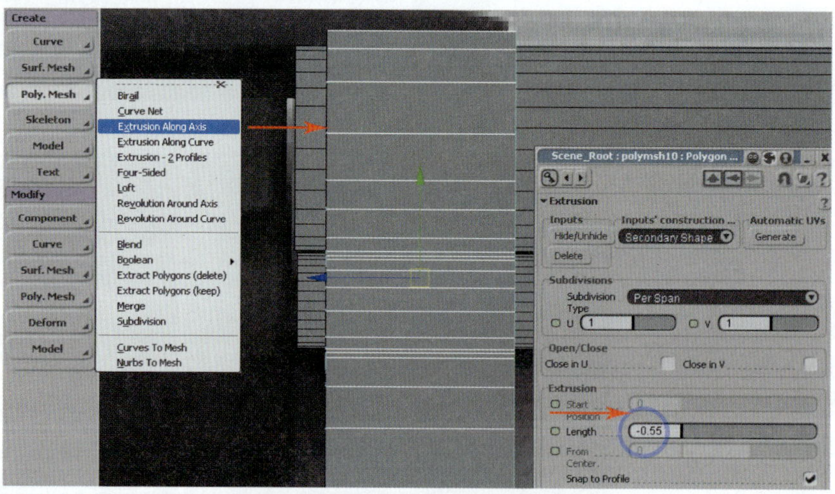

그림 2-96

12 결과 확인

그림 2-97

13 Polygon 면 생성 : 제작된 단면의 Mesh를 거치대 밑부분에 해당하는 지점에 Polygon을 생성시켜 주도록 한다. Object view에서 작업하면 수월하게 작업이 가능하다.

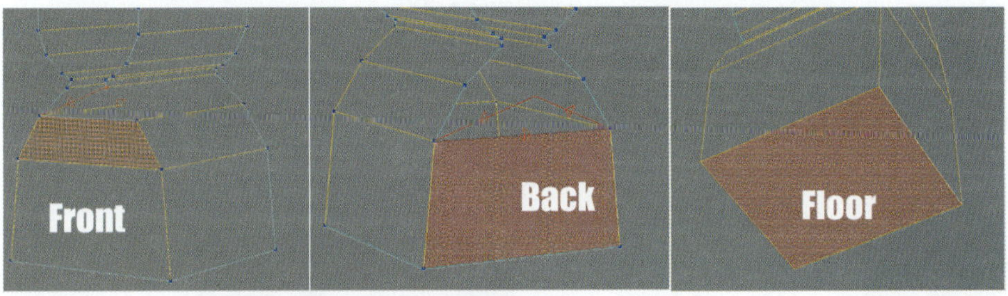

그림 2-98

14 Edge 추가 : [ ]] + 마우스 Middle Button을 활용하여 Edge를 추가한다.

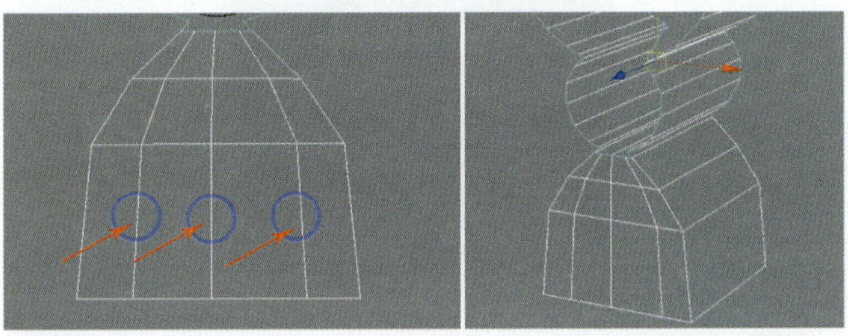
그림 2-99

15 Point 이동 : Point 이동을 통해 거치대의 단면과 총열의 모양을 맞추도록 한다.

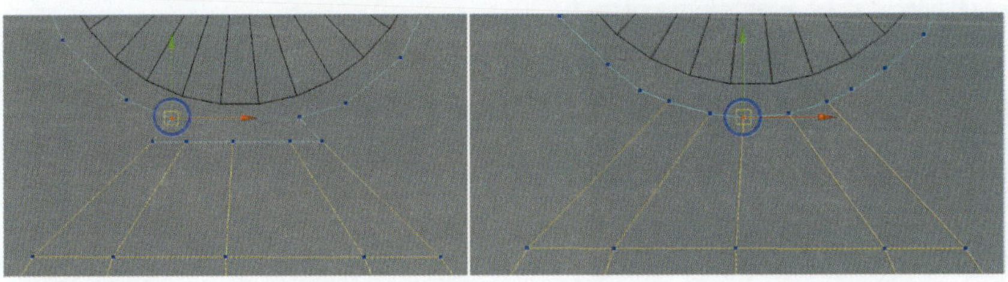
그림 2-100

16 결과 확인

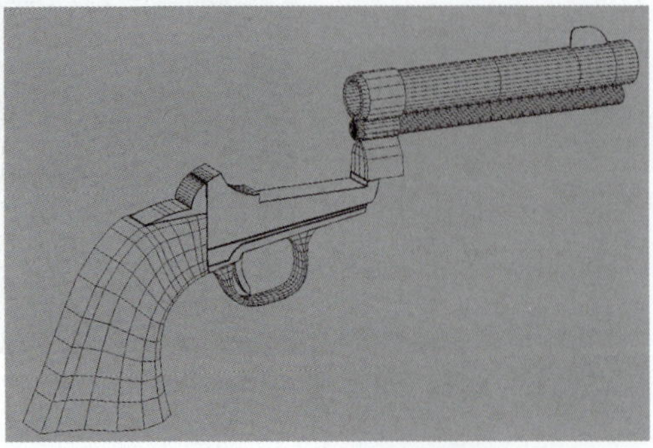

그림 2-101

17 거치대 모양 수정하기 1 : 단면상태의 거치대의 가장자리 Edge를 Multi 선택한다.

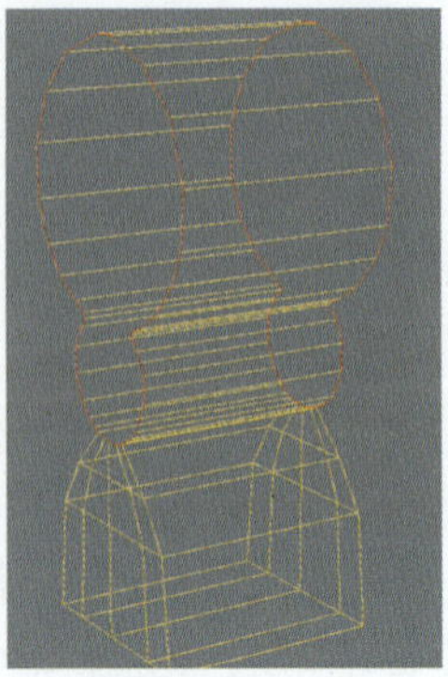

그림 2-102

18 거치대 모양 수정하기 2 : 선택된 Edge를 복사 후 Scale 명령을 실행하여 복사된 Edge로부터 면을 생성하여 거치대의 두께를 만들어 준다.

그림 2-103

19 거치대 모양 수정하기 3 : Point 이동을 통해 총열과 거치대의 모양이 중복되지 않도록 만들어 준다.

그림 2-104

20 Polygon 생성 : 총열 연결부위 틈새를 Polygon 추가 생성으로 마무리해준다.

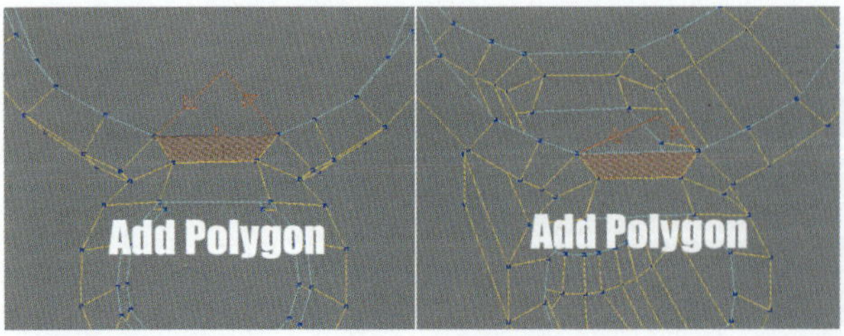

그림 2-105

21 Edge 추가 : 거치대와 총 몸체와의 연결 부위에 대한 작업을 진행한다. 먼저 필요한 수만큼의 Edge를 추가한다.

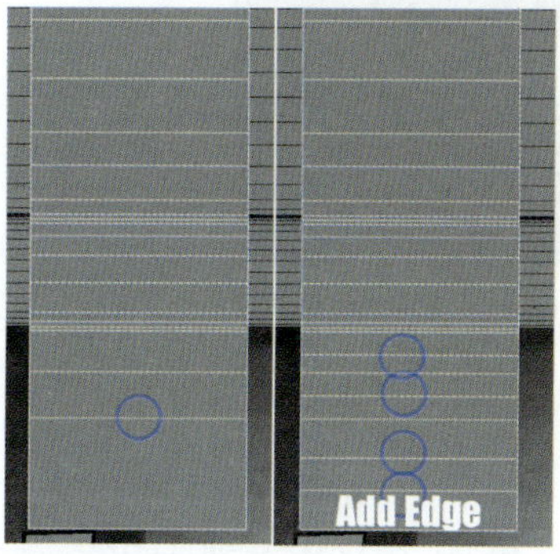

그림 2-106

22 Point 이동 : Point 이동을 통해 모양을 수정한다.

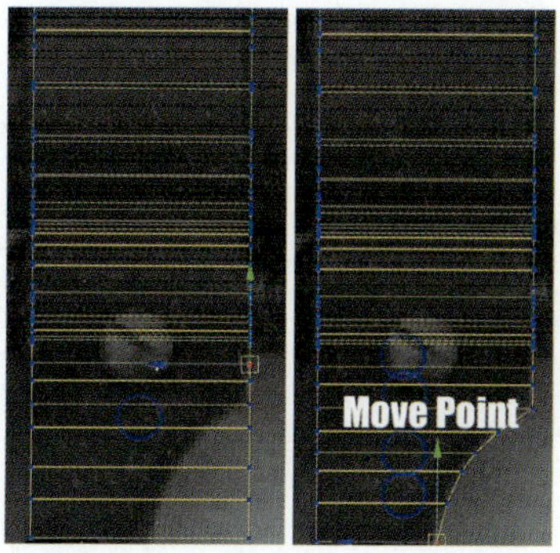

그림 2-107

23 Polygon 선택 : 거치대 상단을 만들기 위해 상단 Polygon 면을 선택한다.

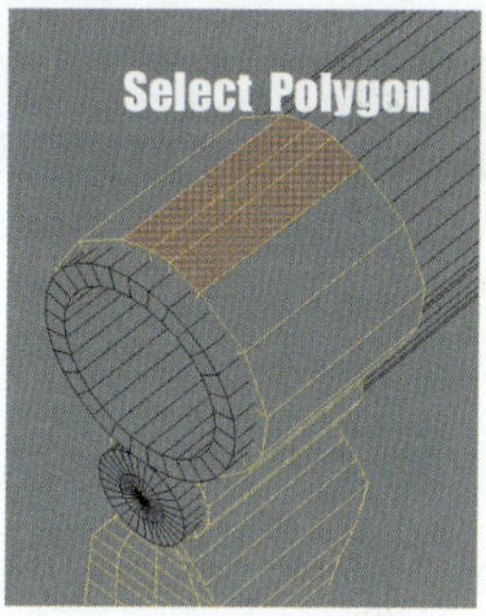

그림 2-108

24 Polygon 복사 / 추출 : 선택한 면은 복사한 다음 이동하여 추출해낸다.

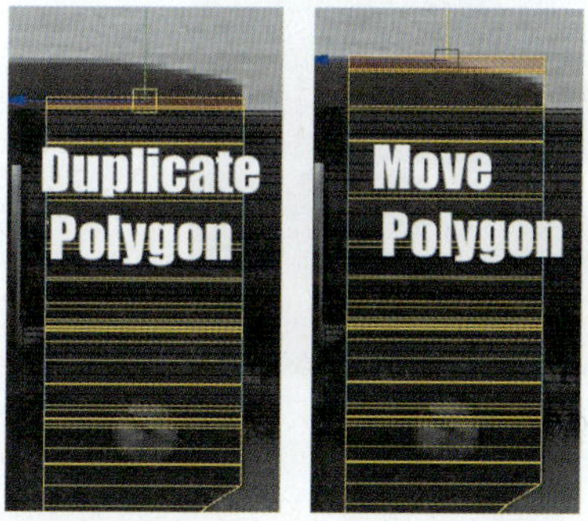

그림 2-109

25 Edge 추가 : 거치대 위의 모양을 맞추기 위해 필요한 Edge를 추가한다.

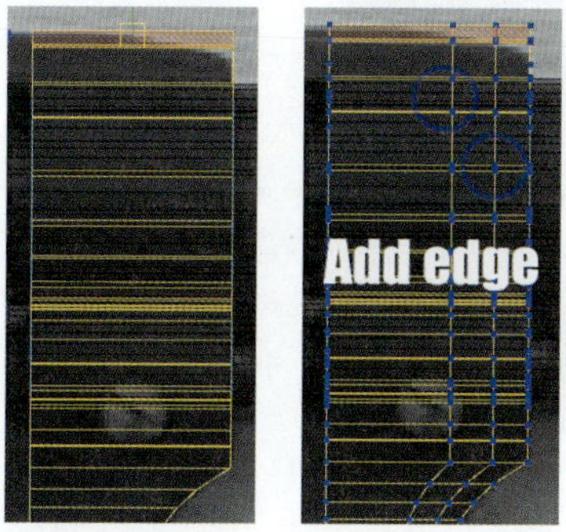

그림 2-110

26 Point 이동 : Point 이동을 통해 거치대 위의 모양을 이미지에 맞도록 작업한다.

그림 2-111

27 Polygon 선택 : 탄창 거치대 윗면을 만들기 위해 진행하는 방향의 Polygon을 선택한다.

그림 2-112

28 Polygon 복사 / 이동

그림 2-113

29 Edge 분할 : 모양을 다듬기 위해 필요한 Edge 추가

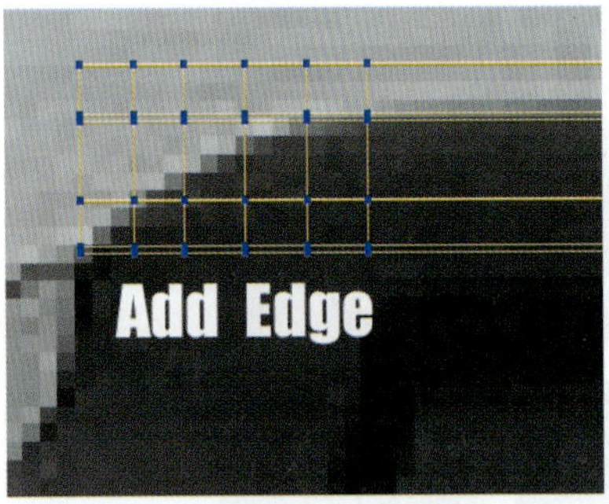

그림 2-114

30 Point 이동 : Point 이동을 통해 모양을 정확하게 만들어 준다.

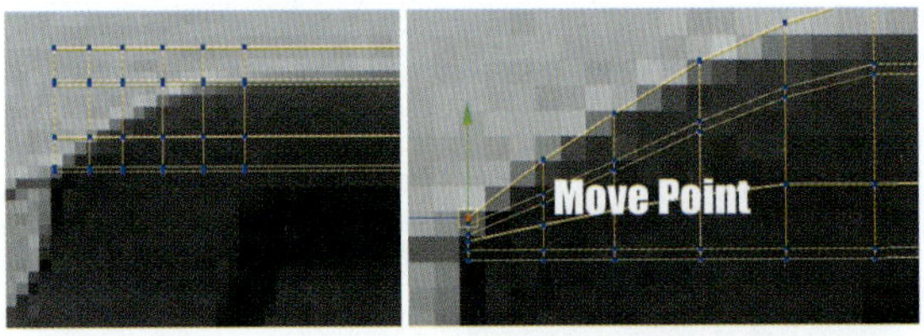

그림 2-115

31 Polygon 선택 : 모양을 다듬기 위해 필요한 Polygon 면을 선택

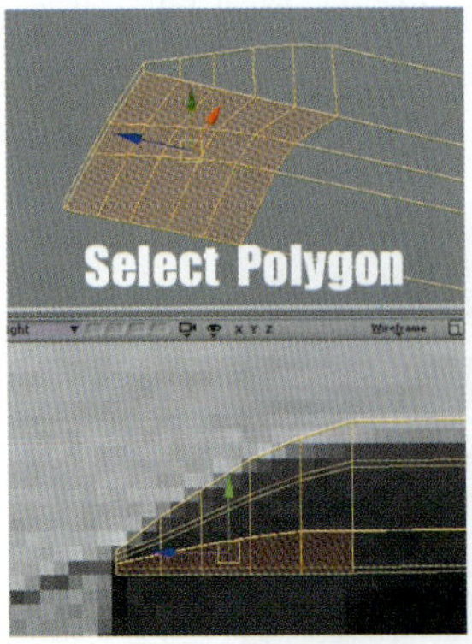

그림 2-116

32 Polygon 복사 / 이동 : 선택한 Polygon 면을 복사 이동을 통해 모양에 맞추도록 한다.

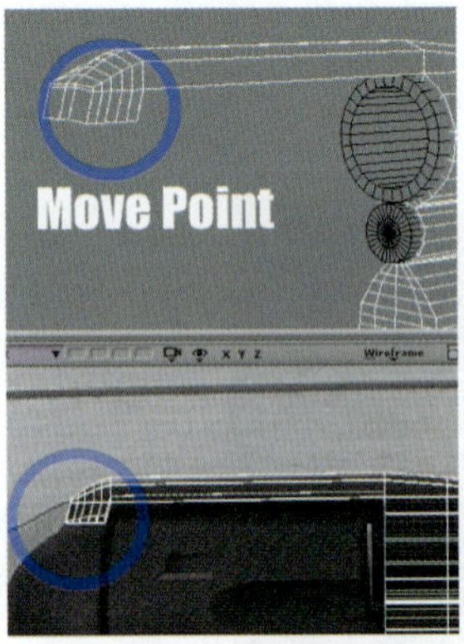

그림 2-117

33 Polygon 면 선택 : 거치대 바닥면의 모양을 맞추기 위해 Polygon 면을 선택한다.

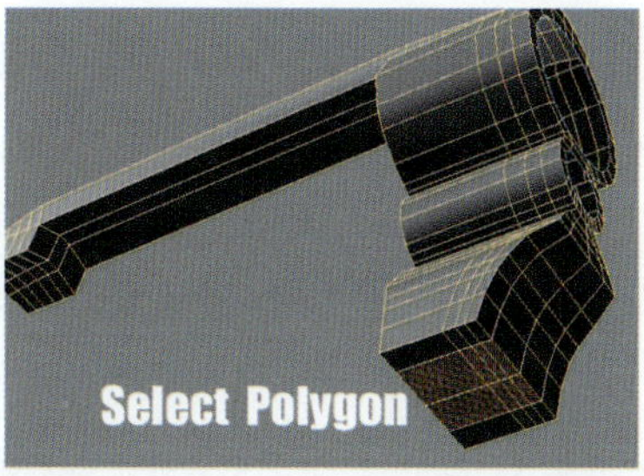

그림 2-118

34 Polygon 복사 / 이동 : 선택한 Polygon 면을 복사 이동을 통해 모양에 맞추도록 한다.

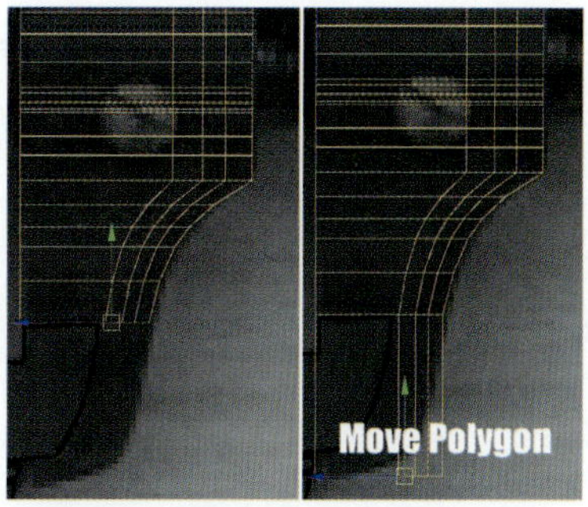

그림 2-119

35 Edge 분할 : 모양을 다듬기 위해 필요한 Edge 추가

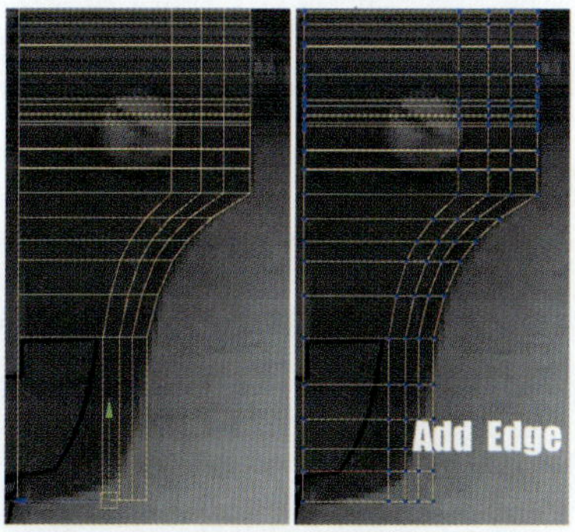

그림 2-120

36 Point 이동 : Point 이동을 통해 모양을 정확하게 만들어 준다.

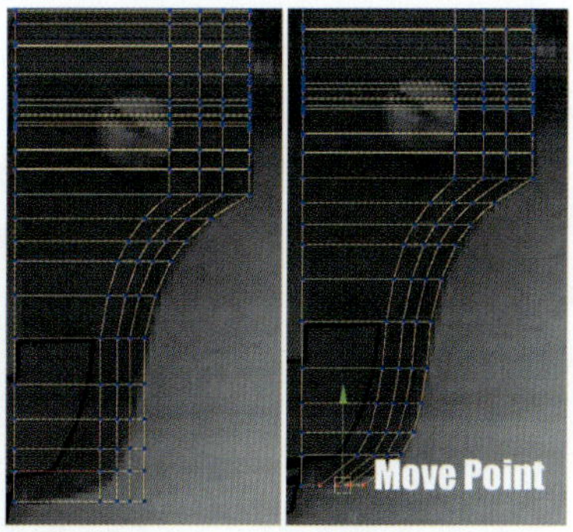

그림 2-121

37 결과 확인

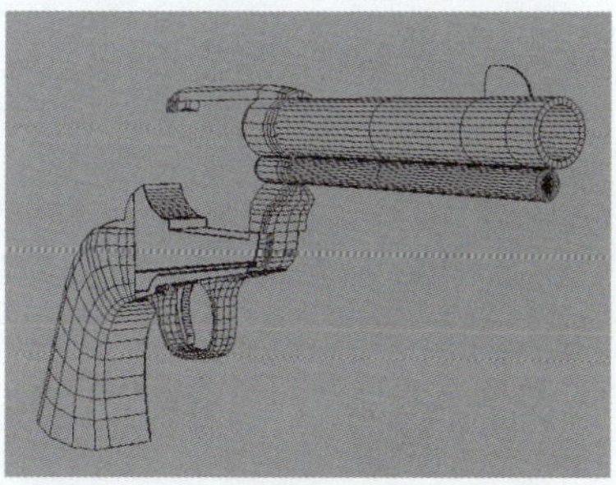

그림 2-122

2-7 탄창 만들기

본 모델링 작업 중 가장 까다롭게 느껴질 수 있는 부분으로 느껴질 수 있으나 같은 Pattern를 가지고 있는 형태이기 때문에 한두 가지 기능으로 제작이 가능하다. 그러므로 차근차근 형태에 대해 정복해 나가다 보면 다른 여느 형태 모델링과 다를 바 없음을 알 수 있다.

먼저 기본적인 접근방법에 대해 알아보기로 한다. 먼저 사용할 기본 Mesh는 cylinder이고 탄알 모양의 형태를 이용하여 탄창의 형태를 제작하기로 한다.

1 sphere 작업하기 : Sphere를 꺼내서 U/V Subdivision을 30 : 16으로 높여준다.

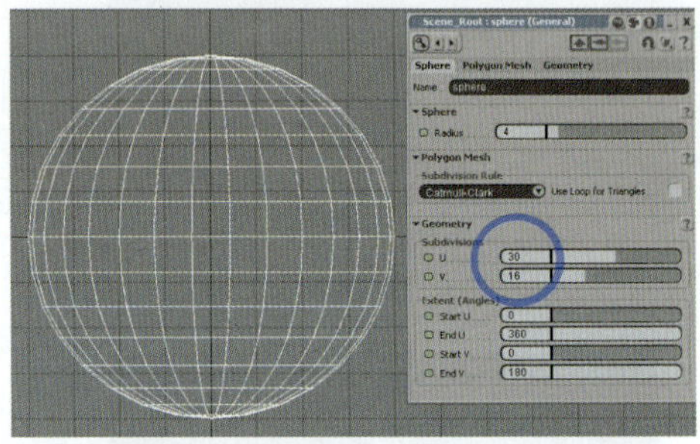

그림 2-123

2 point Scaling : 반원의 영역만큼에 해당하는 Point를 선택하고 Scale Y축으로 0으로 한다.

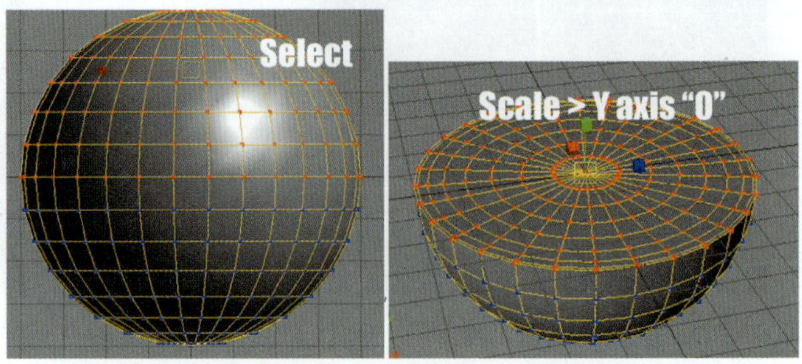

그림 2-124

3 3Bevel 기능을 활용한 가장자리 선택하기 : 먼저 가장자리 Edge를 선택한다. Select 〉 Select Edge Loop(around corners)

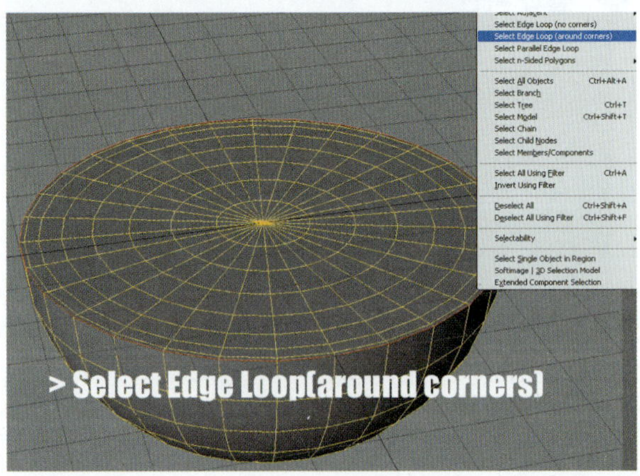

그림 2-125

4 Bevel 기능을 활용한 Rounding

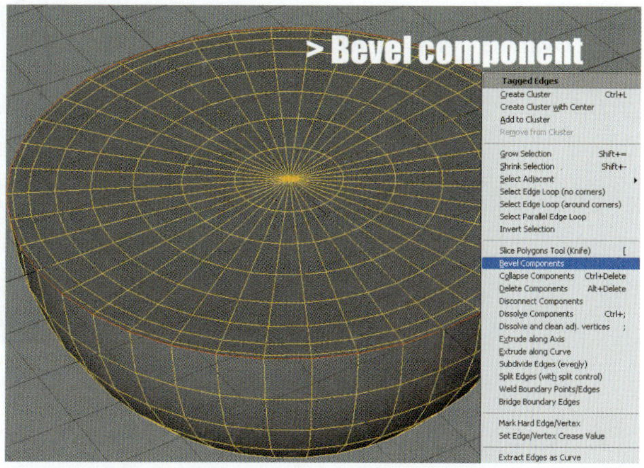

그림 2-126

5 Bevel 옵션 수치 조절 : General Distance : 0. 35 / Rounding nb subdivs : 0

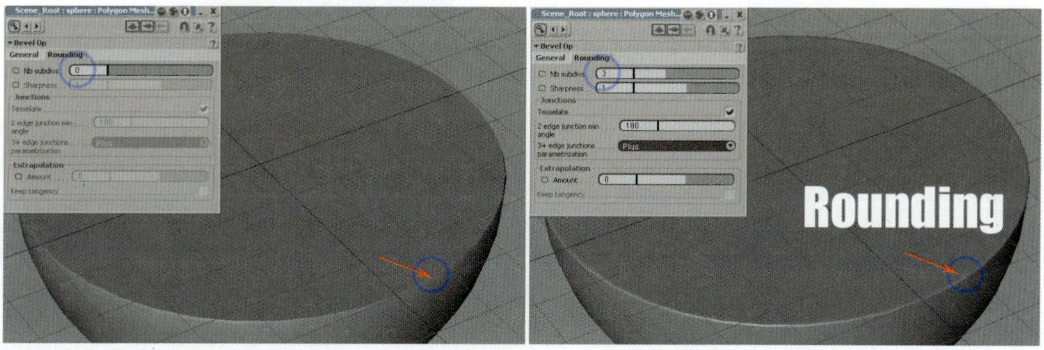

그림 2-127

6 Scale & Rotation 값 조절 : 회전과 크기 조절을 통해 비율 맞추기

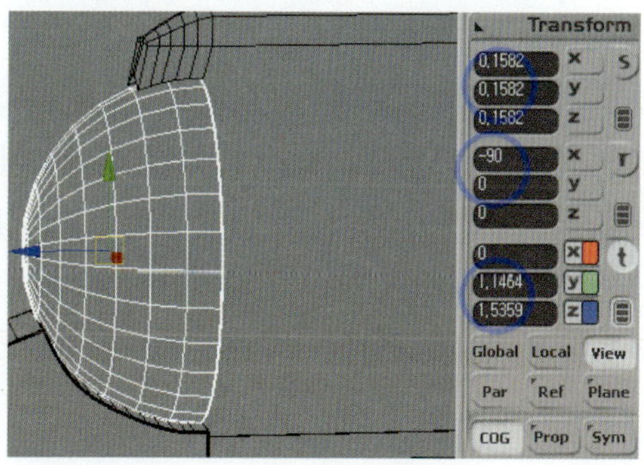

그림 2-128

7 Cylinder 생성 : 탄창으로 사용할 Cylinder를 꺼내서 위치시키도록 한다.

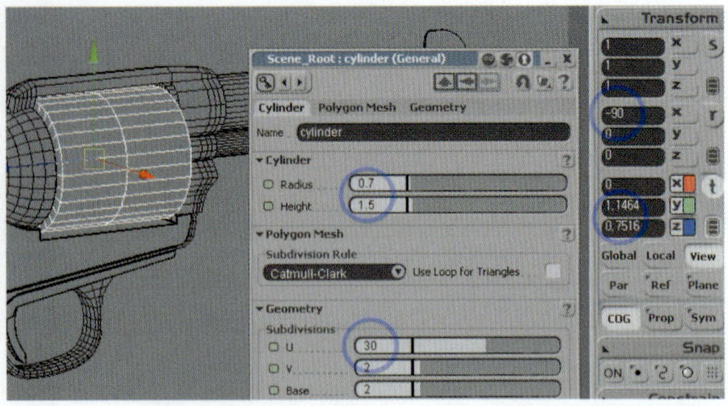

그림 2-129

8 Bevel : 탄창 Object의 가장자리(모서리)를 Bevel 기능을 이용하여 Rounding 주도록 한다.

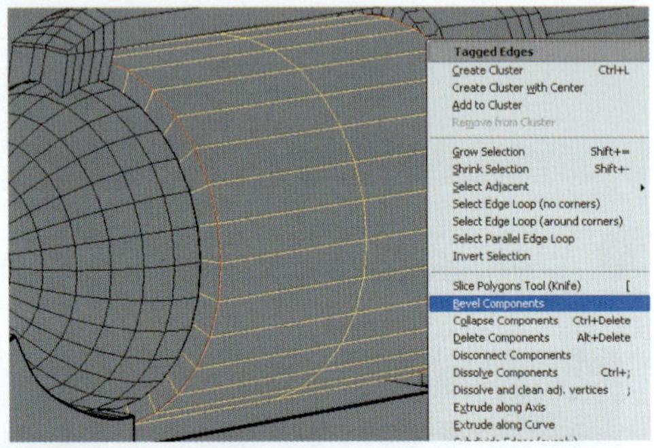

그림 2-130

9 Bevel 옵션 값 조절해서 모양 다듬기 : Distance / Rounding(Subdivision) / Sharpness 수치 조절을 통해 보다 섬세한 Edge처리를 해주도록 한다.

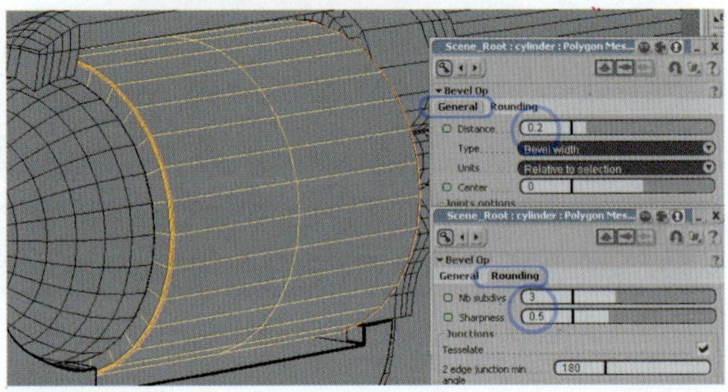

그림 2-131

10 탄창 모양 만들기 1 : 우선 탄창 Cylinder를 제외한 모든 Object는 Hidden(단축키 [H])을 시키도록 한다. 그리고 X축 회전 값을 다시 원상태로 돌려서 추가 작업을 하는데 원활하게 작업할 수 있도록 Setting을 한다.

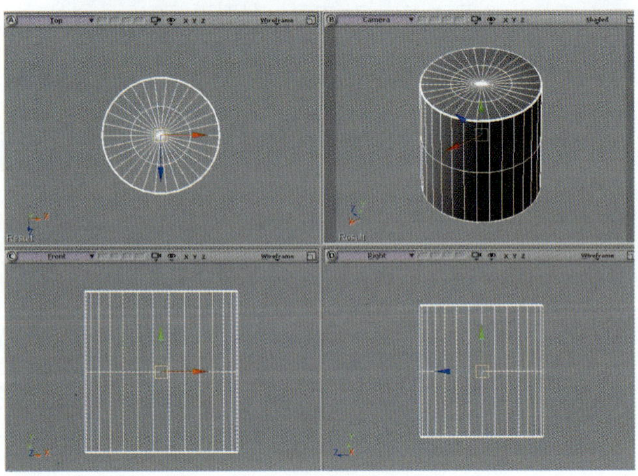

그림 2-132

11 Curve 그리기 : 탄환의 단면 모양의 Curve를 그리도록 한다. Point 이동을 통해 모양을 맞춰주고 Freeze를 한다. 그리고 그려진 상태에서 마지막 Point는 X축 이동 값을 Center를 기준으로 "0"의 위치에 맞추어 주도록 한다.

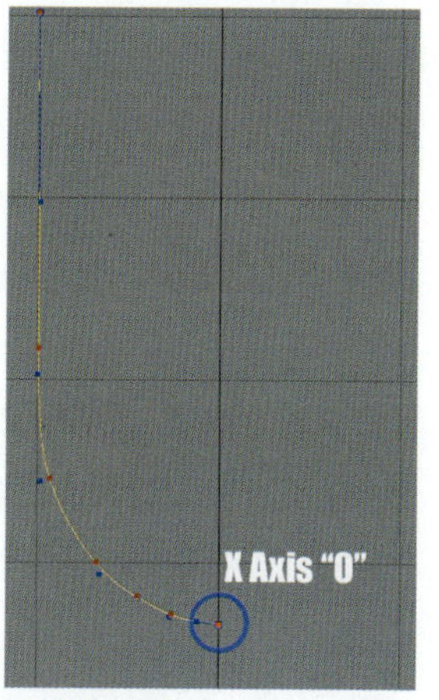

그림 2-133

12 Revolution around Axis : 생성된 Curve를 선택하고 Create 〉 Poly. mesh 〉 Revolution Around Axis 명령을 실행해준다.

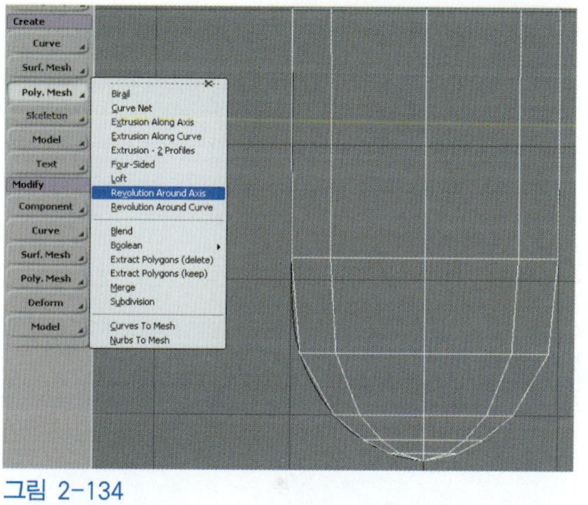

그림 2-134

13 Revolution 기능 창에서 몇 가지 속성을 바꿔주면서 모양을 다듬어 간다. 커브를 그릴 때 사용한 Point의 개수에 따라 Subdivision 수치를 설정하도록 한다. 너무 많아서 불필요한 Component의 생성을 막고, 너무 작아서 모양 생성에 어색하게 하는 일이 없도록 한다.

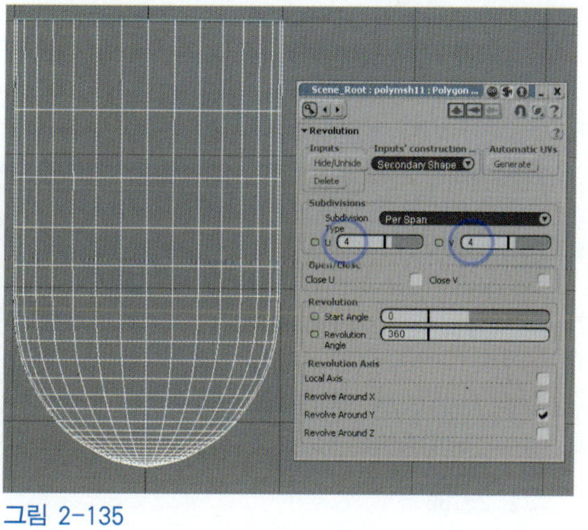

그림 2-135

14 Invert Polygon : Revolution을 사용하여 Object를 생성할 경우 소스데이터인 Curve의 UV 방향에 따라 Object의 Normal 방향이 결정된다. Normal 방향을 확인하고 앞/뒤가 바뀌었으면 Invert Polygon 명령을 사용하여 Normal 방향을 바꿔주도록 한다.

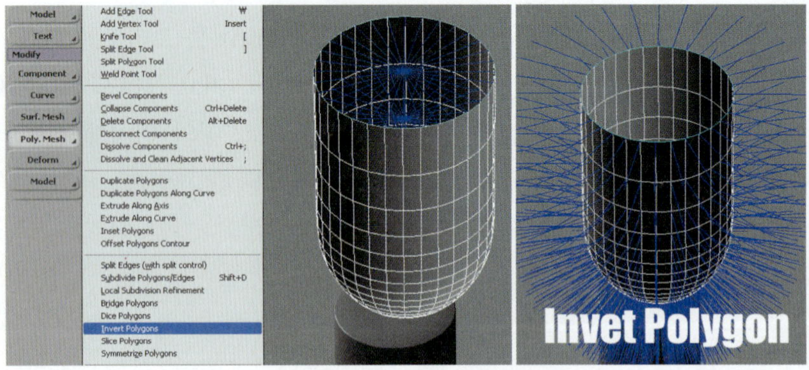

그림 2-136

15 Scale & Move : 탄환모양의 Object를 스케일과 이동 명령을 통해 탄창의 외곽 홈 모양의 위치에 이동시키도록 한다.

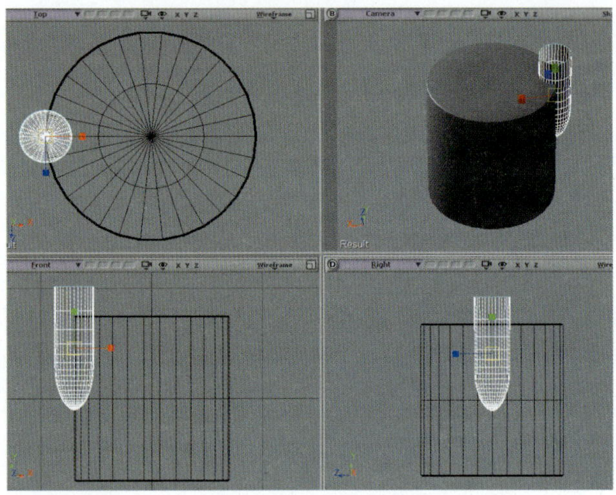

그림 2-137

16 Freeze Transition : 탄환 모양의 Object의 현재 위치 값의 변화를 Freeze를 하도록 한다. 그래서 Center(0, 0, 0) 지점으로의 거리를 기본 거리로 만들어 준다.

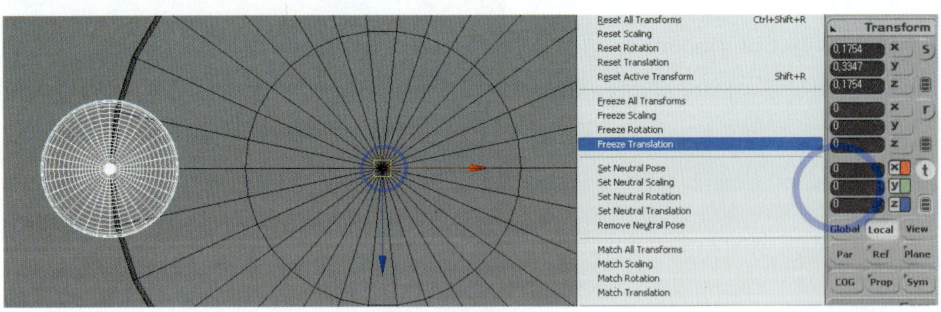

그림 2-138

17 Multi 복사하기 : 선택한 Object를 원하는 각도에, 원하는 개수만큼 복사를 한다. Edit 〉 Duplicate / Instanciate 〉 Duplicate Multiple(단축키 [Ctrl + Shift + D]) 기능을 실행한다.

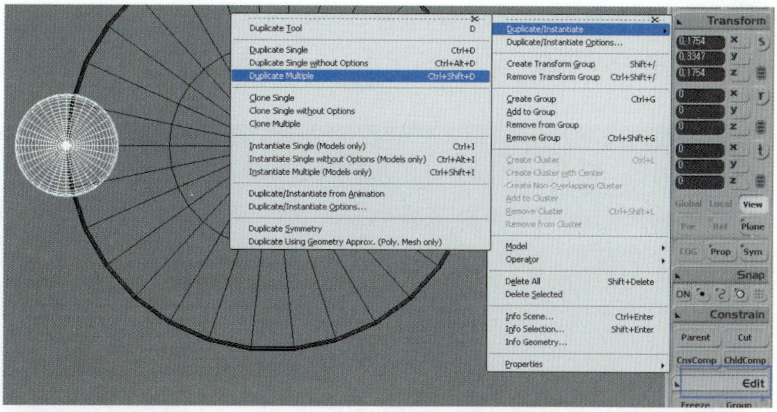

그림 2-139

18 결과 확인

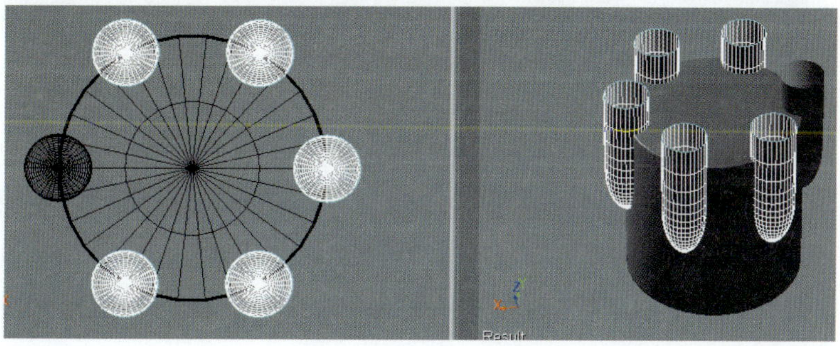

그림 2-140

19 Merge : 생성된 6개의 탄환모양의 Object를 하나의 Object로 만들어준다. Create 〉 poly mesh Merge 기능을 사용한다. 먼저 Merge 대상 Object를 모두 선택을 한다.

그리고 merge 기능을 적용한다.

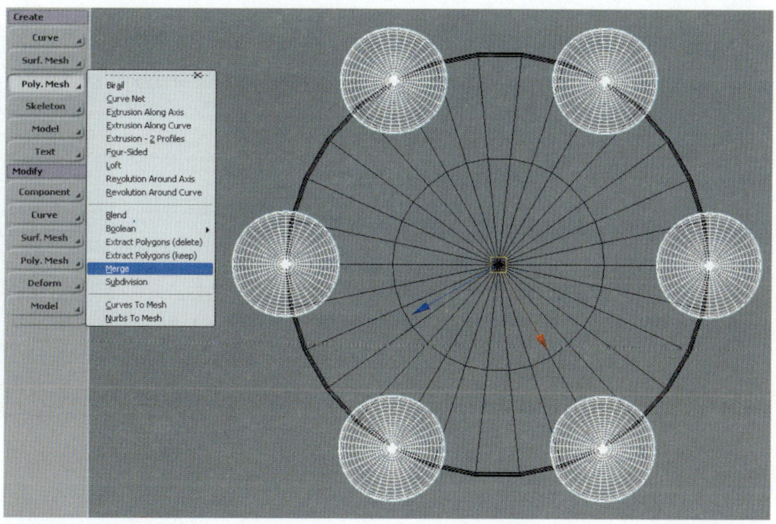

그림 2-141

20 Merge 옵션 값 조절 : 거리값을 조절하여 Merge의 속성을 최대한 활용하여 필요한 요소에 대해 Merge를 하도록 한다. 여기서는 Tolerance 값을 조절하여 거리에 대해 Merge할 속성을 설정해준다.

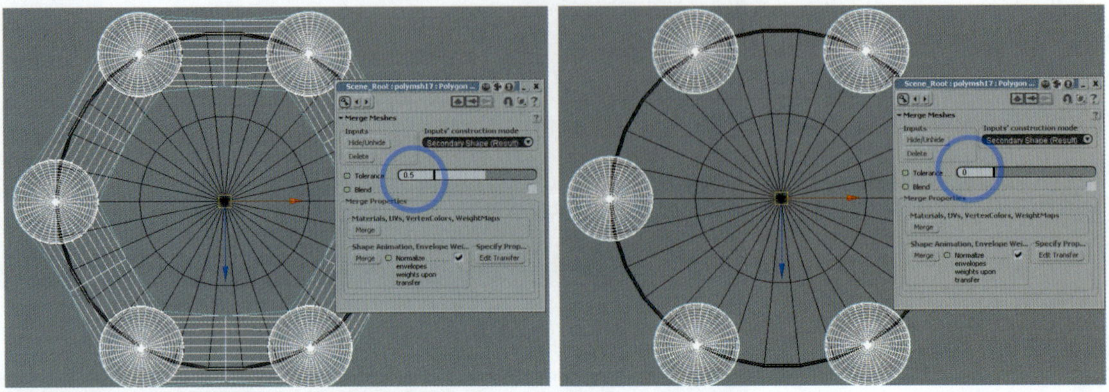

그림 2-142

21 Merge 옵션 창 속성 살펴보기 : Merge 속성 창에서 왼쪽 상단에 있는 Delete와 Hide / Unhide 옵션은 소스로 사용한 데이터에 대한 설정 명령으로 소스 사용 후 Delete를 원하는 경우 Delete를 누르면 된다. 만약 앞으로 재사용에 대비해서 잠시 숨겨놓고 싶을 경우 Hide, 또는 다시 불러오고 싶을 경우 Unhide 명령을 실행하면 된다.

그림 2-143

22 Boolean 기능 사용하기 : Boolean은 독립적인 두 개의 Object를 합치거나(Union), 교체된 부분을 빼거나 (Different), 교체된 부분만 취하거나 (Intersect)할 때 사용하는 기능이다. 여기서는 Different 기능을 사용하도록 한다. 먼저 대상 Object인 탄창을 선택하고 Create 〉 Poly mesh 〉 Boolean 〉 Difference 명령을 실행한다.

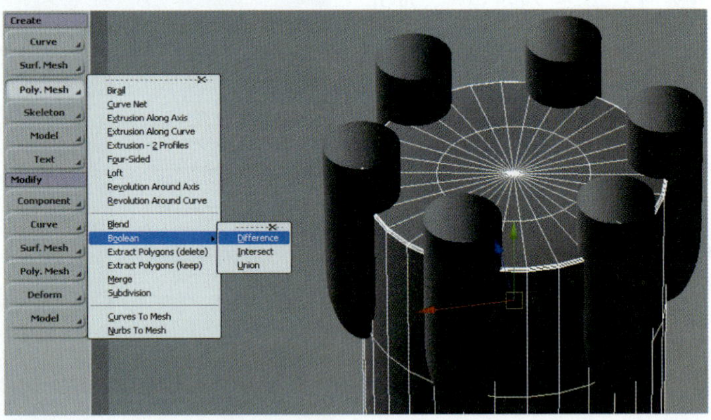

그림 2-144

23 결과 확인

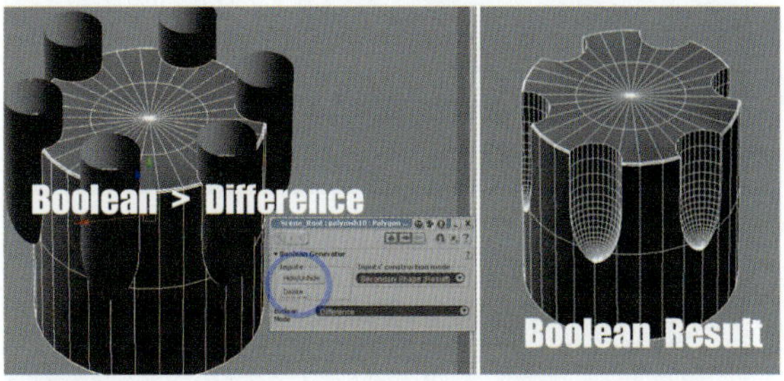

그림 2-145

24 Bridge Polygon : 탄창 가운데 구멍을 내기 위해 Polygon을 양쪽으로 선택하고 크기를 조절한 다음 Bridge Polygon 명령을 실행한다.

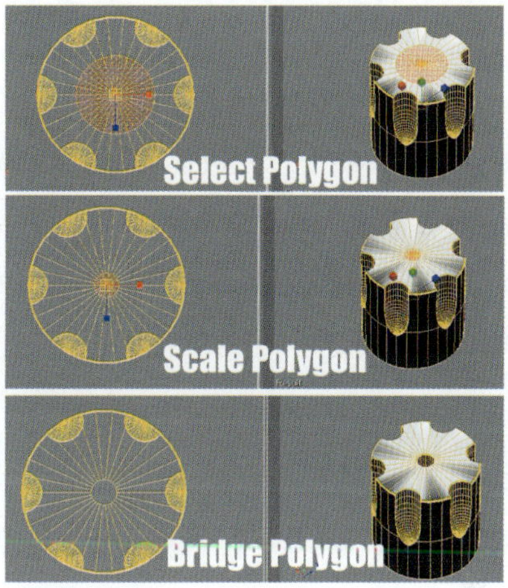

그림 2-146

25 Bevel : 뚫어진 모서리(가장 자리) Bevel 값으로 모양 다듬기

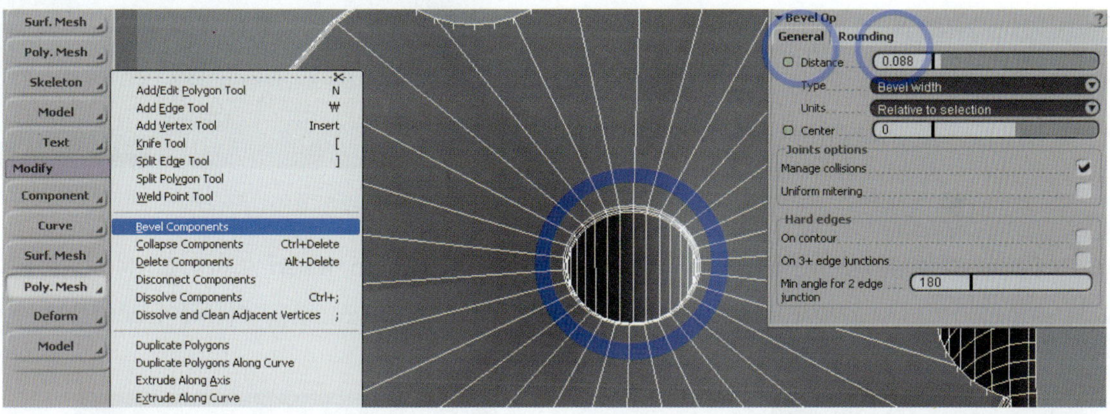

그림 2-147

26 탄창에 탄환구멍 뚫기 1 : Cylinder 생성 / 위치 및 크기 / 분할 조절

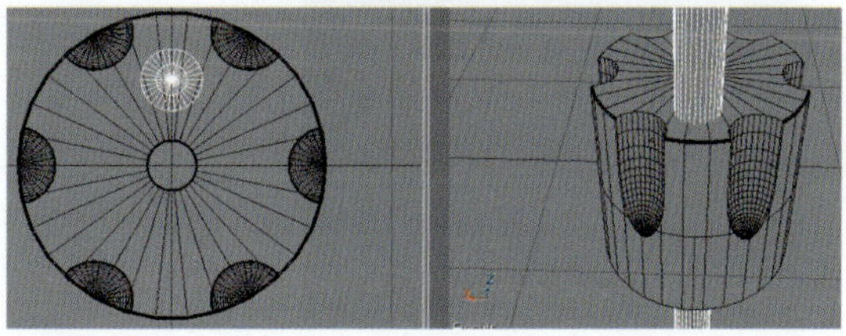

그림 2-148

27 Multi Duplicate : 현재 위치에서 Transform 〉 Freeze Translation 명령을 실행하여 Center를 중앙 (0, 0, 0)에 위치시키고 Ctrl + Shift + D 명령을 실행한 후 5개의 복사물을 60도 각도로 생성시키도록 한다.

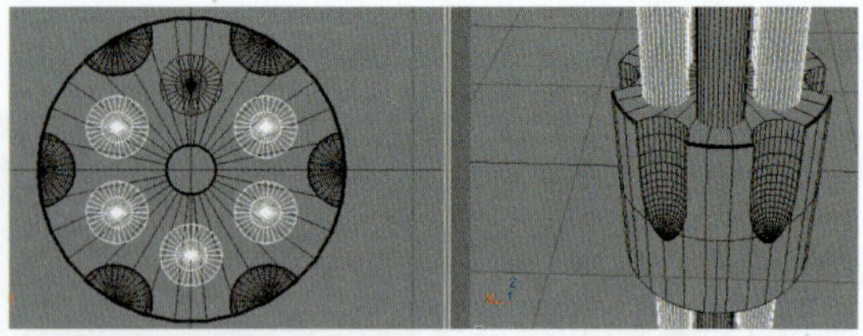
그림 2-149

28 Merge & Boolean : 생성된 6개의 Cylinder Object를 Create 〉 Poly mesh 〉 Merge 기능으로 하나의 Object로 만든 다음 Create 〉 Poly mesh 〉 Boolean Difference 기능을 수행한다.

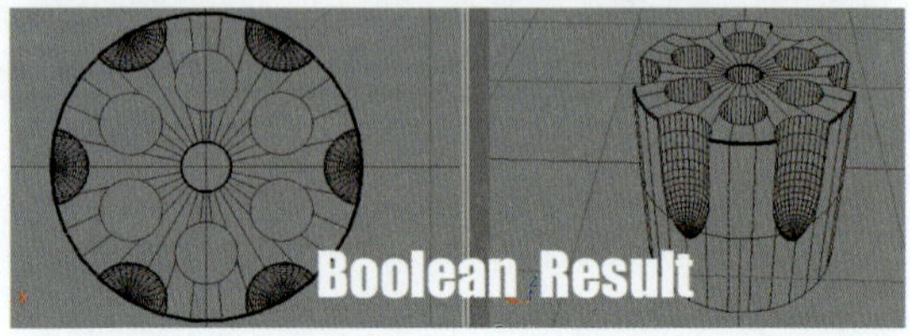

그림 2-150

29 탄창 회전 : Hide된 Object를 꺼내고 탄창의 이동 및 회전을 통해 제자리에 다시 위치시키도록 한다.

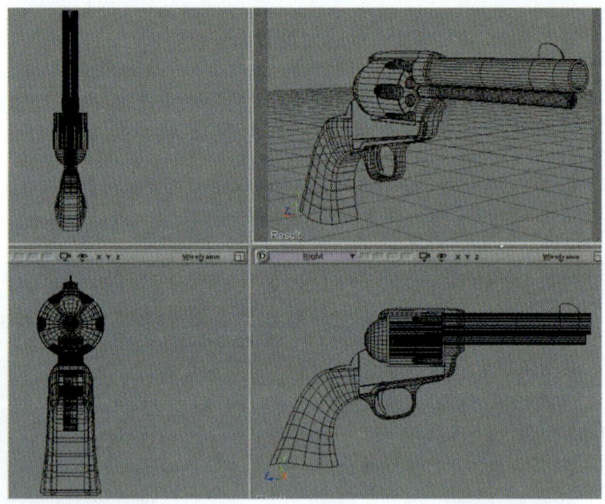
그림 2-151

30 Curve 생성 : Hammer(공이치기) 만들기 : Roroscope의 이미지에 맞도록 Curve를 그리고 Point 이동을 통해 모양을 섬세하게 다듬는다.

그림 2-152

31 Curve to Mesh : Curve를 Mesh화시키고 Extrude와 Bevel 값을 이용하여 모양을 다듬어 준다.

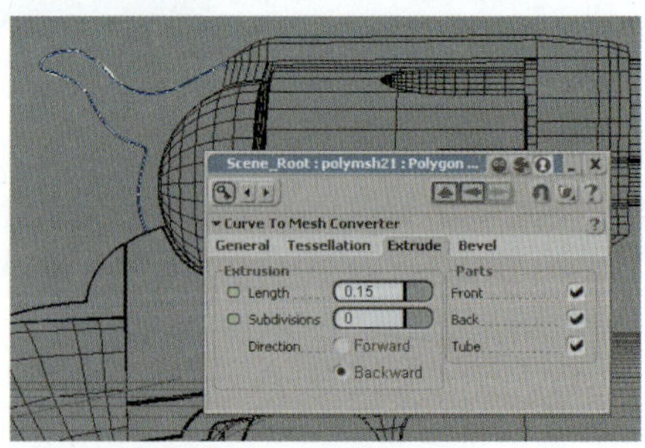

그림 2-153

32 결과 확인

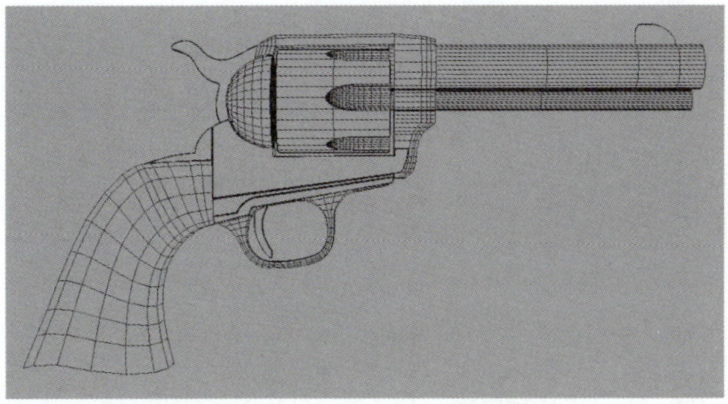

그림 2-154

2-8 나사 및 고정핀 만들기

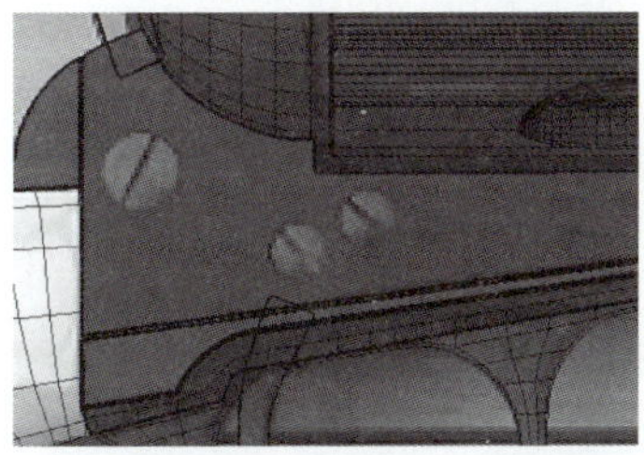

그림 2-155

이제 전체적인 형태에 대한 모델링은 여기서 마치고자 한다. 좀 더 섬세하고 디테일하게 작업을 할 수 있지만 이제 여러분도 어느 정도 자신이 원하는 형태에 접근해서 작업을 할 수 있는 실력이 되었고 제작 툴에 대한 기능도 많이 익힌 상태이니 이 이상의 디테일은 여러분께 맡기도록 한다. 다만 외형에서 보이는 형태 중에서 나사(고정 핀)의 모양이 있는데 이 개체들에 대해 형태 잡는 법을 다함께 하는 것으로 이 장은 마치고자 한다.

1 고장나사 구멍 만들기 1 : Cylinder 생성한 후 스케일 조절과 위치 이동을 통해 고정나사 위치에 3개의 Cylinder를 위치시킨다.

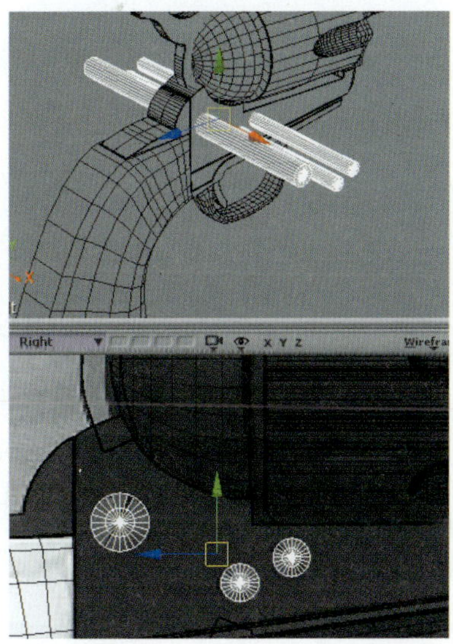

그림 2-156

2 Merge / Boolean : 3개의 Cylinder를 merge시킨 후 Boolean 〉 Difference 기능을 이용해서 구멍을 내도록 한다.

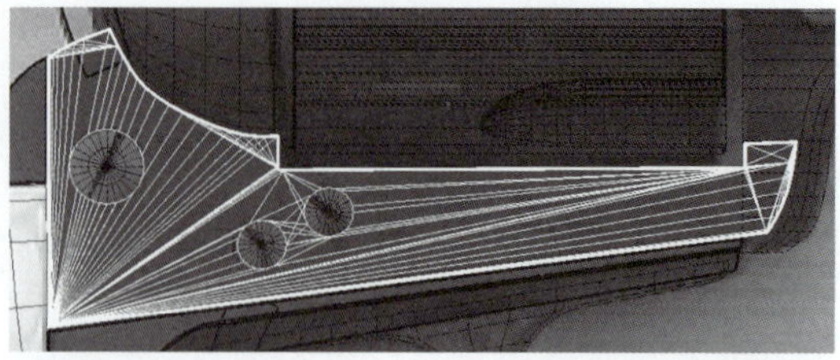

그림 2-157

3 Dice : Boolean 기능을 적용한 결과 각기 다른 Object의 구성 Component의 차이로 인해 Component가 깨어지는 현상을 볼 수 있다. 이 경우 Dice 기능을 이용해서 서로 간의 Component 수를 맞춰줌으로써 그러한 현상을 막을 수 있다. 먼저 Dice할 Object를 선택하고 Modify 〉 Polymesh 〉 dice polygon 명령을 실행한다.

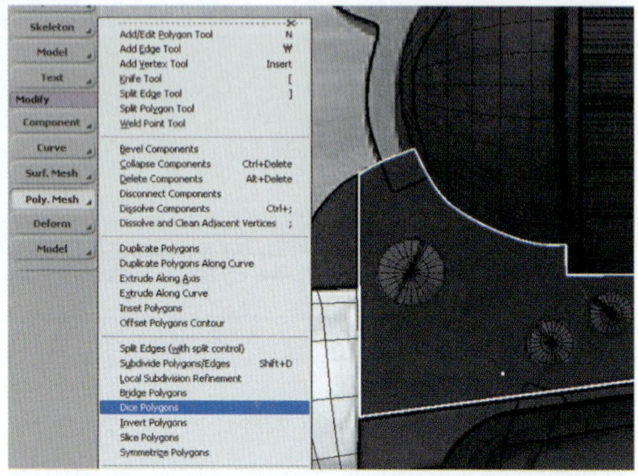

그림 2-158

4 Dice 옵션 체크

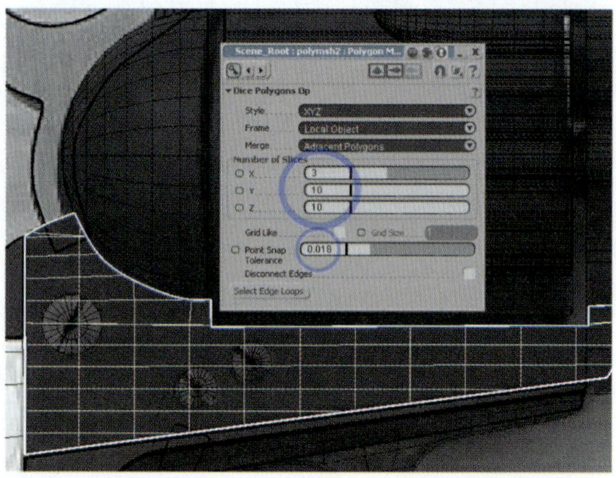

그림 2-159

5 Boolean : Merge된 Cylinder Object를 다시 Boolean 〉 Difference 기능을 이용해서 구멍을 내도록 한다. 좀 전과 같은 Component가 깨어지는 현상은 발생하지 않는 것을 확인할 수 있다.

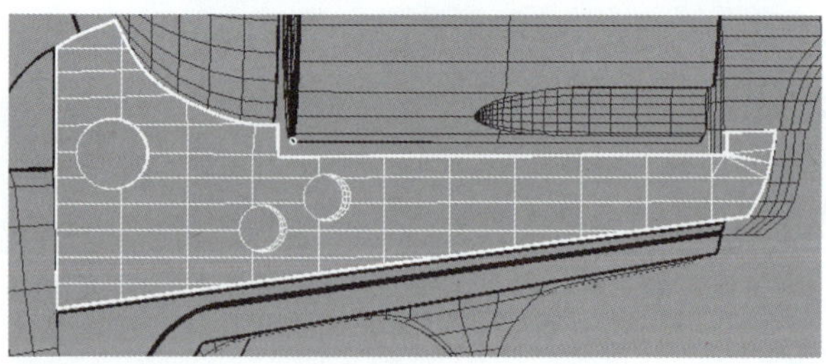

그림 2-160

6 고정나사 구멍 만들기 2 : 위와 같은 경우 좌/ 우 구멍을 냈을 때 나사못의 크기가 정확하게 구멍에 맞지 않으면 카메라의 각도에 따라 구멍이 보이게 되는 현상이 생길 수 있다. 그래서 이러한 경우에는 나사 구멍을 아예 뚫어버리는 것보다는 좌/ 우 틈새만 뚫어서 나사를 심어도 된다. 우선 Merge된 Cylinder의 크기를 1/3으로 줄이고 구멍을 만들 한 쪽 면으로 이동시킨 다음 Skeleton 〉 Duplicate Symmetry로 좌/ 우 대칭인 Object를 만들도록 한다.

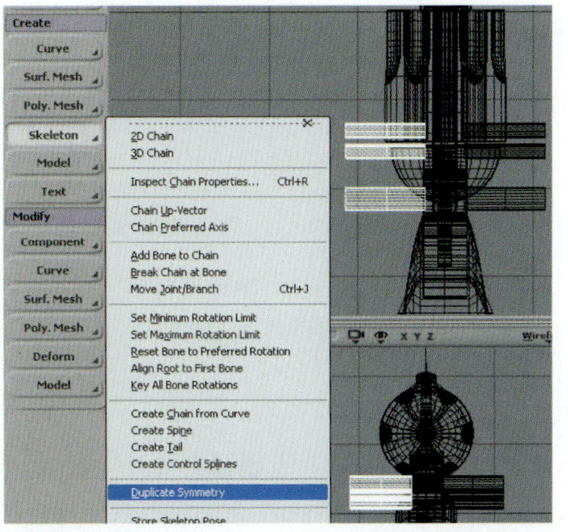

그림 2-161

7 Merge : YZ Plan을 기준으로 생성된 Cylinder 그룹을 기존의 Cylinder 그룹과 Merge를 한다. 그리고 다시 Boolean 〉 Difference 명령을 실행한다.

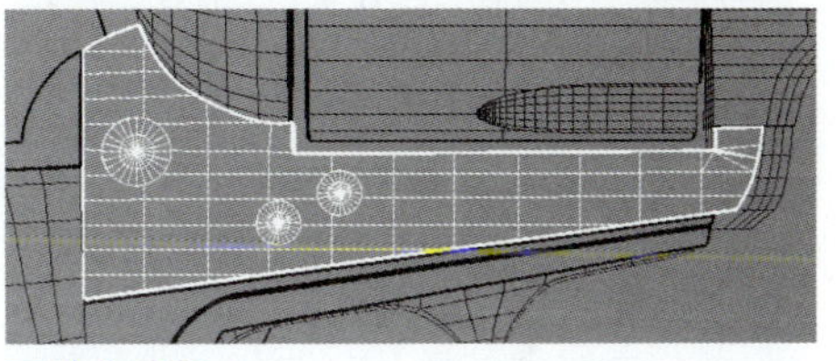
그림 2-162

8 나사 만들기 1 : Sphere 하나를 꺼내도록 한다. 우선 Extent의 Start V 각도를 90으로 변경하여 반원을 만들고 반경(Radius)과 Subdivision(U) 수치를 조절하여 나사 구멍에 맞도록 형태를 변화한 다음 이동과 회전을 통해 나사 구멍에 위치하도록 한다.

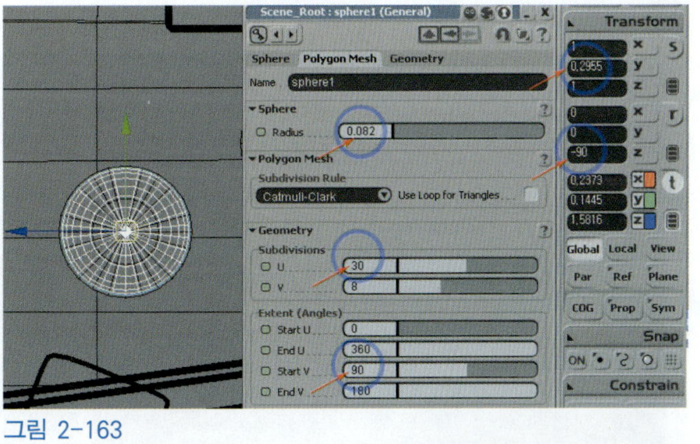
그림 2-163

9 Cube 꺼내기 : 나사 홈을 만들 때 사용할 Cube를 하나 꺼내서 스케일과 회전/ 이동을 통해 나사 홈의 모양을 만든 다음 나사의 head 부분에 위치시키도록 한다.

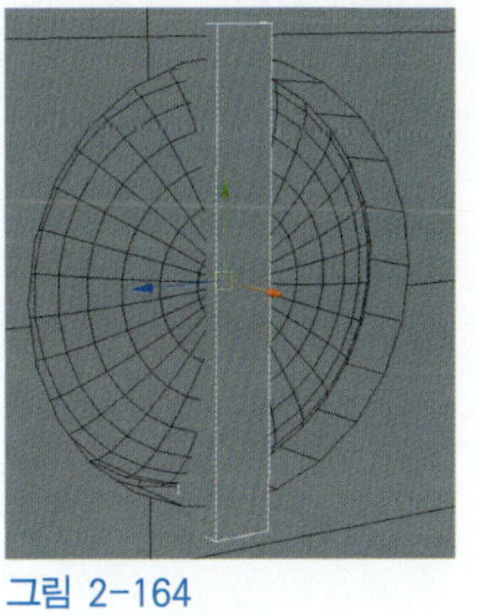
그림 2-164

10 **Boolean(나사 홈파기)** : 나사의 Head인 Sphere를 선택하고 Boolean 〉 Difference 명령을 실행하고 Cube를 선택한다.

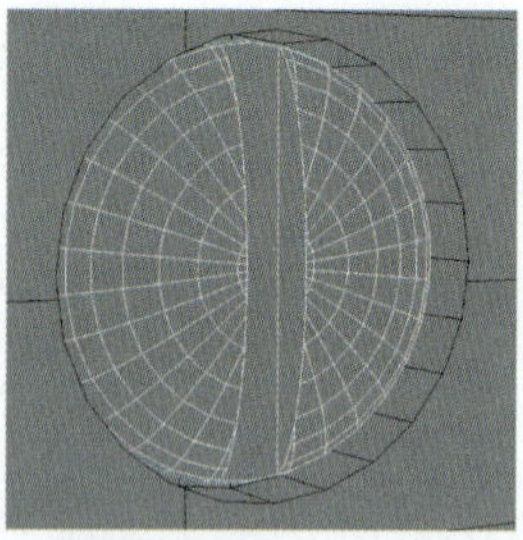

그림 2-165

11 **나머지 고정나사 완성하기** : 우선 한쪽 면에 필요한 나사를 복사해서 제작한 다음 반대편 쪽 나사는 Skeleton 〉 Duplicate Symmetry 명령을 실행해서 대칭 복사 이동을 하도록 한다.

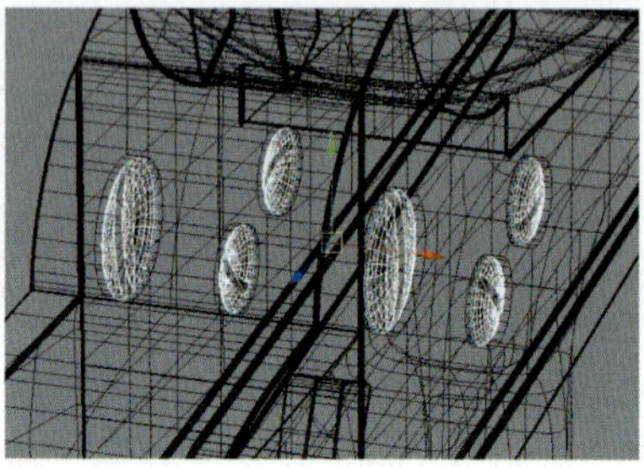

그림 2-166

12 **최종 결과 확인**

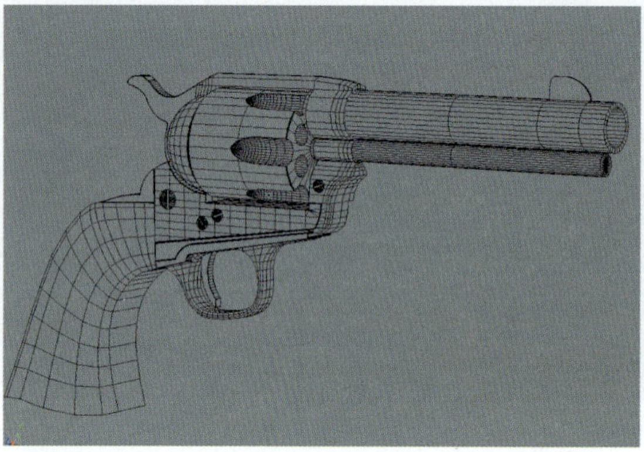

그림 2-167

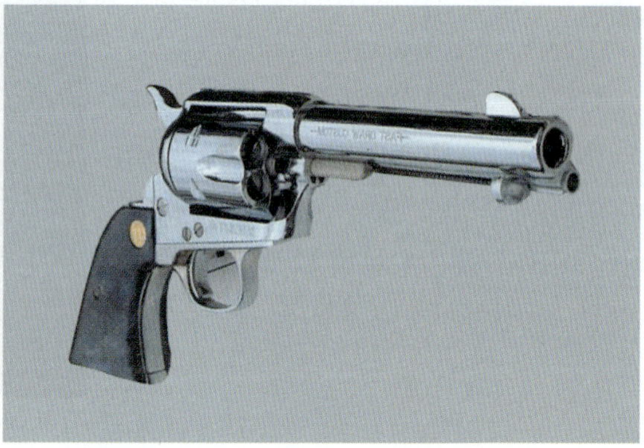

그림 2-168

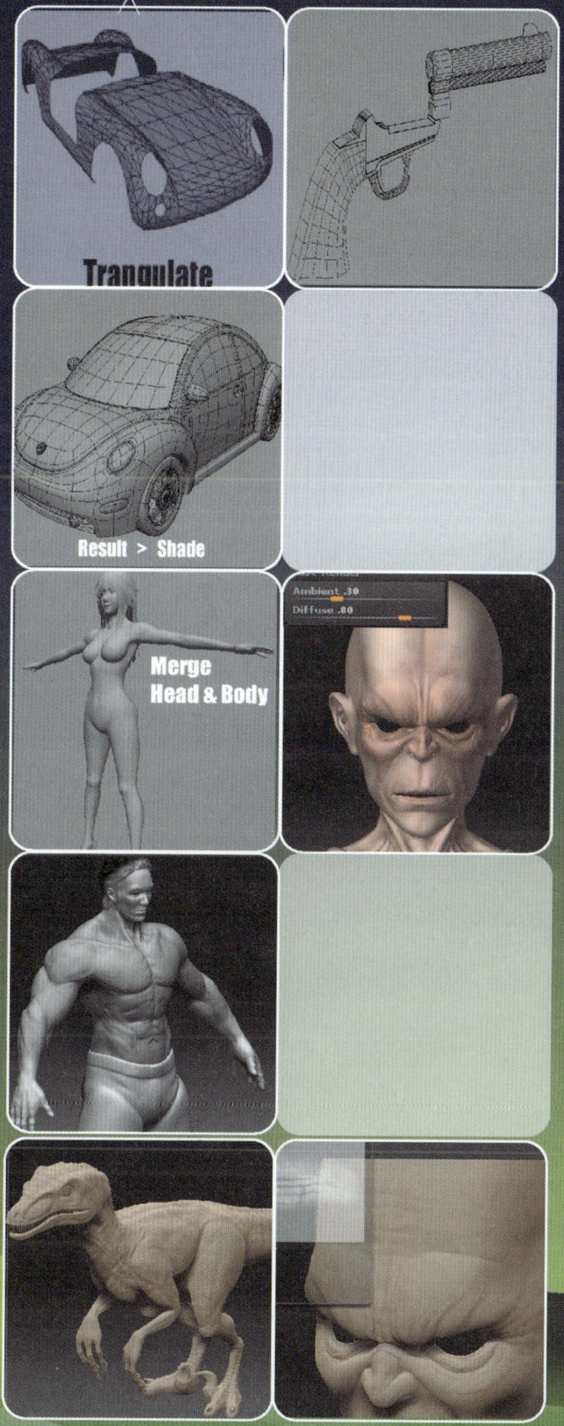

제3장
Car Modeling

이 장에서는 Mechanic 모델링의 대표격인 자동차 모델링을 제작하는 방법을 알아보도록 한다. 자동차 모델링에 대한 접근은 아주 다양하기 때문에 어떠한 방법이 정석이라고 할 수는 없지만 가장 일반적인 방법은 전체 프레임을 만들고 각 부분에 대한 세부적인 모델링을 하는 것이다. 즉 자동차를 잘 관찰해보면 구조별로 나뉘어 있는데 전체 프레임을 구성하는 부분과 앞범퍼, 본 네트, 앞/뒤/좌/우 Fender, 뒤범퍼, 휠, 타이어, 도어, 창문, 라이트, 사이드미러 등이 그것이다. 위에 열거한 구성요소가 서로 얼마나 잘 연결지어 모델링을 하느냐가 자동차 모델링의 Quality를 결정하는 중요한 요소가 될 것이다. 여기서는 요즘 젊은이들 사이에 인기를 끄는 모델인 New Beetle을 그 모델링 대상으로 삼았다.

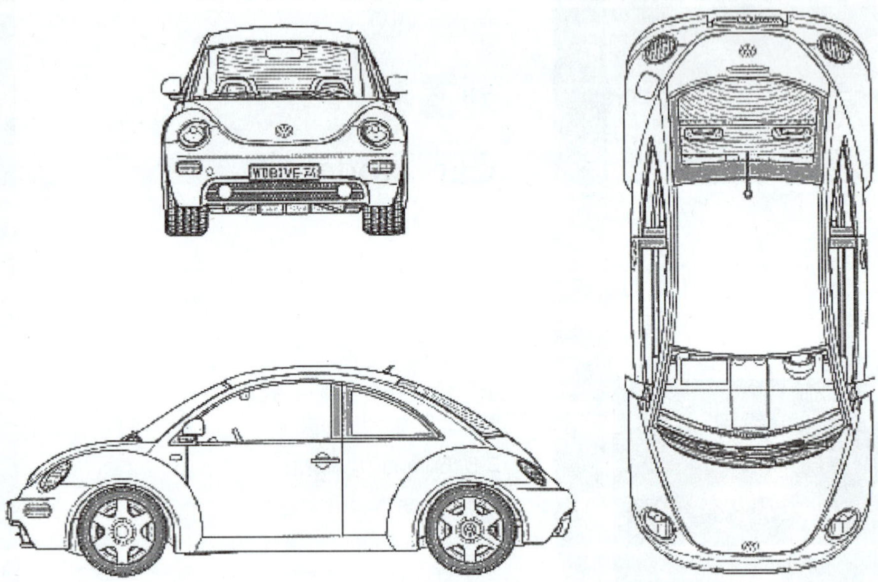

그림 3-1

3-1 Car 전체 프레임 만들기

1 자동차 이미지 RTOSCOPING : 먼저 위의 이미지를 각 작업 View에 Rotoscoping 작업을 하도록 한다. 그리고 외부 프레임의 기초가 될 Cube를 하나 꺼내서 각 View port의 자동차 이미지에 맞도록 재배치한다.

그림 3-2

2 Select[I] and Edge 나누기 분할[shift + D] : 차체 Cube를 Y축으로 Scaling 또는 Point Y축 이동을 통해 자체의 바닥 Frame을 변형하도록 한다. 그리고 양쪽 Line 4개를 Multi 선택을 하고 분할[shift + D]하여 Subdivision 값을 2로 하여 양분을 하도록 한다.

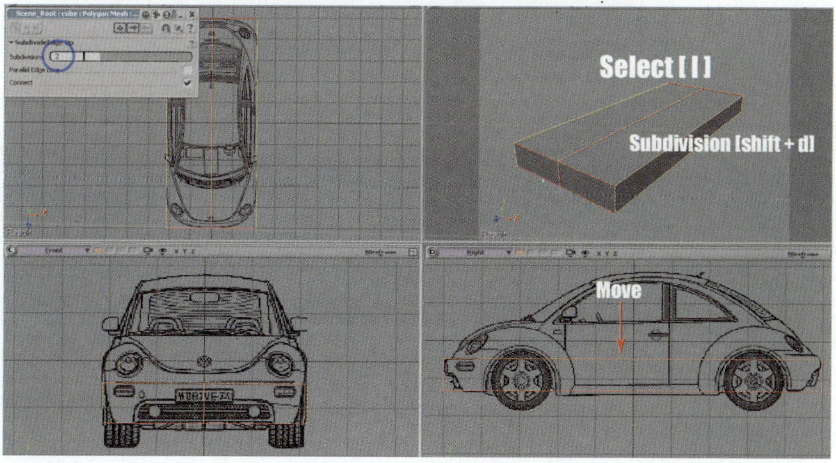

그림 3-3

3 Select[l] and Delete : 자동차 역시 대칭구조를 가지는 형태 모델링이기 때문에 일단 한쪽 부분에 대한 모델링 작업을 하고 나머지 반쪽은 복사하거나 복제해서 사용하면 훨씬 효율적으로 작업 가능하다. 그래서 반쪽 Polygon을 선택하고 Delete하도록 한다.

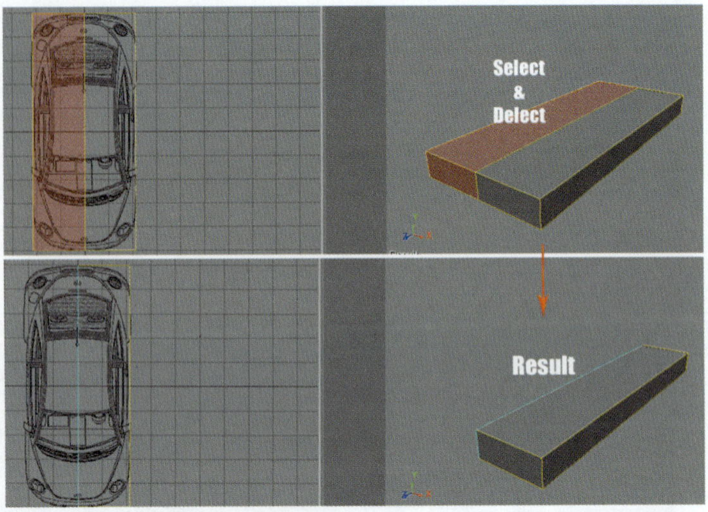

그림 3-4

4 Select[U] and Delete : Polygon 면 선택 모드로 전환 [U]해서 남은 Cube의 윗면을 선택한다.

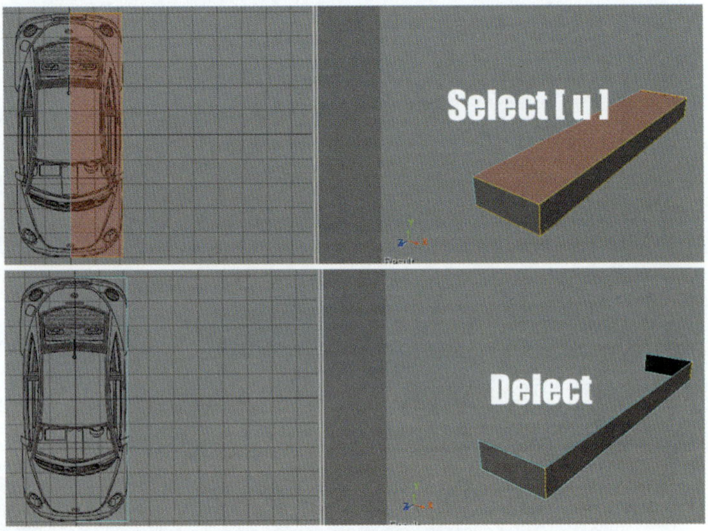

그림 3-5

5 Select[l] and Subdivision[Shift + d] : 이번에는 남은 Edge를 분할하여 필요한 수만큼의 Edge 수를 늘리도록 한다.

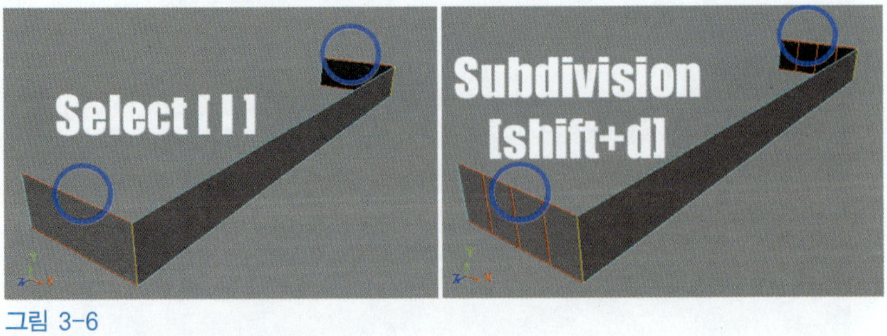

그림 3-6

6 Select[I] and Subdivision[Shift + d] : 이번에는 남은 Edge를 분할하여 필요한 수만큼의 Edge 수를 늘리도록 한다.

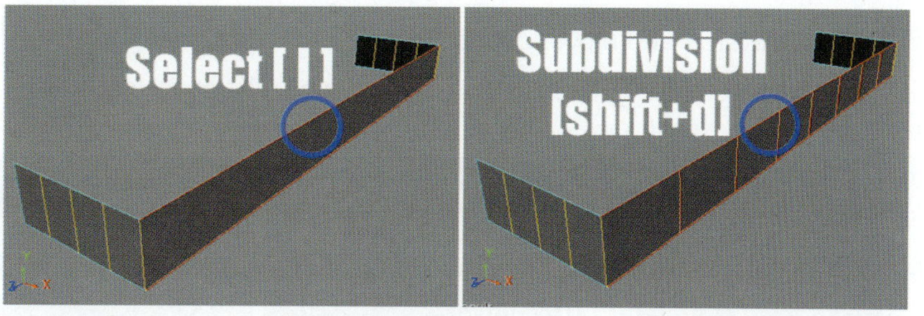

그림 3-7

7 Point 이동 : 앞 차체와 두 차체가 구분되는 지점, 즉 좌측 Frame에 Point를 이동하여 형태를 맞추도록 한다.

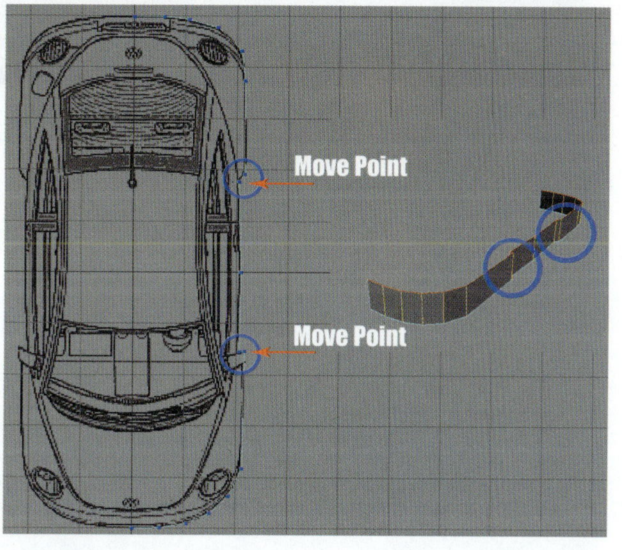

그림 3-8

7 Edge Select[I] and Scale[X] : 기울어진 차체의 모양을 만들려고 선택한 Edge를 Scale 조절을 통해 모양을 가다듬는다.

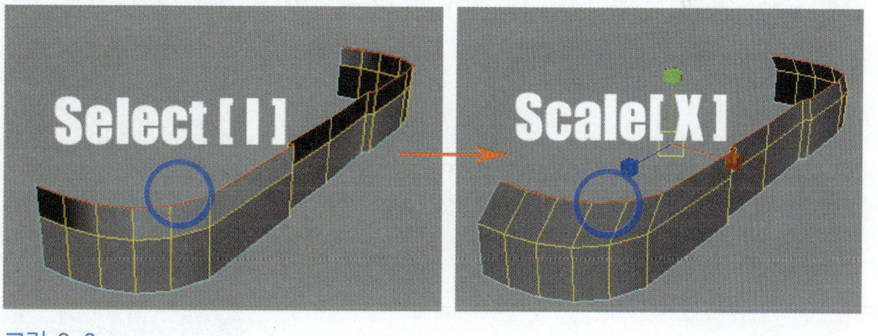

그림 3-9

9 Duplicate[D] and Move[V] and Scale[X] : Edge를 선택하고 복사하여 차체 본넷과 앞유리 라인까지 맞추고 난 다음 Scale 기능을 활용하여 차체 라인에 맞추도록 한다.

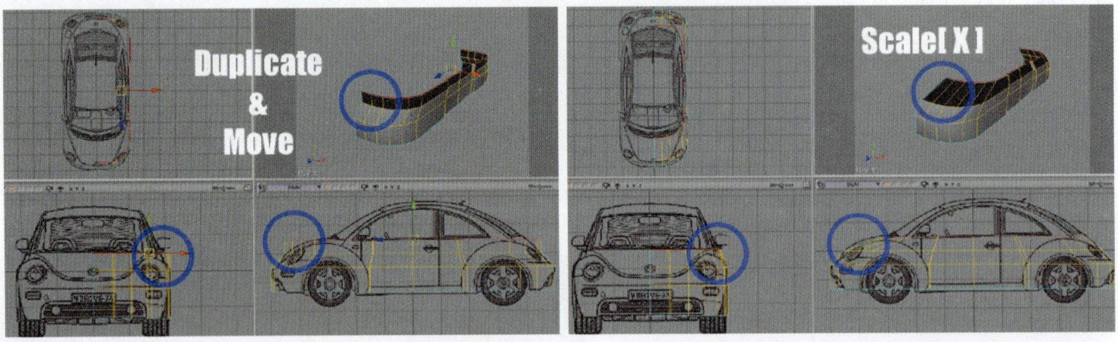

그림 3-10

10 Point 이동[M] : 참고 이미지와 맞도록 Point 이동을 한다.

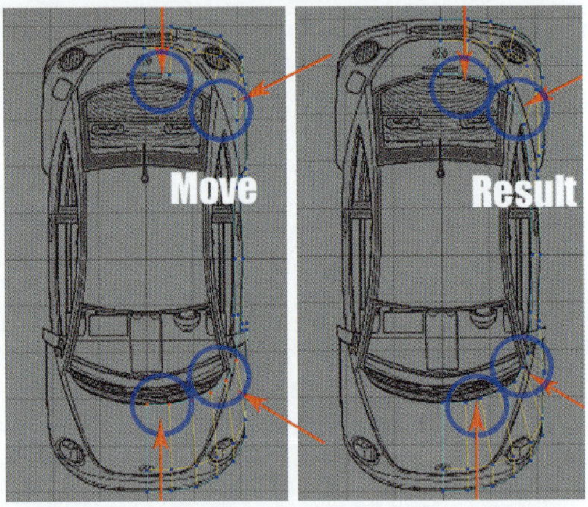

그림 3-11

11 Edge 복사 : 창문 Frame을 만들려고 해당하는 Edge를 선택하여 복사한다.

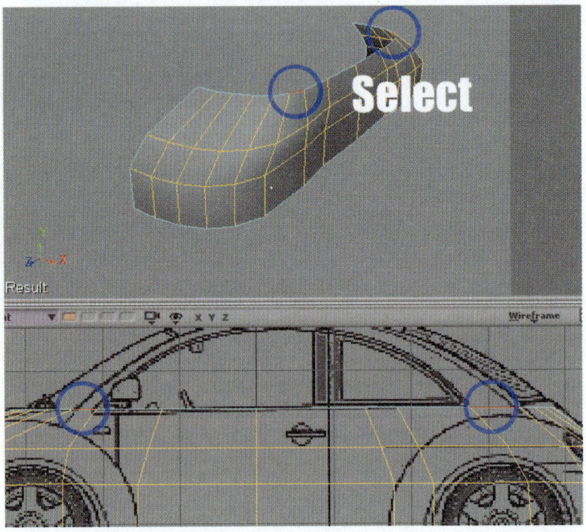

그림 3-12

12 Edge 이동 : 복사한 Edge를 각각 Frame 맞도록 위치 이동을 한다.

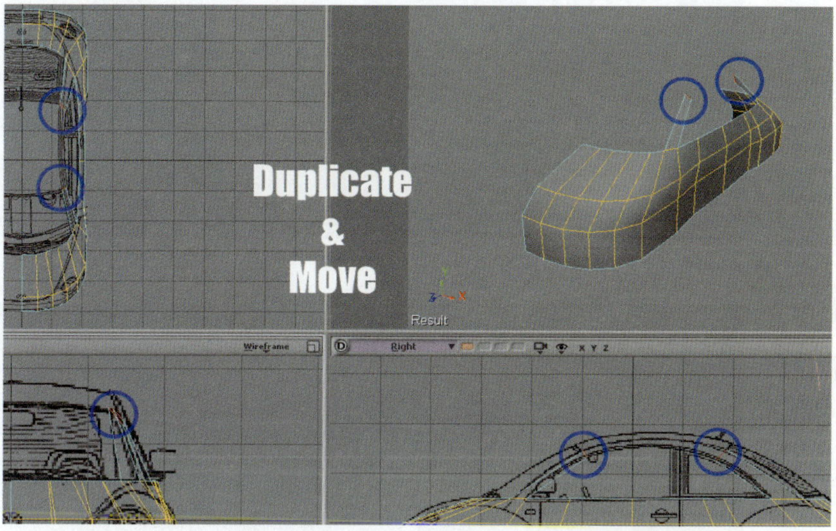

그림 3-13

13 복사된 Edge Merge : 복사하여 이동한 두 개의 마주한 Edge를 Bridge하여 이어주도록 한다.

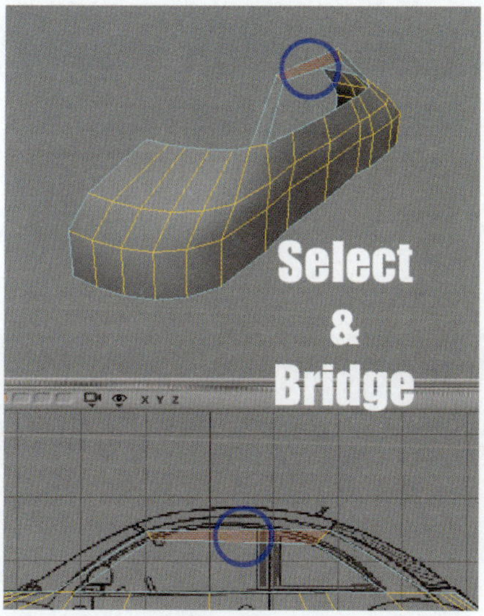

그림 3-14

14 Edge 복사 및 이동 : Car 상부 패널 작업을 위해 Edge를 선택하고 복사하여 참고 이미지의 상부 패널의 위치에 맞춰 정확한 위치까지 이동하도록 한다.

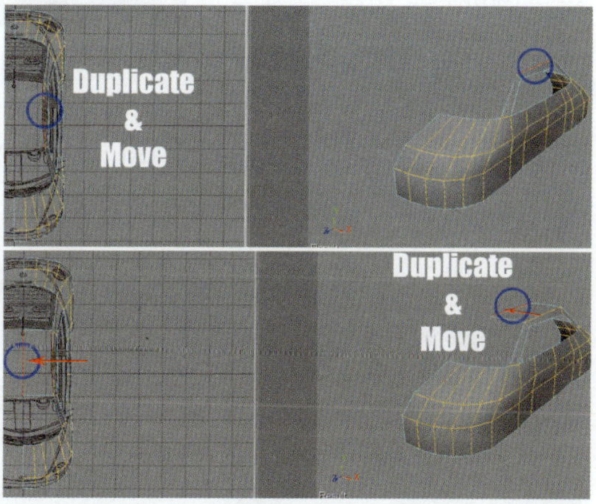

그림 3-15

15 Edge 분할 : 상부 패널의 모양이 실제 이미지에 들어맞으려면 추가적인 Edge가 필요하다. 그러므로 Edge를 선택하고 선분할 기능을 통해 Subdivision을 하도록 한다.

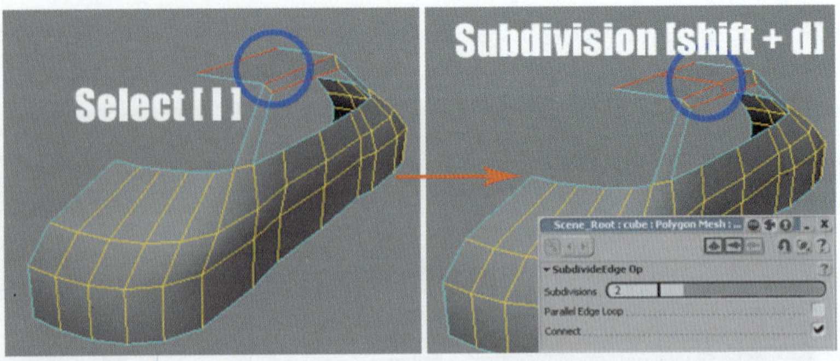

그림 3-16

17 Point 이동 : 추가 생성된 Point를 선택 이동하여 이미지의 모양에 맞도록 작업을 한다.

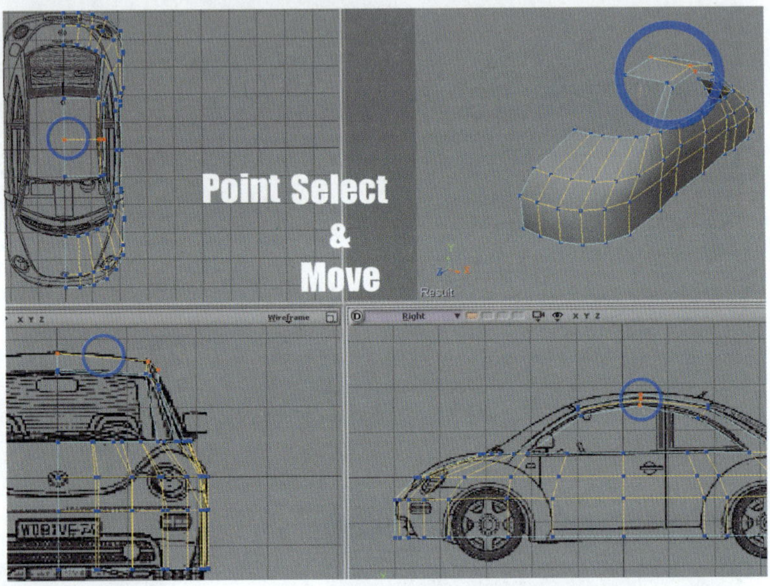

그림 3-17

18 Instantiate 복사하기[Ctrl + I] : 완성된 외부 프레임을 선택하고 나머지 반쪽 오브젝트를 복제하도록 한다. 복제는 복사와는 달리 원본 데이터의 변형에 따라 복제된 데이터 역시 같이 변형되는 속성을 가지는 일종의 가상 복제 Object이다. 최종 작업이 완료될 때까지 참고 데이터로 활용하고 작업이 완성되면 복사 Object로 최종 확인 및 Merge(병합)하도록 한다.

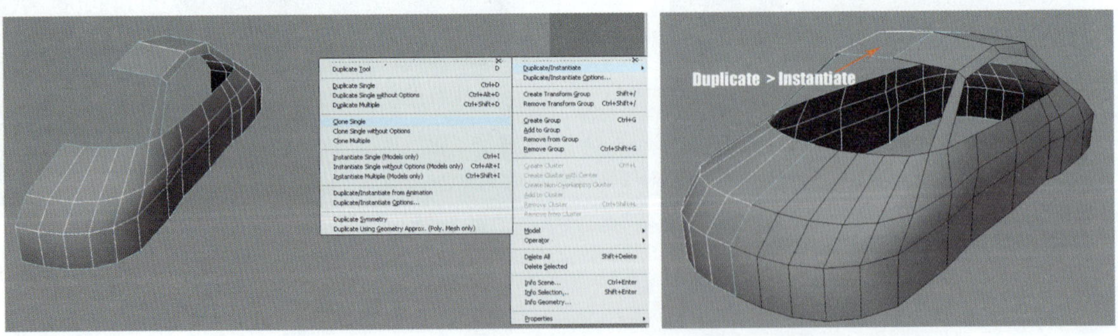

그림 3-18

3-2 외부형태 다듬기

초기 완성된 Car의 Frame을 이용해야 더욱 섬세한 형태작업을 진행한다.

1 Edge 추가 [₩] : Bone net의 형태를 잡으려고 이미지의 Bone net 형태를 따라 Edge를 추가한다.

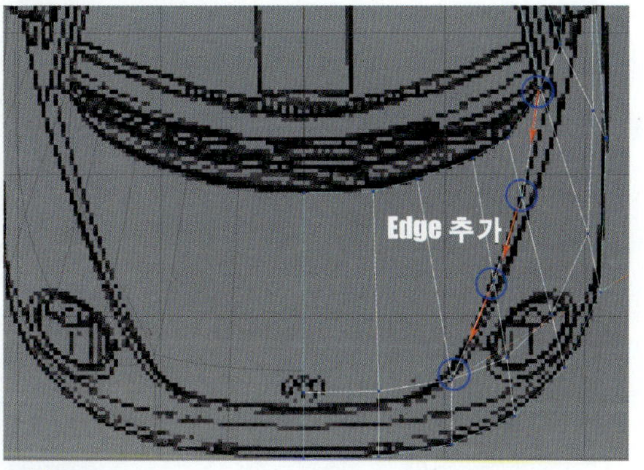

그림 3-19

2 Edge 추가

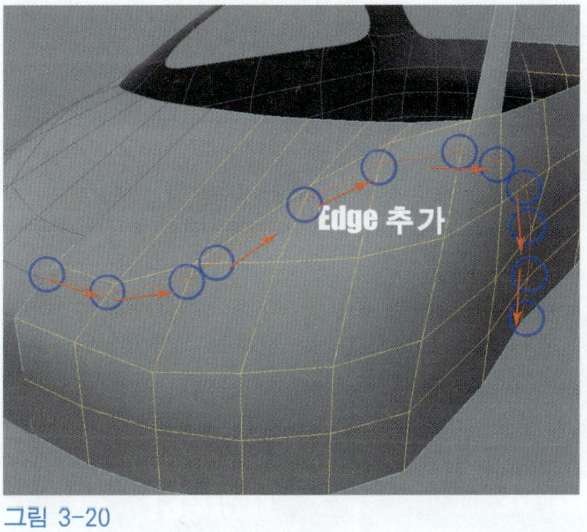

그림 3-20

3 Edge 추가

그림 3-21

④ Polygon 면 선택 & Delete

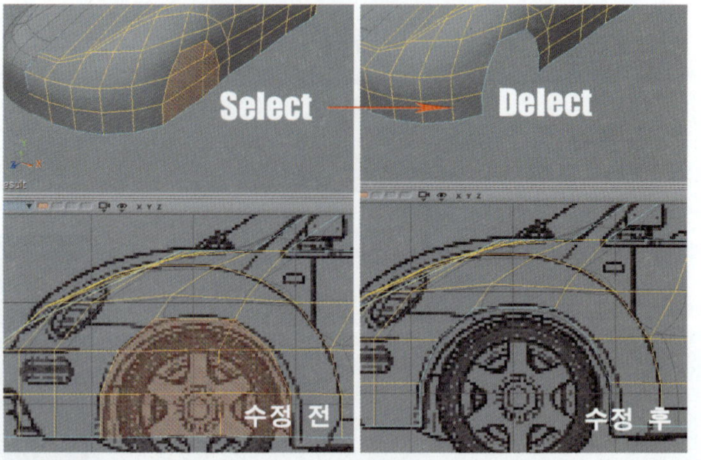

그림 3-22

⑤ Edge 추가

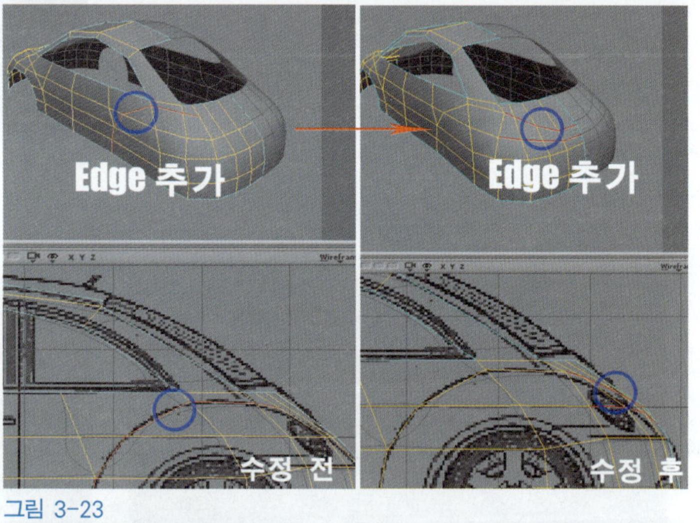

그림 3-23

⑥ Polygon 면 선택 & Delete

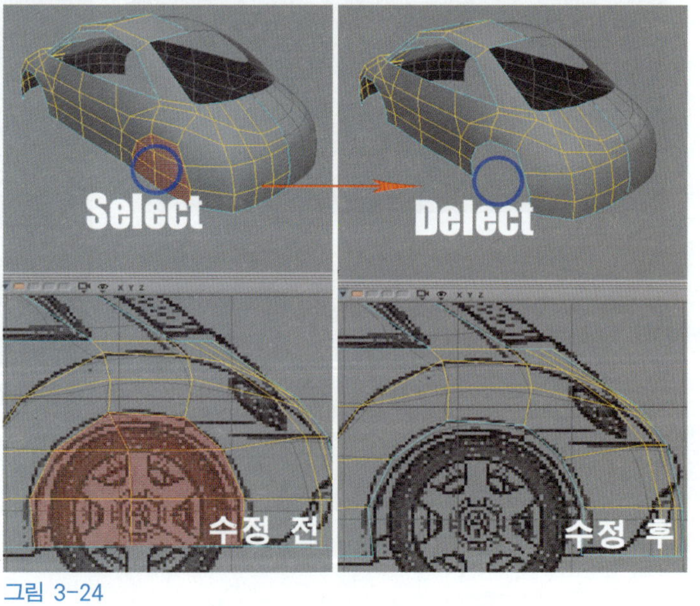

그림 3-24

7 Edge 정리

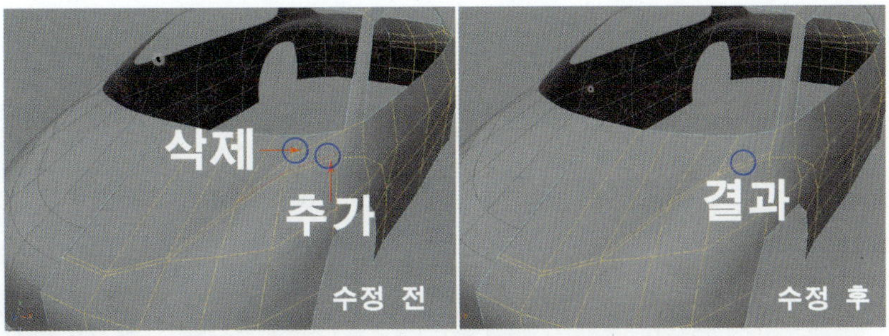

그림 3-25

8 Edge 추가 / 삭제 / Point & Edge 정리

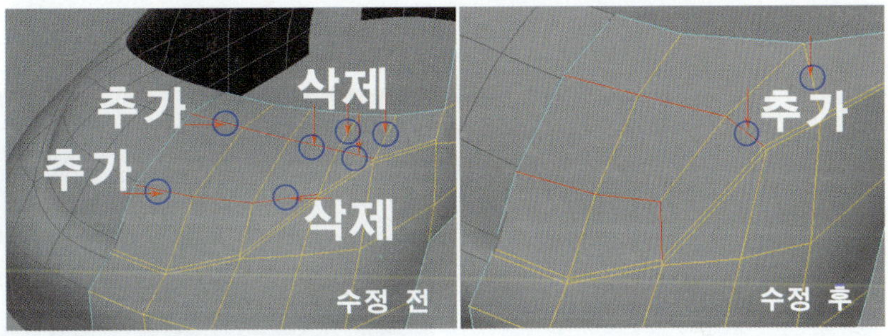

그림 3-26

9 Back Bone net Edge 추가

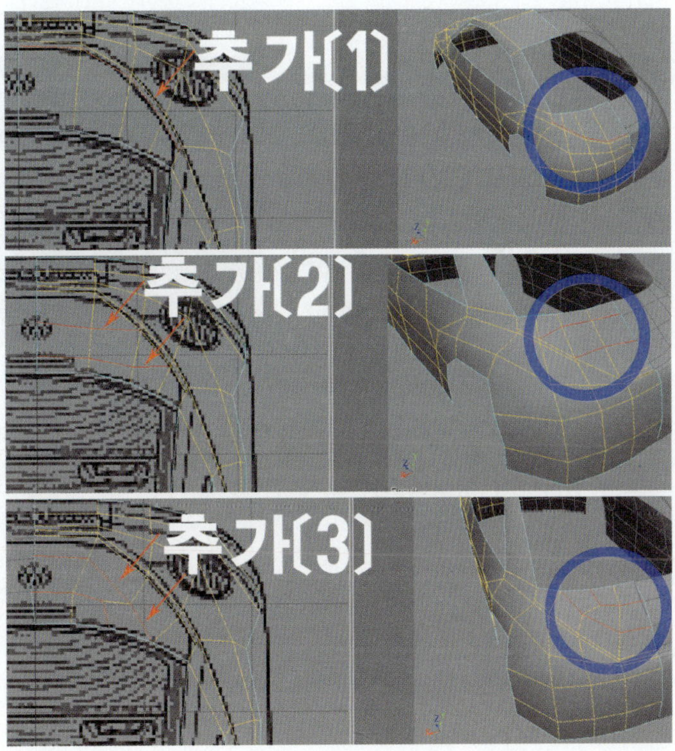

그림 3-27

10 Edge 추가

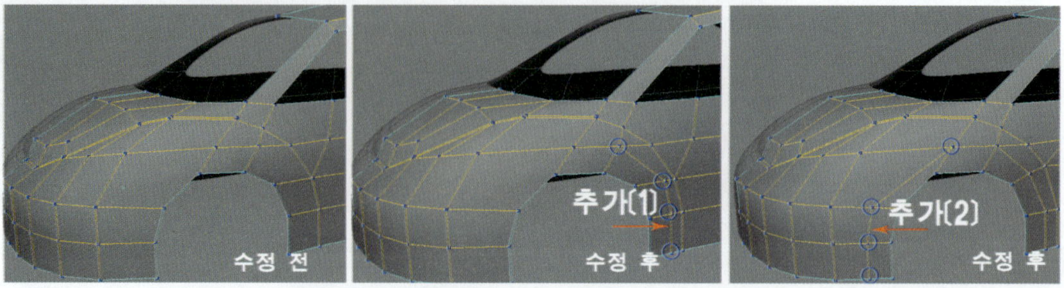

그림 3-28

11 Edge 추가 / 편집

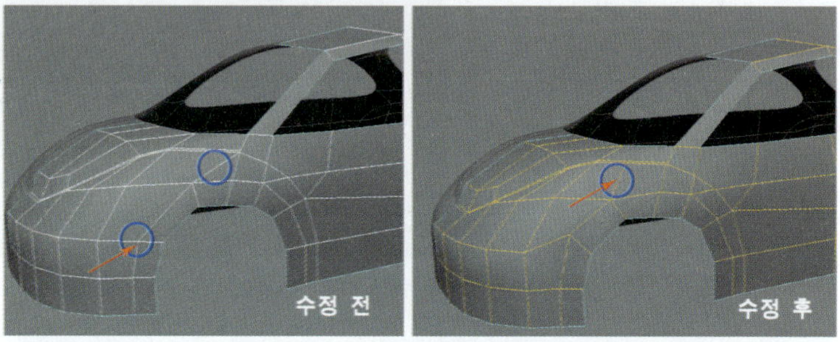

그림 3-29

12 Edge 선택 / 모양 수정 : 선택한 Edge를 Scale X축을 실행함으로써 일자형의 형태로 만들도록 한다.

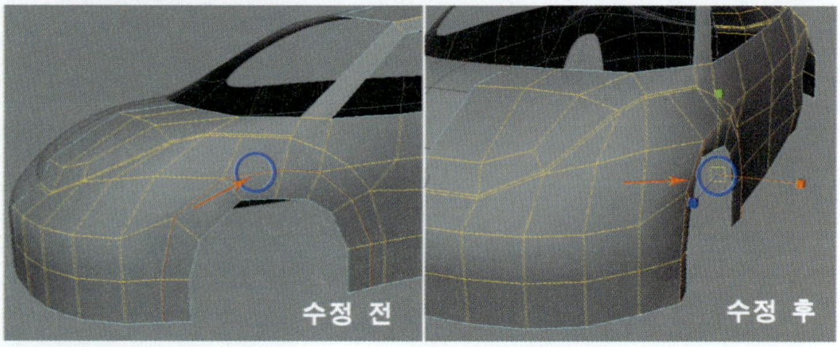

그림 3-30

13 Edge 선택 / 모양 수정 : 선택한 Edge를 Scale X축을 실행함으로써 일자형의 형태로 만들도록 한다.

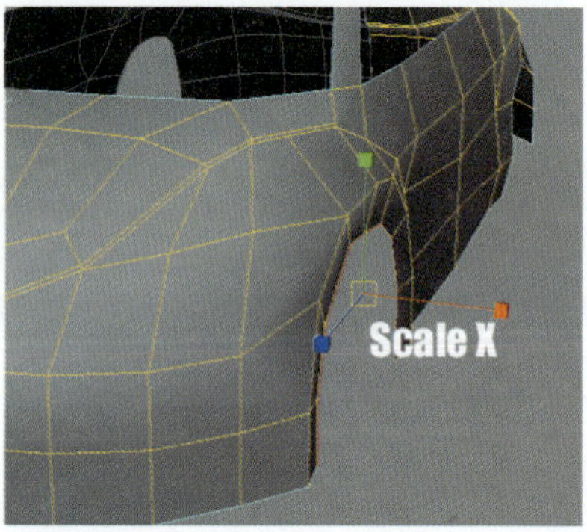

그림 3-31

14 Edge 선택 / 모양 수정 : 앞 Fender 모양에 맞도록 모양과 각도를 수정

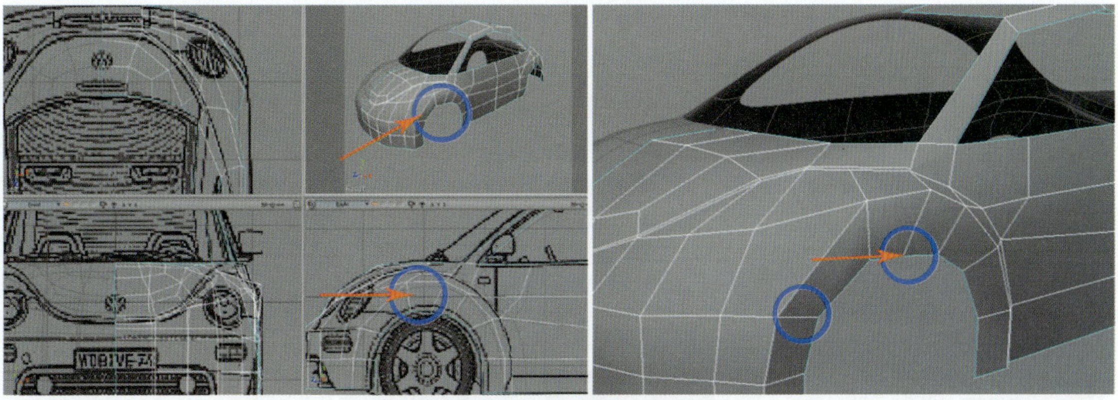

그림 3-32

15 Edge 삭제 및 Point 이동

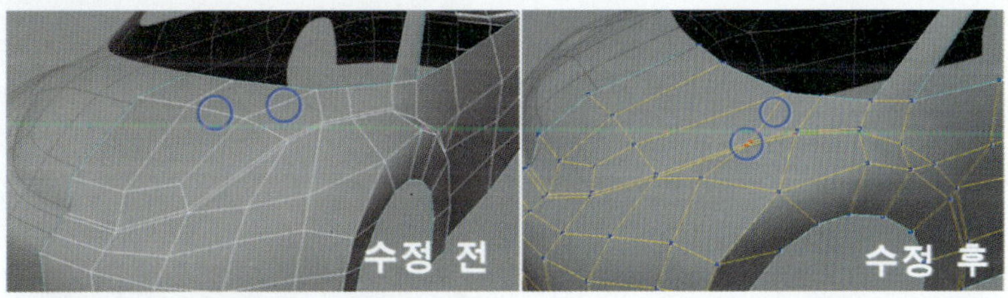

그림 3-33

16 Edge 추가

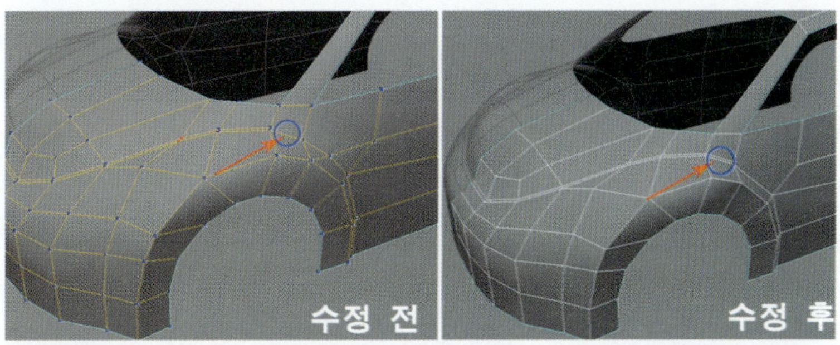

그림 3-34

17 Edge 추가

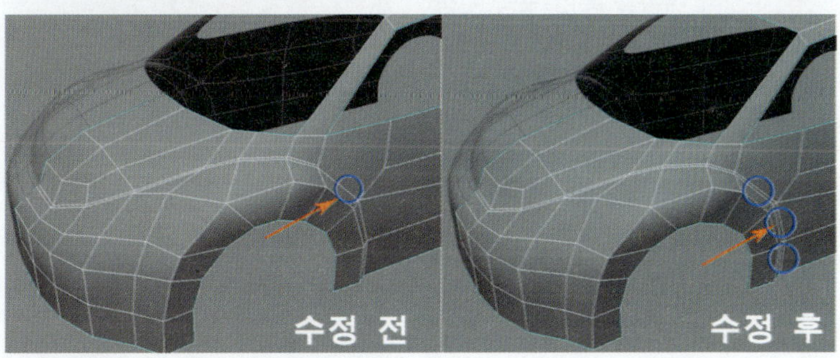

그림 3-35

3-3 Car 앞면 형태 만들기

1 Edge 추가

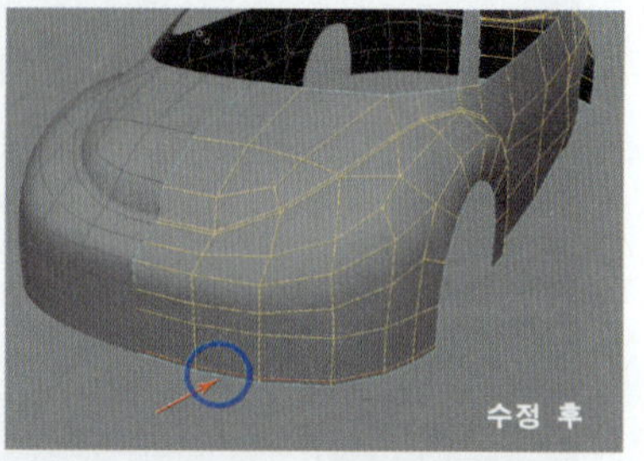

그림 3-36

2 Polygon 선택 / 삭제

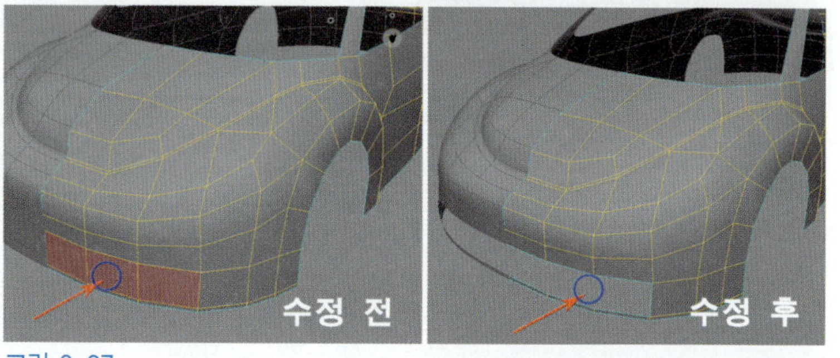

그림 3-37

3 Point 이동 : Point 이동을 통한 Bumper 모양 수정

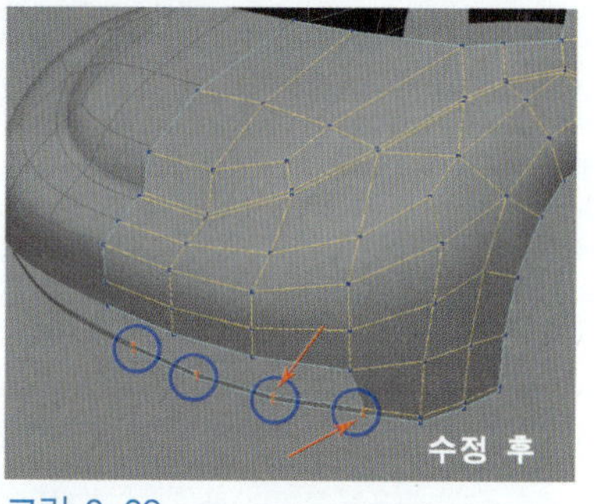

그림 3-38

4 Point 이동을 통한 모양 수정

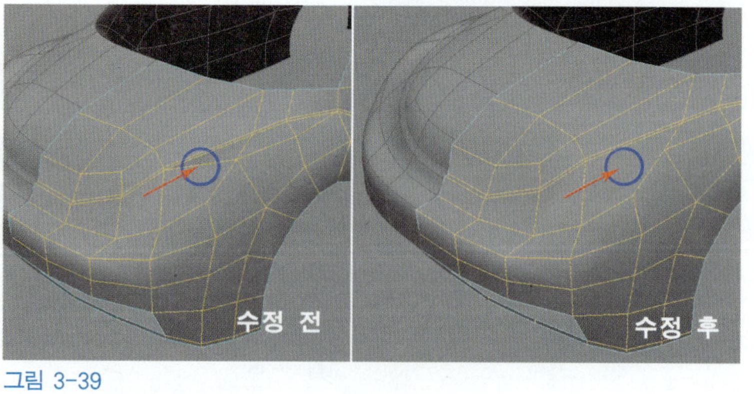

그림 3-39

5 Edge 추가

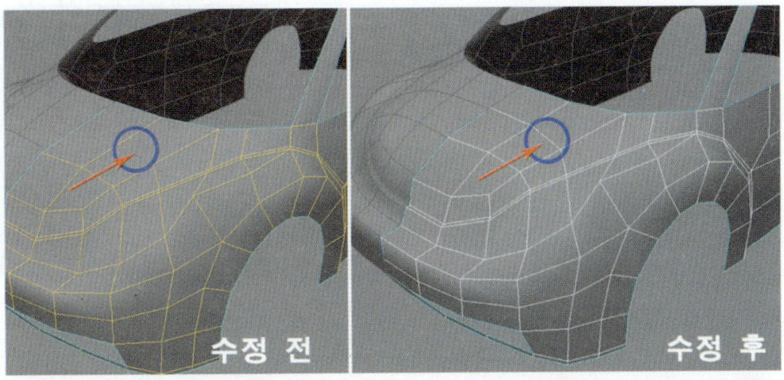

그림 3-40

6 Edge 선택 / 삭제

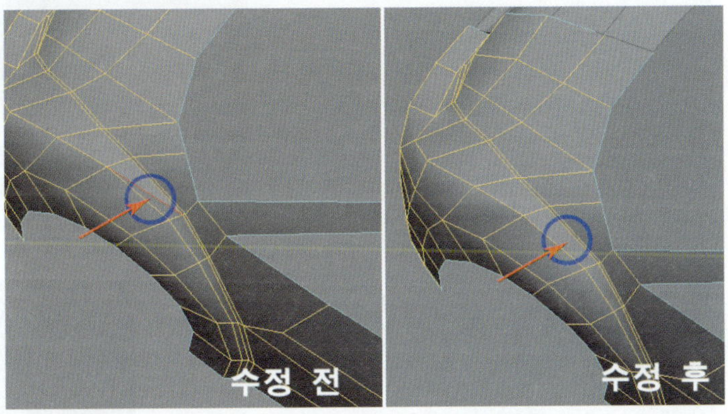

그림 3-41

7 Edge 추가

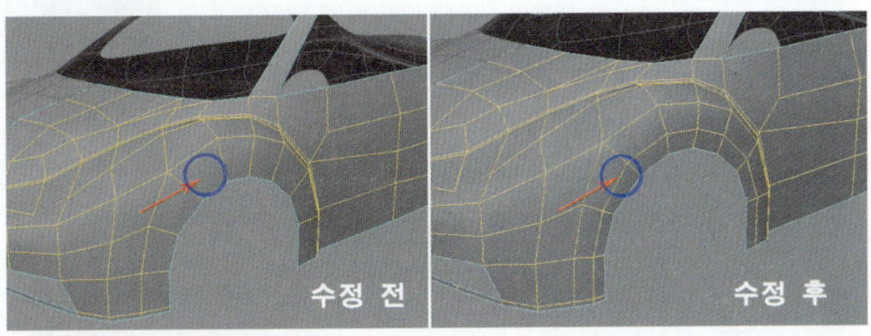

그림 3-42

8 Edge 추가

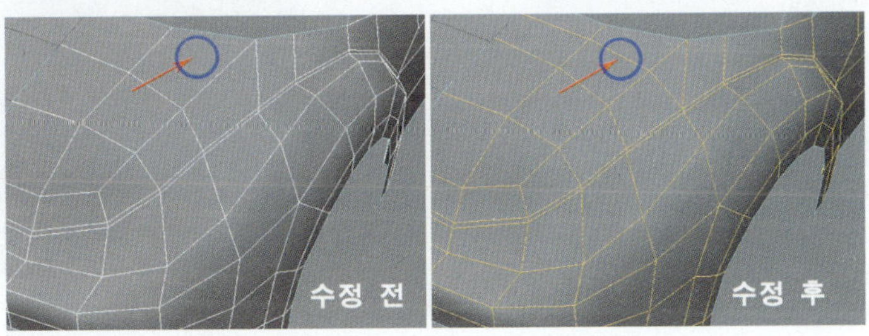

그림 3-43

9 Edge 삭제 / 추가

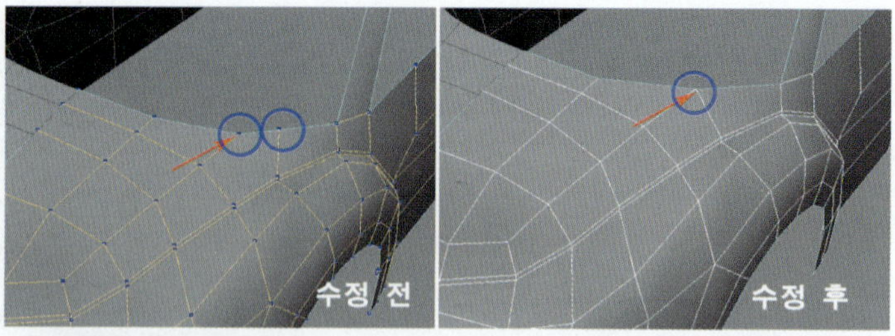

그림 3-44

10 Edge 추가

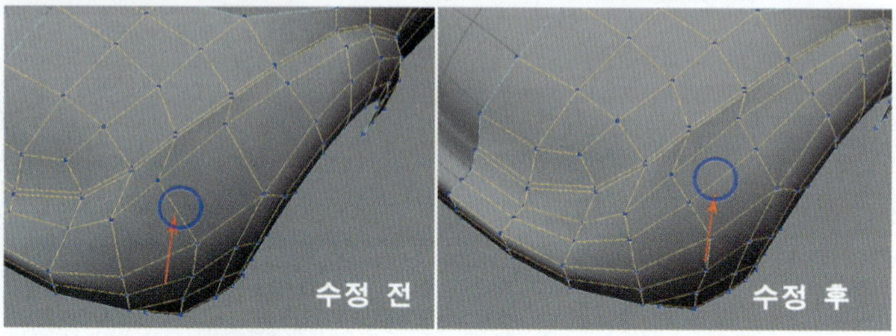

그림 3-45

11 Point 이동을 통한 모양 수정

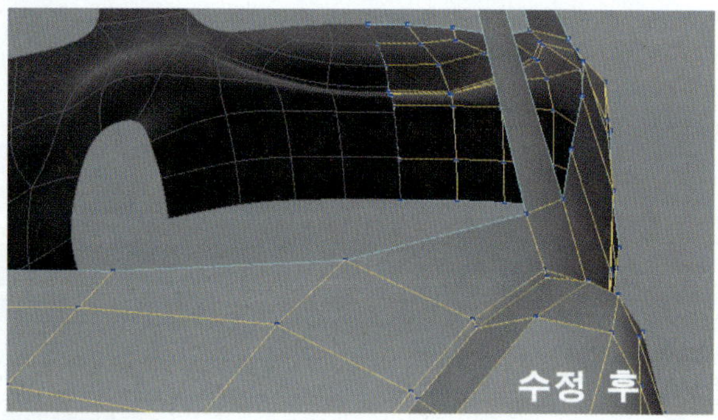

그림 3-46

12 Edge 추가

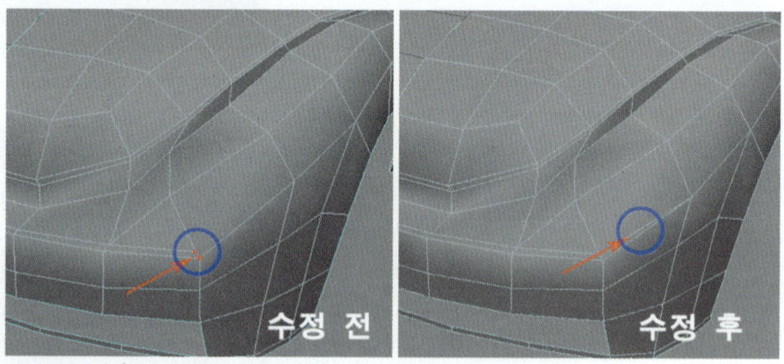

그림 3-47

13 Point 이동 / Edge 수정

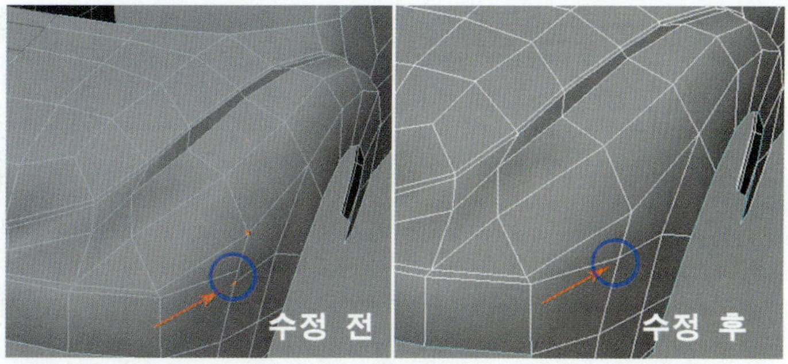

그림 3-48

14 Edge 추가

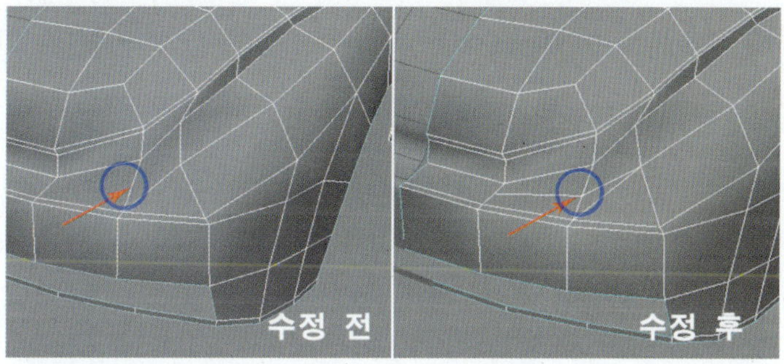

그림 3-49

15 Edge 삭제

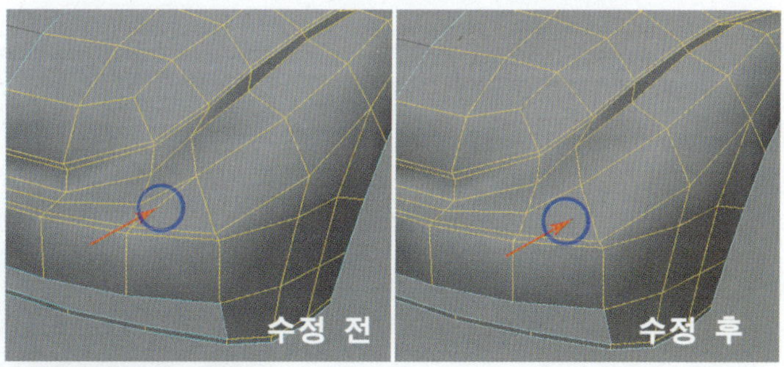

그림 3-50

16 Edge 선택 / 이동을 통한 모양 수정

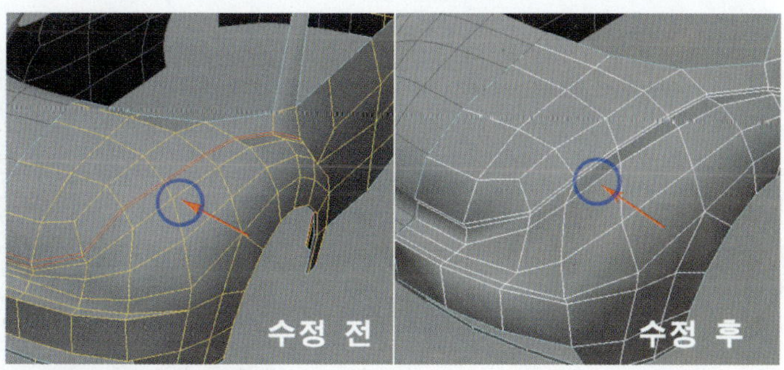

그림 3-51

17 Bone net Edge 추가

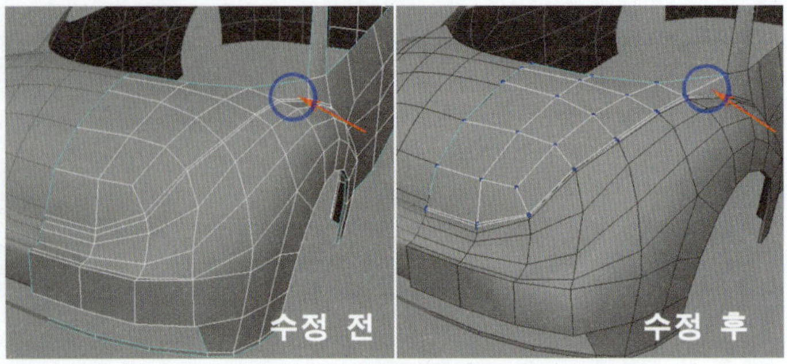

그림 3-52

18 Bone Net Extract : 추출하고자 하는 부분의 Polygon 면을 선택한 다음 Create 〉 Poly. mesh 〉 Extract Polygon

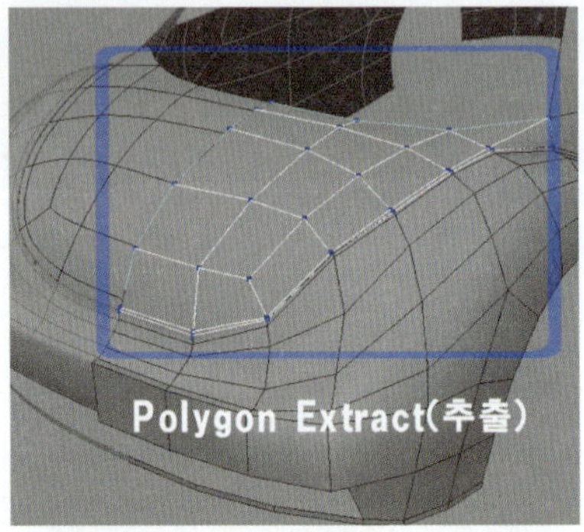

그림 3-53

19 Bone Net Edge 정리

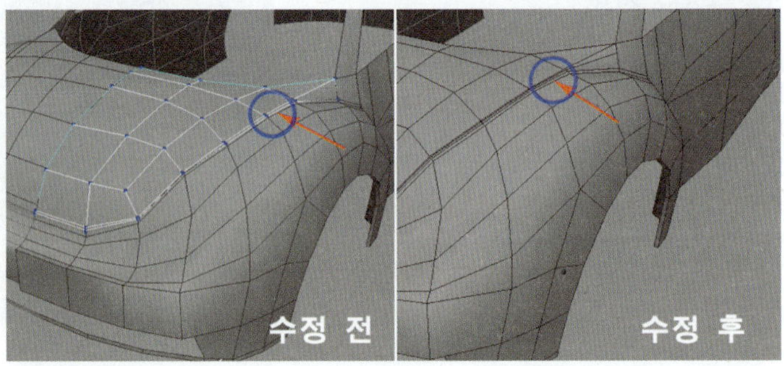

그림 3-54

20 Bone Net Edge 정리

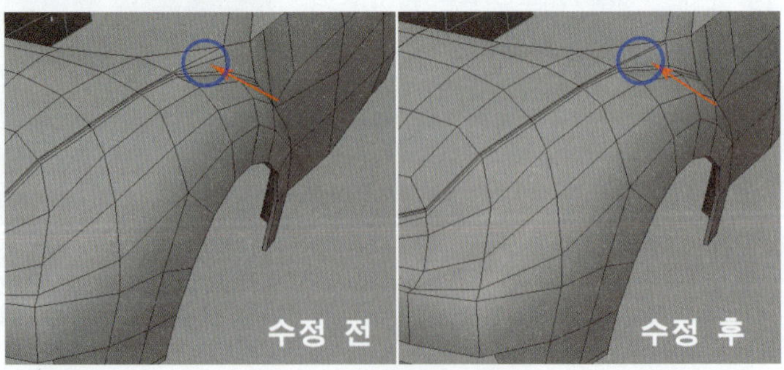

그림 3-55

21 Object view에서의 Bone Net

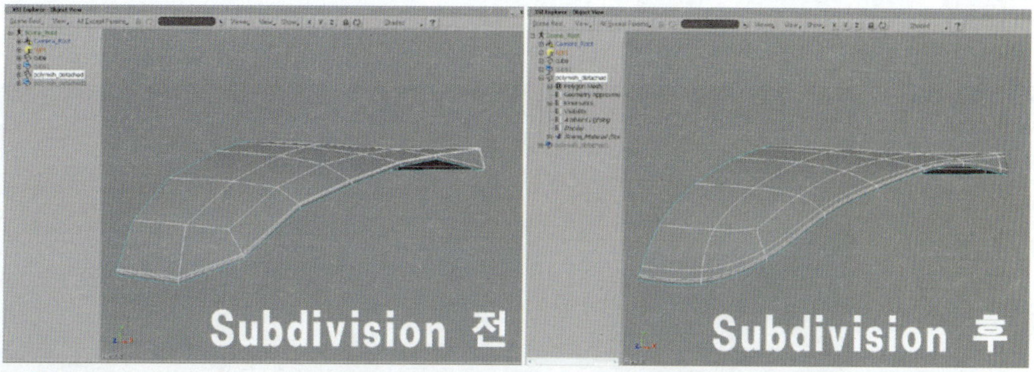

그림 3-56

22 앞부분 수정한 결과 이미지

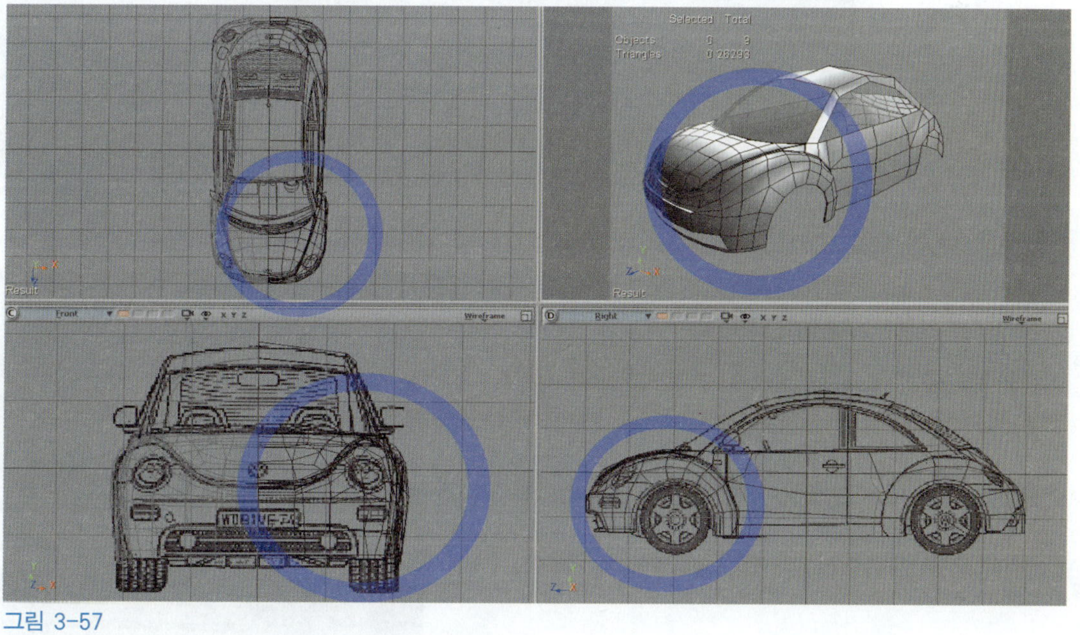

그림 3-57

3-4 Car 옆면 형태 다듬기

1 현재 옆면 Wire 상태

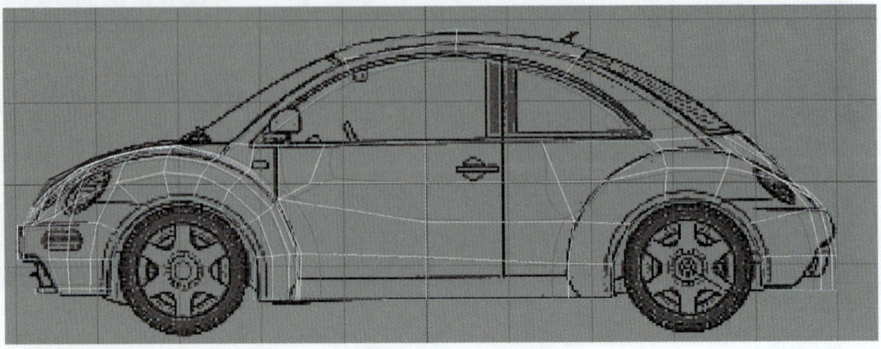

그림 3-58

2 Edge 삭제 / 수정

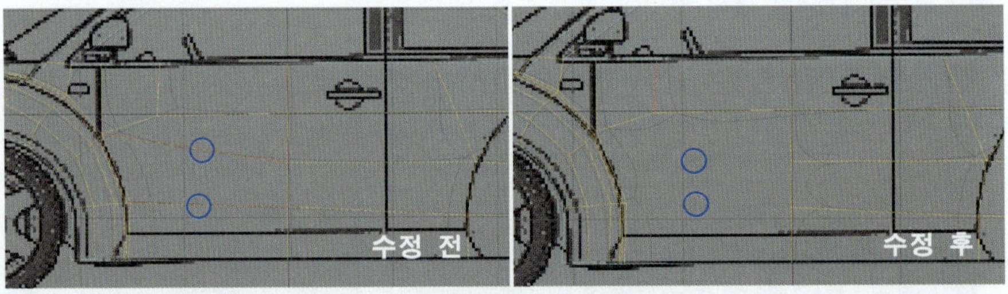

그림 3-59

3 Edge 추가 / 이동

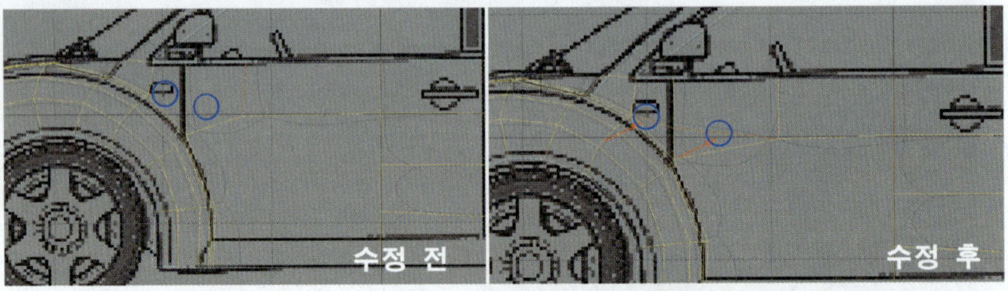

그림 3-60

4 Edge 추가

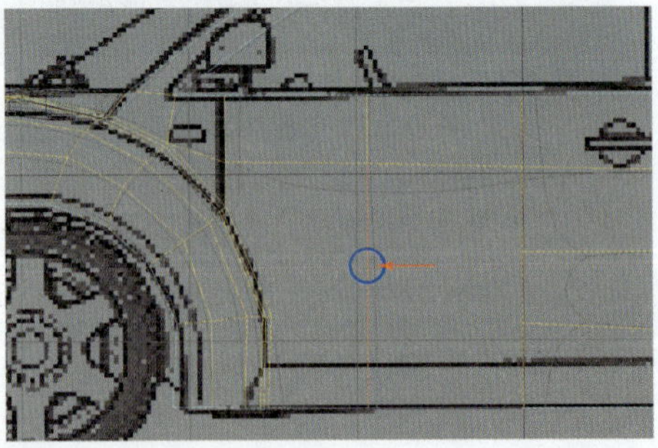

그림 3-61

5 Edge 수정

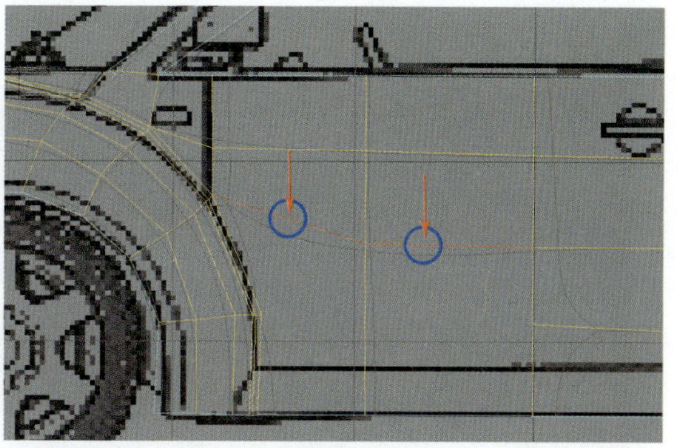

그림 3-62

6 Edge 추가

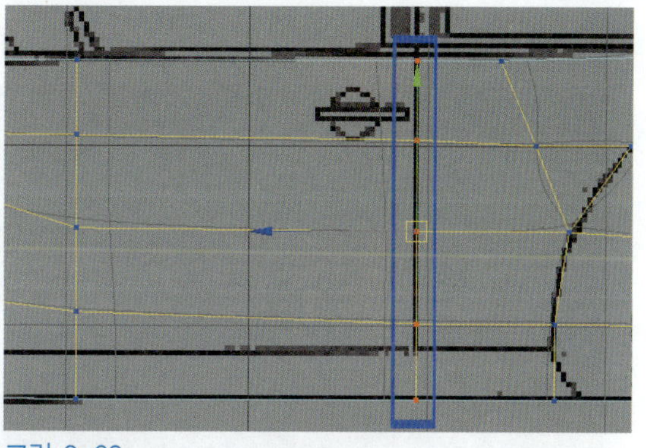

그림 3-63

7 Edge 선택 / 삭제

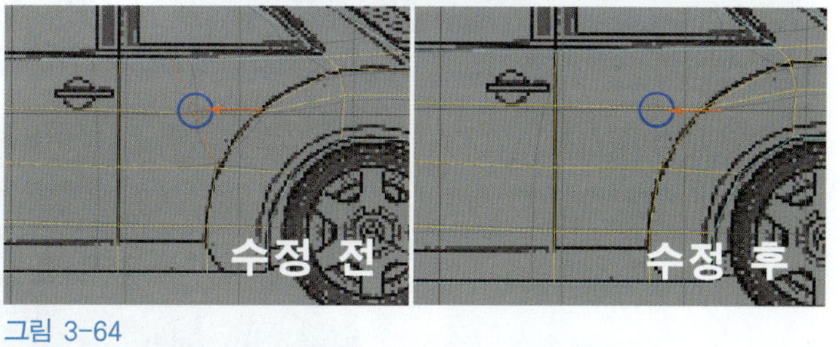

그림 3-64

8 Edge 추가

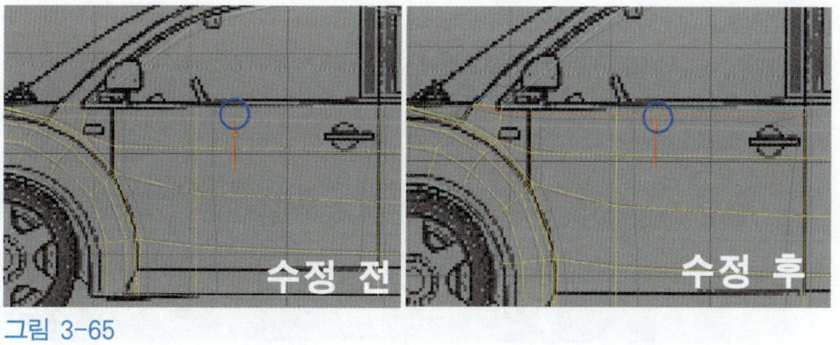

그림 3-65

9 Edge 추가

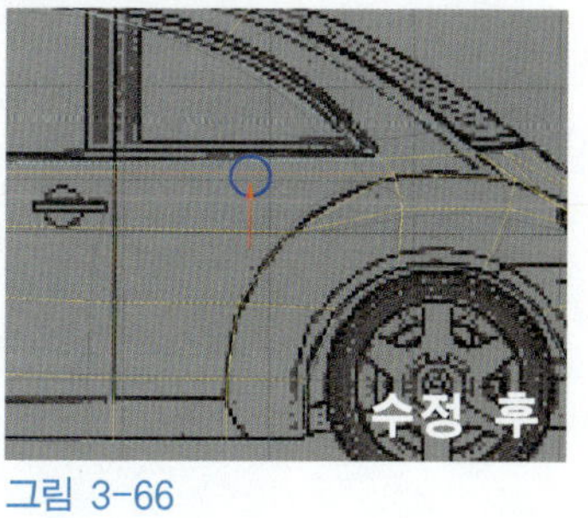

그림 3-66

10 Edge 추가

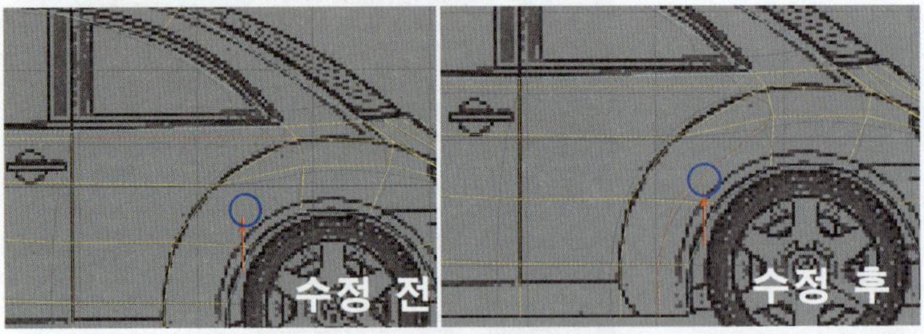

그림 3-67

11 Point 이동을 통한 모양 수정

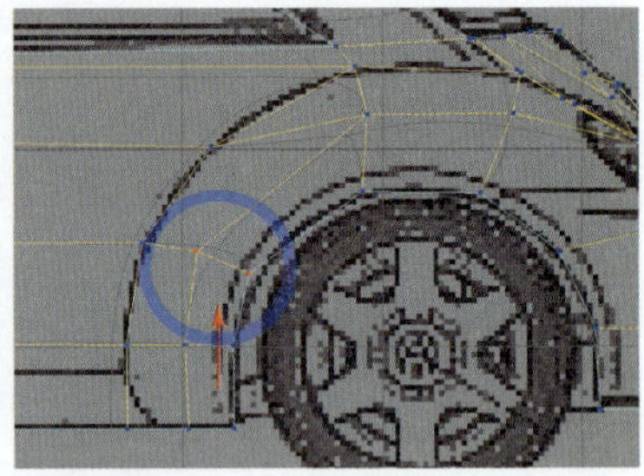

그림 3-68

12 Edge 추가

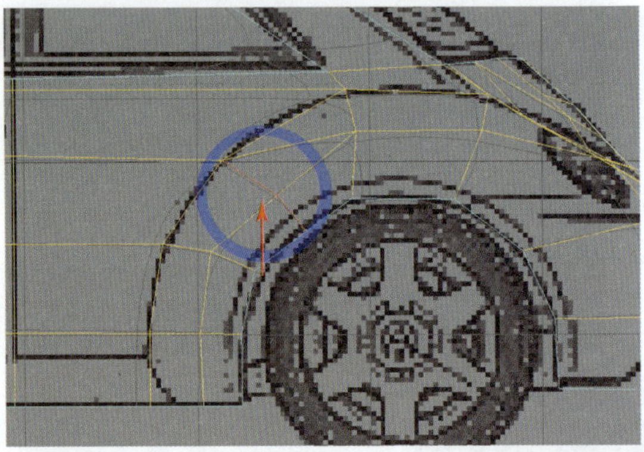

그림 3-69

13 Point 이동을 통한 모양 수정

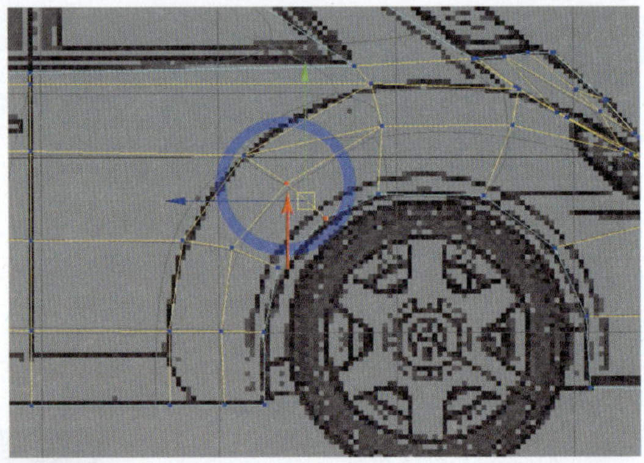

그림 3-70

14 Edge 선택 / 삭제

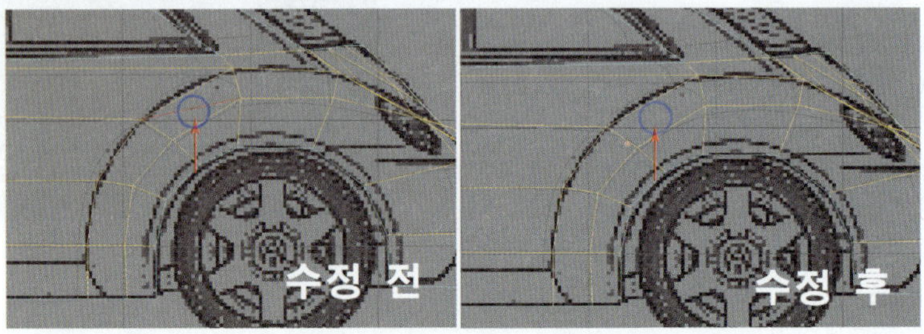

그림 3-71

15 Edge 추가

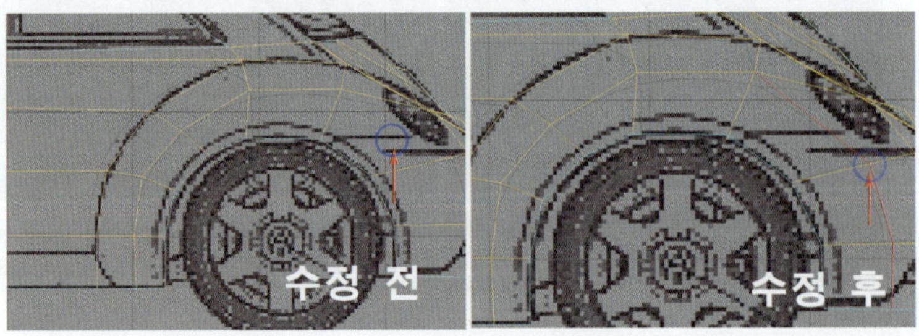

그림 3-72

16 Edge 선택 / 정리

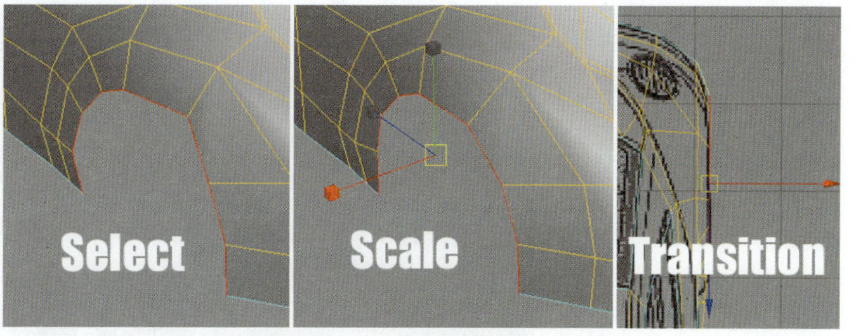

그림 3-73

17 Edge 선택 / 이동을 통한 수정

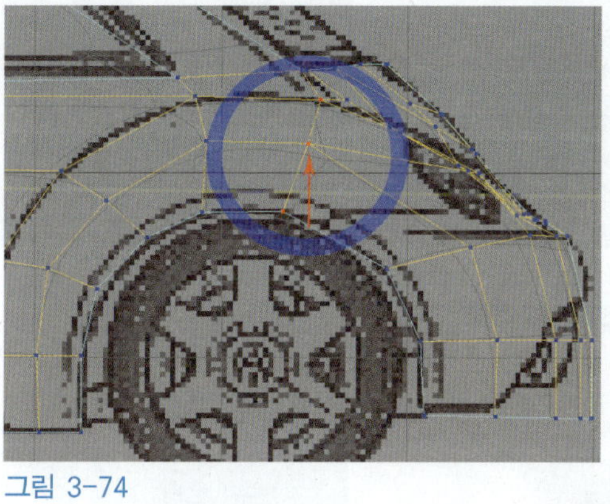
그림 3-74

18 Edge 추가

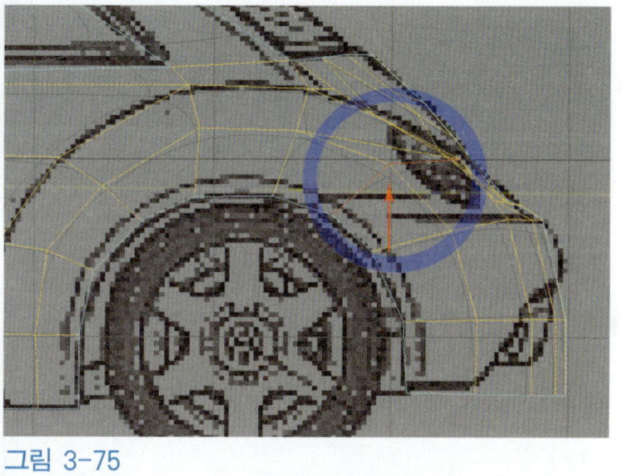
그림 3-75

19 Edge 수정

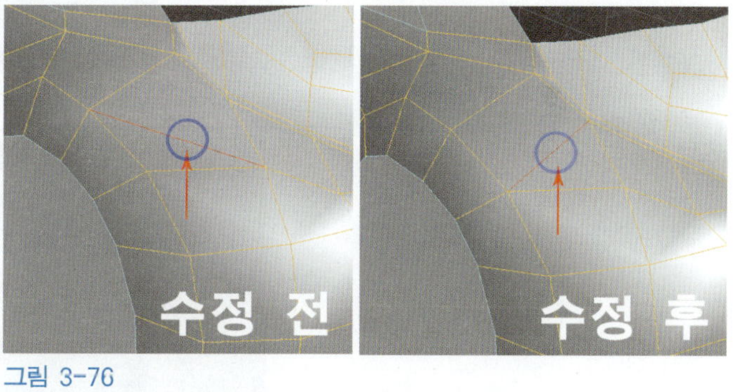

그림 3-76

20 Edge 선택 / 정리

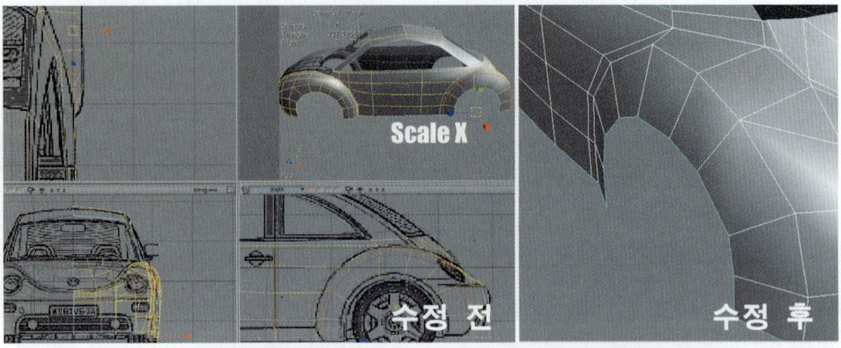

그림 3-77

21 Edge 추가

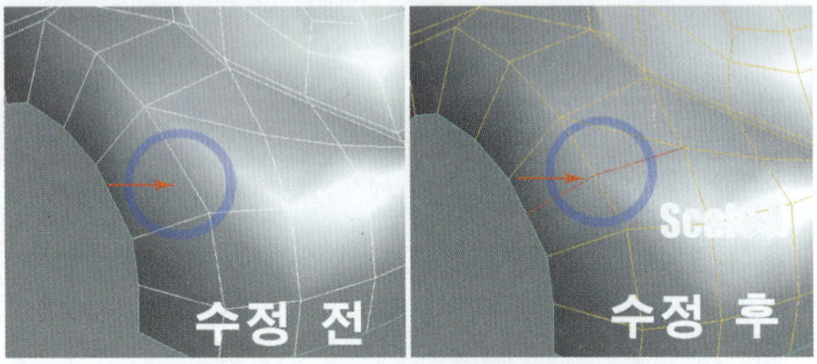

그림 3-78

22 Edge 선택 / 삭제

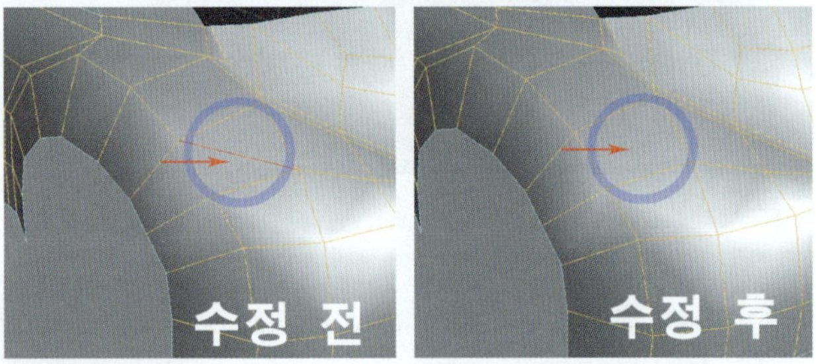

그림 3-79

23 Edge 추가

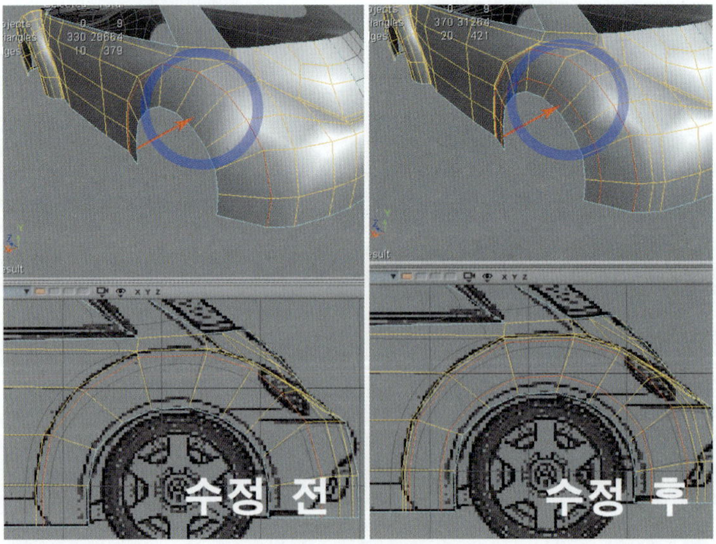

그림 3-80

24 Edge 모양 수정 : Scale X

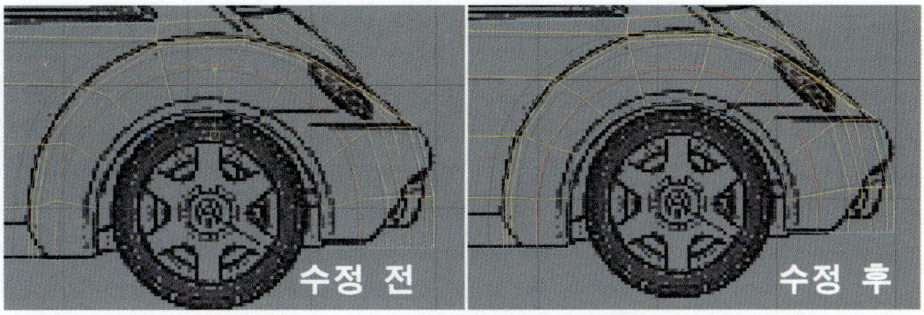

그림 3-81

25 Point 이동 - 모양 수정 : 각 세우기

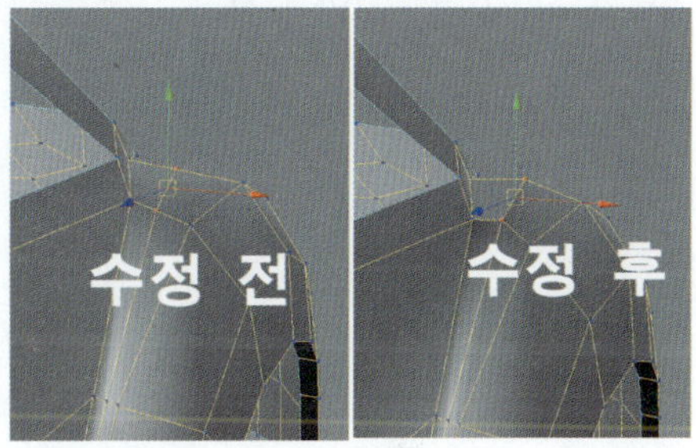

그림 3-82

26 Point 이동 - 모양 수정 : 간격 조정

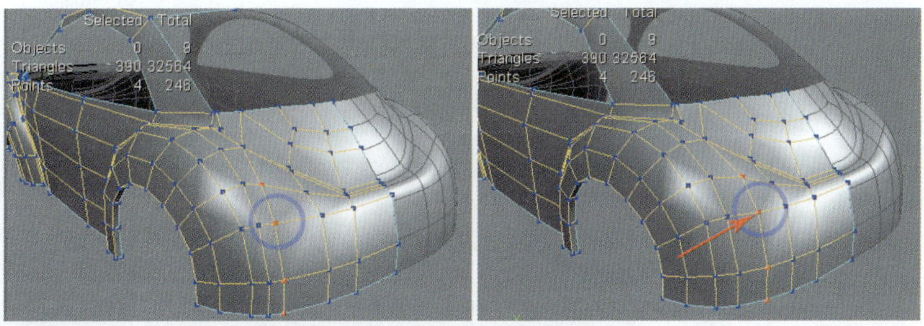

그림 3-83

27 정리된 옆모습

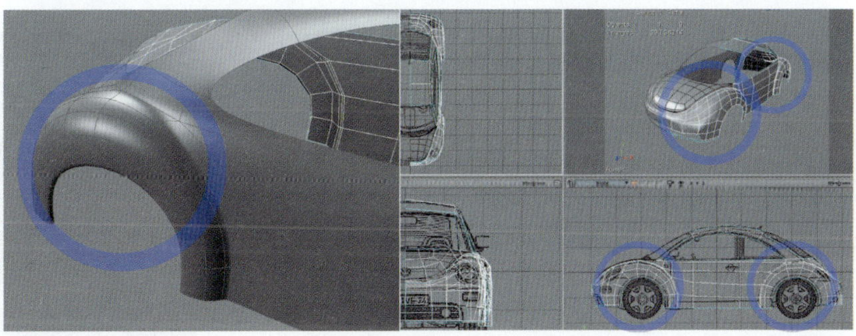

그림 3-84

28 Edge 추가 : 창틀 만들기

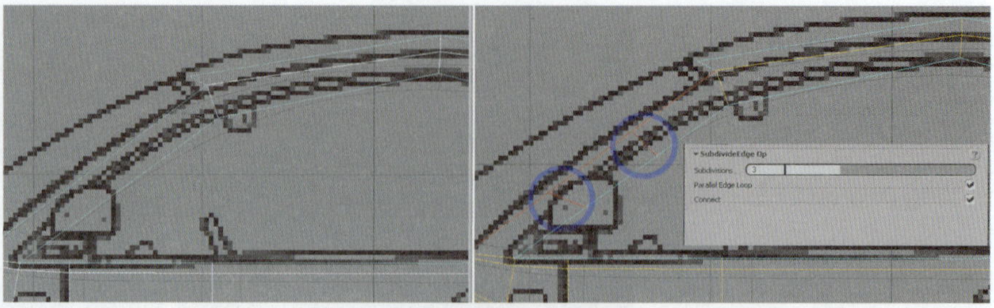

그림 3-85

29 Point 이동 - 모양 수정

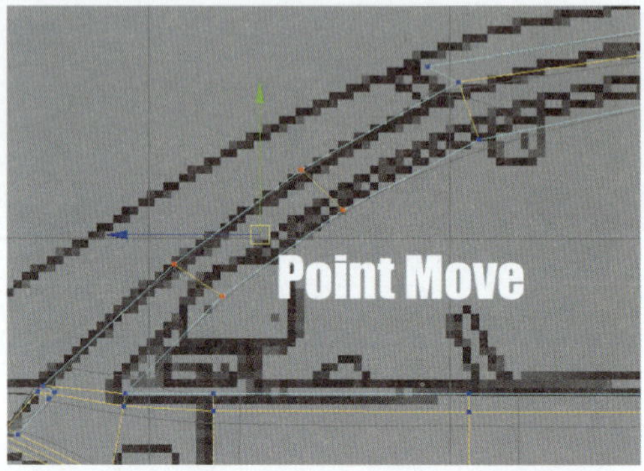

그림 3-86

30 Edge 추가 - Edge 분할

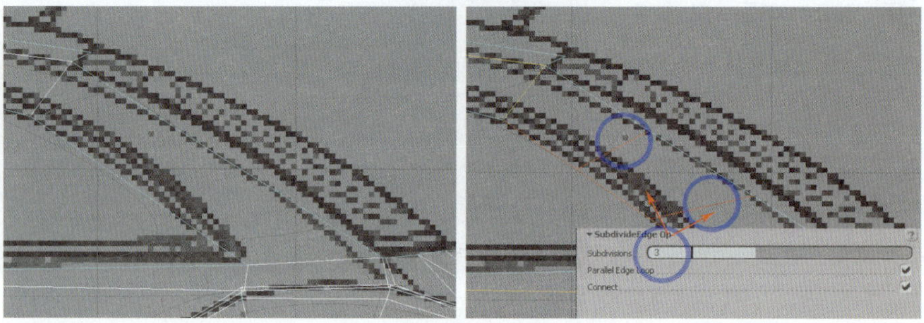

그림 3-87

31 Point 이동 - 모양 수정

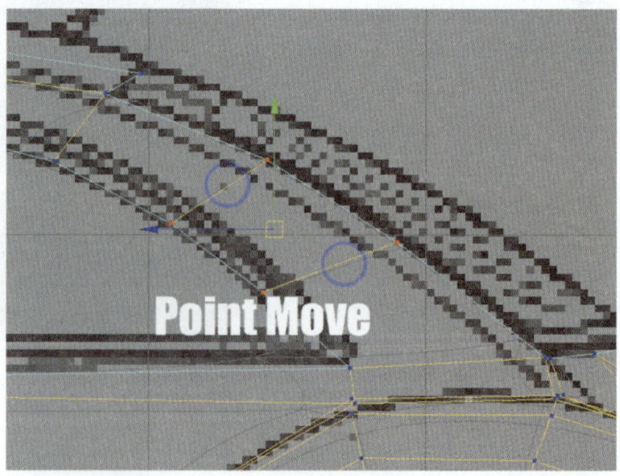

그림 3-88

32 Edge 추가 : Edge 분할(Shift + D)

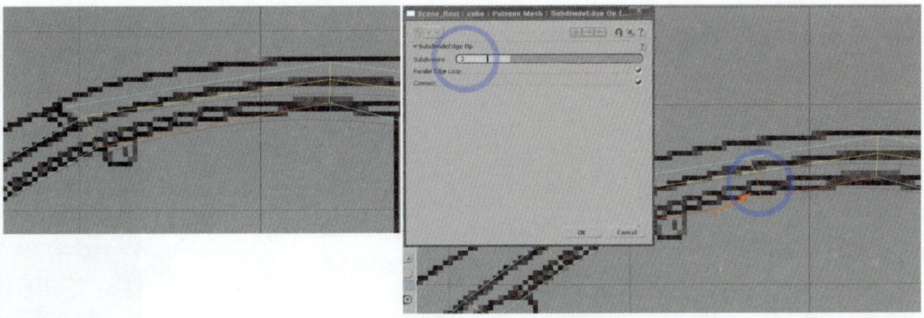

그림 3-89

33 Point 이동 - 모양 수정

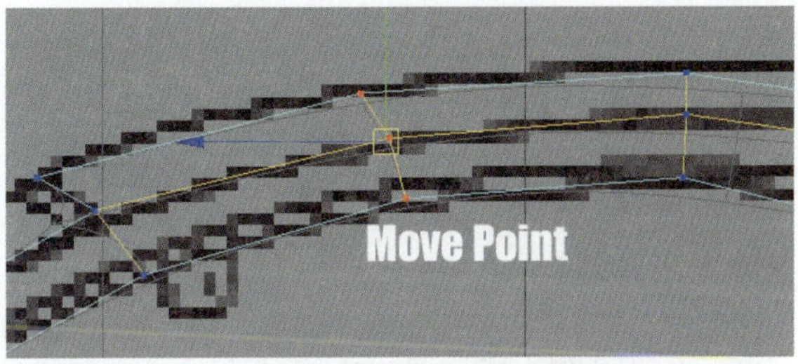

그림 3-90

34 Edge 추가

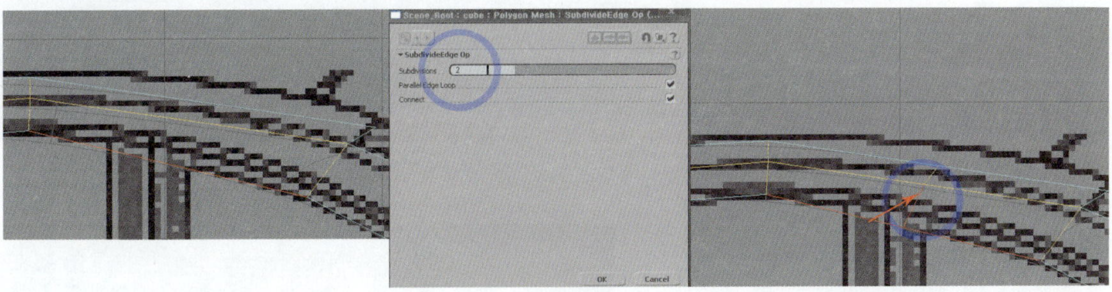

그림 3-91

35 Point 이동 - 모양 수정

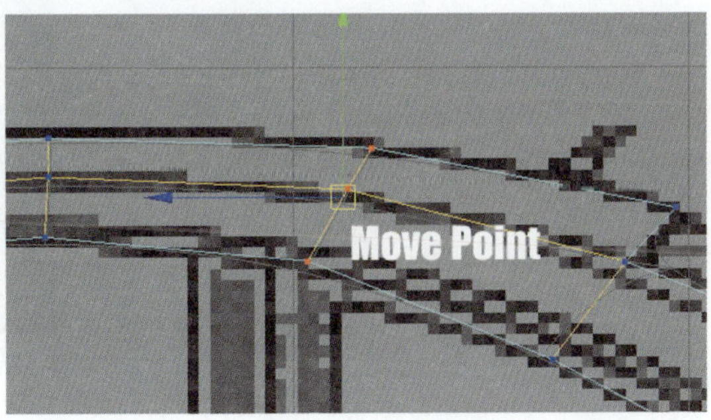

그림 3-92

36 Point 이동-모양 수정

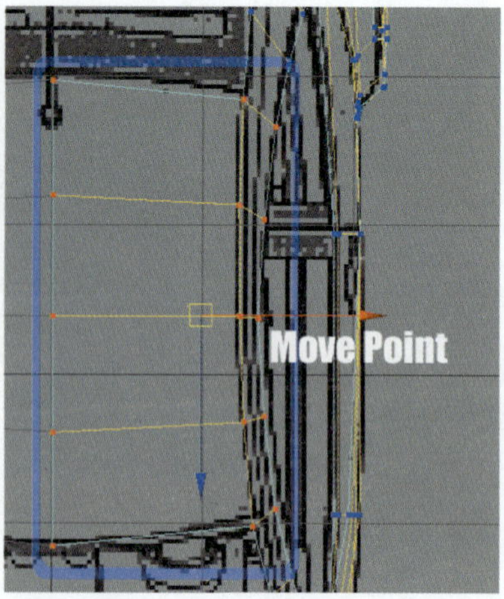

그림 3-93

37 Edge 추가

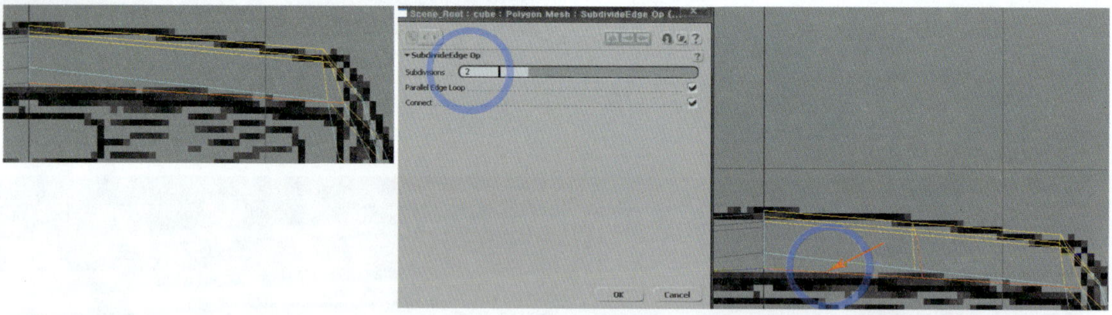

그림 3-94

38 Point 이동-모양 수정

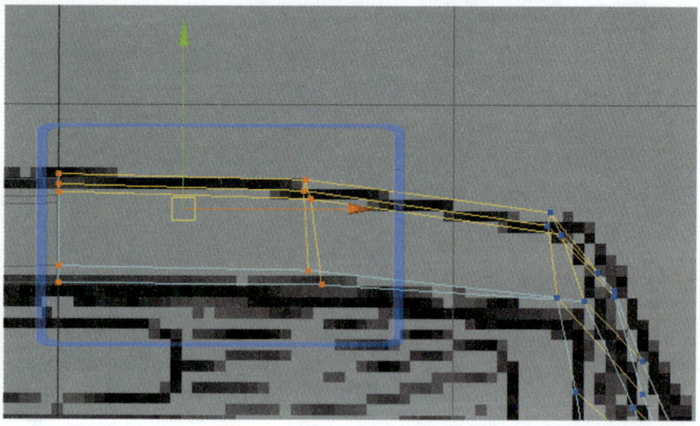

그림 3-95

39 Polygon 추출 1 – 앞 Fender

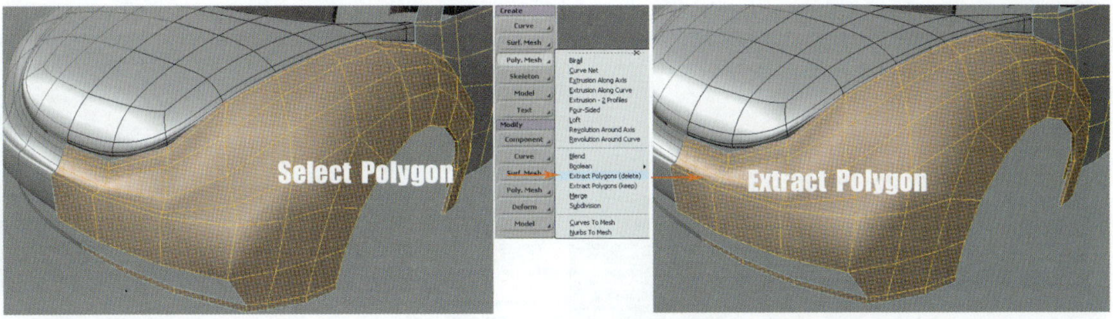

그림 3-96

40 Polygon 추출 2 – 옆 Door

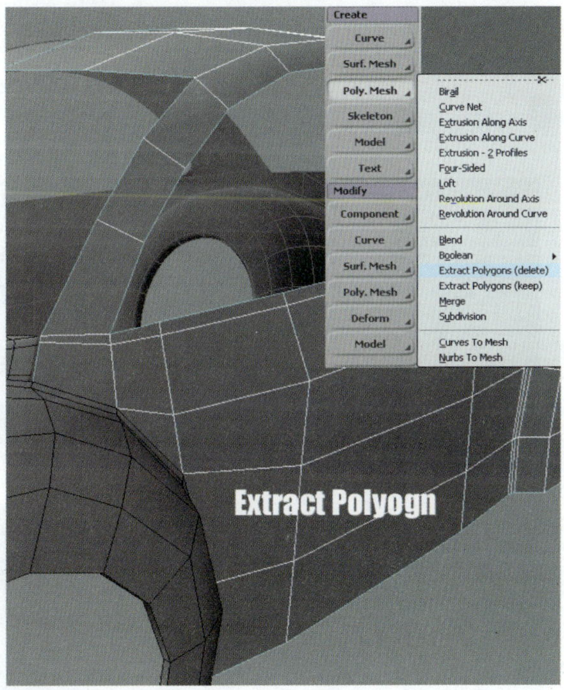

그림 3-97

41 Polygon 추출 3 – 앞 Fender

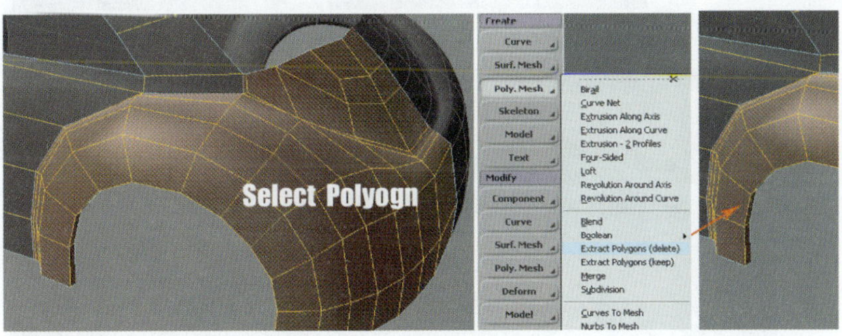

그림 3-98

42 Polygon 추출 4-Top

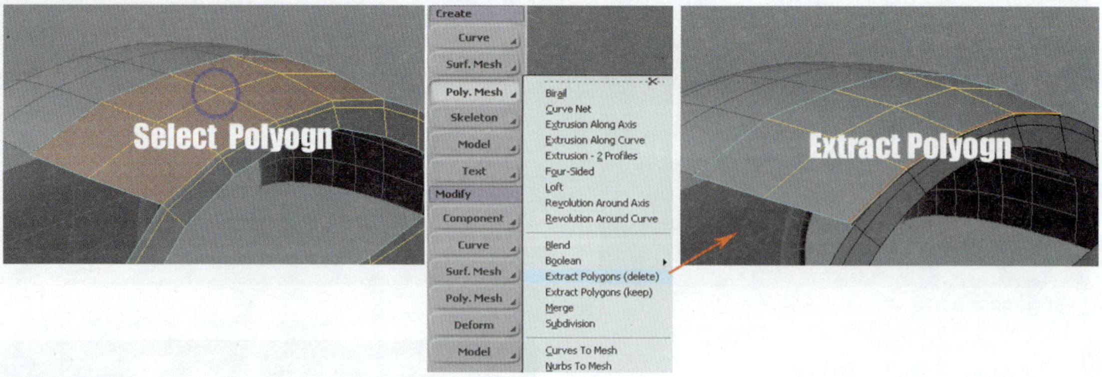

그림 3-99

43 Edge 정렬

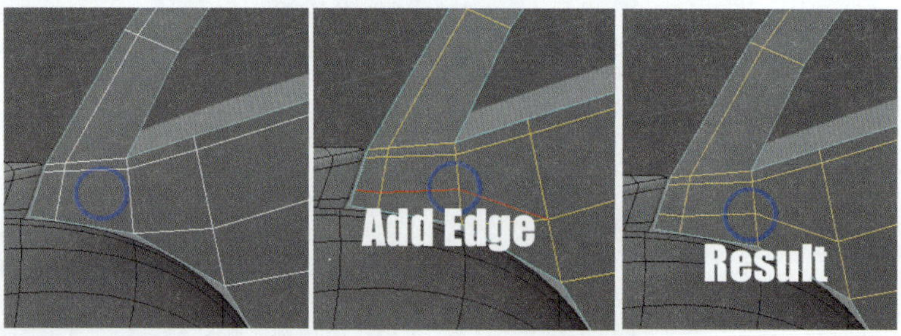

그림 3-100

44 Edge 추가

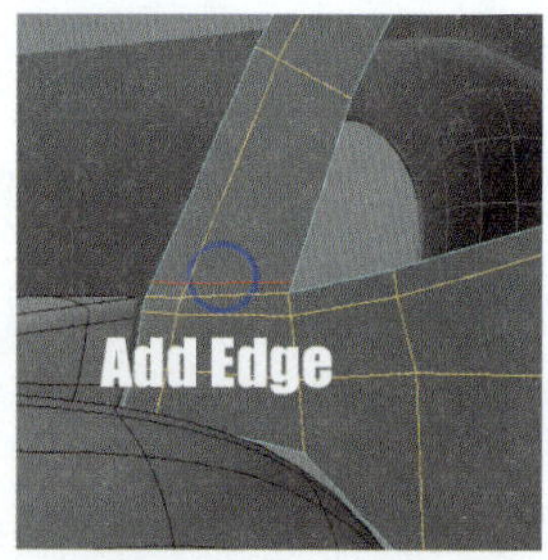

그림 3-101

45 Edge 추가

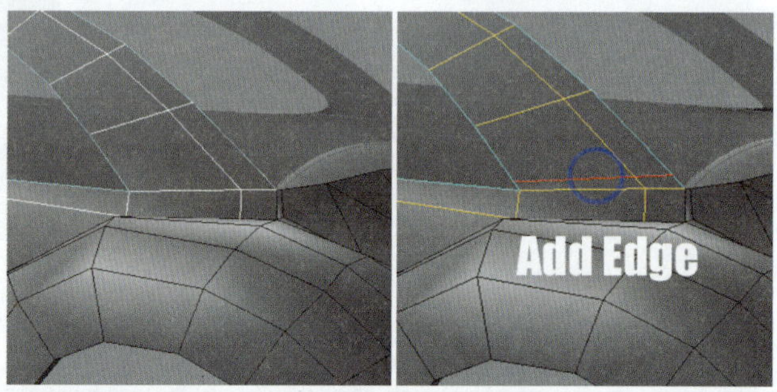

그림 3-102

46 Edge 추가

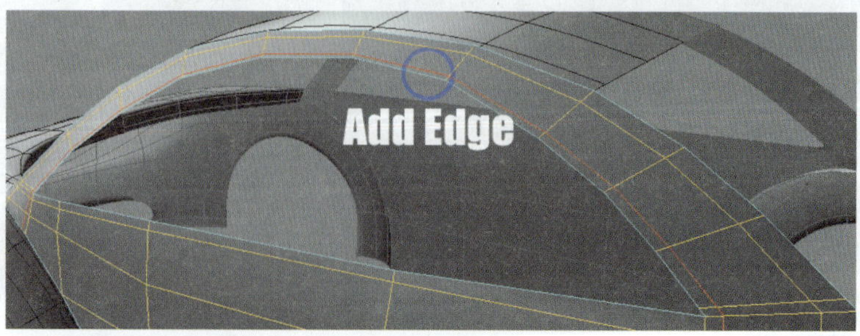

그림 3-103

47 Edge 추가

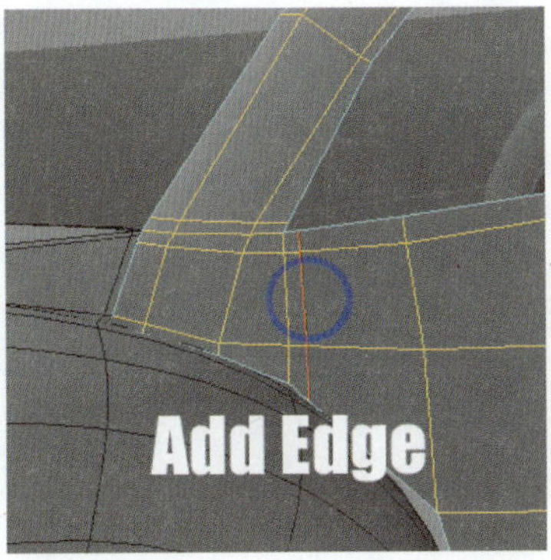

그림 3-104

48 Point 모양 수정

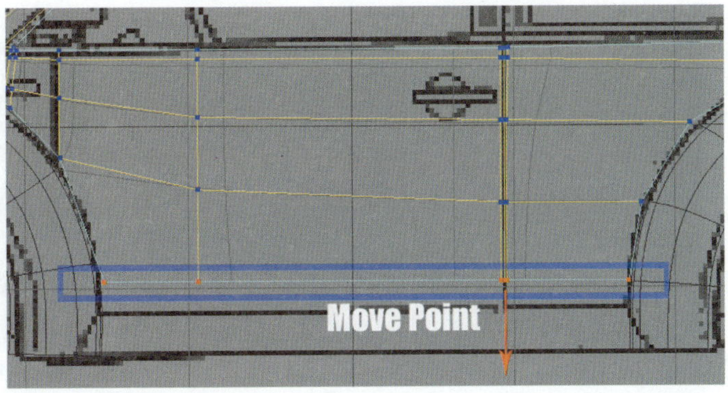

그림 3-105

49 Edge 추가

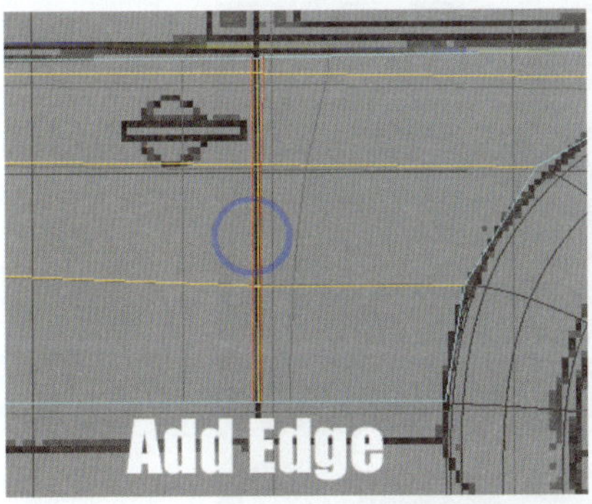

그림 3-106

50 Edge 추가

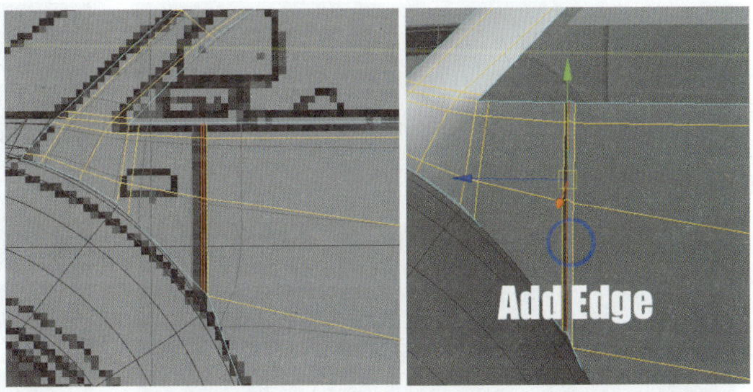

그림 3-107

51 Edge 이동 : 모양 수정

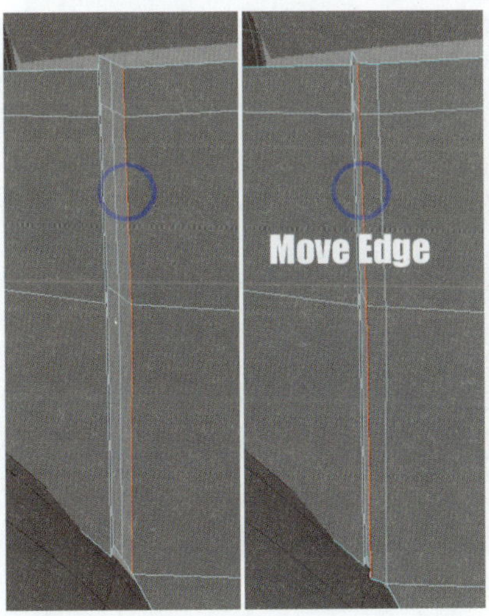

그림 3-108

52 Edge 추가

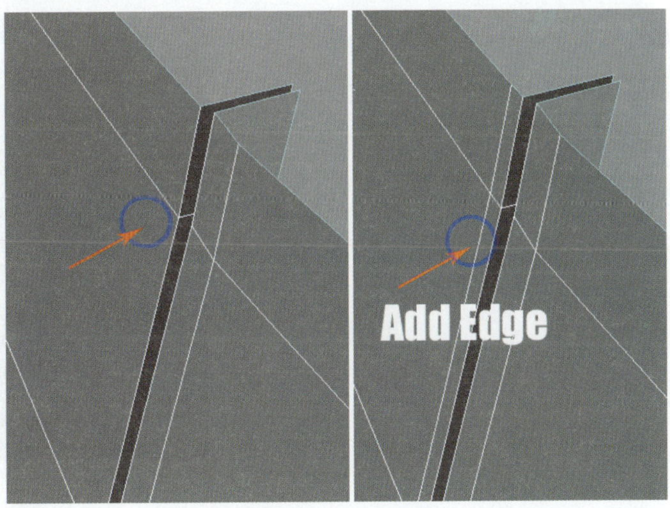

그림 3-109

53 Edge 추가

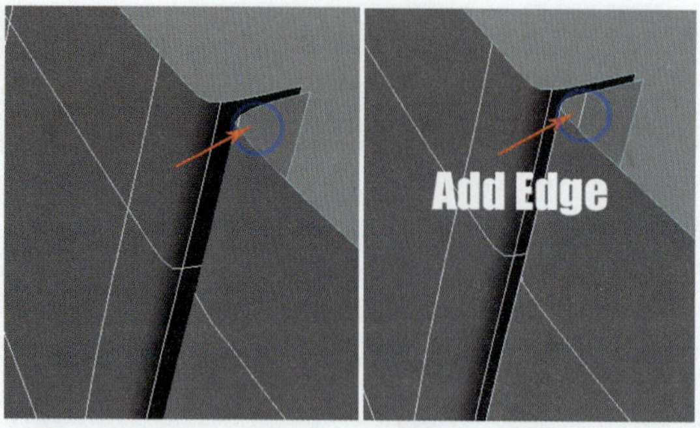

그림 3-110

54 Edge 추가

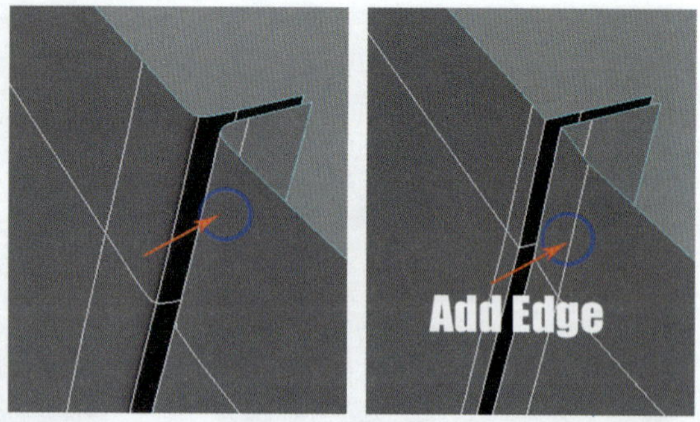

그림 3-111

55 모양 확인 : Render Region[Shift + q]

그림 3-112

56 Edge 선택 : 뒷문 라인 제작 1

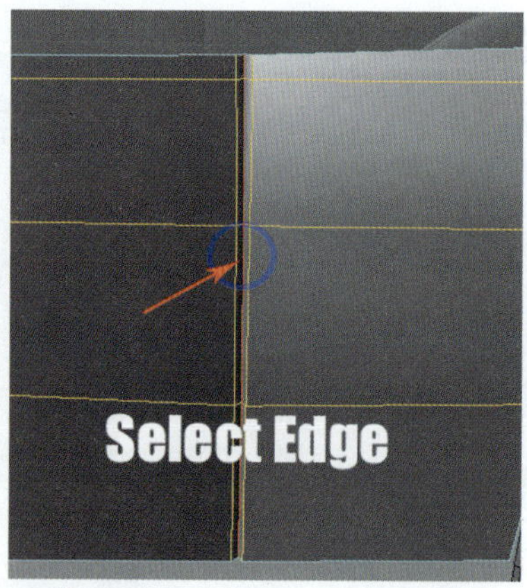

그림 3-113

57 Edge 분할(뒷문 라인 제작 2) : 선택 Edge 잘라내기 Poly mesh 〉 Disconnect Component

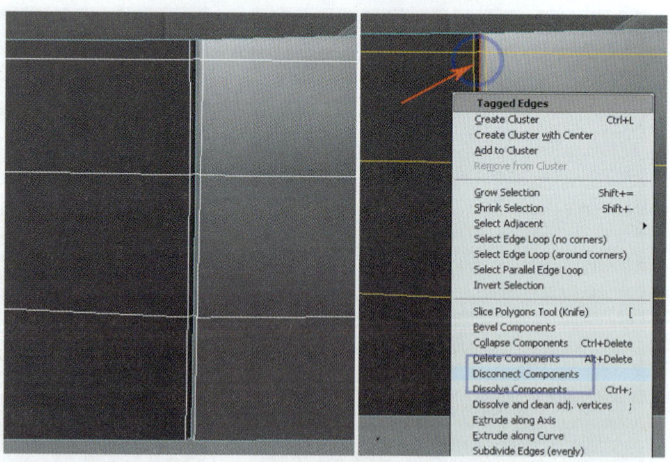

그림 3-114

58 Polygon 면 수정, 편집

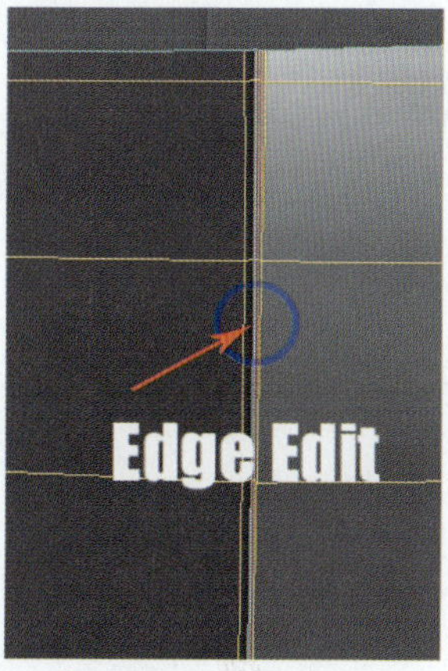

그림 3-115

59 Point 수정

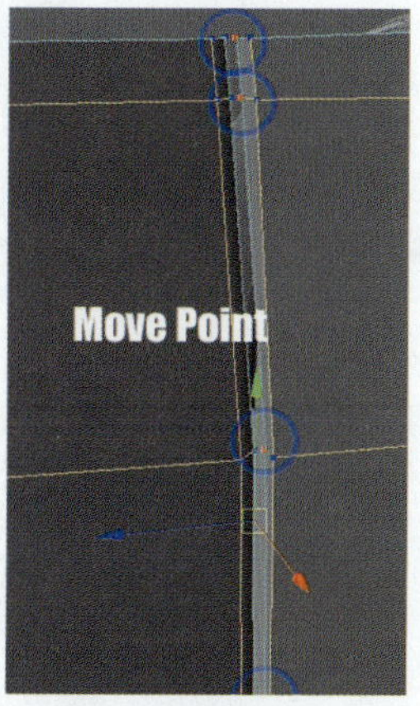

그림 3-116

60 Edge 추가

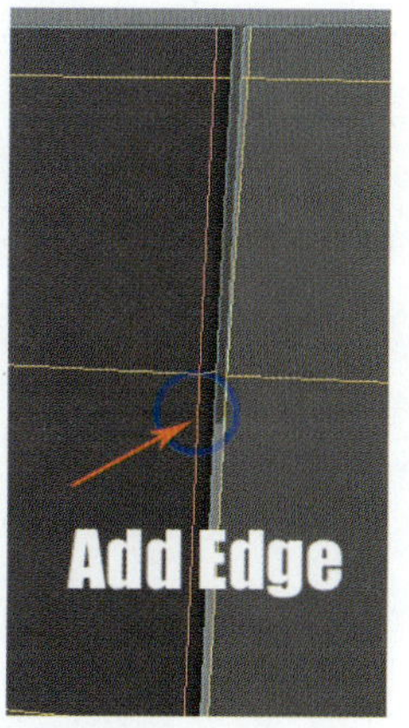

그림 3-117

61 Edge 이동

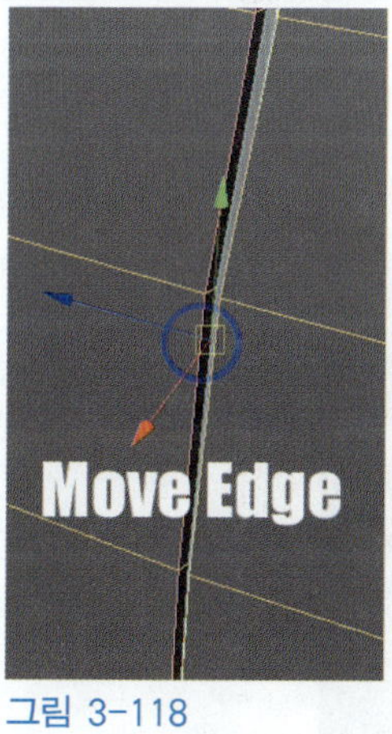

그림 3-118

62 Edge 추가

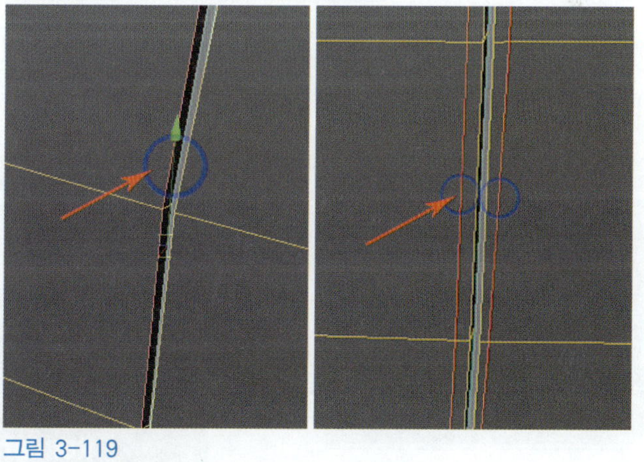

그림 3-119

63 Edge 추가

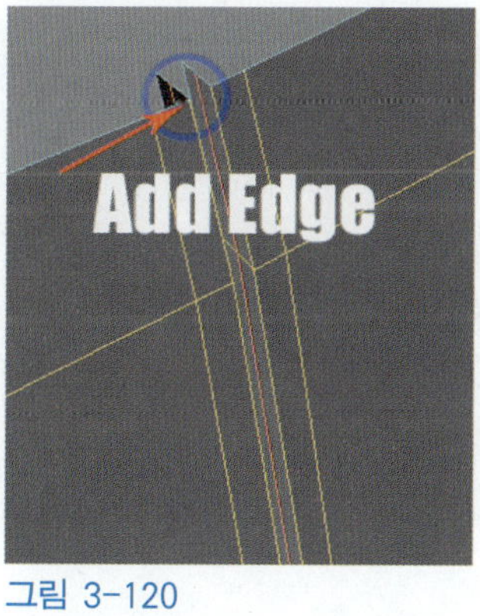

그림 3-120

64 결과보기

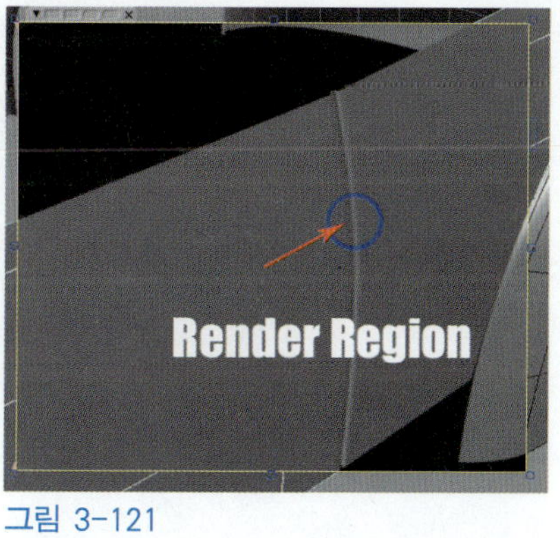

그림 3-121

65 Edge 추가

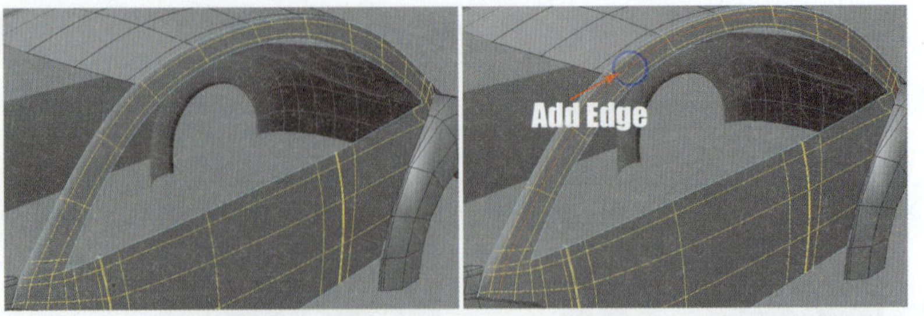

그림 3-122

66 Edge 이동

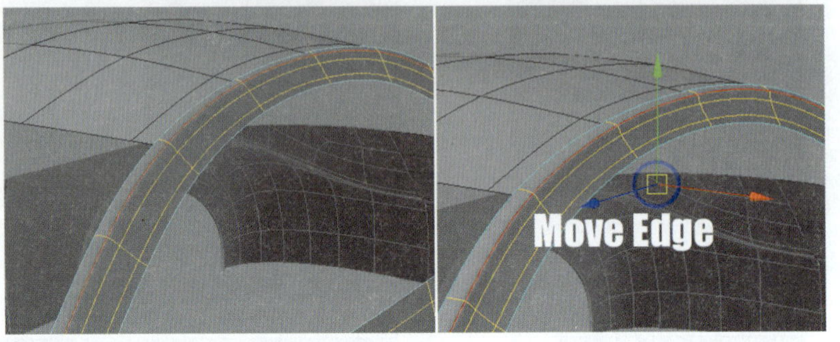

그림 3-123

67 Point 이동

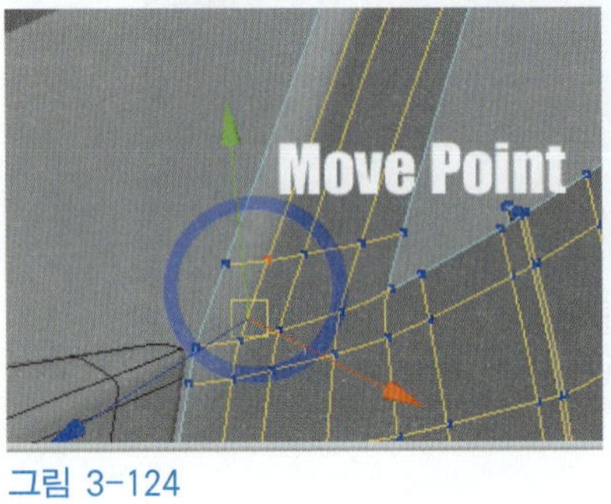

그림 3-124

68 결과보기

그림 3-125

69 Edge 추가

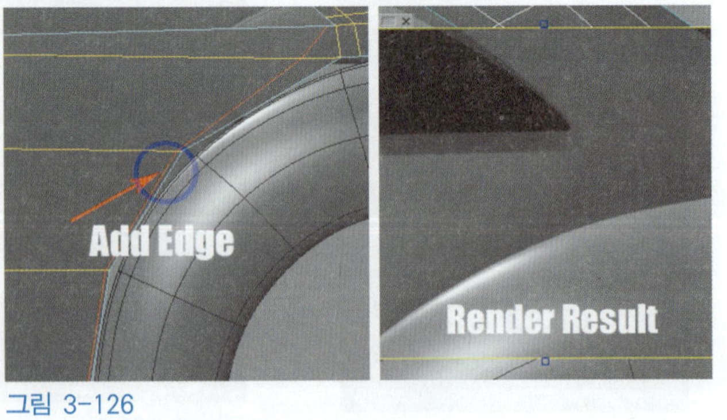

그림 3-126

70 Edge 추가

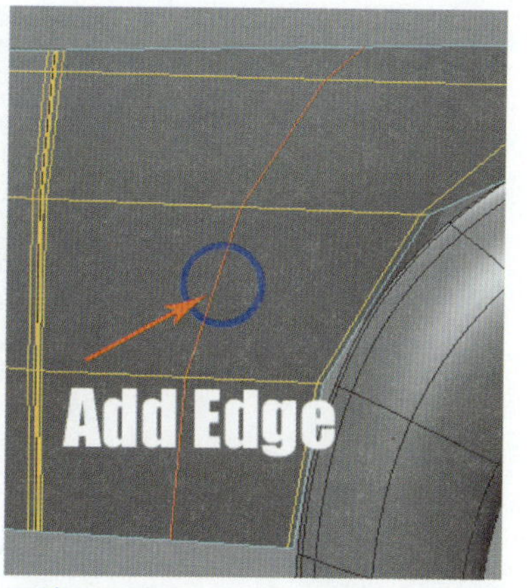

그림 3-127

71 Edge 선택 / 복사

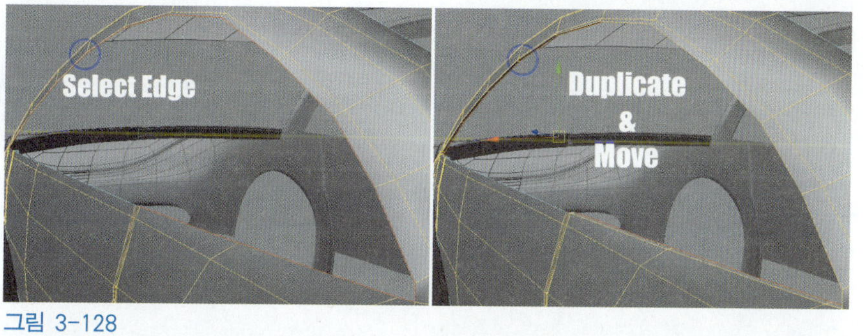

그림 3-128

72 Edge 선택 / 복사

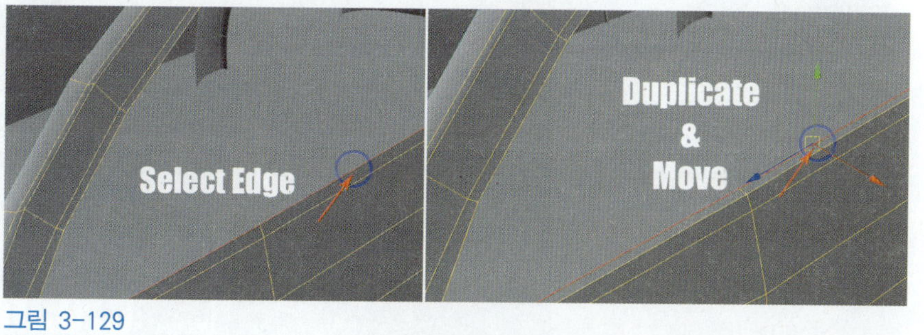

그림 3-129

73 결과보기

그림 3-130

74 Edge 추가

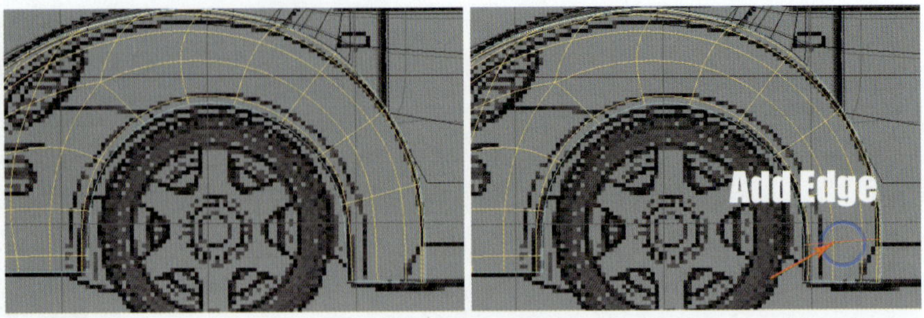

그림 3-131

75 결과 확인

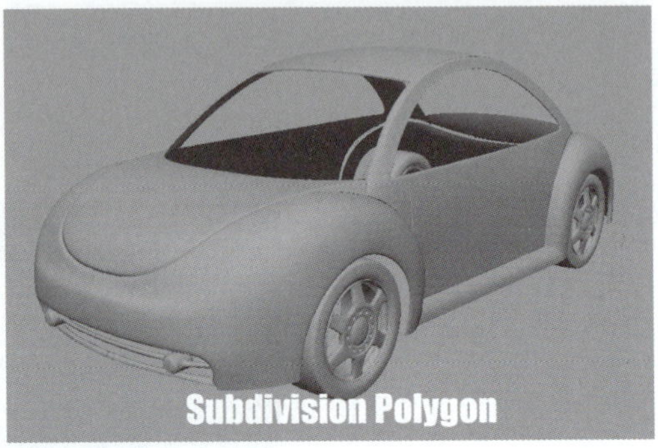

그림 3-132

76 Polygon 면 생성-Bridge Polygon

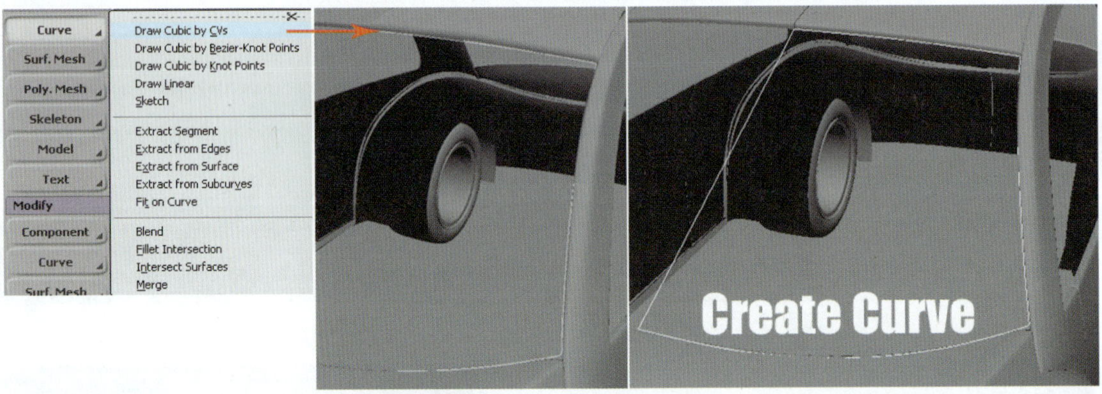

그림 3-133

77 Edge 이동-모양 정리

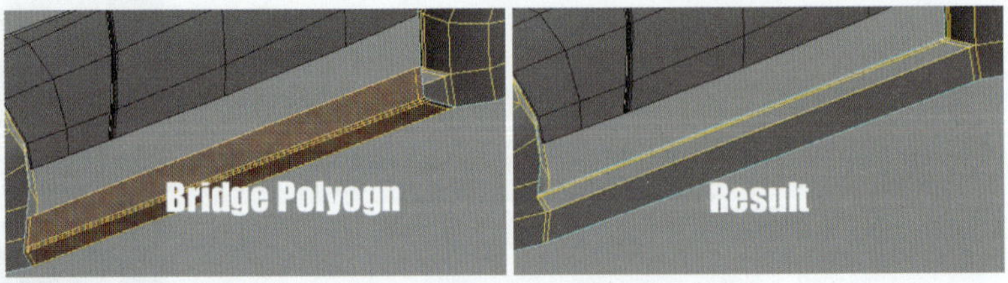

그림 3-134

78 Edge 추가

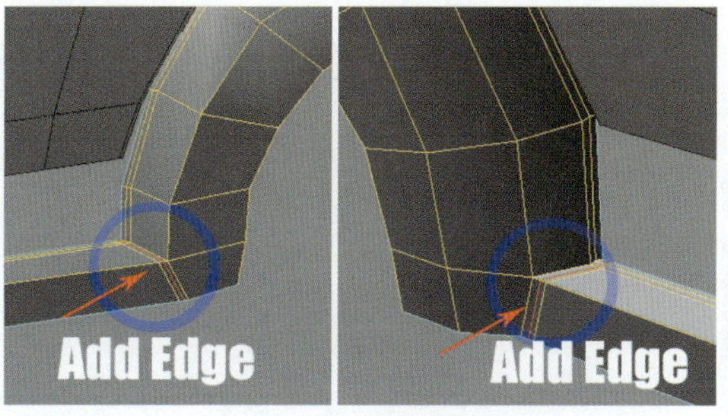

그림 3-135

79 결과보기

그림 3-136

80 Edge 선택 이동

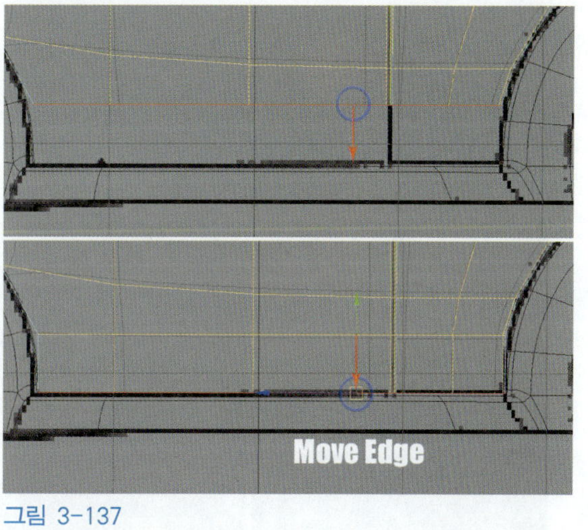

그림 3-137

81 Edge 선택 / 복사

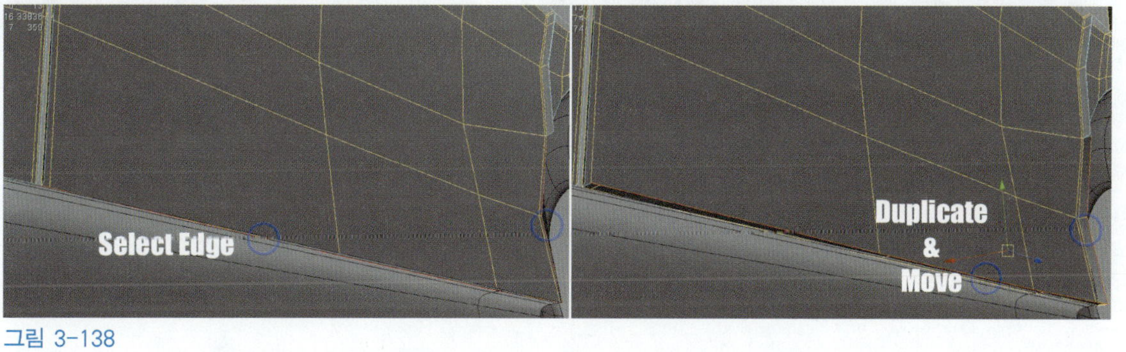

그림 3-138

82 Edge 이동

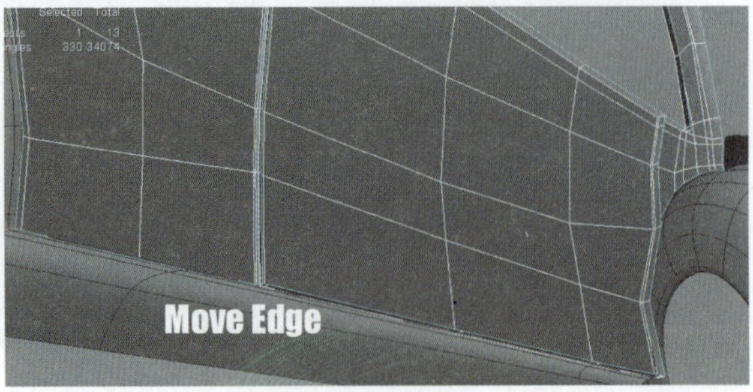

그림 3-139

83 결과보기

그림 3-140

84 Edge 선택 / 복사 / 이동

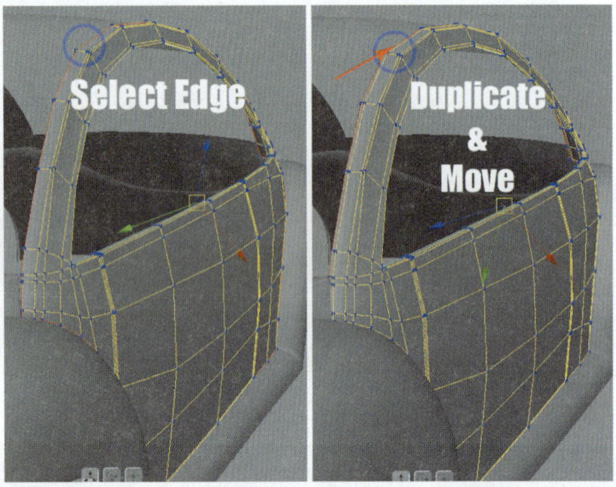

그림 3-141

85 결과보기

그림 3-142

3-5 Car 뒷면부 만들기

1 Polygon 선택 / 추출

그림 3-143

2 Edge 이동 / 정리

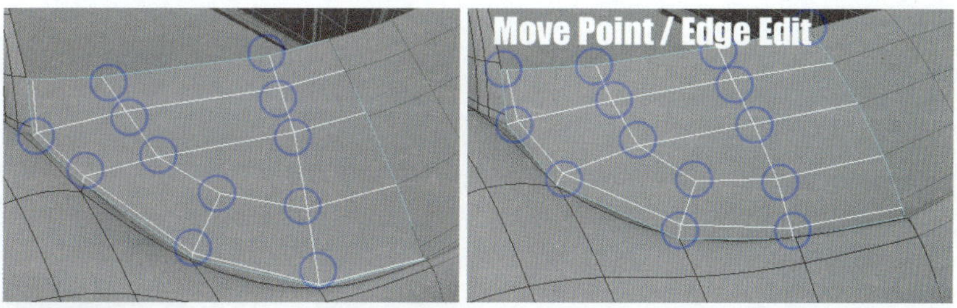

그림 3-144

3 Edge 추가

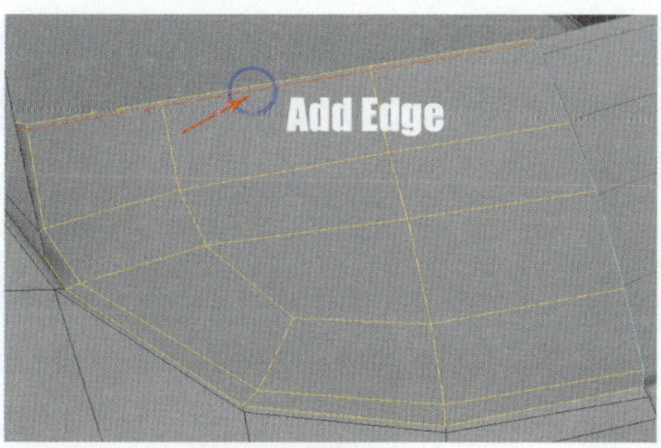

그림 3-145

4 Edge 추가

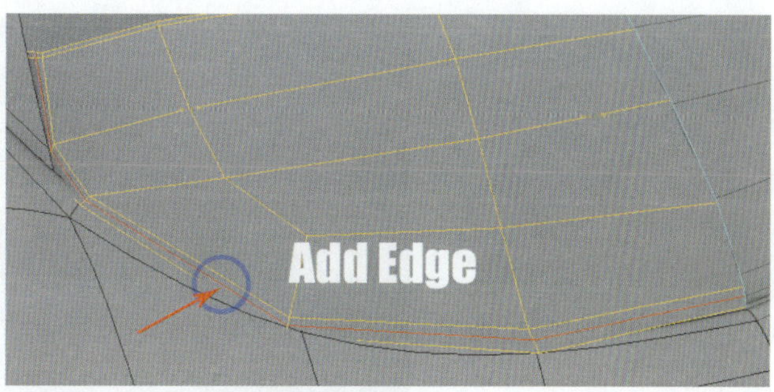

그림 3-146

5 결과보기

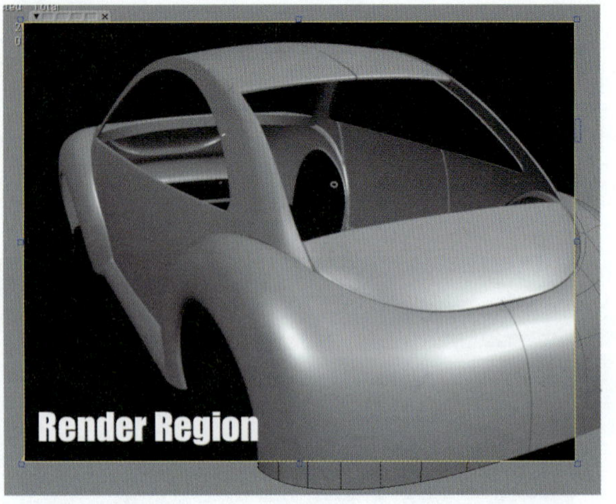

그림 3-147

3-6 Bumper 제작하기

1 모양 확인 - 앞 Bumper

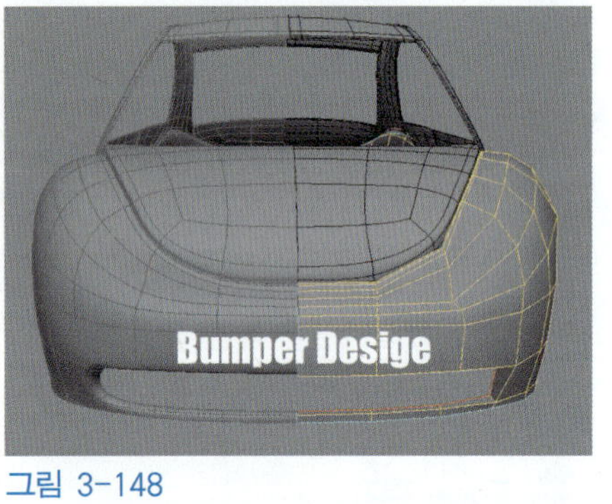

그림 3-148

2 Polygon 선택 / 추출

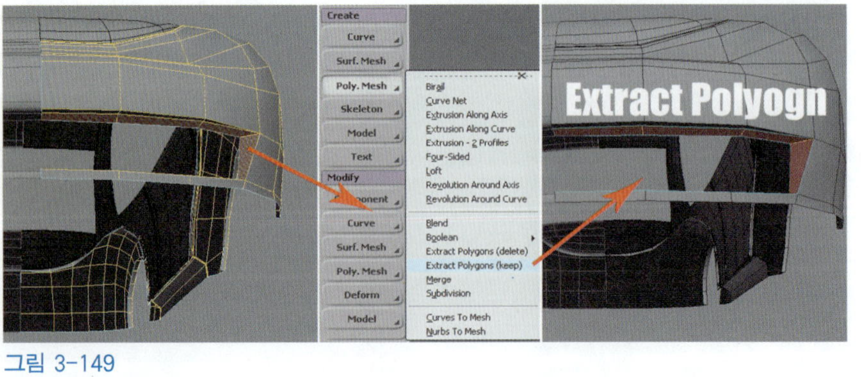

그림 3-149

3 Polygon 복사 / Scale

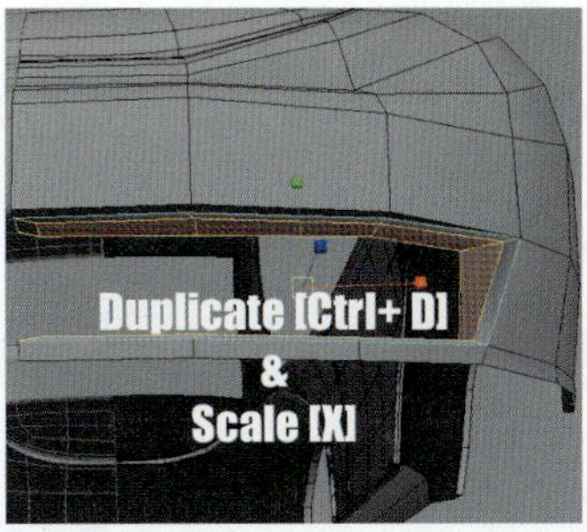

그림 3-150

4 Polygon Subdivision

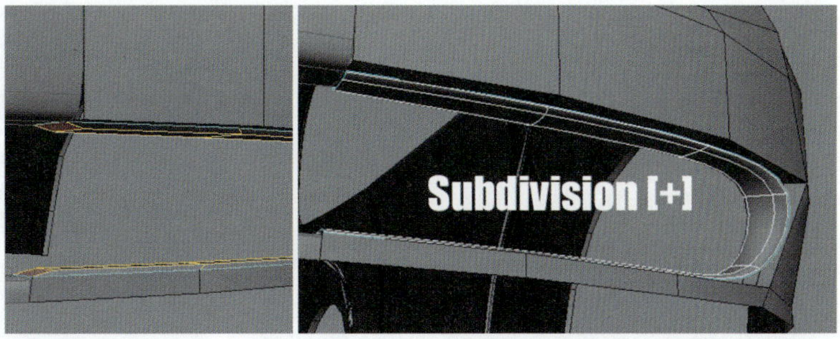

그림 3-151

5 Edge 추가

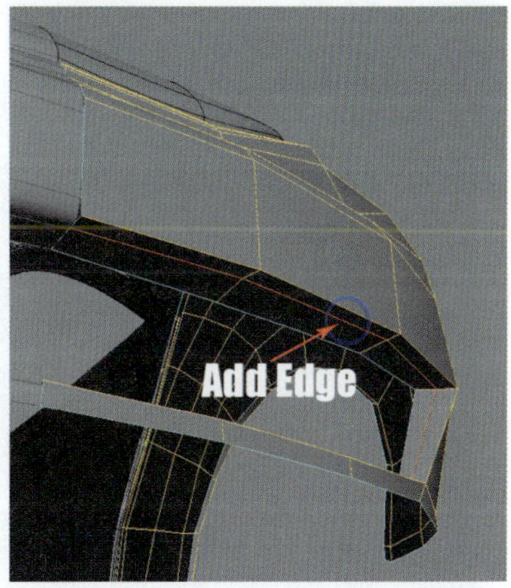

그림 3-152

6 Polygon 생성 - Object view 작업 : Edge 추가

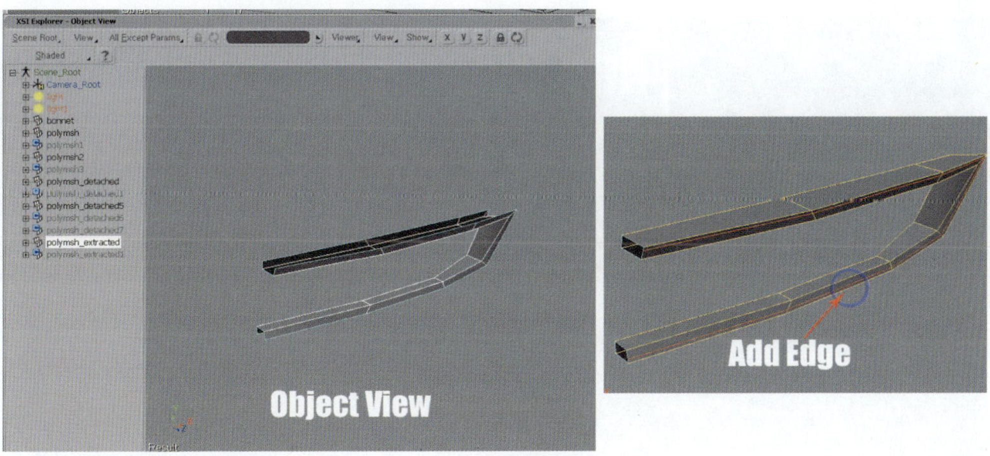

그림 3-153

7 Object Subdivision / Edge 추가

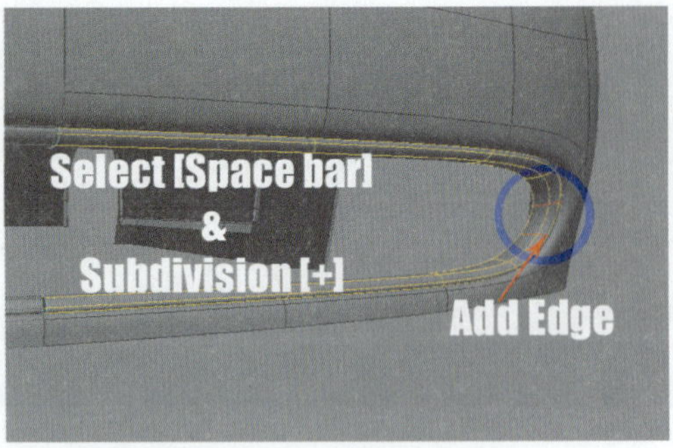

그림 3-154

8 Edge 복사 / 추출

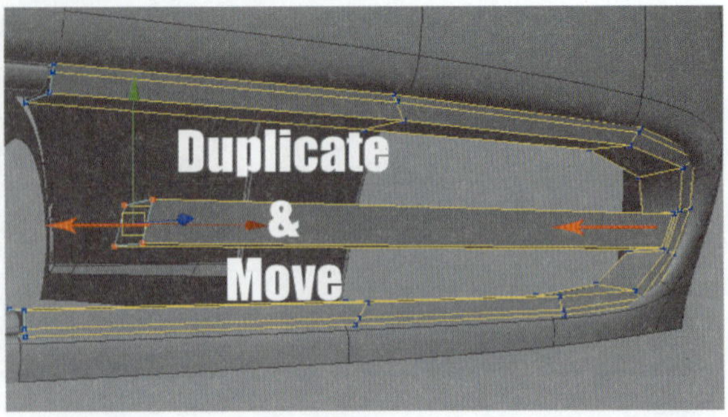

그림 3-155

9 Edge 추가

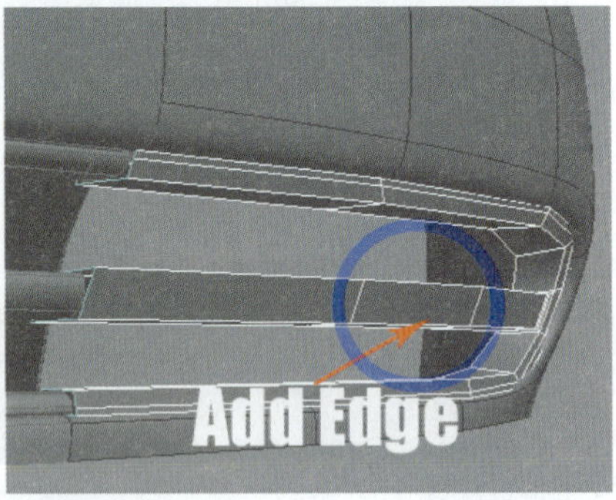

그림 3-156

10 완성된 모습

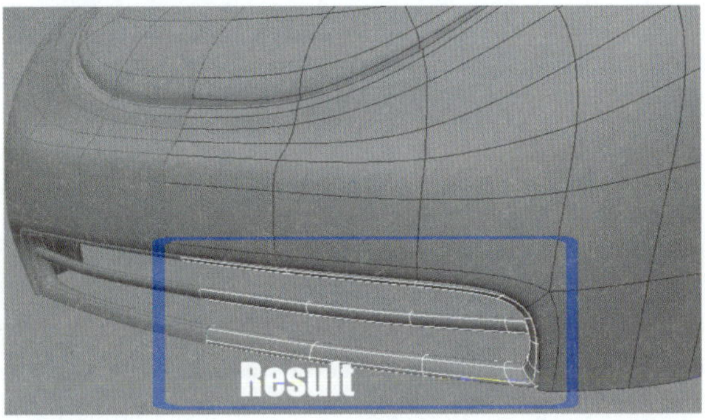

그림 3-157

11 Cylinder 생성 / 위치지정

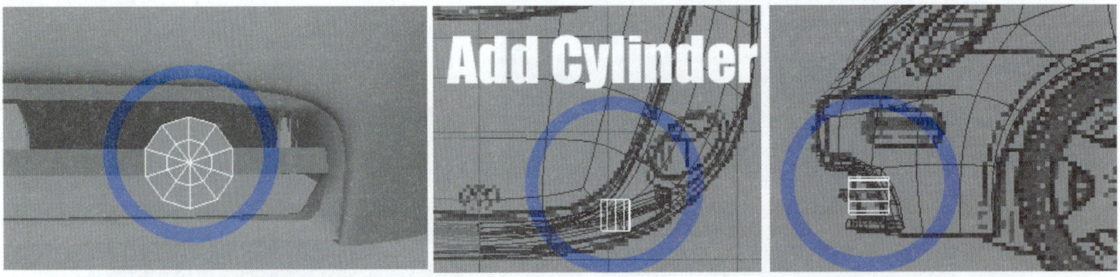

그림 3-158

12 Edge 추가

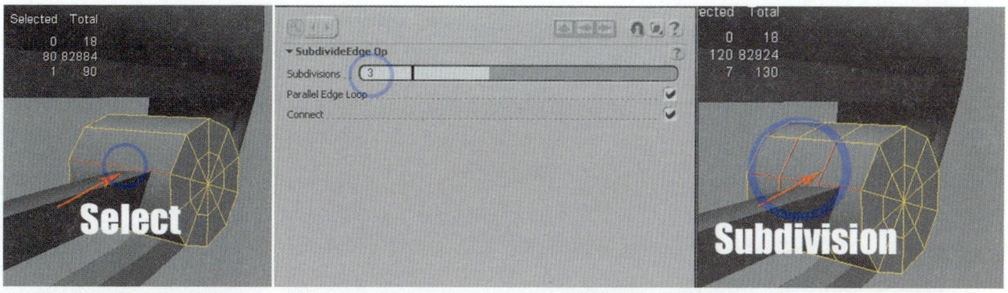

그림 3-159

13 Edge 추가 / 삭제

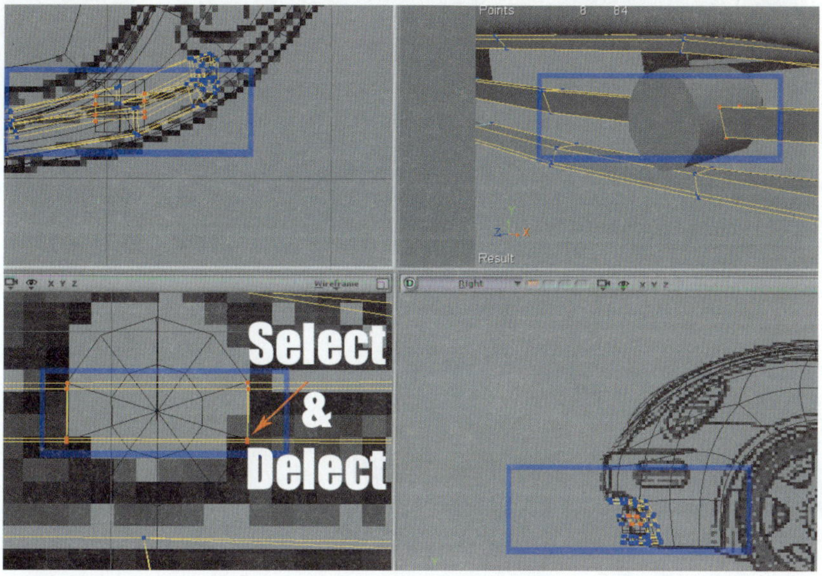

그림 3-160

14 Object Merge

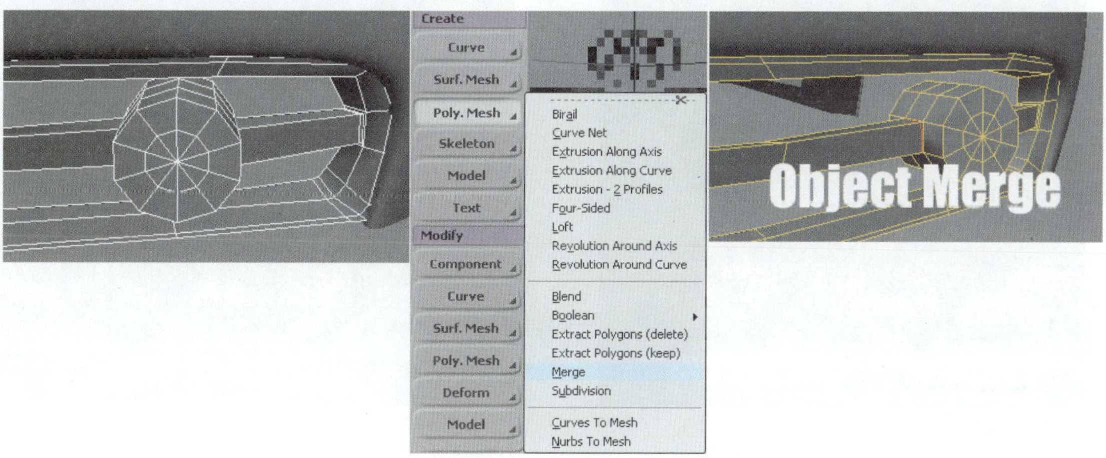

그림 3-161

15 Subdivision

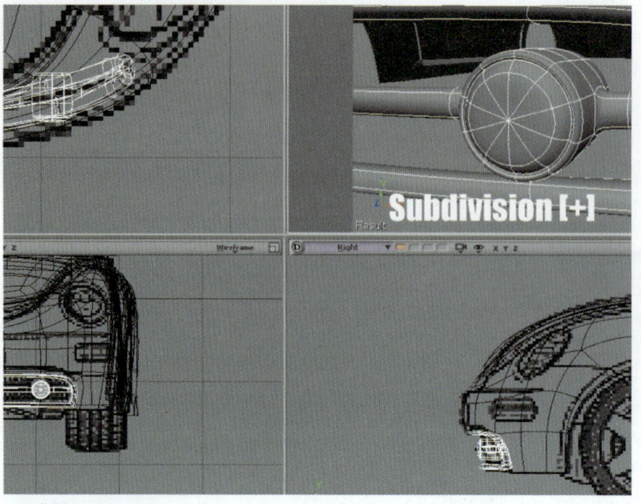

그림 3-162

16 결과 확인

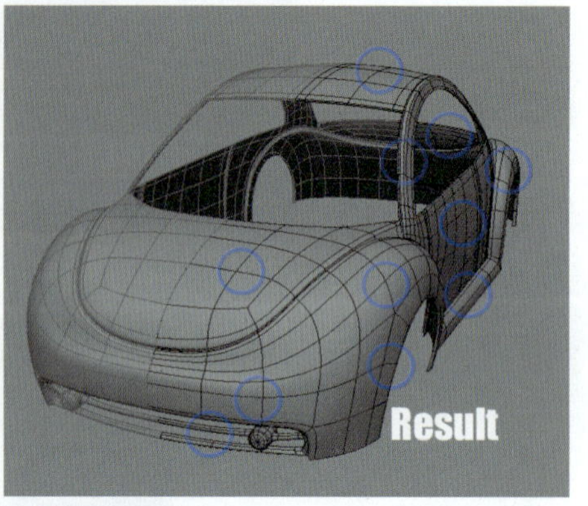

그림 3-163

3 - 7 Wheel and Tire 만들기

1 형태 만들기 : Cylinder로 기본 형태 만들기

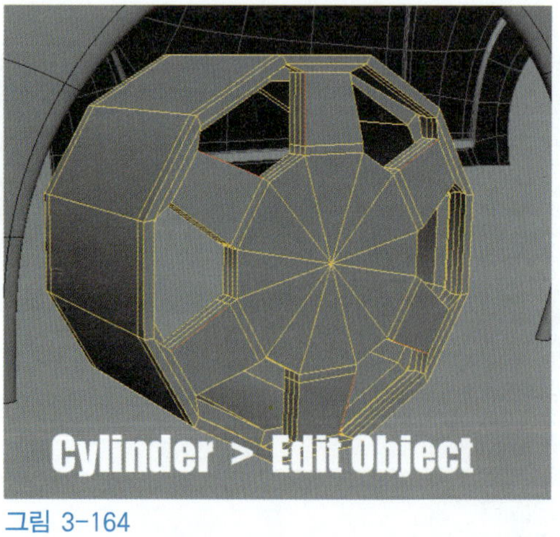

그림 3-164

2 Edge 분할

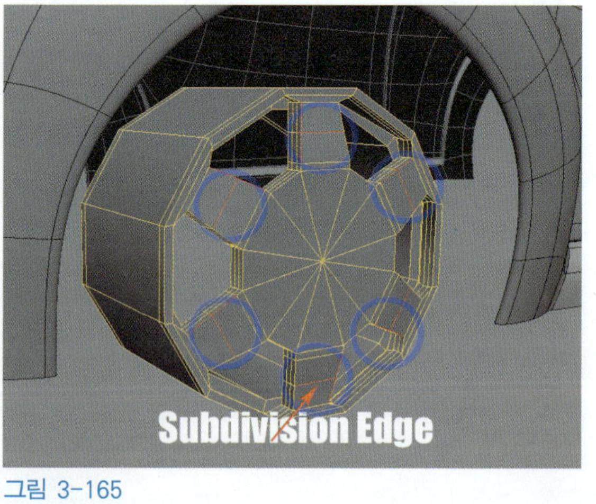

그림 3-165

3 모양 다듬기 : Subdivision

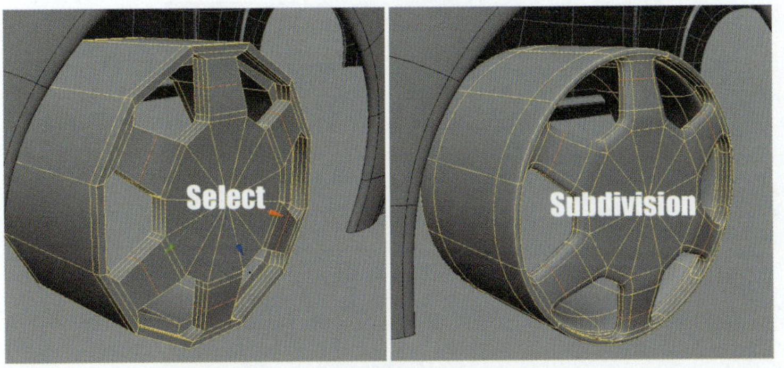

그림 3-166

4 Edge 추가 / Polygon 선택

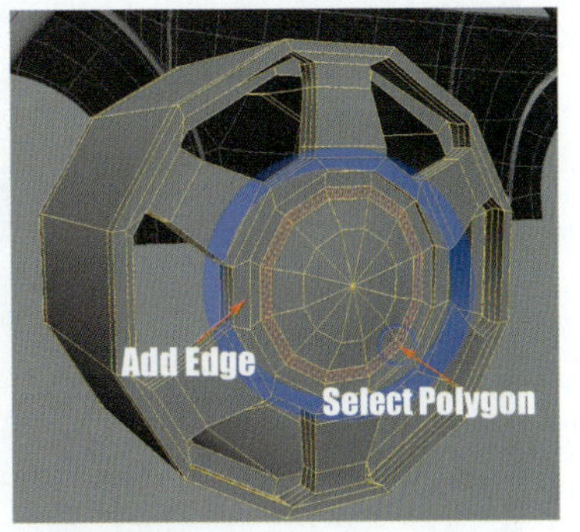

그림 3-167

5 Polygon 복사 / 추출 : Create 〉 Poly mesh 〉 Extrude along Axis

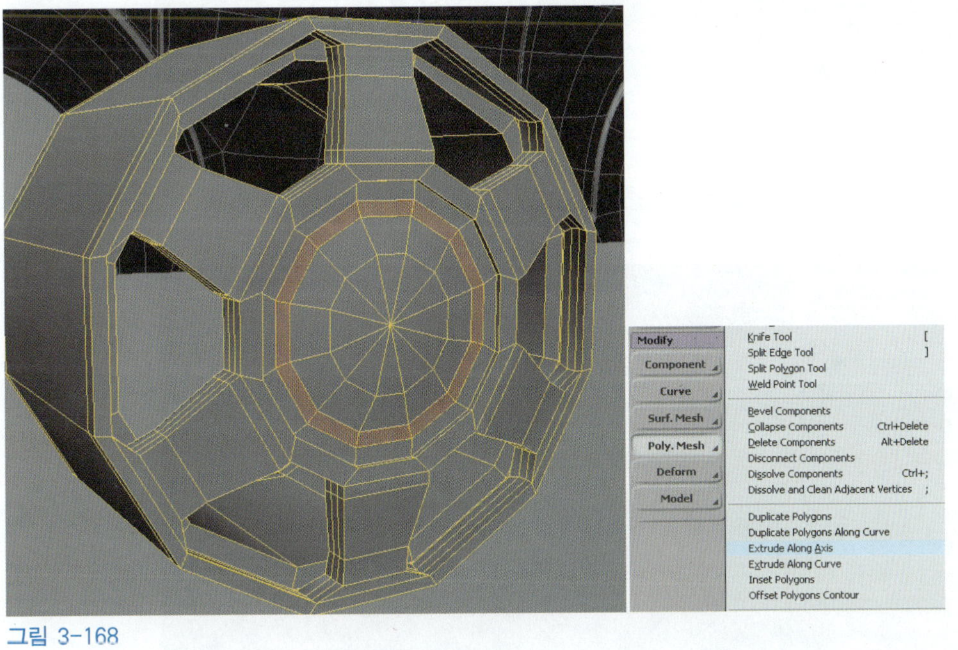

그림 3-168

6 Polygon 크기 조절 : Extrude along Axis option 값 조절

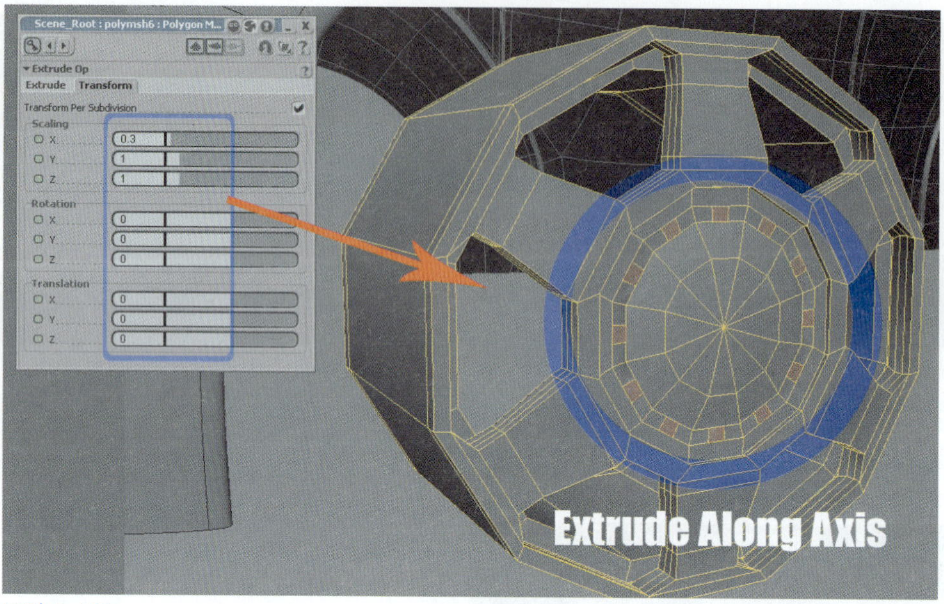

그림 3-169

7 Polygon Extrude 축 방향 선택 및 조절 : Extrude along Axis option 값 조절

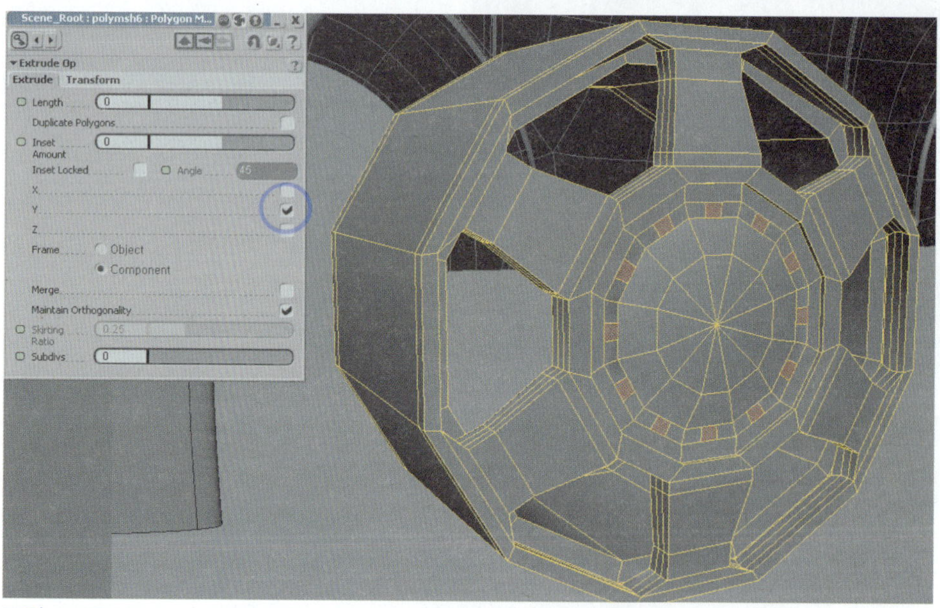

그림 3-170

8 Polygon 이동 후 삭제

그림 3-171

9 Polygon 면 수정

그림 3-172

10 결과 확인

그림 3-173

11 Polygon 선택

그림 3-174

12 Polygon 추출

그림 3-175

13 Polygon 복사 및 크기 확대

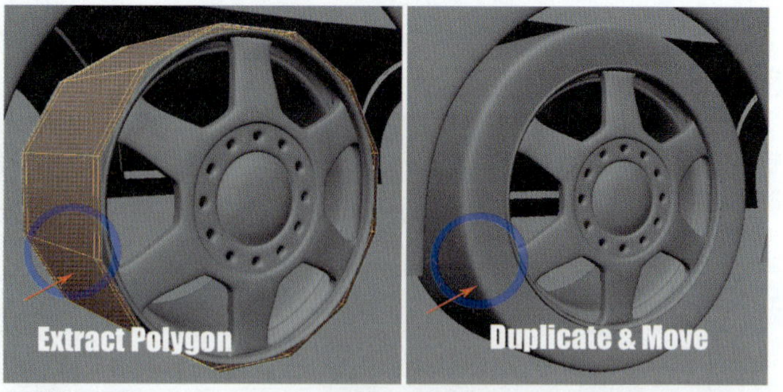

그림 3-176

14 결과 확인

그림 3-177

3-8 Car Window 만들기

1 Curve 생성 : Window 제작

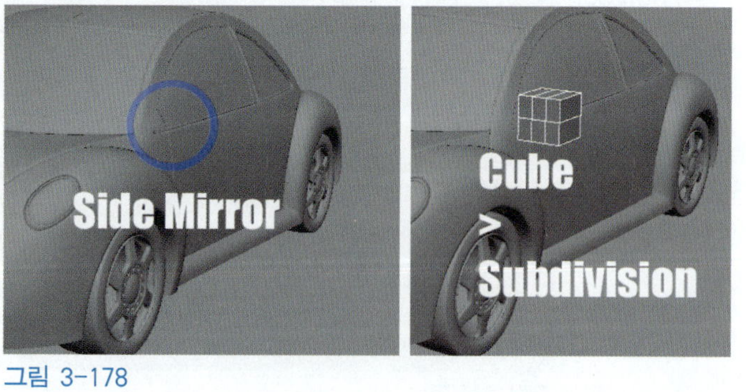

그림 3-178

2 Polygon 추출 : Poly mesh 〉 Curve to Mesh

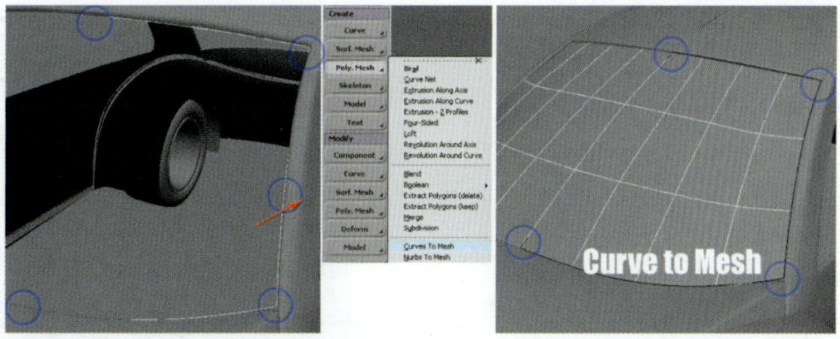

그림 3-179

3 Arc 생성 : Option 조절을 통해 반원 Arc 만들기

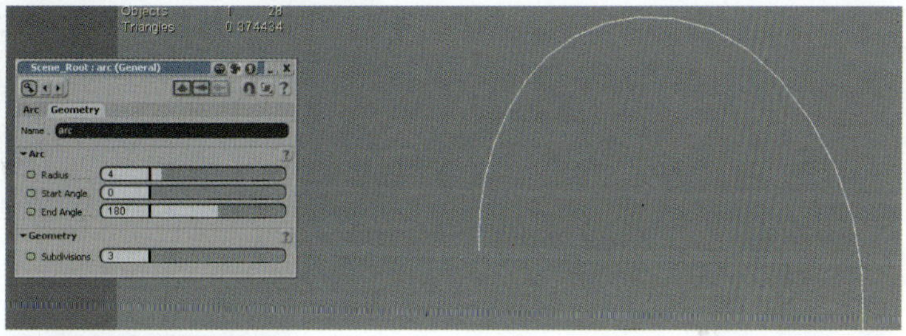
그림 3-180

4 창틀 Mash 생성 : Arc를 선택하고 Create 〉 Extrude Along Curve 명령을 실행하고 창문을 만들 때 사용했던 Curve를 선택한다.

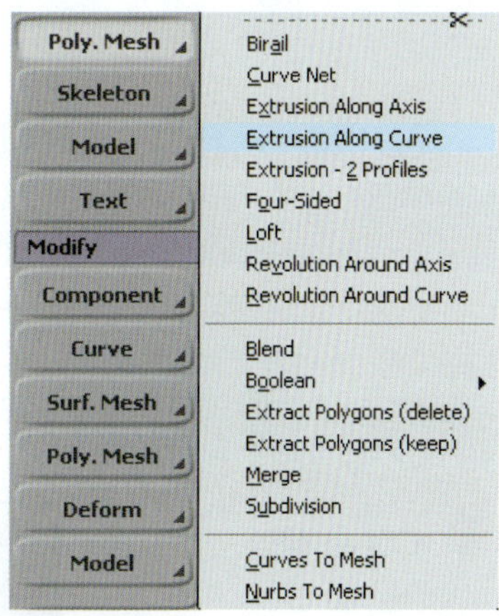

그림 3-181

5 Option 조절 : Extrude Along Curve Option 조절

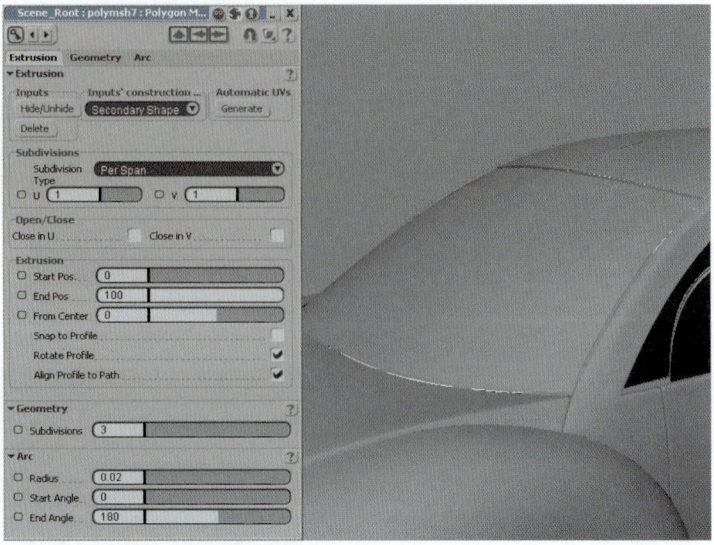

그림 3-182

6 결과 확인

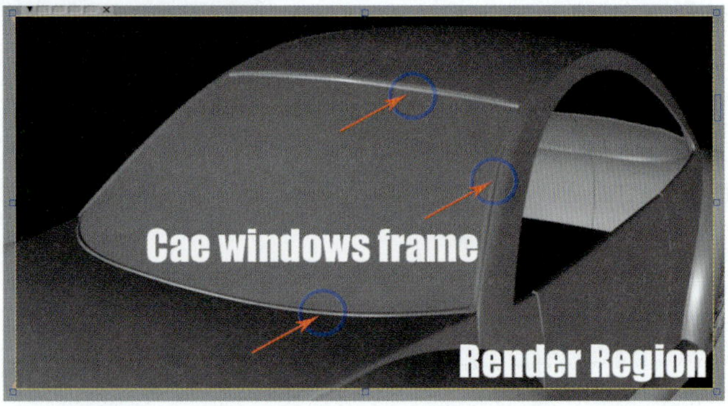

그림 3-183

7 Curve 생성

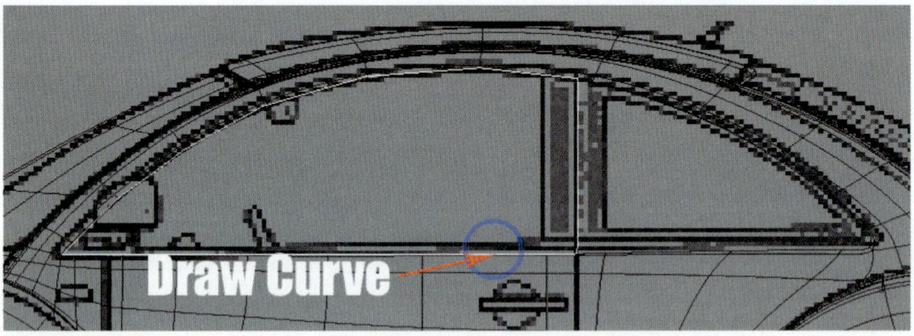

그림 3-184

8 Polygon 생성 Curve to Mesh

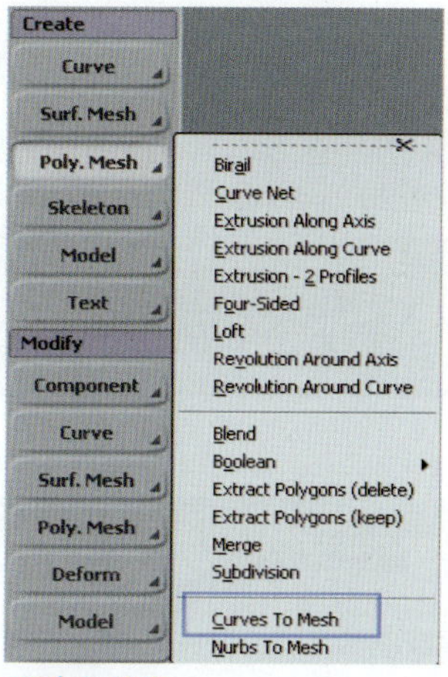

그림 3-185

9 결과 확인

그림 3-186

10 창틀 Mash 생성 : Create 〉 Extrude Along Curve

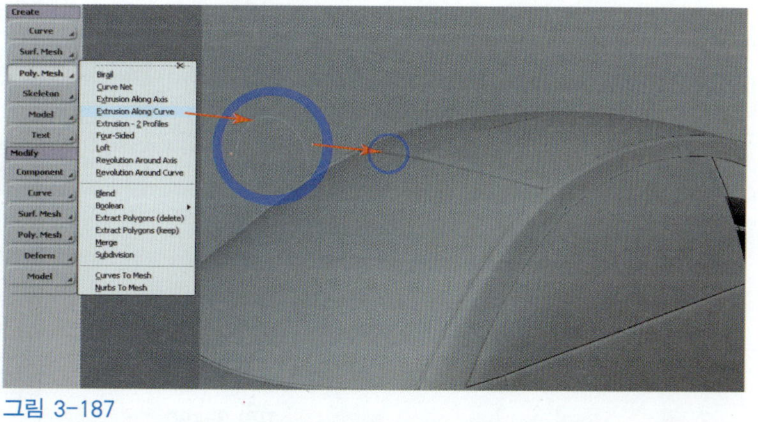

그림 3-187

11 모양 수정

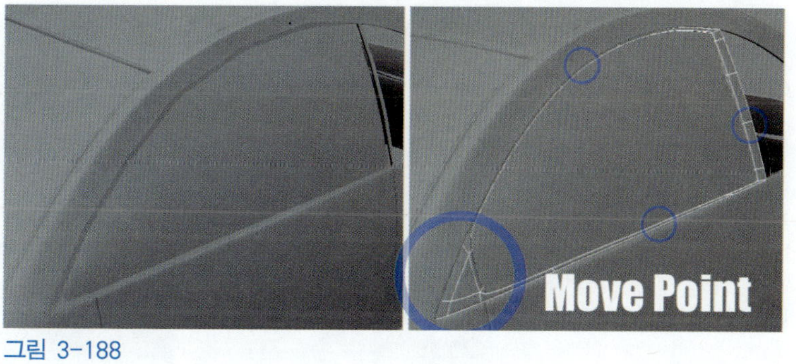

그림 3-188

12 Edge 추출

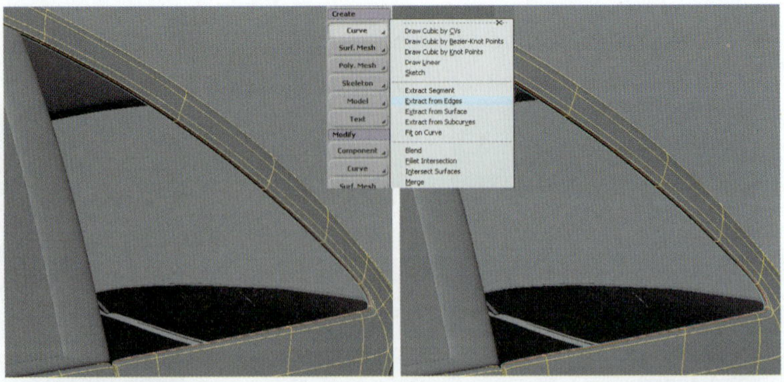

그림 3-189

13 Polygon 생성

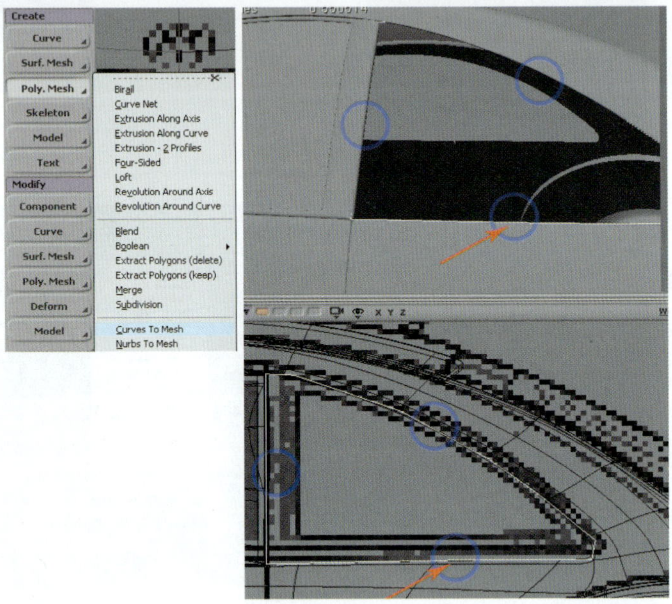

그림 3-190

14 창틀 Mash 생성 :

Create 〉 Extrude Along Curve

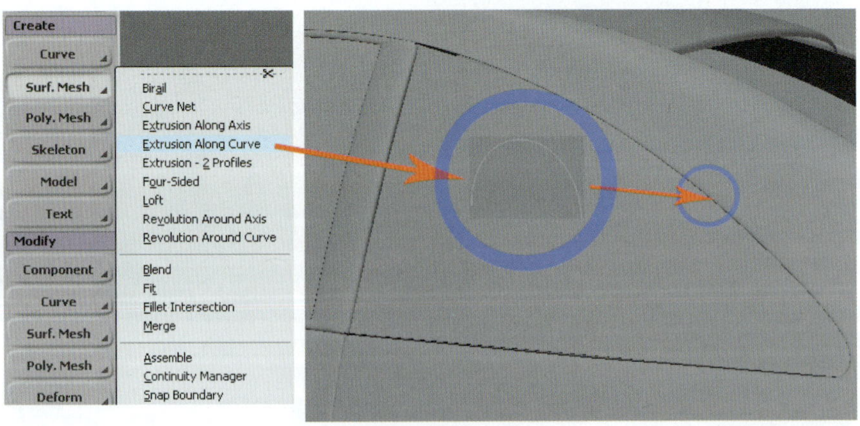

그림 3-191

15 창틀 모양 수정 : Subdivision Polygon

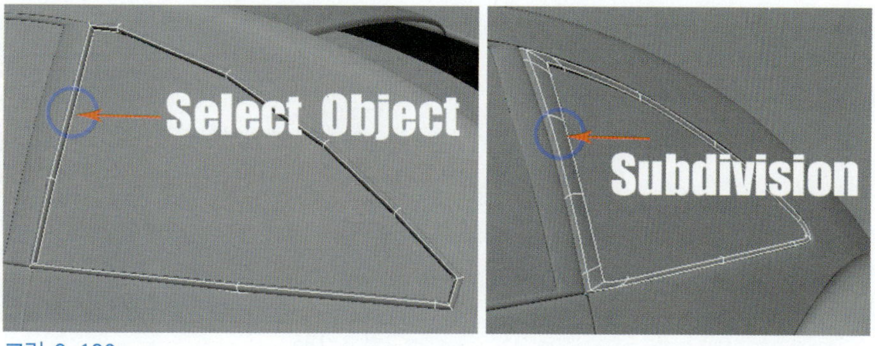

그림 3-192

16 Grid 생성

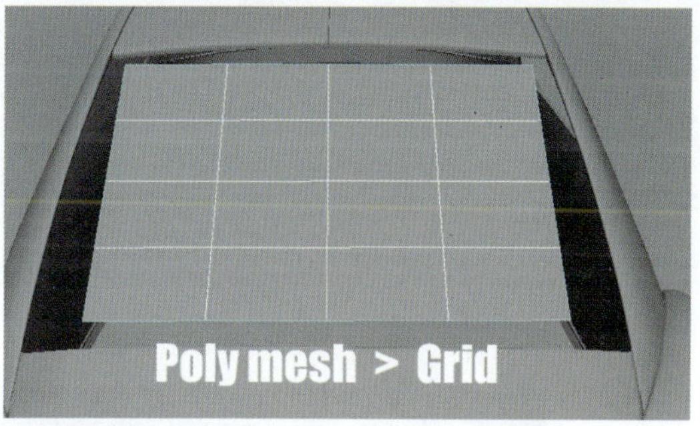

그림 3-193

17 Grid 모양 수정

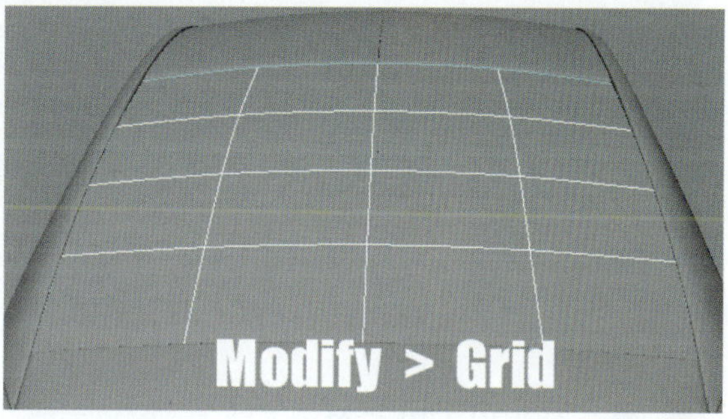

그림 3-194

18 Edge 선택 : Object view

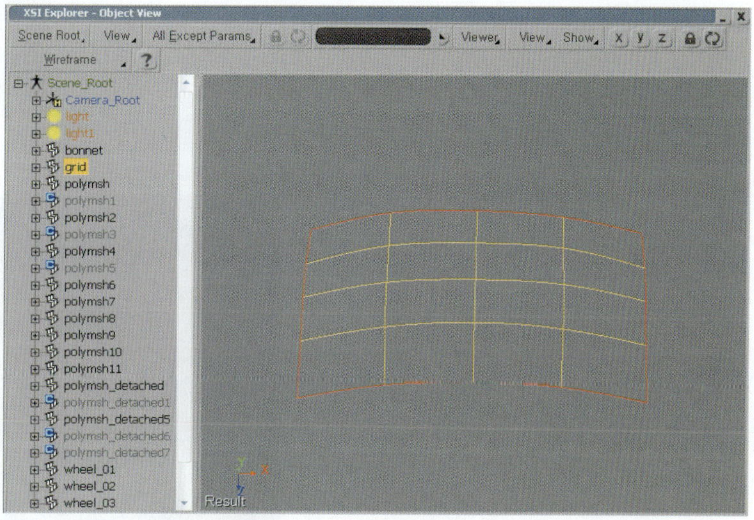

그림 3-195

19 Edge 추출

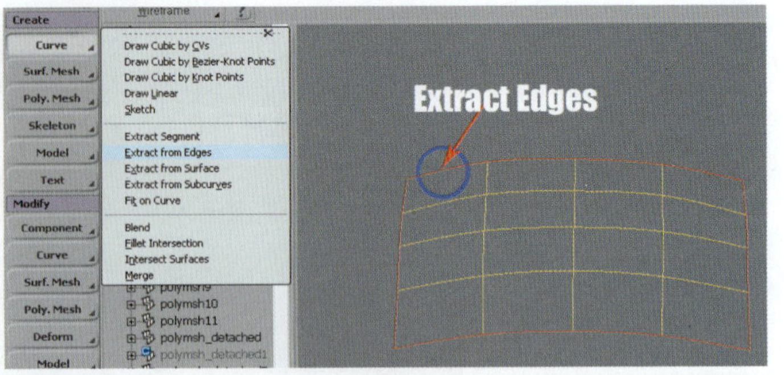

그림 3-196

20 창틀 Mash 생성 : Create 〉

Extrude Along Curve

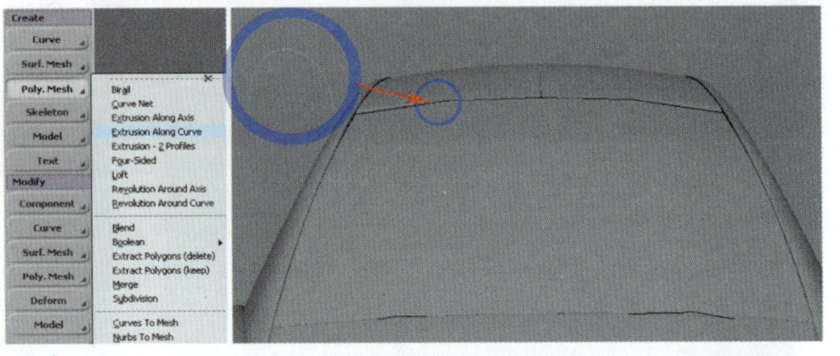
그림 3-197

21 결과 확인 및 모양 수정

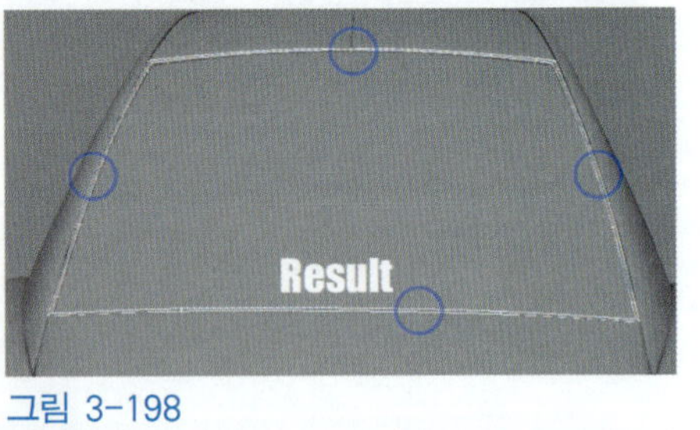

그림 3-198

22 결과 확인

그림 3-199

3-9 Head Light 만들기

1 Polygon 선택 / 크기조절

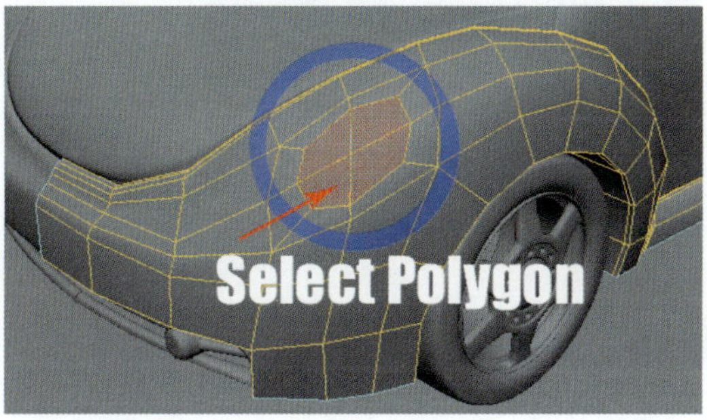

그림 3-200

2 Polygon 복사 / 이동

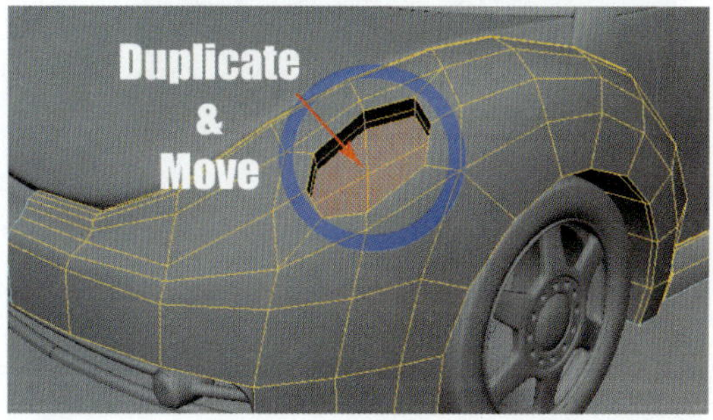

그림 3-201

3 Polygon 추출

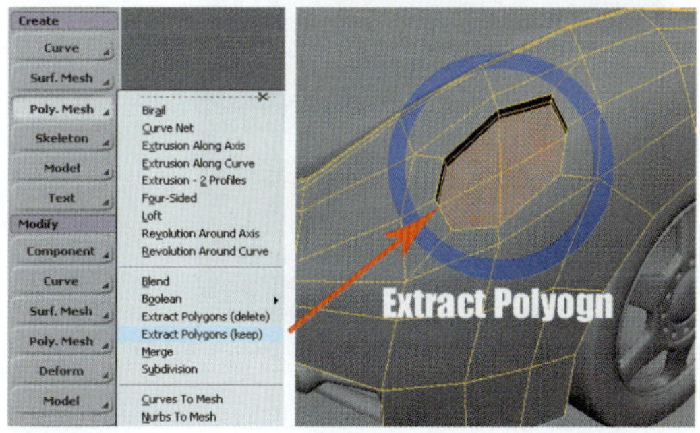

그림 3-202

4 Polygon 이동

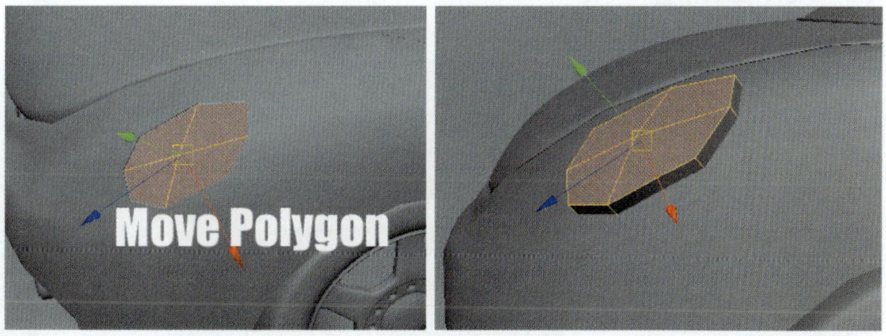

그림 3-203

5 Polygon Subdivision

그림 3-204

6 Edge 추출 & 틀 만들기 : Extrude along Curve

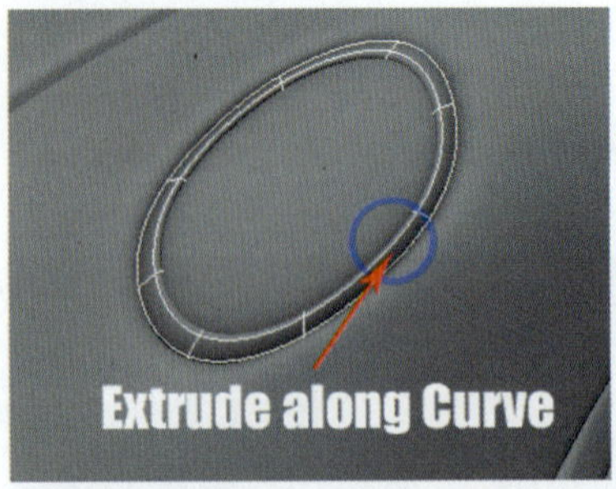

그림 3-205

7 Polygon 선택

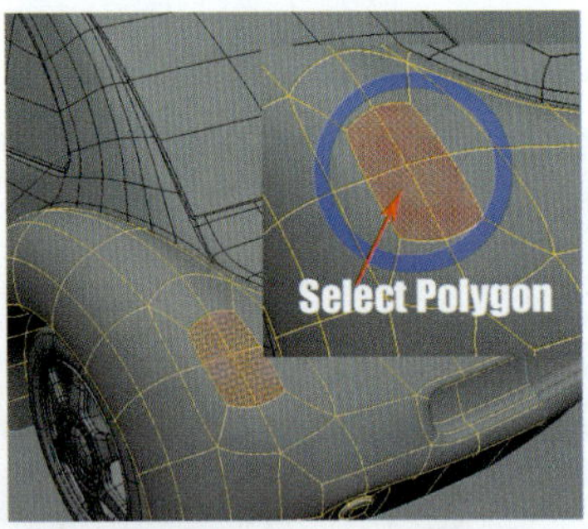

그림 3-206

8 Polygon 복사 이동

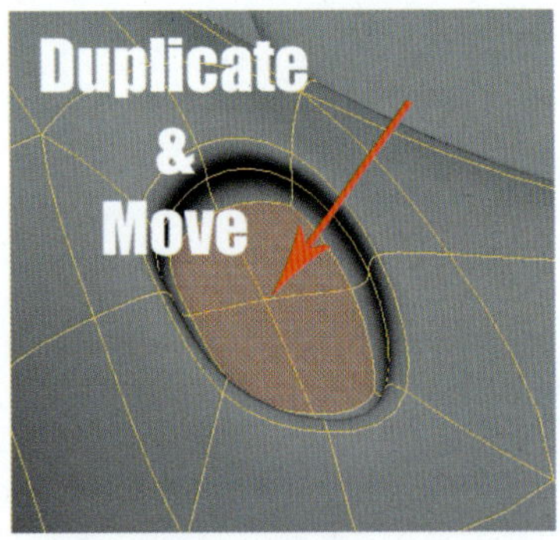

그림 3-207

9 Polygon 추출

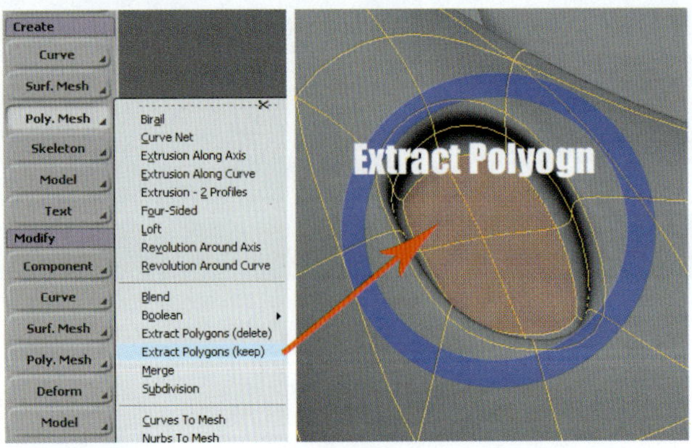

그림 3-208

10 모양 수정

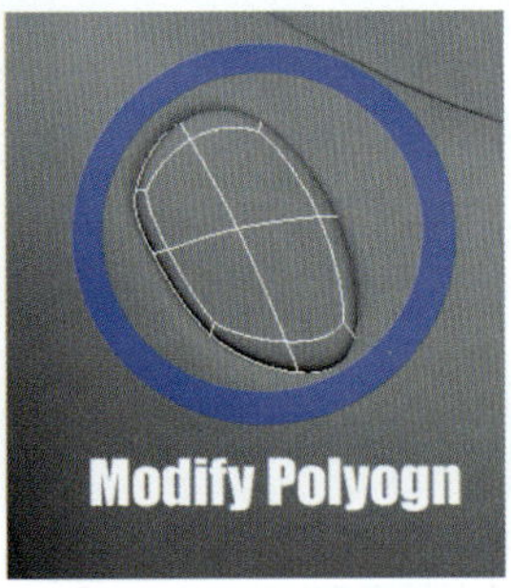

그림 3-209

11 결과 확인

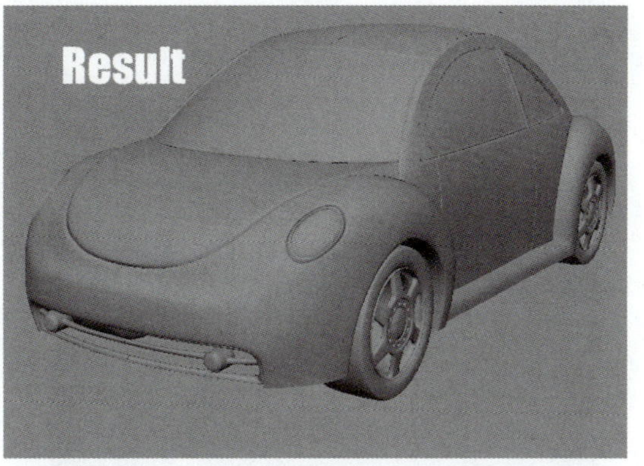

그림 3-210

3-10 사이드미러와 손잡이 만들기

1 Cube 생성 : 위치 이동

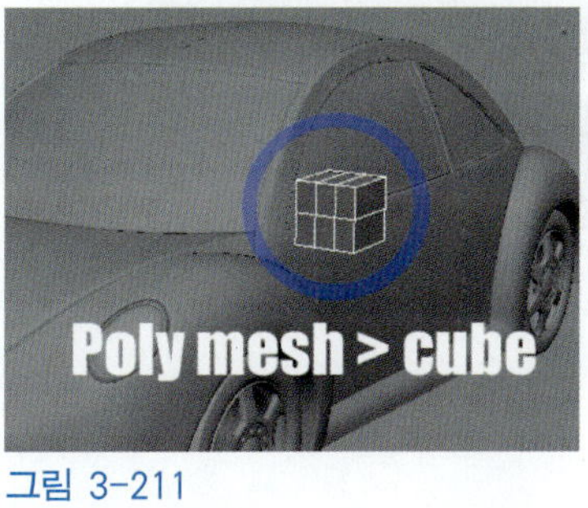

그림 3-211

2 모양 수정

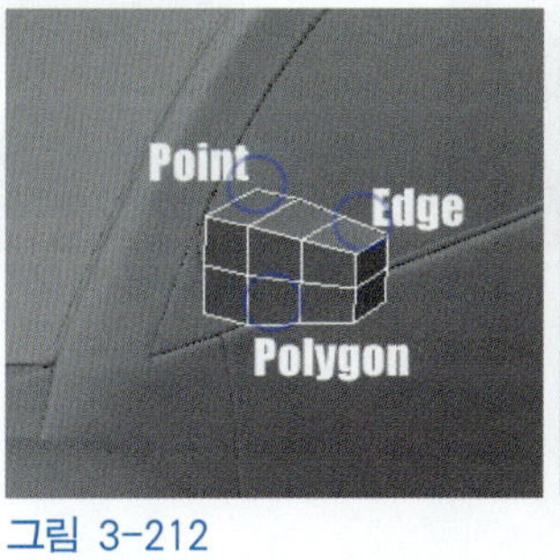

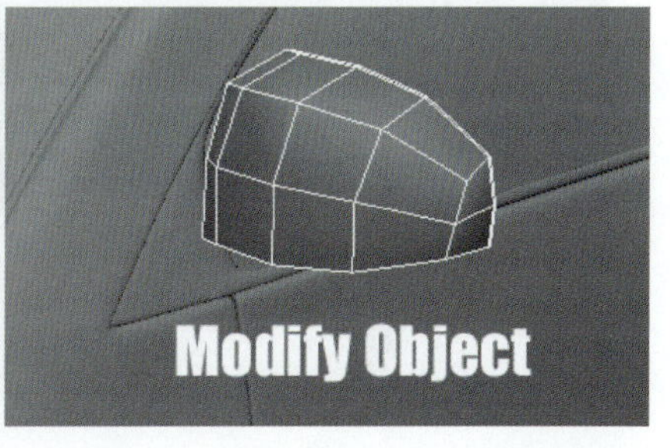

그림 3-212

3 Subdivision

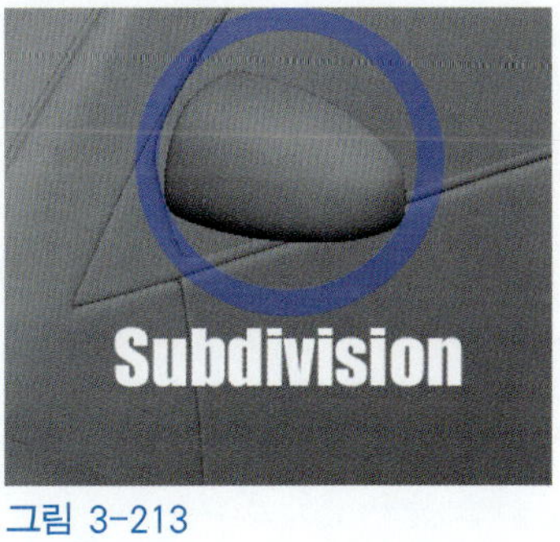

그림 3-213

4 결과 확인

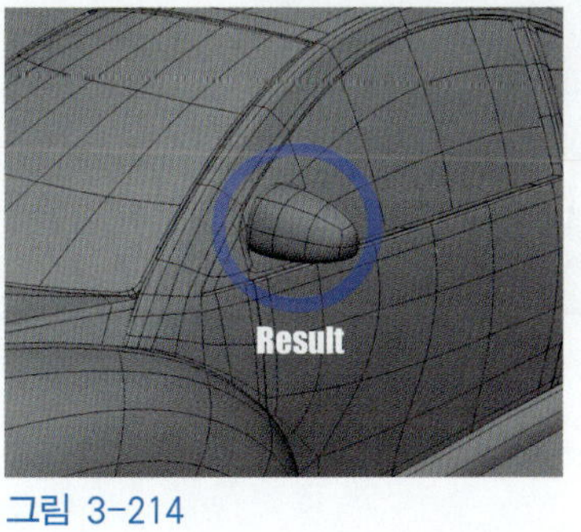

그림 3-214

5 Polygon 생성

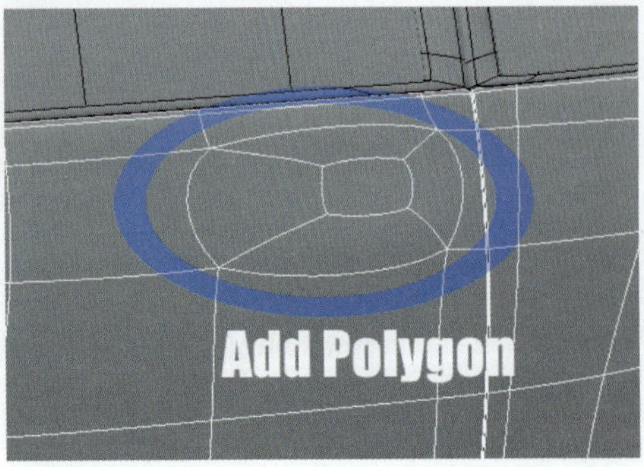

그림 3-215

6 Polygon 선택 / 이동

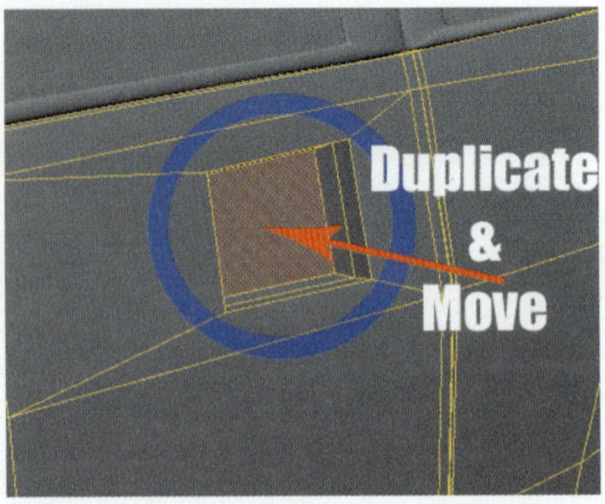

그림 3-216

7 결과 확인

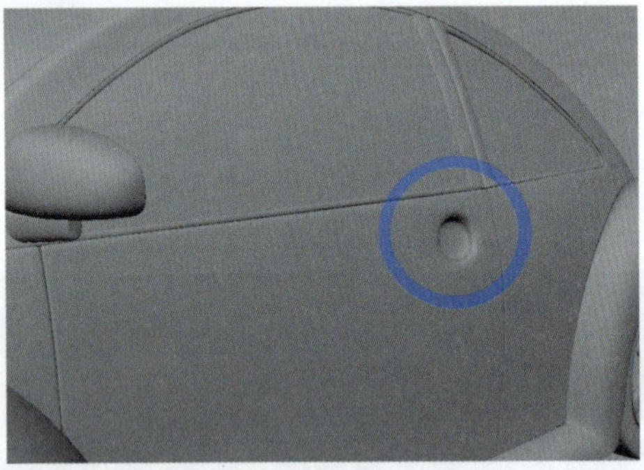

그림 3-217

8 Cube 생성 이동 수정

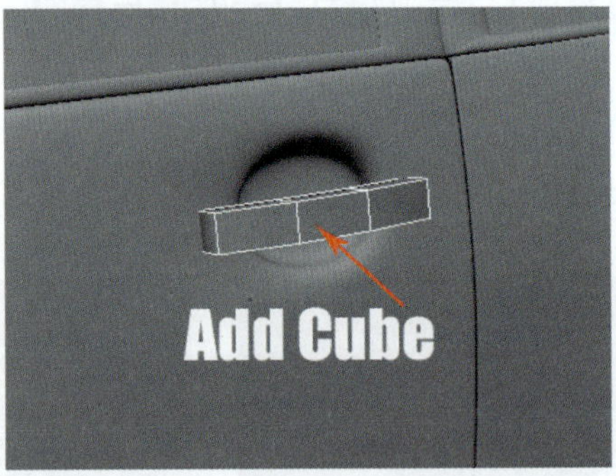

그림 3-218

9 모양확인

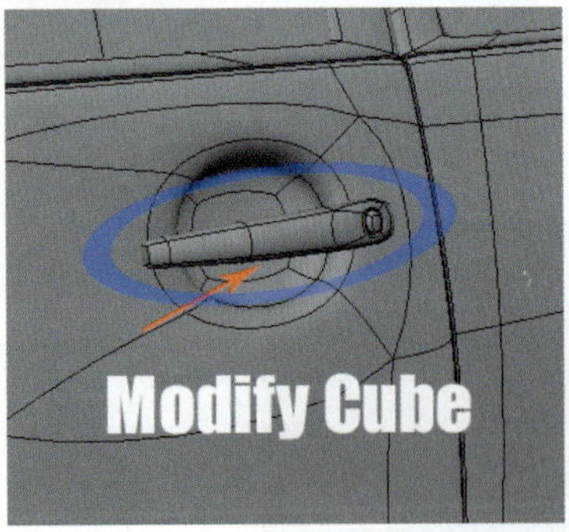

그림 3-219

3-11 Car 인테리어 제작하기

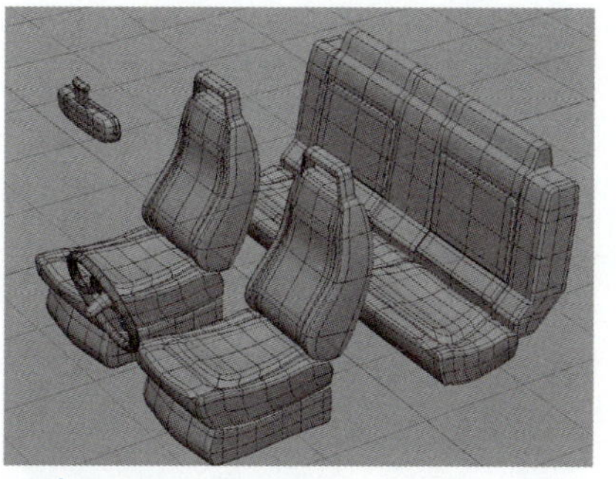
그림 3-220

자동차 인테리어는 지금까지 외부모양을 모델링 하는 방식으로 접근하면 그다지 어려운 부분은 없을 것으로 판단된다. 보통 자동차 모델링은 외부에 많은 비중을 두지만, 부득이 내부의 모습을 공개해야 할 경우는 외부만큼이나 정교하고 정확하게 모델링을 해야 한다. 그렇지 않으면 다소 Quality가 떨어지는 내부 모델링으로 인해 외부 디자인까지 평가받게 되는 수가 생기기 때문이다. 지금부터 자동차 내부 모델링을 하나부터 열까지 제작과정을 보여 주는 것보다는 Shape와 Wire의 형태를 소개하면서 마치고자 한다. 지금까지 갈고 닦은 실력으로 여러분이 직접 모델링을 해보도록 한다.

1 Handle

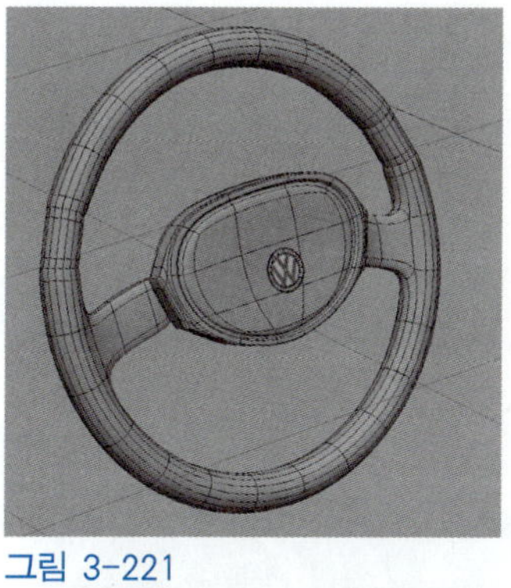
그림 3-221

2 Seat

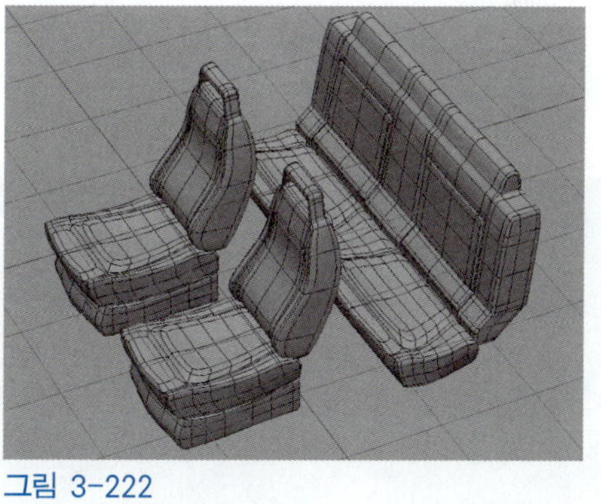
그림 3-222

3 Back Mirror

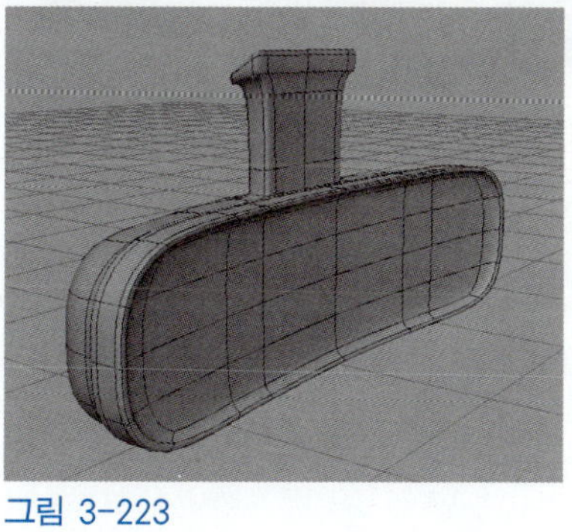
그림 3-223

4 Emblem

그림 3-224

3-12 결과 확인

1 결과 Shader 모드

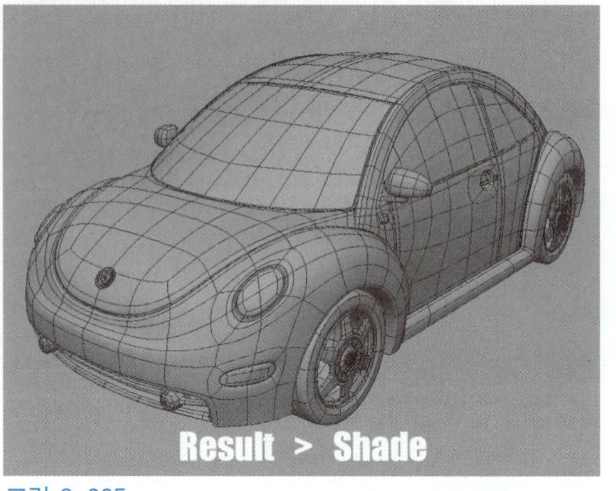

그림 3-225

2 결과 확인 Material Color 모드

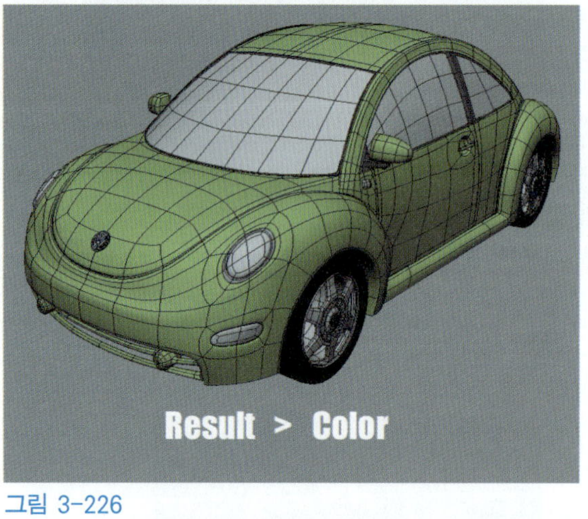

그림 3-226

그림 3-227

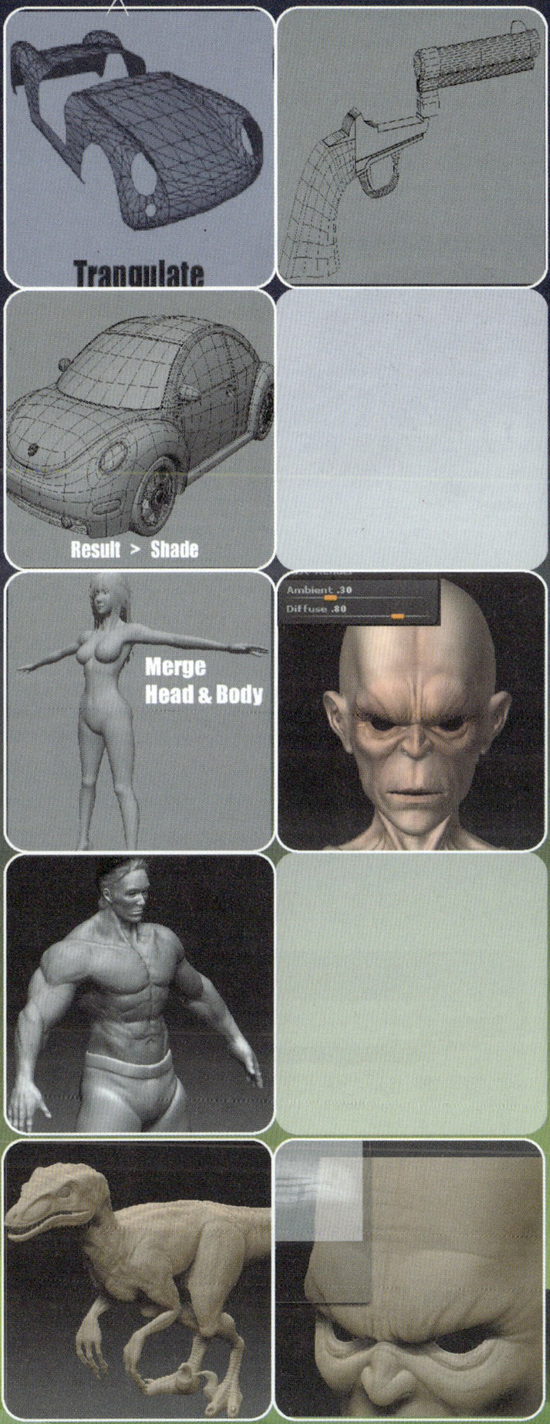

제4장

Young man Modeling

이 장에서는 Human 캐릭터 모델링에 대해 작업을 해보도록 한다.

먼저 Human 캐릭터는 Young Man, Old Man과 Young Woman, Old Woman으로 나눠서 제작하도록 한다. 구분의 기준은 피부의 노화에 따른 각 캐릭터의 질감 표현 방식에 Point를 맞추도록 한다. 물론 디테일한 부분에 대해서는 Normal Map이나 Displacement Map을 사용할 예정이다.

먼저 Young Man에 대한 형태를 제작해 보도록 한다.

컨셉을 미리 정해서 정해진 컨셉에 맞춰서 작업하는 것이 일반적인 제작 방식이나, 일단은 기본적인 접근 방법으로 제작하고 추후 수정작업을 통해 완성하도록 한다.

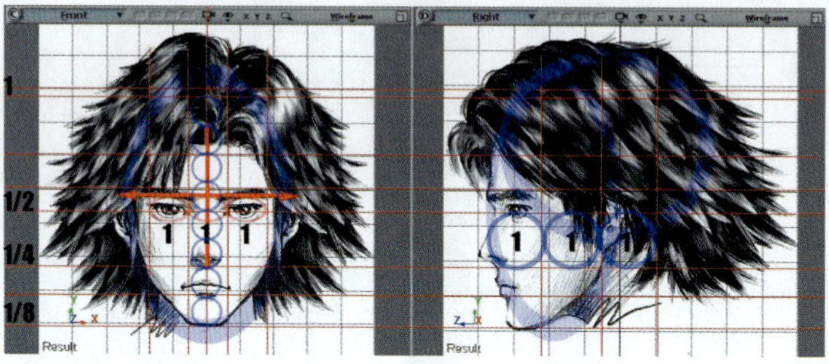

그림 4-1 얼굴 비례

4-1 Young Man Face 제작하기

제작하는 순서는 눈 〉 코 〉 입 〉 턱 〉 볼 〉 귀의 순서에 따라 작업을 한다.

1 Disc 꺼내기 : 작업화면을 열고 Model 〉 Primitive 〉 Polygon Mesh 〉 Disc Object를 연다. 한쪽 눈의 형태를 먼저 잡기 위함이다.

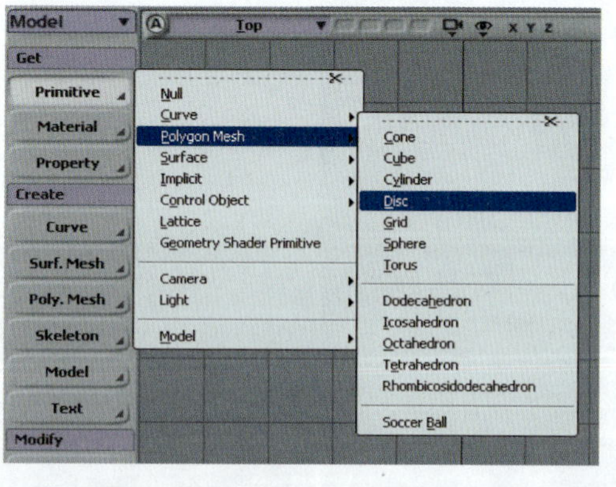

그림 4-2

2 Disc 속성 변경 : 생성된 Disc Object를 다음과 같이 속성을 변경 시켜주도록 한다.

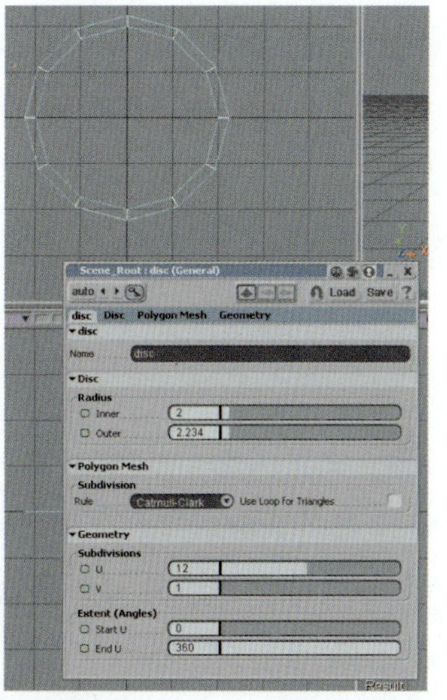

그림 4-3

3 Disc 모양 변형 : Point 이동을 통해 그림 4-3과 같이 눈의 모양으로 만들어 준다.

Point 선택 단축키 [T], Point 이동 단축키 [V]

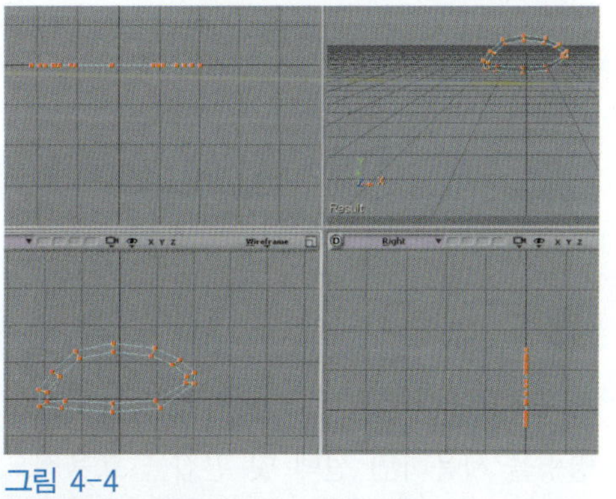
그림 4-4

4 Edge 추가 : Object를 선택한 다음 Poly mesh 〉 Subdivide Edges 명령을 실행한다. SRT 중 선택 해제 후 Component(Point, Edge, Polygon) 선택 후 마우스 오른쪽 버튼을 클릭하면 Component에 대한 다양한 명령 창이 나타나고, ST 중 선택된 상황에서는 SRT에 필요한 기능 Mode가 나타난다.

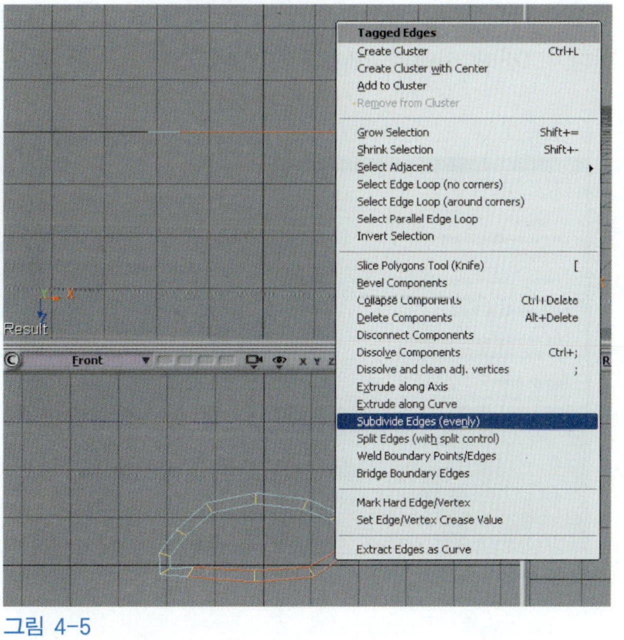

그림 4-5

5 모양 수정 : Subdivision된 상태에서 Point 이동을 통해 다시 모양을 좀 더 섬세하게 다듬어 주도록 한다.

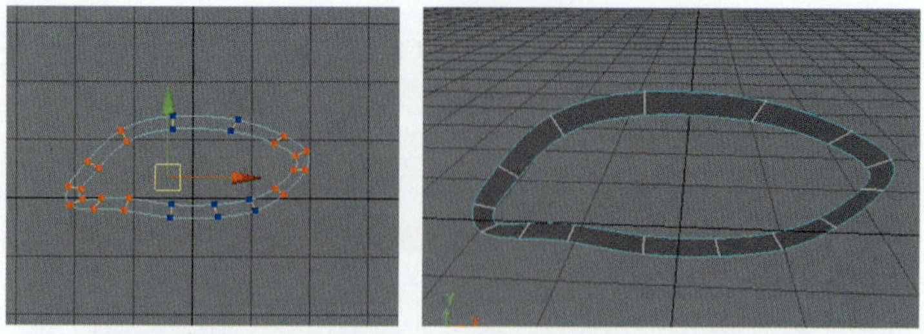

그림 4-6

6 모양 수정 : 카메라 View나 Top view에서 Point 이동을 통해서 눈의 볼록한 형태를 만들어 주도록 한다.

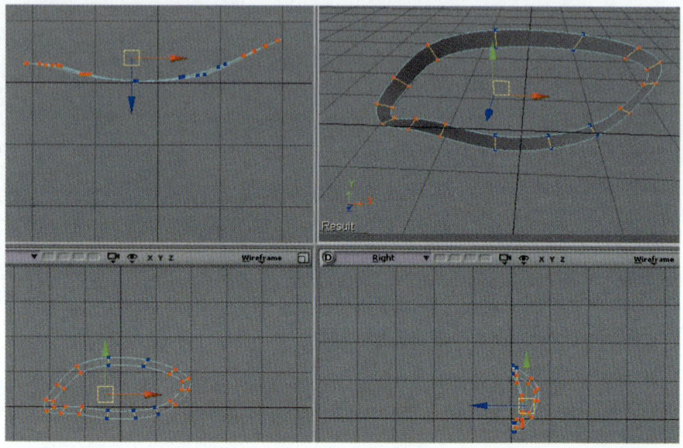

그림 4-7

7 Edge 추가 : 다음은 눈의 모양을 좀 더 다듬으려고 많은 Component가 필요하다. 우선 눈의 안쪽 모양을 다듬으려고 눈의 안쪽 Line을 선택해준다. 이때 Select 〉 Select Edge Loop(no corners) 명령을 사용하면 선택 및 편집을 효율적으로 할 수 있다. 먼저 Select Edge Loop(no corners) 명령을 실행한 다음 Pick mode가 되면 눈 모양을 이루는 Object의 가장 안쪽 Line 중에 임의의 Edge를 선택한다. 그러면 선택된 Edge와 연결된 모든 Line은 자동으로 선택된다.

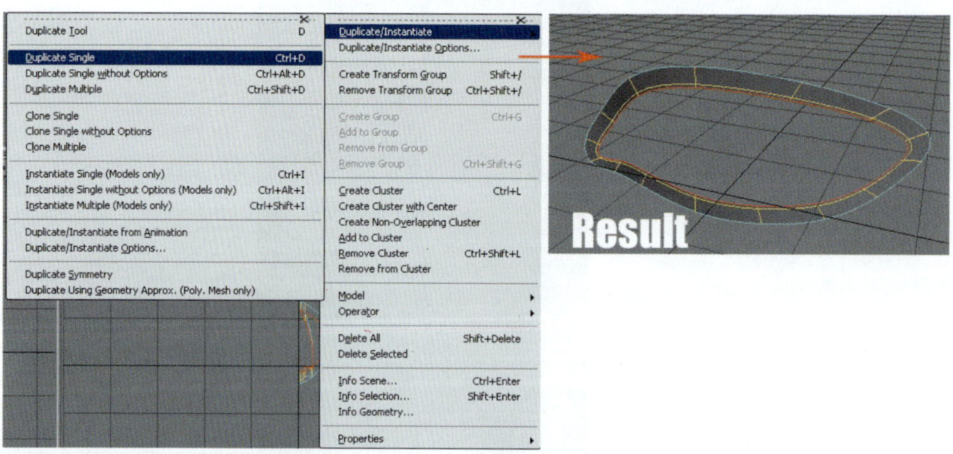

그림 4-8

8 Edge 복사 : 자동으로 선택한 Edge를 복사해서 눈의 안쪽으로 위치를 시켜야 하므로 이번에는 Edge를 복사하도록 한다. 이때 사용하는 단축키는 [Ctrl + D]이다. 또는 MCP 〉 Edit 〉 Duplicate Option에서 복사 명령을 선택한다.

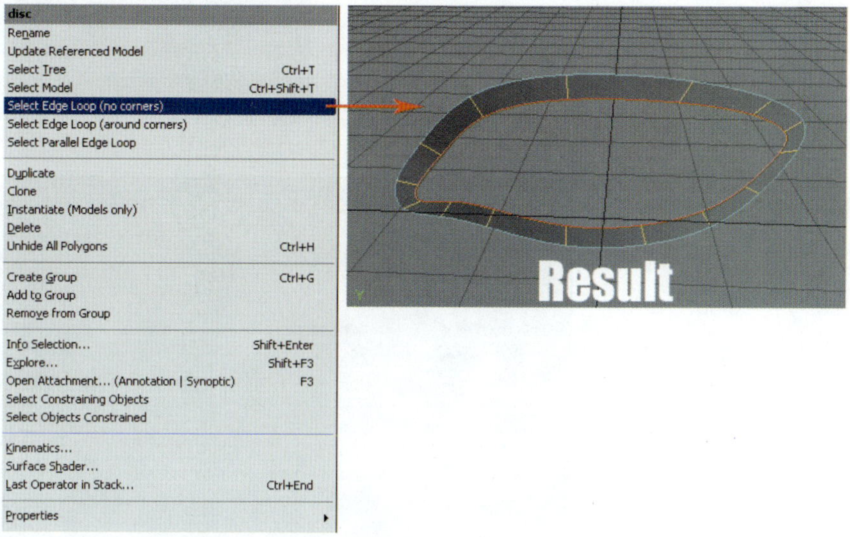

그림 4-9

9 Edge 이동(모양 변형) : 복사된 Edge를 Move하여 눈의 안쪽 라인으로 만들어준다.

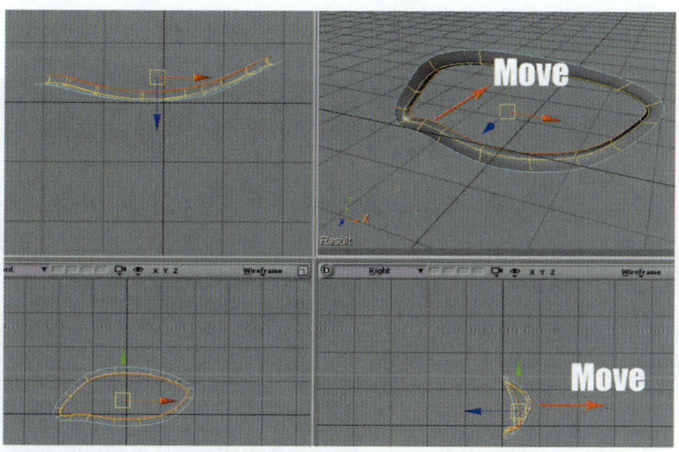

그림 4-10

10 **모양변형** : 일단 눈의 안쪽 라인을 생성하고 전반적인 눈의 모양을 좀 더 섬세하게 다듬어 주도록 한다.

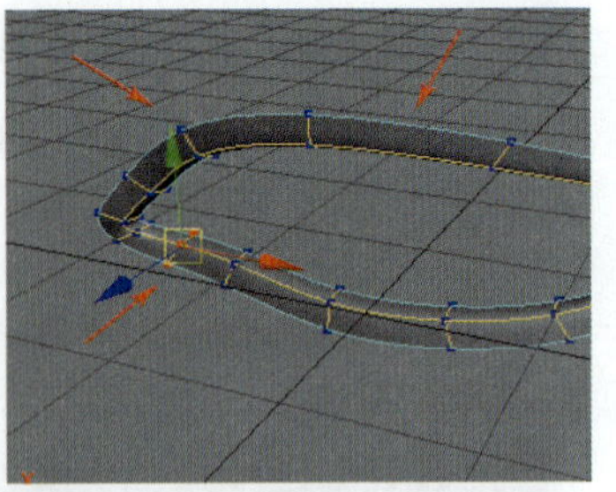

그림 4-11

11 **Edge 추가** : 이번에는 눈의 라인의 바깥쪽 라인을 확장시켜 보도록 한다. 눈의 바깥쪽 Edge를 선택하여 Select 〉 Select Edge Loop(no corners) 명령 바깥쪽 Edge를 추가한다.

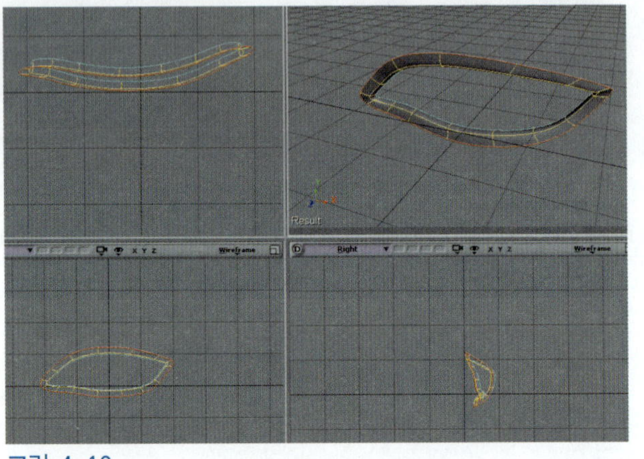

그림 4-12

12 **Edge 복사** : 선택한 Edge를 복사하여 눈의 바깥쪽 형태로 확장시킨다. 제작 방식은 8과 9의 방식을 반복하도록 한다.

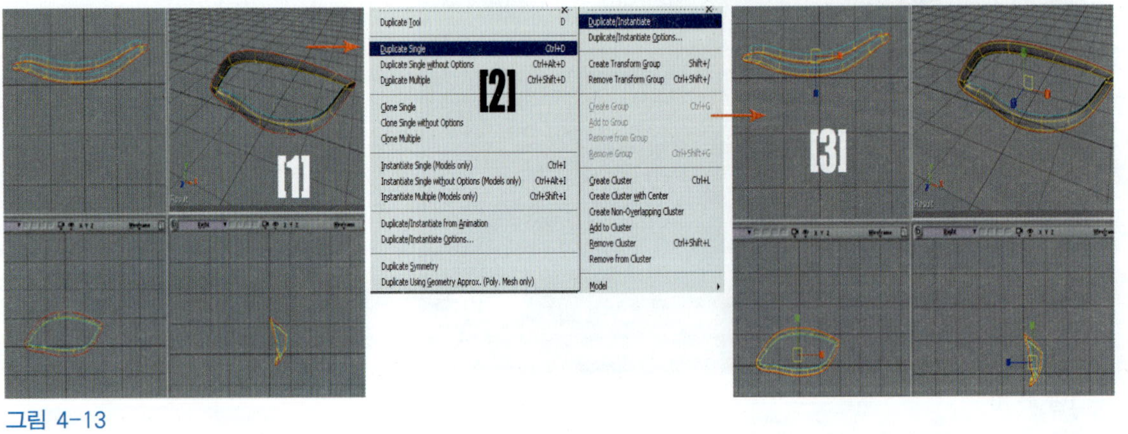

그림 4-13

13 **모양 변형** : 복사된 Edge를 확장하여 눈의 외곽형태를 만든다.

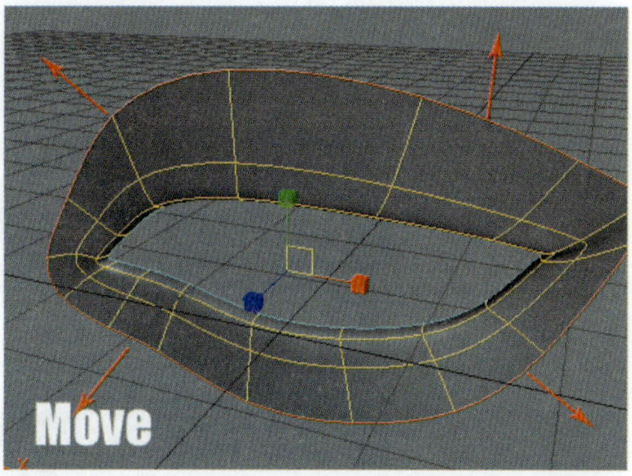

그림 4-14

14 **Edge 추가** : 다음은 필요한 부분에 Edge를 추가하는 작업을 해보도록 한다. 필요한 부위에 Edge를 추가하는 방법은 여러 가지가 있으나 가장 기본적인 방법은 Edge를 분할하는 방식이다. 분할하고자 하는 Edge를 선택하고 Modify 〉 Poly mesh 〉 Subdivide Edge 명령(단축키 [Shift + D]를 실행한다.

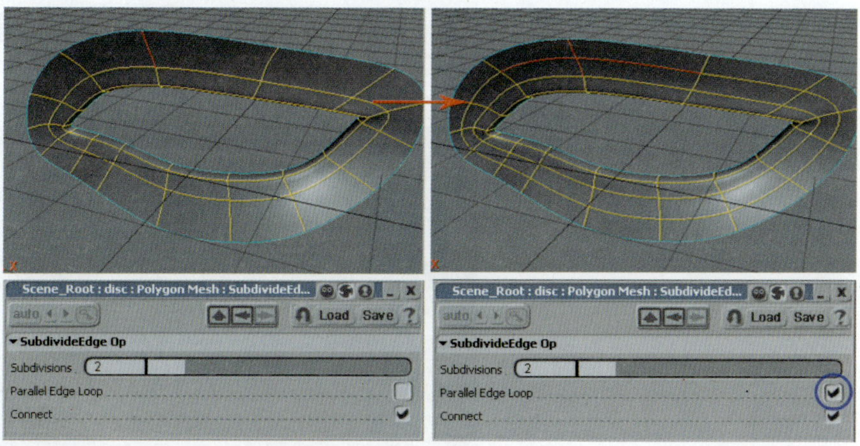

그림 4-15

선을 분할하는 가장 일반적인 방법의 하나는 Modify Poly mesh 〉 Split Edge Tool(단축키 [ ]]가 있다. 이 명령어는 일단 명령어 실행 후 추가하고자 하는 Edge 라인을 선택하면 전체적으로 하나의 라인을 추가해준다.

15 모양 수정 : 필요한 라인을 추가해 준 다음 Edge와 Point를 이동하여 눈 주위의 볼륨을 잡아 주도록 한다.

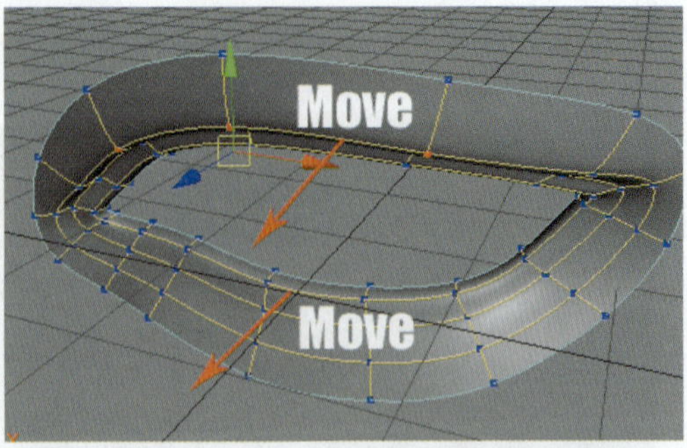

그림 4-16

16 모양 수정 : Point와 Edge의 이동을 통해 좀 더 섬세하게 눈 위주의 모양을 다듬도록 한다.

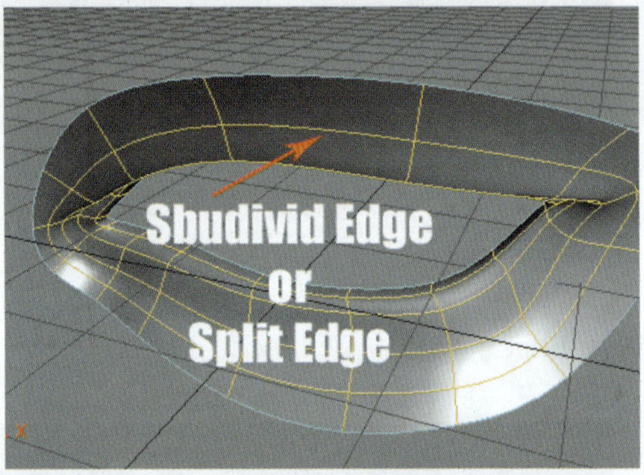

그림 4-17

17 Edge 추가 : 필요한 곳에 라인을 추가하여 좀 더 섬세한 작업을 하도록 한다.

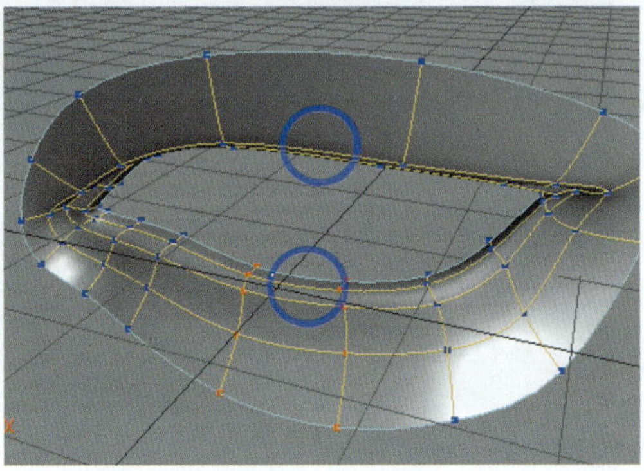

그림 4-18

18 **Object 대칭 복사** : 제작된 왼쪽 눈(Object)을 선택하고 반대편 오른쪽 눈을 만들어 보도록 한다. 복사하는 기능 중에 완전 대칭형 모델링을 제작하면 반대편 모델링은 일일이 다시 제작하지 않고 대칭 복사를 하여 그대로 복제된 결과를 사용한다. 대칭 복사를 할 대상을 선택하고 Modify 〉 Poly mesh 〉 Symmetrize polygons 명령을 실행한다.

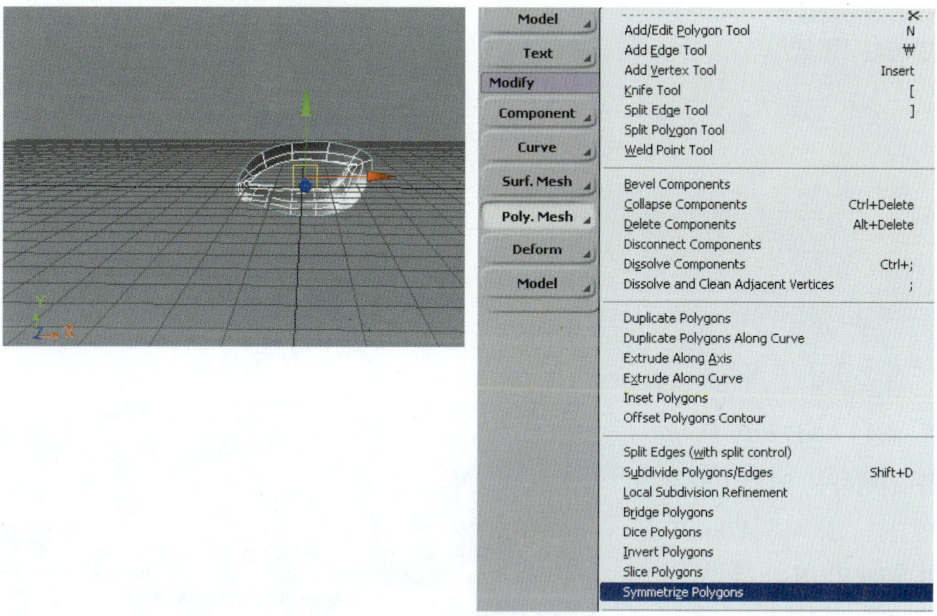

그림 4-19

19 **대칭 복사 Option 설정** : Symmetrize Polygon Option의 Property 창에서 필요한 Option을 체크하고 난 다음 그 결과를 확인하도록 한다.

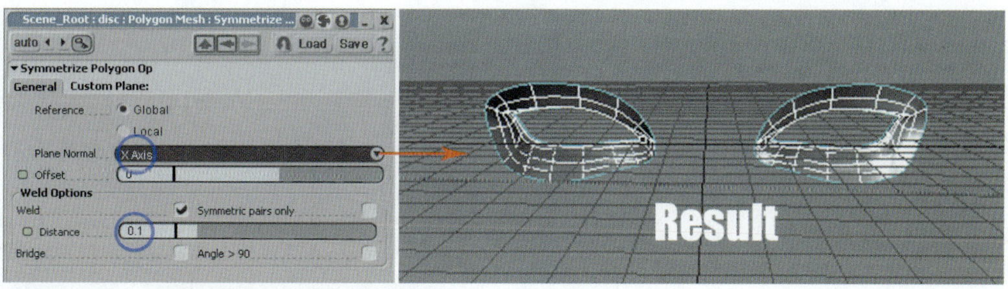

그림 4-20

20 **면(Polygon) 생성(추가) 기능 선택** : 새로 생성된 오른쪽 눈과 왼쪽 눈을 연결하여 미간을 만들어 보도록 한다. XSI에서 Polygon 생성 기능은 Poly mesh 〉 Add / Edit Polygon Tool 단축키 [N]이다.

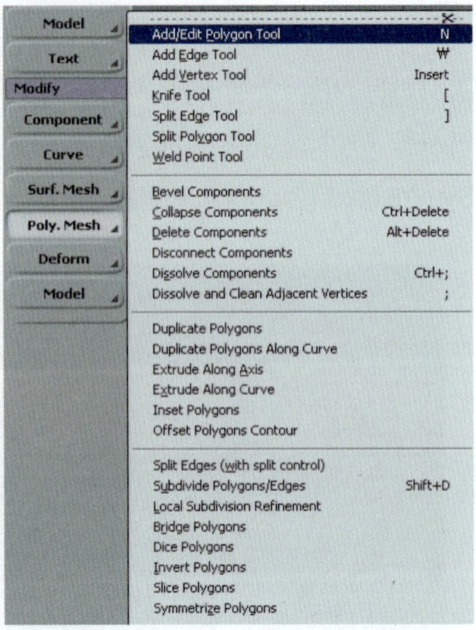

그림 4-21

21 **Polygon 면 생성** : Add / Edit Polygon Tool 단축키 [N]을 실행하면 연필 아이콘이 나타난다. 이때 연결하고자 하는 Edge 또는 Point를 선택하여 Edge일 경우 두 개의 연결 Line을 Point일 경우 4개의 Point를 시계 방향 또는 시계반대방향으로 교차하지 않도록 순차적인 방향으로 Point를 선택해준다.

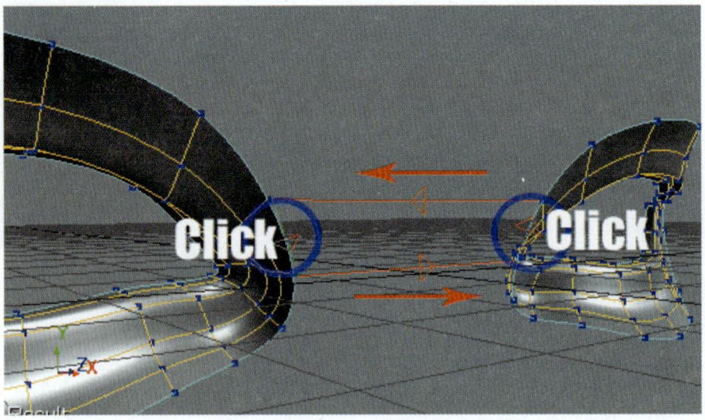

그림 4-22

22 **Polygon 면 생성 결과 확인** : 생성된 Polygon 면을 선택하여 제대로 생성되었는지 확인하도록 한다. 면 생성할 때 Point나 Edge를 차례대로 선택하지 않으면 Double Edge가 생성될 수가 있기 때문에 반드시 확인 작업을 하도록 한다.

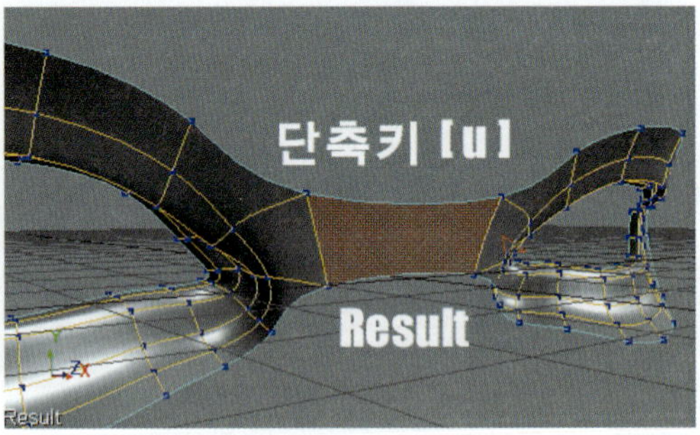

그림 4-23

23 **Polygon 면 추가생성** : 같은 방법으로 Polygon 면을 하나 더 추가한다.

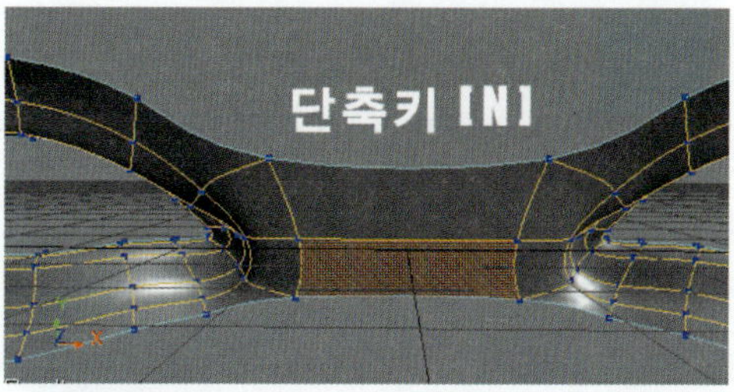

그림 4-24

24 **Edge 선택** : Edge를 추가하기 위해 Edge를 Multi 선택을 한다.

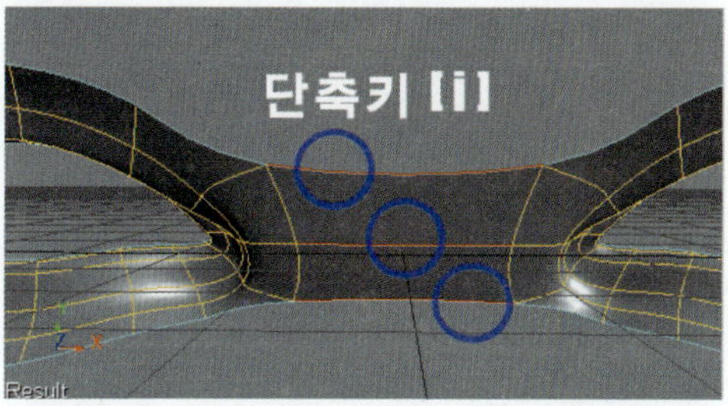

그림 4-25

25 **선 나누기(추가)** : Edge가 선택된 상태에서 마우스 오른쪽 버튼을 클릭하여 나타나는 명령어 중에서 Poly mesh 〉 Symmetrize polygons 명령 또는 Modify 〉 Poly mesh 〉 Symmetrize polygons 명령을 실행하여 선택된 Edge를 나누어 필요한 만큼의 Edge를 추가한다.

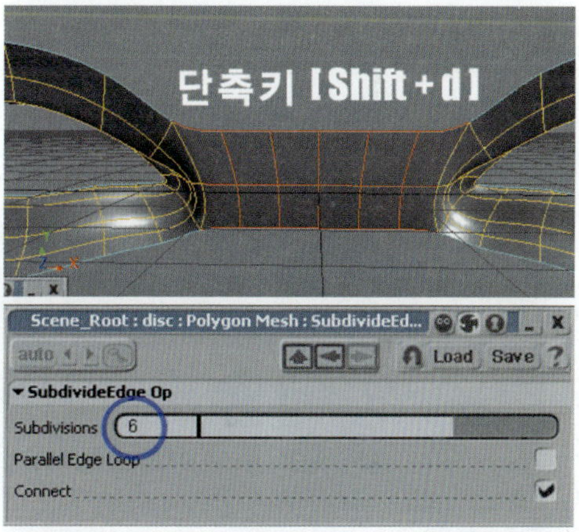

그림 4-26

26 **미간 모양 수정** : Point나 Edge를 이동하여 양쪽 눈 사이(미간)의 모양을 수정하도록 한다. 이때 앞으로 생성하게 될 콧등의 모양을 생각하면서 작업을 하도록 한다.

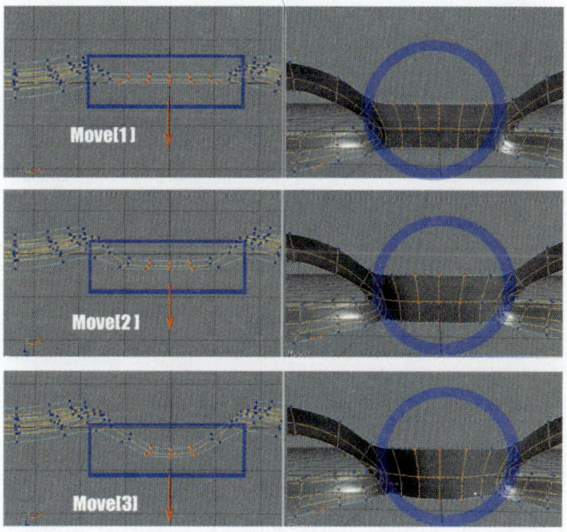

그림 4-27

27 Edge 추가 : Select 〉 Select Edge Loop(no corners) 명령 기능을 이용하여 눈의 가장자리 Edge를 선택하여 Edge를 추가하도록 한다.

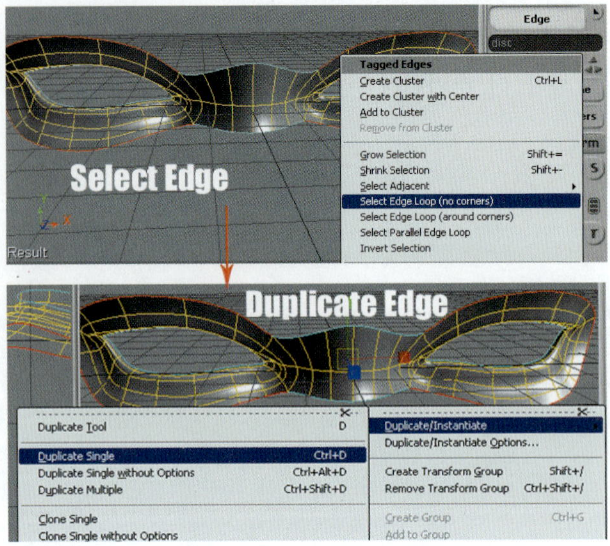

그림 4-28

28 Edge 추가를 위한 선택 : 미간의 모양을 좀 더 섬세하게 변형하는 데 필요한 Edge를 추가하는 데 필요한 영역을 먼저 선택하도록 한다. Light view에서 Wire frame mode 상태에서 Drag Selection을 하게 되면 반대쪽 대칭되는 부분의 Point도 동시에 Selection된다.

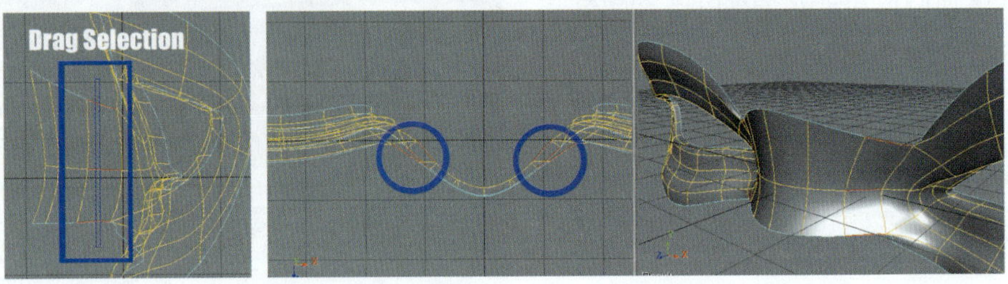

그림 4-29

29 Edge 추가 : Edge가 선택된 상태에서 마우스 오른쪽 버튼을 클릭 Subdivide Edge 명령을 실행한다.

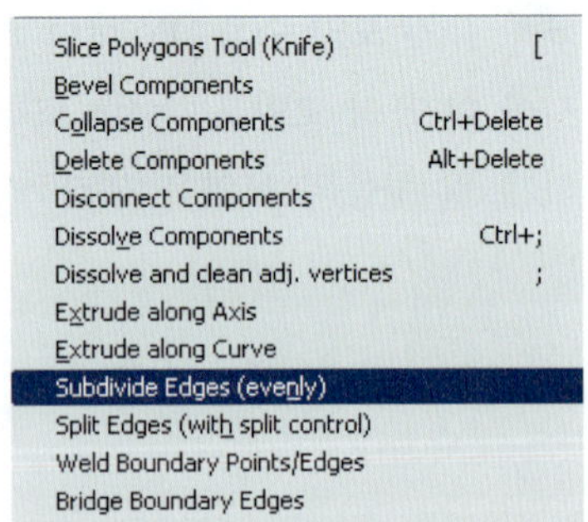

그림 4-30

30 **Weld Edge** : 선택한 Point를 Target Point와 합쳐서 하나의 Pont화 하도록 한다.

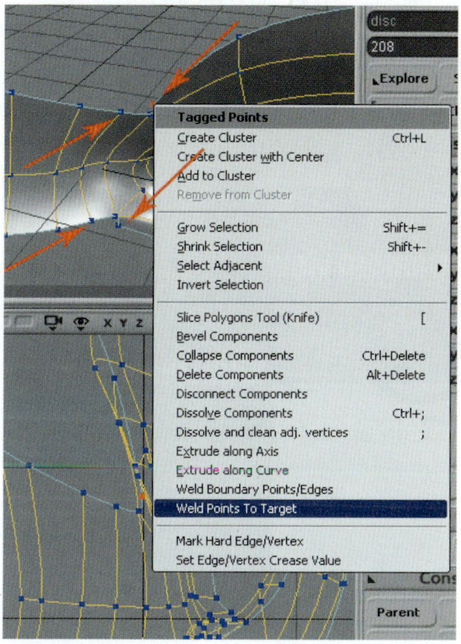

그림 4-31

31 **Weld 결과 확인** : 오른쪽 눈의 위와 아래 Point Weld 작업을 마치고 왼쪽 눈의 Weld 작업도 마치도록 한다.

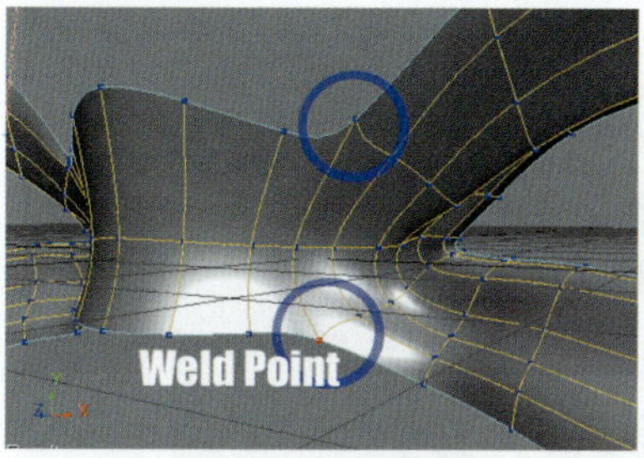

그림 4-32

32 **눈 모양과 미간의 모양 최종 확인** : Shade mode에서 현재까지의 작업 결과를 확인한다.

그림 4-33

33 **콧등 만들기 1(Edge 추가(복사))** : 미간을 구성하는 Edge로부터 코의 모양을 만드는 데 필요한 영역을 선택해서 Edge를 추가하도록 한다.

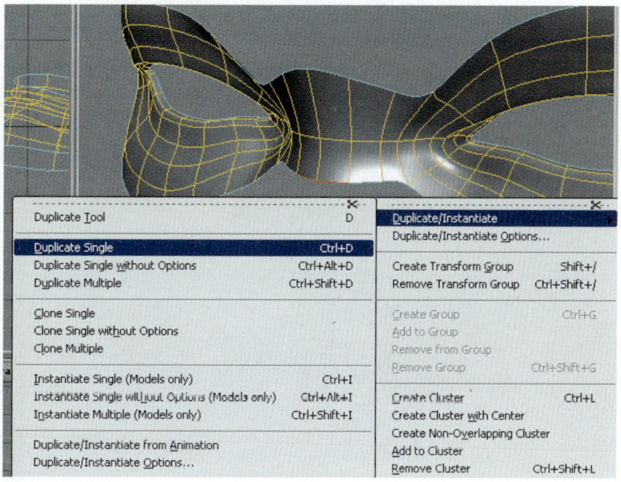

그림 4-34

34 콧등 만들기 2(Edge 이동) : 복사된 Edge를 Move 기능을 이용하여 코의 위치와 형태에 맞춰 이동을 시키도록 한다.

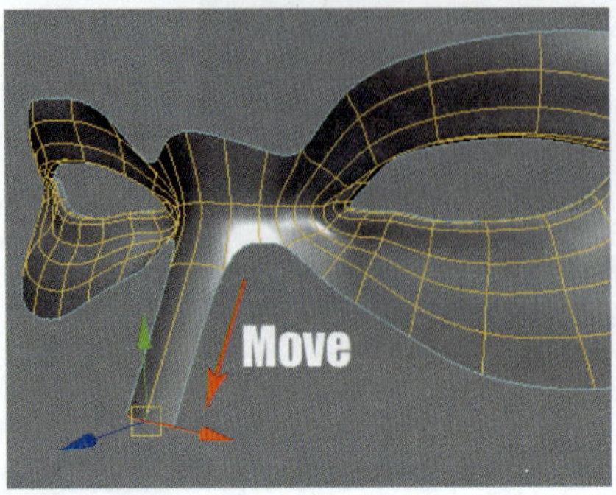

그림 4-35

35 코끝 만들기(Edge 복사 및 모양 다듬기) : 선택된 Edge를 적당한 수만큼 복사한 다음 정해진 모양에 따라 코끝의 모양을 만들도록 한다.

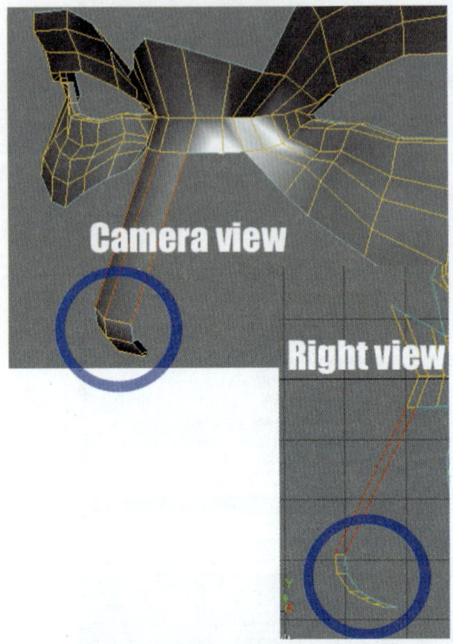

그림 4-36

36 콧등 모양 만들기(Edge 선택) : 콧등의 모양을 다듬는 데 필요한 만큼의 Edge를 추가(분할)하도록 한다.

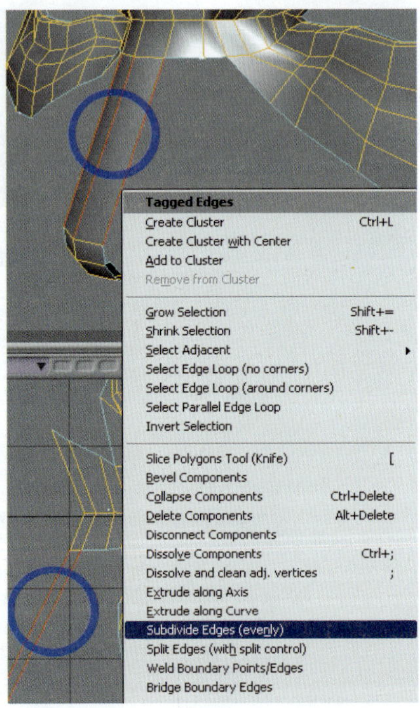

그림 4-37

37 **콧등 모양 만들기(Edge 추가)** : 콧등의 모양을 다듬는 데 필요한 만큼의 Edge를 추가(분할)한 결과 확인을 한다.

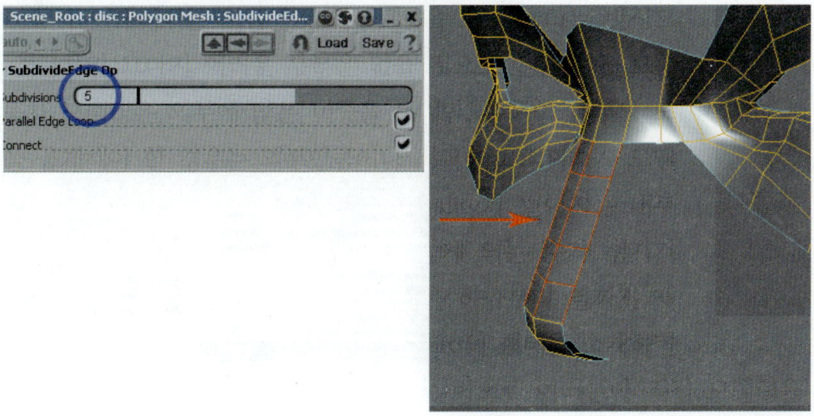

그림 4-38

38 **한쪽 면 작업(Polygon 멀티 선택)** : 일반적으로 Human Face는 대칭 구조로 형성되어 있기 때문에 작업할 때 시간을 낭비하면서까지 반대쪽 작업을 진행할 필요가 없다. 즉 완벽한 대칭 구조 작업을 전제로 했으면 한쪽 작업을 완벽히 마치면 다른 쪽 작업은 미러 복사를 하여 사용하면 효율적으로 제작할 수 있다. 그래서 이번에는 작업이 필요 없는 Face의 왼쪽을 선택하여 Delete하도록 한다. 이때 Polygon 면의 Multi 선택 모드의 단축키는 [Y]이다. 사용방법은 [Y]를 실행하고 마우스 클릭으로 선택할 영역을 Drag하여 선택하면 영역 내에 포함된 모근 Polygon 면은 자동 선택된다. 그리고 Delete를 한다.

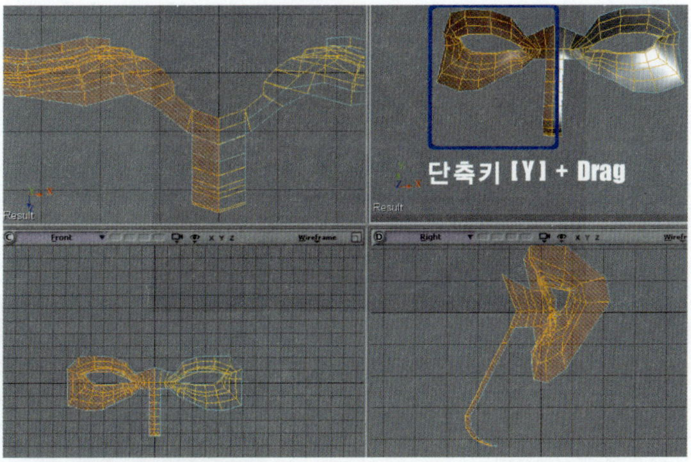

그림 4-39

39 코 볼 만들기(해당 Edge 선택) : 코의 볼을 만들려고 형태를 변형시킬 영역의 Edge를 선택한다. 그리고 복사하여 필요한 만큼 Edge의 수를 늘리도록 한다.

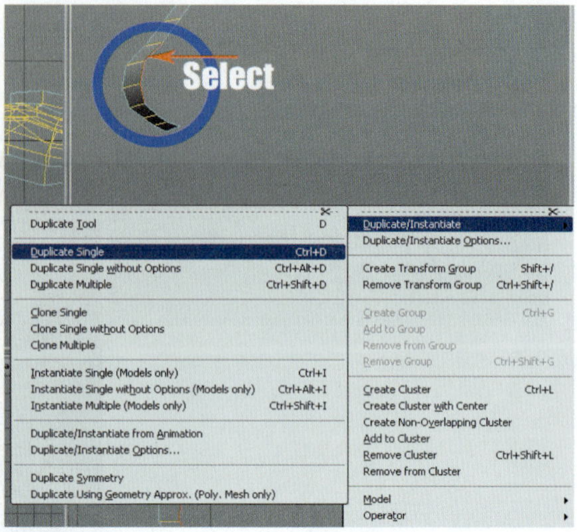

그림 4-40

40 코 볼 모양 만들기 1 : 필요한 Edge를 계속 추가(복사 + 이동)하여 코 볼 모양의 일정한 형태를 만들어 주도록 한다.

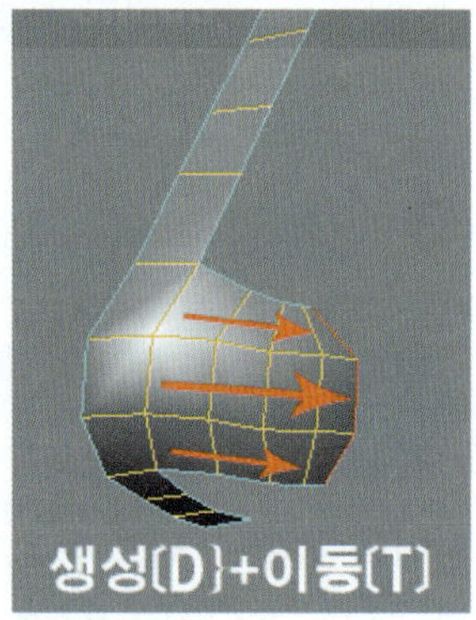

그림 4-41

41 코 볼 모양 만들기 2 : 필요한 Edge를 계속 추가(분할 + 이동)하여 코 볼 모양의 일정한 형태를 만들어 주도록 한다.

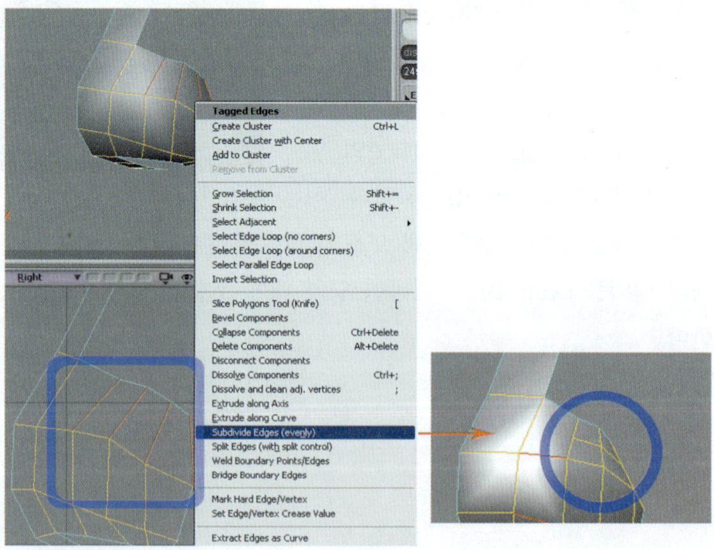

그림 4-42

42 코 볼 모양 만들기 3 : 필요한 Edge를 계속 추가(Edge 추가 생성 : Poly mesh 〉 Add Edge Tool 또는 단축키 [₩])하여 코 볼 모양의 일정한 형태를 만들어 주도록 한다.

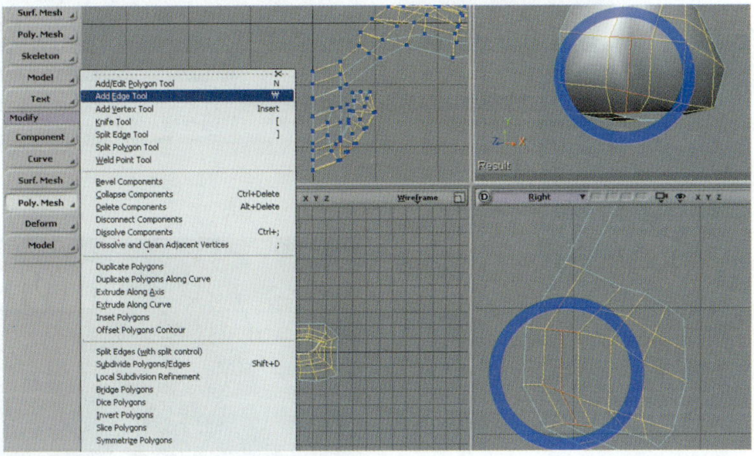

그림 4-43

43 코 볼 모양 만들기 4[M] : 필요한 Edge를 계속 추가하여 코 볼 모양의 일정한 형태를 만들어 주도록 한다.

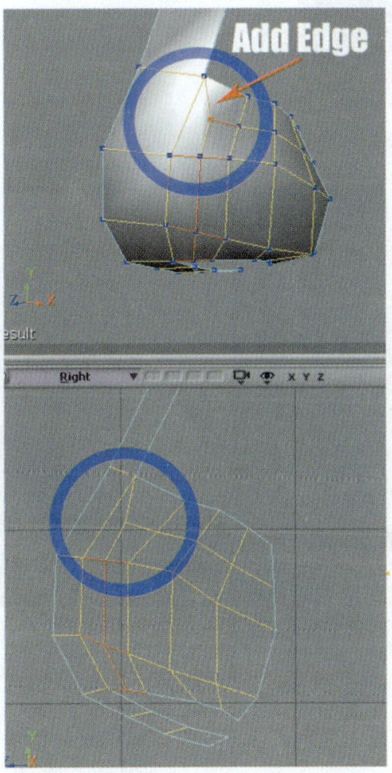

그림 4-44

44 코와 볼의 연결 면 만들기 1[I] : 코와 얼굴 볼과의 연결 면을 만들어 주도록 한다. 해당하는 Edge들을 Multi 선택하여 복사하도록 한다.

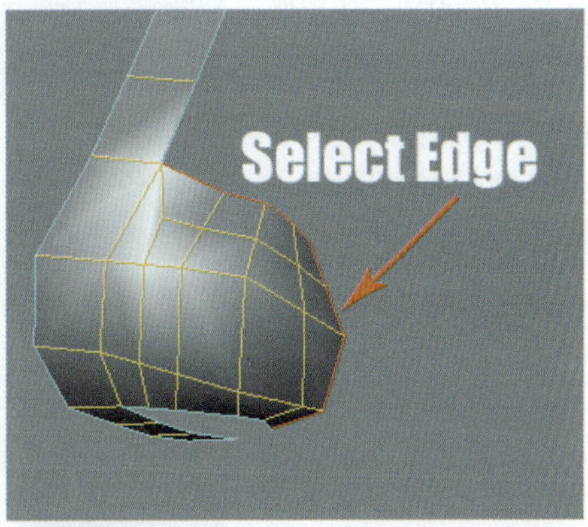

그림 4-45

45 코와 볼의 연결 면 만들기 2[Ctrl + D] : 코와 얼굴 볼과의 연결 면을 만들어 주도록 한다. 해당하는 Edge들을 Multi 선택하여 복사하도록 한다.

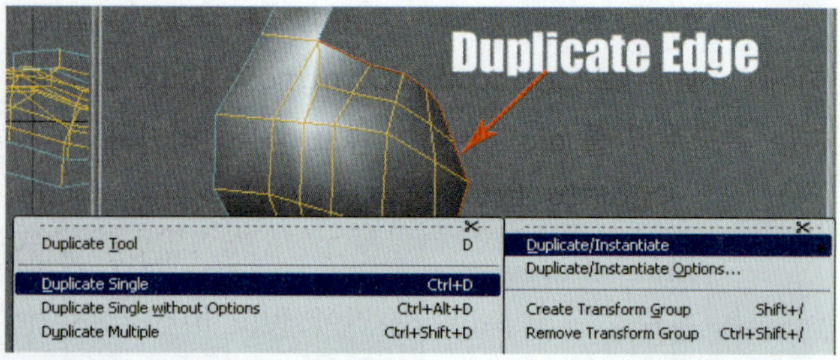

그림 4-46

46 코와 볼의 연결 면 만들기 3[V] : 만들어진 코와 얼굴 볼과의 연결 면을 이동하여 코와 눈의 연결 면과 코와 볼의 연결 형태를 잡아가도록 한다.

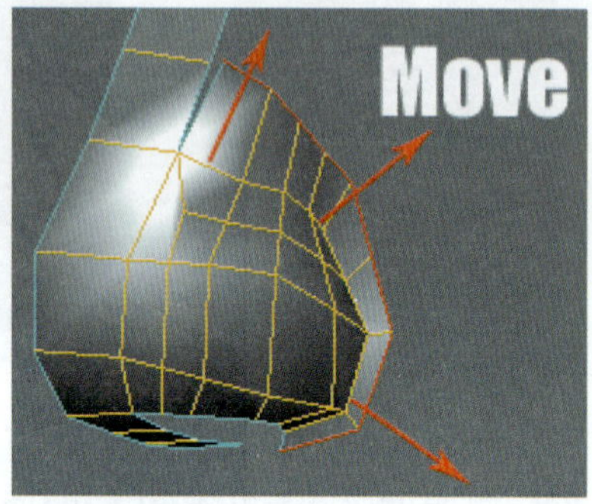

그림 4-47

47 코와 볼의 연결 면 만들기 4 : 생성된 Edge의 Point와 기존에 있던 Edge의 Point 중 연결이 필요한 부분에 대해서는 Weld Point 기능을 활용하여 하나의 Point로 만들어 준다. 마우스 오른쪽 클릭 〉 Weld Points to Target

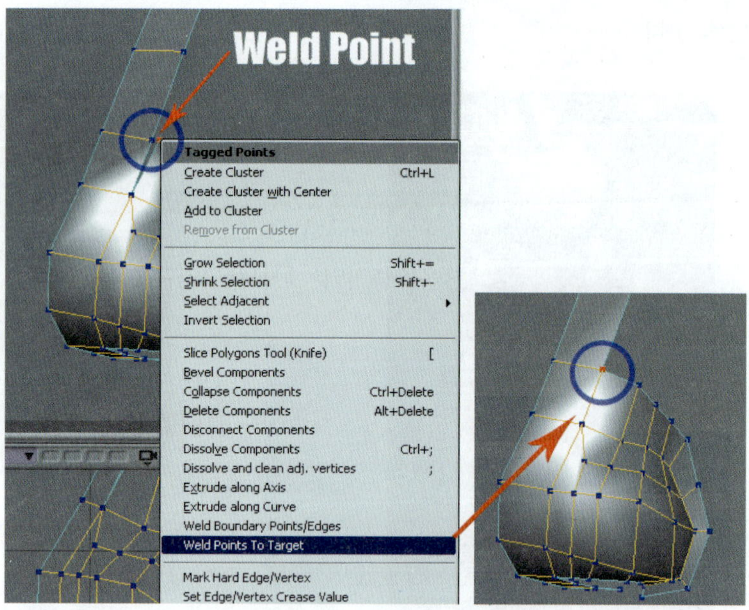

그림 4-48

48 **콧구멍 주위 모양 만들기[M]** : 이번에는 코 밑에 있는 콧구멍을 비롯한 그 주변의 형태를 만들어 보도록 한다. 먼저 콧구멍을 생성시킬 면을 만들도록 한다. 해당하는 Edge를 선택하여 복사하여 그 Component 수를 증대시켜 나간다.

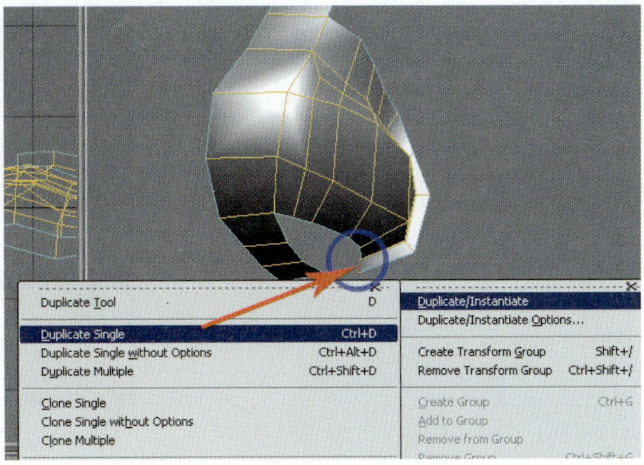

그림 4-49

49 **콧구멍 주위 모양 만들기 2** : 복사한 Edge를 이동하여 코의 모양을 다듬도록 한다.

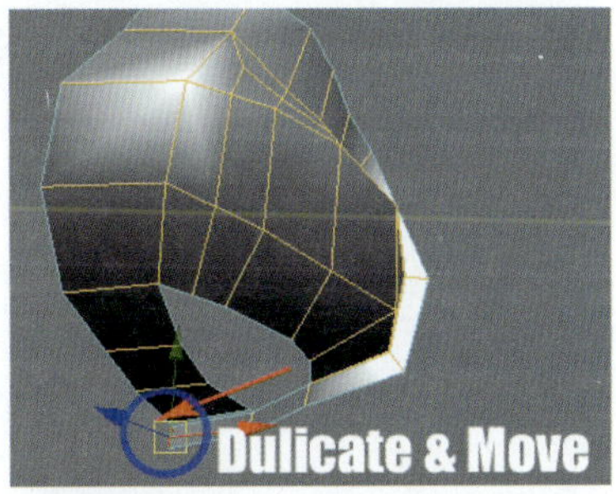

그림 4-50

50 **콧구멍 주위 모양 만들기 3** : 콧구멍 주변과 코끝에서 내려온 Edge 합쳐주도록 한다. 마우스 오른쪽 클릭 〉 Weld Boundary Point / Edges

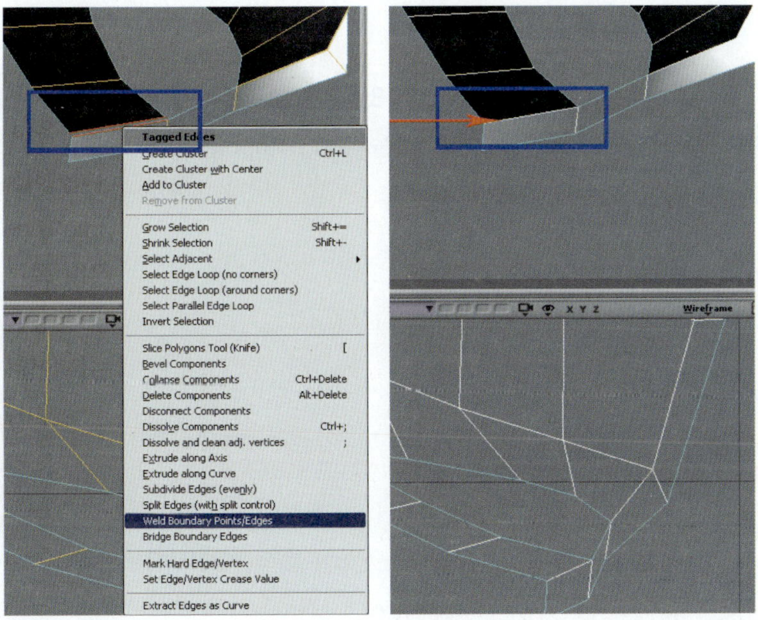

그림 4-51

51 콧등과 볼과 연결되는 면 만들기 1 (복사) : 콧등을 이루는 Edge를 선택하여 이를 복사 + 이동을 함으로써 코와 볼의 연결 면이 생성된다.

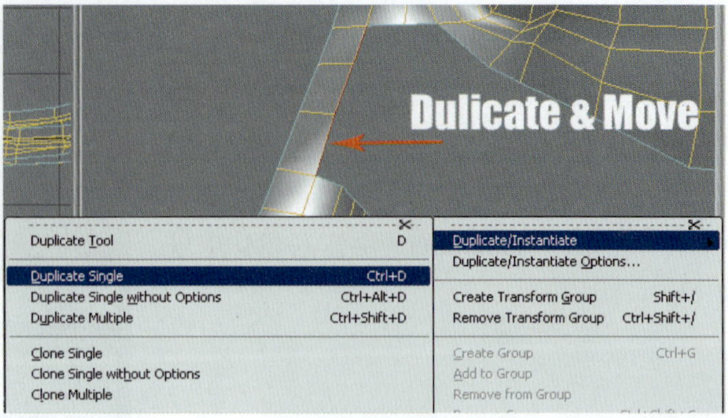

그림 4-52

52 콧등과 볼 + 입과 연결되는 면 만들기 1[V] : 콧등을 이루는 Edge를 선택하여 이를 복사 + 이동을 함으로써 코와 볼의 연결 면이 생성된다.

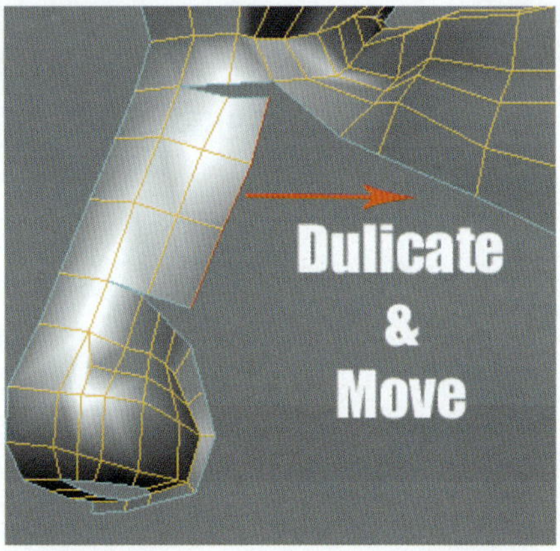

그림 4-53

53 콧등과 볼 + 입과 연결되는 면 만들기 2(Weld) : 생성된 면은 기존에 있던 다른 영역과 어울리는 Component에 대해 Weld 작업을 하도록 한다.

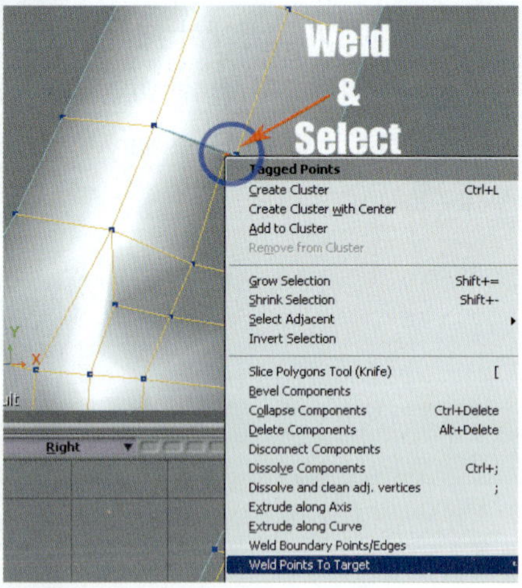

그림 4-54

54 **콧등과 볼 + 입과 연결되는 면 만들기 3(복사 + 이동)** : Weld 작업을 마치고 다시 해당하는 영역의 Edge를 선택하여 복사 + 이동을 하고 모양을 맞추도록 한다.

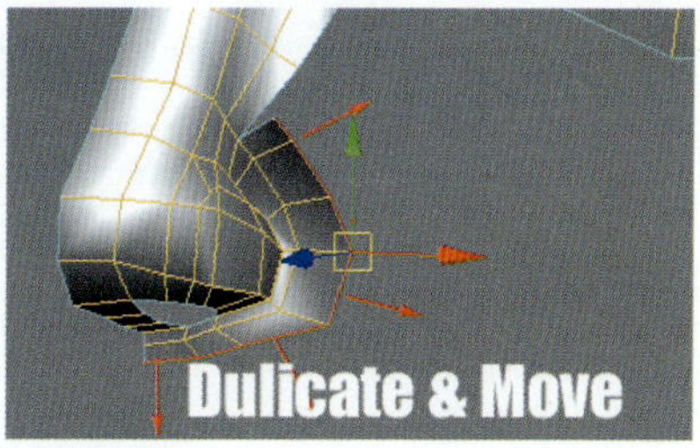

그림 4-55

55 **콧등과 볼 + 입과 연결되는 면 만들기 4(Weld)** : 생성된 면은 기존에 있던 다른 영역과 어울리는 Component에 대해 Weld 작업을 하도록 한다.

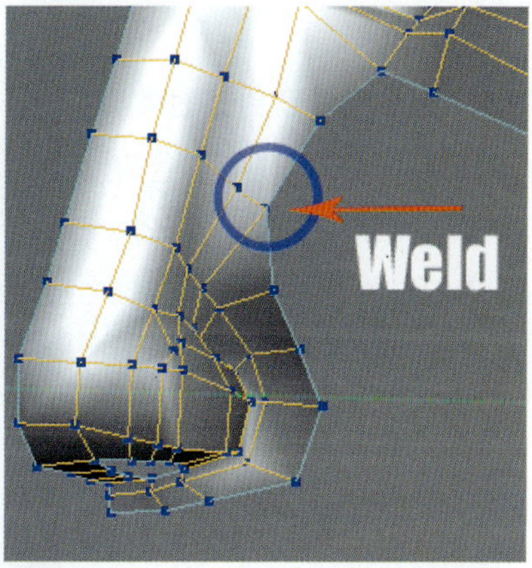

그림 4-56

56 **콧등과 볼 + 입과 연결되는 면 만들기 5(Edge 추가)[₩]** : 좀 더 섬세한 작업을 위해 코볼과 얼굴 볼을 연결할 때 필요한 Edge를 하나 추가하도록 한다.

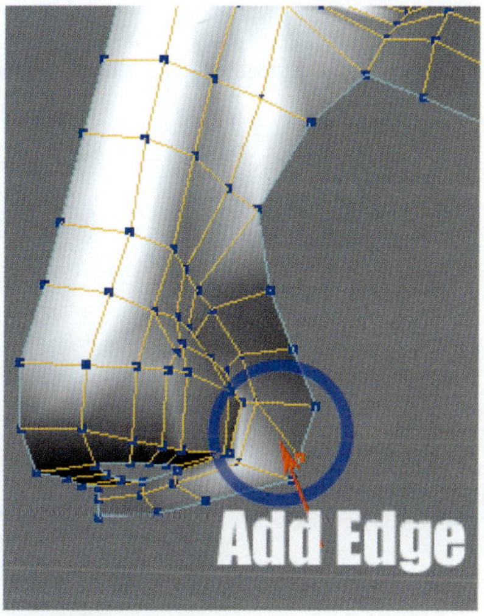

그림 4-57

57 Point 이동 [M] : 선택한 Point의 라인을 정리하도록 한다.

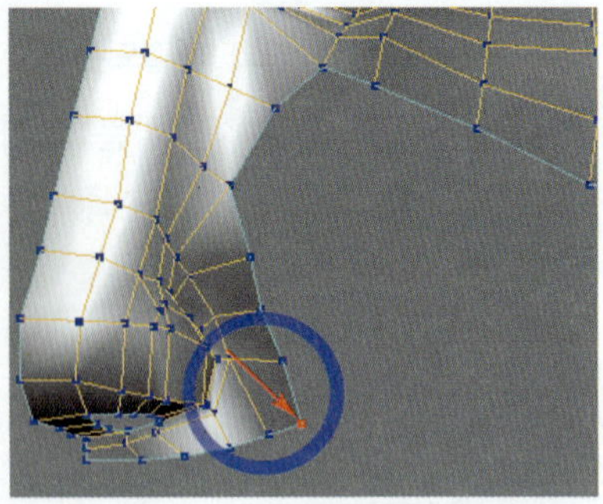

그림 4-58

58 Edge 정렬을 위한 선택 및 복사[Ctrl + D] : 입과 볼을 만들려고 해당하는 영역의 Edge를 추가하기 위해 선택한다.

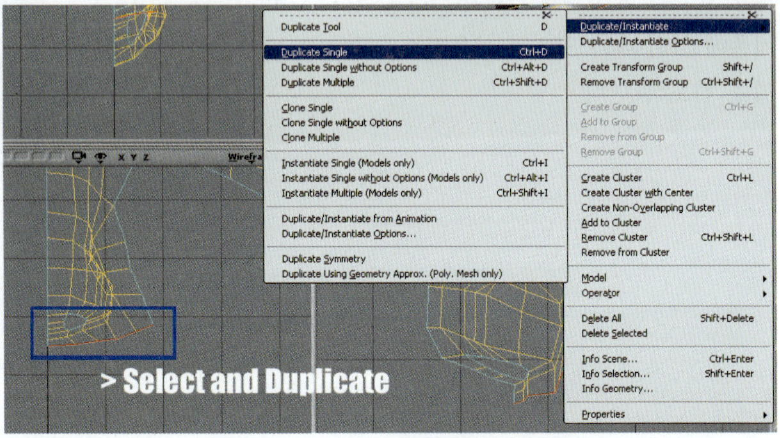

그림 4-59

59 선택 및 복사된 Edge 정렬 : 힘써 노력하기 위해 추가된 Edge를 정렬한다.

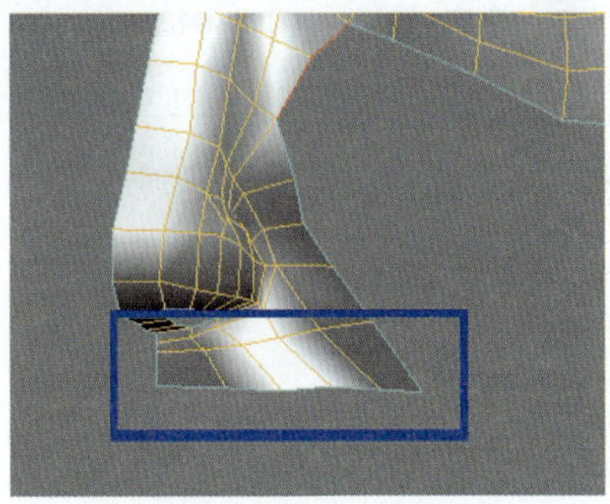

그림 4-60

60 Edge 정렬을 위한 선택 및 복사 [Ctrl + D] : 입과 볼을 만들려고 해당하는 영역의 Edge를 추가하기 위해 선택한 Edge를 복사한다.

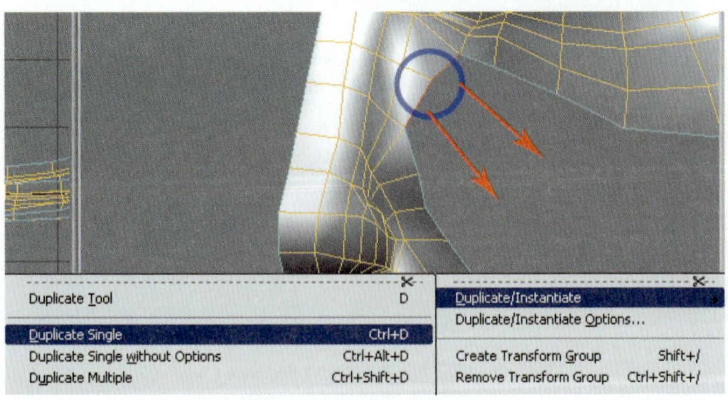

그림 4-61

61 **복사된 Edge 정렬[V]** : 선택하고 복사한 Edge를 이동하여 정렬한다.

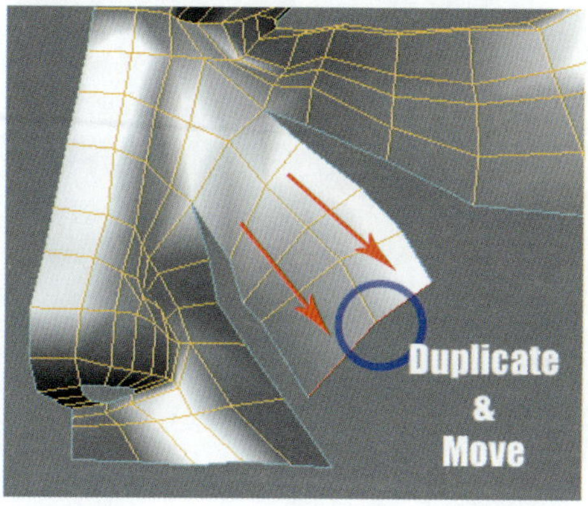

그림 4-62

62 **마주 보는 Boundary Edge Weld** : 마주 보는 Boundary의 Component 수가 일치하는지 확인하고 Weld하고자 하는 Edge를 선택[i]한 후 마우스 오른쪽 클릭 〉 Weld Boundary Point / Edges 기능을 실행한다.

그림 4-63

63 **마주 보는 Boundary Edge의 수 일치시키기** : 마주 보는 Boundary의 Component 수가 일치하는지 확인하고 일치하지 않았으면 Edge를 추가하여 준다.

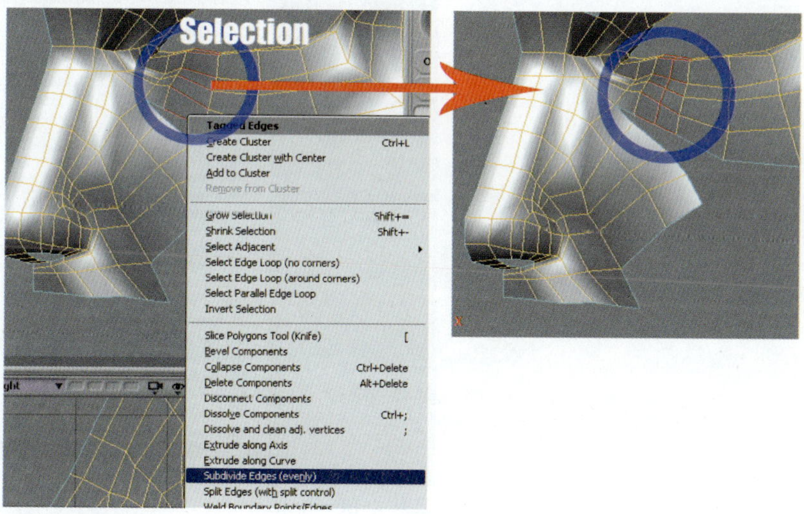

그림 4-64

64 Weld하고자 하는 Edge를 선택[i]한 후 마우스 오른쪽 클릭 〉 Weld Boundary Point / Edges 기능을 실행한다.

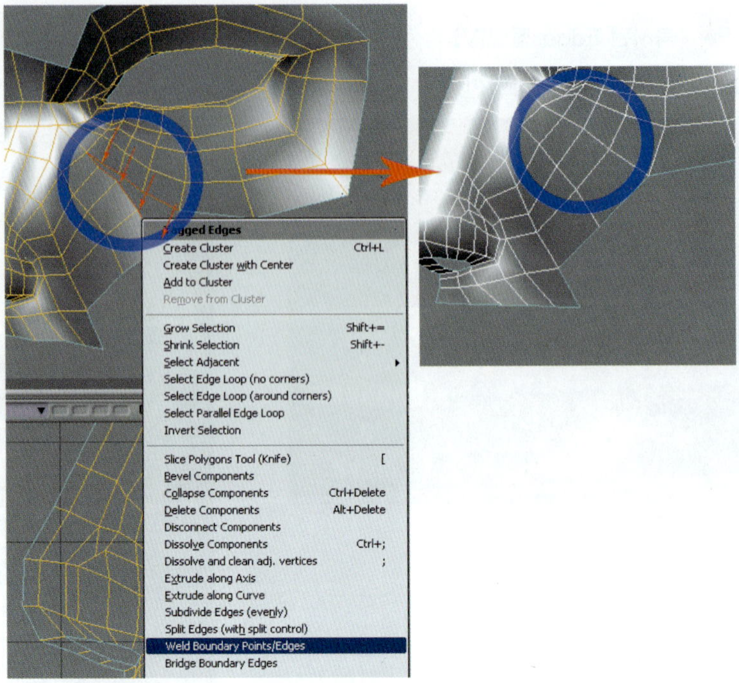

그림 4-65

65 얼굴 볼 만들기 1 : Edge 2개 선택하여 Duplicate한 다음 Move를 통해 볼의 형태를 만들어 주도록 한다. 그리고 떨어진 Component에 대해서는 Weld 기능을 활용하여 서로 연결해 주도록 한다.

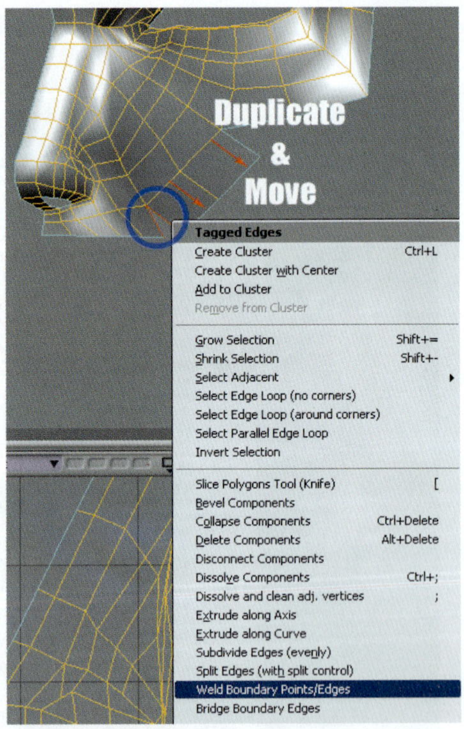

그림 4-66

66 얼굴 볼 만들기 2 [마우스 오른쪽 클릭 + Weld Edge] : 연결하고자 하는 두 Edge를 Weld 기능을 활용하여 Merge해 주도록 한다.

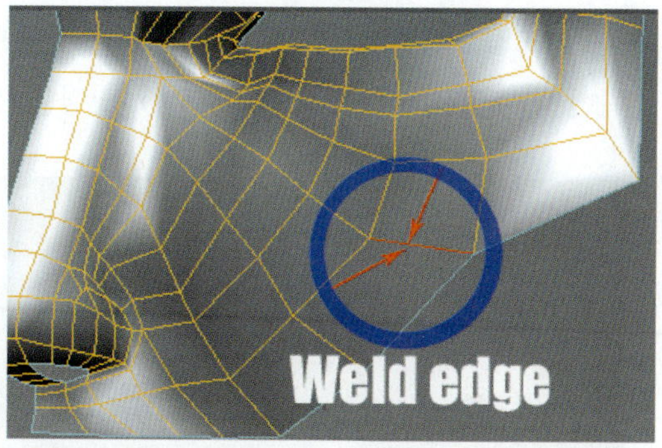

그림 4-67

67 입 모양 만들기 1 : 코와 입술 사이에 존재하는 Edge를 활용해서 코와 입술의 모양을 다듬어 나가도록 한다. 먼저 Edge를 선택하고 복사 + 이동을 통해 Edge의 수를 늘려나가면서 모양을 다듬어 준다.

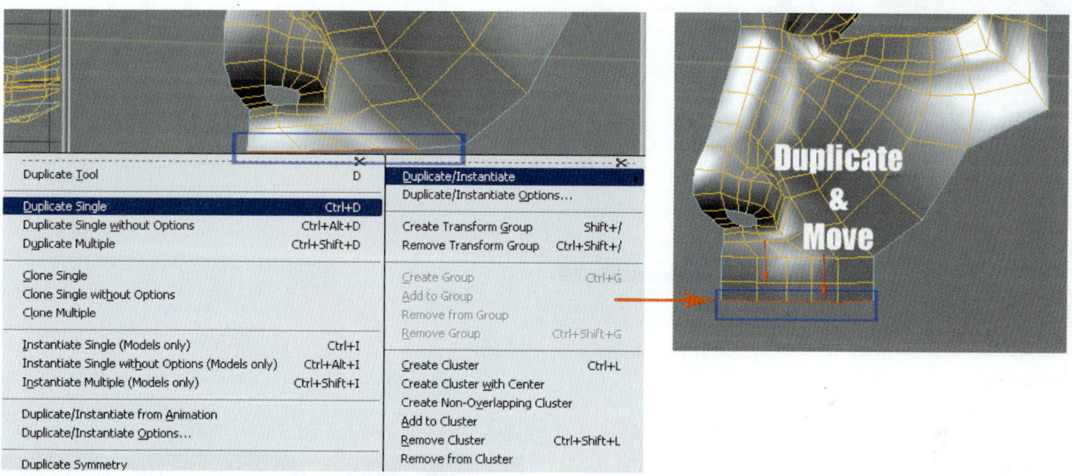

그림 4-68

68 입 모양 만들기 2 : 마지막 생성된 Edge를 입 모양에 가깝게 다듬어 만들어 준 다음 필요한 곳의 Edge를 복사하여 Weld를 하도록 한다. 그리고 다시 Edge를 이동하여 모양을 잡도록 한다.

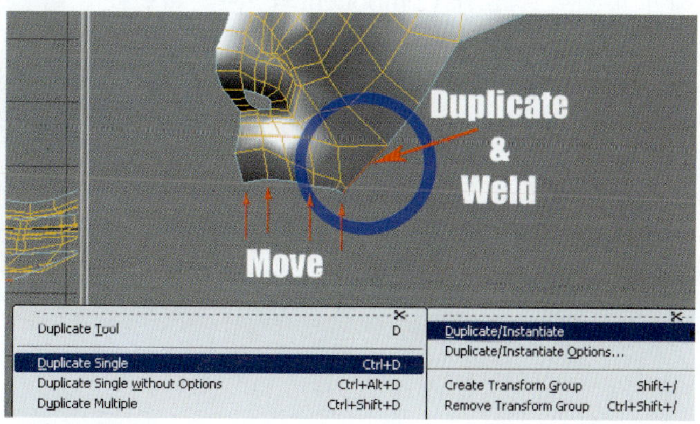

그림 4-69

69 입 모양 만들기 3 : 필요한 Edge를 추가하기 위해서 분할할 Edge를 선택하고 마우스 오른쪽 버튼을 클릭한 뒤 Subdivide Edges(evenly) 명령을 실행한다.

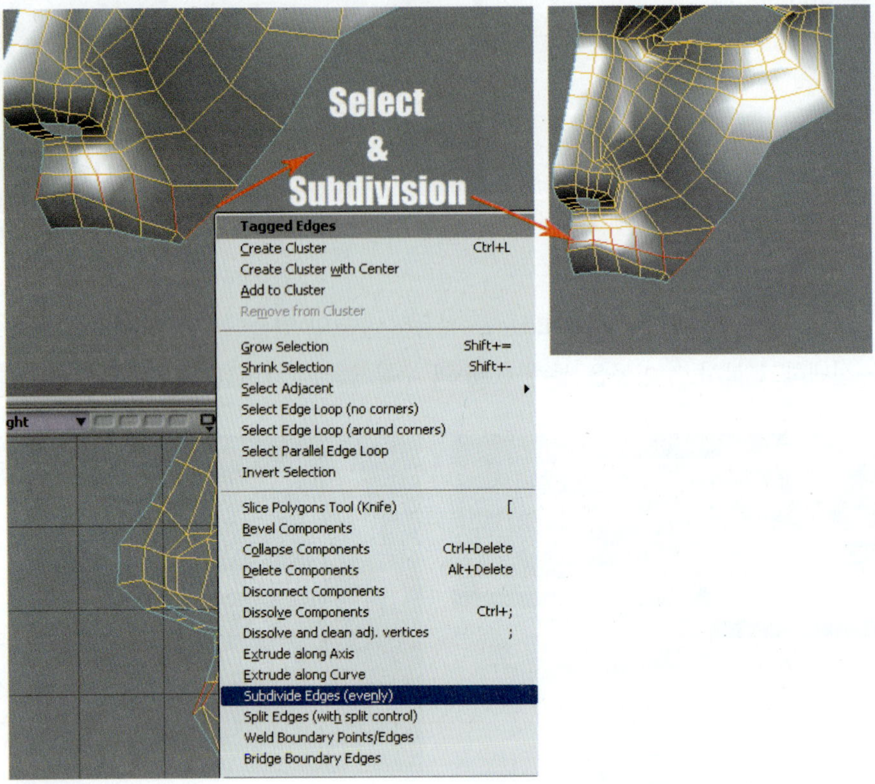

그림 4-70

70 입 모양 만들기 3(모양 수정) : 필요한 Edge를 생성하고 어느 정도 모양을 잡으면서 작업을 병행해야 추가로 필요한 Component의 수를 확인할 수 있다.

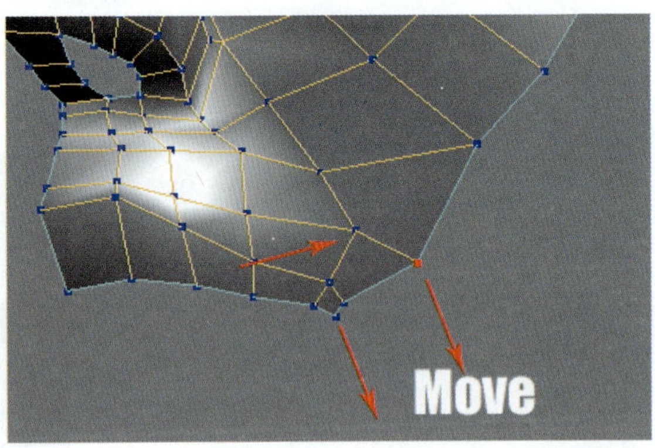

그림 4-71

71 입 모양 만들기 4(Edge 추가 / 이동) : Polygon 면이 더 필요한 곳의 Edge를 선택하고 복사를 한 다음 이동을 통해 모양을 다듬는다.

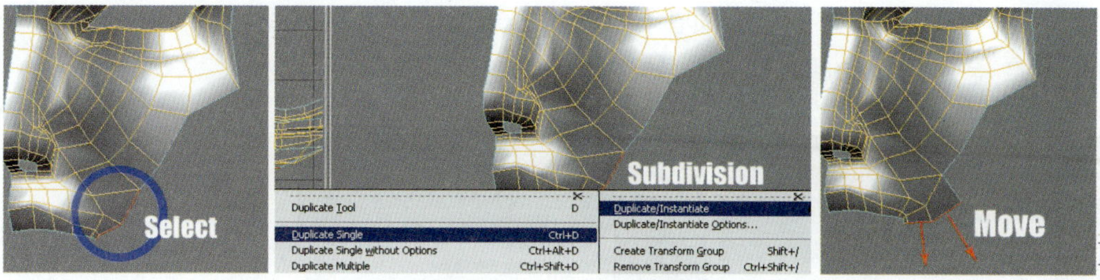

그림 4-72

72 아래 입술 만들기 1 : 이제 코와 윗입술을 연결하는 모양은 어느 정도 모양을 다듬고 이제부터는 아래 입술부터 턱선을 따라 귀와 연결되는 면을 생성시켜 보도록 한다. 먼저 아래 입술은 윗입술의 모양과 비슷하여서 XSI 기능 중 선택한 면을 추출하는 기능[Create 〉 Extract Polygons(Keep)]이 있다.

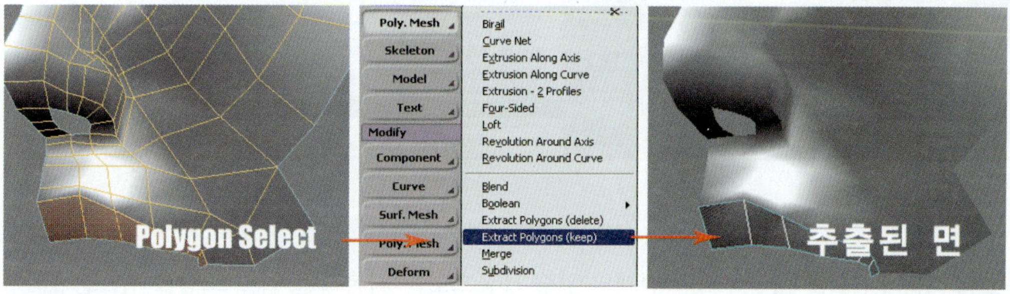

그림 4-73

73 아래 입술 만들기 2(위치시키기) : 생성된 면을 회전과 이동을 통해 아래 입술 위치에 놓고 Face Object와 아래 입술 Object를 Multi 선택하고 Create 〉 Poly. mesh 〉 Merge 기능을 실행한다. Merg 명령을 실행함과 동시에 새로운 Object가 생성되는데 이때 Merge Option에서 Hide / Unhide는 사용한 Source data를 숨길 것인지 아닐 것인지에 대한 선택 Option이고 Tolerance 값은 Merge 대상인 두 Object 사이의 거리 값을 조정해주는 Option이다.

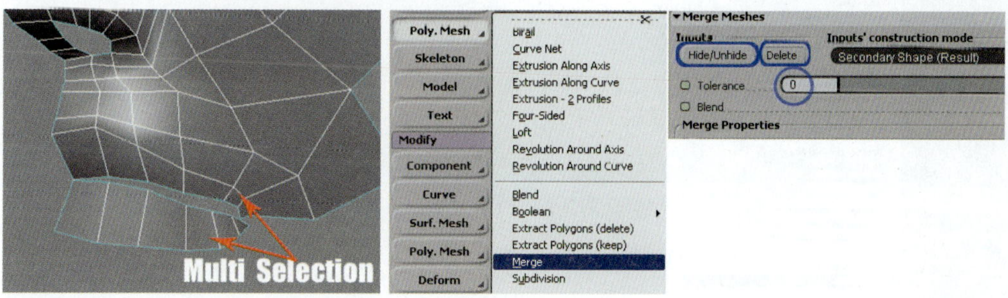

그림 4-74

74 아래 입술 만들기 3(모양 만들기) : Merge 기능으로 이제 Face와 아래 입술은 하나의 Object로 만들어졌다. 그러므로 동일 Object상에서 작업을 할 수 있는 모든 명령어의 적용이 가능하다. 이제 입술 끝 부분의 모양을 다듬어 보도록 하자. 먼저 윗입술과 아래 입술의 끝 부분은 서로 붙어 있기 때문에 Weld 명령을 통해 서로 붙여 줄 Point를 찾도록 한다.

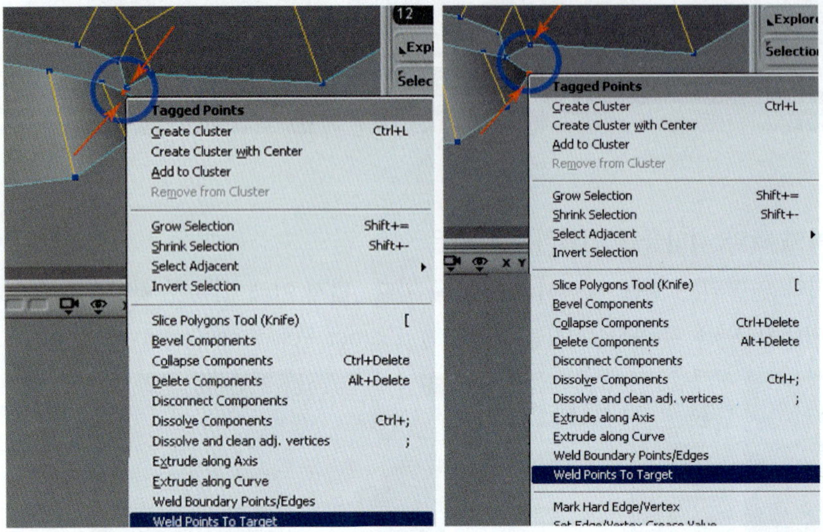

그림 4-75

75 입술 모양 다듬기 1(입술 Line 추가) : 현재의 입술 Line으로는 기본적인 입술 모양을 만드는 데 부족함이 있기 때문에 필요한 Edge를 추가하여 모양을 다듬어 보도록 한다.

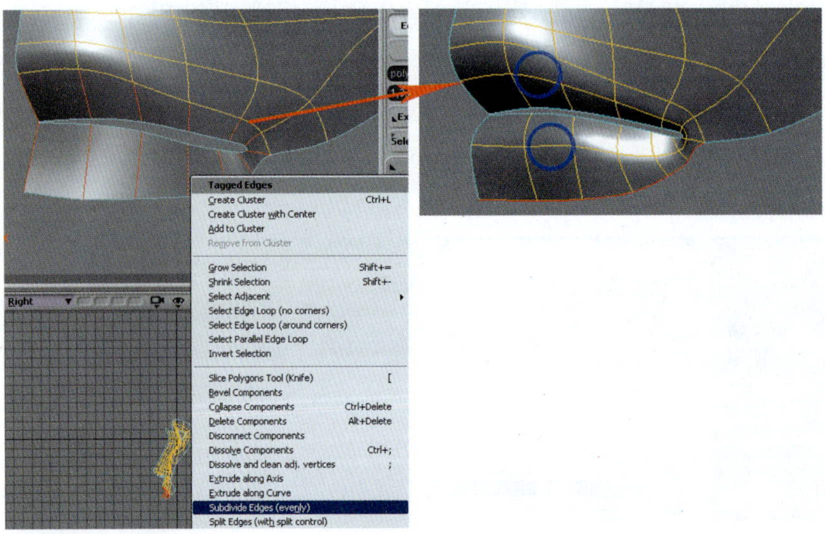

그림 4-76

76 **입술 모양 다듬기 2(입술 Line 추가 / 이동)** : 아래 입술 라인이 부족하여 형태를 변형하는 데 어려움이 있으므로 아래 입술의 마지막 라인을 선택해서 복사 후 이동을 통해 좀 더 세밀한 부분에 대한 형태를 잡아가기 시작한다.

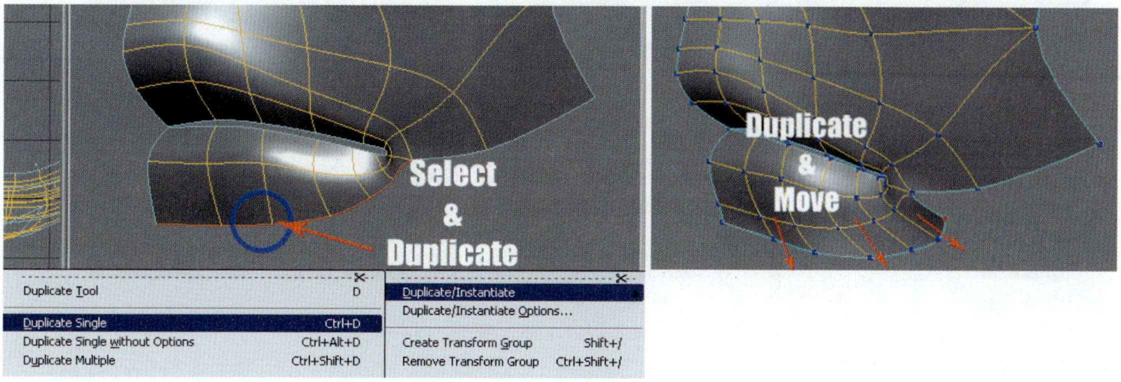

그림 4-77

77 **입술 모양 다듬기 3(Weld)** : 일정 라인을 복사해서 작업하다 보면 반드시 남는 Point가 생긴다. 이 경우 반드시 Weld 기능을 통해 Point나 Line 병합을 하도록 한다.

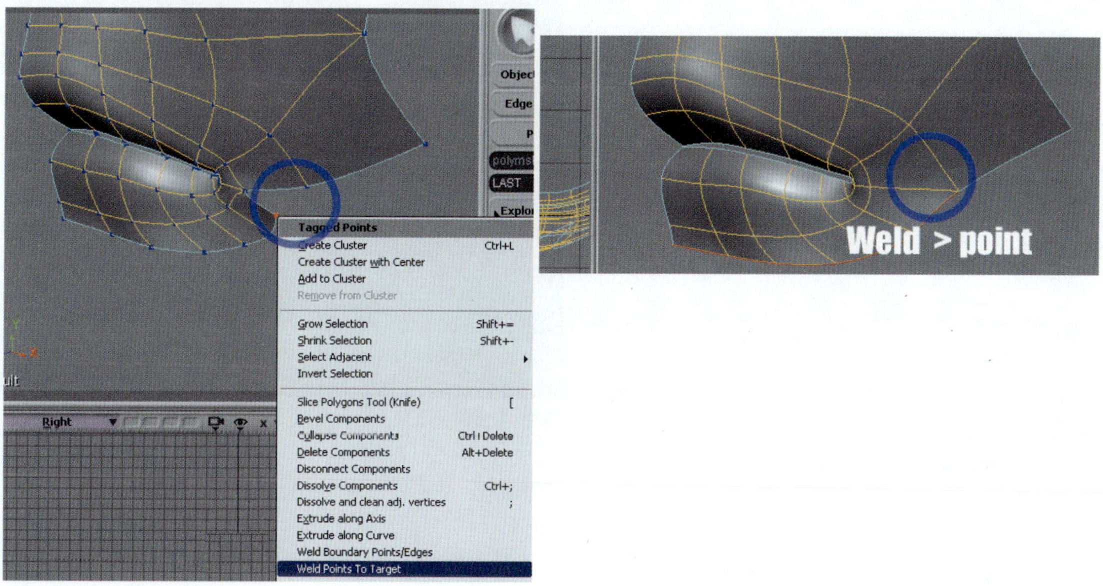

그림 4-78

78 **입술 모양 다듬기 4** : 아래 입술과 턱 사이 Edge 추가하여 얼굴의 형태를 좀 더 확장/수정한다.

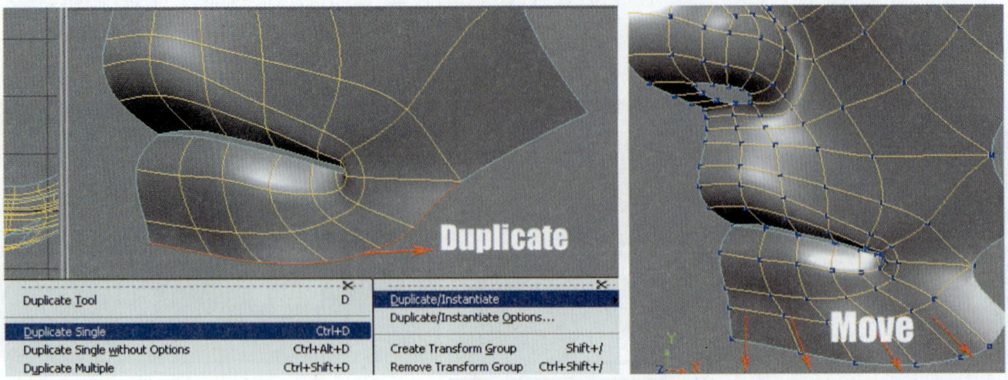

그림 4-79

79 **Weld를 통한 면 정리(Weld)** : Edge를 복사해서 모양을 수정하기 위해 이동하면 반드시 정리되지 않는 Point나 Edge가 발생한다. 이 경우 Weld 기능을 이용해서 Point나 Edge를 정리하도록 한다.

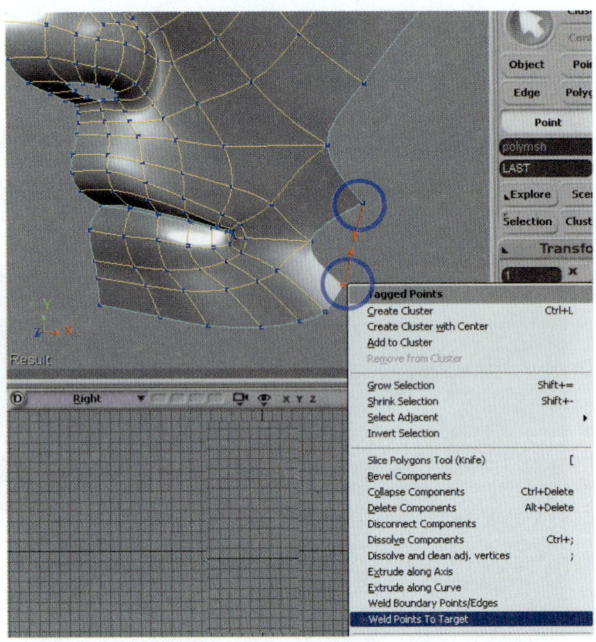

그림 4-80

80 라인 분할(Split Edge) : 코와 입술 사이(인중)의 Edge를 추가하고자 할 경우 Edge를 추가할 부분의 전체 Edge를 선택하고 난 후 마우스 오른쪽 클릭 〉 Split Edges(with split control) 명령을 실행한다. Split 실행 창에서 Ratio Edge는 생성될 라인의 위치를 정하는 옵션이고 Parallei Edge Loop는 평행 상태의 라인을 생성할 경우 사용되며, Connect는 Point만 남길 것인지, Edge까지 보이게 할 것인지에 대한 설정 옵션이다.

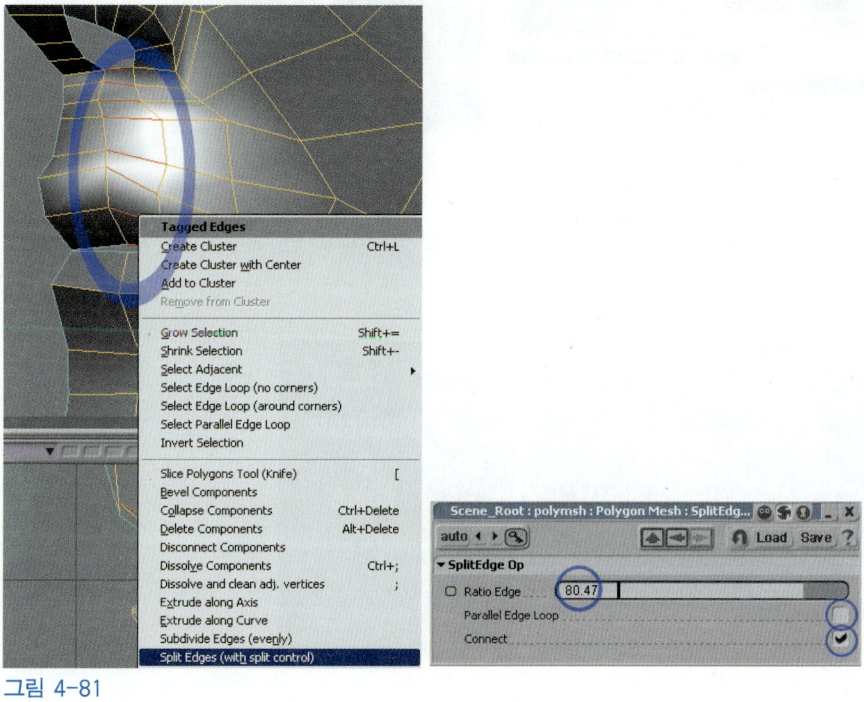

그림 4-81

81 콧구멍 만들기 1(선택) : 콧구멍을 만들려면 콧구멍을 구성하는 Edge를 선택해야 한다. 이때 콧구멍의 형태는 원형이고 끊임없이 연결된 Edge 형태이기 때문에 마우스 오른쪽 클릭 〉 Select Edge Loop(around corners) 명령을 활용하면 보다 효율적으로 선택 가능하다.

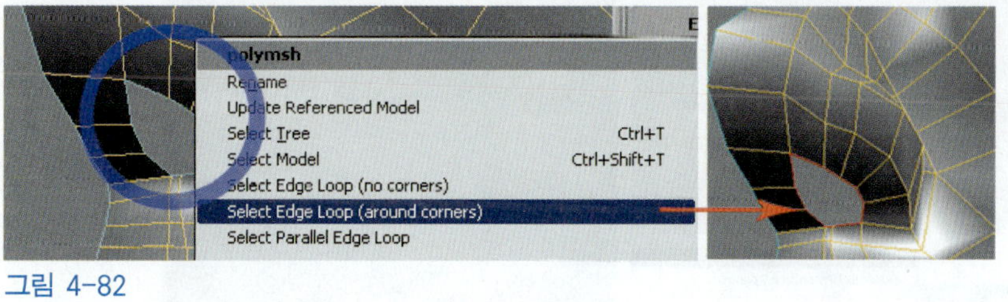

그림 4-82

82 콧구멍 만들기 2(복사 + 이동) : 선택된 Edge를 복사해서 안쪽으로 약간 Scale 값으로 (또는 이동 값으로) 위치를 잡아 준 다음 다시 복사를 해서 콧구멍 안쪽으로 올려 보낸다.

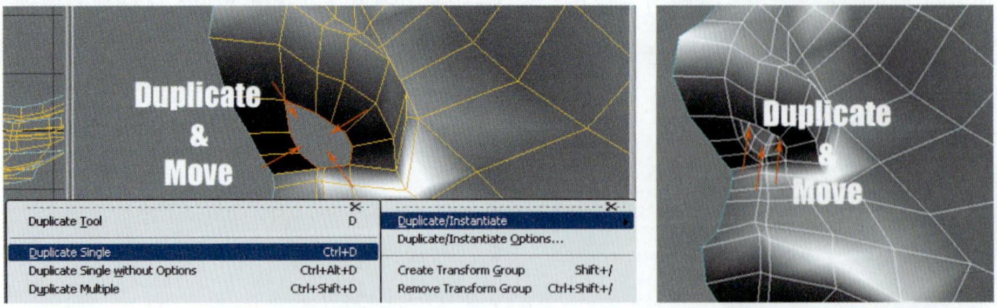

그림 4-83

83 턱 + 목 라인 만들기 : 턱 라인에 해당하는 부분의 Edge를 선택하고 난 뒤 복사 + 이동을 통해 턱 아래 라인까지 모양을 맞추어 주도록 한다.

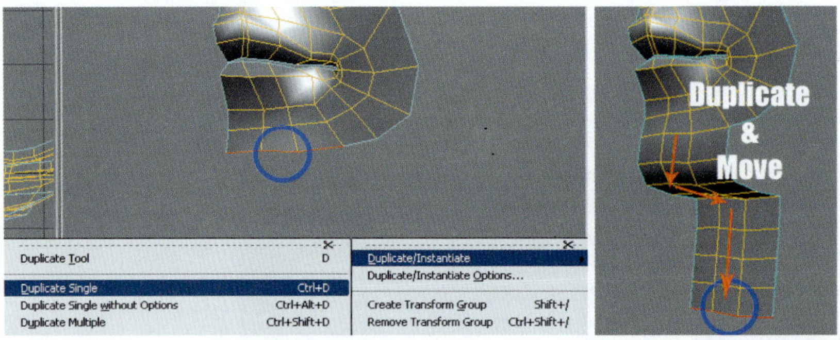

그림 4-84

84 눈과 귀 사이의 면 생성하기(수정 + 복사 + 이동) : 우선 눈 주위의 Edge 중에서 귀와 볼과 연관이 있는 Edge를 찾고 형태 변형을 통해 모양을 다듬도록 한다.

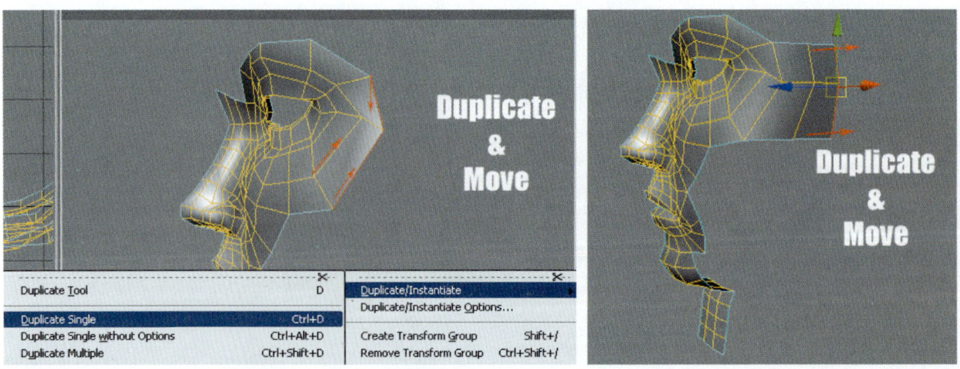

그림 4-85

85 볼을 감싸는 턱선 만들기(복사 + 이동) : 얼굴의 볼을 기준으로 그 가장자리 턱선에 대한 형태를 만들어 보도록 한다.

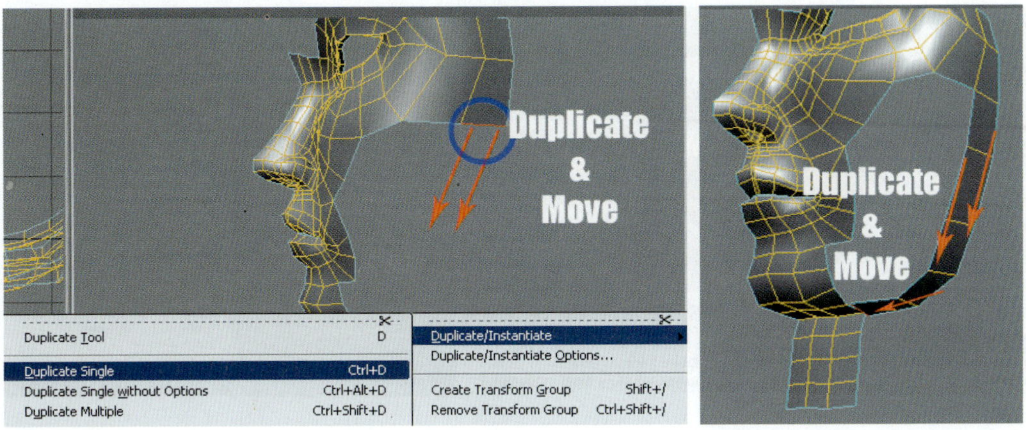

그림 4-86

86 아래턱과 옆 턱 붙이기(Weld) : 아래턱과 옆 턱의 Edge가 만나는 경계에 대해서는 Component 수가 일치하는지 확인하고 일치하게 되면 모양 수정을 통해 어울리는 Point나 Edge를 잘 배치한 다음 마우스 오른쪽 클릭 〉 Weld Point To Target 명령을 실행한다.

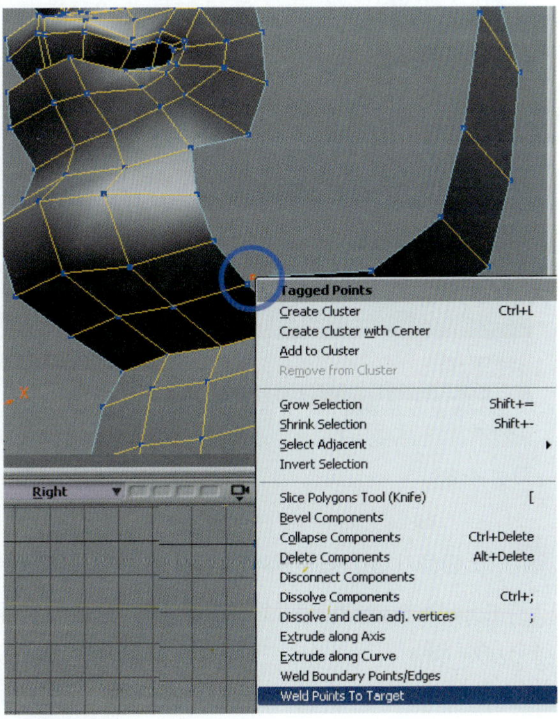

그림 4-87

87 볼 만들기 1(복사 + Weld) : 이렇게 해서 얼굴의 전체적인 외곽선이 만들어지면 그 외곽선을 복사 + 이동 + Weld 기능을 반복적으로 수행함으로써 차츰차츰 볼의 공간을 메워나가도록 한다.

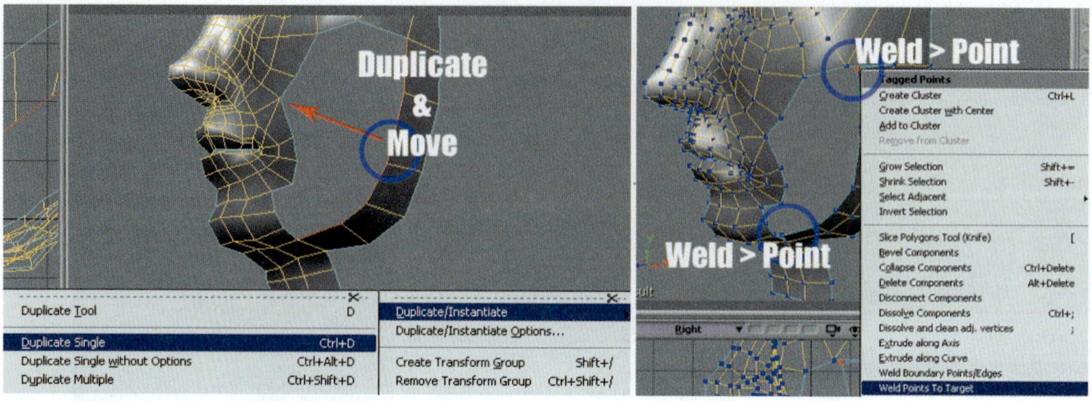

그림 4-88

88 볼 만들기 2(복사 + Weld) : 이렇게 해서 얼굴의 전체적인 외곽선이 만들어지면 그 외곽선을 복사 + 이동 + Weld 기능을 반복적으로 수행함으로써 차츰차츰 볼의 공간을 메워나가도록 한다.

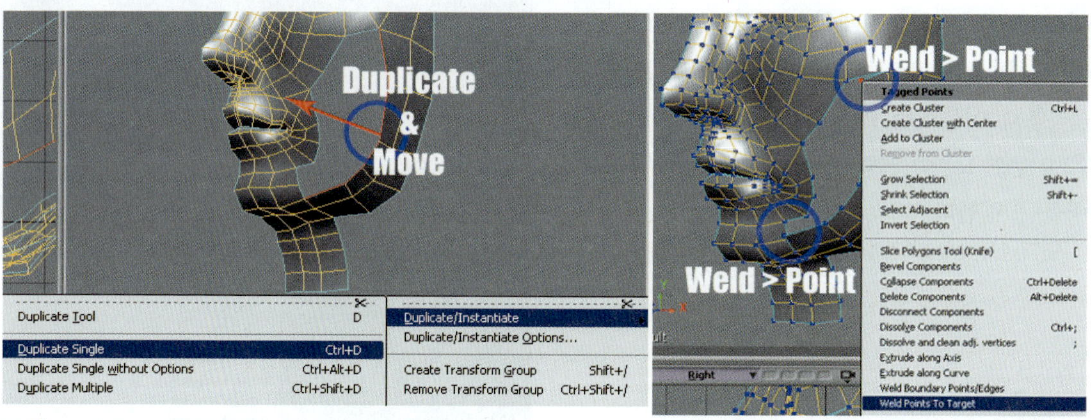

그림 4-89

89 볼 만들기 3(Edge 추가) : 볼의 형태를 만드는 과정에서 많은 Edge와 Point가 필요할 때 수시로 필요한 Component를 생성해서 [Shift + D], 또는 [Split Edges] 작업을 진행하도록 한다.

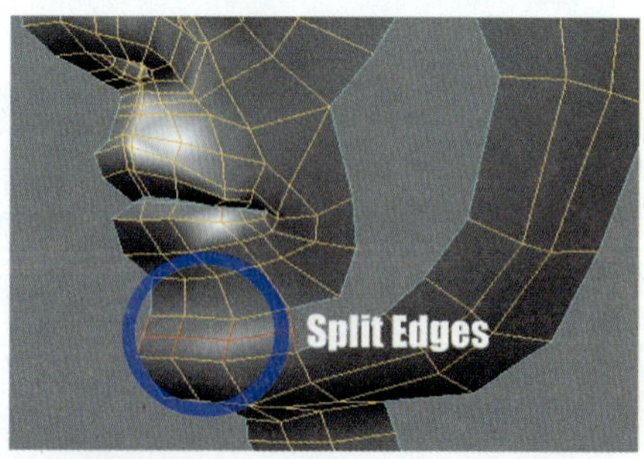

그림 4-90

90 볼 만들기 4(복사 + Weld) : 이렇게 해서 얼굴의 전체적인 외곽선이 만들어지면 그 외곽선을 복사 + 이동 + Weld 기능을 반복적으로 수행함으로써 차츰차츰 볼의 공간을 메워나가도록 한다.

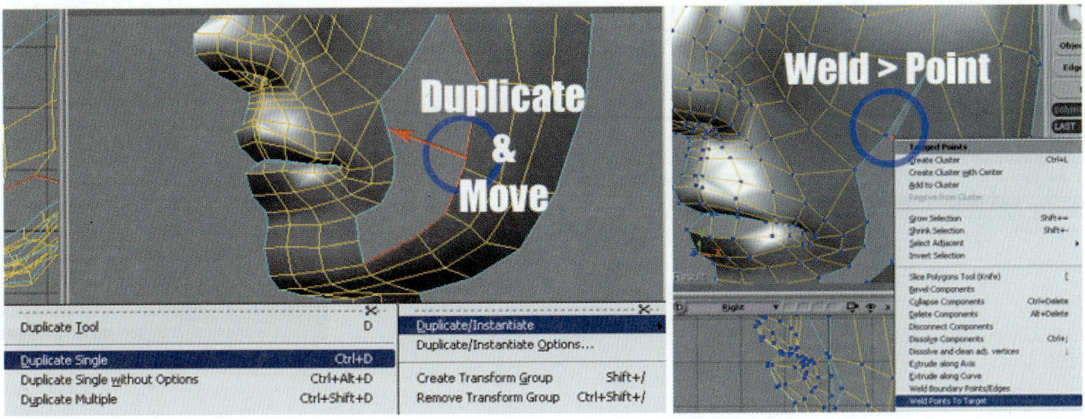

그림 4-91

91 이마 만들기 1(복사 + 이동 + Weld) : 코끝 라인에서 선택된 Edge를 복사하고 이를 이동하여 이마방향으로 올린다. 이때 생성된 Edge 때문에 생성된 Point는 Weld하여 독립된 Point를 병합한다.

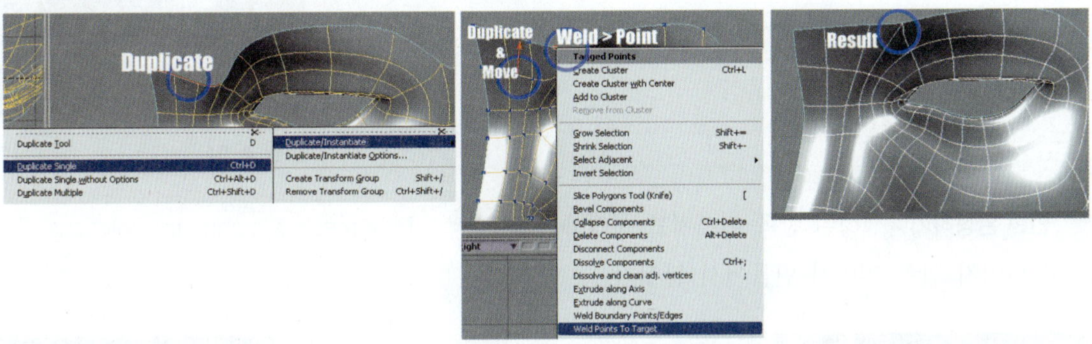

그림 4-92

92 (92) 이마 만들기 2(복사 + 이동 + Weld) : 계속해서 이마 라인을 생성/추가해 가면서 모양을 다듬고 Weld를 통해 Point 병합을 하면서 작업을 진행한다.

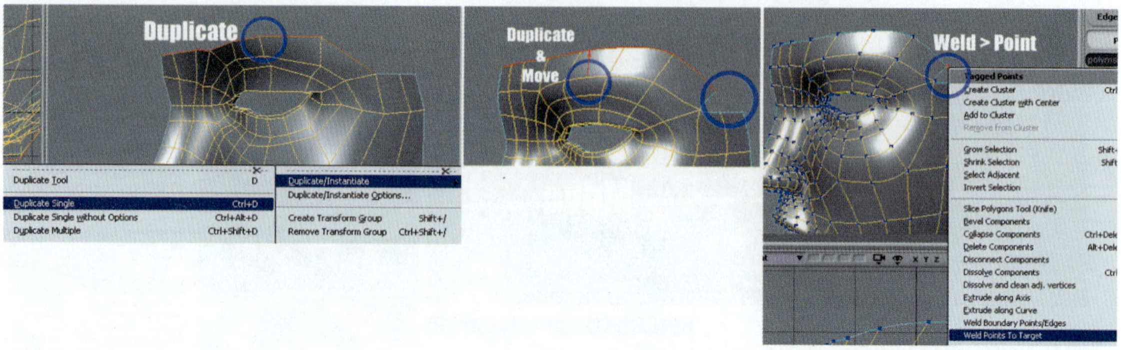

그림 4-93

93 결과보기 : 반쪽 완성된 얼굴의 모양 수정 작업을 한다.

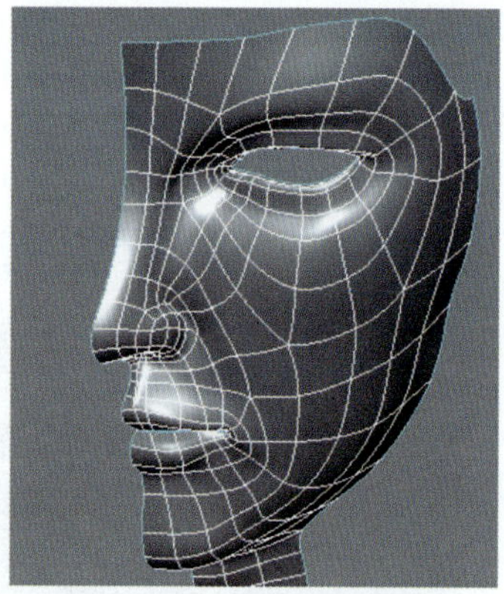

그림 4-94

94 안면 완성하기 : 생성된 반쪽 이미지를 선택하고 [Modify 〉 Ploy mesh 〉 symmetry Polygons]를 실행하고 나머지 반쪽 이미지 만들어서 붙이기

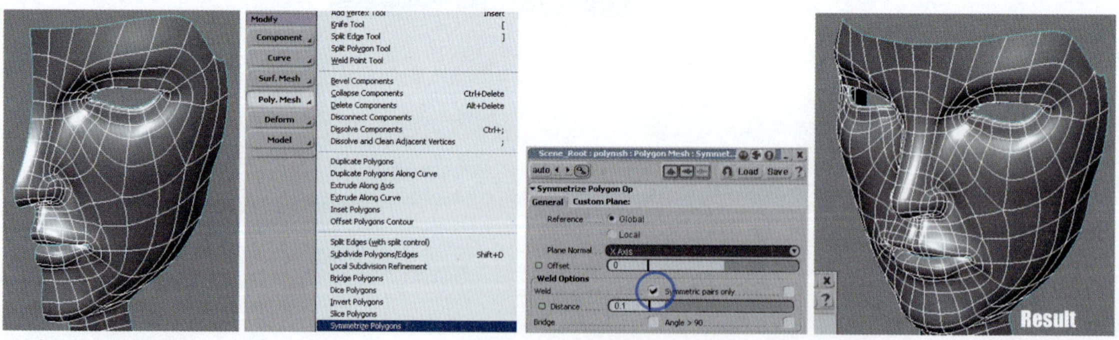

그림 4-95

95 Head 만들기(선택 + 복사 + 이동) : 이마 Line에서부터 시작되는 Edge를 선택해서 복사 + 이동을 통해 머리 모양을 만들어 간다.

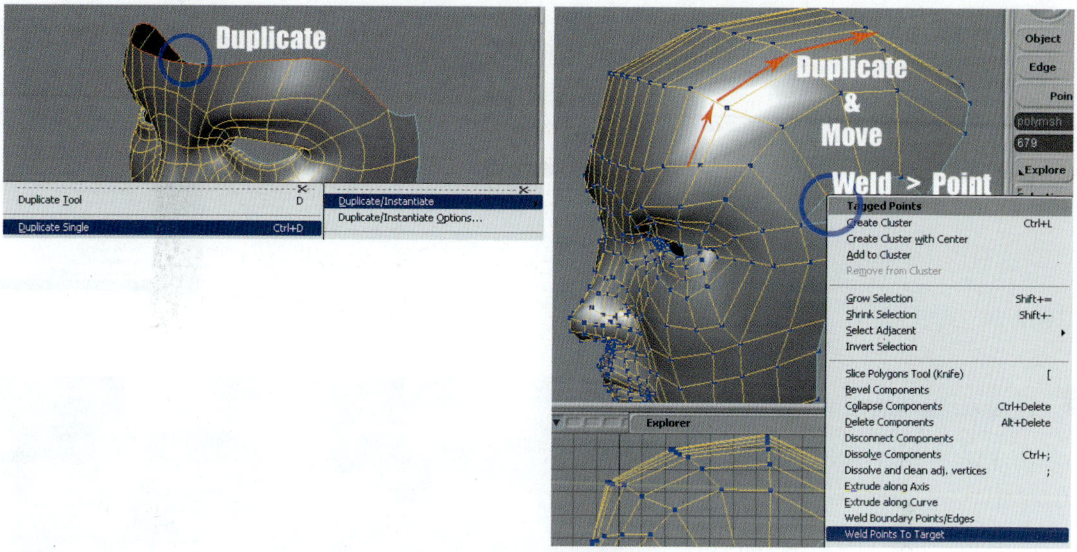

그림 4-96

96 머리 옆면 만들기 : 머리 옆면은 목선과 턱선의 Edge를 이용해서 복사하고 위치 이동 후 다시 Weld 명령으로 병합하고 다시 복사해서 이동 후 병합하는 방식으로 진행한다.

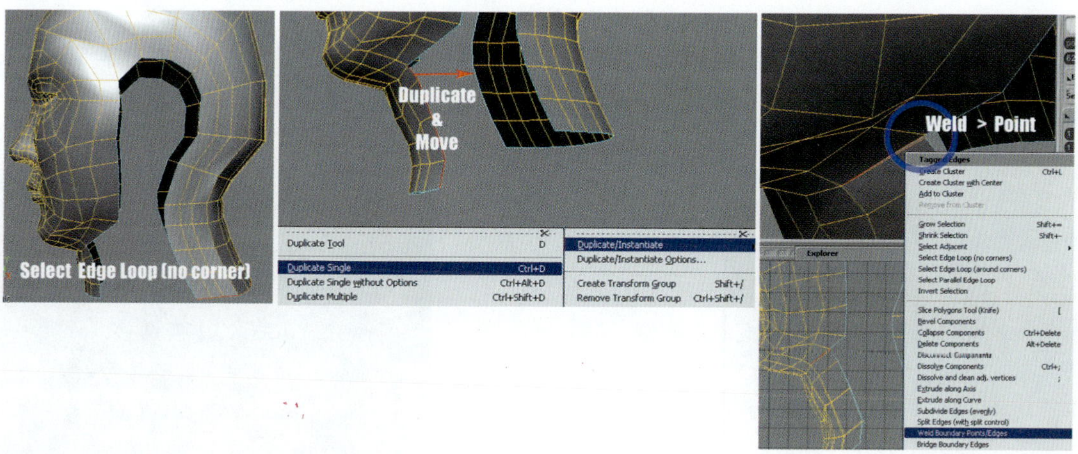

그림 4-97

97 위와 같은 방법으로 그 제작 범위를 확장시켜 나가도록 한다.

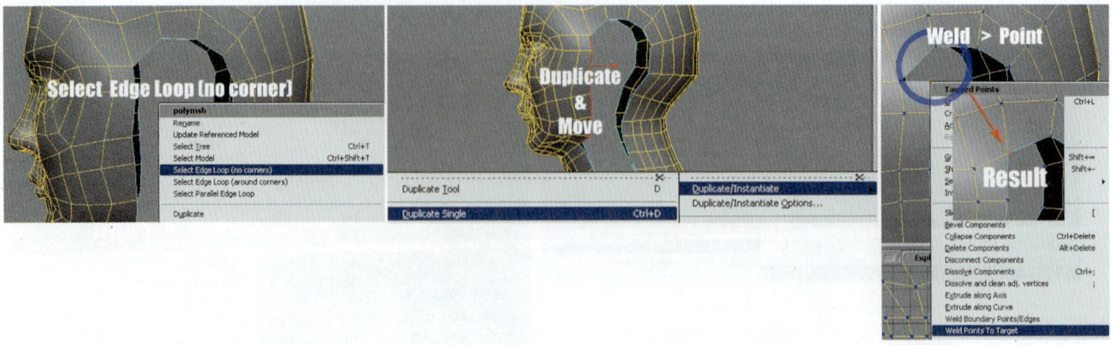

그림 4-98

98 면 추가 및 생성(단축키 [N]) : 머리 중간 부분에 비어 있는 부분을 면 추가 생성모드로 전환하여 Polygon을 Object 파일에 대해 필요한 Pointer나 Edge에 연결하여 Polygon 면을 생성하도록 한다.

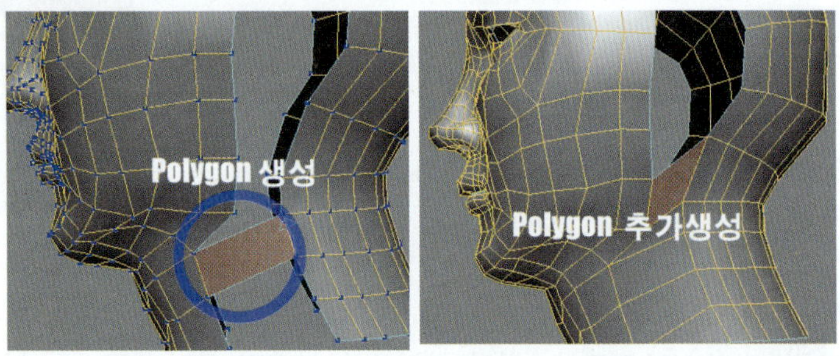

그림 4-99

on을 Object 파일에 대해 필요한 Pointer나 Edge에 연결하여 Polygon 면을 생성하도록 한다.

99 Edge 추가 생성 : 필요한 부분에 Edge를 추가 생성시킨다. 마우스 오른쪽 버튼 클릭 후 Subdivide 〉 Edge(evenly) 명령을 실행한다.

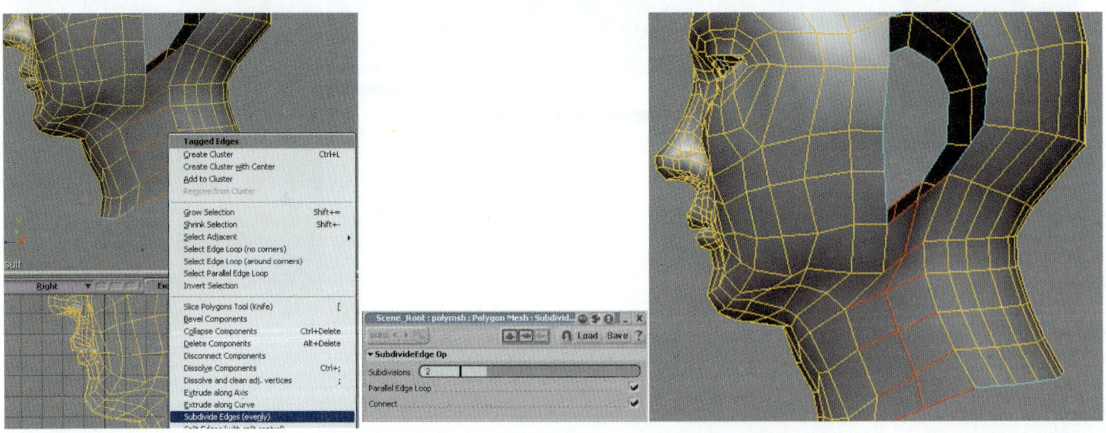

그림 4-100

100 **모양 다듬기** : Point / Edge / Polygon의 변형을 통해 모양을 다듬도록 한다.

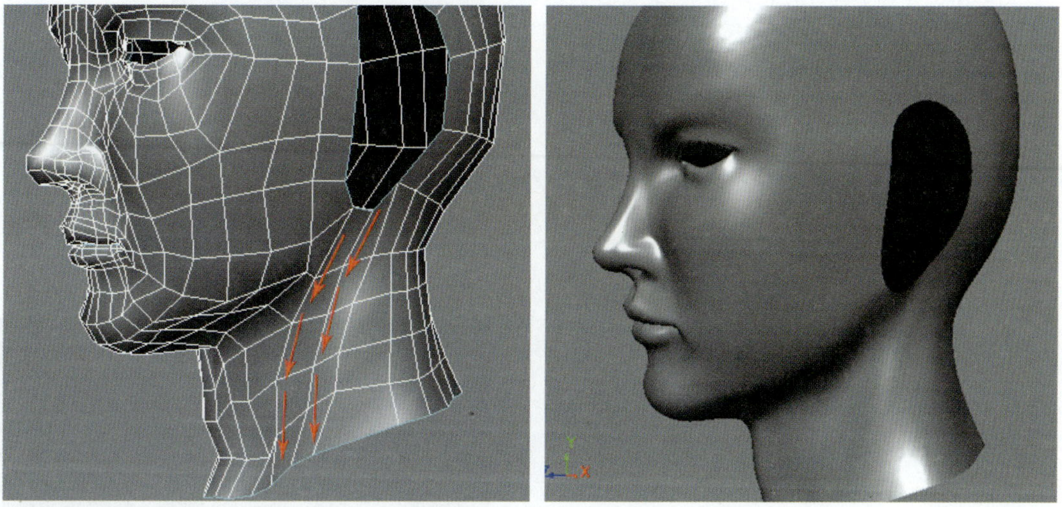

그림 4-101

귀나 눈동자를 만들어 Setting해야 하듯 아직 완전히 완성된 형태의 모델링은 아니지만, 기본적인 데이터로서의 활용이 가능하기 때문에 일단 완벽한 결과는 모든 요소가 다 마무리되는 시점에서 수정하도록 한다.

4-2 Young Man Ear 제작하기

보통 귀의 경우 Grid나 Cube를 사용한다. Grid를 사용하는 경우는 처음에는 귀의 외곽 형태를 따고 가다가 어느 정도 형태가 따지면 상세한 형태로 점진적으로 모델링을 하는 방식이고, Cube를 사용하는 방식은 어느 정도 처음부터 귀의 형태를 만들면서 작업을 진행하게 된다. 초보자였으면 아직 형태감에 대한 감각이 다소 떨어지기 때문에 Grid 방식을 사용하여 형태에 대한 감각적인 부분에 더 많은 시간적 할애를 할 필요가 있고 어느 정도 귀의 형태나 모델링에 대한 자신감이 생겼다면 Cube를 사용하는 방법을 택하도록 한다. 여기서는 Cube를 활용하는 방법을 선택하여 작업하도록 한다.

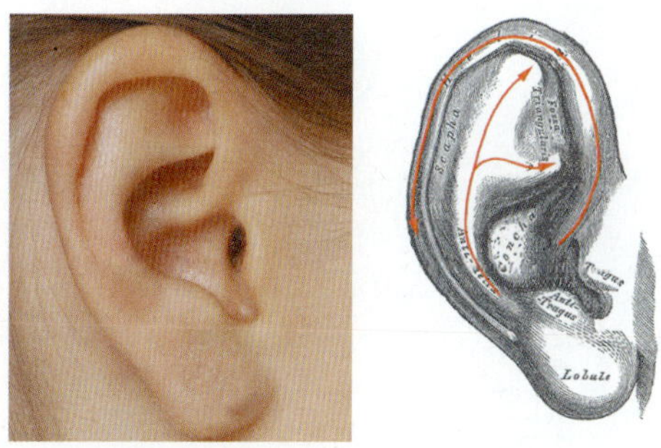

그림 4-102 귀 이미지와 귀의 구조

1 Cube 꺼내기 : Get 〉 Primitive 〉 Poly mesh 〉 Cube를 사용하여 Cube를 하나 꺼내도록 한다.

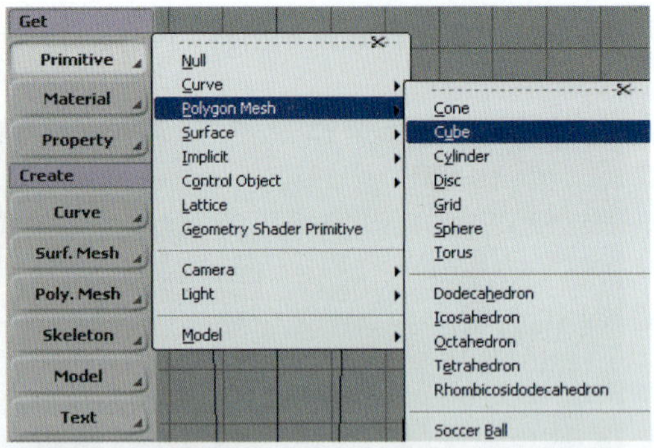

그림 4-103

2 모양 다듬기 : Cube의 바깥쪽 Polygon을 선택하여 스케일 조절을 통해 크기를 조절하도록 한다.

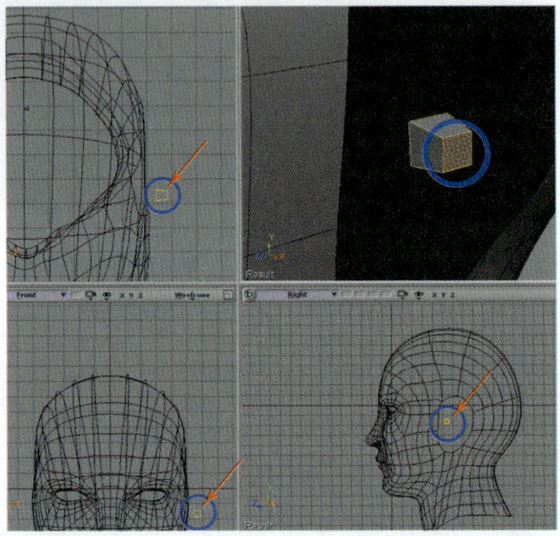

그림 4-104

3 Polygon 면 복사 / 이동 : 선택된 가장자리 Polygon 면을 복사하고 이동하여 돌출시키도록 한다.

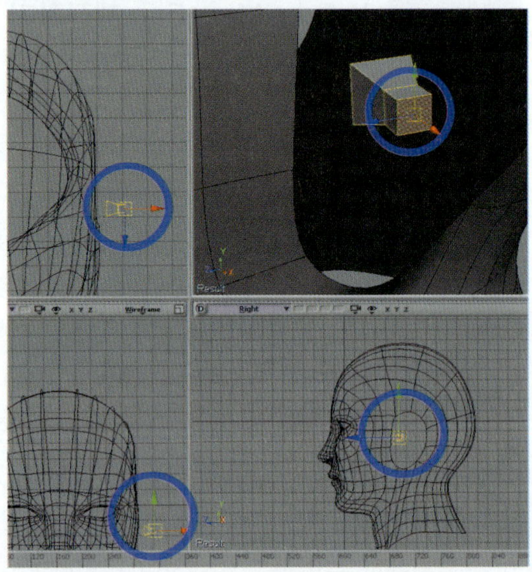

그림 4-105

4 **Polygon 면 회전** : Polygon 면의 진행방향으로 회전시키도록 한다.

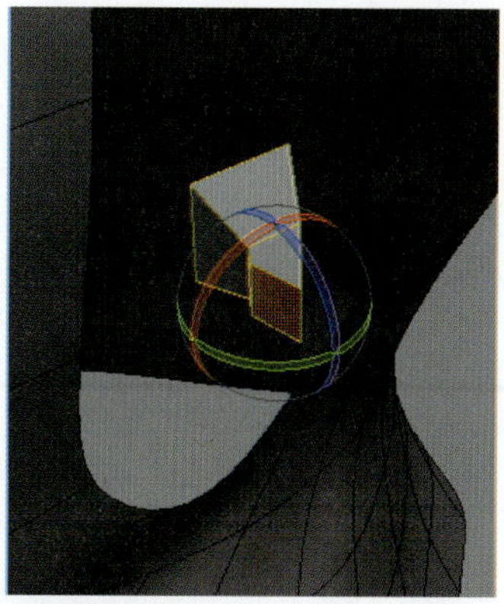

그림 4-106

5 **Polygon 복사 / 이동** : 귓바퀴의 방향을 따라 Polygon 면을 복사 후 이동하는 방식으로 면의 수를 늘려나가도록 한다.

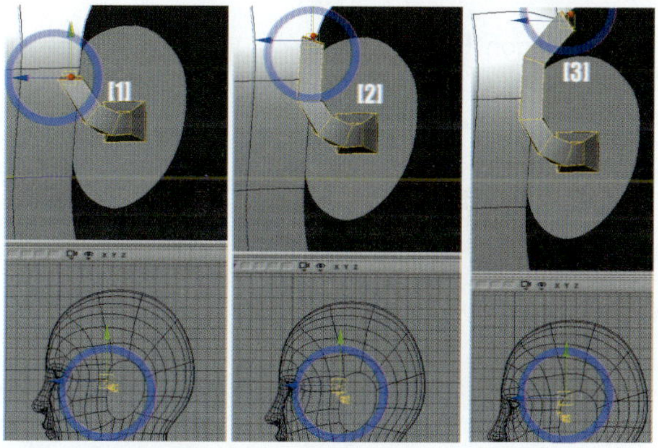

그림 4-107

6 **Polygon 복사 / 이동** : 귓바퀴의 방향을 따라 Polygon 면을 복사 후 이동하는 방식으로 면의 수를 늘려나가도록 한다.

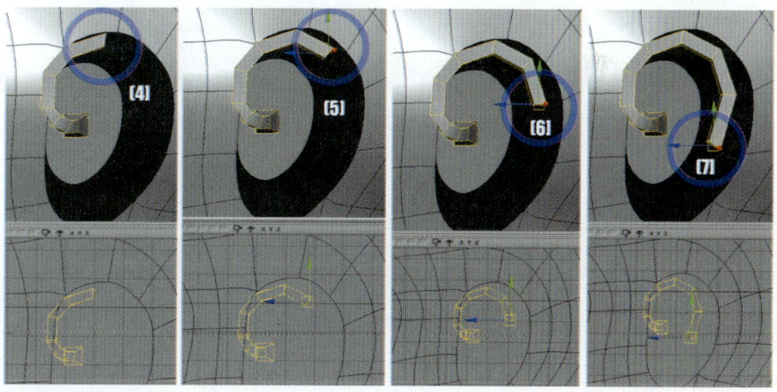

그림 4-108

7 Polygon 복사 / 스케일 / 이동 : 귓바퀴의 방향을 따라 Polygon 면을 복사 후 스케일을 통해 귓바퀴의 넓어지는 부분에 대해 크기를 맞추고 다시 이동하는 방식으로 면의 수를 늘려나가도록 한다.

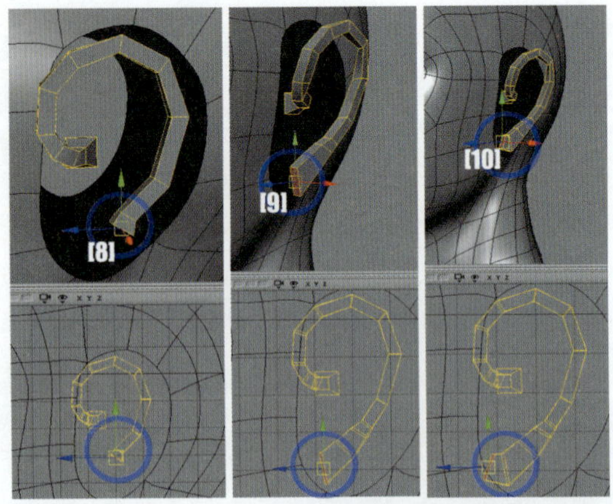

그림 4-109

8 Polygon 면 선택 : 마주 보는 Polygon 면을 선택한다.

그림 4-110

9 마주 보는 Polygon 면 잇기 : 이어 붙이기 하고자 하는 마주 보는 두 개의 면을 선택한 상태에서 마우스 오른쪽 버튼을 클릭해서 Bridge Polygon 또는 Modify 〉 Poly mesh 〉 Bridge Polygon의 명령을 실행하도록 한다.

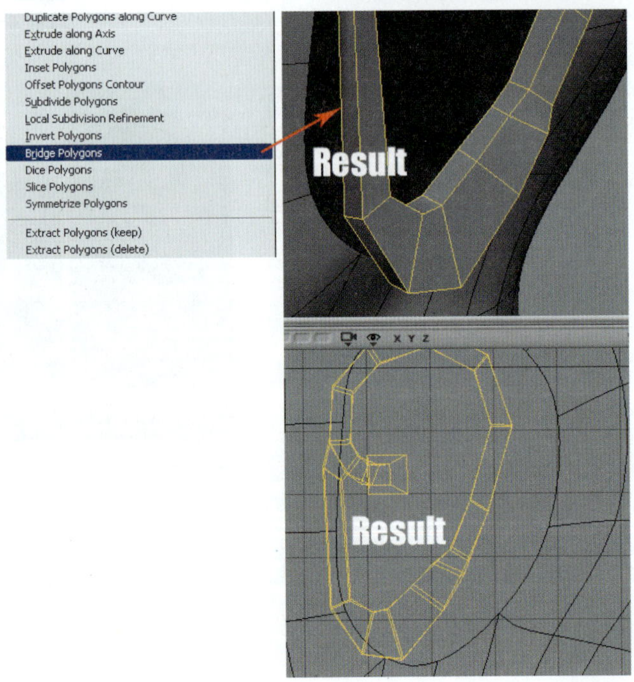

그림 4-111

10 Edge 선택 / 분할 : Subdivision Edge

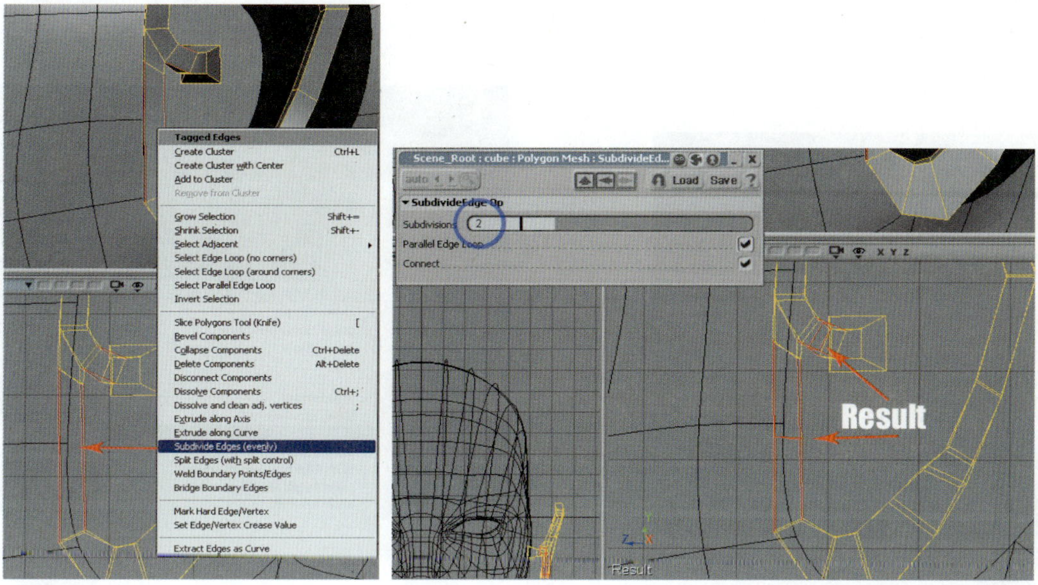

그림 4-112

11 Polygon 면 선택 / 삭제

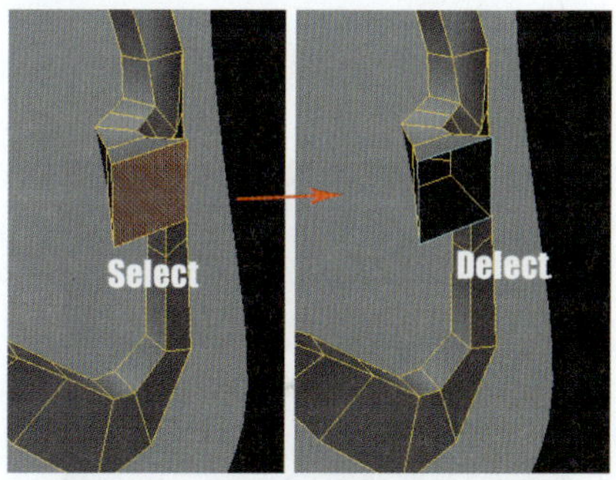

그림 4-113

12 Edge 선택 / Bevel / 결과 확인 (Rounding)

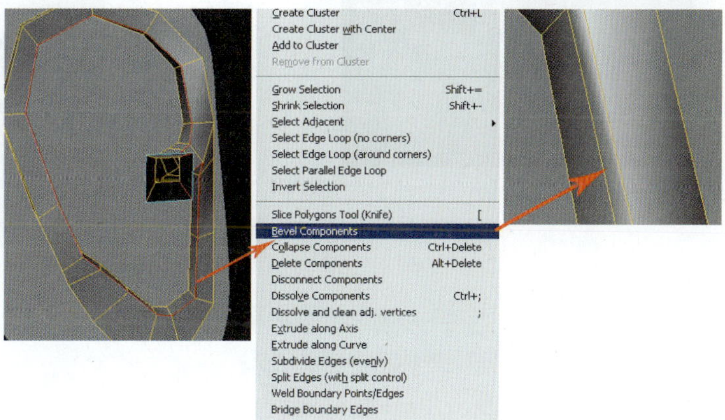

그림 4-114

13 **Select Edge** : Select 〉 Select Parallel Edge Loop 기능을 이용하여 연결된 모든 Edge를 선택한다.

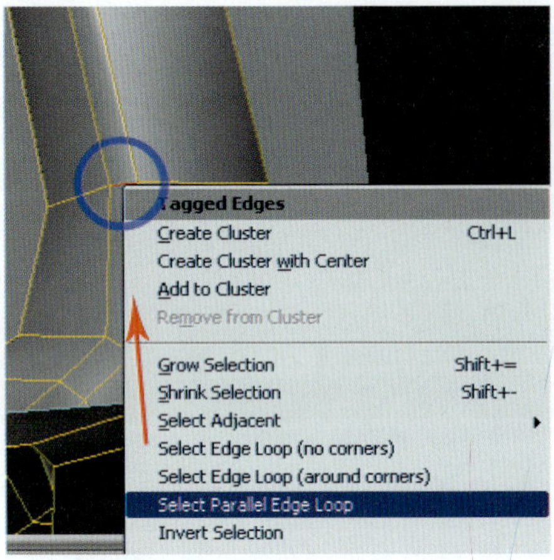

그림 4-115

14 **자동 면 선택** : 선택된 Edge로부터 해당하는 모든 Edge를 자동으로 선택할 수 있도록 한다.

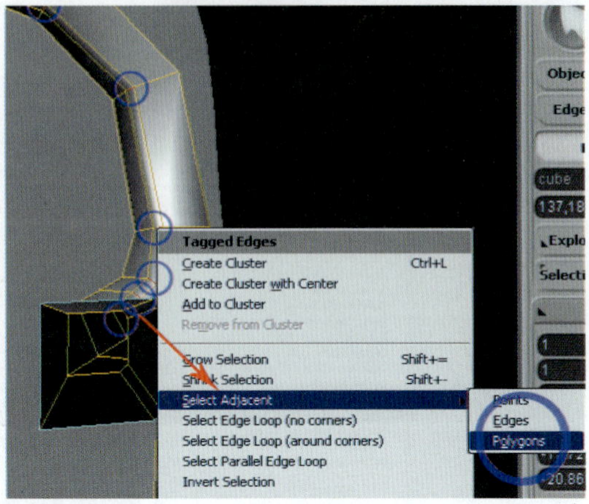

그림 4-116

15 면 선택 결과를 확인한다.

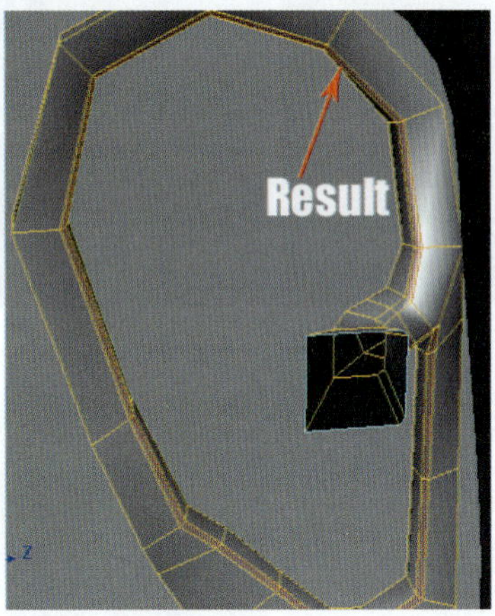

그림 4-117

16 **면 삭제** : 선택된 Polygon 면을 삭제시킨다.

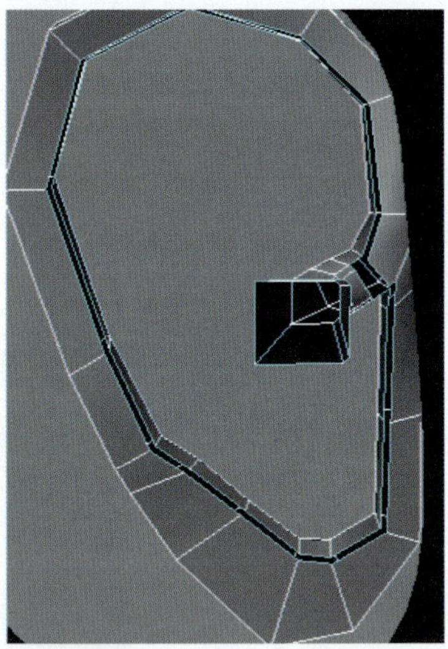

그림 4-118

17 **면 삭제** : 선택된 Polygon 면을 삭제시킨다.

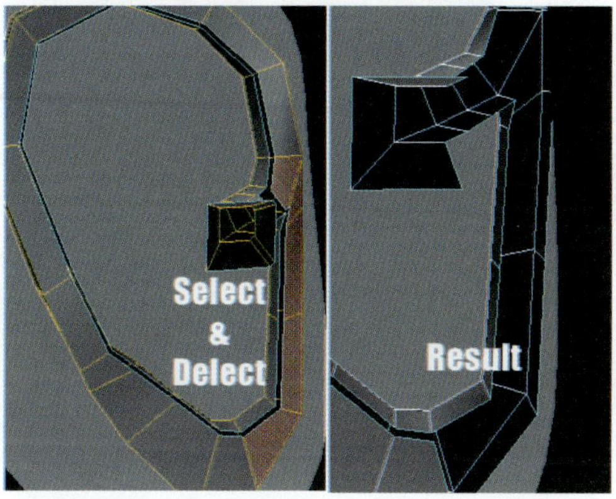

그림 4-119

18 **면 생성** : 면 삭제 후 필요한 부분의 면을 다시 생성시키도록 한다.

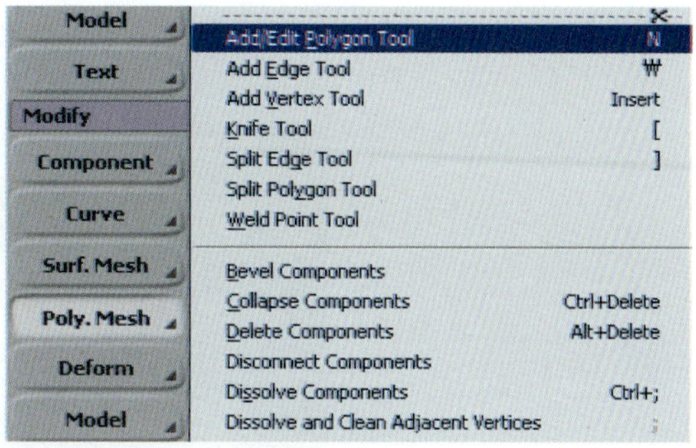

그림 4-120

19 **Edge 선택** : Select Edge Loop(around corners)

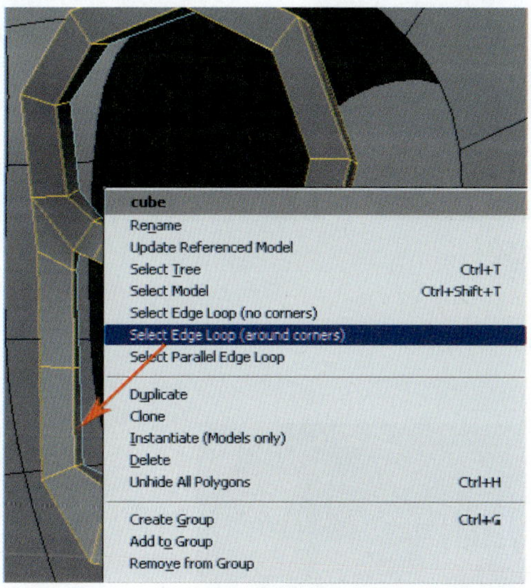

그림 4-121

20 **선택한 Edge Rounding 효과 주기** : Bevel component 기능 적용

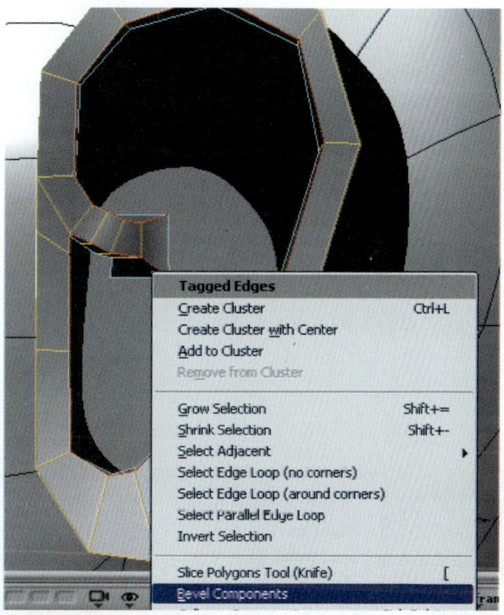

그림 4-122

21 결과 확인

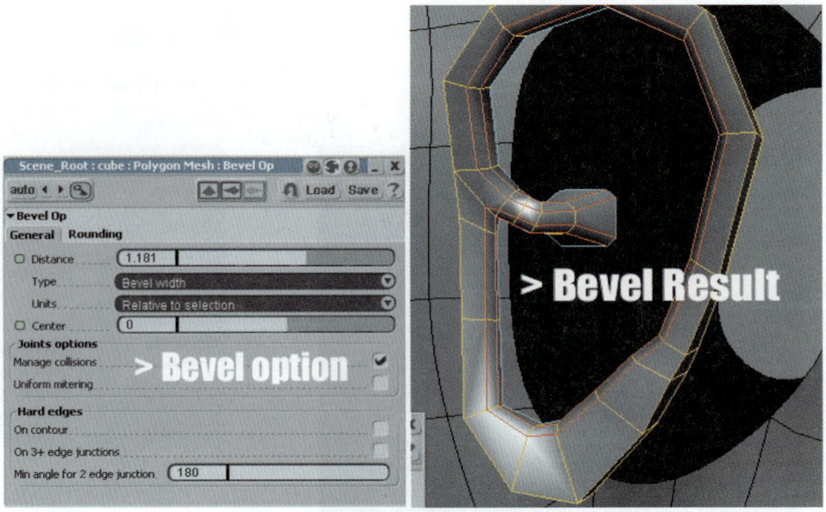

그림 4-123

22 면 생성 : Add Edge / Polygon [N]

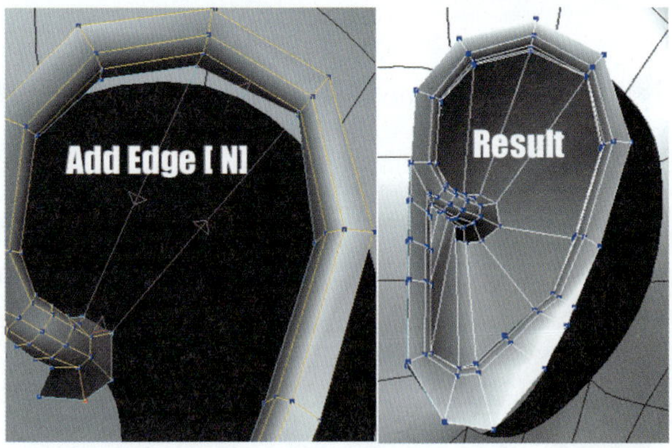

그림 4-124

23 Edge 분할 : Modify 〉 Poly mesh 〉 Split Edge Tool [ ]]

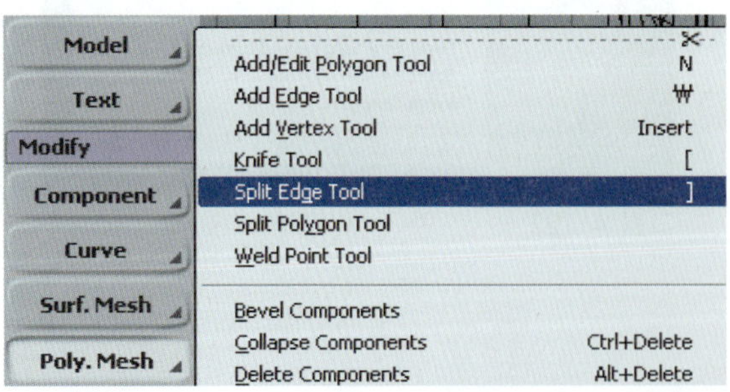

그림 4-125

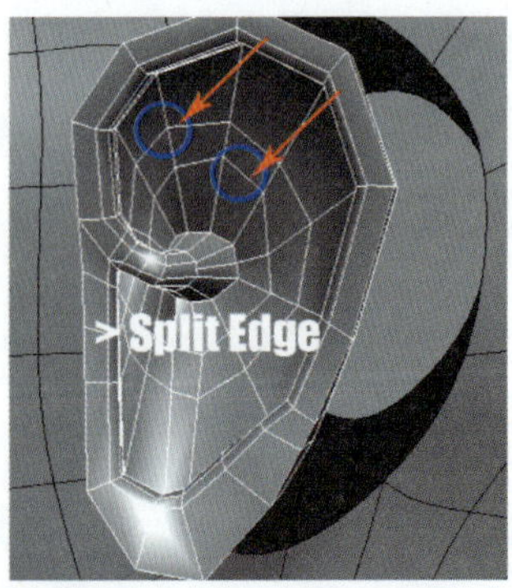

그림 4-126

24 Edge 분할 : Subdivision Edge

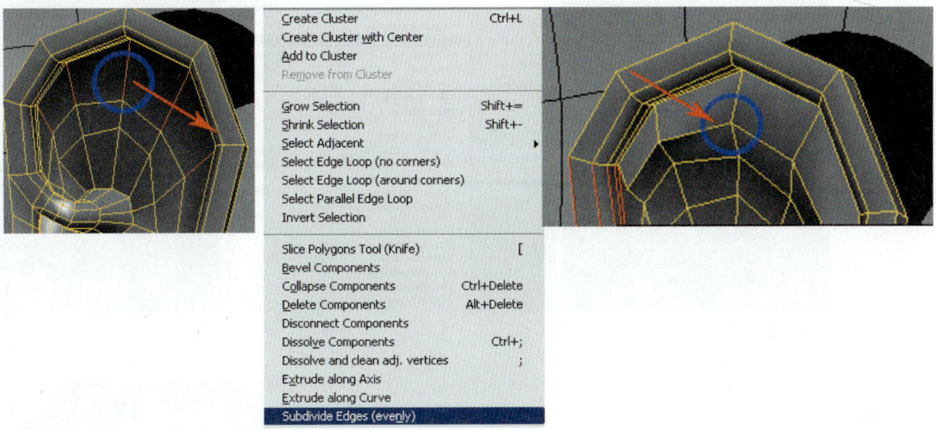

그림 4-127

25 Edge 선택 / 분할

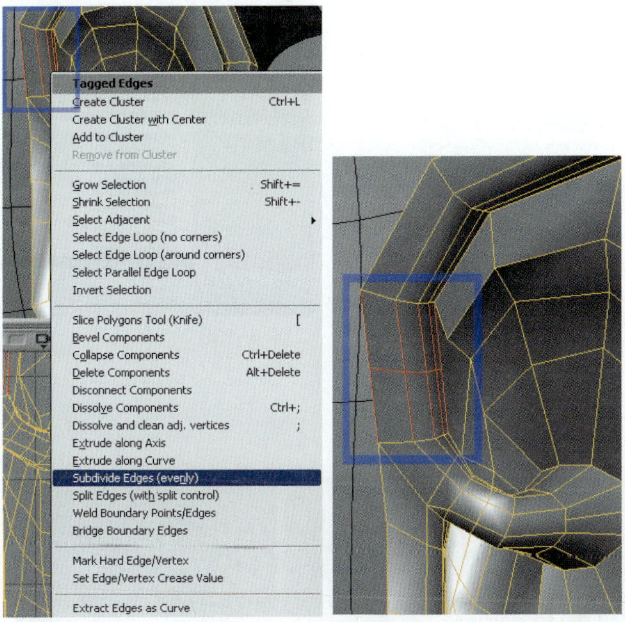

그림 4-128

26 Edge 추가 : Add Edge tool [₩]

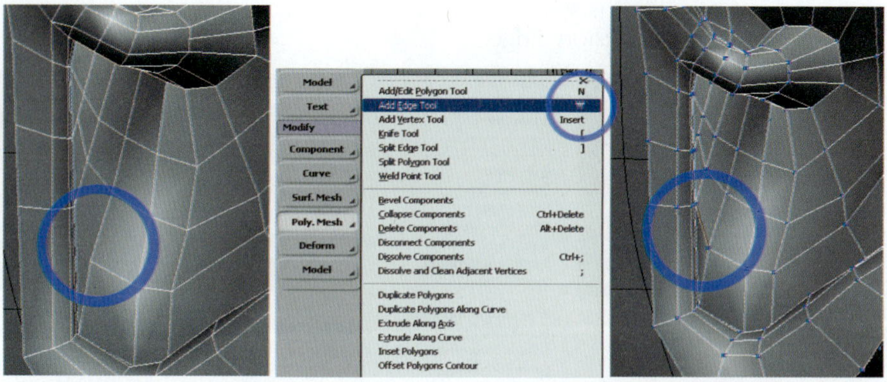

그림 4-129

27 Edge 분할 : Subdivide Edges

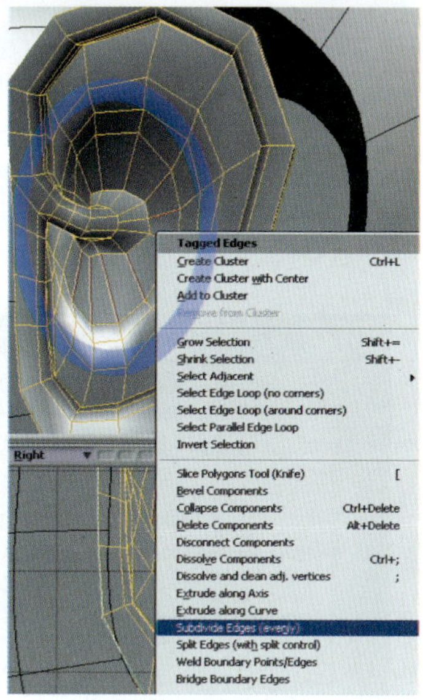

그림 4-130

28 Polygon 삭제 : Delete Polygon

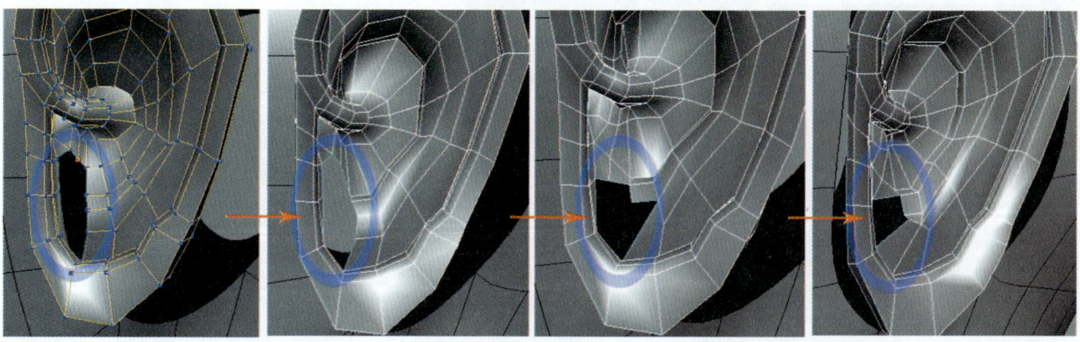

그림 4-131

29 Polygon 면 추가 : 모양 수정

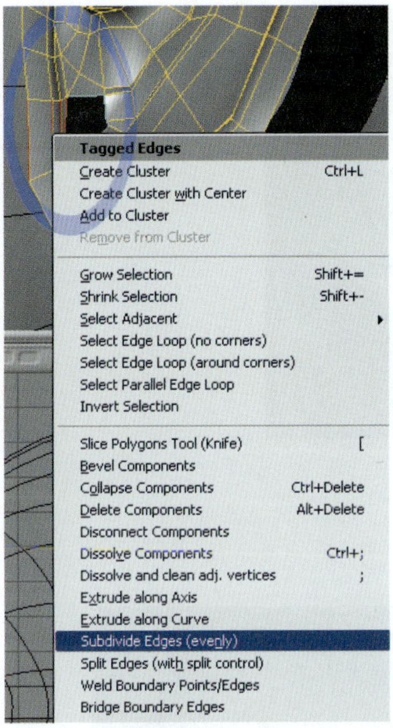

그림 4-132

30 Polygon 면 생성 : 모양 수정

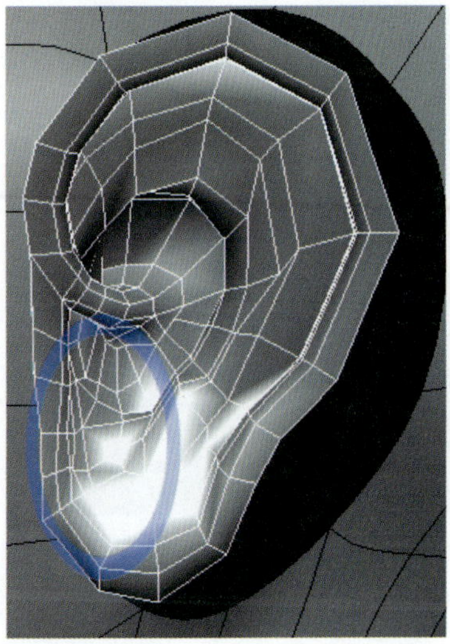

그림 4-133

31 Polygon 면 선택 / 삭제 / 모양 수정

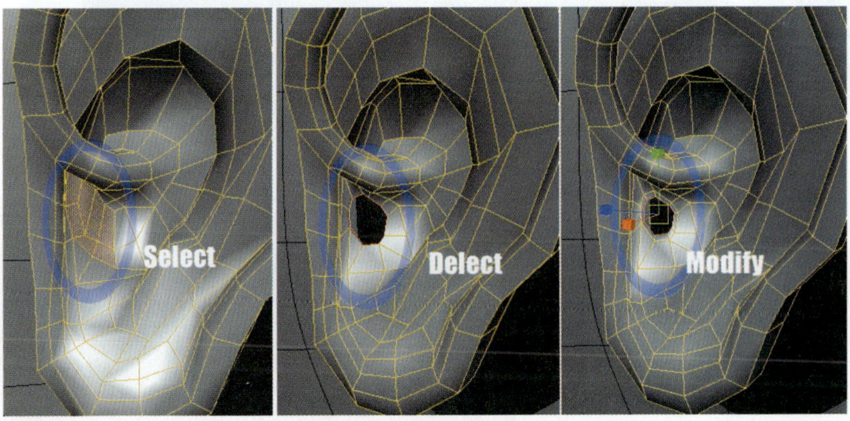

그림 4-134

32 Edge 복사 / 추출 / 모양 수정

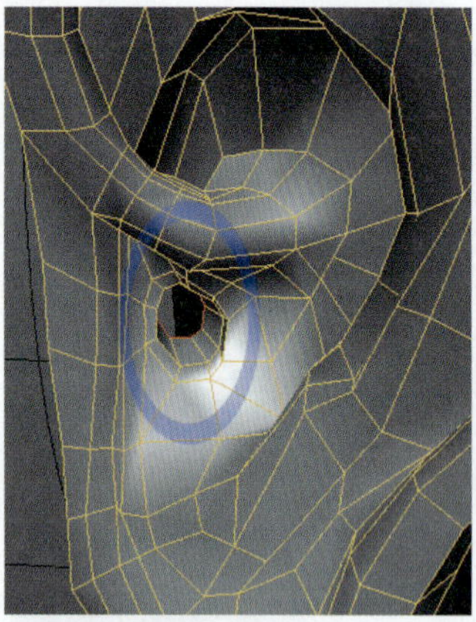

그림 4-135

33 Polygon 면 생성

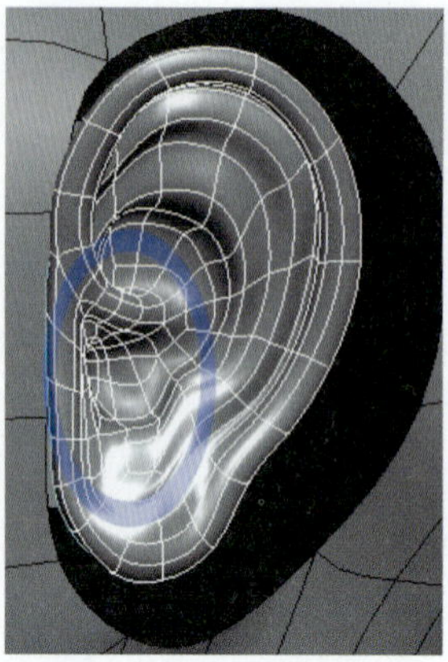

그림 4-136

34 Polygon 면 이동 : 이동 및 모양 수정

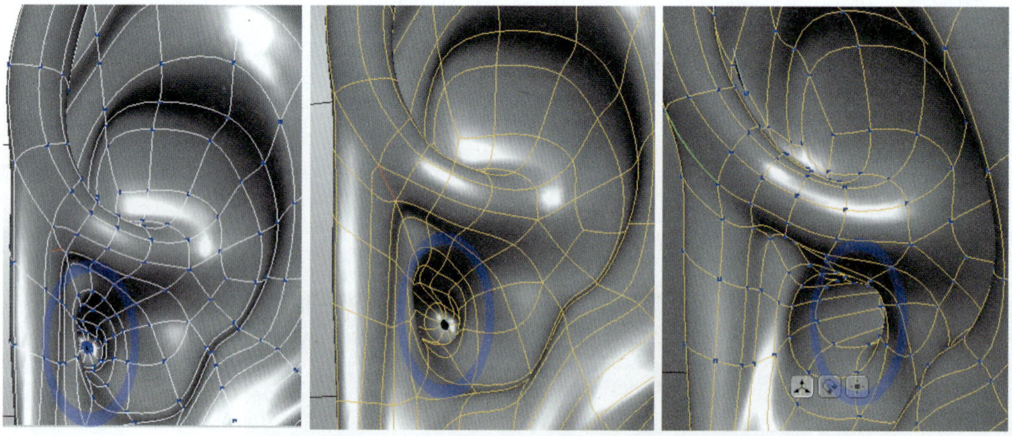

그림 4-137

35 Polygon 면 추가 : 모양 수정

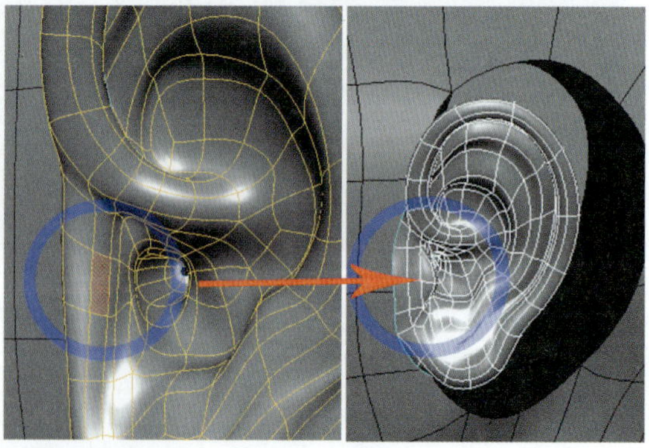

그림 4-138

36 Edge 선택 / 변형 : 귀의 바깥 모양을 이루는 Edge 모두 선택하고 Scale 또는 Move 기능을 활용하여 귀의 모양을 펴서 얼굴의 모양과 어울리게 변형한다.

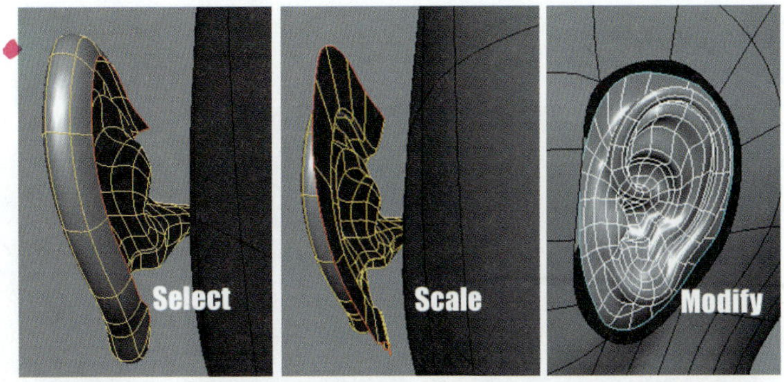

그림 4-139

37 Object 단일화 : 각각 두 개의 객체 Object를 Merge 기능을 이용하여 하나의 단일 객체의 Object로 만들도록 한다.

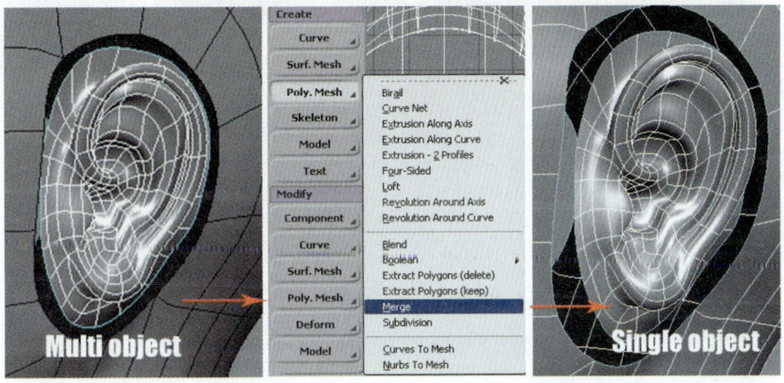

그림 4-140

38 단일 Object의 Polygon 면 추가 : [N]

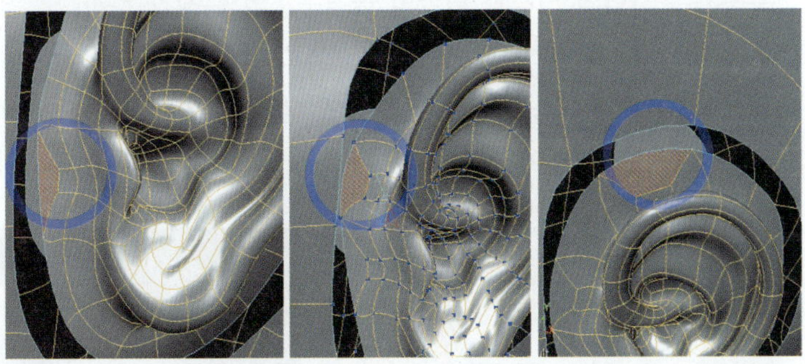
그림 4-141

39 Point match & Weld(단일화) : face와 ear의 연결되는 Point는 하나의 Component화시켜서 match 작업을 하도록 한다.

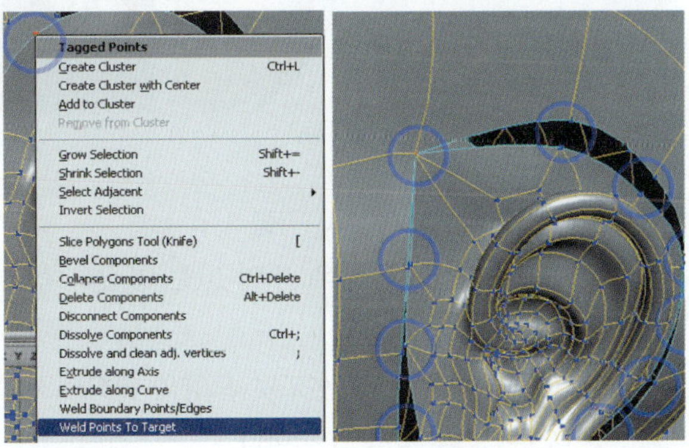

그림 4-142

40 결과 확인

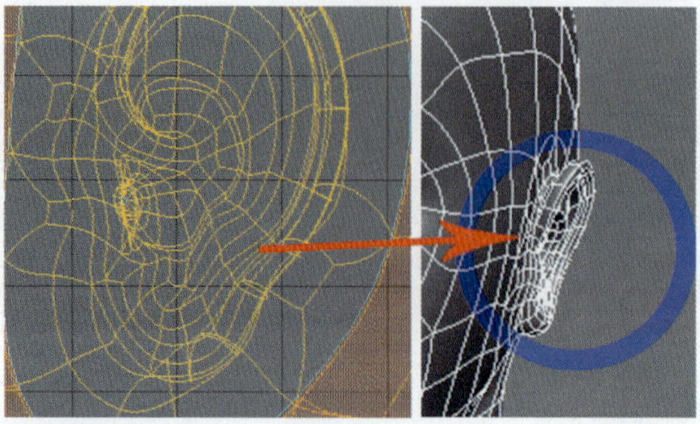

그림 4-143

41 얼굴과 귀 모양 수정 : 전체적인 이미지 수정 작업을 하여 균형과 비례를 맞추도록 한다.

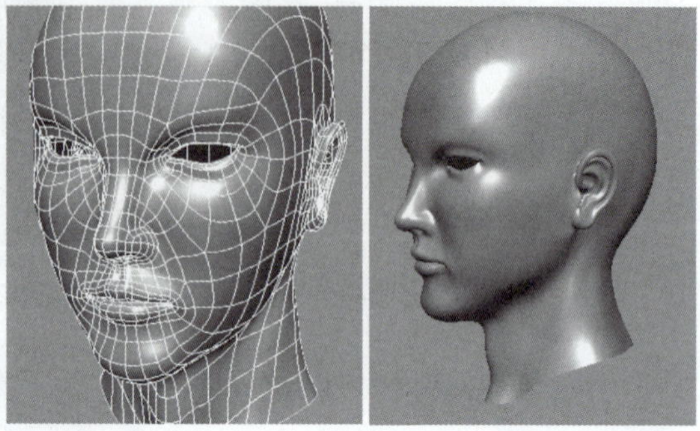

그림 4-144

4-3 Young Man 눈동자 제작하기

눈동자는 사람의 성격과 얼굴의 골격구조의 특징과 무관하지 않다. 그러므로 눈동자를 제작하기 전에 탁한 눈빛인지. 초롱초롱한 눈빛인지 맑고 상큼한 눈빛인지, 강렬하고 자극적인 눈빛인지 등 캐릭터의 특징과 함몰, 돌출, 집중 또는 분산형 얼굴의 골격구조인지에 대한 정확한 Concept가 수반된다면 눈동자를 제작하는 데 있어 한결 수월하게 접근할 수 있을 것으로 본다.

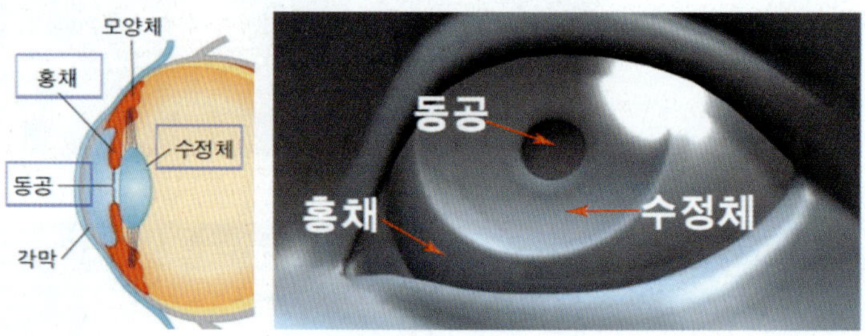

그림 4-145

▌눈의 구조상 그 특징과 역할

1. 동공 : 홍채 한 쪽 중앙의 비어 있는 공간으로서 동공의 크기에 의해 안구로 들어오는 빛의 양을 조절하나다.
2. 홍채 : 동공 주위에 있는 도넛 모양의 막으로서 수축과 이완을 통해 동공의 크기를 조절하여 안구로 들어오는 빛의 양을 조절한다.

3. 수정체 : 탄력성 있는 볼록렌즈 모양의 투명한 조직으로 수정체의 두께에 따라 빛이 굴절되는 정도가 달라진다.

이러한 각각의 요소가 실제와 같이 제작되고 표현되어야 Reality를 추구할 수 있다.

1 Sphere : 기본 Mesh 중에서 눈동자와 가장 적합한 mesh 형태인 Sphere를 생성한다.

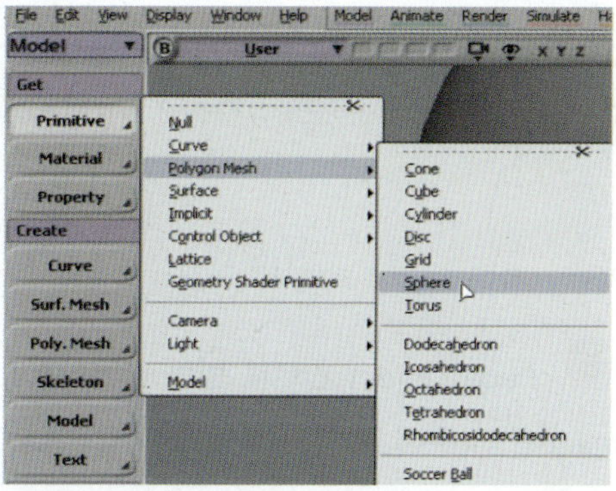

그림 4-146

2 Sphere 속성 변경 : 눈동자의 형태와 방향에 맞도록 Sphere의 옵션 값을 조절한다. 먼저 Subdivision 수치를 올려서 부드러운 구의 형태를 만들어 준다.

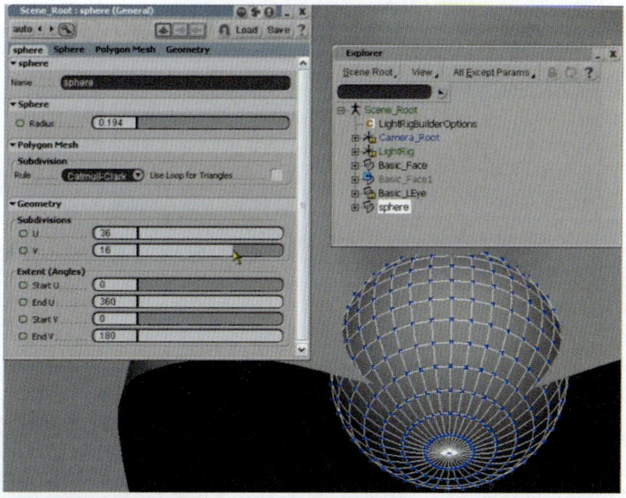

그림 4-147

3 회전과 크기 조절 : Sphere의 회전 값과 크기를 Face 모델링에 맞도록 변형시켜 준다.

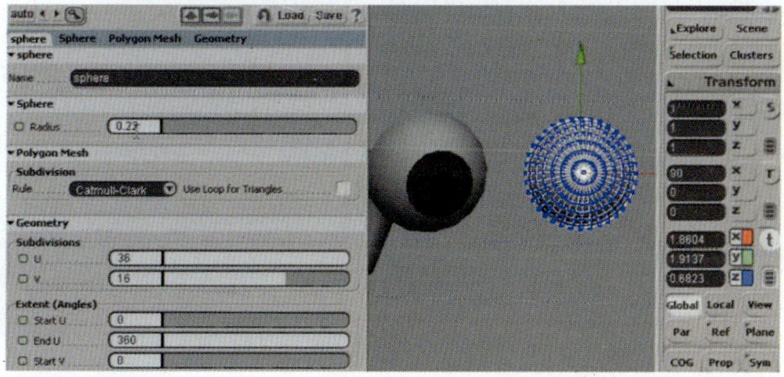

그림 4-148

4 **Sphere 이동** : 안구가 될 Sphere를 이동시켜서 모델링의 눈의 형태와 위치에 맞도록 한다. 얼굴의 형태나, 눈 주위의 윤곽에 따라 달라질 수 있다. 캐릭터의 특징에 맞도록 잘 위치시킨다.

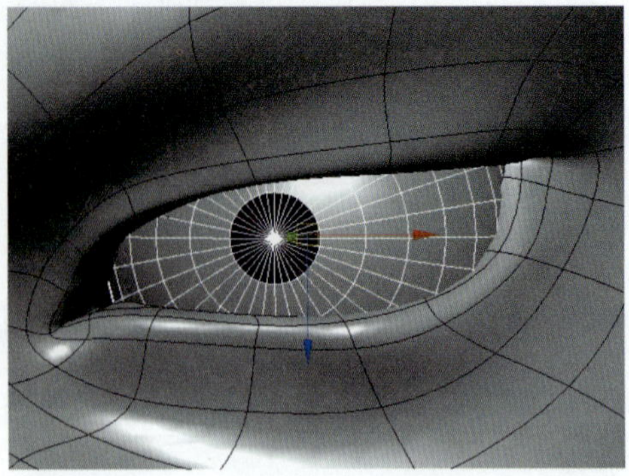

그림 4-149

5 **Face Object 컨트롤 방법 1** : Visibility 옵션 : 눈동자 작업을 하는 동안 Face Object의 Display made를 바꾸어 작업의 효율성을 높이도록 한다. 먼저 Unselect Mode로 작업하는 방법을 알아보도록 한다.

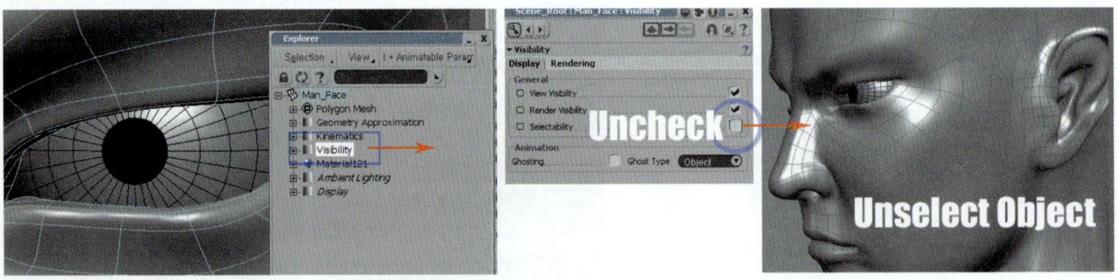

그림 4-150

6 **Face Object 컨트롤 방법 2** : Layer : Layer 작업 창에서 눈동자와 Face 모델링의 Layer를 나눠서 작업하는 방법에 대해 살펴보도록 한다. 오른쪽 아래 KP/L 창에서 Layer 옵션을 선택하고 Layer 〉 New Layer 명령을 실행하면 새로운 Layer의 이름을 지정해주는 창에 나타난다. 여기에 새로운 Eye layer를 만들어 준다.

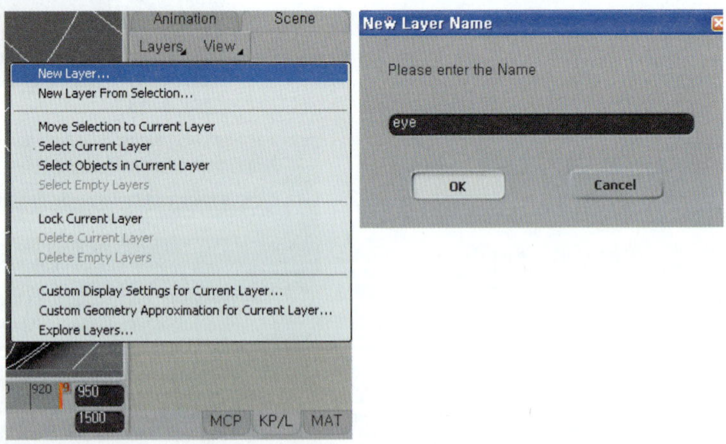

그림 4-151

다음 우리가 작업도중 선택하지 말아야 하는 Object는 Face이므로 Face Layer의 단축 옵션인 Visibility 옵션의 Check을 Uncheck하여 비활성시킴으로써 작업중 Face의 선택을 방지할 수 있다.

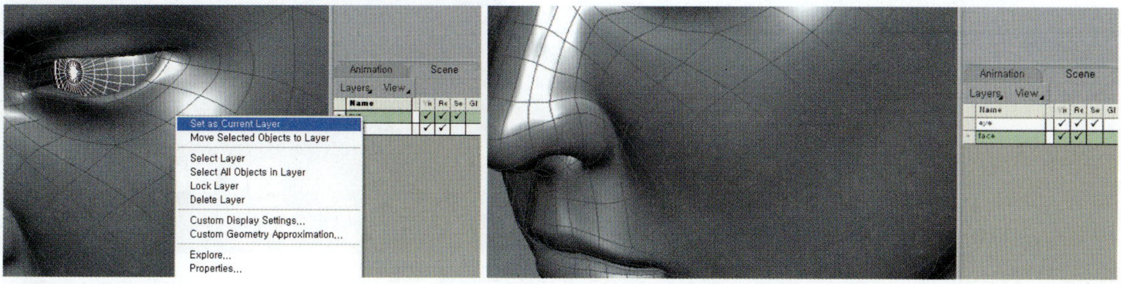

그림 4-152

7 Face Object 컨트롤 방법 3 : Unselect되었을 때 항상 Wire Frame 모드로 작업을 진행하고자 할 경우 Face의 Display 옵션에서 Unselect 〉 Static mode 〉 Wire Frame으로 설정해준다.

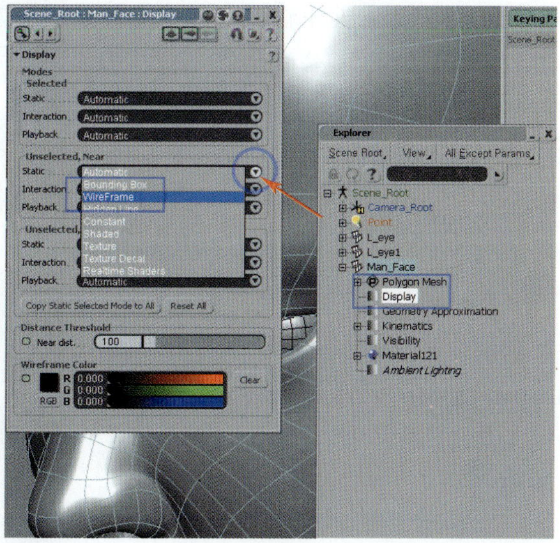

그림 4-153

위의 방법 중 어느 방법을 사용하든 상관없지만, 제작자로서 가장 편한 방법을 택하도록 한다. 만약 이 상태에서 Unselect되어졌음에도 Wire frame 모드로 자동 전환되지 않으면 Viewport menu 첫 번째 옵션인 Override object properties가 check되어 있는 지 확인한다. Uncheck으로 변환시켜 준다.

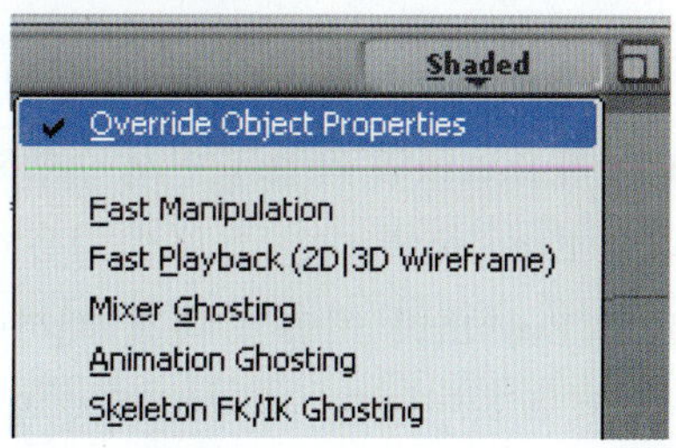

그림 4-154

8 결과 확인

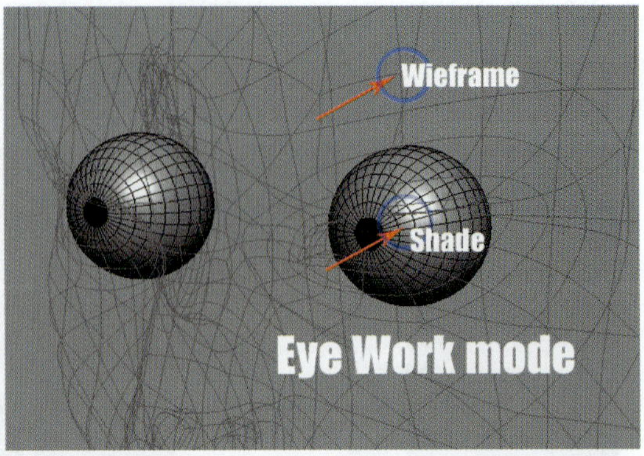

그림 4-155

9 눈동자 복사 : 눈동자 Sphere를 복사해서 하나는 빛의 밝기에 따라 크기가 커졌다가 작아지는 기능을 하는 홍채를 만들도록 하고, 나머지 하나는 빛에 의해 굴절과 반사의 기능을 가진 안구를 제작하게 된다.

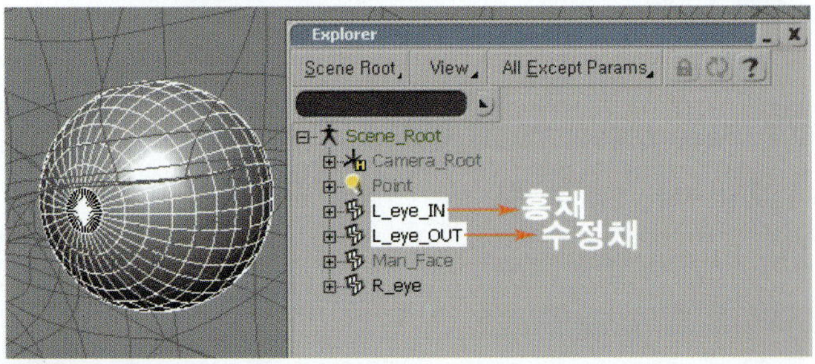

그림 4-156

10 Eye in Scale : Eye in의 Scale 조절을 통해 Eye out보다 작게 만들어 준다. Display option 〉 X ray mode 〉 Screen mode로 본 결과이다.

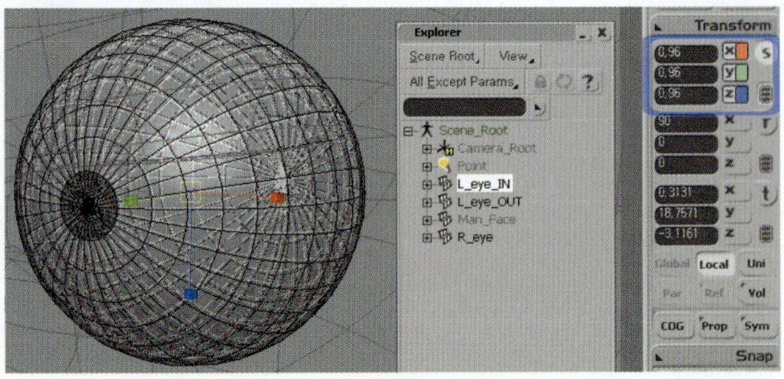

그림 4-157

11 Eye out Display option 설정 : 작업상에서 Eye in의 작업을 먼저 수행하고 난 다음 Eye out에 대한 효과가 있을 계획이므로 Eye In의 작업이 마칠 때까지 Eye out은 비작업모드, 즉 선택하지 않을 때 Wire mode로 전환하도록 한다. 전환하는 방법은 Face에 적용했던 방법과 같다.

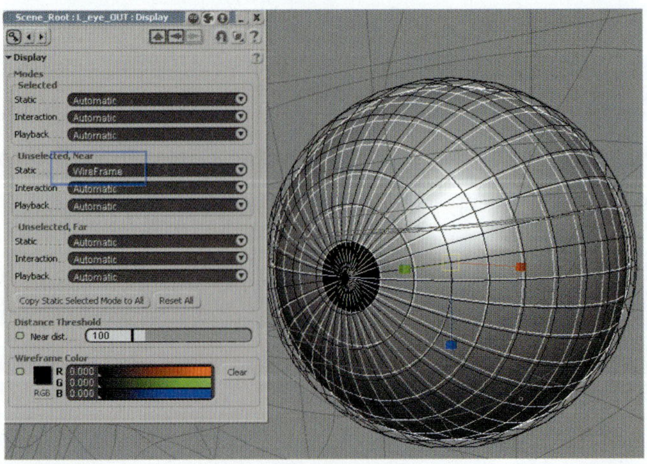

그림 4-158

12 Eye out unselect mode : Face와 마찬가지로 Eye out 역시 당분간 화면상에서 자동 선택되지 않도록 View Option에서 Selectable 옵션을 비활성시킨다.

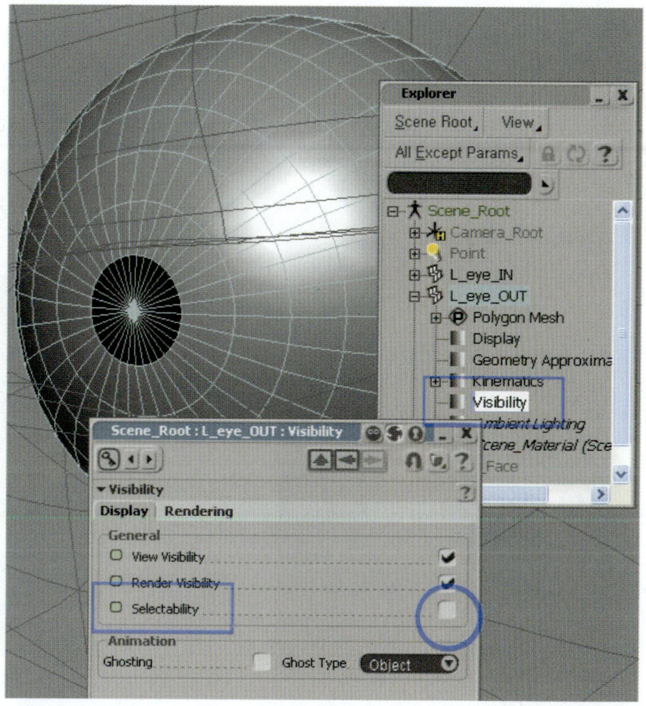

그림 4-159

13 홍채 영역 선택 : Eye in sphere에서 홍채 부분의 영역을 Polygon 모드에서 선택하도록 한다. 이때 동일 동심원상에 존재하는 Component의 동일 영역 선택할 때 Select 〉 Glow Selection 기능을 활용하면 효율적으로 선택할 수 있다. 먼저 최초 선택 영역을 선택하고 Glow selection 명령을 반복하면 자동으로 동심원상의 Polygon 영역이 자동 선택되는 결과를 얻을 수 있다.

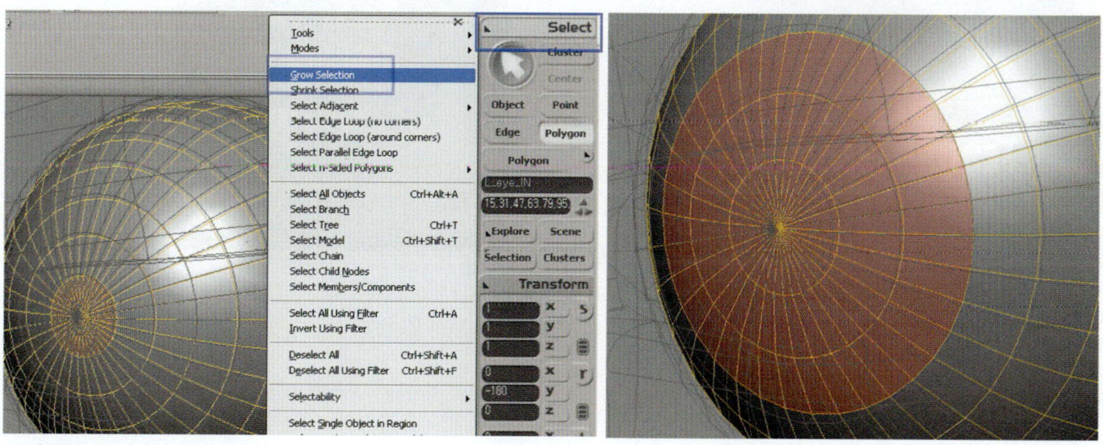

그림 4-160

14 홍채 선택 영역 복사 : 선택된 홍채 영역에 대해 복사를 한다. [Ctrl + D]

15 홍채 영역 크기 조절 : 복사된 영역의 Scale을 줄인다.

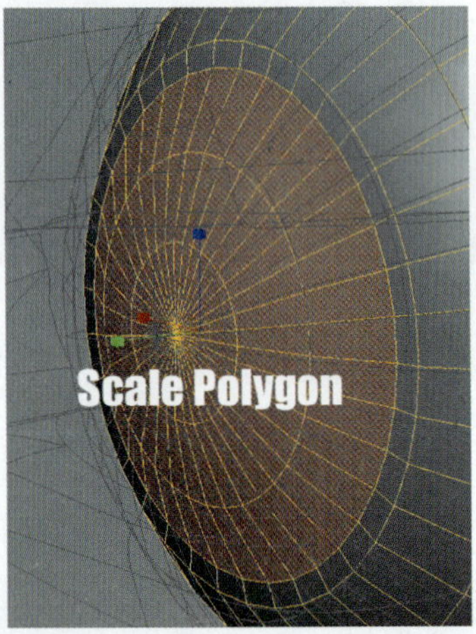

그림 4-161

16 선택 영역 복사 후 Scale : Scale 조절된 영역을 한번 복사를 더 한 후 그 상태에서 Scale Global 'Z' 축 방향으로 축소하도록 한다.

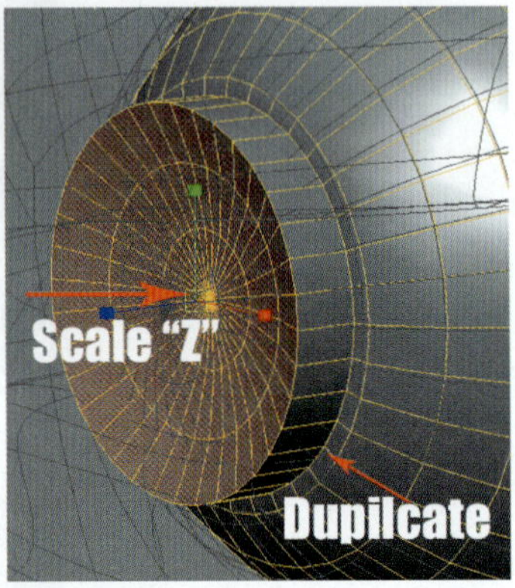

그림 4-162

17 선택 영역 이동 : Z축 방향(눈의 안쪽)으로 이동시키도록 한다.

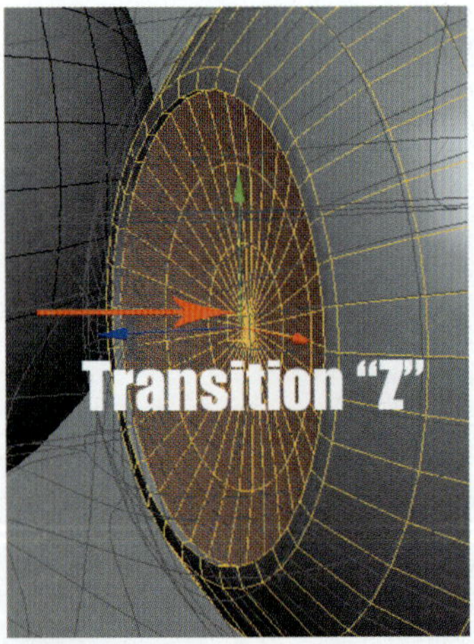

그림 4-163

18 동공 만들기 : 홍채 가운데 부분의 일정영역을 선택하여 복사 후 이동을 반복하여 작업한다.

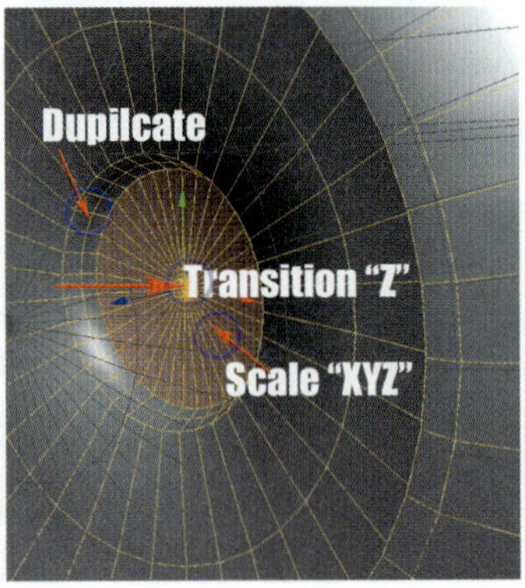

그림 4-164

19 **망막 영역 만들기** : 선택된 Polygon 면을 이용하여 동공이 자리하는 망막의 영역을 만들어주도록 한다.

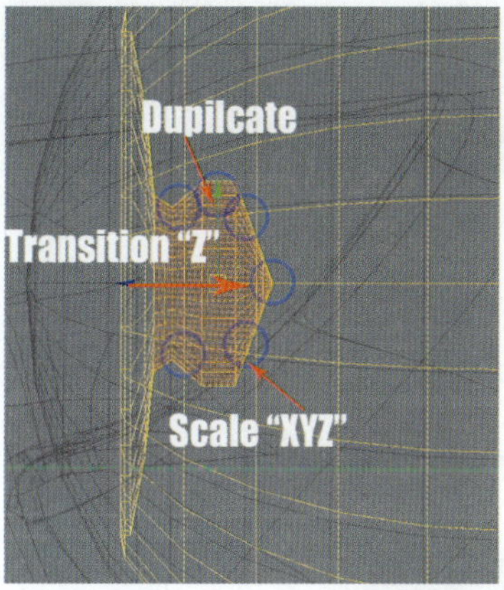

그림 4-165

21 **결과 확인** : Subdivision

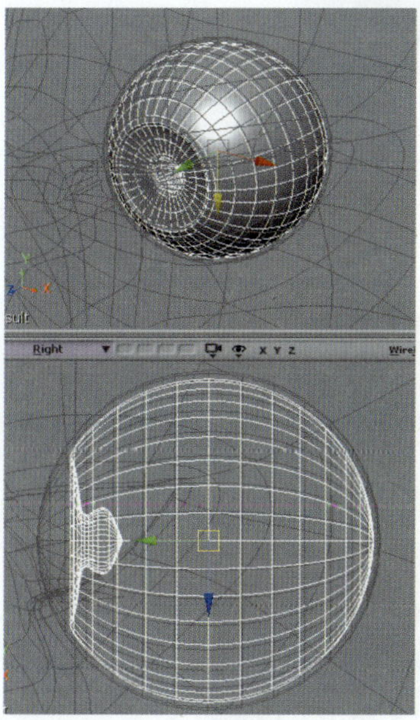

그림 4-167

20 **마지막 Point 영역의 처리** : 마지막 Point들을 한 점에 모이게 하고자 할 경우 Point 선택 후 Scale X, Y, Z의 값을 (0, 0, 0)로 지정해주면 한 점으로 모이게 된다.

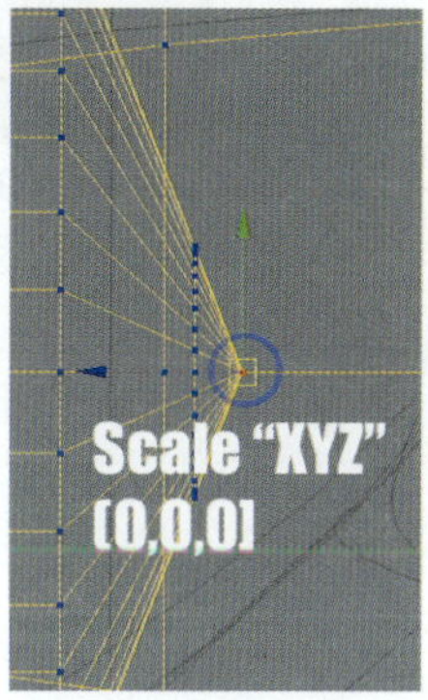

그림 4-166

22 **홍채 Edge 추가** : 홍채의 오목한 부분에 더 많은 Edge를 추가하여 앞으로 수축 및 팽창할 때 높은 자유도를 가질 수 있도록 한다. Edge를 선택한 다음 복사[Ctrl + D]해주는 방법을 적용한다.

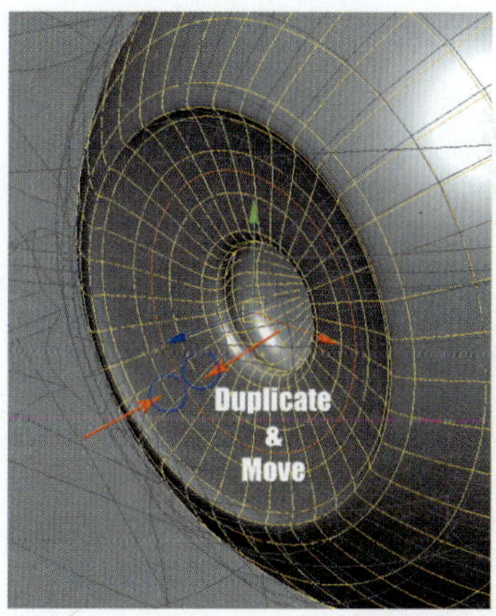

그림 4-168

23 수정체 Sphere 작업모드 전환 : 수정체 Sphere, 즉 Eye out Sphere를 작업모드인 Display 〉 Unselect 〉 Static 〉 automatic mode로 바꿔준다. 그리고 반대로 작업을 마친 홍채(Eye in) Object를 Display 〉 Unselect 〉 Static 〉 Shade mode로 바꿔준다.

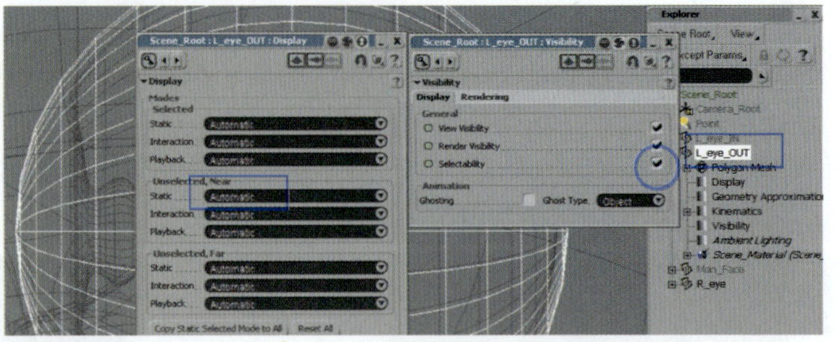

그림 4-169

24 결과 확인

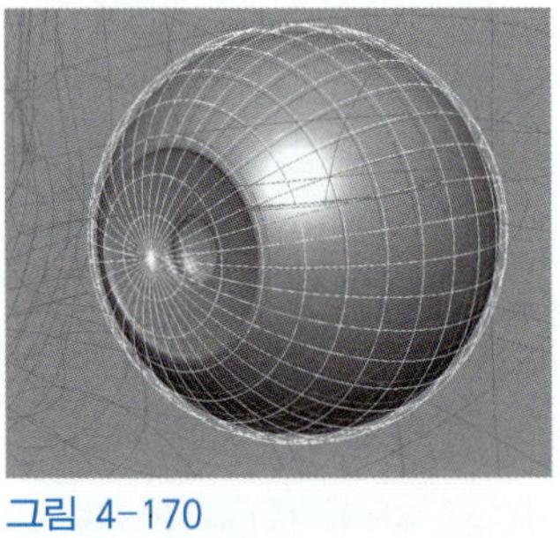

그림 4-170

25 수정체 영역 설정 : 수정체 부분에서 홍채 영역 크기의 Polygon 면을 선택한다.

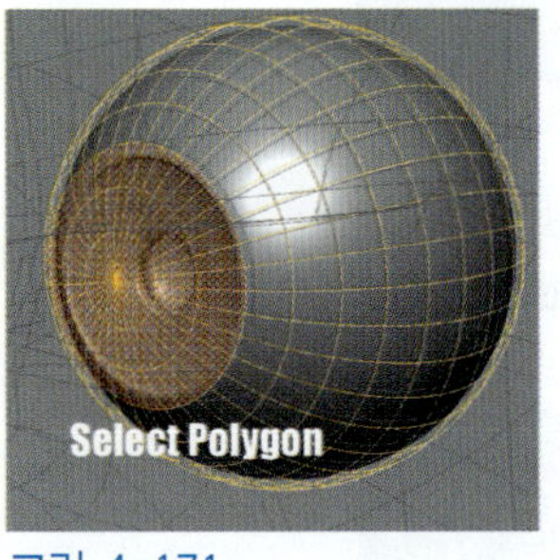

그림 4-171

26 선택한 모양 수정 : 선택한 면 복사 후 Scale한 후 Z축 방향으로 이동시킨다.

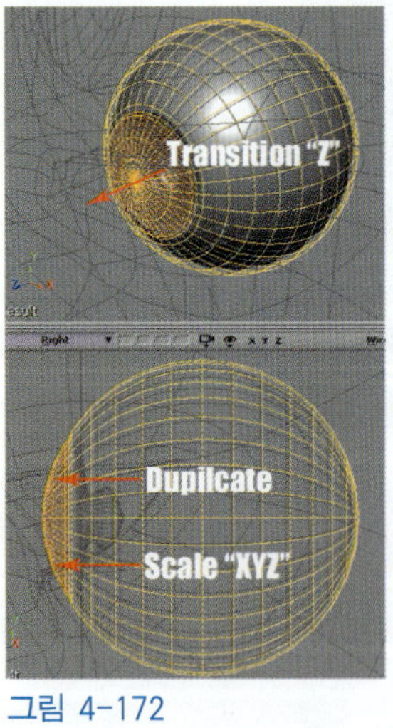

그림 4-172

27 결과 확인 : Render Region [Q + drag]를 통해 제작한 결과를 확인한다.

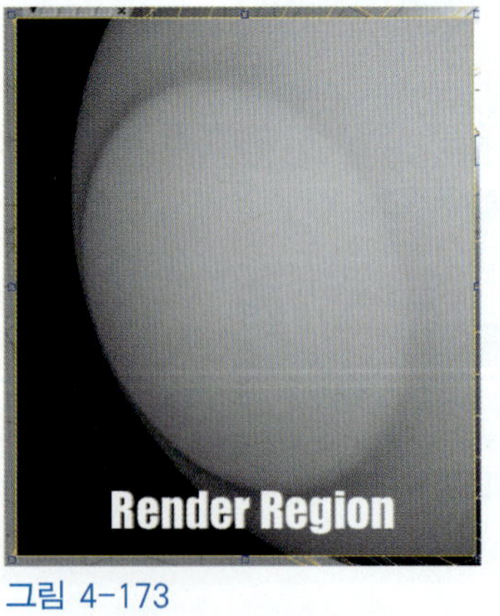

그림 4-173

28 수정체 Material 주기 : 제작된 수정체에 기본적인 Material shader를 주도록 한다. Mapping과 재질(Material) & Light Setting에 대해서는 따로 설명할 기회를 준비하고 있기 때문에 좀 더 결과적인 부분은 다음으로 미루고 지금은 형태를 제작하는 것으로 마치도록 한다.

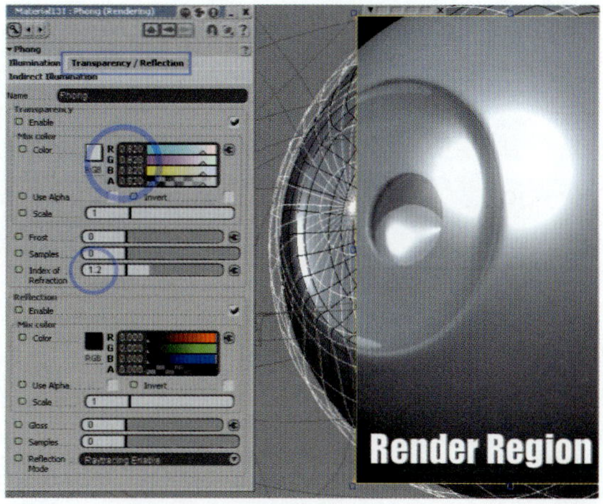

그림 4-174

29 결과 확인 : Mapping 작업은 아직 하지 않은 상태라 Quality에 대해 언급할 단계는 아니므로 일단 제작한 얼굴의 형태와 위치에 맞도록 다시 조정해서 마무리하도록 한다.

그림 4-175

4－4 Young Man Body 만들기

몸의 미례와 구조에 대해 살펴보도록 한다.

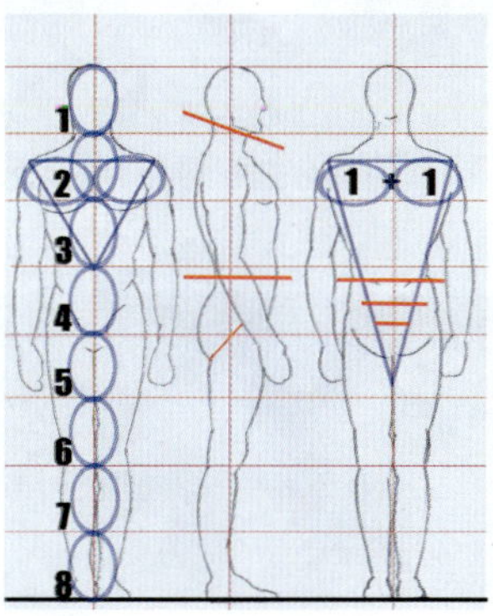

그림 4-176 몸의 비례도

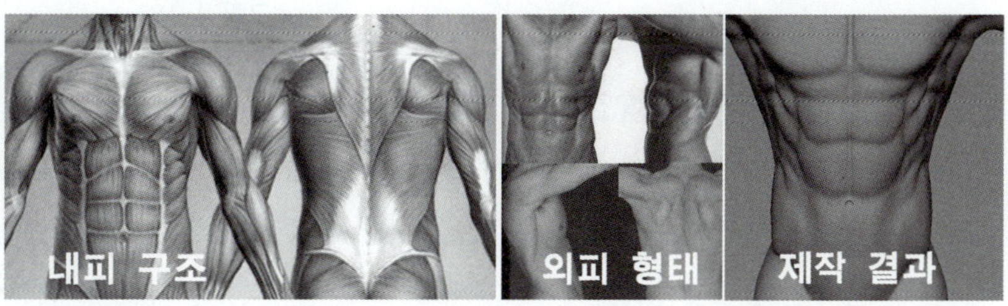

그림 4-177

1 쇄골 + 어깨 만들기 : 작업 시작할 영역 확인

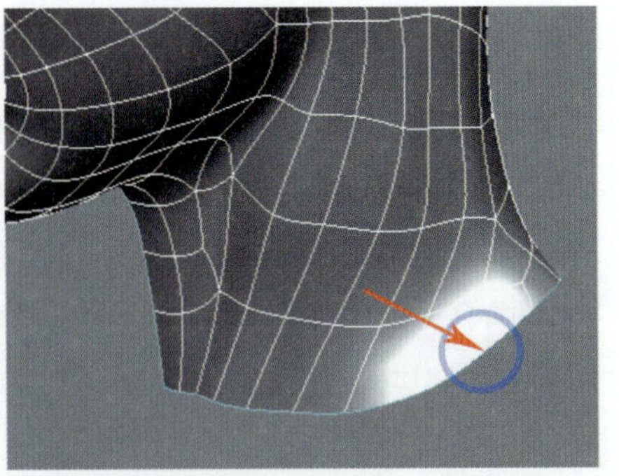

그림 4-178

2 Edge Select and Scale : 작업할 Edge를 선택하고 Scale 조절을 통해 모양 다듬기

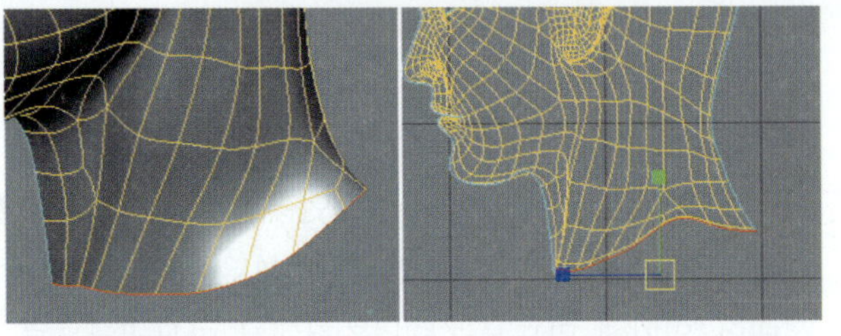

그림 4-179

3 Edge 복사 이동 및 모양 다듬기 1

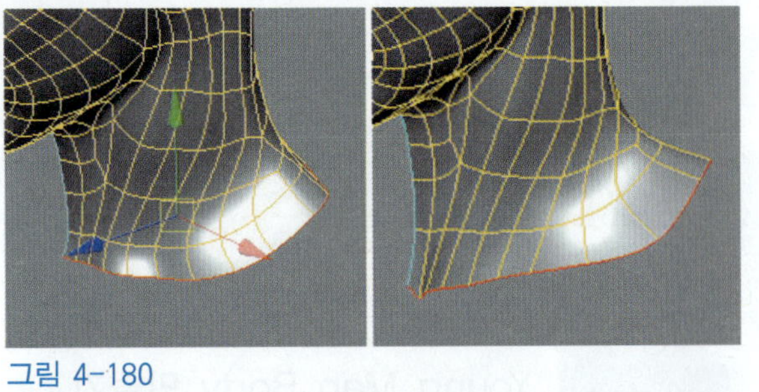

그림 4-180

4 Edge 복사 이동 및 모양 다듬기 2

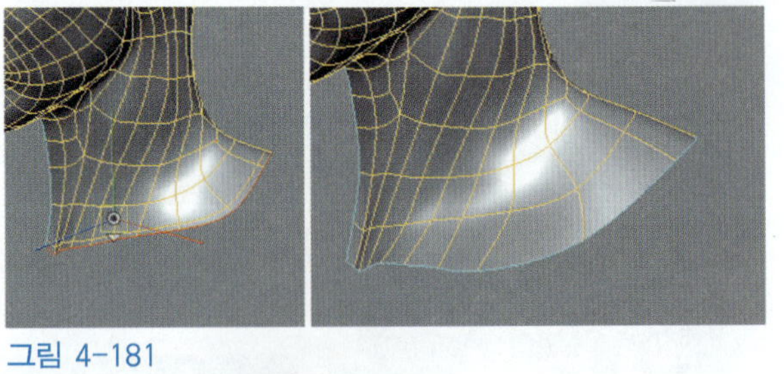

그림 4-181

5 Edge 복사 이동 및 모양 다듬기 3

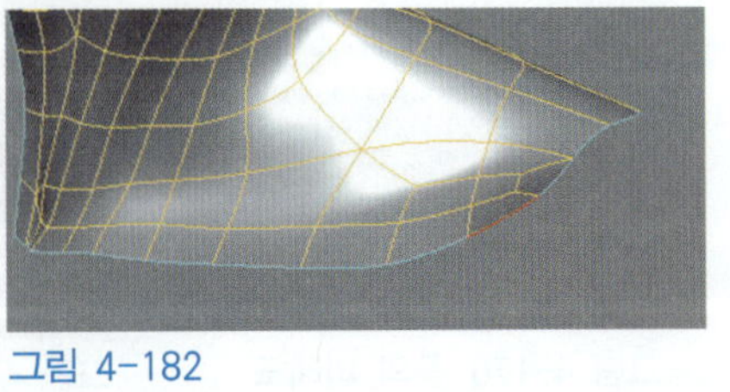

그림 4-182

6 Edge 복사 이동 및 모양 다듬기 4

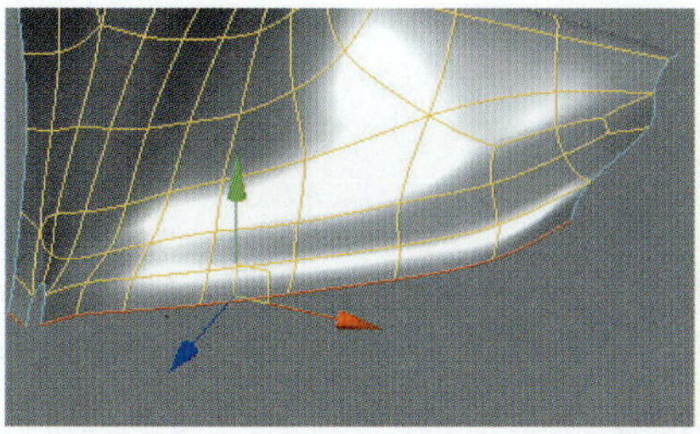

그림 4-183

7 Point Weld

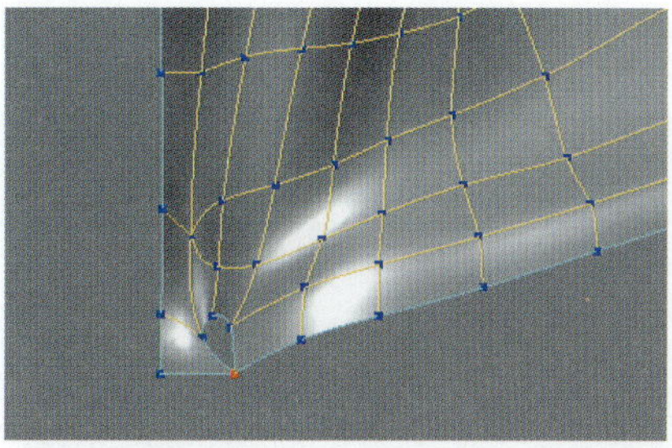

그림 4-184

8 Polygon 생성

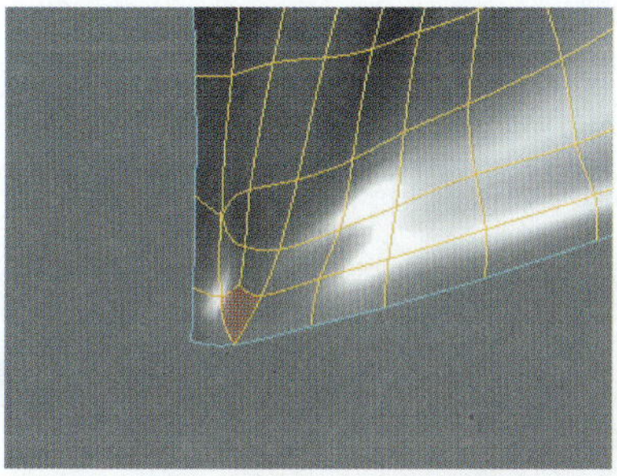

그림 4-185

9 Edge 선택 / 복사 이동 및 모양 다듬기

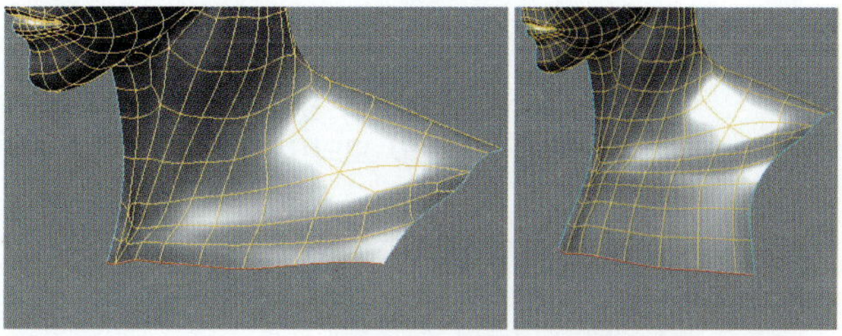

그림 4-186

10 Edge 선택 / 복사 이동 및 모양 다듬기

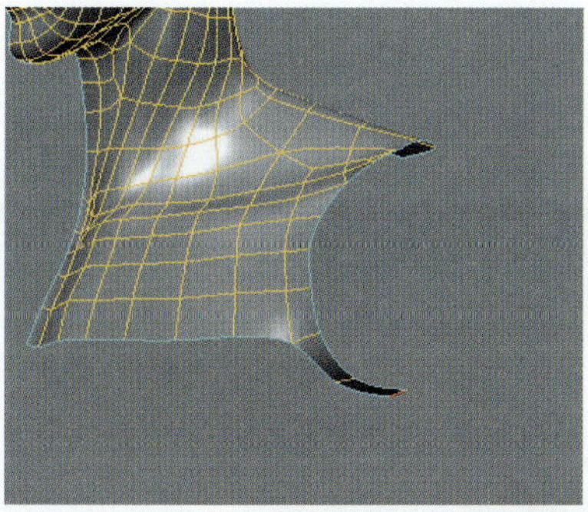

그림 4-187

11 Edge 선택 / 복사 이동 및 모양 다듬기

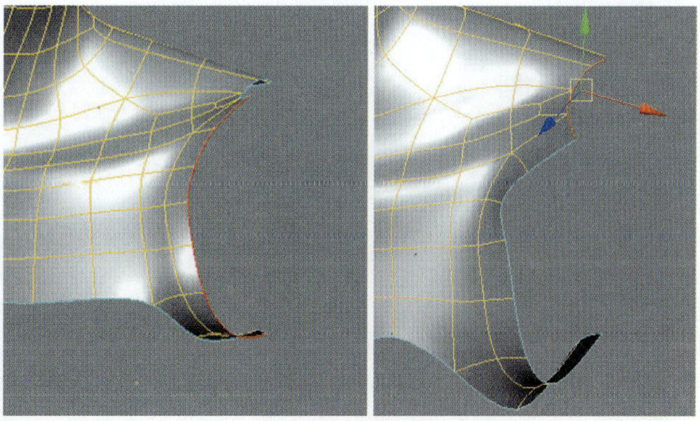

그림 4-188

12 Edge 선택 / 복사 이동 및 모양 다듬기

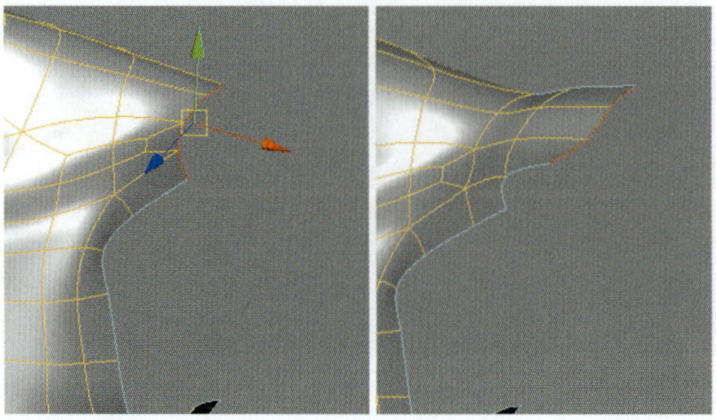

그림 4-189

13 Point Weld

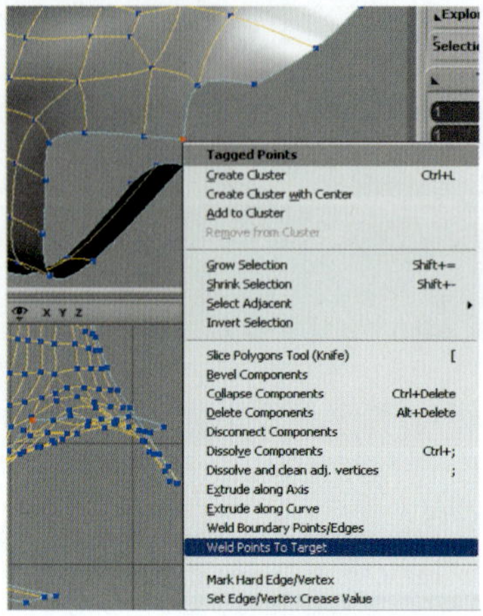

그림 4-190

14 Point 선택 / 복사 이동 및 모양 다듬기

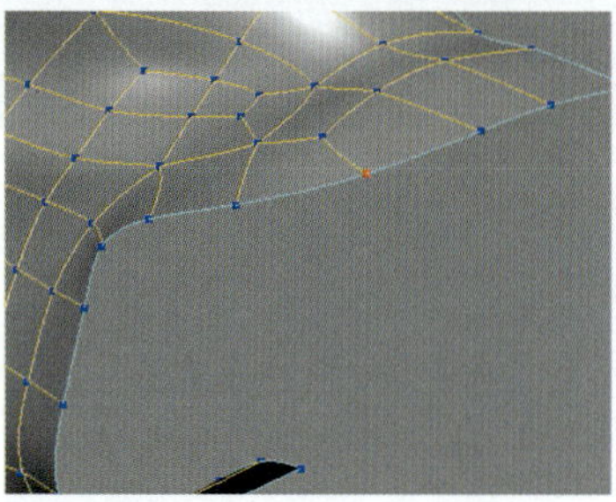

그림 4-191

15 Edge 선택 / 복사 이동 및 모양 다듬기

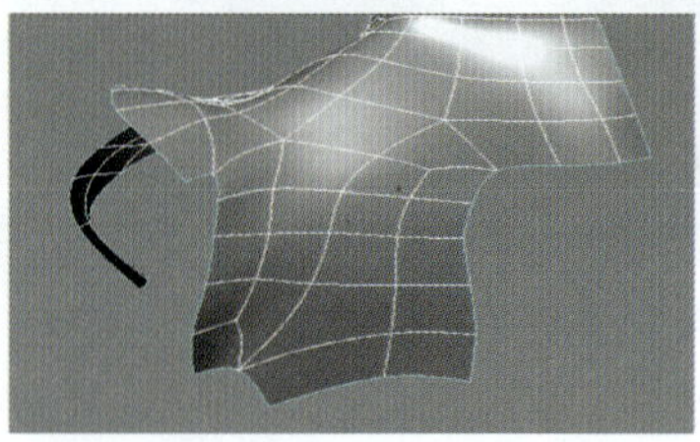

그림 4-192

16 Edge 선택

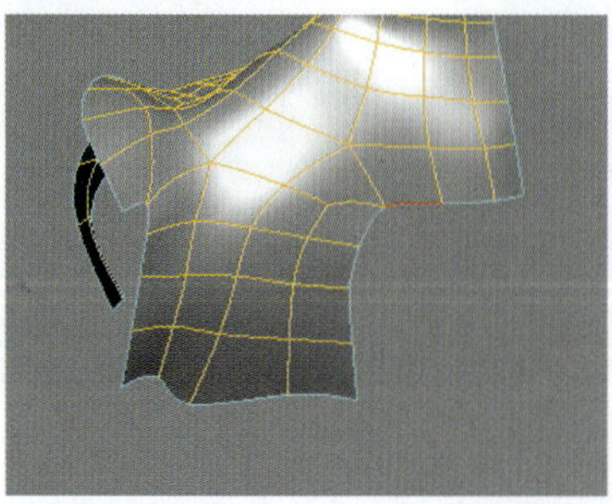

그림 4-193

17 Edge 선택 / 복사 이동 및 모양 다듬기

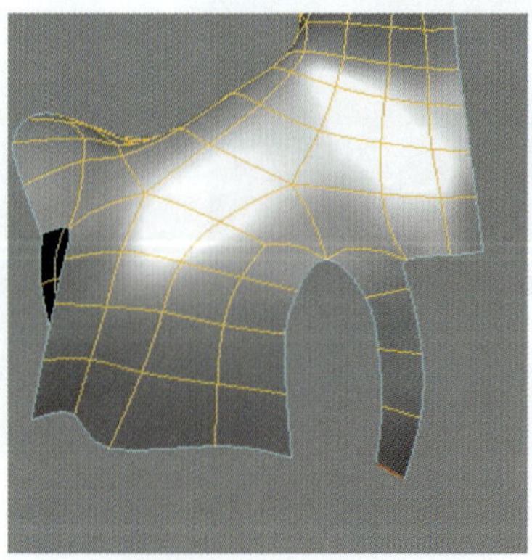

그림 4-194

18 Polygon 생성

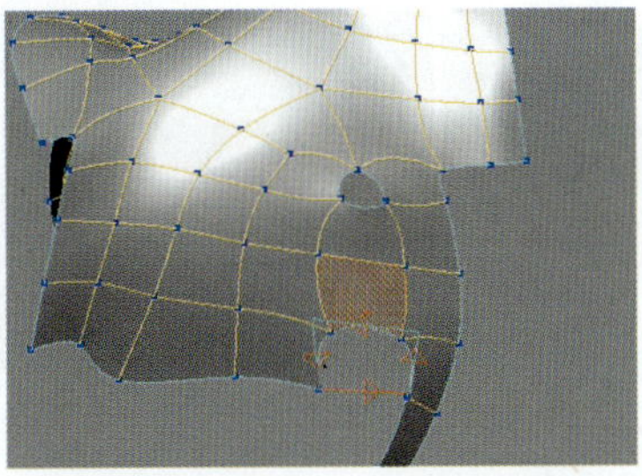

그림 4-195

19 Edge 선택 / 복사 이동 및 모양 다듬기

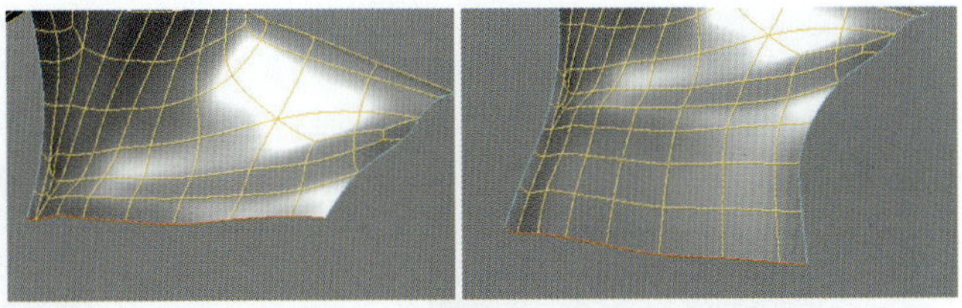

그림 4-196

20 Edge 선택 / 복사 이동 및 모양 다듬기

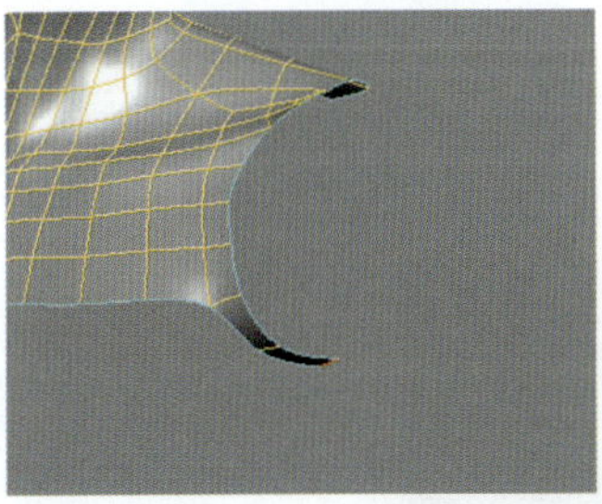

그림 4-197

21 Edge 선택 / 복사 이동 및 모양 다듬기

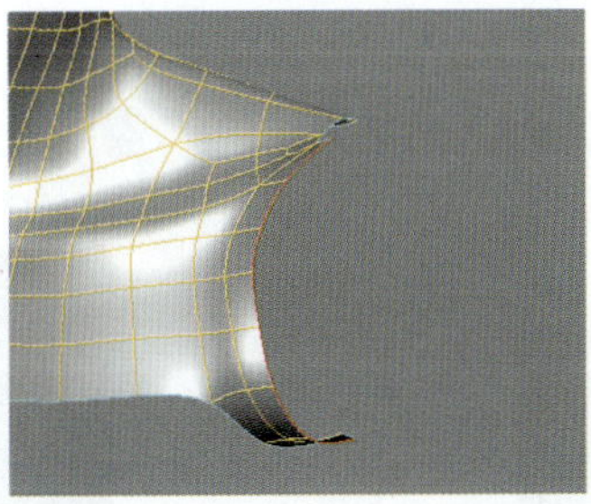

그림 4-198

22 Edge 선택 / 복사 이동 및 모양 다듬기

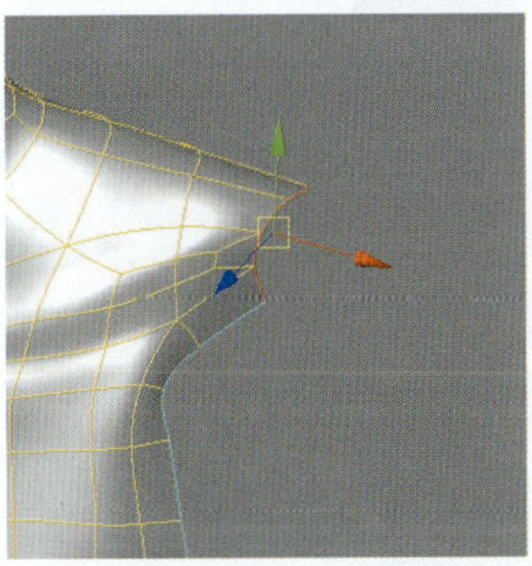

그림 4-199

23 Edge 선택 / 복사 이동 및 모양 다듬기

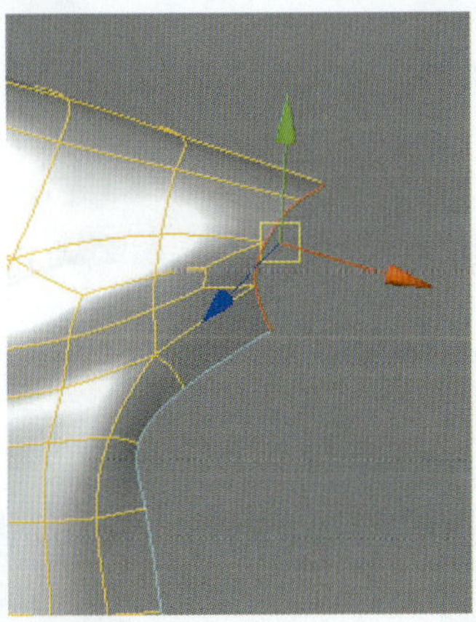

그림 4-200

24 Edge 선택 / 복사 이동 및 모양 다듬기

그림 4-201

25 Weld Point

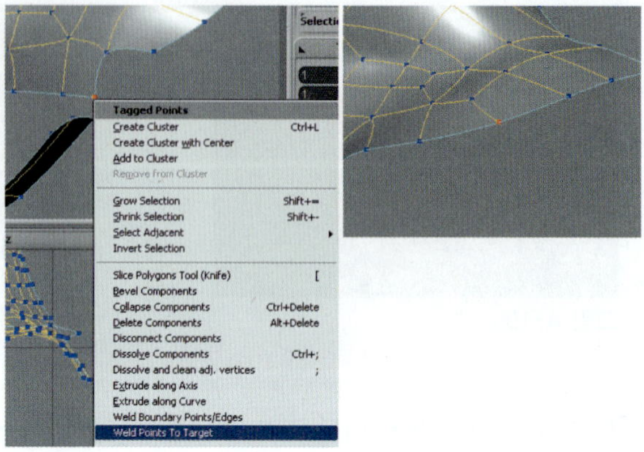

그림 4-202

26 등 만들기 : Edge 선택 / 복사 이동 및 모양 다듬기 등

그림 4-203

27 Edge 선택

그림 4-204

28 Edge 선택 / 복사 이동 및 모양 다듬기

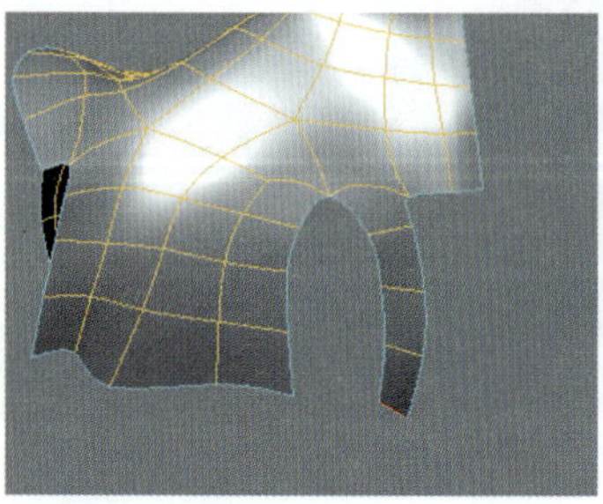

그림 4-205

29 Polygon 만들기

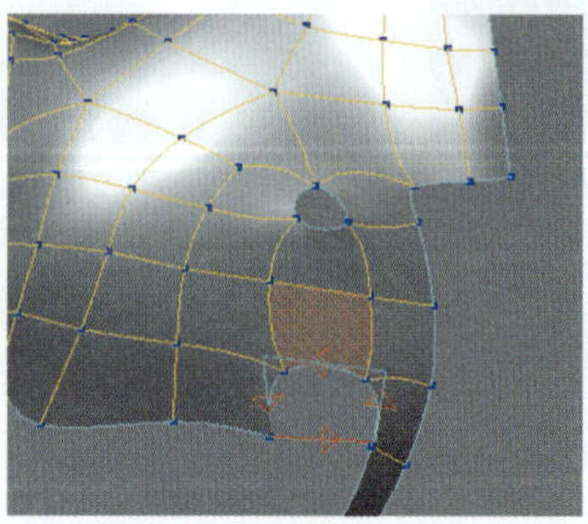

그림 4-206

30 Edge 정렬 / 선택 / 복사 이동 및 모양 다듬기

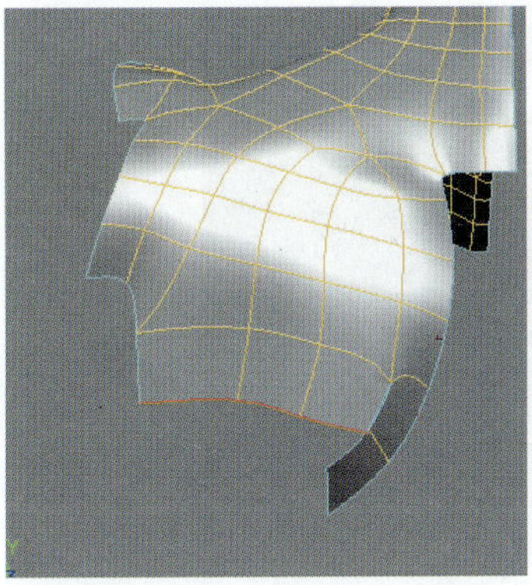

그림 4-207

31 Edge Smooth

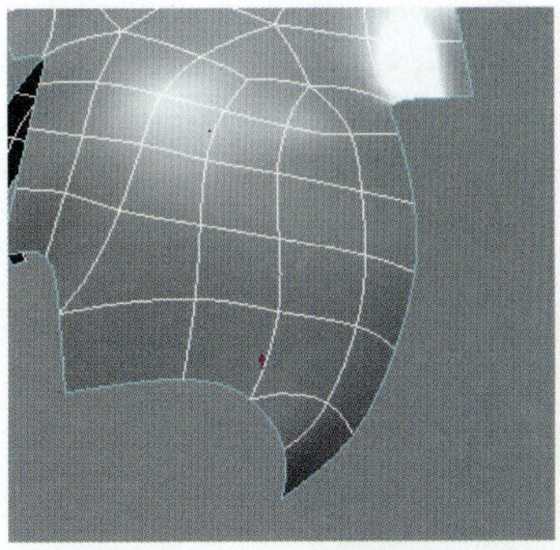

그림 4-208

32 Edge Subdivision

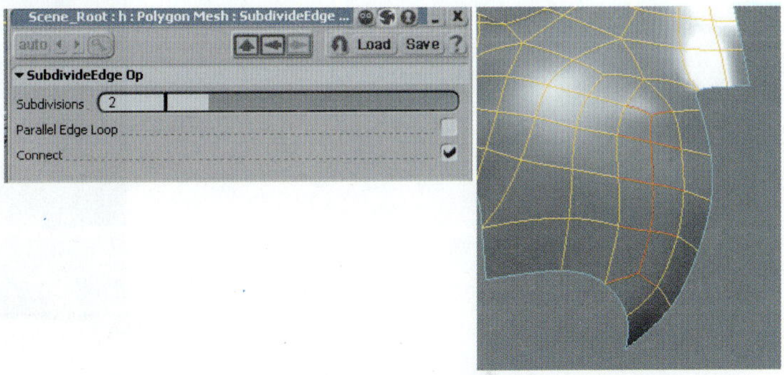

그림 4-209

33 Edge Select

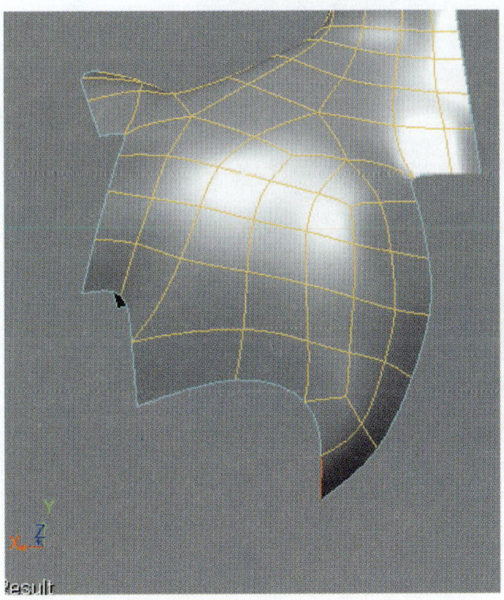

그림 4-210

34 Edge 복사 이동 및 모양 다듬기

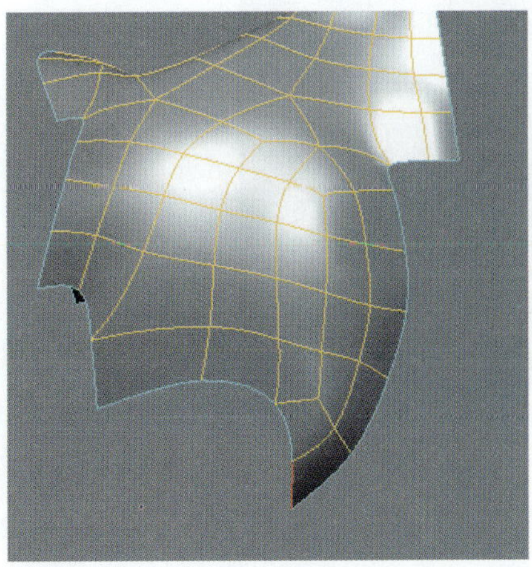

그림 4-211

35 Edge 복사 이동 및 모양 다듬기

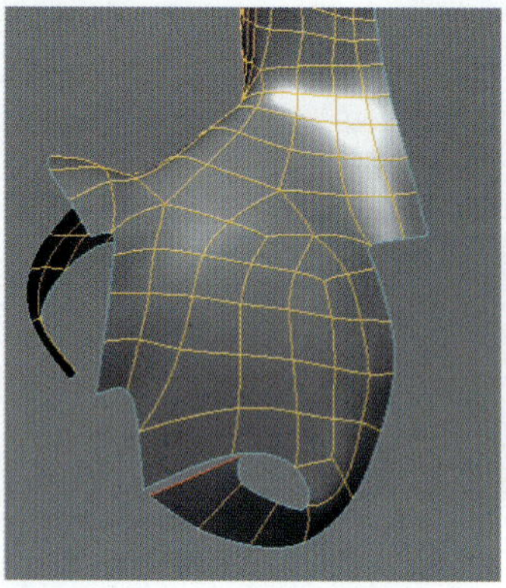

그림 4-212

36 Weld Point to target

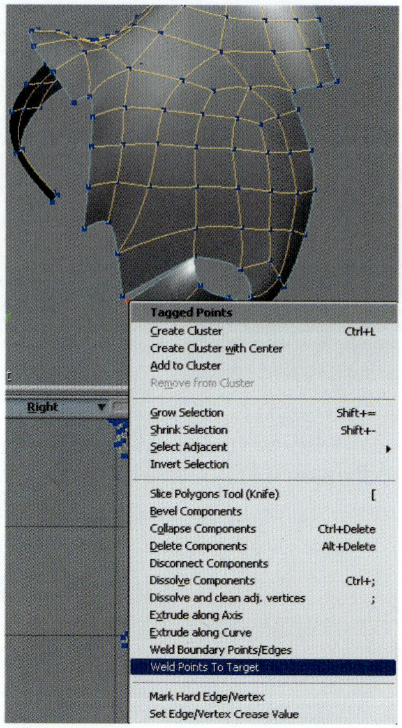

그림 4-213

37 Polygon 선택

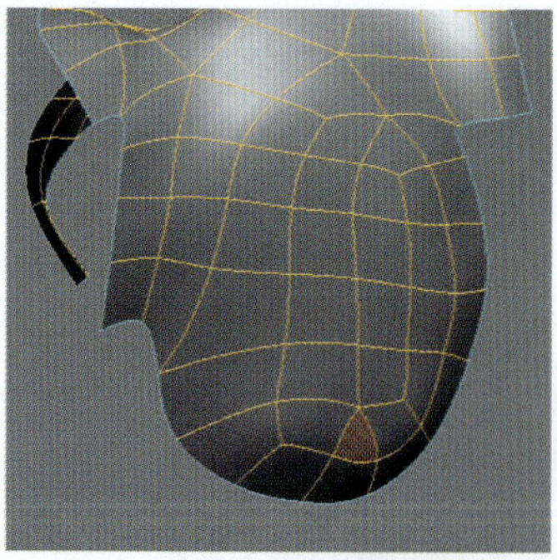

그림 4-214

38 Edge 복사 이동 및 모양 다듬기

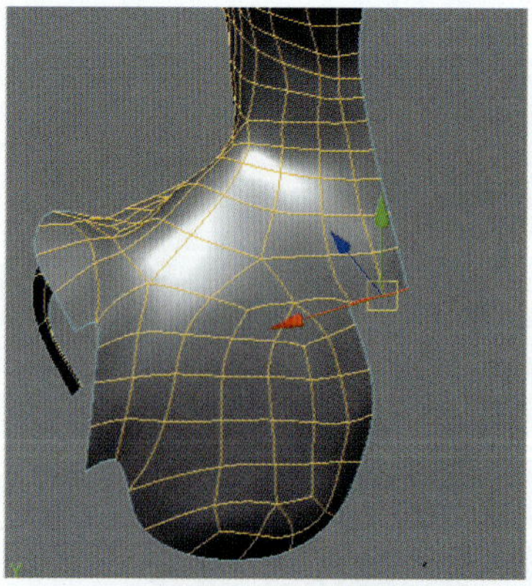

그림 4-215

39 Edge 선택 / 분할

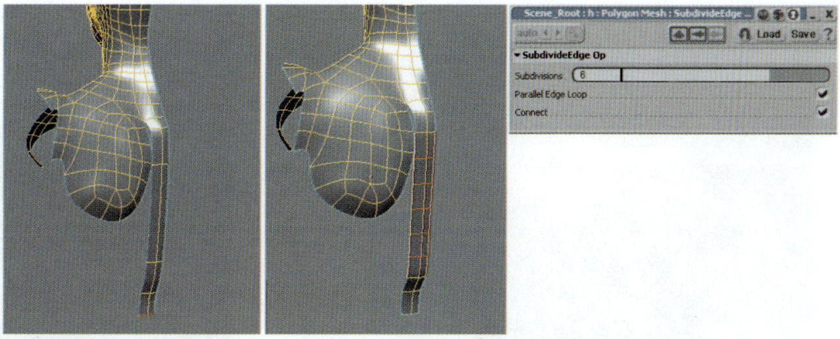

그림 4-216

40 Weld boundary Edge

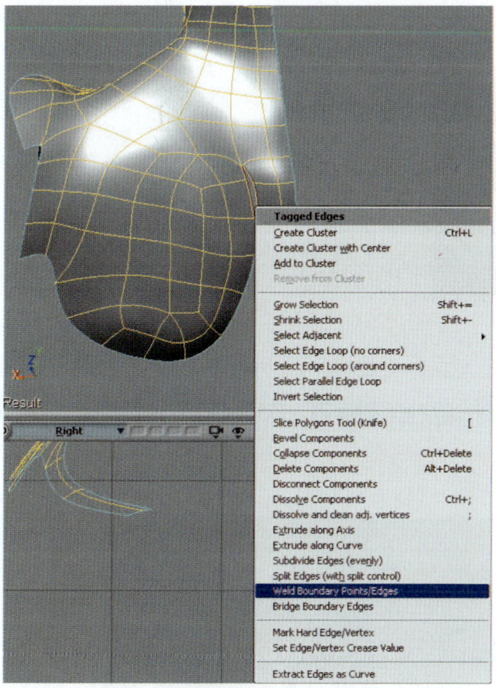

그림 4-217

41 Polygon 생성

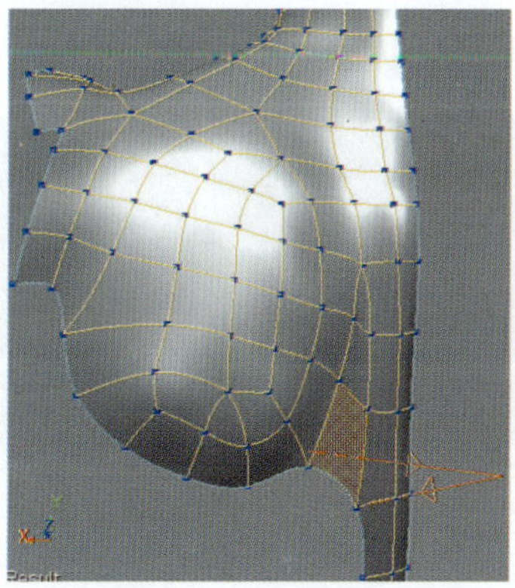

그림 4-218

42 Edge 이동 및 모양 다듬기

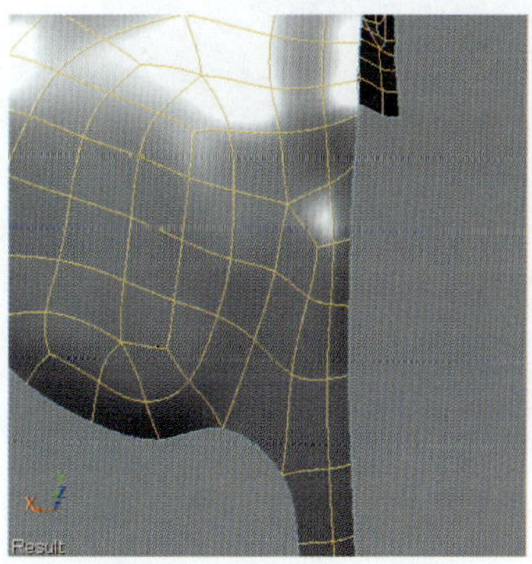

그림 4-219

43 Edge 선택

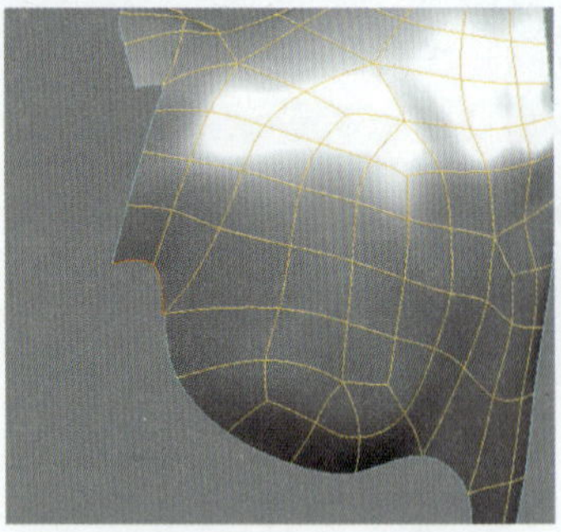

그림 4-220

44 Edge 복사 이동 및 모양 다듬기

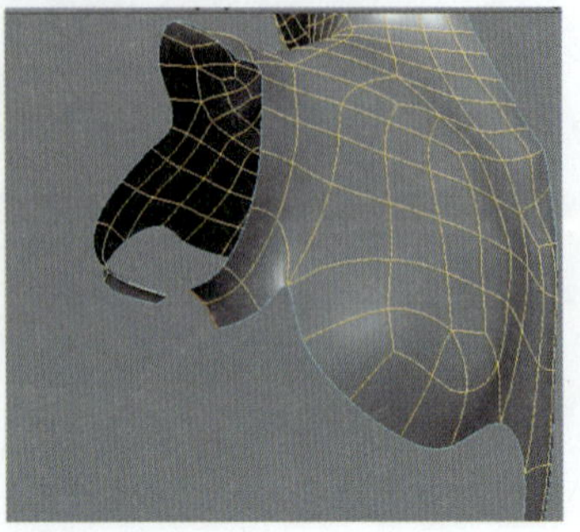

그림 4-221

45 Bridge Edges

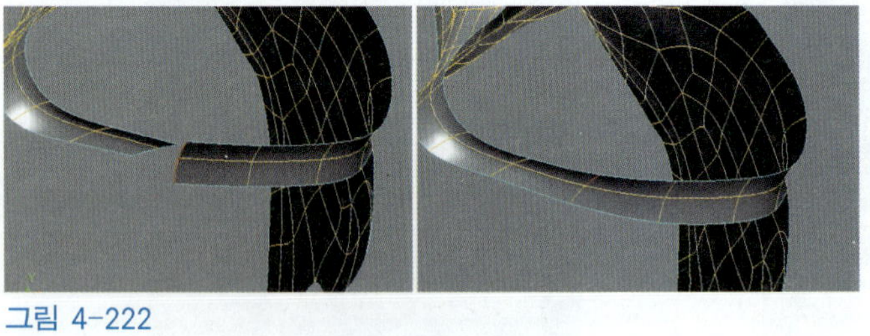

그림 4-222

46 Edge 모양 다듬기 / 복사 이동 및 모양 다듬기

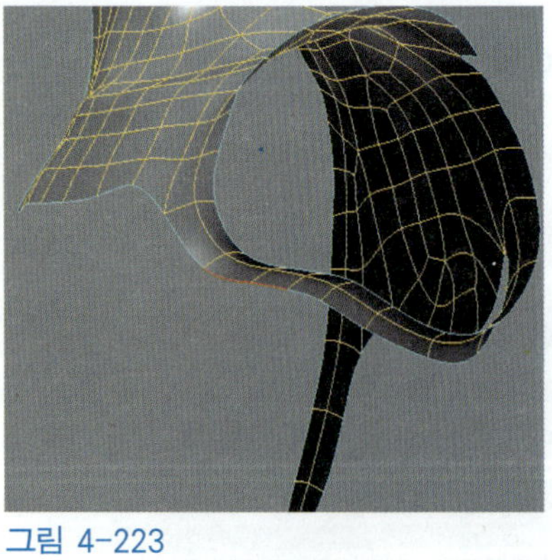

그림 4-223

47 앞가슴 만들기 : Edge 복사 이동 및 모양 다듬기

그림 4-224

48 Weld boundary Edge

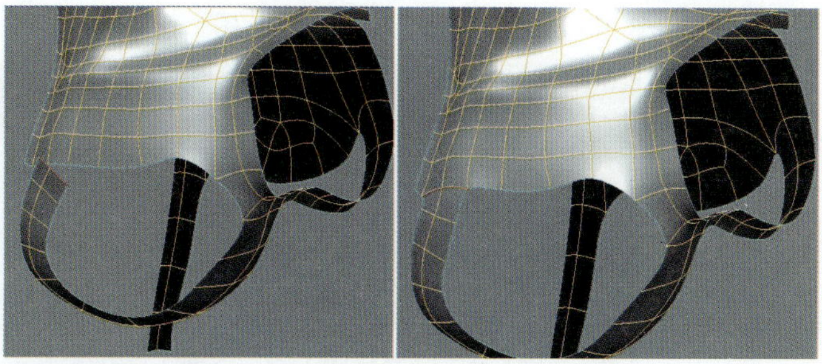

그림 4-225

49 Polygon 생성

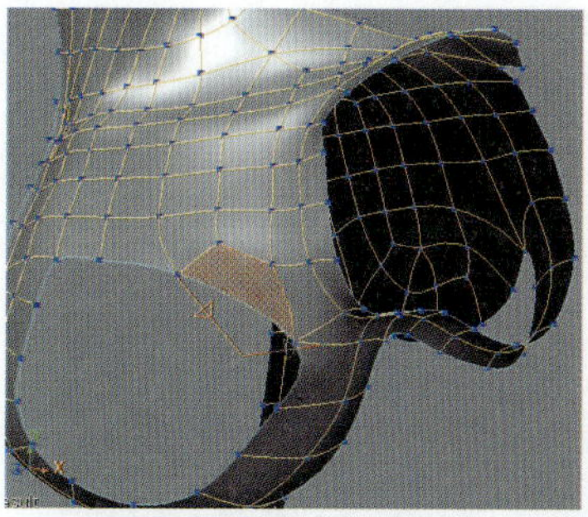

그림 4-226

50 Edge 복사 이동 및 모양 다듬기

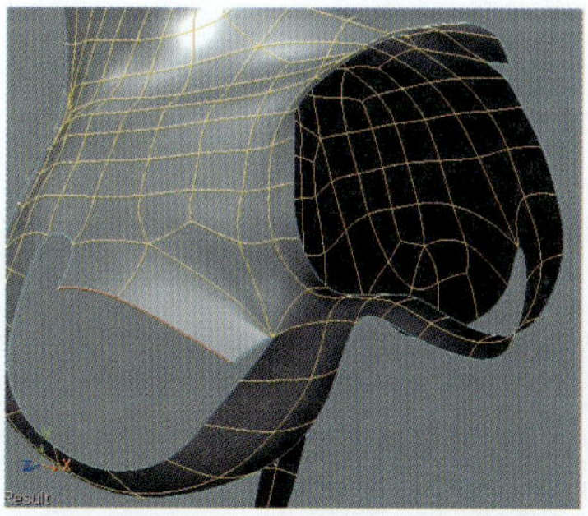

그림 4-227

51 Weld boundary Edge / 이동 및 모양 다듬기

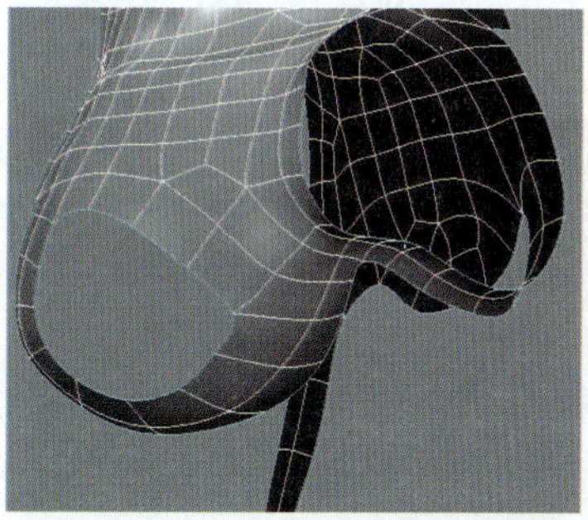

그림 4-228

52 Edge selection - Select Edge Loop around Corners

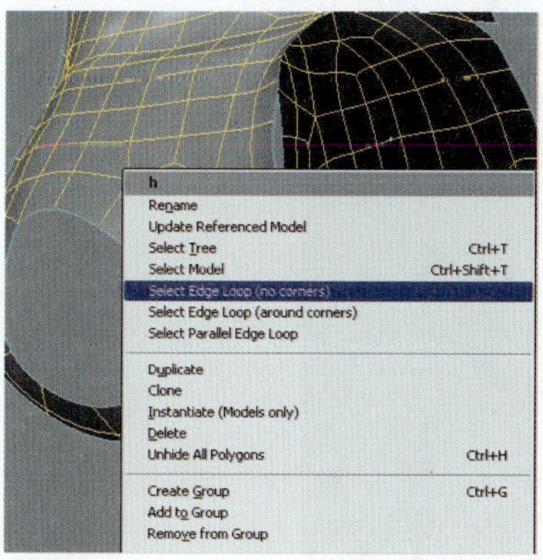

그림 4-229

53 Edge Scale

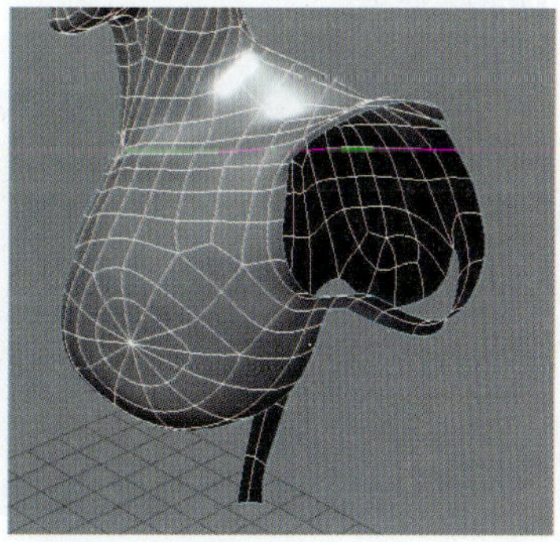

그림 4-230

54 Polygon 생성 및 모양 다듬기

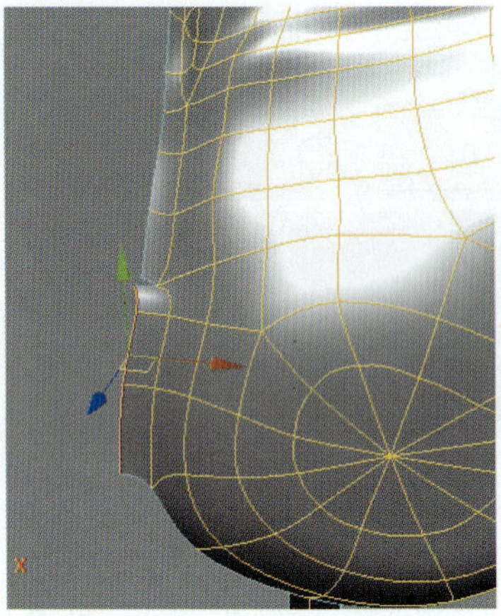

그림 4-231

55 옆구리 만들기 : Edge selection / 복사 이동 및 모양 다듬기

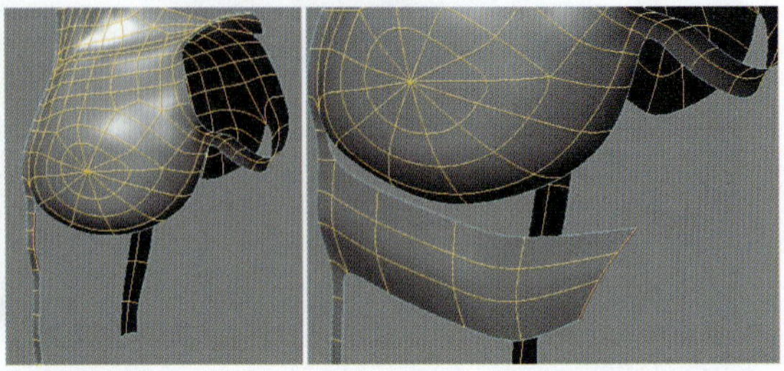

그림 4-232

56 Polygon 생성 및 모양 다듬기

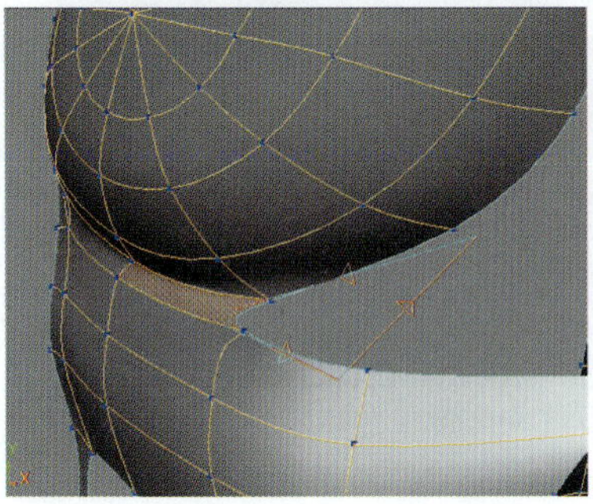

그림 4-233

57 Edge selection / 복사 이동 및 모양 다듬기

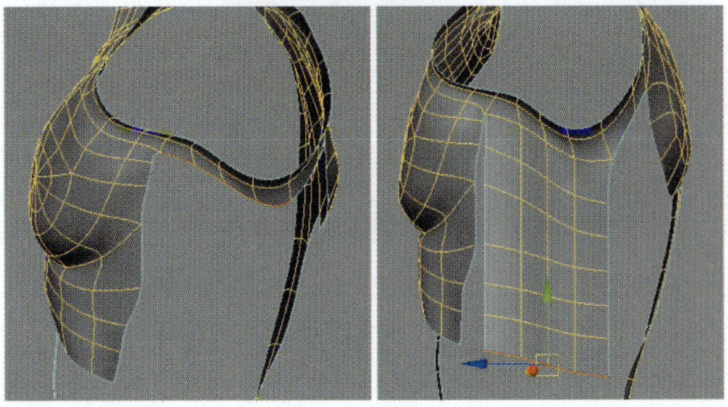

그림 4-234

58 Weld Edge

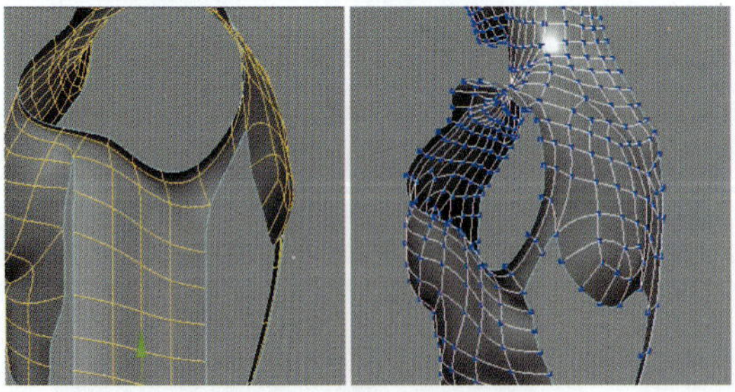

그림 4-235

59 Polygon 생성 및 모양 다듬기

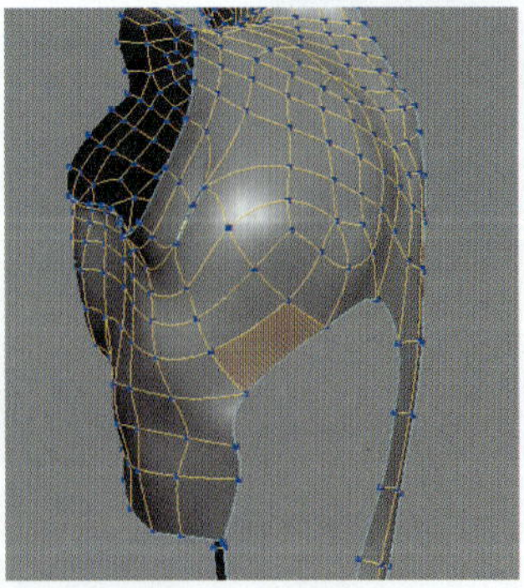

그림 4-236

60 Edge 분할

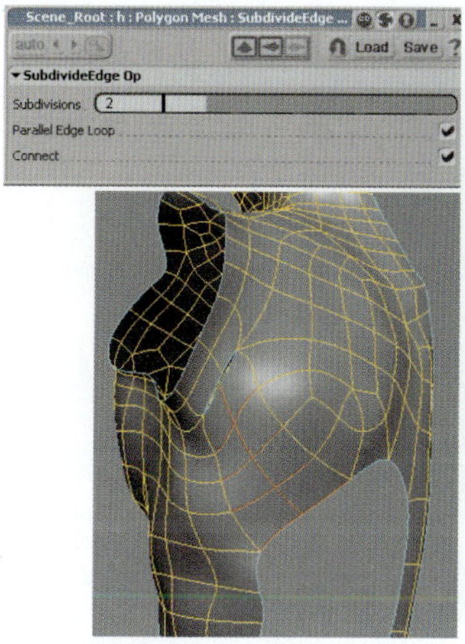

그림 4-237

61 Edge 분할

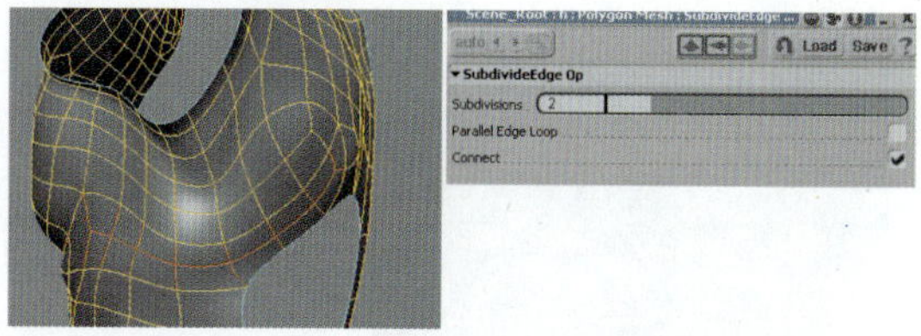

그림 4-238

62 Edge 선택 / 복사 / 이동

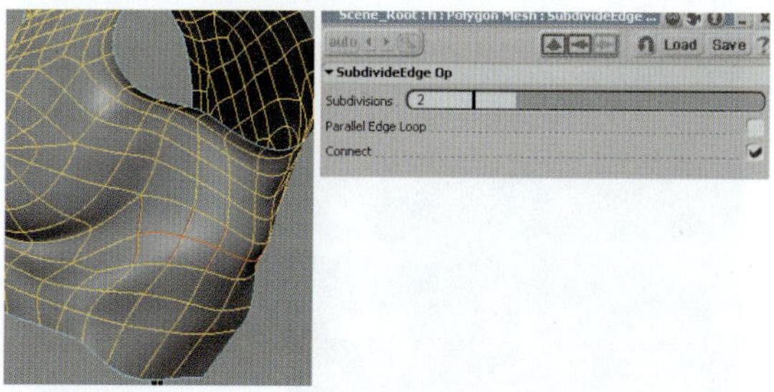

그림 4-239

63 Edge 정렬

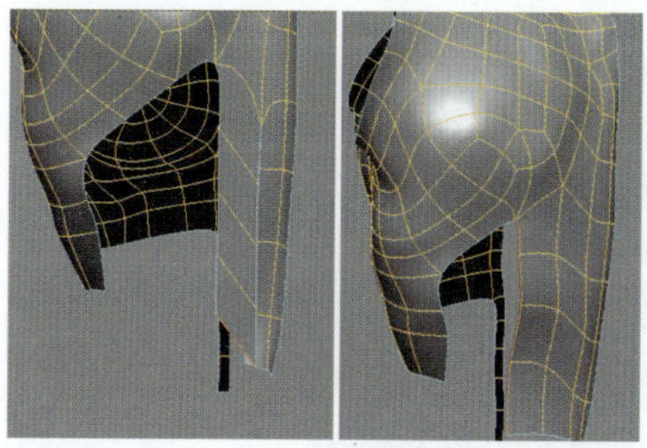

그림 4-240

64 배 만들기 : Polygon 생성 및 모양 다듬기

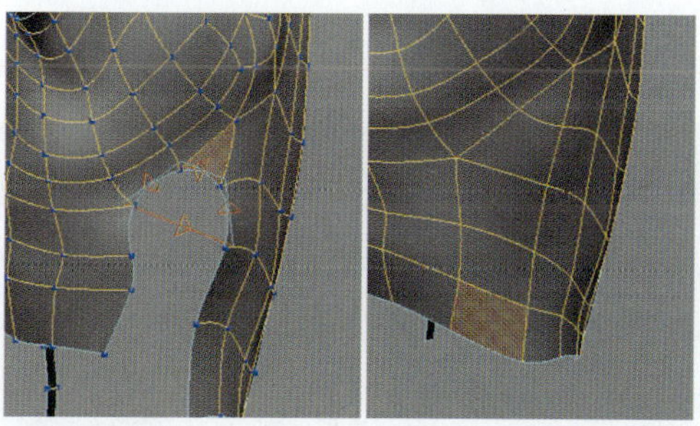

그림 4-241

65 Edge 분할

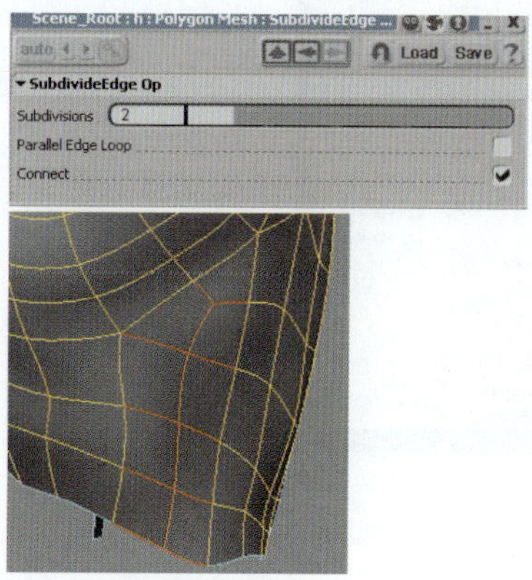

그림 4-242

66 Edge 선택

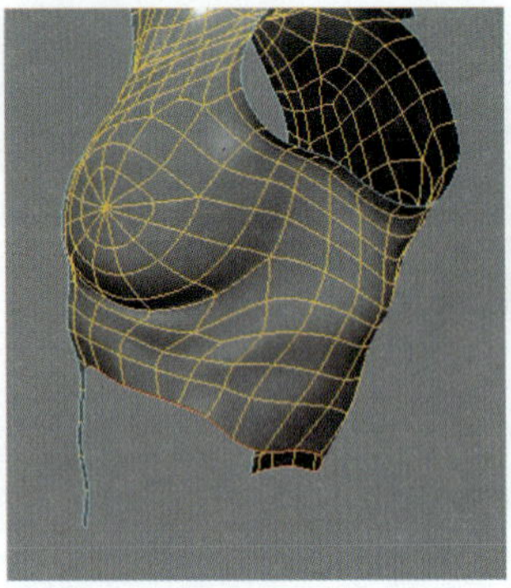

그림 4-243

67 Edge 선택 / 복사 / 이동

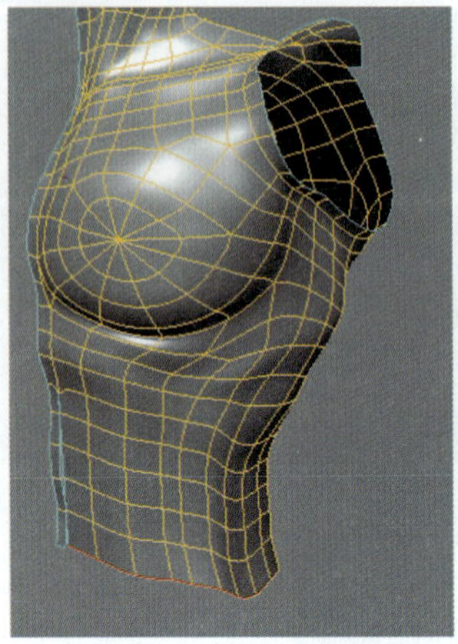

그림 4-244

68 Edge 선택 / Weld Edge

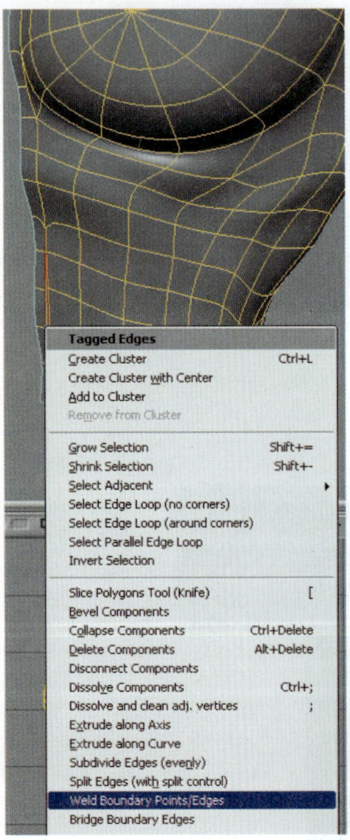

그림 4-245

69 배 모양 다듬기 : Edge 선택 / 복사 / 이동

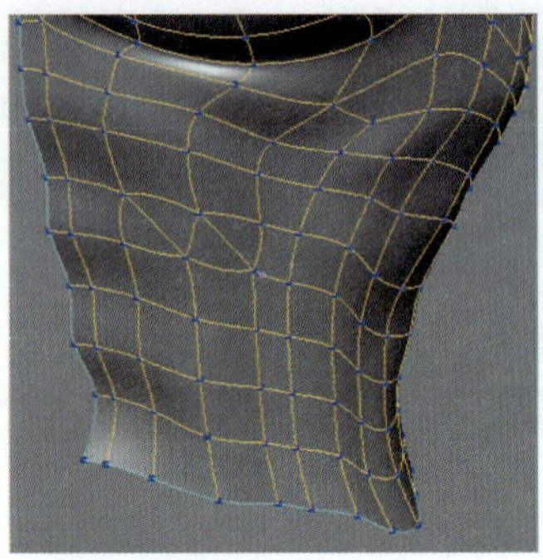

그림 4-246

70 Edge 선택 / 복사 / 이동

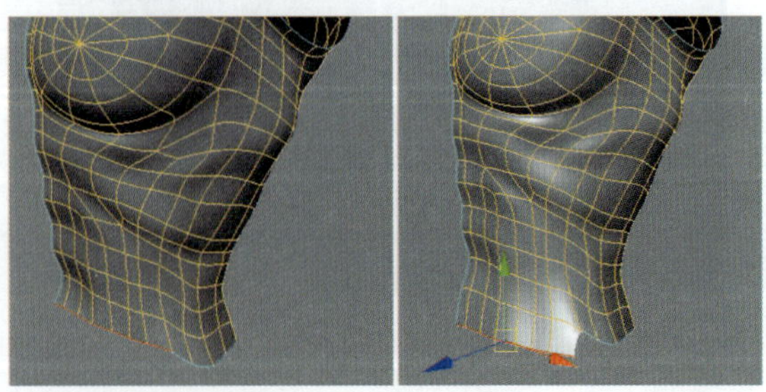

그림 4-247

71 **가슴 근육 모양 다듬기** : 가슴의 형태나 모양은 성별, 나이별, 체형별로 너무나 많이 다르다. 그래서 어떠한 캐릭터의 컨셉을 잡느냐에 따라 제작 방법도 많이 다를 수 있다. 하지만, 모든 형태의 변화는 기본형으로부터 변형하기 때문에 기본적인 형태를 잡는 방법에 숙달한다면 변형되는 캐릭터의 형태를 제작하는 것은 그다지 어려운 일은 아닐 것으로 생각한다.

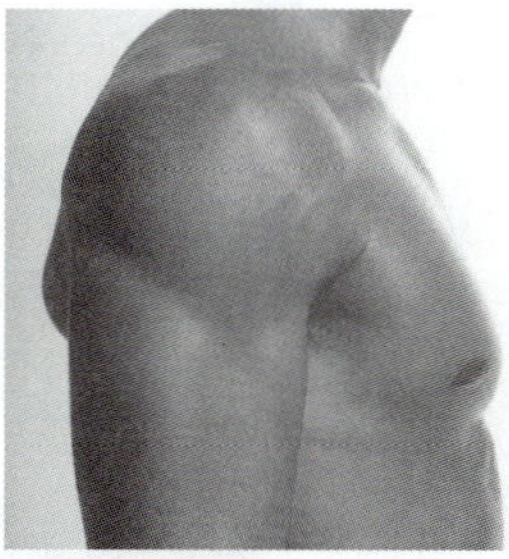
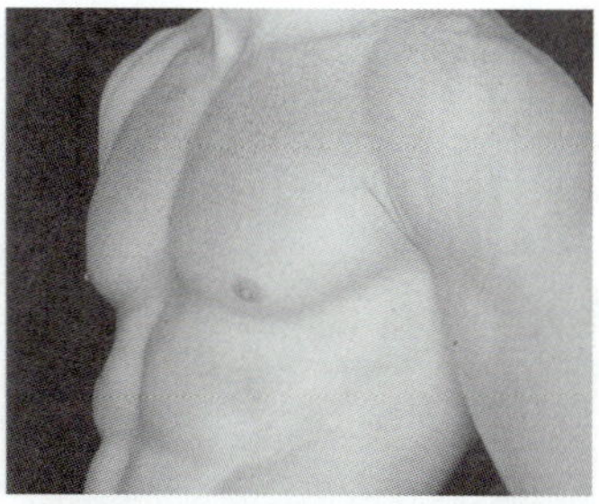

그림 4-248

72 **원형을 일자형으로 만들기** : 보통 여자의 가슴일 경우에는 위와 같이 유두를 기준으로 방사형(원형)으로 모양을 제작하여 변형하지만 남자는 여자의 가슴형태보다는 볼륨의 표현이 작아서 일자형 Wire의 흐름을 더 선호한다. 하지만, 어떠한 Wire의 흐름으로 제작하더라도 캐릭터의 컨셉에 맞도록 제작한다면 그것이 올바른 제작방법이라고 생각한다. 자 그럼 원심형 Wire에서 일자형 Wire형으로 변형하면서 남자의 가슴의 모양을 다듬어 보도록 한다.

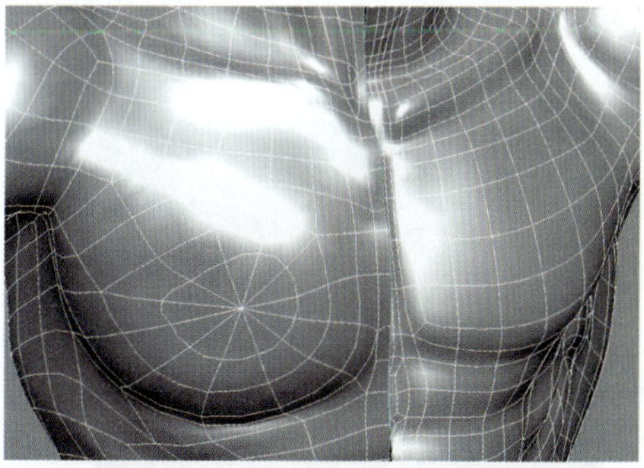

그림 4-249

73 **Edge 추가 / 삭제 / 모양 다듬기**

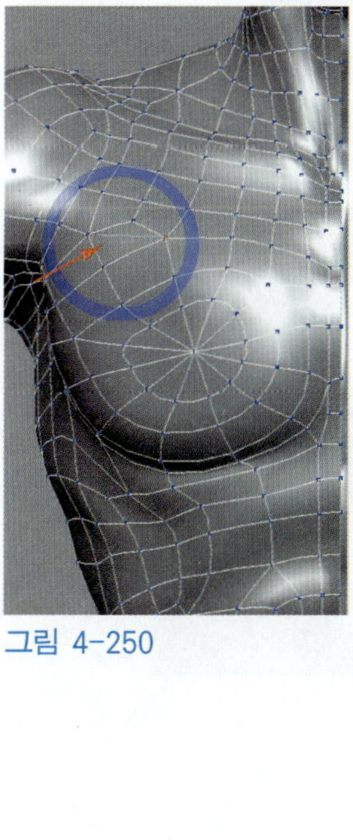

그림 4-250

74 **Edge 추가 / 삭제 / 모양 다듬기**

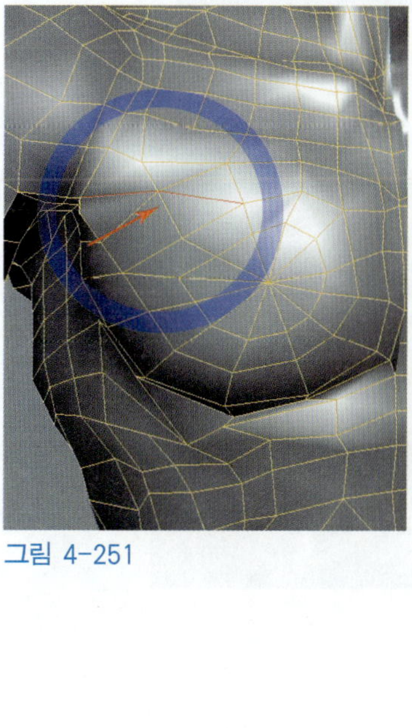

그림 4-251

75 Edge 추가 / 삭제 / 모양 다듬기

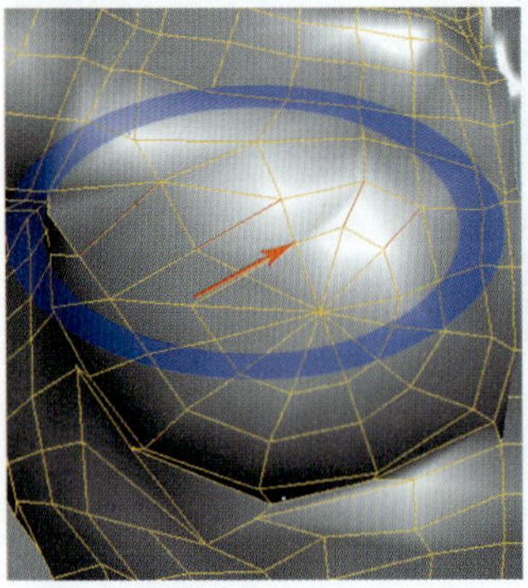

그림 4-252

76 Edge 추가 / 삭제 / 모양 다듬기

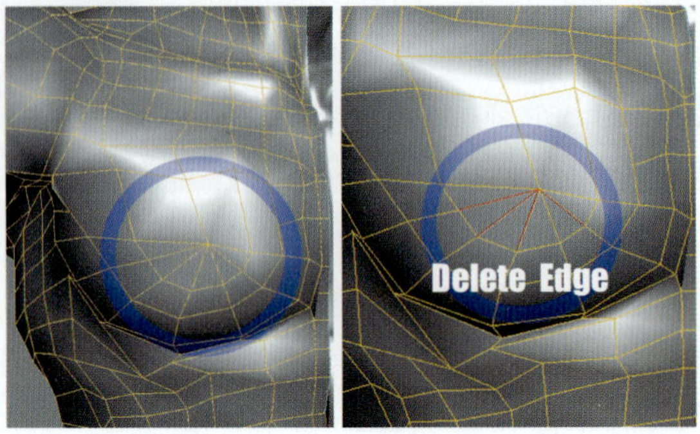

그림 4-253

77 Edge 추가 / 삭제 / 모양 다듬기

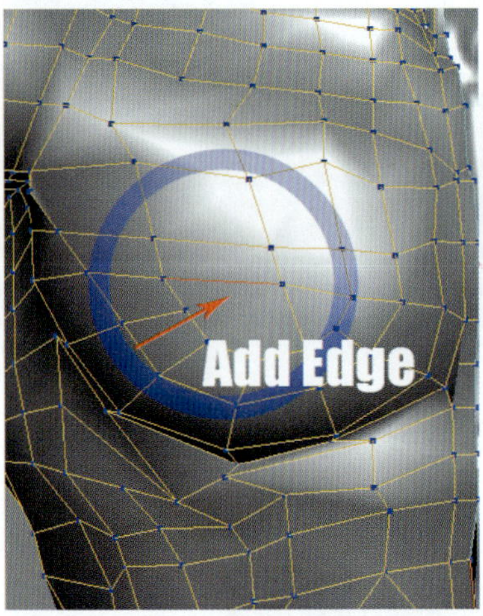

그림 4-254

78 Edge 추가 / 삭제 / 모양 다듬기

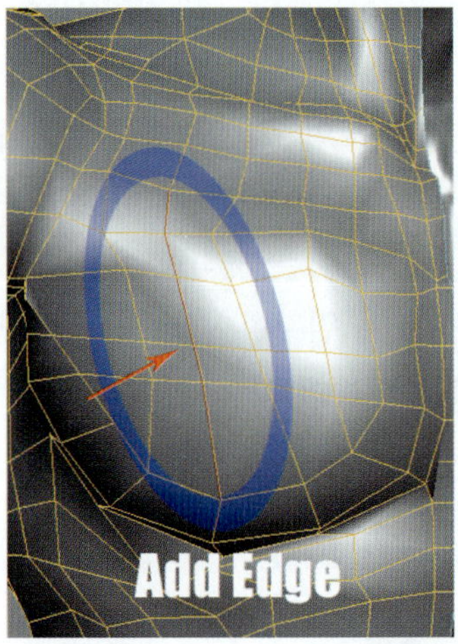

그림 4-255

79 Edge 추가 / 삭제 / 모양 다듬기

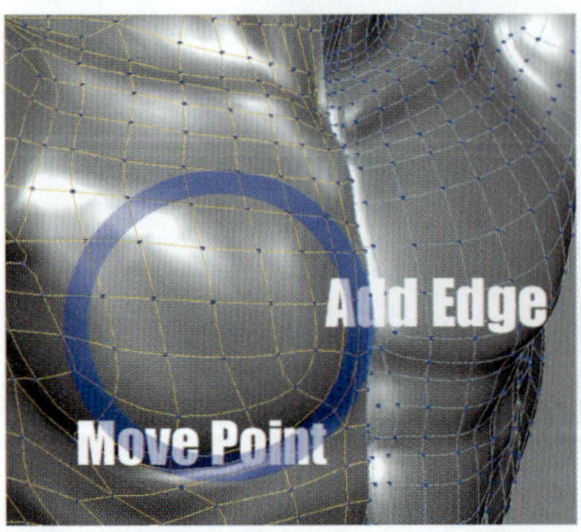

그림 4-256

80 Edge 추가 / 삭제 / 모양 다듬기

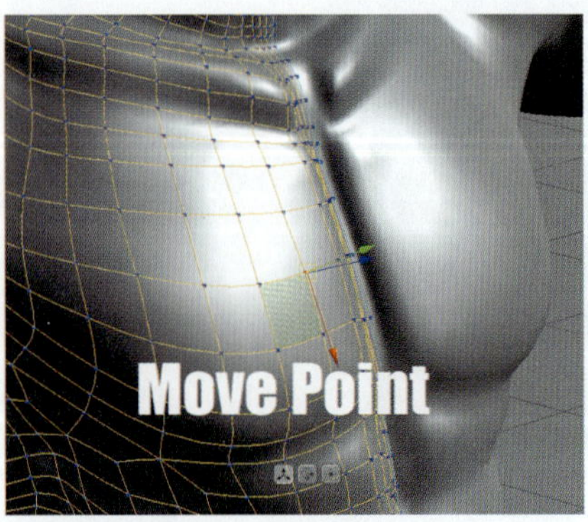

그림 4-257

81 Edge 추가 / 삭제 / 모양 다듬기

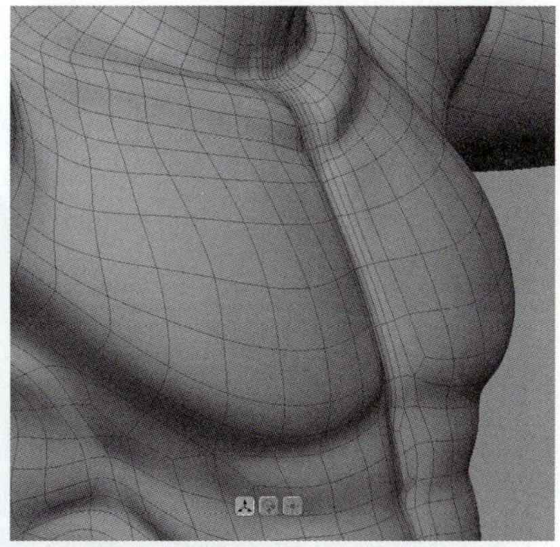

그림 4-258

82 단단한 복근 만들기

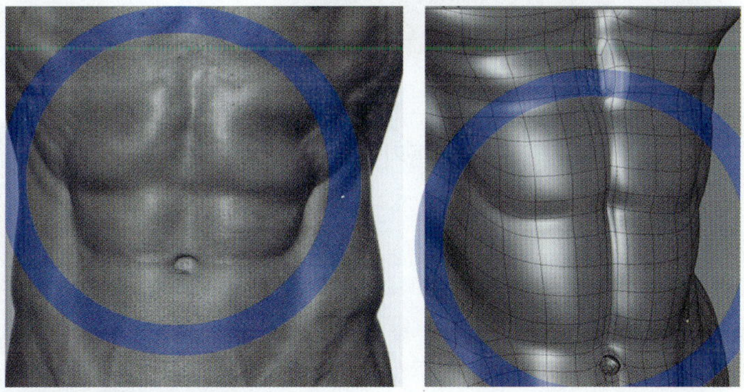

그림 4-259

83 Add Edge 1(복근 Edge 추가) : Edge 선택 / 복사 / 이동 – 경계부분 모양 다듬기

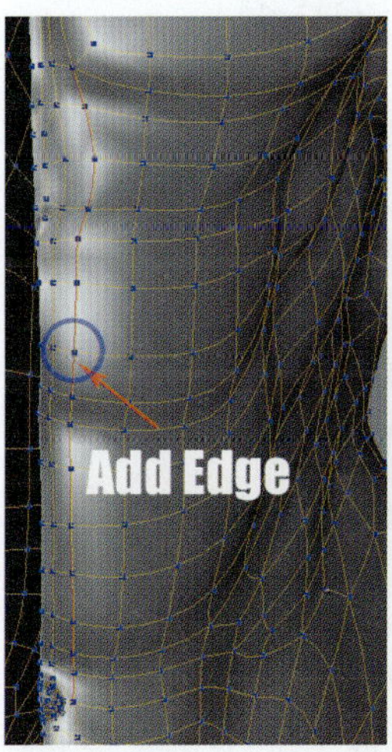

그림 4-260

84 Add Edge 2(복근 Edge 추가) : Edge 선택 / 복사 / 이동 – 경계부분 모양 다듬기

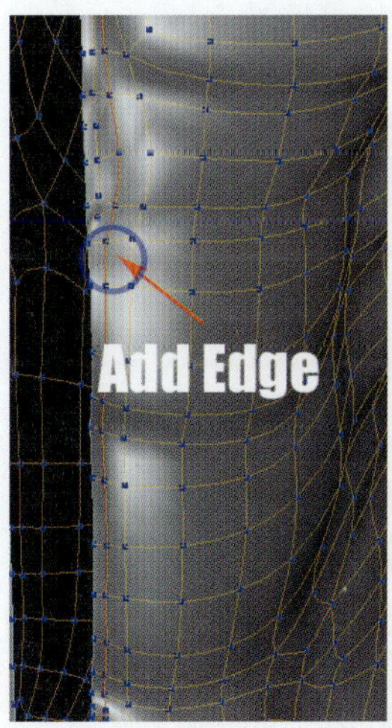

그림 4-261

85 Add Edge 3(복근 Edge 추가) : Edge 선택/복사/이동 – 경계부분 모양 다듬기

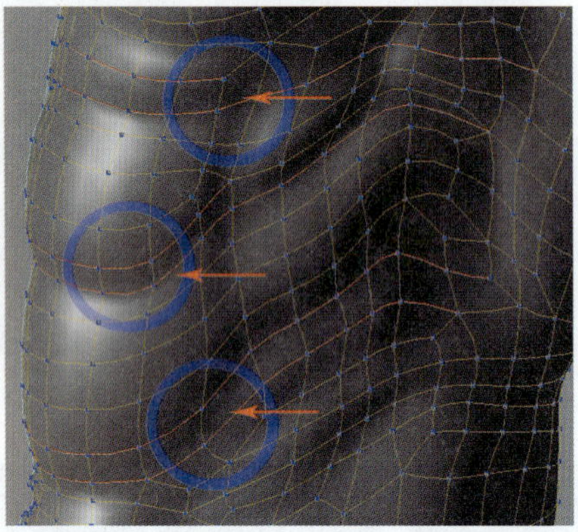

그림 4-262

86 결과 확인

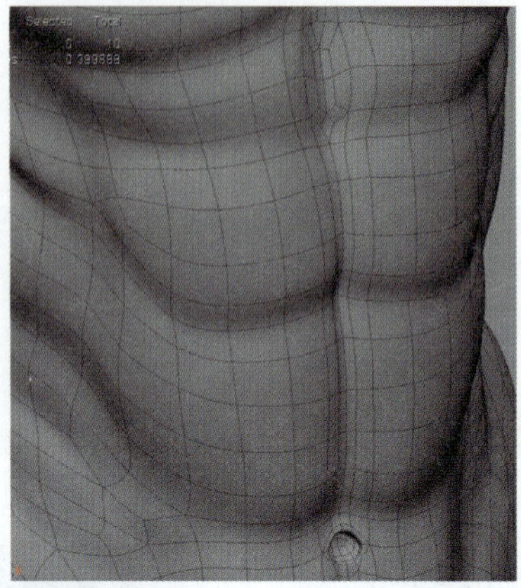

그림 4-263

87 섬세한 옆구리 근육 만들기

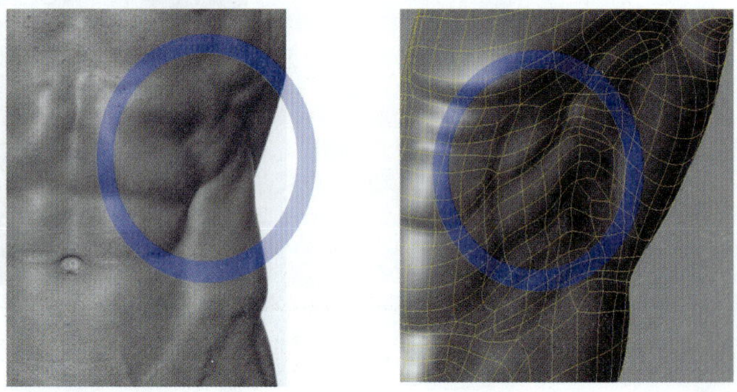

그림 4-264

88 Add Edge 4(복근 Edge 추가) : Edge 선택/복사/이동 – 경계부분 모양 다듬기

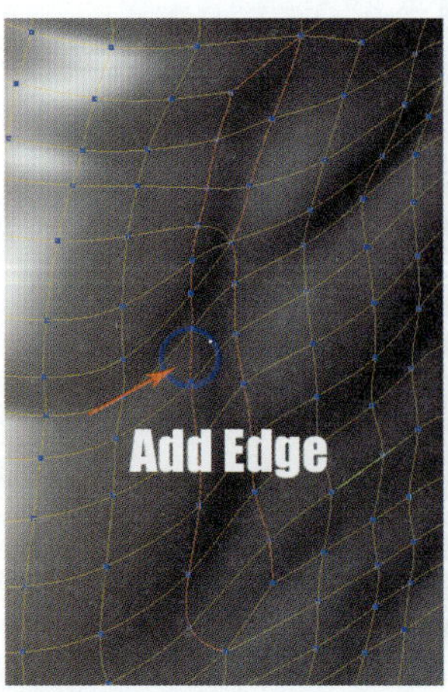

그림 4-265

89 Add Edge 5(복근 Edge 추가) : Edge 선택/복사/이동 – 경계부분 모양 다듬기

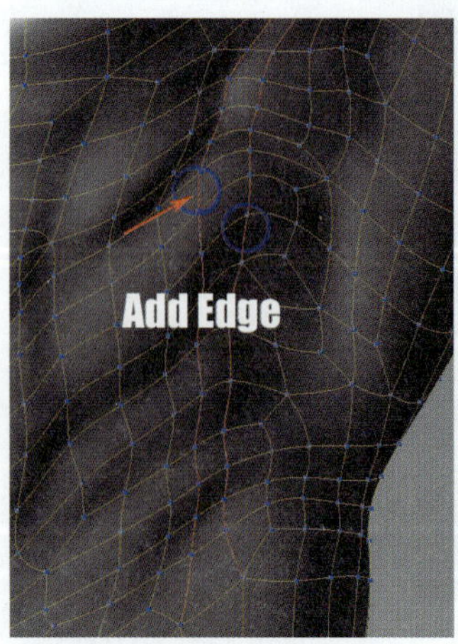

그림 4-266

90 Add Edge 6(복근 Edge 추가) : Edge 선택 / 복사 / 이동 – 경계부분 모양 다듬기

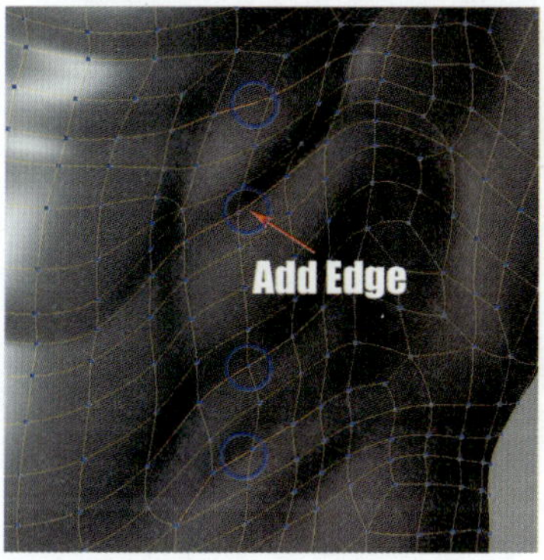

그림 4-267

91 옆구리 결과 확인

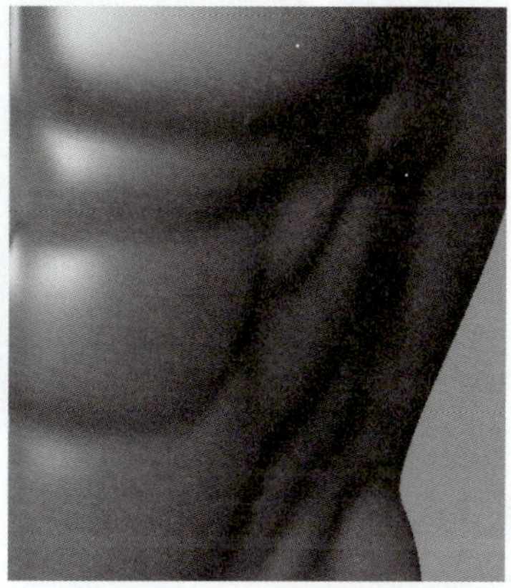
그림 4-268

92 삼각근 만들기

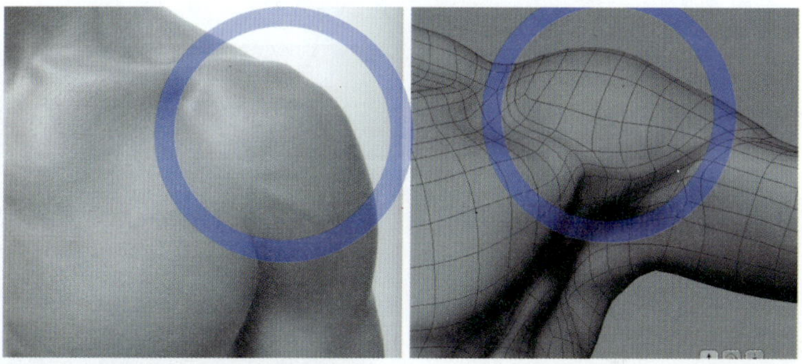
그림 4-269

93 Edge 선택 / 복사 / 이동

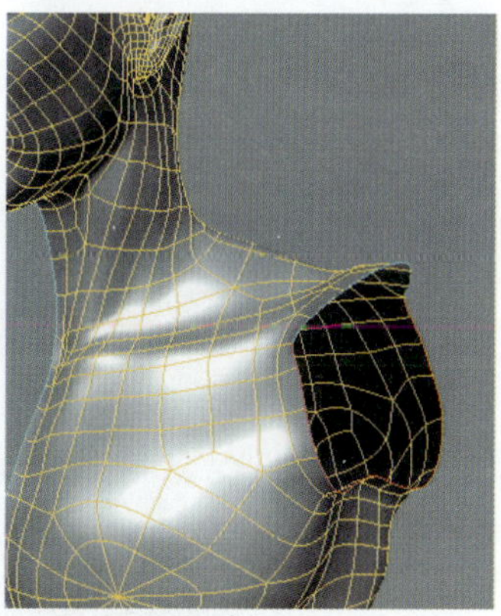
그림 4-270

94 Weld Point / Edge

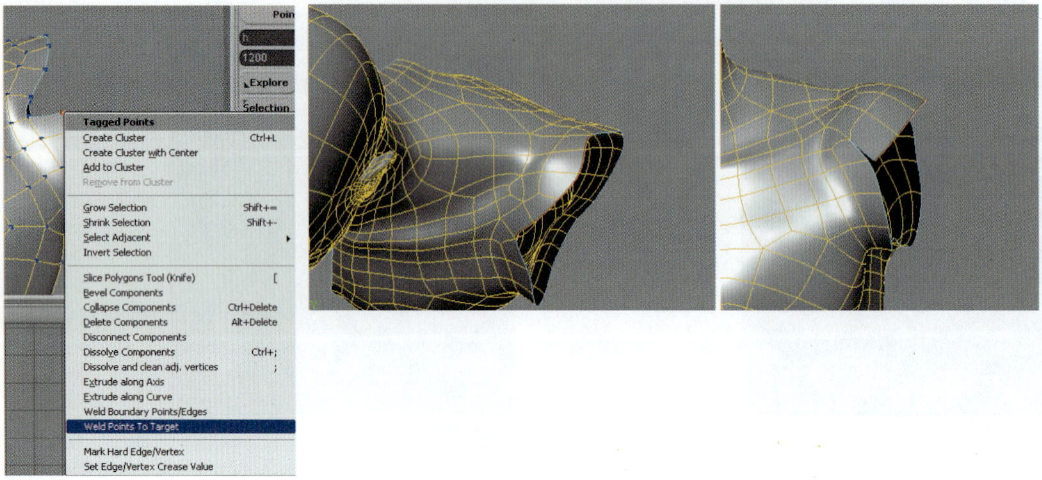

그림 4-271

95 Edge 선택 / 복사 / 이동

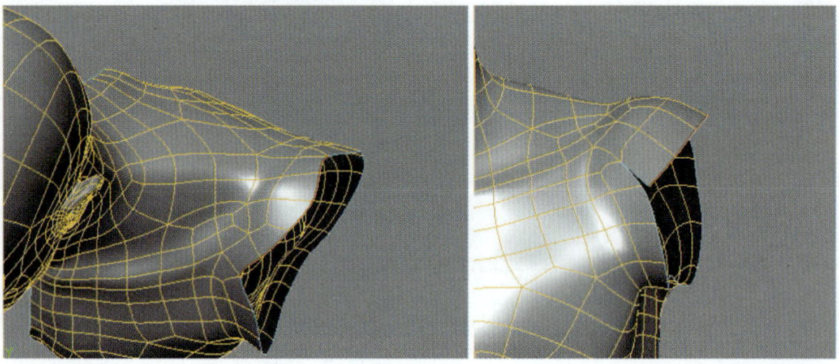
그림 4-272

96 Weld Point

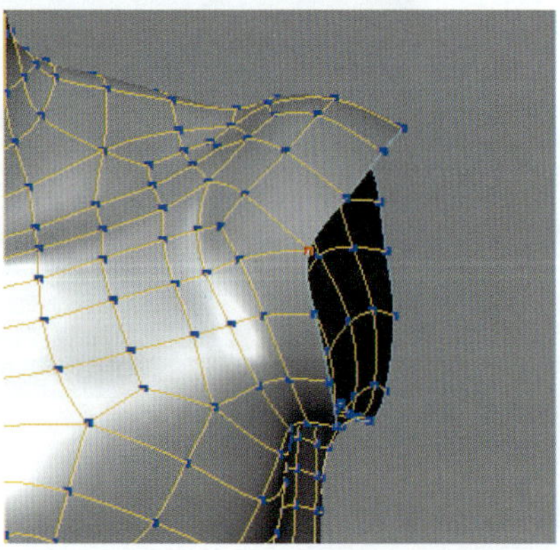
그림 4-273

97 결과 확인

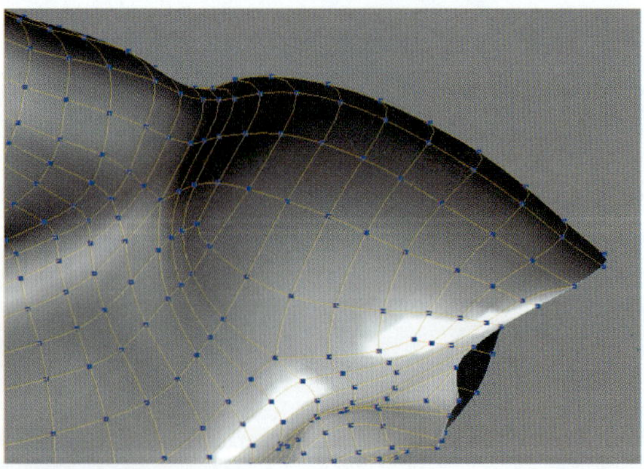
그림 4-274

98 광배 근육 제작하기 : 구조 이해하기

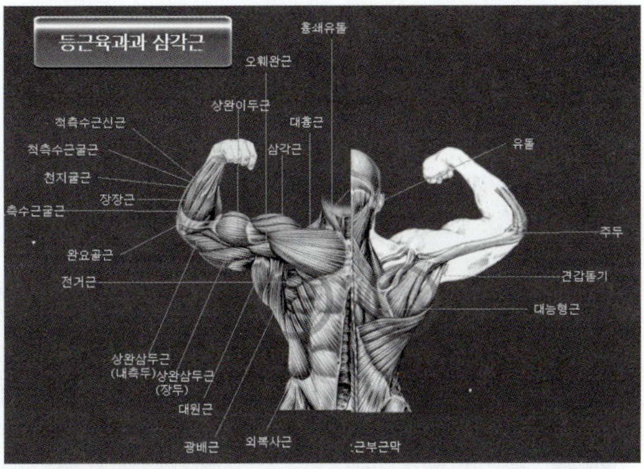

그림 4-275

99 Edge 복사 / 이동 : 모양 다듬기

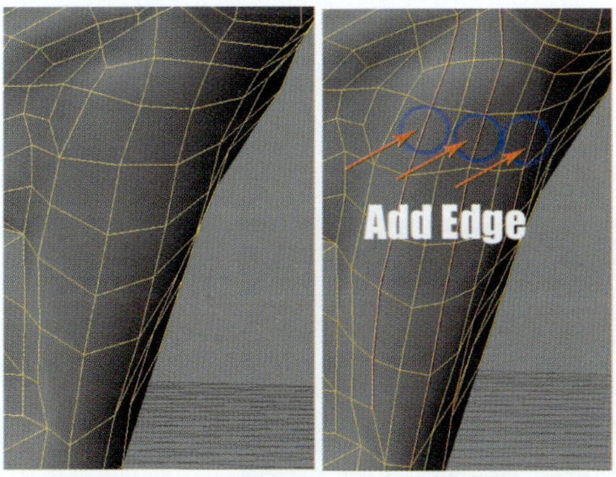

그림 4-276

100 Point 이동 : 모양 다듬기 Proportional 모드에서 단축키 [M]을 이용하여 옆구리 근육 구조의 전체적인 모양을 먼저 만들어 준다.

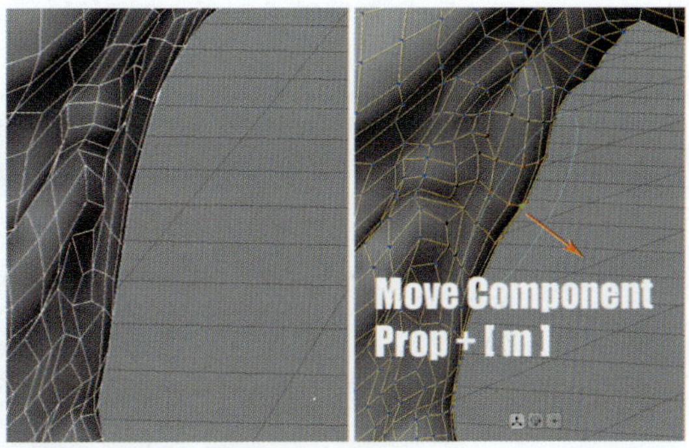

그림 4-277

101 결과 확인

그림 4-278

102 등 만들기

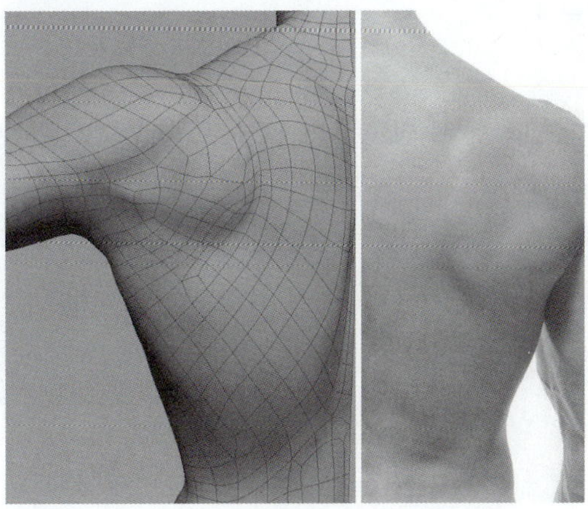

그림 4-279

4-5 Young Man Hand + Arm 제작하기

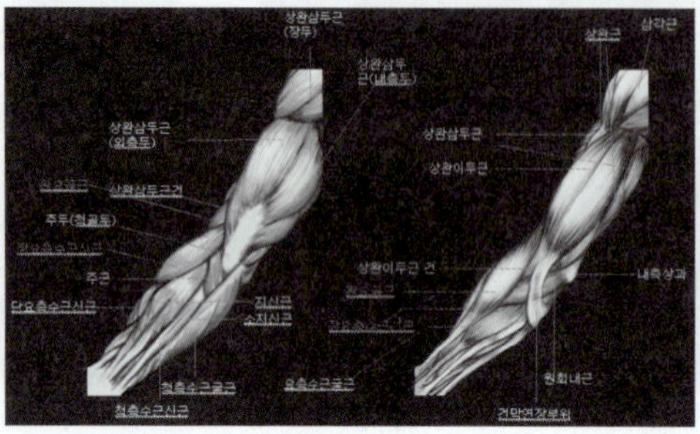

그림 4-280 팔의 구조

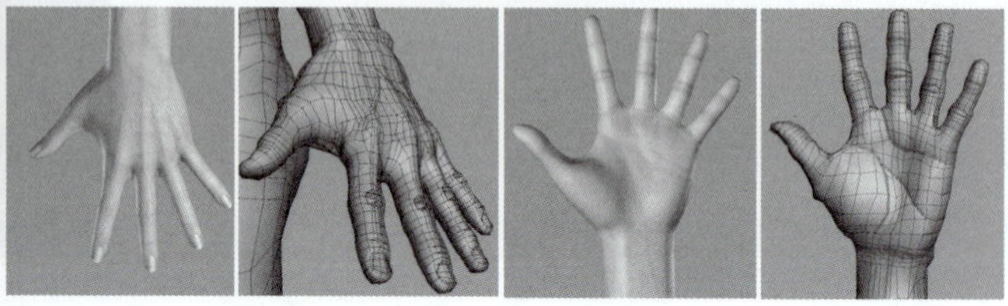

그림 4-281 손의 구조

1. Cylinder Mesh 작업

1 Cylinder로 Mesh 형태의 손가락 모델링하기 : Mesh로 사용할 Cylinder 꺼내기

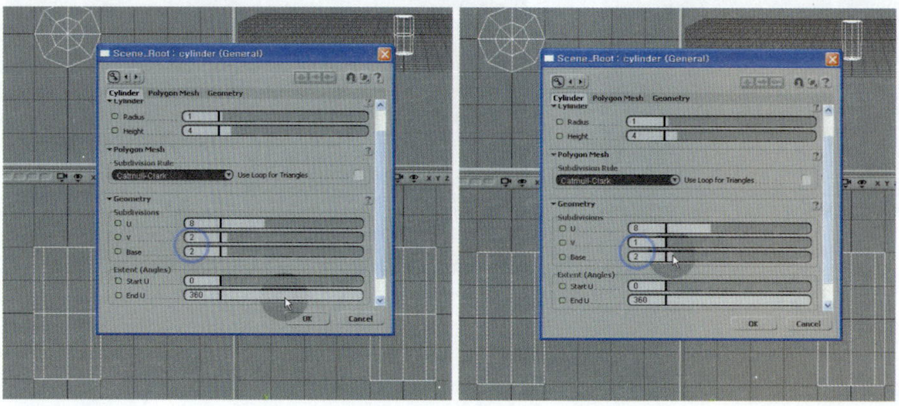

그림 4-282

2 Cylinder에 필요한 Edge 추가하기 : 손가락의 마디와 손가락의 형태를 상세하게 작업하기 위해 Edge를 추가한다.

단축키 [ ]]

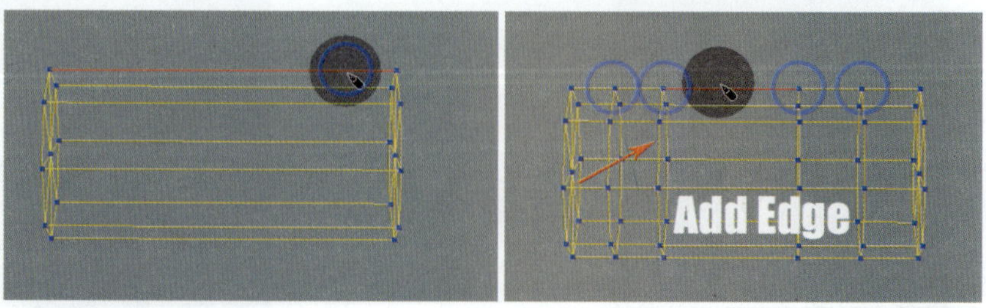

그림 4-283

3 손가락 마디 만들 부분의 영역을 위해 모양 다듬기 : Edge 추가 / Point 이동 / Scaling

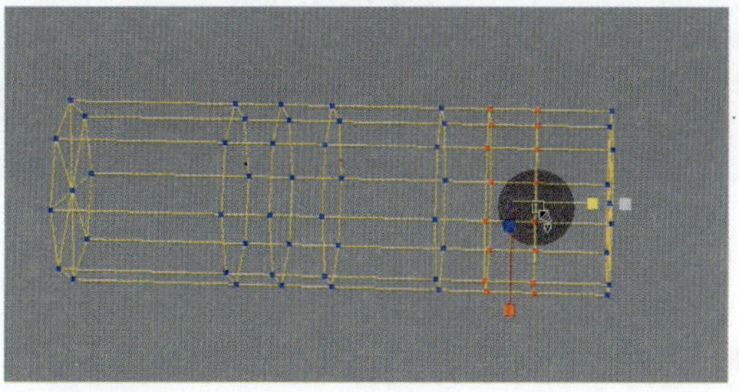

그림 4-284

4 불필요한 Edge 삭제

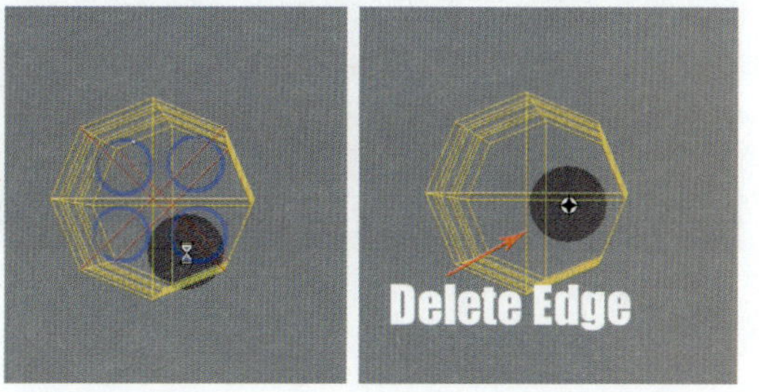

그림 4-285

5 손가락 끝 모양 나듬기 : Move Point를 이용하여 손가락 끝의 모양을 모아주도록 한다.

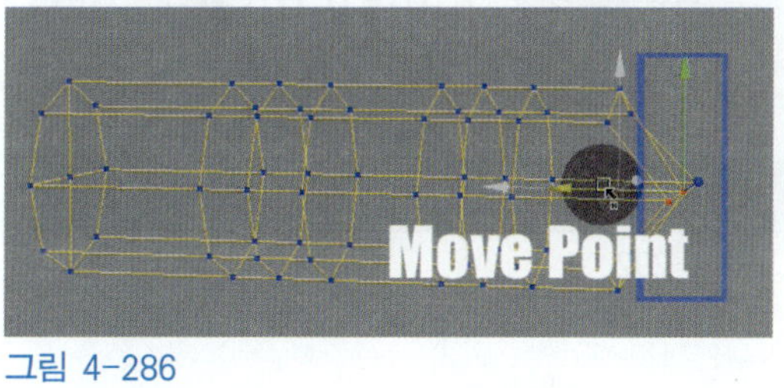

그림 4-286

6 손가락 마디 형태 만들어 주기

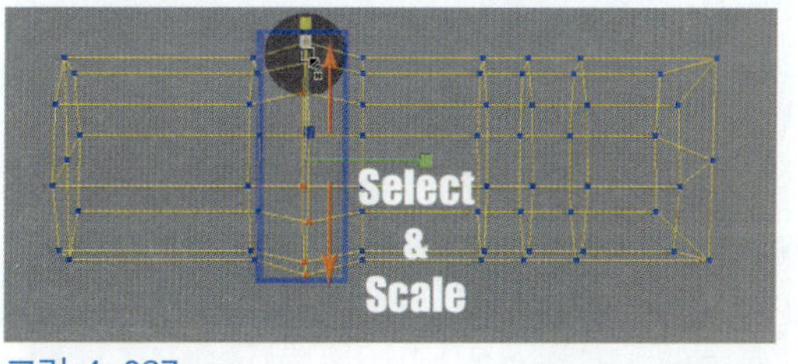

그림 4-287

7 손가락 두 번째 마디 형태 변화하기 : Point Scale 또는 Move

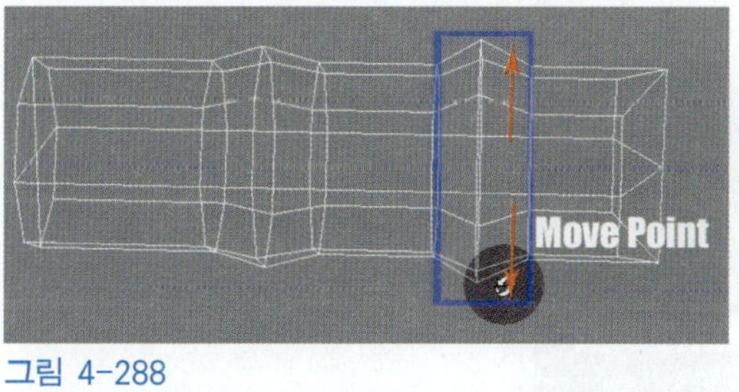

그림 4-288

8 손가락 끝 모양 다듬기

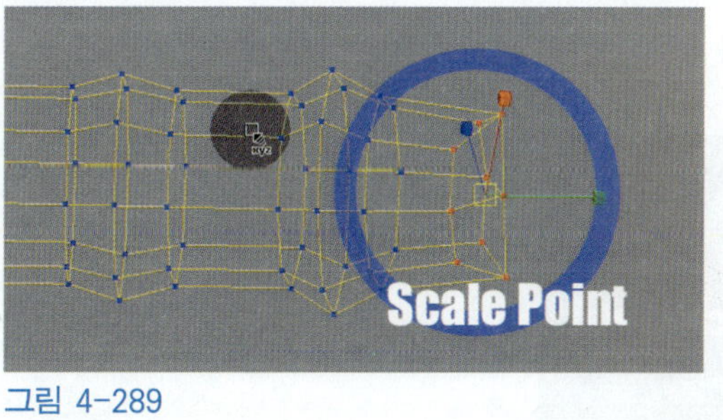

그림 4-289

9 손가락 전체 모양 정리하기 : 손가락 전체의 두께를 조절하도록 한다.

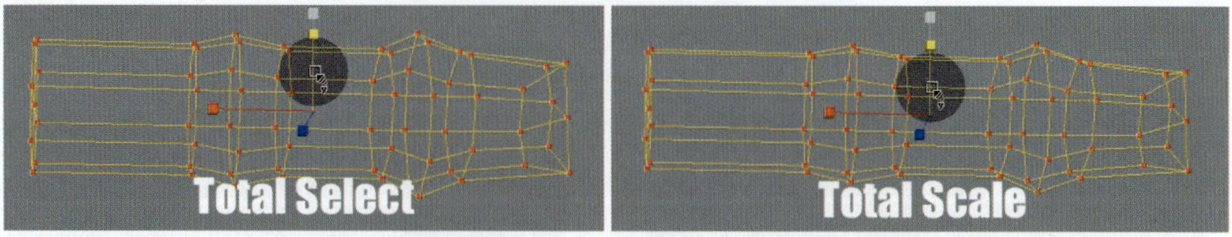

그림 4-290

10 Subdivision 상태에서 작업하기 : Object를 선택하고 단축키 [+]를 눌러준다. Smooth와 함께 Subdivision 상태로 전환된다.

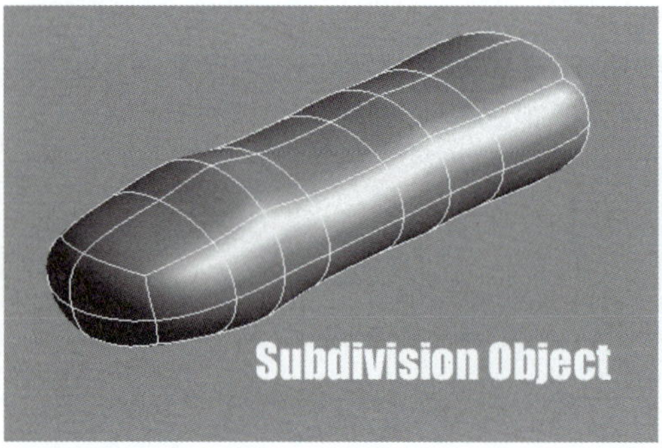

그림 4-291

11 손가락 바닥 모양 다듬기

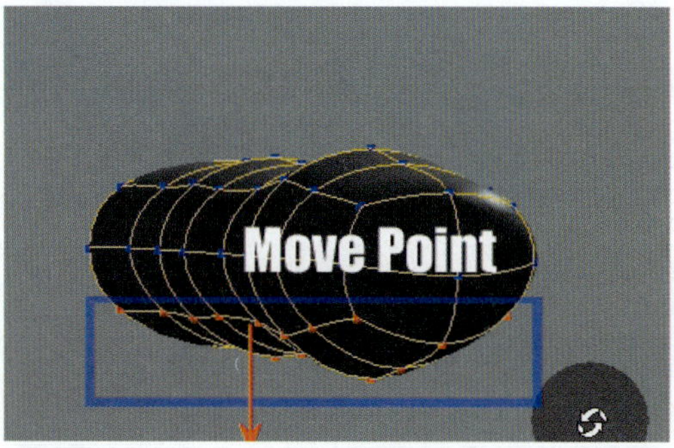

그림 4-292

12 손가락의 전체적인 모양 다듬기 : 손마디 부분에 대한 형태 변형하기

그림 4-293

13 손가락의 전체적인 모양 다듬기 : 손마디 부분에 대한 형태 변형하기

그림 4-294

14 손톱 영역 만들기 : Polygon 영역 선택

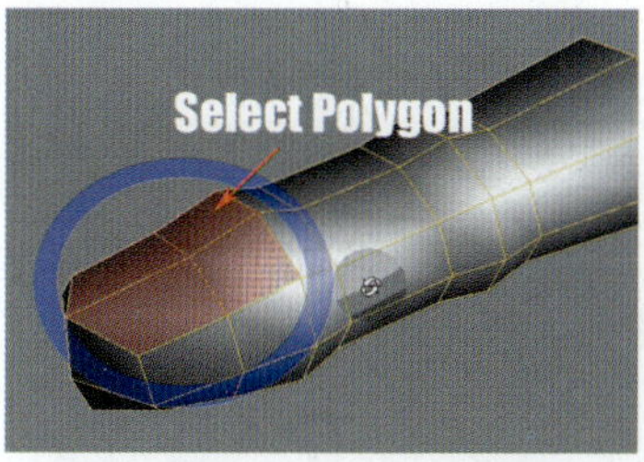

그림 4-295

15 손톱 형태 만들어주기 : Scale

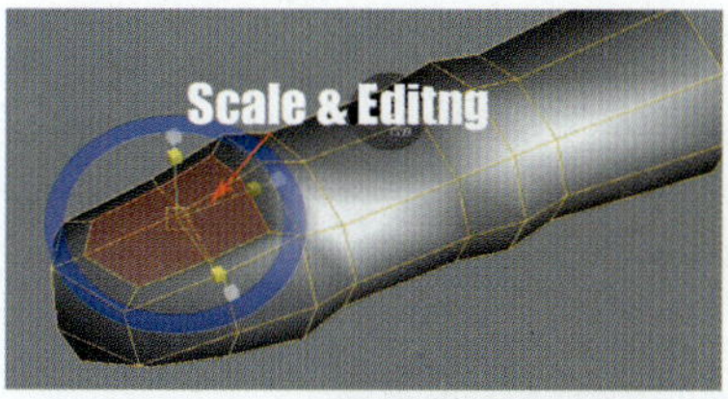

그림 4-296

16 손톱 형태 만들어주기 : Duplicate & Move

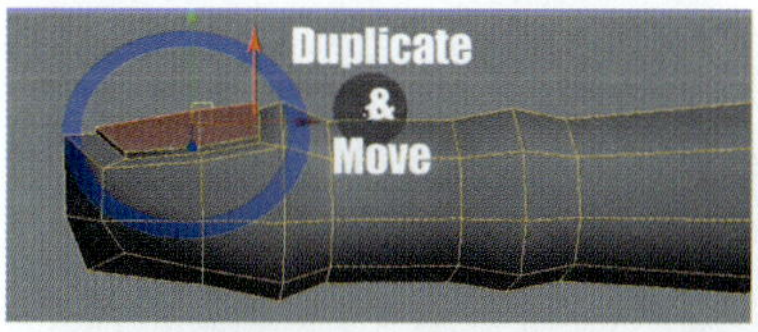

그림 4-297

17 손톱 형태 만들어주기 : Move Point

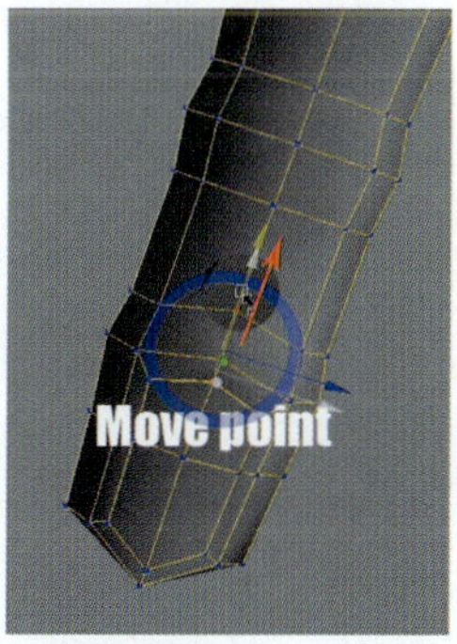

그림 4-298

18 손톱 부분의 모양 상세하게 작업하기

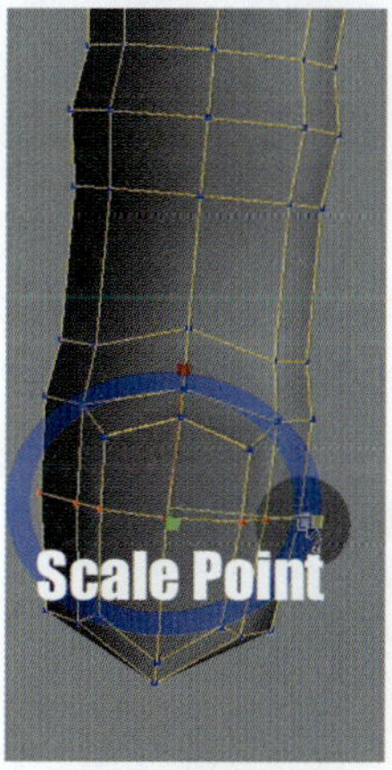

그림 4-299

19 손톱 부분의 모양 상세하게 작업하기

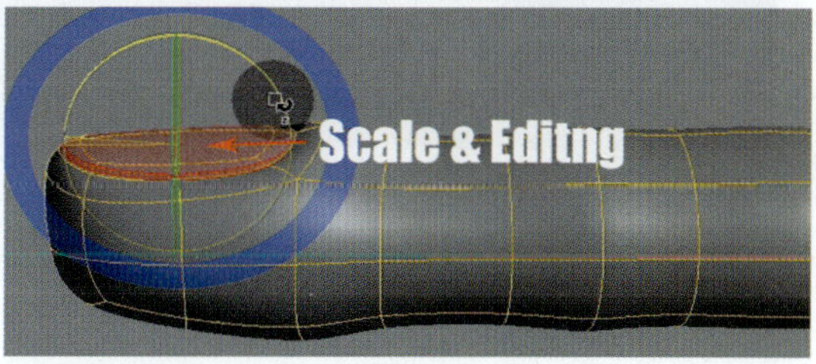

그림 4-300

20 손톱을 포함한 손가락 끝 모양 형태 잡아주기

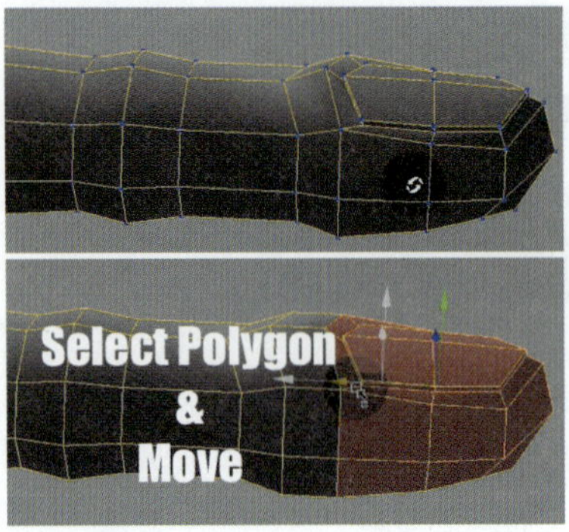

그림 4-301

21 손톱을 포함한 손가락 끝 모양 형태 잡아주기

Point Scale

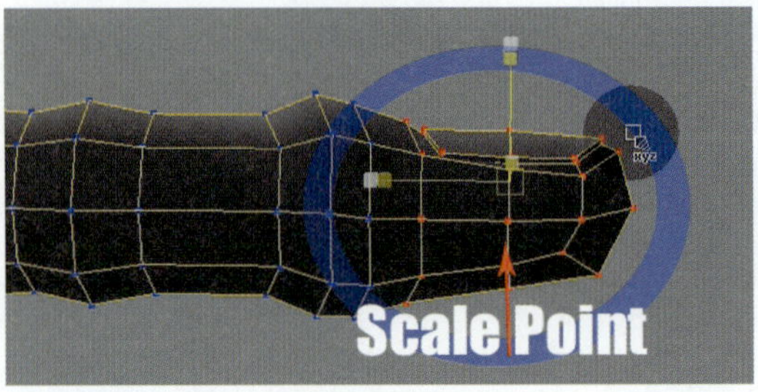

그림 4-302

22 손톱을 포함한 손가락 끝 모양 형태 잡아주기 :

Add Edge

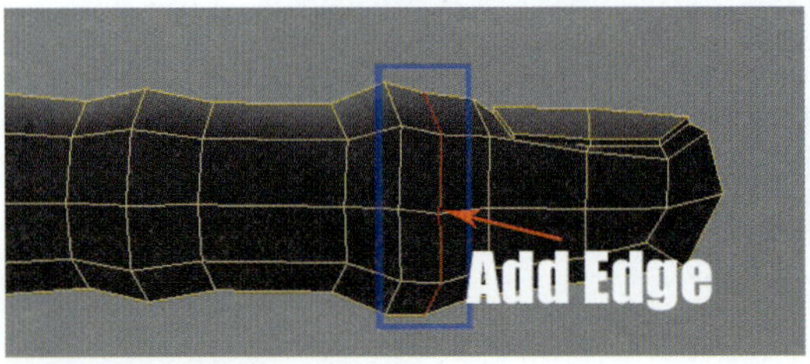

그림 4-303

23 손가락 마디 사이의 거리(간격) 조정을 통한 손가락 모양 다듬어 주기

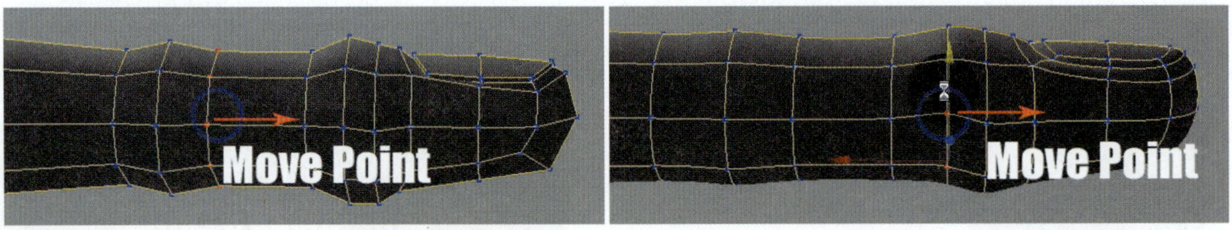

그림 4-304

24 손가락 끝 부분 형태 구부리기 : 영역 선택

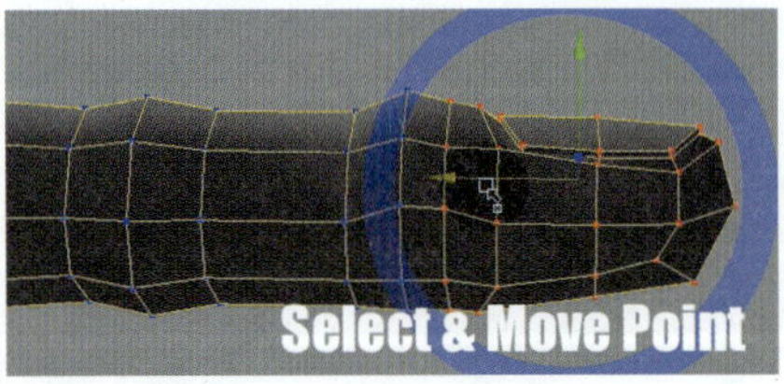

그림 4-305

25 손가락 끝 부분 형태 구부리기 : 이동

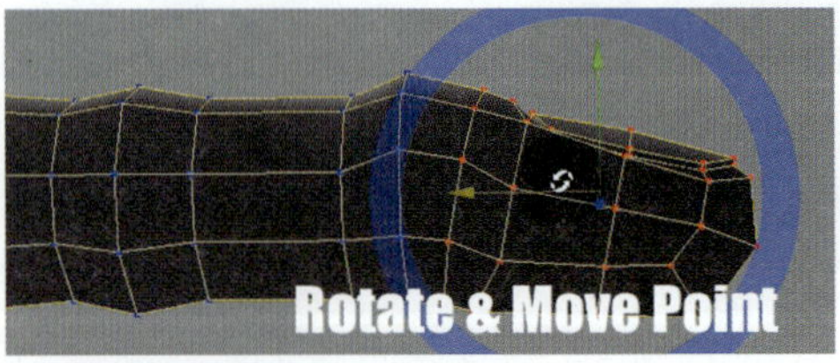

그림 4-306

26 손가락 끝 부분 형태 구부리기

영역 회전 및 이동

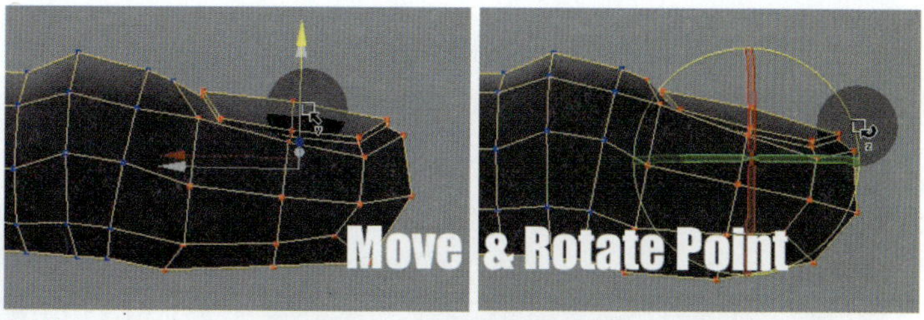

그림 4-307

27 손가락 마디 모양 잡아주기

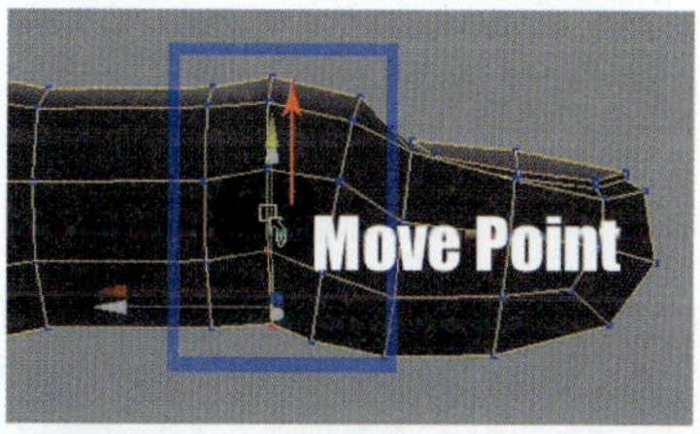

그림 4-308

28 손가락 두 번째 마디 형태 잡아주기

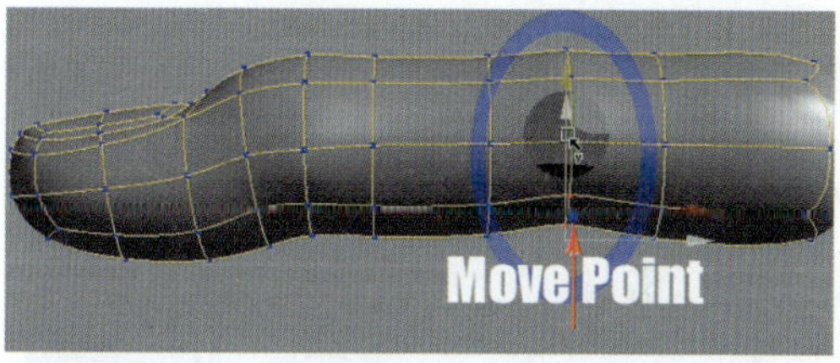

그림 4-309

29 손가락 마디 형태 잡아주기 : 윗부분

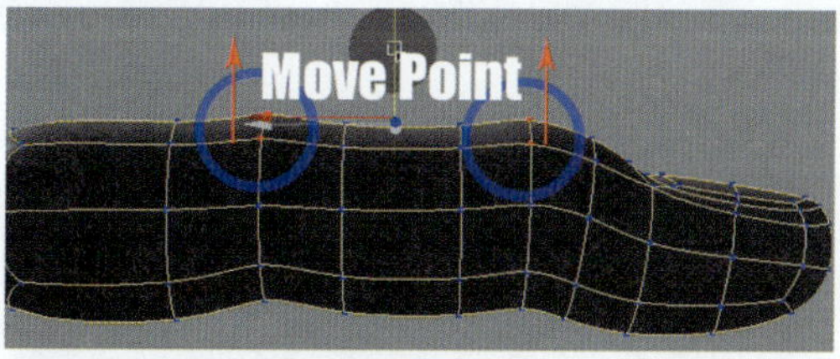

그림 4-310

30 손톱 형태 잡아주기

그림 4-311

31 손가락 끝 부분의 형태 바로잡기 1

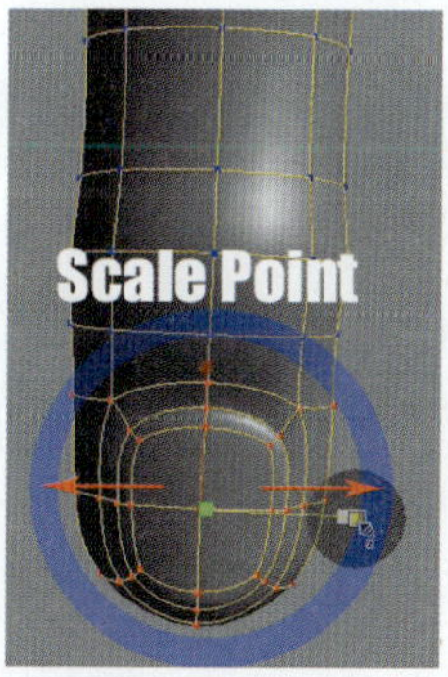

그림 4-312

32 손가락 끝 부분의 형태 바로잡기 2

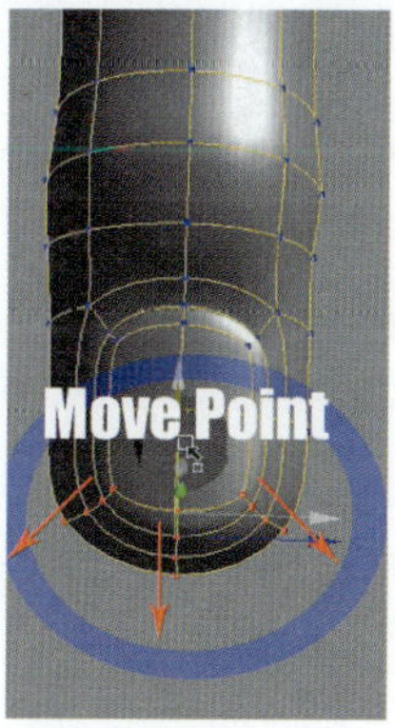

그림 4-313

33 손가락 마디 밑 부분의 주름잡아주기 : Add Edge

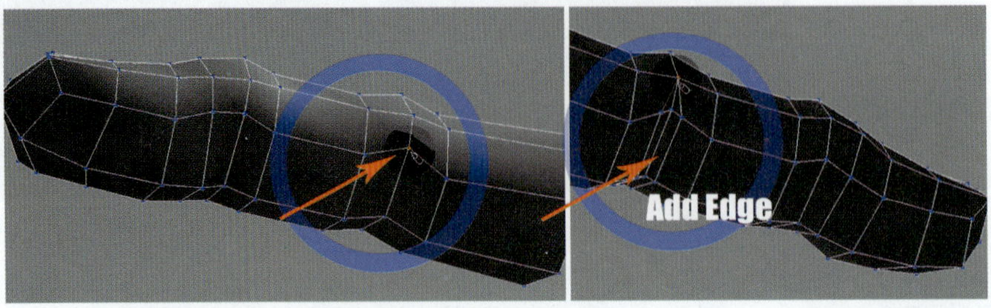

그림 4-314

34 주름 형태 섬세하게 잡아주기 : move Point

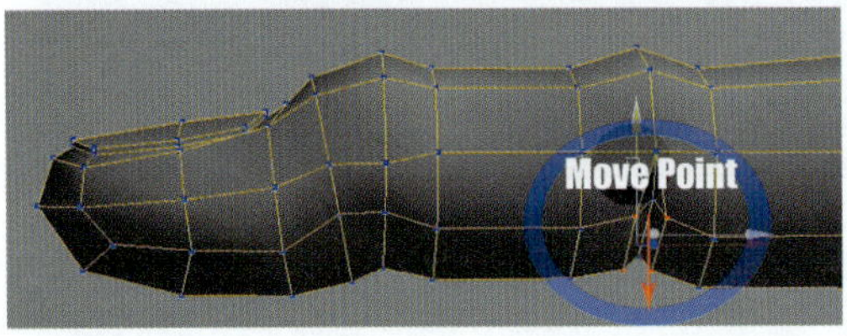

그림 4-315

35 전체적인 손가락 모양 다듬어 주기 :

Component(Point, Edge, Polygon) 이동

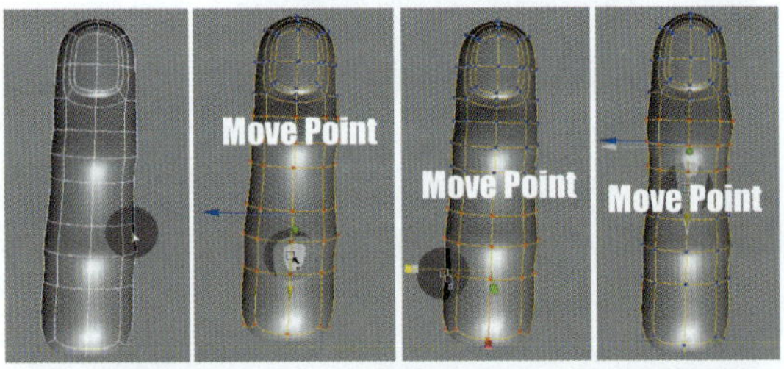

그림 4-316

36 손톱 모양 잡아주기 1 : Move Point

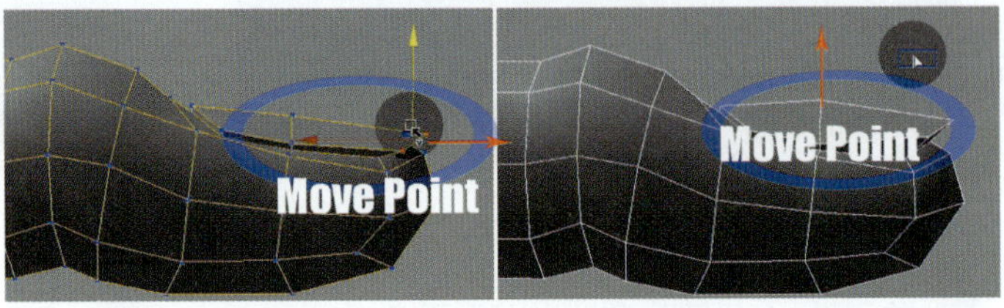

그림 4-317

37 손가락 복사해서 배열하기 1

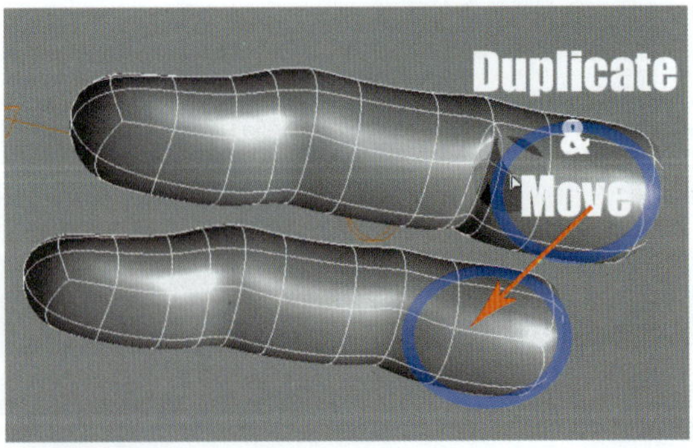

그림 4-318

38 손가락 복사해서 배열하기 1

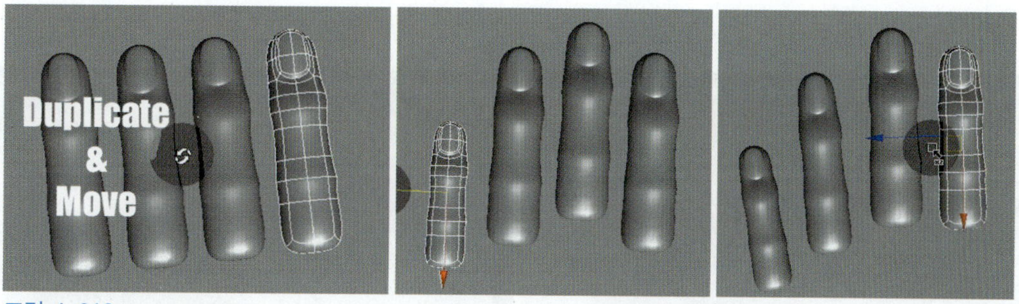

그림 4-319

2. Reference Image를 사용한 작업

39 Rotoscope 하기 : 옆 모양이 손가락 이미지를 활용하여 손가락의 형태를 만들어 보도록 한다. 보통 손가락 같은 경우는 그 형태가 그다지 복잡한 구조가 아니므로 참고 이미지나 자료 없이 Cube나 Polygon 면을 이용해서 Modeling을 하는 일도 있지만 우리는 기초적인 제작 방식과 더불어 제작 툴의 명령어도 익혀나가면서 작업을 해야 하기 때문에 더욱 다방면의 제작 툴 기능을 활용하는 방면으로 제작하도록 한다.

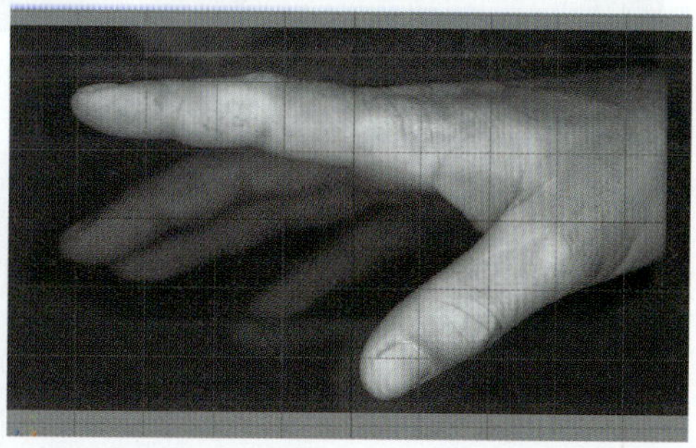

그림 4-320

40 Cube 생성

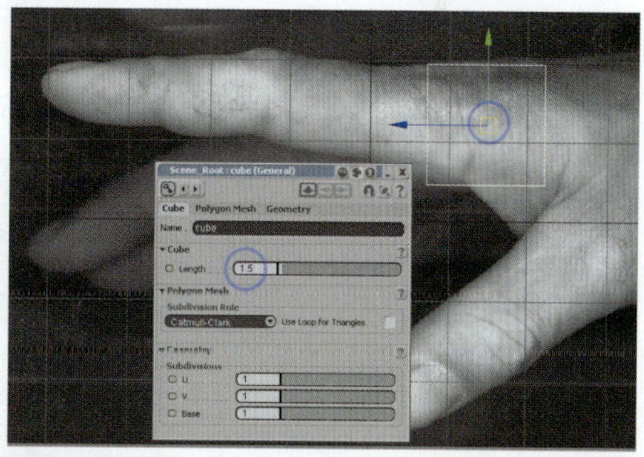

그림 4-321

41 Curve 생성 : 손가락의 형태를 만들 기초가 되는 Curve를 그린다. Curve 〉 Linear 형태의 직선 Curve를 그리되 손가락 마디에는 Point 수를 늘려서 그려준다.

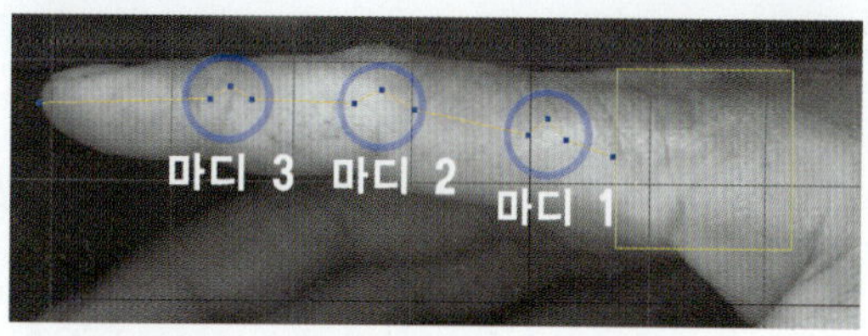

그림 4-322

43 Extrude along Curves : 선택한 면을 Curve를 따라 추출한다. Modify 〉 Poly mesh 〉 Extrude along Curves

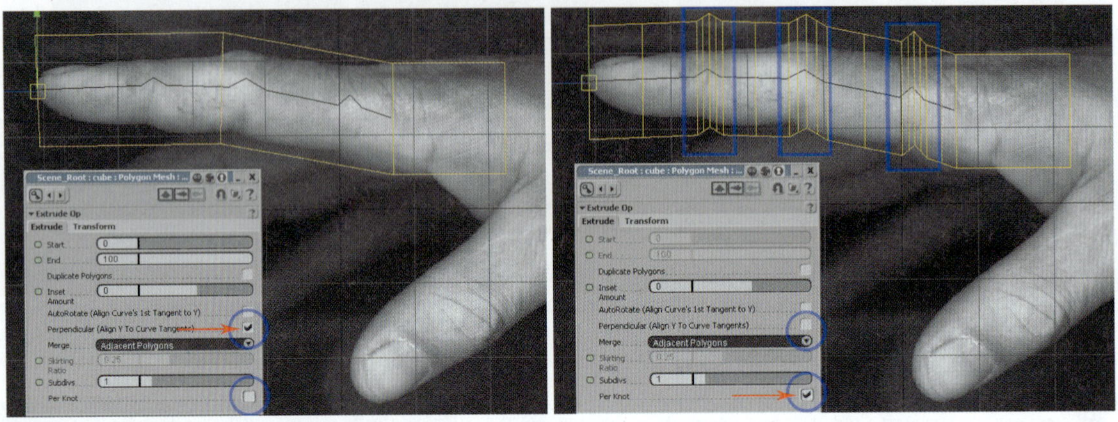

그림 4-323

44 Scaling : 손가락 끝을 기준으로 전체적으로 Scale을 줄여주도록 한다.

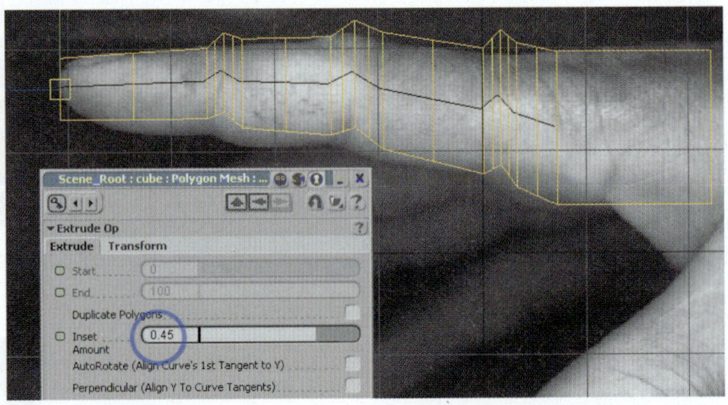

그림 4-324

45 Move point : Point 이동을 통한 손가락의 형태 만들기. 이때 Ref Curve의 Point를 이동하여 손가락 마디의 형태를 왜곡되지 않도록 한다.

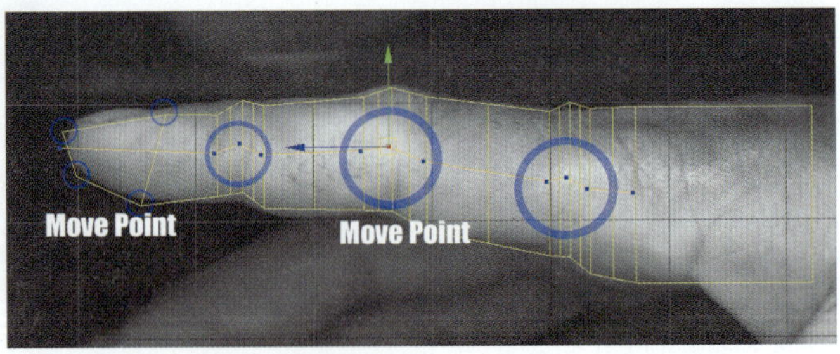

그림 4-325

46 Curve Freeze and Hidden : 손가락의 전체적이 모양을 다듬는 데 사용했던 Ref Curve를 손가락 Object와 독립된 객체로 두고 싶으면 Curve를 선택하고 Freeze를 한다. Freeze된 Curve는 Delete를 하거나 Hide를 시켜서 작업화면에서 보이지 않도록 한다.

47 Move Point : Point 이동을 통해 손가락의 외곽형태 다듬기를 한다. 이때 주의할 점은 손톱 부분은 나중에 따로 만들기 때문에 손톱 영역은 그대로 비워두고, Point 이동시 Immed 모드를 활성화해서 작업을 할 경우 Point 이동할 때 자동 저장되는 Point Move History가 쌓이지 않기 때문에 데이터를 최소화하면서 작업을 할 수 있게 된다.

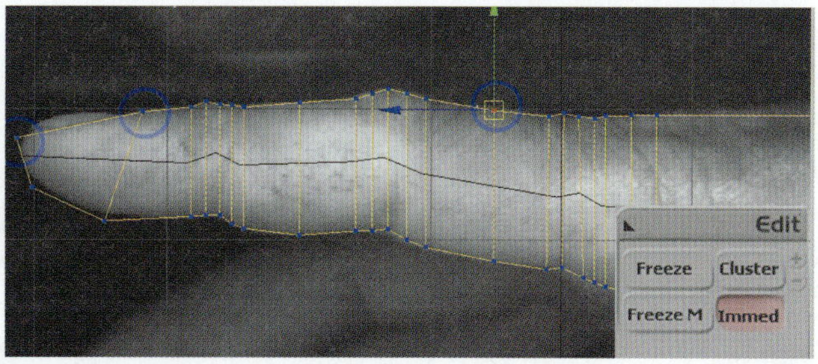

그림 4-326

48 Top view Rotoscope : 준비된 Hand의 Top 이미지를 XSI Top view에 rotoscope를 하고 이동 Option을 활용하여 Right view에서 제작한 Finger right view와 Matching시키도록 한다.

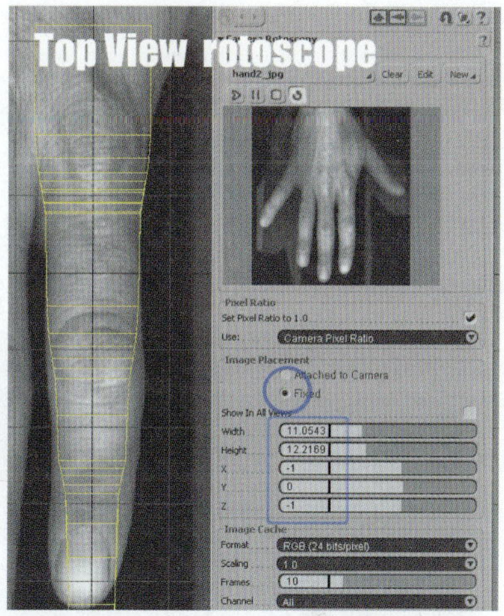

그림 4-327

49 Move Point : Point 이동을 통해 손가락의 외곽형태 다듬기를 한다. Point 이동할 때 Immed 모드를 활성화해서 작업을 한다.

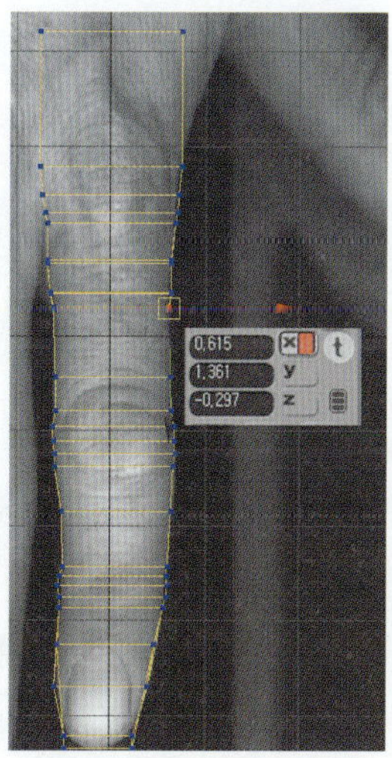

그림 4-328

50 Object Subdivision : 손가락 Object를 선택하고 [+]를 통해 Subdivision을 주고 전체적인 모양을 확인한다.

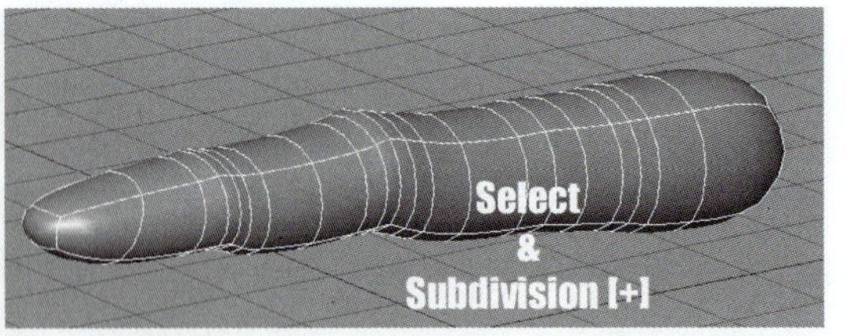

그림 4-329

51 Polygon 선택 : 손톱 모양 만들기

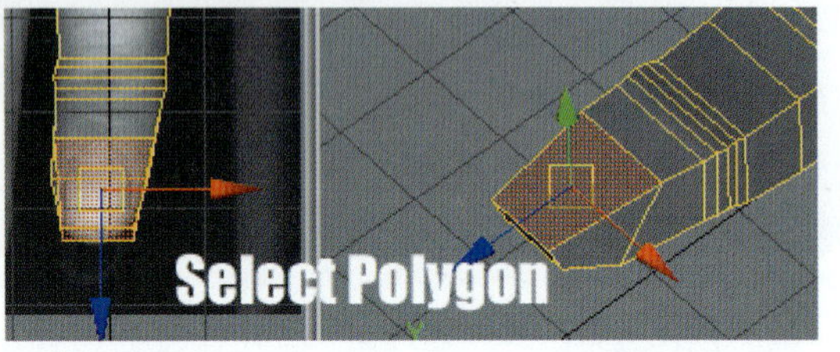

그림 4-330

52 Polygon 복사 / 회전/ 이동 : 손톱 모양 만들기 : 손톱모양이 될 Polygon을 선택하고 면 복사를 한 다음 회전시키도록 한다. 이때 회전 기능 중에서 Ref 〉 Pick Ref Edge를 클릭하고 손톱이 손가락과 만나는 지점의 Edge를 선택한다. 선택한 Edge가 임시 회전축으로 설정된다.

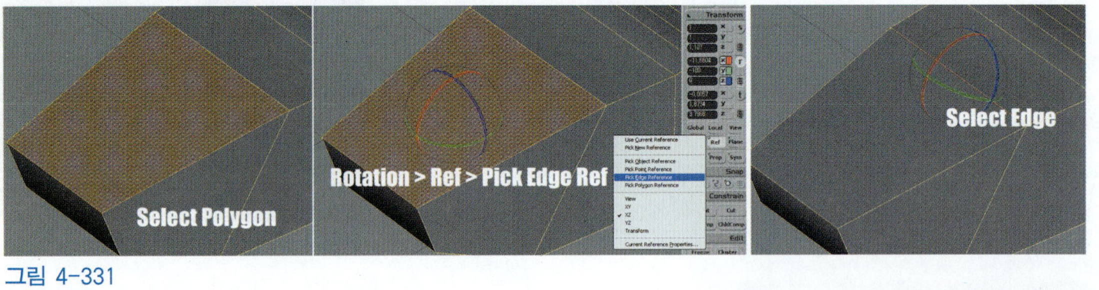

그림 4-331

53 회전해서 결과보기

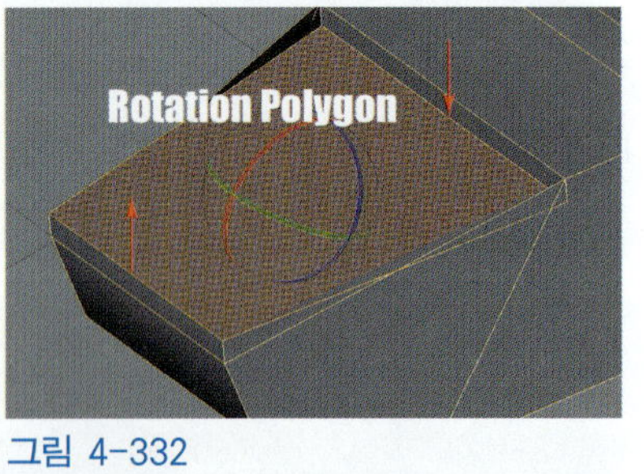

그림 4-332

54 Duplicate Edge : 손톱의 끝 부분을 만들 Edge를 추가하기 위해 손톱의 끝 부분의 Edge를 선택하고 복사를 한다. [Ctrl + D]

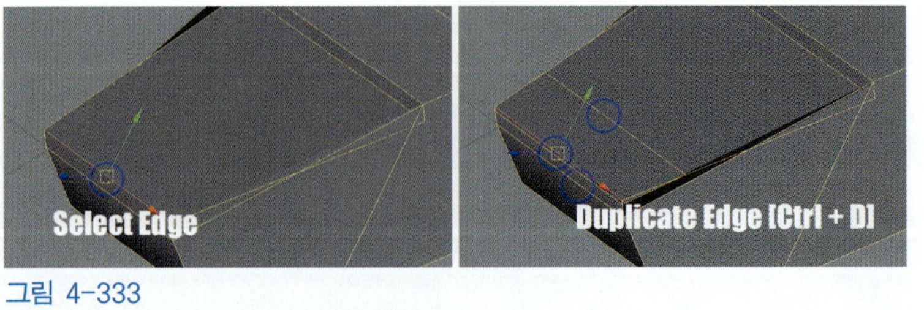

그림 4-333

55 Subdivide Edge : 손톱의 모양을 만드는 데 필요한 Edge를 추가하기 위해 선을 분할하여 준다. [Shift + D]

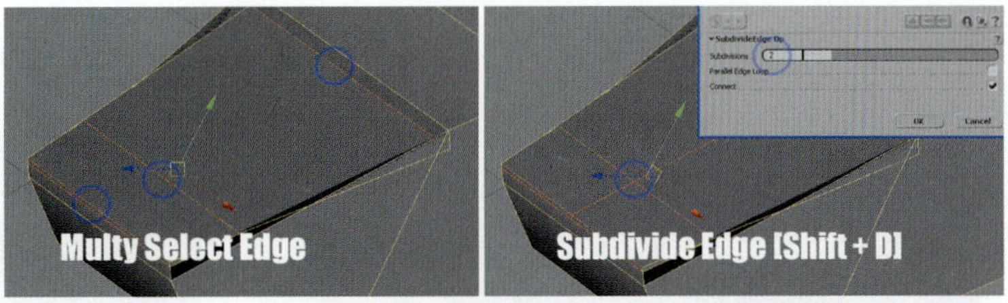

그림 4-334

56 Move Point 1 : 손톱의 안쪽 Point를 이동이나 스케일을 통해 손가락 형태의 안쪽으로 이동

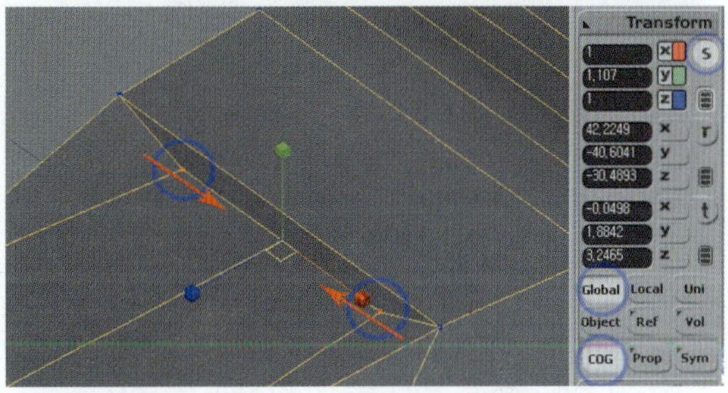

그림 4-335

57 Move Point 2 : 손톱의 바깥쪽 Point를 이동이나 스케일을 통해 손톱의 끝 부분의 모양으로 다듬어 주기

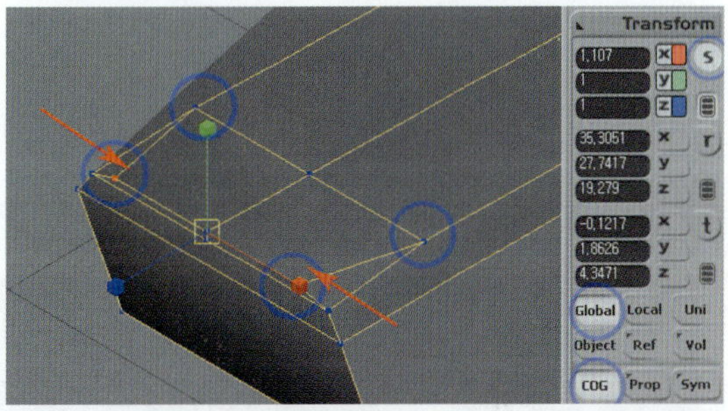

그림 4-336

58 Point 이동 : 손톱 끝과 손톱 모서리 부분의 모양 다듬기

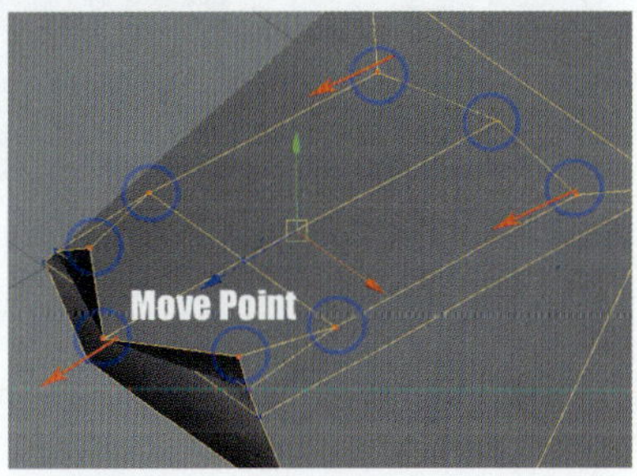

그림 4-337

59 Polygon 면 복사 / 이동 : 손톱 부분에 해당하는 Polygon 면을 선택 후 복사하고 Y축 방향(위 방향)으로 이동하여 손톱의 볼록한 부분 만들어 주기

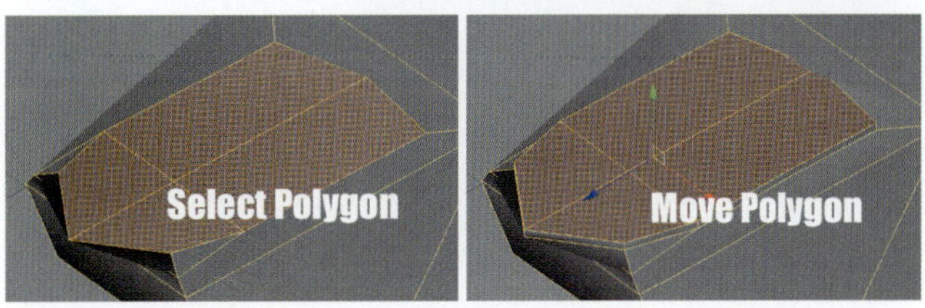

그림 4-338

60 Subdivision 하기 : 손가락 전체 Subdivision (단축키 [+])하여 Rounding된 결과 확인

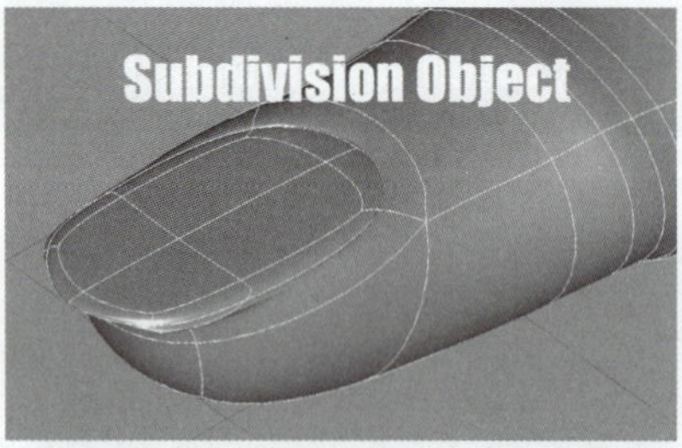

그림 4-339

61 Point 이동 : 손톱 외각 모양 다듬기

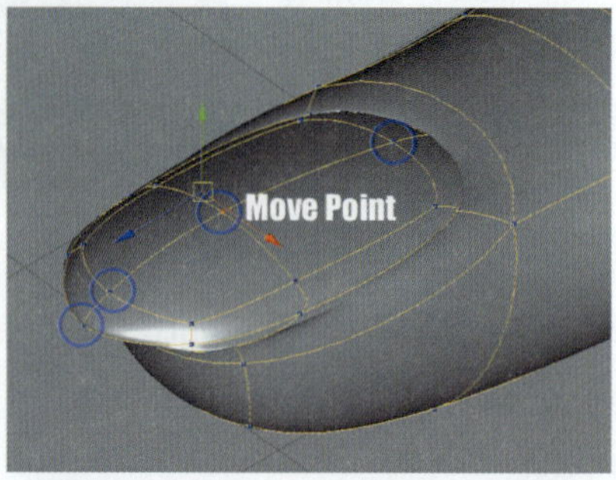

그림 4-340

62 Edge 선택 : 손톱의 가장자리 Edge를 선택하여 손가락과 손톱 부분을 분리하도록 한다.

그림 4-341

63 Hard Edge and Vertex : 손톱 외곽부분 모서리 처리하기

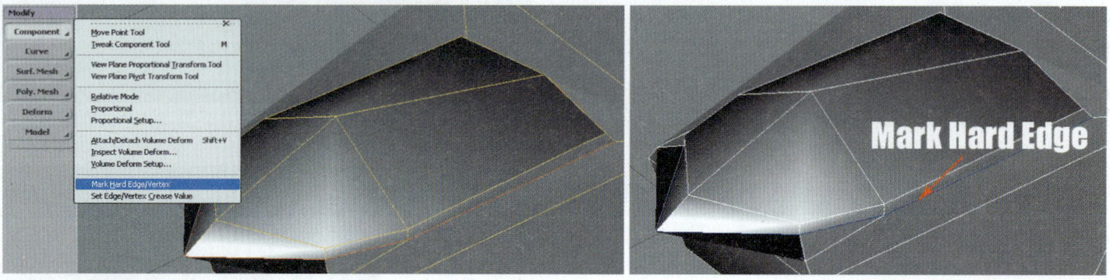

그림 4-342

64 Render Region : 제작된 손톱의 모양을 Render를 통해 확인한다.

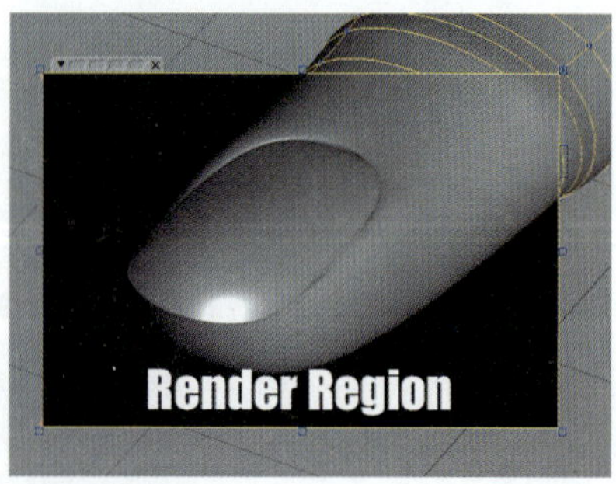

그림 4-343

65 가로 Split Edge : 손가락 옆 부분의 가운데 약간 아랫부분에 Edge를 추가한다. (단축키 [ ] + 마우스 Middle 버튼)

그림 4-344

66 Scale and Move Edge : 생성된 Edge를 Scale 기능을 이용하여 좌/우로 약간 늘려서 Rounding 효과를 준다.

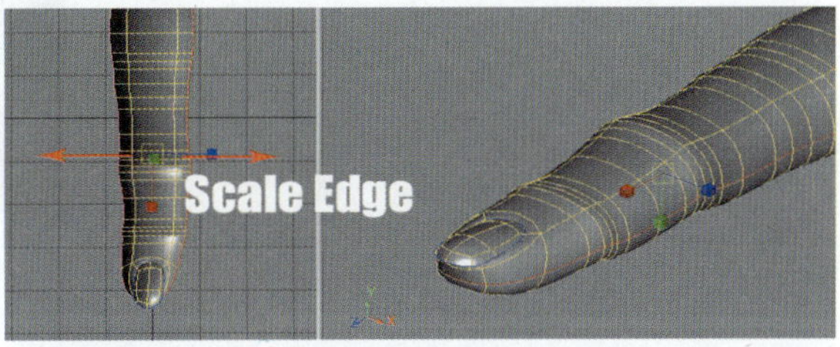

그림 4-345

67 세로 Split Edge & Scale and Move Edge : 손가락 위/아랫부분의 가운데 약간 아랫부분에 Edge를 추가해주고 Move를 통해 위/아래로 늘려서 Rounding 효과를 준다.

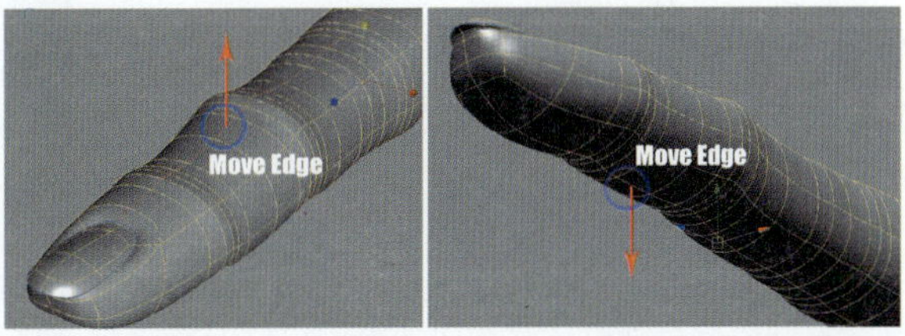

그림 4-346

68 Move Component : 손가락 마디 모양 다듬기 및 손가락 전체 모양 다듬어 주기

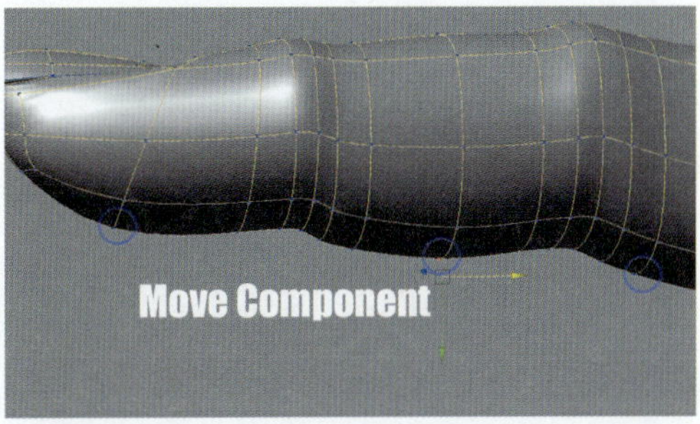

그림 4-347

69 손가락 복사 : 손가락을 복사해서 손가락 5개를 만들어 주기. 이때 엄지손가락 모양과 방향을 주의해서 배치해야 한다.

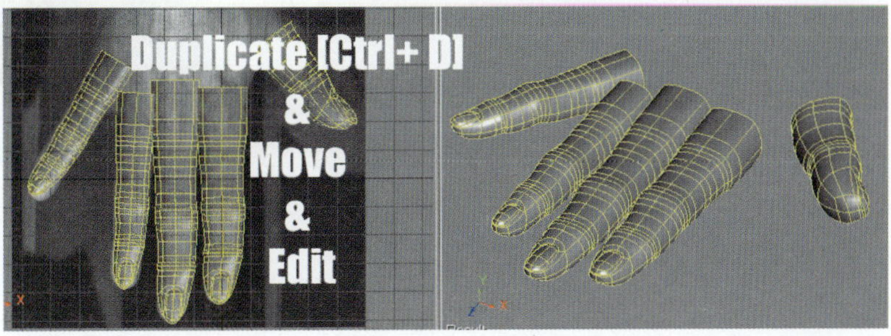

그림 4-348

70 Cube 꺼내기(손등 모양 만들기) : Point나 Edge를 추가 삽입 및 이동 등을 통해 손등 및 손바닥의 모양을 만들어 준다.

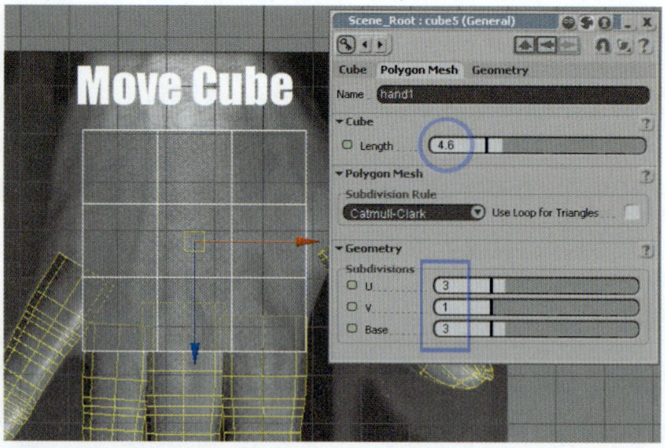

그림 4-349

71 Point 이동 : 손등 Cube의 모양을 손가락과 연결하기 위한 모양으로 변형시켜준다.

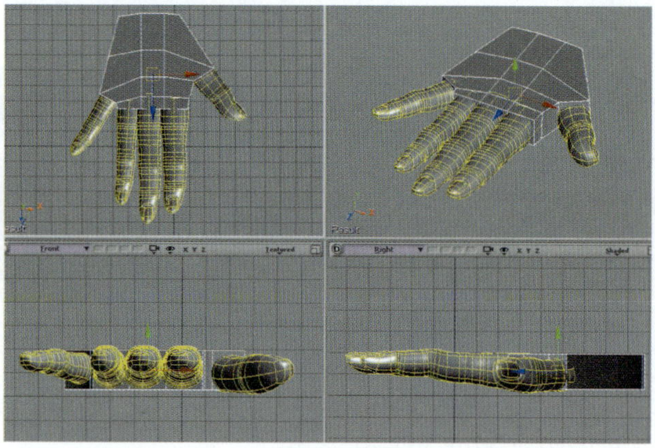

그림 4-350

72 Polygon 삭제 : 손가락과 손등 Cube를 붙이려고 마주 보는 Polygon 삭제해주기

그림 4-351

73 Merge : 손등 Cube와 손가락 Cube를 하나의 Object로 만들어 주기

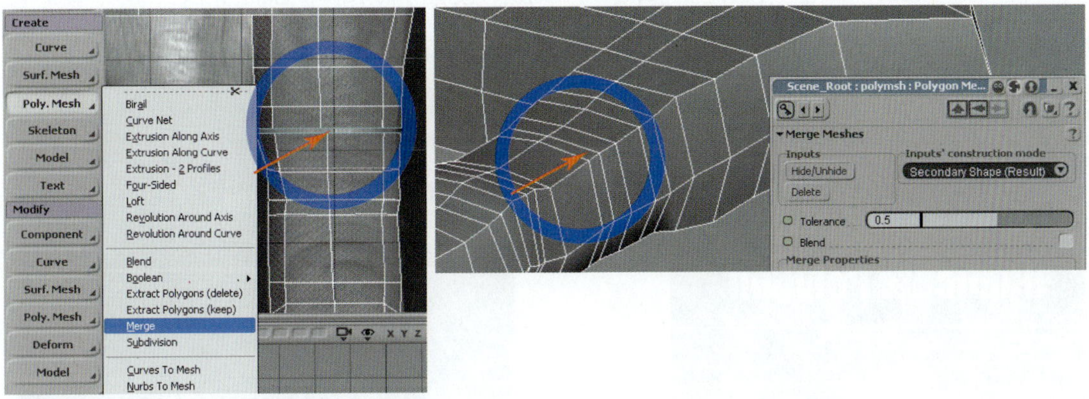

그림 4-352

74 다른 손가락 Cube로 Merge 하기

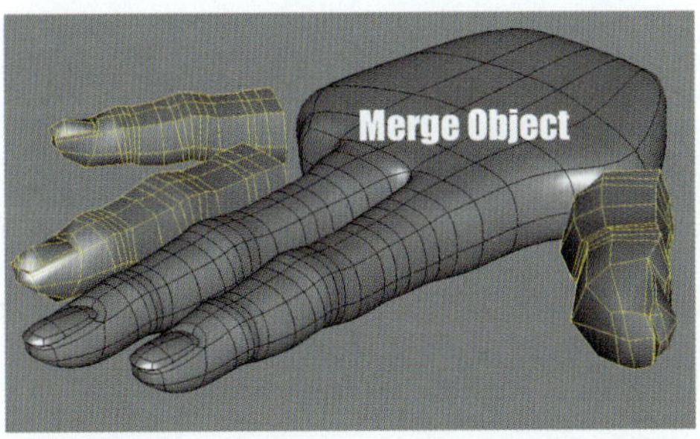

그림 4-353

75 손가락과 손등 Merge 완성

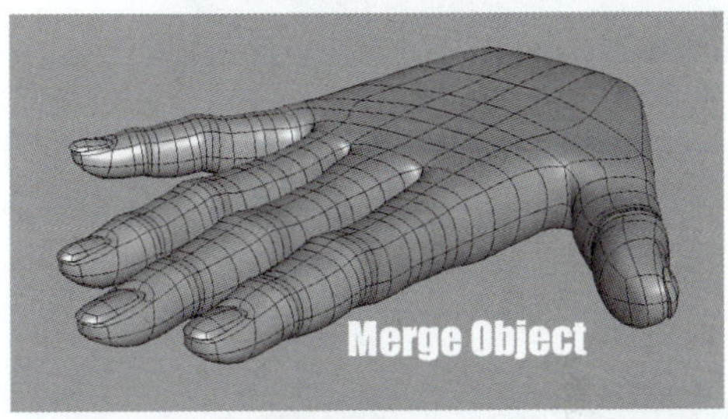

그림 4-354

76 Component 이동 : Point / Edge / Polygon 등의 이동 및 추가 삽입 / 삭제 등을 통해 손등과 손가락 모양 다듬어 주기

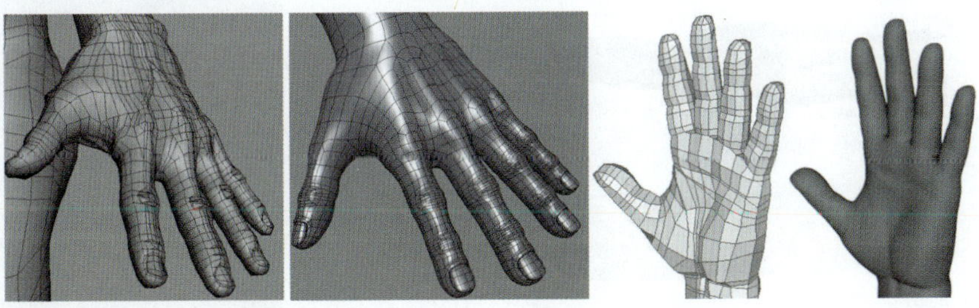

그림 4-355

77 Polygon 복사 : 필의 모양을 만들려고 손목부터 어깨까지 필요한 크기의 Polygon 복사 및 이동

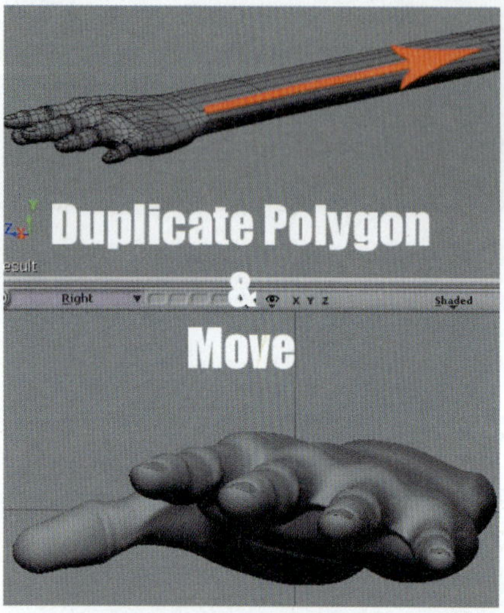

그림 4-356

78 면 분할 : 만들어진 팔의 모양을 다듬는 데 필요한 Edge 추가하기 [Shift + D]

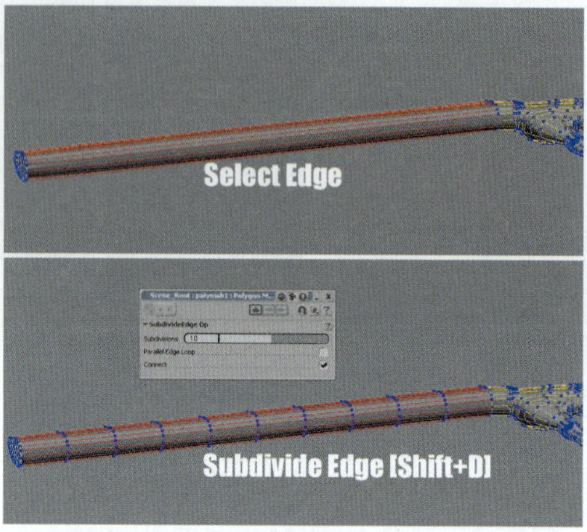

그림 4-357

79 Arm 구조 파악하기

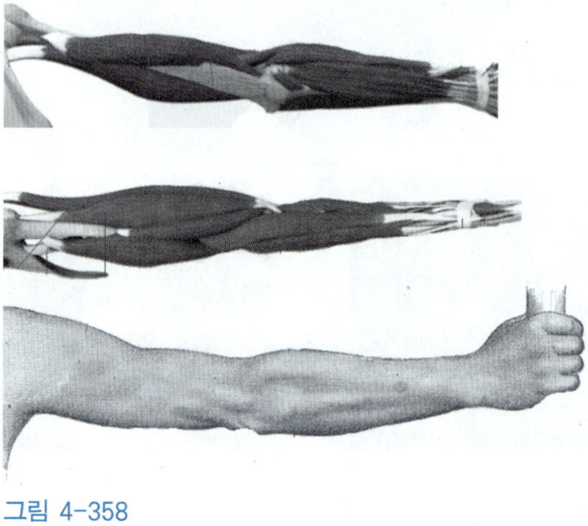

그림 4-358

80 Edge 추가 및 이동 : 팔의 모양을 섬세하기 만드는 데 필요한 Edge 추가 및 이동을 통해 모양 다듬기

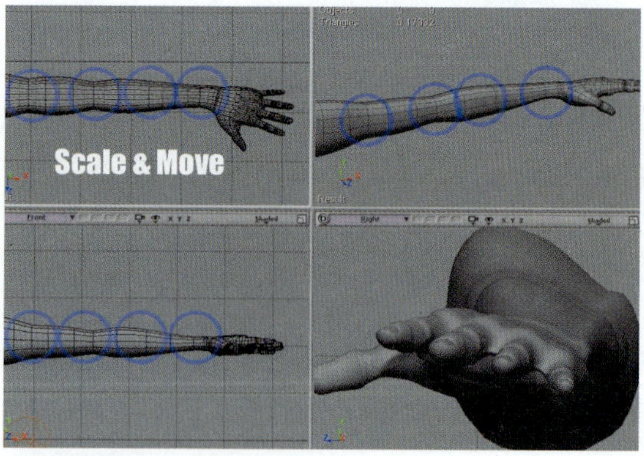

그림 4-359

81 손목과 팔꿈치 사이의 형태 잡기

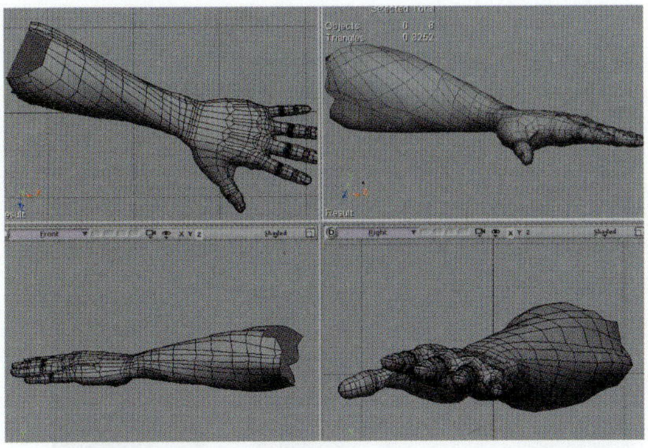

그림 4-360

82 팔꿈치와 어깨 사이의 형태 잡기

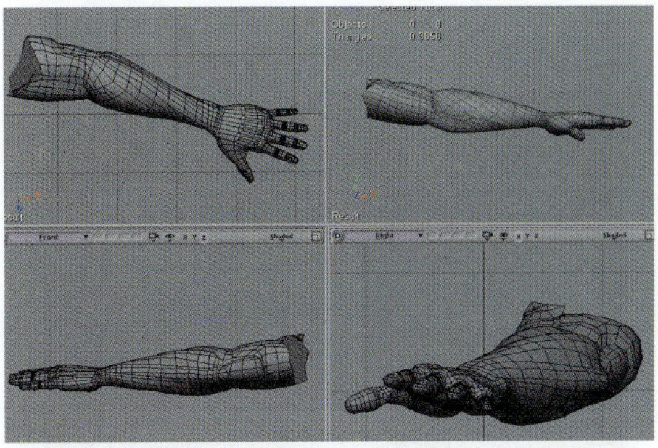

그림 4-361

83 최종 결과 확인

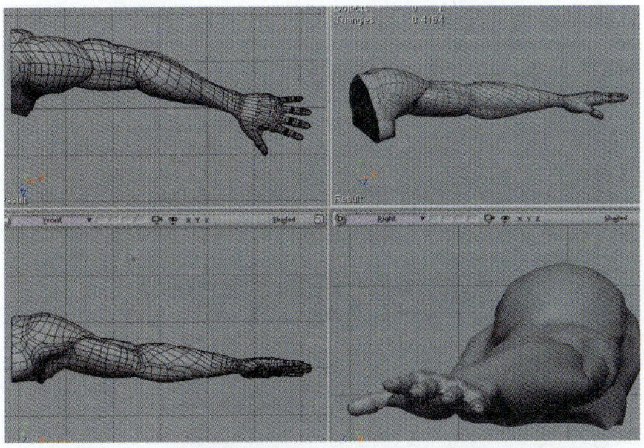

그림 4-362

4-6 Young Man Foot 7 Leg 제작하기

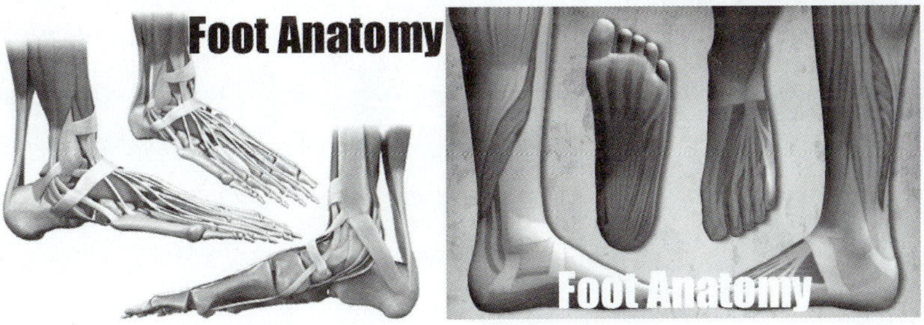

그림 4-363 Foot의 구조

1 Foot Image Rotoscope 하기

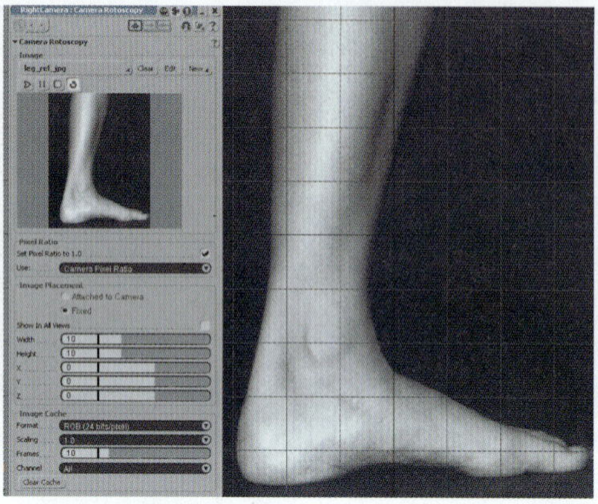

그림 4-364

2 Cube 생성 후 기초 모양 다듬기

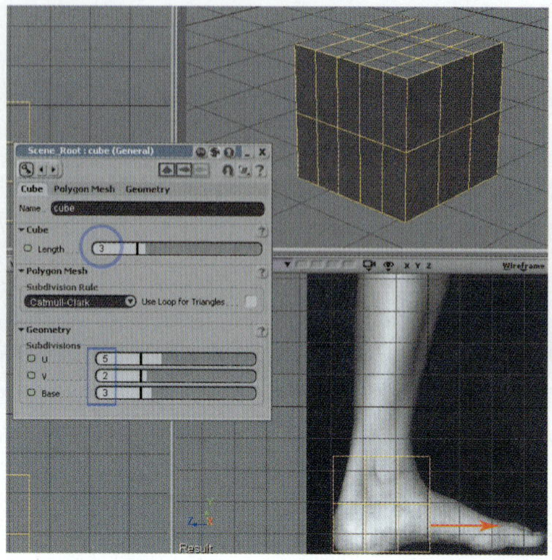

그림 4-365

3 Polygon Duplicate and Move

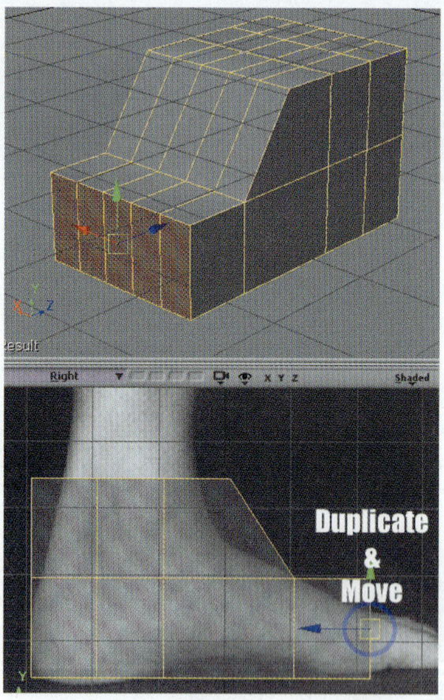

그림 4-366

4 Move Point and Add Edge

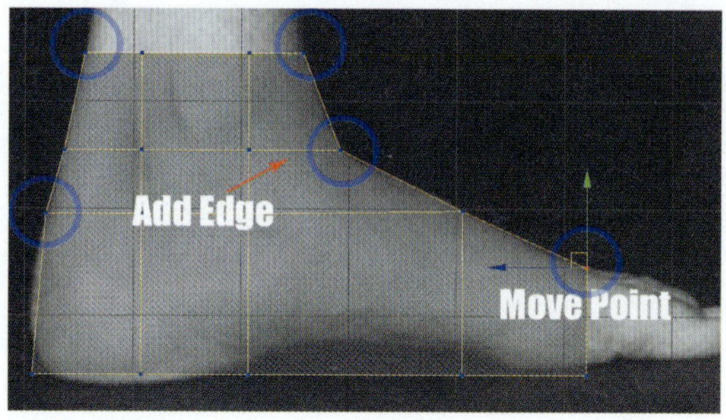

그림 4-367

5 Polygon 면 선택 › Extrude Along Axis : 발가락 형태를 만들 Polygon을 제작하기 위해 Extrude 명령을 활용하면 편리하다.

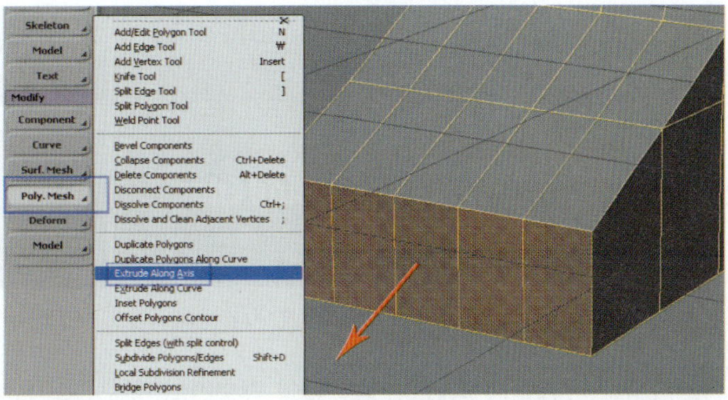

그림 4-368

6 Extrude Option 조절 : 발가락 개수만큼 분할하여 Extrude시키도록 한다.

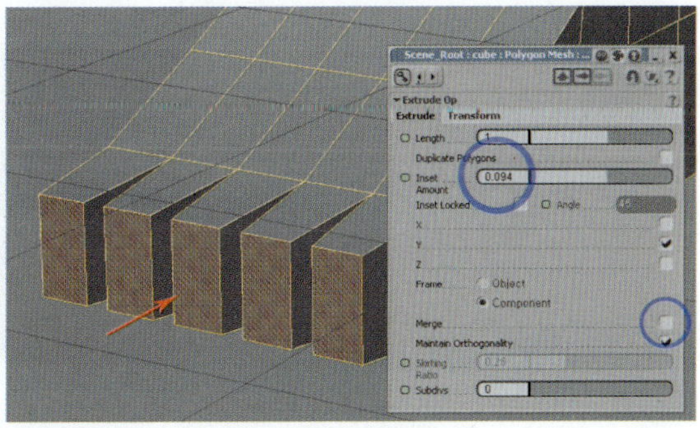

그림 4-369

7 Extrude Option 조절 : Length 값을 조절하여 발가락 길이만큼 키우고, Subdivision 옵션을 올려서 발가락의 마디 수를 늘려준다.

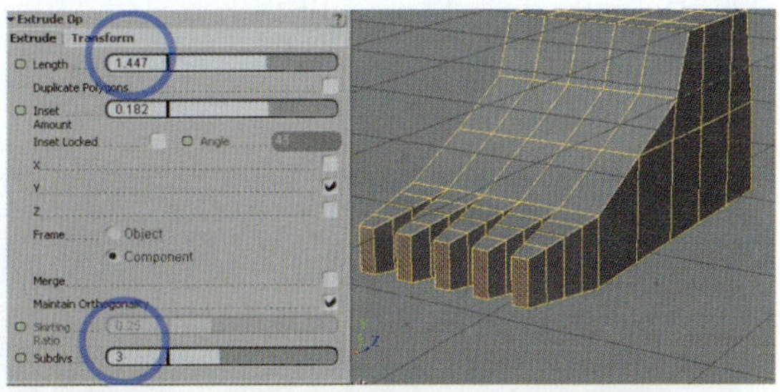

그림 4-370

8 Component 이동 : Point / Edge / Polygon 이동을 통한 발 모양 전체의 모양 잡기

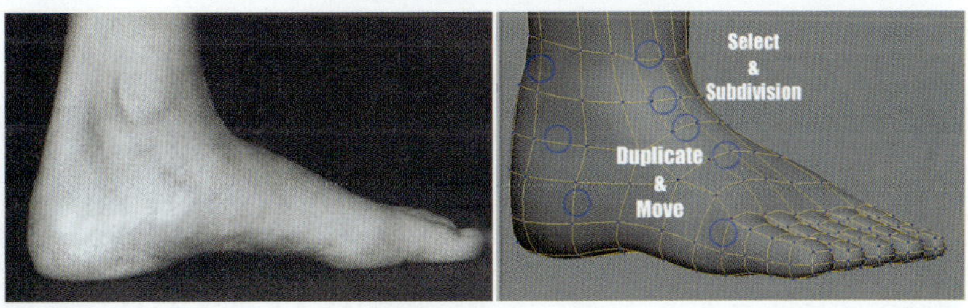

그림 4-371

9 Component 추가 / 이동 : Polygon 복사 및 복숭아뼈를 만들어 준다.

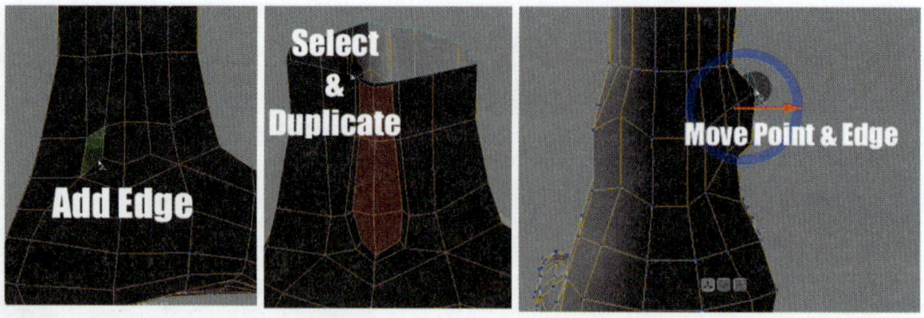

그림 4-372

10 Delete Edge & Add Edge : 발의 옆모습과 윗모습의 Edge를 추가 및 삭제 및 이동을 통해 정리하도록 한다.

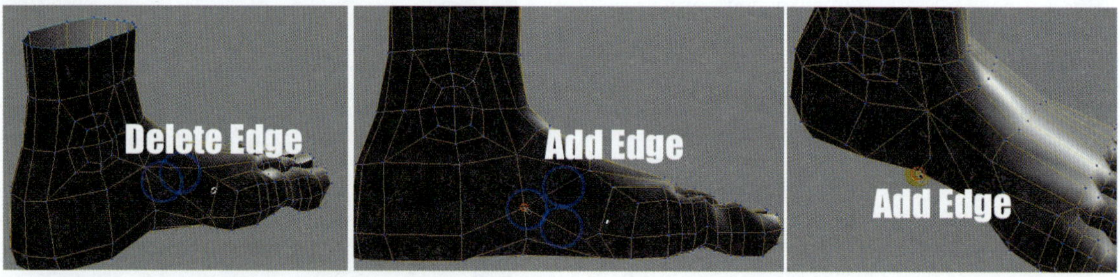

그림 4-373

11 Point Scale & Move : 발가락 부분의 모양을 다듬으려고 Point를 이동하거나 변형하여 모양을 다듬어 준다.

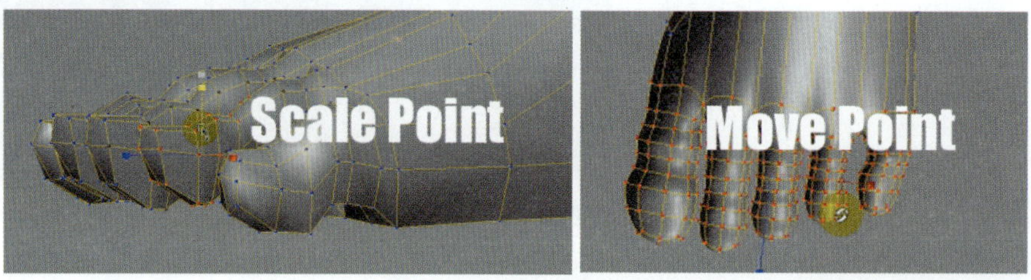

그림 4-374

12 Component 추가 및 이동 : Point / Edge / Polygon 추가 / 이동을 통한 발가락의 섬세한 모양을 다듬어 준다.

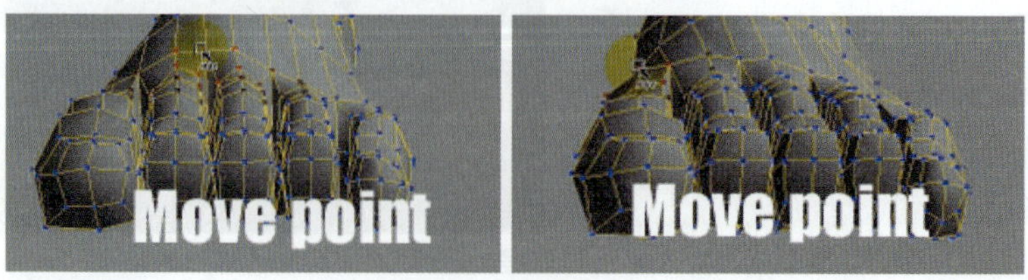

그림 4-375

13 Polygon Select : 발가락의 모양을 좀 더 섬세하게 잡으려고 Polygon을 복사하고 Scale & Move하여 모양을 다듬어 준다.

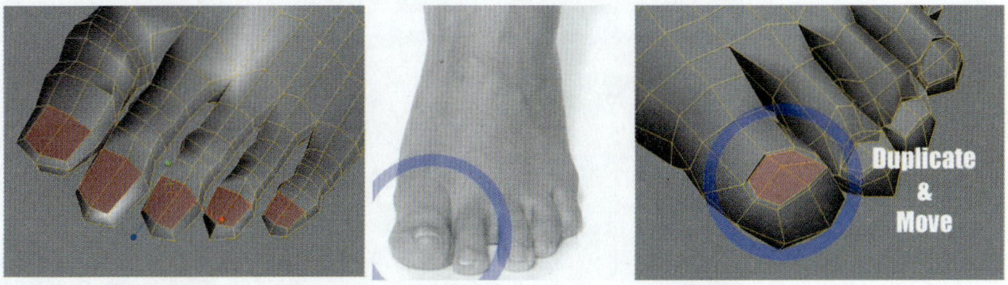

그림 4-376

14 Point 이동 : Point 이동을 통해 발가락의 모양을 좀 더 섬세하게 만들어준다.

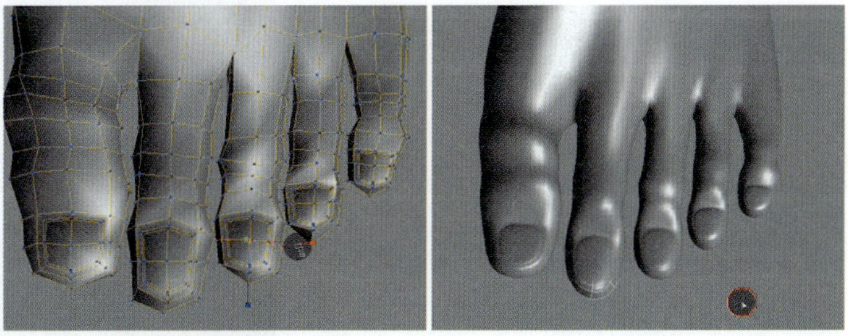

그림 4-377

15 Edge 삭제 / 추가 : Edge의 삭제 및 추가 작업을 통해 발의 Wire의 흐름을 정리한다.

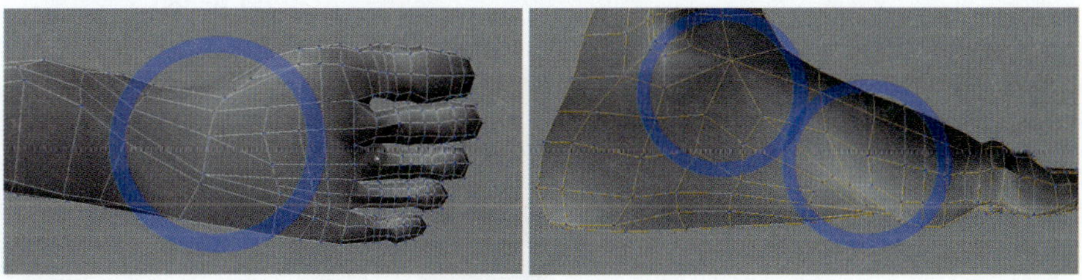

그림 4-378

16 다리 구조 이해하기

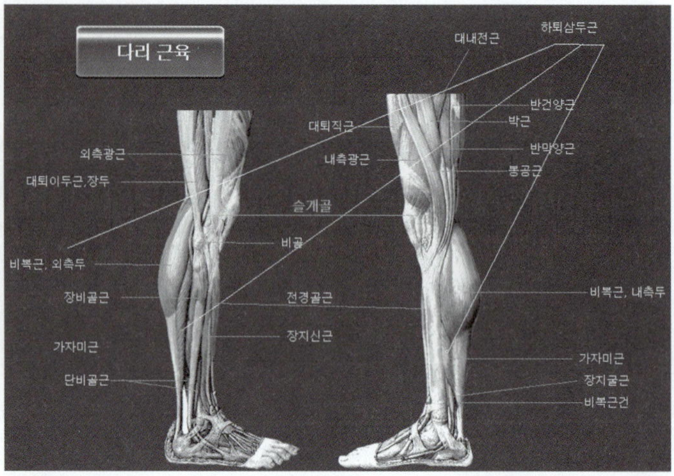

그림 4-379

17 Edge 선택 / 복사 / 이동 : 종아리 영역에 해당하는 Component를 추가하기 위해 Edge를 복사하여 이동한다.

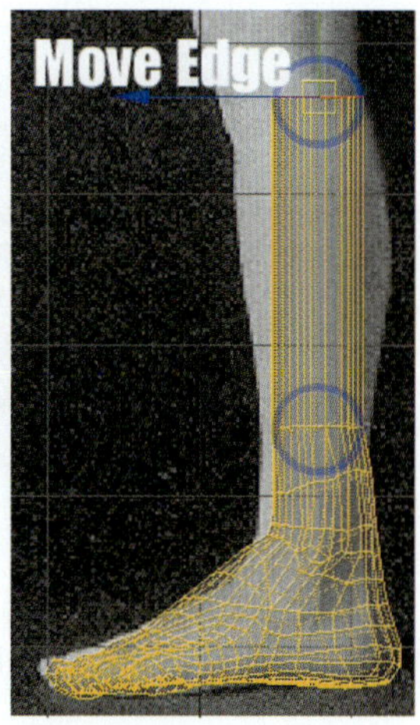

그림 4-380

18 Edge 선택 : Parallel Edge Loop 기능을 이용하여 종아리 영역의 Edge를 한 번에 Multi 선택한다.

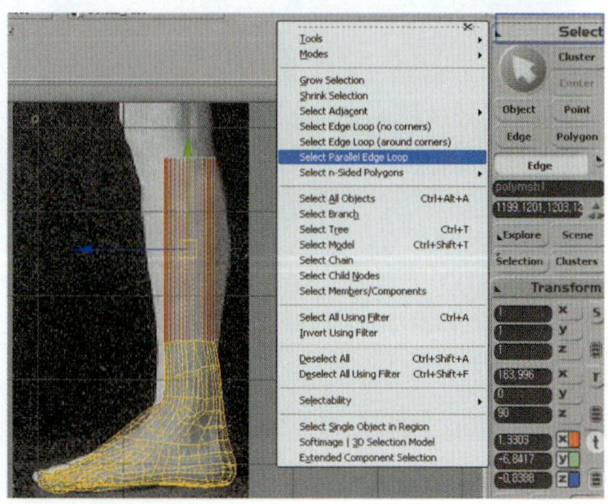

그림 4-381

19 Edge 분할 : Subdivide Edge 기능을 이용하여 필요한 Edge를 추가한다. [Shift + D]

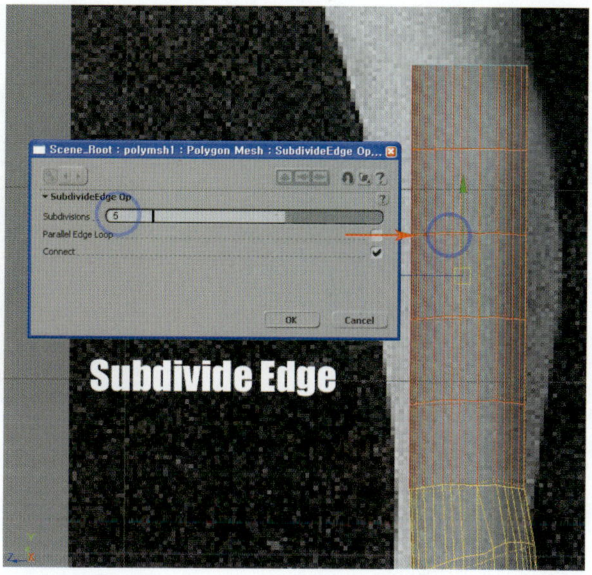

그림 4-382

20 Edge Scale & Move : 종아리 모양을 다듬는다.

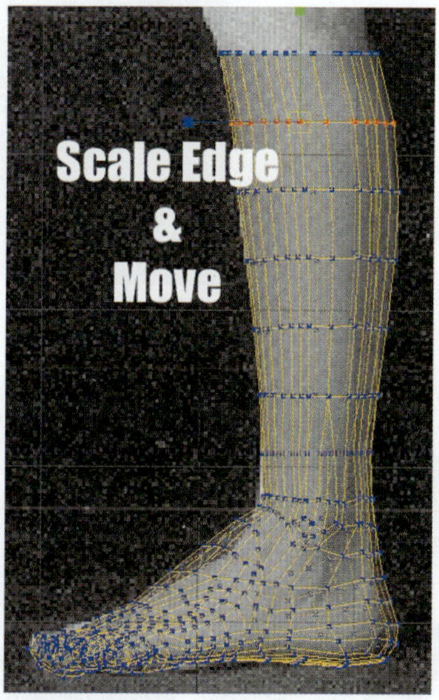

그림 4-383

21 Edge 선택 / 복사 / 이동 : Parallel Edge Loop 기능을 이용하여 종아리 영역의 Edge를 한 번에 Multi 선택한다. 선택한 Edge를 복사하여 허벅지의 영역까지 이동한다.

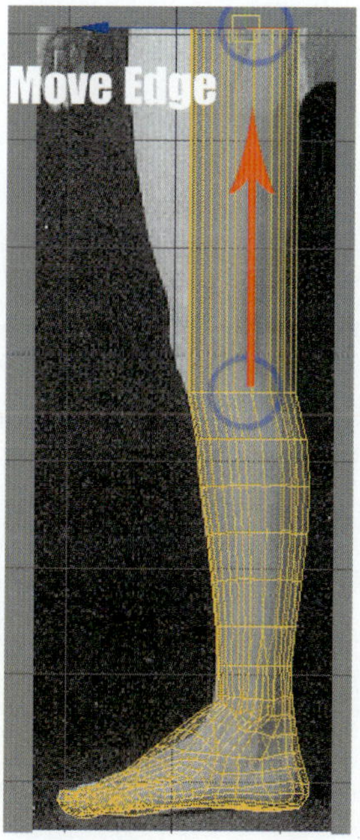

그림 4-384

22 Edge 선택 후 Subdivision : 무릎 및 허벅지 모양을 만들려고 Edge를 분할한다.

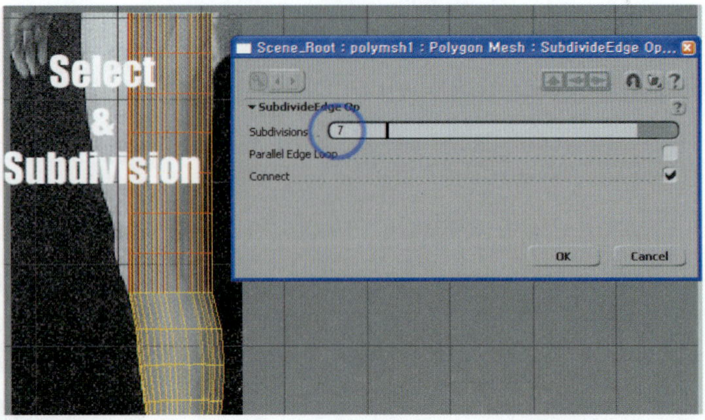

그림 4-385

23 Edge Scale & Move : Right view에서 참조 이미지에 맞도록 무릎과 허벅지 모양을 다듬는다.

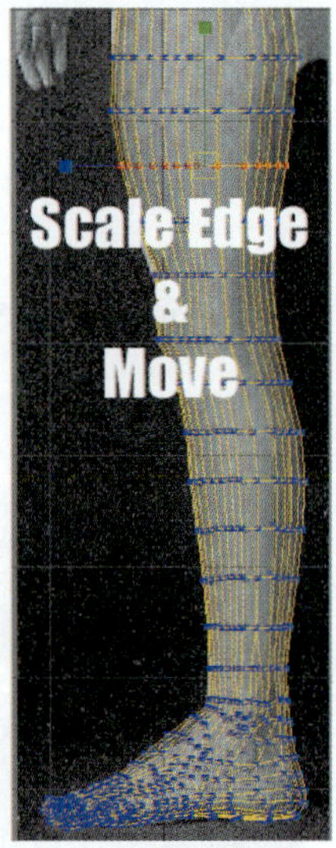

그림 4-386

24 Move Point : Front view에서 다리의 모양을 잡아 주어야 한다. 이 경우 Reference image를 사용하면 작업하기 편리하다. 그렇지 않았으면 그 형태감이나 비례, 그리고 근육의 흐름(Wire의 흐름)을 완전히 알고 있어야 하는데 초보자였으면 그렇기 쉽지 않다.

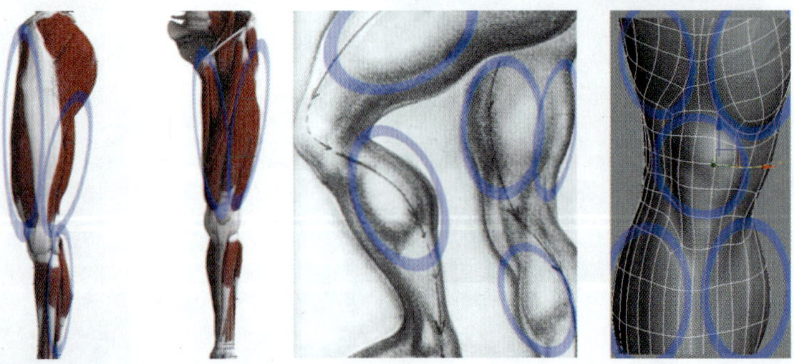

그림 4-387

25 Component Editing : Point / Edge / Polygon의 추가 / 삭제 / 이동 등의 Editing 작업을 통해 허벅지와 무릎, 그리고 종아리의 모양을 [1], [2], [3]과 같이 다듬어 나가도록 한다.

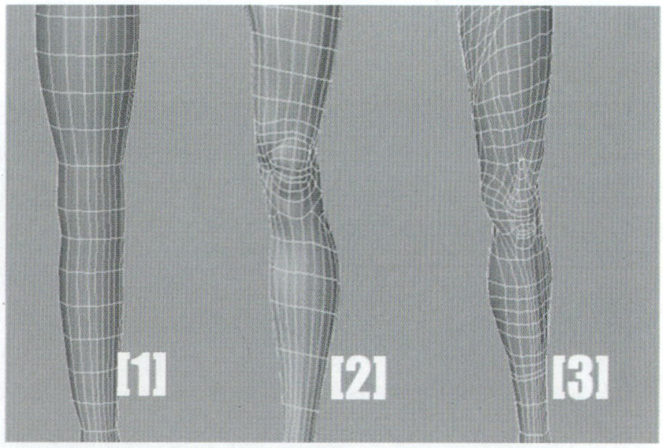

그림 4-388

26 최종 Morgo

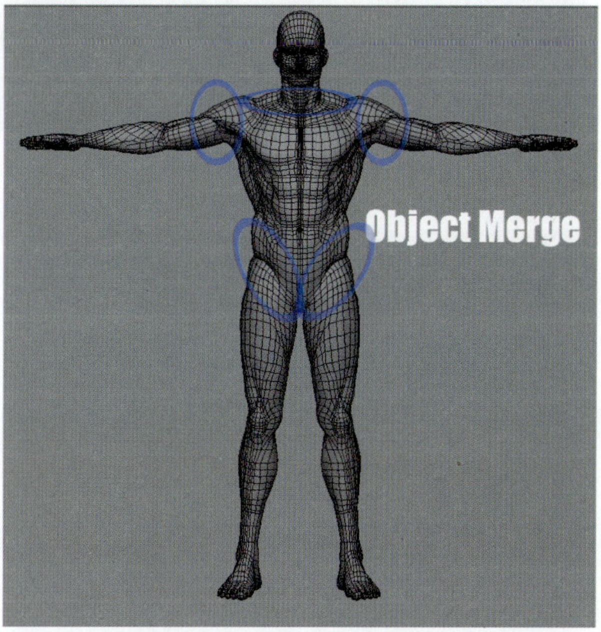

그림 4-389

27 렌더링 결과

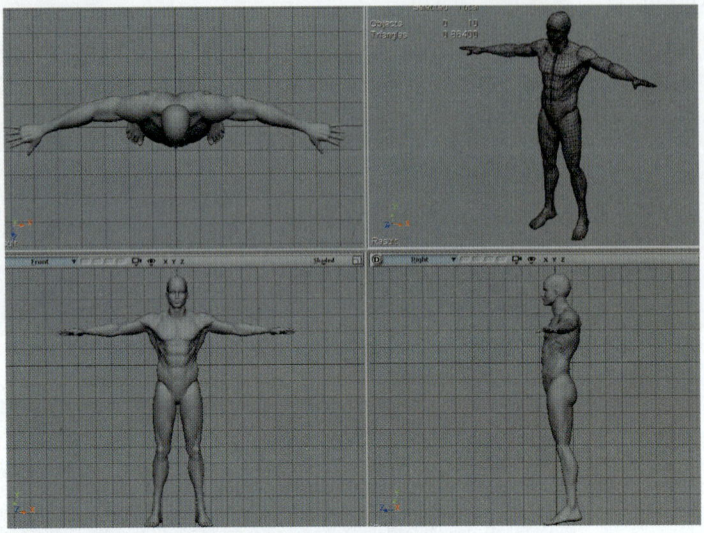

그림 4-390

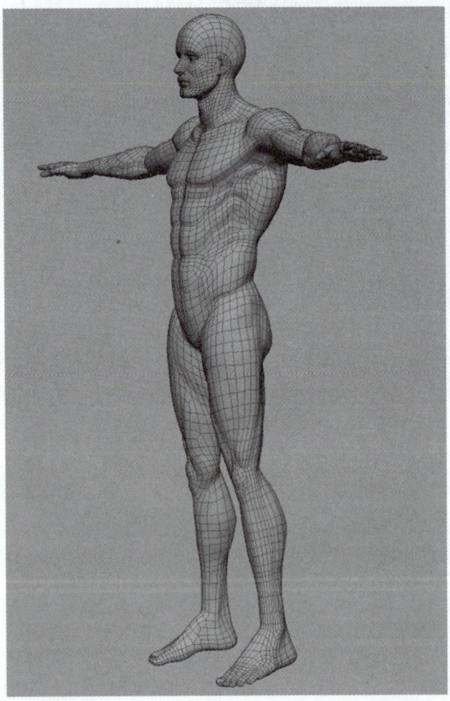

그림 4-391

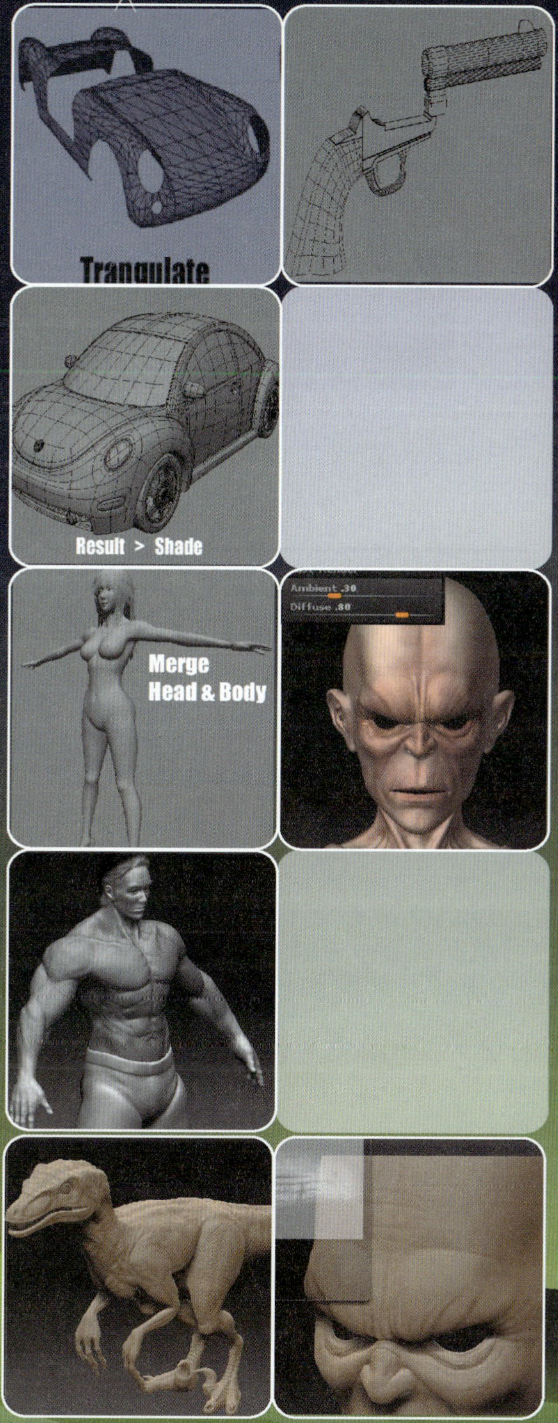

제5장
Young Woman Modeling

5-1 Young Woman Face Modeling
5-2 Young Woman Hand & Foot Modeling
5-3 Young Woman Body Modeling

5-1 Young Woman Face Modeling

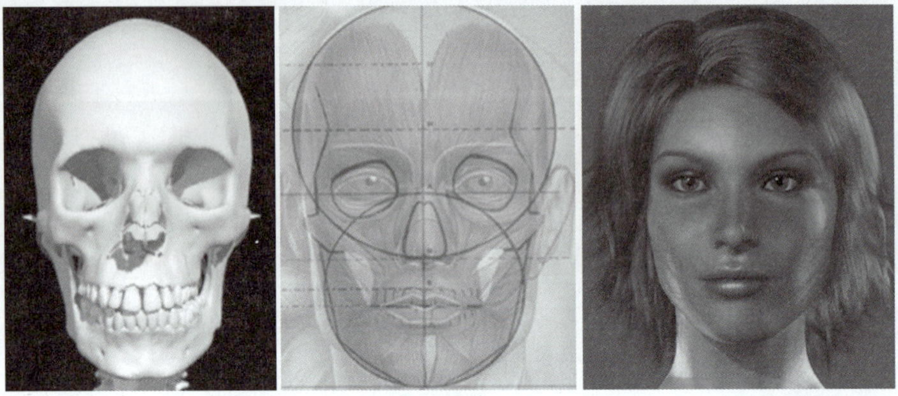

그림 5-1 Face Anatomy

1 Face Balance

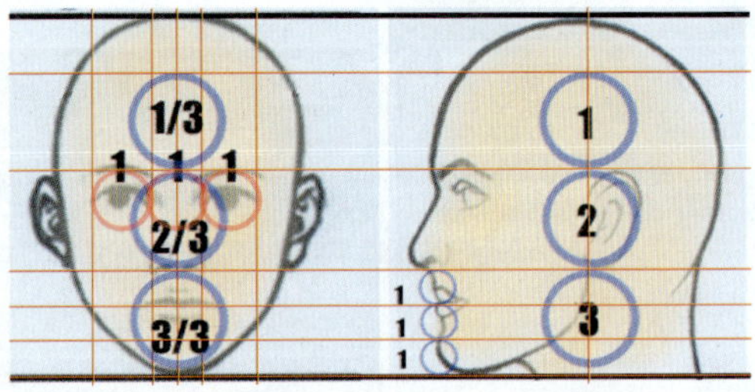

그림 5-2

2 Polygon 면의 형태 제작 : 눈의 겉모양 만들기

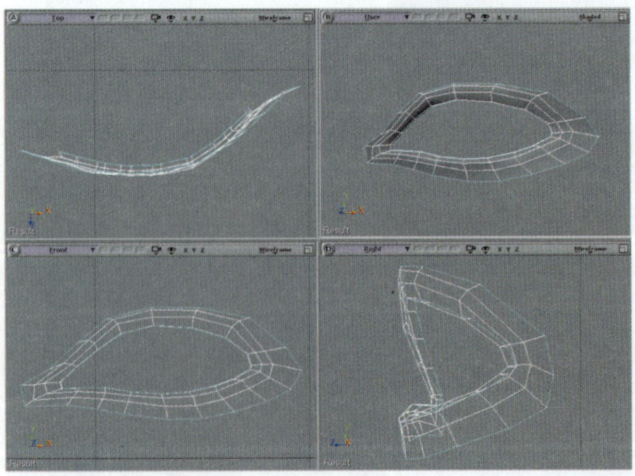

그림 5-3

3 Edge 복사 / 이동 : 얼굴 외곽 형태 만들기

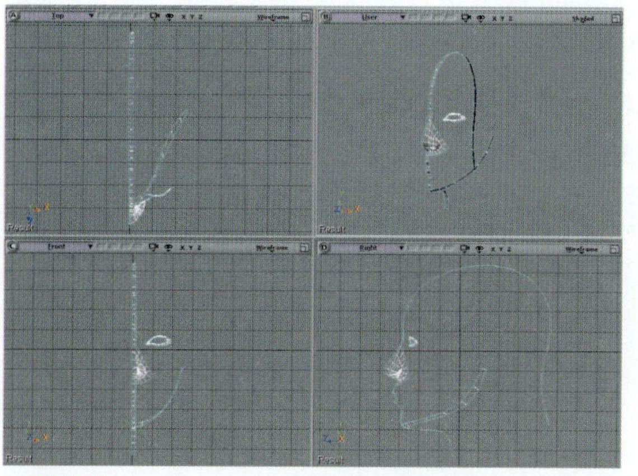

그림 5-4

4 Clone 복사 : 대칭 구조 모델링 작업할 때 반대쪽 형태 변화에 대한 확인을 위해 Clone 복사 데이터를 활용한다.

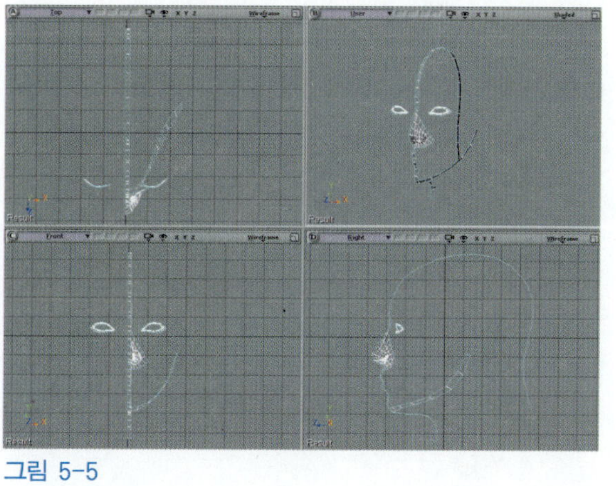

그림 5-5

5 Polygon 이동 / 생성 / Edge 생성 / 이동 : 눈, 코, 입의 형태를 만들고 이를 Component로 연결한다.

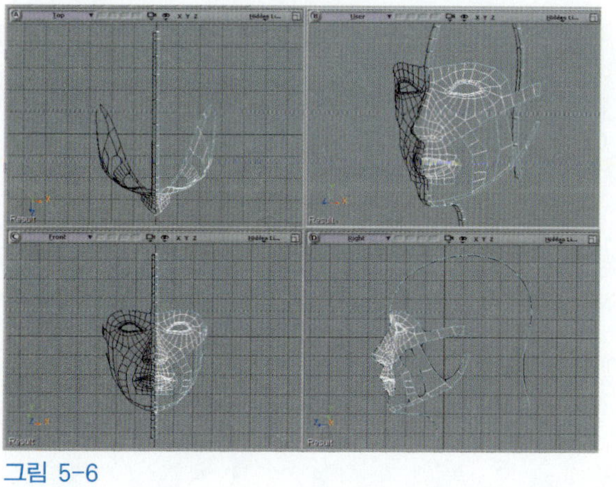

그림 5-6

6 Polygon 이동 / 생성 / Edge 생성 / 이동 : 볼과 이마의 형태를 만들고 이를 Component로 연결한다.

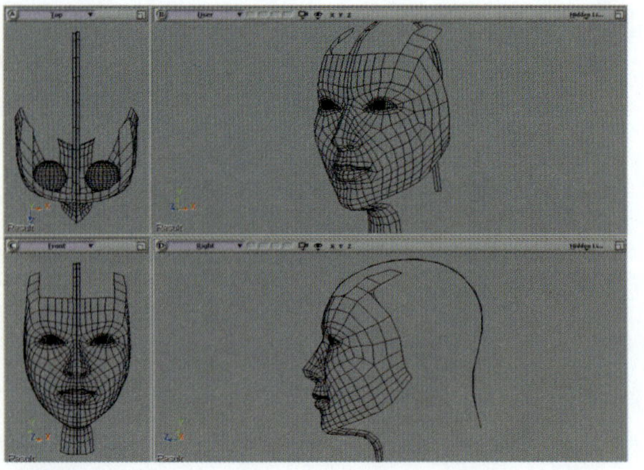

그림 5-7

7 Polygon 이동 / 생성 / Edge 생성 / 이동 : 앞머리와 뒷머리, 그리고 목 라인까지 연결되는 부분의 형태를 만들고 이를 Component로 연결한다.

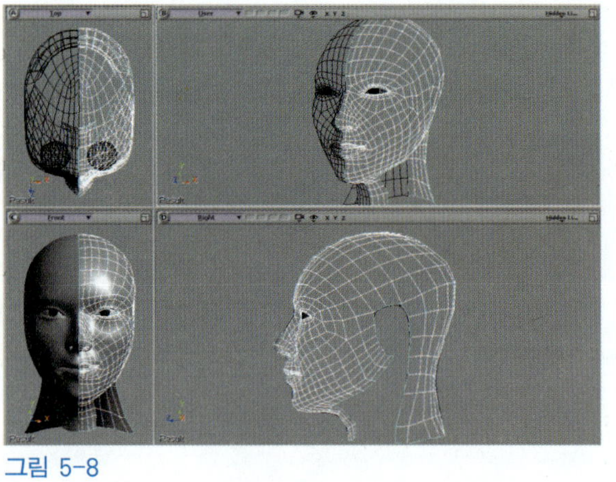

그림 5-8

8 Polygon 이동 / 생성 / Edge 생성 / 이동 : 목부터 턱으로 연결되고 귀까지 이어지도록 연결되는 부분의 형태를 만들고 이를 Component로 연결한다.

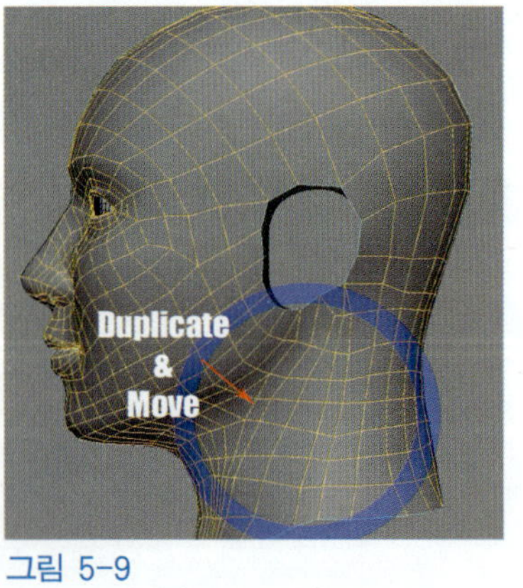

그림 5-9

9 Component 생성 : Polygon 생성, Edge 이동, 복사, Point 이동을 통해 귀의 모양을 만들도록 한다. Face의 Polygon 면으로부터 Extrude해서 작업을 해도 되고 따로 제작해서 Merge를 해도 된다.

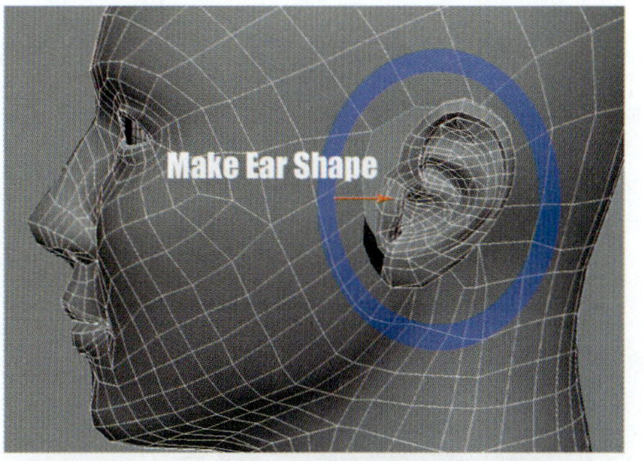

그림 5-10

10 Merge Object : 생성된 Ear object를 기존의 Face와 Merge시키도록 한다.

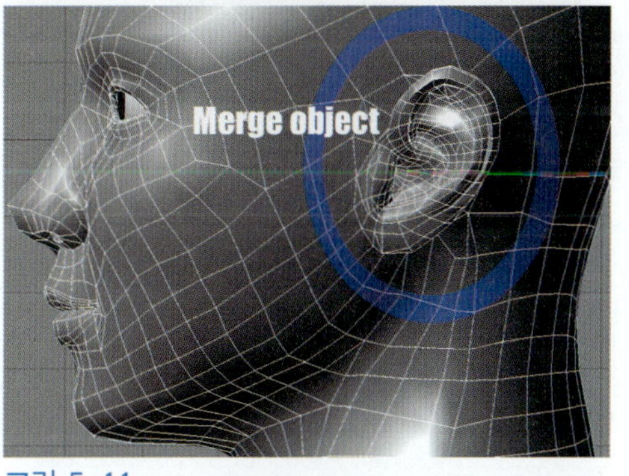

그림 5-11

11 Move Component : Original object의 Point, Edge, Polygon의 이동을 통해 보다 Concept와 비례에 맞도록 Shape 편집 작업을 하도록 한다.

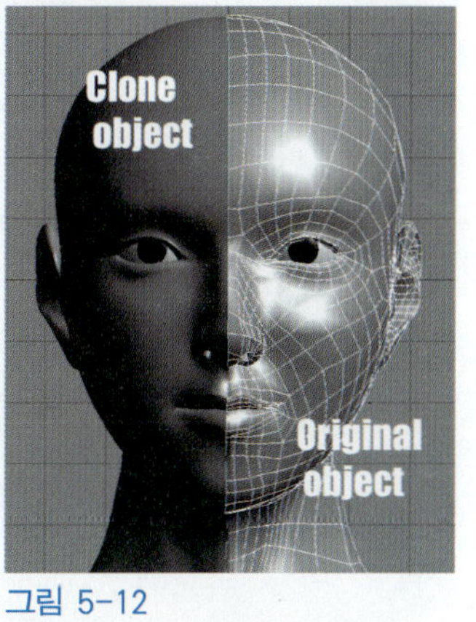

그림 5-12

12 Grid 생성 : Grid를 꺼내어 머리카락의 한 형태를 만드는 필요한 만큼의 Size를 제작한다.

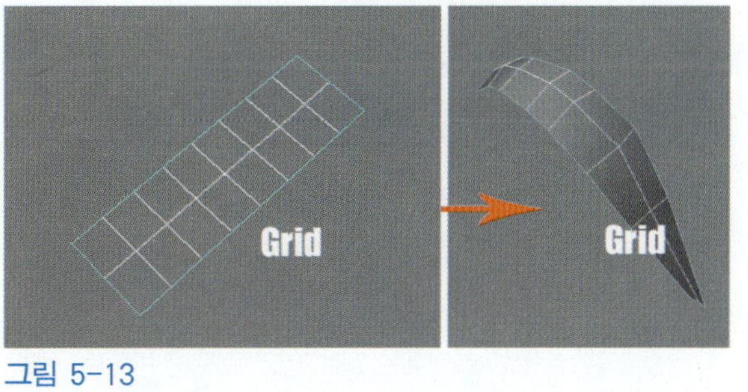

그림 5-13

13 제작된 Hair Grid 이동 : Face의 위치와 형태에 맞도록 위치 이동

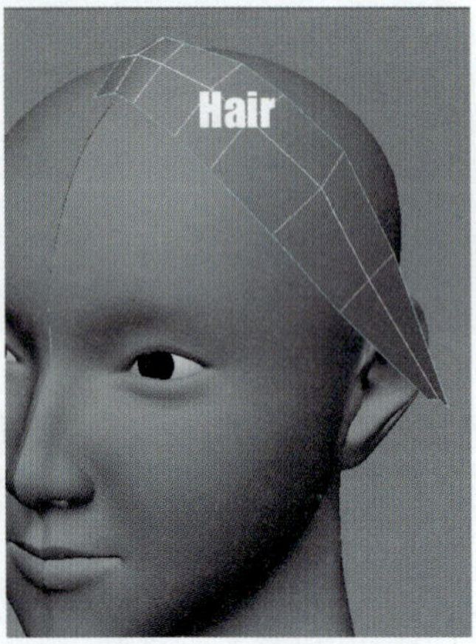

그림 5-14

14 Object Duplicate : 선택한 머리카락의 Object를 복사하여 배치한다.

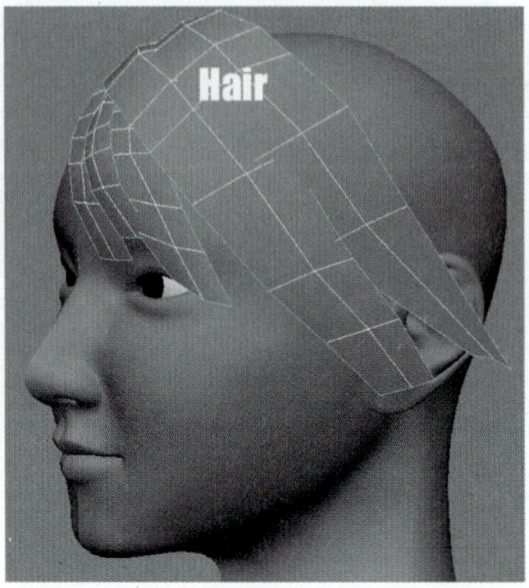

그림 5-15

15 Object Duplicate : 선택한 머리카락의 Object를 복사하여 배치를 완성한다.

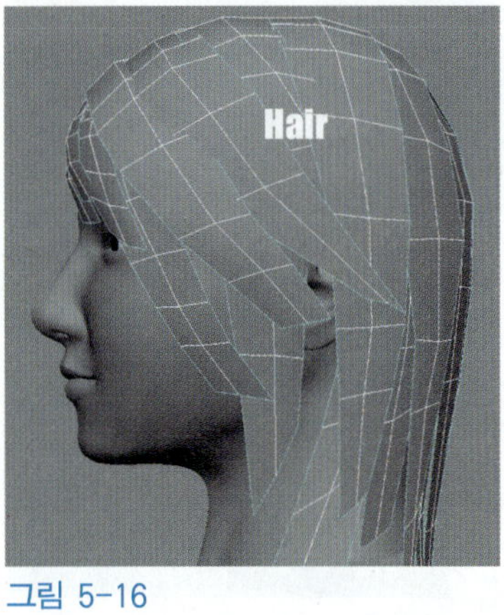

그림 5-16

16 Hair 완성 확인

그림 5-17

17 Grid(걸눈썹 만들기) : Grid를 하나 꺼내어 눈썹의 형태를 만들고 위치시킨다. 보통 눈썹은 Map으로 처리할 수가 있는데, 더욱더 Reality를 살려서 실제 눈썹과 같이 Hair를 적용하여 제작할 때는 이렇게 따로 눈썹의 모양을 제작하여 작업하기도 한다.

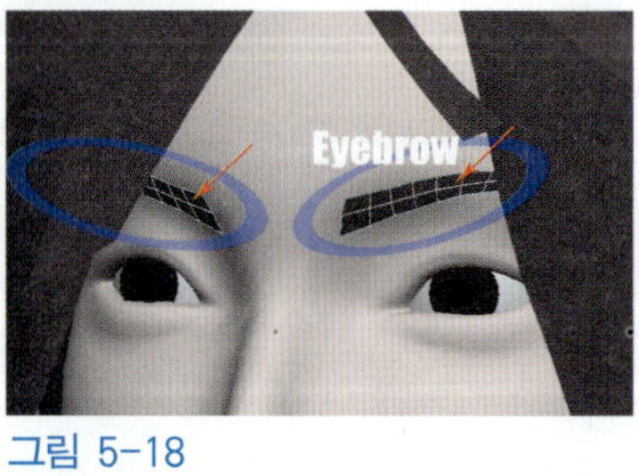

그림 5-18

18 Grid(눈썹 만들기)

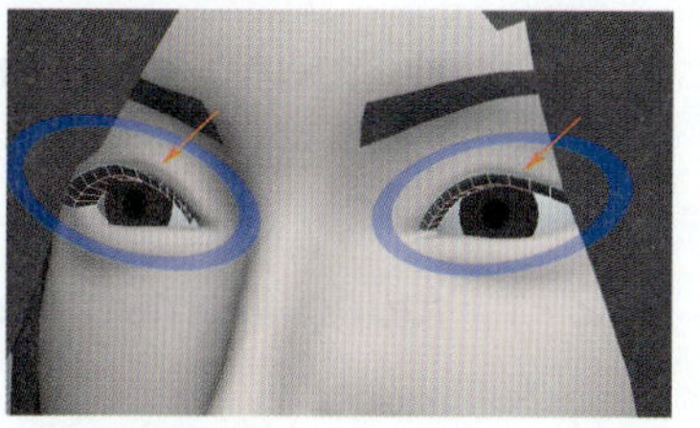

그림 5-19

19 Move Component : 전체적인 형태의 수정을 하도록 한다.

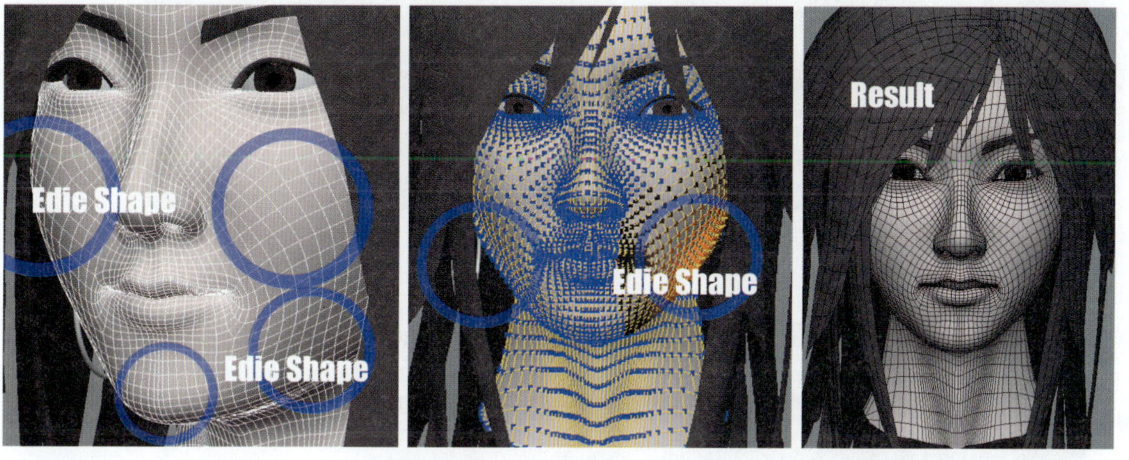

그림 5-20

20 Render Region : 결과 확인

그림 5-21

5-2 Young Woman Hand & Foot Modeling

5-2-1 Young Woman Hand 만들기

1 Hand Balance

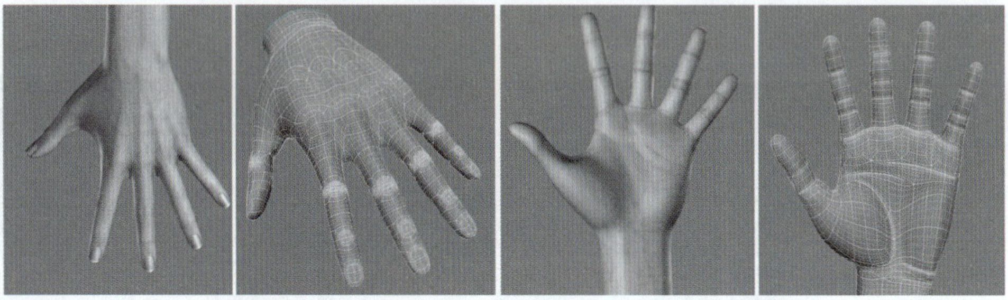

그림 5-22 여자 핸드 구조

2 Cube : 손가락 모델링을 위한 Cube를 하나 꺼내서 Polygon 모드로 전환한다.

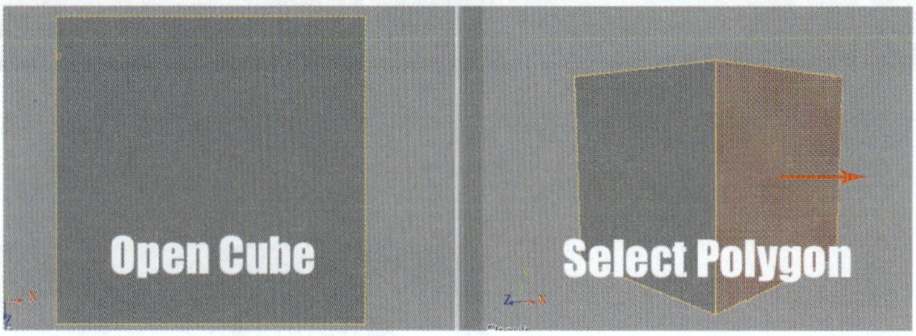

그림 5-23

3 Polygon 면 복사 / 이동 : 손가락 모양의 크기만큼 Polygon을 복사 이동한다.

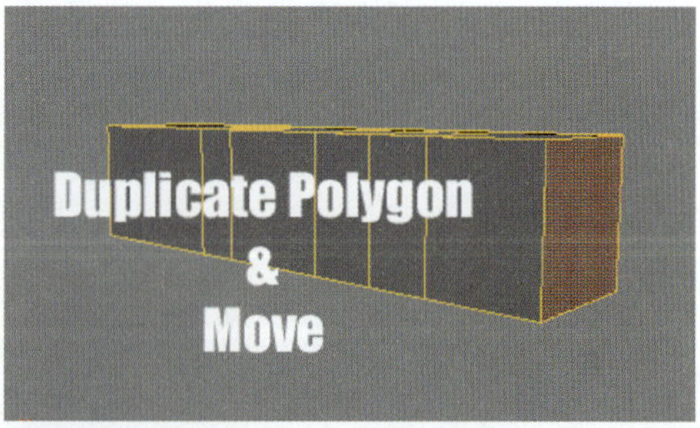

그림 5-24

4 손가락 모양 다듬기 1 : Move Point를 기능을 이용하여 손가락 외곽 형태를 잡아준다.

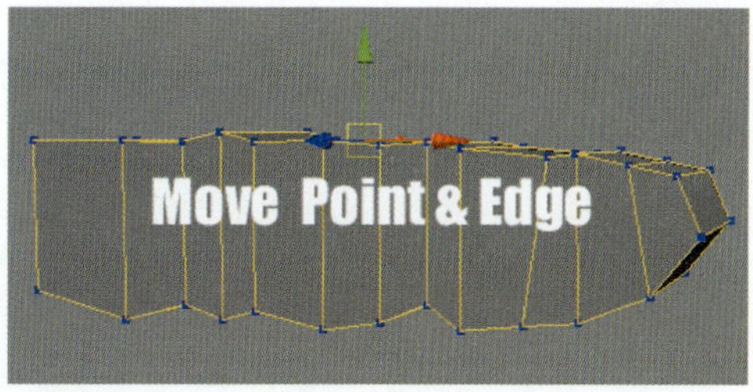

그림 5-25

5 손가락 모양 다듬기 2 : Edge의 Scale 기능을 활용하여 각진 외곽 모서리 부분을 다듬어 준다.

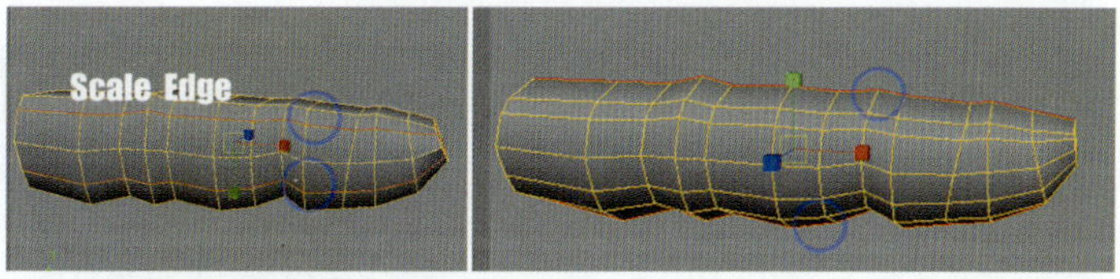

그림 5-26

6 Polygon 복사 : 손가락 마디 부분의 위 모양과 손톱을 이루는 부분에 대해 Polygon 복사 및 Scale 작업을 반복해주도록 한다.

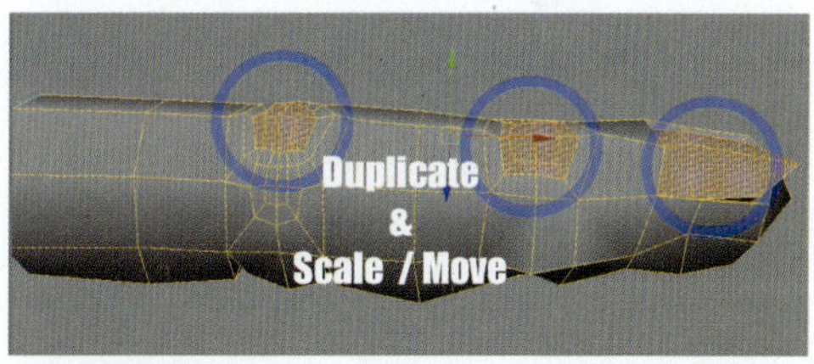

그림 5-27

7 Edge 생성 / 이동 : Edge 추가 생성 및 이동을 통해 손가락 밑 부분에 대해 Component 수를 추가하여 모양을 잡아주도록 한다.

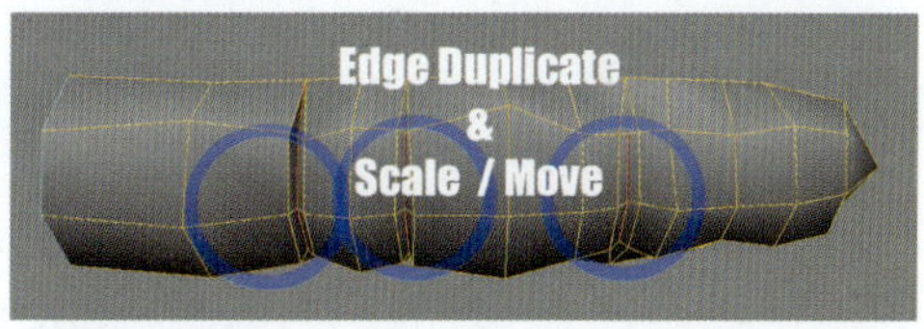

그림 5-28

8 Subdivision Object : Cube 형태의 손가락 Object를 [+] 기능을 이용하여 Subdivision을 주도록 한다.

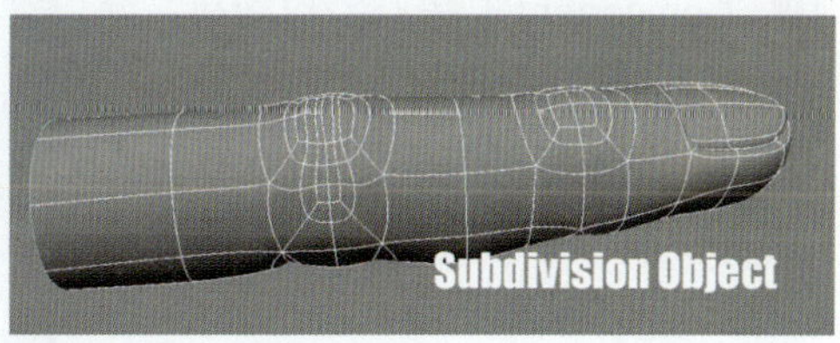

그림 5-29

9 Duplicate object : 손가락 Object를 복사하여 5개의 손가락 개수를 만든다.

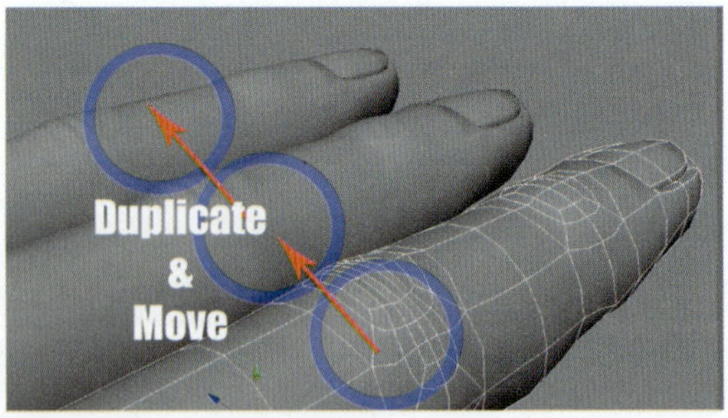

그림 5-30

10 Cube open(손등 만들기) : Cube를 꺼내서 손가락 개수에 맞도록 분할한 다음 모양을 다듬어 준다.

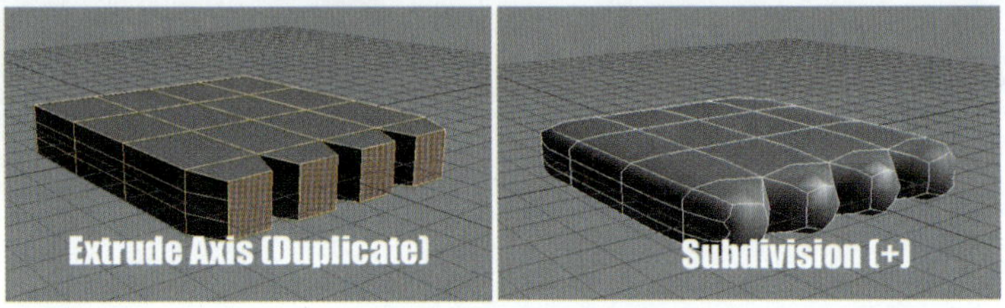

그림 5-31

11 Merge : 손가락 5개와 손등(Cube) Object를 Merge 한다.

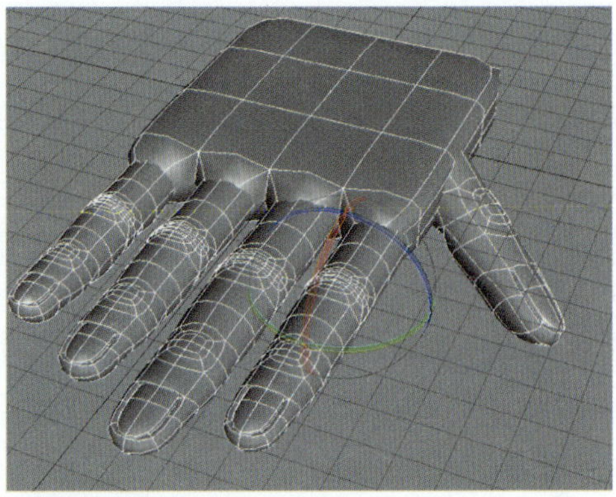

그림 5-32

12 Component 이동 / 추가 / 삭제 : 손 모양 다듬어 주기

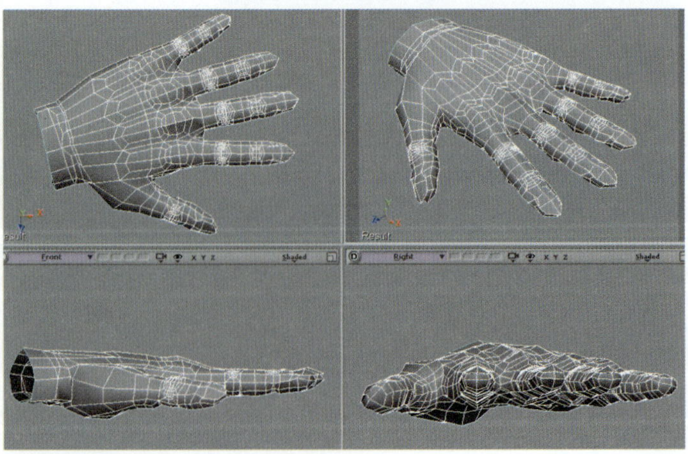

그림 5-33

13 Hand 최종 결과 확인

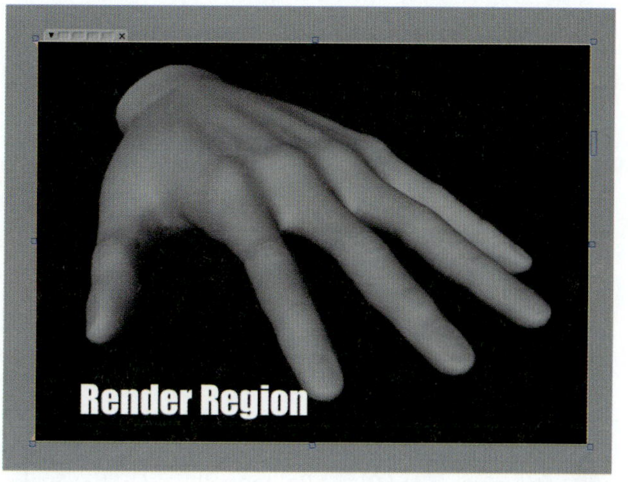

그림 5-34

5-2-2 Foot Anatomy

1 Foot Balance

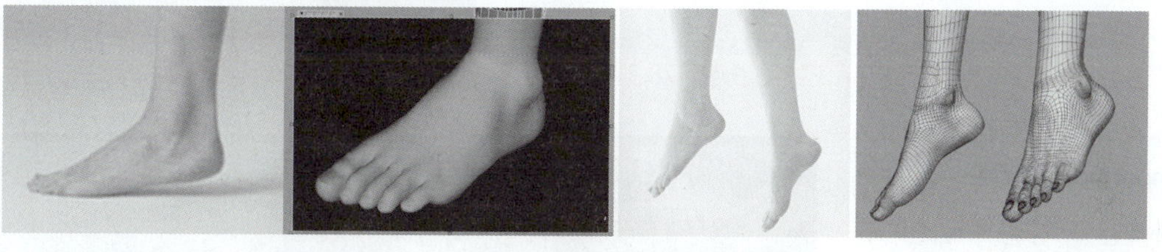

그림 5-35 여자 다리 비례

2 Polygon 선택·복사·이동 : 발등과 발목을 만들려고 Polygon 복사하고 이동을 한다.

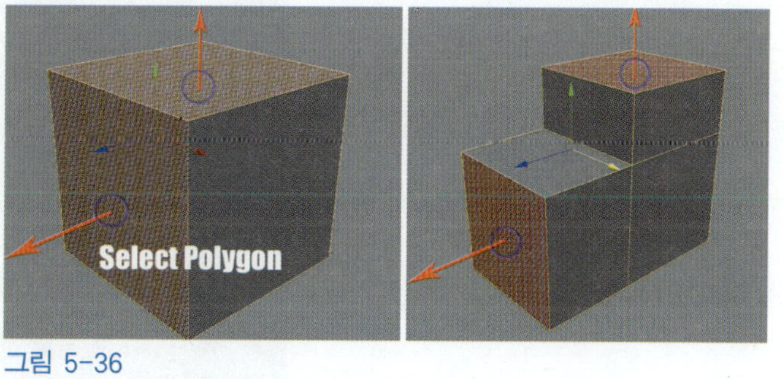

그림 5-36

3 Polygon 복사 이동 및 Point 이동 : 발의 전체적인 모양을 만든다.

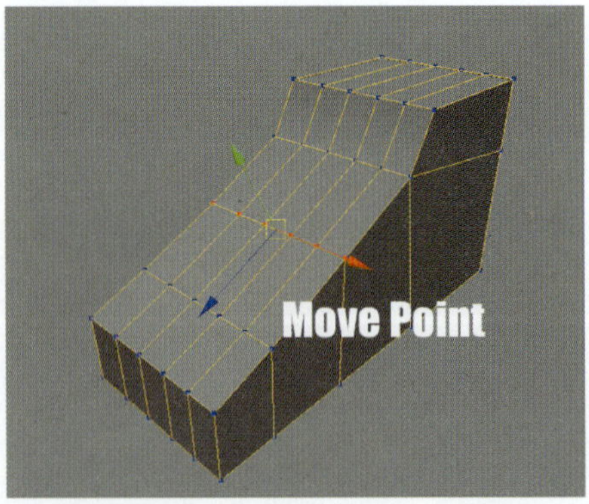

그림 5-37

4 Polygon 복사/이동 : Polygon의 복사 및 Scale and Move를 이용하여 발가락의 형태를 다듬어 나가도록 한다.

그림 5-38

5 Component 이동/수정 1 : 발의 전체적인 모양을 다듬어 주도록 한다.

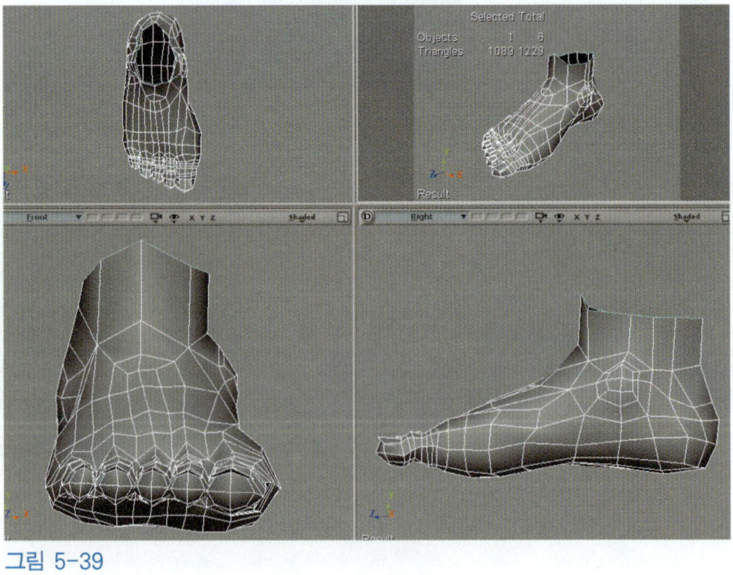

그림 5-39

6 Component 추가 / 이동 / 삭제 2
: 발의 모양을 좀 더 섬세하게 다듬는 데 필요한 Edge와 Polygon을 추가시켜서 작업한다.

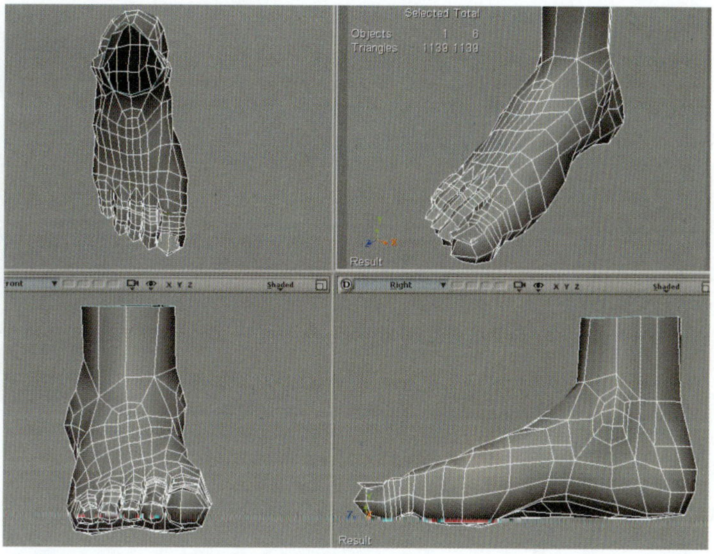

그림 5-40

7 Component 추가 / 이동 / 삭제 3 : 발의 모양을 좀 더 섬세하게 다듬는 데 필요한 Edge와 Polygon을 추가시켜서 작업한다.

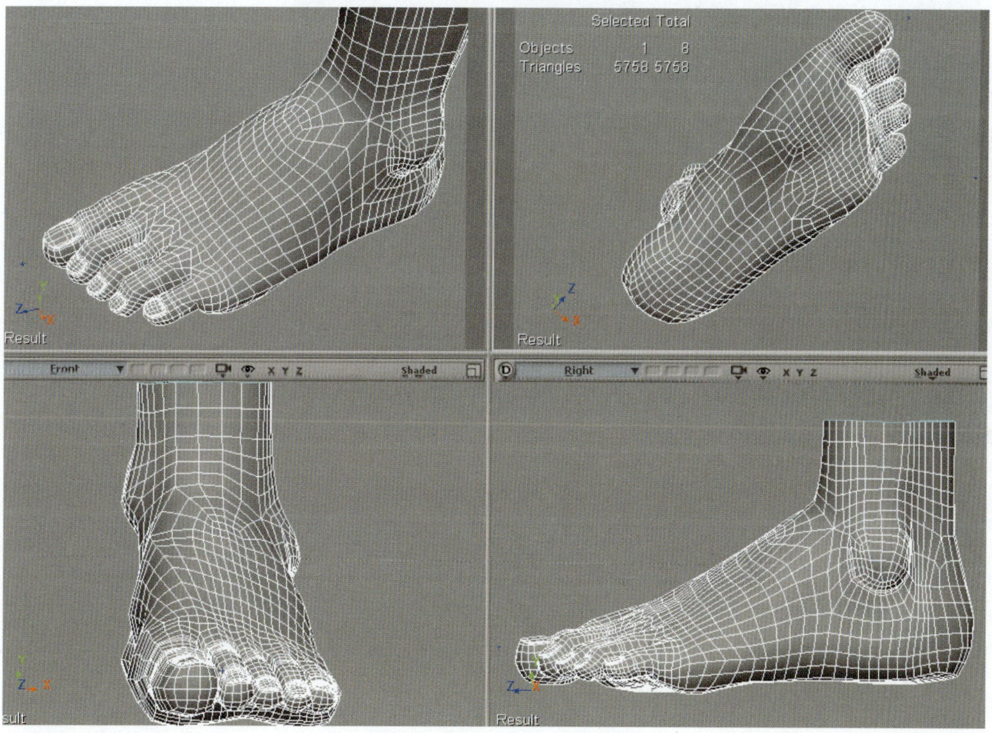

그림 5-41

8 최종 확인

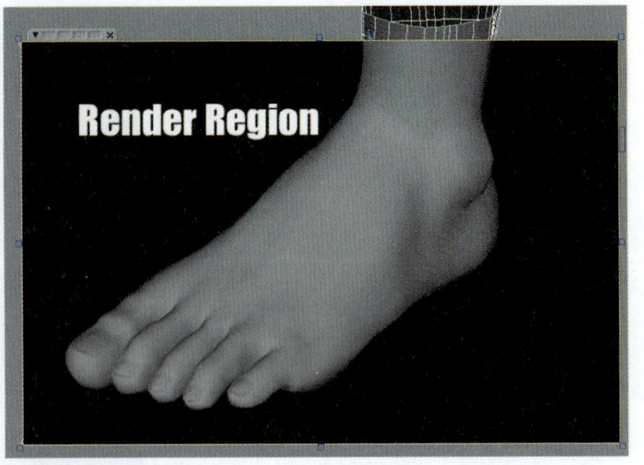

그림 5-42

5-3 Young Woman Body Modeling

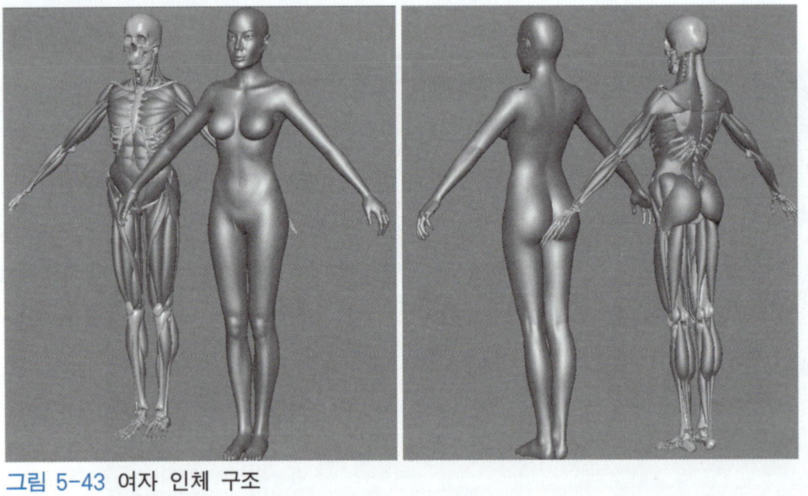

그림 5-43 여자 인체 구조

1 Woman Body Balance

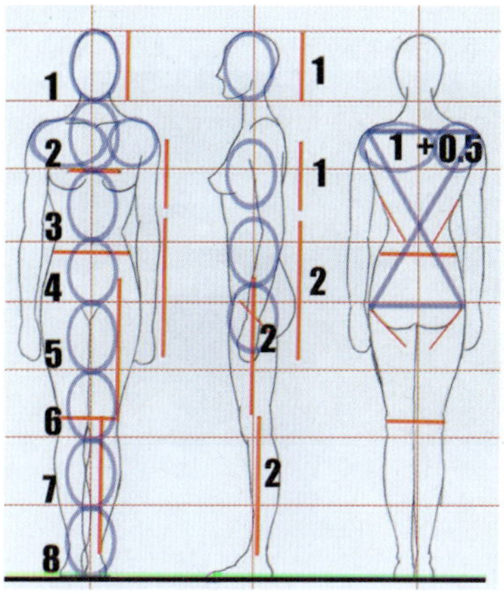

그림 5-44 여자 인체 비례

2 Body Basic Shape : Primitive 〉 Poly mesh 〉

Cylinder를 꺼내서 Body의 기본 Shape으로 사용한다.

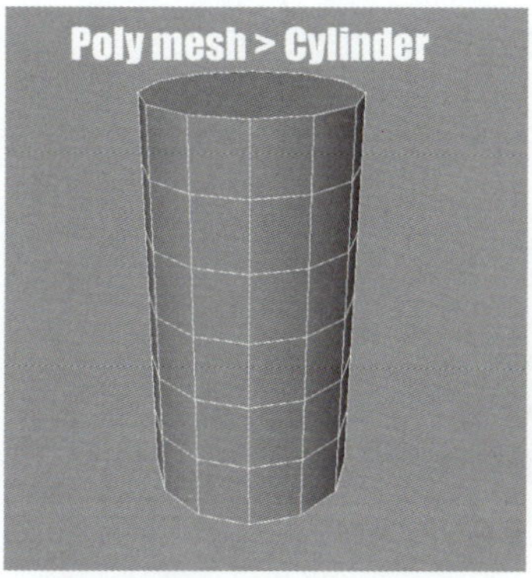

그림 5-45

3 Body 기본 형태 만들기 : Edge의 회전/스케일/이동을 통해 Body의 기본체형을 만든다.

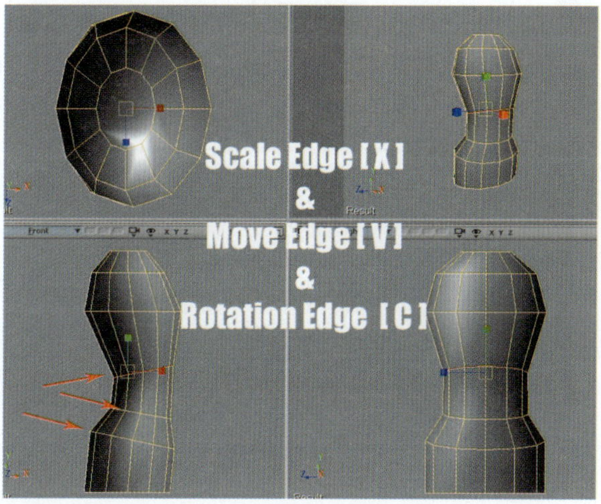

그림 5-46

4 Body 형태 만들기 : Body를 이루는 가슴과 허리 그리고 힙의 세 부분으로 나눈다.

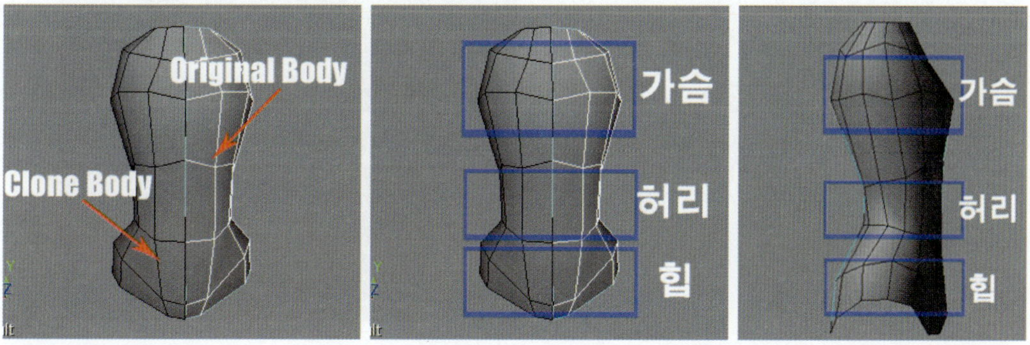

그림 5-47

5 Add Edge : 가슴과 복부의 형태를 잡아주기 위해 Edge를 추가한다.

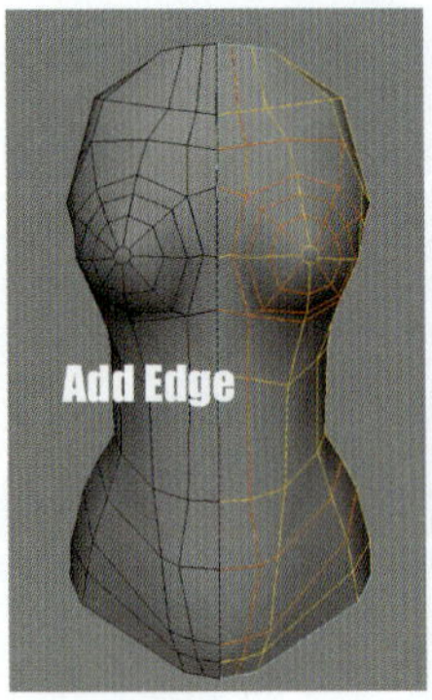

그림 5-48

6 Polygon 복사 / 이동 : Body로부터 어깨의 모양과 팔의 기본적인 형태를 잡아준다.

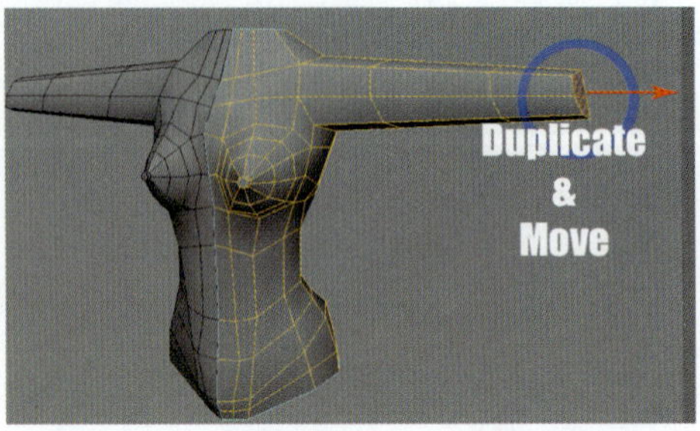

그림 5-49

7 Add Edge 1 : 팔의 모양을 다듬으려고 좀 더 필요한 Edge를 추가하도록 한다.

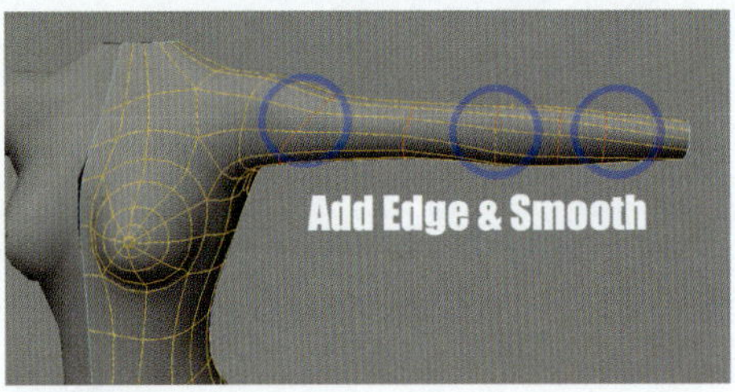

그림 5-50

8 Add Edge 2 : 팔꿈치와 어깨, 그리고 골반(힙)과 같이 좀 더 섬세한 형태를 요하는 부분에 대한 Edge를 추가하여 작업한다.

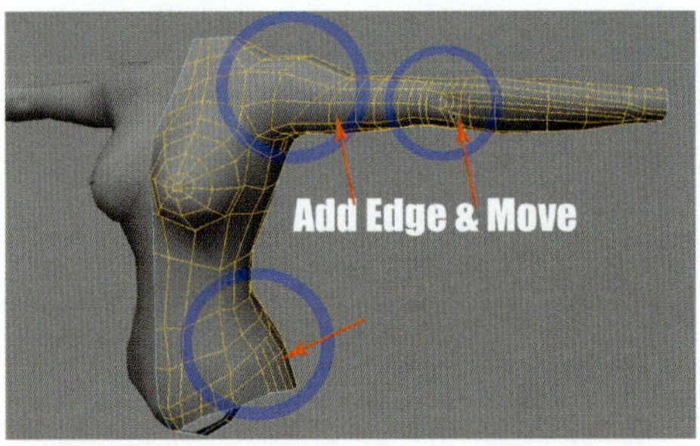

그림 5-51

9 Add Edge 3 : 겨드랑이, 가슴 아랫부분, 그리고 골반과 다리 연결 부분에 대해서도 구조상 많은 Edge가 필요하다. Edge를 추가하여 모양 다듬는 작업에 지장이 없도록 한다.

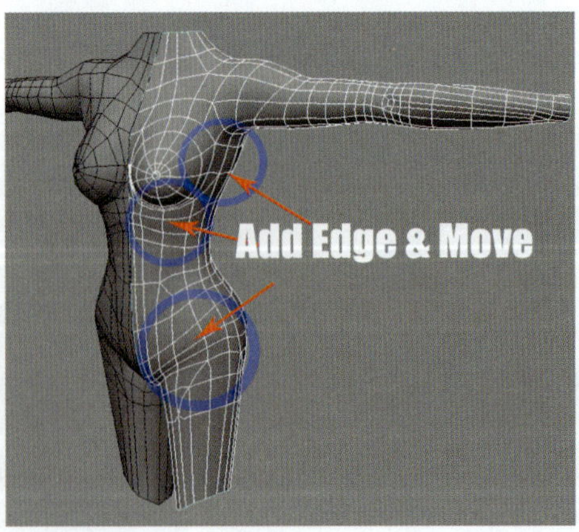

그림 5-52

10 Edge 복사 / 이동 : 하체 만드는 데 필요한 Edge 복사 이동

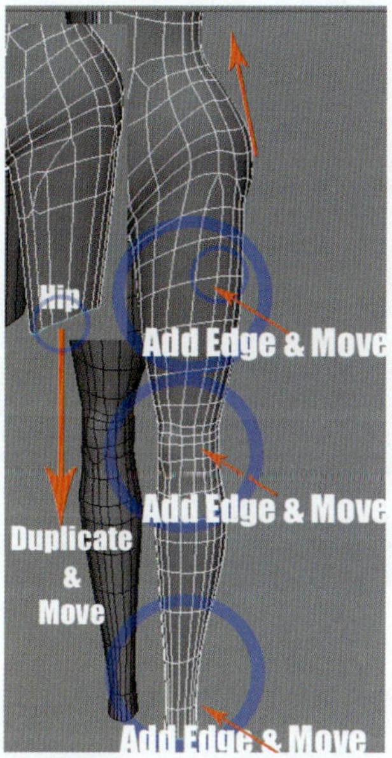

그림 5-53

11 Body 형태 중간 확인

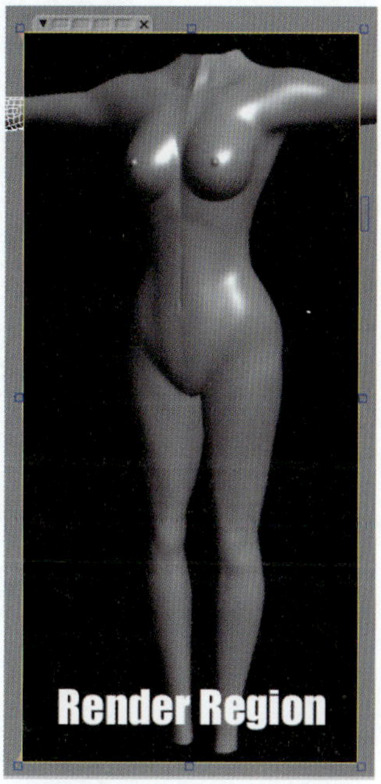

그림 5-54

12 Merge Hand & Foot : 제작된 Body와 Hand 그리고 Foot을 Merge 한다.

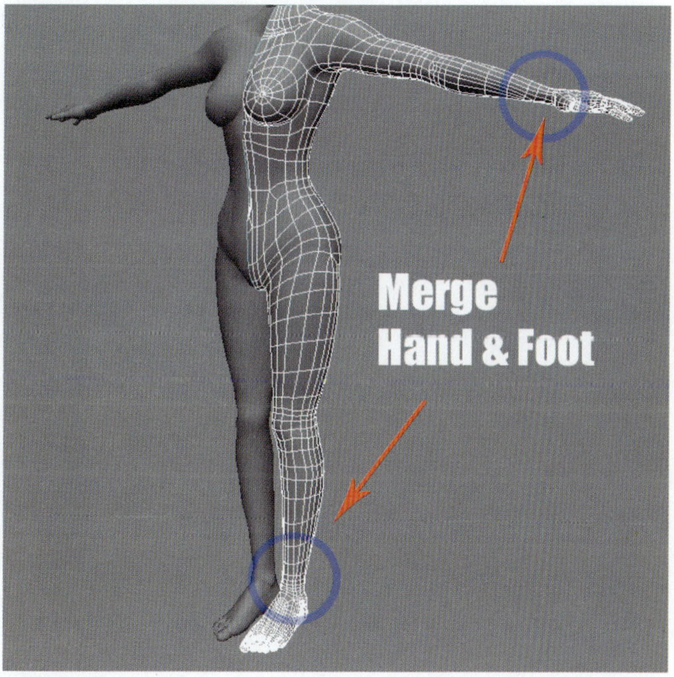

그림 5-55

13 Subdivide Poly mesh : Modify 〉 Poly mesh 〉 Subdivide Poly mesh [Shift + D]

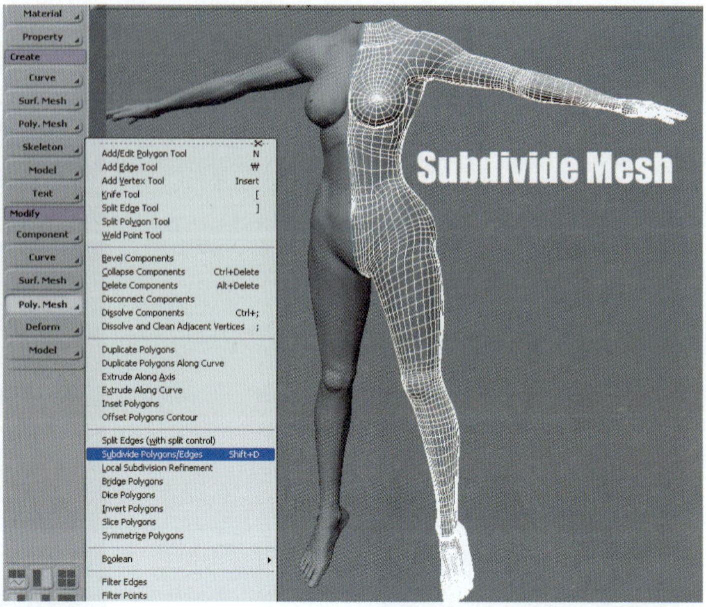

그림 5-56

14 Merge Head : Head를 Merge하여 Body에 붙이도록 한다.

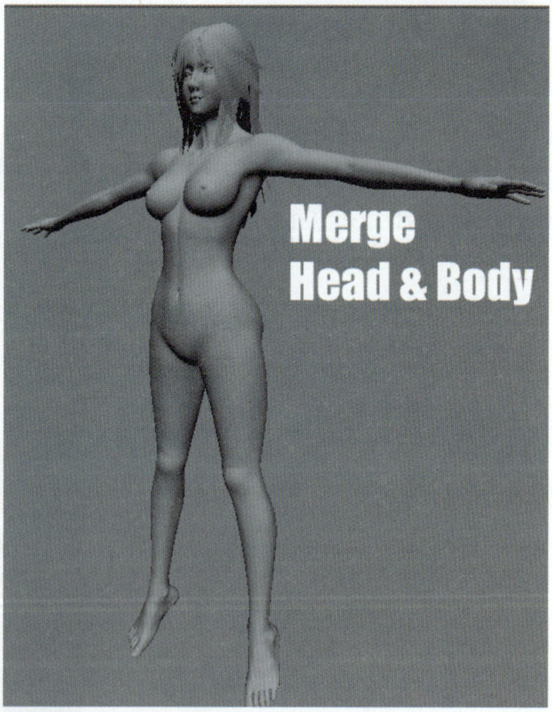

그림 5-57

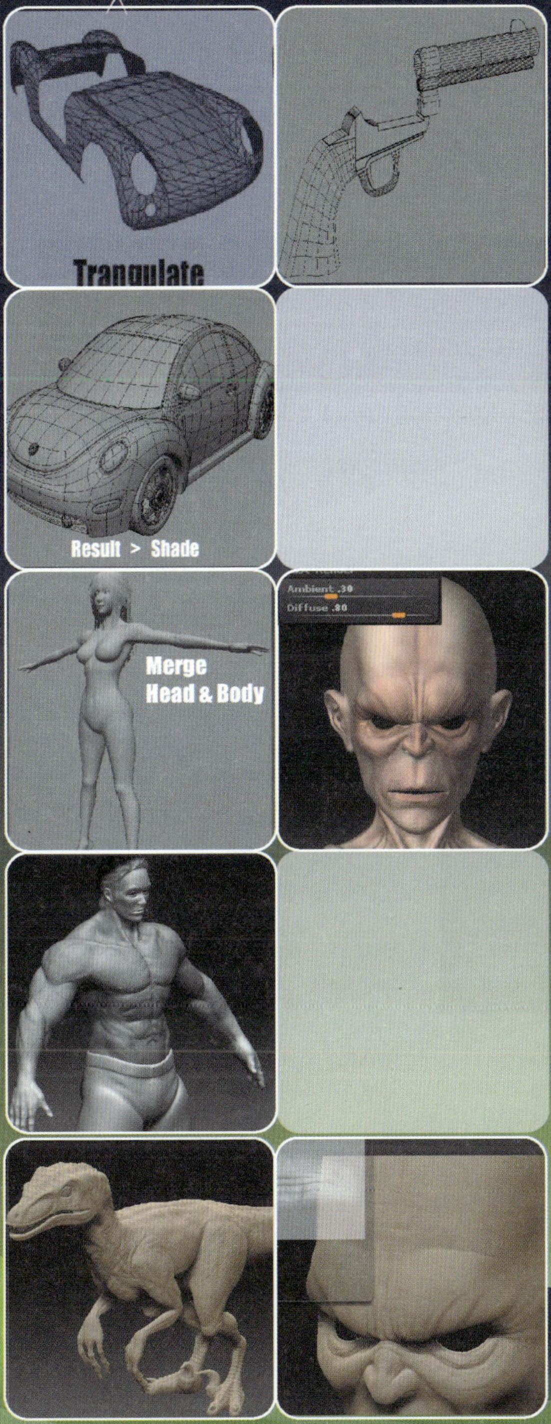

제6장 Z Brush Sculpting Interface

6-1 Interface of Z Brush

6-2 Fundamental for Z Brush

6-3 Z Brush 메뉴별 주요 기능

6-1 Interface of Z Brush

6-1-1 Z Brush에 대하여

1. Z Brush 소개

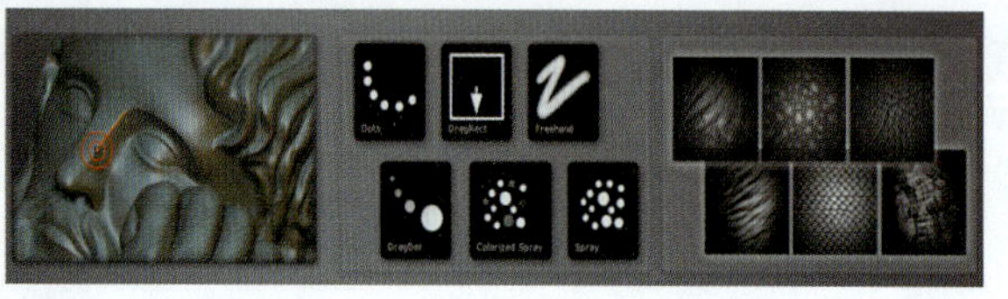

그림 6-1 Pixologic.com에서 발췌

Z Brush란과 Z축 깊이 값과 2D Brush 기능이 융합된 기능 툴로 흔히 그래픽 작업에서 Brush라 함은 Photoshop이나 Painter에서 사용하는 2D Brush를 떠올리게 되는데 이러한 2D Brush 개념에 깊이정보를 더해 줄 수 있는 기능 툴이다. 2D Brush에서 입체 Z Brush로의 전환, 즉 깊이(높이) 값을 갖는 Brush로 개념을 전환해주는 새로운 형태의 모델링 방식이다.

직관적인 자유도와 다양한 형태의 Brush 형태(User가 직접 제작이 가능한)를 사용하여 정밀하고 세밀한 형태의 모델링을 쉽게 작업할 수 있는 것이 가장 큰 장점이라고 할 수 있다. 하나의 Brush라 하더라도 힘의 조절을 통해 때론 부드럽게 때론 거친 표현도 능수능란하게 표현할 수 있는 점도 Z Brush 기능 중에 눈에 띄는 부분 중 하나이기도 하다.

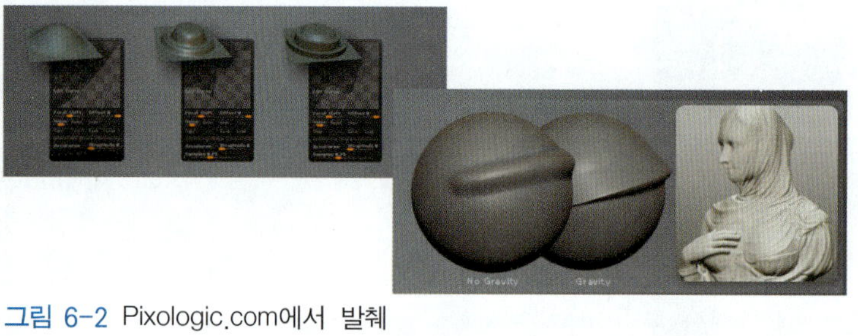

그림 6-2 Pixologic.com에서 발췌

이러한 기능과 원리를 바탕으로 마치 그림을 그리듯이 3차원 모델링을 할 수 있도록 한다. 그러므로 기존의 SOFTIMAGE나 MAX, MAYA와 같이 3차원 Object의 Segment(점, 선, 면)를 기반으로 모델링을 제작하던 일반적인 환경에서는 거의 충격으로 다가왔던 것도 사실이었다. 컴퓨터에 두려움을 가지는 일부 아티스트들에게 마우스를 잡게 만든 결정적인 계기를 준 것도 사실이다.

그림 6-3 Pixologic.com에서 발췌

자 그럼 지금부터 Z Brush의 매력에 빠져보도록 하자.

2. Pixol(픽솔)

그래픽 특히 2D 그래픽에서의 기본 단위를 Pixel이라고 한다. 즉 컴퓨터상에서 어떠한 이미지를 표현하는 데 사용되는 최소화의 단위를 Pixel이라고 한다. 때문에 어떠한 결과 이미지에 대해 Pixel의 사용량이 많은 경우를 고해상도의 이미지라고 하고, Pixel의 사용량이 적은 경우를 저해상도 결과라고 한다. 다시 말해 이러한 Pixel의 수를 많이 가진 이미지일수록 고해상도의 정밀한 이미지 표현을 할 수 있다는 얘기가 된다. 하지만 해상도(Resolution)가 높을수록 이미지가 깨끗하고 선명해 보이지만 그만큼 기본 단위 내에 포함되는 데이터의 양이 많아지므로 그만큼의 메모리의 전산 능력이 요구되므로 컴퓨터의 속도에 영향을 미치게 된다.

3차원 작업에서는 이러한 부분이 더욱 강조된다. 특성상 하드웨어의 영향력을 많이 받는 산업분야인 게임산업에서는 낮은 데이터양으로 높은 Quality에 회사 전체의 운명을 걸기도 한다. 그래서 현재 게임회사의 대부분은 3차원 작업과 함께 2.5D인 Z Brush 작업을 병행하고 있다.

애니메이션 작업에서도 마찬가지로 섬세한 형태작업을 Segment의 변형만으로는 부족한 경우가 많다. 그러므로 역시 섬세한 부분의 작업에는 Z Brush가 사용된다. 제작 분야, 제작방식에 따라 그 각각의 목적과 환경에 맞는 효율적인 해상도 작업을 하는 것도 중요한 기술적 능력의 한 부분이라고 말할 수 있다. 이렇게 콘텐츠 제작 분야에 널리 활용되는 Z Brush의 기본 단위는 Pixol이다. Z Brush라는 툴을 만든 회사인 Pixologic(Pixol+logic)이라는 이름에서도 볼 수 있듯이 Pixol이라는 개념의 이해는 Z Brush 이해의 시작이라 해도 과언이 아닐 정도로 중요한 부분이다.

그렇다면 Z Brush에서 사용되는 기본단위인 Pixol이란 무엇인가?

흔히 Pixel은 2D 평면상에의 작업환경이 주를 이루기 때문에 평면작업, 즉 X축(좌/우 방향)과 Y(위/아래 방향)축으로 이루어지는 평면에서 작업이 이루어진다. 그러나 Z Brush는 이러한 평면 작업에서 Z축(깊이=높이)으로의 방향성도 존재하고 있다. Z축이 존재한다는 것은 흔히 3차원 공간

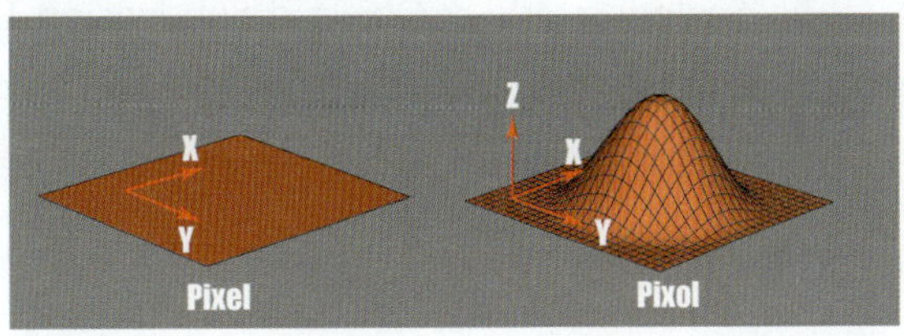

그림 6-4

이라고 한다. 그러나 Z Brush는 완전한 3차원 공간상에서의 작업환경도 아니고, 그렇다고 Z축의 방향성이 존재한 가운데 작업이 가능하기 때문에 2.5D라고 표현한다. 이때 X축, Y축, Z축을 포함한 3축으로 구성되어 있지만, 2D와 3D를 넘나들 수 있기 때문에 2.5D라고 흔히들 표현을 한다.

3. 2.5D

Z Brush는 제작환경과 방향에 따라 2차원 평면 데이터와 3차원 형태의 Object를 서로 이동할 수 있다. 그래서 2.5D제작환경이라고 한다. 3차원에서는 Light의 정보와 Alpha, Material의 정보 값도 가질 수 있다.

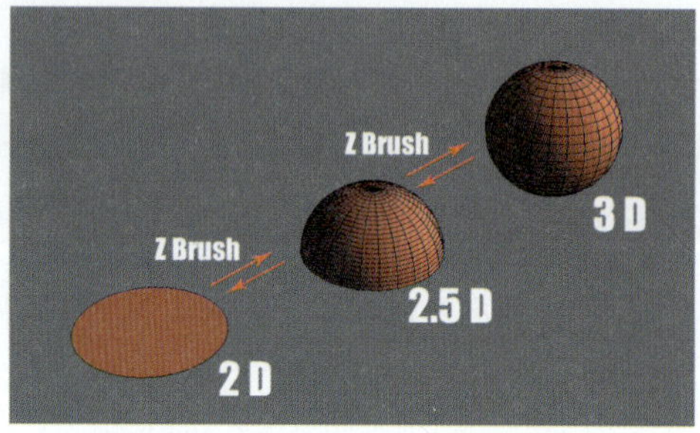

그림 6-5

4. Sculpting

Z Brush는 다양한 Brush와 Alpha, Stencil 등의 도구와 Z Add / Z sub 등의 압력 조절 기능을 통해 보다 정교하고 세밀한 모델링 작업을 수행할 수 있다. 마치 그림을 그리거나 조각을 하듯이, 또는 조형물을 제작하기 위해 찰흙을 주무르듯이 3D 작업을 할 수 있는 개념이다. Object의 Point(점), 선(Edge), 면(Polygon)의 X, Y, Z축의 좌표 값의 변형을 통해 형태를 변형하는 기존의 모델링 방식에서 전혀 새로운 형식의 제작 방법을 제시하였다. Brush 기능 안에 Pixol이라는 개념을 도입함으로써 Brush로 모든 작업을 할 수 있도록 제시한다.

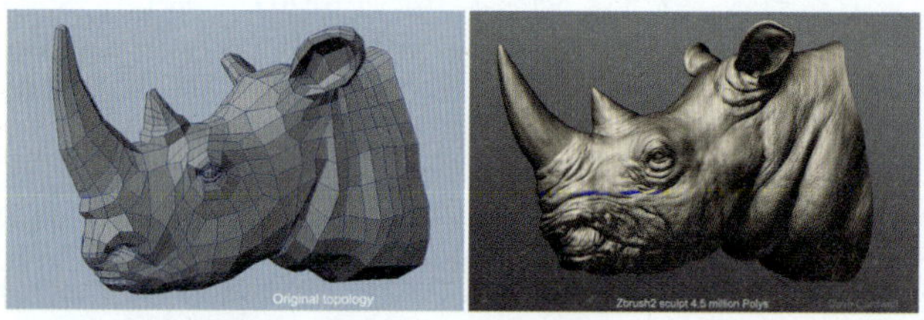

그림 6-6 Pixoiogic.com에서 이미지 발췌

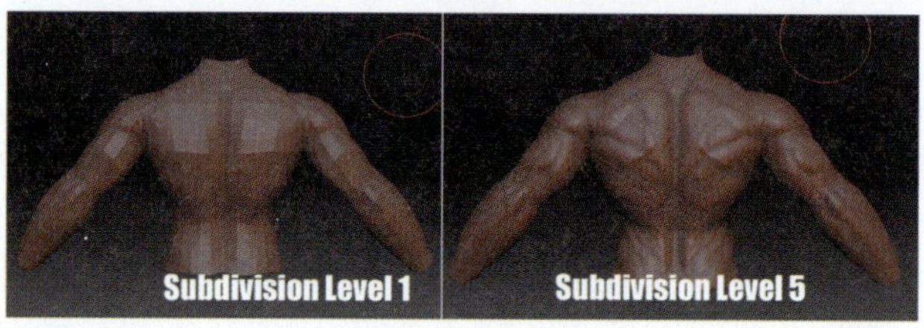

그림 6-7

또한, Sculpting 작업은 Object의 Subdivision Level에 따라 진행이 된다. 선이 굵고 형태 변형이 큰 작업은 잦은 Level에서 진행되고 보다 섬세하고 디테일한 작업은 더욱 높은 Level에서 작업이 진행된다. 그래서 보통 Z Brush 작업은 몇 단계에서 어떤 작업을 할지 미리 계획을 잡고 접근하는 것이 효율적이다.

5. Normal map / Displacement map

Normal map / Displacement map을 이해하기 전에 먼저 알아야 할 개념이 Bump map이다. Normal map / Displacement map은 Bump map의 응용하여 좀 더 사실적인 입체 Map의 형태로 제시한 제작방식이다.

(1) Bump map

그래픽에서 사용되는 Map source의 Color 값에서 white와 black의 명도 값의 차이를 이용하여 평면구성의 모델링을 마치 입체감 있는 구성요소로 보이게 Map source를 적용시킬 수 있다.

사용하는 제작 툴의 옵션 값(+ 또는 −)에 따라 white 컬러 값을 가진 Mapping 영역이 Y축을 기준으로 +Y(상향) 또는 Y(하향)하게 표현된다.

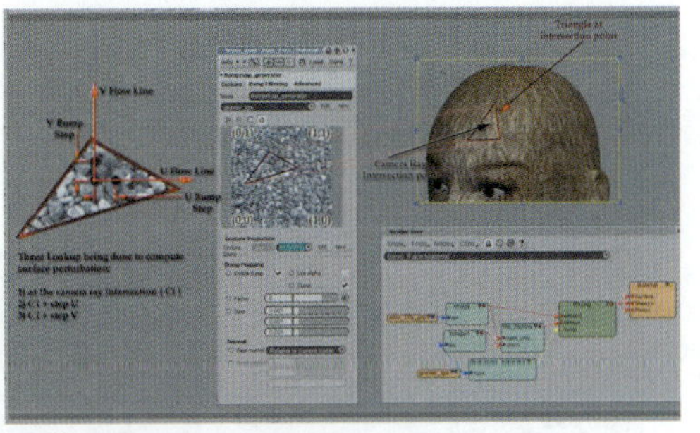

그림 6-8

wood image를 사용하여 Grid geometry에 Map을 적용했을 때 일반적인 Mapping의 결과는 다음과 같다. Rendering된 이미지 결과는 일반적으로 볼 수 있는 평면 느낌의 단순한 결과에 불과하다. 이 결과를 그래도 게임에 적용한다면 데이터의 양은 현저히 줄일 수는 있으나 그 현실성과 reality는 상당히 평범해진다.

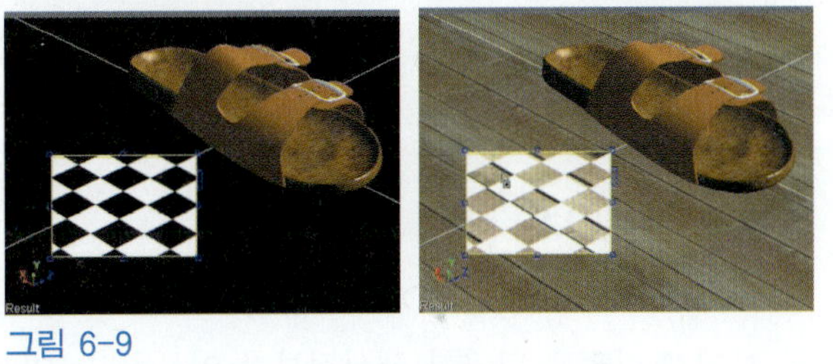

그림 6-9

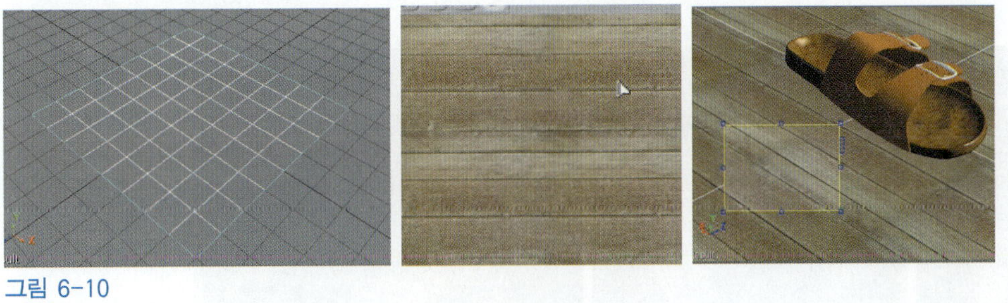

그림 6-10

그렇다면 wood image에 있는 white와 black의 명도 값의 차이에 의해 bump map 기술을 적용한 후의 결과를 확인해 보도록 하자.

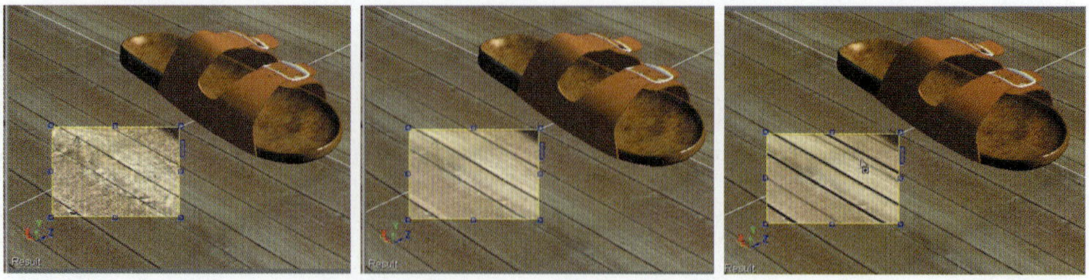
그림 6-11

이러한 원리를 이용하여 단순한 흑백의 이미지만으로 마룻바닥에 떨어진 물방울의 흔적을 표현할 수 있다.

그림 6-12

(2) Normal Mapping

Normal Mapping은 3D Object의 표면을 구성하는 Normal의 정보를 눈속임하여 돌출된 입체 표면으로 보이게 하려고 다양한 색상정보를 이용한다. 이때 3D Object의 외곽형태는 아무런 변화를 주지 않지만 놀라울 정도의 사실적인 깊이를 표현하는 데 있어 새롭게 적용되는 Mapping 기술이다.

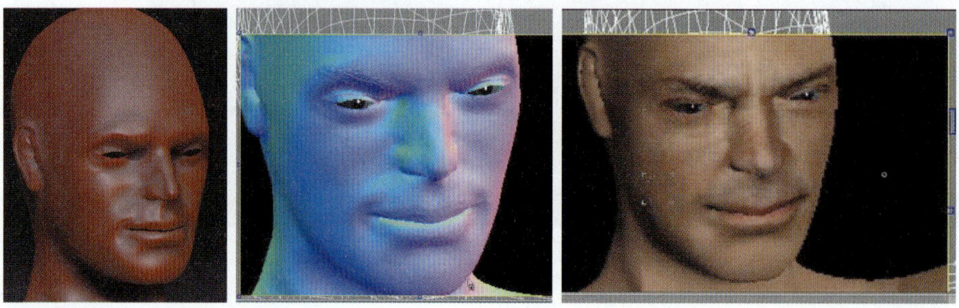
그림 6-13

다음은 Low Polygon 3D Object data를 High Resolution data로 변화시키는 작업이다. 모델링을 통해서가 아니라 Z Brush에서 추출한 Z map source를 활용한 결과이다.

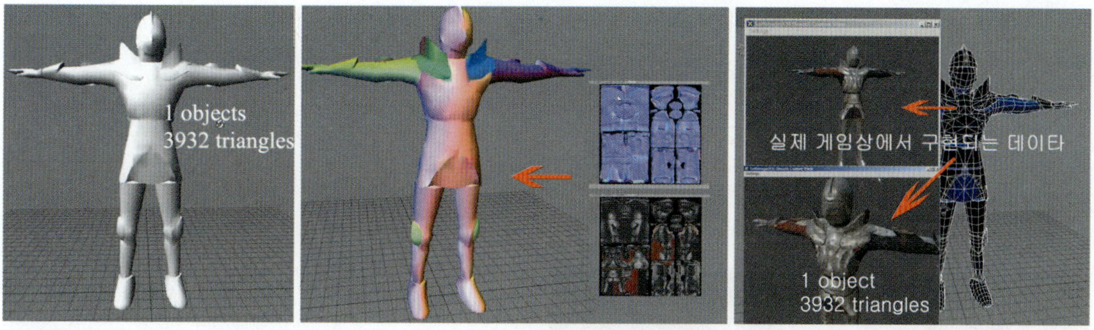

그림 6-14

Normal map은 3D상에서 Visual의 입체감을 살린 가상의 기술이지만 3D상에서 가장 중요한 Light의 변화에도 아주 민감하게 반응을 한다.

그림 6-15

(3) Displacement map

Displacement map은 Normal map의 진보로 인한 결과이다. 즉 Normal의 사용에서 오는 단점을 보완하면서 거의 완벽에 가까운 Z map의 결과를 제시해준다. 하지만, 그러한 원인 때문에 Normal map보다 처리되는 data는 훨씬 많아지게 된다. Normal map의 단점은 바로 Rendering시 처리되는 Object의 가장자리 부분의 미흡함이다. 즉 Camera의 이동에 따른 실시간 Render에서 가장자리 부분은 Z Map의 적용 효과가 나타나지 않는다. 즉 Object의 변형이 일어나지 않는다. 하

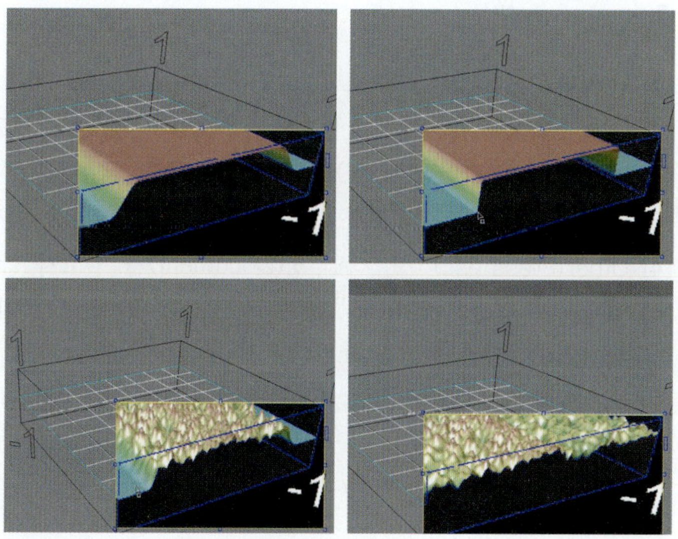

그림 6-16

지만, Displacement map을 적용하게 되면 Object 표면 자체의 변화가 나타나기 때문에 Camera의 어떠한 각도에서도 완벽히 Bump map의 효과가 나타난다.

6-1-2 Z Brush 실행

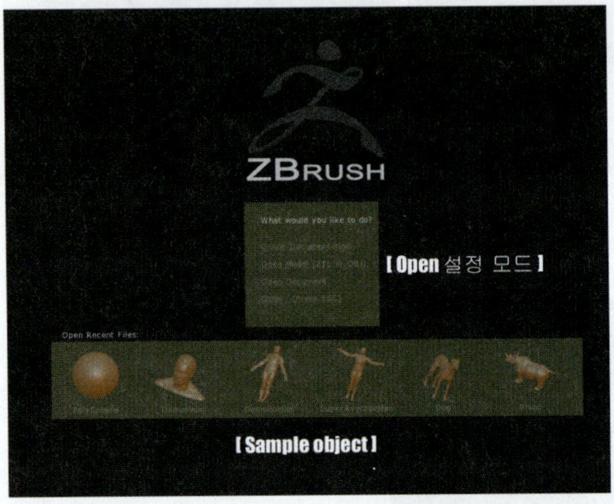

그림 6-17

처음 Z Brush 프로그램을 실행하게 되면 Open 설정 모드가 나온다. 이때 Open 설정모드에서 원하는 작업 형태를 선택한다.

Open made

[1] Online Document : 온라인상에 연결하고자 할 경우에 실행

[2] Open Model(ZTL, OBJ) : 저장된 Z Brush 3차원 데이터 파일(*.ZTL)이나, 다른 프로그램에서 제작된 공용 데이터파일(*.OBJ)을 불러오고자 할 경우 실행

[3] Open Document : 저장된 Z Brush의 이미지 파일을 불러오고자 할 경우 실행

[4] Other(Press esc) : 빈 작업 창(Document)을 열고자 할 경우 실행

[5] Sample object : Z Brush 고유의 사용 가능한 Sample 데이터를 화면상에 띄우고자 할 경우 6개의 이미지 중 하나를 선택한다.

6-1-3 Z Brush 기본화면 구성

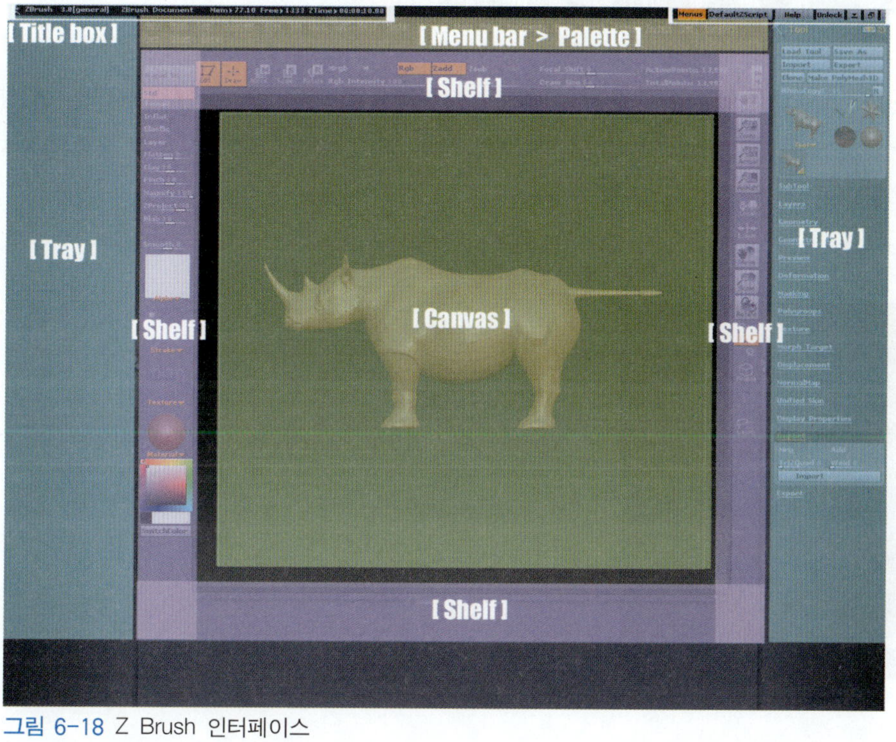

그림 6-18 Z Brush 인터페이스

주어진 Sample 데이터 중에서 코뿔소를 클릭하게 되면 다음과 같은 작업화면이 뜬다. Z Brush의 작업화면은 크게 4가지로 구분되는데, 다양한 기본 메뉴들이 Pop up 형식으로 들어 있는 [Palette] 창과 Palette에 들어 있는 기능 중에 자주 사용하거나 꼭 필요하게 사용하는 중요한 기능을 밖으로 꺼내서 수시로 활용할 수 있도록 Tool 기능을 수시로 이동 및 삭제할 수 있는 기능 창인 [Tray], 주요한 기능들로 묶여서 Default로 Setting되어 나온 [Shelf], 그리고 실제 작업이 이루어지는 화면인 [Canvas]로 구분된다. 그리고 기본적인 Z Brush 툴 정보를 알려주는 [Title box]와 Script와 Help 등의 기본 기능을 수행할 수 있는 기본적인 Menu bar들이 오른쪽 상단에 배치되어 있다.

1. Title box 1

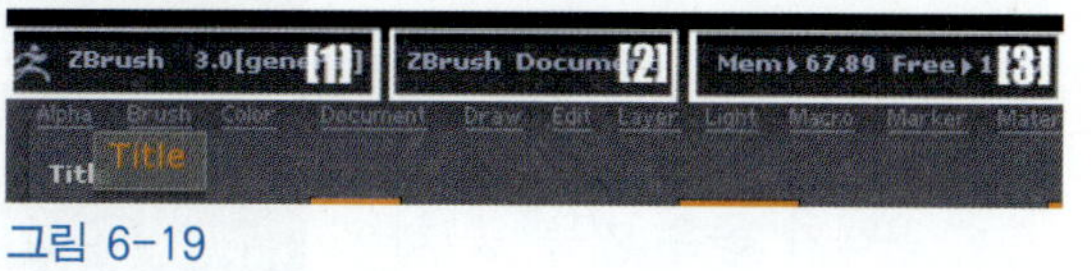

그림 6-19

[1] 현재 사용하는 Z Brush의 버전 정보를 알려준다.

[2] 현재 작업하는 Canvas(화면)의 속성 정보를 알려준다.

[3] Script 사용할 때 적용되는 Time을 알려주는 기능을 한다.

2. Title box 2

그림 6-20

[1] [Menus] : Palette 창을 보이게 하거나 안보이게 한다. Palette 기능 중 필요한 기능들은 단축키를 활용하여 Tray에 옮겨서 활용할 수 있기 때문에 작업하는 동안 Palette 창을 열어 둘 필요는 없다. 작업화면을 넓게 사용할 수 있는 기능을 제공한다.

[2] [Default Z Script] : Z Brush의 초기 Open 화면으로 돌아간다.

그림 6-21

[3] [Help] : Z Brush 기능을 사용하는 도중 잘 모르는 기능이나 적용방법에 대해 알고자 할 경우 도움을 받을 수 있도록 되어 있다. V2.0까지는 Tool 기능 내에서 Index search모드로 전환되었으나 V3.0부터는 On Line(http://www.pixologic.com/docs/index.php/Main_Page)을 활용하여 좀 더 바르고 많은 정보를 User에게 제공해주고 있다. 만약 자신이 지정한 툴 메뉴의 기능을 간단한 Text 모드를 통해 전달받고자 할 경우 명령어 위에 마우스를 올려놓고 [Ctrl] Key를 누르면 간단한 Text 모드를 통해 선택하고자 하는 툴 기능이 설명이 나타난다.

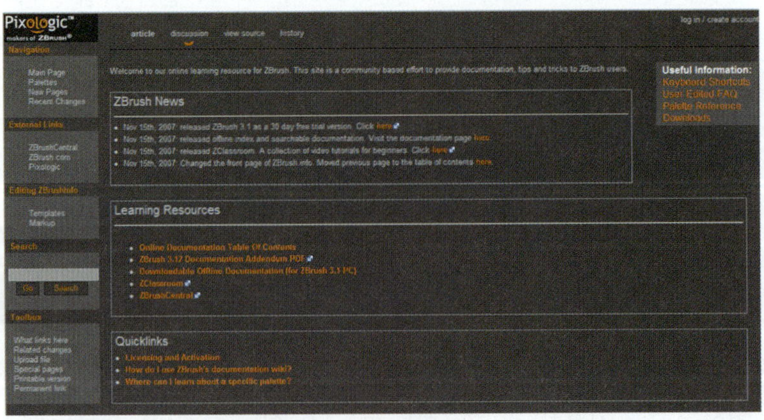

그림 6-22

Thumb nail view(경우에 따라)와 함께 비교적 상세한 설명이 되어 있기 때문에 초보자가 활용하기 좋은 기능 중 하나다. 이밖에 Z Brush에 대한 기능 및 활용에 관한 설명은 Z Script 메뉴 버튼 내에 여러 가지 존재하고 있다. Z Script 〉 Z Brush Help 〉 Help Topic이나 〉 Web access 〉 Go Z Brush.com이나 Z Brush 공식 Forum cite인 Go Z Brush Central.com에서 수준별, 기능별 카테고리에서 많은 Manual을 활용하는 방법도 있다.

[4] Load Previous User Interface Color : 변경된 화면 컬러에 대해 화면 전체의 인터페이스 컬러를 변화를 앞에서 지정한 컬러로 변경한다.

[5] Load Next User Interface Color : 변경된 화면 컬러에 대해 화면 전체의 인터페이스 컬러를 변화를 뒤에서 지정한 컬러로 변경한다.

[6] Load Previous User Interface Layout : 변경된 화면 인터페이스에 대해 화면 전체의 Layout을 앞에서 지정한 형태로 돌아가고자 할 경우 사용한다.

[7] Load Next User Interface Layout : 변경된 화면 인터페이스에 대해 화면 전체의 Layout을 뒤에서 지정한 형태로 돌아가고자 할 경우 사용한다.

[8] Unlock UI : UI의 변화에 대해 잠금장치를 하거나 풀거나 할 경우 사용한다.

[9] Hide : 작업 창을 Hide한다. 즉 Z Brush 작업화면을 모니터 작업표시줄 아래로 내려준다.

[10] Restore : 전체화면 또는 일부(이동) 화면으로 전환하고자 할 경우 사용한다.

[11] 현재 작업중인 작업을 종료한다.

3. Menu bar

Menu bar는 Z Brush에서 주로 사용되는 메뉴를 Bar 형식으로 모아놓은 기능 툴이다. 23개의 툴 기능을 가진 Menu는 Alphabet 순서로 나열돼 있다. 각각의 Menu bar를 클릭하면 Pop up 형식의 하위 메뉴들이 나타난다. 이렇게 하나의 Menu에 들어 있는 다양한 속성 명령어들을 모아놓은 창을 일반적으로 Palette 창이라고 한다. 각각의 기능들은 실제 작업을 통해 자세하게 다루기로 한다.

그림 6-23

4. Note bar

작업중인 현재 상황을 간단한 Text로 알려주며 아이콘을 명령 툴 바에 올려놓으면 자동으로 갱신되면서 사용 기능과 단축키 정보를 제공해준다. 그리고 Rendering시 작업 진행 속도와 진행 경과 정도를 알려준다.

그림 6-24

5. Tray

Tray는 User의 편이에 따라 Menu bar나 Palate의 모든 메뉴를 옮겨 놓고 사용할 수 있다.

Tray는 Shelf 좌/우에 있는 Driver(화살표) 아이콘을 이용해서 Open & Close를 할 수 있다.

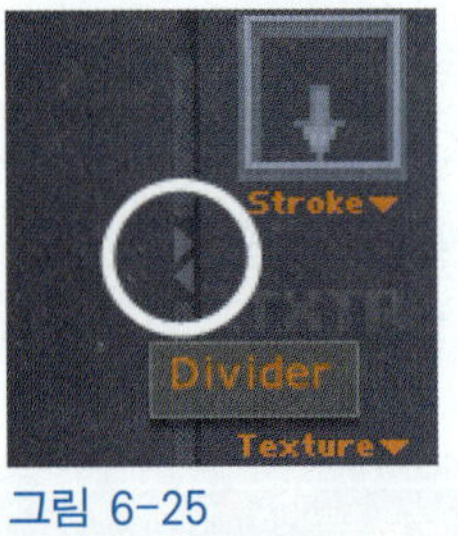

그림 6-25

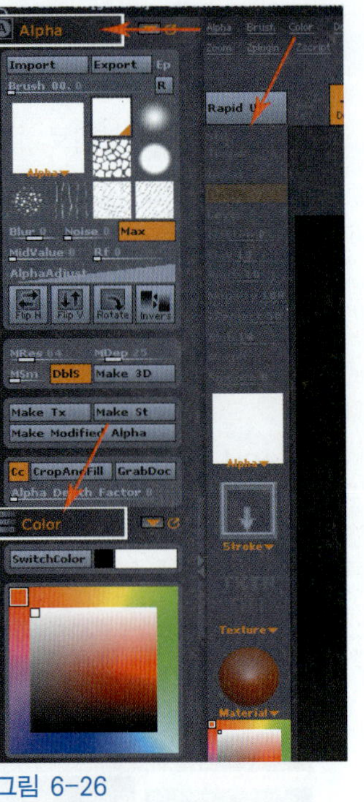

그림 6-26

6. Shelf

Shelf는 사용자가 요구하는 세부적인 기능들을 옮겨서 배치하면서 작업을 할 수 있다. 현재 작업중에 꼭 필요하고 자주 사용하는 기능들만을 배치할 수 있기 때문에 작업의 효율성을 높일 수 있다. Z Brush에서 Shelf는 크게 세 부분으로 나뉜다.

(1) Left Shelf

왼쪽 Shelf는 주로 기능 툴에 대한 배치가 된다. 각 기능의 세부적인 기능에 대해서는 Menu별 기능에서 자세히 설명하기로 한다.

[1] Brush : Object에 적용할 수 있는 다양한 Brush들이 들어 있다. Brush마다 그 특징과 역할이 달라서 많은 실습과 반복을 통해 익혀야 한다.

[2] Stroke : Pattern과도 같은 의미로 이해할 수 있으며 선택된 Brush나 Alpha를 어떤 Pattern으로 그릴 것인지에 대한 선택 모드이다.

[3] Alpha : 이미지의 흑백의 컬러 값의 대비를 이용해 깊이 값의 형태를 다양하게 만들어서 적용할 수 있는 Alpha 이미지들이 있다. 필요에 의해 직접 Alpha의 이미지를 만들어 사용할 수 있고 사용한 Brush를 바로 Alpha화하여 적용할 수도 있다.

[4] Texture : Object의 표면에 적용해줄 다양한 Image Map source들이 포함된 창이다. 새로운 임의의 이미지를 추가/삭제할 수 있다.

[5] Material : Object에 적용될 재질(Material)들이 다양한 유형별로 들어 있다.

[6] Color : Object에 적용할 Color를 지정해주는 기능을 수행한다. Color selection에서 다양한 Color를 선택 지정해 줄 수 있다.

그림 6-27

(2) Top Shelf

상단의 Shelf는 Object의 특성변화(2D−3D전환)이나, Object의 이동 및 회전, 그리고 Brush의 정보에 대한 기능들이 주로 배치되어 있다. 기능별 세부 기능은 다음에서 자세히 다루도록 한다.

그림 6-28

[1] Edit : 3D Object 편집시 반드시 활성화해야 하는 기능이다. 2D나 2.5D Object를 3D Object화시키는 기능을 한다.

[2] Draw : Canvas상에서 2.5D의 형상을 그리거나 3D Object에 다양한 형태의 Draw 기능을 적용할 때 사용한다.

[3] Move : 설정된 Pivot을 기준으로 Object를 이동하는 기능이다. 이 기능을 실행하고 Click to Clik을 하게 되면 Transpose Line이 생성되는데 첫 번째와 세 번째는 시작과 끝점이 되고 가운데 정점이 중심(Pivot)이 된다. 이 Pivot를 기준으로 이동한다.

[4] Scale : 설정된 Transpose Line을 기준으로 시작점과 끝점 그리고 중심점을 기준으로 Object의 크기 조절을 할 수 있다.

[5] Rotate : 설정된 Transpose Line을 기준으로 시작점과 끝점 그리고 중심점을 기준으로 Object의 회전 값을 조절할 수 있다.

[6] Mrgb : Object에 대해 Material과 RGB 컬러를 동시에 적용할 수 있다.

[7] RGB : Object에 대해 컬러 값만을 적용할 수 있다.

[8] RGB Intensity : Object에 대해 컬러 값을 지정함에서 그 강도의 변화를 줄 수 있다.

[9] M : Object에 대해 Material 값만을 적용할 수 있다.

[10] Z Add : 적용되는 Brush의 효과가 돌출되는 결과를 낳는다.

[11] Z Sub : 적용되는 Brush의 효과가 함몰되는 결과를 낳는다.

[12] Z Intensity : Z Add와 Z Sub의 효과에 대해 그 강도를 지정할 수 있다.

[13] Focal Shift : Brush 효과 중에서 힘의 집중도가 높은 영역의 범위를 조절해 줄 수 있다.

[14] Draw size : 적용할 Brush의 전체 크기를 조절할 수 있다.

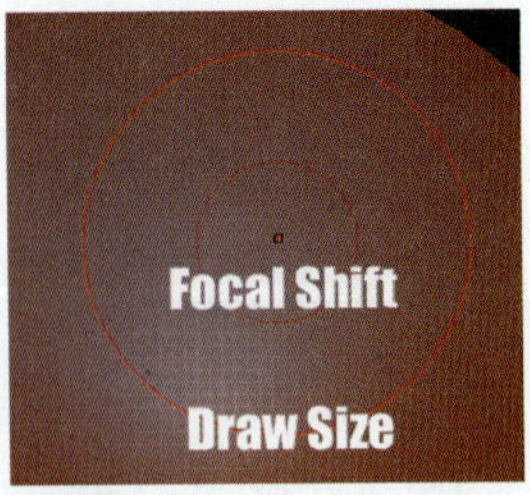

그림 6-29

(3) Right Shelf

오른쪽 Shelf는 Object의 Transform(이동 / 회전 / 스케일)을 컨트롤할 수 있는 기능들이 들어 있다. Object를 canvas에 생성시켜 3D로 전환하면 더 많은 기능이 활성화된다.

[1] Scroll : Canvas 전체를 이동하는 기능 툴이다.

[2] Zoom : 화면확대 기능이다.

[3] Actual : 화면을 실제 크기로 보여준다.

[4] AAHalf : 화면을 절반 크기로 보여준다.

[5] Local : Transpose Action Line 축을 기준으로 Pivot이 생성된다.

[6] L.Sym : Local Symmetry로 자신의 축을 기준을 대칭축으로 지정할 수 있다. 대칭 이동 / 대칭 복사시 사용할 수 있다.

[7] Move : Object를 Canvas에서 원하는 곳으로 이동할 수 있다. Move 키를 누른 상태에서 마우스를 이동시키면 원하는 곳으로 Object가 이동한다. [Alt 키를 누르고 Canvas에 Click + Drag]와 같은 기능이다.

[8] Scale : Object를 Canvas에서 원하는 크기만큼 키우거나 줄일 수 있다. Scale 키를 누른 상태에서 마우스를 이동시키면 원하는 크기로 Object가 변형된다. [Alt 키를 누르고 Canvas에 Click한 상태에서 Alt 키를 떼고 Drag]와 같은 기능이다.

[9] Rotate : Object를 Canvas에서 원하는 방향으로 회전시킬 수 있다.

[10] XYZ : 빠르고 자유롭게 X, Y, Z방향으로 회전할 수 있다.

[11] Y : Y축을 기준으로 회전한다.

[12] Z : Z축을 기준으로 회전한다.

그림 6-30

[13] Frame : Object를 Wire mode로 전환하여 작업할 수 있다.

[14] Transp : 현재 선택된 Tool Object를 제외한 나머지 Sub Tool Object를 투명하게 보여준다.

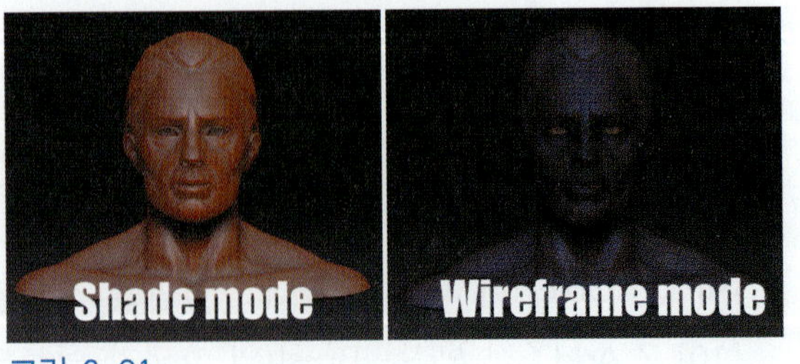

그림 6-31

[15] Lasso : Hide, Mask 등 Object의 일부 부분을 선택할 때 자유롭게 선택할 수 있다.

7. Canvas

실제 작업이 진행되는 공간이다. 일반적인 3D 툴에서는 Viewport 라고 부르는 영역이다. 아무래도 Z Brush에서는 툴의 이름에 어울리게 그림을 그리는 공간, 즉 Canvas로 지칭한다.

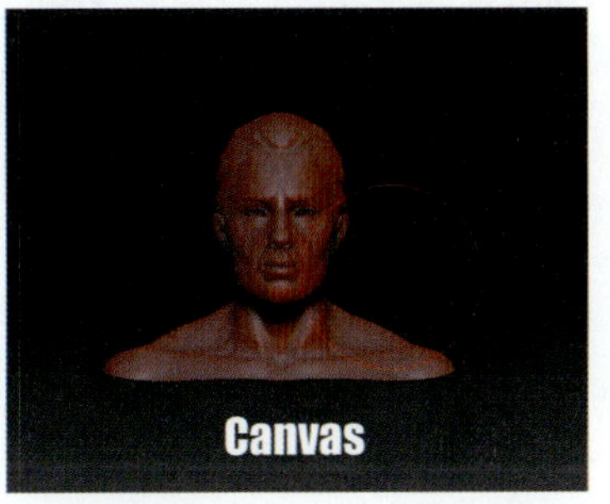

그림 6-32

6-1-4 Interface Customizing

1. Tray 재구성-메인 툴 바 생성

다음은 위에서 설명한 Z Brush의 Interface의 변형방법에 대해 좀 더 구체적으로 알아보도록 한다.

1 메인 툴 바에 있는 기능을 Tray에 이동시키는 방법은 크게 세 가지가 있는데 첫 번째는 이동시키고자 하는 명령 툴 바의 전원 아이콘을 Click하고 원하는 Tray에 Drag in Drop하는 방식이다. 예를 들어 메인 메뉴 바에 있는 Alpha 기능을 왼쪽 빈 Tray로 이동시키고자 할 경우 Alpha 명령 툴 바를 클릭하면 Pop up manu 창 왼쪽 위에 전원 아이콘이 있는데 그 아이콘을 클릭하고 원하는 Tray 방향(왼쪽)으로 Drag in drop시킨다.

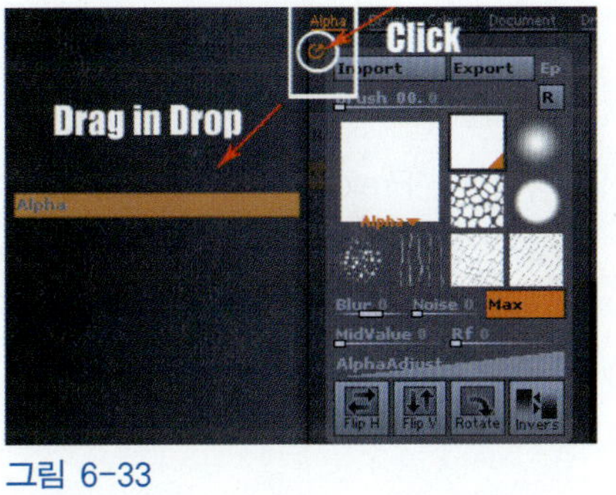

그림 6-33

2 두 번째 방법은 단축키를 사용하는 방법으로 [Alt]를 누른 상태에서 이동을 원하는 툴 명령이의 전원 아이콘을 클릭하게 되면 자동으로 오른쪽 Tray로 이동한다.

3 세 번째 방법 역시 단축키를 이용하는 방법인데 [Alt]를 누른 상태에서 Alpha 기능 툴의 단축 키인 [A]를 누르게 되면 역시 자동으로 오른쪽 Tray로 이동한다.

2. 생성된 명령 툴 바 삭제

1 작업 완료 후 필요 없는 명령 툴을 Tray에서 삭제하는 방법으로 이동/생성된 메뉴 바의 오른쪽 위의 전원 아이콘을 클릭하게 되면 Tray에서 사라지게 된다. 필요하면 전원을 연결하고 필요 없는 경우 전원을 끈다고 생각하면 이해하기 쉬울 듯하다.

그림 6-34

2 단축키를 사용하여 삭제도 가능하다. [Alt]를 사용하여 명령 툴 바를 이동하였으면 다시 한번 [Alt]를 누르고 명령 툴의 단축키를 선택하면 Tray에서 삭제된다.

3. Shelf 재구성 – 세부 기능별 목록 이동

Tray가 메인 툴 바에 있는 명령 툴들에 대한 재구성을 할 수 있었다면 Shelf는 이러한 명령에 내에 들어 있는 세부 기능에 대한 명령아이콘(기능)을 이동 및 배치하여 재구성할 수 있다. 보통 Palette 툴 내에 있는 명령어 실행 방식은 Button, Slider, Icon, Switch, Curve editor의 크게 다섯 가지 방식이 있는데 모든 실행 방식을 원하는 Shelf에 이동시킬 수 있다.

1 먼저 기본 Default로 설정된 현재 상태의 Interface setting을 해제하도록 한다. Preference 〉 Custom UI 〉 Enable Customize 명령을 실행하고 Enable Customize 명령을 활성화한다.

그림 6-35

2 메인 명령 툴 바에 있는 세부 기능 명령어를 [Ctrl] 키를 누른 상태에서 Click drag를 실행한다.

그림 6-36

3 생성된 세부 기능 아이콘을 삭제하고자 할 경우 [Ctrl] + Click 명령을 실행한다.

그림 6-37

4 작업 전 원하는 작업환경이 구축되었다면 Preference 〉 Custom UI 〉 Enable Customize 명령을 실행하고 Enable Customize 명령을 비활성화시킨다. 저장하지 않은 상태에서 Z Brush를 재실행하면 초기 Interface setting 값으로 자동 전환된다는 점을 명심해야 한다.

그리고 Customizing된 UI를 독립적으로 저장하여 필요할 경우마다 불러서 사용할 수 있다.

[1] 사용자가 변형한 Interface UI로 전환
[2] Z Brush 기본 Interface UI로 전환
[3] Z Brush의 기본 Default 적용 수치에서 사용자에 의해 변형된 설정 값을 저장
[4] 저장된 UI를 불러오고자 할 경우
[5] 현재 사용중인 UI를 저장할 경우
[6] Initialize Z Brush : 모든 툴 환경과 변경된 Option 수치를 원상태로 되돌리고자 할 경우

6-1-5 화면 Color 변형

1. 전체 화면의 변화

Z Brush의 Interface Color의 변경을 원하는 경우 Preference 〉 IColors 메뉴에서 R, G, B Color 및 채도, 명도의 수치를 조절하여 원하는 Interface color를 만들 수 있다.

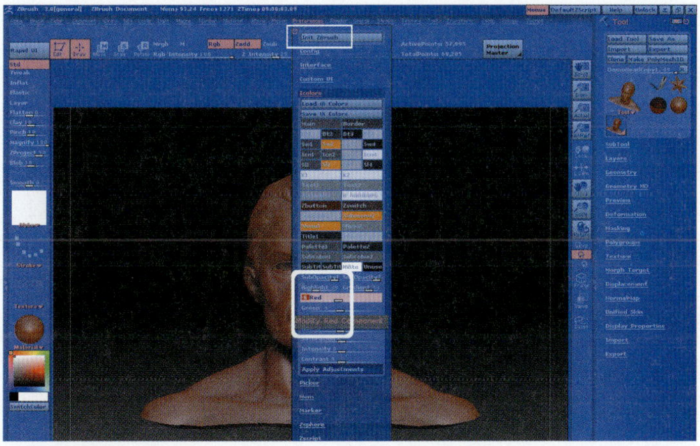

그림 6-38

2. 메뉴 바 Color 변경

전체화면의 Color 값의 변형뿐 아니라 Button, Switch, Number, Text, Menu 등의 세부적인 Color의 변화를 통해서도 Interface의 환경을 바꿀 수 있다.

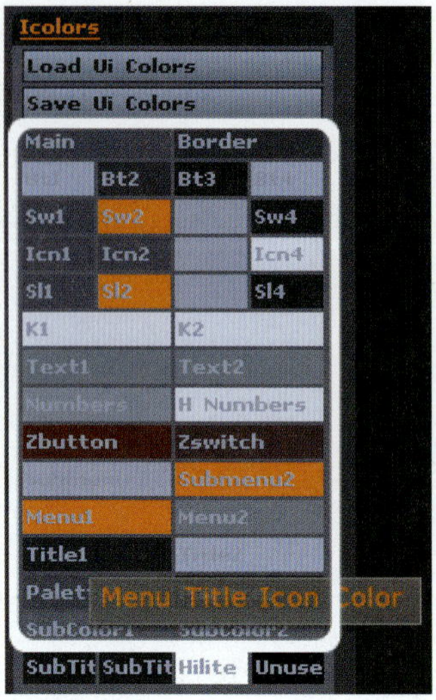

그림 6-39

6-2 Fundamental for Z Brush

Z Brush에서 기본적인 기능들에 대해 설명을 들어가기 전에 먼저 Z brush의 제작환경과 데이터 관리 방법 그리고 데이터 처리 방법에 대해 미리 알아 둘 필요가 있다. 어느 제작환경에서든 그 제작환경만의 독특한 데이터 처리 방식이 있기 때문에 Z Brush 역시 그 예외는 아니다. 일반적으로 Save나 Save as에 익숙해져 있는 User라면 Z Brush의 데이터 처리 방식에서 처음 약간은 혼동을 올 수 있고 이러한 혼돈이 작업 결과를 도출하는데 결정적으로 오류를 범할 수 있는 소자가 충분하기 때문에 이 점에 대해서는 중요하게 다뤄져야 한다. 이번 장에서는 Z Brush의 환경 설정과 Data 처리, 즉 Z Brush 제작환경의 기본 원리에 대해 이해하기로 한다.

6-2-1 작업환경 설정 : Preference [Ctrl + P]

Z Brush를 시작하기 전 자신의 작업환경과 Z Brush의 작업환경을 최적화할 필요가 있다. 특히 Z Brush에서는 컴퓨터 그래픽 작업에서 가장 중요한 System과 Z Brush의 작업환경을 맞춰서 최적의 데이터 처리를 할 수 있도록 해줘야 한다. Z Brush를 시작하기 전에 전체 작업환경의 Setting은 메인 메뉴 마에서 Preference 창에서 실행해준다. 그리고 Z Brush의 Interface를 Customize 한다든지, 개본 Default 수치를 작업환경에 맞게 변경을 해야 한다든지 등은 작업자가 자신이 사용하는 Tool의 환경을 제어할 줄 알아야 최적의 작업환경에서 최고의 결과가 나올 수 있다. 그 모든 초기 작업환경을 처리해주는 기능을 하는 곳이 Preference [Ctrl + P]이다.

Preference 속성 창에서 각각의 Category 별로 그 기능을 일아보도록 하자.

그림 6-40

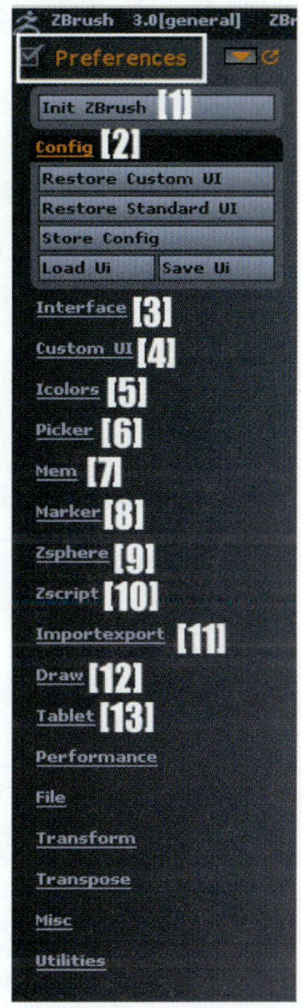

그림 6-41

1. Init Z Brush

모든 변경된 수치 및 환경을 원래 초기화 상태로 되돌려 놓는 기능

2. Config

제작환경을 변형하고 변경된 환경에 내한 저장 / 불러오기 / 초기화 / 적용 등의 기능

[1] Restore Custom UI : 사용자가 변형한 Interface UI로 전환

[2] Restore Standard UI : Z Brush 기본 Interface UI로 전환

[3] Restore Config : Z Brush의 기본 Default 적용 수치에서 사용자에 의해 변형된 설정치 값을 저장

[4] Load UI : 저장된 UI를 불러오고자 할 경우

[5] Save UI : 현재 사용중인 UI를 저장할 경우

3. Interface

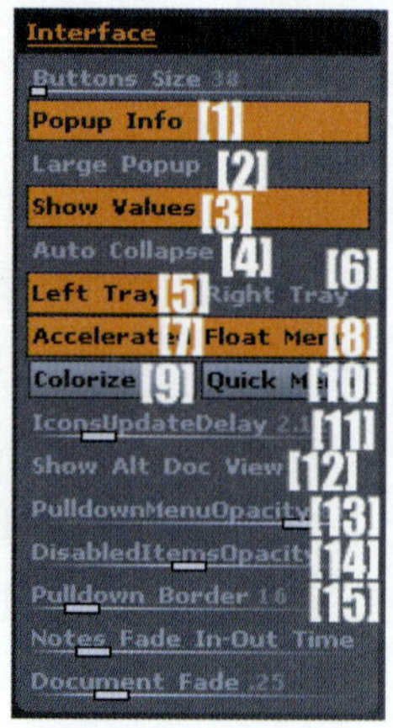

그림 6-42

[1] Pop up Info : 활성화되어 있을 때 커서를 실행하고자 하는 명령 툴 위에 올려놓게 되면 자동으로 Pop up manu가 나타나도록 하는 설정한 옵션이다.

[2] Large Pop up : Pop up text를 크게 활성화하여 준다.

[3] Show Value : Slider를 누를 때 설정 수치를 보이게 하는 옵션이다.

[4] Auto Collapse : 펼쳐진 메뉴 중에서 사용하지 않는 메뉴는 자동으로 사라지게 한다.

[5] Left Tray : 좌측 Tray를 Open하도록 한다.

[6] Right Tray : 오른쪽 Tray를 Open하도록 한다.

[7] Accelerated : Open된 Palette의 스크롤 속도를 빠르게 한다.

[8] Float Menu : [Tap] 모든 Float 메뉴를 보이게 한다.

[9] Colorize : Color palette에서 색을 지정하고 Floating menu를 만들고 Floating menu를 색으로 채운다.

[10] Quick Menu : [Space bar] Quick menu를 표시한다.

[11] Icons Update Delay : Icon이 Update되는데 필요한 시간을 설정한다.

[12] Show Alt Doc View : Option 창을 추가로 활성화할 때 사용한다.

[13] Pull down Menu Opacity : Pull Down 메뉴의 투명도 값을 조절한다.

[14] Disabled items Opacity : 비활성화되어 있는 item들의 투명도를 조절한다.

[15] Pulldown Border Pull Down : 메뉴의 외곽을 정의할 수 있다.

4. Custom UI

Default로 Setting된 UI를 변형하고자 할 경우 Enable Customize 명령을 실행하고 작업에 임해야 한다.

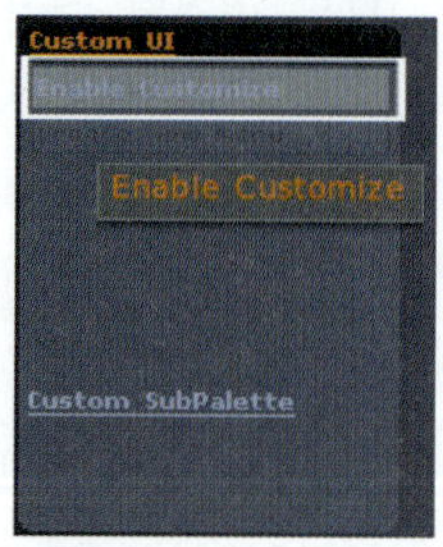

그림 6-43

[1] Enable Customize : Palette의 세부적인 기능들을 Shelf에 재배치하려면 Enable Customize 버튼을 활성화해야 한다.

5. IColors

Z Brush의 Interface Color의 변경을 원하는 경우 Preference 〉 IColors 메뉴에서 R, G, B Color 및 채도, 명도의 수치를 조절하여 원하는 Interface color를 만들 수 있다. 전체화면의 Color 값의 변형뿐 아니라 Button, Switch, Number, Text, Menu 등의 세부적인 Color의 변화를 통해서도 Interface의 환

경을 바꿀 수 있다. 설정된 Color 지정 값을 Clik에 의해 지정할 수 있지만, 작업 창에 drag in drop 방식으로도 적용할 수 있다. 각 세부 항목별로 마우스를 위치시키면 상세하게 설명이 나오기 때문에 원하는 명령어를 잘 선택해서 사용하도록 한다.

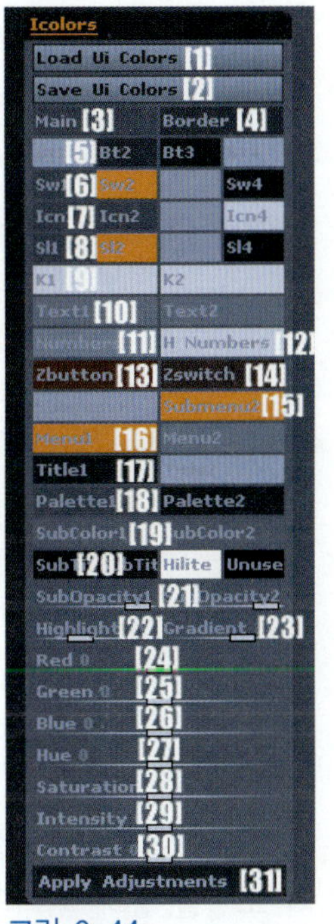

그림 6-44

[1] 이미 저장된 UI Color를 불러온다.
[2] 새로 변경된 UI Color를 저장한다.
[3] Main Background Color를 현재 선택한 Current color 값으로 변경할 수 있다.
[4] Document Border의 Color를 현재 선택한 Current color 값으로 변경할 수 있다.
[5] Button color를 변경할 때 사용한다.
[6] Switch color를 변경할 때 사용한다.
[7] Icon Button color를 변경하고자 할 경우에 사용한다.
[8] Slider Button Color를 변경하고자 할 경우 사용한다.
[9] Slider Knob Color를 변경하고자 할 경우 사용한다.
[10] Text Color를 변경하고자 할 경우 사용한다.
[11] Number의 Color를 변경하고자 할 경우 사용한다.
[12] 변경된 Number Color를 변경하고자 할 경우 사용한다.
[13] Z Script Button color를 변경하고자 할 경우 사용한다.
[14] Z Script Switch color를 변경하고자 할 경우 사용한다.
[15] Menu Title Icon Color를 변경하고자 할 경우 사용한다.
[16] Menu Title Text Color를 변경하고자 할 경우 사용한다.
[17] Title Background Color를 변경하고자 할 경우 사용한다.
[18] Palette Color를 변경하고자 할 경우 사용한다.
[19] Sub Palette Top Color를 변경하고자 할 경우 사용한다.
[20] Sub Palette Title Top Color를 변경하고자 할 경우 사용한다.
[21] Sub Palette Title Top Color의 투명도를 조절하고자 할 경우 사용한다.
[22] Sub Palette Top Color의 투명도를 조절하고자 할 경우 사용한다.
[23] Sub Palette Top Color의 투명도를 조절하고자 할 경우 사용한다.
[24] Z Brush 화면 전체를 붉은색 계열로 변경할 수 있다.
[25] Z Brush 화면 전체를 녹색 계열로 변경할 수 있다.
[26] Z Brush 화면 전체를 푸른색 계열로 변경할 수 있다.

[27] Z Brush 화면 전체의 채도 값을 변경할 수 있다.
[28] Z Brush 화면 전체의 명도 값을 변경할 수 있다.
[29] Z Brush 화면 전체의 강도 값을 변경할 수 있다.
[30] Z Brush 화면 전체의 대비 값을 변경할 수 있다.
[31] 마지막 Color 설정치를 기준으로 모든 옵션 값을 Zero base '0'으로 Setting한다.

6. Picker

[1] Sample Size : Picker 실행할 때 Sample Size 조절이 필요하면 사용한다.

[2] Auto Front : Picker활성시 앞쪽 깊이가 "0"인 지점에서 Object를 생성시킨다. 비활성화시 Canvas의 Clipping Plane의 중간 값으로 Object를 생성한다.

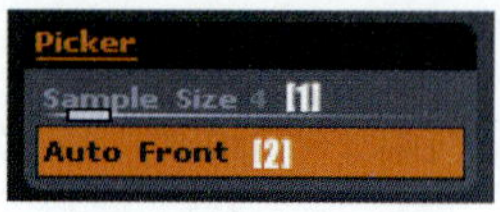

그림 6-45

7. Mem

사용자 Computer의 Memory 사양에 대해 작업 전에 Z Brush의 Setting 값과 조절을 통해 최적의 작업환경을 만든다. 그리고 작업할 때 필요한 Undo와 Redo의 횟수에 대한 설정도 Men 속성 창에서 Setting해 줄 수 있다.

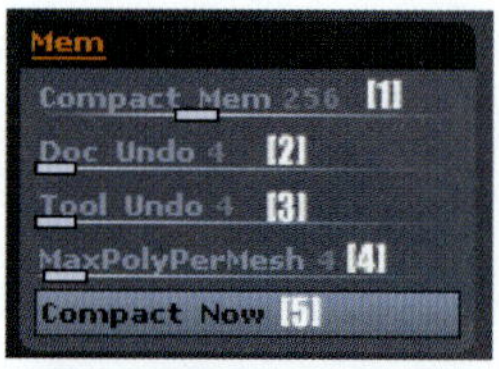

그림 6-46

[1] Compact Mem : Z Brush 작업에 할당되는 Memory를 설정한다.

[2] Doc Undo : Document 작업할 때 사용하는 Undo의 횟수를 조절할 수 있다. 초보자인 경우나 툴에 익숙하지 않은 경우는 Undo의 지정횟수를 올려놓고 사용하는 것이 좋으며 모든 명령이 Undo가 되지 않음도 초보자로서는 유의해야 할 부분이다.

[3] Tool Undo : Tool 작업할 때 사용하는 Undo의 횟수를 조절할 수 있다.

[4] Max Poly Per Mesh : 작업 System에서 사용할 수 있는 Object의 Polygon 수를 설정할 수 있다. 단계가 "1"일 경우 "100만 polygon"으로 설정되며 "5"로 설정하면 최대로 사용할 수 있는 Polygon 수는 "500만 Polygon"이 된다. 컴퓨터의 사양에 맞춰 지정해주도록 한다.

[5] 사용자의 컴퓨터 사양에 최적화된 환경 설정치를 적용하는 명령어이다.

8. Marker

[1] Marker Radius : Marker를 보이게 하는 영역의 반경을 설정하고자 할 경우 사용한다.

[2] Show Info : 활성화시 Marker 위에 커서를 위치시켰을 때 그 Marker의 정보를 보여준다.

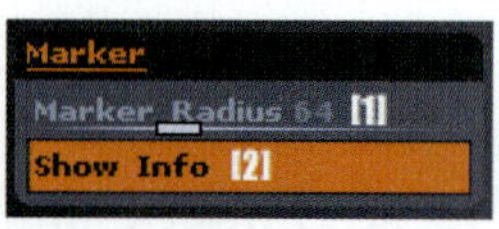

그림 6-47

9. Z Sphere

Z Brush에서 Z Sphere를 활용하여 모델링 작업할 때 사용되는 명령어이다.

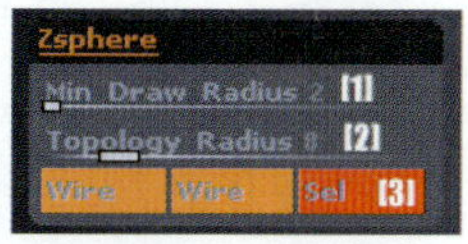

그림 6-48

[1] Min Draw Radius : Z Sphere 생성할 때 최소 반지름 크기를 설정한다.

[2] Topology Radius : Topology 작업할 때 반경의 크기를 설정한다.

[3] Wire : Topology : Z Sphere Wire Color 설정할 때 사용한다.

10. Z Script

Z Brush에서 Z Script를 활용하여 다양한 형태의 명령어를 만들거나 불러와서 적용해준다.

그림 6-49

[1] Auto Record : Z Brush 실행할 때 자동으로 Z Script에 저장되도록 한다.

11. Import / Export

Data의 Import와 Export에 관련된 기본 명령이 들어 있는 속성 창이다. 다른 작업환경과 Data 간 호환성의 문제에 대해 설정하는 기능 툴이다. Data 이동할 때 나타날 수 있는 결과를 미리 Z Brush에서 Setting을 해주면 발생할 수 있는 문제를 최소화할 수 있다.

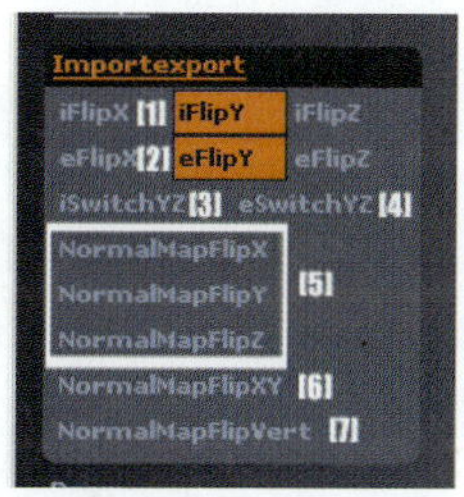

그림 6-50

[1] iFlipX : Import시 X축으로 뒤집어 준다.

[2] eFlipX : Export로 작업을 저장하면 Mesh, Map 등을 뒤집어 준다.

[3] iSwitch Z : Import시 스위치를 결정한다.

[4] eSwitch Z : Export시 스위치를 결정한다.

[5] Normal Map Flip X, Y, Z : Normal Map의 X축과 Y축, Z축으로 반전시켜준다.

[6] Normal Map Flip XY : Normal Map의 X축과 Y축을 동시에 Flip(반전)를 적용한다.

[7] Normal Map Flip Vert : Nomal Map을 반전(Flip)을 시키고자 할 경우 사용한다.

12. Draw

Draw 작업에 필요한 기본적인 속성들이 들어 있는 기능 툴이다. Z Brush에서는 Color로 지정된 Group의 구성으로 색상별로 Group을 재지정할 수 있다.

그림 6-51

[1] Brush의 크기를 조절할 때 사용한다. 기본적으로 "256"으로 Setting되어 있다.

[2] Auto Dot mode : 3D 툴의 크기를 결정한다.

[3] Grap : Group별 Mesh에 대해 다른 Color로 보이도록 한다.

[4] P Frame : Polygon의 Frame의 투명도를 조절할 수 있다. Default "25"에서 수치를 높일수록 진해지고 낮을수록 투명해진다.

[5] PF Color : Poly Frame의 색상을 조절할 수 있다.

[6] VariablePFO : Mesh 해상도에 의한 Poly Frame의 투명도를 조절한다.

[7] PF Antialiase : Poly Frame의 Antialiase을 제거하고자 할 경우 사용한다.

[8] PFill : Poly Frame의 색상을 변경하고자 할 경우 사용한다.

[9] PPGra : Poly Frame의 Color를 Gray mode로 전환하고자 할 경우 사용한다.

[10] PFillSat : Poly Frame의 Color를 채도변화에 따라 조절한다.

[11] Max Depth : Max Depth의 투명도를 조절하고자 할 경우 사용한다.

[12] Active Opc : 활성화된 Sub Tool의 투명도를 조절할 때 사용한다.

[13] InactiveOpc : 비활성화된 Sub Tool의 투명도를 조절할 때 사용한다.

13. Tablet

Z Brush는 거친 Brush부터 아주 민감하고 섬세한 Brush 작업을 병행해야 하므로 마우스보다는 Tablet을 활용하여 Brush의 섬세한 질감을 표현해 준다면 훨씬 정교한 작업에 대한 결과도 기대할 수 있다. Tablet과 Z Brush의 option 관계를 설정한다.

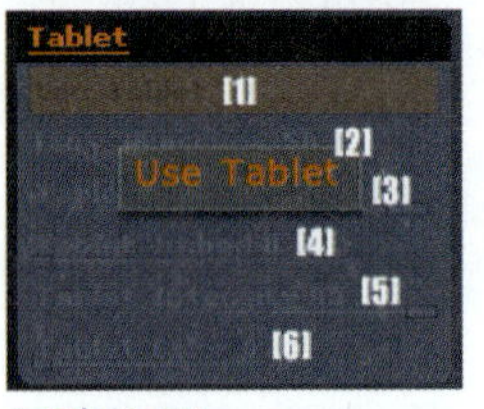

그림 6-52

[1] Use Tablet : Tablet 사용할 때 활성화하도록 한다. Tablet이 연결되면 자동으로 활성화된다.

[2] Lazy Pressure : Tablet의 압력 값의 수치를 조절한다.

[3] Tablet Size : Tablet size(사용범위)를 조절하고자 할 경우 사용한다.

[4] Tablet Imbed : Tablet Imbed Sensitivity 모드로 Tablet에 대한 Option은 자동 설치되지만, Option 수치를 수동으로 변화를 주고자 할 경우 사용한다.

[5] Tablet Intensity : Tablet의 감도를 조절하고자 할 경우 사용한다.

[6] Tablet Color : Tablet의 색상을 바꾸고자 할 경우 사용한다.

14. Performance

Z Brush 활용에 필요한 다양한 실행 Option들이 들어 있다.

그림 6-53

[1] Multi Draw : Multi Processing 작업을 하고자 할 경우 사용하는 기능으로 Multi Draw Button이 활성화되어 있어야 가능하며 사용자 컴퓨터 내에 두 개 이상의 CPU가 연결되어 있을 때만 사용할 수 있다.

[2] Multi Render : Rendering 작업할 때 여러 개의 CPU를 연결하여 작업의 속도와 효율성을 높이고자 할 경우 사용한다.

[3] Quick And Dirty Edit : Quick 모드(빠른 움직임) 사용형태를 설정하고자 할 경우 사용한다.

[4] Q Threshold1 : 2D Type의 Gyro Tool의 Quick(빠른) 움직임을 설정하고자 할 경우 사용한다.

[5] Background Proc : 배경화면의 설정을 변화시켜 준다.

[6] Test Multi threading : Multi Threading을 테스트하고자 할 경우 사용한다.

[7] H Priority : 먼저 실행 여부를 설정할 수 있다.

[8] N Priority : 실행 여부를 Normal하게 설정하고자 할 경우 사용한다.

15. Edit

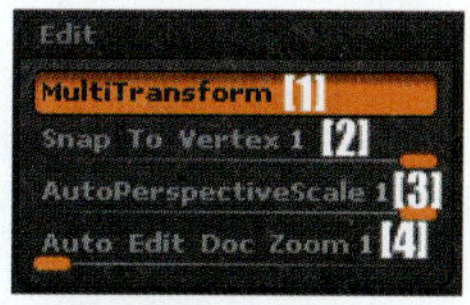

그림 6-54

[1] MultiTransform : 한 번에 여러 Object를 이동 / 회전 / 스케일할 수 있도록 하는 기능이다.

[2] Snap To Vertex : Object를 구성하는 Vertex에 Snapping해주는 기능이다.

[3] Auto Perspective Scale : Perspective Scale를 자동으로 설정해준다.

[4] Auto Edit Doc Zoom : Document Zoom in / out 기능을 자동으로 설정해준다.

16. Transpose

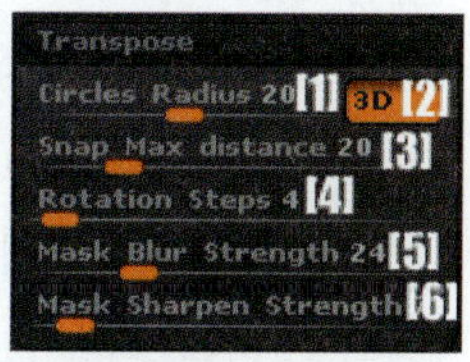

그림 6-55

[1] Circle Radius : 회전 반경을 설정할 수 있는 기능이다.

[2] 3D : 원의 반경을 조절할 수 있는 기능이다.

[3] Snap Max Distance : Snap이 가능한 간격을 지정해주는 기능이다.

[4] Rotation Steps : 회전의 Snap 간격을 지정할 수 있는 기능이다.

[5] Mask Blur Strength : Blur 효과의 강약을 설정할 수 있다.

[6] Mask Sharpen Strength : Sharpen 효과의 강약을 만들 수 있다.

17. Misc

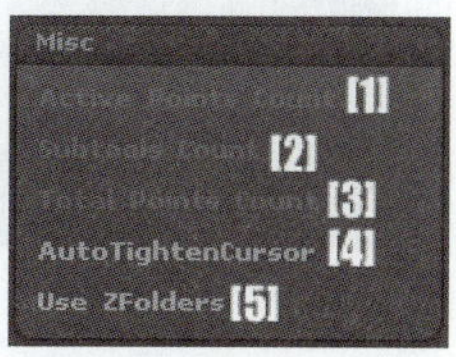

그림 6-56

[1] Active Points Count : 현재 선택된 Point의 개수를 확인할 수 있다.

[2] Sub Tools Count : 현재 Sub Tool 속해 있는 Object의 개수를 표시한다.

[3] Total Points Count : Object의 총수를 확인해준다.

[4] Auto Tighten Cursor : 자동으로 커서의 위치를 이동한다.

[5] Use ZFolders : Z Brush의 안내 화면을 먼저 보여주지 않고 바로 시작하도록 하는 기능

6-2-2 Z Brush 2D Data 관리 : Document [Alt + D]

Z Brush는 단일 형식의 작업환경이 아니라 2.5D와 3D의 복합적인 제작환경을 가지는 특징이 있기 때문에 data를 처리하는 부분에서도 다른 일반 툴과는 다소 차이가 있다. 이 부분에 대해 초보자들(또는 익숙해진 User로 가끔은) 혼돈에서 오는 오류 때문에 귀중한 작업 결과를 잘못 지정하거나 잘못 저장하는 경우가 생긴다. Z Brush에서는 2.5D(Document)와 3D(Tool) 환경에서의 작업 결과에 대한 저장 및 Import / Export하는 방식이 완전히 분리되어 있기 때문에 그 부분에 대해 정확히 인지를 한 후에 작업에 임해야 한다.

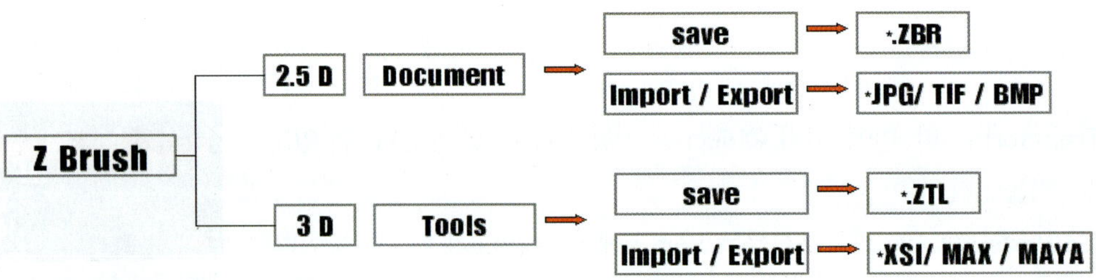

그림 6-57

지금부터는 Document Option에서 2.5D Data를 처리하는 방법에 대해 알아보도록 한다.

[1] Open [Ctrl + O] : Open Document

[2] Save [Ctrl + S] : Save Document 이 경우 3D 작업환경에서 제작된 3D Object도 Document 형식으로 저장할 때 2D Data가 된다.

[3] Save as : 작업중인 Document 파일을 다른 확장자나 다른 이름으로 저장한다. 3D Data를 Document 형식으로 저장할 때 (Save도 마찬가지) Document 파일로 저장할 것인지, Tool 파일로 저장할 것이지 대한 선택을 묻는 Pop up 창이 생성된다.

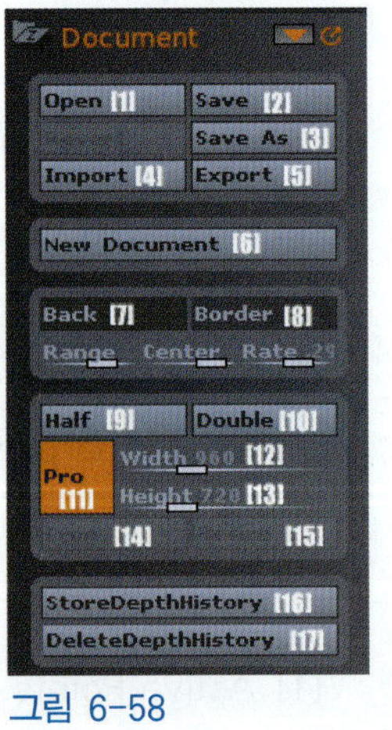

그림 6-58

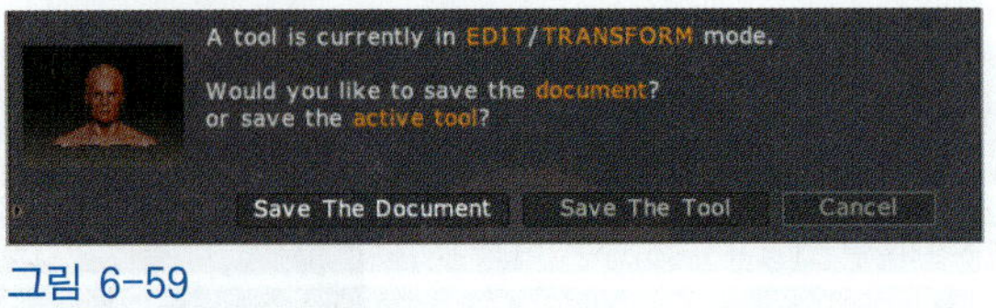

그림 6-59

[4] Import : 2D Image 파일을 불러오고자 할 경우 사용하며 이때 불러온 2D Data는 재질로 표현되어 Layer에 표기된다.

[5] Export : 작업중인 Document 파일을 다른 확장자나 다른 호환하고자 하는 2D 제작환경의 Data로 변환할 때 사용한다.

[6] New Document : 새로운 Document 창을 Open할 경우 사용한다.

[7] Back : Document Background Color로 현재 사용중인 Canvas의 Color를 변경할 수 있다.

[8] Border : Document Border Color로 현재 사용중인 Canvas 외곽 Border 부분의 Color를 변경할 수 있다.

[9] Half : Half Size 기능으로 사용중인 Canvas의 Size를 반으로 줄여 사용하고자 할 경우 사용한다. Object에 대한 작업보다는 Tool의 작업환경에 비중이 높은 경우 사용할 수 있다.

[10] Double : Double Size 기능으로 사용중인 Canvas의 Size를 두 배로 늘여 사용하고자 할 경우 사용한다. Object에 대한 작업의 효율을 높이고자 할 경우 사용할 수 있다.

[11] Pro : Constrain Proportions 기능으로 Canvas의 가로 × 세로의 비율을 같이 한다.

[12] Width : Document Width 기능으로 Document의 넓이를 지정할 수 있다.

[13] Height : Document Height 기능으로 Document의 높이를 지정할 수 있다.

[14] Crop : Crop Layer 기능으로 Document의 크기 설정으로 Canvas의 크기를 키우거나 줄일 수 있으며 Crop를 실행하면 자동으로 Canvas 하단과 우측에 영향을 준다. Canvas 상단과 좌측부분에 영향을 주려면 Layer Palette의 Wrap 기능을 비활성화시키고 Displace H/V(−) Parameter를 조절한다. Crop은 Canvas상의 Object Size와는 무관하며 Object에는 아무런 영향을 주지 않는다.

[15] Resize : Resize Document 기능으로 Canvas의 크기를 변경하기 때문에 Document data size가 커지거나 작아질 수 있다.

[16] Store Depth History : 현재의 Z Depth(깊이 정보)를 저장할 때 사용한다.

[17] Delete Depth History : 저장된 Z Depth(깊이 정보)를 삭제할 때 사용한다.

6-2-3 Z Brush 3D Data 관리 : Tool [Alt + T]

Z Brush에서는 3차원 Object에 대한 Data 관리를 새로 지정해주는데 이때 사용되는 기능이다. Tool 기능은 이러한 3차원 Data를 관리하는 기능뿐 아니라 Z Brush에서 3차원 Object를 Control 할 수 있는 Geometry, Masking, Texture, Layer, Normal / Displacement map 추출등 다양하고 중요한 기능들이 많이 들어 있는 기능 툴 중의 하나다. 이번 장에서는 Z Brush에서 Tool 기능을 이용하여 3차원 Object의 Data를 관리하는 Option에 대해서만 살펴보고 나머지 기능에 대해서는 본격적으로 Z Brush에 대한 설명이 진행될 때 자세히 다루기로 한다.

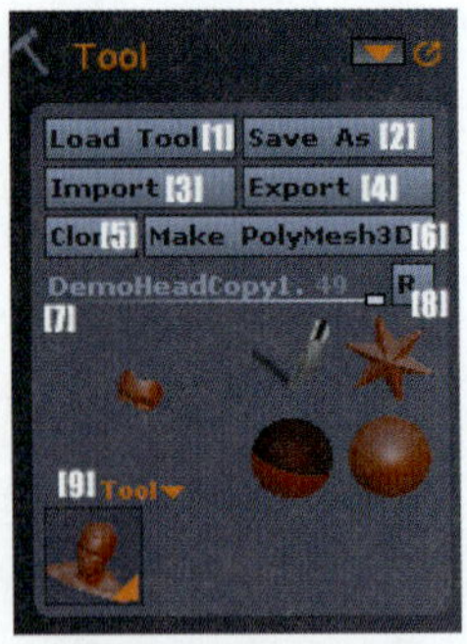

그림 6-60

[1] Load Tool : Z Brush의 3차원 Object를 불러오고자 할 경우 사용한다. 확장자명은 *ZTL이다.

[2] Save as : Z Brush의 3차원 Object를 저장하고자 할 경우 사용한다. 확장자명은 *ZTL이다.

[3] Import : 다른 제작환경에서 제작한 결과를 Z brush의 3차원 Object로 불러오고자 할 경우 사용한다. 사용되는 확장자는 *.obj 또는 *.dfx이다.

[4] Export : Z brush에서 제작한 3차원 Object를 다른 제작환경 Tool로 내보내고자 할 경우 사용한다. 사용되는 확장자는 *.obj 또는 *.dfx이다.

[5] Clone : 선택된 Tool을 복제하여 Tool palette에 추가할 때 사용한다.

[6] Make Poly mesh 3D : Z Brush가 제공하는 Primitive Object로부터 Poly mesh Object를 만든다. 고해상도 작업을 원활히 진행하려면 반드시 Poly mesh object여야 하며 그 작업으로부터 Displacement Map을 추출할 수 있다.

[7] 현재 작업중인 Object의 이름을 알려주는 기능 창이다.

[8] R : Restore Configuration의 준말로 추가된 Tool Icon들을 정리해주는 기능을 수행한다.

[9] 현재 선택된 Tool 기능을 Thumb nail 형식의 Image로 나타내 준다.

6-2-4 Z Brush Object 컨트롤

이번 장에서는 Z Brush 작업을 시작하기 전에 화면상에 존재하는 3차원 Object를 어떻게 Control하는지에 대해 알아보도록 한다. 3차원 Object의 Transform, 즉 Move, Scale, Rotation에 대한 Control 기능과 Snap, 그리고 Zoom Extense 기능과 Object의 Mask 작업과 함께 Hide / Un hide 등의 기능에 대해 알아보고자 한다. Alt, Shift, Ctrl 단축키 기능들을 번갈아 사용하기 때문에 손에 익힐 때까지 반복 작업을 통해 완전히 숙달될 수 있도록 한다.

1. Object Move [PAN]

화면상에 불러온 Object를 Canvas 내에서 작업자가 원하는 곳으로 Object를 이동하고자 할 경우 [Alt]를 누른 상태에서 마우스를 Object를 제외한 Canvas 외각에 Click을 한 후 그 상태에서 마우스를 이동하게 되면 Pan 기능이 실행된다.

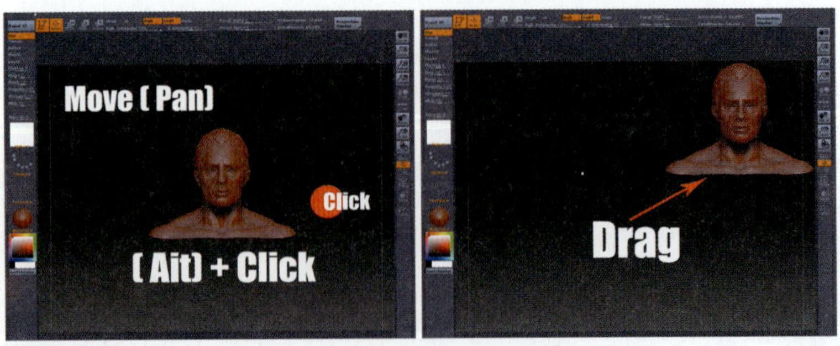

그림 6-61

2. Object Rotate [Orbit]

Canvas상의 Object를 회전하고자 할 경우 Object 위치를 제외한 Canvas 아무 곳이나 Click을 한 후 마우스를 상 / 하 / 좌 / 우로 이동하면서 Object의 움직임을 확인한다.

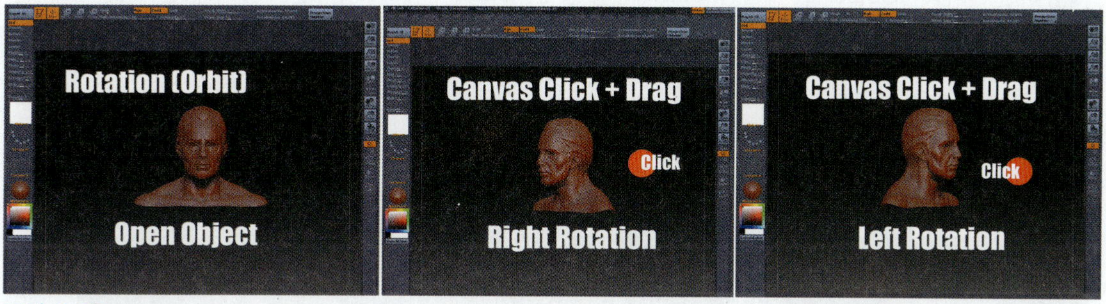

그림 6-62

3. Object Scale [Zoom in / out]

Canvas에 있는 Object를 크게 키우거나 혹은 작게 줄이거나 할 경우 사용하는 방법으로 [Alt]를 먼저 누르고 Canvas 위에 마우스를 Click한 다음 [Alt] 누름을 해제한다. 그 상태에서(마우스가 Clink되어 있는 상태) 마우스를 앞 / 뒤로 밀면 Object가 커졌다가(마우스 밀었을 때), 작아졌다(마우스 당겼을 때) 하는 결과를 확인할 수 있다.

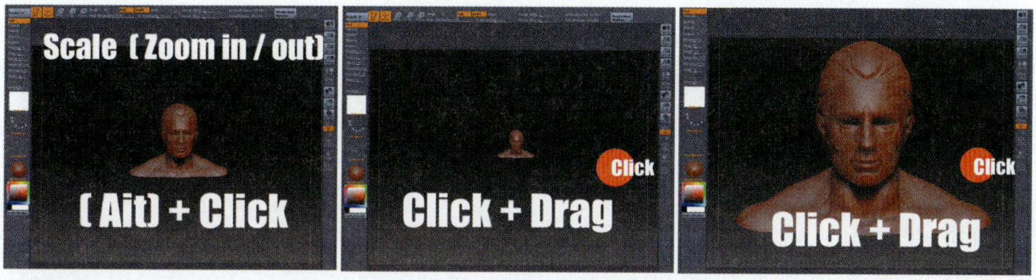

그림 6-63

4. Object를 Canvas 화면에 Zoom Extense시키기 [Fade]

작업중인 Object를 Canvas 화면에 정렬시키고자 할 때 사용하는 기능으로 [Alt]를 누른 상태에서 Canvas에서 Object를 제외한 공간에 클릭하면 Object를 Canvas에 Fade된다.

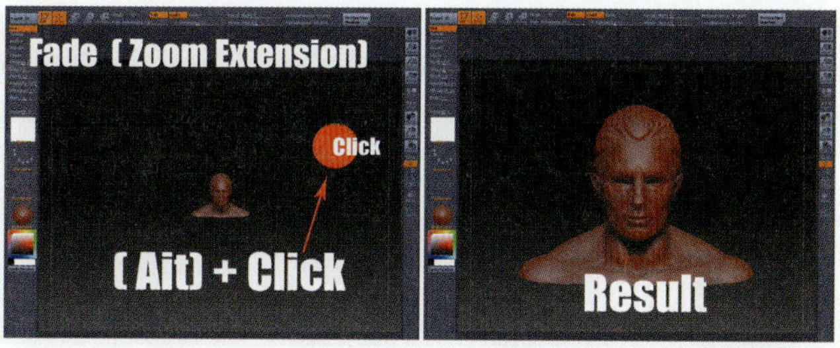

그림 6-64

5. Snap

Canvas에서 Object의 회전 작업 시 어느 일정한 각도에 맞춰서 Object의 움직임을 컨트롤하는 방법으로 Snap기능을 이용하면 편리하게 작업을 할 수 있다.

사용하는 방법은 Object를 제외한 Canvas 공간에 Click하여 Drag하면서 Object를 회전시켜 본다. 이 때 [Shift]를 누르게 되면 현재 각도에서 가장 빠르게 정렬될 각도(90도 기본단위)를 기준으로 정 Snap이 된다. 가장 가까운 비율상의 View가 정렬되기도 하고, 90도 회전 값에 대해 Snap이 걸려 있어 정확히 Object를 회전하고자 할 경우는 이 방법을 사용하면 효율적인 작업이 가능하다.

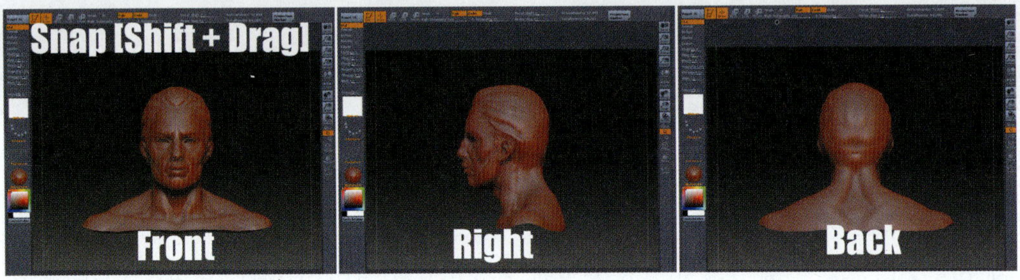

그림 6-65

6. Object Hide & Show

(1) Hide

Z Brush에서는 전체 작업이 끝나면 세부적인 정밀한 작업이 많이 진행되는데 이때 Object의 불필요한 부분은 Hide를 시켜 놓고 작업이 마무리되면 다시 원래 상태로 복귀시키는(Un hide) 작업환경이 아주 중요한 기능 중의 하나기도 한다.

먼저 Object의 필요한 영역만을 남겨 두고자 할 경우 Canvas 공간에서부터 [Ctrl + Shift + Drag]하여 남기고자 하는 영역을 연두색 사각 Box 안에 포함한다. 그 결과 연두색 Box 안에 포함된 부분만 남고 나머지 부분은 Hide되었다.

이때 다시 원상태로 돌아가고 싶을 때 [Ctrl + Shift + Click]을 누르면 된다.

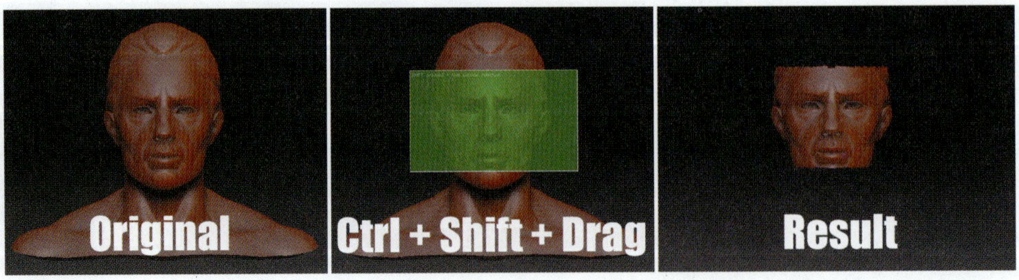

그림 6-66

(2) Show

먼저 Object의 일정 영역을 잠시 Hidden하고자 할 경우 Canvas 공간에서부터 [Ctrl + Shift + Drag] 하여 Hidden하고자 하는 영역을 붉은색 사각 Box 안에 포함한다. 그 결과 붉은색 Box 안에 포함된 부분만 Hide되고, 나머지 부분은 Un Hide 됐다.

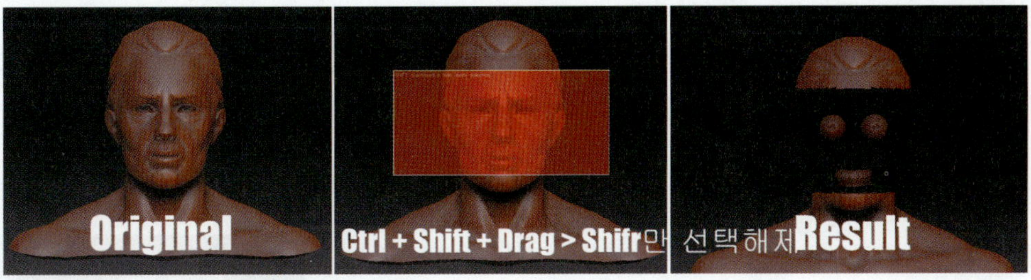

그림 6-67

(3) 원상복귀

Hide된 Object를 제외한 공간에서 [Ctrl + Shift + Click]

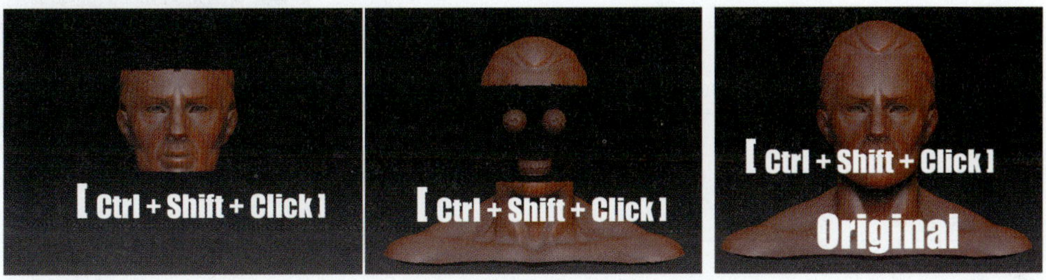

그림 6-68

(4) Inverse(반전)

원하는 부분의 영역을 선택하고 작업을 마치고 마우스를 Object 위에 올려놓고 Crtl + Shift + Click 그 외의 부분을 선택하게 되면 현재 보이던 부분이 반전된다.

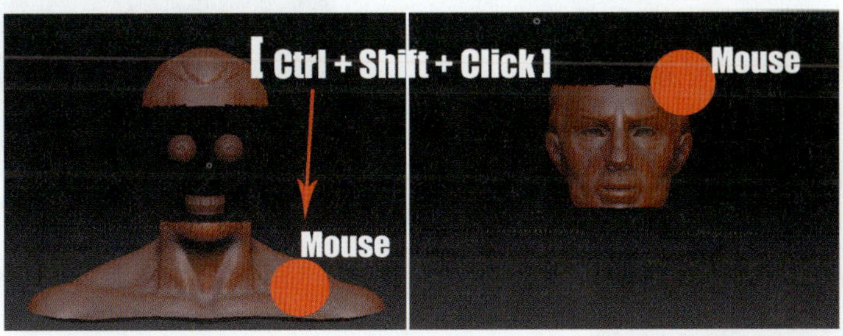

그림 6-69

7. Mask

Mask 기능은 전체 Object 중 자신이 작업하기 위한 필요한 영역만을 임시 지정하여 Mask되지 않은 영역의 어떠한 효과나 명령이 적용되지 않도록 지정해서 작업할 수 있다. 즉 전체 Object 중에서 작업이 필요한 일부 영역만을 지정하여 작업하는데 우주 유용하게 사용되는 기능으로 Modeling이나 Sculpting 작업할 때 사용되는 중요한 기능 중 하나이다.

마스크를 적용해주는 방법에는 Object 위에서 Object의 일부 영역만을 Masking 해주는 방법과 Object 밖에서 Object 일부 영역을 Masking 해주는 방법이 있다.

(1) Object 내에서의 Masking

[Ctrl 키]를 누르면 커서는 Masking 모드로 전환된다. 이때 Masking 해줄 영역을 칠하여 주면 그 영역에 Masking 효과가 적용된다.

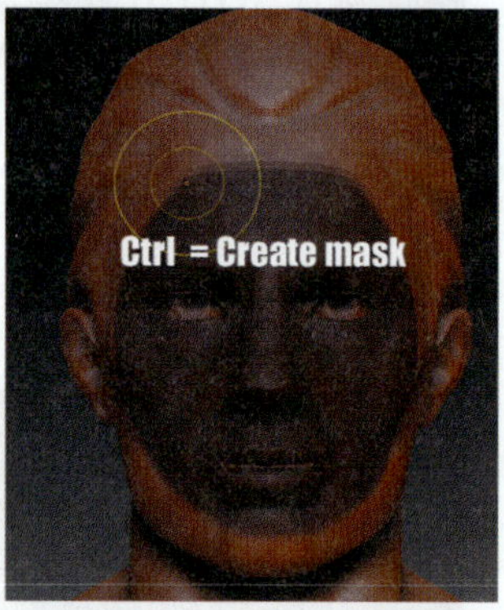

그림 6-70

(2) Object 내에서의 Masking 해제

[Ctrl + Alt] 키를 누르면 커서는 Masking 해제모드로 전환된다.

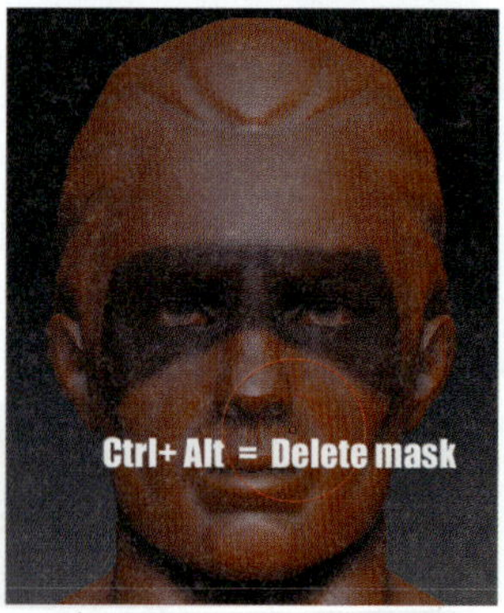

그림 6-71

작업 창에서의 Masking 지정과 해제방법 역시 Object 내에서의 방법과 같다. 다만, 이 경우는 지정에서 Brush처럼 그리는 것이 아니라 사각 영역을 그리게 되고 그 영역 내에 포함된 부분에 대해 Masking된다.

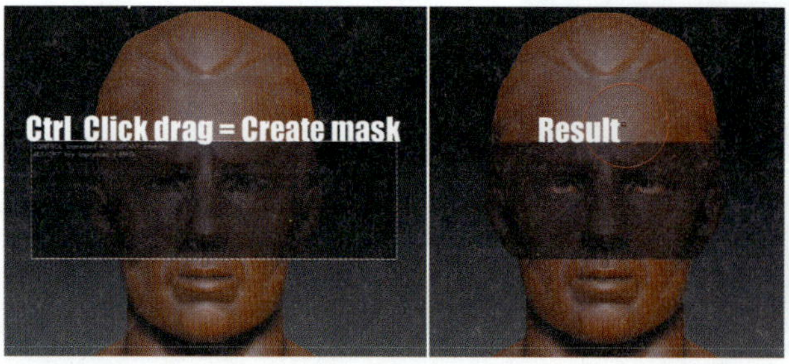

그림 6-72

Masking된 영역을 해제하고자 할 경우에도 [Ctrl + Alt + 영역 drag]를 하여 지정해 주면 지정된 영역 내에 포함된 모든 Masking 효과는 해제된다.

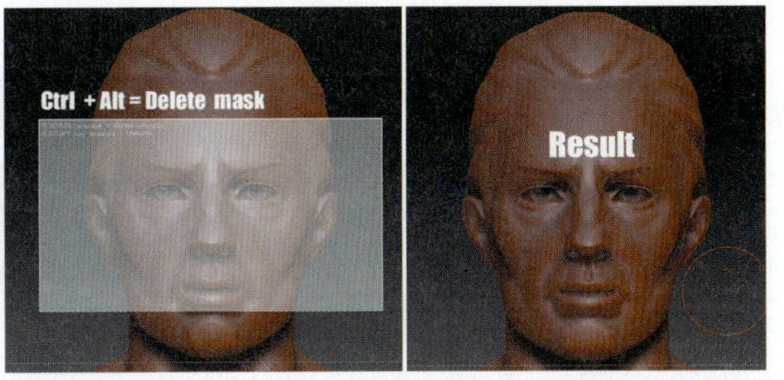

그림 6-73

(3) Mask 영역 반전

Mask로 선택된 영역을 제외한 나머지 부분에 대해 Mask를 지정하고 Mask가 지정되어 있던 부분을 해제하고자 할 경우, 즉 Mask의 영역을 반대로 반전하고자 할 경우는 빈 작업 창에 Ctrl 키를 누른 상태에서 Clik을 하면 된다.

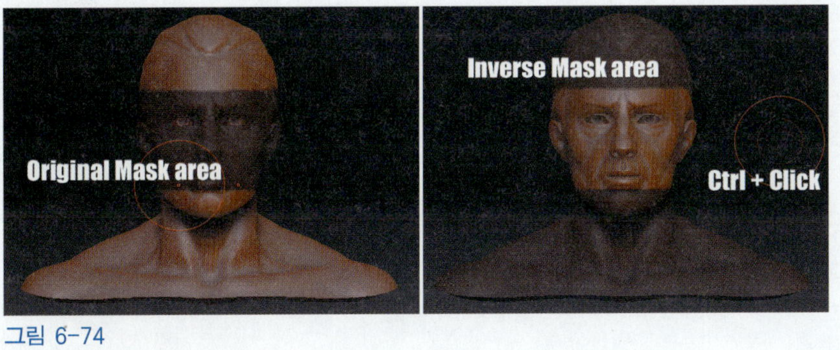

그림 6-74

(4) Mask 경계처리

Mask의 가장자리 영역에 대해 좀 더 부드럽게 선택을 하고자 할 경우 마우스를 해당 Object 위에 올려놓고 [Ctrl] 클릭을 하면 된다. 이때 Ctrl Click 수만큼 부드러움이 증가한다.

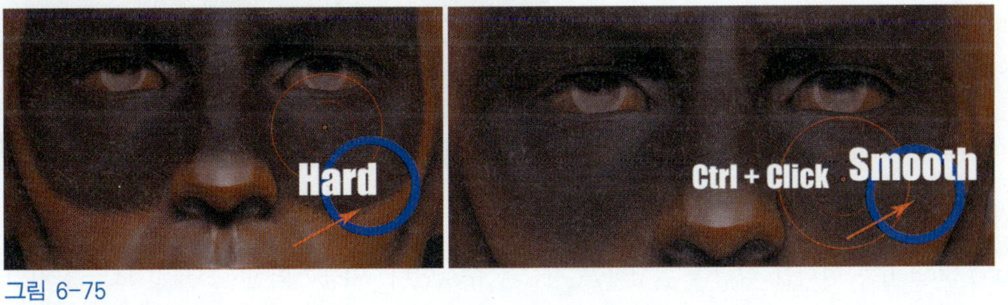

그림 6-75

8. Object Transpose

Object의 Transpose 기능은 Version 3.1에 새로이 추가된 기능 중 하나로 그 동안 Z Brush에서 Object의 컨트롤 부분(회전/ 이동/ 크기 조절)에 대해 다소 불편했고 부족해 보였던 점을 보완해서 Upgrade된 기능 중 하나라 할 수 있다.

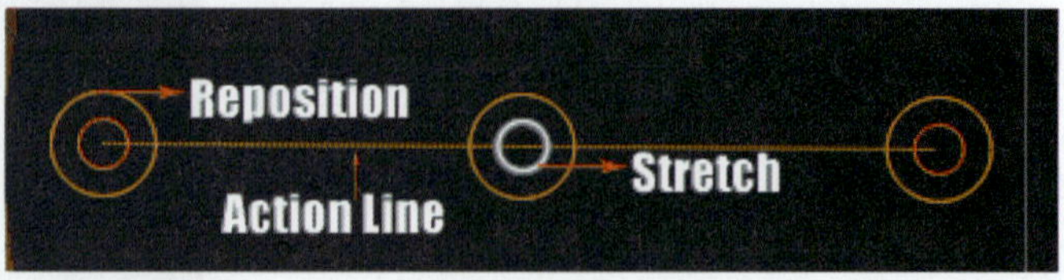

그림 6-76

[1] Reposition : Reposition은 원하는 곳에 위치를 지정할 수 있도록 이동을 할 수 있는 기능이다. 즉 전체 Transpose의 영역을 설정할 수 있다. 이 경우 가운데 Reposition은 항상 좌/ 우의 중심 거리에 있게 된다. 좌/ 우의 Reposition은 각자 따로 컨트롤이 가능하지만 가운데 Reposition은 전체의 이동을 담당한다.

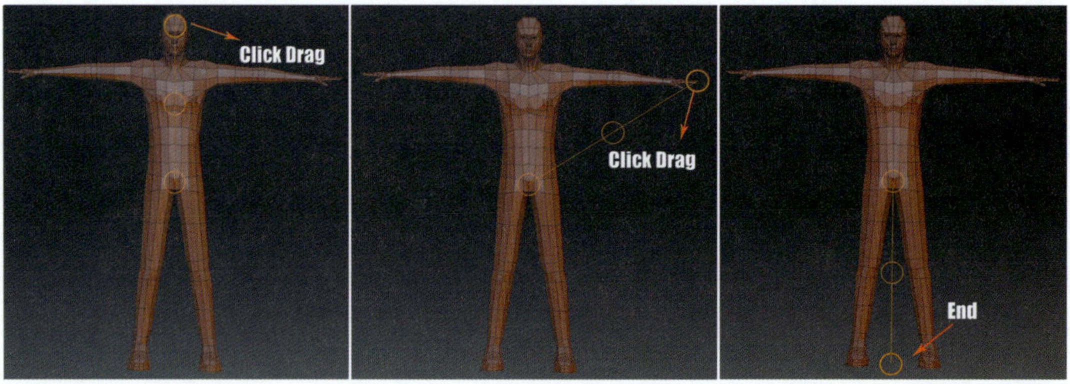

그림 6-77

[2] Action Line은 Transpose의 영향이 미치는 범위의 Center Line으로 적용 범위와 축의 방향에 대한 정보를 주는 Line이다. 그리고 Action Line을 클릭하고 이동할 때 Reposition도 이동하게 된다.

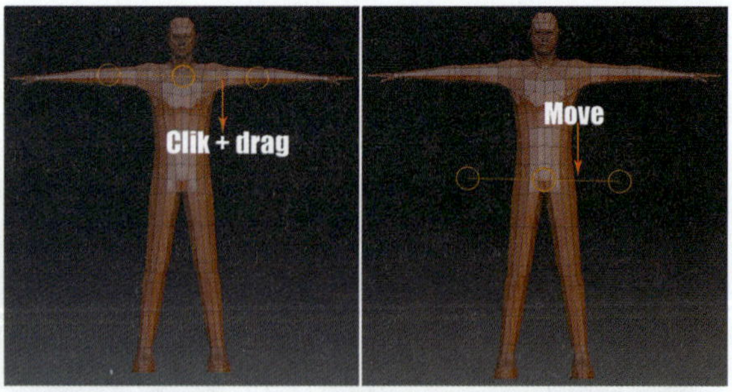

그림 6-78

[3] Stretch : Stretch는 선택한 명령을 실행하는 기능을 수행한다. 이동/ 회전/ 스케일 모드를 지정한 후원하는 위치의 Stretch를 클릭하고 drag를 하게 되면 그 결과를 즉각적으로 알 수 있다.

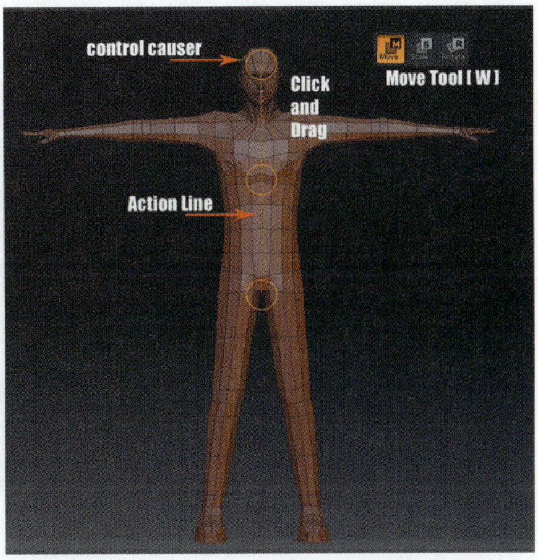

그림 6-79

1 Move(이동) [W] : 먼저 Transform Control 모드의 생성 방법에 대해 알아보도록 한다. 먼저 Object 또는 어떤 대상에 대해 이동을 하고자 할 경우 화면 위 상단의 Shelf의 왼쪽에 있는 Move 기능 툴을 선택하여 활성화한다. 또는 단축키 [W]를 누른다. 그리고 이동하고자 하는 부분에 대해 Click and Drag 기능을 실행하도록 한다. 그 결과 3개의 Control 모드가 나타나는지 확인해야 한다.

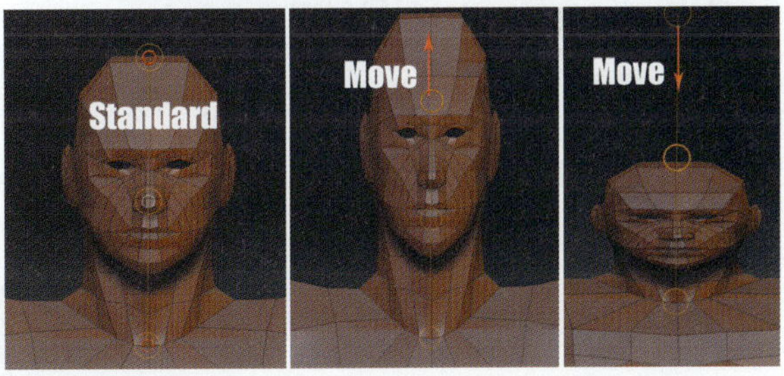

그림 6-80

2 대상 Object의 전체나 그 일부에 대해 모양의 수정을 원할 때 특히 이동을 통한 모양 변경이나 편집할 때 사용한다.

3 Rotation(회전) [E] : 대상 Object의 회전이나 Object 내의 Component의 회전할 때 사용한다. 이 경우 동일 Object 내에서 회전의 영향을 주지 않고자 하는 부분에 대해서는 Mask를 지정해 놓고 작업하면 된다.

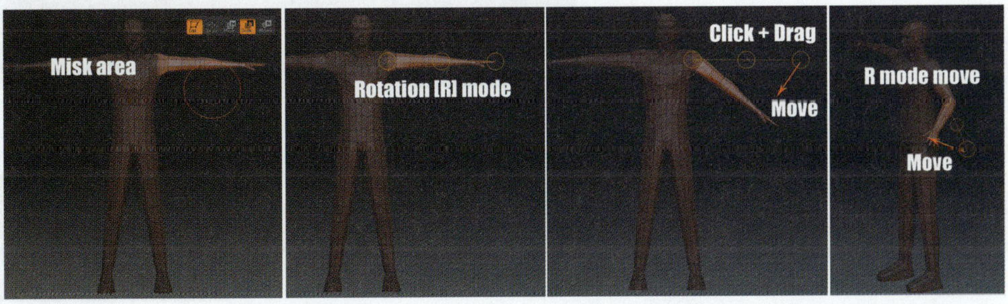

그림 6-81

4) Scale(크기) [R] : 대상 Object의 회전이나 Object 내의 Component의 크기 조절할 때 사용한다.

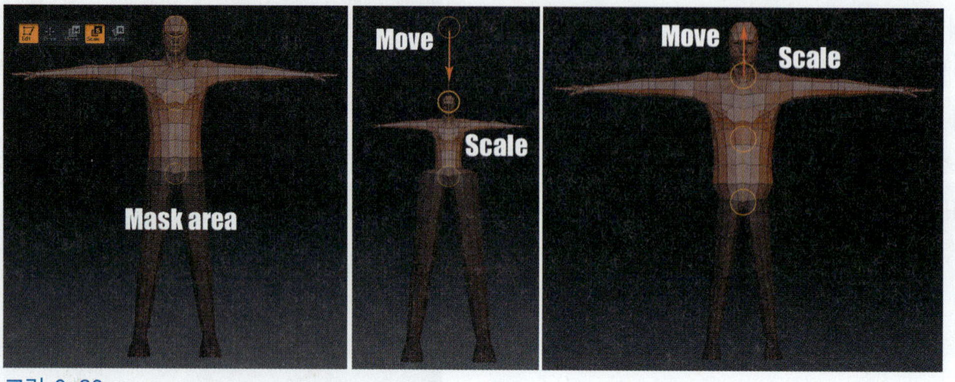

그림 6-82

9. Z Project brush 사용하기

Brush 기능 중에서 Z Project Brush 기능을 활용하여 형태 복사가 가능하다. 지금부터 V 3.1에 새로 추가된 Z Project Brush 기능에 대해 알아보도록 한다.

1 먼저 Tool 〉 Plane 꺼내기

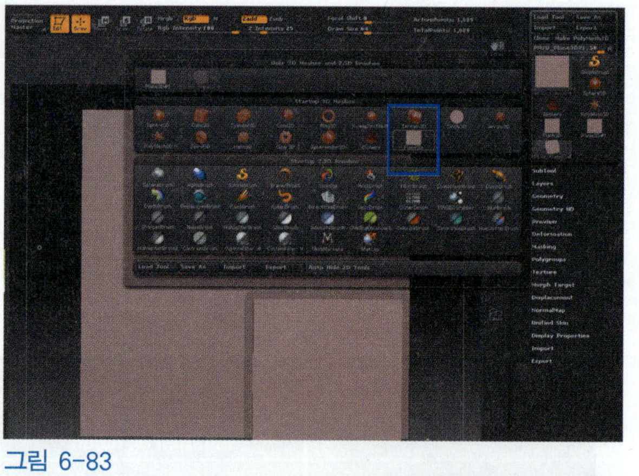
그림 6-83

2 Edit 활성화하고 Tool 〉 Make Polymesh 3D 적용시킨다.

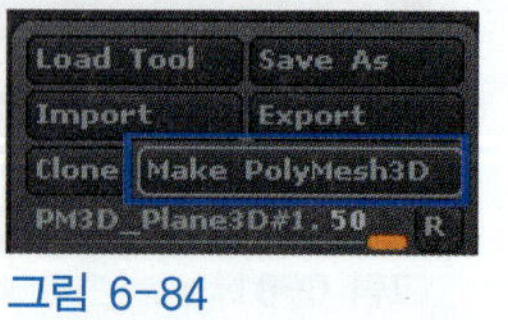

그림 6-84

3 Tool 〉 Geometry 〉 Suv 버튼 활성화 후 Divide 6까지 올린다.

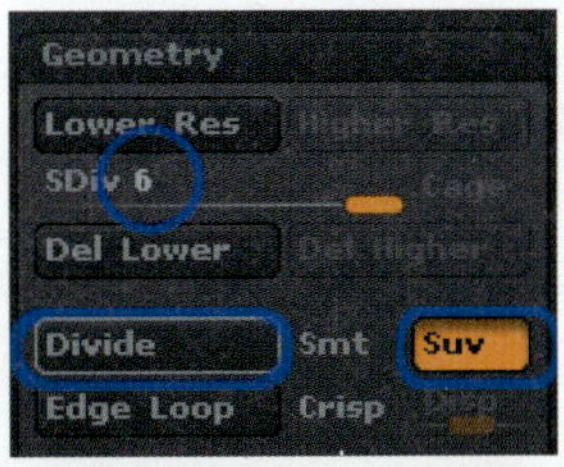

그림 6-85

4 Tool 〉 Display Properties 〉 Double 버튼을 활성화한다.

그림 6-86

5 메뉴 상단의 타이틀 메뉴라인에 있는 Default Z Script 버튼을 활성화하고 Z Brush demo head를 Open 한다.

그림 6-87

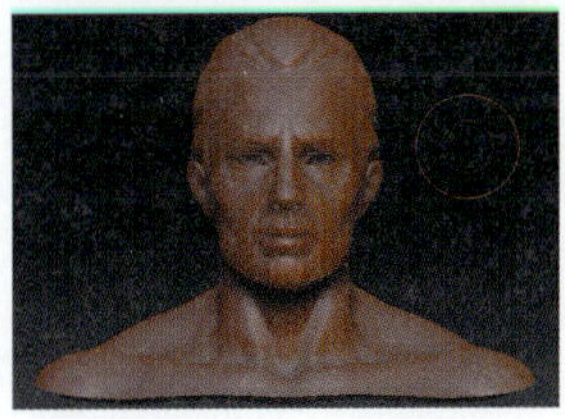

그림 6-88

6 Tool 〉 Sub Tool 〉 Append 〉 PM3D#1을 선택하여 Canvas에 꺼낸다.

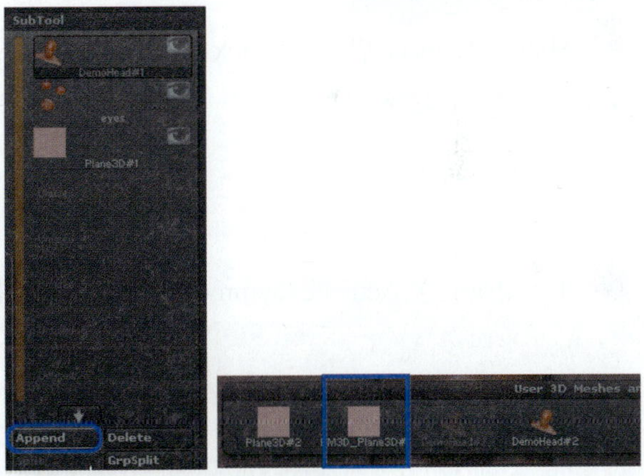

그림 6-89

그림 6-90

7 Tool Shelf 〉 Move 버튼[W] 활성화 후 Plane 위를 Click + Drag하여 Action Line을 생성시킨다.

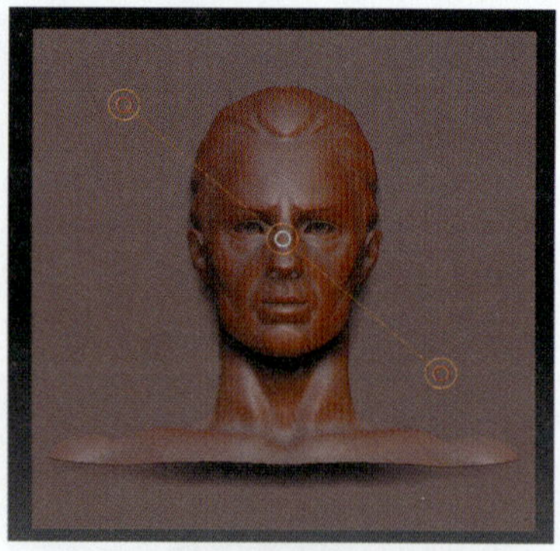
그림 6-91

8 Canvas 화면 회전을 하고 Man face를 Plane의 면에 원하는 정도까지 돌출되도록 Action Line을 이용해서 Man face를 이동을 시킨다.

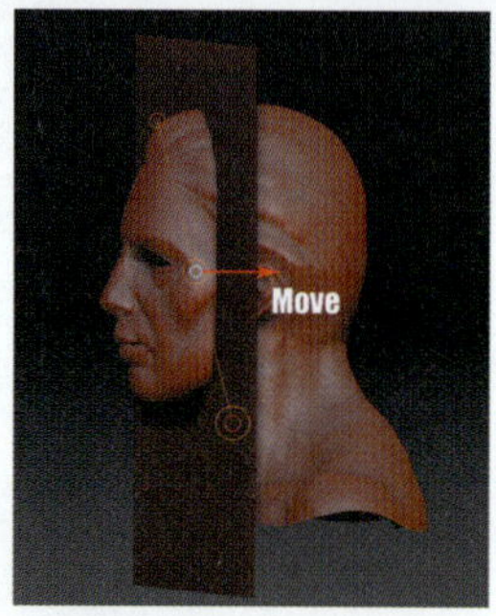

그림 6-92

9 Shift + Canvas 빈 공란 Click하여 정면으로 Setting한 후 Top shelf에서 Draw모드를 활성화한다.

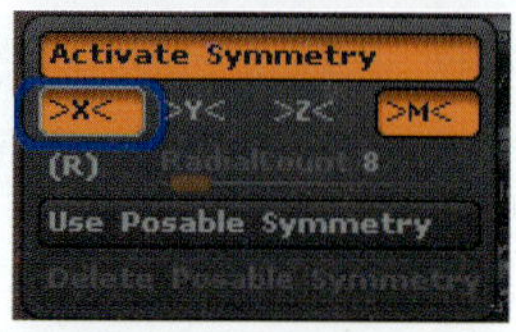

그림 6-93

10 Transform 〉 Activate Symmetry 〉 X 축 [X]를 활성화한다.

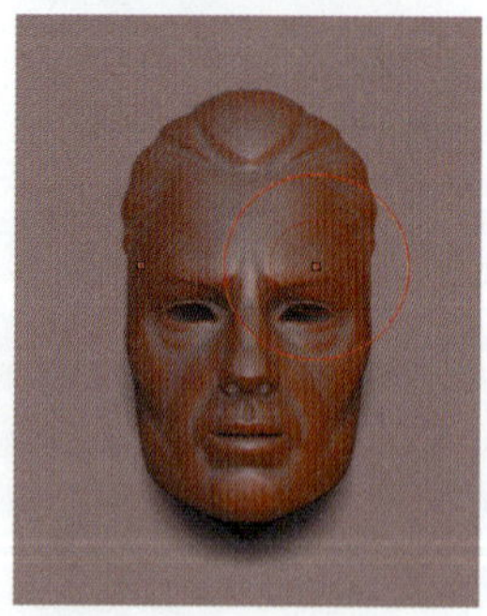
그림 6-94

11 돌출한 얼굴 부분에 대해 Brush를 칠한다.

12 Tool 〉 Sub Tool 〉 PM3D Plane 3D#1을 제외한 나머지 Object는 눈 아이콘을 클릭하여 Hide시킨다.

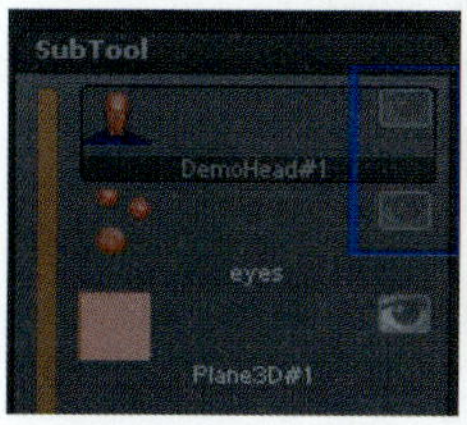

그림 6-95

13 Plane을 회전하여 Plane 면에 어떤 변화가 생겼는지 확인하다.

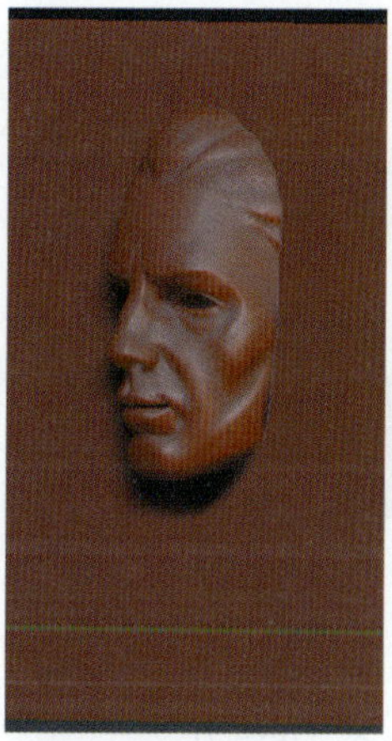
그림 6-96

10. Z Brush에서 Alpha 소스 만들기

Alpha 소스는 2D 이미지를 활용하는 방법과 3D Object를 활용하는 방법이 있는 먼저 2D 이미지 활용법에 대해 알아보도록 한다.

(1) 2D 이미지 Alpha 소스 만들기

1 먼저 Alpha 소스로 만들 이미지를 Photoshop에서 편집을 한 뒤 저장한다.

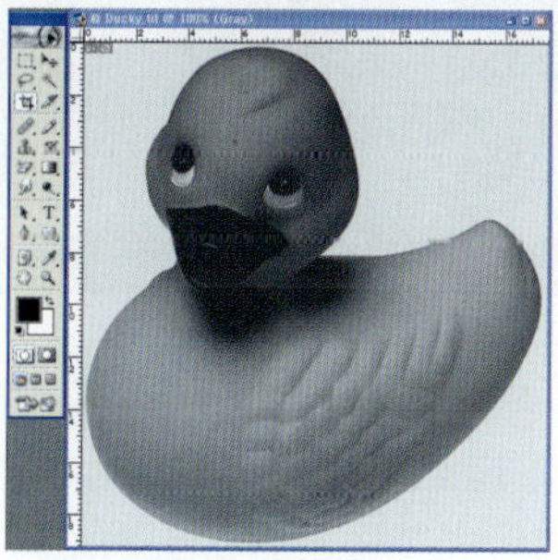
그림 6-97

2 Z Brush Alpha Panel 〉Import에서 저장한 이미지를 불러온다.

그림 6-98

3 Alpha Panel에 방금 불러온 이미지가 있는지 확인한다.

그림 6-99

4 제작된 Alpha 소스를 활용하여 Object에게 적용한다.

그림 6-100

(2) 3D Object Alpha 소스 만들기

1 Canvas에 3D Object를 제작하거나 불러온다.

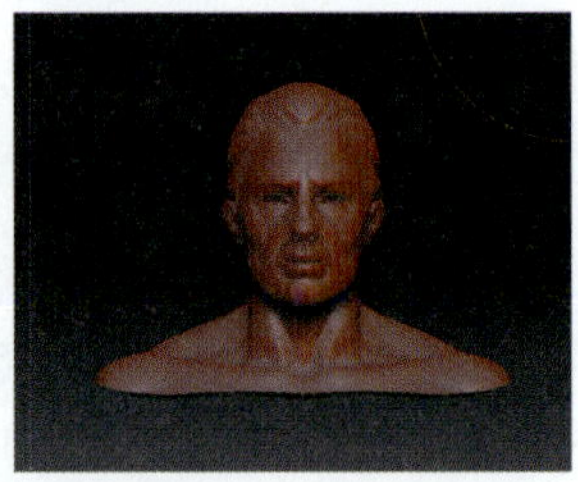

그림 6-101

2 Document Property 〉 P개 해제 〉 가로 : 1000, 세로 : 1000 사이즈로 지정해 준 다음 Resize 버튼을 눌러준다.

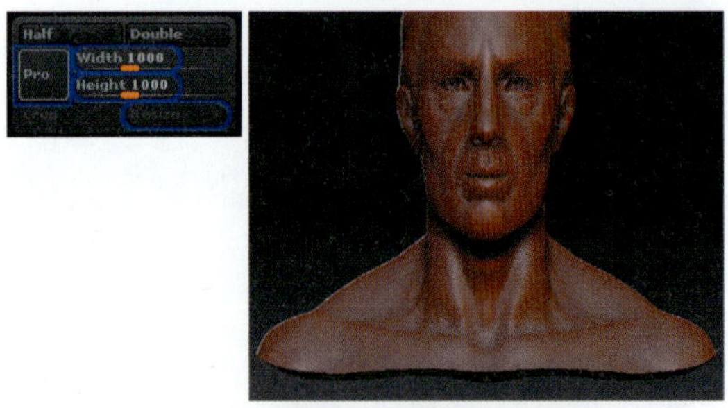

그림 6-102

3 [Ctrl + N]을 눌러 Canvas에서 Object를 지운다.

4 새로 Man face를 불러오고 Top shelf에서 Edit를 활성화한다.

5 불러온 Object를 Shift 키를 이용하여 Canvas의 정중앙에 오도록 한다.

6 Alpha 〉 GrabDoc 버튼을 눌러 새로운 Alpha 이미지를 생성한다.

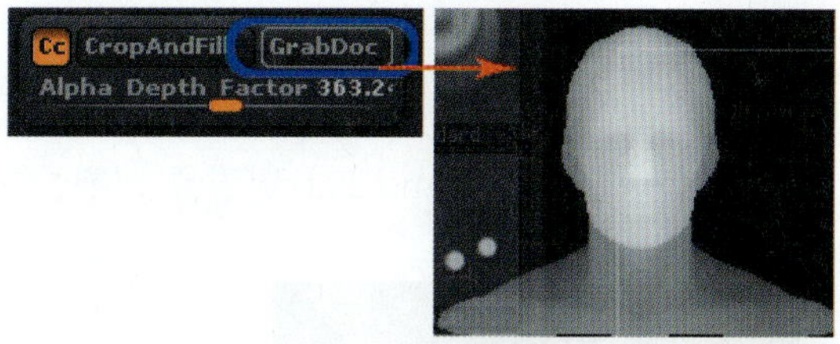

그림 6-103

7 생성된 Alpha 소스는 Alpha 〉 Export 기능을 활용해서 저장하고 다음에 다시 사용할 수 있도록 할 수 있다.

8 생성된 Alpha 소스를 활용해서 Object에 적용해 보도록 한다.

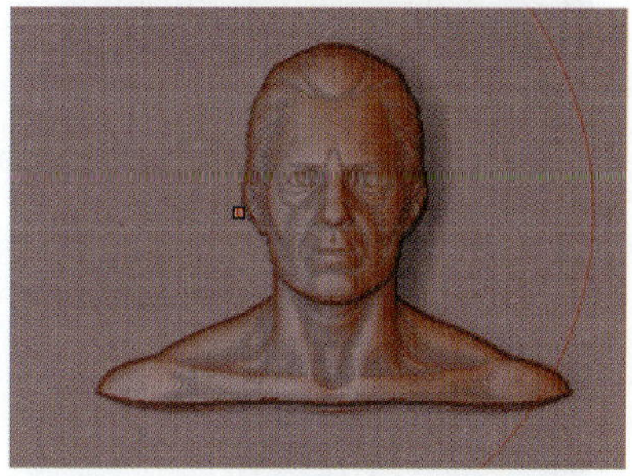
그림 6-104

11. Matcap 기능을 활용하여 Material(재질) 만들기

Z Brush 3.1에 새로 추가된 기능으로 Material을 만드는 기능이다. MatCap 기능을 활용하여 Z Brush material을 제작해보도록 한다.

1 먼저 재질로 사용하고자 하는 선명한 이미지 한 장을 준비한다.

그림 6-105

2 Texture 〉 Import 〉 이미지를 불러온다.

그림 6-106

3 Material 〉 Flat Color 명령을 실행한다.

4 Texture 〉 Crop and Fill 명령을 실행한다.

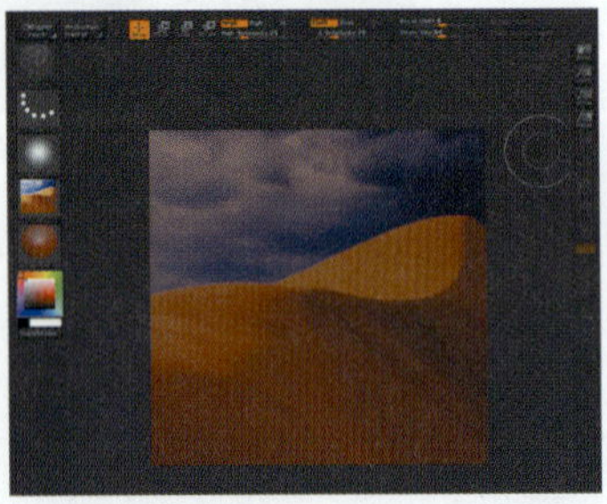

그림 6-107

5 가장 기본이 되는 색상 재질 부위를 클릭한다.

그림 6-108

6 Material 〉 MatCap 기능을 선택한다.

그림 6-109

7 가장 중심이 되는 지점을 기준으로 Drag 하면서 재질을 기록한다.

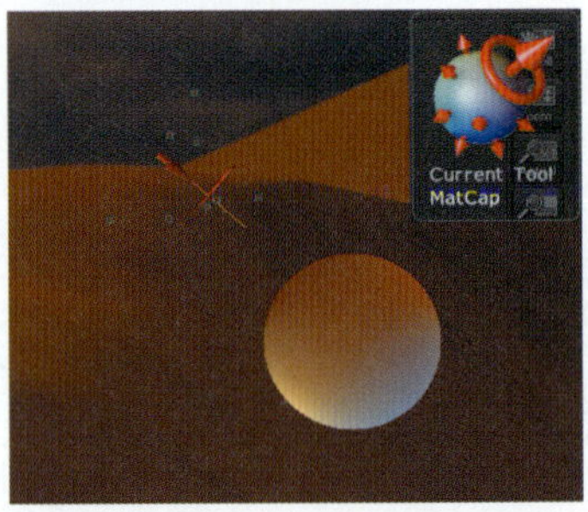

그림 6-110

8 제작된 새로운 Material 소스를 Export하여 활용할 수 있도록 한다.

그림 6-111

12. Poly Group 지정하여 작업하기

Z Brush에서 하나의 Object를 여러 개의 Group군으로 분리하여 나눠서 작업하게 되면 디테일한 부분의 작업에서 더욱 효율성을 높일 수 있기 때문에 하나의 Object를 여러 개의 특징적인 Group으로 나눠서 분리 작업을 할 수 있다. 자 그럼 지금부터 이러한 Geoup 분리 작업을 해보도록 한다.

1 대상 Object를 Z Brush로 Import하여 불러온다.

그림 6-112

2 Edit 모드 활성화와 함께 Frame 모드 활성화도 동시에 진행한다.

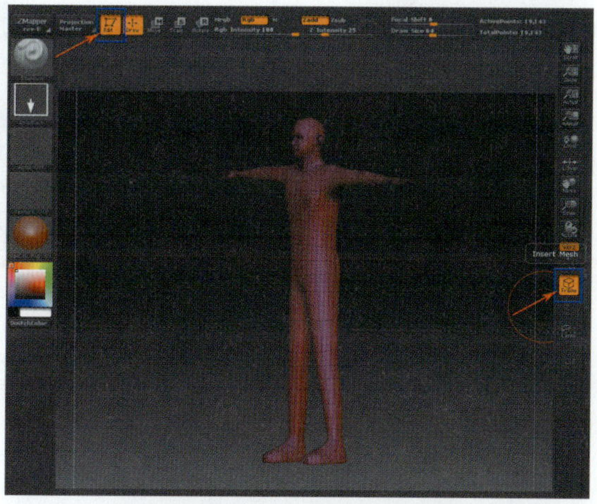
그림 6-113

3 분리할 부분을 제외한 불필요한 영역 Mask 작업 [Ctrl + Click drag]

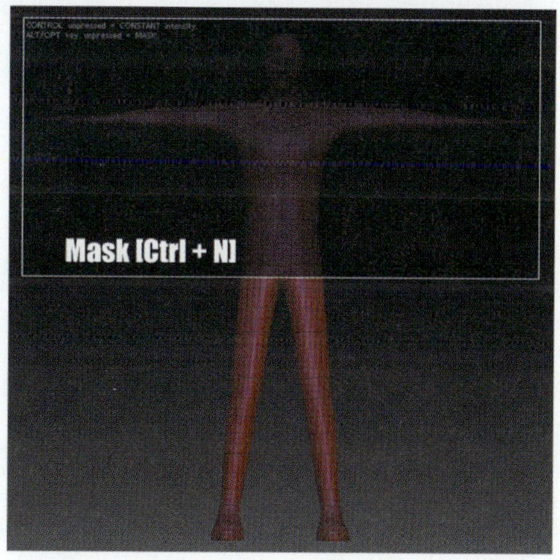

그림 6-114

4 Tool 〉 Masking 〉 Hide Pt 버튼을 실행하여 Mask 영역을 하나의 Group으로 분리한다.

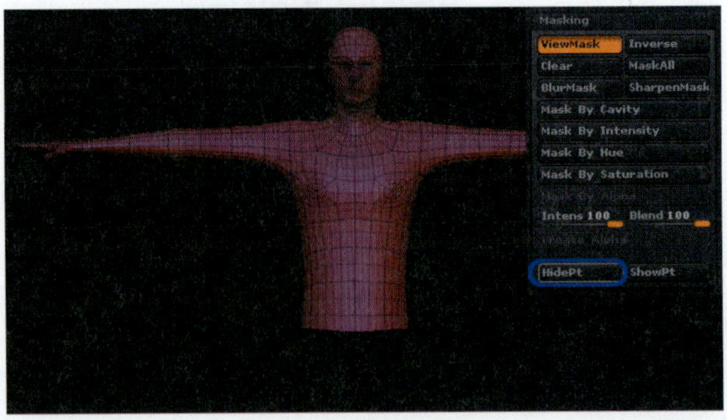

그림 6-115

5 Poly Group 〉 Auto Group 명령을 실행한다.

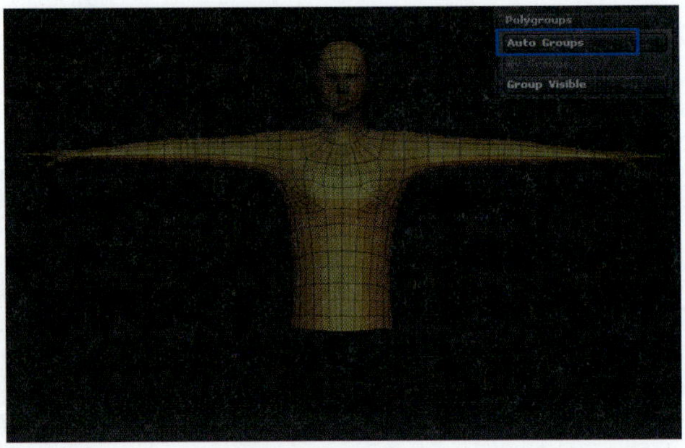

그림 6-116

6 Ctrl + Shift + Canvas 빈 공란에 마우스 클릭=마스크 해제, 즉 Show Pt 기능을 실행한다.

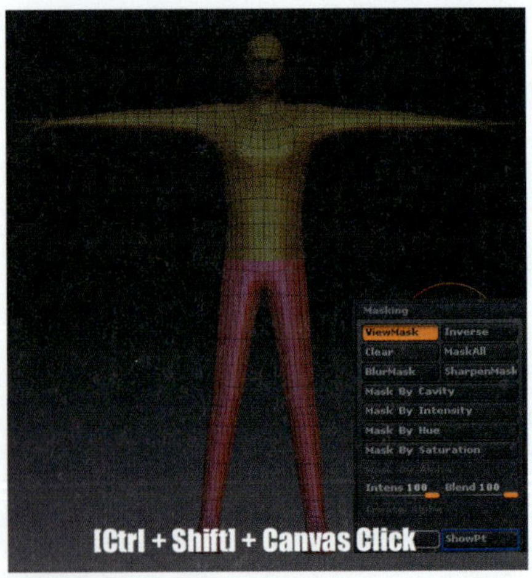

그림 6-117

7 같은 방법으로 필요한 영역을 Group 분리하여 작업한다.

13. Projection Master 환경 설정하기

Z Brush에서 Object의 Map 작업에 매우 유용하게 활용되는 기능으로 2.5D와 3D의 영역을 오고 가면서 최적으로 재질과 Color map의 적용이 가능하도록 하는 기능이다.

3D 상태에서 2.5D 작업모드로의 전환은 DROP NOW 버튼을 클릭하고, 2.5D 작업모드에서 다시 3D 작업모드로 전환하려면 PICK UP NOW 버튼을 클릭한다.

그림 6-118

[1] Colors : Object의 Color 변형을 주고자 할 경우 선택한다.

[2] Shades : Object의 Shade 질감에 변화를 줄 경우 선택한다.

[3] Material : Object의 재질의 변화를 주고자 할 경우 선택한다.

[4] Double Sides : 양면 동시 효과를 주고자 할 경우 선택한다.

[5] Fade : 화면의 앞과 뒤의 경계선 처리를 부드럽게 하고자 할 경우 선택한다.

[6] Deformation : 활성화시 Object의 형태 변화도 가능하다.

[7] Normalized : 선택할 때 모든 작업은 Normal 방향에 의해 영향을 받게 된다.

6-3 Z Brush 메뉴별 주요 기능

Z Brush를 활용하기 전에 Z Brush가 가진 고유의 제작환경에 대한 이해가 필요하다.

즉 도구에 대한 이해 없이 작업에 임할 수 없듯이 완벽하게 도구에 대한 이해를 바탕으로 해야 훌륭한 작업의 결과를 얻을 수 있다.

지금부터는 Z Brush를 활용한 작업에 직업적인 영향을 미치는 중요한 기능들의 설명이기 때문에 잘 정리해야 하는 부분이기도 하다.

보통 Z Brush에서 가장 중요한 기능들은 Z Brush 툴을 처음 Open했을 때 나타나는 환경에 포함되어 있다. 즉 첫 화면의 Main Tool Bar에 모든 기본적이고 중요한 기능들이 다 모여 있다고 볼 수 있다. 그러므로 일단 가장 중요한 기능들 위주로 하나씩 정복해 나가도록 한다.

6-3-1 Alpha [Alt + A]

Alpha는 일반적으로 *.jpeg / *.Tiff / *.Bmp 등의 확장자를 가진 2D형태의 이미지이다. Z Brush는 이러한 2D이미지를 사용하여 다양한 형태의 모델링을 제작할 수 있다. 다만, 2D 제적환경에서 Alpha라는 개념이 그러하듯이 흰색과 검은색 영역으로 구분되어 검은색 부분은 효과를 감(−)해주고 흰색 부분은 효과를 가(+)해주듯이 Z Brush에서 사용하는 Alpha 이미지는 일반적인 이미지가 아니라 흑백의 Color가 다양한 형태로 조화를 이루는 구조이다. 이러한 Alpha 이미지를 활용하여 Object 표면에 질감을 추가할 수 있고, 어떤 형태를 만들 수도 있으며 그 자체로 어떠한 형태를 만들어 낼 수 있다. 즉 옷의 구겨짐이나 캐릭터 얼굴의 주름 등을 Polygon 제작 방식인 3D 제작환경에서는 구현하기가 여간 까다로운 부분이 아니다. 하지만, Z Brush에서는 Alpha가 가지는 고유의 형태를 활용하여 아주 섬세하고 정교한 형태의 표현도 그림을 그리듯이 효과를 적용해 줄 수 있는 아주 효과적인 기능을 가진 Tool이다.

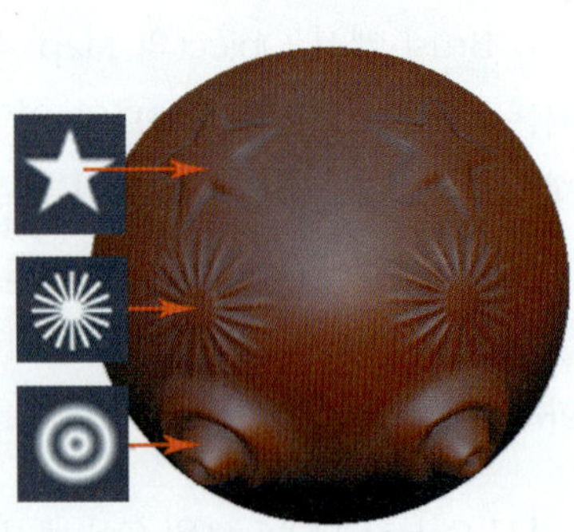

그림 6-119

지금부터 이러한 Alpha를 이해하고 효과적으로 활용하는 방법에 대해 알아보도록 한다.

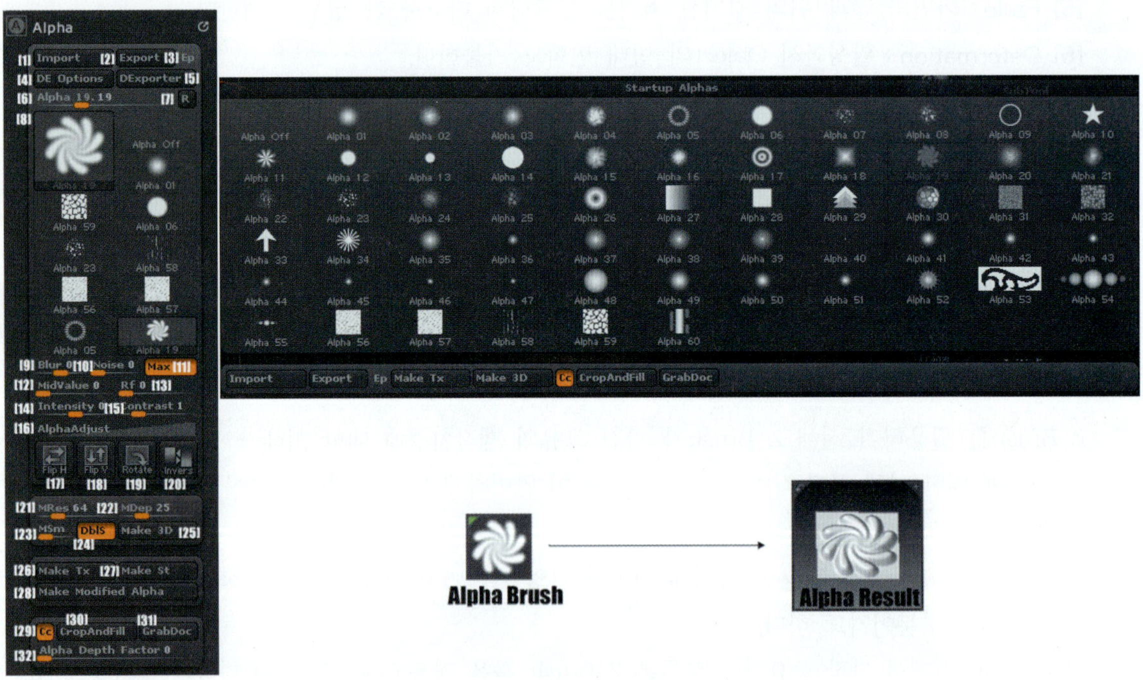

그림 6-120

[1] Import : 저장된 Alpha 이미지를 불러오고자 할 경우 사용한다. 다른 Alpha 제작 관련 프로그램에서 제작한 Alpha data를 불러올 수 있으며 그 경우 가능한 확장자 파일은 *.Psd, *.Bmp, Tiff 등이다.

[2] Export : 현재 사용중인 Alpha를 저장할 수 있다.

[3] EP : Export Prossed Alpha 명령으로 Alpha를 좀 더 세밀하게 사용하기 위해 Alpha Adjustment Curve[12] 기능을 활용하여 작업하였을 때 변형된 Alpha의 효과를 저장하고자 할 경우 사용한다. 만약 EP가 비활성화되어 있을 때 사용중인 Alpha의 기본 값만이 저장됨을 유의한다.

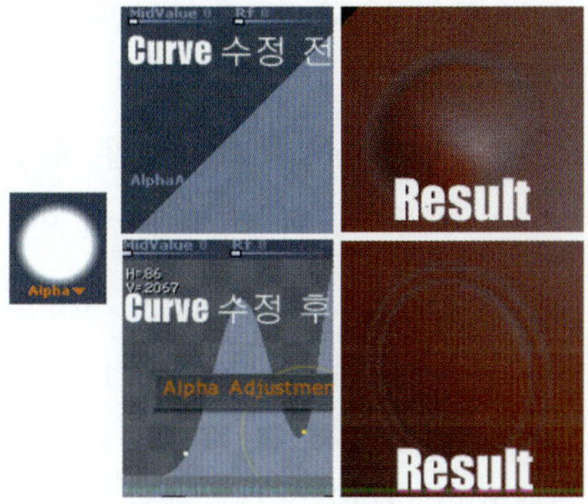

그림 6-121

[4] DE Option : Alpha Displacement Exporter에서 alpha를 export하는 Tiff 파일 format과 조절에 관한 내용을 포함한 Option을 불러온다.

[5] DE Exporter : 현재 DE Option 안에 선택된 alpha를 export할 때 사용한다. 일반 Export와는 달리 DE Option 설정을 사용하여 저장할 수 있다.

[6] Alpha selection : Alpha 팔레트 창을 열지 않고 Slider를 이동하면서 원하는 Alpha 이미지를 선택할 수 있다. 이때 Alpha 팔레트에 등록된 고유번호를 활용하여 선택한다.

[7] R : Restore Configuration 명령으로 현재 작업중인 Alpha 이미지를 작은 아이콘 형식으로 나타내준다.

[8] Current Alpha : 현재 선택된 또는 사용중인 Alpha에 대해 이미지로 표시해준다.

[9] Blur : 현재 사용중인 Alpha의 기능에 Blur 기능을 추가하는 기능으로 슬라이드의 가감을 통해 Blur의 효과를 조절한다. 슬라이더 수치조절에 따른 효과는 사용자가 지속적으로 사용하여 익숙해져야 한다.

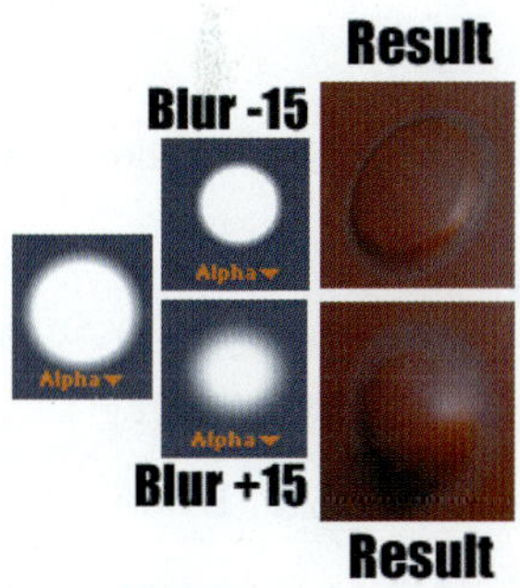

그림 6-122

[10] Noise : 사용중인 Alpha에 불규칙한 Noise 현상을 추가하는 기능으로 선명한 Alpha의 효과를 제한시켜 준다.

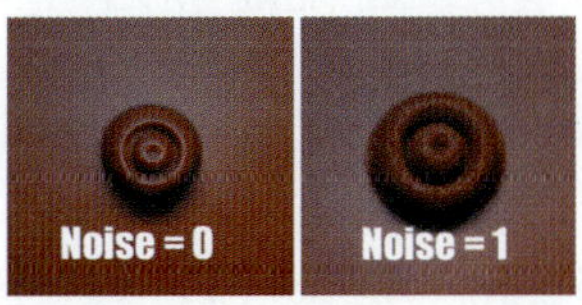

그림 6-123

[11] Max : 현재 사용중인 Alpha의 명암(흑백 영역)을 자동으로 선명하게 가(Max on) / 감(Max off)해주는 기능이다.

[12] Mid Value : 현재 사용중인 Alpha의 가장자리가 선으로 나타나는 현상을 조절한다. 수치를 올릴수록 가장자리가 선명해진다.

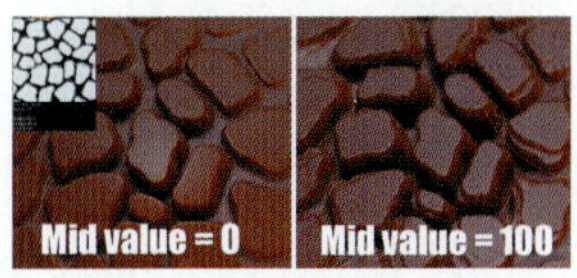

그림 6-124

[13] Rf : Real Fade 명령으로 사용중인 Alpha의 가장자리의 투명도 값을 조절하여 Alpha의 효과를 극대화할 수 있다.

그림 6-125

[14] Intensity : Alpha의 전체적인 명암(밝기)의 강도를 조절할 수 있다.

[15] Contrast : 흑백의 명암 차이에 대한 대조 / 대비 차이를 더욱 분명하게 또는 희미하게 한다.

그림 6-126

[16] Alpha Adjust : Alpha Adjust Curve 명령으로 Alpha의 효과를 Adjust Curve의 모양을 통해 Dynamic하게 적용할 수 있다. Focal shift의 수치 변화를 통해 보다 Alpha의 효과를 극대화할 수 있다.

[17] Flip H : Flip Horizontally 명령으로 Alpha의 효과를 좌우 반전시켜준다.

[18] Flip V : Flip Vertically 명령으로 Alpha의 효과를 상하로 반전시켜준다.

[19] Rotate : Rotate 90 명령으로 Alpha의 효과를 시계 방향으로 회전시켜 적용하고자 할 경우 사용한다.

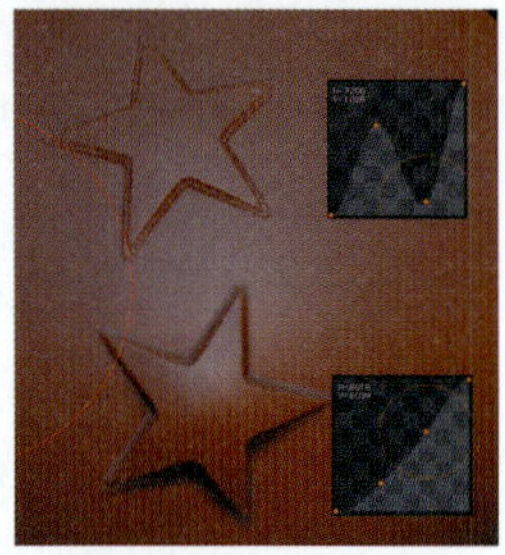
그림 6-127

[20] Inverse : 모든 Alpha의 밝기 수치를 조절한다.

[21] MRes : Make Resolution 명령으로 Make 3D를 실행하면 Object가 생성되는데 이때 생성된 Object의 해상도를 조절한다.

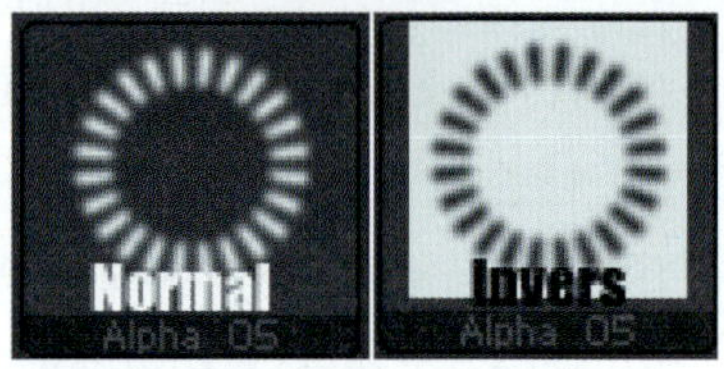

그림 6-128

[22] MDep : Make Depth 명령으로 Make 3D 명령어를 통해 생성된 Object의 깊이(두께)를 지정할 수 있다.

[23] Msm : Make Smooth 명령으로 Make 3D로 명령어를 통해 만든 Object의 부드러운 정도를 설정할 수 있다.

[24] Dbls : Double Sided 명령으로 Make 3D를 통해 만들어진 Object의 양면을 생성할 수 있다.

[25] Make 3D(Make 3D Mesh) : Alpha 기능을 활용해서 3차원 Object를 만들 수 있다.

[26] Make Tx : Make Texture 명령으로 선택한 Alpha를 Texture로 전환하여 사용할 수 있다.

그림 6-129

[27] Make St : Make Stencil 명령으로 선택한 Alpha를 Stencil로 전환하여 사용할 수 있다.

[28] Make Modified Alpha : Alpha Adjust Curve로 수정된 새로운 형태의 Alpha를 하나의 새로운 Alpha로 저장하고자 할 경우 사용한다.

[29] Cc : Clear Color의 명령으로 Crop And Fill을 실행할 때 Canvas의 색상 정보를 지워 주는 기능을 한다.

[30] Crop and Fill : Crop and Fill Document의 명령으로 선택된 Alpha의 크기로 Document를 잘라내는 기능이다.

[31] Grab Doc : Grab Alpha From Document의 명령으로 Canvas 상의 이미지를 Alpha로 전환하여 Alpha Palette에 추가하고자 할 경우 사용하는 기능이다.

[32] Alpha Depth Factor : Crop and Fill 기능을 실행할 때 깊이 강도를 조절하며 Z Brush에서 Alpha를 만들 경우에는 자동으로 설정된다. Displacement Map 제작하여 적용할 때 슬라이더에 나타난 수치가 최적의 적용 수치이므로 Rendering시 이 설정값을 활용할 수 있다.

6-3-2 Brush Property

Z Brush의 특징을 자장 잘 나타내주는 기능으로 때로는 부드러운 붓으로 때로는 날카로운 조각칼과 같은 기능을 동시에 수행하며 대상의 깊고 낮음, 형태의 정교함과 부드러움 등을 표현하는 도구들이다. Sculpting의 과정에 사용되는 중요한 기능 툴로 다양한 Brush들이 있다. 목적과 필요에 맞는 Brush를 적절하게 선택해서 사용하는 것도 중요한 하나의 기술이다. 그것은 많은 경험에서만 얻을 수 있는 노하우다. 지금부터 각각의 Brush들이 가지는 특징에 대해 알아보도록 한다.

그림 6-130

[1] Load Brush : 저장된 Brush style을 불러온다.

[2] Save as : 사용한 Brush를 저장한다.

[3] Clone : 현재 사용중인 Brush와 같은 Brush 형태에서 강도가 한 단계 높은 Brush를 만들어준다.

[4] Selection : 파일에 저장된 Brush(2D로 제작된 이미지)를 불러오고자 할 경우 사용한다.

[5] Current Brush Tool : 현재 사용중인 Brush의 종류를 Big thumbnail view로 보여준다.

[6] Used Brush Tool : 지금까지 사용했던 Brush의 종류들이 차례로 나열되어 있다.

[7] Mesh Insert Preview : 사용하는 3D Mesh와 2.5D Brush 데이터를 확인할 수 있고 또한 사용하고자 하는 3D Mesh와 2.5D Brush를 선택할 수 있다.

[8] Brush Mood : Mesh Insert 기능을 통해 사용하게 될 Mesh나 Brush의 깊이 값을 결정한다.

그림 6-131

[9] Alpha Tile : Alpha Brush를 사용할 때 한 번 사용할 때마다 나타나는 반복(Tile)의 수를 정의한다.

[10] Align to Path : Alpha Brush를 사용할 때 그려지는 속도를 결정하는 기능이다.

[11] Samples : Flatten, Clay Brush를 사용할 때 그 적용 높이를 조절할 수 있다.

그림 6-132

[12] Gravity effect : Brush 효과를 나타낼 때 중력의 효과를 첨가하여 좀 더 Dynamic한 Brush의 효과를 낼 수 있다. Direct는 중력의 적용 방향 설정이고, Strength는 중력의 크기이다.

[13] Gravity Intensity : Gravity effect 효과에서 중력의 강도를 직접 조절할 수 있다.

① Gravity Direction : 중력 값이 적용되는 힘의 방향을 설정한다.

② Gravity Strength : 중력 값이 적용되는 힘의 크기를 설정한다.

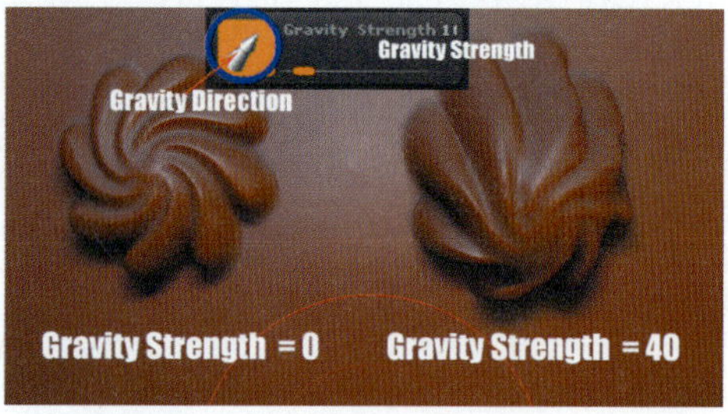

그림 6-133

[14] Cavity mask : 선택한 Brush에 섬세한 피부나 주름 등의 표현에서 Mask를 적용해준 효과를 낼 수 있다.

[15] Cavity Mask Int : Cavity Mask Intensity로 Cavity mask의 강도를 설정한다.

[16] Backface Mas : Brush를 사용할 때 화면상에 뒷부분(Back face)에 영향을 주지 않도록 한다.

[17] Backface Mask Int : Back face Mask Intensity로 Back face Mask의 강도를 지정할 수 있다.

[18] Back Mask Curve : Back face Mask 효과에 대해 Curve 형태의 조절을 통해 그 효과의 다양함을 적용해 줄 수 있다.

① Focal shift : 커브 중간값을 조절함으로써 커브의 전체 형태를 컨트롤할 수 있다.

② Offset : 커브의 왼쪽의 마지막 값을 조절한다. 수치가 높을수록 커브의 중간의 곡선의 형태가 위로 솟아난다.

③ Noise : Noise는 커브 중간 모양을 불규칙한 형태로 만들어 준다.

④ Reset : 초기 설정 값으로 돌아간다.

그림 6-134

⑤ Undo : 앞 단계로 돌아간다.

⑥ Redo : 작업진행의 다음 단계로 자동 진행된다.

⑦ Copy : 설정된 커브의 형태를 복사한다.

⑧ Paste : Copy한 커브를 붙여넣기 한다.

⑨ Save : 설정한 커브의 형태를 저장한다.

⑩ Load : 저장된 커브를 불러온다.

⑪ Close : 작업 창을 닫는다.

[19] Color Mask : 대상 Object에 Color 값이 들어가 있을 경우 그 부분만을 자동적인 Mask 효과가 적용되도록 한다.

[20] Color Mask Int : Color Mask Intensity로 Color Mask의 강도를 설정한다.

[21] Edit Curve : Brush의 적용 형태를 Curve의 형태를 이용하여 Brush의 단면의 형태로 오른쪽이 중간값이고 왼쪽으로 갈수록 Brush의 외곽을 나타낸다.

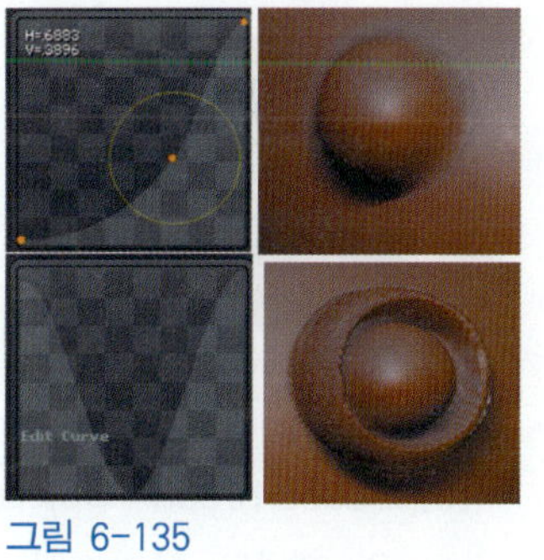

그림 6-135

[22] Smoothing Curve : [Shift]와 함께 사용하면 Brush의 적용범위나 강도를 조절할 수 있다. 커브의 중간 값이 위로 올라갈수록 Brush의 효과는 선명하다.

① Alt Brush size : Shift 키를 잡고 적용하는 Smoothing brush 크기를 조절한다.

② Auto Smooth Strength : 현재 선택한 Brush와 Smooth brush 기능을 합쳐준다.

6-3-3 Brush Tool 종류와 그 기능

Z Brush V3.1에서 기본적으로 사용할 수 있는 Brush의 종류는 33가지이다. 이들 각각의 Brush의 특징들과 활용방법에 대해 알아보도록 한다.

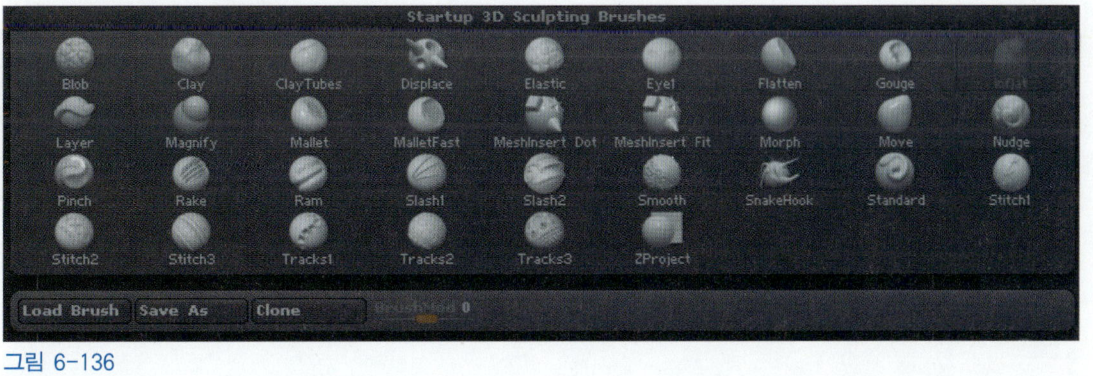

그림 6-136

[1] Blob : 함몰 및 돌출되는 형태가 서로 둔탁하게 섞이듯이 표현되는 특징이 있다.

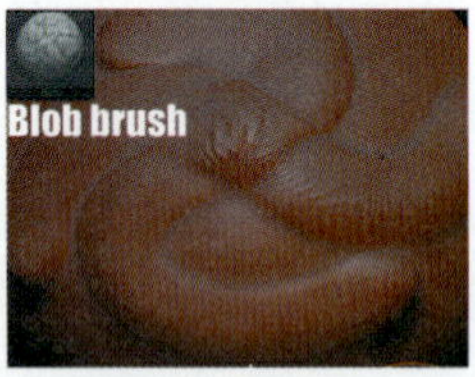

그림 6-137

[2] Clay brush : 부드러운 점토를 빚어내는 듯한 표현의 Brush이다.

그림 6-138

[3] Clay Tube brush : Clay brush보다 가장자리가 선명하게 표현된다.

그림 6-139

[4] Displace brush : 원뿔형의 형태로 외부로 돌출하거나 함몰되는 특징의 brush이다.

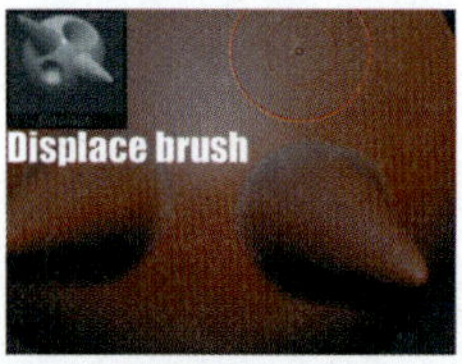

그림 6-140

[5] Elastic brush : Object 표면에 형성된 모양을 그대로 살리면서 함몰/돌출되는 특징이 있다.

그림 6-141

[6] Eye1 brush : 눈(eye)의 모양을 그려내는 Brush이다.

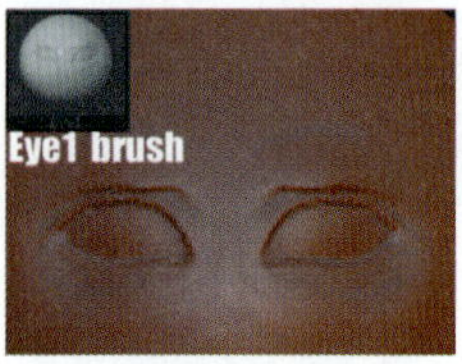

그림 6-142

[7] Flatten brush : 돌출 부분이나 불규칙한 형태를 보인 표면을 평평한 형태의 면으로 다듬어주는 기능 brush이다. 비슷한 기능의 Mallet brush보다는 훨씬 선명하고 규칙적인 결과 데이터를 제공한다.

그림 6-143

[8] Gouge brush : 가장자리가 부드럽게 처리되면서 기본적으로 함몰형태의 Brush이다.

그림 6-144

[9] Inflate brush : 마우스를 지속적으로 문지르면 설정된 형태의 Brush의 형태가 부드럽게 돌출되어 나오는 기능을 수행하는 brush이다. Displace brush는 원뿔형으로 나오지만 Inflate는 원형의 부드러운 형태로 돌출된다.

그림 6-145

[10] Layer brush : 우선 먼저 그려진 brush는 교차하는 부분에서 같은 높이를 유지하게 되고, 다시 brush를 적용하면 항상 일정한 높이가 유지된 상태로 그려진다. 마치 같은 두께의 brush 효과가 layer가 쌓이는 듯한 느낌의 표현이 가능하다.

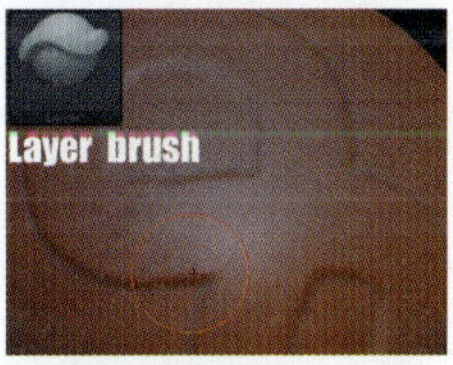

그림 6-146

[11] Magnify brush : 돌출되는 원형의 경계가 또렷하고 분명하게 돌출한다.

그림 6-147

[12] Mallet brush : 돌출된 부분을 평평하게 하고자 할 경우 사용하는 brush이다. 다소 불규칙한 행태 변화의 결과가 나온다는 것이 특징이기도 하다.

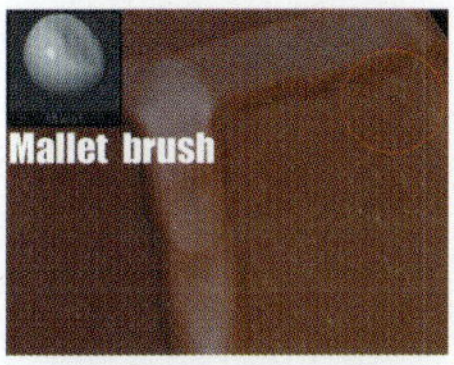

그림 6-148

[13] Mallet fast brush : Mallet 효과에서 더욱 규칙적이고 깨끗한 표면의 함몰 효과를 얻을 수 있다.

그림 6-149

[14] Mesh insert Dot brush

그림 6-150

[15] Mesh insert Fit brush

그림 6-151

[16] Morph brush : 작업을 잘못 진행했거나, 편집한 상태가 만족스럽지 못하면 어느 일정 상태, 즉 Morph로 저장해 놓은 상태로 다시 돌아가고자 할 경우에 사용하는 Brush이다. Tool 〉 Motph Target 〉 Store MT를 활성화하고 작업을 할 경우 모양 수정 작업을 진행하다가 만족스럽지 못하면 Morph brush를 문질러주면 Store MT로 저장한 시점의 표면 상태로 다시 복귀된다.

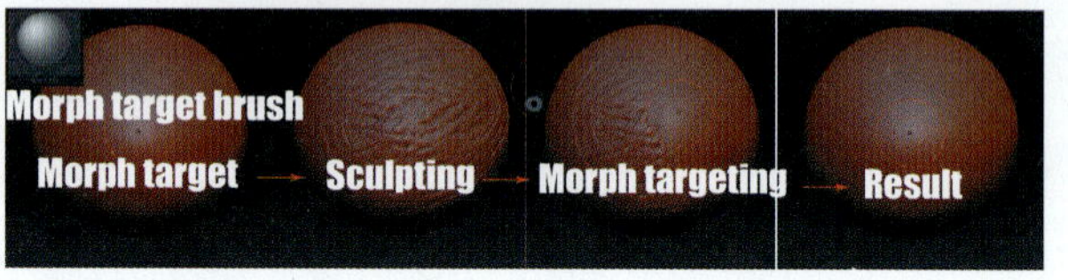

그림 6-152

[17] Move brush : Object의 모양을 전체적으로 변형하거나 다듬어 줄 수 있는 기능이다. 모델링 작업을 하면서 Component의 움직임에 주목할 필요가 있다.

그림 6-153

[18] Nudge : Object의 외형의 형태를 변형시키는 기능을 수행한다.

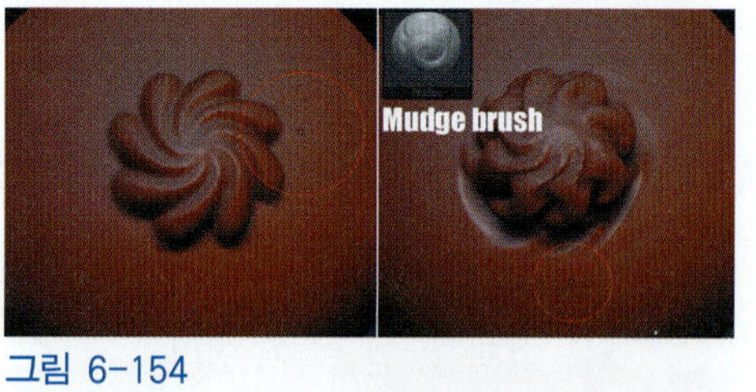

그림 6-154

[19] Pinch : 평평한 형태의 표면을 한곳으로 모아줌으로써 날카로운 표현에 적합한 brush이다.

그림 6-155

[20] Rake brush : 날카로운 도구로 긁어 낸듯한 표현이 가능한 brush이다.

그림 6-156

[21] Pinch : 가장자리를 날카롭게 또는 부드러운 형태로 파낸 형태를 표현하는데, 적합한 brush이다.

그림 6-157

[22] Slash1 brush : 날카롭고 정교하게 홈을 파서 긁어내는 형태의 표현이 가능한 Brush로 홈이 파인 형태이다.

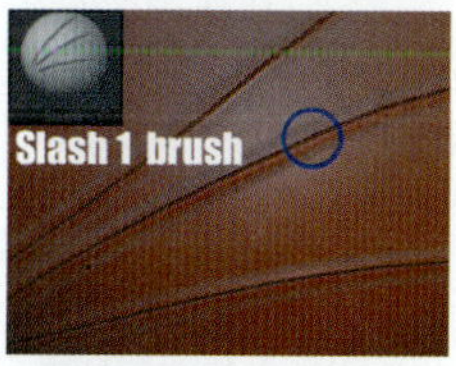

그림 6-158

[23] Slash2 brush : 날카롭고 정교하게 홈을 파서 돌출시키는 형태의 표현이 가능한 Brush로 파인 홈이 돌출한 형태이다.

그림 6-159

[24] Smooth brush : 날카롭게 또는 불규칙적으로 돌출 또는 함몰된 형태의 표면을 부드럽게 다듬어 주는 기능을 하는 brush이다. 이 경우 Shift + drag를 활용하여 더욱 효과를 증대할 수 있다.

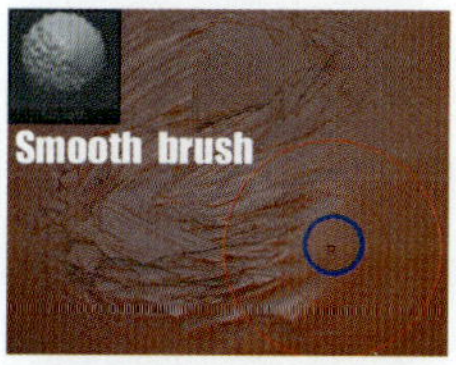

그림 6-160

[25] Snake Hook brush : 일정한 형태로 Object의 표면을 돌출시키는 기능을 한다.

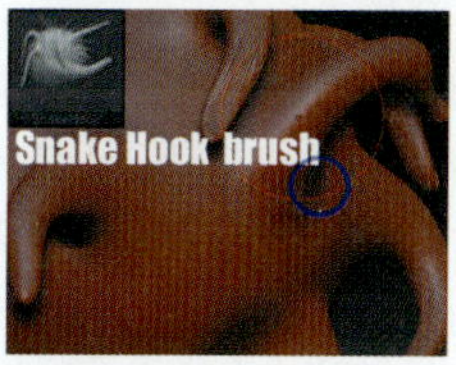

그림 6-161

[26] Standard brush : 가장 표준 형태의 돌출 / 함몰의 기능을 하는 brush로 Sculpting에 특별한 목적이 없는 상태에서는 일반적으로 가장 많이 활용된다.

그림 6-162

[27] Stitch brush : 이미 만들어진 일정한 패턴의 형태로 홈을 파거나 돌출시키는 brush이다. 바느질의 형태나 지퍼 등의 형태 그리고 두 개 그 이상의 홈을 연결해주고자 할 경우 사용하면 편리하게 사용할 수 있다.

그림 6-163

[28] Track brush : 사각형의 홈이나 돌출 모양을 제작하거나 또는 원형의 패인 형태의 모양을 생성하고자 할 겨우 사용하는 brush 패턴들이다.

그림 6-164

[29] Z Project : Object에 선택한 Object나 이미지 또는 Color를 그대로 찍어내듯이 그려내는 Brush의 기능이다.

6-3-4 Color [Alt + C]

Canvas 및 Object의 Color를 조절하여 원하는 이미지가 연출될 수 있도록 조절할 수 있는 기능들이 모여 있는 기능 창이다. Object color Mapping에 매우 유용하게 사용되는 중요한 기능 중 하나이다.

[1] Switch color [V] : Color 작업할 때 주 색상(Main color[3])과 보조 색상(Secondary color[2])을 서로 변환하는 데 사용하는 기능이다.

[2] Secondary Color : 주 색상과 서로 섞어(Blending 효과)서 사용되는 보조색상이다.

[3] Main Color : 주 색상이다.

[4] Color Palette : 원하는 색상을 선택할 수 있는 Color 선택 창이다.

[5] Gray Color Selection : 선택된 Gray 영역의 명도 값을 지정할 수 있다.

[6] RGB : Color의 R, G, B의 수치 값을 적용해서 원하는 Color를 지정할 수 있다.(예 붉은색 지정은 R : 100, G : 0, B : 0)

[7] Fill Object : Color Palette에서 적용하고자 선택된 Color를 현재 작업중인 3D Object에 적용할 수 있다.

[8] Fill Layer [Ctrl + F] : Color Palette에서 선택된 Color를 Canvas 전체에 적용하며 사용한다.

[9] Sys Palette : System Palette로 컴퓨터의 Win32 체제의 Color Palette를 용하게 한다.

[10] Clear [Ctrl + N] : Clear Layer 기능으로 선택된 Layer의 모든 정보를 삭제한다.

[11] Modifiers : 여러 가지 형태의 Color Selection 창을 나열해서 더욱 Color의 선택에서 쉽게 할 수 있도록 한다.

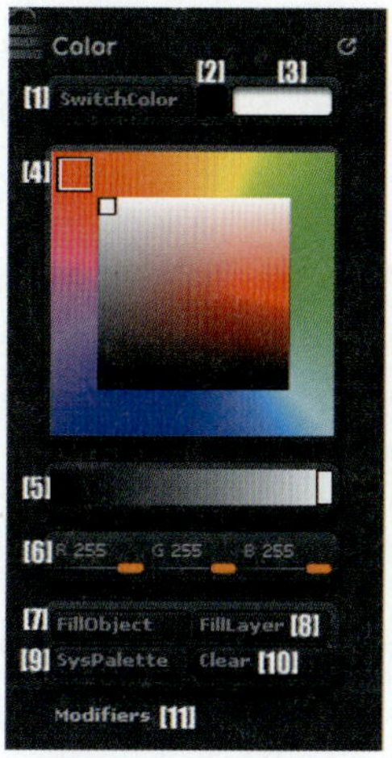

그림 6-165

6-3-5 Document [Alt + O]

6-2절 Fundamental in Z Brush 편에 자세히 소개되어 있다.

6-3-6 Draw [Alt + D]

Z Brush에서 가장 중요한 기능들이 있는 창으로 Brush의 종류 및 모양, 강도 등을 조절하여 Sculpting 작업의 효율을 극대화시킬 수 있는 기능들이 있다. 그리고 Color 및 Material의 설정을 통해 Object에 대해 표현하고자 하는 속성에 대한 변경도 가능한 기능 들이다.

유저들의 직관적인 작업을 위해 작업 창(Canvas) 내에서 Object 위에 마우스 오른쪽 버튼 클릭(세 번째 버튼)을 하게 되면 첫 번째 Option이 Draw를 컨트롤 할 수 있는 Option이 뜬다.

[1] Draw Size [S] : 작업할 Brush 크기를 설정하는 기능 창이다. 힘의 전체 영역으로 수치를 높일수록 brush의 크기가 커진다. 기본 사이즈는 64이며 최고-최대 1에서 128 크기의 조절이 가능하다.

그림 6-167

그림 6-166

[2] Focal Shift : 압력의 힘이 가장 크게 직접적으로 Object에 전달하는 집중 영역으로 Brush 영역의 안쪽에 있는 Curve 라인의 범위를 조절하는 기능으로 설정치를 높이면 Focal Shift의 영역이 작아지며, 설정치를 낮추면 Focal Shift의 영역이 커진다.

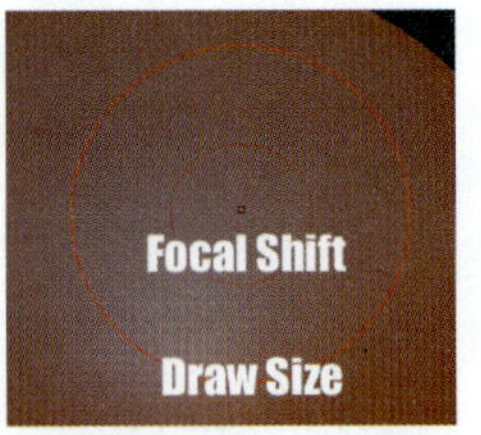

그림 6-168

[3] Mrgb : Mrgb Channels 기능으로 Tool에 Color(RGB)와 Material(M) 효과를 동시에 줄 수 있다.

[4] Rgb : Rgb Channels 기능으로 Tool에 Color(RGB)만을 적용한다.

[5] M : Material Channels 기능으로 Tool에 Material(M)만을 적용한다.

[6] Rgb Intensity [I] : Object에 대해 컬러 값을 지정함에 있어 그 강도의 변화를 줄 수 있다.

[7] Z Intensity [Shift + I] : Z Add와 Z Sub의 효과에 대해 그 강도를 지정할 수 있다.

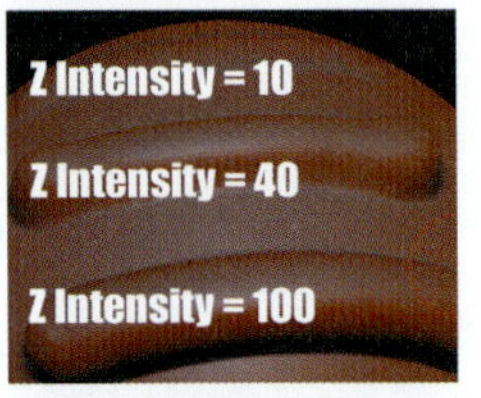

그림 6-169

[8] Z add : Draw의 효과를 Object의 표면으로부터 돌출시키는 기능이다.

[9] Z sub : Draw의 효과를 Object의 표면으로부터 함몰시키는 기능이다.

[10] Z Cut : Z sub와 유사하며 Z Add 모드에서 [Alt] 버튼과 함께 사용한다.

[11] Current View Preview : Canvas상에서 Brush 효과의 적용 단면의 정보를 확인하고 Plan의 방향을 변경해 줄 수 있다.

그림 6-170

[12] Width : Width Ratio 명령으로 Brush의 넓이 수치를 조절한다.

[13] Hight : High Ratio 명령으로 Brush의 높이 값을 조절한다.

[14] Depth : Brush의 돌출 및 함몰의 깊이 정도를 조절한다.

[15] Imbed : Canvas에서 돌출 및 함몰의 정도를 조절하는 기능이다.

[16] Persp : Perspective3D Object의 원근감 표현이 가능하다.

[17] Focal Length : 원근감의 범위를 조절할 수 있다. 수치가 높을수록 소실점이 가까워진다.

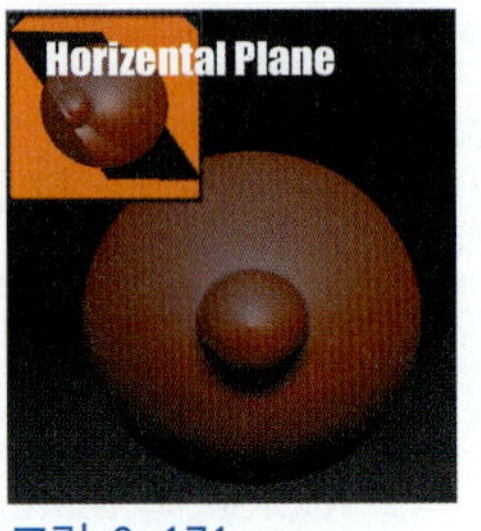

그림 6-171

[18] Refract : Refract Intensity 기능으로 Object의 굴절 효과와 반사 효과 표현이 가능하다.

[19] blur : Refract Blur 기능으로 굴절 효과 적용할 때 표면에 Blur 효과를 적용할 수 있다.

[20] Infront : Near Masking 기능으로 기존의 Pixel 위에 Poxol을 추가하며 Z Add 모드로 전환하면 자동으로 활성화된다.

[21] Behind : Far Masking 기능으로 Z Sub를 활성화하면 자동으로 활성화된다.

[22] RGB : RGB 각각의 Channel들을 제어할 수 있다.

[23] Z Tolerance : Z Tolerance Masking 기능으로 Pixol에 대한 Z축(깊이)에 따라 적용되는 범위의 한계를 정할 수 있다.

[24] Mat Overwrite : Material Overwrite Masking 기능으로 Pixol이 있는 Canvas에서 재질을 Mask 하여 그 위에 재질을 더 작용할 수 있다.

6-3-7 Edit [Alt + E]

전체 작업 상황에 대해 편집(실행 적용 / 실행 취소) 등의 옵션을 조절할 수 있다.

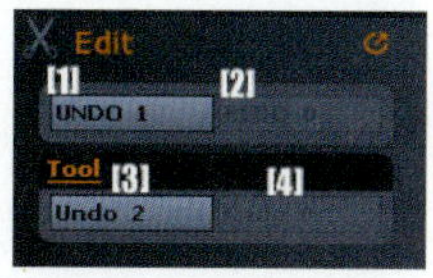

그림 6-172

[1] Undo 1 : Canvas에서의 2.5 D 작업에 대한 Undo 기능이다. 즉 Document 작업에 대한 Undo의 기능으로 Document 작업모드에서 작업을 진행하던 도중에 전 단계의 작업 공정으로 돌아가고자 할 경우 사용하는 Undo의 횟수를 지정하는 기능이다.

[2] Redo 1 : Canvas에서의 2.5D 작업에 대한 Redo 기능이다. 즉 Document 작업에 대한 Redo의 기능으로 Document 작업모드에서 작업을 진행하던 도중에 앞 단계의 작업 공정으로 돌아가고자 할 경우 사용하는 Redo의 횟수를 지정하는 기능이다.

[3] Undo 2 [Ctrl + Z] : Transform 모드나 Edit 모드, 즉 Tool 모드에서 3D Object에 직접 작업할 때 마지막 작업 단계를 취소하고 전 단계로 전환하고자 할 경우 사용한다.

[4] Redo 2 [Ctrl + Shift + Z] : Transform 모드나 Edit 모드, 즉 Tool 모드에서 3D Object에 직접 작업할 때, 그 다음 단계로 전환하고자 할 경우 사용한다.

6-3-8 Layer [Alt + Y]

효율적인 작업을 위해 작업의 공정 및 Part를 하나 또는 그 이상의 layer(분할)로 구분하여 작업하게 되면 데이터 편집 및 관리적인 부분에서 큰 효과를 볼 수 있다.

이러한 Layer의 생성 / 통합 / 삭제 / Mirror 등의 기능을 익힘으로써 앞으로 다양한 Object 작업 및 효과적용에 효율적으로 사용할 수 있도록 한다.

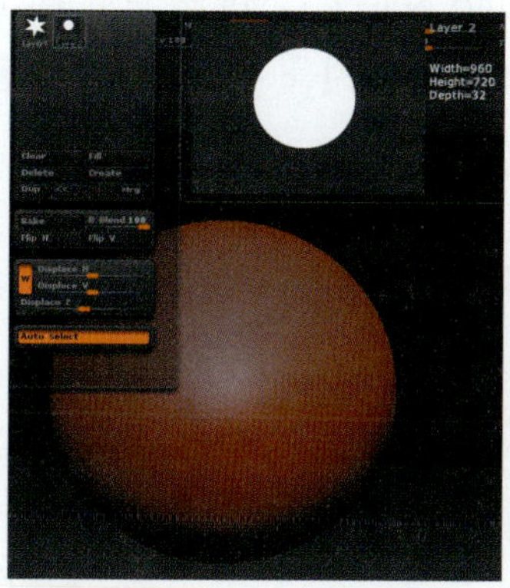
그림 6-173

그림 6-174

[1] Clear[Ctrl + N] : Clear Layer 기능으로 현재 저장된 모든 Layer를 삭제하는 기능이다.

[2] Fill[Ctrl + F] : Fill Layer 기능으로 현재 작업중인 Layer의 Color와 Texture 그리고 Material을 현재 설정된 Canvas의 크기로 채워진다.

[3] Delete : Delete Layer 기능으로 현재 선택된 Layer를 삭제한다.

[4] Create : Create Layer 기능으로 현재 작업중인 화면을 새로운 Layer로 추가 생성하면 사용한다.

[5] Dup : Duplicate Layer 기능으로 현재 작업중인 Layer를 복사하고자 할 경우 사용한다.

[6] Move Layer Up / Down : Layer의 위치를 위 / 아래로 이동하고자 할 경우 사용한다.

[7] Mrg : Merge Layer Down 기능으로 여러 개의 layer를 하나의 layer로 합치고자 할 경우 사용한다.

[8] Bake : Bake Layer Shading 기능으로 Rendering된 Material과 Shading 효과를 갖는 Layer상의 이미지를 Pixol 이미지로 전환시켜 주는 기능이다. Bake된 Object는 Light Pallet의 Light placement 창에서 Light의 위치를 바꾸더라도 그림자는 바뀌지 않는다.

[9] B Blend : Bake Blend Amount 기능으로 위의 Bake 기능을 적용하고 Shading된 Pixol과 일반 Pixel 간의 혼합비율을 조절하며 Blend의 100% 적용할 때 실시간 그림자 효과는 나타나지 않는다.

[10] Flip H : Horizontal Flip 기능으로 Layer에 있는 Object를 좌 / 우의 방향을 반대로 만들어 주고자 할 경우 사용한다.

[11] Flip V : Vertical Flip 기능으로 Layer에 있는 Object를 상 / 하의 방향을 반대로 만들어 주고자 할 경우 사용한다.

[12] W : Wrap Mode로 Layer를 Canvas상에서 이동하면 사라지는 이미지가 Canvas 반대쪽에 나타나도록 한다. Wrap 상태는 2D Texture를 이음매 없이 만들어 주고자 할 경우 사용한다.

[13] Displace H / V / Z : 작업중인 또는 선택한 Layer를 수평(H) / 수직(V) / 또는 앞뒤(Z)로 이동을 원할 때 사용한다.

[14] Auto Select : Auto Select Layer 모드로 Layer 선택에 관련된 기능이다. 키보드의 (~)를 누른 상태에서 Canvas의 이미지를 선택하면 선택된 이미지가 포함된 Layer가 선택된다.

6-3-9 Light [Alt + L]

Z Brush에서 작업 창에 조명을 통해 Object의 Material과 Texture의 효과를 극대화하고 빛의 강도와 방향의 조절을 통해 원하는 형태의 분위기를 연출하는 기능이다.

[1] Load : Load Light 기능으로 저장되어 있던 Light를 작업 창에 불러오는 기능이다. 모든 불어온 조명들은 조명 설정 수치로 바뀌게 된다.

[2] Save : Save Light로 현재 작업중인 Light를 저장하는 기능이다.

[3] Light Placement : 조명 시점의 위치를 조절할 수 있는 기능이다.

[4] Light Switch : 조명의 Switch를 On / Off하는 기능이다. 조명을 추가할 수 있고 각자

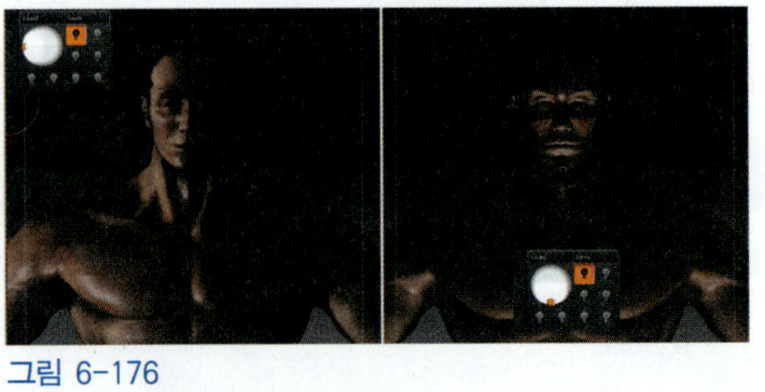

그림 6-176

필요한 설정을 할 수 있다.

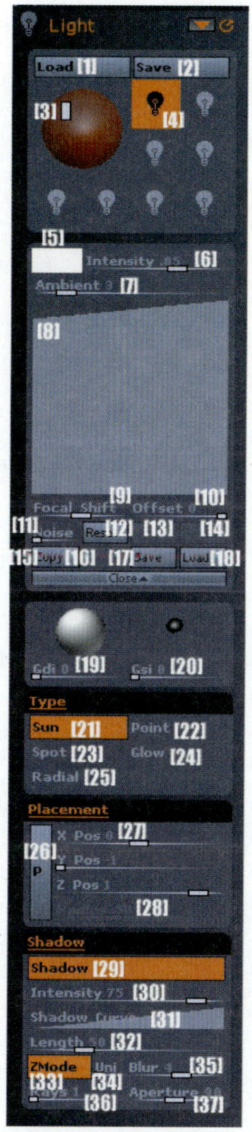

그림 6-175

[5] Light Color : 조명의 Color를 지정할 수 있는 기능이다. 조명에 적용된 색상은 Render Pallet에서 Best Render를 설정할 수 있다.

[6] Intensity : 조명의 밝기를 설정할 수 있는 기능이다.

[7] Ambient : 작업 창, 즉 Document의 전체 밝기는 조절할 수 있는 기능이다.

[8] Intensity Curve : Intensity Curve는 Curve의 형태 변화를 통해 중심과 외곽의 밝기 조절을 통해 조명의 밝기를 임의의 값으로 조절할 수 있으며 Curve에 Point를 추가하여 더욱 Dynamic한 조명을 설치할 수 있도록 가능하다.

[9] Focal Shift : 커브의 끝 지점은 유지하고 커브의 중간 값(형태)을 조절을 통해 밝기를 소설한다.

[10] Offset : 커브의 왼쪽 끝 값을 조절한다. 수치가 높을수록 커브 중간곡선도 값이 비싸진다.

[11] Noise : 커브의 모양을 불규칙하게 변화를 주어 조명을 부드럽게 하는 기능이다. 수치가 올라갈수록 변형되는 강도가 가진다.

[12] Reset : 초기 Default 커브로 Reset된다.

[13] Undo : 마지막 커브를 수정 상태로 전환한다.

[14] Redo : Undo된 커브 수정을 다시 적용할 수 있다.

[15] Copy : 수정된 현재 Curve를 저장한다.

[16] Paste : Copy한 Curve를 붙여넣기 한다.

[17] Save : 수정된 커브 파일을 저장한다.

[18] Load : 저장된 커브 파일을 불러온다.

[19] Gdi : 적용되는 Texture의 적용 강도를 조절하는 기능이다.

[20] Gsi : Global Specular Intensity 기능으로 라이트에 적용되는 맵의 적용강도를 조절할 수 있다.

[21] Sun : Sun Light 기능으로 태양광선과 같은 광선으로 자연광이며, 모든 방향에서 평행하게 적용된다. 또한, 넓은 범위에까지 그 영향력이 미친다.

[22] Point : Sun Light 기능으로 백열등의 광선과 같은 빛의 성질로 한 지점의 광원이 모든 방향으로 방사되는 무한광의 기능을 하는 조명이다.

[23] Spot : Spot Light 기능으로 스포트라이트와 같은 광원의 성질로, 한 지점(시점)으로부터 Target 점(초점)까지 빛이 발산한다.

[24] Glow : Glow Light 자체 발광하는 빛으로 형광등처럼 스스로 빛을 발하는 물체를 표현할 때 사용되며 일정 반경에서 동일 강도의 빛이 발생하는 특징이 있다.

[25] Radial : Radial Light 기능으로 선택 조명 속성을 변화시켜 조명을 Fill Lighting 효과를 만들어 준다. 그러나 그림자는 생성되지 않는다.

[26] P : Local Light Position Selector 기능으로 조명의 위치를 조절한다. Point, Spot, Glow에만 적용되는 속성이 있다.

[27] X / Y / Z Pos : Light Position 조명의 위치를 X, Y, Z 방향으로 임의로 지정할 수 있다.

[28] Radius : Light Radius 기능으로 Point의 Fall Off와 Glow의 반경을 조정하여 빛의 영향 범위를 넓힐 수 있다. 클릭 또는 슬라이더를 활용하여 Radius의 조도를 조절한다. 설정 값은 0.01에서 4.0까지다.

[29] Shadow : Shadow On / off 그림자를 생성 여부를 체크한다.

[30] Shadow curve : Render 〉 Best render 옵션 창에서 볼 수 있으며 그림자의 흐려짐 정도를 체크할 수 있다.

[31] Intensity : Shadow Intensity 그림자의 농도를 조절할 수 있다.

[32] Length : Shadow Length 생성되는 그림자의 길이를 조절할 수 있다.

[33] Z Mode : S Mode Shadow 명령으로 3D Object를 Pixol로 전환 후 Object 형태의 그림자를 만들어준다.

[34] Uni : 기본 Z Mode shadow에 Noise의 영향 정도를 조절한다.

[35] Blur : Shadow Blur Radius 기능으로 그림자의 외곽 가장자리의 부드러운 정도를 처리해준다.

[36] Rays : 그림자를 만드는 Raytrace의 수를 결정해 준다. 값이 비싸질수록 효과는 좋으나 Rendering time은 길어진다.

[37] Aperture : 빛의 폭을 결정한다. 폭이 좁아질수록 선명한 그림자를 만들어준다.

6-3-10 Marco

Version 3.1에 새로 추가된 기능으로 작업을 기록하고 이를 다시 반복 재생할 수 있도록 하는 기능이다. 작업에 대한 기록을 저장하면 새로운 버튼이 만들어지는데 이 버튼을 실행시키면 제작 Processing의 작업내역이 그대로 재실행된다. 작업을 마치고 End Marco Recording 명령을 실행해주면 작업 내용이 저장되고 이 작업 내용을 나중에 다시 불러 사용할 수 있다.

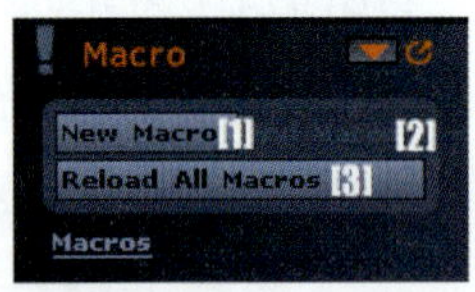

그림 6-177

[1] New Marco : 새로운 Marco를 생성하는 경우 사용한다.

[2] End Marco Recording : 기록중인 Marco를 마치고 명령어를 저장한다.

[3] Record All Marco : 저장된 Marco를 다시 불러들여 온다.

지금부터 간단한 작업을 Marco 기능을 이용하여 저장해 보도록 한다.

1 먼저 Sphere를 Load한다.

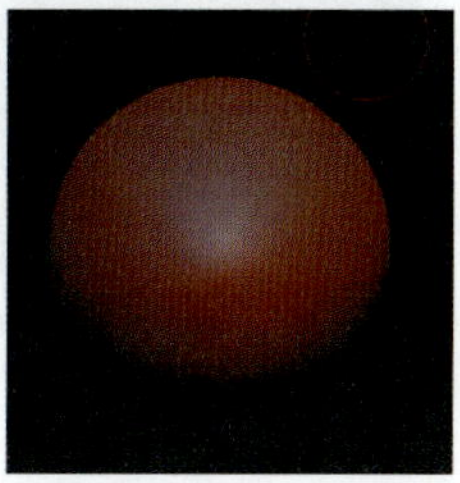

그림 6-178

2 Marco 〉 New Marco 기능을 실행한다.

그림 6-179

3 Brush 작업을 실행한다.

그림 6-180

4 Marco 〉 End Marco 기능을 실행한다.

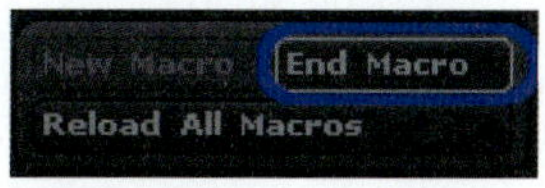

그림 6-181

5 Sculpting 작업 결과를 저장할 경로를 지정해준다.

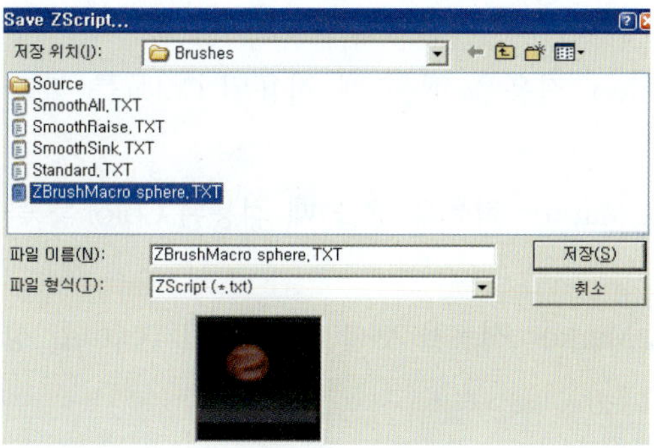

그림 6-182

6 결과 확인을 한다.

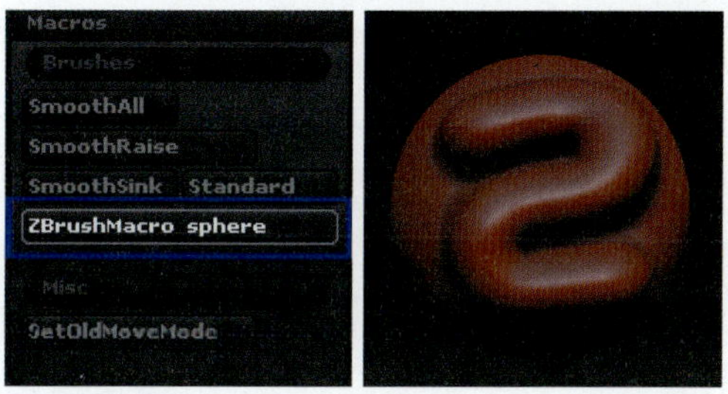

그림 6-183

6-3-11 Marker [Alt + K]

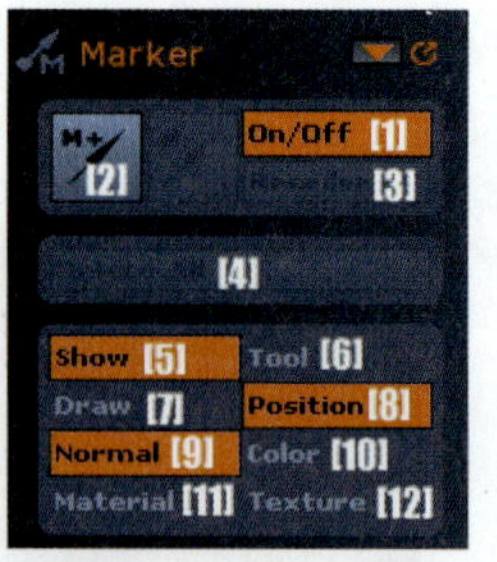

그림 6-184

작업중이던 3D Object를 Pixol로 저장하고 Color, Material 등의 정보를 기록해서 각 Object를 불러들여 원래 작업 위치에 배치할 수 있게 한다.

[1] On / Off : Activate / Deactivate Markers를 위한 기능으로 Marker 기능을 On(활성) / Off(비활성)한다.

[2] Un marker : Marker 기능을 실행하지 않도록 한다.

[3] Reorder : Reorder Markers 기능으로 생성된 Marker의 순서를 바꿔준다.

[4] Delete All : Delete Markers[Alt + M] 기능으로 모든 Marker를 지워준다.

[5] Show : Hide Show Markers 기능으로 설정된 marker를 보여주는 기능인데 캔버스상의 화살표를 보여준다. Marker를 실행하면 그 자리에 화살표 마크가 생기는데 Canvas의 작업 창을 새로 열어도 그대로 남아 있다. 커서가 그 위치에 올라가면 화살표가 나타나며, 이때 클릭하면 저장된 Object가 복제되어 나타나게 된다.

[6] Tool : Recall the Marker's tool 기능으로 Marker를 적용했을 때 선택된 Tool의 정보를 불러오도록 한다.

[7] Draw : Recall the Marker's Draw mode 기능으로 Marker를 적용했을 때 Edit 모드의 정보를 불러들인다. (Mrgb, RGB, M, Zadd, Zsub, Zcut 등의 정보를 불러들임) 여기서는 RGB와 Z Intensity는 적용되지 않는다.

[8] Position : Recall the Marker's Position 기능으로 Marker 적용을 했을 때 적용된 대상의 X, Y, Z의 위치 값을 불러온다.

[9] Nomal : Recall the Marker's Nomal 기능으로 Marker 적용을 했을 때 적용된 회전을 불러들인다.

[10] Color : Recall the Marker's Color 기능으로 Marker 적용을 했을 때 적용된 Color를 불러들인다.

[11] Material : Recall the Marker's Material 기능으로 Marker 적용을 했을 때 적용된 Color를 불러들인다.

[12] Texture : Recall the Marker's Texture 기능으로 Marker 적용을 했을 때 적용된 Texture 정보를 불러들인다.

6-3-12 Material [Alt+M]

그림 6-185

[1] Load : Load Material *.Zmt File 명령으로 저장된 Material 데이터를 불러와 Canvas상에 작업중인 Object에 적용한다. 이미 Material이 적용된 Object인 경우 새로 Material을 적용하려면 M 버튼을 누르고 Z add가 비활성화된 상태에서 Object에 적용해 주도록 한다.

[2] Save : Save Material *.Zmt File 명령으로 현재 작업중인 Material 데이터를 저장하고자 할 경우 사용한다.

[3] Mat Cap Red Wax : Item Info로 원하는 다양한 유형의 Material을 슬라이더로 선택할 수 있다. 동시에 현재 사용중인 Material의 정보를 확인할 수 있다. 유형별 Material 모드에 따라 옵션의 많은 차이가 생긴다. 0=Flat color, 1=Mat Cap Red Wax(가장 일반적인 Z Brush의 Material 환경이다), 3=Mat cap White Cavity로 변형된다.

[4] R : Restore Configuration 명령으로 Material 아이콘들을 기본 설정으로 Display한다.

[5] Current Material : 현재 사용중인 재질이 아이콘으로 표시된다.

[6] Show Used : Show Used Materials 기능으로 현재 사용중인 Material과 지금까지 사용된

Material의 정보를 표시하는 기능이다.

[7] Copy Mat : Copy Material 명령으로 현재 선택된 재질을 Copy한다.

[8] Paste Mat : Paste Material 명령으로 Copy한 재질을 붙여준다.

[9] Copy SH : Copy Shader로 Material의 Shader만을 복사한다.

[10] Paste SH : Paste Shader로 복사한 Shader를 붙여넣기 한다.

[11] Modifiers : Material을 변형모드로 다양한 환경 설정이 가능한 Option들이 있다. [3] Mat Cap Red Wax 옵션을 변경함과 동시에 다양한 Material 환경이 생성된다.

[12] S1 : Material Shaders :1st Shader 명령으로 재질의 다양성을 위한 설정 그룹이다. Material마다 설정할 수 있는 Shader의 수가 다르게 나타난다. 만일 한 개의 Object에 여러 개의 재질을 부여하면 Material Shader의 수가 달라진다.

그림 6-186

[1] S1, S2, S3, S4 : 재질의 다양한 적용에 대한 그룹 설정모드이다. Material을 적용할 때마다 Shader의 개수가 다르게 나타난다.

[2] Ambient : Object에 빛이 도달했을 때 빛이 닿지 않는 가장 어두운 부분에 대한 재질의 설정이다.

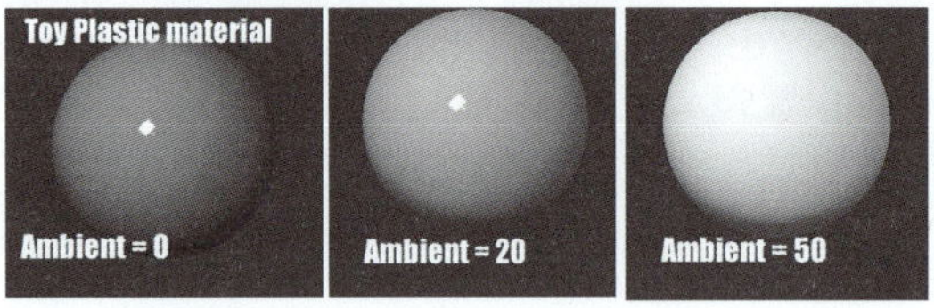

그림 6-187

[3] Diffuse : Object의 기본 영역에 대한 재질의 설정이다.

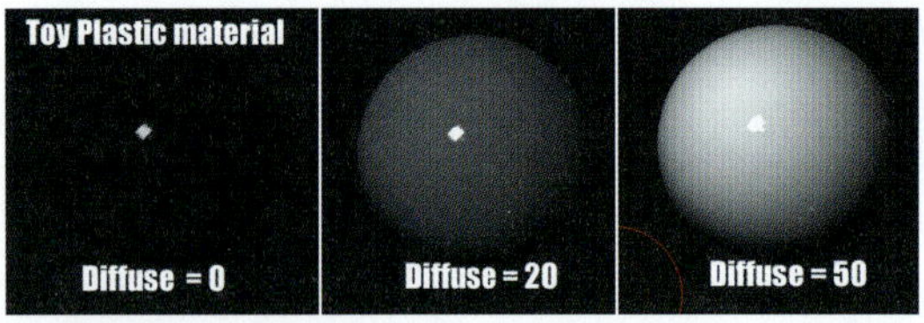

그림 6-188

[4] Diffuse Curve : Object의 기본 재질감을 다양한 커브의 모양으로 컨트롤 할 수 있다.

[5] Specular : Object에 도달하는 하이라이트 영역에 대한 재질 설정이다.

[6] Specular Curve : Object의 가장 하이라이트되는 부분의 재질을 편집할 수 있다.

[7] Transparency : 재질감의 투명도를 조절한다.

[8] Trans Curve : 재질의 투명도를 조절 Curve를 활용하여 다양하게 적용할 수 있다.

[9] Reflectivity : 재질감의 반사 값을 조절한다.

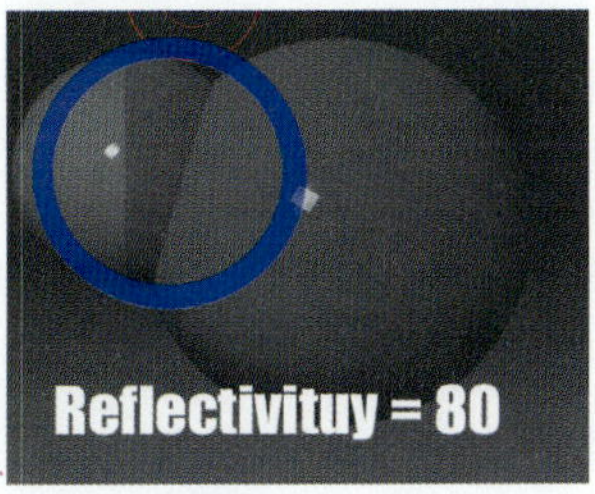

그림 6-189

[10] Reflect Curve : 재질의 반사 값을 조절 Curve를 활용하여 다양하게 적용할 수 있다.

[11] Metalicity : Object를 금속 질감의 재질로 만들 수 있다.

[12] Noise : 재질 표현에서 불규칙성을 부여할 수 있다.

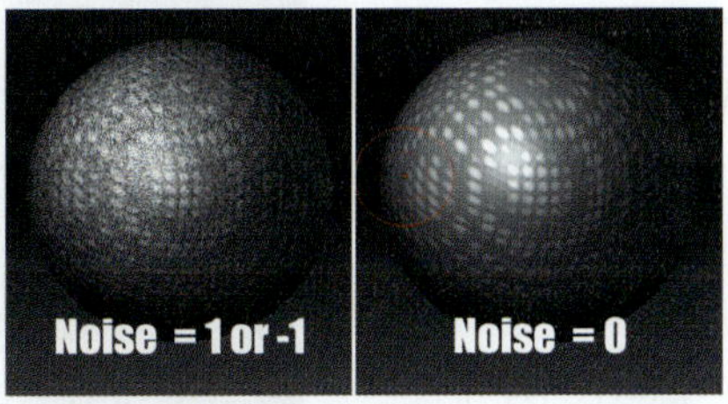

그림 6-190

[13] Noise Curve : 재질의 Noise 조절 Curve를 활용하여 다양하게 적용할 수 있다.

[14] Noise Radius : 재질의 노이즈 효과에 대한 크기를 결정한다.

[15] Color Bump : Color의 흑백이 차이 때문에 검은 부분은 함몰되고 밝은 부분은 돌출되게 하는 조절기능이다.

[16] Gel Shading : Object에 대해 gel과 같은 재질을 표현한다.

[17] Env. Reflection : 환경 반사를 조절할 수 있다.

[18] Colorize Diffuse : 물체가 빛 영향을 받지 않는 부분에 대한 컬러 값을 조절한다.

[19] Colorize Specular : 물체가 가장 빛의 영향을 많이 받는 부분에 대한 색을 결정한다.

[20] High Dynamic Range : 하이라이트 부분의 범위 값을 설정한다.

[21] Colorize Ambient : 빛의 영향을 직접적으로 받지 않는 부분의 색을 설정한다.

[22] Anisotropic Diffuse : 금속재질의 원형질감을 조정할 수 있다.

[23] Anisotropic Specular : 금속재질의 가장 빛나는 부분질감을 조정한다.

[24] Cavity Intensity : 간접광의 강도를 조절한다.

[25] Cavity Radius : 간접광의 크기를 조절한다.

[26] Cavity Colorize : 간접광의 색을 조절한다.

[27] Cavity Diffuse : 간접광이 가지는 원래의 색을 조절한다.

[28] Cavity Specular : 간접광의 가장 밝은 부분의 색을 조절한다.

[29] Canvas Bump : 캔버스의 Bump 값을 조절한다. Material Alpha에서 선택한 Alpha의 강도를 조절한다.

[30] Canvas Bump Scale : 캔버스의 Bump 크기를 조절한다. Material Alpha에서 선택한 Alpha의 크기를 조절한다.

[31] Occluded Ambient : 바다를 표현할 때 어두운 부분의 표현을 조절한다. Ambient의 효과를 조절한다.

[32] Vivid : 빛에 따라 얼마나 빛이 반사될지를 설정한다.

[33] Dif : Diffuse color를 설정한다.

[34] Spc : Specular color를 설정한다.

[35] Ambi : Ambient color를 설정한다.

[36] Cavity : Cavity color를 설정한다.

6-3-13 Movie [Alt + V]

Z Brush에서의 Movie 기능은 제작과정을 독립된 영상 파일로 저장하는 기능이다. Marco 기능은 Z Brush의 작업 과정을 자체적으로 저장하고 같은 기능을 다시 활용하기 위한 기능이라면 Movie 기능은 그러한 의미보다는 제작 동영상을 Capture한다는 의미가 강하다고 생각하면 된다. 녹화시간과 속도, 사이즈 등을 조절하여 *.move 형식의 동영상을 제작할 수 있다. 그러므로 자신의 제작과정을 반복 재생할 수 있는 데이터를 제작함으로써 타인에게 자신의 제작과정을 쉽고 빠르고 정확하게 이해시킬 수 있는 기능을 수행하는 데 도움이 되는 기능이다.

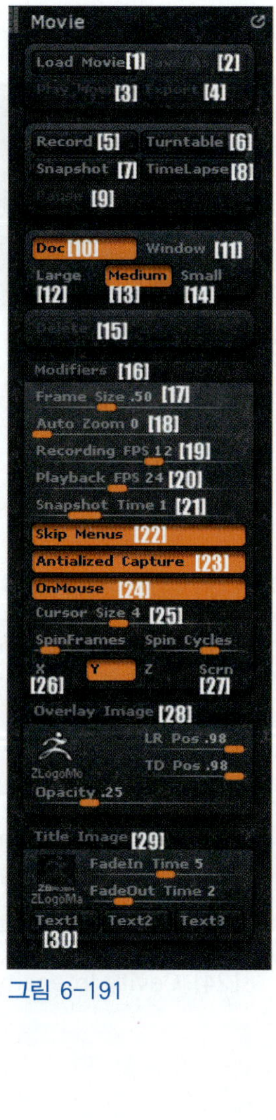

그림 6-191

[1] Load : Load Movie 명령으로 저장된 *.Zmv 파일을 불러온다.

[2] Save As : Save Movie 명령으로 Recording한 파일을 저장한다. 파일 타입은 *.Zmv이다.

[3] Play move : *.Zmv 파일을 재생한다.

[4] Export : Movie파일을 *.mov 파일로 변환한다.

[5] Record[Ctrl + Shift + O] : 현재부터의 제작과정을 녹화하여 저장한다.

[6] Turntable : Canvas 위의 3D Object를 360도 회전시켜준다.

[7] Snapshot [Ctrl + S + !] : 캔버스상의 이미지를 snap shot으로 불러와 작은 컷 이미지로 저장한다.

[8] Time Lapse : 저속촬영, 영상의 길이와 크기를 줄여준다.

[9] Pause : 동영상 재생을 멈추게 한다.

[10] Doc : 활성화하면 Document 부분만 녹화된다.

[11] Window : 활성화하면 화면 전체를 녹화한다.

[12] Large : 1x 크기로 영상물을 만든다.

[13] Midium : 0.5x 크기로 영상물을 만든다.

[14] Small : 0.25x 크기로 영상물을 만든다.

[15] Delete : 녹화된 영상을 삭제한다.

[16] Modifier : 편집을 위한 다양한 기능들이 들어 있다.

[17] Frame size : 영상물의 화면 크기를 설정한다.

[18] Auto Zoom : 슬라이더 값의 변화에 따라 마우스 주변지역이 얼마나 확대될지 결정된다.

[19] Recording FPS : 실제 1초당 몇 Frame으로 설정할지를 결정한다.

[20] Playback FPS : 실체 1초당 몇 Frame으로 재생할지를 결정한다.

[21] Snap shot Time : 촬영 간격을 설정한다.

[22] Skip menu : 화면상의 Menu를 제외하고 녹화하는 명령어이다.

[23] Antialized Capture : Anti-aliasing 처리를 해 줌으로써 화면을 부드럽게 처리해주는 기능이다.

[24] On mouse : 활성화하면 마우스 커서가 이동할 때마다 화면이 자동 녹화된다.

[25] Curser size : Causer의 크기를 조정하여 녹화할 수 있다.

[26] X. Y. Z : 설정된 축의 방향을 기준으로 녹화된다.

[27] Scrn : Spin Screen Axis 기능으로 Screen Axis를 따라 Spin하는 기능이다.

[28] Overlay Image

① LY Pos : 좌우 방향으로 어두워는 속도와 강도를 결정한다.

② TD Pos : 상하 방향으로 어두워는 속도와 강도를 결정한다.

③ Opacity L 물체의 투명도를 조절한다.

[29] Title Image

① Fade in Time : 타이틀을 나타나게 하는 데 필요한 시간을 조절한다.

② Fade out Time : 타이틀이 사라지는 시간을 조절한다.

[30] ① Tex1 : Title 윗부분에 문구를 넣어준다.

② Tex2 : Title 중간 부분에 문구를 넣어준다.

③ Text3 : Title 아래에 문구를 넣어준다.

6-3-14 Picker [Alt + I]

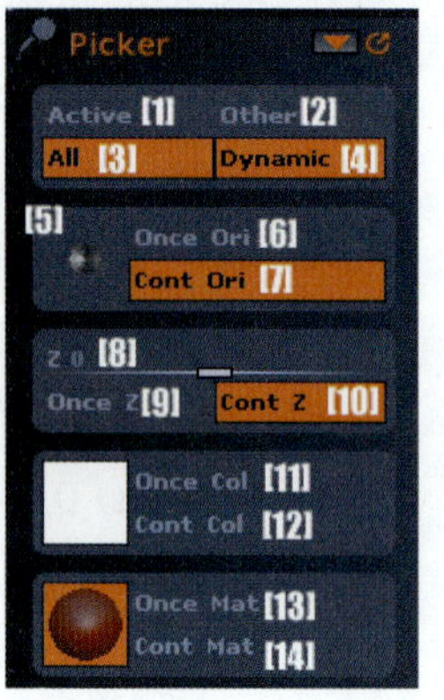

그림 6-192

[1] Active : Active Layer 기능으로 현재 작업중인 Layer에서 위치, 깊이, 색상, 재질 정보를 활성화한다.

[2] Other : Other Layer 기능으로 다른 Layer에서 위치, 깊이 색상, 재질 정보를 활성화한다.

[3] All : All Layer 기능으로 사용된 모든 Layer에서 위치, 깊이, 색상, 재질 정보를 활성화한다.

[4] Dynamic : Dynamic Drawing 기능으로 Stroke에 의해 만들어진 정보를 활성화한다.

[5] Selected Orientation : 캔버스상의 스트로크 때문인 굴곡의 방향을 결정하는 기능이다.

그림 6-193

[6] Once Ori : Mouse Down Orientation 기능으로 Stroke의 선택위치에 계속 적용한다.

[7] Cont Ori : Continuous Orientatior 기능으로 Stroke의 위치가 바뀌면서 적용된다.

[8] Z : Selected Z(Deepth) 기능으로 그려진 Stroke와 Object의 깊이를 조절한다.

[9] Once Z : Mouse Down Z 기능으로 Stroke가 선택된 깊이에만 적용된다.

[10] Cont Z : Continuous Z 기능으로 Stroke가 선택된 깊이가 달라지면 계속 바뀌며 적용된다.

[11] Once Col : Mouse Down Color 기능으로 Stroke가 선택된 색상만 적용된다. 이렇게 적용할 때에는 반드시 MRGB 모드가 켜져 있어야 한다.

[12] Cont Col : Continuous Color 기능으로 Stroke가 지나가며 선택되는 다른 색상으로 바뀌어 적용된다. 이때에도 MRGB 모드가 켜져 있어야 한다.

[13] Once Mat : Mouse Down Material 기능으로 선택된 재질만을 Stroke에 적용하며, MRGB 모드가 켜져 있어야 한다.

[14] Cont Mat : Continuous Materials 기능으로 Stroke가 진행하면서 선택되는 다른 재질로 바뀌며 적용되며 MRGB 모드가 켜져 있어야 한다.

6-3-15 Render [Alt + R]

그림 6-194

작업한 결과를 2D 이미지로 뽑아내는 기능이다. 더욱 나은 결과를 얻으려고 제작자가 원하는 방향의 분위기 연출을 할 수 있는 곳이다.

[1] Cursor[Ctrl + R] : Cursor Selective Render 기능으로 마우스의 커서를 중심으로 원하는 위치에 Click & Drag을 하게 되면 부분적으로 Best Render로 Render된다.

[2] Render[Ctrl + Shift + R] : Render All 기능으로 Setting된 렌더링 Option 값으로 전체 이미지를 렌더링한다. 현재의 설정으로 전체 Document를 렌더링한다.

[3] Best : 최종 렌더링에 사용되고 가장 좋은 질의 이미지를 생산한다. 다만, 시간이 많이 소요된다. Light 효과를 제대로 주려면 반드시 Best Render를 해야 한다. Render 후 카메라를 움직이면 자동으로 Preview 상태로 돌아간다.

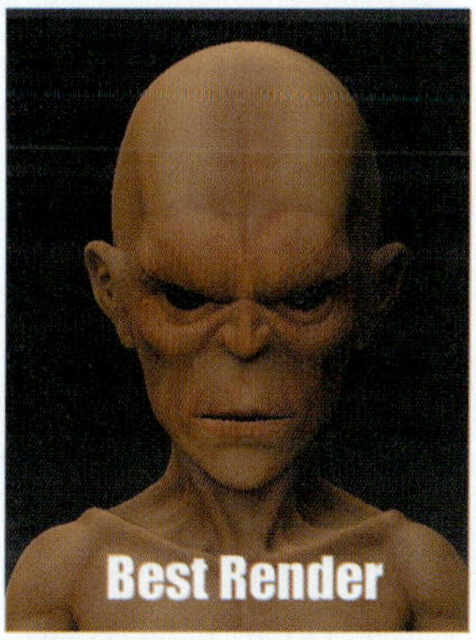

그림 6-195

[4] Preview : Preview Renderer 기능으로 기본 설정으로 조명, 재질 효과만 볼 수 있다. 화면에서 표현되는 대부분(shadow, color, fog, depth cue 등 제외)의 속성을 보여준다.

[5] Fast : Fast Renderer Shader만 렌더링한다. 즉 Material을 렌더링하지 않기 때문에 렌더링 속도가 굉장하게 빠르다. 처리속도가 빠르고 Material은 계산하지 않기 때문에 섬세한 도형 표면을 볼 수 있어 모델링 이상적이다.

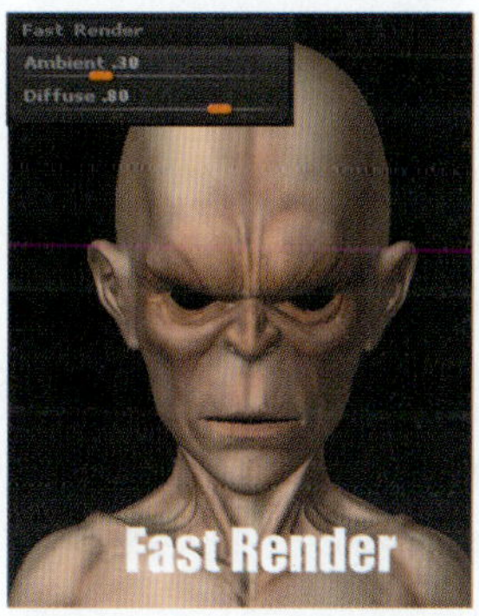

그림 6-196

[6] Flat : Flat Renderer 그가 그림자 없이 단지 기본색상으로 화면을 보여주게 한다.

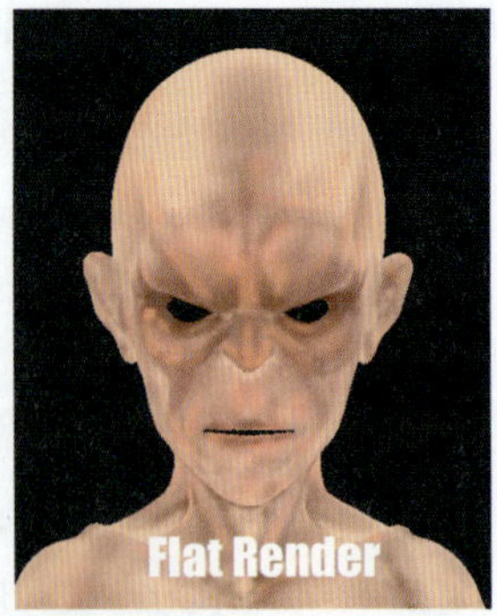

그림 6-197

[7] Fog : Render Fog 기능으로 Best 모드에서 안개 효과를 렌더링한다. fog의 속성은 fog 서브 팔레트에서 조절한다. Preview와 Best render에서만 사용한다.

[8] Shadows : 활성화하면 Render Shadows 렌더링할 때 그림자를 렌더링한다.

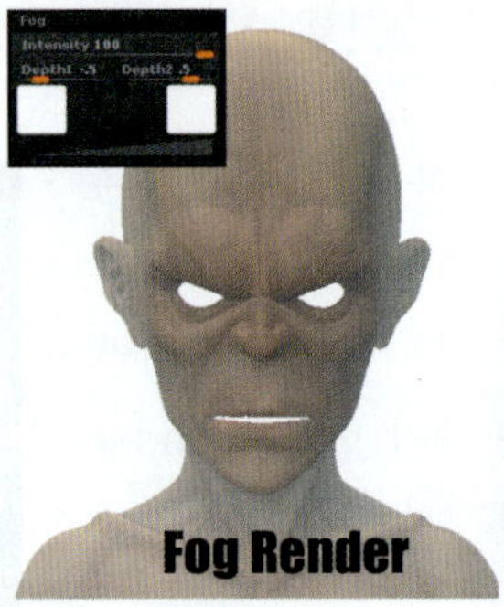

그림 6-198

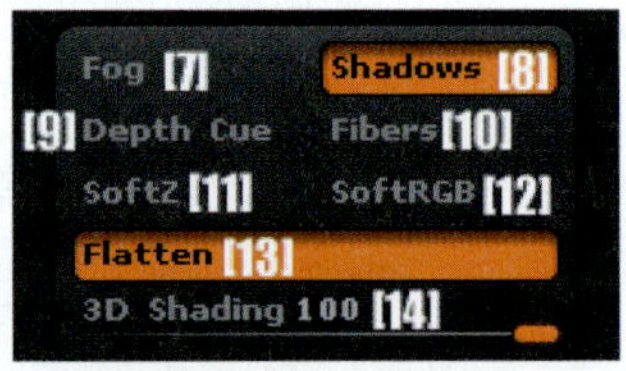

그림 6-199

[9] Depth Cue : Render Depth Cue 기능으로 Best 모드에서 화면의 심도를 표현한다. Depth Cue는 카메라로부터 매우 떨어지거나 매우 가까운 Object에 초점이 흐려지는 효과를 준다.

[10] Fibers : Render Fibers 기능으로 Best 모드에서 털, 모직과 같은 재질감을 렌더링할 때 활성화한다.

[11] Soft Z : Depth Adjustments 기능으로 Pixol들을 부드럽게 렌더링한다. Material 간의 깊이 조정은 최종 렌더링의 여러 Object 사이의 교차점을 정리할 수 있다. Best render에서만 사용한다.

[12] Soft RGB : Color Adjustments 기능으로 가장자리 Antialiasing 처리로 부드럽게 처리한다. 가장자리를 약간 흐릿하게 주어 편집할 때 배경에 대한 이질감을 없애는 기능을 한다. Best render에서만 사용한다.

[13] Flatten : Flatten Layers 기능으로 모든 Layer를 하나의 Layer처럼 렌더링한다. Material transparency 효과를 얻으려면 이 버튼을 비활성화해야 한다.

[14] 3D Shading : 3D Shading Intensity 기능으로 심도 렌더링을 Preview render 모드에서 감소시킨다. 기본설정 '100'(0%=flat shading, 100%=fully shading, 기본 값=100%)

[15] Antialiasing : 렌더링 결과 가장자리를 부드럽게 처리하기 위한 기능 설정 창이다.

[16] Blur : Color Antialiasing 기능으로 Blur 효과의 강도를 조절한다. 설정범위는 0에서 100%로 기본 값은 100이다.

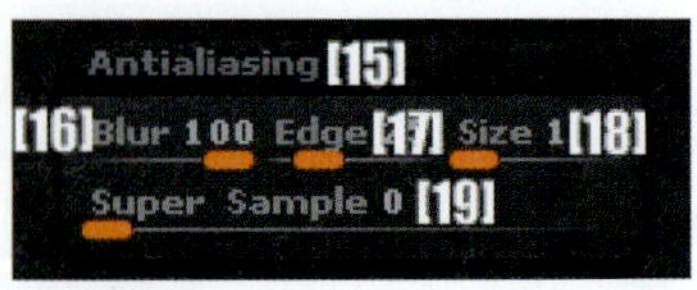

그림 6-200

[17] Edge : Edge Antialiasing 기능으로 가장자리를 날카롭게 하거나 부드럽게 하는 기능이다. 설정범위는 0~100%로 기본 값=25%이다. 0%는 가장자리를 아주 날카롭게 처리된다.

[18] Size : Simple Size 기능으로 렌더링 크기를 '1~8'까지로 기본 값은 1이다.

[19] Super Sample : 조정하여 보다 좋은 결과를 얻을 수 있도록 한다. 즉 같은 이미지를 여러 번 Rendering하여 최종 결과의 좋은 결과를 산출한다. 설정범위는 1~4이고 기본 값은 1.2로 4번의 Rendering을 한다. 3은 8번의 Rendering을 , 4는 총 16번의 Rendering을 한다.

[20] Depth Cue(Alpha) : 알파 이미지를 사용하여 깊이 효과를 얻는 MAP으로 활용할 수 있다. 즉 Depth Cue는 이미지의 깊이 값을 조절할 수 있다. Depth Cue(Alpha)를 사용하여 Depth Cue에 특별한 효과가 있을 수 있다.

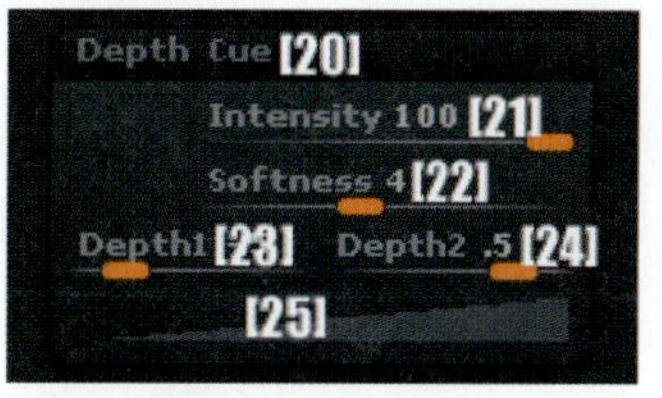

그림 6-201

[21] Intensity : Depth Cue의 깊이 효과의 강도를 조정한다. 설정범위 0~100% 기본 값=100

[22] Softness : Depth Cue의 깊이에서 나타나는 Blur의 강도를 조절한다. 수치가 올라갈수록 더 많은 Blur 효과가 나타난다. 설정 범위 1~8, 기본 값=4

[23] Depth1 : 근경설정 모드로 Z축상의 최근거리로 확실한 이미지가 나타나기 시작하는 시점이다. Depth1에 설정하면 Blur 효과가 나타나지 않는다. 값을 설정하려면 직접 Z depth에 타이핑을 하거나 슬라이더를 클릭해서 Canvas 근경까지 한다.

[24] Depth2 : 원경 설정모드로 Z축상의 가장 원거리로 희미한 이미지가 나타나기 시작하는 시점이다. Depth2를 설정하면 Blur 효과가 더 선명하게 나타난다.

[25] Depth Cue Curve : Depth Cue Curve의 변형을 통해 근경과 원경에 대한 Intensity를 조정할 수 있다.

[26] Fog : 안개나 구름 등의 Fog 현상을 제작하는 기능 툴이다.

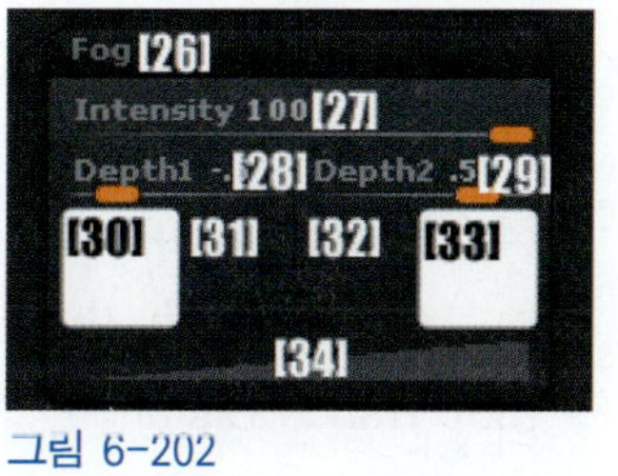

그림 6-202

[27] Intensity : Fog의 강도 값을 나타내며 렌더링할 때 안개 효과의 강도를 조절할 수 있다.

[28] Depth1 : 카메라 시야에 가까워 안개 효과가 발생하지 않는 지점이다. 즉 가까운 곳에 fog 효과가 있기 때문에 안개 현상은 없다. fog 효과는 원경일수록 더 강한 효과를 볼 수 있다.

[29] Depth2 : 카메라 시야에 가장 멀어 안개 효과가 가장 많이 발생하는 지점이다. 즉 Depth 2는 먼 곳의 fog 효과가 있기 때문에 안개 효과를 줄 수 있다.

[30] Fog Color1 : 카메라에서 가장 근거리에서 fog의 색을 지정할 수 있다.

[31] Fog Texture : Texture를 이용하여 안개에 컬러 값을 지정할 수 있다.

[32] Fog Alpha : 안개 효과에 사용하기 위한 알파 이미지를 지정한다. 즉 Fog alpha를 활용하여 fog 효과를 더 수정할 수 있다.

[33] Fog Color 2 : 카메라에서 가장 먼 거리의 안개색을 지정한다.

[34] Fog Curve : fog curve를 조절하여 근경(Depth 1)과 원경(Depth 2) 사이의 fog intensity를 조절할 수 있다.

[35] Ambient : Canvas에서 모든 Object의 Ambient 부분의 라이트를 조절한다. Fast render에서만 사용한다.

그림 6-203

[36] Diffuse : Canvas에서 모든 Object의 Diffuse 부분의 라이트를 조절한다. Fast render에서만 사용한다.

[37] Preview shadow : 그림자 설정에 대한 옵션 창이다.

[38] Object shadow : Object의 shadow를 활성화한다.

[39] Back shadow : 현재 canvas에서 제작중인 object에 drop shadow 효과가 적용된다. Slide 값이 그림자의 강도를 조절한다.

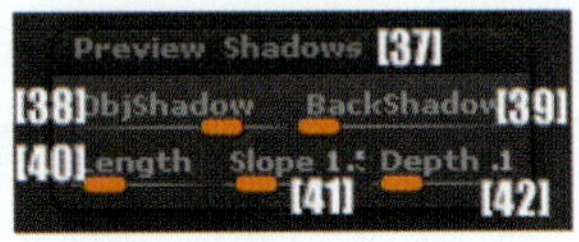

그림 6-204

[40] Length : shadow의 길이를 조절한다.

[41] Slope : 빛의 방위각 설정에 대한 옵션이다. 모든 그림자는 canvas를 가로질러 45도 각도로 비춘다.

[42] Depth : 그림자의 깊이 값을 조절한다. Depth 효과는 Slope의 설정에 의존한다. Slope의 작은 설정에서 Depth를 바꾸면 그만큼 작은 변화를 보여준다.

[43] Environment : Z Brush에서 Environment 팔레트는 단일 이미지나 색상을 Scene 안의 Object의 표면에 반영할 수 있다.

그림 6-205

[44] Off : Color, Texture, Scene reflection의 효과를 끈다.

[45] Color : 단일 색상을 주변에 반사시킨다.

[46] Txtr : 반사되는 주변 이미지로 Texture를 사용한다.

[47] Scene : 현재 작업 창 내의 전체 이미지를 반사한다.

[48] Environment Color : Current color에서 반사되는 색상을 지정할 수 있다.

[49] Environment Texture : 반사되는 Texture를 지정하는 곳으로 Txtr를 활성화하고 버튼을 Click하여 Texture를 지정한다.

[50] Trance Distance : 반사될 거리를 지정한다.

[51] Repeat : 반사할 때에 반복 횟수를 지정한다.

[52] Field of View : 반사할 때 반사 영역의 범위를 지정하며 '0~180'까지 설정할 수 있다.

[53] Adjustment : Adjustment에서 최종 Render된 색을 조정할 수 있다. 서브팔레트 안의 4개의 커브는 RGB Level, Red Level, Green Level, Blue Level을 조절하는 커브이다.

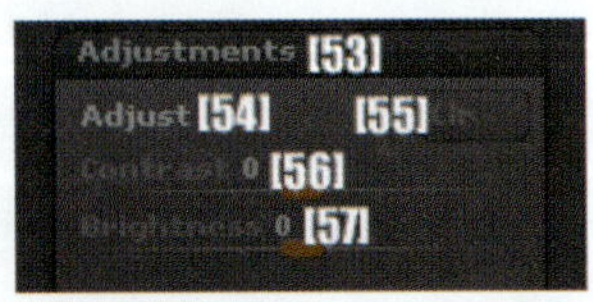

그림 6-206

[54] Adjust : Adjust를 활성화하면 활성화되어 설정을 조절할 수 있다. 모든 설정 값은 Z Brush scene file에 저장된다.

[55] Clr : 모든 설정 값을 초기화시킨다.

[56] Contrast : 이미지의 채도 값을 조절한다.

[57] Brightness : 이미지의 밝기 값을 조절한다.

6-3-16 Stencil [Alt + N]

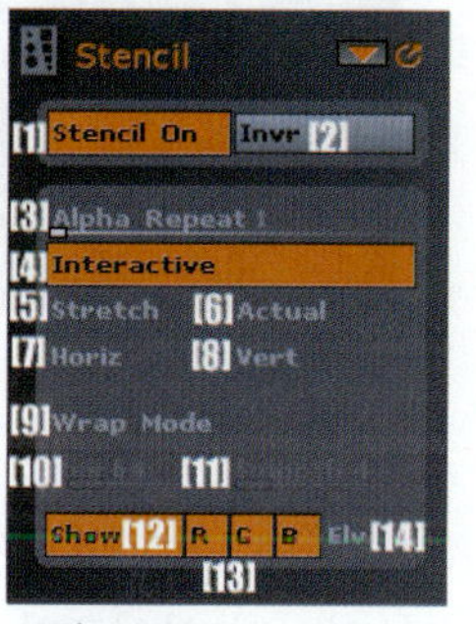

그림 6-207

사진이나 이미지를 이용하여 Object 표면에 사용할 이미지를 입체감(부조 형식) 있게 만들어 내는 제작공정으로 복잡하고 어려운 표면을 이미지로 처리하는데 매우 유익하게 사용되는 제작기법이다.

[1] Stencil On : Stencil 기능을 활성화한다. Stencil을 이용하여 페인팅, Sculpting 작업할 때 영역을 마스크하며, 알파 팔레트에서 선택된 알파를 스텐실로 만들 수도 있다. 스페이스 바를 누르면 코인 제어기(Coin Controller)가 나타나며, 여기에서 회전, 이동, 스케일 등을 저장한다.

[2] Invr : Invert Stencil 기능으로 현재의 Setting된 스텐실을 반전시킨다.

[3] Alpha Repeat : 반복될 무늬의 개수를 설정한다.

[4] Interactive : Interactive Positioning의 기능으로 스텐실의 위치 및 크기, 회전 등이 적용되면 자동으로 활성화된다.

[5] Stretch : Fit Stretch 기능으로 캔버스의 크기에 늘리거나 줄여서 맞출 수 있다.

[6] Actual : Actual Size 기능으로 스텐실을 초기상태 이미지(그림)로 바꿔준다.

[7] Horiz : Fit Horizontally 기능으로 Stencil을 수평으로 되돌려 준다.

[8] Vert : Stencil을 수직으로 되돌려 준다.

[9] Wrap Mode : Stencil을 대상 Object에 들어간다.

[10] Res : Warp Resolution Wrap 모드에서 스텐실의 해상도를 조절할 수 있다.

[11] Smooth : Wrap Smoothness 기능으로 Stencil을 부드럽게 조절한다. Stencil의 개수를 조절한다.

[12] Show[Ctrl + H] : Hide / Show Stencil 기능으로 Stencil을 캔버스에 보여준다.

[13] R / G / B : 작업할 때 다른 Object와 구분하기 위해 색상을 바꿔줄 수 있다. Object 색과 구분을 위하여 Stencil의 색깔을 바꾸어준다.

[14] Elv : 배경 그림을 볼 수 있도록 Stencil을 외곽선으로 표시한다. 즉 Stencil 뒤의 이미지나 형태를 보려고 Stencil을 회색으로 보여주거나 더 굵게 보여주기도 한다.

간단한 이미지를 활용하여 Srencil 기능을 적용해 보도록 한다.

1 먼저 사용할 이미지를 선정한다.

그림 6-208

2 Tool 〉 plane 〉 Edit 활성화

그림 6-209

3 Tool 〉 Initialize 〉 Radius와 Divide 조절하여 이미지 사이즈와 일치시킨다.

그림 6-210

4 Texture 창에서 Import 〉 준비한 이미지 불러오기

그림 6-211

5 Texture 〉 Crop and Fill 기능을 적용

그림 6-212

6 Mask화시키기 : [Ctrl + N]

그림 6-213

7 이미지를 Alpha화시키기 : Texture 〉 Make Alpha

그림 6-214

8 Stencil 생성 : Alpha 기능 창에서 〉 Make St 기능을 실행

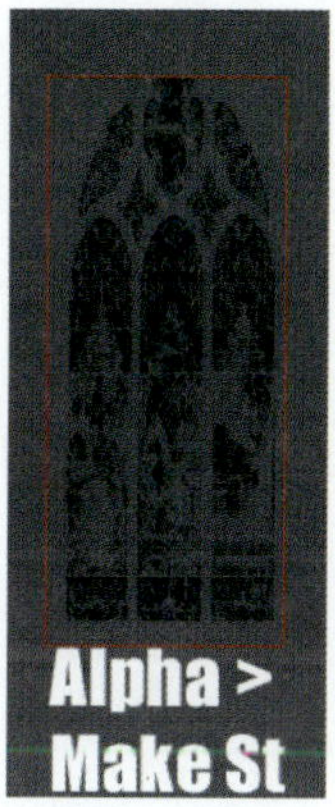

그림 6-215

9 화면에 사이즈 맞추기 : Spacebar 누르면 Controller 생성

그림 6-216

10 Alpha와 Texture 적용 모드를 모두 Off 한다.

11 Canvas에 Plane를 생성시키고 Edit로 활성화하고 Make Poly Mesh 3D 버튼을 눌러준다.

12 Shift + Scale 버튼을 이용하여 생성된 Plane을 화면에 꽉 채운다.

그림 6-217

13 Tool 〉 Geometry 〉 Suv 옵션 체크 후 Sub divide를 4~5 정도 올려주기

14 Top shelf 의 옵션 기능들을 Z Intensity = 15, Focal shift = 0, raw size = 150 정도로 맞추도록 한다.

15 Plane 위에 Brush 질을 한다.

그림 6-218

16 Stencil 옵션에서 Stencil on을 끈다 : 결과 확인

그림 6-219

6-3-17 Stroke [Alt + S]

Brush와 함께 설정하고 Brush의 적용 형태나 느낌을 더욱 자유롭고 다양하게 연출할 수 있다. 반복 패턴이나 정렬/배치, 점 표현, 흐름 표현 등의 다양한 효과 등을 여러 가지 형태의 Stroke으로 표현할 수 있다.

[1] Item Info : Stroke의 Item을 슬라이더를 통해 선택하고 선택된 Stroke의 이름을 보여준다.

[2] R : Restore Configuration 기능으로 추가된 Stroke들을 아이콘으로 표시한다.

[3] Current Tool View : 사용할 수 있는 다양한 형태의 Stroke 형태들을 알려준다.

[4] Directional : Stroke의 방향을 바꾸면 끊어진다.

[5] Replay Last[Ctrl + 1] : 최근 Stroke를 다시 실행한다.

[6] Spacing : 브러시의 각 Stroke와 Stroke 사이의 공간을 설정할 수 있으며 Stroke이 진행되는 정도를 조절한다.

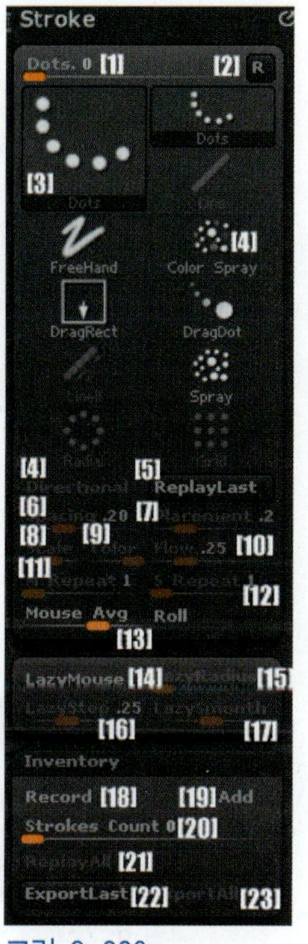

그림 6-220

[7] Placement : 처음 Brush 적용에만 Stroke 효과가 적용되도록 한다.

[8] Scale : Spray나 Color Spray Stroke에서 사실감 있게 뿌려지는 Stroke의 크기를 설정한다. '0'일 때는 모두 같은 크기의 Stroke로 뿌려지게 된다.

[9] Color : Color Spray Stroke에서 불규칙적으로 뿌려지는 Stroke의 색을 설정한다. 설정 값이 '0'일 때는 모두 같은 색의 Stroke로 뿌려진다.

[10] Flow : Spray Stroke에서 사실감 있게 뿌려지는 Stroke의 밀도를 설정한다. '0'일 때는 같은 밀도의 Stroke로 뿌려지게 된다. 밀도가 높으면 뿌려지는 Stroke의 개수가 증가한다.

[11] M Repeat : Radial과 가로 Grid Stroke 사용할 때 dot의 수를 조절한다.

[12] S Repeat : 세로 Grid Stroke 사용할 때 dot의 수를 조절한다.

[13] Mouse Avg : 설정 값이 '2' 이상일 때 Stroke의 적용이 부드러워진다.

[14] Laze Mouse : 마우스 속도를 느리게 하여 보다 정밀한 작업이 필요한 경우에 사용한다.

[15] Lazy Radius : 마우스가 일정거리 이상 이동해야 선이 생기게 되는데 이때 그 거리를 조절한다.

[16] Lazy Step : 변형 간격을 조절한다. 수치가 높을수록 간격은 넓어진다.

[17] Lazy Smooth : Line의 강/약을 조절한다.

[18] Record : 현재 진행 중인 Stroke을 저장하여 다시 사용할 수 있게 한다. Record를 실행하고 Stroke를 그려 넣은 다음 Replay All을 실행하면 저장되었던 Stroke가 자동으로 다시 그려진다.

[19] Add : 저장된 Stroke에 다른 Stroke를 추가 저장할 수 있다.

[20] Strokes Count : 저장된(추가된) Stroke 개수를 지정한다.

[21] Replay All : 저장된 Stroke 작업을 실행한다.

[22] Export Last : 가장 마지막 실행한 Stroke을 파일로 저장한다.

[23] Export All Strokes : 저장한 모든 Stroke 파일을 Export하는 기능이다.

[24] 3D AND 2.5D Sculpting and Poly painting Stroke 종류와 그 기능

① Dot

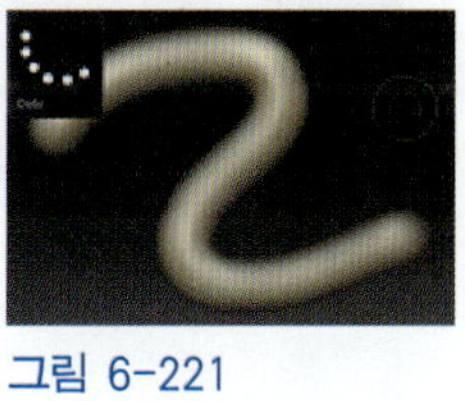

그림 6-221

② Drag Rect

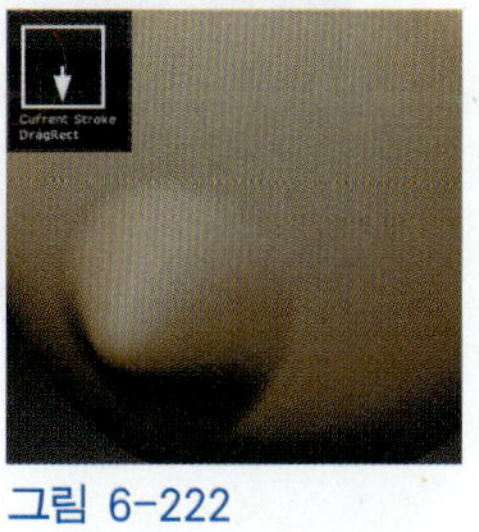

그림 6-222

③ Freehand

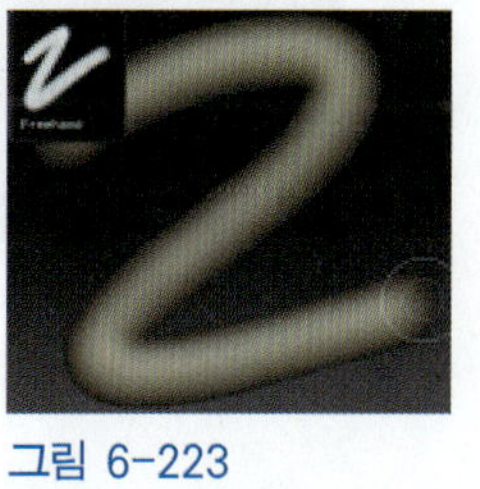

그림 6-223

④ Coloried Spray

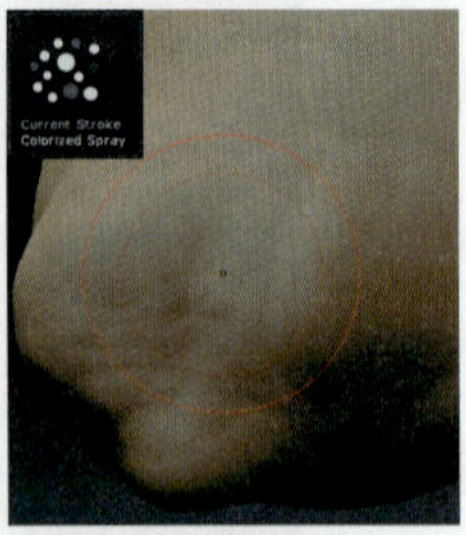

그림 6-224

⑤ Spray

그림 6-225

⑥ Drag Dot

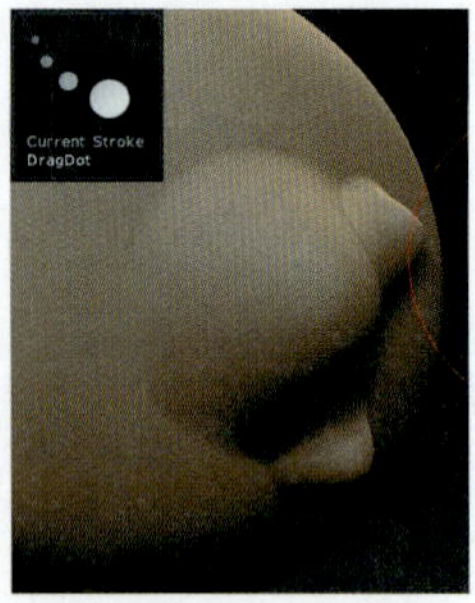

그림 6-226

[25] 2.5D Painting And Texturing Strokes 종류와 그 기능

① Line

그림 6-227

② Line 2

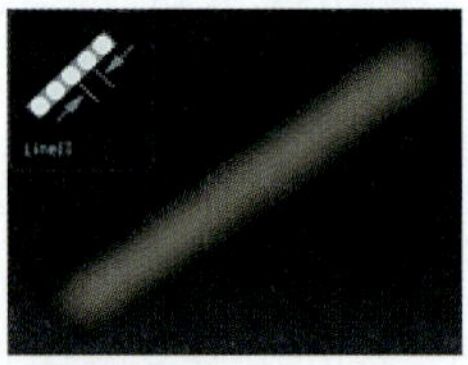

그림 6-228

③ Conic

그림 6-229

④ Planar Dots

그림 6-230

⑤ Line 90

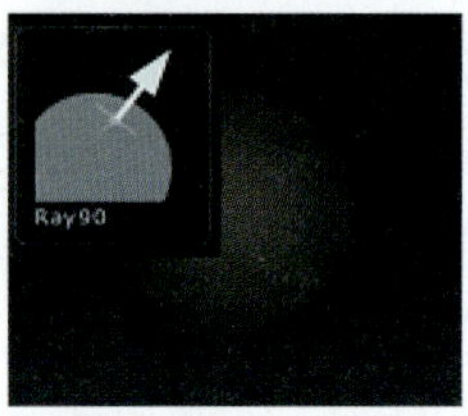

그림 6-231

⑥ Ray 90

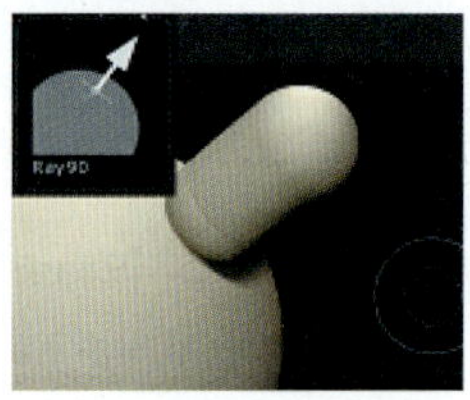

그림 6-232

⑦ Radial

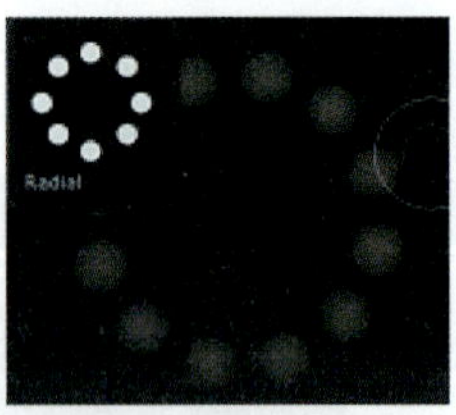

그림 6-233

⑧ Grid

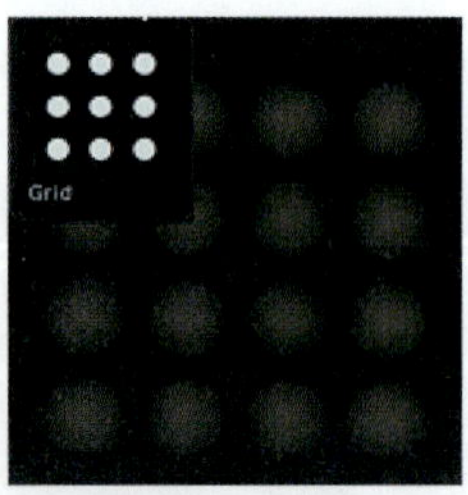

그림 6-234

⑨ Rotate Dot

그림 6-235

6-3-18 Texture [Alt + X]

Mapping이라는 공정으로도 불리며 Object에 Color나 Mapping 이미지(Texture)를 적용하는 과정으로 Object 제작에서 가장 직접적인 외부의 느낌을 표현하는 공정이라고 볼 수 있다.

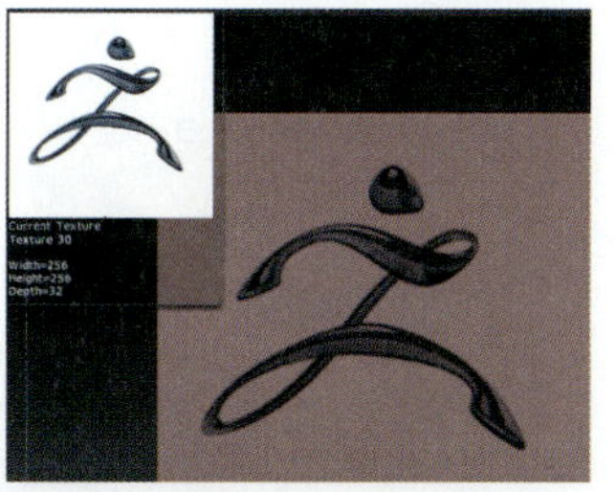

그림 6-236

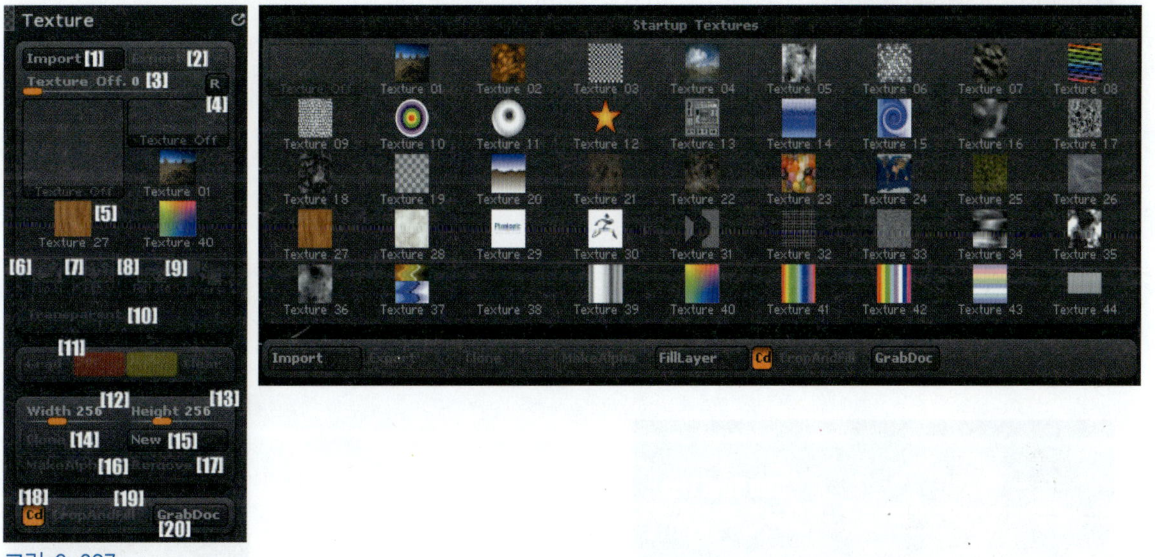

그림 6-237

[1] Import : Import Texture 기능으로 저장된 Texture를 불러올 수 있다.

[2] Export : Export Texture 기능으로 현재 사용중인 Texture를 Tiff, bum 등으로 저장한다.

[3] Texture : 사용할 Texture를 슬라이더를 이동하면서 확인 및 선택할 수 있다.

[4] R : Restore Configuration 기능으로 추가로 사용되는 Texture를 아이콘으로 표시한다.

[5] Current Tool : 현재 사용중인 Texture를 보여준다.

[6] Flip H : Flip Horizontally 기능으로 Texture의 좌 · 우 방향을 반대로 바꾸어준다.

[7] Flip V : Flip Vertically 기능으로 Texture의 상 · 하 방향을 반대로 바꾸어준다.

[8] Rotate : Texture를 시계방향으로 90도씩 회전시켜 변형한다.

[9] Inverse : Texture의 색상을 반전시켜준다.

[10] Transparent : Texture의 어두운 부분(이미지가 없는 빈 부분)을 투명하게 한다.

[11] Grad : Secondary color와 Main color에 따라 Texture의 색조를 바꾼다.

[12] Width : Texture의 가로 길이를 조절한다.

[13] Height : Texture의 높이 값을 조절한다.

[14] Clone : Texture를 복제한다.

[15] New : 새로운 Texture를 만든다.

[16] Make Alpha : 선택된 Texture를 알파로 전환한다. Texture는 Alpha 모드에서 Stroke로도 사용할 수 있다.

[17] Remove : Texture를 지워준다.

[18] Cd : Crop and Fill 기능을 실행할 때 캔버스에 남아 있는 색에 관한 정보를 지워준다. 만일 이 색의 정보를 지우지 않고 다른 Texture를 만들 경우 이 색이 영향을 미치게 된다.

[19] Crop And Fill : 선택된 Texture 사이즈로 Canvas를 잘라낸다.

[20] Grav Doc : 캔버스의 이미지를 Texture로 변환하여 Texture 팔레트에 추가한다.

6-3-19 Tool [Alt + T]

툴에 대한 기본적인 설명은 앞의 6-2절 Z Brush Fundamental 부분에서 미리 다루었기 때문에 이번 장에서는 생략하고 그 아랫부분에 있는 다양한 Tool 기능들에 대해 알아보도록 한다.

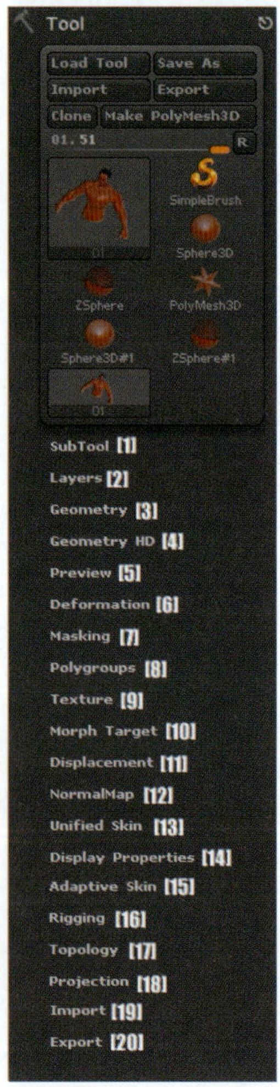

그림 6-238

그림 6-239

[1] Sub Tool : Object 또는 Scene 전체를 여러 개의 작업모드로 분리하여 작업할 때 작업의 범위를 선정하여 집중도를 높일 수 있으므로 작업의 효율성을 높이는 기능을 한다.

① ↑위쪽 Sub Tool을 선택한다.

② ↓아래쪽 Sub Tool을 선택한다.

③ Sub Tool의 현재 위치에서 위로 이동시킨다.

④ Sub Tool의 현재 위치에서 아래로 이동시킨다.

⑤ Append : 새로운 Sub Tool을 추가한다.

⑥ Delete : 선택된 Sub Tool을 삭제한다.

⑦ Spilt : Sub Tool을 감춰주는 기능을 한다.

⑧ Grpsplit : Group 내 Object를 각각의 Sub Tool로 나눈다.

⑨ Rename : Sub Tool의 이름을 바꿔준다.

⑩ Extract : 기존의 Sub Tool에 Mask를 씌워 새로운 Object를 만든다.

⑪ E-smt : Extract를 적용할 때 Edge의 Smooth 값을 적용할 수 있다.

⑫ S-smt : Extract를 적용할 때 Surface의 Smooth 값을 적용할 수 있다.

⑬ Thick : Extract를 적용할 때 돌출 부위의 두께를 설정할 수 있다.

그림 6-240

[2] Layer

① Intensity : Layer에 변형이 적용될 강도를 조절한다.

② New : 새로운 Layer를 생성한다.

③ Delete : 생성된 Layer를 삭제한다.

④ Rename : 선택된 Layer의 이름을 변경한다.

⑤ Make 3D : 새로운 3D Object를 생성한다.

⑥ E-smt : Layer의 변형 Edge의 Smooth 값을 조절한다.

⑦ S-smt : Layer의 변형 Surface의 Smooth 값을 조절한다.

⑧ Thick : Layer의 변형 두께 값을 조절한다.

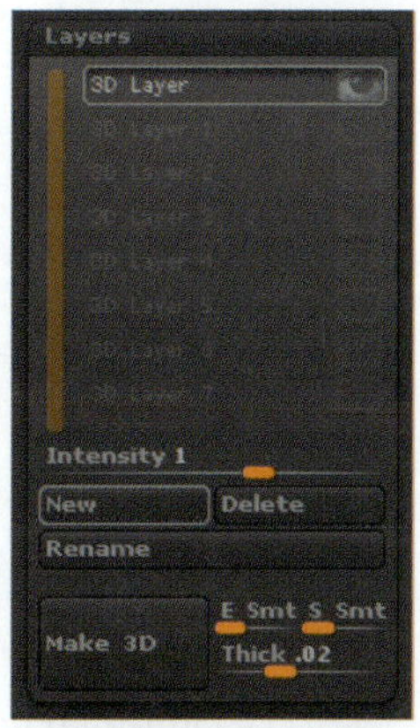

그림 6-241

[3] Geometry 서브 팔레트

① Lower Res : 낮은 Divide 단계로 내리고자 할 경우에 사용한다.

② Higher Res : 높은 Divide 단계로 올리고자 할 경우에 사용한다.

③ S Div : Object의 Divide의 단계를 보여주며, 슬라이더 바로 High와 Lower의 단계를 자유롭게 이동하면서 작업을 할 수 있다.

④ Del Lower : 현재 설정된 단계 이하의 하위 Divide 단계를 삭제하고 현재의 설정된 Divide 수치가 제일 낮은 단계인 1로 지정되면서 다시 면 분할을 시작할 수 있다.

⑤ Del Higher : 현재 설정된 단계 이상의 상위 Divide 단계를 삭제하고 현재의 설정된 Divide 수치가 제일 높은 단계로 지정되면서 다시 면 분할을 시작할 수 있다.

그림 6-242

⑥ Divide : 면을 지정해주는 Level만큼 나눠준다.

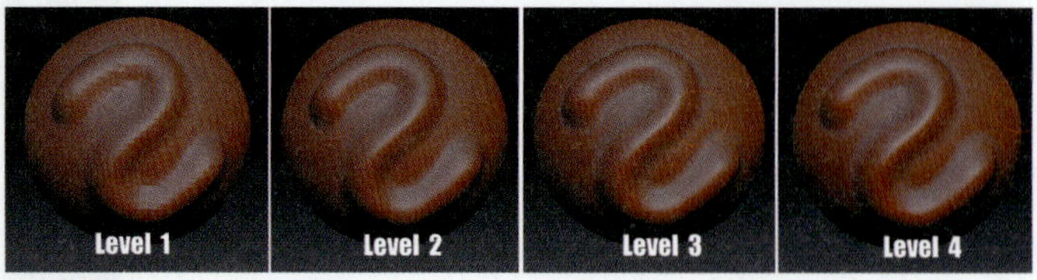

그림 6-243

⑦ smt : 면 분할 수치를 올려줄 때 자동으로 모서리를 Smooth하게 한다. 유선형의 Object나 비선형 대상 물체의 작업에 사용한다.

⑧ suv : 면 분할 수치를 올려줄 때 모서리의 각을 Sharp하게 만들어준다. 주로 Mechanic 디자인이나 제품 디자인, 건축물 등을 제작할 때 사용한다.

⑨ EdgeLoop : 사각의 Edge와 삼각의 Edge 두 종류로 Edge를 세분화한다.

⑩ Crisp : 대상 물체의 모서리의 형태를 가능한 한 살려가면서 분할한다.

⑪ Disp : 하나의 Edge를 4개의 각을 가진 Edge로 나누어 준다.

⑫ Uncrease : 나누어진 면 분할 수치를 감추어 준다.

⑬ Reproject Higher Subdiv : 최고의 면 분할 수치로 돌아간다.

⑭ Reconsttuct : 나눈 면을 줄여주고자 할 경우 사용한다.

⑮ DelHidel : 분할된 면을 일시 Hide시키고 분할 전의 면을 보여준다.

⑯ Insertmesh : Tool에 새로운 Mesh를 추가하고자 할 경우에 사용한다.

⑰ Optimize : 슬라이더를 이용하여 기본도형의 면 개수를 줄여주고자 할 경우에 사용한다.

[4] GeometryHD 서브 팔레트

① DivideHD : DivideHD Level을 올려준다.

② SculptHD : 올린 Divide HD Level 값을 산출하여 그 결과를 알려준다.

③ Radialrgn : Divide HD 상태를 원형 Rendering하면서 작업이 진행된다.

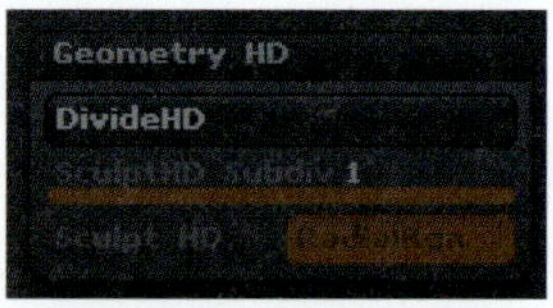

그림 6-244

[5] Preview 서브 팔레트

① Object Preview : Object의 가운데 +표시를 움직여 Object 위치를 이동시킨다. 양쪽 위 끝의 작은 삼각형을 눌러 자유롭게 회전시킬 수 있다.

② Store : 변경한 Preview 설정을 저장한다.

③ Restore : Preview 설정을 원래의 상태로 초기화한다.

그림 6-245

[6] Deformation 서브 팔레트

그림 6-246

① Unify : Object의 Size를 변화하면 그 변화된 크기를 기본 크기로 Setting한다.

② Mirror : Flip Object의 기능으로 선택한 Object를(X, Y, Z) 설정한 방향으로 Mirror한다.

③ ReSym : Realign Symmetry 기능으로 대칭작업이나 Mirror 작업을 위해 Object의 기본 중심좌표를 재정렬한다.

④ Offset : 설정된 축을 기준으로 Object의 위치를 변경해준다.

⑤ Rotate : 설정된 축을 기준으로 Object를 회전한다.

⑥ Size : 설정된 축을 기준으로 Object 크기를 조절한다.

⑦ Bend : 설정된 축을 기준으로 Object를 휘는 형태로 만들 수 있다.

⑧ SBend : Object를 휘는데 Bend보다 부드러운 형태를 만들어 준다.

⑨ Skew : 지정된 축을 따라 Polygon을 이동함으로써 Object가 기울어지는 효과를 준다.

⑩ Sskew : Skew 기능보다 Object를 부드럽게 기울일 수 있다.

⑪ Rfatten : 선택한 축을 기준으로 Object 면을 평평하게 한다.

⑫ Flatten : 선택한 축을 기준으로 Object 면을 부드럽게 펴준다.

⑬ Twist : 선택한 축을 기준으로 Object를 꼬아준다.

⑭ Taper : 선택한 축을 기준으로 Object의 굵기를 조절한다.

⑮ Sqveeze : 선택한 축을 기준으로 돌출 또는 함몰을 통해 Object의 형태를 조절한다.

⑯ Noise : 선택한 축을 기준으로 Object에 불규칙한 굴곡을 생성한다.

⑰ Smooth : 선택한 축을 기준으로 Object 면을 부드럽게 만든다.

⑱ Inflat : 선택한 축을 기준으로 Object를 돌출 또는 함몰시킨다. Mask와 함께 사용하며 적용되지 않은 부분은 지정된 축 방향으로 돌출(+)되거나 함몰(−)된다.

⑲ Spherize : 선택한 축을 기준으로 Object를 구에 맞게 변형된다.

⑳ Gracity : 선택한 축을 기준으로 Object를 지정된 축으로 중력의 영향을 받은 것처럼 늘어지거나 휘게 할 수 있다.

㉑ Perspective : 3D View처럼 지정 축에 대해 왜곡현상(Tapper)이 일어나게 하여 원근감의 표현에 사용된다.

[7] Masking 서브 팔레트

① ViewMask : 단축키는 [Ctrl + H]로 Object에 적용된 Mask를 보이게 또는 사라지게 한다.

② Inverse : [Ctrl + 작업 공간 클릭] 적용한 Mask 영역을 반전시킨다.

그림 6-247

③ Clear : [Ctrl + Shift + A] 적용한 Mask를 지워준다.

④ Mask All : 해당 Object 전체에 Mask 영역을 씌워준다.

⑤ Blur Mask : 적용된 Mask에 Blur 효과를 준다.

⑥ Sharpen Mask : 적용된 Mask 외곽 형태를 날카롭게 한다.

⑦ Mask By Cavity : Mask를 오돌토돌한 질감에 따라 적용할 수 있다.

⑧ Mask By Intensity : Texture 명암에 따라 어두운 부분은 Mask를 강하게 적용하고 밝은 부분은 Mask를 연하게 적용해 줄 수 있다.

⑨ Mask By Hue : Mask를 Texture 색상(Hue)에 따라 적용한다.

⑩ Mask By Alpha : Mask를 Alpha 명암에 따라 적용한다.

⑪ Mask By Saturation : Mask를 Texture 채도(Saturation)에 따라 적용한다.

⑫ Intensity : Alpha를 사용할 때 Mask 농도를 조절한다. 0은 적용한 Mask 효과를 버린 것과 같은 결과를 준다.

⑬ Blend : Alpha를 사용할 때 서로 교차하는 값을 조절할 수 있다.

⑭ Create Alpha : Mask를 Alpha로 만들어 줄 수 있다.

⑮ Hide pt : Mask를 적용한 부분을 잠시 Hide한다.

⑯ Show pt : Hide pt 명령어 실행으로 Hide된 Mask를 적용한 부분을 다시 보여준다.

[8] Poly groups 서브 팔레트 : Group의 장점은 부분적인 선택과 Hide가 쉽다는 것인데 원하는 부분을 감추고 Auto Groups 버튼을 눌러 쉽게 Group을 설정할 수 있다.

그림 6-248

① Auto Groups : Object에 [Ctrl + Shift] 키를 누르고 일부 Mesh만을 선택하고 Auto Groups 명령을 실행하면 자동으로 Edge의 색이 바뀌고 선택한 Object는 Group으로 설정된다.

② UV Groups : 선택된 Edge 부분의 UV를 Group으로 설정하고자 할 경우 사용한다.

③ Group Visible : Group별로 색을 설정하여 구분할 수 있다.

[9] Texture 서브 팔레트

① Colorize : 활성화되면 3D Object에 직접 Brush를 사용하여 채색할 수 있는 상태가 된다.

② EnableUV : UV를 포함하지 않은 Object를 사용하여 작업할 때 활성화해줄 수 있다.

③ Disable UV : UV를 포함한 Object를 사용하여 작업할 때 활성화해줄 수 있다.

④ Txt 〉 col : 선택된 Texture를 Object에 Color로 입히는 기능을 한다.

⑤ Col 〉 txt : Object에 적용된 색상을 Texture로 바꿔주는 기능을 한다.

⑥ UVC : UV를 Cylinder 형태로 Texture를 적용한다.

⑦ UVP : UV를 Plane 형태로 Texture를 적용한다.

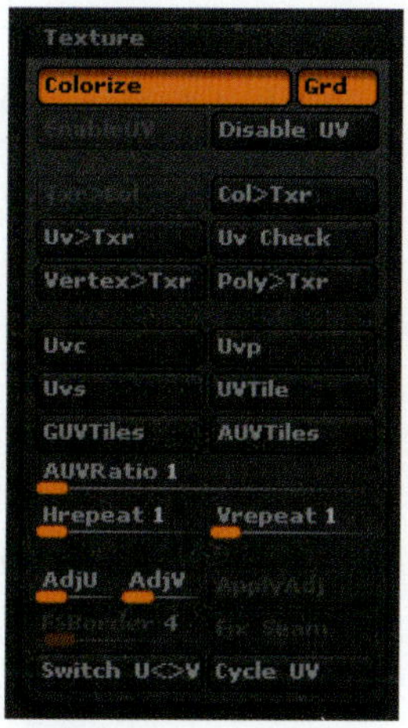

그림 6-249

⑧ UVs : UV를 Sphere 형태로 Texture를 적용한다.

⑨ UVTile : Tile 붙이듯이 Texture를 적용한다.

⑩ GUVTiles : Object 형태에 적합한 UV Group tile을 만든다.

⑪ Auvtiles : Object 형태에 적합한 UV tile을 만든다.

⑫ Auvratio : AUV Tile의 비례를 설정할 수 있다.

⑬ Hrepeat : Tile의 H축 Texture 수를 설정할 수 있다.

⑭ Vrepeat : Tile의 V축 Texture 수를 설정할 수 있다.

⑮ Adiu : Tile의 UV 중 U 코드를 설정하고 ApplyAdj 버튼을 눌러 적용한다.

⑯ Adiv : Tile의 UV 중 V 코드를 설정하고 ApplyAdj 버튼을 눌러 적용한다.

⑰ Applyadj : 미리 설정된 UV 코드를 적용한다.

⑱ FsBorder : 사용할 Border 크기를 결정한다.

⑲ FixSeam : 선택된 Texture의 이음매를 연결한다.

[10] Morph Target 서브 팔레트

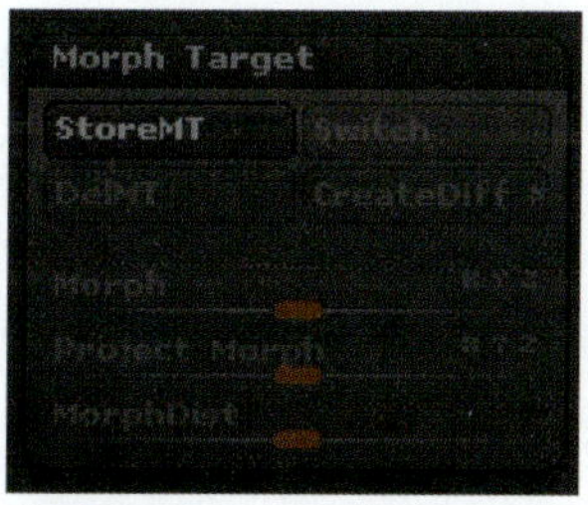

그림 6-250

① StoreMT : 변형된 Object나 변형의 대상이 되는 Object를 Morph Target으로 설정한다.

② Switch : 설정된 Morph Target Object와 작업으로 변형된 모양을 서로 바꿔준다.

③ DelMT : Delete Mesh 기능으로 설정된 Morph Target Object를 삭제한다.

④ CreateDiff : Create Different Mesh 기능으로 설정된 Morph Target을 3D 제작 Tool로 만든다.

⑤ Morph : 처음 저장된 Morph Target에만 해당하며 Morph의 적용 강도를 조절한다. 임의의 X, Y, Z를 선택하여 변형 방향을 설정할 수 있다.

⑥ Project Morph : 이 기능은 Pinch, Tweak 또는 다른 Brush에 의해서 생성된 Polygon의 변화를 삭제하여 원상복귀시키면서 Mesh를 변화시킨다.

⑦ Morph Dist : ZSpherc 모델을 작업할 때 사용하는 기능이다.

[11] Displacement 서브 팔레트

① DPSubPix : Displacement map의 정밀도를 조장하는 기능으로 높은 값일수록 Map의 결과 수준이 높아진다.

② DPRes : 만들어 낼 Map의 크기를 결정한다.

③ Adaptive : DP SubPix가 비활성화되며 DP SubPix만으로 부족할 때 체크하면 더 향상된 Map 소스를 얻을 수 있다.

④ Smooth UV : 만약 모델의 모서리를 날카롭게 표현하고 싶다면 이 버튼을 해제하도록 하고, Did map을 추출할 때 UV 좌표의 흐름을 부드럽게 만든다.

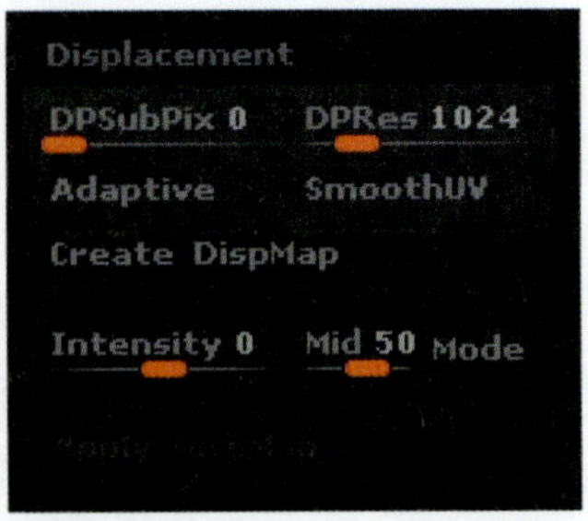

그림 6-251

⑤ Create DisMap : Displacement Map을 생성한다.

⑥ Intensity : Displacement Map의 강도를 조절한다.

⑦ Mid : 기본 값은 50이고 Bump Map의 중간 gray 값을 조절한다.

⑧ Mode : 생성된 Bump Map의 Preview나 View를 조절한다. grey scale나 Intensity를 설정하여 디스플레이를 설정할 수 있다.

⑨ Apply Dis Map : Z Brush mesh에서 bump map을 생성할 때 사용한다.

[12] Normal Map 서브 팔레트

① Tangent : 활성화하면 Normal map이 Tangent space (Object의 local 좌표방향)로 생성된다. 만약 비활성화인 경우 Global space 방향을 기준으로 Normal map이 생성된다.

② NMRes : 제작되는 Normal Map의 크기를 결정할 수 있는 Parameter이다. Map의 크기는 실제 대상 Object보다 크게 제작하도록 한다.

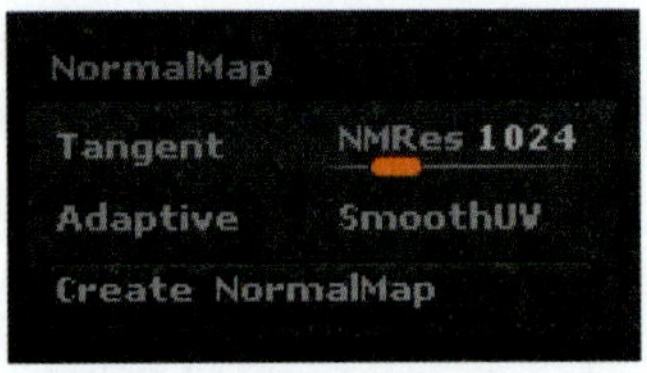

그림 6-252

③ Adaptive : 활성화하면 높은 품질의 Normal Map을 제작할 수 있다.

④ Smooth UV : 만약 Object의 모서리를 날카롭게 표현하고 싶다면 이 버튼을 해제 비활성화 모드로 둔다. 즉 Normal map 추출시 UV 좌표를 더욱 부드럽게 해주는 기능이다.

⑤ Create NormalMap : Normal Map을 생성시키는 명령어이다.

[13] Unified Skin 서브 팔레트

① Resolution : Unified Skin으로 추출되어 제작될 Skin의 Polygon 해상도를 조절할 수 있다.

② Sdns : Unified Skin으로 추출되어 제작될 Skin에 대해 ZSphere 연결 모양을 결정한다.

③ Smt : Unified Skin으로 추출되어 제작될 Skin의 표면의 부드러운 정도를 조절한다.

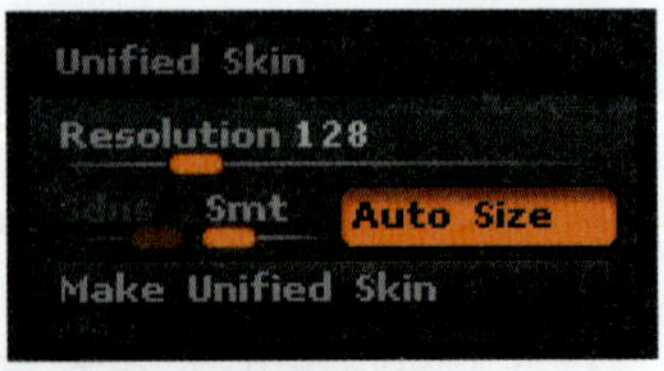

그림 6-253

④ Auto size : 활성화시 Unified Skin으로 추출되어 제작될 Skin의 크기를 Preview 창에 알맞

은 크기로 자동 조절된다.

⑤ Make Unified skin : Mesh로 만들기 전 Object의 표면을 고르기 위한 Skin 상태로 만든다. 이 상태는 아직 PolyMesh가 아니므로 Make Unified skin 상태의 작업이 끝나면 바로 Make Polymesh 3D 버튼을 눌러 Mesh로 전환해주도록 한다.

[14-1] Display Propertes 서브 팔레트

① D Smooth : Object에 Smooth 효과가 있어 변형을 확인하고자 할 경우 Parameter를 높여준다.

② D Res : Object의 Polygon이 가감되어 보이는데 실제 Object의 변형이 아닌 가상의 변형이다.

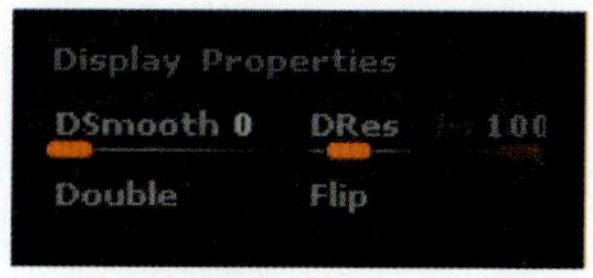

그림 6-254

③ Double : Object Polygon의 양면을 보여준다.

④ Flip : Polygon 면의 Normal 방향을 반대로 한다.

[14-2] Display Propertes 서브 팔레트(ZSphere 작업할 때 활성화)

① Density : ZSphere 모델링 작업할 때 Display 밀도수치를 조절한다.

② Color : ZSphere 모델링 작업할 때 ZSphere 연결고리 사이 Sphere의 Color를 조절한다.

③ Size : ZSphere 모델링 작업할 때 ZSphere의 각 구의 크기를 조절한다.

④ DSmooth : ZSphere 모델링 작업할 때 DSmooth의 수치를 높일수록 ZSphere의 3D Object가 부드러운 면으로 변형된다. 이 기능은 실제 Geometry의 변화에 영향을 주는 것은 아니다.

⑤ Dres : Display resolution으로 ZSphere 모델링 작업할 때 ZSphere에서 생성되는 3D Tool의 resolution을 설정해준다. 이 기능 역시 실제 Geometry에 영향을 주지는 않는다.

⑥ Double : ZSphere 모델링 작업할 때 Object의 양면을 보여준다.

⑦ Flip : ZSphere 모델링 작업할 때 Object의 면(Normal 방향)을 뒤집는다.

[14-3] Display Propertes 서브 팔레트(3D 기본 도형 작업할 때 활성화)

① Sh : Smooth Horizental 모드로 활성화시 현재 선택된 3D Tool의 수평 모서리를 부드럽게 보여준다. 이 기능은 실제 Object의 변형을 의미하는 것은 아니다.

② Bh : 3D 기본 도형 작업할 때 Sh 모드의 부드러운 정도 높이거나 낮출 수 있다.

그림 6-255

③ Sv : Smooth Vertical 모드로 활성화시 현재 선택된 3D Tool의 수직 모서리를 부드럽게 보여준다. 이 기능 역시 실제 Object의 변형을 의미하는 것은 아니다.

④ Bv : Smooth Vertical 모드로의 부드러운 정도를 설정한다.

⑤ Double : 3D 기본도형 작업할 때 Object의 양면을 보여준다.

⑥ Flip : 3D 기본도형 작업할 때 면을 뒤집는다.

[15] Adaptive Skin 서브 팔레트(ZSphere 작업할 때 활성화)

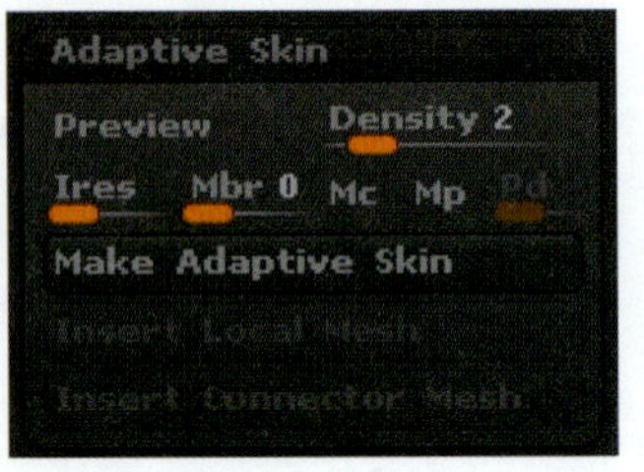

그림 6-256

① Preview : ZSphere 모델링 작업할 때 Zsphere의 Polymesh와 유사한 3D Skin 형태를 보여준다. 단축키 [A]

② Density : ZSphere 모델링 작업할 때 ZSphere에서 생성된 3D Skin의 Subdivision Level(분할 밀도)을 조절한다.

③ Ires : ZSphere 모델링 작업할 때 ZSphere의 Child Sphere의 분할되는 Skin 간의 형태를 조절한다.

④ Mbr : ZSphere 모델링 작업할 때 ZSphere가 두 개 이상 생성되었을 때 접촉면의 굴곡을 조절해주는 기능이다.

⑤ MC : 활성화시 두 번째 생성 ZSphere(Child Sphere)의 형태가 첫 번째 생성 ZSphere (Parent Sphere)의 형상을 따라 변화되는 기능이다.

⑥ MP : 첫 번째 생성 ZSphere(Parent Sphere)의 형태가 두 번째 생성 ZSphere(Child Sphere)의 형태를 따라 변화하게 한다.

⑦ Pd : ZSphere 도형 이외의 Tool 내에 존재하는 다양한 기본 도형을 활용하는 기능으로 작업할 수 있는데 이때 새로 생성된 도형의 분할도(해상도)를 기존 ZSphere의 분할 해상도와 일치하게 해주는 기능이다.

⑧ Make Adaptive skin : ZSphere를 Skin Mesh 형태로 만든다.

⑨ Insert LocalMesh : ZSphere에 Tool 팔레트 안의 다른 Object를 추가한다.

⑩ Insert Connector Mesh : ZSphere에 Tool 팔레트 안의 Object를 연결한다.

[16] Rigging 서브 팔레트(Z Sphere 작업할 때 활성화)

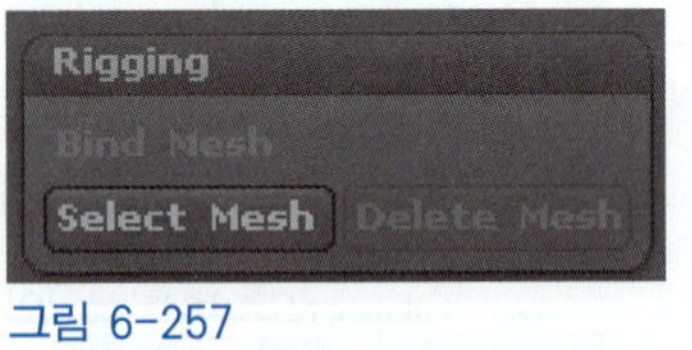

그림 6-257

① Bind Mesh : 선택한 Mesh를 ZSphere에 묶어주는 기능이다.

② Select Mesh : Mesh를 선택해주는 기능이다.

③ Delete Mesh : Mesh를 삭제해주는 기능이다.

[17] Topology 서브 팔레트(Z Sphere 작업할 때 활성화)

① Edit Topology : 선택한 Mesh의 면을 재구성할 수 있다.

② Select Topo : Tool 〉 Rigging 〉 Select Mesh 기능으로 Topology Mesh를 선택하는 기능이다.

③ Delete Topo : Topology Mesh를 삭제한다.

④ Pre Subdiv : 생성될 Topology Subdivision 분할 정도를 조절한다. 지정 값이 1일 때는 생

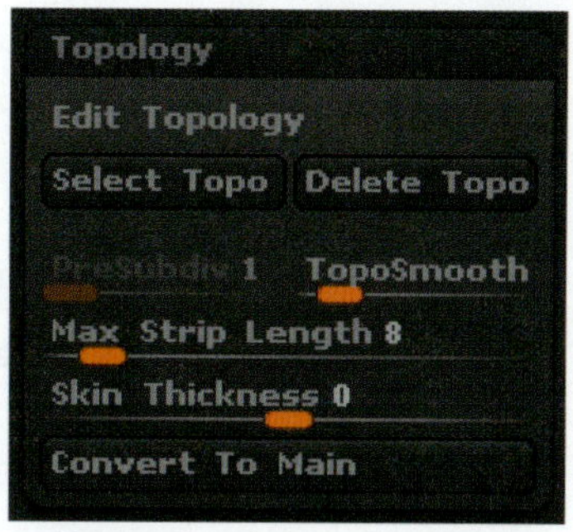

그림 6-258

성된 Topology Level 값도 1이 된다.

⑤ Topo Smooth : 생성될 Topology Smooth 값을 조절할 수 있다.

⑥ Max Strip Length : 연결되지 않은 Vertex가 얼마나 많이 연결될 것인지의 Option을 결정한다.

⑦ Skin Thickness : Tool 〉 Adaptive Skin 〉 Make Adaptive Skin에서 생성된 모델의 단일 면을 두 면으로 만들어 주는 기능이다.

⑧ Convert To Main : 모든 Topology Line을 삭제한다.

[18] Projection

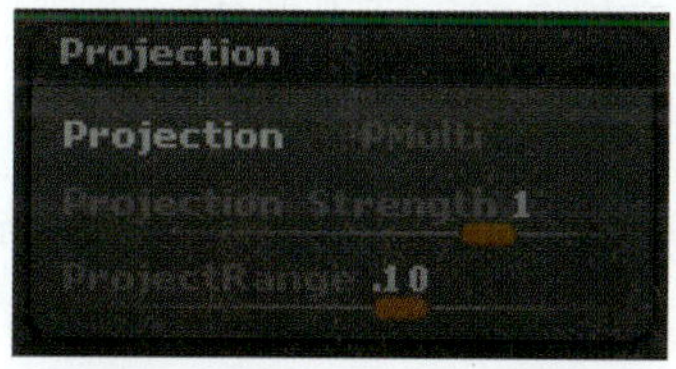

그림 6-259

① Projection : Projection 기능을 활성화한다.

② P Multi : 여러 개의 Projection을 설치할 수 있다.

③ Projection Strength : Projection의 세기를 설정한다.

④ Projection Range : Projection의 범위를 설정한다.

[19] Import 서브 팔레트

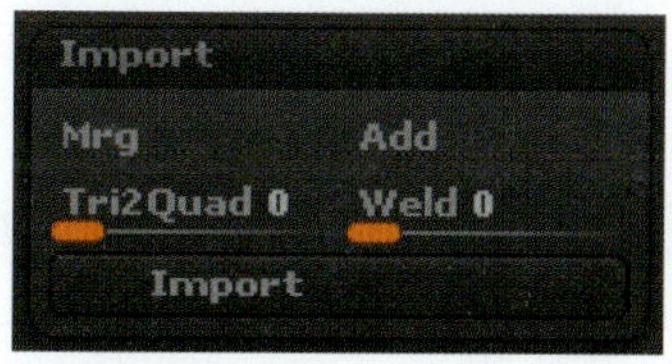

그림 6-260

① Mrg : 선택하면 Object의 모든 선택사항도 같이 Import된다.

② Add : 활성화 상태에서 Import할 경우 현재의 Mesh에 추가되고 비활성화 상태에서 Import할 경우 현재의 Mesh를 대체한다.

③ Tri2Quad : 삼각 Polygon을 포함한 Object를 사각 Polygon으로 재구성하여 Import한다.

④ Weld : 설정 값에 따라 단일 점들을 서로 붙여서(Weld) Import한다.

⑤ Import : 모든 설정 Setting 수치에 의해 Data를 Import한다.

[20] Export 서브 팔레트

그림 6-261

① Obj : 제작된 결과 Mesh를 Obj 파일 포맷으로 Export한다.

② Dxf : 제작된 결과 Mesh를 Dxf 파일 포맷으로 Export한다.

③ Qud : 제작된 결과 Mesh를 Qud 파일 포맷으로 Export한다.

④ Try : 제작된 결과 Mesh를 Try 파일 포맷으로 Export한다.

⑤ Txr : 제작된 결과 Mesh를 Txr 파일 포맷으로 Export한다.

⑥ Flp : 제작된 결과 Mesh를 Flp 파일 포맷으로 Export한다.

⑦ Mrg : Export시 UV 코드를 Merge(병합)하여 겹치는 Polygon 면이 없도록 한다.

⑧ Grp : Group 모드 상태를 유지한 채 Export시 활성화하고, 단일 그룹으로 내보낼 땐 비활성화한다.

⑨ Scale : Export시 Object의 크기를 조절한다.

⑩ Export : 모든 Setting 값을 기준으로 하여 Export 한다.

6-3-20 Transform [Alt + F]

선택한 Object를 이동, 회전, 크기(스케일) 조절을 통해 형태를 변형 할 수 있는 기능들이 들어 있다. Tool 브러시에서 3D Object를 그린다 하더라도 Edit 모드가 활성화되기 이전에는 Pixol로 전환되어 2D 또는 2.5D가 되어 있는 것이다. 따라서 이런 상태에서는 원형의 Gyro 툴이 활성화되어 이 역할을 대신하게 된다. 그러나 Edit 버튼이 일단 활성화되면 3d Object로 전환되어 Sculpting 모드로 들어가게 된다.

그림 6-262

[1] Draw[Q] : Draw Pointer 기능으로 선택한 브러시로 캔버스에 그려 넣을 수 있도록 하는 모드이다. 현재 툴이 Edit 모드의 3D Object면 커서는 Sculpting 작업을 위한 커서로 바뀌고, Edit 모드가 아니었을 때는 Gyro Tool 모드로 바뀌어 2D모델링을 하기 위한 커서로 전환된다.

[2] Move[W] : Object를 이동하고 Action Line의 설정을 통해 Transpose 기능을 사용할 수 있다.

[3] Scale[E] : Object를 크기를 조절하고 Action Line의 설정을 통해 Transpose 기능을 사용할 수 있다.

[4] Rotate[R] : Object를 회전하고 Action Line의 설정을 통해 Transpose 기능을 사용할 수 있다.

[5] Edit(E) : 3D 모델링에 Sculpting 작업을 할 수 있게 하는 모드다. 이 모드는 Edit 버튼의 활성과 비활성 여부에 따라 변하는데 활성화되어 있을 때는 3D 작업을 하기 위한 모드이며, 비활성화시 2D 또는 2.5D 작업을 하기 위한 모드이며 Edit 모드를 활성화하지 않고 작업을 할 때는 몇 개의 Object도 그리는 것이 가능하다. 하지만, 이 상태는 2.5D의 픽솔 상태로 전환되어 있어서 다음 Object를 그리면 그 이전의 Object는 붙어 버린다. 그래서 재편집할 수 없게 되므로 주의해야 한다.

[6] Snapshot[Shift + S] : Object를 Snapshot로 촬영한다.

[7] Move : 이동

[8] Scale : 크기

[9] Rotate : 회전

[10] Local : 작업된 부분이나 선택된 부분을 중심으로 Pivot이 설정된다. 즉 작업 지점을 중심으로 Object를 회전시킬 수 있는 Pivot을 설정할 수 있다.

[11] XYZ / X / Y / Z : 회전축을 설정하는 모드이다.

[12] Quick : 작업의 속도를 높이기 위한 설정모드로 작업중인 Object의 이동, 회전, 크기(스케일) 조절의 속도를 조절할 수 있다.

[13] Frame : Object의 구성 Edge를 보이게 하는 모드이다.

[14] Dot Display : Object의 이동, 회전, 크기(스케일) 조절 작업을 할 경우 점으로 보인다.

[15] Pt Sel : [Ctrl + Shift] 기능으로 Object Polygon의 일부만을 볼 수 있다. 이때 기본설정은 전체를 선택된 폴리곤만 보이게 된다. 추가기능으로 선택된 포인트에 해당하는 폴리곤을 포함해서 보여주는 기능을 한다.

[16] Lasso : Hide 모드로 활성화한 상태에서 [Ctrl + Shift] 키를 누르고 클릭 Object를 선택하면 선택되지 않은 부분은 Hide된다.

[17] S. Pivot : 회전 / 변형 / 대칭 작업의 중심점을 설정한다.

[18] C. Pivot : 설정된 중심을 버리고 기본 설정의 중심으로 돌아간다.

[19] L. Sym : Sub tool과 동시에 사용하는 툴 기능으로 Sub tool의 중심축을 인식한다.

[20] Transp : Sub tool과 동시에 사용하는 툴 기능으로 선택되지 않은 Sub tool을 투명하게 보여준다.

[21] Activate Symmetry : 대칭 활성화 모드이다. 한쪽 부분의 작업으로 양쪽 동시 작업이 가능하다.

[22] X : X축을 기준으로 하는 대칭 설정 작업모드이다.

[23] Y : Y축을 기준으로 하는 대칭 설정 작업모드이다.

[24] Z : Z축을 기준으로 하는 대칭 설정 작업모드이다.

[25] M(Mirror) : 각각 설정된 축에 대한 Mirror 대칭을 시킨다.

[26] (R) : 설정된 하나의 축을 중심으로 원형의 포인트를 생성시킨다.

[27] Radial count : R 버튼으로 원형 포인트 모드로 들어갔을 때 몇 개의 포인트를 생성할 것인가를 결정해 주며 숫자대로 포인트가 생성된다.

[28] Use Posable Symmetry : 변형된 모습을 기억해 변형 후 좌우 또는 상하의 모양이 달라져도 그 위치에 그대로 적용할 수 있도록 한다.

[29] Delete Posable Symmetry : 위에 설정된 Posable Symmetry 값을 삭제한다.

[30] Modifiers 〉 XYZ / X / Y / Z : 방향 축을 설정한다.

[31] Info 〉 X / Y / Z Component : 커서의 위치를 보여준다.

[32] 3D Copy : Edit 모드에서 Object에 Texture를 입히는 명령으로 Object 뒷면에 페인팅된 이미지가 Texture로 적용된다.

[33] S : 활성화시 Material과 Light가 적용된 모습이 나타나며 비활성화면 단순한 컬러 Texture를 만들 수 있고, Shading 효과가 적용된 Texture를 만들려면 활성화해야 한다.

[34] A.I : 활성화하면 투영되어 만들어지는 Texture의 가장자리가 부자연스러워지기 때문에 색상의 강도가 자연스럽게 적용되게 하려면 이 버튼을 비활성화시킨다.

6-3-21 Zoom [Alt + W]

[1] Active Zoom : 주변의 영역을 확대해 보여준다.

[2] Scroll : 작업 창을 이동한다.

[3] Zoom : 작업 창을 확대 / 축소한다.

[4] Actual : 작업 창을 100% 확대한다.

[5] AAHalf : 작업 창을 1/2로 줄이고 이때 Antialiasing 효과가 적용되어 전체 화면이 부드럽게 보인다.

[6] In : 작업 창 전체를 확대한다.

[7] Out : 작업 창 전체를 축소한다.

[8] Zoom : 작업화면을 확대 또는 축소한다.

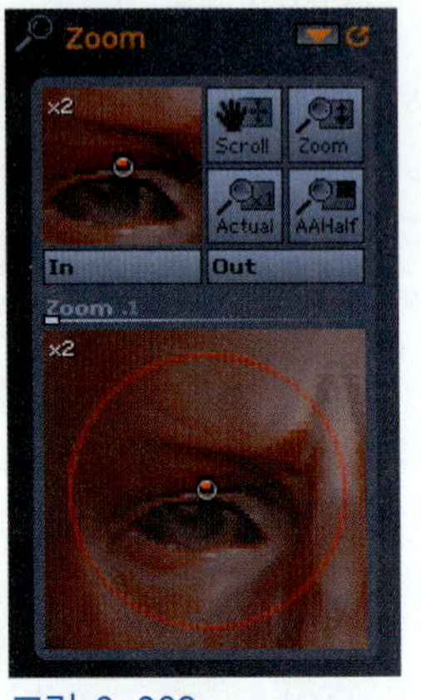

그림 6-263

6-3-22 Z Plug in [Alt + W]

[1] Help Topic : 도움말 창을 연다.

[2] Misc Utilites

[3] 《Brush 단축키([) : 선택된 브러시 크기를 10 Unit만큼 감소시킨다.

[4] Brush》 단축키(]) : 선택된 브러시 크기를 10 Unit만큼 증가시킨다.

[5] Interactive Light(Ctrl + P) : 마우스를 사방으로 이동하여 실시간으로 현재 사용중인 조명위치를 상하, 좌우로 바꿀 수 있다.

[6] Z Brush Form : Z Brush 포럼사이트로 연결된다.

[7] Main Screen : Z Brush 시작 화면을 Open한다.

[8] Text File Viewer : 텍스트 파일을 열어 보여준다.

[9] Project Master

[10] Color : Color를 변화시킨다.

[11] Shade : 음영을 변화시킨다.

[12] Material : 재질을 변화시킨다.

[13] Double Side : 양쪽 면 모두 적용된다.

[14] Fade : 앞면과 뒷면의 사이를 부드럽게 처리해준다.

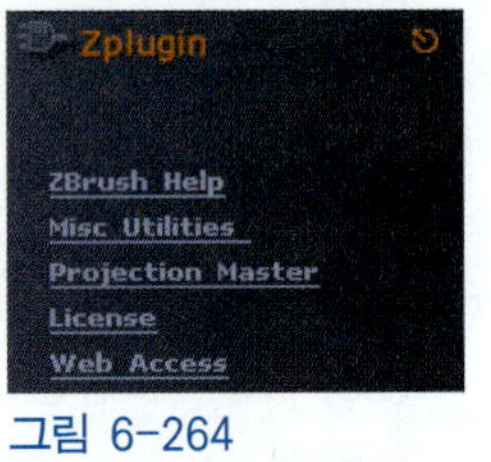

그림 6-264

[15] Deformation : Object의 변형에도 영향을 준다.

[16] Normalized : Normal에 영향을 준다.

[17] Drop now : 적용

[18] Pick up now : 원상태 복귀

[19] License

[20] Deactivate License : License를 해제한다.

[21] Z Mapper

[22] Exit : Z Mapper 모드에서 나간다.

[23] Local Light : Z Mapper에서 Light를 조절한다.

[24] Hide : Option 상자를 Hide한다.

[25] Opaque : Option 상자를 투명하게 한다.

[26] Back Ground : 화면의 배경을 설정한다.

[27] Render Rgn : 필요한 부분만 Render한다.

[28] Save Configuration : Z Mapper의 Tool setting을 저장한다.

[29] Rotate : 대상 Object를 회전한다.

[30] Scale : 대상 Object의 크기를 조절한다.

[31] Move : 대상 Object를 이동한다.

[32] Faced : 대상 Object의 구성요소에서 각진 부분을 보여준다.

[33] Smooth : 대상 Object의 구성요소에서 부드러운 부분을 보여준다.

[34] Spin : 대상 Object를 회전한다.

[35] Recenter : 대상 Object를 화면의 중심에 위치시킨다.

[36] Diffuse Intensity : 대상 Object의 Diffuse 강도를 조절한다.

[37] Morph 3D : 대상 Object를 Morph한다.

[38] Freeze at Target : Target 대상을 고정한다.

[39] Morph Speed : 대상 Object의 변화속도를 지정할 수 있다.

[40] Poly Frame : 작업화면을 와이드 화면 비율로 보여준다.

[41] Tan Frame : 일반 모드로 작업화면을 보여준다.

[42] Norm Frame : Normal 화면으로 보여준다.

[43] Snapshot : 현재의 화면을 Snapshot으로 찍는다.

[44] Dispose : 형태를 재편한다.

[45] Save : 제작된 Map을 psd 파일로 저장한다.

[46] Object Space N_Map : Object 공간의 Normal map 상태를 보여준다.

[47] Tangent space N_Map : Tangent 공간의 Map 상태로 보여준다.

[48] UV Seam : UV 연결라인(Seam)을 보여준다.

[49] Groups : 현재 작업중에서 Group된 데이터의 현황을 보여준다.

[50] Texture : Texture Map의 상황을 보여준다.

[51] Preview High Resolution Level : 고해상도에서의 상태를 보여준다.

[52] Web Access

[53] Go Z Brush.com : Z Brush 메인 사이트에 연결된다.

[54] Go Z Brush.Central. com : Z Brush Central에 연결된다.

[55] Transpose Master

6-3-23 Z Script [Alt + W]

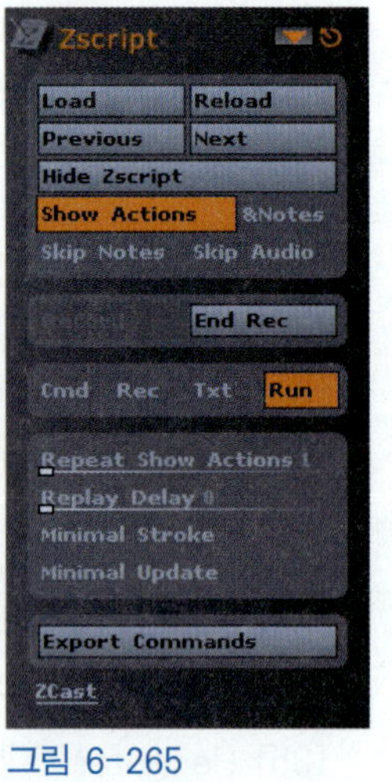

그림 6-265

[1] Load[Ctrl + Shift + L] : Z Script 창에 저장된 Z Script를 불러온다.

[2] Reload : 현재 Z Script 창에 있는 Z Script를 다시 불러온다.

[3] Previous : 이전의 Z Script 사용모드로 되돌아간다.

[4] Next : 이후의 Z Script 사용모드로 되돌아간다.

[5] Hide ZScript : 작업 창 아래에 있는 이전의 Z Script 창을 펼치거나 접는다.

[6] Show Actions : 저장된 Z Script를 실행했을 때 적용되는 변화 상태를 보여준다.

[7] &Notes : 명령에 대한 추가적인 설명을 보여주는 기능이다.

[8] Skip Notes : 명령에 대한 추가적인 설명을 보이지 않게 감춰주는 기능이다.

[9] Skip Audio : Audio를 OFF한다.

[10] Record : Z Brush 작업을 실시간 캡처하여 저장한다.

[11] End Record : Z Brush 실시간 캡처 작업을 종료한다.

[12] Cmd : Z Script에서 캡처된 Zscript에 대한 명령어를 보여준다.

[13] Rec : 작업에 대한 내용을 영상으로 캡처할 때 Z script에 대한 명령어를 보여준다.

[14] Txt : 캡처된 ZScript에 대한 텍스트를 보여준다.

[15] Run : Z Script의 실행을 위한 Play 버튼을 보여준다.

[16] Repeat Show Actions : Z Script의 실행될 때 선택된 작업횟수를 보여준다.

[17] Replay Delay : Z Script의 실행에서 사용자가 충분히 따라 할 수 있도록 실행되는 시간을 조절할 수 있도록 해주는 기능이다. "0"이 가장 빠른 속도이다.

[18] Minimal Stroke : 브러시 Stroke의 작업 시간을 최소화시킨다.

[19] Minimal Update : 브러시 Stroke의 작업 진행의 결과를 보여준다.

[20] Export Commands : Z Script 명령 리스트를 텍스트 파일로 저장할 수 있도록 한다.

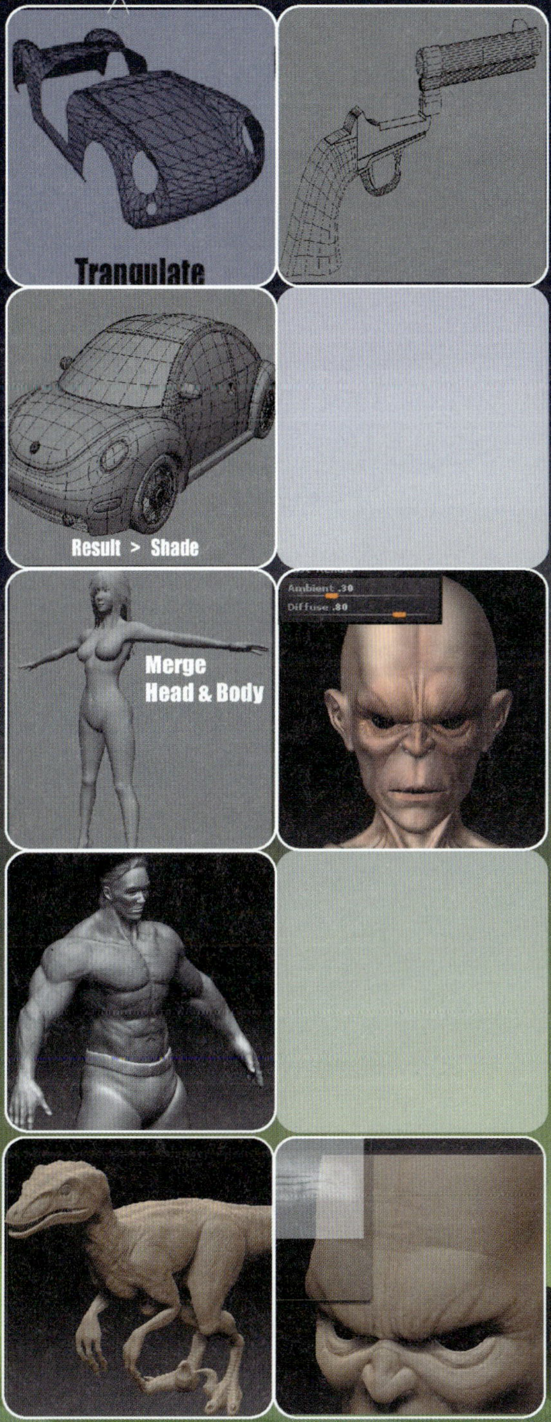

제 7 장
Z Brush를 활용한 캐릭터 Modeling & Sculpting 1 - Old man face

7-1 Old man face modeling with SOFTIMAGE

7-2 Old man face Sculpting with Z Brush

7-1 Old man face modeling with SOFTIMAGE

1 Poly mesh 〉 Polygon을 제작한다.

그림 7-1

2 Edge를 복사하여 눈의 외곽 형태를 만든다.

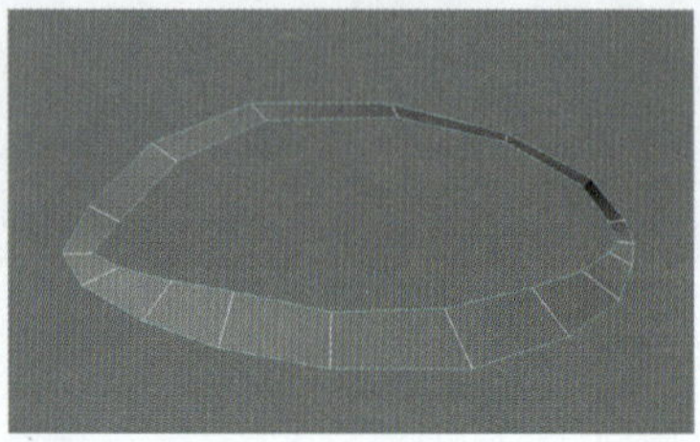

그림 7-2

3 평평한 눈의 외곽 형태를 각각의 Viewport 모드를 활용하여 눈의 기본적인 형태로 제작한다.

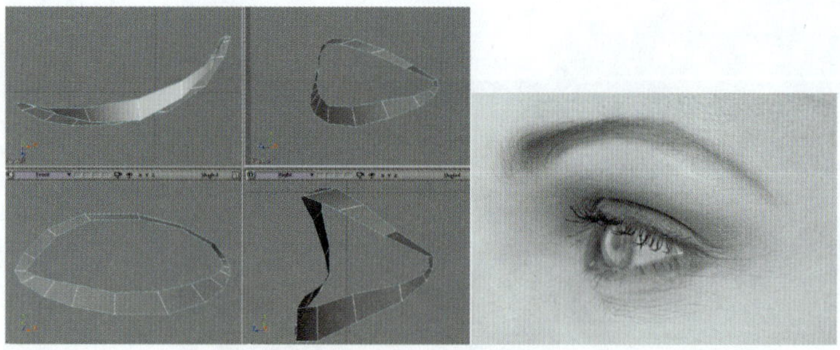

그림 7-3

4 다듬어진 눈의 안쪽 Edge를 선택한다.

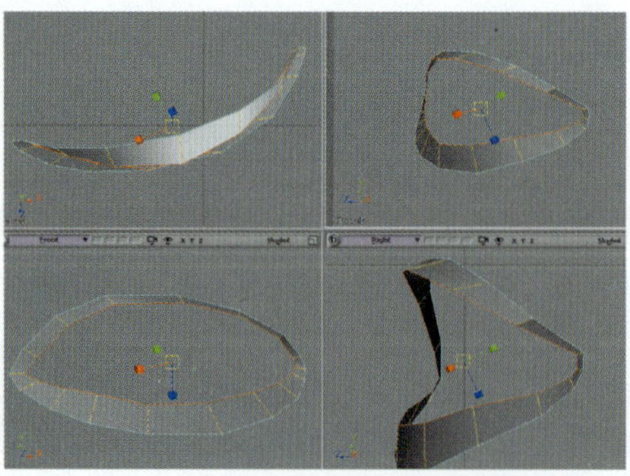

그림 7-4

5 선택한 Edge를 복사하고 Scale 모드에서 줄여준다.

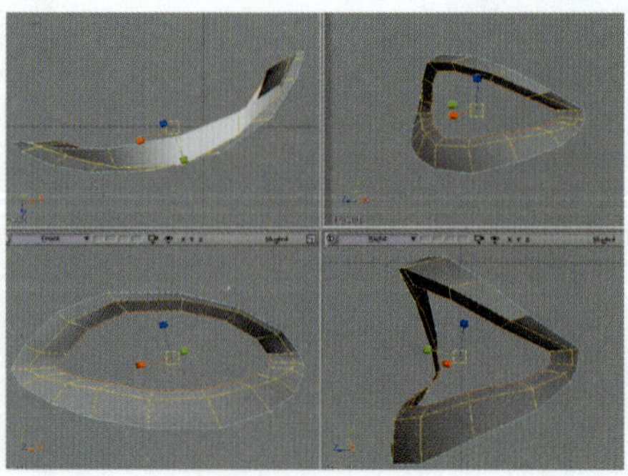

그림 7-5

6 다듬어진 눈의 바깥쪽 Edge를 선택한다.

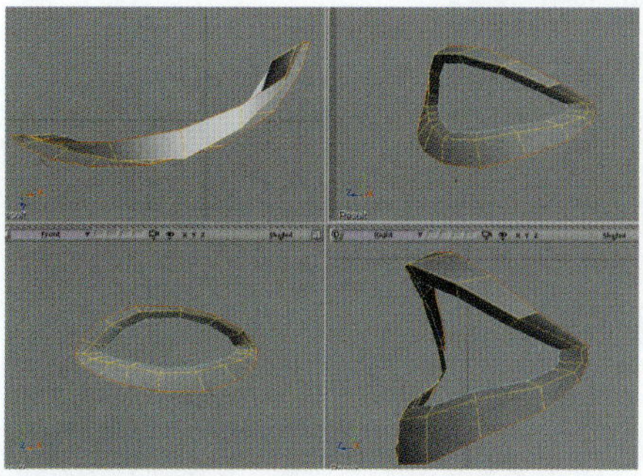

그림 7-6

7 선택한 Edge를 복사하고

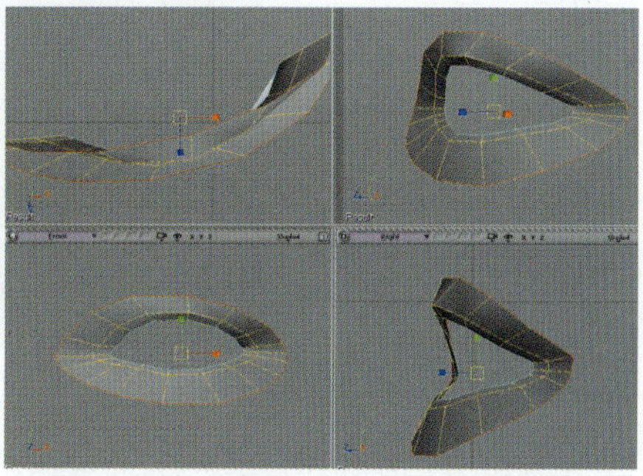

그림 7-7

8 Scale 모드에서 이번에는 바깥쪽으로 크게 확장시켜 준다.

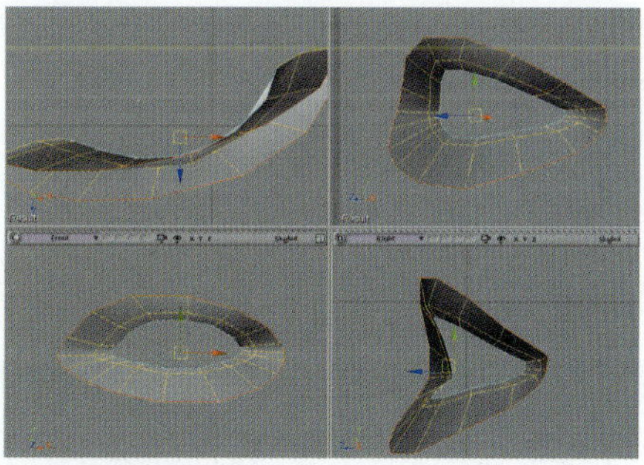

그림 7-8

9 눈 외부 형태의 기본적인 모양을 잡아준다.

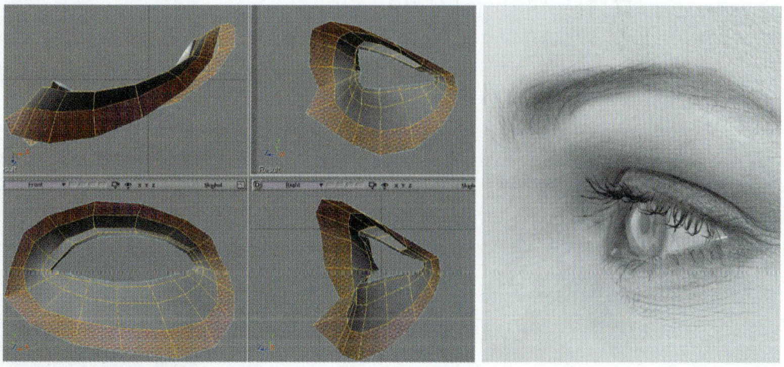

그림 7-9

10 눈의 안쪽 부분에서 콧등으로 연결되는 부분을 제작한다. 이때 눈과 코의 연결 부위의 형태와 높이에 대한 정보를 알아야 한다. 연결될 Edge를 선택하여 복사 이동 후 모양을 수정한다.

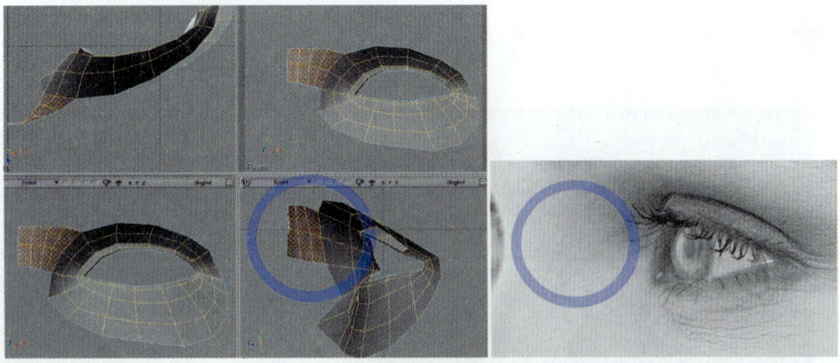

그림 7-10

11 Clone 복제하여 반대편의 구조나 모양변화를 함께 보면서 작업을 한다.
Explorer 창에서 해당 데이터 클릭 후 마우스 오른쪽 버튼을 클릭하면 Clone 모드가 나온다.

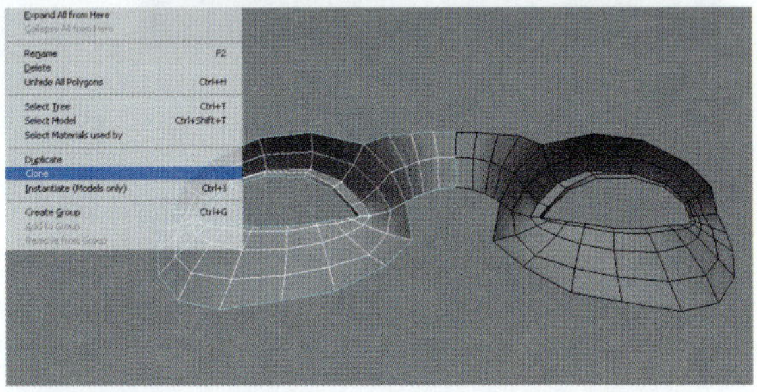

그림 7-11

12 생성된 Clone Object를 단순히 참고하는 데이터로 남겨놓고 작업하고자 할 경우 Explorer 창에서 Clone 옵션 중에서 Visivility 옵션을 클릭하고 Selective 모드를 비활성화시키면 된다.

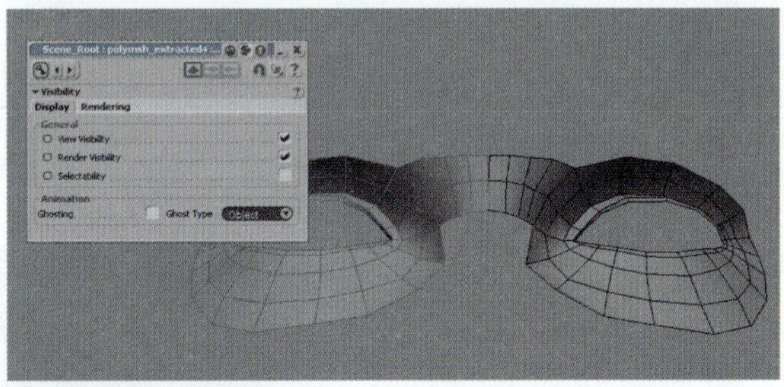

그림 7-12

13 얼굴 전체 외곽 디자인 만들기

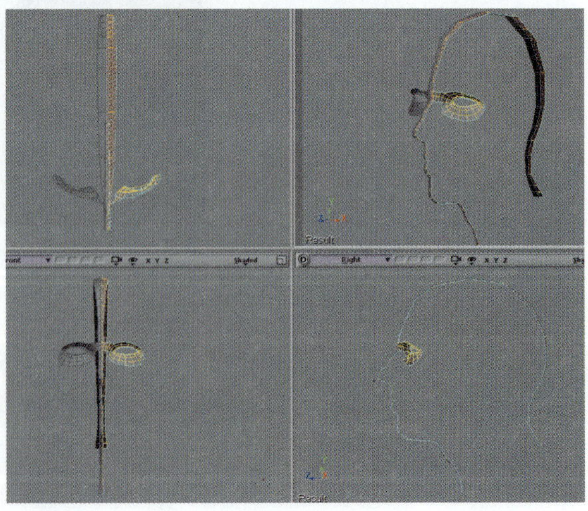

그림 7-13

14 코 모양 만들기 1

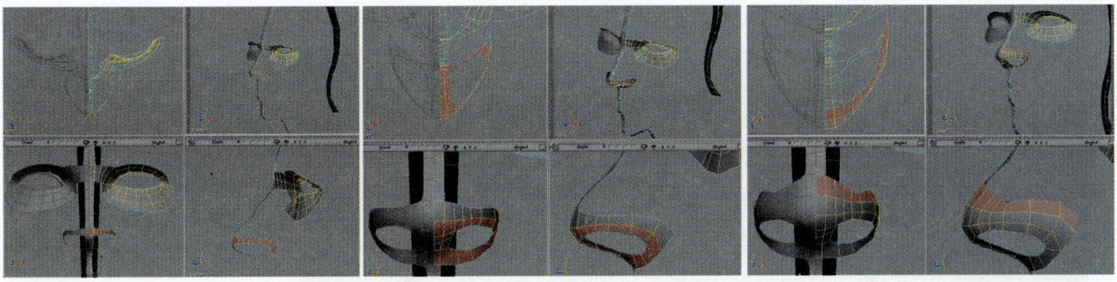

그림 7-14

15 코 모양 만들기 2

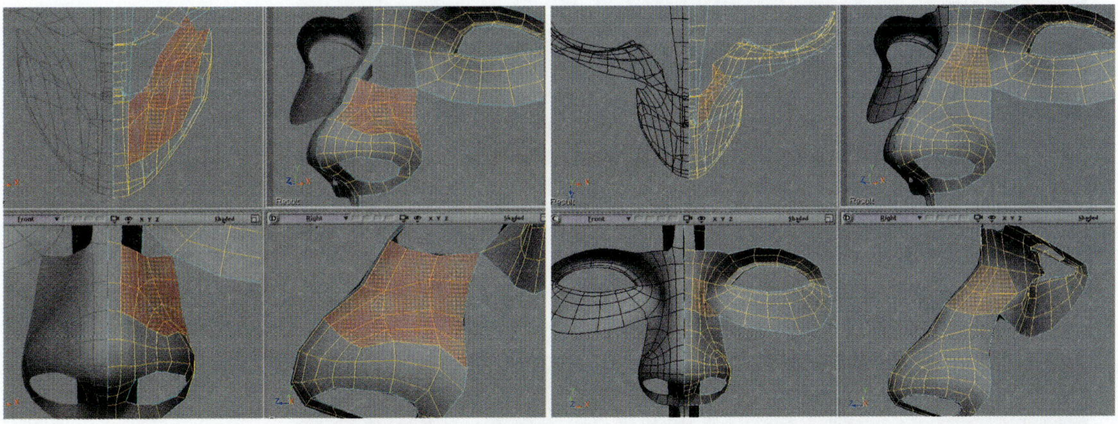

그림 7-15

16 입술 모양 만들기

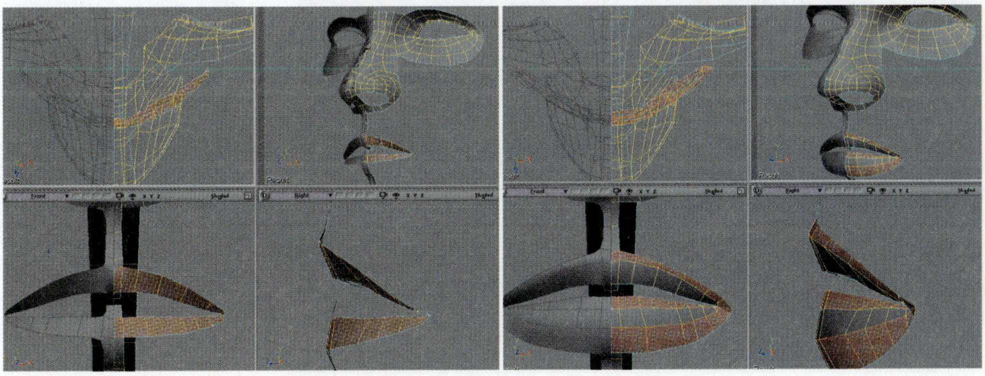

그림 7-16

17 얼굴 연결라인 제작하기 1

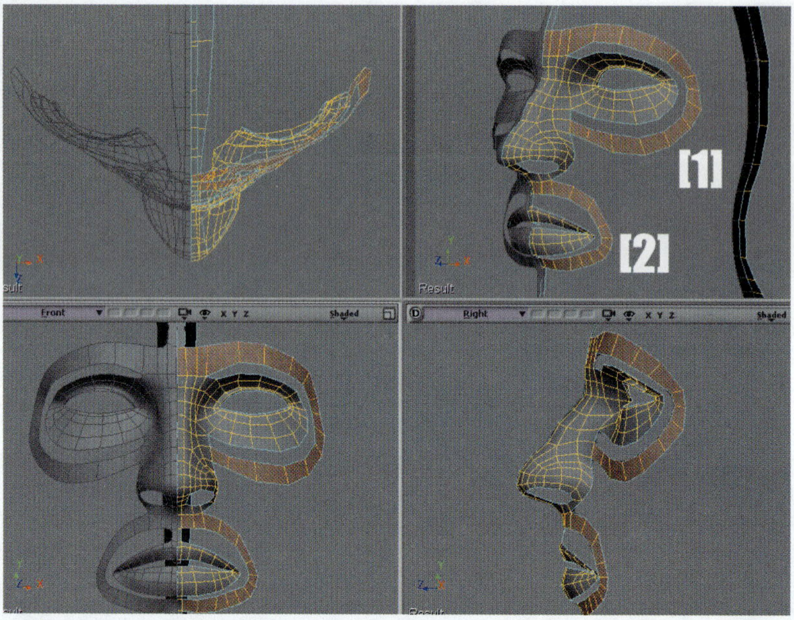

그림 7-17

18 얼굴 연결라인 제작하기 2

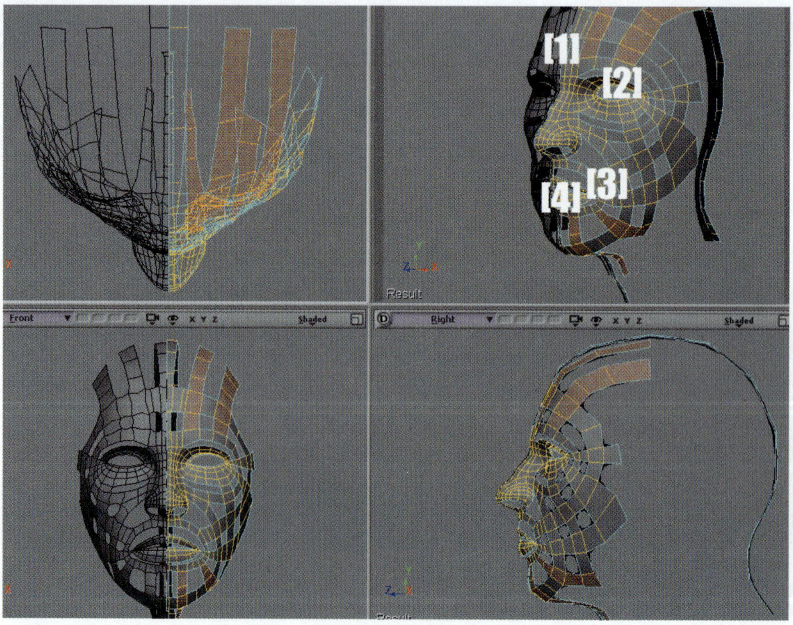

그림 7-18

19 얼굴 연결라인 제작하기 3

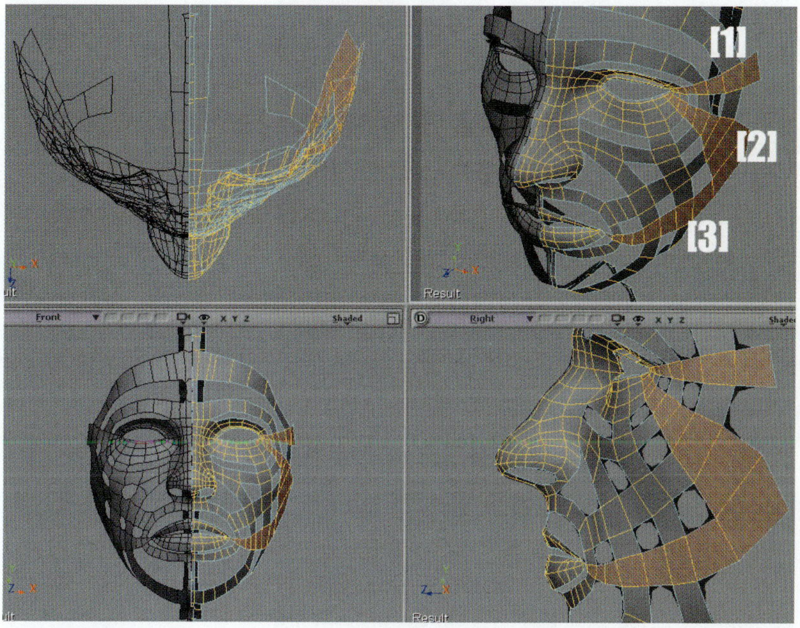

그림 7-19

20 얼굴 연결라인 제작하기 4

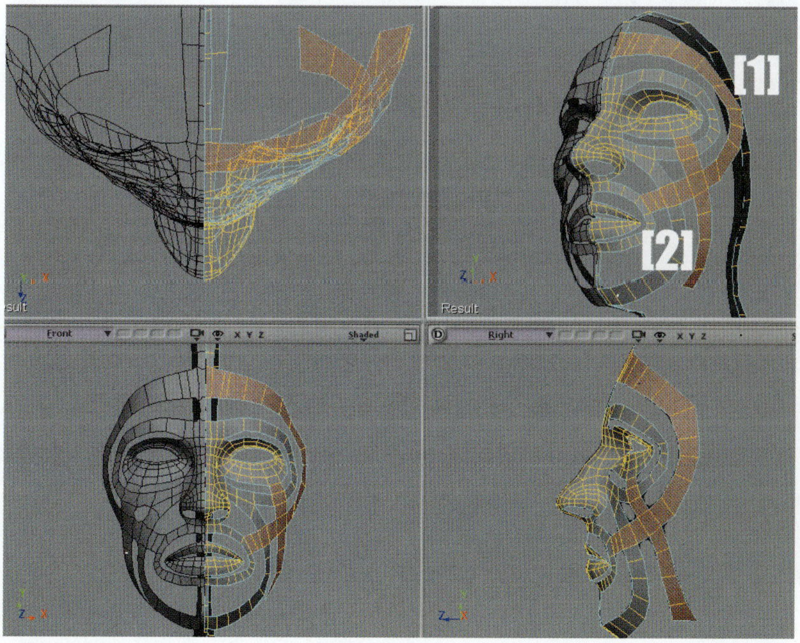

그림 7-20

21 얼굴 연결라인 제작하기 5

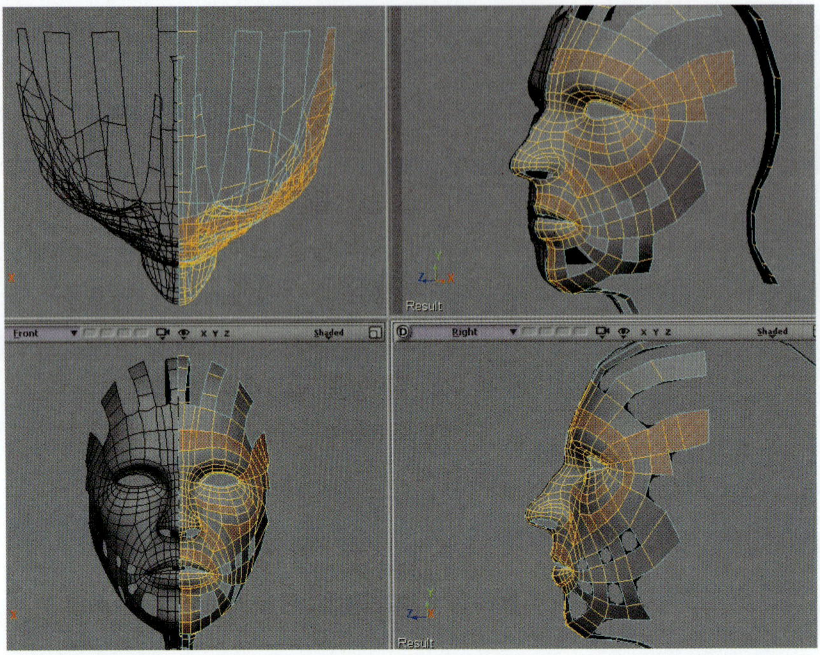

그림 7-21

22 얼굴 연결라인 제작하기 6

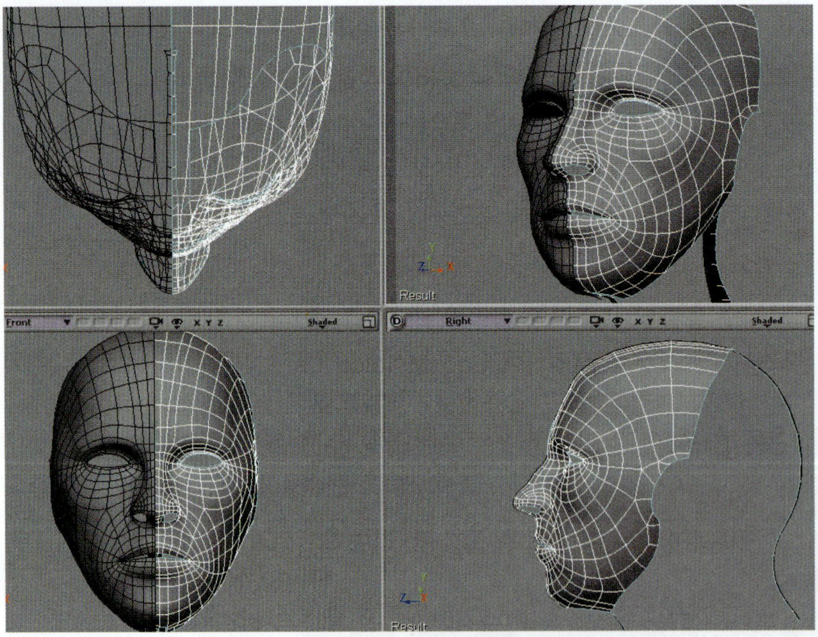

그림 7-22

23 전체 면 연결하기

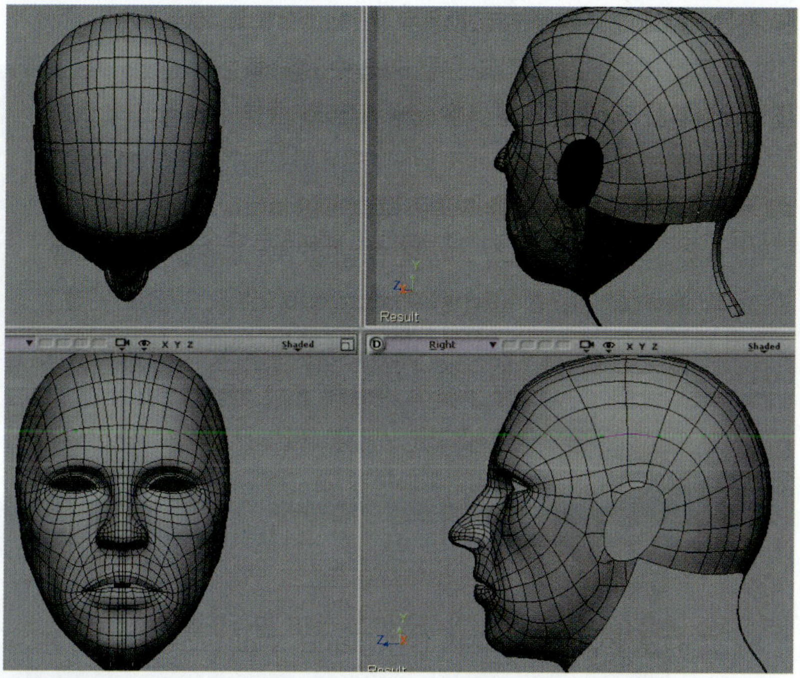

그림 7-23

24 최종 형태 파악하기

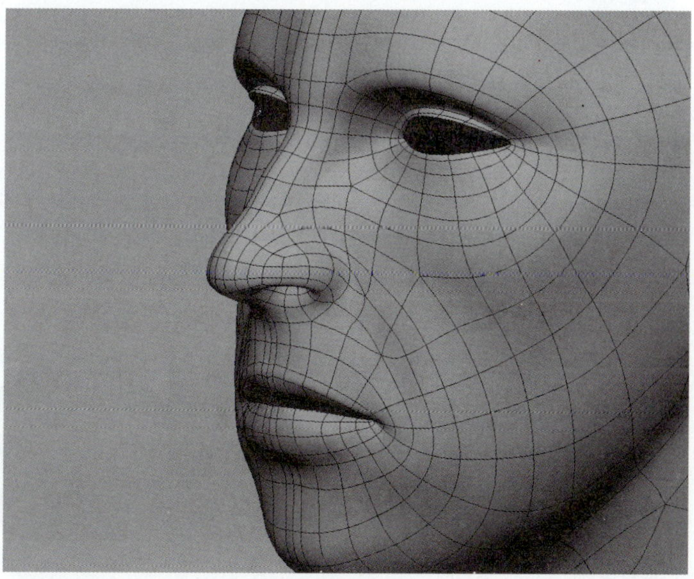

그림 7-24

7-2 Old man face Sculpting with Z Brush

1 Import 〉 Old man face.Obj 파일 : SOFTIMAGE에서 제작한 모델링 데이터를 Obj 파일로 저장하고 Z Brush에서 Import 〉 Old man face.Obj을 불러온다. Z Brush Canvas에 Click drag를 실행하면 불러들여 온 Old man face.Obj 파일이 화면상에 나타난다.

Shift 누른 상태에서 오른쪽 shelf의 rotate 버튼을 누르면 정확한 각도의 정면이나 측면의 데이터를 확인할 수 있다.

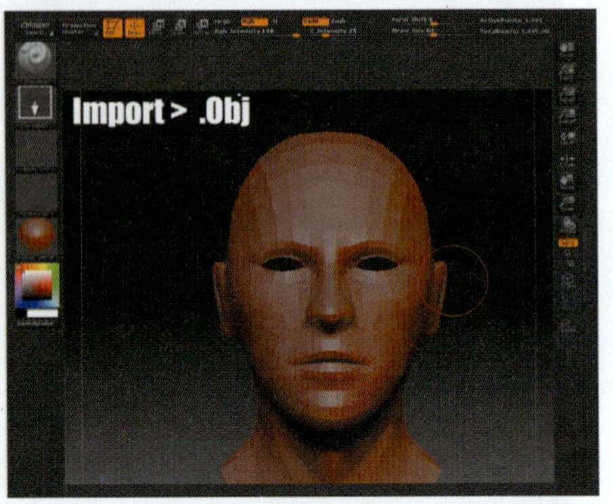

그림 7-25

2 Edit 모드로 전환한 다음 〉 Material 〉 Map Cap White Cavity를 적용해준다. 기본 Default의 Material인 Map Cap Red Wax보다는 Wire나 기본형의 Polygon 면이 잘 보이는 특징이 있다. 여기서 Wire의 꼬임이나 비정상적인 작업을 확인하고 Divide의 Level을 올려서 문제가 있는지에 대한 여부를 확인한다.

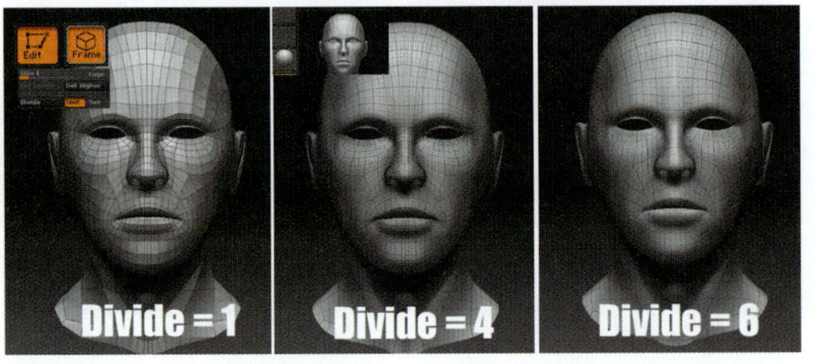

그림 7-26

3 데이터의 이사 유무도 확인을 했기 때문에 이제부터 본격적인 Sculpting 작업에 들어가도록 한다. 먼저 Material을 원래 상태인 Map Cap Red Wax로 원상복귀시키고 작업을 한다. 이 모드가 White Cavity보다는 번들거림이 적고 형태를 파악하기 좋기 때문이다. 어느 정도 Z Brush에 익숙해지면 자신에게 맞는(작업하기 편리하고 효율적인) 작업환경을 구축할 수 있다.

4 Divide Level = 4단계 – 이마 모양 다듬기 : 먼저 Object의 기본적인 Polygon 수가 있기 때문에, 즉 어느 정도 기본적인 얼굴의 윤곽이나 형태가 잡혀 있기 때문에 너무 낮은 Divide Level에서 작업하지 않는다. Divide 3 Level 정도 올려 주고 이마의 형태부터 잡아간다. 일반적으로 노인들의 얼굴 형태

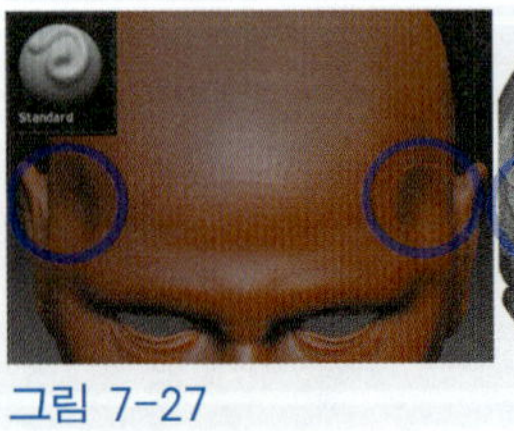
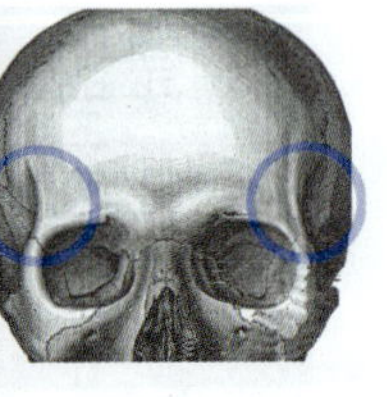

그림 7-27

의 특징 중 하나는 이마의 양쪽 사이드가 움푹 페이기 시작한다는 점이다. 이는 얼굴의 살(근육, 지방 등으로 이루어진 구성물의 총칭)이 점점 사라지고 말라가기 때문에 얼굴의 Skeketon의 기본 형태를 따라 그 윤곽이 나오기 시작하기 때문이다.

5 **Divide Level = 4단계 - 볼 모양 다듬기** : 볼의 형태 역시 나이가 들수록 Skeleton의 모양대로 옴폭 패이게 된다.

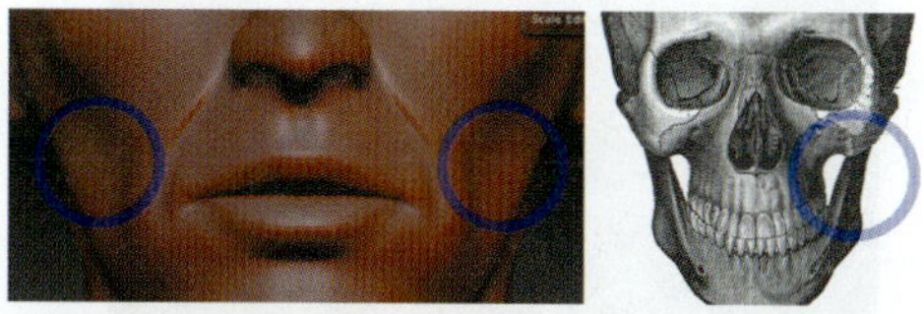

그림 7-28

6 **Divide Level = 4단계 - 광대뼈 모양 다듬기** : 이마와 볼의 기본적인 형태가 함몰이기 때문에 상대적으로 광대뼈는 많이 튀어나오게 보인다. 실제로도 많이 튀어나온다.

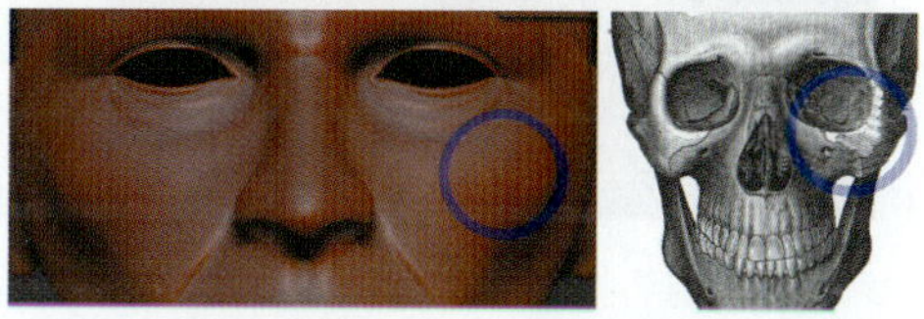

그림 7-29

7 **Divide Level = 4단계 - 아래 눈썹의 기본 형태 잡기**

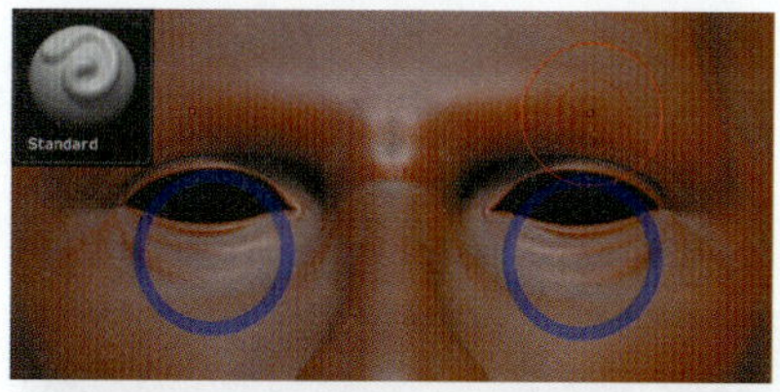

그림 7-30

8 **Divide Level = 5단계** : 눈썹이 있는 위치의 모양은 더욱 두터워진다. 그 이유는 이마의 살들이 빠지면서 상대적으로 눈썹의 윗부분이 두터워 보인다.

이마의 주름을 살짝 넣고 눈가의 형태도 잡아준다. 그리고 Level=4에서 작업했던 모든 작업을 Level=5에서 좀 더 디테일하게 형태를 잡아보도록 한다.

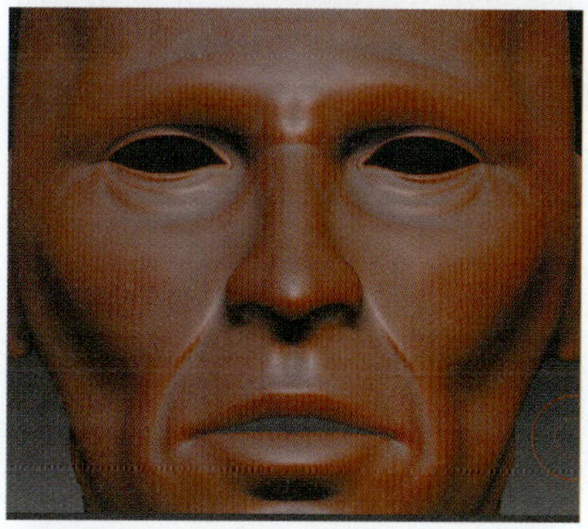

그림 7-31

9 **Divide Level = 5단계 - 이마 굵은 주름 넣기**

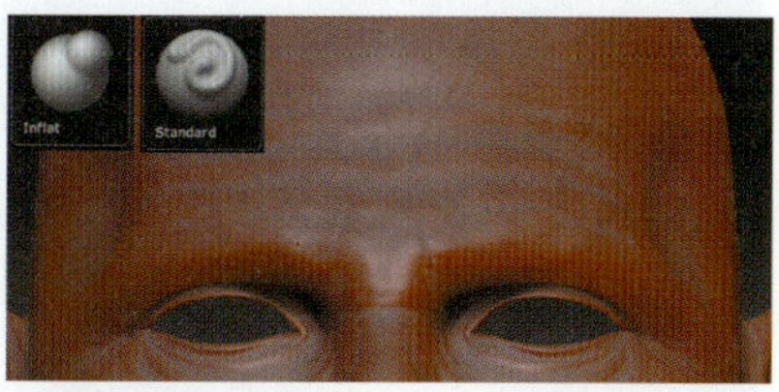

그림 7-32

10 **Divide Level = 5단계 - 눈 주위의 굵은 주름 넣기**

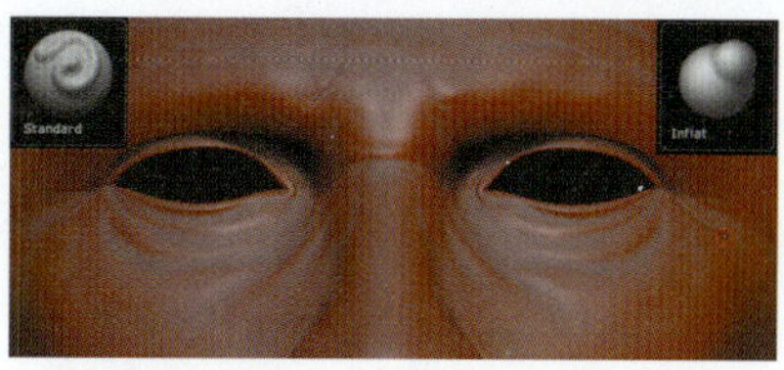

그림 7-33

11 Divide Level = 5단계 - 코 / 입 주위의 굵은 주름 넣기

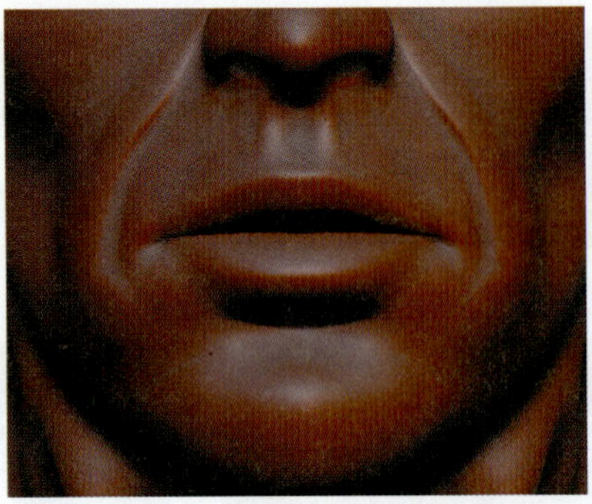

그림 7-34

12 Divide Level = 5단계 : 전체적으로 좀 더 디테일하게 굵은 형태의 주름을 넣는다.

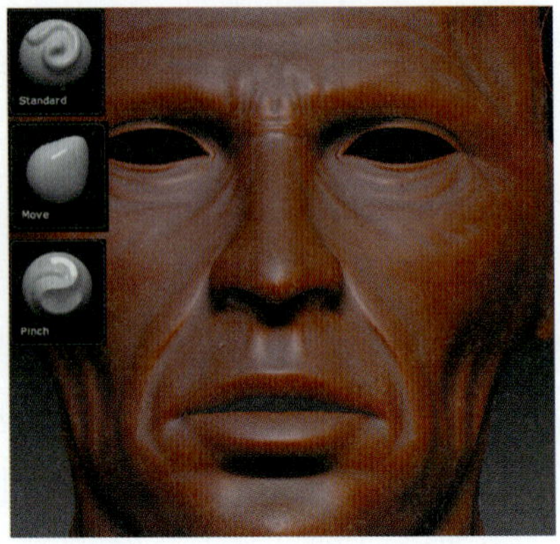

그림 7-35

13 Divide Level = 5단계 - 눈주름 : 전체적으로 점점 디테일하게 잔 형태의 주름을 넣는다.

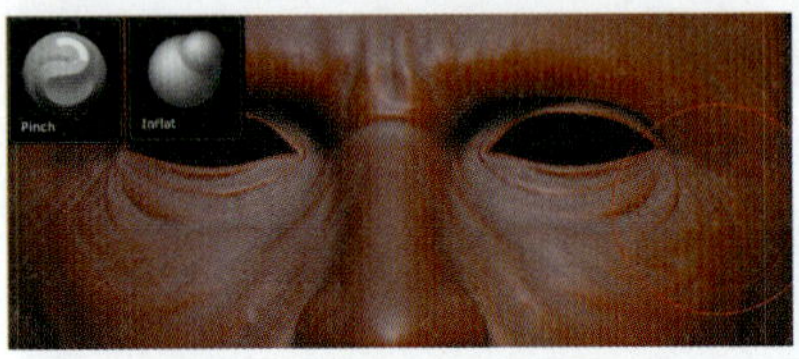

그림 7-36

14 Divide Level = 6단계 : 입술 모양 및 입가 주름을 Alpha 이미지를 사용하여 좀 더 디테일한 형태를 추가시켜 준다.

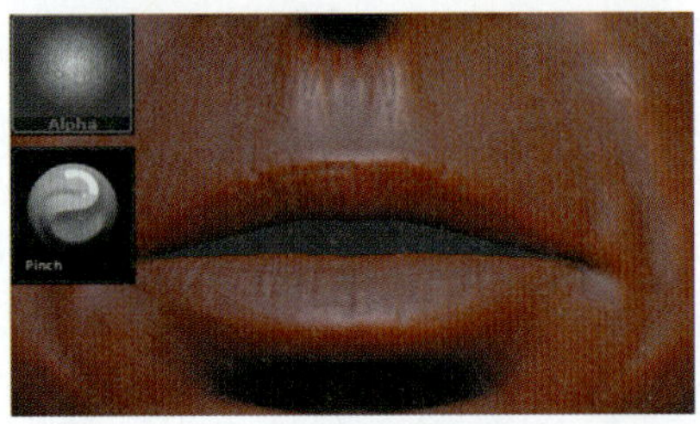

그림 7-37

15 전체 얼굴 피부 질감을 Alpha 이미지 소스를 활용하여 적용한다.

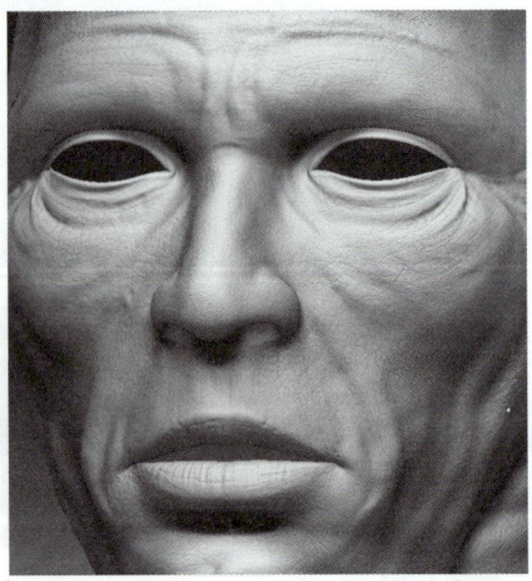

그림 7-38

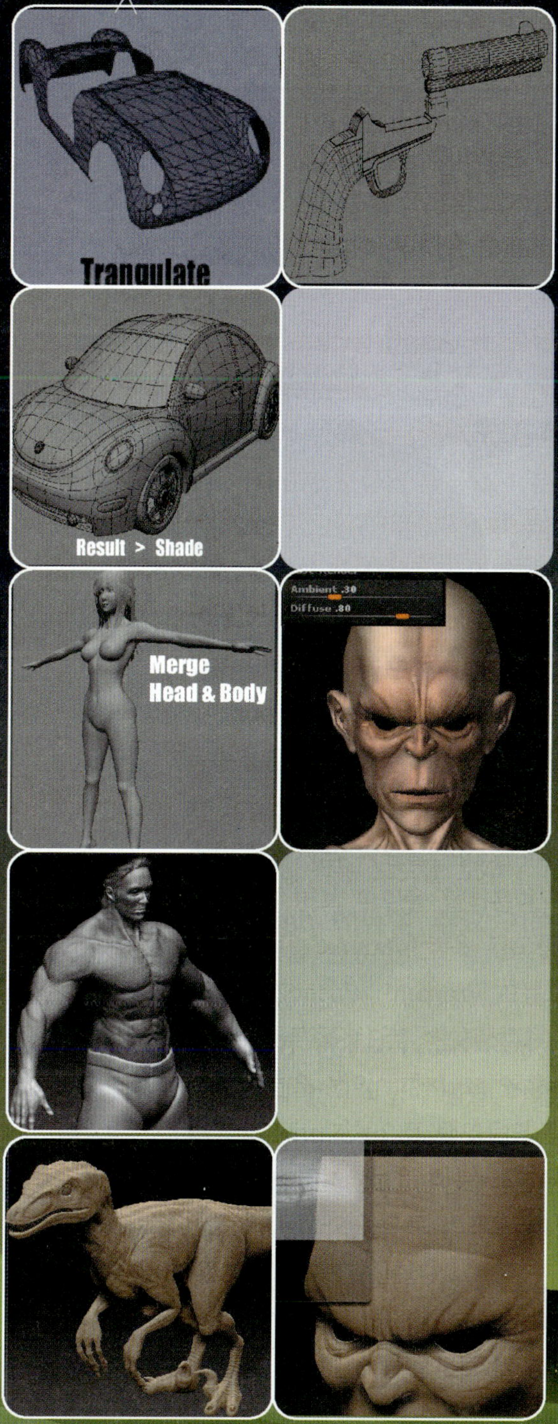

제8장
Z Brush를 활용한 캐릭터 Sculpting 2 - Bodybuilder Body

8-1 Bodybuilder Body modeling with SOFTIMAGE

8-1-1 인체구조

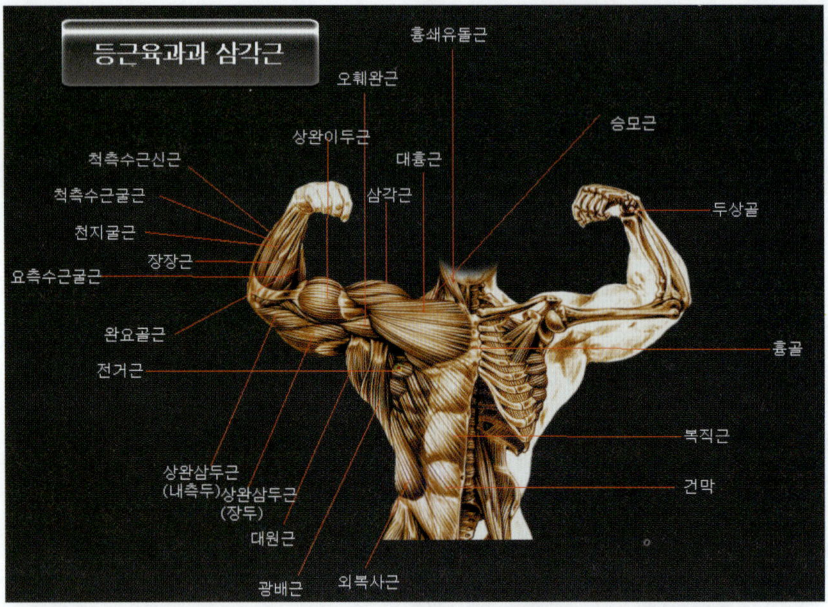

그림 8-1

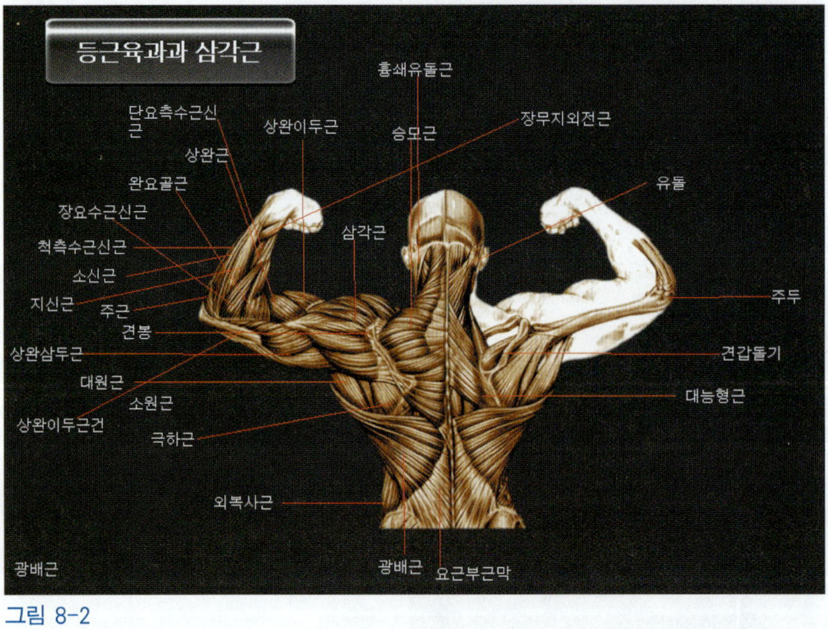

그림 8-2

8-1-2 얼굴 모델링

1 눈의 형태를 만들기 위한 초기 Polygon 면 만들기

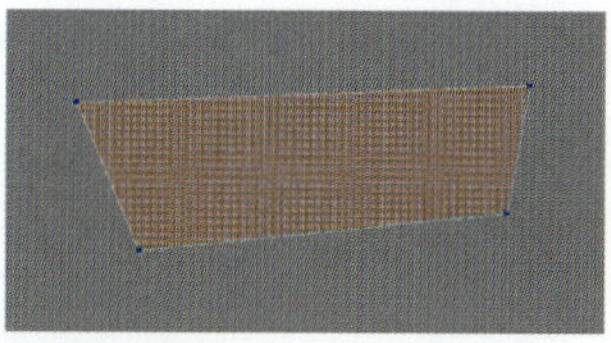

그림 8-3

2 Polygon 면 추가하면서 눈 외곽 형태 만들기

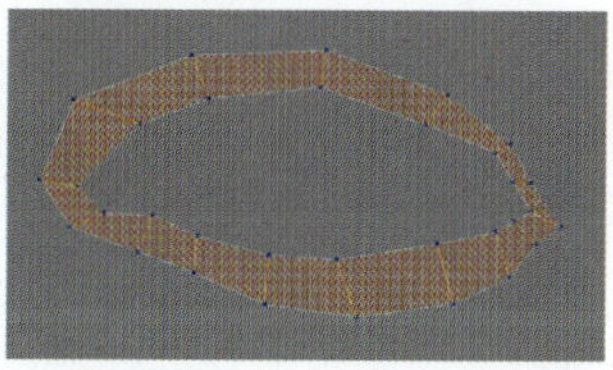

그림 8-4

3 Polygon 면 추가하면서 눈 외곽 형태 만들기 : 눈동자를 기준으로 전체 모양 수정하기

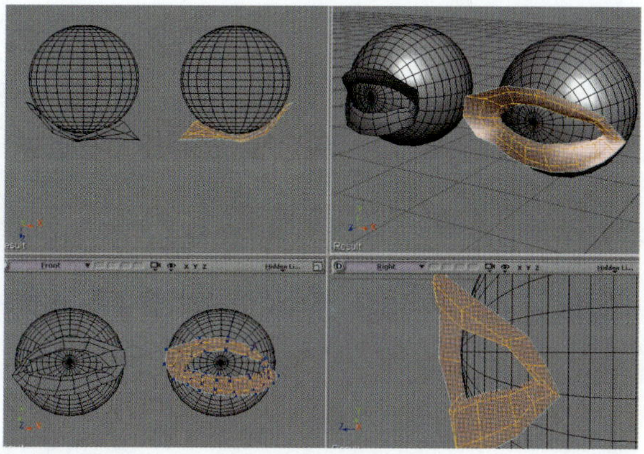

그림 8-5

4 Polygon 면 추가하면서 눈 외곽 형태 확장시켜 나가기 : 눈과 눈 사이 모양 잡아주기

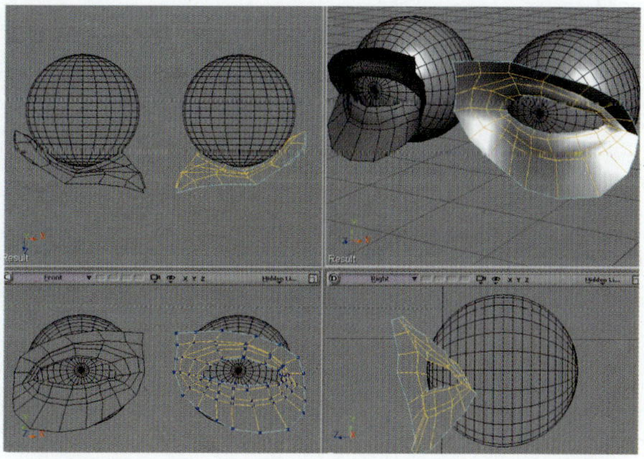

그림 8-6

5 Polygon 면 추가하면서 눈 외곽 형태 확장시켜 나가기 : 코 연결 라인 잡아주기

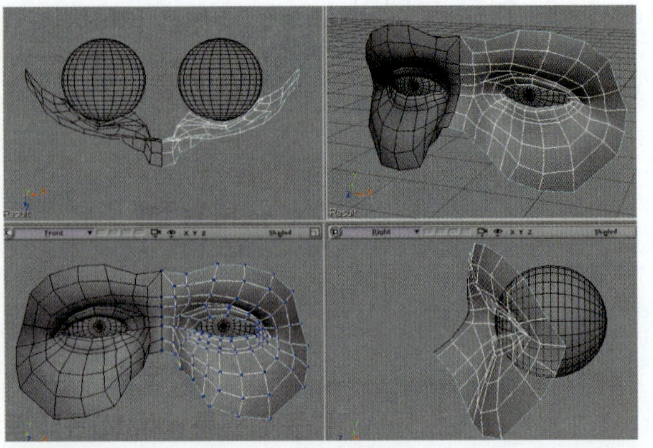

그림 8-7

6 Polygon 면 추가하면서 코 모양 만들어 주기

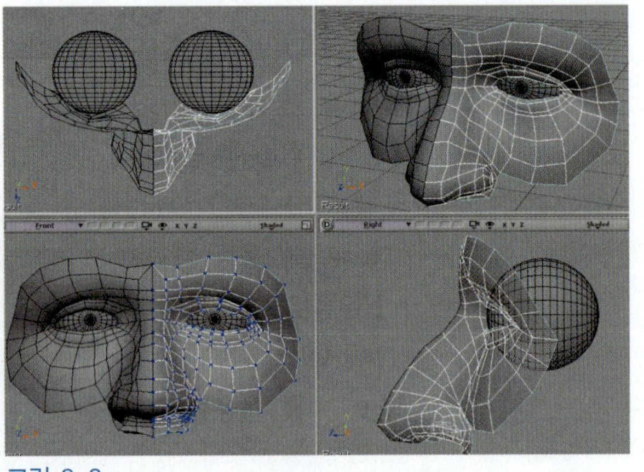

그림 8-8

7 Polygon 면 추가하면서 입술 모양 만들어 주기

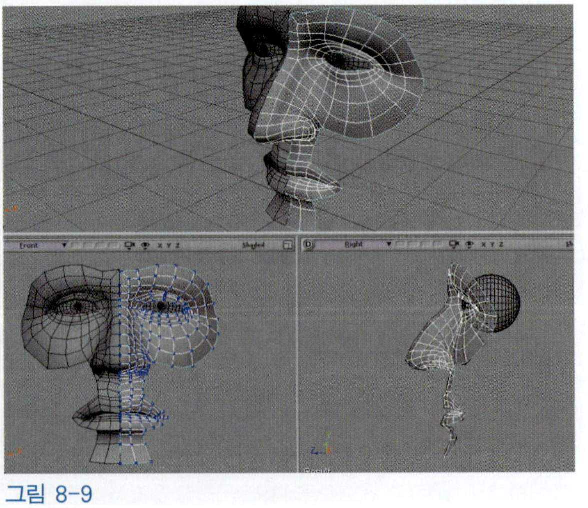

그림 8-9

8 Polygon 면 추가하면서 볼의 형태 잡아주기

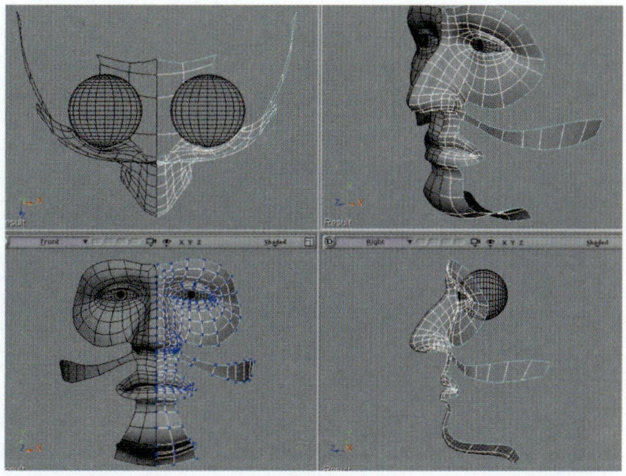
그림 8-10

9 Polygon 면 추가하면서 볼의 형태 잡아주기

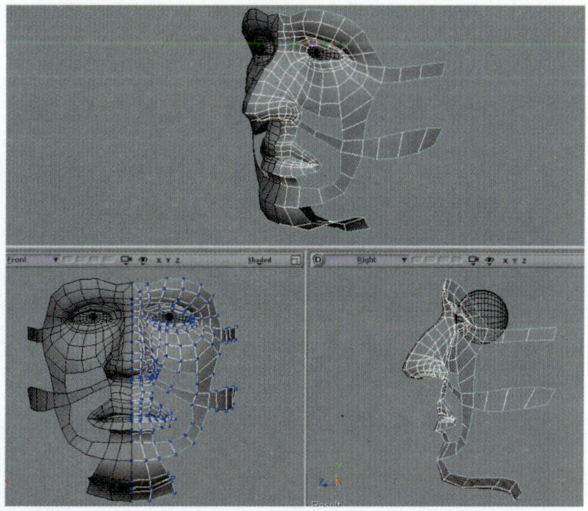
그림 8-11

10 Polygon 면 추가하면서 볼의 형태 잡아주기

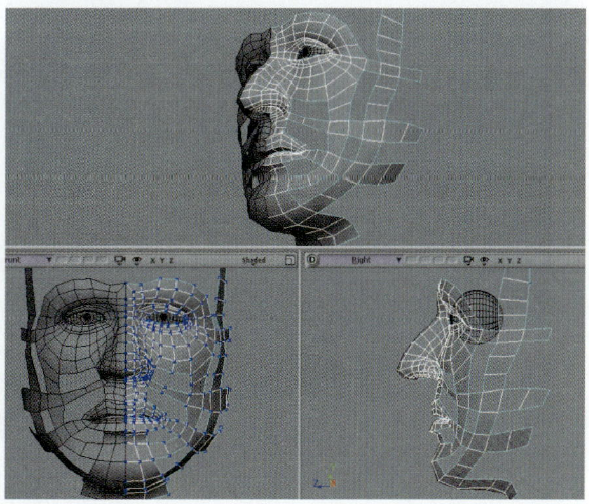
그림 8-12

11 Polygon 면 추가하면서 두상 모양 형태 잡아주기

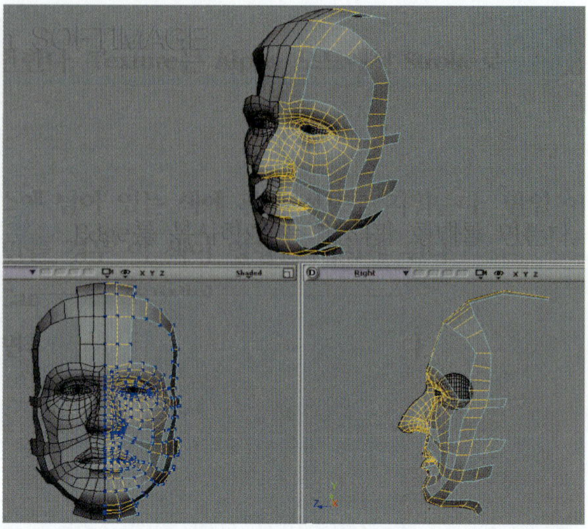

그림 8-13

12 Polygon 면 추가하면서 얼굴 안면과 두상의 연결라인 잡아주기

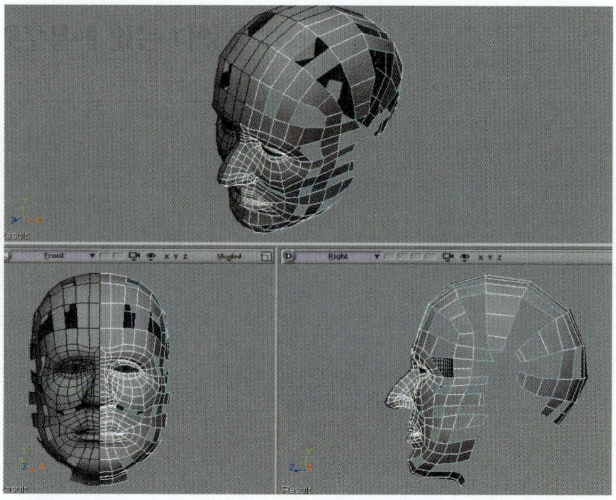

그림 8-14

13 Polygon 면 추가하면서 얼굴 전체 형태 잡아주기

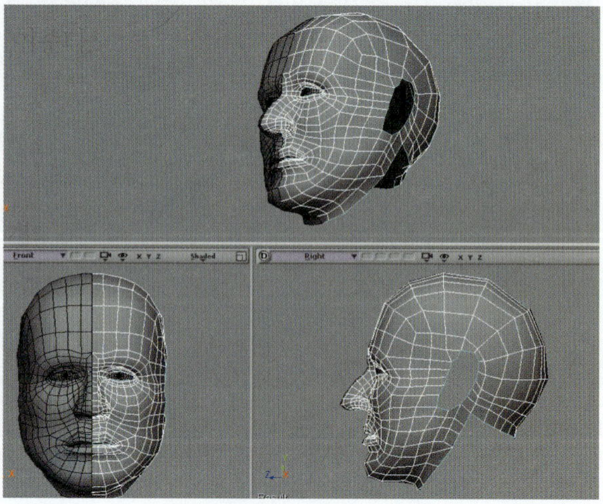

그림 8-15

14 Polygon 면 추가하면서 귀 만들어서 Merge 하기

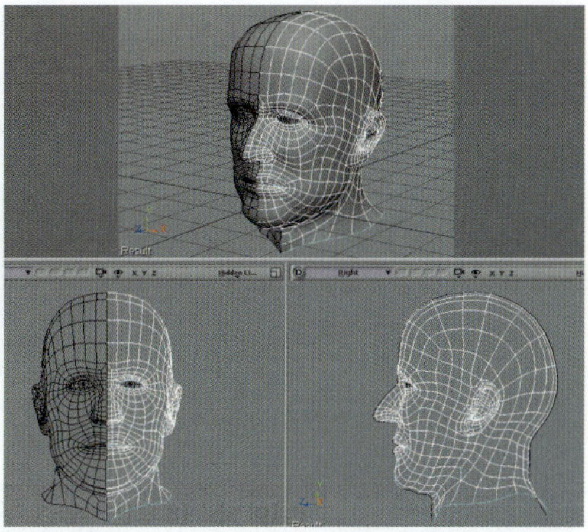

그림 8-16

15 Polygon 면 추가하면서 목의 형태와 앞가슴 형태 잡아주기

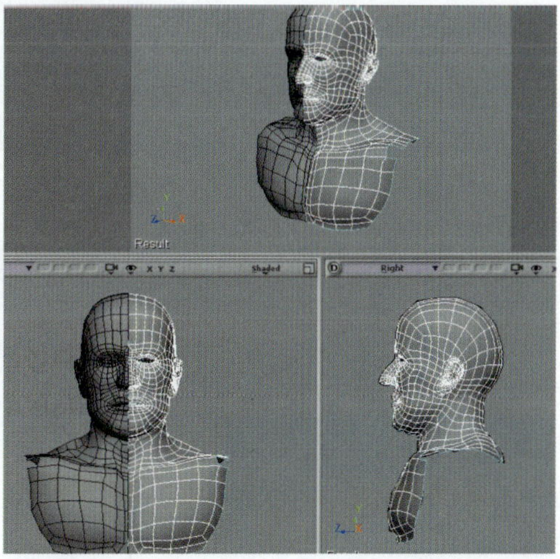

그림 8-17

16 Polygon 면 추가하면서 앞가슴과 쇄골, 어깨선으로부터 연결되는 모양 잡아주기

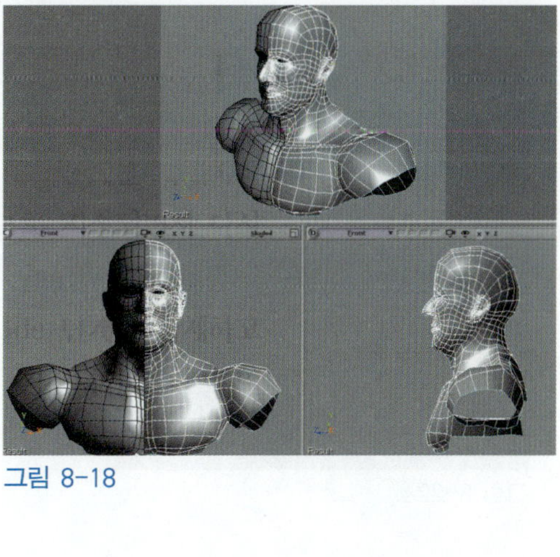

그림 8-18

17 Polygon 면 추가하면서 팔의 형태 잡아주기 : Body와의 균형과 비례 맞추기(캐릭터 Concept 설정에 정확히 일치하게)

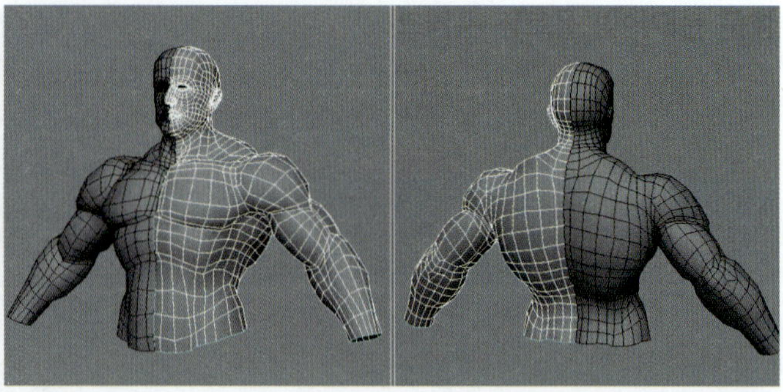

그림 8-19

18 Edge 추가를 통해 모양 수정-Polygon 면 추가하면서 팔의 형태 잡아주기-Body와의 균형과 비례 맞추기(캐릭터 Concept 설정에 정확히 일치하게)

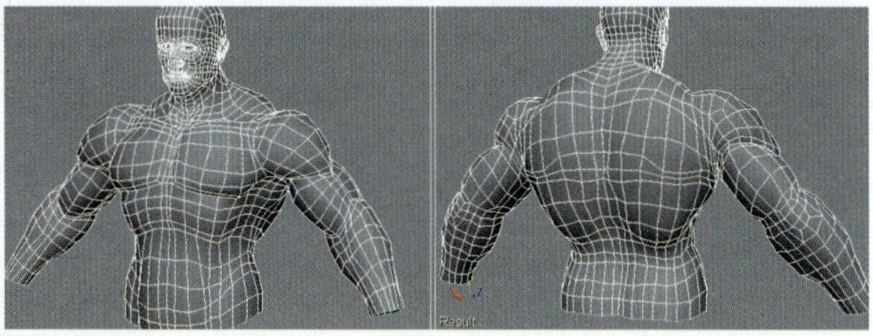

그림 8-20

19 Polygon 면(손톱)으로부터 손가락 모델링 하기

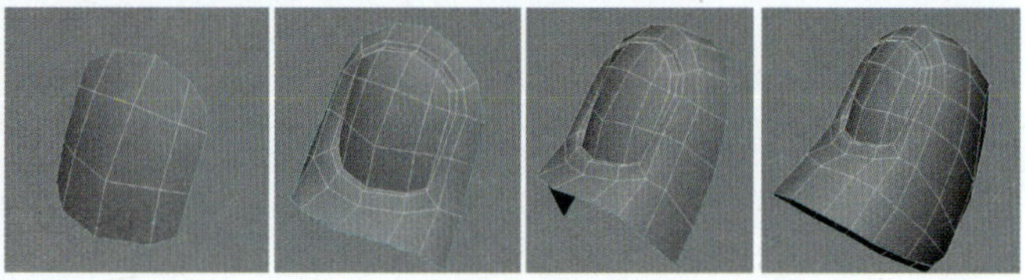

그림 8-21

20 Polygon 면 추가하면서 손가락 한 마디 만들기

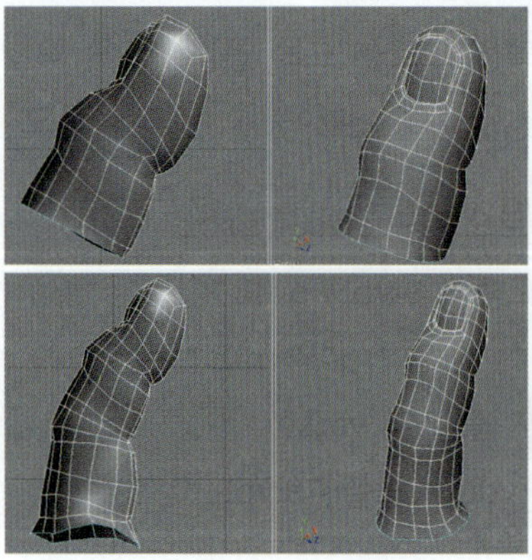

그림 8-22

21 Polygon 면 추가 + Object 복사하면서 손가락 + 손 모양 만들어서 Merge하기

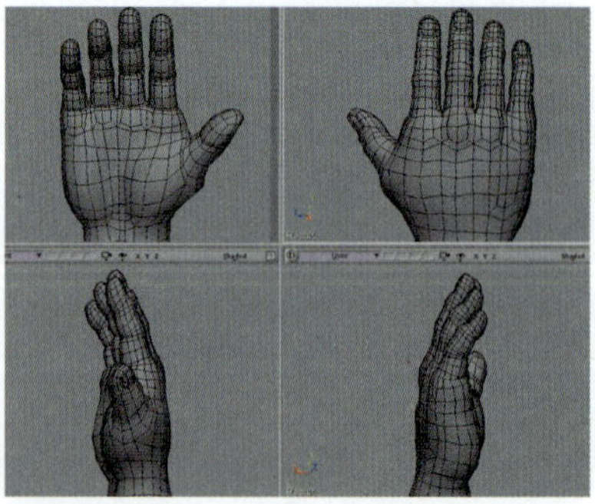

그림 8-23

22 Body + Hand Modeling=Merge하기

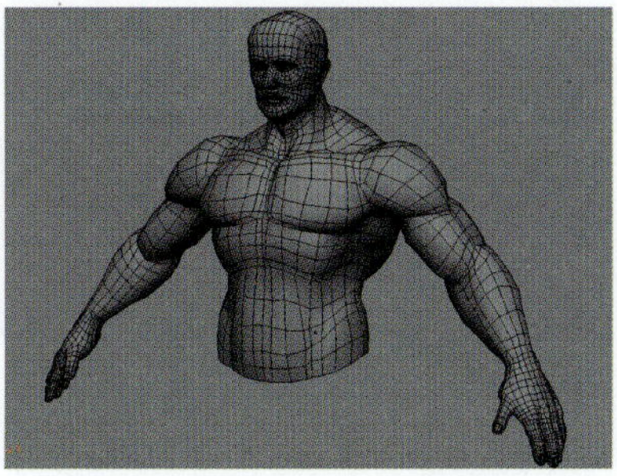

그림 8-24

23 Pants 만들기

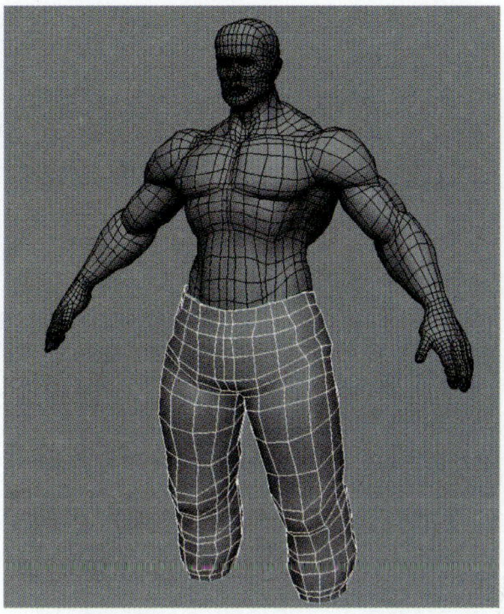

그림 8-25

24 Shoes 만들기

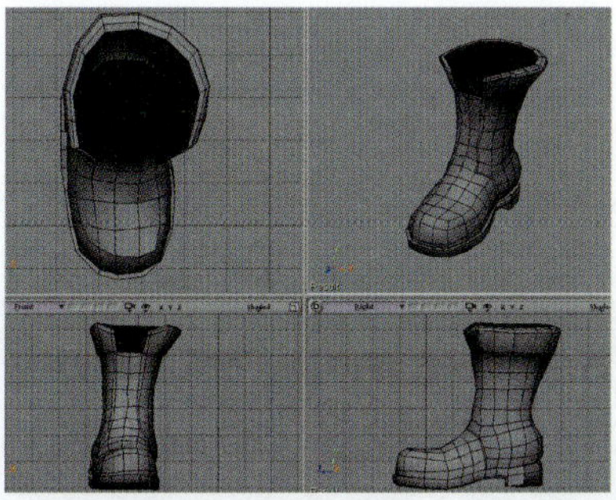

그림 8-26

25 전체적인 형태와 비례 맞추기

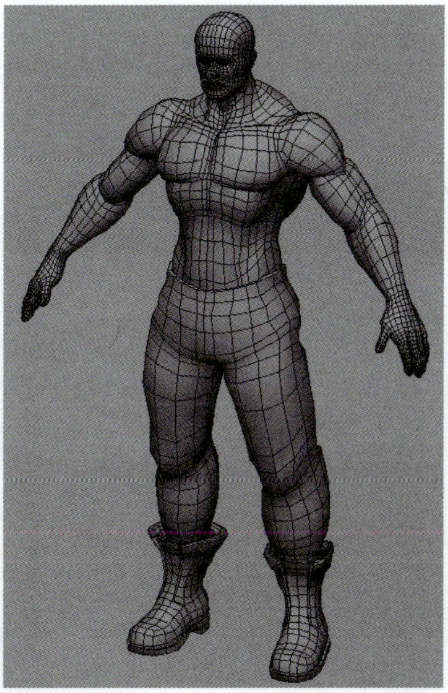

그림 8-27

26 1차 완성

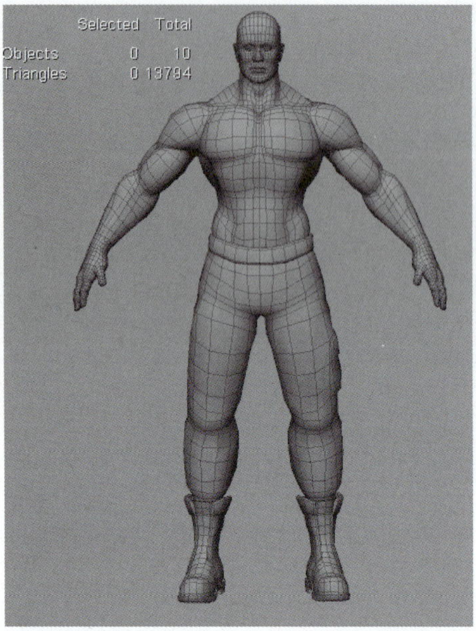

그림 8-28

27 얼굴 모양 다듬기 + 머리카락 모델링하기

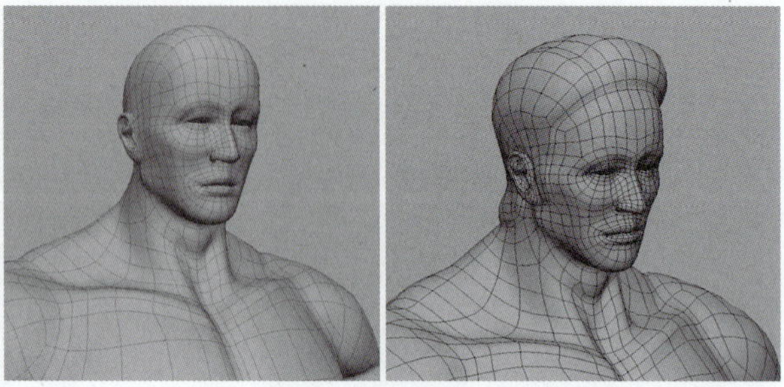

그림 8-29

28 전체 2차 완성

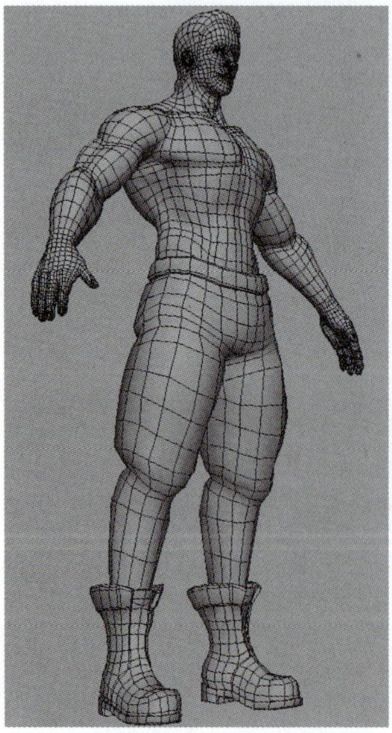

그림 8-30

29 Z Brush에서 파일 불러오기 obj 파일 변환 〉 Z Brush에서 Import 〉 *obj

그림 8-31

8-2 Bodybuilder Body Sculpting with Z Brush

1 **컨셉 드로잉** : 기본적인 근육을 그려나가면서 근육의 형태와 흐름에 대한 감각을 익혀야 한다.

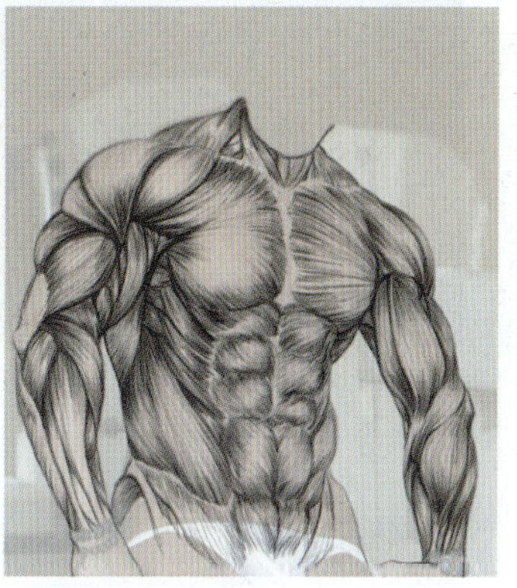

그림 8-32

2 **분석** : 세부 형태자료를 통해 모델링을 위한 기본 형태를 먼저 파악한다.

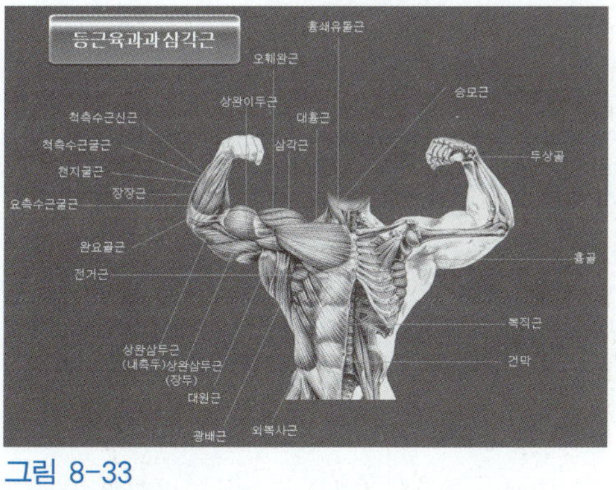

그림 8-33

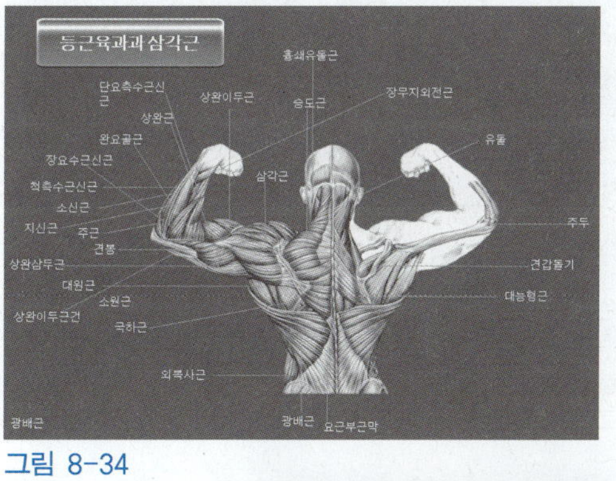

그림 8-34

3 **Z Brush** : 바지 부분 Mask 작업 후 Man body 부분만 Sculpting 1차 작업

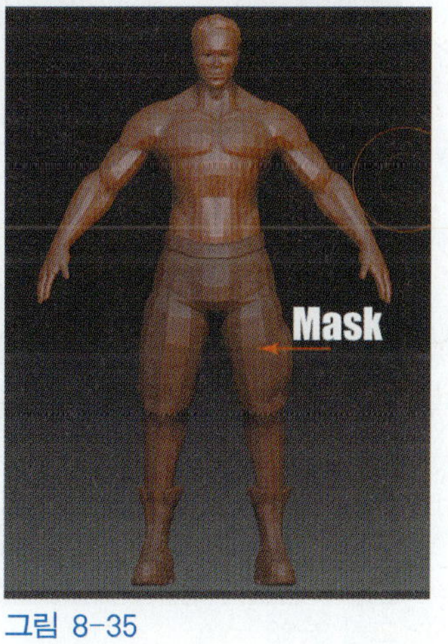

그림 8-35

4 상체 부분 Level 수치 3단계까지 올리면서 기초 형태 만들어 주기

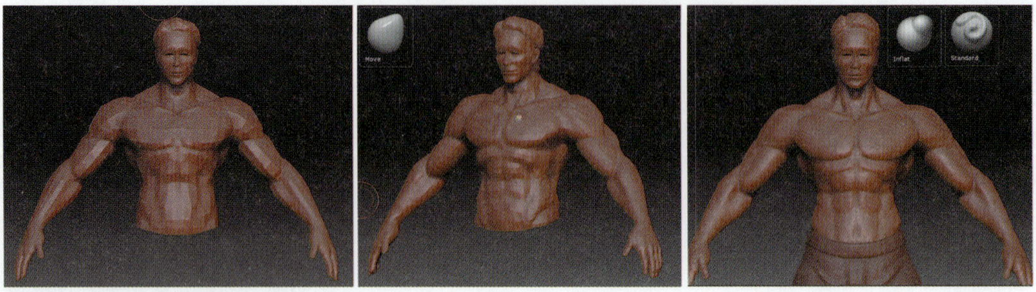

그림 8-36

5 **4단계** : Subdivision Level 4－섬세한 근육의 흐름을 다듬어 나가도록 한다.

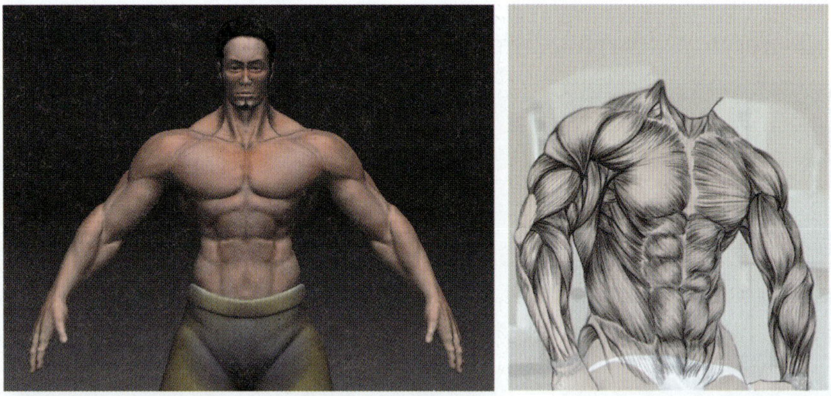

그림 8-37

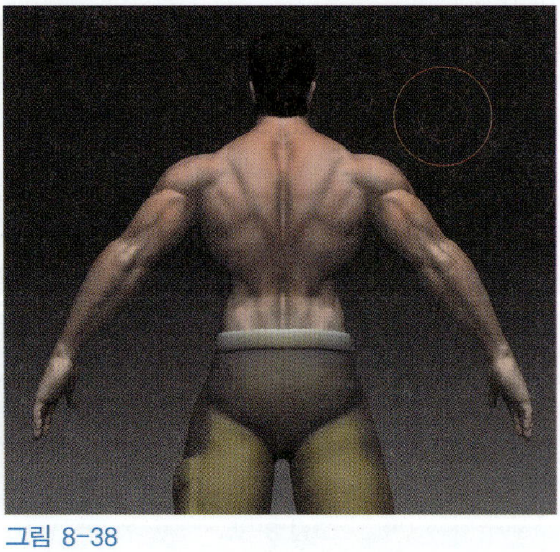

그림 8-38

6 어깨 근육의 갈림과 등 근육의 펴짐을 수정한다.

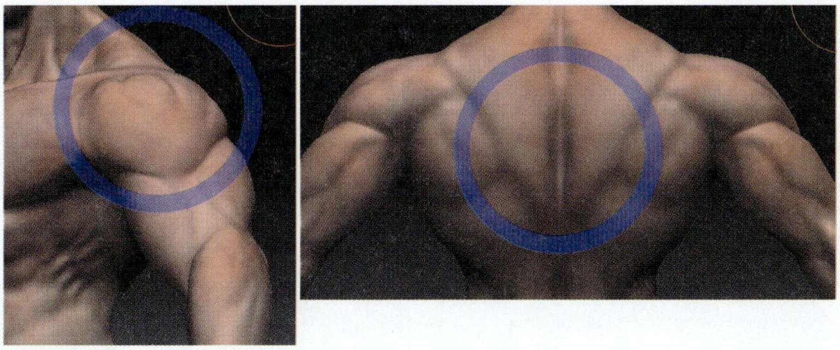

그림 8-39

7 가슴 근육의 불규칙성을 좀 더 부드럽고 규칙적인 선을 따라 흐를 수 있도록 한다.

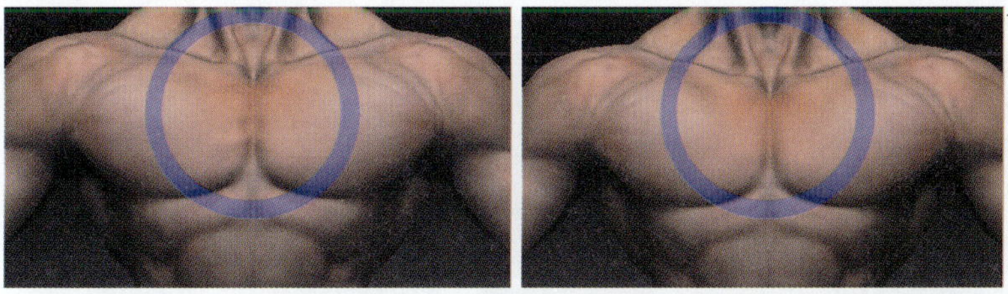

그림 8-40

8 어깨 근육의 부자연스러운 갈림을 제거하고 가슴 근육의 불규칙한 면을 처리하도록 한다.

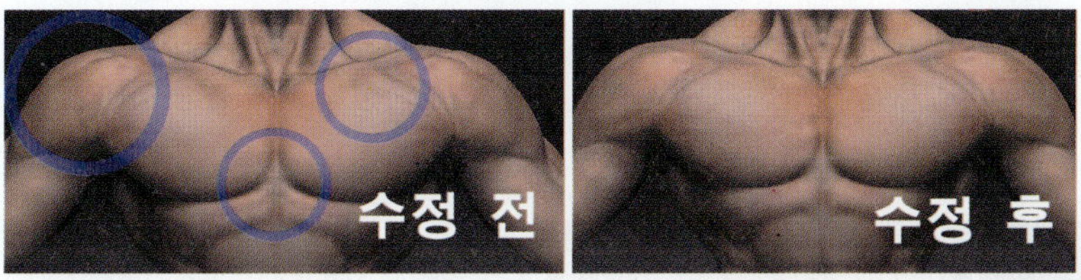

그림 8-41

9 등 근육의 쏠림 현상을 피하고 좀 더 디테일한 근육의 잔상을 남기도록 한다.

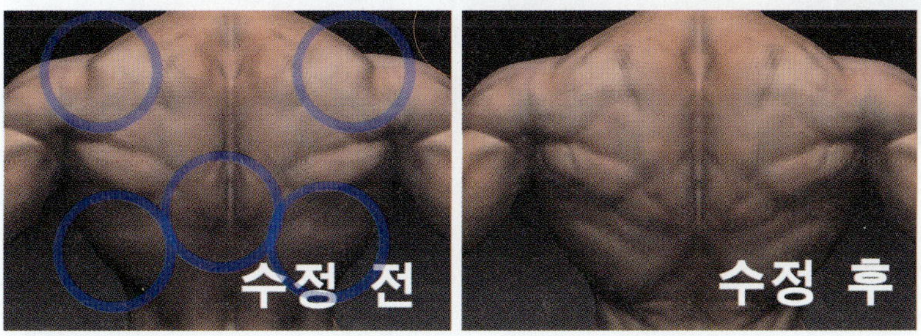

그림 8-42

10 복근의 디테일을 살리도록 한다.

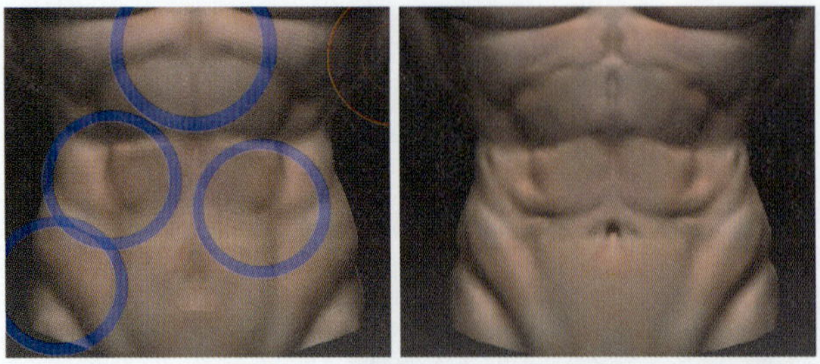

그림 8-43

11 복근의 이어짐과 끊어짐의 구조를 확실히 하면 운동에 도움이 된다. 가장 복잡한 방향성의 근육을 가진 유기체들이라 어떠한 반응이 보일지는 아무도 모른다.

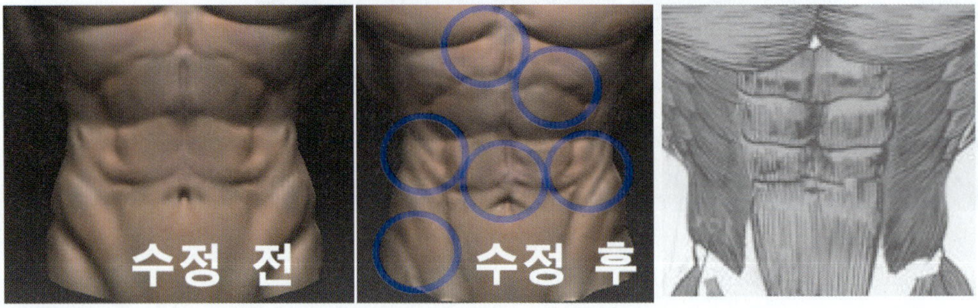

그림 8-44

12 복근은 다소 비대칭으로 만드는 것이 자연스럽다. 완전 대칭형은 왠지 다소 인위적인 느낌이 많이 배어 나오는 대신 약간의 비대칭의 잔 흐름은 실제의 근육 패턴처럼 느껴질 때가 있다.

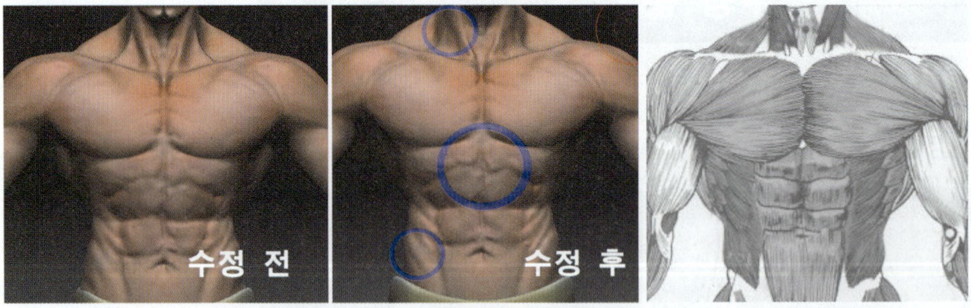

그림 8-45

13 등배근육의 모양을 비례적으로 만들도록 한다. 무조건 크게 다듬는 것이 좋은 것은 아니다. 전체적이 비례와 균형이 우선시 되어야 한다.

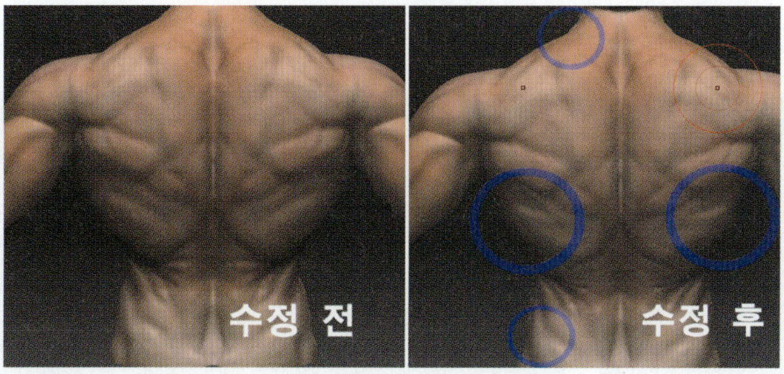

그림 8-46

14 Subdivision 5단계에서 지속적으로 모양 다듬기를 하도록 한다. 좀 더 디테일한 근육의 잔잔한 흐름 등을 파악하여 그려 넣는다.

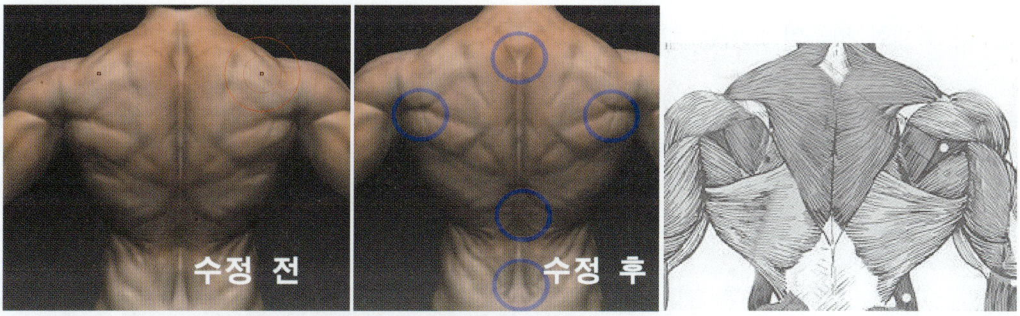

그림 8-47

15 어깨 근과 목 힘줄 표현에 대해 시작하도록 한다.

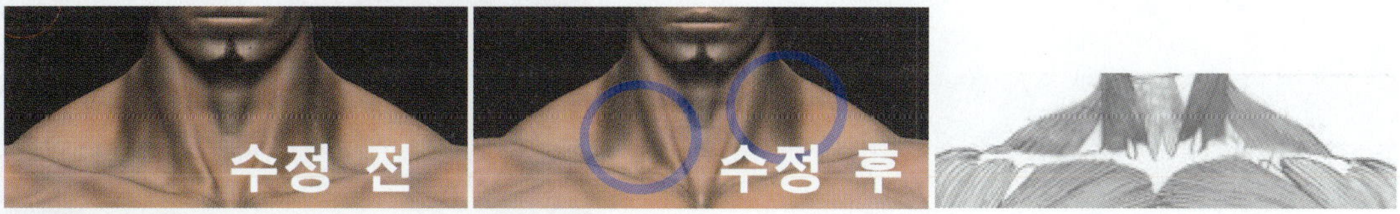

그림 8-48

16 모양 수정 후 피부에 돌출된 핏줄을 그려준다. 이때 Alpha brush를 사용하는 것보다는 Standard brush를 힘의 강약을 조절하여 돌출시키도록 한다. 흐름이 불규칙적이고 굵기 또한 규칙적이지 않음을 명심하고 비슷한 체형의 데이터를 샘플로 두고 작업해도 된다.

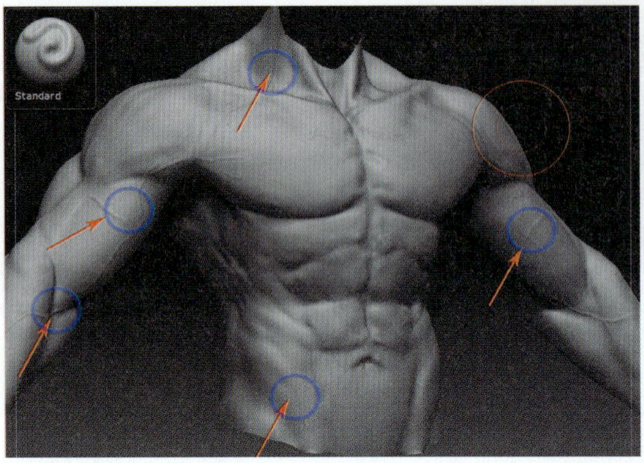

그림 8-49

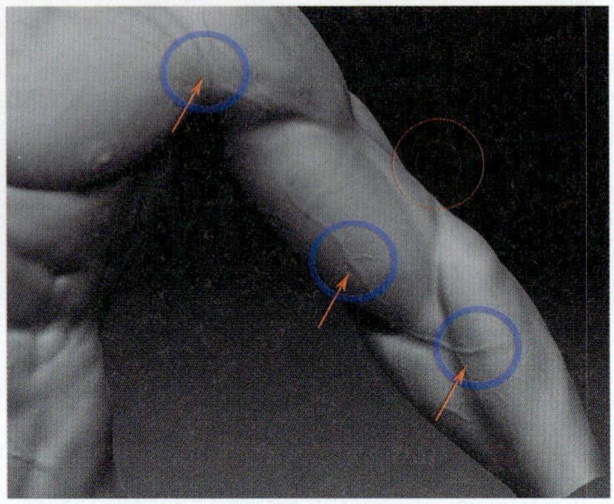

그림 8-50

17 좀 더 자세한 핏줄의 모양을 그려준다.

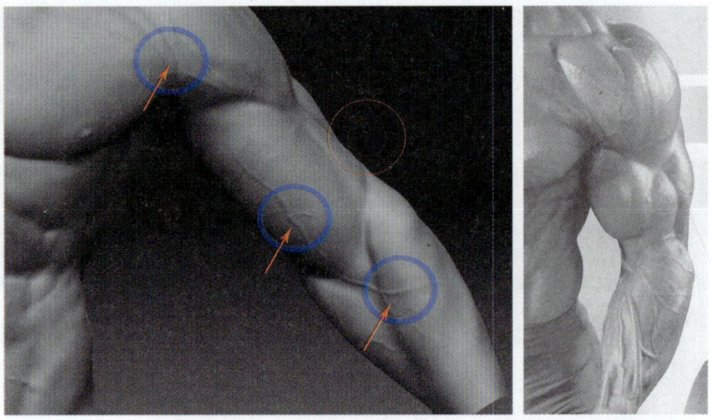

그림 8-51

18 최종 완성

그림 8-52

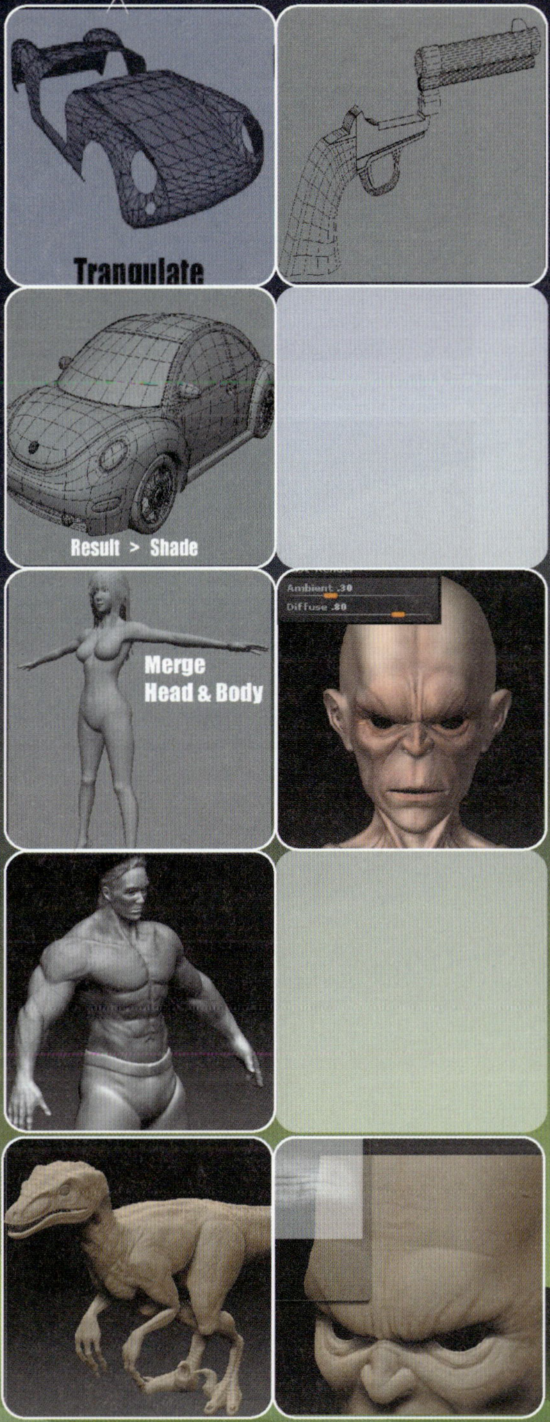

제9장
Z Brush를 활용한 캐릭터 Modeling & Sculpting 3-Dinosaur "Raptor"

9-1 Dinosaur "Raptor" Modeling with SOFTIMAGE

공룡 중에서도 가장 날렵하고 날카로운 이빨과 공동(집단)생활 능력이 탁월한 Raptor를 설정해보았다. 대부분의 육식 공룡보다 작은 몸집을 가지고 있고 공동 사냥을 통해 먹잇감을 사냥하는 특성이 있다. 신체적 특징을 보면 날카롭고 빽빽하게 들어찬 이빨을 가지고 있고 얼굴형이 길게 돌출된 형태를 보이고 있다.

가늘고 날씬한 앞다리와 튼튼하고 탄력이 뛰어난 뒷다리를 가지고 있어 빠른 속도로 먹이는 빼앗거나 먹이 사냥에 성공한다. 탄력있는 뒷다리로 사냥감을 향해 높이 점프를 해서 날카롭고 강한 발톱으로 찍어서 사냥한다.

가늘고 긴 꼬리는 머리와 수평이 되어 달릴 때 속도를 빠르게 해주는 기능을 하며 어떠한 상황에서도 중심을 잃지 않도록 해주는 기능을 한다.

지구에 존재하지 않는 이러한 대상을 모델링한다는 것은 생각보다 어려워서 사전에 철저한 데이터 조사 작업을 병행해야 한다. 그렇지 않으면 자칫 의도했던 모델링 데이터와는 다르게 제작될 가능성이 크기 때문이다. 다만, SOFTIMAGE의 모델링 기능과 작업과정에 대해서는 앞장에서 충분히 설명을 하고 다루었고, 또한 이번 프로젝트는 Z Brush에 대한 강의가 우선이기 때문에 아쉽지만 SOFTIMAGE에 대한 모델링 작업과정은 최소화하고 기본적으로 모델링할 수 있는 최소한의 데이터만을 정리하기로 한다.

그림 9-1

그림 9-2

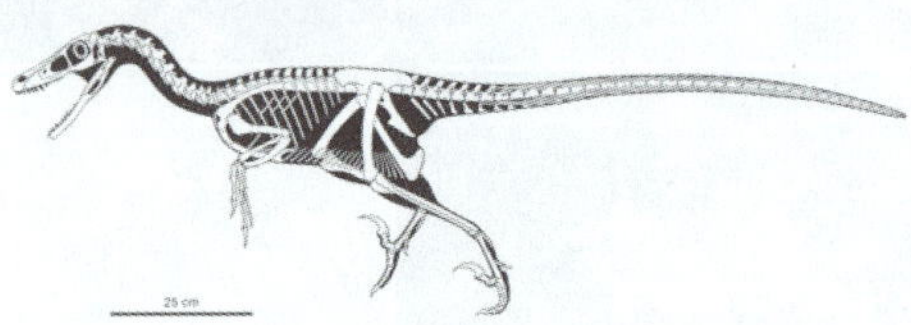

그림 9-3

자 그럼 이제부터 상상 속에서나 존재할 법한 주라기 시대로 돌아가서 그 시대를 풍미했던 한 종족을 되살려 보도록 하자.

그림 9-4

Dinosaur "Raptor" modeling with SOFTIMAGE

1 Curve 기능을 이용해서 사각형 형태를 만든다. Curve 기능을 활용하거나 Primitive 〉 Curve 〉 Square 기능을 사용해도 된다.

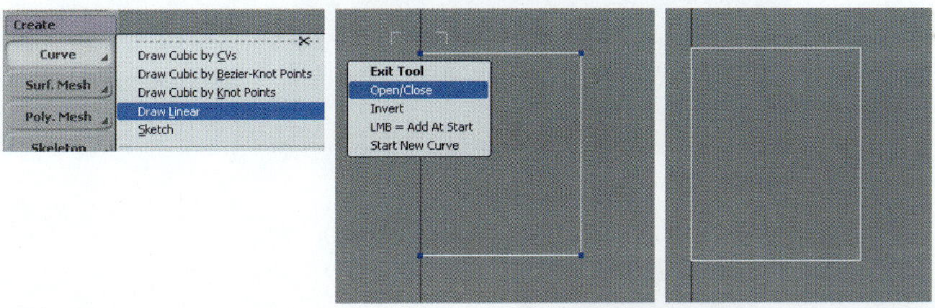

그림 9-5

2 생성된 Curve 형태를 Polygon Mesh로 변환한다.

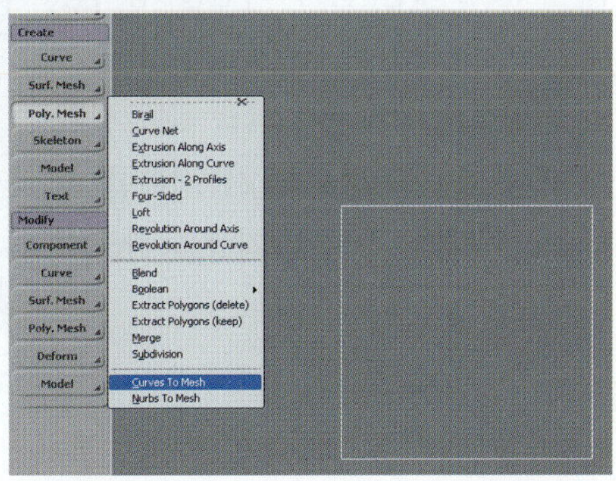

그림 9-6

3 Polygon 생성 모드 [N]

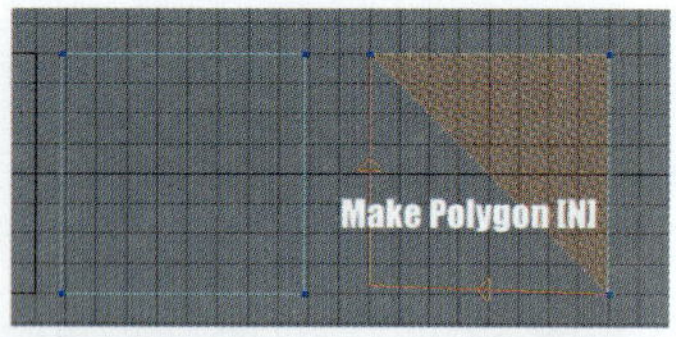

그림 9-7

4 **시작하기** : 공룡의 기본 외형을 만든다. 생성된 사각형 Polygon의 Edge를 선택해서 복사 [Ctrl + D]한 후 이동하여 공룡의 외곽 형태 라인을 만든다.

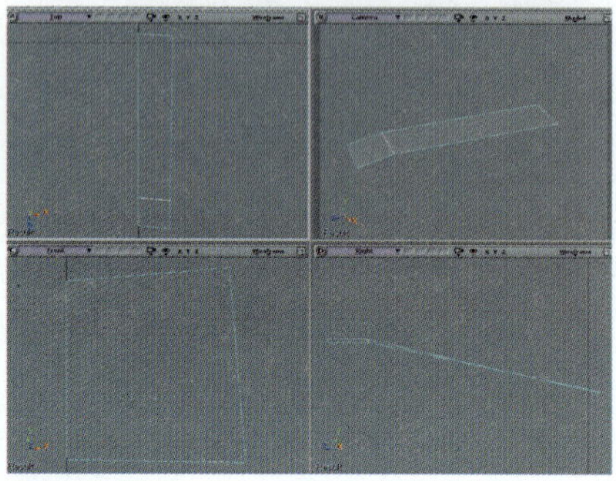

그림 9-8

5 **등 외곽라인 잡기** : 위와 같은 방법으로 공룡의 척추(등) 부분부터 만들면서 기준으로 삼는다.

이때 기본 Reference 이미지를 Rotoscope한 후 작업을 하도록 한다. 보다 정확한 모델링 작업에 도움이 되기 때문이다.

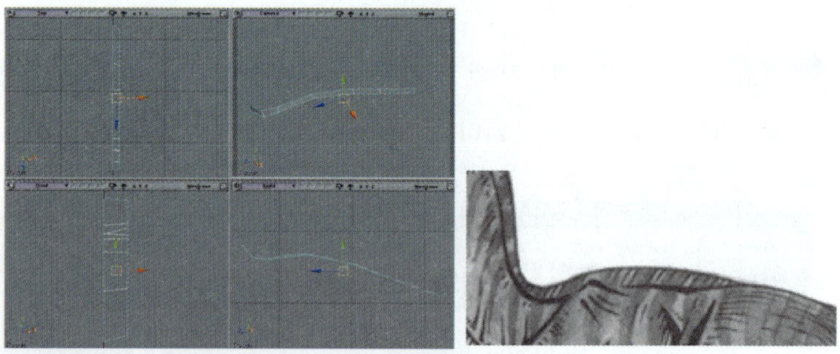

그림 9-9

6 **얼굴 외곽 라인 잡기** : 공룡의 얼굴 부분에 대한 윤곽 라인을 잡아준다. 이 외곽라인은 공룡의 형태, 크기와 직접적으로 연관이 되고 최종 결과에 대한 가이드이기 때문에 정확한 형태를 위해 많은 연구와 자료를 참고하도록 한다.

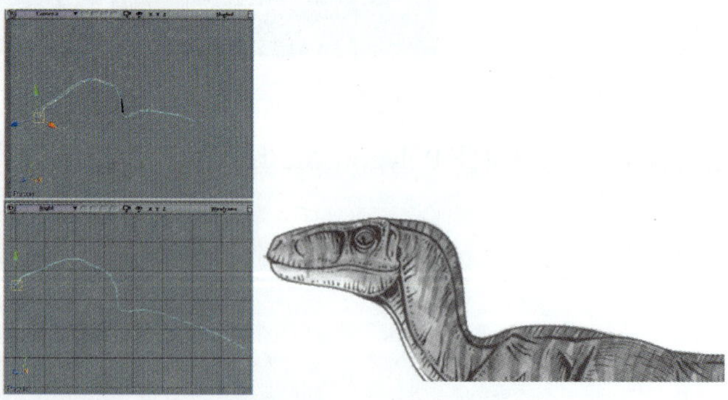

그림 9-10

7 위 얼굴 모양 잡기 : 얼굴의 윗부분에 해당하는 라인에서부터 위의 입 모양 전체 라인까지 연결되는 모양을 잡아주도록 한다. 이때 불규칙한 공룡의 얼굴 모양에 대해서 정확한 형태 분석을 위해 이미지를 Rotoscope 하여 작업을 하여도 된다.

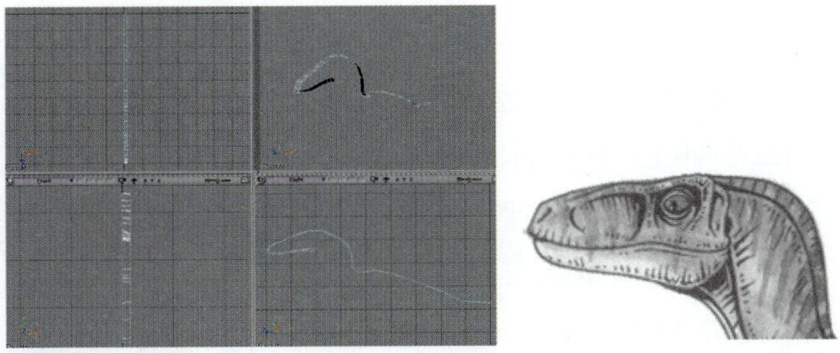
그림 9-11

8 아래턱 모양 잡기 : 얼굴 윗부분에 대해 어느 정도 윤곽 라인이 잡히고 나면 얼굴 아래 라인에 대한 형태를 잡아주도록 한다. 아래턱 라인은 앞으로 목선과 몸통 아랫부분에 해당하는 연결 라인의 형태로 연결되는 중요한 부분이 된다. 앞으로 이빨과 혀를 모델링해야 하기 때문에 위 얼굴 아래 얼굴의 형태를 약간 벌려서 공간을 미리 확보해두면 편하다.

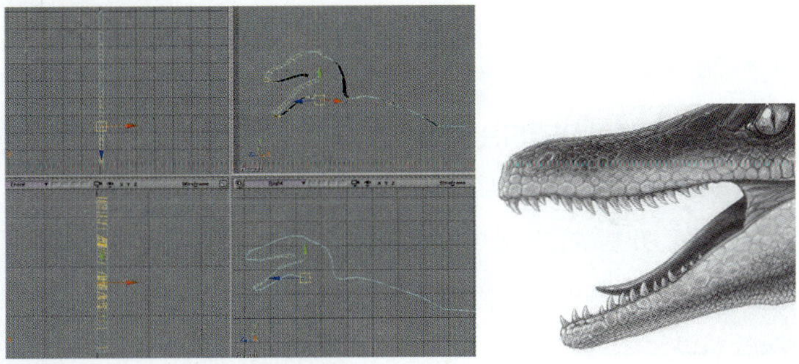
그림 9-12

9 몸통 외곽 라인 만들기 : 아래턱 선의 형태를 잡았으면 바로 목과 아래 배 부분의 형태를 잡아간다. 이때 역시 공룡의 형태에 대한 충분한 모양을 잡지 못하면 Ref 이미지를 사용하도록 한다.

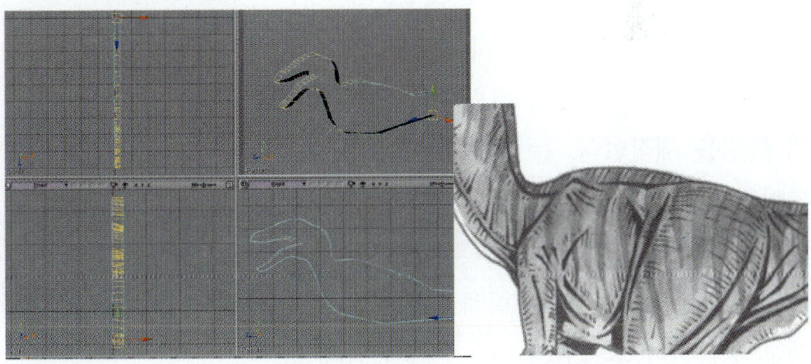
그림 9-13

10 **목선 만들기** : 이제부터는 제작된 공룡의 외곽 형태 라인을 바탕으로 입체형의 형체를 잡아가도록 한다. 이때부터는 Top view와 Front View에서 병행 작업을 해야 한다. 필요한 부분에 Edge나 Polygon을 추가하여 좀 더 세부적인 형태를 동시에 작업해 가도록 한다.

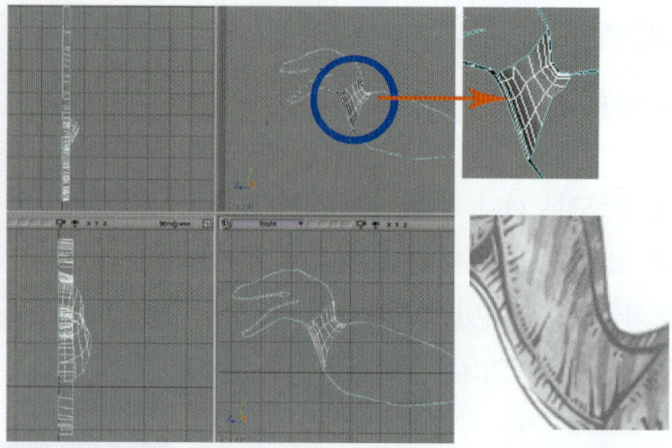

그림 9-14

11 **목과 몸통이 연결되는 부분까지 모델링하기** : 생성된 목의 형태와 얼굴의 참고 외곽 라인을 바탕으로 얼굴의 모양을 잡아나가도록 한다.

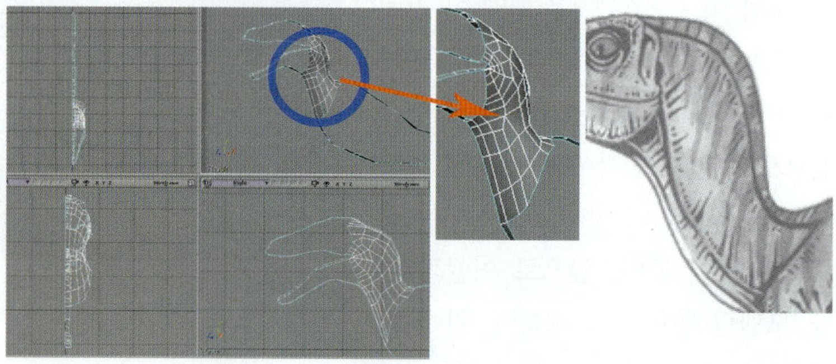

그림 9-15

12 **위 얼굴 만들기** : 얼굴의 윗부분에 대한 형태를 간략하게 잡고 난 다음 필요한 Edge나 Polygon을 추가하여 가장 기본적인 형태의 특징을 제작한다. 눈 주위부터 코까지 이루어진 형태가 사람의 얼굴 라인과 형태와 비교했을 때 많이 다르다는 걸 알 수 있다. 파충류의 기본적인 외형의 형태를 따르고 있기 때문에 악어나 도마뱀(뱀), 이구아나 등의 유사한 형태를 보인 동물들의 실제 이미지를 연구해 보는 것도 아주 중요한 요소 중의 하나라 생각된다.

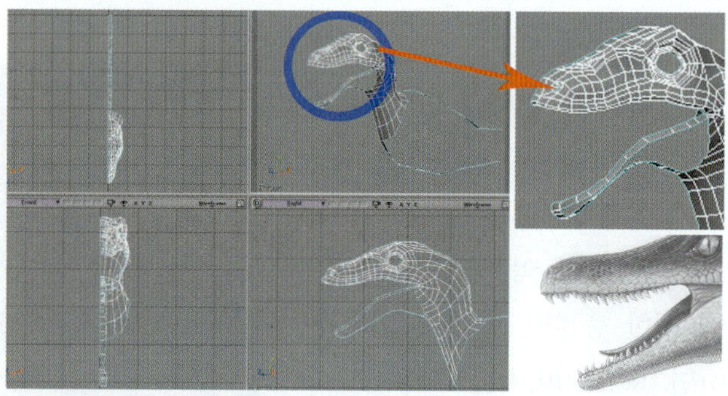

그림 9-16

13 **아래턱과 목선 연결 형태 만들기** : 얼굴의 기본적인 형태를 잡아준다. Z Brush에서 좀 더 디테일한 형태를 다시 작업해 나가겠지만, 3D 제작환경에서 기본적인 형태와 와이어의 흐름을 잘 정리하면 Z Brush에서 별도의 라인 작업을 하지 않아도 된다.

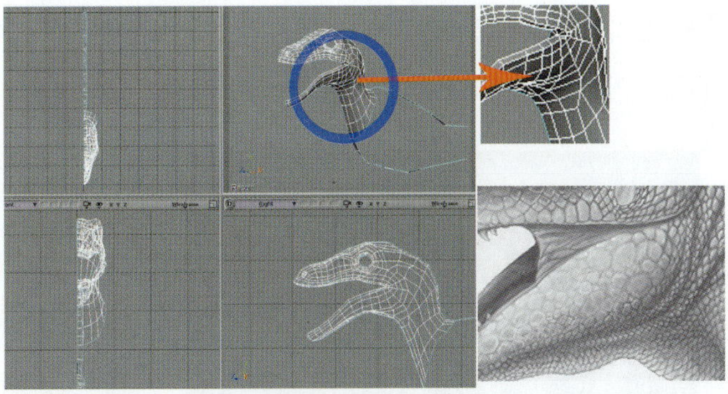

그림 9-17

14 **몸통 + 앞다리 연결 부위 만들기** : 얼굴의 기본적인 형태를 제작했으면 목선과 몸통(앞발을 포함하는 부분)에 대한 모델링 작업을 한다.

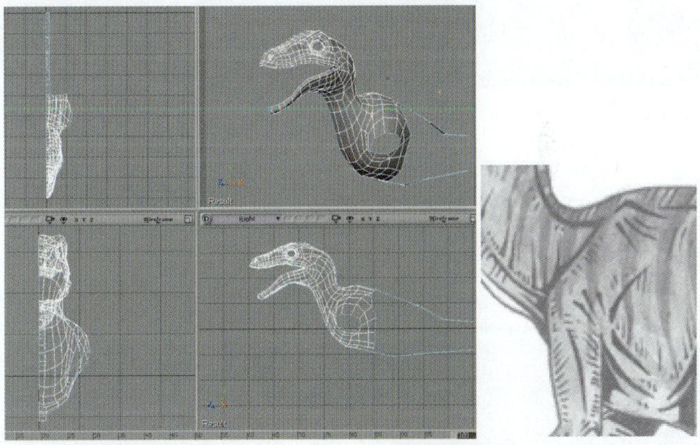

그림 9-18

15 **몸통 + 뒷다리 연결부분 만들기** : 과 목선을 타고 내려온 형태로부터 앞발 시작 부분과 몸통이 만들어지면 몸통으로부터 뒷다리가 시작되는 부분에 대한 위치 형태를 만들면서 꼬리 부분으로 이어지도록 한다.

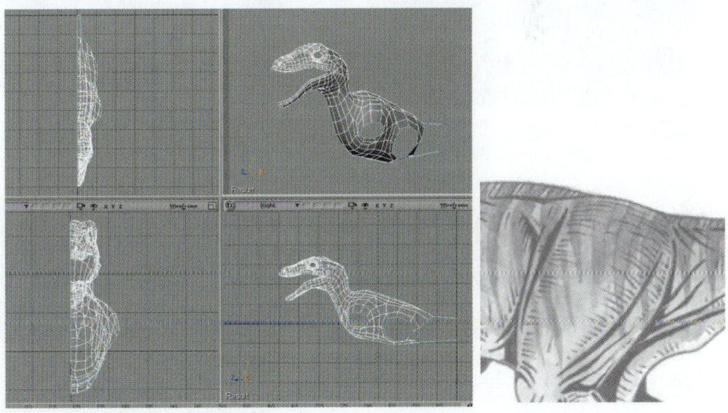

그림 9-19

16 **꼬리 만들기** : 몸통 끝 부분부터 긴 꼬리로 이어지는 형태를 잡는다. 길이나 모양에 대해 정확한 자료나 이미지를 바탕으로 모델링하도록 한다.

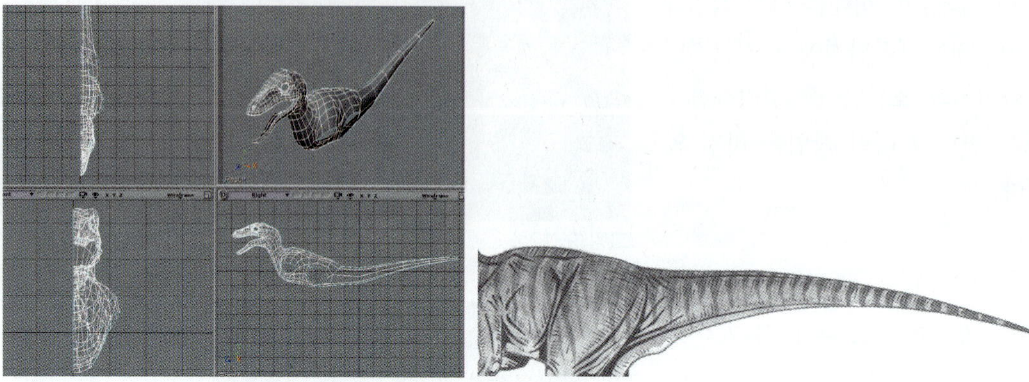

그림 9-20

17 **몸통과 다리 연결 부위 수정하기** : 앞다리나 뒷다리의 몸통과의 연결 지점에 대해 모양 수정 및 형태를 다시 잡아주도록 한다.

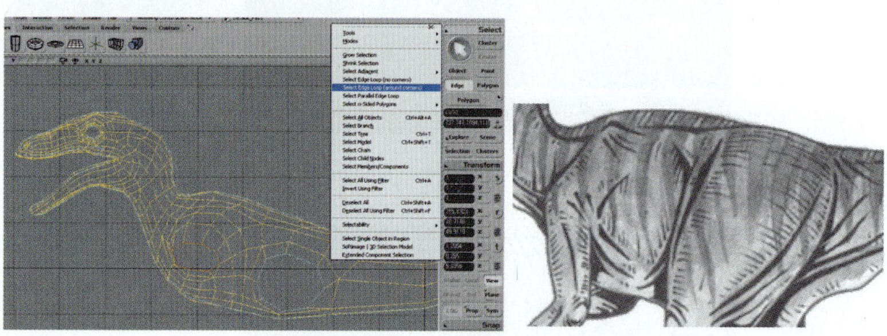

그림 9-21

18 **앞발 만들기** : 얇고 짧은 형태의 앞발과 길고 날카로운 발톱이 특징적인 부분이기 때문에 관절의 굽은 정도와 휘어 들어가는 정확한 위치에 대한 정확한 이해가 있어야 한다. 앞으로 공룡 애니메이션을 위해 Skeleton 제작과 Envelope 작업을 계획해 두고 작업하면 효율적인 작업을 할 수 있다.

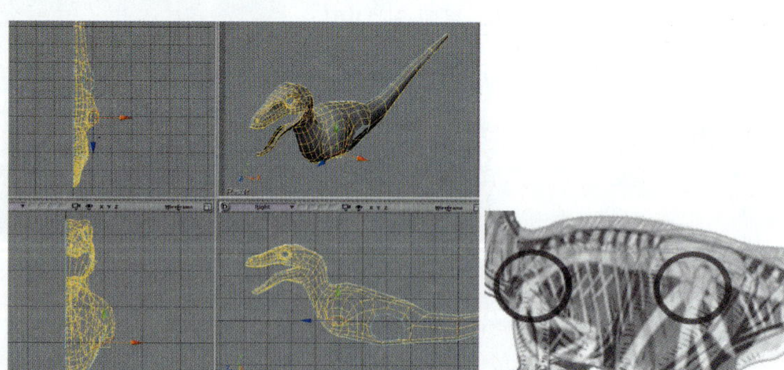

그림 9-22

19 **앞발 첫 번째 관절 만들기** : 공룡의 뼈대 구조와 함께 근육의 형태를 동시에 파악하면서 모델링을 하도록 한다.

그림 9-23

20 **앞발 두 번째 관절 만들기** : 두 번째 관절 마디를 모델링한다.

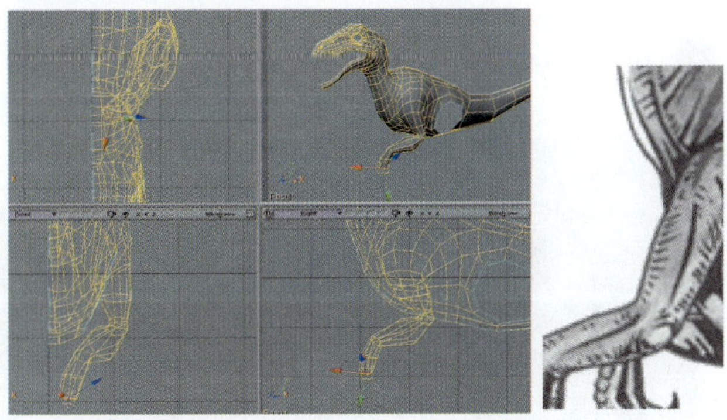

그림 9-24

21 **앞발 모양과 발톱 만들기** : 앞발은 가늘고 긴 모양이 특징이며 마디와 마디 사이가 굉장히 긴 형태이다. 총 3개 마디로 구성되어 있으며 마지막 마디는 상대적으로 짧다.

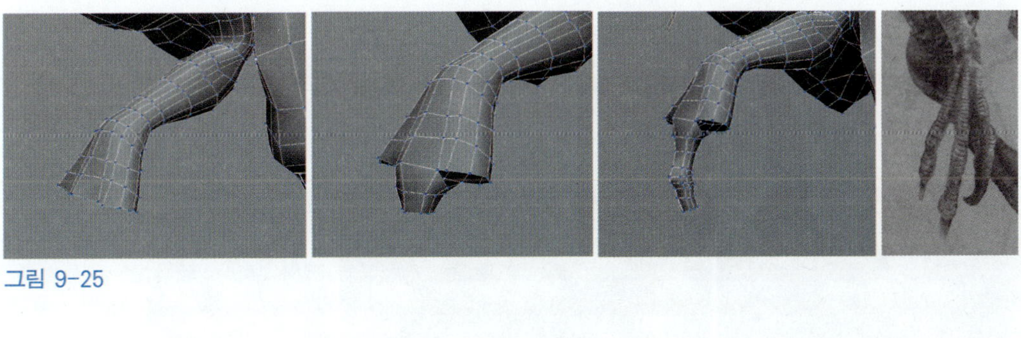

그림 9-25

22 앞발톱의 가운데 발톱이 가장 길며 좌우의 발톱은 길이가 비슷하며 대칭 구조를 이룬다.

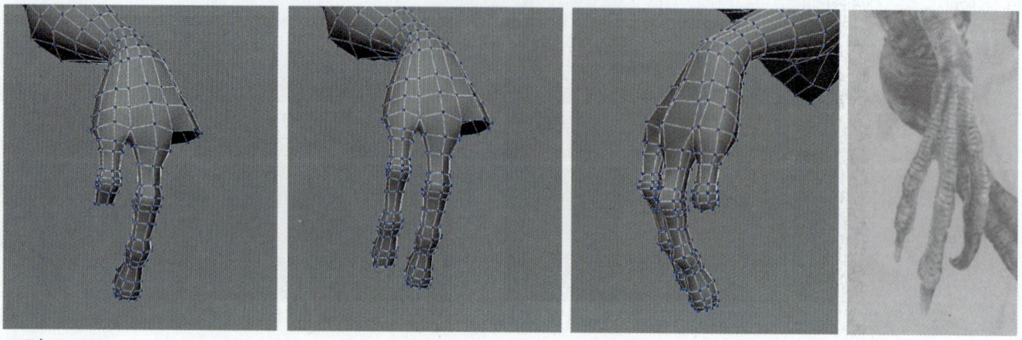

그림 9-26

23 발톱은 날카롭고 발가락에 비해서는 다소 큰 편에 속한다.

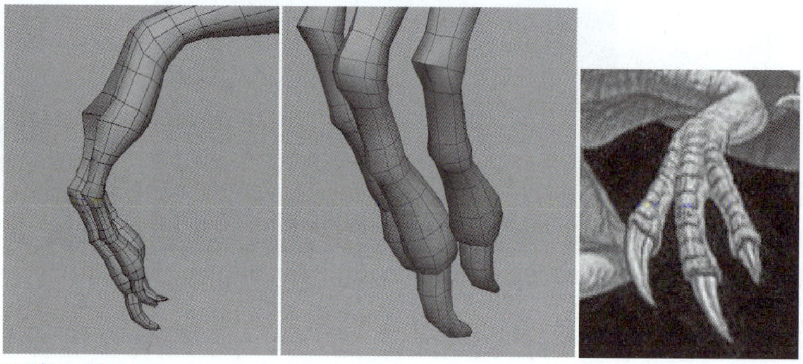

그림 9-27

24 **뒷다리 만들기** : 뒷다리는 전체 몸을 지탱하는 기능을 하기 때문에 굉장치 근육에 발달하여 있고 그 크기 또한 몸 전체의 60%(꼬리는 제외) 정도를 차지한다. 허벅지는 굵고 크며 균형이 잘 잡혀 있는 것 또한 특징이다.

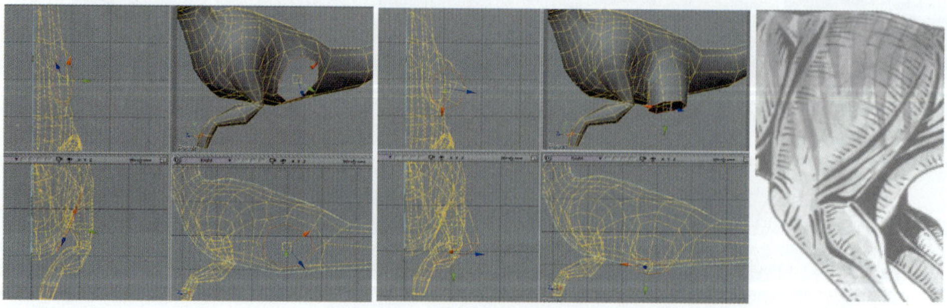

그림 9-28

25 뒷다리는 뼈와 근육의 형태를 잘 파악해야 한다.

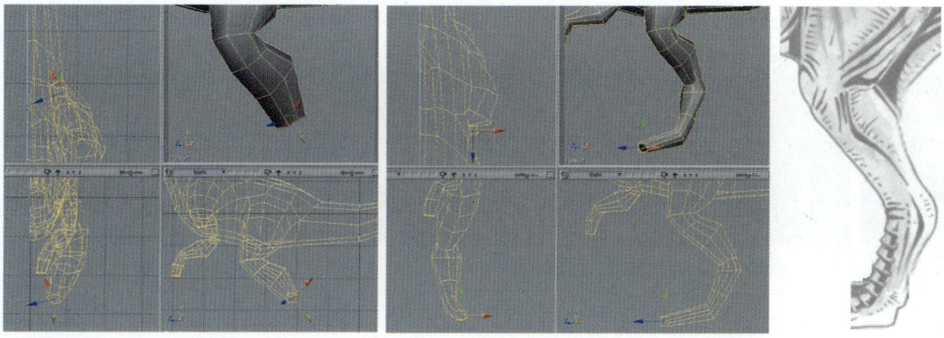

그림 9-29

26 근육 표현을 위한 Wire의 흐름을 잘 파악하도록 한다.

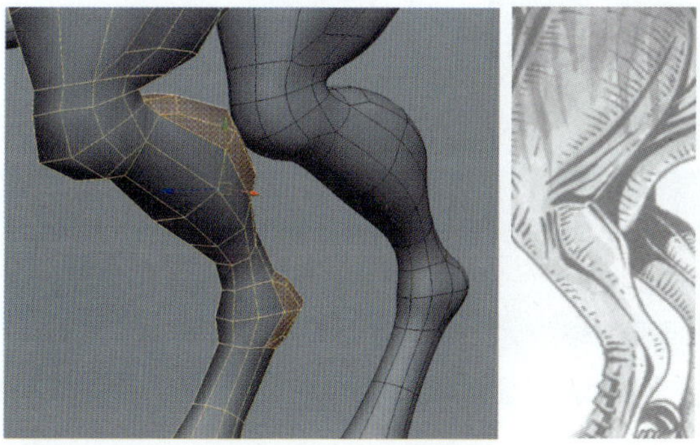

그림 9-30

27 **발바닥 만들기** : 세 개의 발톱으로 이루어져 있으며 두 개의 발톱은 뛸 때 혹은 서 있을 때 몸을 지탱하고 역할을 하기 때문에 발바닥은 크고 바닥에 닿는 부분의 면적이 넓다. 나머지 하나의 발톱은 사냥을 위해 사냥감을 잡고 놓지 않거나 사냥감에 치명타를 주려고 방향이 위에서 아래 방향으로 힘차고 날카롭게 뻗어져 나간 형태이다.

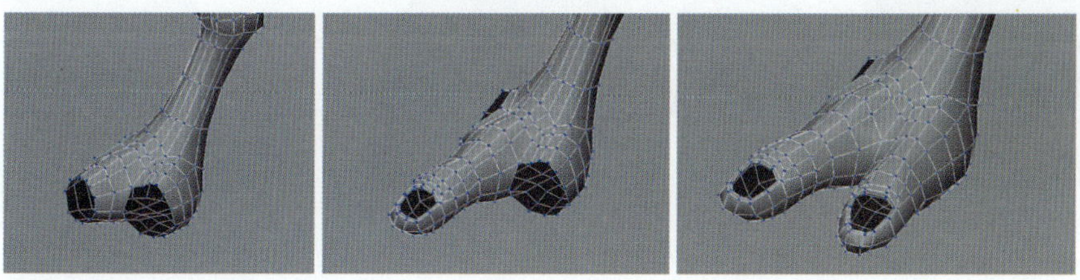

그림 9-31

28 **발톱 만들기** : 발톱은 몸이 균형을 잡기 위한 2개의 발톱과 사냥을 위한 발톱(갈고리 모양)으로 구성되어 있다.

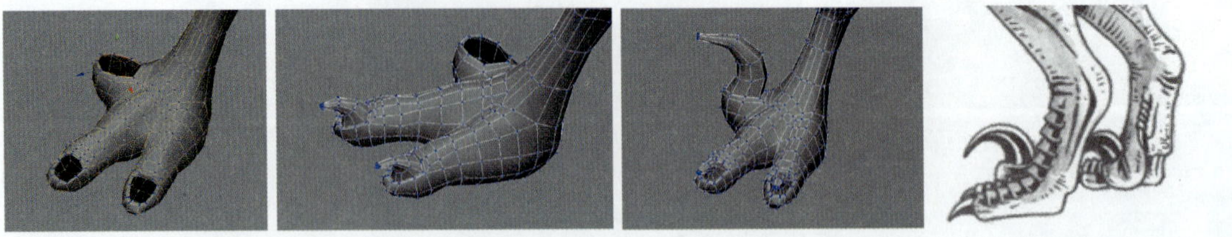

그림 9-32

29 발톱의 형태는 발톱은 몸이 균형을 잡기 위한 2개의 발톱과 사냥을 위한 발톱(갈고리 모양)으로 구성되어 있다.

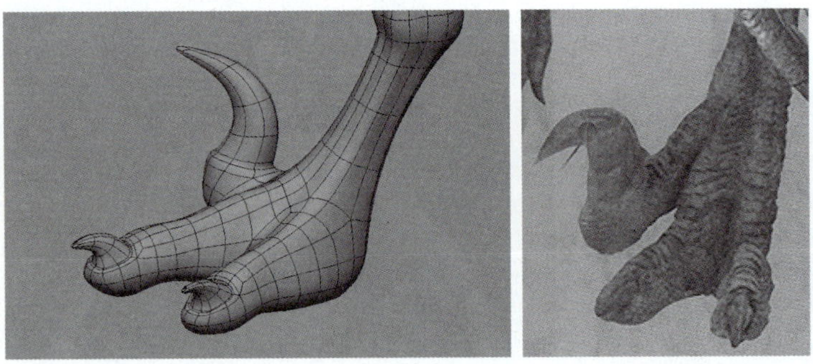

그림 9-33

30 **전체적으로 얼굴 모양 다듬기** : 전체적인 대상의 형태가 만들어지면 더욱 정확한 형태를 잡으려고 다듬어 주어야 한다. 이때 Proportional 기능을 활용하면 편하게 모양 수정이 가능하다.

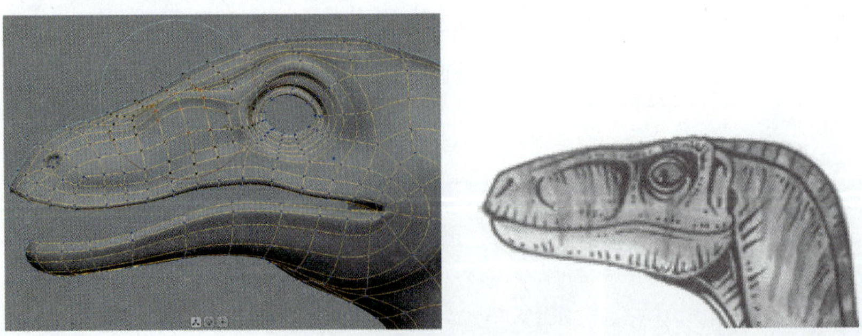

그림 9-34

31 이빨 만들기 : 이발의 형태는 무수히 촘촘한 송곳니로 구성되어 있다.

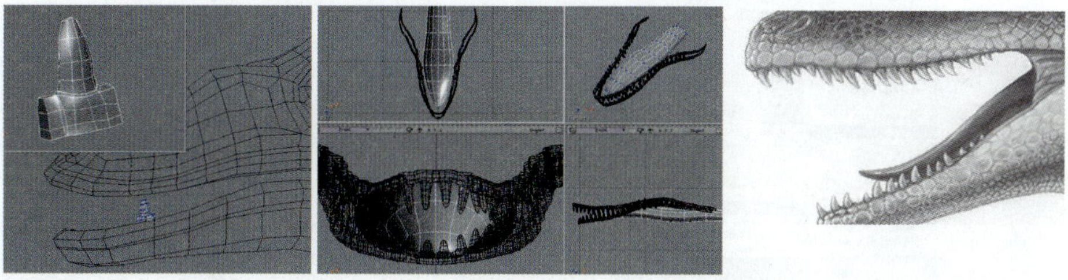

그림 9-35

32 눈 모양 만들기 : 눈의 모양은 Sphere로 Texturing 부분에 가서 자세히 설명하도록 한다.

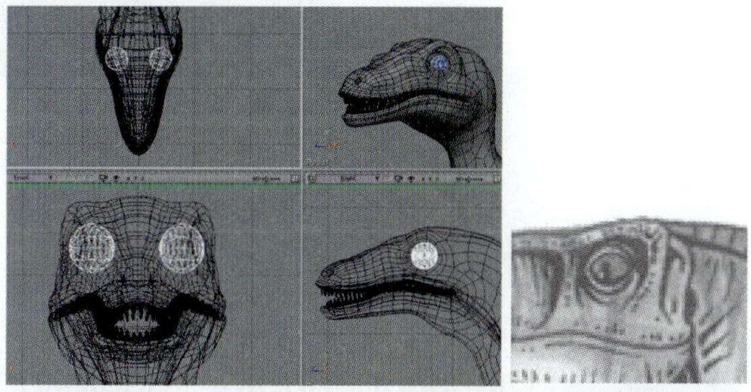

그림 9-36

33 Mirror 복사 후 Merge 하기 : 완성된 반쪽 Object를 복사하고 Mirror 복사하고 Merge항 완성하도록 한다.

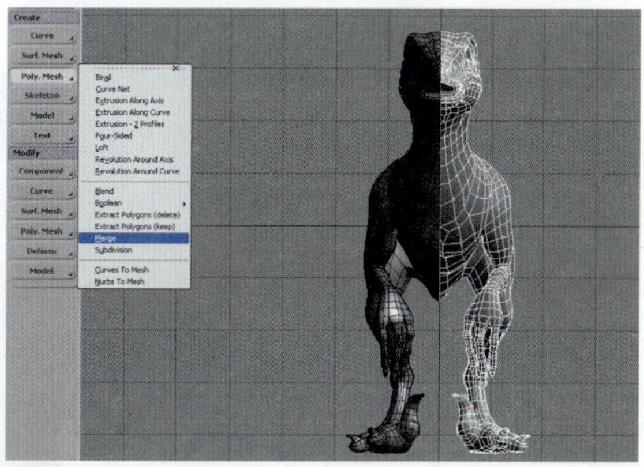

그림 9-37

34 완성 확인하기

그림 9-38

35 **파일 변환** : Z Brush 프로그램에서 Import하기 위해 *.Obj 파일로 변환시킨다.

그림 9-39

9-2 Dinosaur "Raptor" Sculpting with Z Brush

Middle Polygon으로 제작된 Dinosaur를 Z Brush에서 더욱 현실적이고 세밀한 표면 작업을 하도록 한다. 먼저 Level별 작업 공정을 간단하게 설명하면 Level 3단계에서 기본적인 형태 변화를 한다. Level 4단계부터 Sculpting 작업을 시작한다. 큰 근육의 덩어리감이나 큰 주름 표현 등의 형태들을 작업하고 Level 5~6단계에서는 섬세한 힘줄이나 근육의 흐름과 주름 표현을 하며 Alpha를 이용하여 거친 피부 질감을 표현한다.

그림 9-40

1 Z Brush를 연다.

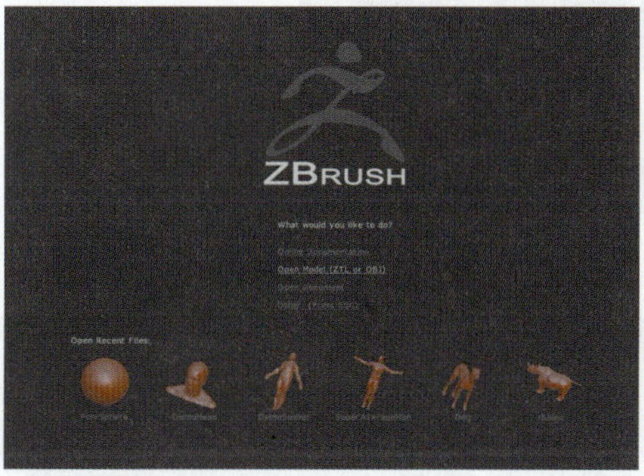

그림 9-41

2 Tool 〉 Import 〉 Dinosaur.obj

그림 9-42

3 1단계 : Subdivision 수치를 3으로 올린다. 전체 기본적인 형태 수정을 통해 큰 덩어리감을 수정한다. 이때는 주로 Standard Brush나 Move Brush를 많이 사용한다. 일단 기본 형태를 잡는 것이므로 Ref 이미지에 충실히 하는 것이 그 최우선 목표라 할 수 있다.

그림 9-43

4 2단계 : Subdivision 수치를 4로 올린다. 부위별로 큰 덩어리감을 잡아나간다. 이때는 Standard Brush나 Move Brush와 함께 Pinch Brush를 많이 사용한다.

㉠ 머리 모양 다듬기

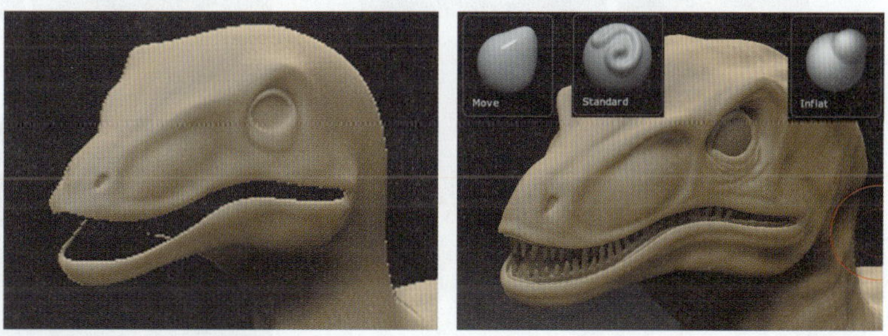

그림 9-44

ⓛ 목 모양 다듬기

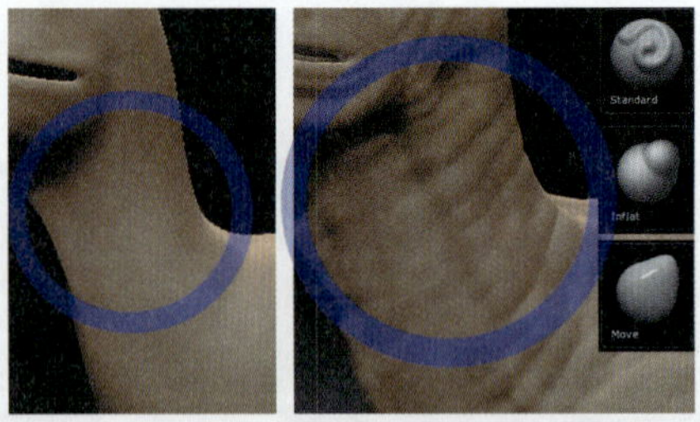

그림 9-45

ⓒ 몸통 형태 잡기

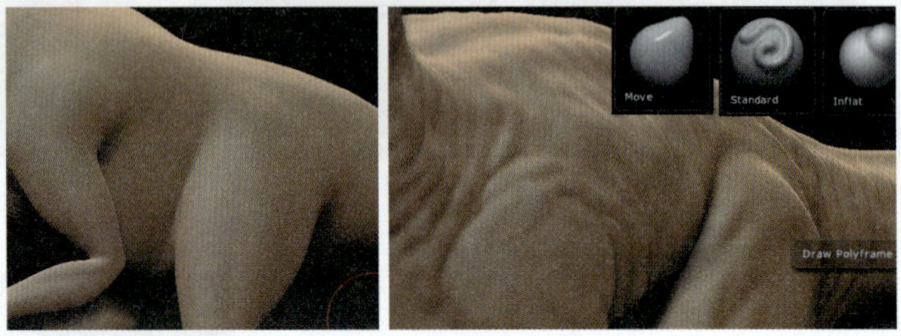

그림 9-46

ⓔ 다리 모양 다듬기

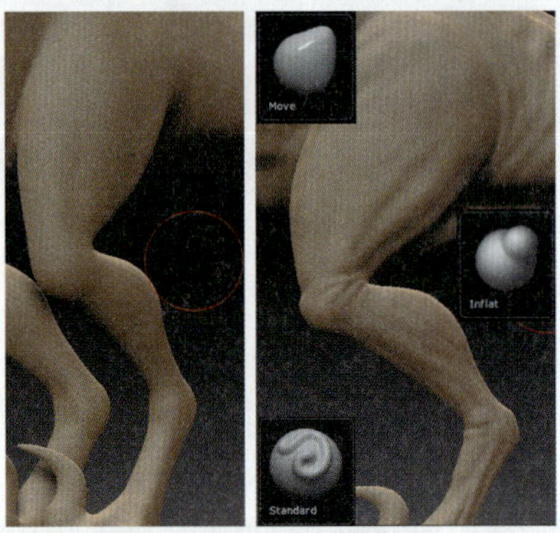

그림 9-47

ⓜ 앞가슴 모양 다듬기

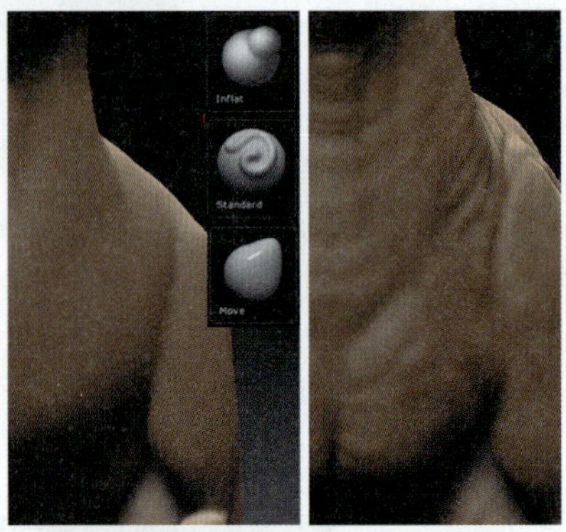

그림 9-48

ⓗ 전체 변화 확인

그림 9-49

5 3단계 : Subdivision 수치를 4단계에서 그대로 작업을 진행한다. 좀 더 세부적인 모양을 다듬어 준다. 크게 잡힌 덩어리를 좀 더 세밀하게 작업하되 너무 세밀한 작업을 4단계에서 하게 되면 모양을 잡는 선이 원하는 형태대로 나오지 않기 때문에 아주 디테일한 모양 다듬기는 다음 단계에서 하도록 한다.

㉠ 머리 모양

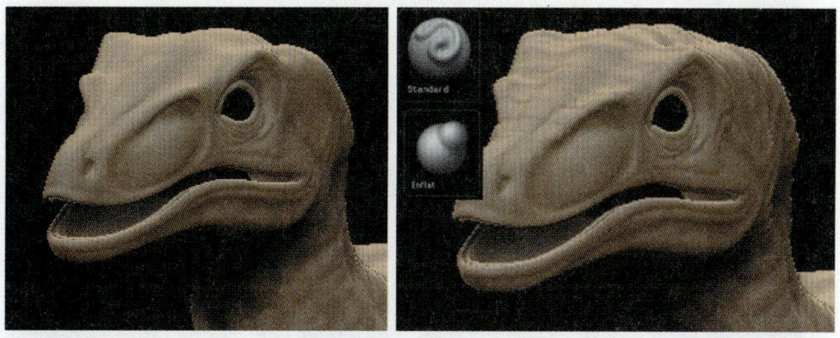

그림 9-50

㉡ 몸통 모양

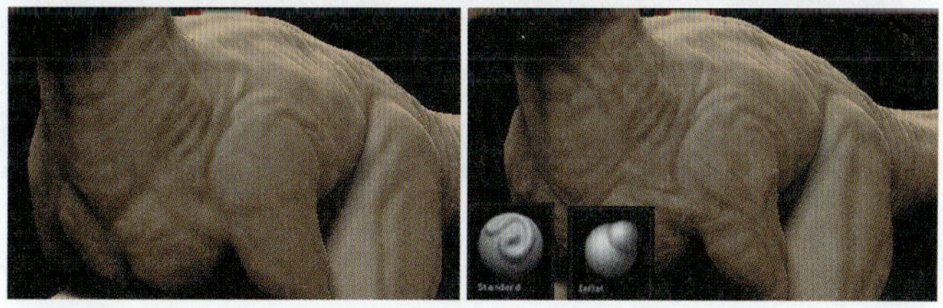

그림 9-51

㉢ 다리 모양

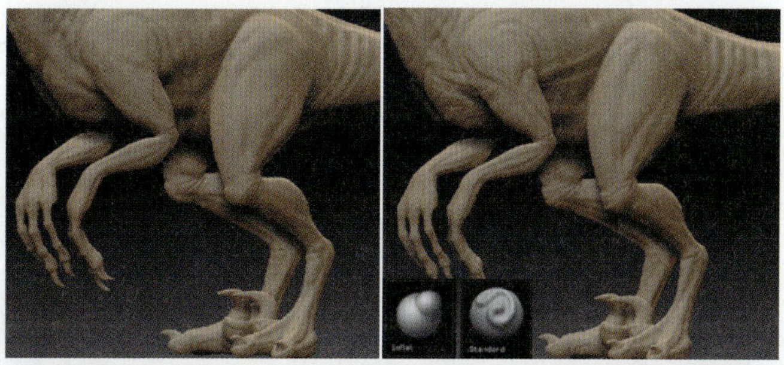

그림 9-52

㉣ 전체 모양 비교

그림 9-53

6 **4단계 변형** : Subdivision 수치를 4단계에서 그대로 작업을 진행한다. 아직 공룡의 표면의 외곽의 두툼한 형태가 잡히질 않았기 때문에 전체적인 윤곽과 근육의 흐름을 좀 더 세실하게 그려나가야 한다.

그림 9-54

7 **4단계 변형** : Subdivision 수치를 4단계에서 그대로 작업을 진행한다. 아직 공룡의 표면의 외곽의 두툼한 형태가 잡히질 않았기 때문에 전체적인 윤곽과 근육의 흐름을 좀 더 세실하게 그려나가야 한다.

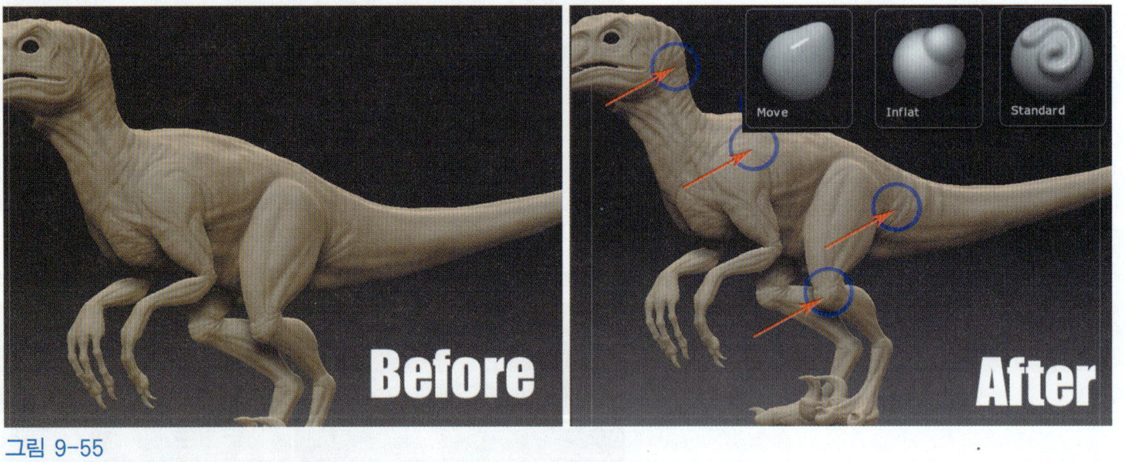

그림 9-55

8 **4단계 변형** : Subdivision 수치를 4단계에서 그대로 작업을 진행한다. 아직 공룡의 표면의 외곽의 두툼한 형태가 잡히질 않았기 때문에 전체적인 윤곽과 근육의 흐름을 좀 더 세실하게 그려나가야 한다.

그림 9-56

9 **5단계 변형** : 입술 질감 내기–Subdivision 수치를 5단계에서 그대로 작업을 진행한다. 모양 수정은 끝내고 이제는 공룡의 피부 질감을 Alpha로 적용해보도록 한다. 먼저 입술의 갈라지고 딱딱한 형태부터 잡아보도록 한다.

그림 9-57

10 **5단계 변형** : 발 피부 질감 내기–Subdivision 수치를 5단계에서 그대로 작업을 진행한다. 모양 수정은 끝내고 이제는 공룡의 피부 질감을 Alpha로 적용해보도록 한다. 발의 거칠고 두터운 느낌의 피부 질감을 나타낸다.

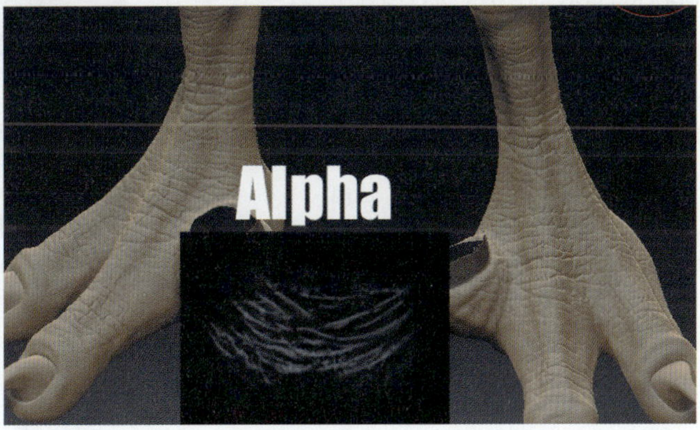

그림 9-58

11 5단계 변형 : 앞발 피부 질감 내기– Subdivision 수치를 5단계에서 그대로 작업을 진행한다. 모양 수정은 끝내고 이제는 공룡의 피부 질감을 Alpha로 적용해보도록 한다. 앞발의 다소 부드럽고 유연한 형태의 느낌의 피부 질감을 나타낸다.

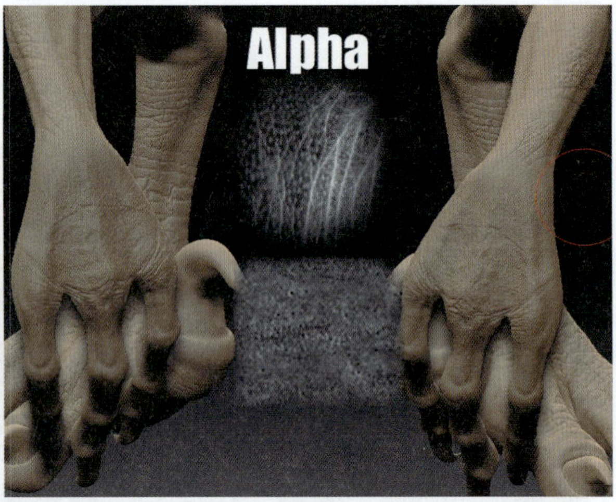

그림 9-59

12 5단계 변형 : 앞발 피부 질감 내기– Subdivision 수치를 5단계에서 그대로 작업을 진행한다. 모양 수정은 끝내고 이제는 공룡의 피부 질감을 Alpha로 적용해보도록 한다. 몸통 전체의 부드러운 바탕 느낌을 먼저 준다.

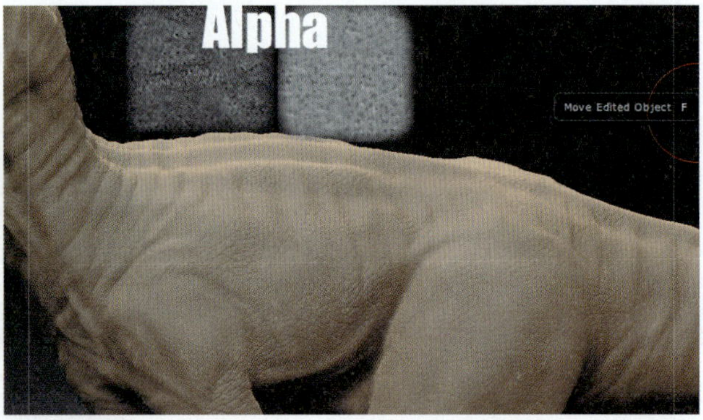

그림 9-60

13 5단계 변형 : 앞발 피부 질감 내기– Subdivision 수치를 5단계에서 그대로 작업을 진행한다. 모양 수정은 끝내고 이제는 공룡의 피부 질감을 Alpha로 적용해보도록 한다. 몸통 전체의 부드러운 바탕 느낌 위에 거칠고 둔탁한 표면 질감을 준다.

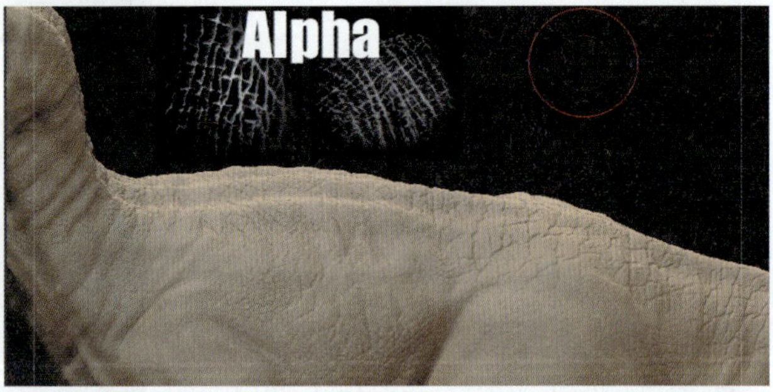

그림 9-61

14 **5단계 변형** : 앞발 피부 질감 내기－Subdivision 수치를 5단계에서 그대로 작업을 진행한다. 모양 수정은 끝내고 이제는 공룡의 피부 질감을 Alpha로 적용해보도록 한다. 뒷다리의 모양을 그려준다.

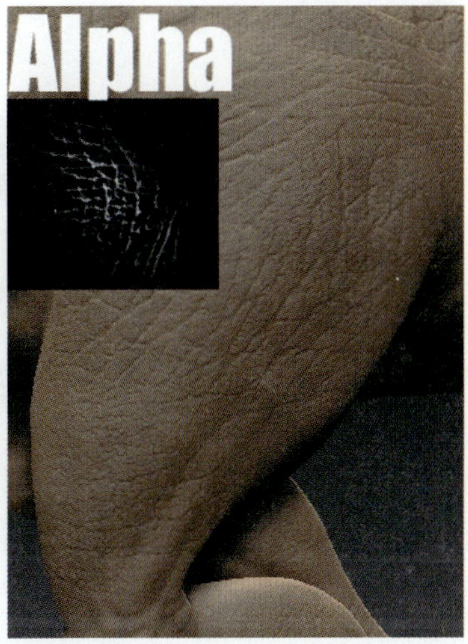

그림 9-62

15 **다리 주름진 근육의 형태 다듬기**

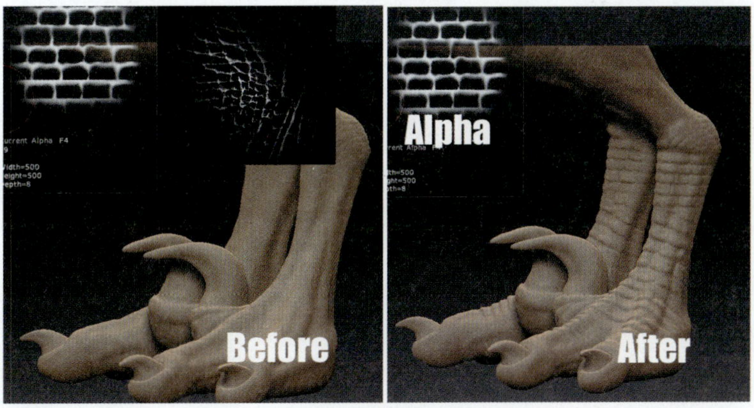

그림 9-63

16 **다리 뒤꿈치 거친 표면 만들기**

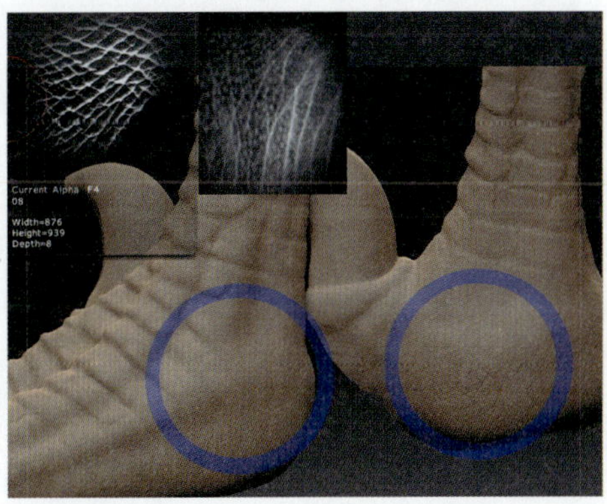

그림 9-64

17 전체 비교

그림 9-65

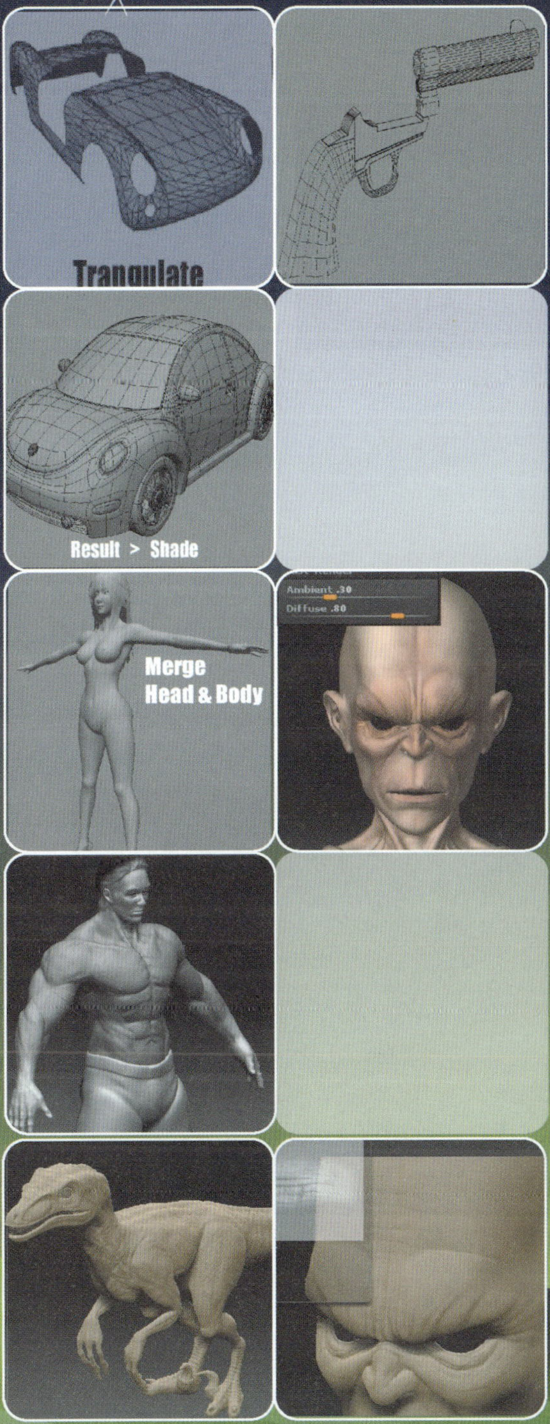

제 10 장

Z Brush를 활용한 캐릭터 Modeling & Sculpting 4 - Creature Character

10 – 1 Creature Character modeling with SOFTIMAGE

1 컨셉 디자인 Rotoscoping

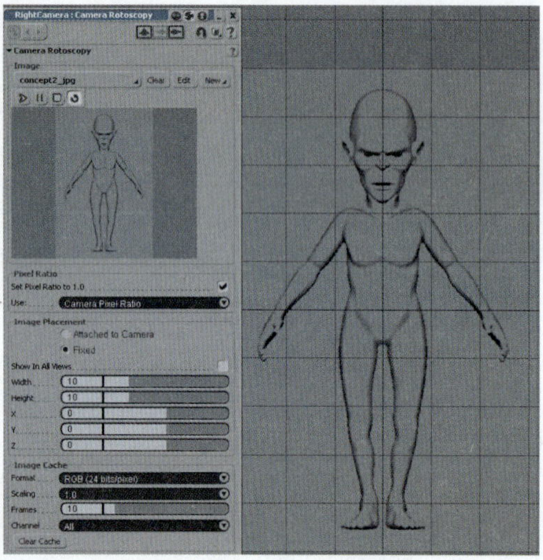

그림 10-1

2 Polygon 생성

그림 10-2

3 Polygon 추가 및 눈 외곽모양 만들기

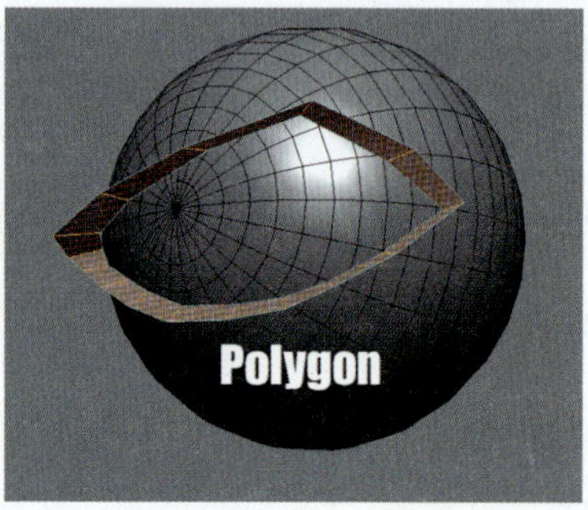

그림 10-3

4 Polygon 면 추가 생성 : 눈, 콧등, 볼 라인 만들기

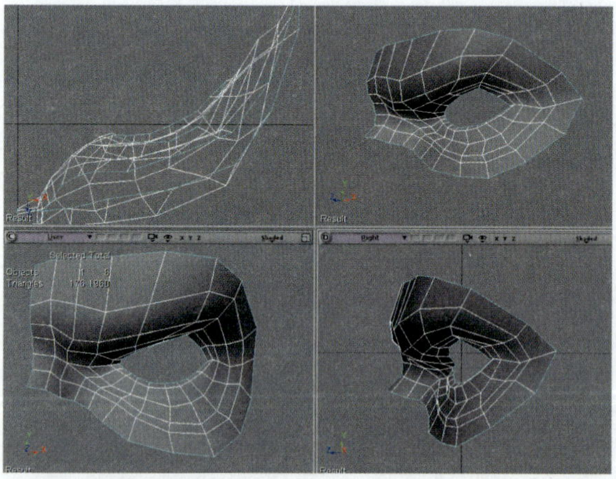

그림 10-4

5 대칭구조 만들기 : 코 형태 만들기

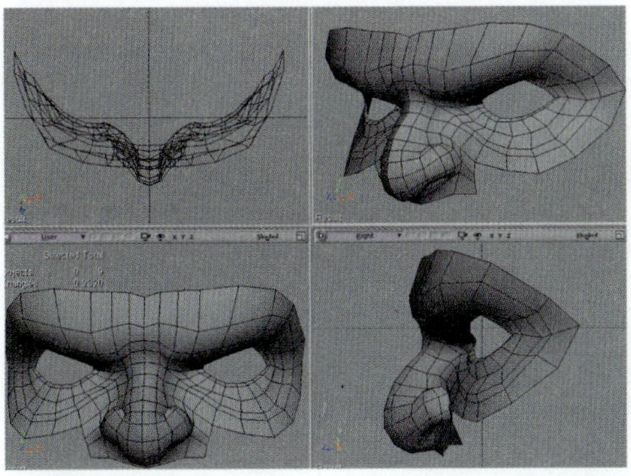

그림 10-5

6 이마 형태 만들기

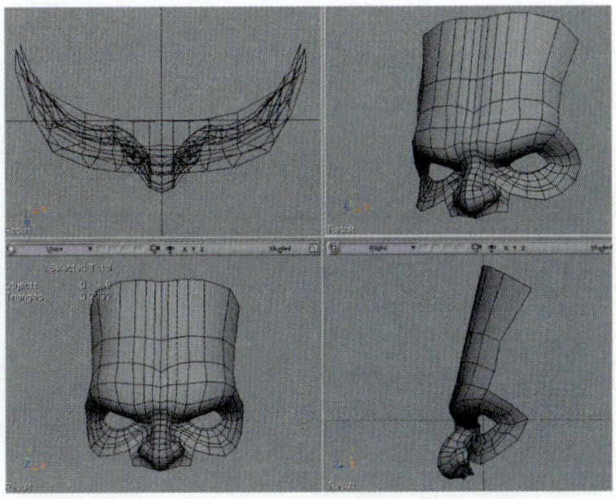

그림 10-6

7 입술 Polygon 제작하기

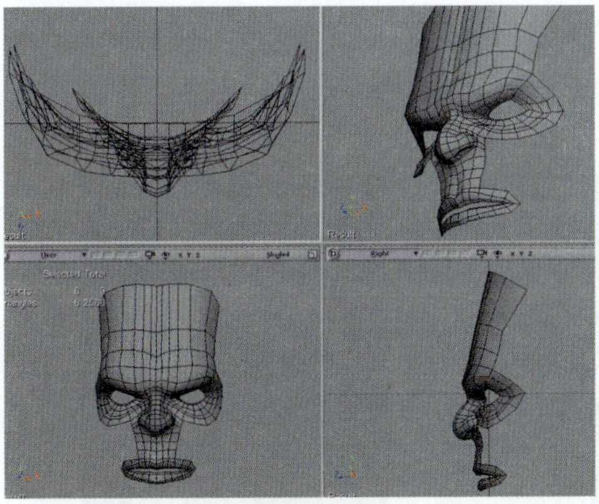

그림 10-7

8 입 모양 만들기

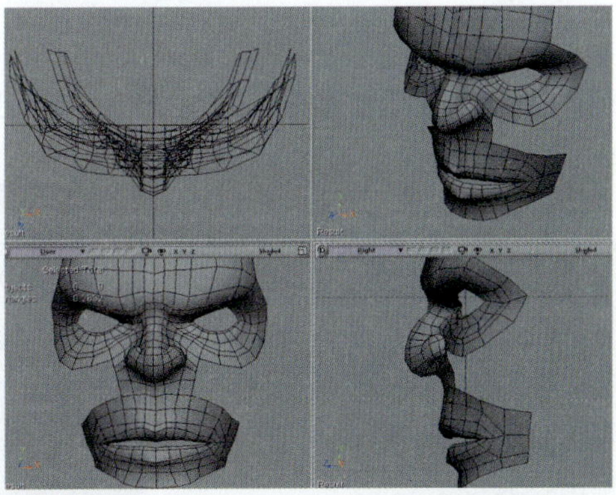

그림 10-8

9 코와 입 연결하기 : 볼 연결모양 동시제작

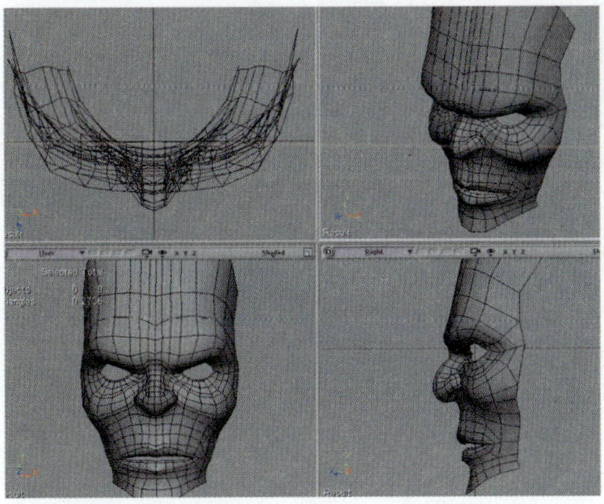

그림 10-9

10 얼굴 전체 윤곽 형태 만들기

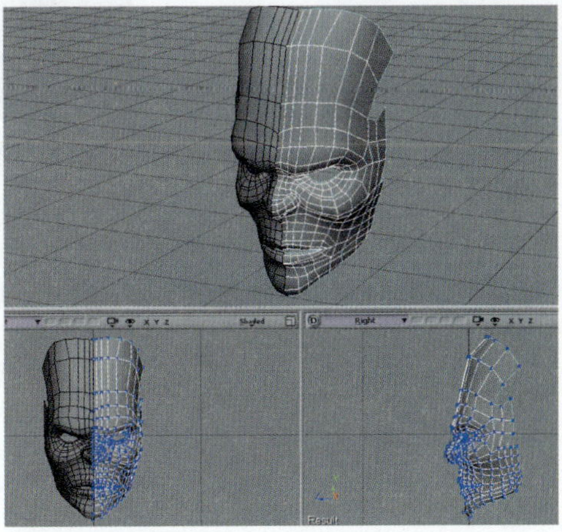

그림 10-10

11 얼굴 전면 1차 완성

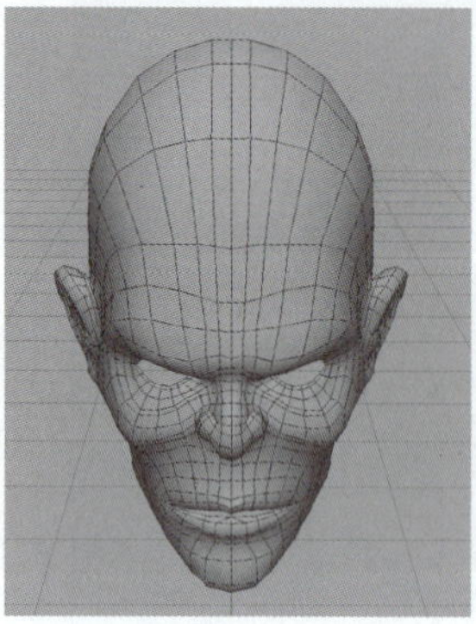

그림 10-11

12 머리 뒷모양 만들기

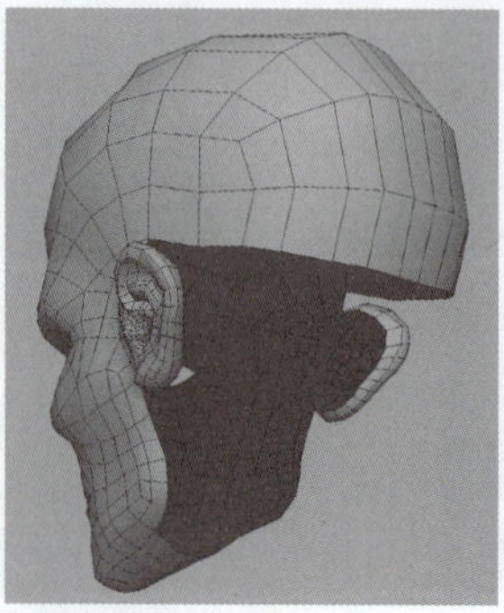

그림 10-12

13 머리 뒷모양 완성하기

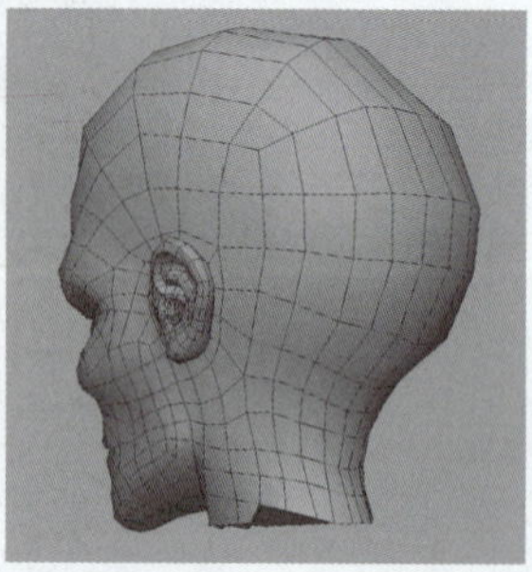

그림 10-13

14 목 + 쇄골 + 앞가슴 형태 만들기

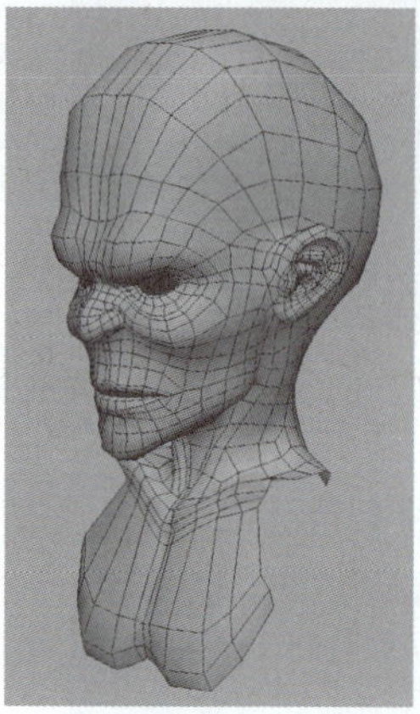

그림 10-14

15 복부 만들기

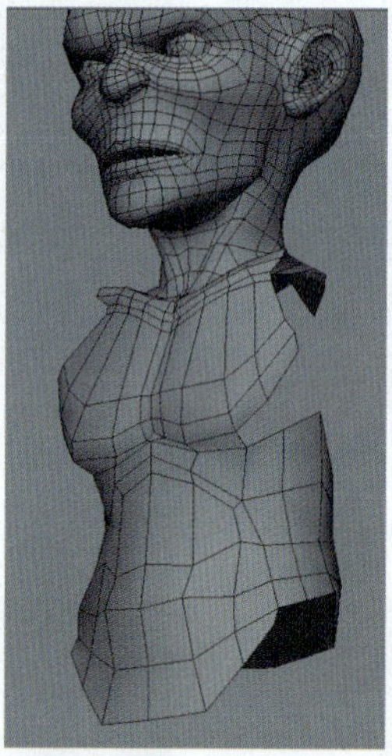

그림 10-15

16 몸통 만들기

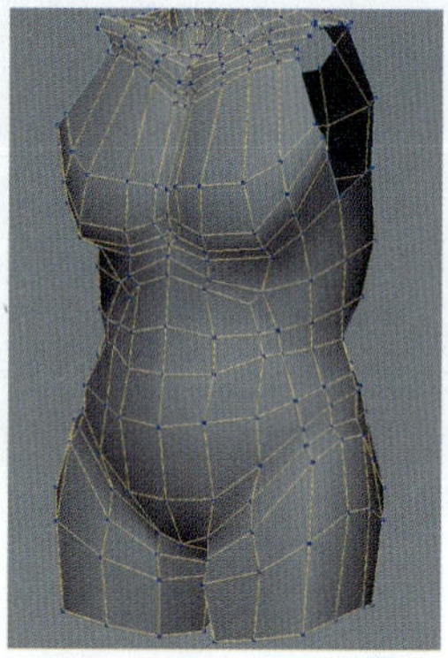

그림 10-16

17 하체(다리) 만들기

그림 10-17

18 팔 모양 만들기

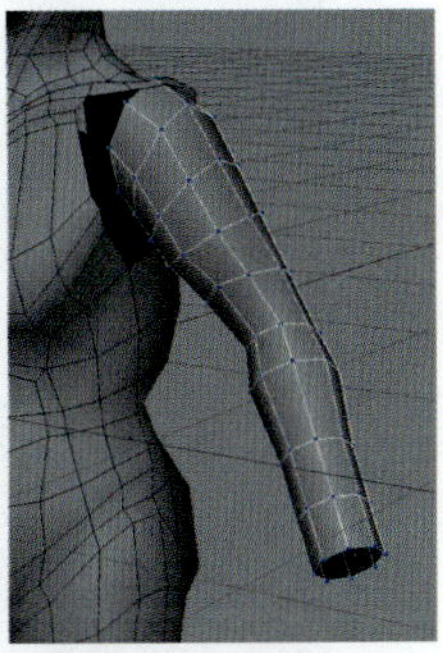

그림 10-18

19 어깨와 팔 Component Merge하기

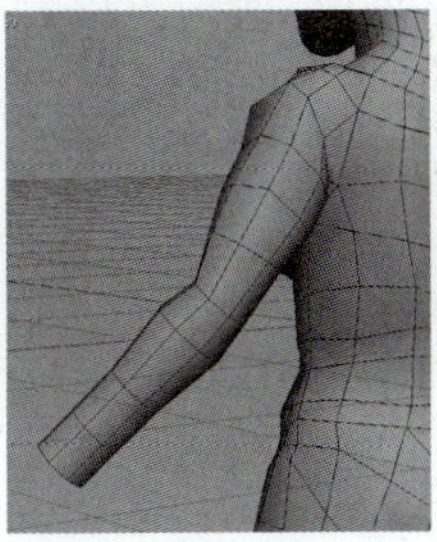

그림 10-19

20 팔 완성하기

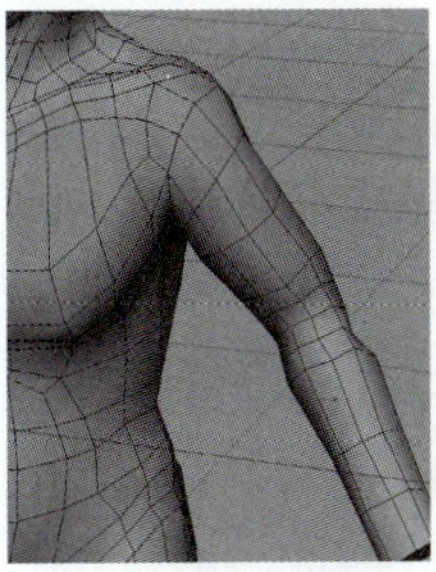

그림 10-20

21 하체 모양 수정

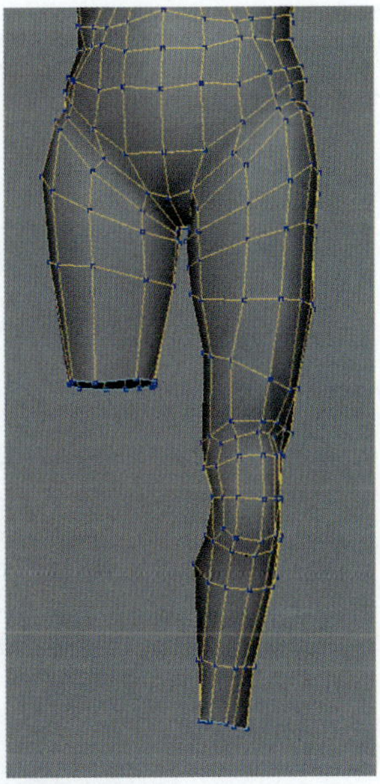

그림 10-21

22 중간 형태 확인

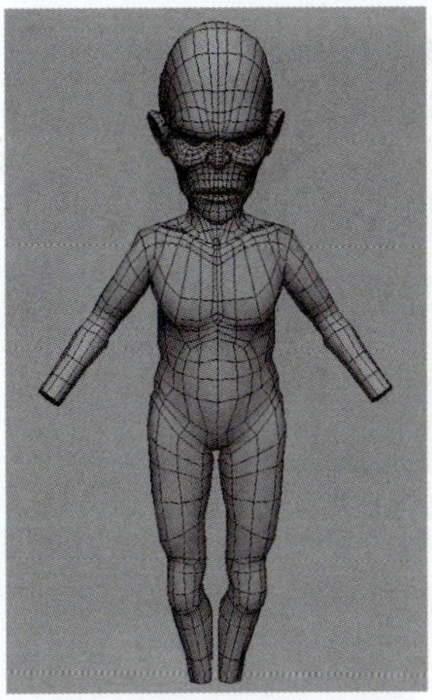

그림 10-22

23 손 만들기

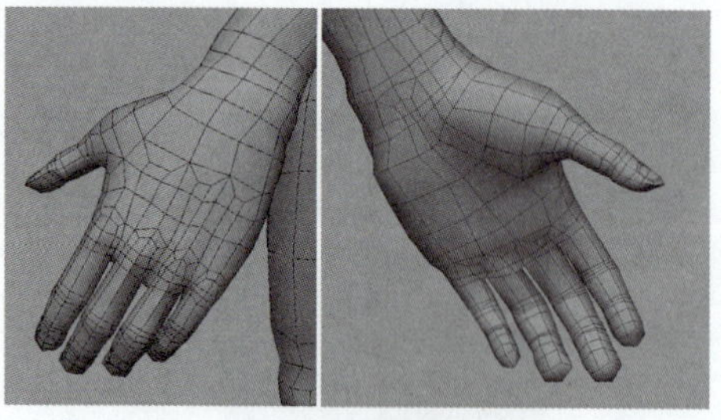

그림 10-23

24 팔과 손 Merge하기

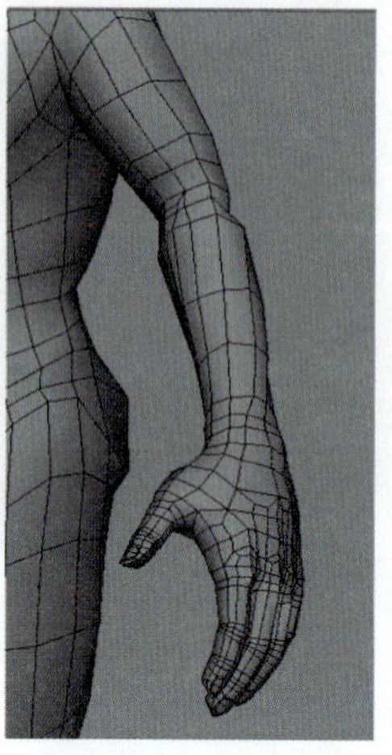

그림 10-24

25 발 만들기

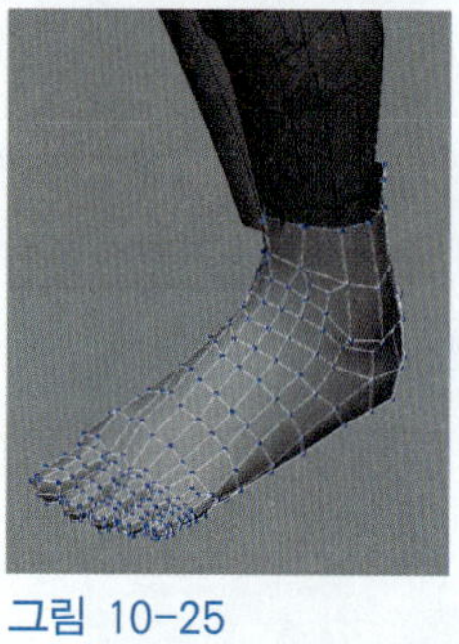

그림 10-25

26 최종 결과 확인

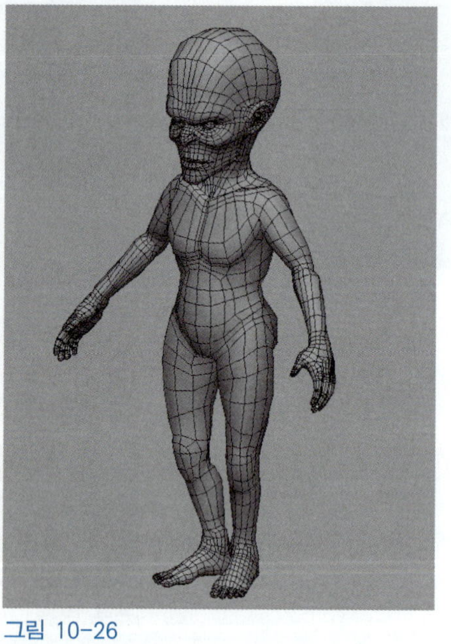

그림 10-26

10 – 2 Creature Character Sculpting with Z Brush

1 Tool 〉 Import 〉 *.ztl 파일

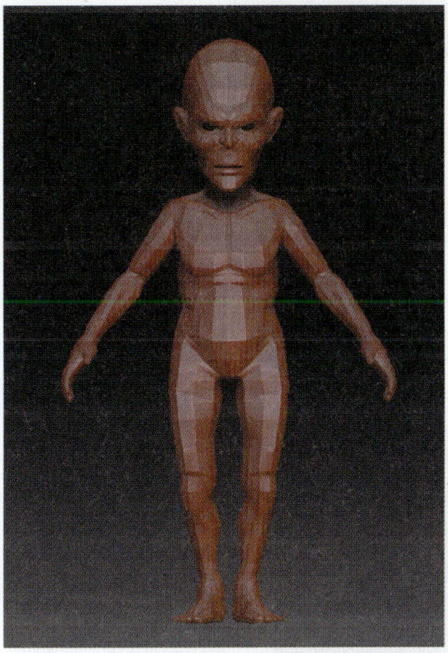

그림 10-27

2 Mask 기능을 활용하여 우선 작업 영역 설정하기

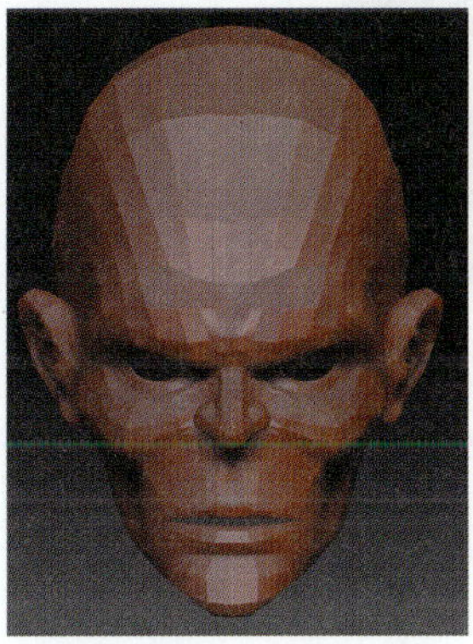

그림 10-28

3 Brush를 활용하여 모양 수정하기 : 입술

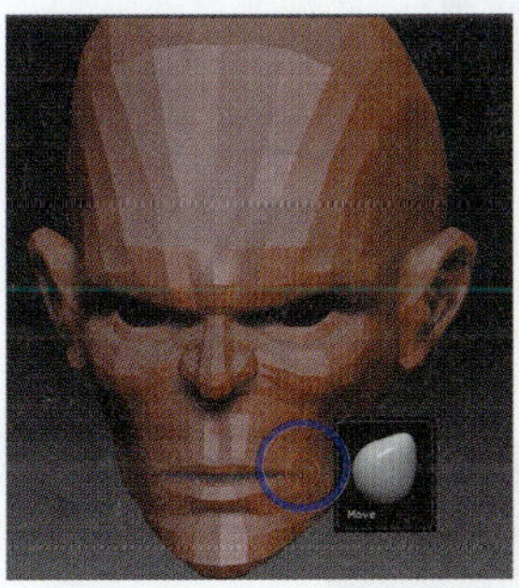

그림 10-29

4 Brush를 활용하여 모양 수정하기 : 턱 라인

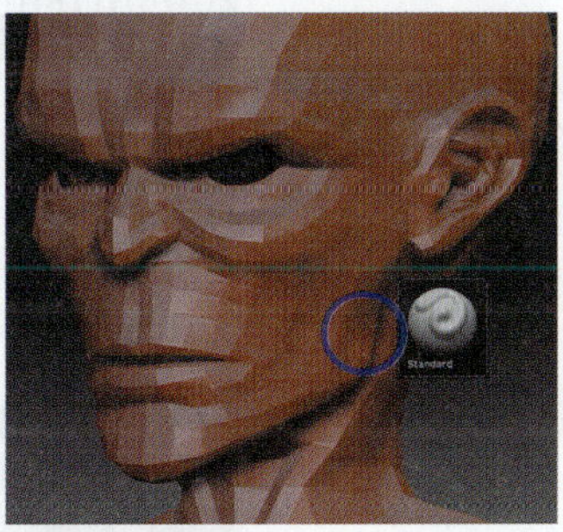

그림 10-30

5 Brush를 활용하여 모양 수정하기 : 광대뼈 부분과 아래 입술 부분 경계선 만들기

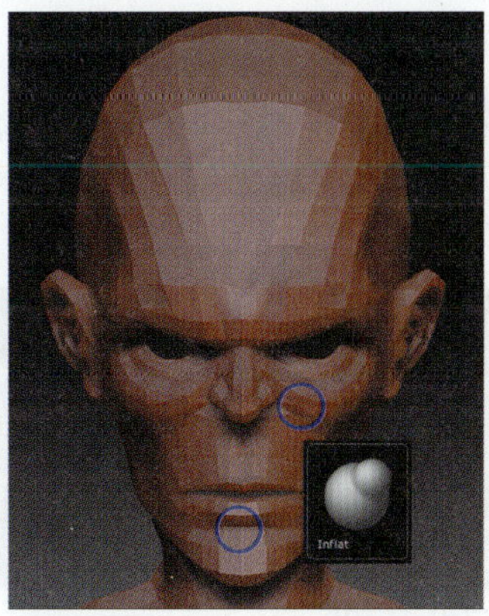

그림 10-31

6 **Brush를 활용하여 모양 수정하기** : 캐릭터 몸통 모양 수정하면서 큰 덩어리의 근육의 모양을 다듬어 활성화하기

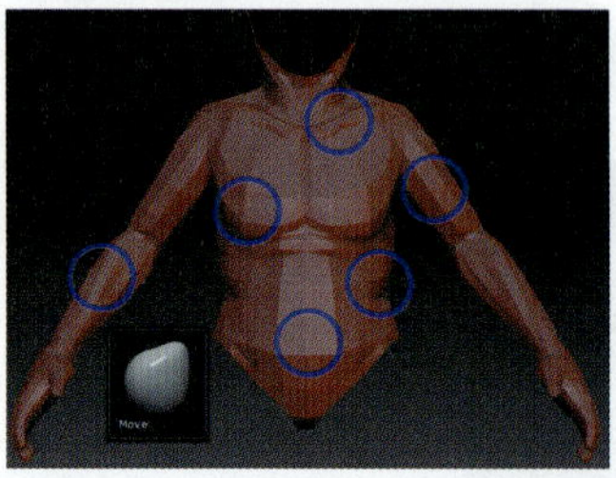
그림 10-32

7 **Brush를 활용하여 모양 수정하기** : 덩어리 근육 형태의 경계라인 구분 작업하기

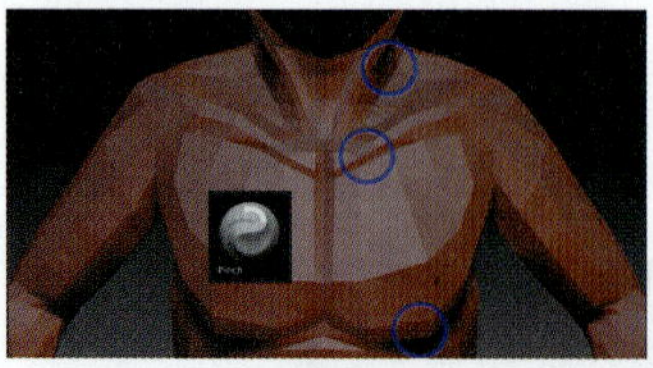
그림 10-33

8 **Brush를 활용하여 모양 수정하기** : 하체 모양 다듬기

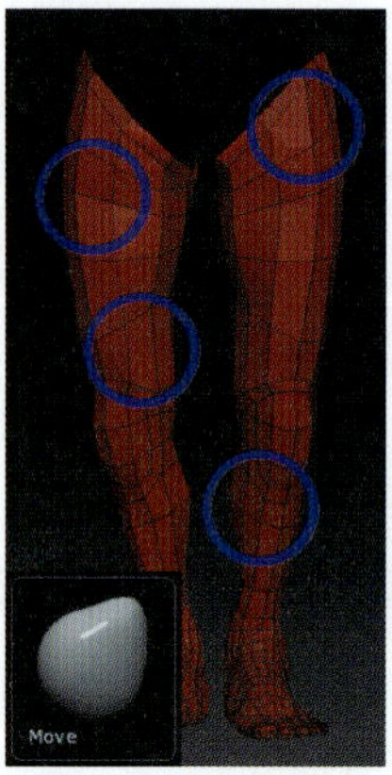

그림 10-34

9 **Geometry 〉 Divide 2** : 좀 더 세부적인 부분의 수정작업을 시작한다.

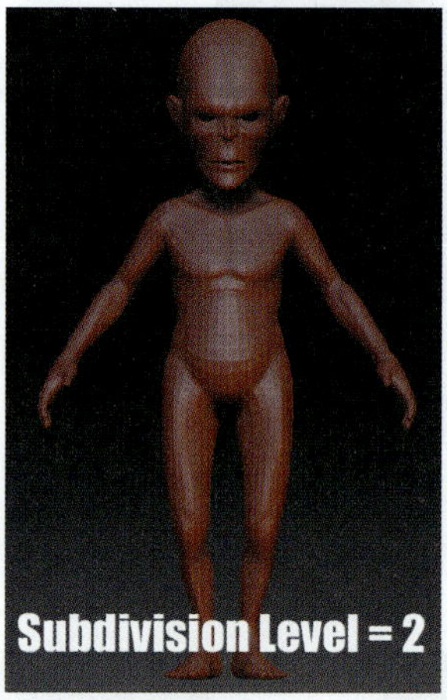

그림 10-35

10 **Brush를 활용하여 모양 수정하기** : 얼굴 구성 근육 라인의 형태 잡아주기

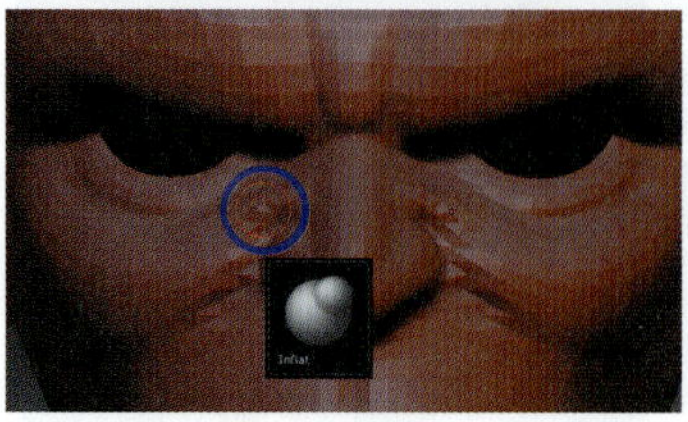
그림 10-36

11 **Brush를 활용하여 모양 수정하기** : 얼굴 근육 형태 따라 모양 수정하기

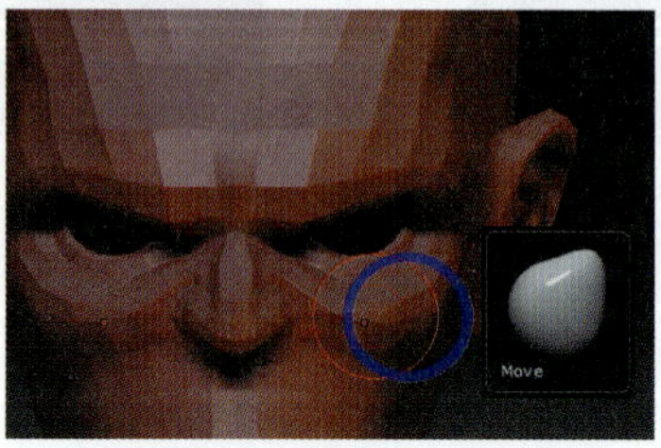
그림 10-37

12 Brush를 활용하여 모양 수정하기 : 눈 주위 주름 만들기

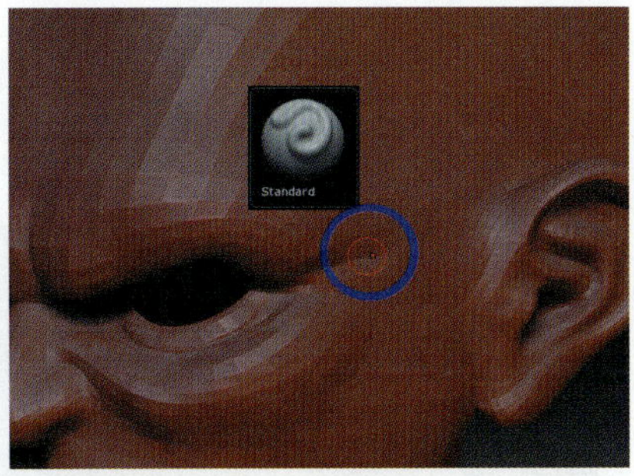

그림 10-38

13 Brush를 활용하여 모양 수정하기 : 눈 외곽 눈두덩이 모양 다듬기

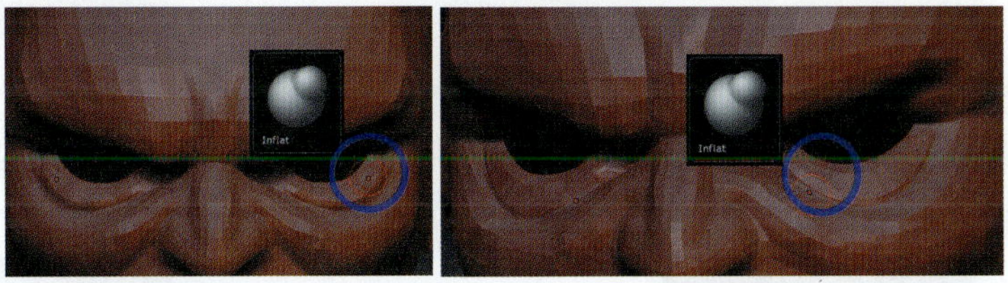

그림 10-39

14 Brush를 활용하여 모양 수정하기 : 종아리 근육 표현하기

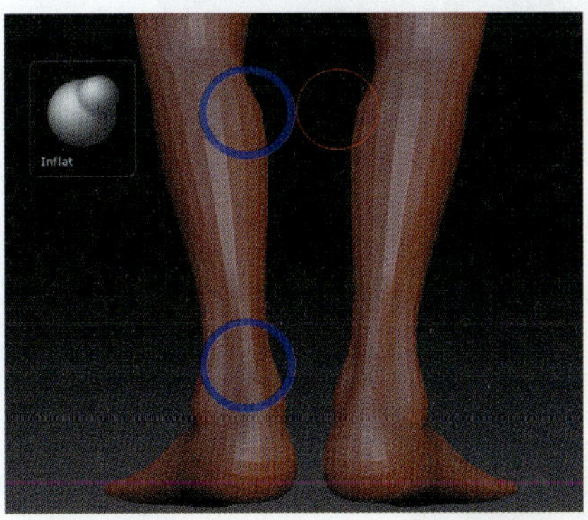

그림 10-40

15 Brush를 활용하여 모양 수정하기 : 어깨와 쇄골의 형태라인 잡아주기

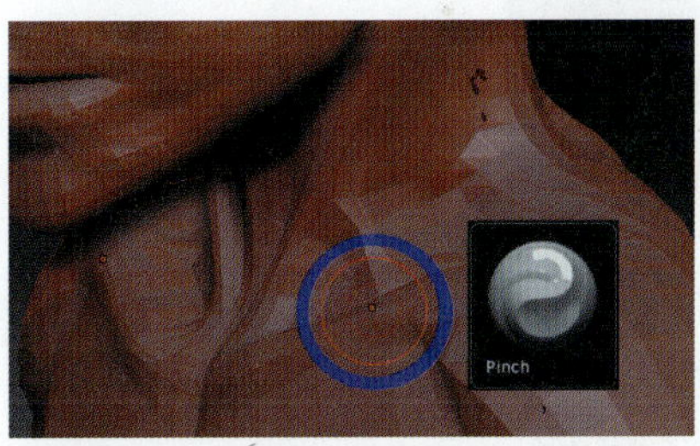

그림 10-41

16 **Brush를 활용하여 모양 수정하기** : 배 주위의 근육의 홈과 형태 만들어주기

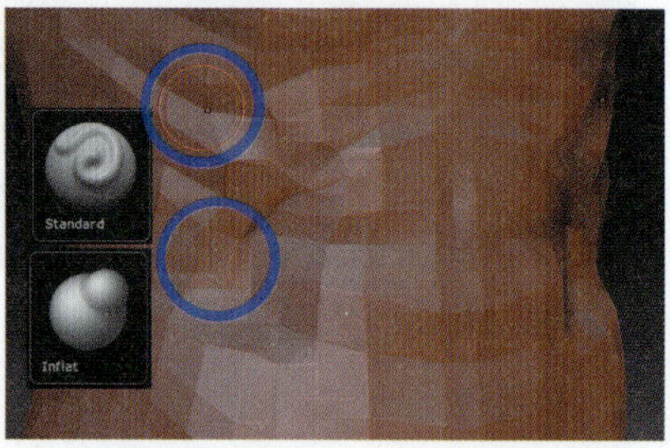

그림 10-42

17 **Brush를 활용하여 모양 수정하기** : 손가락 모양 만들어 주기, 손가락 마디 부분의 섬세한 표현하기

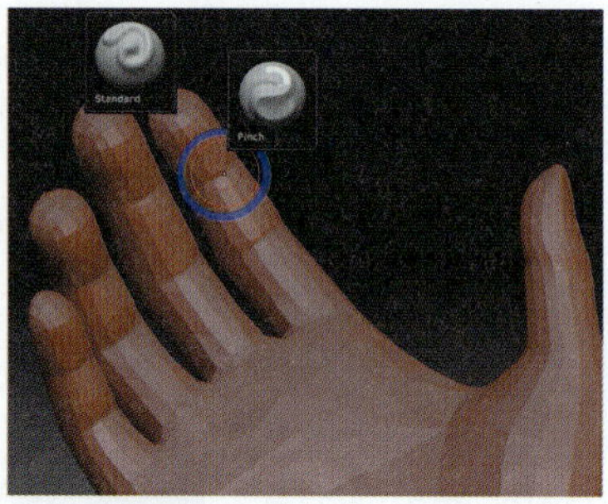

그림 10-43

18 **캐릭터 부분별 Grouping하기**

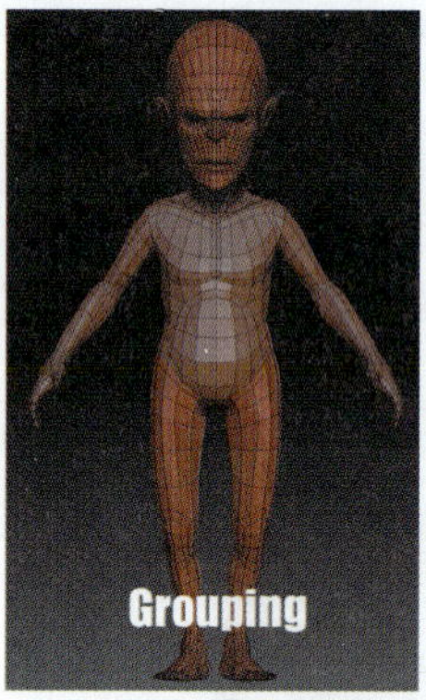

그림 10-44

19 **얼굴 형태 다듬기**

그림 10-45

20 **Geometry 〉 Divide 3** : 좀 더 세부적인 부분의 수정작업 시작하기

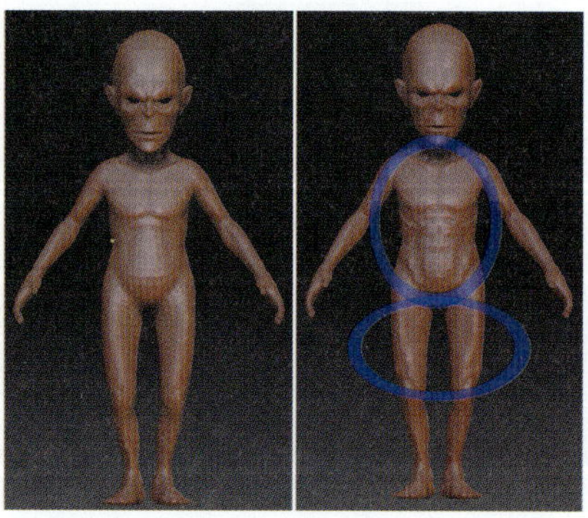
그림 10-46

21 **Geometry 〉 Divide 4** : 좀 더 세부적인 부분의 수정작업 시작하기

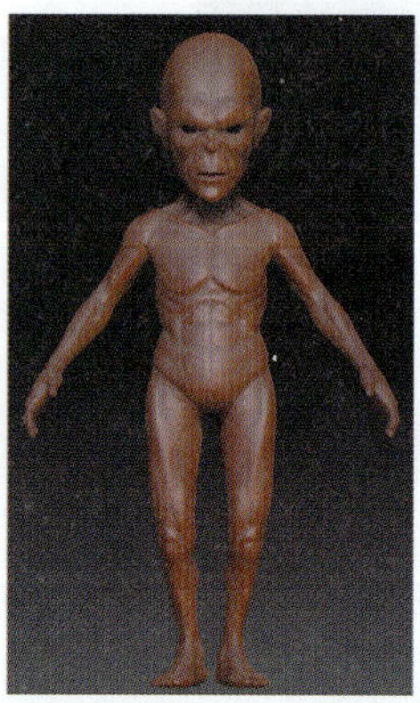
그림 10-47

22 Brush를 활용하여 모양 수정하기 : 캐릭터 몸통 앞부분의 형태와 디테일을 살려 작업하기

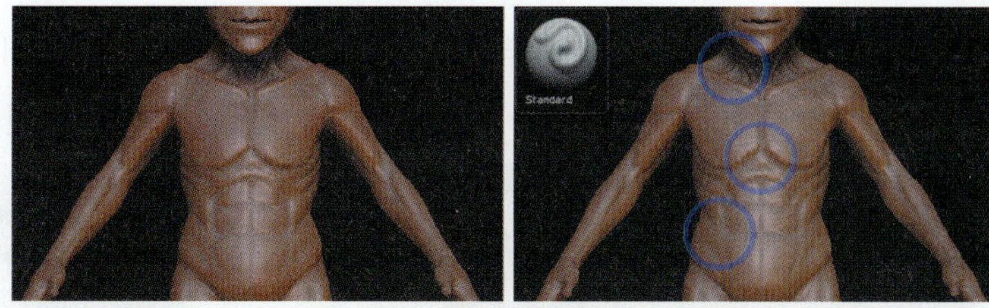
그림 10-48

23 Brush를 활용하여 모양 수정하기 : 캐릭터 뒷부분 Hip의 형태를 잡아주기

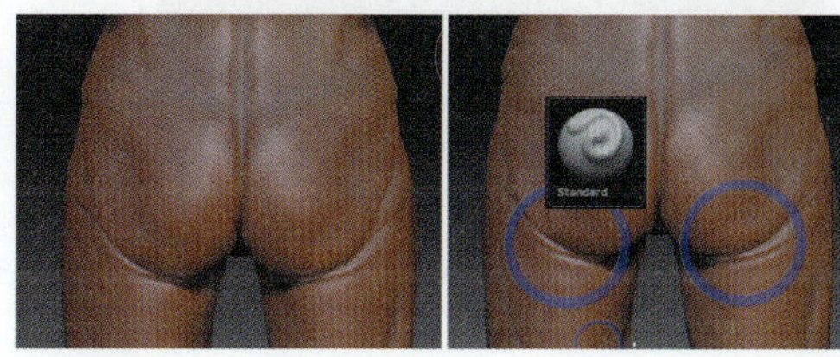
그림 10-49

24 Brush를 활용하여 모양 수정하기 : 캐릭터 허벅지 형태를 잡아주기

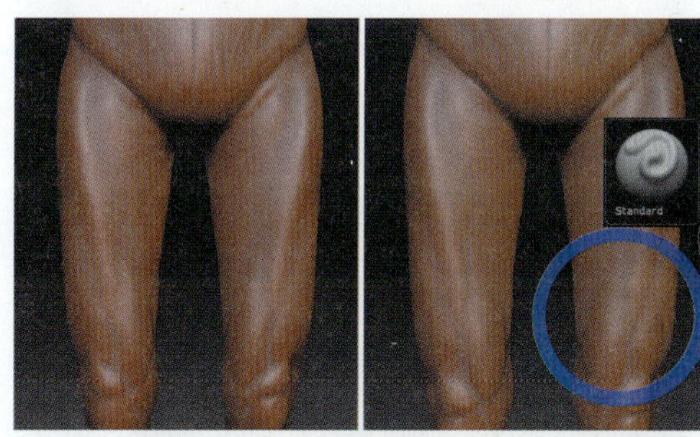
그림 10-50

25 Brush를 활용하여 수정된 캐릭터 형태 확인

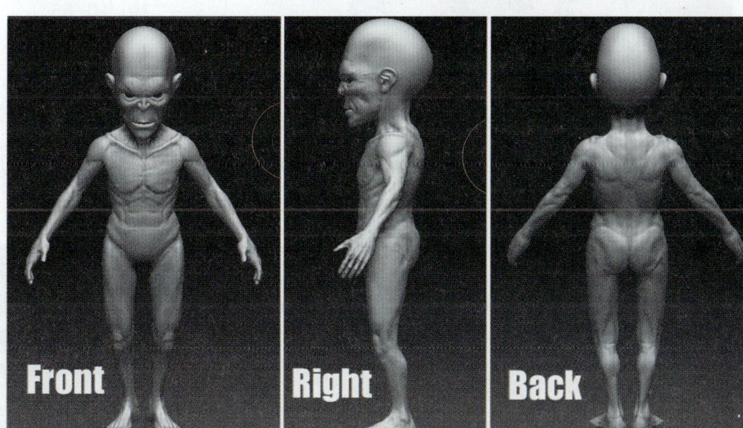

그림 10-51

26 Alpha 이미지를 활용한 캐릭터 피부 질감 표현하기 : 눈 가장자리 깊게 팬 주름 표현

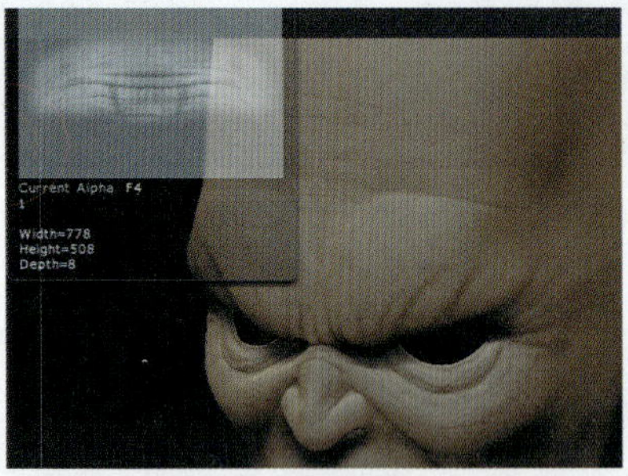

그림 10-52

27 Alpha 이미지를 활용한 캐릭터 피부 질감 표현하기 : 입술 표면의 거친 물결 느낌 표현

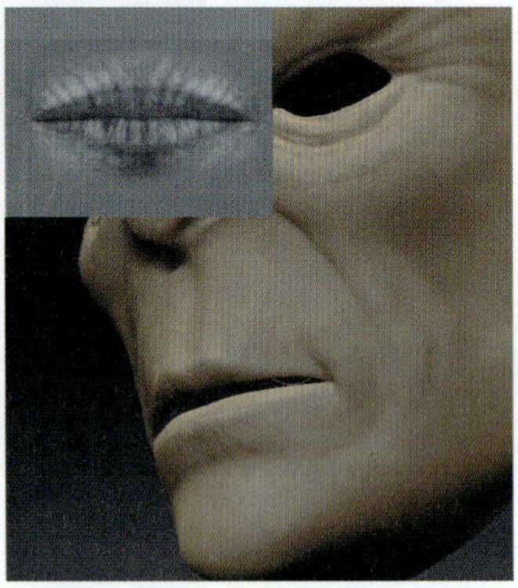

그림 10-53

28 Alpha 이미지를 활용한 캐릭터 피부 질감 표현하기 : 이마의 섬세한 주름살 표현

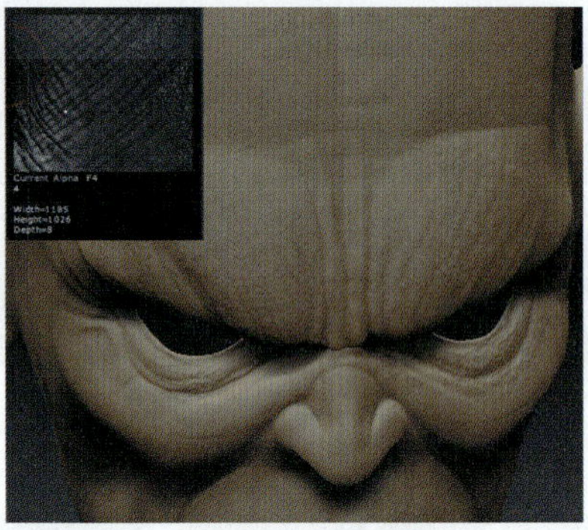

그림 10-54

29 Alpha 이미지를 활용한 캐릭터 피부 질감 표현하기 : 탄력이 둔화한 듯한 거친 피부의 작게 패인 피부 표현

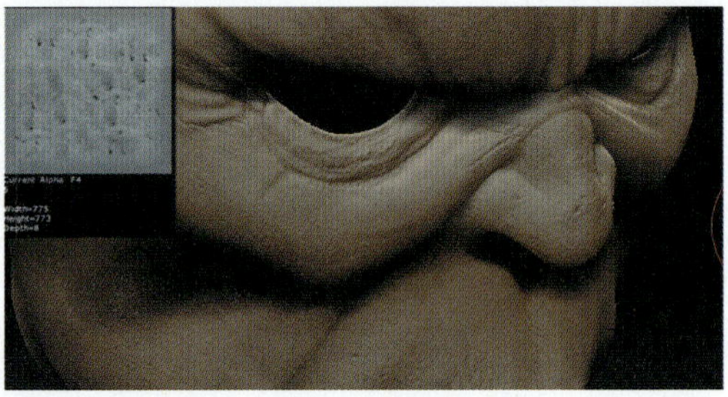

그림 10-55

30 Alpha 이미지를 활용한 캐릭터 피부 질감 표현하기 : 광대와 콧등 부분의 빗살무늬 거친 피부결의 표현

그림 10-56

31 Alpha 이미지를 활용한 캐릭터 피부 질감 표현하기 : 겨드랑이, 앞가슴, 팔과 배 부분의 거친 피부 질감 표현하기

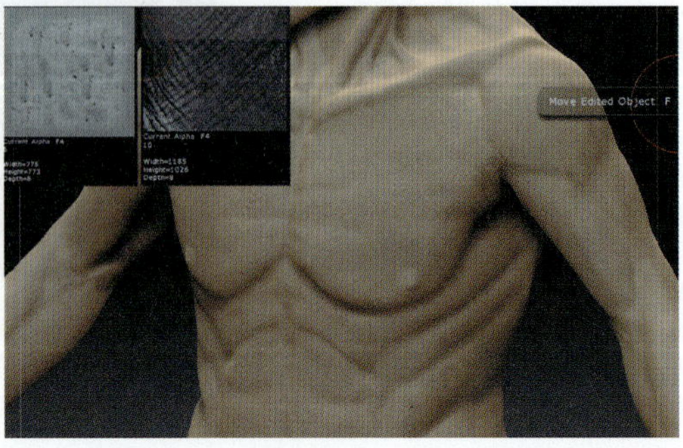

그림 10-57

32 Alpha 이미지를 활용한 캐릭터 피부 질감 표현하기 : 거친 등 피부의 섬세한 표현하기

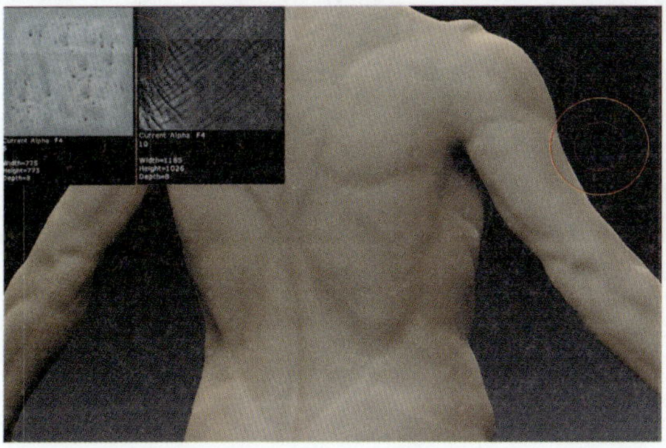

그림 10-58

33 Alpha 이미지를 활용한 캐릭터 피부 질감 표현하기 : 무릎의 기본 주름 표현

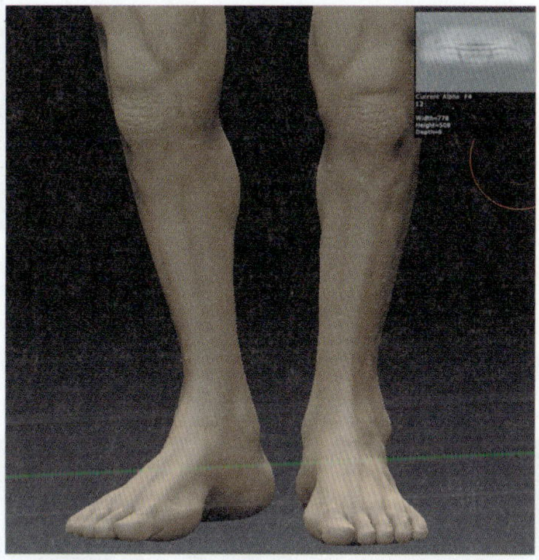

그림 10-59

34 Alpha 이미지를 활용한 캐릭터 피부 질감 표현하기 : 앞가슴, 배, 팔 부분의 피부 질감 표현

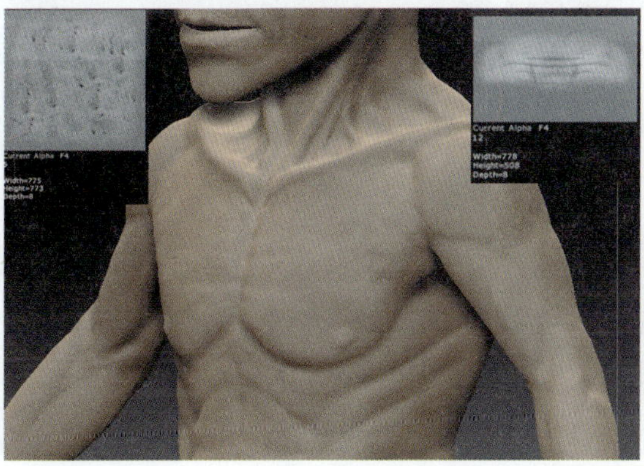

그림 10-60

35 Alpha 이미지를 활용한 캐릭터 피부 질감 표현하기 : 허벅지 근육 표면의 거친 느낌의 표현

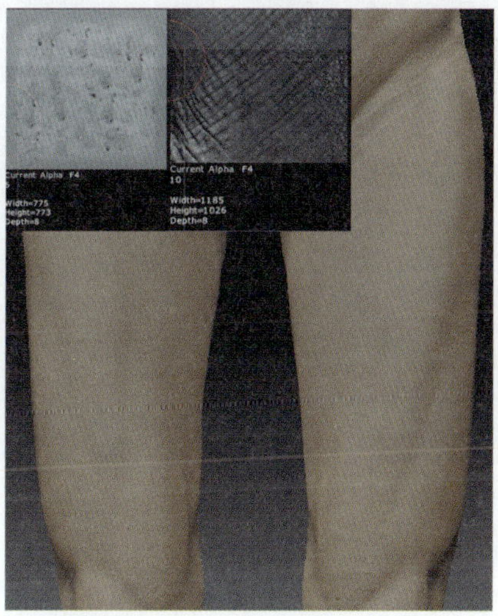

그림 10-61

36 Alpha 이미지를 활용한 캐릭터 피부 질감 표현하기 : 등, 팔꿈치의 거친 피부 질감 표현

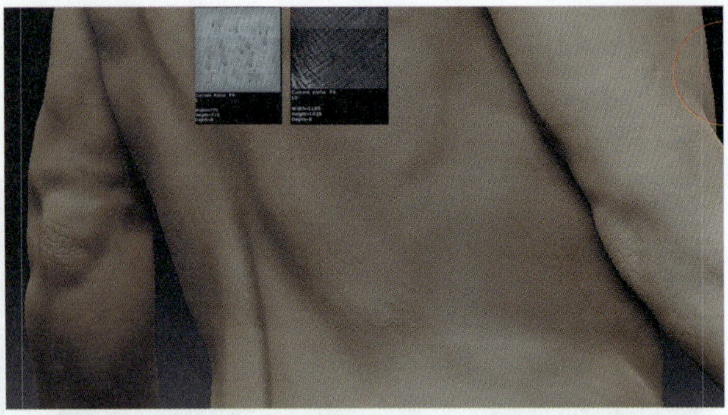

그림 10-62

37 최종 결과 이미지 확인

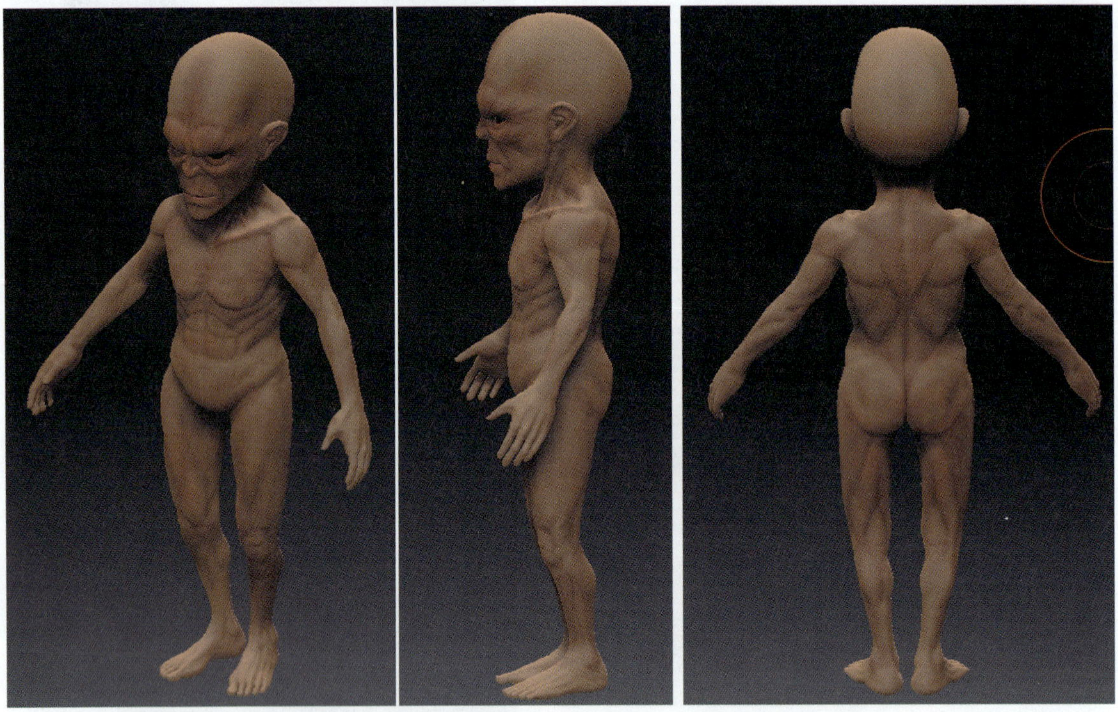

그림 10-63

저자약력

■ 김 용 관

- SOFTIMAGE|XSI 국제공인강사 인증
- (주)한빛소프트– 게임 / 애니메이션 개발 및 교육
- (주)애니플– 영상 / 애니메이션 제작 총괄
- 배재대학교 게임공학과 겸임교수
- 유한대학교 애니메이션학과 겸임교수
- 인천전문대학교 컴퓨터 애니메이션학과 출강
- SOFTIMAGE|XSI ATC 출강
- 인천정보산업진흥원 객원교수 출강
- 대전문화산업진흥원 객원교수 출강
- 네오위즈 아카데미 전임교수 출강

〈저 서〉

- SOFTIMAGE|XSI 마스터하기 I (Manual 편), 2005
- SOFTIMAGE|XSI 마스터하기 II (Tutorial 편), 2008
- SOFTIMAGE|XSI를 활용한 캐릭터 애니메이션, 2009

■ 조 순 복

- 유한대학교 애니메이션학과 교수
- 경기디지털콘텐츠진흥원(GDCA) 이사
- 한국애니메이션학회(ASKO) 부회장

캐릭터 모델링

2009년 9월 10일 1판 1쇄 발행

저 자 김용관 · 조순복
발행인 남 승 우

발행처 도서출판 상尙 학學 당堂

서울특별시 동작구 사당3동 220-43
TEL : 02) 595-1692~4
FAX : 02) 595-1394
E-mail : namdoo6@unitel.co.kr
신고 : 2-155호 (1968. 11. 29)

정가 39,000원

ISBN 978-89-93383-59-1 93000

※ 이 책의 저작권은 저자에게 있으며, 저자의 동의 없이 복사 · 인용 · 복제 · 전재를 금합니다.